U0926959

公路行业名师文丛

通途论集

张起森　著

人民交通出版社
China Communications Press

图书在版编目(CIP)数据

通途论集 / 张起森著.—北京:人民交通出版社,2008.4

(公路行业名师文丛)

ISBN 978-7-114-07106-5

Ⅰ.通… Ⅱ.张… Ⅲ.道路工程-文集 Ⅳ.U41-53

中国版本图书馆CIP数据核字(2008)第053265号

书　　名:通途论集
著 作 者:张起森
责任编辑:刘永超　师　云
出版发行:人民交通出版社
地　　址:(100011)北京市朝阳区安定门外外馆斜街3号
网　　址:http://www.ccpress.com.cn
销售电话:(010)85285838,85285991
总 经 销:北京中交盛世书刊有限公司
印　　刷:北京凯通印刷厂
开　　本:787×1092　1/16
印　　张:45.25
字　　数:1152千
版　　次:2008年4月　第1版
印　　次:2008年4月　第1次印刷
书　　号:ISBN 978-7-114-07106-5
定　　价:128.00元
(如有印刷、装订质量问题的图书由本社负责调换)

张起森，男，教授，博士生导师，1939年3月生于江西会昌。1965年研究生毕业于湖南大学土木系。作为高级访问学者，1988～1989年和1992年先后在英国诺丁汉大学任客座研究员，澳大利亚新南威尔大学考察、学习，并先后十余次参加各种大型国际学术会议。历任长沙交通学院（现长沙理工大学）土木系、路桥系副主任，道路设计研究所所长、总工，院长助理、副院长，育才—布朗交通咨询监理有限公司董事长。长沙理工大学（长沙交通学院）道路与铁路工程学科带头人，道路结构与材料交通行业重点试验室（长沙）学术委员会主任。

通途论集特色名著；
大师风范学子共仰。

祝贺我国著名道路工程学家
张起森教授七十华诞暨论集出版。

中国科学院院士 曾庆元敬贺

2008.4.4.

庆七十华诞，感恩大师培嘉树
赏桃李芬芳，喜看理工写华章

春暖花开，美色宜人。在春光醉人的阳春四月，我们将迎来张起森先生七十华诞的喜庆日子。七十年的岁月沧桑，四十余载的科教生涯，张先生滴滴汗水培育了成百弟子，可道高徒遍中华、桃李满天下！今欣逢寿辰机缘，我校精选了张先生及其弟子的科研论文汇编成册以致祝福，恭祝张先生寿比南山、身体健康、天伦永享！

张先生是我国道路工程有限元分析与应用研究方向的开拓者与奠基人，是我国交通行业的道路工程大师。1984年，我在湖南大学攻读硕士研究生学位时，就开始跟随张先生进行道路工程有限元的研究工作，此后20余年一直亲聆先生的教诲，我所取得的成就与先生多年的指导密不可分。张先生两袖清风、兢兢业业、呕心沥血进行学术研究，在我眼里，他是一本优秀的教科书，勤奋为学的精神和甘于奉献的高风亮节让我崇敬，他在品格上、学识上永远都是我的老师。

张先生1965年毕业于湖南大学土木系，从事道路工程科研工作四十余载，在学术上很有造诣。他的主要研究方向为路面结构强度原理及设计理论与方法、土工合成材料加固机理与应用等；在路面结构强度理论，特别是沥青路面开裂、土工合成材料工程应用等方面的研究在国内处于领先地位。他主持国家、部省级科研课题数十项，其中多项获得国家与部级科技进步奖，大部分科技成果已纳入各种设计、施工与试验规范(规程)中，为国家创造了显著的社会与经济效益。值此，张先生于2006年荣获了“国家有突出贡献专家”的称号。

张先生是我校道路与铁路工程学科的创始人与带头人。作为学术带头人，他长期以来紧密围绕我国公路建设和运营中出现的各类难题，带领公路工程学院形成了四个稳定的、在国内有重要影响或发展前途的研究方向。在原交通学院副院长位上作为分管科技的学校领导，以其广阔的视野和无私的精神以及辛勤的劳动，极大地促进了学校学科建设和学术研究的发展，为今天我校的发展创造了坚实的基础。从领导岗位退下后，张先生仍关注着我校发展的每一步，不遗余力地用心思考、用心观察，为我校“道路与铁道工程”学科于2003年取得博士学位授予权，2005年其所属一级学科“交通运输工程”取得博士学位授予权并建立博士后流

动站，立下了赫赫功劳。另外，张先生还兼职受聘为长安大学、中南大学、湖南大学等多所名校的博士生导师。他善于相马，也善于驯马；恩泽桃李，惠及社会。二十多年来，他指导了硕士与博士研究生近百名。在其严格的要求、慈父般的关心下，许多弟子已成为高校领导、教授、高级工程师等学术、管理、技术高级骨干。

张先生还担任了许多学术机构的职务。在国内，他是中国公路学会理事、湖南省力学学会副理事长、湖南省公路学会副理事长；在国外，他是美国沥青路面专家协会高级会员、国际道路与机场技术常务委员会委员、国际沥青路面协会会员，还是多所著名大学的高级访问学者。

2007年，我校公路工程学院首次举办了“公路工程学院博士系列讲座”，张先生高度重视，几乎每场莅临指导。我们共同编辑了这本论文专集，与“公路工程学院博士系列讲座”共同作为献给张先生七十寿辰的礼物。虽然这本论文专集的文字，犹如汪洋大海中的水滴，不足以赞叹张先生的无量智慧，不过是要向世人透露：在当今这个时代里，还有这么一位众所景仰的大师，奉献心力，继续为我国交通事业的兴旺奋斗，永不止息……

风雨同舟，创历史辉煌；开拓进取，谱未来华章。张先生的学问、探索精神及为人，已经激励了一批又一批的优秀教师与科研工作者，并将激励后面的一代又一代。他的精神对学校是一笔宝贵的财富，为学校所提倡的“博学力行、守正拓新”校训的形成和塑造教书育人的良好方法作出极好的榜样。长沙理工大学经过五十年办学，已步入质量和效益协调发展的新阶段。面向未来，长沙理工大学全体师生将以张老为榜样，用睿智与经验来指引年轻的激情，在办学振校中光大他的精神，为学校又好又快发展贡献力量。

郑健龙

2008年2月

目 录

第一篇 路面工程

第二篇 路基工程

第三篇 道路工程材料与应用

第四篇 交通工程与管理

第五篇　其　他

第一篇　路面工程

多层路面简化计算的新方法

张起森　唐雪生
（湖南交通科学研究所　长沙　410015）

摘　要： 本文提出了一个多层弹性体系路面位移和应力的简化计算方法，这个方法在进行层次当量换算时，考虑了荷载随深度的扩散影响；为了路面结构设计的需要，在计算厚度时引进了一个结构系数。如此，使得简化法的计算结果与多层体系精确解十分接近。

这个方法与国内现有的等效法比较，在一定范围内具有精度较高、适用范围较广的优点；与国外类似方法比较（如修正 Odemack 法），具有概念清楚、计算简便、容易掌握的优点。

1　前言

多层路面的简化计算方法一直是公路和城市部门所关注并讨论了多年的问题。目前，虽然有计算机程序，原则上能计算任意层路面结构中的应力和应变（弹性层状理论精确解及有限元法），但对于实际工作，简化方法仍有一定的适用意义。

本文的方法有如下特点：(1)考虑了路面结构传布荷载的特性，参照层状性系数值解的结果并结合我们进行的多层路面有限元计算，比较精确地建立了荷载扩散系数 K 与相邻层模量比之间的关系。利用扩散系数 K 可以计算路面各层界面上的荷载扩大面直径 d；(2)由于考虑了荷载圆面积沿深度的扩大，因此在计算应力和位移时，其精度比其他近似方法有所提高；(3)用简化方法计算厚度时，考虑到多层与双层路面结构工作特性的差异，引进了结构系数 β，由此可使简化法计算所得厚度与精确解十分接近。

2　简化法的计算原理与步骤

多层路面简化新法的原理是，根据路面结构传布荷载的特性，确定各层界面上的荷载扩大的直径，利用“等变形”或“等应力”的原则，通过当量变换，把多层体系逐步化为较简单的双层体系或三层体系，最后应用双层体系或三层体系的图表确定多层体系相应点的应力或位移。如果已知计算点的应力或位移，也可利用这个方法确定多层路面某一层的要求厚度。由于整个计算工作需双层或三层体系的图表，因此使得多层路面复杂的应力应变计算（这些计算只有靠大型计算机才能完成）得到简化。

2.1　荷载扩散系数 K 及荷载扩大直径 d 的计算

如图 1 所示，作用在路面直径为 d_1 的表面荷载 p_1，经过厚度为 h_1、模量为 E_1 的路面传布之后，在下层表面（界面）上变成了 p_2、d_2。如果不考虑路面的自重 $\frac{\pi d_1^2}{4}p_1=\frac{\pi d_1^2}{4}p_2$

摘自《土木工程学报》1981 年 12 月第 14 卷第 4 期。

$$p_2=\left(\frac{d_1}{d_2}\right)^2 p_1 \tag{1}$$

显然，p_2 就是作用在下层表面上的垂直应力 σ_z（为了计算简便，近似地取 σ_z 的平均值表示 p_2）。σ_z 可用双层弹性体系理论或有限元法计算。p_2 已知后，从式(1)可求得 d_2。但从图 1 可知，d_2 和 d_1 又有以下的几何关系

$$d_2=d_1+Kh_1 \tag{2}$$

式中 K 即为荷载扩散系数。

由此

$$K=(d_2-d_1)/h_1 \tag{3}$$

所以，只要能够确定 d_2，荷载扩散系数 K 也就可以确定。反之每当知道 K 值后，d_2 亦可确定。因为不同模量比时，下层表面上的 σ_z 是不同的，所以 K 值是与模量比有关的。

根据双层体系的数值解和有限元的计算结果，得到不同模量比的 K 值如下表（表 1）。为了应用上的方便，按照表 1 的数据，可绘制 K 与 E_1/E_2 关系图（图 2）。

荷载扩散系数 K 表 1

E_1/E_2	K	E_1/E_2	K	E_1/E_2	K	E_1/E_2	K	E_1/E_2	K
1	—	9	1.9	50	4.9	95	6.7	900	17.2
1.5	0.4	10	2.0	55	5.2	100	6.8	1 000	17.7
2	0.6	15	2.6	60	5.5	200	9.3		
3	0.8	20	3.1	65	5.7	300	10.9		
4	1.0	25	3.5	70	5.9	400	12.3		
5	1.2	30	3.8	75	6.1	500	13.6		
6	1.4	35	4.1	80	6.3	600	14.5		
7	1.6	40	4.4	85	6.45	700	15.5		
8	1.8	45	4.7	90	6.6	800	16.3		

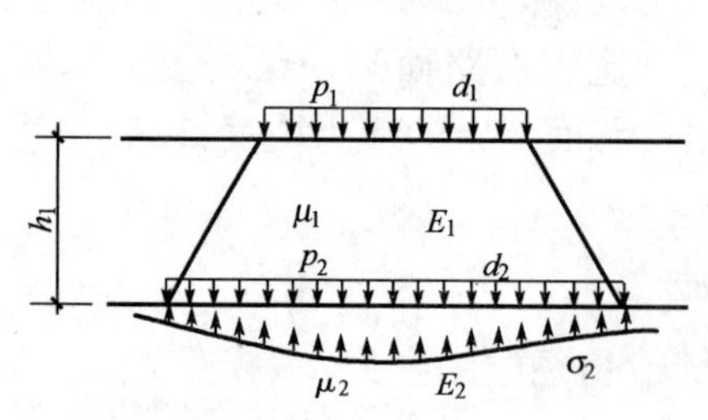

图 1

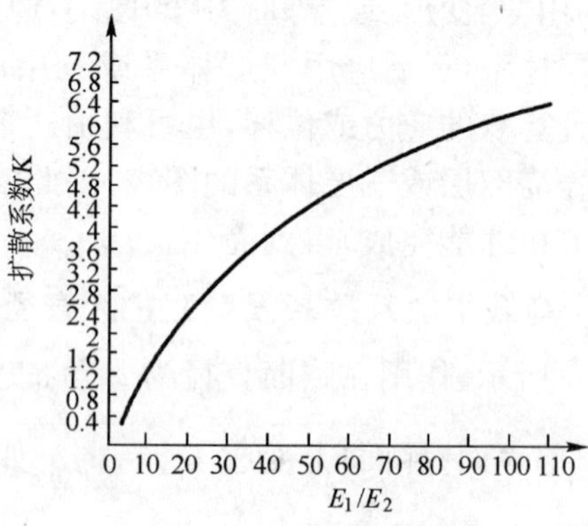

图 2

对于多层体系(图 3),其各层界面上的 d_i 值可按下述方法确定。

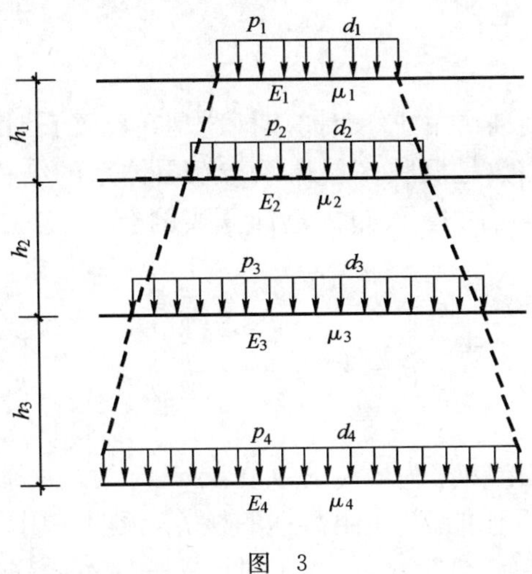

图　3

由图 1,下层表面的位移按下式计算

$$W_2 = \frac{p_2 d_2}{E_2}(1 - \mu_2^2) \tag{4}$$

以式(1)代入得

$$W_2 = \frac{p_1}{E_2}\frac{d_1^2}{d_2}(1-\mu_2^2) \tag{5}$$

若不考虑上层的压缩量,那么式(5)计算的 W_2 实际上可看成这个双层体系表面的位移。若使这个双层体系等价于模量为 E_0 的半无限体,而半无限体的表面位移为

$$W_1 = \frac{p_1 d_1}{E_e}(1-\mu_2^2) \tag{6}$$

使式(5)等于式(6),则得

$$\frac{p_1}{E_2}\frac{d_1^2}{d_2}(1-\mu_2^2) = \frac{p_1 d_1}{E_e}(1-\mu_2^2)$$

简化后得

$$E_e d_1 = E_2 d_2 \tag{7}$$

上述式中:p_2 为第二层表面上的荷载强度,100kPa;d_2 为第二层表面上的荷载圆面积直径,cm;μ_2 为第二层材料的泊松比;E_2 为第二层材料的弹性模量,100kPa;p_1 为第一层表面上的荷载强度,100kPa;d_1 为第一层表面上的荷载圆面积直径,cm。

对于多层体系,同理得

$$E_e d_1 = E_{12} d_2 = E_{23} d_3 = \cdots = E_{(n-i)n} d_n \tag{8}$$

式中:$d_2 = d_1 + K_1 h_1, K_1 = f(E_1/E_{12})$;

$d_3 = d_2 + K_2 h_2, K_2 = f(E_2/E_{23})$;

$\vdots$

$d_n = d_{n-1} + K_{n-1} h_{n-1}, K_{n-1} = f(E_{n-1}/E_{(n-1)n})$

(需要说明的是,$E_{(n-1)n}$是第 n 层以下层次的当量模量)

上面的 d_n 可通过试算确定。

2.2　结构系数 β

在用简化法进行多层体系某层的厚度计算时(这是在路面设计中经常遇到的问题),需要引入一个结构系数 β。这个系数是反映多层体系与双层体系的结构差异的,因此它与路面厚度、模量、荷载传布特性等因素有关。经过大量计算实例分析,它主要与上层厚度及上面两层的模量比有关,可表示为

$$\beta=\left(1+K\frac{h_1}{2.3d_1}\right) \tag{9}$$

式中:K 为荷载扩散系数,见表 1;h_1 为面层的厚度,cm;d_1 为表面荷载圆面积的直径,cm。

通过对不同模量比和厚度比的 70 多组数据的核算,证明在引入上述结构系数之后,可使简化新法设计的厚度与精确解十分接近,最大绝对误差一般不会超过 2cm。

2.3　简化新法的计算步骤

为了叙述方便,将变形或应力计算与厚度设计的步骤分开来说明。

2.3.1　变形系数或应力系数的计算步骤——将多层体系变为当量的双层体系

(1)确定各层表面上的荷载圆直径 d_i(图 3),用试算法按表 2 进行,直到前后两次计算的 E_{12}值接近为止。

在进行第一次计算时,对 E_{12}和 E_{23}要进行假定,一般可分别取第 2 层或第 3 层以下层次模量的平均值。从第二次开始,即可按第一次求得的各值进行计算。K 值可按模量比查表 1 或图 2 求得。

(2)由下而上进行层次的换算和合并(图 4)。根据等变形或等应力的原则,首先把第三层模量 E_3 改为 E_2,从原 E_3、E_4 两层组成的双层体系,可以求得变形系数 W_3 或应力系数 $\bar{\sigma}_{z1}$,由此到由 E_2、E_4 两层组成的新双层体系的当量厚度 h'_3;将 h'_3 与第二层的厚度 h_2 合并起来,成为一个以模量为 E_2 的新层次,至此,原来的四层体系已简化为相当的三层体系;继续下去把 E_2 改为 E_1,求得当量于($h_2+h'_3$)的厚度 h'_2,h'_2 和第一层的厚度 h_1 合并起来,这时原四层体系简化为 E_1、E_4 两种材料组成的双层体系(厚度为 $h_1+h'_2$),利用双层体系图解即可求得变形系数或应力系数。

2.3.2　厚度设计的步骤——以双层体系为基础

已知路面容许弯沉值、路面各层的模量值及一些层次的厚度之后,可按图 5 所示的步骤求得某一层的设计厚度。

(1)按表 2 的步骤试算各层表面上的荷载圆面积直径 d_i。

(2)由上而下进行层次的换算和合并:①首先根据变形相等的原则,由 W_1、E_4/E_1 求得 h'_1(这是全部材料为 E_1 的当量双层体系);②以 h'_1-h_1 得 h'_2,由 h'_2/d_2、E_4/E_1 求得 W_2;③将 E_1 改为 E_2,由 W_2、E_4/E_2 求得 h''_2;④以 h''_2-h_2 得 h'_3,引入结果系数,由 $\beta h'_3/d_3$、E_4/E_2 求得 W_3;⑤将 E_2 改为 E_3,由 W_3、E_4/E_3 求得 h_3。

当以三层体系为基本体系时,上述计算步骤同样适用。

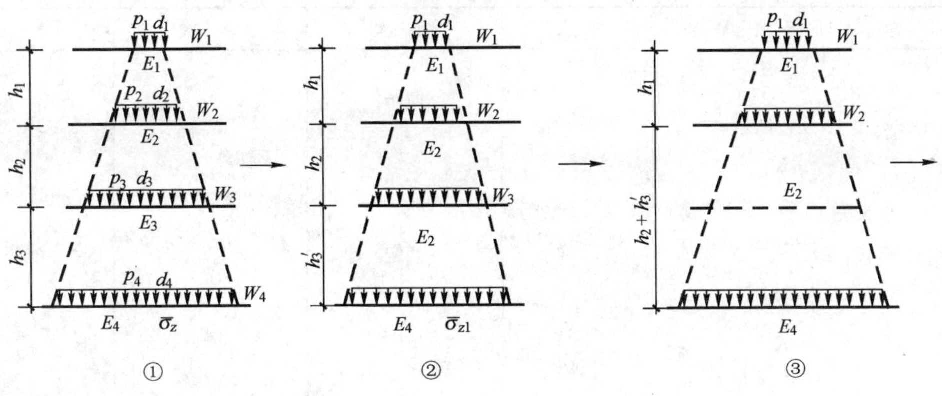

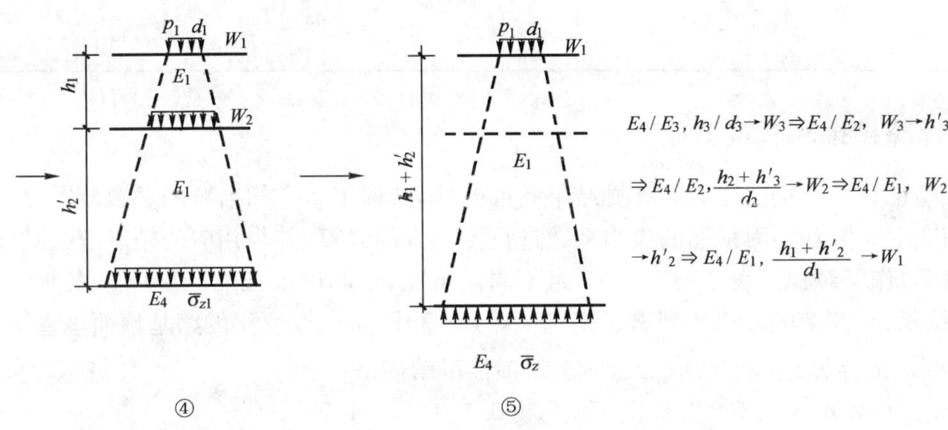

图 4

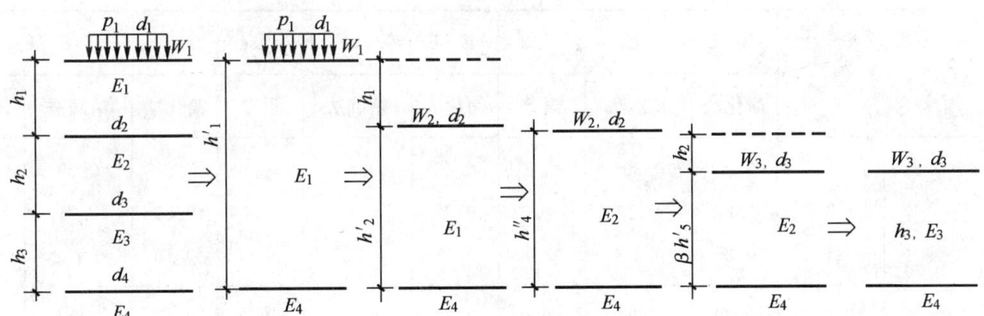

$$E_4/E_1,W_1\to h'_1/d_1\Rightarrow h'_2/d_2=\frac{h'_1-h_1}{d_2},E_4/E_1\to W_2\Rightarrow W_2,E_4/E_2\to h''_2/d_2$$

$$\Rightarrow \beta h'_3=\frac{\beta(h''_3-h_2)}{d_3},E_4/E_2\to W_3\Rightarrow E_4/E_3,W_3\to h_3/d_3\to h_3$$

图 5

表 2

计 算 公 式	第一次	第二次	第三次
$E_{12}=\frac{d_3}{d_2}E_{23}$	(假定)		
E_1/E_{12}			
K_1			
$d_2=d_1+K_1h_1$			
$E_{23}=\frac{d_4}{d_3}E_4$	(假定)		
E_2/E_{23}			
K_2			
$d_3=d_2+K_2h_2$			
E_3/E_4			
K_3			
$d_4=d_3+K_3h_3$			

3 计算结果和精度分析

为了验证简化新法的原理和计算结果的准确性，选取了一个相当宽的参数范围，用上述步骤对表面变形系数和路面顶面的应力系数进行了大量的计算，并与相应的精确解(弹性层状体系的数值解)作了对比。表 3 列出了 77 组不同模量比、不同厚度比的三层体系表面变形系数 W_1 计算结果(单圆荷载)；表 4 列出了 27 组不同模量比、不同厚度比的路基顶面垂直应力系数 $\bar{\sigma}_z$(单圆荷载)的计算结果。所取三层体系的参数范围如下：

$E_2/E_1=0.2、0.3、0.4、0.5、0.7$；$E_3/E_2=0.1、0.2、0.4、0.5、0.7$；

$h_1/\delta=0.5、1、1.5、2$；$h_2/\delta=1、2、4$。

(δ代表荷载圆面积的半径)

表面垂直位移系数 W——简化法与精确法比较表　　　　表 3a)

模量比 / W 值 / h_1/δ	h_2/δ	$E_2/E_1=0.5,E_3/E_2=0.2$			$E_2/E_1=0.3,E_3/E_2=0.4$			$E_2/E_1=0.7,E_3/E_2=0.1$		
		简化法	精确法	误差	简化法	精确法	误差	简化法	精确法	误差
0.5	1	0.35	0.365	−0.015	0.42	0.45	−0.03	0.28	0.29	−0.01
	2	0.28	0.29	−0.01	0.35	0.39	−0.04	0.20	0.21	−0.01
	4	0.23	0.234	−0.004	0.32	0.355	−0.035	0.15	0.158	−0.008
1	1	0.28	0.29	−0.01	0.33	0.35	−0.02	0.23	0.235	−0.005
	2	0.23	0.244	−0.014	0.29	0.31	−0.02	0.17	0.186	−0.016
	4	0.20	0.20	0	0.26	0.28	−0.02	0.15	0.155	−0.005
2	1	0.21	0.22	−0.01	0.245	0.25	−0.005	0.17	0.177	−0.007
	2	0.19	0.197	−0.007	0.23	0.237	−0.007	0.15	0.15	0
	4	0.17	0.17	0	0.22	0.22	0	0.12	0.126	−0.006

表面垂直位移系数 W——简化法与精确法比较表 表 3b)

h_1/δ	h_2/δ	$E_2/E_1=0.2,E_3/E_2=0.2$ 简化法	精确法	误差	$E_2/E_1=0.2,E_3/E_2=0.4$ 简化法	精确法	误差	$E_2/E_1=0.2,E_3/E_2=0.7$ 简化法	精确法	误差	$E_2/E_1=0.4,E_3/E_2=0.2$ 简化法	精确法	误差
0.5	1	0.31	0.32	−0.01	0.40	0.43	−0.03	0.53	0.56	−0.03	0.34	0.353	−0.013
	2	0.23	0.254	−0.024	0.33	0.367	−0.037	0.49	0.528	−0.038	0.27	0.28	−0.01
	4	0.18	0.21	−0.03	0.29	0.328	−0.038	0.45	0.504	−0.054	0.22	0.225	−0.005
1	1	0.23	0.235	−0.005	0.29	0.313	−0.023	0.39	0.412	−0.022	0.26	0.28	−0.02
	2	0.176	0.196	−0.02	0.25	0.281	−0.031	0.36	0.394	−0.034	0.22	0.232	−0.012
	4	0.15	0.16	−0.01	0.23	0.251	−0.021	0.35	0.377	−0.027	0.19	0.191	−0.001
1.5	1	0.17	0.18	−0.01	0.24	0.25	−0.01	0.32	0.325	−0.005	0.22	0.23	−0.01
	2	0.15	0.16	−0.01	0.21	0.23	−0.02	0.31	0.32	−0.01	0.195	0.205	−0.01
	4	0.13	0.14	−0.01	0.19	0.21	−0.02	0.30	0.31	−0.01	0.16	0.175	−0.015
2	1	0.155	0.156	−0.01	0.20	0.215	−0.015	0.285	0.29	−0.005	0.195	0.201	−0.006
	2	0.135	0.14	−0.005	0.185	0.201	−0.016	0.27	0.282	−0.012	0.175	0.181	−0.006
	4	0.11	0.12	−0.01	0.18	0.185	−0.005	0.26	0.272	−0.012	0.15	0.153	−0.003

路基顶面垂直应力$\overline{\sigma_z}$——简化法与精确法比较表 表 4

h_1/δ	h_2/δ	$E_2/E_1=0.5,E_3/E_2=0.2$ 简化法	精确法	误差	$E_2/E_1=0.3,E_3/E_2=0.4$ 简化法	精确法	误差	$E_2/E_1=0.7,E_3/E_2=0.1$ 简化法	精确法	误差
0.5	1	0.23	0.219	+0.011	0.278	0.270	+0.008	0.171	0.166	+0.005
	2	0.103	0.099	+0.004	0.140	0.127	+0.013	0.075	0.072	+0.003
	4	0.037	0.035	+0.002	0.048	0.046	+0.002	0.026	0.025	+0.001
1	1	0.134	0.133	+0.001	0.167	0.158	+0.009	0.105	0.101	+0.004
	2	0.072	0.069	+0.003	0.096	0.085	+0.011	0.053	0.051	+0.002
	4	0.032	0.027	+0.005	0.040	0.035	+0.005	0.02	0.020	+0.000
2	1	0.067	0.062	+0.005	0.078	0.072	+0.005	0.05	0.048	+0.002
	2	0.04	0.038	+0.002	0.05	0.045	+0.005	0.03	0.029	+0.001
	4	0.02	0.018	+0.002	0.025	0.023	+0.002	0.014	0.014	+0.000

从表中的数据可以看出，变形系数计算结果与精确解的误差绝对值一般为 0.005～0.02，不少情况二者的数据几乎相等，个别最大误差绝对值为 0.054(此时相对误差为 10.7%)。路基顶面垂直应力$\overline{\sigma_z}$的误差绝对值为 0.001～0.005，个别最大误差绝对值为 0.01(此时相对误差为 5.02%)。

与有关文献中的等效层法计算结果进行对比，可见，在双圆荷载下简化新法的精度比等效层法有所改善。表 5 列出在 $h_1/\delta,h_2/\delta=1$、2、4，$E_2/E_1=0.2$，$E_3/E_2=0.2$、0.4、0.7 情况下两种方法的计算结果对照表。由这些数据分析看出，在 9 组对比数据中，简化新法误差超过 10%(−10.5%)的仅一组，最小误差 1.37%；等效层法误差超过 10%的有六组，最小误差 −6.90%，最大误差 −15.4%。

双圆、三层体系、三种方法 W 值计算对照表　　表 5

h_1/δ	h_2/δ	模量比	$E_2/E_1=0.2,E_3/E_2=0.2$ W	误差	$E_2/E_1=0.2,E_3/E_2=0.4$ W	误差	$E_2/E_1=0.2,E_3/E_2=0.7$ W	误差
1	1	简化法	0.37	1.37	0.475	7.7	—	
		精确解	0.365		0.441		0.519	
		等效层法	0.335	−8.22	0.397	−10.2	0.456	−12
	2	简化法	0.286	−4.3	0.36	−7.2	0.51	3.87
		精确解	0.299		0.388		0.491	
		等效层法	0.278	−7.02	0.34	−12.4	0.42	−14.5
	4	简化法	0.215	−7.73	0.298	−10.5	0.423	−8.20
		精确解	0.233		0.333		0.461	
		等效层法	0.217	−6.90	0.295	−11.4	0.390	−15.4

对于厚度计算，当引进结构系数 β 后，简化新法计算的厚度与精确解很接近。关于这方面的情况，可通过后面的例子加以说明。

4　算例

算例 1　假定一个三层路面结构（图 6），已知 $h_1/\delta_1=2, h_2/\delta_1=4, d_1=2\delta_1=28\text{cm}, E_2/E_1=0.3, E_3/E_2=0.4$，试用本法求其表面变形系数及土基顶面垂直应力系数。

由所给条件，已知 $E_1=600\text{MPa}, E_2=180\text{MPa}, E_3=72\text{MPa}, h_1=28\text{cm}, h_2=56\text{cm}$

解：1）用表 2 所列步骤分别计算各层表面上的 d_2、d_3 值如表 6；

2）按图 4 的步骤计算 W_1 和 $\overline{\sigma_z}$

$E_3/E_2=0.4, h_2/d_2=0.90$，查双层体系表面位移系数图解（单圆）得 $W_2=0.536$；$E_3/E_1=0.12, W_2=0.536$，得 $h'_2/d_2=0.34$，$h'_2=21.2\text{cm}$；$h'_1=h_1+h'_2=49.2\text{cm}$；$E_3/E_1=0.12$，$h'_1/d_1=1.75$，得 $W_1=0.22$。此例三层体系精确值为 0.218，二者几乎相等。

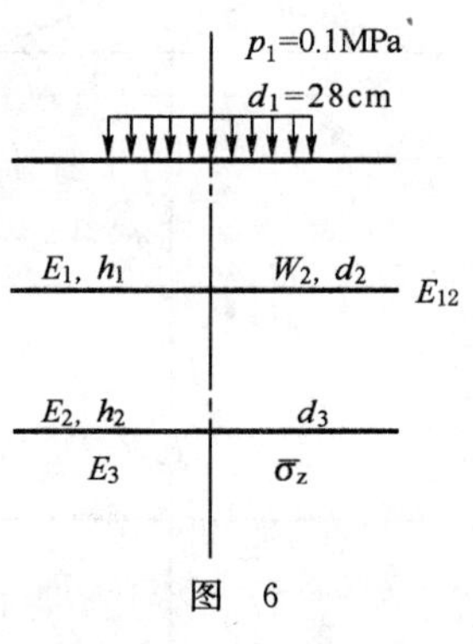

图　6

表 6

计算公式	d_i 试算 第一次	第二次	第三次	第四次
$E_{12}=\frac{d_3}{d_2}E_3$	800（假定）	1093	1158	1173
E_1/E_{12}	7.5	5.5	5.2	
K_1	1.7	1.3	1.22	
$d_2=d_1+k_1h_1$	75.6	64.4	62.2	取 $d_2=62.2\text{cm}$
E_2/E_3	2.5	2.5	2.5	$d_3=62.2\text{cm}$
K_2	0.7	0.7	0.7	
$d_3=d_2+k_2h_2$	114.8	103.6	101.4	

$\overline{\sigma_z}$的计算步骤如下：

(1)$E_3/E_2=0.4$，$h_2/d_2=0.9$，查双层体系上层地面垂直应力系数图解得$\overline{\sigma_{z1}}=0.25$；

(2)$E_3/E_1=0.12$，$\overline{\sigma_{z1}}=0.25$，得$h'_2/d_2=0.64$，$h'_2=39.8cm$；

(3) $h'_1=39.8+28\approx68cm$；

(4)$E_3/E_1=0.12$，$h'_1/d_1=2.43$，得$\overline{\sigma_z}=0.022$。

此例三层体系精确节为0.023。

算例2 图6所示三层体系，已知$W_1=0.201$，$E_1=500MPa$，$E_2=500MPa$，$E_3=40MPa$，$h_1=28cm$，试用本法求中层厚度h_2。

由给定的数据知$h_1/\delta_1=2$，$E_2/E_1=0.3$，$E_3/E_2=0.4$。

解：(1)由试算确定d_2值(见表7)

表7

	第一次	第二次	第三次
$E_{12}=\frac{d_3}{d_2}E_3$	460(假定)	550	543
E_1/E_{12}	10.9	9	9.25
K_1	2.1	1.9	1.95
$d_2=d_1+k_1h_1$	87	81.3	82.5
E_2/E_3	2.5	2.5	
K_2	0.7	0.7	
$d_3=d_2+k_2h_2$	120(假定)	110(假定)	取$d_2=82.5cm$

(2)按图5的步骤确定h_2值

$E_3/E_1=0.08$，$W_1=0.201$，查双层体系位移图解得$h'_1/d_1=1.32$，$h'_1=37cm$；$h'_2=37-28=9cm$；由$E_1/E_2=5$，查图2得$K=1.2$。由式(9)求得结构系数$\beta=1+Kh_1/2.3d_1=1+1.2\times28/64.4=1.52$；$\beta h'_2=1.52\times9=13.7cm$，由$\beta h'_2/d_2=0.165$，$E_3/E_1=0.08$，求得$W_2=0.71$，$E_3/E_2=0.4$，查图得$h_2/d_2=0.35$，$h_2=28.8cm$。此例三层体系精确解$h_2=28cm$，二者只差0.8cm(相对误差2.8%)。

算例3 如图7所示的四层体系，已知$E_1=1000MPa$，$E_2=400MPa$，$E_3=160MPa$，$E_4=64MPa$，$h_1=5cm$，$h_2=15cm$，$h_3=20cm$，在双圆单位荷载作用下，$d_1=2\delta_1=20cm$，试用三层体系图解以本法求表面双圆间隙中央处的变形系数W_1。

解：(1)用试算法确定荷载圆扩大面直径d_i(图8)：把两个圆分别扩大的d叠加起来(图8)，求得$d_2=59cm$，$d_3=77cm$。

表8

	d_i 试算			
	第一次	第二次	第三次	第四次
$E_{12}=\frac{d_3}{d_2}E_3$	880(假定)	1 209.7	1 306	1 348
E_1/E_{12}	11.4	8.3	7.7	7.4
K_1	2.1	1.83	1.71	1.67
$d_2=d_1+k_1h_1$	30.5	29.2	28.6	28.3

续上表

	d_i 试算			
	第一次	第二次	第三次	第四次
$E_{23}=\frac{d_4}{d_3}E_4$	740(假定)	820	833	
E_2/E_3	5.4	4.9	4.8	
K_2	1.28	1.15	1.18	取：
$d_3=d_2+k_2h_2$	49.7	46.5	46.3	d_2=28.6cm
E_3/E_4	2.5	2.5	2.5	d_3=46.3cm
K_3	0.7	0.7	0.7	d_4=60.3cm
$d_4=d_3+k_3h_3$	63.7	60.5	60.3	

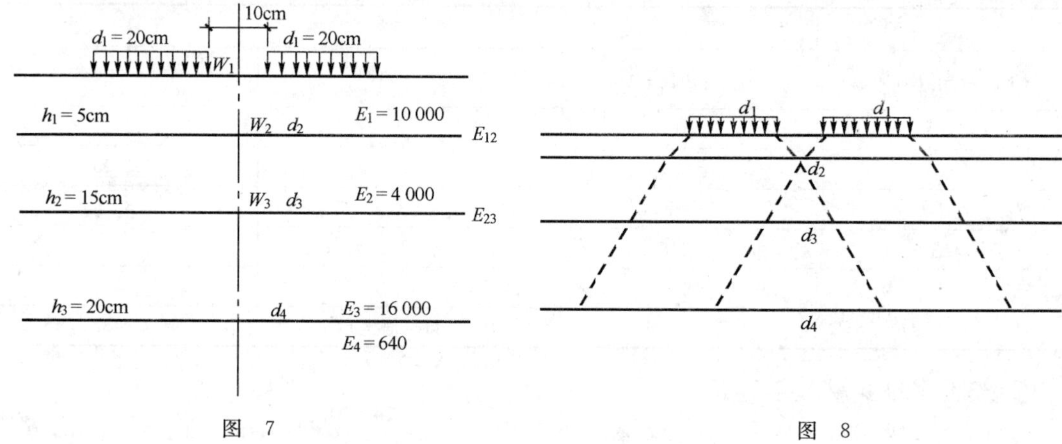

图 7　　　　图 8

2)确定表面变形系数 W_1

由 $E_3/E_4=0.4$，$h_3/d_3=0.259$，查双层体系图解得 $W_3=0.76$；由 $W_3=0.76$，$E_4/E_2=0.16$，查双层体系图解得 $h'_3/d_3=0.16$，$h'_3=0.16\times77=12.3\text{cm}$；将 h'_3 与第二层厚度相加，得 $h'_2=h_2+h'_3=27.3\text{cm}$；由 $h_1/\delta_1=0.5$，$h'_2/\delta=2.73$，$E_2/E_1=0.4$，$E_4/E_2=0.16$，查双圆三层体系诺谟图得 $W_1=4.70$。

此例，四层体系精确解 $W_1=4.90$，二者相差 0.2，相对误差 4.08%。

5　结语

以上介绍了多层路面简化计算新法的原理、计算步骤及部分计算结果，并与弹性层状体系理论的精确解作了对比。结果证明，简化新法的精确度较高，适用范围较大，可以满足工程实际的需要。

简化新法的原理对于土力学范畴中一般多层介质的计算也适用。

本文曾得到同济大学朱照宏教授和林绣贤高级工程师等审阅和指导，特此感谢。

路面结构应力分析的非线性有限单元法

张起森[1] 唐雪生[1] 李建华[2]
(1.湖南交通科学研究所 长沙 410015;2.湖南计算中心 长沙)

摘 要: 本文提出了一个考虑材料非线性的多层路面应力分析的有限单元法。材料的非线性参数采用三轴试验确定。非线性分析的方法,除采用一般的变刚度法之外,还采用了改进的 BFGS 法。实际计算表明,这个方法比变刚法有更大的适用性。

为验证非线性分析结果的正确性,我们将分析结果与利用足尺试验路面的实测位移植进行了比较,并同时与线性弹性理论解作了对比。

0 引言

许多试验证明,由于路面材料的非线性、非弹性特征,采用线弹性理论进行路面结构的应力分析,往往与实际不符。自 1968 年以来,国外许多学者,如邓肯(Duncan)、威尔逊(Wilson)、莫尼史密斯(Monismith)、希克斯(Hicks)等,曾尝试用非线性有限单元法分析路面应力,并得到了与试验值比较一致的结果。但分析方法多采用增量法或迭代法,因此计算机时较长,费用较多,且结果有时不稳定,精度不一定很满意。

根据路面各组成材料的应力—应变性质,本文提出了一个多层路面的非线性有限单元分析法。非线型分析方法,除采用一般的变刚度法外,还采用了由布罗伊登(Broydon)、弗莱彻(Fletcher)、戈尔法布(Golfarb)和沙莫(Sharmo)分别提出的并经笔者改进的 BFGS 法。实际计算表明,改进的 BFGS 法比变刚度法不仅计算速度快,而且计算可靠,并具有适应大荷载增量、大变形等优点。

利用路面试槽实测的位移值,与非线性分析结果和弹性层状理论解进行了对比,证明非线性分析方法较弹性理论法更符合实际。

1 材料的非线性参数

在弹性理论的分析方法中,假定材料的应力—应变关系是弹性、线性的。用于应力分析的材料参数—弹性模量 E 和泊松比 μ 都取为常数。但是,道路建筑材料,诸如土壤、粒料和沥青混和料,三轴试验表明,其应力—应变关系通常是非线性的。这类材料加载时所测得的典型应力—应变曲线表明,材料的模量 E 和泊松比 μ 是随应力大小而异的。对沥青类材料还受温度变化的影响。

为了简化分析起见,对上述各类材料的非线性参数按下述方法进行确定。

对于沥青混合料,三轴试验结果表明,其应力—应变关系是非线性的,而且在不同的温度条件下,应力—应变曲线也是不同的。根据试验的资料分析,沥青混合料的模量 E 和泊松比 μ 主要受温度影响,相对地受侧压力的影响较小(如图 1 所示)。特别是泊松比 μ 可近似取为常

数(取 $\mu = 0.25 \sim 0.35$)。而模量与温度的关系则可表示为(图 2)

$$E_{\mathrm{T}} = 10^{\alpha_1 - \beta_1 T} \tag{1}$$

式中:α_1,β_1 分别为主要决定于沥青种类、含量和骨料状况,由试验确定;T 为沥青路面温度。

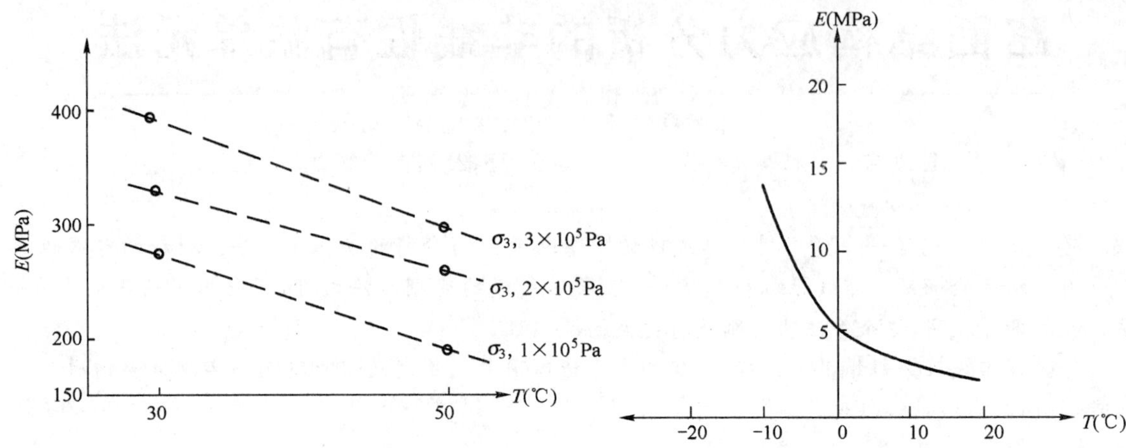

图 1 在不同的侧压力下,沥青混凝土的模量 E 与温度 T 的关系　　图 2 沥青混凝土的模量 E 与温度 T 的关系

对于我们所用的中粒式沥青混凝土,$\alpha_1 = 4.83$(在 $4.69 \sim 4.95$ 之间),$\beta_1 = 0.0256$。

对于粒状材料(如碎砾石),试验得出,其模量 E 和泊松比 μ 有明显的应力依赖性(图 3),并可表示为

$$\left.\begin{aligned} E &= K_1(\sigma_3 - \sigma_t)^{n_1} \\ \mu &= \alpha_2(\lg\sigma_1/\sigma_3)^{\beta_2} \end{aligned}\right\} \tag{2}$$

式中:K_1,n_1,α_2,β_2 分别为由试验决定的系数;σ_1,σ_3 分别为最大、最小主应力(以压力为正);σ_t 为粒料的抗拉强度,由试验确定。

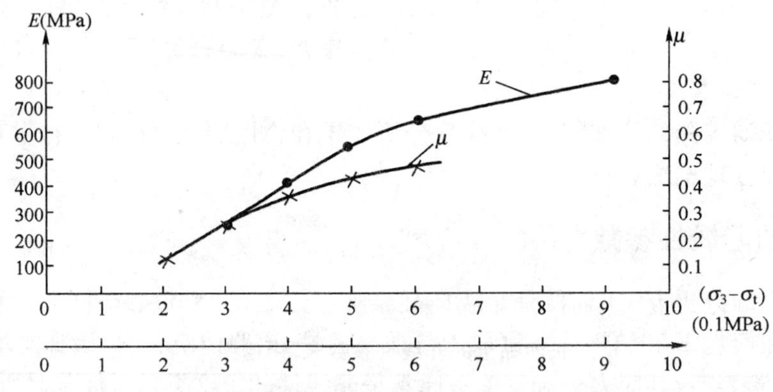

图 3 模量 E 和泊松比 μ 分别与 $(\sigma_3 - \sigma_t)$ 和 σ_1/σ_3 的关系

当 σ_3 大于或等于粒料的抗拉强度时,E 取某个较小的常数时(如取 $E = 10\mathrm{MPa}$);当 σ_3 小于 σ_t 时,E 按式(2)计算。

对于路基土壤,大量的三轴试验说明,土壤的应力—应变曲线很接近康德纳(Kondner)等人提出的双曲线(图 4)

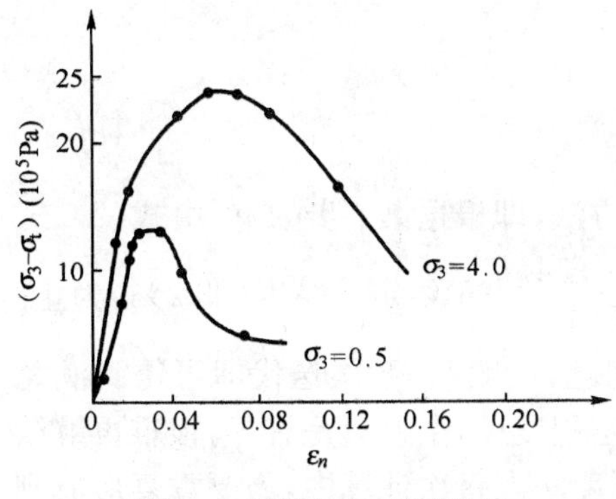

图 4 土壤的应力—应变曲线

$$\sigma_1-\sigma_3=\frac{\varepsilon}{a+b\varepsilon} \tag{3}$$

式中：σ_1，σ_3 分别为同前；ε 为轴向应变；a，b 分别为试验确定的系数。

据此，并考虑莫尔—库仑准则，得到土的切线模量 E_t 和切线泊松比 μ_t 为

$$E_t=\left[1-\frac{R_f(1-\sin\varphi)(\sigma_1-\sigma_3)}{2c\cos\varphi+2\sigma_3\sin\varphi}\right]^2 \cdot Kp_a\left(\frac{\sigma_3-\sigma_t}{p_a}\right)^n \tag{4}$$

$$\mu_t=\frac{g-f\lg(\sigma_3-\sigma_t)}{(1-A)^2} \tag{5}$$

式中：R_f 为破坏比，其值小于 1；c，φ 分别为土壤的黏聚力和内摩擦角；K，n 分别为由试验确定的参数（见表 1）；p_a 为大气压力；σ_t 为土的抗拉强度，$\sigma_t=-2\cot(45°-\varphi/2)$；$A$，$g$，$f$，$d$ 分别为由试验确定的参数。

$$A=\frac{(\sigma_1-\sigma_3)d}{Kp_a\left(\frac{\sigma_3-\sigma_t}{p_a}\right)^n\cdot\left[1-\frac{R_f(1-\sin\varphi)(\sigma_1-\sigma_3)}{2c\cos\varphi+2\sigma_3\sin\varphi}\right]^2}$$

当 σ_3 大于或等于抗拉强度时，E_t 取某个较小的数值（例如取 $E_t=10\times10^5$Pa）；当 σ_3 小于抗拉强度时，E_t 按式(4)计算。

土的强度还可用割线模量 E_R 表示（在迭代法计算时用）。由土的三轴试验资料得到，割线模量 E_R 与应力 $(\sigma_1-\sigma_3)$ 有如下的关系（图 5）

$$\left.\begin{aligned}&E_R=K_2+K_3[K'_1-(\sigma_1-\sigma_3)],\\&K'_1>(\sigma_1-\sigma_3)\\&E_R=K_2+K_4[(\sigma_1-\sigma_3)-K'_1],\\&K'_1\leqslant(\sigma_1-\sigma_3)\end{aligned}\right\} \tag{6}$$

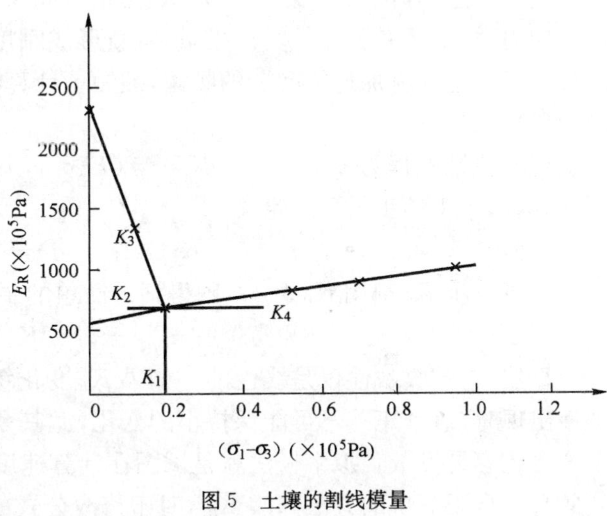

图 5 土壤的割线模量

式中：K'_1，K_2，K_3，K_4 为通过试验确定的参数。

长沙黏土的非线性参数表（试槽用土） 表 1

含水率（%）	干密度（g/cm³）	黏聚力（$\times10^5$Pa）	摩擦角（°）	K	n	R_f	试验方法
20.5	1.6	3.65	24.5	160	1.2	0.72	不饱和、不固结和不排水三轴剪切试验
19.2	1.67	3.75	30	290	0.97	0.73	
19.2	1.7	3.75	33.5	230	1.1	0.66	

2 非线性分析方法

2.1 变刚度法

变刚度法是大家比较熟悉的一种非线性问题的分析方法，即根据第 i 步的解，由式(2)、式(4)或式(6)确定第 $i+1$ 步的 E 值，计算直到 $\max\limits_{i\in G}\left|\dfrac{E_{i+1}^{j}-E_{i}^{j}}{E_{i}^{j}}\right|$ 小于给定的精度(如 2%)为止。根据一系列的计算得出，该法对于式(2)和式(6)组合的问题，一般 5～6 次迭代即可得到满意的结果；但对式(2)和式(3)组合的问题，该法计算得到一定程度后，余差只是有界，很难再继续降到要求的精度(除非把荷载增量取得较小)。同时，变形度法在每次计算中，需要重复形成刚度矩阵，因此一般要占用更长的机时，因而是不经济的。为此，我们应寻找一种对于更广泛的非线性问题能给出收敛解，而计算速度又更快的分析方法。通过实际计算对比，我们认为改进的 BFGS 法是比较理想的。

2.2 改进的 BFGS 法

BFGS 法是拟牛顿对非线性力学离散方程的应用。它是从数值最优化方法发展起来的，是牛顿的变型。这个方法充分利用有限单元法系数矩阵的稀疏、对称、正定等良好的性质，避免了牛顿法中雅可比矩阵的重复计算。与最简单的牛顿法相比，它有计算可靠，并有适应大荷载增量、大变形等优点。改进的 BFGS 法结合起来。当运算按 K_0 进行到一定程度后，依照算出的应力，按上述有关公式算出模量，重新形成刚度矩阵，由此新的刚度开始依 BFGS 法继续进行计算。这样就加速了问题的收敛，缩短了计算时间。

(1)方法概述

记非线性方程为 $F(u)=0$，$K_i=f(E(\sigma_i),u(\sigma_i),\cdots\cdots)$。若 K_i 是在第 i 步逼近 u_i 上计算的，则下一牛顿步由下式定义

$$K_i(u_{i+1}-u_i)=-F(u_i) \tag{7}$$

若每一步 K_i 都用 K_0 代替，则得到最简单的牛顿法

$$u_{i+1}=u_i-K_0^{-1}F(u_i) \tag{8}$$

显然，它的收敛性仅是线性的。如果 K_i 变化缓慢，则用它也许会得到满意的结果。但在塑性出现时，这个矩阵不可能保持小的变化，尤其是当应力—应变曲线的斜率陡然变化时，这个方法还容易发散。拟牛顿法就是试图在计算速度及可靠性方面对牛顿法进行改进，即在迭代的每一步用简单的方法修改 K_0，对于修改公式的选择，应满足如下四个条件：

①新的 K_i 将满足拟牛顿方程

$$K_i(u_i-u_{i-1})=F(u_i)-F(u_{i-1}) \tag{9}$$

②若 K_{i-1} 对称，则 K_i 也对称。

③若 K_{i-1} 正定，则 K_i 也正定。

④从 K_{i-1} 到 K_i 的改变必须易于计算，即要求 $d_i=K_i^{-1}F(u_i)$ 的计算尽可能有效。

因为 d_i 将给出搜索方向，沿着这个方向我们将从 u_i 去计算 u_{i+1}。

BFGS 法给出如下校正公式

$$K_i^{-1}=(I+W_iV_i^{\mathrm{T}})K_{i-1}^{-1}(I+W_iV_i^{\mathrm{T}}) \tag{10}$$

显然，式(10)满足条件②和③。条件①是加在 V_i，W_i 上的约束。BFGS 校正公式可看作

是满足这些约束条件中变化最小的。

式(10)中 I 为单位矩阵,向量 V_i ,W_i 由下式给出

$$V_i^{\mathrm{T}} = \left[\frac{\delta_i^{\mathrm{T}} r_i}{\delta_i^{\mathrm{T}} K_{i-1} \delta_i}\right]^{1/2} K_{i-1}\delta_i - r_i \tag{11}$$

$$W_i = \frac{1}{\sigma_i^{\mathrm{T}} r_i}\delta_i \tag{12}$$

式中 $\delta_i = u_i - u_{i-1}$;$r_i = F(u_i) - F(u_{i-1})$ 。

2.计算步骤

迭代从 K_0 开始,第一个搜索方向 d_0 由 $K_0 d_0 = F(u_0)$ 给出。$K_0 = f(E(\sigma_0), u(\sigma_0), \cdots)$,将 K_0 分解为 LDL^T ,L 和 D 一并存储起来。以后每一步需加上校正因子,如求第三个搜索方向 d_2 时

$$\begin{aligned} d_2 &= K_2^{-1} F(u_2) \\ &= (I + W_2 V_2^{\mathrm{T}})(I + W_1 V_1^{\mathrm{T}}) K_0^{-1} (I + W_1 V_1^{\mathrm{T}})(I + W_2 V_2^{\mathrm{T}}) F(u_2) \end{aligned}$$

这时,程序先计算 $b_2 = (I + W_2 V_2^{\mathrm{T}}) F(u_2)$,然后算出 $b_1 = (I + W_1 V_1^{\mathrm{T}}) b_2$,调用回归过程由 $K_0 c = b_1$ 解出 $c = K_0^{-1} b_0$ 。计算 $d_1 = (I + W_1 V_1^{\mathrm{T}}) c$,最后计算 $d_2 = (I + W_2 V_2^{\mathrm{T}}) d_1$ 。这就是第三个搜索方向。

以上过程增加的工作量只是一系列内积运算,而这些工作量也是修正牛顿法所必需的,可见上述的条件④是满足的。

给定了 d_1 之后,牛顿法就在那个方向移动一步而获得新的逼近 $u_{i+1} = u_i - d_i$ 。因为迭代开始几步离真解较远,所以引进不同的步长 S_i 是必要的,记 $u_{i+1} = u_i - S_i d_i$ 。因子 S_i 用单因素优选法给出,亦即使

$$当\ S = S_i\ 时,\ |G_i(S)| = |d_i^{\mathrm{T}} F(u_i - S_i d_i)| = \min$$

当向量 $u_i - u_{i-1}$ 及 $F(u_i)$ 小于指定的误差(如 2%)时运算终止。

3 计算实例

算例 1 一个平面尺寸为 2.44m×2.44m、深 1.52m 的试槽,用无机质黏土填筑,土的塑性指数 $I_p = 23$,最佳含水率 w=13.2%(此时 CBR 为 12%)。土壤实测含水率 w=14%~15%。在土基表面用半径 r =15.24cm 的柔性圆板均匀地施加 p =1.2×10^5^Pa 的荷载。用位移计测定了土基表面的竖向变形曲线。

用迭代法和改进的 BFGS 法进行非线性分析。土基剖面用三角形圆形单元划分为 727 个单元。土基模量在作弹性分析时取 $E = 252\times10^5$ Pa, $\mu = 0.41$ (在保持荷载中心处位移相等的条件下用试算法确定);在作非线性分析时取(由三轴试验确定)

$$E = 200 + 2000[0.28 - (\sigma_1 - \sigma_3)] \qquad (\sigma_1 - \sigma_3) < 0.28$$

$$E = 200 \qquad (\sigma_1 - \sigma_3) \geqslant 0.28$$

泊松比 μ 仍取 0.41。

图 6 示出了土基表面变形曲线计算值(用弹性均质体理论和非线性分析法求得)与实测值的对比情况。可见,用非线性分析法计算的表面变形盆与实测结果更为符合。用弹性理论求

得的变形盆，在板边以外偏离实际较远，且曲线衰减也较实际要慢。

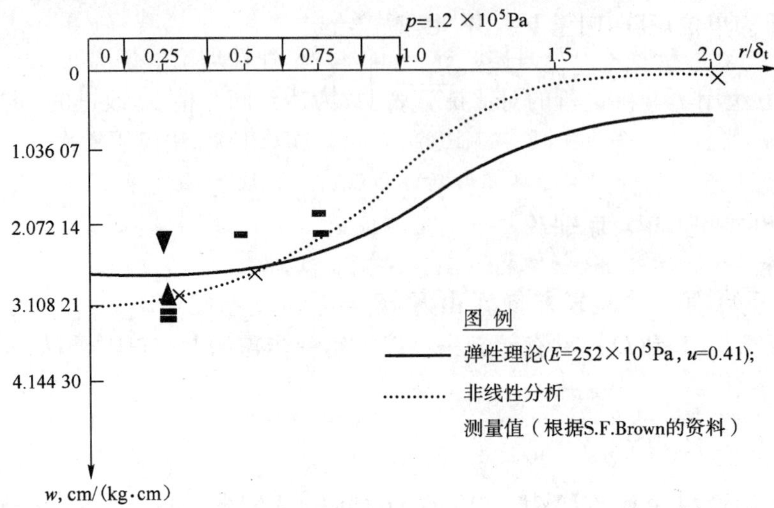

图 6　土基表面测量的和计算的变形盆比较

图 7 所示的是土基模量随深度和宽度的变化情况（取非线性分析中最后一次迭代各单元的模量值）。可以看出，土基模量在不同深度和宽度上其值是不同的，仅仅在荷载下一个较小范围内（$z/\delta\approx-2.25,r/\delta\approx1.5$）其模量值才基本上保持一个常数，而且模量在横向变化比

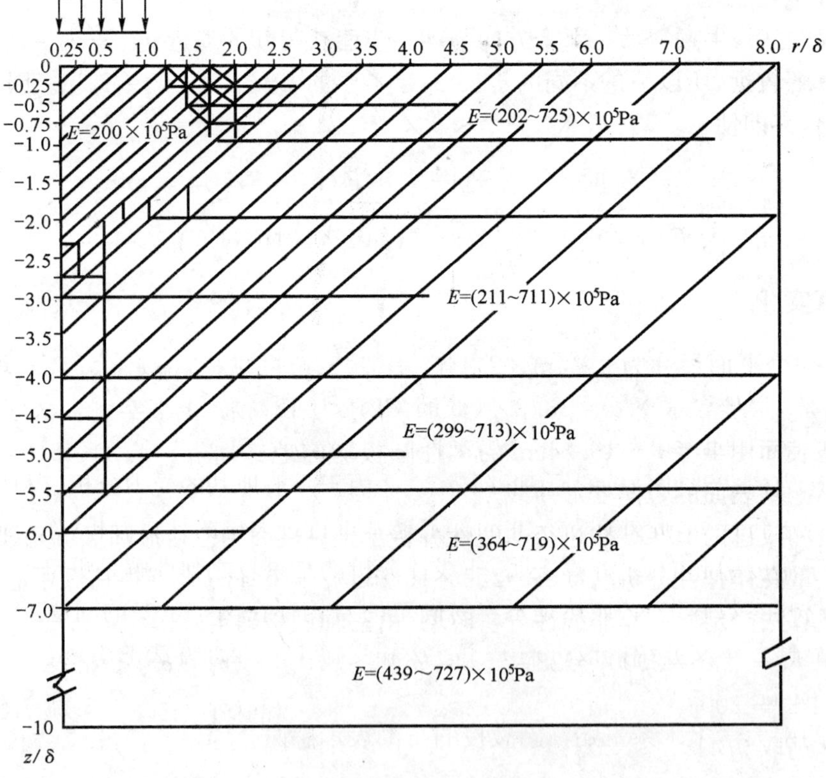

图 7　土基模量的变化示图

深度方向变化更大。例如，在 $z/\delta=0\sim-2$ 范围内，模量沿横向由 $202\times10^5\mathrm{Pa}$ 变化到 $728\times10^5\mathrm{Pa}$；而在 $r/\delta=0\sim2$ 范围内，模量在竖向由 $202\times10^5\mathrm{Pa}$ 变化到 $559\times10^5\mathrm{Pa}$。模量在横向上的变化，对于弹性分析是不好处理的。这点也许就是弹性理论解偏离实际的主要原因之一。

两种分析方法用 719 机进行的对比计算表明，为达到同一精度，改进的 BFGS 法所用的时间仅为变刚度法的 1/5 。迭代次数，变刚度法需用 8 次，BFGS 法仅用 4 次。

算例 2 泥结碎石路面结构，路面厚度 $h=30\mathrm{m}$，土基为粉质亚黏土。试槽尺寸 $10\mathrm{m}\times3\mathrm{m}\times2\mathrm{m}$，用反力架和汽车轮胎加载。土基实测模量 $1\,000\times10^5\mathrm{Pa}$。泥结碎石整层测定的模量为 $3\,000\times10^5\mathrm{Pa}$。为了进行非线性分析，用三轴试验法确定碎石的模量为

$$E_1=500(\sigma_3\sigma_t)^{0.7},\sigma_t=-3\times10^5\mathrm{Pa}$$

土基的模量为

$$E_0=700+9600[0.168-(\sigma_1-\sigma_3)]\qquad K_1>(\sigma_1-\sigma_3)$$
$$E_0=700+400[(\sigma_1-\sigma_3)-0.168]\qquad K_1\leqslant(\sigma_1-\sigma_3)$$

图 8 示出了用弯沉仪和位移计实测的碎石表面的变形曲线。用圆点表示的是非线性分析的结果(改进的 BFGS 法，路面结构剖面用三角形圆形单元剖分为 517 个单元用 719 机计算，仅 3 次迭代就得到满意的结果)。叉点表示的是用双层体系理论图解得到的弹性解。对比看出，弹性层状理论解明显偏大，而非线性分析结果则十分接近实测值。

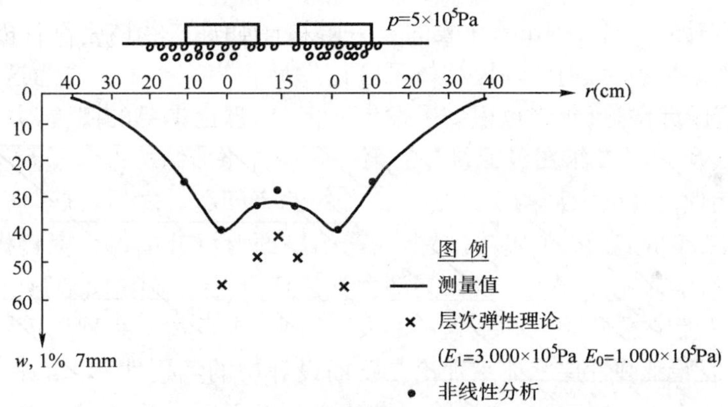

图 8 双层体系测量的和计算的变形盆比较

4 结语

路面结构应力非线性分析的原理和步骤也适用于一般地基的受力分析。利用所编辑程序对路面结构曾进行计算，此外还对东北的冻土地基进行过大量的计算分析(冻土地基的模量变化主要是由于温度引起的)。计算表明，非线性分析的结果较之弹性解是更符合于实际的。当计算模型和材料参数确定后(诚然是不容易确定的)，仍存在两个主要的问题：一是计算速度；一是计算可靠性。本文介绍的改进的 BFGS 法和受拉单元处理方法的引进，基本上可以圆满地解决这两个问题。

作者对湖南大学土木系王贻荪副教授的帮助表示感谢。

弹性层状体系理论的实验验证及应用

张起森
(湖南交通科学研究所　长沙　410015)

摘　要: 弹性层状体系理论在土木工程中得到广泛的应用。但是,长期以来对这个理论与实际的符合程度,总是有一些怀疑。为了检验这个理论的实用性和可靠程度,国内外都曾进行过一些实验验证工作。本文介绍我们从1978到1983年这段时间对这个课题所开展的工作,内容主要包括路面层状体系模型试验和足尺试验的结构、材料参数和应变测量的概况;各项试验资料的整理结果及其与理论值的比较,层状体系理论与实际的偏离和如何修正的讨论。此外,对今后这个课题应研究的问题提出一些看法。

0　引言

自从1943年美国D. M. Burmister发表第一篇关于弹性层状体系理论的论文以来,经过近四十年各国学者的努力,目前弹性层状体系理论发展相当完整了。作为这个理论方向的一种近似方法——有限元法,近年来也得到了发展。但是,理论本身的完善,并没有助于它与实际应用进一步的联系。1962年在美国召开的第一届沥青路面结构设计国际会议上,有多篇论文提出了弹性层状理论在路面结构实际受力状态的偏离问题。之后,许多研究工作进一步证明这点。我国是在20世纪70年代初,根据大量的路面弯沉补强设计资料提出这个问题的。此后,交通部交通科学研究院、湖南大学、同济大学公路研究院、湖南交通科学研究所和西安公路研究所等单位,先后在公路现场和室内试槽及环道上,进行过一系列路面结构应力、应变和位移的测量工作,以验证弹性层状体系理论在路面设计中的实用性和可靠性。本文就根据这些试验,特别是1978～1983年结合柔性路面设计规范修正所进行的层状体系的试验工作,综述试验的概况,着重分析个有关的试验结果及其理论值的对比关系,据此来讨论和修正弹性层状理论用于路面设计的方法。

1　弹性层状体系理论的发展概况

1943年D. M. Burmister首先获得弹性层状体系理论的部分数值解。由于计算机的发展和普及,国外许多学者随后进行了许多的理论和应用研究,获得了大量的数值结果,并编制了详细图标和程序供生产部门使用。国内研究起步稍晚,但到20世纪60年代初,同济大学公路研究所就求得了双层和三层体系应力与位移的数值。70年代初,结合路面设计方法的研究,交通部交通科学院、同济大学等单位,对二层和三层体系在双圆形荷载作用下的应力和位移进行了计算(包括圆形均布垂直荷载机水平荷载)。近年来,为了研究荷载形式的影响,同济大学

摘自《土木工程学报》1985年11月第18卷第4期。

和西安公路研究所等单位，分别对圆形均布、半球形和碗形分布荷载进行应力和位移的对比计算；对于层间的接触状态，除考虑连续和滑动情况外，还提出了考虑部分连续和部分滑动接触的近似计算方法，以及考虑层间非线性接触的有限元分析法。同时，对于考虑材料非线性性质的层状体系有限元分析法作为了初步探讨。目前，国内已有了 n 层体系的计算机程序，包括广西交通科学研究所和哈尔滨建筑工程学院等单位编制的微机程序，从计算中所考虑的因数和计算方法而论，其研究水平已接近国际先进水平。这些成果的取得是与我国从事路面设计理论的研究工作者的刻苦努力、通力合作分不开的。

2 弹性层状体系理论应用的症结

从一系列试验发现，按弹性层状体系计算的应力、应变和位移，一般都与实际有偏离。例如，路面表面双圆中心处的垂直位移（弯沉），其偏差可达百分之几至百分之 60～70。从路面计算的厚度来看，通常按理论法设计的厚度亦偏大（图 1）。为什么会出现这样的偏差呢？

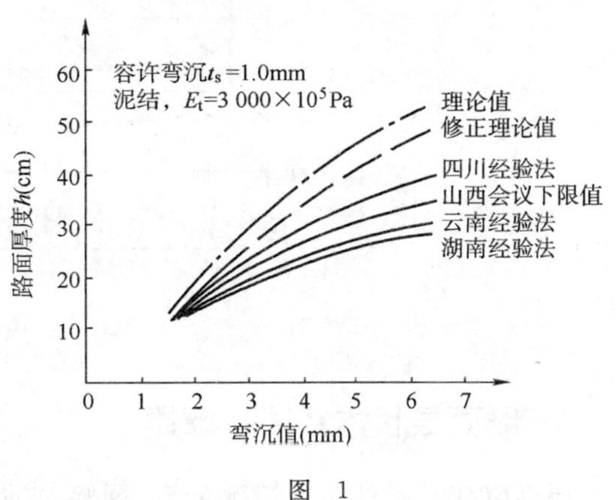

图 1

众所周知，路面、机场道面和地基，由于材料、施工或地质构造等方面的原因，它们与假设的理想层状结构是有所不同的。材料的不均匀，各向异性，以及应力—应变关系的非线性使得实际路面结构的性质变得异常复杂。图 2a）所示，为非线性分析求得的四层体系的基层和底基层弹性模量变化的等值线（区最后一次迭代的结果）；图 2b）是一个路基非线性分析求得的弹性模量变化情况。从这些图上看出，对于一个路面结构，在实际的受力状况下，模量的深度方向和水平方向均有明显变化（即使是同一结构层也是如此）。在现有的层状体系中，同一结构层的模量取为一常数的，这显然是不符合实际情况的。所以在考虑修正弹性层状体系理论时，我们要着重从材料性质方面入手，使分析所用的材料性质（主要是弹性模量 E），尽可能接近实际。当然，层状理论不符合实际还有其他的原因，如荷载分布形式、层间接触状况等，但这些因素与材料性质相比是次要的。这就是本文下面研究理论与实际之间的偏差的根据。

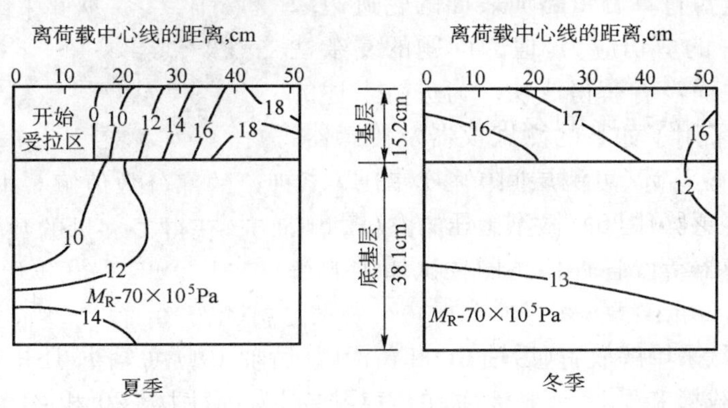

图 2a)

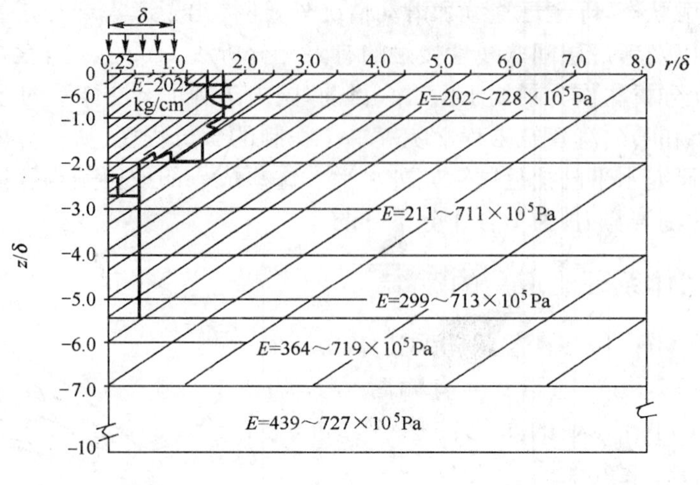

图 2b)

3 路面层状体系试验概述

根据以往一系列试验情况分析，气候、水温和其他一些偶然因素均对试验结果有影响。因此，本文所述试验主要采用了控制条件的室内试验。室内试验分环道模拟试验和试槽足尺试验见图3。试验所采用的路面典型结构有：双层体系结构——沥青混凝土＋土基，两渣＋土基，沥青碎石混合料＋土基，泥结碎石＋土基；三层体系结构：沥青混凝土＋级配碎石＋土基，沥青混凝土＋灰土＋土基，沥青碎石混合料＋泥结碎石＋土基，沥青碎石混合料＋灰土＋土基。各种结构层的厚度和弹性模量列于表1。试验主要测定：①路面的双轮（或双圆板）中心处的表面垂直位移（弯沉）和层间位移；②双轮（或双圆板）下的上层底面和中层底面的主拉应力；③双层和三层体系中，路面不同深度处的垂直应力；④路基含水率在试验期间的变化；⑤沥青面层温度场及其变化。试验之初也曾打算测量路面表面的轮迹边缘处（车轮前进方向）的剪切应力，但因问题的复杂性和测试手段未过关而没有获得成功。为进行上述的测定，试验中主要采用了如下的测试仪器及传感器：弯沉仪CWZ-03F位移计（可测层间位移）（图4）、薄膜式应变花拉力传感器（图5）、微型土压力盒（图6）、热电偶和湿度传感器等。各种传感器在试槽中的布置见图7。

图 3

试验时加载，除采用解放牌（后轴6t）和黄河牌（后轴10t）汽车外，还采用大型反力架通过轮胎、圆形刚度承载板和柔性承载板（板的直径分别为：双圆板20和21.5cm，单圆板28和30cm）进行加载。最大荷载的单位压力分别为5×10^5Pa和7×10^5Pa。试槽加载试验的全貌见图8。

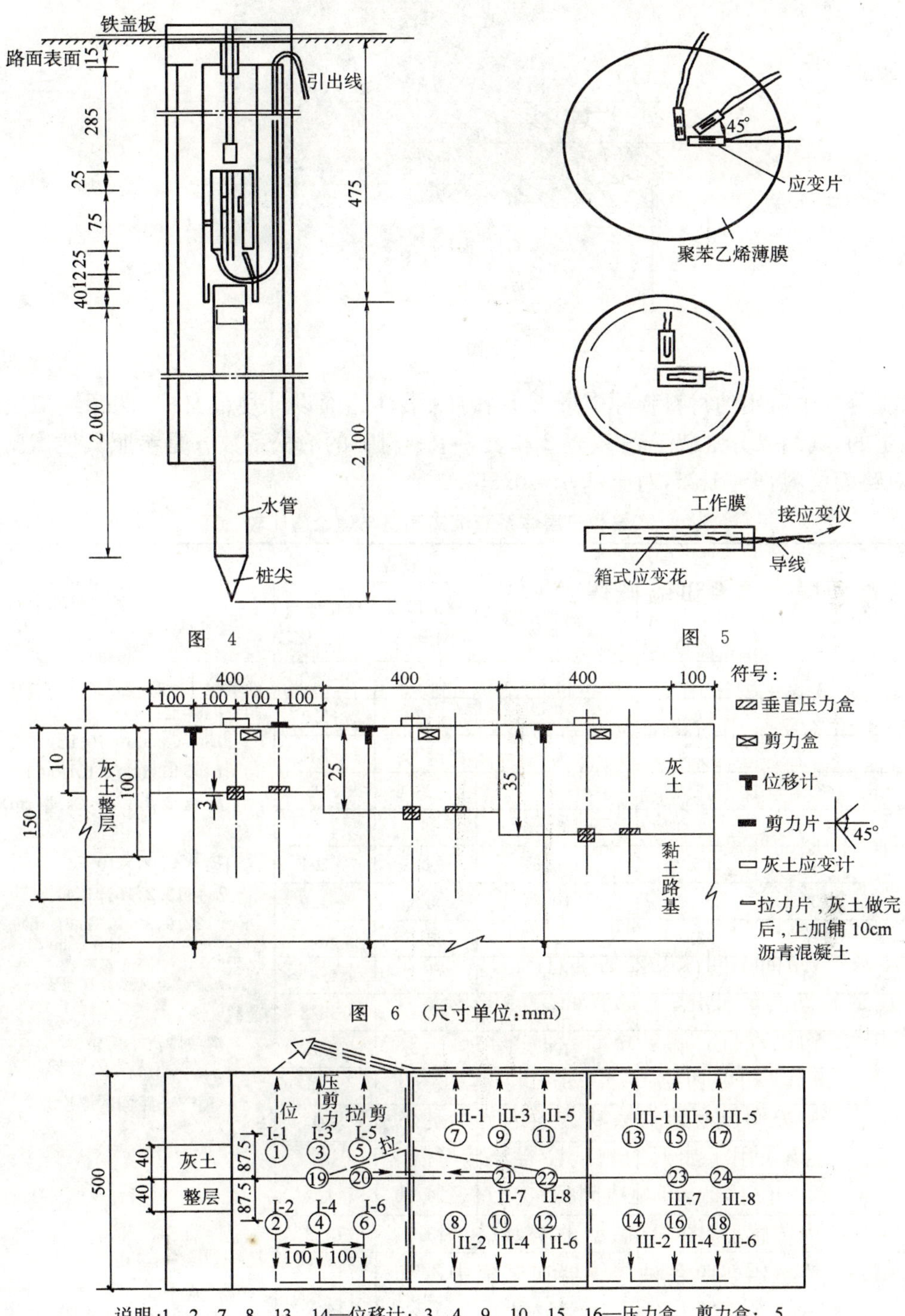

图 4

图 5

图 6 （尺寸单位：mm）

图 7

图 8

试验分析中所用的材料弹性模量 E 是按照《柔性路面设计规范》修订课题组拟定的有关方法确定的，其结果分别载于表 1、表 2 和表 3 中。材料的泊松系数 μ 是参照其他试验资料确定的，对路面材料，$\mu=0.25$，对土基，$\mu=0.35$。

双层和三层体系弯沉实测值与理论值比较 表 1

测点编号	实测值（$\times10^{-2}$mm）	理论值（$\times10^{-2}$mm）	理论修正值（$\times10^{-2}$mm）	误差（%）		试验条件与说明
				理论值与实测值比较	修正值与实测值比较	
1	17	39.4	19.9	−56.9	−14.6	双层路面结构： 沥青混凝土： $E_1=63\,000\times10^5$ Pa(10℃) $E_1=153\,000\times10^5$ Pa(25℃) $h_1=12.5,17.9,24.8$(cm) 两渣： $E_1=4\,500\times10^5$ Pa $h_1=15.2,16,21.4,$ $22.9,30.9,31.6$(cm) 土基： $E_0=335\,450\times10^5$ Pa 荷载： 解放牌汽车后轮 $p=5\times10^5$ Pa (h_1——路面的厚度)
2	29.6	47.6	31.2	−37.8	−5.1	
3	55.2	77.4	57.3	−28.7	−3.7	
4	47.2	61.8	46	−23.6	2.6	
5	65.4	72.2	64	−9.4	2.2	
6	104.4	105.4	106.6	−0.9	−2.1	
7	102	92.9	104	9.8	−1.9	
8	114	92.3	108	23.5	5.6	
9	114	93.2	109	22.3	4.6	
10	102	94.6	106	7.8	−3.8	
11	112	93.1	108	20.3	3.7	
12	80	73	74.5	9.6	7.4	
13	78	72.7	73.5	7.3	6.1	
14	88	76.8	81.5	14.6	8	
15	92	76.9	82.7	19.6	11.2	
16	94	75.9	81.6	23.9	15.2	
17	62	60.4	56	2.6	10.7	
18	64	59.5	56	7.6	14.2	
19	62	59.7	55.5	3.9	11.7	
20	76	66.8	67.4	13.8	12.8	
21	72	61.5	61.5	17.1	17.1	
22	68	60.4	58	12.6	17.2	

续上表

测点编号	实测值 (×10^{-2}mm)	理论值 (×10^{-2}mm)	理论修正值 (×10^{-2}mm)	误差(%)		试验条件与说明
				理论值与实测值比较	修正值与实测值比较	
23	47.2	61.3	48	−23	−1.7	三层路面结构 1. 沥青混凝土 E_1=63 000×10^5Pa(10℃) 153 000×10^5Pa(25℃) h_1=7.9,12.4,16.9(cm) 泥结碎石: E_2=3 390×10^5Pa h_2=18.6,19.6,20.1(cm) 土基: E_0=383 415×10^5Pa 2. 沥青混凝土 E_1=20 000×10^5Pa(20℃) h_1=5.8,6.1,7.0.8.4,9.2 10.5,12.2,12.8(cm)
24	27.6	46.8	30.8	−41	−10.4	
25	22.7	35.6	21.8	−36.2	4.1	
26	62.7	68.8	60	−8.9	4.5	
27	39.7	56.8	43	−30.1	−7.7	
28	34.5	48.8	35	−29.3	−1.4	
29	68	67.8	75	0	−9.3	
30	86	82.5	90	4.2	−4.4	
31	50	57	62	−12.3	−19.4	
32	72	61.3	69	18	4.3	
33	46	48.5	50	−5.2	−8	
34	56	49	54	14.3	3.7	
35	40	41.6	39	2	2.6	
36	30	38.2	33	−21.5	−9.1	
37	36	31.1	33	16.1	9.1	
45	52	49.5	53	6.1	−1.9	灰土 E_2=5 000×10^5Pa h_2=7.7,8.5,9.9,20.2,24.1(cm) 土基 E_0=80.2,105,125,145.5, 173.5×10^5Pa 荷载 黄河牌汽车后轮: p=7×10^5Pa 及单圆板: δ=14cm,p=5×10^5Pa,7×10^5Pa 双圆板:δ=10cm,p=0.5 及 7×10^5Pa (δ为荷载圆面积的半径,以下均同)
46	45	51	51	−11.8	−11.8	
47	40	47.2	45	−15.3	11.1	
48	30	42.6	32	−29.6	−6.3	
49	28	30.9	30	−9.7	−6.7	
50	22	33.3	26	−33.3	−15.4	
51	26	32.5	28	−21.2	−7.1	
52	25	31.5	27	−21.9	−7.4	
53	24	30.6	26	−22.6	−7.7	
54	132	178	144.2	−25.8	−8	
55	126	139	146	−9.4	−13	
56	120	139	146	−13.7	−17	
57	128	178	142	−28.1	−10	
58	76	107	87	−30	−12	
59	105	129	113.5	−18.6	−7	
60	72	88	79	−18.2	−9	
61	76	88	78	−13.6	−3	
62	80	84	92	−4.8	−8	

双层体系面层和三层体系面层底面、中层底面拉应力的实测值和理论值的比较　　表 2

测点编号	实测值 ($\times 10^5$Pa)	理论计算值		误差(%)		试验条件
		连续体 ($\times 10^5$Pa)	滑动体 ($\times 10^5$Pa)	实测值与连续体比较	实测值与滑动体比较	
1	5.03	5.15	5.46	2.3	−7.9	路面结构： 沥青混凝土 h=17.9,24.8(cm) 灰土 h=8.8,9.4,20,30.5,31(cm) $p=5\times10^5$Pa δ=10cm t=10℃ δ为荷载圆半径
2	8.8	8.2	8.82	7.3	−0.2	
3	3.88	4	4.75	−3	−18.3	
4	2.79	4.3	5	−35.1	−44.2	
5	2.1	2.05	2.55	2.4	−17.6	
6	7.1	6.8	9.25	4.4	−23.2	
7	7.64	7	9.45	9.1	−19.2	
8	2.57	2.2	2.7	16.8	−4.8	
9	2.51	2	2.4	25.5	4.6	
10	7.8	6.8	9.3	14.7	−16.1	
11	5.13	7	9.45	−26.7	−45.7	
12	1.62	2.2	2.7	−26.7	−40	
13	1.86	2	2.4	−7	−22.5	
14	18	6.75	16	166.7	12.5	沥青混凝土 h_1=7.9,11.5,12.4,16.9,14.5,15(cm) 泥结碎石 h_2=19.20cm 灰土 h_2=21,22.7,24,30.4,31(cm) $p=5.7\times10^5$Pa t=10～17℃
15	10.7	5.75	11	86.1	−2.7	
16	7.8	6	9	30	−13.3	
17	10	4.5	10.2	124.7	−1.5	
18	9.66	4.87	9.66	98.4	0	
19	10.75	4.81	8.96	123.5	20	
20	8.4	3.91	9.45	114.8	−11.1	
21	9	3.84	8.47	134.4	6.3	
22	8.9	4.39	11.6	102.7	−23.4	
23	7.7	4.69	10.22	64.2	−24.7	
24	10.4	3.76	9.03	176.6	15.2	
25	2.03	2.09		−2.9		中层灰土底面： 沥青混凝土 h_1=12.5,14.5,15(cm) 沥青碎石 h_3=5.7cm
26	2	1.71		17		
27	1.49	1.63		−8		
28	3.02	3.6		−16		
29	2.04	2.2		−8.2		
30	1.66	2.04		−18.6		
31	1.66	2.04		−18.6		

说明：编号 1～13 为双层体系面层底面的拉应力；14～24 为三层体系面层底面的拉应力；25～31 为三层体系中层底面的拉应力。

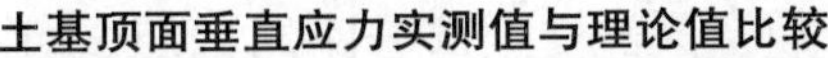

土基顶面垂直应力实测值与理论值比较　　表 3

测点编号	土基模量 E_0 （$\times10^5$Pa）	实测值（$\times10^5$Pa）	理论值（$\times10^5$Pa）	理论值与实测值之比	试验条件说明
1	335	0.091	0.11	0.83	路面结构： 沥青混凝土 h=12.5,17.9,24.8(cm) 灰土 h=8.3,9.9,23.1(cm) 荷载： 双轮 $p=5\times10^5$Pa δ=10cm t=10℃,25℃
2	383	0.13	0.18	0.72	
3	335	0.22	0.33	0.67	
4	335	0.22	0.26	0.84	
5	383	0.37	0.44	0.83	
6	335	0.54	0.7	0.77	
7	1360	1.72	2.43	0.71	
8	1050	2.06	2.61	0.79	
9	1250	1.14	0.86	1.39	
10	1360	2.07	2.43	0.85	
11	1050	2.12	2.61	0.81	
12	1250	0.75	0.86	0.87	
13	383	0.3	0.29	1.04	沥青混凝土 h_1=7.9,12.4,16.9,7.0(cm) 级配碎石 h_2=18.6,19.6,20.1(cm) 灰土 h_3=9.9(cm) 荷载： 双轮 $p=5.7\times10^5$Pa δ=10,10.75cm t=10℃,20℃
14	415	0.17	0.21	0.79	
15	415	0.11	0.15	0.75	
16	383	0.47	0.36	1.32	
17	415	0.31	0.25	1.28	
18	415	0.3	0.21	1.43	
19	1360	1.77	1.53	1.16	
20	1360	1.55	2.18	0.71	

4　试验结果分析及其理论值的比较

从 1978 到 1983 年，曾对环道和试槽铺筑的路面结构，用轮胎和承载板进行过多次应力、应变和位移的测定。现将主要的试验结果分析如下。

4.1　路面表面垂直位移（弯沉）

在试槽和环道各种路面结构上测定的后轴双轮轮隙（或双板板隙）的路标弯沉值列于表 1。表中同时列出按层状体系理论计算的相应弯沉值。如把实测值和理论计算值等同时点绘在一张图上（图 9），则可看出它们之间的差异是比较大的，其幅度变化在－56.9％～43.8％之间，且理论值一般比实测值大，

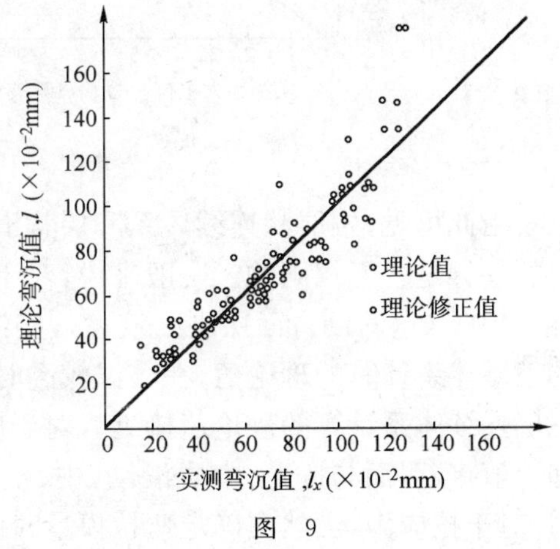

图　9

如果按 1978 年《柔性路面设计规范》(经交通部公路局批准试行)的方法对理论弯沉值进行修正,则从表 1 和图 9 看出,修正后的理论弯沉值与实测值靠近了一步,其间的相差范围缩小至 −19.4%~20%。这说明,根据层状体系理论计算弯沉值应进行修正。

4.2 路面上层和中层底面的拉应力

路面上层和中层底面拉应力测定的加载形式和测点布置于图 10,这些测点位置就是理论最大拉力点的位置。表 2 汇总了实测最大主拉应力和计算的理论最大主拉应力结果。为了比较方便,把表 2 的数值绘于图 11。

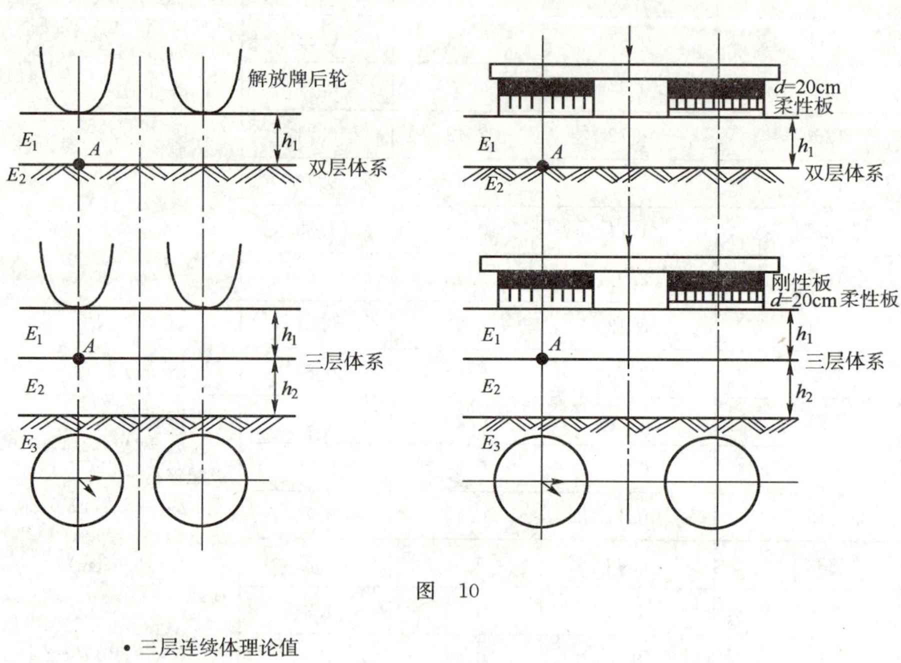

图 10

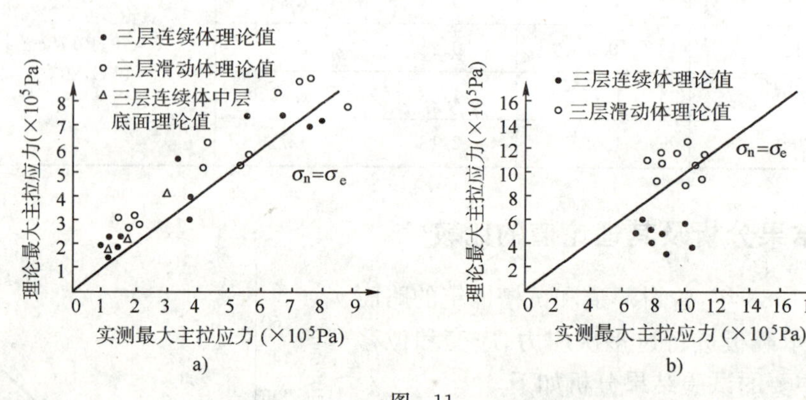

图 11

由此可见,按层状连续体系和层状滑动体系计算的理论主拉应力,它们与实测主拉应力之间的差异是各不相同的。一般来说,对于沥青面层底面的最大主拉应力,在温度较低时,如气温为 10℃(这时沥青面层刚度较大),实测值比较接近按上、中层层间滑动,中、下层层间连续的三层体系计算的理论值;在气温较高时,如高于 18℃(这时沥青面层刚度减少),实测值则与三层连续体系计算的理论值接近。对于中层底面的拉应力,实测值则与三层连续体系计算的理论值接近,而与按上、中层滑动,中、下层连续的三层体系计算结果相差较大。这些情况说明,对于拉应力,虽然在确定弯拉模量时已对它作了近似的非线性调整,但由于层间接触状态的不同，理论计算值与实测值之间仍可能出现较大的差异。从表 2 可以看出，对于面层底层的拉应力，如按连续体系考虑，其偏差范围为 30%～177%；如按滑动体系考虑，其偏差范围为 −24.7%～20%。因此，在对层状体系的计算拉应力进行试验时，正确地选择层间接触状态（连续或滑动）是十分重要的。

4.3 土基中的垂直压应力

这个试验，荷载直接加在土基表面上，然后测定沿荷载轴线上土基不同深度处的垂直压应力。这时，理论的垂直应力按弹性半空间进行计算。图 12 给出实测土基垂直应力与理论值的比较。

另一个试验，荷载加在路面表面上，测定通过路面结构传递到土基顶面的垂直应力。这时，土基已是路面层状体系的一个组成部分，因此土基顶面的计算垂直应力是按层状连续体系确定的。表 3 列出了各自的试验结果，并绘制于图 13 中。

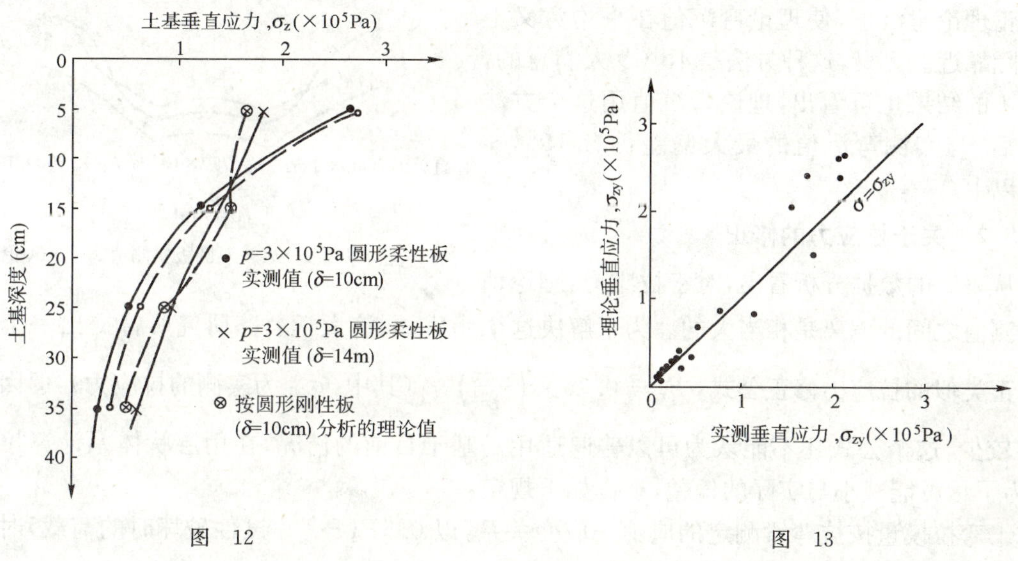

图 12　　图 13

从图 12、图 13 可以看出，垂直应力随土基深度变化的规律，理论分析的与实测的情况基本相符，但实测值教计算值随深度衰减要快一些。从定量上看，二者只能说比较接近，因其间之差仍有不少超过 20%～30%。

4.4 路面表面变形曲线

路面表面在双轮或双圆板下的变形曲线是在双层体系上测量的。测得的变形曲线与理论曲线的比较如图 14 所示。由这些图的对比看出，理论变形曲线与实测曲线的形状是基本上一致的，双或双圆板下的曲线的马鞍形是随路面厚度和上、下层模量比的不同而发生变化。但理论计算的变形盆均比实测的大，轮下变形曲线的曲率也大，变形曲线在横向的衰减速度却比实测的慢。轮下最大变形与轮隙中心处变形的比值：实测比为 1.0～1.3；理论比为 1.04～1.50，说明理论计算值大于实测值。

5 关于现有理论修正的讨论

从上一节的对比分析看出，用弹性层状体系理论计算的应力和位移与实测值有较大的偏离，因此引起了大家对层状体系理论是否符合实际发生疑问。为了解决这个问题，有一部分学者正在进行层状黏弹性理论的研究，并已取得了一些较为简单的结果。但由于数学上和试验设备上的复杂性，这个理论还一时难于付诸应用。当前，一个比较实用的办法就是针对上述的问题，提出一些较为简单的修正方法，使理论计算值尽可能靠近实测值。下面对现有的修正方法进行讨论。

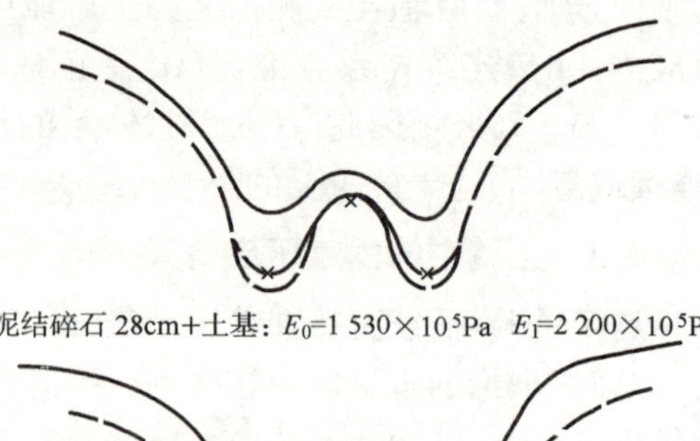

泥结碎石 28cm+土基：E_0=1 530×10^5Pa E_T=2 200×10^5Pa

泥结碎石 14cm+土基：E_0=1 530 ×10^5Pa E_T=2 800×10^5Pa

石灰土 20cm+土基：E_0=780×10^5Pa E_T=12 000×10^5Pa

图 14

——轮实测值；—×—双圆板实测值；— —理论值

5.1 关于弯沉的修正

前面已经提到，弯沉的修正现在采用的是 1978 年《柔性路面设计规范》(试行)所建议的修正方法。这个方法的实质是用大量实测弯沉数据来校正理论弯沉值，使理论弯沉值在平均意义上与实际靠近。无疑，这种方法是不够令人满意的，从表 1 的结果也可看出，理论弯沉值用这个方法修正后，与实测弯沉值的最大偏差仍有 15%～20%以上。

5.2 关于拉应力的修正

从表 2 的数据分析看出，对于拉应力，理论值与实测值之间的偏离是相当大的。为了解决这个矛盾，同济大学公路研究所曾提出一个与弯沉修正类似的拉应力修正公式：$F_r = 0.75 \times \left(\frac{\sigma_{r实}}{p}\right)^{0.36}$（其中，$\sigma_{r实}$ 为实测的拉应力)，但因试验资料较少，这个公式还不能认为可以普遍适用。基于目前的情况，在用层状体系计算拉应力时，为了尽可能减小与实际的偏差，现作如下规定：

①弯拉模量按抗弯梁测定的应力—应变关系，以 $0.5P$(P——试件破坏时的荷载)时的割线斜率确定，即 $E_{\mathrm{T}}=\frac{\sigma_{0.5p}}{\varepsilon_{0.5p}}$；

②三层体系面层底面的拉应力，按上、中层界面滑动，中、下层界面连续的体系计算；三层体系中层底面和双层体系面层底面的拉应力，按界面完全连续的体系进行计算。实际计算表明，这些规定并没有完全解决拉应力理论值的修正问题，但可使其偏离实际的程度限制在较小的范围。

5.3 关于土基垂直应力的修正

土基表面垂直应力理论计算值与实测值之间也有较大的差异(见表 3)，它们之间的比值变化在 1.4～0.7 之间。因为土基顶面垂直应力在我国不是作为路面结构设计的控制指标，所以它的理论值修正问题，目前还没有认真加以研究。

6 从材料非线性出发探讨层状体系理论的修正问题

本文 2 节曾指出，弹性层状体系理论应用的症结，就是要恰当地确定层状体系材料的实际性质。一系列试验证明，用于路面结构的材料，其性质一般都不符合线性弹性假定。对于沥青类材料，其模量主要受加载速度和试验温度所影响；对于粒状材料，不论是模量或泊松比均随应力状态而异；对于用无机结合料稳定的材料，如水泥土，试验表明，其抗拉模量似与应力无关，但其抗压模量则有明显的应力依赖性（这点说明了材料的各向异性问题）；对于工程中大量用到的土壤，三轴试验表明，其应力—应变关系不是一根直线，而是非常接近双曲线，由此确定的模量值也是随应力状态而异。在弹性层状体系计算中，每一种材料的模量均假设为常数，由此计算的应力、应变和位移，当然难于符合实际。目前，能够考虑上述材料性质的一个比较成功的方法，就是非线性有限单元法。这个方法的实质就是通过迭代或增量步骤，按材料的实际应力—应变曲线，逐步改变材料的模量值，使之与实际的应力状态吻合，最后计算比较满意的结果。

图 15 和图 16 示出的是非线性有限单元法（迭代法）分析的，受单圆荷载（$p=1.2\times10^5$Pa）作用的路基表面的变形和受双圆荷载（$p=5\times10^5$Pa）作用的双层体系（上层为 30cm 泥结碎石，下层为路基）的表面变形曲线[10]。在这两个图上还给用弹性半空间理论和双层弹性体系理论计算的表面变形曲线，以及实测的变形曲线。从图上看出，与理论曲线相比，非线性有限元分析的结果更加接近实测曲线。

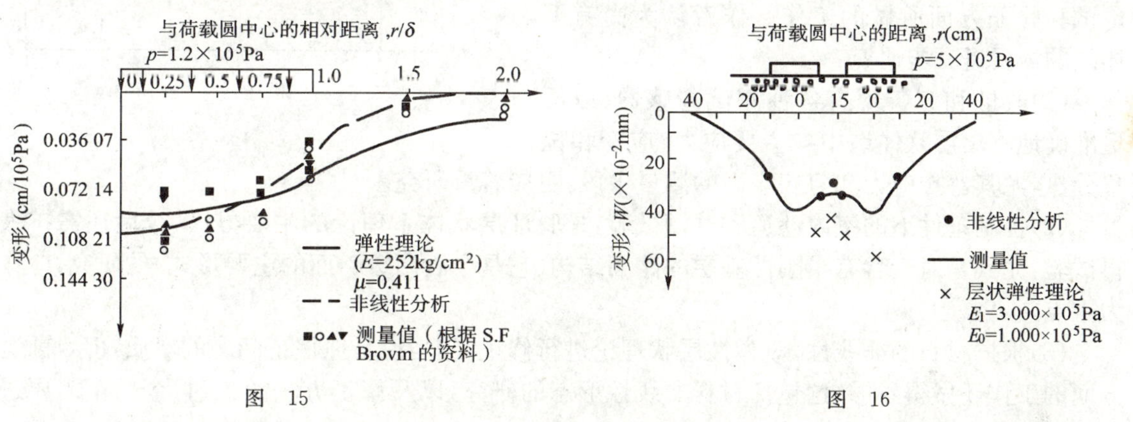

图 15　　图 16

对于垂直应力，在一个五层结构（沥青混凝土＋级配碎石＋砂砾＋压实黏土＋天然路基）的机场道面上，实测的、用非线性有限元分析的与用弹性层状体系理论和弹性半空间理论计算的（即波西涅斯克解）垂直应力，同时在图 17 中给出。从图中可以看出，用非线性有限单元法分析得到的土基垂直应力分布曲线，比用弹性层状体系理论及波西涅斯克解所计算的结果，均较符合实测值。

从上面几个分析的结果可以初步作出结论：从材料的非线性性质出发进行弹性层状体系理论修正的途径是可行的，因为它找出了理论与实际的偏离的实质。与目前已提出的一些修正方法相比，毋需对一个指标采用一个修正系数（这些系数有时含义不清），而只需对材料的实际应力—应变状态给出适当模拟，并在层状体系计算中考虑进去，就有可能解决弹性层状体系理论计算结果的修正问题。例如，对于粒状的非线性性质，有些国家曾提出如下公式来计算粒料的模量

$$\frac{E_n}{E_{n+1}}=(1+\alpha\log h_n-\beta\log E_{n+1}\cdot\log h_n)$$

式中：E_n 为第 n 层（即粒料层）的模量；E_{n+1} 为第 $n+1$ 层（即粒料层下面一层）的模量；h_n 为第 n 层的厚度；α,β 为系数。

这个公式所反映的问题，就是试图通过这种简单的形式来表达颗粒的模量随其所受的应力状态而变化的。从这个式子可知，粒料层厚度不同，粒料下面的支承层强度不同，粒料层的模量也是不同的。计算中，只要给定粒料层的厚度和粒料下面支承层的强度(E_{n+1})，那么在这种情况下的粒料层模量也就确定了。这种方式，对于弹性层状体系理论的计算是方便的。无疑，对于其他材料的非线性性质也可以采用类似的方式表示，但是这方面的工作还有待今后深入研究才能完成。

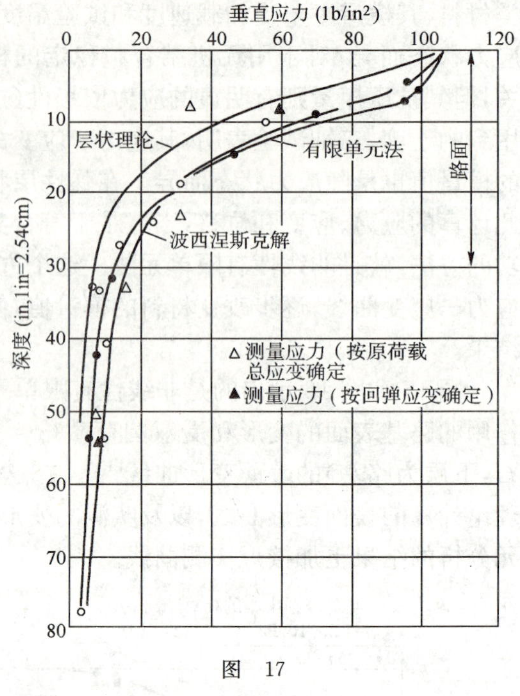

图 17

7 进一步研究的问题

以上概括地介绍了近年在弹性层状体系理论试验验证方面所做的工作。作者认为尚有下述问题需要进一步研究：

(1)改进和完善现有各种测试传感器，以便更准确地测出层状体系中各主要应力、应变和位移分量，尤其弯拉应力和剪切应力的测量手段，更应着重研究。

(2)控制条件下的室内环道和试槽试验，是验证层状体系理论的主要方法，今后还需扩大再试验，尤其是对于含有半刚性基层的路面结构（它是今后高级路面的主要形式）的研究，应作为重点。

(3)根据材料的非线性，对弹性层状理论进行修正，应当说是抓住了问题的本质，但目前这方面的工作还做得不够，这包括材料非线性形态的研究，以及修正方法的探讨，今后都需要进一步做工作。

(4)在移动荷载作用下，对于层状体系的研究，无论在理论上或是实验上，目前工作都做得很少。从工程实际出发，开展这方面的研究是十分必要的。当然，对于材料的动态性能（动力参数及断裂、疲劳特性）和测试手段也应当进行研究。

弹性层状体系考虑层间接触非线性的有限单元分析法

张起森 郑健龙
(长沙交通学院 长沙 410076)

摘 要：本文根据弹性层状体系层间接触面的实际状态，提出了一种考虑层间非线性接触有限元增量子结构分析法。该方法把层间界面的接触状态当作应力的函数，根据剪应力与抗剪力的对比关系，决定各接触点的具体接触性质：分离、无摩擦接触（完全滑动）、有摩擦接触（完全连续或有摩擦滑动）等。计算表明，这种分析方法较弹性层状体系理论假定接触界面完全滑动或完全连续的分析结果，是更为合理的。

1 前言

在弹性层状体系的应力分析中，通常假定层间接触界面处于两种极端的情况。即完全连续或完全滑动。按不同接触状态求得的应力，在某些情况下某些点处，有时相差几倍，甚至十几倍。工程实际中，例如公路的机场道面的路面结构、建筑物的地基等，它们的层间接触状态可能既非完全连续，亦非完全滑动，其层间接触状态是受应力所制约的。为了解决这一问题，近年来在弹性层状体系理论分析中，又提出了一种所谓“半接触状态”的假定，即假设层间界面是处于完全连续和完全滑动之间的一种状态，它有一定的传递剪应力的能力。显然，这种假定在某些情况下可以得到比较符合实际的计算结果。但是，实际上，在弹性层状体系中，层间接触界面不可能处于同一的接触状态。根据荷载作用应力和界面抗力的对比关系，在同一接触界面上可能出现部分连续、部分滑动的混合情况。这种接触状态随应力变化的性质，通常称之为接触非线性。对于这一类问题，用解析法求解一般是难以实现的。为此，我们用有限单元法研究了这类问题。该方法的实质是采用了增量一子结构法，即把荷载分成若干增量级，对每一荷载增量级用子结构法进行求解：先求出界面的接触应力，然后据此分别求出上、下两接触体的应力。方法是，把求得的界面接触应力，施加在上下两接触体上，用普通的有限元方法就可求得各节点的位移、应变和应力。这就是我们所需的解答。由于界面的接触点相对于接触体的内点来讲，数量是很少的，所以求解起来比较方便，甚至使用较小的计算机也可解决较大的问题。这就是本方法的优点所在。

根据计算结果对比看出，在弹性层状体系应力分析中，考虑层间界面接触非线性是很有意义的，因为它可使层状体系理论的应力分析结果更符合实际。

本文首先介绍弹性层状体系考虑层间接触非线性分析的增量一子结构法，然后以多层路面(地基)结构作为例子，给出了数值计算结果，并把它与弹性层状体系理论考虑层间完全连续

摘自《土木工程学报》1989年8月第22卷第3期。

或完全滑动的解进行了对比。

2　接触非线性分析的增量—子结构法原理

2.1　在接触非线性分析中主要采用如下基本假设；

(1)物体的组成材料是线性弹性的，变形很小；

(2)接触表面是连续、平顺的；

(3)作用在接触面上的摩擦力遵守库仑定律；

(4)接触面的力学边界和几何边界条件均用节点力和节点位移表示。

2.2　接触表面的连续条件

设接触体系由两个接触体 Ω_{I} 和 Ω_{II} 组成，它们之间的接触面是个平面。接触或分离只在各可能接触点对范围内发生，即曾经是分离的点对只可能在本点对的邻域内重新接触，反之亦然。取可能接触段非端部节点内角的等分角线为该点的法方向，而端部节点的切方向则取与该段的端部直线段重合。Ω_{I} 的可能接触段各点单位切向量 τ 和单位外法向量 n 组成右手坐标系，用作该点的局部坐标，并和 Ω_{II}的对应点共用(图 1)。

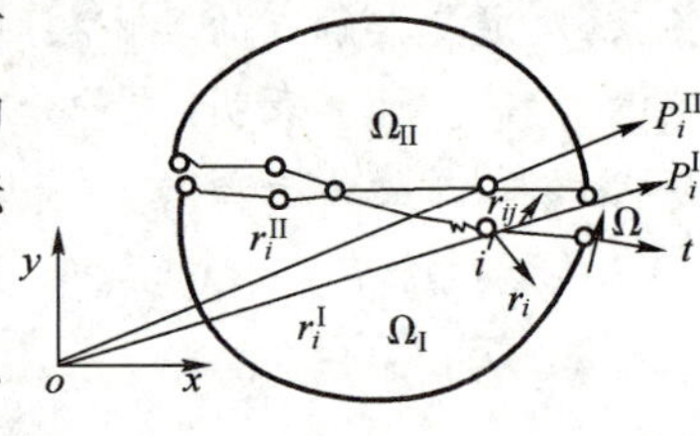

图 1

设某一时刻 t 的解已求得。记此时第 i 可能接触点的向径、位移向量和节点力分别为 r_i^{I}、r_i^{II}、u_i^{I}、u_i^{II}；及 P_i^{I}，P_i^{II}。下一时段 $t+\Delta t$ 的增量解，根据 $t+\Delta t$ 时刻的不同接触状态，应满足下述不同的连接条件：

(1)分离状态

$$P_{ij}{}^{\mathrm{I}}+P_{jk}{}^{\mathrm{II}}=P_{ij}{}^{\mathrm{I}}+\Delta P_{ij}{}^{\mathrm{I}}=P_{ji}{}^{\mathrm{II}}+\Delta P_{ji}{}^{\mathrm{II}}=P_{jk}{}^{\mathrm{II}}+\Delta P_{jk}{}^{\mathrm{II}}=0$$

(2)接触状态(记拉应力为正，压应力为负)

$$P_{ni}{}^{\mathrm{I}}+\Delta P_{ni}{}^{\mathrm{I}}=-(P_{mj}{}^{\mathrm{I}}+\Delta P_{mj}{}^{\mathrm{I}})<0$$

①无摩擦情形(摩擦系数 $f=0$)，即完全滑动

$$r_{ij}{}^{\mathrm{I}}+\Delta u_{ni}{}^{\mathrm{I}}=r_{mi}{}^{\mathrm{II}}+r_{mi}{}^{\mathrm{II}}$$

$(r_{ij}{}^{\mathrm{I}}+\Delta u_{ni}{}^{\mathrm{I}})-(r_{mi}{}^{\mathrm{II}}+\Delta u_{mi}{}^{\mathrm{II}})=\Delta l_i$（$\Delta l_i$ 为接触点对之间的相对位移增量）

②有摩擦情形（$f>0$）

$$P_{ni}{}^{\mathrm{II}}+\Delta P_{ni}{}^{\mathrm{II}}=-(P_{mj}{}^{\mathrm{II}}+\Delta P_{mj}{}^{\mathrm{II}})$$

当$|P_{ij}{}^{\mathrm{I}}+\Delta P_{ij}{}^{\mathrm{I}}|<-f(P_{mi}{}^{\mathrm{II}}+\Delta P_{mi}{}^{\mathrm{II}})$时，完全连续

$$r_i{}^{\mathrm{I}}+\Delta u_{ni}{}^{\mathrm{I}}=r_i{}^{\mathrm{II}}+\Delta u_i{}^{\mathrm{II}}$$

当$|P_{ij}{}^{\mathrm{I}}+\Delta P_{ij}{}^{\mathrm{I}}|\geqslant -f(P_{mi}{}^{\mathrm{II}}+\Delta P_{mi}{}^{\mathrm{II}})$时，有摩擦滑动

$$r_{ij}{}^{\mathrm{I}}+\Delta u_{ni}{}^{\mathrm{I}}=r_{mi}{}^{\mathrm{II}}+\Delta u_{mi}{}^{\mathrm{II}}$$

$(r_{ij}{}^{\mathrm{I}}+\Delta u_{ni}{}^{\mathrm{I}})-(r_{mi}{}^{\mathrm{II}}+\Delta u_{mi}{}^{\mathrm{II}})=\Delta l_i$（$\Delta l_i$——接触点对之间的相对移增量）

2.3　混合坐标系中轴对称圆环单元的刚度矩阵

设结构的整体坐标为 xoy，局部坐标为（t_i，n_i）(图 2)。将接触面上可能接触点的量参考于该点的局部坐标（t_i，n_i），非接触点(内点)的量则参考于整体坐标系(xoy)。

假定接触体已接有限元方法进行剖分和编号。先来研究接触界面上的单元 ijm，设节点 i 是可能接触点。在整体坐标系里，单元 ijm 的节点位移和节点力分别为。

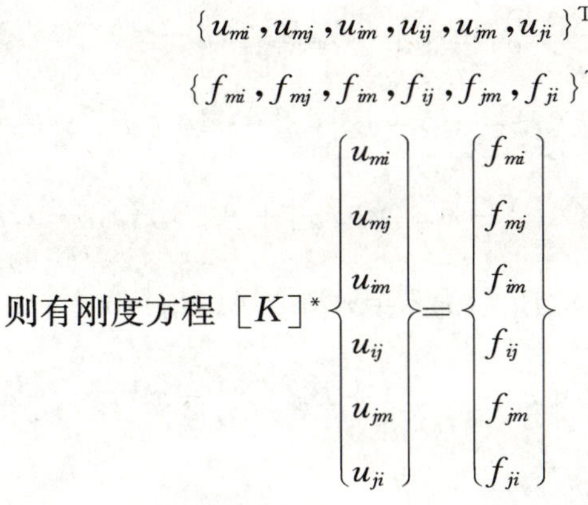

$$\{u_{mi},u_{mj},u_{im},u_{ij},u_{jm},u_{ji}\}^{\mathrm{T}} \quad (1)$$

$$\{f_{mi},f_{mj},f_{im},f_{ij},f_{jm},f_{ji}\}^{\mathrm{T}} \quad (2)$$

则有刚度方程 $[K]^{*}\begin{Bmatrix}u_{mi}\\u_{mj}\\u_{im}\\u_{ij}\\u_{jm}\\u_{ji}\end{Bmatrix}=\begin{Bmatrix}f_{mi}\\f_{mj}\\f_{im}\\f_{ij}\\f_{jm}\\f_{ji}\end{Bmatrix}$ (3)

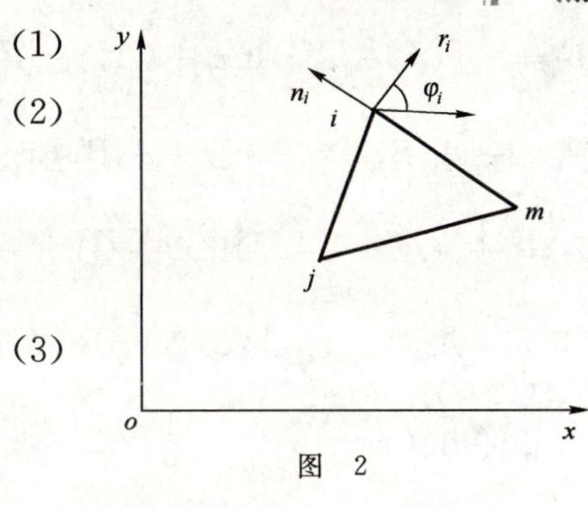

图 2

$$[K]^{*}=\begin{bmatrix}K_{ii} & K_{ij} & K_{im}\\K_{ji} & K_{jj} & K_{jm}\\K_{mi} & K_{mj} & K_{mm}\end{bmatrix},\quad \text{为单元刚度矩阵}$$

而

$$[K_{ij}]=\begin{bmatrix}k_{11}(s,t) & k_{12}(s,t)\\k_{21}(s,t) & k_{22}(s,t)\end{bmatrix},s,\qquad t=i,j,m$$

其中

$$k_{11}(s,t)=\frac{E}{(2\Delta)^2(1+\mu)(1-2\mu)}\{(1-\mu)(a_sb_t+a_tb_s)I_1+[2(1-\mu)b_sb_t+\frac{1-2\mu}{2}c_sc_t]I_2+(1-\mu)(b_sc_t+b_tc_s)I_3+\mu(b_s+b_t)I_4+(1-\mu)a_sa_tI_5+(1-\mu)(a_sc_t+a_tc_s)I_6+(1-\mu)c_sc_tI_7\}$$

$$k_{12}(s,t)=\frac{E}{(2\Delta)^2(1+\mu)(1-2\mu)}\left\{(\mu b_sc_t+\frac{1-2\mu}{2}b_tc_s)I_2+\mu c_tI_4\right\}$$

$$k_{21}(s,t)=\frac{E}{(2\Delta)^2(1+\mu)(1-2\mu)}\left\{(\mu b_tc_s+\frac{1-2\mu}{2}b_sc_t)I_2+\mu c_tI_4\right\}$$

$$k_{22}(s,t)=\frac{E}{(2\Delta)^2(1+\mu)(1-2\mu)}\left\{(1-\mu)c_sc_t+\frac{1-2\mu}{2}b_sb_t\right\}I_2$$

当单元有两个节点在对称轴上时(这时 $x_t=x_s=0$),则 $k_{11}(s,t)$ 应以下式替代之。

$$k_{11}(\mathrm{s,t})=\frac{E}{(2\Delta)^2(1+\mu)(1-2\mu)}\left\{[(1-\mu)b_sb_t+\frac{1-2\mu}{2}c_sc_t]I_2+\mu(b_s+b_t)I_4+\frac{1-\overline{\omega}}{3}\Delta r_m b_m{}^2\right\}$$

上列各式中,三角形单元面积 $\Delta=1/2(a_i+a_j+a_m)$ 而 $a_i=x_jy_m-x_my_j$,$b_i=y_j-y_m$, $c_i=-x_m-x_j$,其他符号为

$$I_1=\Delta=\frac{1}{2}(a_i+a_j+a_m)$$

$$I_2=\frac{1}{3}(x_i+x_j+x_m)$$

$$I_3=\frac{1}{3}(y_i+y_j+y_m)$$

$$I_4=\frac{2}{3}\Delta$$

$$I_5=(A_{ji}-A_{im})\ln x_i+(A_{mi}-A_{ji})\ln x_i+(A_{im}-A_{mi})\ln x_m+B_{im}(x_m-x_i)+B_{mj}(x_j-x_m)+B_{ji}(x_j-x_i)$$

$$I_6=\frac{1}{2}[(A_{ji}^2-A_{im}^2)\ln x_i+(A_{mj}^2-A_{ji}^2)\ln x_j+(A_{im}^2-A_{mj}^2)\ln x_m]+A_{im}B_{im}(x_m-x_i)$$

$$+A_{mi}B_{mj}(x_j-x_m)+A_{ji}B_{ji}(x_i-x_j)+\frac{1}{4}[B_{im}^2(x_m^2-x_i^2)+B_{mj}^2(x_j^2-x_m^2)+B_{ji}^2(x_i^2-x_j^2)]$$

$$I_7=\frac{1}{3}[(A_{ji}{}^3-A_{im}{}^3)\ln x_i+(A_{mj}{}^3-A_{ji}{}^3)\ln x_j+(A_{im}{}^3-A_{mj}{}^3)\ln x_m]+A_{im}^2B_{im}(x_m-x_i)$$

$$+A_{mi}^2B_{mj}(x_i-x_m)+A_{ji}^2B_{jm}(x_i-x_j)+\frac{1}{2}[A_{im}B_{im}{}^2(x_m{}^2-x_i{}^2)+A_{mi}B_{mj}{}^2(x_j{}^2-x_m{}^2)$$

$$+A_{ji}(x_i{}^2-x_j{}^2)+\frac{1}{9}[B_{im}{}^3(x_m{}^3-x_i{}^3)+B_{mj}{}^5(x_j{}^3-x_m{}^3)+B_{ji}{}^5(x_i{}^3-x_j{}^3)]$$

其中 $A_{im}=\dfrac{x_my_i-x_iy_m}{x_m-x_i},B_{im}=\dfrac{y_m-y_i}{x_m-x_i},(m,j,i)$

应当注意，在上列公式中，有以下两种情况需作处理；

1.若单元 ijm 有两个节点的径向坐标相等(但不为零)，这时

若 $x_i=x_m$，则使 $A_{im}=B_{im}=0$

若 $x_m=x_j$，则使 $A_{mj}=B_{mj}=0$

若 $x_i=x_j$，则使 $A_{ji}=B_{ji}=0$

2.若单元有一个节点(设 i 点)在对称轴上，设 $x_i=0$，这时

$A_{im}=A_{ij}=y_i$，即 I_5, I_6，I_7 中含有 $\ln x_i$ 的项均可令其为 0。则

$$(A_{ji}{}^2-A_{im}{}^2)\ln r_i=0\qquad(n=1,2,3)$$

因为节点 i 是可能的接触点，将其节点量参考于局部坐标(t_i ，n_i)后，式(3)应改写为：

$$[\widetilde{K}]^*\begin{Bmatrix}u_{ti}\\u_{ni}\\u_{mi}\\u_{nt}\\u_{mn}\\u_{nm}\end{Bmatrix}=\begin{Bmatrix}f_{ti}\\f_{ni}\\f_{mi}\\f_{nt}\\f_{mn}\\f_{mn}\end{Bmatrix}\tag{5}$$

式中：

$$\begin{Bmatrix}\mu_{ti}\\\mu_{ni}\end{Bmatrix}=\{T_i\}\begin{Bmatrix}\mu_{xi}\\\mu_{yi}\end{Bmatrix}$$

$$\begin{Bmatrix}f_{ti}\\f_{ni}\end{Bmatrix}=\{T_i\}\begin{Bmatrix}f_{xi}\\f_{yi}\end{Bmatrix}$$

$$\{T_i\}=\begin{bmatrix}\cos\varphi_i&\sin\varphi_i\\-\sin\varphi_i&\cos\varphi_i\end{bmatrix}\tag{6}$$

$$[\widetilde{K}]^*=\begin{bmatrix}T_i&&0\\&T_i&\\0&&I\end{bmatrix}\cdot[K]^*\cdot\begin{bmatrix}T_i^{\mathrm{T}}&&0\\&I&\\0&&I\end{bmatrix}\tag{7}$$

其中，$I=\begin{bmatrix}1&0\\0&1\end{bmatrix}$，二阶单位阵。

式(7) $[\widetilde{K}]^*$ 就是单元 ijm 在混合坐标系中的刚度矩阵。展开后得

$$
[\widetilde{K}]* = \begin{bmatrix}
k_{11}(ii)\cos^2\varphi_i + (k_{12}(ii) + k_{21}(ii)\sin\varphi_i\cos\varphi_i + k_{22}(ii)\sin^2\varphi_i & \\
(-k_{11}(ii) + k_{22}(ii)\sin\varphi_i\cos\varphi_i - k_{12}(ii)\sin^2\varphi_i + k_{21}(ii)\cos^2\varphi_i & \\
k_{11}(ji)\cos\varphi_i + k_{12}(ji)\sin\varphi_i & \\
k_{21}(ji)\cos\varphi_i + k_{22}(ji)\sin\varphi_i & \\
k_{11}(mi)\cos\varphi_i + k_{12}(mi)\sin\varphi_i & \\
k_{21}(mi)\cos\varphi_i + k_{22}(mi)\sin\varphi_i & \\
((-k_{11}(ii) + k_{22}(ii)\sin\varphi_i\cos\varphi_i & k_{11}(ii)\cos\varphi_i + k_{21}(ii)\sin\varphi_i \\
\quad + k_{12}(ii)\cos^2\varphi_i - k_{21}(ii)\sin^2\varphi_i & \\
k_{11}(ii)\sin^2\varphi_i - (k_{12}(ii) + k_{21}(ii)) & -k_{11}(ij)\sin\varphi_i + k_{21}(ij)\cos\varphi_i \\
\quad \times \sin\varphi_i\cos\varphi_i + k_{22}(ii)\cos^2\varphi_i & \\
-k_{11}(ji)\sin\varphi_i + k_{12}(ji)\cos\varphi_i & k_{11}(jj) \\
-k_{21}(ji)\sin\varphi_i + k_{22}(ji)\cos\varphi_i & k_{21}(jj) \\
-k_{11}(mi)\sin\varphi_i + k_{12}(mi)\cos\varphi_i & k_{11}(mj) \\
-k_{21}(mi)\sin\varphi_i + k_{33}(mi)\cos\varphi_i & k_{21}(mj) \\
k_{12}(ij)\cos\varphi_i + k_{22}(ij)\sin\varphi_i & k_{11}(im)\cos\varphi_i + k_{21}(im)\sin\varphi_i \\
-k_{12}(ij)\sin\varphi_i + k_{22}(ij)\cos\varphi_i & -k_{11}(im)\sin\varphi_i + k_{21}(im)\cos\varphi_i \\
k_{12}(jj) & k_{11}(jm) \\
k_{22}(jj) & k_{21}(jm) \\
k_{12}(mj) & k_{11}(mm) \\
k_{22}(mj) & k_{21}(mm) \\
k_{12}(im)\cos\varphi_i + k_{22}(im)\sin\varphi_i & \\
-k_{12}(im)\sin\varphi_i + k_{22}(im)\cos\varphi_i & \\
k_{12}(jm) & \\
k_{22}(jm) & \\
k_{12}(mm) & \\
k_{22}(mm) &
\end{bmatrix} \tag{8}
$$

当 $\varphi_i = 0$ 时，即整体坐标与局部坐标一致时，有

$$
[K]^* = [\widetilde{K}]^* \tag{9}
$$

类似地，当有 i, j 两个可能接触点时，则有

$$
[\widetilde{K}]^* \begin{Bmatrix} u_{it} \\ u_{ni} \\ u_{ti} \\ u_{nt} \\ u_{mn} \\ u_{nm} \end{Bmatrix} = \begin{Bmatrix} f_{ti} \\ f_{mi} \\ f_{tj} \\ f_{nt} \\ f_{nm} \\ f_{mn} \end{Bmatrix} \tag{10}
$$

$$\begin{Bmatrix} u_{ti} \\ u_{ni} \end{Bmatrix} = \{T_i\} \begin{Bmatrix} u_{xi} \\ u_{yi} \end{Bmatrix}$$

$$\begin{Bmatrix} f_{ti} \\ f_{ni} \end{Bmatrix} = \{T_i\} \begin{Bmatrix} f_{xi} \\ f_{yi} \end{Bmatrix}$$

式中：

$$\{T_i\} = \begin{bmatrix} \cos\varphi_i & \sin\varphi_i \\ -\sin\varphi_i & \cos\varphi_i \end{bmatrix} \tag{11}$$

$$[\widetilde{K}]* = \begin{bmatrix} T_i & & 0 \\ & T_i & \\ 0 & & I \end{bmatrix} \cdot [K]* \cdot \begin{bmatrix} T_i^T & & 0 \\ & T_i^T & \\ 0 & & I \end{bmatrix}$$

u_{ti}，u_{ni}，T_i 同式(6)。

2.4 增量—子结构法

设结构 Ω 以分界点 b_1、b_2、…（b 类点）和 a_1、a_2、…（a 类点）分成两个子结构 Ω_1 和 Ω_2。定义 b 类点为接触点，a 类点为非接触点（或称分离点）。a 类点和b 类点统称为“广义分界点”（图 3）。因此，Ω_1 和 Ω_2。通过 b 类点相互连接和作用，其间的相互作用力，即接触力 p 是未知量；Ω_1 和 Ω_2，在 a 类点是分离的，但可以认为有等于零的相互作用力。

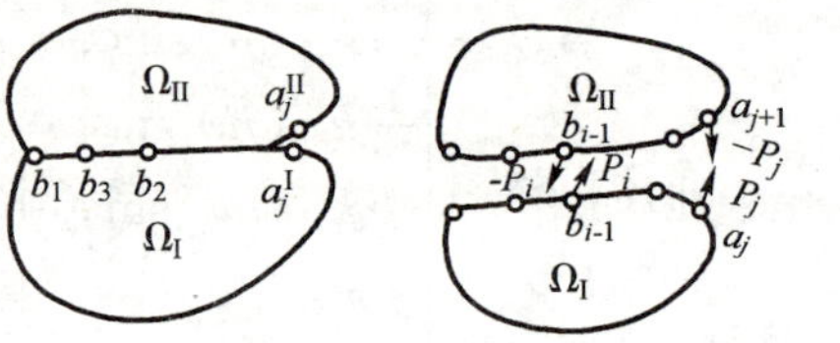

图 3

节点编号的顺序是选样规定的：先编 Ω_1 的非广义界点（内点），设有 n_1 个。然后从左至右编广义界点对及相互作用力（属 Ω_1 的广义界点 b_{i-1}，接触力为 p_i。属 Ω 的广义界点 b_{i+1} 接触力为 $-p_i$，共有 n 对），最后编 Ω_2 的非广义界点，设有 n_1 个。按前面的约定，广义界点用局部坐标表示，非广义界点用整体坐标表示。

对各单元利用式(3)、式(5)或式(10)，并进行组合，就可得到 Ω_1，Ω_2 各节点的平衡方程式（包括广义界点）。如对接触点 b_{i-1} 及 b_{i+1}，则有平衡方程如

$$\begin{bmatrix} K_{11} & K_{12} & & \\ K_{21} & K_{22} & & \\ & & K_{33} & K_{34} \\ & & K_{43} & K_{44} \end{bmatrix} \begin{Bmatrix} u_{t,i-1} \\ u_{n,i-1} \\ u_{t,i+1} \\ u_{n,i+1} \end{Bmatrix} = \begin{Bmatrix} P_{t1} + f_{t,i-1} \\ P_{n1} + f_{n,i-1} \\ -P_{t1} + f_{t,i+1} \\ -P_n + f_{n,i+1} \end{Bmatrix} \tag{12}$$

将上式作如下改变，把 P_{t1} 和 P_{n1} 移至方程的左边，并注意界面接触条件连续时有 $\mu_{i-1} = \mu_{i+1}$

则得

$$\begin{bmatrix} K_{11} & K_{12} & K_{13} & 0 & 0 & 0 \\ K_{21} & K_{22} & 0 & K_{24} & 0 & 0 \\ K_{31} & 0 & K_{33} & 0 & K_{35} & 0 \\ 0 & K_{42} & 0 & K_{44} & 0 & K_{46} \\ 0 & 0 & K_{53} & 0 & K_{55} & K_{56} \\ 0 & 0 & 0 & K_{64} & K_{65} & K_{66} \end{bmatrix} \times \begin{Bmatrix} \mu_{t,i-1} \\ \mu_{n,i-1} \\ P_{ti} \\ P_{ni} \\ \mu_{t,i+1} \\ \mu_{n,i+1} \end{Bmatrix} = \begin{Bmatrix} f_{t,i-1} \\ f_{n,i-1} \\ 0 \\ 0 \\ f_{t,i+1} \\ f_{n,i+1} \end{Bmatrix} \tag{13}$$

为了使式(12)和式(13)等价，因此可得

$$\begin{cases}K_{13}=K_{31}=K_{24}=K_{42}=-1\\K_{53}=K_{44}=0\\K_{35}=K_{53}=K_{46}=K_{64}=1\end{cases}\tag{14}$$

式(14)中的系数就是接触面完全连续(无滑动接触)时的类型系数。

对于 a 类点(分离点)的 a_{j-1} 和 a_{j+1} 也有类似式(13)的方程式。但这时应注意 $a_{j-1}=0$。由此,对于分离点的类型系数有

$$\begin{cases}K_{13}=K_{31}=K_{24}=K_{42}=0\\K_{33}=K_{44}=1\\K_{35}=K_{53}=K_{46}=K_{64}=1\end{cases}\tag{15}$$

同样,对于滑动接触点,其类型系数为

$$\begin{cases}K_{13}=K_{31}=K_{35}=K_{53}=K_{44}=0\\K_{24}=K_{42}=-1\\K_{33}=K_{46}=K_{64}=1\end{cases}\tag{16}$$

对全部广义界点采用上述方法处理后(即判定接触状态,并给定相应的类型数),并代入边界条件,就得到问题的线性代数方程组

$$\begin{bmatrix}K_z & C_z^T & 0\\C_z & K_e & C_n\\0 & C_n^T & K_n\end{bmatrix}\begin{Bmatrix}u_z\\u_e\\u_n\end{Bmatrix}=\begin{Bmatrix}f_z\\f_e\\f_n\end{Bmatrix}\tag{17}$$

式中:u_z,u_n 别是由 Ω_z,Ω_e 的非广义界点(内点)的未知位移分量组成的列向量;u_e 是广义界点对的位移及相互作用力(接触力)局部分量组成的列向量;f_z,f_e,f_n 是相应的外载荷(节点荷载)。

由式(17)的第一、三两组方程,可解出

$$\begin{aligned}u_x&=K_{\text{I}}^{-1}(f_x-C_x^Tu_0)\\u_z&=K_{\text{II}}^{-1}(f_z-C_z^Tu_0)\end{aligned}\tag{18}$$

把式(18)代入式(17)的第二个方程式,得到广义界点的平衡方程式

$$[\widetilde{K}_e]\{u_e\}=\{f_e\}\tag{19}$$

式中:

$$\begin{aligned}[\widetilde{K}_e]&=[K_e]-[C_x][K_{\text{I}}]^{-1}[C_x^T]-[C_n][K_{\text{II}}]^{-1}[C_n^T]\\[\widetilde{f}_e]&=[f_e]-[C_z][K_{\text{I}}]^{-1}\{f_z\}-[C_z][K_{\text{II}}]^{-1}[f_n]\end{aligned}\tag{20}$$

注意到,在方程组式(17)的系数矩阵中(作为其子矩阵的 K,亦然),对应于各 P_{ji},P_{mi} 的行和列,除3类型系数外(反映各接触点的接触类型),其余元素均为零。在式(20)中的第一式,右边两项对应于 P_{ji},P_{mi} 的行和列全部元素为零,从而$[\widetilde{K}_e]$具有和$[K_e]$完全相当的类型系数。同样,$[f_e]$和$[\widetilde{f}_e]$对应于 P_{ji},P_{mi} 的各元素亦为零。因为广义界点数比总节点数少很多,因此式(19)的阶数比整体刚度矩阵的阶数低得多,求解起来也方便得多。这就是本方法的优点所在,也是子结构法的实质。

为求解式(19),我们采用了增量法。对于每一荷载增量,需迭代求解如下方程组

$$[\widetilde{K}_e]\{\Delta u_e\}=\{\Delta\widetilde{f}_e\}+\{\Delta\widetilde{P}_e\}\tag{21}$$

式中:$[\widetilde{K}_e]$ 的类型系数根据接触状态,分别按式(14)、(15)和(16)取值;$\{\Delta f_e\}$ 由对应于

该时段荷载增量确定的广义界点节点力增量；$\{\Delta P_e\}$是由于接触条件变化对增量解的追加荷载。

对于分离点有

$$\{\Delta\widetilde{P}_e\}=\begin{Bmatrix}-P_{ti}\\-P_{mi}\\-P_{tj}\\-P_{mj}\\P_{ti}\\P_{mi}\end{Bmatrix}\tag{22}$$

对于完全连续接触点(无滑动接触)有

$$\{\Delta\widetilde{P}_e\}=\begin{Bmatrix}0\\0\\r_{t,i-1}-r_{i,i+1}\\r_{m,1i-1}-r_{m,i+1}\\0\\0\end{Bmatrix}\tag{23}$$

对于滑动接触点，有

$$\{\Delta\widetilde{P}_e\}=\begin{Bmatrix}\Delta P_{ij}^{e}\\0\\\Delta P_{ij}^{e}\\r_{m,i-1}-r_{m,i+1}\\-\Delta P_{ij}^{e}\\0\end{Bmatrix}\tag{24}$$

其中，当 $P_{ij}+\Delta P_{ij}>0$ 时，$\Delta P_{ij}^{e}=-\overline{f}(P_{mi}+\Delta P_{mi})-P_{ij}$ 。当 $P_{ti}+\Delta P_{ti}=0$ 时，$\Delta P_{ij}^{e}=0$，当 $P_{ij}+\Delta P_{ij}<0$ 时，$\Delta P_{ij}^{e}=f(P_{mi}+\Delta P_{mi})-P_{ij}$

按照上述的试探状态解出式(21)，求得 Δu_0^* ，把它累加于前一时段(设为 t 时段)的结果，就得到 $t+\mathrm{d}t$ 时刻的解。然后对各可能接触点进行下列判断。

(1)对于接触点对：若相互作用力(接触力)的法向分量不再为压应力，即 $P_{mi}+\Delta P_{mi}\geqslant 0$ ，则在下一次迭代时改为分离点。否则，对于 $f>0$ 的情形，还应作如下判定：

①对无滑动接触点，若有 $|P_{ti}+\Delta P_{ti}|\geqslant f|P_{mi}+\Delta P_{mi}|$ ，则下一次迭代改为滑动接触点对。

②对无滑动接触点，若有 $|P_{ti}+\Delta P_{ti}|<f|P_{mi}+\Delta P_{mi}|$ ，则下一次迭代仍为无滑动接触点对。

(2)对于分离点对，判定是否有超过接触边界而相互嵌入的情况。如有，则下一次迭代改为接触点对。

若 Δu_e^* 对全部可能接触点在给定精度范围内满足判定条件，就结束迭代，并取 Δu_e^* 为本时段的增量解。把它累加于 t 时刻所得之解，就得到 $t+\Delta t$ 时刻的解 Δu_e^* 。然后开始下一时段的计算，直到全部载荷增量施加完毕并求得 u_e 为止。求得 u_e 后，回代到式(18)，即可求得全部非广义界点(即内点)的位移 u_{I} 和 u_{II}。有了各节点的位移值，按弹性力学有关公式可求得弹性各节点的应变和应力值。

3 数值计算和讨论

为了说明上述分析方法的正确性，并探讨界面接触状态对层状体系应力分析结果的影响。我们按照增量子结法的原理编制了层状体系考虑界面非线性接触的有限元计算机程序。计算框图见图4。

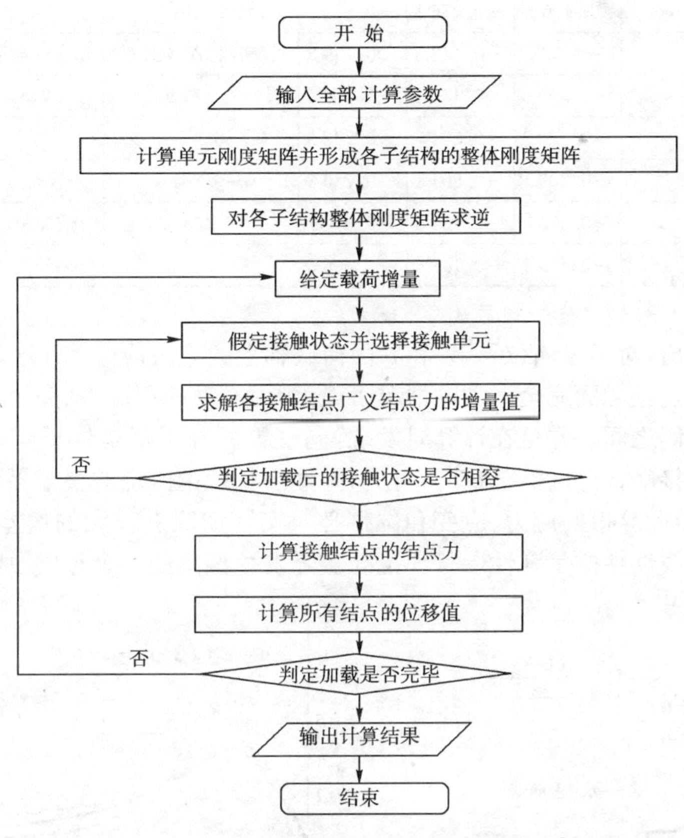

图4 增量子结构法计算层状体系的框图

为了检验计算程序的正确性，在进行非线性分析之前，我们用子结构法计算了模量比为$E_{\text{Ⅱ}}/E_{\text{Ⅰ}}=0.5$，泊松比为$\mu_1=\mu_2=0.2$的双层连续体系，并和精确解[1]作了比较，其对称轴上的数值结果如表1所示。

在双层体系中，由于各层的材料不同，所以即使是完全连续体系，其界面上的σ_r、ε_z、ε_r也不会连续。表1中的分数即表示了这种不连续情况，其分子表示上界面的值，分母则表示下界面的值。而有关文献所给出的实际上是这二者的平均值。

在分析层状体系界面的非线性接触问题时，我们仍以双层体系为例，同时计算了完全连续（摩擦系数$f=\infty$）、完全滑动（$f=0$）和非线性接触（$f=0.5$）三种接触状态，并在图5和图6中分别给出了这三种情况所对应的应力、应变和位移的对比曲线。计算时，我们选取了厚度比$h/\delta=1$，模量比$E_2/E_1=0.5$，泊松比$\mu_1=\mu_2=0.2$。

本文解和精确解的比较　　表 1

z/δ		0.0	0.3	0.5	1.0	1.5	2.0	3.0
$\frac{WE_1}{p\delta}$	本文解	2.620	2.380	2.220	1.864	1.420	1.120	0.7580
	文献	2.747	2.487	2.327	1.976	1.509	1.208	0.8360
$\frac{\sigma_z}{p}$	本文解	−1.0	−0.9804	−0.8532	−0.5518	−0.3561	−0.2475	−0.1266
	文献	−1.0	−0.9761	−0.8700	−0.5597	−0.3682	−0.2298	−0.1309
$\frac{\sigma_r}{p}$	本文解	−1.027	−0.4426	−0.1998	0.09843/0.02101	0.02038	0.01946	0.01473
	文献	−0.8906	−0.4304	−0.2095	0.0799	0.0219	0.0160	0.0098
$\frac{\varepsilon_z E_1}{p}$	本文解	−0.8203	−0.8017	−0.7729	−0.6432/−1.007	−0.7285	−0.5130	−0.2654
	文献	−0.8091	−0.8041	−0.7862	−0.8618	−0.7511	−0.4724	−0.2698
$\frac{\varepsilon_r E_1}{p}$	本文解	−0.5755	−0.1563	−0.0111	0.2042/0.2334	0.1750	0.1060	0.0737
	文献	−0.4794	−0.1488	−0.0063	0.2375	0.1817	0.1175	0.0682

注：$r=0$，$h/\delta=1$，$E_2/E_1=0.5$，$\mu_1=\mu_2=0.2$。

从图上可以看出，对于竖向位移 W 和界面荷载轴上的弯拉应力 σ_r（这是路面设计时的两个重要参数），都是在接触面完全滑动的情况下最大，无滑动的情况下（完全连续）最小，非线性接触的情况位子它们之间。并且在计算时发现，同一界面并不都是处于同一接触状态。一般情况下是部分区域接触，部分区域滑动。可见，弹性层状理论假定的整个界面连续或滑动是不符合实际情况的，由此算得的应力、应变和位移必与实际情况有较大的偏差。因此可以认为，界面接触状态的非线性性质是弹性层状理论与实际发生偏离的一个重要原因。

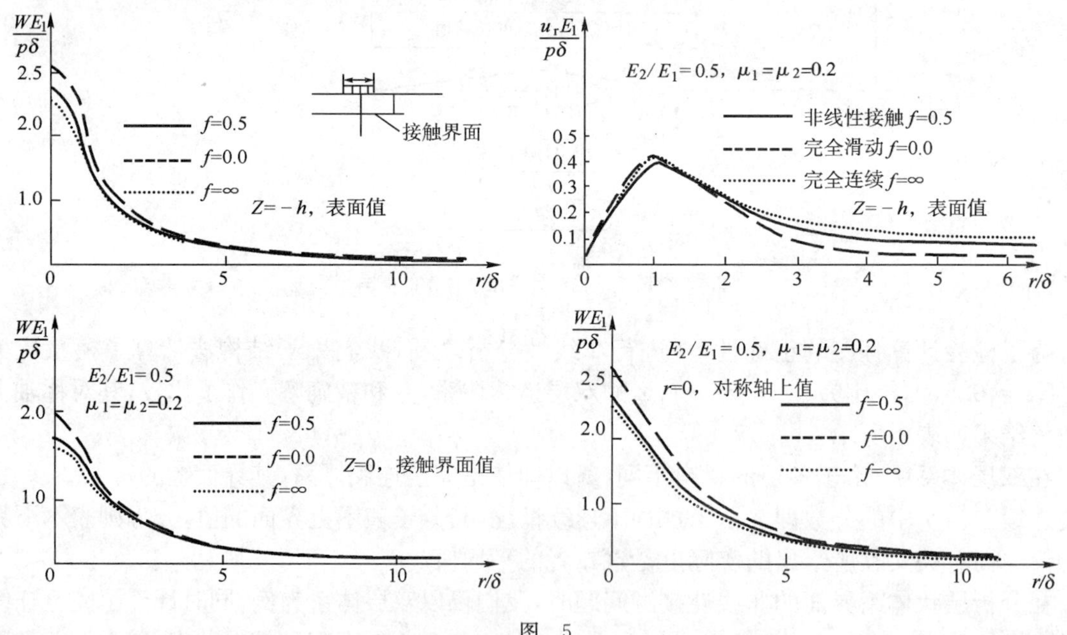

图 5

从具体数值来看，按完全滑动体系计算的表面位移的最大值 W_m 较界面非线性接触体系的计算值大 13.7%，而按连续体系计算的结果又较非线性接触的结果小 4.1%。按完全滑动体系计算的界面上的最大弯拉应力 σ_r 和非线性接触体系的计算结果比较。离差竟高达

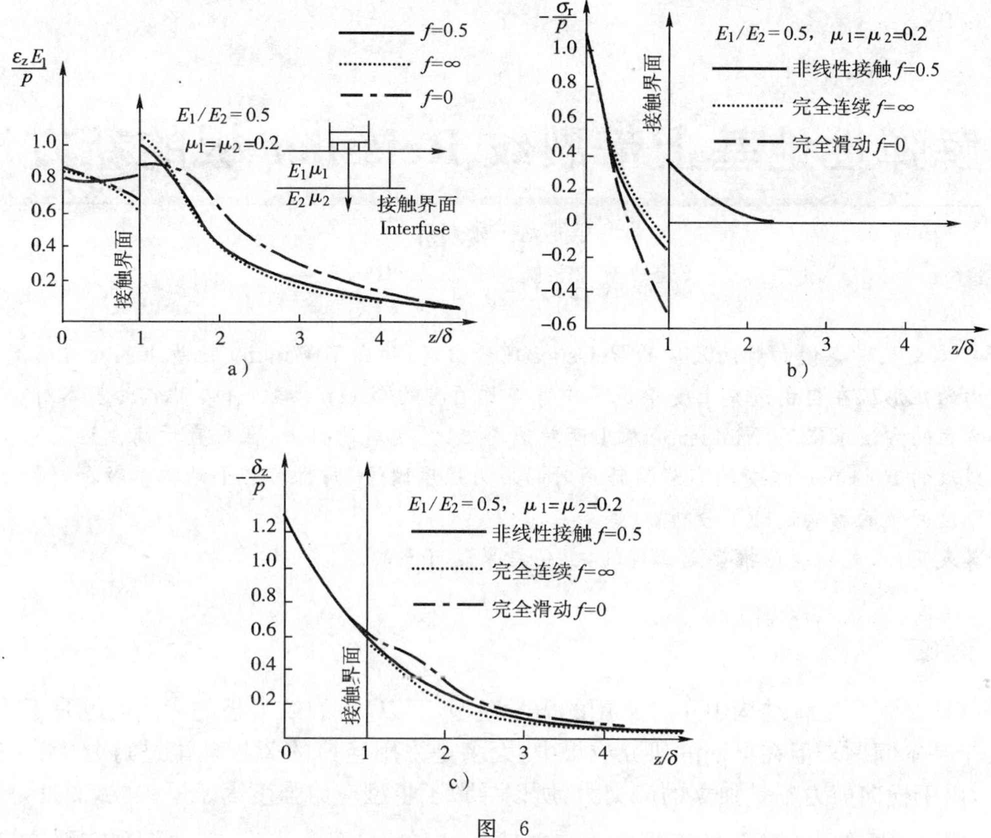

图　6

200％。连续体系和非线性接触体系比较，离差也达 17％。而且，这些数值结果都是按一种计算模式，用同一个计算程序，在同一台计算机上算得的，所以已基本排除了方法本身的误差。也就是说，这里所给出的几个数值结果的离差集中体现了完全滑动体系和完全连续体系这两种理论和较为精确的非线性接触体系之间的误差。可见，非线性接触的影响是值得注意的。

4　结语

用有限元增量子结构法分析弹性层状体系层间接触非线性问题是一个成功的方法。这个问题的解决，对于弹性层状体系理论更好地运用于工程设计，是有重要意义的。为了进一步弄清接触条件对层状体系应力状态的影响，今后还需继续完成大量的数值分析计算工作并进行必要的试验验证。

求解弹性地基上带裂纹 Reissner 板的新方法

郑健龙　张起森

（长沙交通学院　长沙　410076）

摘　要：本文从考虑横向剪切效应的Reissner理论出发，导出了Winkier地基上两对边简支，另两对边自由的矩形板在自由边界上受单位集中弯矩作用时的Green函数，并以此作为基本解，应用趋界积分方程的方法求得了Winkier地基上两对边简支，另两对边自由，在垂直于简支边的对称线上有穿遗裂坟的Reissneir板受均布载荷作用时的应力强度因子，同时对若干结构参数和材料参数对于应力强度因子的影响进行了分析。

计算表明，本文的理论推导是正确的，数值结果是可靠的。

1　前言

弹性地基板是工程结构中一种常用的力学模型，所以，带裂纹平板的弯曲问题是工程实际中的一个基本问题。但在早期的研究成果中，大多是采用经典的薄板理论进行分析。在薄板理论中，由于横向剪力不是独立的广义力，所以导致了Ⅲ型应力强度因子不独立，而且，在裂纹尖端，τ_{xz}，τ_{yz} 具有 $(r^{-\frac{3}{2}})$ 阶的奇异性。有文献从 Reissner 理论出发，首次发现在裂纹尖端剪应力 τ_{xz}，τ_{yz} 的奇异性和σ_x，σ_y，τ_{xy} 同阶，均为 $(r^{-\frac{3}{2}})$ 阶，且当板厚趋于零时，按 Reissner 理论求得的应力强度因子和薄板理论求得的应力强度因子之比为 $(1+\mu)/(3+\mu)$。可见，用Reissner理论研究平板的裂纹问题能更好地反映问题的本质特性。所以，近年来不少学者在这方面进行了大量的研究，其中，有代表性的如柳春图等人所作的工作。但到目前为止，尚未见有人用 Reissner 理论对弹性地基上有限尺寸的带裂纹平板进行过研究。

2　两对边简支、另两对边自由，在自由边受单位集中弯矩作用的 Reissner 板(图 1)

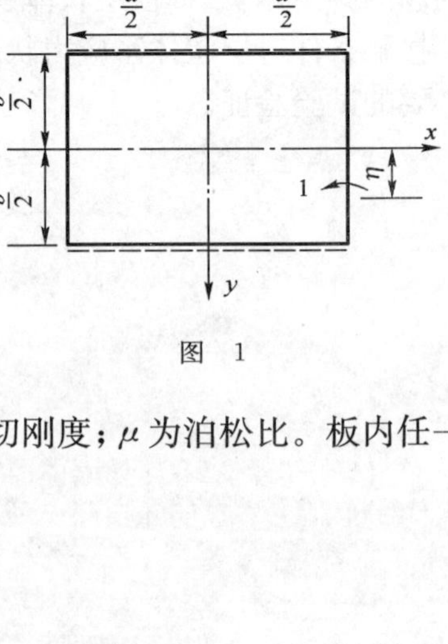

根据胡海昌理论，弹性地基上 Reissner 板的控制方程可表示为：

$$\left.\begin{aligned}&\nabla^2\nabla^2F-2r^2\nabla^2F+s^4F=\frac{q}{D}\\&\nabla^2f-2d^2f=0\end{aligned}\right\}\qquad(1)$$

$$r=\sqrt{K/2C},s=\sqrt[4]{K/D},$$
$$d=\sqrt{C/\mu D},\mu_1=1-\mu\qquad(2)$$

图　1

式中：K 为 Winkler 地基系数；D 为板的弯曲刚度；C 为剪切刚度；μ 为泊松比。板内任一

摘自《岩土工程学报》—1990 年 1 月第 12 卷第 1 期。

点的挠度、转角和内力则由以下各式求得

$$\left.\begin{aligned}
&\omega = F - \frac{D}{C}\nabla^2 F, \varphi_x = \frac{\partial F}{\partial x} + \frac{\partial f}{\partial y}, \varphi_y = \frac{\partial F}{\partial y} - \frac{\partial f}{\partial x} \\
&M_x = -D(\frac{\partial^2 F}{\partial x^2} + \mu \frac{\partial^2 f}{\partial y^2} + u_1 \frac{\partial^2 f}{\partial x \partial y}) \\
&M_y = -D(\frac{\partial^2 F}{\partial y^2} + \mu \frac{\partial^2 f}{\partial x^2} - u_1 \frac{\partial^2 f}{\partial x \partial y}) \\
&M_{xy} = -D(1-\mu)[\frac{\partial^2 F}{\partial x \partial y} - \frac{1}{2}(\frac{\partial^2 f}{\partial x^2} - \frac{\partial^2 f}{\partial y^2})] \\
&Q_x = -D(\frac{\partial}{\partial x}\nabla^2 F + \frac{C}{D}\frac{\partial f}{\partial y}) \\
&Q_y = -D(\frac{\partial}{\partial y}\nabla^2 F - \frac{C}{D}\frac{\partial f}{\partial x})
\end{aligned}\right\} \tag{3}$$

与图 1 所示问题相应的边界条件可表示为

$$\left.\begin{aligned}
&y = \pm b/2, \omega = 0, \varphi_x = 0, M_y = 0 \\
&x = a/2, M_x = \delta(y-\eta), M_{xy} = 0, Q_x = 0 \\
&z = -a/2, M_x = 0, M_{xy} = 0, Q_x = 0
\end{aligned}\right\} \tag{4}$$

式(4)的 Dirac 函数 $\delta(y-\eta)$ 可展为 y 的三角级数，即

$$M_x\big|_{x_m\frac{a}{2}} = \delta(y-\eta) = \frac{2}{b}\sum_{n=1,3\cdots}\cos\frac{n\pi\eta}{b}\cos\frac{n\pi y}{b} + \frac{2}{b}\sum_{n=2,4\cdots}\sin\frac{n\pi\eta}{b}\sin\frac{n\pi y}{b} \tag{5}$$

如同时设

$$\left.\begin{aligned}
&F = \sum_{n=1,3\cdots} X_{1n}\cos\frac{n\pi y}{b} + \sum_{n=3,4\cdots} X_{1n}\sin\frac{n\pi y}{b} \\
&f = \sum_{n=1,3\cdots} X_{2n}\sin\frac{n\pi y}{b} + \sum_{n=2,4\cdots} \overline{X}_{2n}\cos\frac{n\pi y}{b}
\end{aligned}\right\} \tag{6}$$

并将式(6)、式(5)分别代入式(1)和式(4)，则可解得

$$\left.\begin{aligned}
F = &\sum_{n=1,3\cdots}(A_{n1}T_{n1} + A_{n2}T_{n2} + A_{n3}T_{n3} + A_{n4}T_{n4})\cos\frac{n\pi y}{b} \\
&+ \sum_{n=2,4\cdots}(B_{n1}T_{n1} + B_{n2}T_{n2} + B_{n3}T_{n3} + B_{n4}T_{n4})\sin\frac{n\pi y}{b} \\
f = &\sum_{n=1,3\cdots}(C_{n1}\mathrm{ch}\gamma_n x + C_{n2}\mathrm{sh}\gamma_n x)\sin\frac{n\pi y}{b} \\
&+ \sum_{n=2,4\cdots}(D_{n1}\mathrm{ch}\gamma_n x + D_{n2}\mathrm{sh}\gamma_n x)\cos\frac{n\pi y}{b}
\end{aligned}\right\} \tag{7}$$

式中：

$$\left.\begin{aligned}
&T_{n1} = \mathrm{ch}\alpha_n x\cos\beta_n x, T_{n2} = \mathrm{sh}\alpha_n x\sin\beta_n x \\
&T_{n3} = \mathrm{ch}\alpha_n \sin\beta_n x, T_{n4} = \mathrm{sh}\alpha_n x\cos\beta_n x \\
&\alpha_n = \frac{1}{\sqrt{2}}\sqrt{t_n^2 + (n^2\pi^2/b^2 + r^2)}, \beta_n = \frac{1}{\sqrt{2}}\sqrt{t_n^2 - (n^2\pi^2/b^2 + r^2)} \\
&t_n^2 = \sqrt{(n^2\pi^2/(b^2 + r^2) + (s^4 - r^4)}, \gamma_n = \sqrt{n^2\pi^2/b^2 + 2d^2}
\end{aligned}\right\} \tag{8}$$

$$\left.\begin{aligned}
&A_{n1}=-A_{n0}\frac{\Delta_1}{\Delta_0},A_{n2}=-A_{n0}\frac{\Delta_2}{\Delta_0},A_{n3}=-A_{n0}\frac{\delta_1}{\delta_0},A_{n4}=-A_{n0}\frac{\delta_2}{\delta_0}\\
&C_{n1}=-A_{n0}\frac{\delta_3}{\delta_0},C_{n2}=-A_{n0}\frac{\Delta_3}{\Delta_0},A_{n0}=\cos\frac{n\pi\eta}{b}/Db\,\mathrm{ch}\frac{\alpha_n a}{2}\\
&B_{n1}=\tan\frac{n\pi\eta}{b}A_{n1},B_{n2}=\tan\frac{n\pi\eta}{b}A_{n2},B_{n3}=\tan\frac{n\pi\eta}{b}A_{n3}\\
&B_{n4}=\tan\frac{n\pi\eta}{b}A_{n4},D_{n1}=\tan\frac{n\pi\eta}{b}C_{n1},D_{n2}=\tan\frac{n\pi\eta}{b}C_{n2}
\end{aligned}\right\}\tag{9}$$

其中

$$\left.\begin{aligned}
&\Delta_1=\frac{n\pi}{b}\mathrm{th}\frac{\gamma_n a}{2}\left(\lambda_n a_n\sin\frac{\beta_n a}{2}+\theta_n\beta_n\,\mathrm{th}\frac{\alpha_n a}{2}\cos\frac{\beta_n a}{2}\right)\\
&\Delta_2=\frac{n\pi}{b}\mathrm{th}\frac{\gamma_n a}{2}\left(\theta_n\beta_n\sin\frac{\beta_n a}{2}-\lambda_n\alpha_n\,\mathrm{th}\frac{\alpha_n a}{2}\cos\frac{\beta_n a}{2}\right)\\
&\Delta_3=2\alpha_n\beta_n(\alpha_n{}^2+\beta_n{}^2)\left(\sin^2\frac{\beta_n a}{2}+\cos^2\frac{\beta_n a}{2}\mathrm{th}^2\frac{\alpha_n a}{2}\right)\\
&\Delta_0=(1-\mu)\frac{n\pi}{b}\gamma_n\Delta_3+\frac{n\pi}{b}\mathrm{th}\frac{\gamma_n a}{2}\left[\lambda_n a_n\left(r^2+(1-\mu)\frac{n^2\pi^2}{b^3}\right)\right.\\
&\qquad\left.+\beta_n t^3\theta_n\right]\left[\sin\frac{\beta_n a}{2}\cos\frac{\beta_n a}{2}\left(1-\mathrm{th}^2\frac{\alpha_n a}{2}\right)\right]+\frac{n\pi}{b}\mathrm{th}\frac{\gamma_n a}{2}\\
&\qquad\left[\theta_n\beta_n\left(r^2+(1-\mu)\frac{n^2\pi^2}{b^2}\right)-a_n t^3\lambda_n\right]\mathrm{th}\frac{\alpha_n a}{2}\\
&\delta_1=\frac{n\pi}{b}\left(\lambda_n a_n\cos\frac{\beta_n a}{2}-\theta_n\beta_n\,\mathrm{th}\frac{\alpha_n a}{2}\sin\frac{\alpha_n a}{2}\right)\\
&\delta_2=-\frac{n\pi}{b}\left(\lambda_n a_n\,\mathrm{th}\frac{\alpha_n a}{2}\sin\frac{\beta_n a}{2}+\theta_n\beta_n\cos\frac{\beta_n a}{2}\right)\\
&\delta_3=-2\alpha_n\beta_n(\alpha_n{}^2+\beta_n{}^2)\left(\cos^2\frac{\beta_n a}{2}+\mathrm{th}^2\frac{\alpha_n a}{2}\sin\frac{\beta_n a}{2}\right)\\
&\delta_0=(1-\mu)\frac{n\pi}{b}\gamma_n\delta_3\,\mathrm{th}\frac{\gamma_n a}{2}+\frac{n\pi}{b}\left[\lambda_n a_n(r^2+(1-\mu)\frac{n^2\pi^3}{b^2}\right.\\
&\qquad\left.+\theta_n t^2\beta_n\right]\sin\frac{\beta_n a}{2}\cos\frac{\beta_n a}{2}\left(1-\mathrm{th}^2\frac{\alpha_n a}{2}\right)-\frac{n\pi}{b}\left[\theta_n\beta_n\right.\\
&\qquad\left.\left(r^2+(1-\mu)\frac{n^2\pi^2}{b^2}\right)-\lambda_n t^2 a_n\right]\mathrm{th}\frac{\alpha_n a}{2}\\
&\lambda_n=\left[\frac{C}{D}-\frac{1}{2}(\gamma_n b^2/n^2\pi^2+1)(r^2-2\beta_n{}^2)\right]\\
&\theta_n=\left[\frac{C}{D}-\frac{1}{2}(\gamma_n{}^2b^3n^2\pi^2+1)(r^2+2\alpha_n{}^2)\right]\cdots\cdots t^2=\sqrt{s^4-r^4}
\end{aligned}\right\}\tag{10}$$

将式(7)～式(10)代入式(3)，即可得板内的挠度，转角和各内力分量。

如在 $y=\pm n$ 处作用一对方向相同的单位弯矩(图 2)，则应用叠加原理，由式(7)～式(10)不难得到

$$\left.\begin{aligned}F&=\sum_{n=1,3\cdots}2(A_{n1}T_{n1}+A_{n2}T_{n2}+A_{n3}T_{n3}+A_{n4}T_{n4})\cos\frac{n\pi y}{b}\\f&=\sum_{n=1,3\cdots}2(C_{n1}\mathrm{ch}\gamma_n x+C_{n2}\mathrm{sh}\gamma_n x)\sin\frac{n\pi y}{b}\end{aligned}\right\}\quad(11)$$

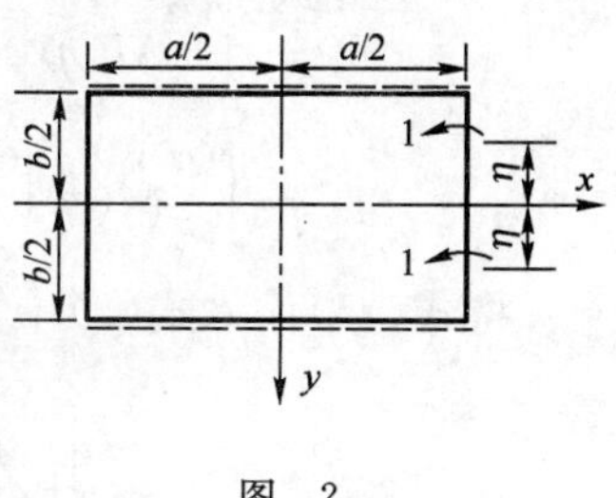

图 2

式(7)和式(11),即为本文所导出的基本解。其中,式(11)可用于处理相对于 x 轴对称的弯曲问题,式(7)则可用于处理反对称问题。

3 弹性地基上两对边简支、另两对边自由,受均布载荷作用带裂纹的 Reissner 板

为了说明式(7)和(11)在平板裂纹分析中的应用,下面,我们将具体讨论图 3 所示的 I 型裂纹问题(图中的阴影线表示该域内作用有均布的横向载荷)。

显然,由于问题的对称性,图 3 所示问题和图 4a)所示问题完全等价,而图 4a)又可看作为图 4b)和图 4c)两种情况的叠加。

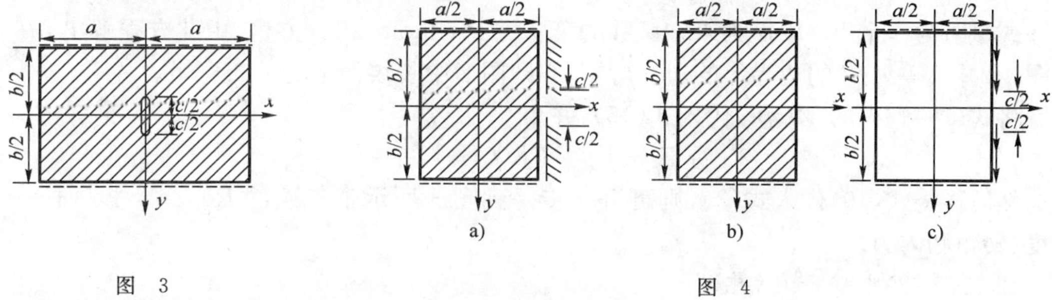

图 3

图 4

由 Levy 解法不难求得图 4b)所示问题的单三角级数解

$$\left.\begin{aligned}F_1&=\sum_{n=1,3\cdots}\mu\frac{n^2\pi^2}{b^2}\frac{X_0}{\Delta_0}\left[\frac{\Delta_1\mathrm{ch}\alpha_n x}{\mathrm{ch}\frac{\alpha_n a}{2}}\cos\beta_n x+\frac{\Delta_2\mathrm{sh}\alpha_n x}{\mathrm{ch}\frac{\alpha_n a}{2}}\sin\beta_n x+\frac{b^2}{\mu n^2\pi^2}\right]\cos\frac{n\pi}{b}y\\f_1&=\sum_{n=1,3\cdots}\mu\frac{n^2\pi^2}{b^2}X_0\frac{\Delta_3}{\Delta_0}\mathrm{sh}\gamma_n\sin\frac{n\pi}{b}y\end{aligned}\right\}\quad(12)$$

式中:

$$X_0=4q_0\sin\frac{n\pi}{2}/[n\pi D(n^4\pi^4/b^4+2r^2n^2\pi^2/b^2+s^4)]\quad(13)$$

Δ_0,Δ_1,Δ_2 和 Δ_3 则由式(10)决定。

将式(12)代入式(3)中关于 φ_x 的表达式,并令 $x=a/2$,则可得该边上的转角

$$\varphi_{x_1|x=a/2}=\sum_{n=1,3\cdots}\frac{\mu C}{(1-\mu)D}\frac{n\pi}{b}X_0\frac{\Delta_3}{\Delta_0}\mathrm{th}\frac{\gamma_n\alpha}{2}\cos\frac{n\pi}{b}y\quad(14)$$

以式(11)作为基本解,将其乘以 $M(\eta)$,并在 $(\frac{C}{2},\frac{b}{2})$ 的区间内积分,即可得图 4c)所示加载情况下的解

$$F_2=\int_{c/2}^{b/2}M(\eta)\Big[\sum_{n=1,3\cdots}2(A_{n1}T_{n1}+A_{n2}T_{n2}+A_{n3}T_{n3}+A_{n4}T_{n4})\cos\frac{n\pi}{b}y\Big]\mathrm{d}\eta$$

$$f_2=\int_{c/2}^{b/2}M(\eta)\Big[\sum_{n=1,3\cdots}2(C_{n1}\operatorname{ch}\gamma_n x+C_{n2}\operatorname{sh}\gamma_n x)\sin\frac{n\pi}{b}y\Big]\mathrm{d}\eta \tag{15}$$

将式(15)代入式(3)中关于 φ_x 的表达式,并令 $x=a/2$,即可得图 4c)中该边上的转角

$$\varphi_{x_1|x=a/2}=\int_{c/2}^{b/2}M(\eta)\left[\sum_{n=1,3\cdots}\frac{2\cos\frac{n\pi}{b}}{n\pi(1-\mu)}\frac{C}{D^2}\Big(\frac{\Delta_3}{\Delta_0}\operatorname{th}\frac{\gamma_n a}{2}+\frac{\delta_3}{\delta_0}\Big)\cos\frac{n\pi}{b}y\right]\mathrm{d}\eta \tag{16}$$

为了最终得到圈 4a)所示问题的解,我们还须在 $c/2\leqslant y\leqslant b/2$ 的区间内进一步令

$$\varphi_{x_1}\big|_{x=a/2}+\varphi_{x_2}\big|_{x=a/2}=0 \tag{17}$$

即

$$\int_{c/2}^{b/2}M(\eta)\left[\sum_{n=1,3\cdots}\frac{2\cos\frac{n\pi}{b}\eta}{n\pi(1-\mu)}\frac{C}{D^2}\Big(\frac{\Delta_3}{\Delta_0}\operatorname{th}\frac{\gamma_n a}{2}+\frac{\delta_3}{\delta_0}\Big)\cos\frac{n\pi}{b}y\right]\mathrm{d}\eta$$

$$=\sum_{n=1,3\cdots}\frac{\mu C}{(1-\mu)D}\frac{n\pi}{b}X_0\frac{\Delta_3}{\Delta_0}\operatorname{th}\frac{\gamma_n a}{2}\cos\frac{n\pi}{b}y \tag{18}$$

式(18)为一个以 $M(\eta)$ 为未知函数的第一类 Fredholm 积分方程,由此方程解出 $M(\eta)$ 即为图 4a)中 $x=a/2$ 的边界上的边界弯矩,亦即图 3 中裂纹面上的分布弯矩。

将式(18)解得的 $M(\eta)$)代入式(15),并令

$$F=F_1+F_2,f=f_1+f_2 \tag{19}$$

然后再将式(19)代入式(3),则可进一步得到图 3 所示带裂纹的 Reissner 板内任一点的挠度、转角和内力。

如在式(18)中令 $c=0$,并设

$$M(\eta)=\sum_{n=1,3\cdots}a_n\cos\frac{n\pi}{b}\eta \tag{20}$$

则由式(18)可以解得

$$M(\eta)=-\sum_{n=1,3\cdots}X_0\frac{8D\mu\delta_0\frac{n^2\pi^2}{b^2}\left(\sin^2\frac{\beta_n a}{2}+\cos^2\frac{\beta_n a}{2}\operatorname{th}^2\frac{\alpha_n a}{2}\right)\operatorname{th}\frac{\gamma_n a}{2}}{\Delta_0{}^*\left(1+\operatorname{th}^2\frac{\gamma_n a}{2}\right)\left(1+\operatorname{th}^2\frac{\alpha_n a}{2}\right)^2}\cos\frac{n\pi}{b}\eta \tag{21}$$

式中:

$$\Delta_0^*=(1-\mu)\frac{n\pi}{b}\gamma_n\left[2\alpha_n\beta_n(\alpha_n^2+\beta_n^2)(\sin^2\beta_n a+\cos^2\beta_n a\operatorname{th}^2\alpha_n a)\right]$$

$$+\frac{n\pi}{b}\operatorname{th}\gamma_n a\left\{\lambda_n\alpha_n\left[r^2+(1-\mu)\frac{n^2\pi^2}{b^2}\right]+\beta_n t^2\theta_n\right\}\sin\beta_n a\cos\beta_n a(1$$

$$-\operatorname{th}^2\alpha_n a)+\frac{n\pi}{b}\operatorname{th}\gamma_n a\left\{\theta_n\beta_n\left[r^2+(1-\mu)\frac{n^2\pi^2}{b^2}\right]-\alpha_n t^2\lambda_n\right\}\operatorname{th}\alpha_n a \tag{22}$$

式(21)即为两对边简支、一边自由、一边滑动固支的 Reissner 板在均布载荷作用下的解。

此外,如将式(12)代入式(3)中关于 M_x 表达式并令 $x=0$,同时将 a 用 $2a$ 取代,亦可得两对边简支、一边自由,一边滑动固支的 Reissner 板在均布载荷作用下的解,其结果和式(21)完全一样。可见本文所导出的基本解是正确。

但在 $c\neq0$ 的一般情况下,要求得积分方程(18)的解析解是相当困难的,故本文将积分区

间离散为 J 个子区间，并设在每个子区间内 $M(\eta)$ 为一常数，同时将无穷级数取前 N 项加以考虑，则积分方程(13)可化为如下代数方程

$$\sum_{j=1,2\cdots}^{J}\sum_{n=1,3}^{N}\frac{b^2M_j}{D}(\sin\frac{n\pi}{b}\eta_{j+1}-\sin\frac{n\pi}{b}\eta_j)\frac{2}{n^2\pi^2}(\frac{\Delta_3}{\Delta_0}\text{th}\frac{\gamma_n\alpha}{2}+\frac{\delta_3}{\delta_0})\cos\frac{n\pi}{b}y_i$$

$$=\sum_{n=1,3\cdots}^{N}\mu n\pi X_0\frac{\Delta_3}{\Delta_0}\text{th}\frac{\gamma_n\alpha}{2}\cos\frac{n\pi}{b}y_i\qquad(i=1,2\cdots,J)\tag{23}$$

式中：M_j 表示当 $\eta=(\eta_{j+1}+\eta_j)/2$ 时，$M(\eta)$ 的取值。

通过适当选取 J 和 N 的数值，即可由式(23)求得这一问题足够精确的数值解。

利用式(23)还可求解相对于 x 轴对称分布的 Y 轴上的裂纹群。作为例子，本文除了考虑中心裂纹以外，同时还计算了 y 轴上对称分布的边裂纹问题。

4 数值结果

为了检验求解式(23)的计算程序是否正确，我们首先求解了两对边简支，另两对边自由、受均布载荷作用的无裂纹板；即图 3 中 $c=0$ 的情况。这时，只要令 $\eta_1=0,\eta_{j+1}=b/2$，即可由式(23)得到这一问题的积分方程数值解。

计算过程中，我们取 $J=50,N=201,Kb/E=0.03,b/h=10,a/b=1,\mu=0.2$。计算结果如表 1 所示。

$Kb/E=0.03,b/h=10,a/b=1,\mu=0.2$ 表 1

y	$M_x/b^2q\times10^2$		相对误差	y	$M_x/b^2q\times10^2$		相对误差
	边界元解	Leny 解			边界元解	Leny 解	
0.005	0.493 314	0.493 286	5.68×10^{-5}	0.205	0.469 775	0.469 758	3.62×10^{-5}
0.025	0.193 149	0.493 121	5.68×10^{-6}	0.225	0.461 956	0.461 941	3.25×10^{-5}
0.045	0.492 745	0.492 712	5.68×10^{-6}	0.245	0.452 246	0.452 233	2.88×10^{-5}
0.065	0.492 055	0.492 028	5.49×10^{-5}	0.265	0.440 335	0.440 326	2.04×10^{-5}
0.085	0.491 007	0.48 0981	5.30×10^{-5}	0.305	0.408 557	0.408 552	1.22×10^{-6}
0.105	0.489 501	0.489 476	5.11×10^{-5}	0.345	0.366 366	0.366 359	2.75×10^{-6}
0.125	0.487 412	0.487 388	4.92×10^{-5}	0.385	0.302 317	0.302 319	6.42×10^{-6}
0.145	0.484 586	0.485 464	4.54×10^{-5}	0.425	0.228 64	0.220 865	4.53×10^{-6}
0.165	0.480 846	0.480 825	4.37×10^{-5}	0.465	0.115 354	0.115 348	5.20×10^{-3}
0.185	0.475 986	0.475 967	3.99×10^{-5}	0.495	0.017 896	0.017 918	1.23×10^{-3}

为了便于比较，表中同时给出了这一问题用 Levy 法解得的数值结果及二者之间的相对误差。由表可见，取 51 个结点、前 201 项求解，计算结果是足够精确的。可见，我们的计算程序是可以信赖的。

最后，我们分别就图 3 所示的中心裂纹和图 5 所示的边裂纹问题进行了计算。计算时，我们仍取 $\mu=0.2,N=201,J=40$；计算结果如图 6～图 10 所示。其中，图 6 表示过裂纹面的截面上，无量纲弯矩的分布规律；由该图可明显看出裂纹尖端弯矩的奇异性。

图 7 表示板的边长比对无量纲应力强度因子的影响。图 8 表示地基和板的刚度之比 (Kb/E) 对无量纲应力强度因子的影响。图 9 表示裂纹尺寸 c 对于应力强度因子的影响。图 10 则表示了跨厚比 (b/h) 对于应力强度因子的影响。在上述各图中，实线表示中心裂纹问题的计算结果，虚线则表示边裂纹问题的计算结果。

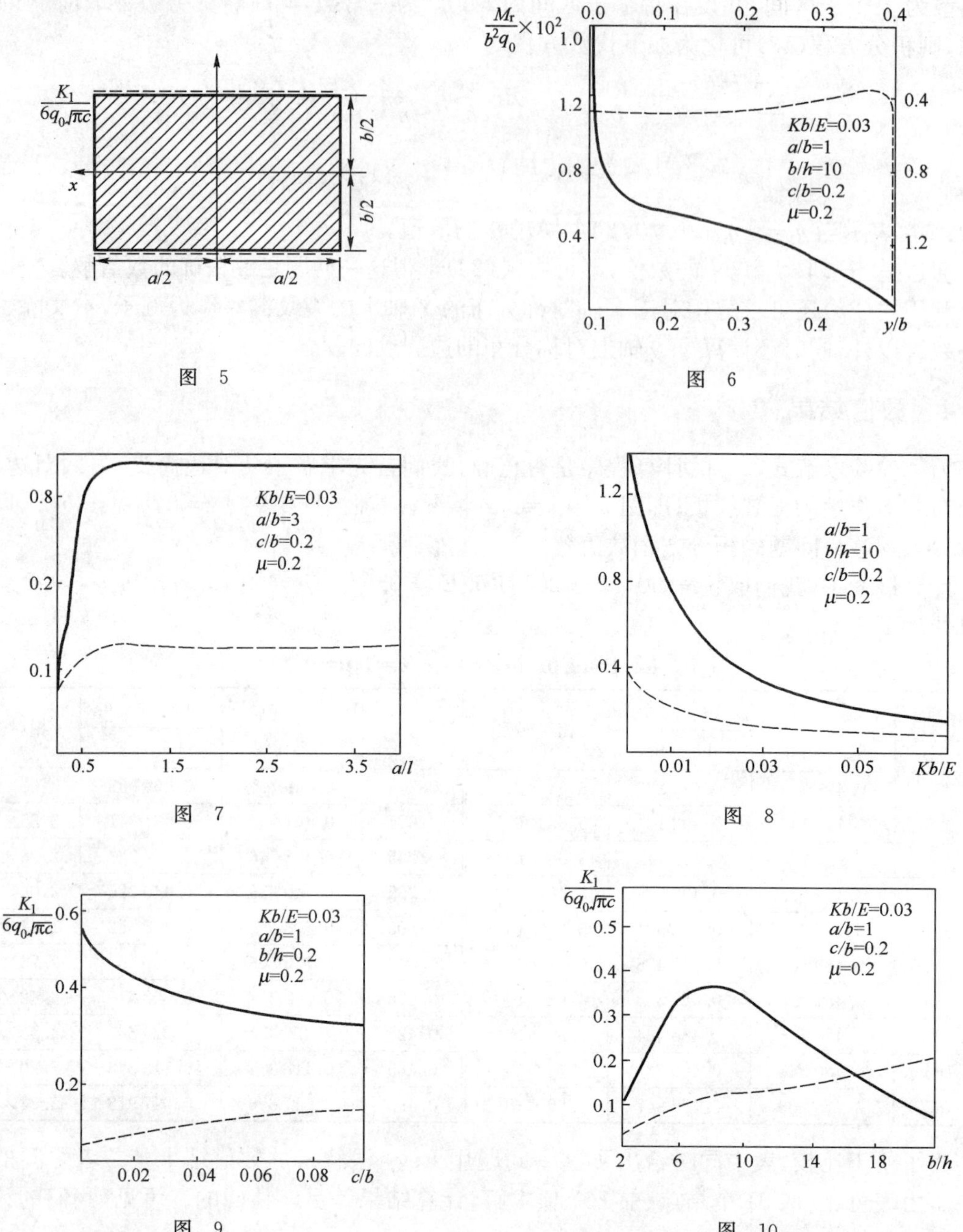

图 5

图 6

图 7

图 8

图 9

图 10

5 讨论

(1)本文所提出的求解带裂纹板弯曲问题的叠加法物理概念清楚，计算程序简单(仅有 50 条程序)，占用机器内存少，可在任何微机上进行计算，故便于工程部门推广应用。

(2)本文仅求得了两对边简支、另两对边自由，在一自由边受单位集中弯矩作用的基本解，但按照叠加法的思想，还可进一步求得弹性地基上四边自由的 Reissner 板在边界上受集中弯矩或集中剪力、集中扭矩作用时的基本解，进而可将这种方法推广应用于求解各种复杂边界条件下弹性地基上带裂纹的 Reissner 板的弯曲问题。

(3)计算表明：当边比 (a/b) 较小时，应力强度因子随着边比的减小而减小，当边比趋于零时，应力强度因子也趋于零；当边比较大时，应力强度因子则近似于一常数。这是因为，当 $a/b \ll 1$ 时，板已近似于梁，而平行于梁的轴线方向的裂纹对弯曲应力没有影响；而当边比很大时则近似于一无限长板，所以，进一步增大 (a/b) 的数值，已对裂纹尖端的奇异性没有影响。

(4)在图 8 中，两曲线与纵坐标轴的交点即为无地基支承情况下无量纲应力强度因子的取值，与中心裂纹相应的数值约为 3.5，与边裂纹相应的数值约为 0.36。

(5)由图 10 可以看出，当 (b/h) 较大时，边裂纹板的应力强度因子随着 h 的减小而减小，这是由于薄膜效应的影响。当 h 很小时，板的弯曲刚度低，近似于一薄膜，故在离边界较远处将产生较均匀的下沉，所以中心裂纹应力的奇异性很小；但 h 越小，边界效应越明显，故边裂纹应力的奇异性也就越大。

半刚性路面反射裂缝及其应力强度因子的有限元分析

郑健龙　张起森

（长沙交通学院　长沙　410076）

摘要： 本文从断裂力学的观点出发，对半刚性基层沥青路面的反射裂缝问题进行了研究，并通过引入奇异单元，计算了裂缝尖端的应力强度因子；探讨了不同弹性模量的应力吸收膜对于反射裂缝的抑制作用。计算表明，铅垂方向的剪应力是形成半刚性基层沥青路面反射裂缝的主要原因。在沥青面层和半刚性基层之间铺设应力吸收膜，具有明显止裂效果，且以低弹性模量，大变形率、不易产生低温脆化的材料最为适宜。

1　前言

半刚性基层沥青路面由于具有强度高、工程造价低，整体性和水稳性好、使用寿命长等一系列的优点，因而在国内外的现代城市道路和高等级公路中得到了广泛应用。但是，这种路面结构也有其不足之处，即半刚性材料对于温度和湿度的变化比较敏感。所以在其强度形成的过程中，以及运营期间易于产生干缩裂缝和低温收缩裂缝。而且，在交通载荷的重复作用下，半刚性基层中的这种收缩裂缝很容易扩展到沥青面层而形成反射裂缝。其结果一方面破坏了路面的整体性和连续性，影响了道路的使用品质；更为严重的是裂缝的存在，使得路表雨水有可能通过裂缝渗入土基，大大地削弱了路基的强度和稳定性，导致路面的早期破坏。针对这一问题，国内外道路工程界进行了广泛的研究。结果表明，在半刚性基层和沥青面层之间加铺一层粒料过渡层或是土工布、橡胶沥青一类弹性模量较低的应力吸收膜，以吸收或缓冲裂缝尖端的应力集中，对于抑制反射裂缝的产生和扩展具有一定的效果。但到目前为止，在对反射裂缝形成的力学机理进行理论研究时，大多没有引入断裂力学的有关概念，而仅限于用普通线弹性力学的有限元方法对其应力分布规律进行分析，所以不能反映裂缝尖端应力的奇异性这一裂缝的本质特征，而且，对于裂缝的扩展规律也难于进行定量的描述。本文从断裂力学的基本原理出发，通过在裂缝尖端引入应力奇异单元，得出了半刚性基层开裂以后裂缝尖端的应力强度因子，以及裂缝的扩展规律，并通过比较应力强度因子的大小，对不同弹性模量的应力吸收膜的抗裂性能进行了分析比较。为校核裂缝的稳定性，预估裂缝的扩展方向，以及合理地选择应力吸收膜材料提供了理论依据。

2　力学模型

将铺有应力吸收膜的半刚性基层—沥青面层路面结构近似地看作为一平面应变问题的四层连续体系，即将应力吸收膜处理为一独立的结构层次，并且假定在半刚性基层中有一穿透裂缝。

摘自《岩土工程学报》1990年5月第12卷第3期。

为了讨论反射裂缝在交通荷载作用下的扩展规律，本文着重考虑了图1所示两种最不利的加载位置，且在分析过程中忽略了动荷效应和温度效应的影响。

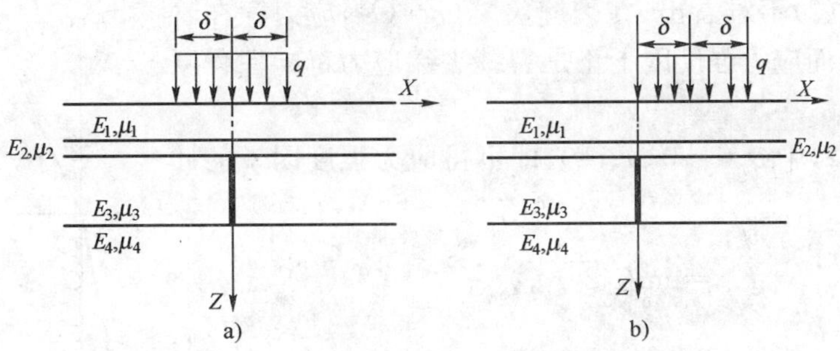

图 1

显然，由对称与反对称原理可知，图1b)所示问题可以进一步分解为图2所示两种基本问题的叠加，而图1a)所示问题又和图2a)完全一样，所以，我们只须求得图2a)所示的对称问题和图2b)所示的反对称问题，即可由叠加原理求得在图1所示两种最不利加载情况下的解。

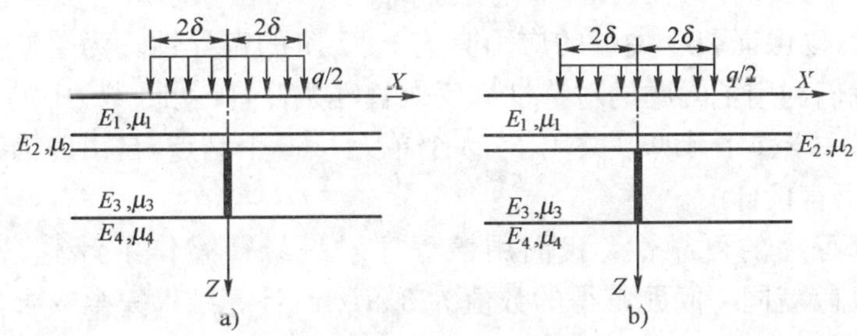

图 2

由断裂力学可知，图2a)所示的问题为一张开型裂缝即I型裂缝问题，与此相应的裂缝尖端附近的应力场可以表示为

$$
\begin{aligned}
\sigma_x &= \frac{K_{\mathrm{I}}}{\sqrt{2\pi r}}\cos\frac{\theta}{2}\left(1+\sin\frac{\theta}{2}\sin\frac{3\theta}{2}\right)\\
\sigma_z &= \frac{K_{\mathrm{I}}}{\sqrt{2\pi r}}\cos\frac{\theta}{2}\left(1-\sin\frac{\theta}{2}\sin\frac{3\theta}{2}\right)\\
l_{xz} &= \frac{K_{\mathrm{I}}}{\sqrt{2\pi r}}\sin\frac{\theta}{2}\cos\frac{\theta}{2}\cos\frac{3\theta}{2}
\end{aligned}
\tag{1}
$$

图2b)所示的问题为一剪切型裂缝即II型裂缝问题，与其相应的裂缝尖端附近的应力场可以表示为

$$
\begin{aligned}
\sigma_x &= \frac{K_{\mathrm{II}}}{\sqrt{2\pi r}}\sin\frac{\theta}{2}\cos\frac{\theta}{2}\cos\frac{3\theta}{2}\\
\sigma_z &= \frac{K_{\mathrm{II}}}{\sqrt{2\pi r}}\left(-\sin\frac{\theta}{2}\right)\left(2+\cos\frac{\theta}{2}\cos\frac{3\theta}{2}\right)\\
l_{xz} &= \frac{K_{\mathrm{II}}}{\sqrt{2\pi r}}\cos\frac{\theta}{2}\left(1-\sin\frac{\theta}{2}\sin\frac{3\theta}{2}\right)
\end{aligned}
\tag{2}
$$

式中 $K_{\rm I}$ 和 $K_{\rm II}$ 分别称为张开型应力强度因子和剪切型应力强度因子，r 和 θ 的定义则如图 3 所示。

由式(1)和式(2)不难看出，在裂缝尖端（$r=O$），应力存在着 $r^{-1/2}$ 阶的奇异性，而应力强度因子正是裂缝尖端应力奇异性程度的度量。

在式(1)、式(2)中令 $\theta=0$，$r=0$，即可得应力强度因子的计算公式

$$K_{\rm I}=\lim_{r\to 0}(\sqrt{2\pi r}\sigma_x)$$
$$K_{\rm II}=\lim_{r\to 0}(\sqrt{2\pi\tau}\sigma_x) \tag{3}$$

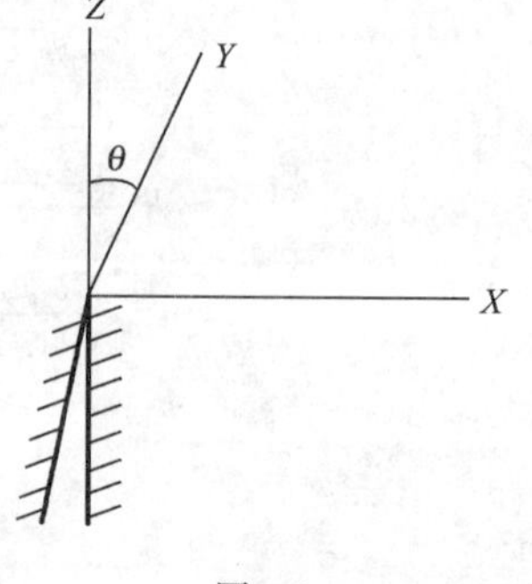

图 3

可见，只要求得裂缝尖端附近的应力分布，即可根据式(3)，用外推法得出相应的应力强度因子，进而可对裂缝的稳定性进行校核，并预估裂缝的扩展方向。

为此，我们用有限元方法对图 2 所示的两种基本问题作了具体计算。计算过程中应用了八结点等参数矩形单元，同时，在裂缝两端分别布置了四个由八结点矩形单元退化而成的三角形六结点奇异单元，以保证裂缝尖端的应力具有 $r^{-1/2}$ 阶的奇异性。为了减少工作量，节约内存和 CPU 时间，我们利用了问题的对称性和反对称性条件，仅就图 2a）中的对称轴和图2b）中的反对称轴右边的一半作了计算。共用了 73 个单元，260 个结点，自由度为 457。计算机程序是用 FORTRAN 语言设计的。

为了检验计算程序的可靠性，我们用该程序对一悬臂梁作了计算。所得梁端位移为 3.913cm，而有关文献就同一问题解得的数值为 3.91cm，计算结果完全吻合。

3 数值结果与分析

我们参照试验路上的情况，取材料和结构参数如下；

$\delta=15$ cm

$E_2/E_1=0.02$，$E_3/E_1=2$ $E_4/E_1=0.02$

$H_1=8$cm，$H_2=1$cm，$H_3=25$cm

$\mu_1=0.25$，$\mu_2=0.25$ $\mu_3=0.25$，$\mu_4=0.35$

所得图 1a）所示相对于裂缝对称加载与图 1b）所示相对于裂缝非对称加载两种情况下的部分计算结果如表 1、表 2 所示。其中，表 1 给出了沥青面层中和裂缝面共面的横截面上，正应力 σ_x、剪应力 τ_{xz} 随纵向坐标 Z 的变化以及相应的裂缝尖端的应力强度因子；表 2 则给出了表面弯沉 ω 随横向坐标 x 的变化。

裂缝上端横截面上的应力（$x=0$）　　表 1

Z(cm)		0.0	2.0	4.0	6.0	8.0	8.75
对称加载	σ_x/q	−4.064	−2.919	−1.887	−0.911	−0.091	−0.520
	τ_{xz}/q	0.00	0.00	0.00	0.00	0.00	0.00
	$K_{\rm I}/q({\rm cm}^{1/2})$	0.00					
	$K_{\rm II}/q({\rm cm}^{1/2})$	0.00					

续上表

Z(cm)		0.0	2.0	4.0	6.0	8.0	8.75
非对称加载	σ_x/q	−2.791	−2.190	−1.653	−1.167	−0.782	−0.364
	τ_{xz}/q	0.0	−0.573	−0.786	−0.022	−0.308	−0.609
	$K_{\text{I}}/q(\text{cm}^{1/2})$	0.0					
	$K_{\text{II}}/q(\text{cm}^{1/2})$	0.7155					

表面完成值 Z=0 表 2

x(cm)		0.0	2.0	6.0	10.0	15.0	20.0	30.0	44.0	62.0	92.0
E_1	对称加载	96.60	96.49	95.63	93.06	90.75	87.16	80.96	73.23	63.25	47.20
$q\delta$	非对称加载	91.15	92.60	94.55	95.45	95.55	94.30	89.10	80.85	72.20	56.95

为了更为直观地反映过裂缝面的横截面上应力的变化规律以及弯沉盆的形状，我们还进一步给出了与表 1 和表 2 的数值结果相应的分布曲线，如图 4～图 6 所示。

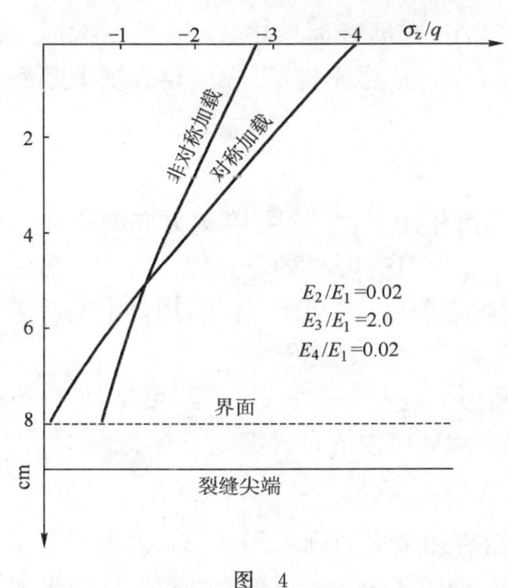

图 4

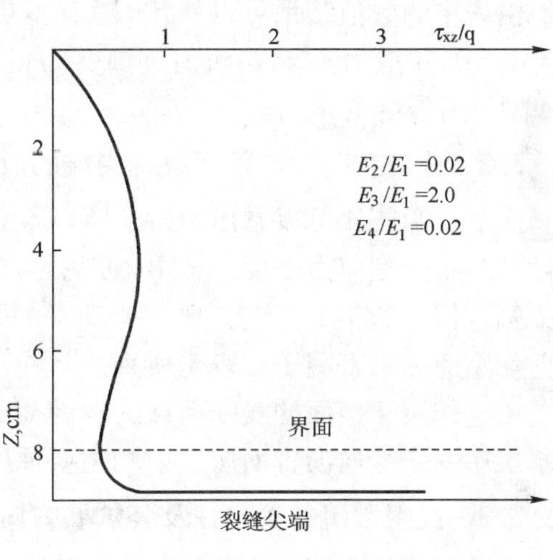

图 5

3.1 对称载荷作用下裂缝尖端的应力分析

在这种情况下，由于载荷相对于裂缝面对称，所以，裂缝尖端的剪应力为零，即剪切型应力强度因子 K_{I} 为零。同时，由表 1 可以看出，裂缝尖端 x 方向的正应力为负，即裂缝尖端没有垂直于裂缝面的张拉应力，可见，张开型应力强度因子 K_{I} 亦为零。由此证明。对称载荷作用下，半刚性基层中的穿透裂缝为闭合型裂缝。

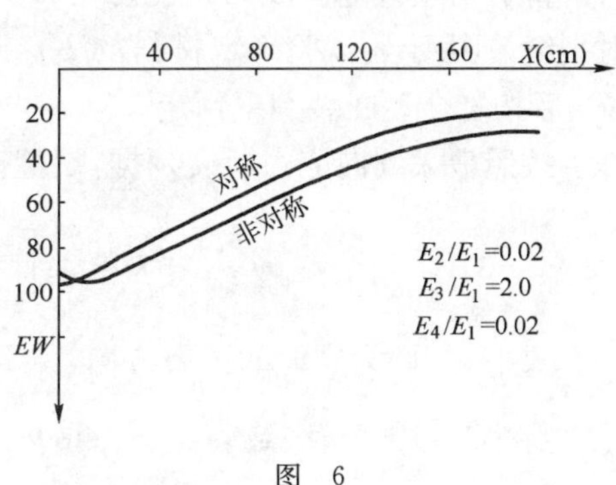

图 6

之所以出现这种情况，除了应力吸收膜的作用外，半刚性基层的弹性模量和厚度都大于沥青面层是其主要原因。这是因为，当基层的刚度大于面层刚度时，基层的变形规律将在结构的整体变形中起主导作用，而开裂以后的半刚性基层近似于一弹性地基支承的半无限大板，所以，在靠近自由边界的外载荷作用下，其上表面必将产生拉伸变形，故在自由端引起裂缝面外法线方向的位移，最终导致裂缝上端闭合。

为了进一步说明这一点，我们在其他计算参数不变的情况下，分别就几种不同的基层模量作了进一步计算，所算得的裂缝上端横截面上正应力的数值结果如表3所示。

基层模量对裂缝尖端应力 σ_x 的影响 表3

E_3/E_1 \ σ_x/q \ Z(cm)	0.0	2.0	4.0	6.0	8.0	8.75
0.1	−5.307	−3.709	−1.315	1.122	3.729	−0.0810
0.3	−5.426	−3.450	−1.654	0.1584	2.084	−0.1864
0.5	−5.085	−3.361	−1.801	−0.2452	1.350	−0.2829
0.7	−4.860	−3.291	−1.875	−0.4804	0.8991	−0.3527
2.0	−4.064	−2.919	−1.887	−0.9114	−0.0914	−0.5197

由表中的数值结果可以看出，随着基层模量的减小，在沥青面层中 $x=0$ 的横截面底部($Z=8$cm)，正应力 σ_x 将由负值逐渐变为正值。可见，提高基层模量，可在一定程度上起到抑制Ⅰ型反射裂缝的作用。

3.2 非对称荷载作用下裂缝尖端的应力分析

由表1和图4可以看出，在图1b)所示非对称载荷作用下，裂缝尖端 x 方向的正应力为负，所以，张开型应力强度因子 K_{I} 亦为零，但剪应力 τ_{zx} 却具有明显的奇异性。因此。剪切型应力强度因子 K_{II} 不为零。根据所解得的裂缝尖端附近剪应力的分布规律，用外推法所求得的剪切型应力强度因子如表1所列。

由于作用于路面的实际荷载为运动荷载，总会经历上述非对称加载过程，可见，导致半刚性基层中的裂缝向沥青面层反射的主要原因是裂缝尖端剪应力的奇异性。

3.3 反射裂缝的稳定性及其扩展方向

由断裂力学中裂缝失稳扩展的判别准则可知，当剪切型应力强度因子 K_{II} 大于沥青混合料抵抗剪切型裂缝扩展的断裂韧性 K_{IIc} 时，半刚性基层中的裂缝就会产生失稳扩展而形成反射裂缝 但由于用试验确定材料的 K_{Ic} 比较困难，所以，须将 K_{I} 转化为混合型应力强度因子 K^* 后按复合型断裂判据判定。

按照最大周向应力断裂判据，裂缝产生失稳扩展的判定条件为

$$K^* = \cos\frac{\theta^*}{2}\left[K_{\mathrm{I}}\cos^2\frac{\theta^*}{2} - \frac{3}{2}K_{\mathrm{II}}\sin\theta^*\right] \geqslant K_{\mathrm{IC}} \tag{4}$$

式中 θ^* 即为裂缝的扩展方向，由下列方程解得

$$K_{\mathrm{I}}\sin\theta^* + K_{\mathrm{II}}(3\cos\theta^* - 1) = 0 \tag{5}$$

在纯剪切情况下，$K_{\mathrm{I}}=0$，故由式(4)和式(5)可得

$$\theta^* \approx 70^\circ, K^* \approx 1.15\,K_{\mathrm{II}} \tag{6}$$

根据有关的试验资料，沥青混合料的断裂韧性 K_{IC} 一般为 0.5～0.8kN/(cm)$^{3/2}$。取 $q=$

0.07kPa，得本文算例的复合型应力强度因子 $K^{*}=0.05\text{kN}/(\text{cm})^{3/2}$，该值大大地小于沥青混合料的断裂韧性。可见，当仅考虑交通载荷的作用时，半刚性基层中的穿透裂缝一般不会出现失稳扩展，但由于载荷的重复作用，有可能因裂缝的疲劳扩展而形成反射裂缝，裂缝的扩展方向与裂缝面之间的夹角约为 20°左右。

4 应力吸收膜的止裂作用

大量的试验资料表明，在半刚性基层和沥青面层之间加铺一层应力吸收膜，对于抑制反射裂缝具有一定效果。为此，我们从断裂力学的基本原理出发，以应力强度因子的大小为依据，对于弹性模量不同的应力吸收膜的止裂效果，从理论上进行了分析比较。

4.1 应力吸收成对于张开垂反射裂缝的止裂作用

表 3 可以看出，对于基层模量大于面层模量的半刚性路面而言，由于裂缝尖端受到压应力作用，所以一般不会形成张开型反射裂缝，但当基层模量小于面层模量时，一般都会在面层底部产生一拉应力区，不过，由于应力吸收膜的作用，在裂缝尖端附近，仍可维持一范围较小的压应力区，从而保证了裂缝尖端的张开型应力强度因子为零。

为了说明这一点，我们在其他参数不变的情况下，令：$E_2/E_1=1$，$E_3/E_1=0.1$，即假设基层和面层之间没有应力吸收膜，然后就图 1a)所示加载情况进行计算，其结果如表 4 所示。为了便于比较，表中同时给出了有应力吸收膜情况下的计算结果（$E_2/E_1=0.02$，$E_3/E_1=0.1$）。

应力吸收膜对于张开型反射裂缝的影响 表 4

Z(cm)		0.0	2.0	4.0	6.0	8.0	8.75
σ_x/q	$E_2/E_1=1.0$	−6.090	−3.810	−1.764	0.3072	2.649	2.815
	$E_2/E_1=0.02$	−6.307	−3.709	−1.315	1.122	3.729	−0.0809
K_{I}/q ($\text{cm}^{1/2}$)	$E_2/E_1=1.0$	2.453					
	$E_2/E_1=0.02$	0.0					

由表 4 中的数据可以看出，没有应力吸收膜时，裂缝尖端 x 方向的正应力 σ_x 具有奇异性，相应的 I 型裂缝应力强度因子不为零，而在有应力吸收膜的情况下，应力强度因子为零。可见，应力吸收膜可完全避免张开型反射裂缝。

4.2 力吸收膜对于剪切型反射裂缝的止裂作用

为了分析应力吸收膜对于剪切型反射裂缝的止裂作用，我们在图 1b)所示非对称加载情况下，保持其他参数不变，仅改变应力吸收膜的弹性模量，所得裂缝上端横截面上的剪应力如表 5 所示。为便于比较，表中同时给出了没有设置应力吸收膜时的计算结果（相应于 $E_2/E_1=1.0$ 的情况）。表 6 则为根据表 5 的数值结果用外推法求得的剪切型应力强度因子。为了更为直观地反映它们的变化规律，我们在图 7 和图 8 中进一步给出了 $\tau_{xz}\sim K_{\text{I}}$ 的分布曲线。

由表 5、表 6 和图 7、图 8 可以看出，铺了应力吸收膜以后，裂缝尖端附近剪应力的奇异性可明显减弱，相应的剪切型应力强度因子也大为减小。可见，应力吸收膜对于半刚性基层沥青路面中的剪切型反射裂缝亦具有明显的抑制作用，而且，应力吸收膜的弹性模量越低，其止裂效果越好。

应力吸收膜的弹性模量对裂缝面上的端截面上剪应力 $\tau_{x\beta}$ 的影响　表 5

E_3/E_1 \ $\tau_{x\beta}/q$ \ Z(cm)	0.0	2.0	4.0	6.0	8.0	8.75
0.02	0.0	−0.5760	−0.7862	−0.6229	−0.3980	−0.6090
0.04	0.0	−0.5730	−0.8013	−0.6450	−0.5810	−0.9845
0.06	0.0	−0.5750	−0.8137	−0.7935	−0.7132	−1.279
0.08	0.0	−0.5750	−0.8197	−0.8450	−0.8165	−1.524
0.0	0.0	−0.5740	−0.8215	−0.8835	−0.9010	−1.735
1.0	0.0	−0.5130	−0.7112	−1.056	−1.768	−4.630

应力吸收膜的弹性模量对应力强度因子 K_I 的影响　表 6

E_2/E_1	0.03	0.04	0.06	0.08	0.1	1.0
$K_I/q(cm^{1/2})$	0.7155	1.159	1.541	1.861	2.137	3.975

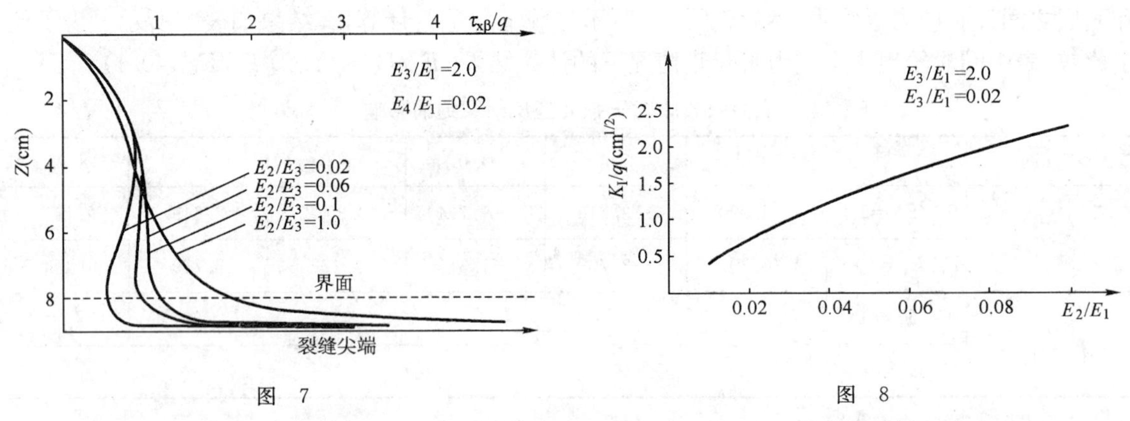

图 7　　图 8

5 结论

根据以上分析,我们可得如下结论:

(1)半刚性基层开裂以后,一般不会因交通载荷的作用而导致裂缝的失稳扩展。但在载荷的重复作用下,裂缝有可能产生稳定的疲劳扩展并在沥青面层中形成反射裂缝。

(2)在基层刚度大于面层刚度的情况下,半刚性基层中的穿透裂缝为剪切型的(张开型应力强度因子为零),即裂缝产生稳定的疲劳扩展并形成反射裂缝的直接原因是裂缝尖端剪应力的奇异性。

(3)如果层间界面具有足够的黏结强度,则裂缝的扩展方向与层间界面之间的夹角约为20°左右。但实际上由于界面的黏结强度较低,所以,裂缝沿界面扩展的可能性更大。其结果,将因裂缝顶端附近的界面脱胶而造成基层和面层之间小范围内的脱空,导致裂缝顶端附近的沥青面层形成局部区间的拉应力集中,并由此引起面层底部的强度破坏,形成垂直向上扩展的反射裂缝。

(4)在半刚性基层和沥青面层之间加铺一层弹性模量较低,变形率较大的应力吸收膜,可有效地吸收和缓冲裂缝尖端剪应力的奇异性,具有较好的止裂效果。

(5)在旧路补强或是在旧水泥混凝土路面上加铺沥青面层时,基层的裂缝往往都是具有一定宽度的缝隙。在这种情况下,由于裂缝没有尖端,所以不存在所谓的裂缝尖端应力的奇异性问题,因此不能应用本文所提出的断裂力学的理论和方法进行研究,而应采用普通弹性力学的有限元方法进行分析。

THE NONLINEAR ANALYSIS OF LOW-TEMPERATURE SHRINKAGE CRACKING IN ASPHALT PAVEMENT

Zheng Jianlong　Zhang Qisen
(Changsha Communications Institute　changsha　410076)

Abstract: In this paper, the nonlinear and nonhomogoneous properties of material caused by temperature variance are considered, and low-temperature shrinkage stresses and displacements in cracked asphalt pavements are analyzed with the use of the finite element method. And stress intensity factors at the crack tip are calculated by introducing singularity elements.

The numerical results show: when surface temperature is lower than -10℃, asphalt pavements could produce unstable low-temperature shrinkage cracks on its surface; on the other hand, the reflective cracks could be the main cause for asphalt pavements cracking in the south of China.

1　INTROUDUCTION

As it is known, transverse cracks are liable to rise in asphalt concrete pavements due to repeated action of traffic loads and periodical change of temperature. Pavement cracking not only influences integrity, continuity and serviceability of pavements, but reduces strength and stiffness of structures with surface water leaking into the subgrade through cracks and results in early damage of pavements.

To solve the problem, a great deal of experiment research and theoretical analysis has been done. However, for many years, it has generally been agreed that reflective cracks which propagate from subbase toward surface under vehicle loads are the main cause of pavement cracking; thus less attention has been paid to the research of surface cracks caused by low temperature shrinkage. But some recent research work[1] has shown that low temperature shrinkage is a impor tan t cause of pavement cracking in some zone (such as the north of China), so it is very necessary to analyze and compare the affects of traffic loads and temperature effect on pavement cracking in certain climate environment.

For the reason given above, the stress intensity factors of reflective cracks under vehicle loads have been calculated by the authors in References [2] and the stress intensity factors of surface cracks under thermal stresses are further computed in this paper. As mechanical properties and shrinkage coefficients of bituminous mixtures have obvious change with variance of temperature, the nonlinear finite element method is used for solving the problem.

2 THE MECHANICAL MODEL AND THE ANALYTICAL METHOD

In order to determine the stress field and the displacement field as well as the stress intensity of low temperature shrinkage cracking, the elastic layer structure shown in Fig. 1 is taken as the mechanical model of cracked pavements. Considering that, on road surface, the intervals between every two cracks are usually about 5～10 meters, the mutual influence of them are neglected and only a single surface crack is taken into account, which is assumed to penetrate whole pavement width.

Moreover the vehicle loads are not taken into account in this paper, and the cracked pavements are supposed to be in the plane strain state under the action of the temperature loads.

On the other hand, considering the pavement temperature gradient on the same altitude quite small, we suppose the temperature distribution of pavement is merely the function of the vertical coordinate z at a given moment and keep being a constant Tm below a certain depth from surface.

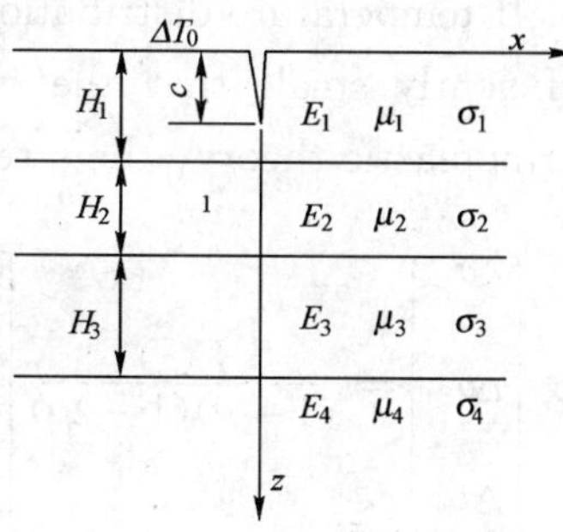

Fig. 1

Referring to some published experiment results and analytical solutions we assume that the distribution function of temperature may be expressed as following

$$T = T_m + \Delta T_0 \exp\left[(z/z_1)\ln(\Delta T_1/\Delta T_0)\right] \tag{1}$$

in which, T_m expresses the stable temperature below certain depth from surface; ΔT_0 expresses the difference between surface temperature and stable temperature T_m; z_1 and ΔT_1 express respectively the vertical coordinate and the temperature difference at certain specific point which locates between surface and temperature stable area. All of them should be determined in advance by experiments.

To consider partly the thermoviscoelastic effects of the bituminous mixtures, the elastic modulus E and the shrinkage coefficient a of asphalt concrete are supposed to change with temperature T; and the stiff modulus of loading 30 minutes is used as the calculating modulus of asphalt concrete overlay.

In terms of the experiment results in Ref. , the function relation between E and T can be approximately expressed as following statistical formula

$$E(T) = \begin{cases} 5\,000 - 1\,800T, T \leqslant 0℃ \\ 5\,000\exp(-0.2T), T \geqslant 0℃ \end{cases} \quad (\text{kg/cm}^2) \tag{2}$$

and the temperature shrinkage coefficient a can be expressed in this form

$$a(T) = 2.5(1 + 0.01T) \times 10^{-3}(1/℃) \tag{3}$$

As the subject involves in nonlinear and nonhomogeneous problem of thermoplastic fracture mechanics, it is almost impossible to obtain its accurate analytical solution, therefore, the increment method of nonlinear finite element technique is used. Because of symmetry, only the right half of the structure is taken into account.

In calculating, the eight-nodded isoperimetric rectangular elements are applied, To satisfy the singularity of $(r)^{-1/2}$, 4 six-nodded triangle elements with mid-side nodes of two sides at the quarter points are used at the crack tip.

Supposing the temperature distribution of pavement is $T(z)$ at a given moment, then, elastic modulus E and temperature shrinkage coefficients a at arbitrary point in asphalt overlay can all be determined from the expressions (2) and (3). Obviously, they are all the functions of coordinate z.

If temperature distribution changes from $T(z)$ to $T(z)+\Delta T(z)$, and furth, $\Delta T(z)$ is sufficiently small that the variance of E and a can be neglected, then, according to thermoplastic theory, the stress-strain relation of plane strain state can be expressed as

$$\begin{Bmatrix} \Delta\sigma_x \\ \Delta\sigma_z \\ \Delta\tau_{xz} \end{Bmatrix} = \frac{E(z)}{(1+\mu)(1-2\mu)} \begin{bmatrix} 1-\mu & \mu & 0 \\ \mu & 1-\mu & 0 \\ 0 & 0 & 1/2-\mu \end{bmatrix} \left[\begin{Bmatrix} \Delta\varepsilon_x \\ \Delta\varepsilon_z \\ \Delta\gamma_{xz} \end{Bmatrix} - a(z)(1+\mu)\Delta T(z) \begin{Bmatrix} 1 \\ 1 \\ 0 \end{Bmatrix} \right] \tag{4}$$

Expression (4) can also be written as following form

$$\{\Delta\sigma\} = [D(z)](\{\Delta\varepsilon\} - \{\Delta\varepsilon_0\}) \tag{5}$$

Starting from expression (5), we can obtain corresponding element stiffness equation expressed in increment by use of the virtual work principle.

$$[k]\{\Delta\delta\}^* = \{\Delta H\}^* \tag{6}$$

$$[k] = \iint [B]^x[D][B]\mathrm{d}x\mathrm{d}z \tag{7}$$

$$\{\Delta H\}^* = \iint [B]^x[D]\{\Delta\varepsilon_0\}\mathrm{d}x\mathrm{d}z \tag{8}$$

where, $\{\Delta\delta\}^*$ and $\{\Delta H\}^*$ express respectively the nodal displacements and the equivalent nodal loads of elements caused by small temperature variance $\Delta T(z)$; $[k]$ is the stiffness matrix of elements.

If the equivalent nodal force vector $\{\Delta R\}^*$ caused by vehicle loads is added to the right-term of equation (6), that is

$$[K]\{\Delta\delta\}^* = \{\Delta R\}^* + \{\Delta H\}^* \tag{9}$$

then, the action of vehicle loads and the influence of low temperature shrinkage can be considered at the same time.

From expression (6) to (9), we can find that the increment forms of the finite element formulas used for solving the nonlinear thermoelastic problems are almost the same as the finite element formulas of solving the linear thermoelastic problems. Therefore, the following work can be carried out according to the procedure of common finite element method.

In fact, the finite element program of solving common linear thermoelastic fracture problems can completely be used for solving nonlinear thermoelastic fracture problem if following calculating steps are obeyed:

(i) dividing the discussed practical temperature change extent into a series of sufficiently small temperature change steps, that is letting

$$\Delta T = \sum_{i=1}^{n} \Delta T_i \tag{10}$$

(ii) solving respectively the stress field, the displacement field and the stress intensity factors at the crack tip corresponding to every temperature change stepsΔT_i .

(iii) adding up all calculating results with responding to every temperature change steps and obtaining the total stress field, displacement field and stress intensity factors corresponding to total temperature change extent ΔT .

A matter worthy note is that elastic modulus E and shrinkage coefficient a should be treated as a part of integrated function during carrying out numerical integration of element stiffness matrix and equivalent nodal load vector caused by temperature difference ΔT_i , for they are all the function of vertical coordinate z.

On the other hand, according to linear elastic fracture mechanics, for the pure opening cracks, the definiting formulas of stress intensity factors can be expressed as.

$$K_1 = \lim 2\pi r \sigma_x \mid_{\theta=0} \tag{11}$$

or

$$K_1 = \lim_{r \to 0} \frac{E 2\pi / r}{(1+\mu)(s+1)} U \mid_{\theta=\pi} \tag{12}$$

in which,

$s = 3 - 4\mu$ plane strain state

$s = (3-4\mu)/(1+\mu)$ plane stress state

Expressions (11) to (12) apply to not only the homogenous elastic material, but also the nonhomogenous linear elastic material.

Considering displacements are the direct results and stresses are the indirect results in the displacement finite element technique, actually, only expression (12) is used for calculating stress intensity factors.

3 THE NUMERICAL RESULTS

As numerical examples, three different lengths of cracks are computed, The temperature change of every 24 hours is taken as calculating state, and highest environment temperature in the 24 hours is taken as the stable temperature Tm below certain depth. The temperature varying steps ΔT_i are taken as -2℃. All geometrical parameters and material parameters are given in Table 1.

Calculating ParametersNumber of layer Table 1

Number of layer	μ	H (cm)	σ (1/℃)	E (Kg/cm²)	c (cm)
1-surface layer	0.25	16	Varying with T	Varying with T	2,6,10
2-base	0.25	12	1.8×10^{-5}	10,000	
3-subbase	0.25	32	3.7×10^{-5}	5,000	
4-subgrade	0.35	140	4.0×10^{-5}	500	

Considering a number of initial cracks exist in asphalt pavements and the size of these initial cracks is approximately equal to the maximum size of aggregates, which is about 2 cm in a lot of asphalt concrete surface layer, therefore, pavement cracking depth c=2cm is taken as a important case to be computed. Other two cracking depth can be used for comparing the influence of crack size on stress field, displacement field and stress intensity factors.

The stress intensity factors corresponding to different stable temperature Tm and different surface temperature difference ΔT_0 are given in Table 2.

Influence of Several Factors on Stress Intensity Factors (kg/cm$^{3/2}$) Table 2

C (cm)	ΔT_0 / ΔT_m	−2℃	−4℃	−6℃	−8℃	−10℃	−12℃	−14℃	−16℃
2	10℃	0.214 3	0.526 3	0.980 4	1.641	2.601 1	4.207	6.431	9.248
	6℃	0.454 1	1.114	2.074 8	3.681	5.905	8.722	12.10	16.02
	2℃	0.960 1	2.566	4.971	7.607	10.99	14.90	19.33	24.24
	−2℃	2.224	5.041	8.423	12.34	16.76	21.68	27.68	32.84
	−6℃	3.382	7.298	11.72	16.64	22.01	27.80	34.00	40.58
	−10℃	4.426	9.338	14.71	20.50	26.70	33.28	40.20	47.45
	−14℃	5.369	11.17	17.36	23.94	30.86	38.11	45.65	53.47
6	10℃	0.290 8	0.722 4	1.365	2.327	4.768	6.297	9.907	14.49
	6℃	0.643 0	1.604	3.045	5.574	9.184	13.86	19.58	26.32
	2℃	1.441	3.970	7.580	12.26	17.98	24.71	32.45	41.15
	−2℃	3.610	8.287	14.01	20.74	28.48	37.18	46.77	56.36
	−6℃	5.719	12.46	20.20	28.90	38.49	48.94	60.21	72.26
	−10℃	7.740	16.44	26.03	36.48	47.75	59.80	72.58	85.72
	−14℃	9.590	20.04	31.31	43.36	56.14	69.28	83.37	98.06
10	10℃	0.324 2	0.813 1	1.559	2.699	4.466	7.718	12.51	18.87
	6℃	0.744 2	1.886	3.653	6.905	11.70	18.05	25.97	35.43
	2℃	1.767	5.019	9.812	16.17	24.09	33.55	44.54	67.00
	−2℃	4.793	12.71	19.07	28.53	39.52	51.98	65.86	81.10
	−6℃	7.918	17.38	28.37	40.83	54.71	69.95	86.51	104.3
	−10℃	10.99	23.45	37.33	52.57	69.13	86.95	105.9	126.0
	−14℃	13.88	29.12	45.68	63.50	82.50	102.6	123.8	145.9

The singularities of the tensile stress σ_x at the crack tip are shown as Fig. 2. The opening displacements U of crack surface are shown as Fig. 3.

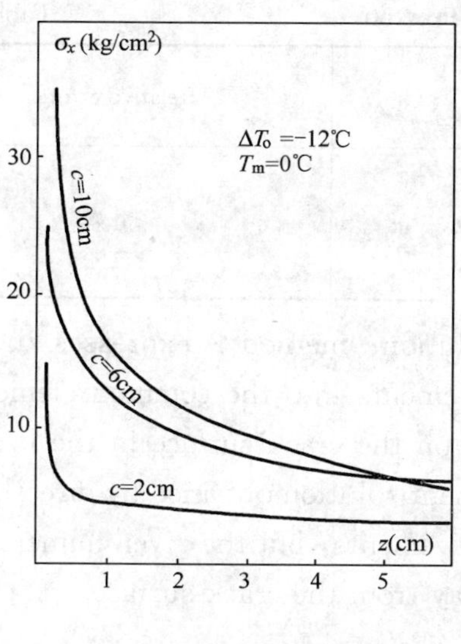

Fig. 2

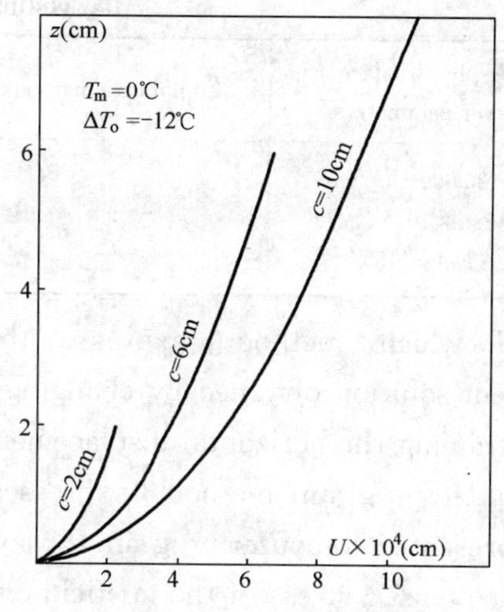

Fig. 3

In fig 4, the influence of nonlinear properties and cracking depth on stress intensity factors is given. Obviously, The greater the surface temperature difference, ΔT_0 is and the higher the stable temperature Tm is, the more evident nonlinear effect is.

In fig 5, the influence of temperature varying steps ΔT_i on computing accuracy is plotted. The numerical results show that the relative error between $\Delta T_i = -4$℃ and $\Delta T_i = -1$℃ is as great as 18%, but the relative error between $\Delta T_i = -2$℃ and $\Delta T_i = -1$℃ is only 6%.

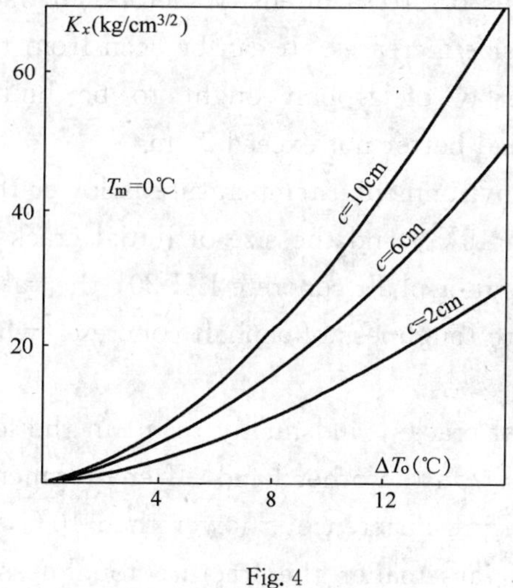

Fig. 4

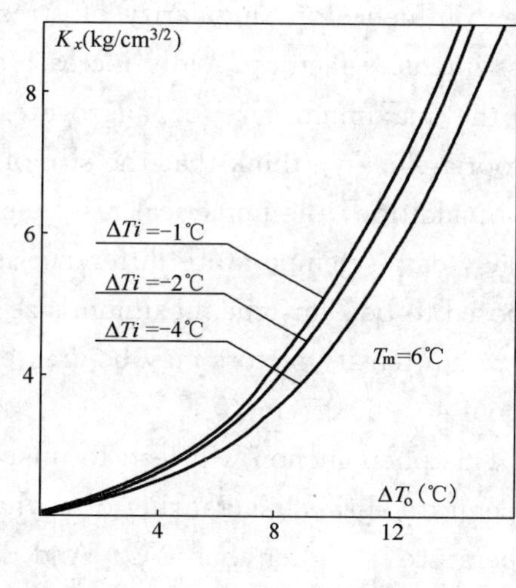

Fig. 5

At last, to test the correctness of the computer program, three different methods are used for solving the temperature shrinkage stresses of the non-cracked pavements under the condition of not considering the nonlinear effect caused by temperature varying. And the numerical results of the maximum surface tensile stress σ_x are given in Table 3.

the Testing of the Computer Program

Table 3

Asphalt surface layer parameters	Computing methods	$\sigma_{x\max}$ (kg/cm²)	Relative errors
E_1=30 000 (kg/cm²)	1	20.0	
$a_1=2.5\times10^{-5}$(1/℃)	2	20.11	<1%
ΔT_0=−15℃	3	19.85	<1%

In which, method 1 expresses the analytical solution; method 2 expresses the finite element solution obtained by changing the singular elements into the common element and constraining the horizontal displacements of all nodes on the crack surface in the presented computed program; method 3 expresses the finite element solution obtained by directly using the presented computer program for solving cracked pavements, but the given numeral is the surface tensile stress of the far-field over 3 meters away from the crack surface.

4 Conclusion

The numerical comparison shows that the presented computer program is correct and the numerical results are accurate. If temperature change steps ΔT_i are taken as −1℃ to −2℃, the calculating accuracy can usually meet the needs of engineering calculating.

According to References[6], the size of initial cracks in asphalt pavements is approximately equal to the maximum size of aggregates in asphalt concrete. On the other hand, the numerical results in Table 2 and Fig. 4 show that the size of cracks has quite evident influence on singularity of stresses and values of stress intensity factors. In fact, stress intensity factors rapidly increase as the crack size increases. It can be seen from this that the maximum size of aggregates in the overlay of asphalt ought to be limited appropriately. We think that the size of aggregates had better not exceed 2 cm.

In addition, the numerical results show that if environmental temperature is lower than −10℃, day's temperature difference is higher than 15℃, and the size of initial cracks is supposed to be 2cm, the maximum size of aggregates in asphalt concrete LH-20, the values of stress intensity factors may be greater than fracture toughness of asphalt concrete (which is about 40～60kg/cm$^{3/2}$).

This phenomenon will lead to unstable growth of cracks, and finally result in the low-temperature shrinkage cracking of asphalt pavements. On the other hand, If environmental temperature is higher than 0℃. And day's temperature difference is lower than 10℃, the values of stress intensity factor of initial cracks is far smaller the fracture toughness of asphalt concrete; and the unstable growth of cracks can not occur. However, the repeated action of vehicle loads and temperature shrinkage will bring about the fatigue growth of cracks. This could be the main cause for pavement cracking in the south of China.

A REVIEW OF RATIONAL MODEL FORS GRANULAR BASECOURSE

1 INTRODUCTION

Many flexible pavements contain granular base or sub-base as the main structural layers. Therefore, the mechanical behaviour of these courses becomes very important for both the structural design and the evaluation of pavement performance. In order to understand the mechanical behaviour of granular material many countries have in the past 15 years shown interest in its research and indeed, have achieved some significant results. Among the various well known research organisations, the Pavement Research Group of the University of Nottingham have made a rather great contribution towards the understanding of the behaviour of granular materials. This article is a reading report written by the author while he is on study leave to the University. The opinions expressed are those of the author only.

2 CONCLUSIONS AND SUGGESTIONS

Development of a successful model for granular materials which can take into account of its non-linear behaviour is a complex problem. Majority of the models which have been developed so far are empirical while the remaining ones belong to the semi-empirical and semi-theoretical category, The parameters used in most models come from laboratory testing results and, in most cases, are decided by the outcome of some statistical analysis. As for the form of the model, the deciding factor is on the type of test apparatus used and the test regime, plus the ways the test data are theoretically analysed. Therefore, in order to evaluate the rationality of different models, three criteria should be considered. The First one appraises the form of the model to see whether or not it is rational; the second one appraises the parameters used in the model to see whether or not they are reliable and finally the cost of obtaining the parameters, whether or not they are too high. According to these principles, William W Crockford et al compared different models and reached the conclusion which suggested that as far as theoretical background and rate of success of prediction go the modified Lade and Nelson model seems to be slightly superior. However, as for simplicity, economy and rate of success of prediction, the Uzan's model seems to be slightly superior, It is the authors view that both these models consider the elastic non - linear behaviour of

摘自作者在英国诺丁汉大学做访问学者期间的读书报告。

granular materials and therefore can be applied to engineering practice to obtain reasonably good precision, Clearly, there are still other factors which a good model should consider. These include effective stress and degree of saturation, density, Poisson′s ratio and lilatation; initial stress condition etc. These factors and their associated problems should be researched in the future. Furthermore, it is worth noting that most of the parameters used in the models are mainly obtained from triaxial tests on granular material. However, the triaxlal stress is an axi-symmetrical stress condition which is rather different from the actual stress condition in the pavement. In recent years, some researchers started work using the repeated load hollow cylindrical apparatus which not only can allow changes in axial load but also can allow changes in the outside circumferential pressure and the application of a repeated torque on end surface of the sample. Thus, the inner stress field in the sample is a spatial stress condition, Due to the application of the shear load, the direction of the principal stress plane can be rotated. The effect of the principal stress rotation on the behaviour of the granular material should be researched thoroughly. Research on other areas such as dynamic application, hysteretic effect, rate dependency and stress history dependency etc. should be continued. The application of fracture mechanics to the study of the stress-strain relationship of granular materials appears to be a good idea and therefore the author hopes that more researchers would pursue the work in order to generate more results for application.

The exploration of the plastic stress-strain relationship of granular material, is an even more complex problem. Less research work had been carried out than those on the elastic model. Thom (1988) started the use of the hollow cylindrical apparatus and got some primary results on the development of the plastic volumetric and shear strain model. Now, Chan is to continue research using this piece of apparatus and has already achieved some significant improvement on the testing method. It is expected that more successful results can be obtained in the future.

The author suggests that further research can be concentrated in the following areas:

(1) relationship between the principal stress, the principal stress increment and the principal strain and the principal strain increment.

(2) influence of the magnitude of the angle of principal stress rotating on the volumetric strain and the shear strain (both elastic and plastic strain) under different stress paths.

(3) comparing results from the hollow cylinder test and the general triaxial test on granular materials in order to aid the development of more accurate and economical models.

(4) the influence of principal stress rotation on the strength (c, φ etc.) of the granular material.

(5) the development of the cumulative law for the pavement plastic deformation and prediction of rut depth..

沥青路面温度应力的光弹性研究

刘益河 张起森 李志勇

（长沙交通学院 长沙 410076）

摘 要：本文主要是用温度光弹性法，通过模型试验来研究半刚性基层沥青路面的温度应力状态和路面结构的开裂机理。研究结果表明，温度应力是引起路面开裂的主要原因。文中还较详细地分析了路面开裂后，裂纹扩展规律和裂纹稳定性问题。

关键词：温度梯度 开裂 半刚性基层 光弹法

1 温度光弹法简介

1.1 试验基本原理

用温度光弹法研究沥青路面结构的温度应力状态，主要是在模型表面冷却或加热，使模型边界以内产生预计的温度场，从而产生温度应力条纹。由于模型温度场与原型路面结构中温度分布相似，故原型结构温度应力可以由模型的温度应力换算求得。温度光弹性试验必须满足以下两个基本条件。

(1)模型材料条纹值不随模型内各点温度不同而不同。有关资料实测结果表明，5℃以下为环氧树脂 6101JHJ 材料的温度荷载许可范围。

(2)模型与原型的温度场要相似。模拟路面结构温度应力状态时，必须遵守模型与原型之间的热传导相似，这可由比奥—努谢尔特(6h-Hyocerb)和富利叶(Φbypbe)准则获得。在满足上述条件下可按照热弹性理论，将模型的热应力换算为原型的热应力，考虑到原型是平面应变问题而模型是平面应力问题，则换算公式为

$$\sigma_{\mathrm{H}}=\frac{\sigma_{\mathrm{H}}\cdot E_{\mathrm{H}}\cdot T_{\mathrm{H}}}{(1-\nu_{M})\alpha_{M}\cdot E_{M}\cdot T_{M}}\cdot\sigma_{M}=0 \tag{1}$$

式中：α 为收缩系数；E 为弹性模量；ν 为泊松比系数；T 为温度变化；

脚码“M”代表模型；“H”代表原型。

有关文献证明，在自由体和多连通体里的平面热弹性问题上，任何温度场中热弹性应力与 α、E 和 ν 无关。对于平面应力状态，应力与 αE 成正比，边界点上的位移与 α 成正比，因此对于平面问题，能够很精确地将模型应力换算到原型中去。模型材料与原型材料有关性质列于表 1。

路面结构材料常数 表 1

	材料部位	弹模系数 (MPa)	泊松系数 υ	热交换系数 β [kW/(m·℃)]	导热系数 λ [W/(m·℃)]	导温系数 σ (m/h)	线膨胀系数 α (1/℃)
面层	原型	3×10^{3}	0.25	17	1.97	1.973×10^{-3}	2.5×10^{-5}
	模型	3×10^{3}	0.30	9	0.14	3.32×10^{-4}	6.5×10^{-5}

续上表

材料部位		弹模系数 (MPa)	泊松系数 υ	热交换系数 β [kW/(m·℃)]	导热系数 λ [W/(m·℃)]	导温系数 σ (m/h)	线膨胀系数 α (1/℃)
基层	原型	$(1\sim1.5)\times10^3$	0.25	17	1.27	2.8×10^{-4}	1.5×10^{-5}
	模型	$(1\sim1.5)\times10^3$	0.30	9	0.14	3.32×10^{-3}	6.5×10^{-5}

模型材料用 6101 环氧树脂，加入适量固化剂浇注而成。模型比例为 1∶7.5。为增强光学效应，模型厚为 15mm，模型两侧用经退火处理的厚为 10mm 的有机玻璃覆盖，便可使 $\partial T/\partial E=0$，获得较好的平面稳定温度场。模型基础深 80mm 以下为稳定场的边界条件。模型温度场是采用 0.30mm 直径镰铜丝和 0.13mm 直径的漆包线制成的热电耦装置实测（见图 1）。路表面的低温荷载是用配制的冷却剂模拟，高温荷载是用调压器控制的电阻丝加热并用控温仪控制（图 2）。

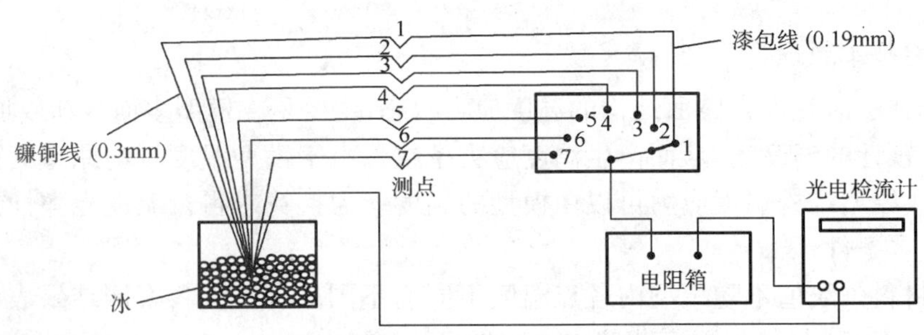

图 1　实测温度场热电耦装置

1.2　模型等色线与等倾线的观测与记录

将模型放在光弹仪上，对模型表面直接加热（或冷却）40min 后，温度场即可稳定。为保证在稳定的温度场期间观测，采用了光弹性数字图像分析系统。图 3～图 5 所示为在该系统中拍照的部分模型等色线倍增图。

图 2　热负荷加载装置

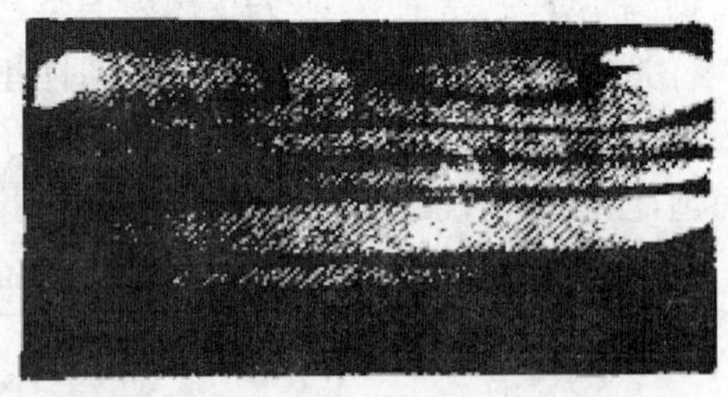

图 3　无裂纹模型等色线

图4 基层开裂模型等色线($\Delta T=-21.5$℃)

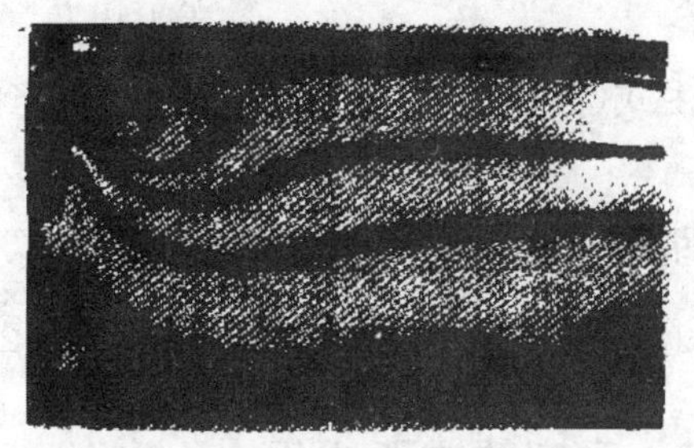

图5 面层表面开裂模型等色线

1.3 温度应力强度因子和温度应力计算

由光弹性求解应力强度因子时,应力强度因子 K_{I}(张开型)、K_{II}(剪切型)与模型等色线条纹级数 n,模型厚度 d 以及材料条纹值 f 三者之间有如下关系

$$\sigma_1-\sigma_2=n\cdot\frac{f}{d}[(K_1\ \sin\theta+2K_1\ \cos\theta)^2+(K_1\ \sin\theta)^2]^{\frac{1}{2}}\sqrt{2\pi r} \tag{2}$$

式(2)中,对于一定 r 与最大的($\sigma_1-\sigma_2$)的夹角 θ_m(见图6)。I、II 型的应力强度因子的比 $\frac{K_{\text{I}}}{K_{\text{II}}}$ 和 θ_m 之间的关系式为

$$\left(\frac{K_i}{K_{\text{I}}}\right)+4\left(\frac{K_i}{K_{\text{II}}}\right)\cdot\cot 2\theta_m-3=0 \tag{3}$$

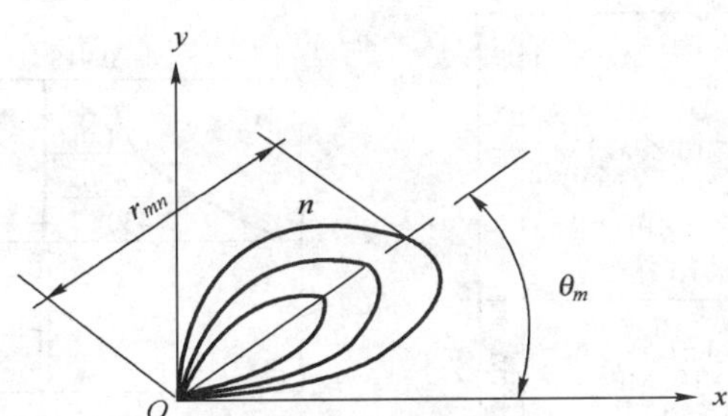

图6 $K_{\text{I}}K_{\text{II}}$ 的典型条纹环

由裂纹点的等色线可以观测得到 θ_{m},再根据式(3)可求得 $\frac{K_{\text{I}}}{K_{\text{II}}}=A$,将 A 代入式(2)即可求出 K_{I}、K_{II}

$$K_{\text{II}}=\sqrt{2\pi r_m}\cdot n\cdot\frac{f}{d}\sqrt{(A\sin\theta_m+2\cos\theta_m)^2+\sin^2\theta_m} \tag{4}$$

$$K_{\text{I}}=AK_{\text{II}}$$

对于复合型裂纹,其扩展方向一般总是和原来裂纹方向成 θ 角。在复合应力作用下,最大周向判据认为裂纹扩展方向总是周向应力 σ_0 取最大值方向,当 $K^*=K_{\text{IC}}$时(K_{IC}是沥青路面材料断裂韧性),裂纹处于临界状态,当 $K^*>K_{\text{IC}}$时,裂纹就失稳扩展。在复合应力作用下,极坐标应力场为

$$\sigma_0=\cos\frac{\theta}{2}K_{\text{II}}\cos^2\frac{\theta}{2}-\frac{3}{2}K_{\text{II}}\cos/\sqrt{2\pi r} \tag{5}$$

对式(5)微分,整理后求解得破坏方向角 σ_0 的公式为

$$K_{\mathrm{I}}\sin\theta_0+K_{\mathrm{II}}(3\cos\theta_0-1)=0 \tag{6}$$

由式(6)解出 θ_0;将其代入式(5)得到最大周向应力判据

$$K^*=(\sigma_0)_{\max}\sqrt{2\pi r} \tag{7}$$

路面结构内部温度应力计算,采用切力差法,其公式为

$$(\sigma_{\mathrm{x}})_i=\sigma_x(i-1)-\sum_{i-1}^{n}\frac{\Delta x}{\Delta y}\Delta x \qquad (i=1,2,3,\cdots,n) \tag{8}$$

2 研究的主要成果

2.1 路面结构未开裂时面层温度应力分布

路面结构未开裂的模型等色线和应力成果示于图 3 和图 7、图 8。从图中可以看出,在负温度梯度作用下,面层由于收缩受到了阻止,因而面层水平正应力 σ_y 为拉应力,其值随负温度梯度的增大而增大,最大拉应力发生在面层表面。当 $\Delta T=30$℃时,$\sigma_{y\max}=1.085$MPa,面层底部拉应力约为面层表面拉应力值的 1/10,σ_y 沿顺车向分布较为均匀,沿面层厚度方向分布规律与温度曲线基本相同即近似为指数曲线。基层表面拉应力为 $\sigma_y=0.081$MPa,拉力区深度约为基层厚度的 1/6。在正温度梯度作用下,面层由于膨胀受到了阻止,因此路面结构全部受压,最大压应力发生在面层表面,当 $\Delta T=30$℃时,面层表面的应力值 $\sigma_y=-1.319$MPa,面层底部 $\sigma_y=-0.378$MPa。

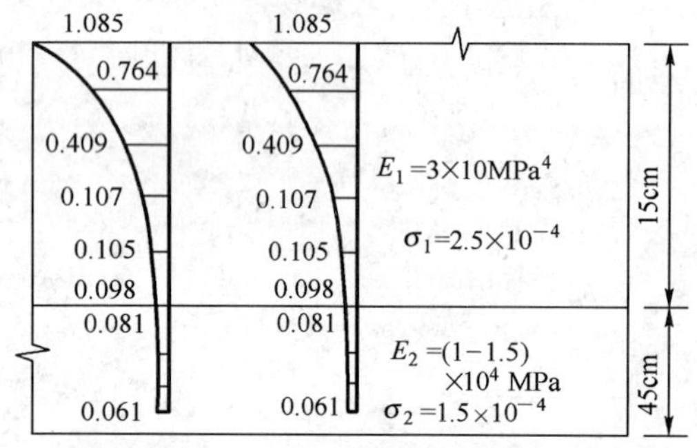

图 7 $\Delta T=-30$℃,σ_y 沿面层厚度分布

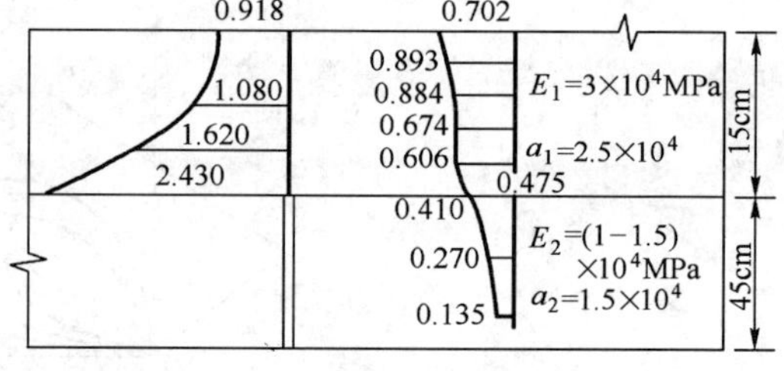

图 8 $\Delta T=-30$℃,面层厚度为 5cm,σ_y 沿面层厚度分布

2.2 基层开裂后的温度应力分布

基层开裂后的应力成果显示于图 8,从图中可以看出,在负温度梯度作用下,面层全部受拉,最大拉应力值与面层厚度有关,当 $\Delta T=-30$℃(面层厚度为基层厚度的 1/3 时),最大拉应力发生在面层表面,其值 $\sigma_y=1.231$MPa。当面层较薄时,由于基层开裂后,其自由收缩引起面层底部的附加作用力,因而面层在靠近裂纹处的底部拉应力值比通层表面拉应力值大,当 $\Delta T=-30$℃,面层厚度为基层厚度的 1/9 时,面层底部拉应力值 $\sigma_y=2.430$MPa,面层表面的拉应力值 $\sigma_y=0.918$MPa;基层表面拉应力为 $\sigma_y=0.410$MPa,拉力区深度约为基层厚度的 1/5～1/6。在正温度梯度作用下,面层、基层均为受压,最大压应力发生在面层表面,压应力沿面层厚度分布呈马鞍形。

2.3 面层表面为有限裂纹情况

试验研究成果示于图 9。从图中可以看出:在负温度梯度作用下,由于面层开裂后在靠近

裂纹处的表面可以自由收缩，因而面层表面水平拉应力 σ_y 比未开裂路表面的拉应力值减小很多，面层表面在顺车向的拉应力不再均匀分布，越靠近裂纹处，其拉应力值越小，在靠近裂纹处断面，σ_y 沿面层厚度分布呈抛物线形，最大拉应力发生在缝端处。当 $\Delta T=-24$℃时，缝端附近的拉应力值 $\sigma_y=1.205$MPa，基层表面拉应力值 $\sigma_y=0.245$MPa，拉力区深度为4cm。裂缝端有明显应力集中，应力集中系数为3.5左右，而且缝端处最大拉应力值和应力集中系数是随缝长增大而减小。在正温度梯度作用下，面层受压，最大压应力发生在面层表面，最小压应力发生在面层底部。缝端应力集中不很明显。

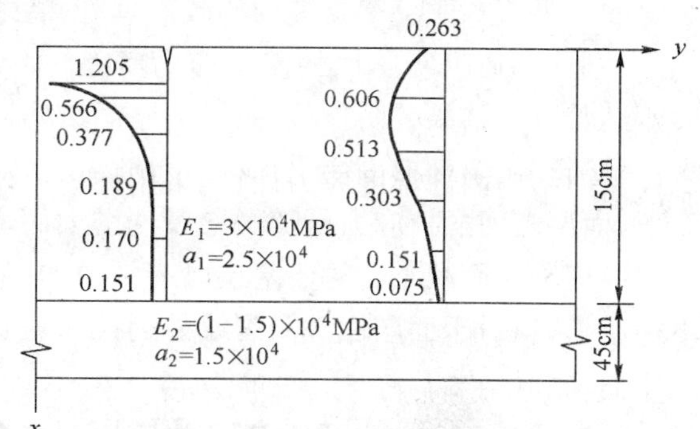

图9 $\Delta T=-24$℃，σ_y 沿面层厚度分布

2.4 面层为全裂的情况

试验研究成果示于图10。从图中可以看出由于面层表面在负温度梯度作用下产生了翘曲变形，因此面层表面切向应力 σ_y 在靠近裂纹处为压，其余为拉，裂缝边缘上半部为压，下半部为拉。缝端角点处有明显应力集中，应力集中系数为3.0左右。当 $\Delta T=-30$℃时，面层表面拉应力 $\sigma_y=-0.28$MPa，面层底部拉应力 $\sigma_y=-0.31$MPa，基层表面拉应力 $\sigma_y=-0.18$MPa，拉力区深度约为面层厚度的1/4～1/5。

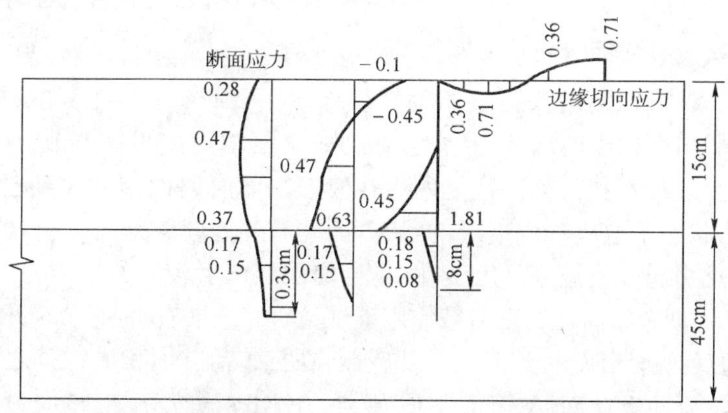

图10 面层全裂，$\Delta T=-30$℃，σ_y 沿面层厚度分布

3 成果分析

3.1 面层厚度对温度应力分布的影响

众所周知，在热弹性力学的范畴内，热应力状态依赖于结构的约束形式和结构的温度场，固此，热应力可分为两种情况：一类是由约束引起热应力，它多半不牵涉温度场问题，另一类是结构内部各点间温度梯度变化而引起的热应力（也即温度应力），这类温度应力既依赖于物体的温度场，也与结构的约束形式有关。对于这类温度应力问题，温度场的研究是很重要的，因

为温度应力状态取决于温度场的状态，其两者之间的依赖犹如常温应力依赖于外力。由此可见，半刚性基层沥青路面的温度应力状态，主要是由温度场决定，温度梯度越大，温度应力越大。试验研究结果表明，对于同样的路面结构，当面层厚度越厚，温度梯度沿面层厚度变化越大；面层越薄，温度梯度变化越小。由此可见，对于未开裂的路面结构，在相同的负温度梯度作用下，面层表面的拉应力是随面层厚度增大而增大，基层表面的拉应力和拉力区深度却是随着面层厚度增大而减小。对于基层已有裂纹的路面结构，面层不同厚度对其表面温度应力影响不很明显，但对于面层底部靠裂纹处的拉应力有较大的影响，即该处的拉应力是随着面层厚度减小而增大，当 $\Delta T=30$℃时，面层厚度为 15cm 和 5cm，其底部拉应力相应为 $\sigma_y=0.405$MPa 和 $\sigma_y=2.430$MPa，由此可见，对于半刚性基层沥青路面结构，面层厚度不宜太厚，也不宜太薄，试验研究结果表明，面层厚度为 9～12cm 为宜。

3.2 面层与基层弹模比值 φ 对应力的影响

对于平面应力状态，由于应力是与 αE 成正比，所以对于同样参数的路面结构，当收缩系数 α 不变时，面层拉应力是随比值 φ 的减小而减小，而基层表面拉应力和拉力区深度是随 φ 值减小而增大，当 $\Delta T=-30$℃时，基层表面拉应力增大了 70%拉力区深度增大了 11%，由此可见，采用正装结构对于改善温度应力状态是有利的。

3.3 基层收缩系数对应力的影响

对于平面应力状态，因应力与 αE 成正比，当其他结构参数不变时，在负温度梯度作用下，基层收缩系数越小，则其拉应力越小。当面层收缩系数大于基层的收缩系数时，面层由于收缩所产生作用于基层表面的应力为正。由此可见，尽量减小基层材料的收缩系数有助于减少基层开裂。

3.4 路面结构裂纹成因分析

试验研究结果表明：路面结构在负温度梯度作用下，面层由于收缩在顺车向产生了拉应力，而且其值是随负温度梯度的增大而增大。因此，路面结构在寒冬季节，面层由于收缩而产生了较大的拉应力，且最不利时刻往往是发生在凌晨。此时路面结构主要是受负温度梯度作用。由于温度应力状态是取决于温度场的状态，因此有些地区的路面结构，虽不是处于寒冬季节，但气温突然变化引起较大温度梯度变化，也会使面层产生较大的拉应力。

分析半刚性基层沥青路面在行车荷载作用下试验研究结果表明：对于未开裂路面结构，车轮加载底面由于受到双向挤压作用，其面层全部受压；在行车荷载面积周缘处之外一定范围，面层全部受拉，最大拉应力发生在面层表面，其值 $\sigma_y=0.17$MPa，面层底部拉应力 $\sigma_y=0.11$MPa（图 11）。从广东惠州试验路用电阻应变片实测结果表明：行车荷载在面层底部所产生的拉应力值很小，如第 10 段，对于面层和基层厚度较小的半刚性基层沥青路面结构，当面层平均实测温度比气温高 2.6℃时，用电阻应变片测得面层底部拉应力为 $\sigma_y=0.63$MPa，基层底部压应力 $\sigma_y=-0.086$MPa。如第 16 段，对于面层和基层较厚的情况，当中粒层平均实测温度比气温高 110℃时，在试验路上实测结果 $\sigma_y=0.41$MPa，粗粒层沥青混凝土层全部受压，其值 $\sigma_y=-0.14$MPa，基层底部压应力 $\sigma_y=-0.14$MPa。由此可见行车荷载作用一般不会导致面层开裂。

综合分析半刚性基层沥青路面温度光弹，行车荷载作用的三维光弹试验研究成果和广东惠州试验路实测结果可以得出结论：在寒冬季节或气温突然变化时，路面开裂主要是由负温度梯度作用所引起的。

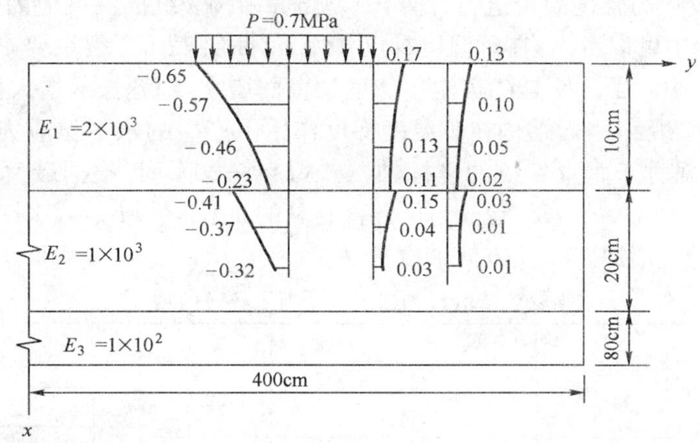

图 11 立体模型、三维弹性试验研究的行车荷载中心线断面应力 σ_y 分布规律

3.5 裂纹扩展规律

试验研究结果表明，在负温度梯度作用下，对于较厚的面层，在其表面所产生的拉应力比面层底部拉应力值大了很多倍。而行车荷载在面层底部所产生的拉应力很小，因此路面结构由于温度荷载引起开裂主要是从面层表面开始，从模型照片可以看出，面层开裂后是沿着原来裂纹方向向面层底部扩展。对于较厚的面层结构，基层开裂后在负温度梯度作用下，当 $\Delta T=-300$℃时面层底部靠裂纹处的拉应力值为 $\sigma_y=0.41$MPa，而行车荷载在该处所产生的拉应力值为 $\sigma_v=0.54$MPa(图 12)。叠加后该处的拉应力值 $\sigma_y=0.95$MPa，仍小于面层表面拉应力值(1.23MPa)，因此，对于较厚面层，虽然基层已存在裂纹，但面层开裂还是从表面开始，而后有可能沿原来开裂方向向面层深处扩展。对于较薄的沥青面层，如基层已存在裂纹，由于负温度梯度作用引起自由收缩致使面层底部产生较大的拉应力，因此在面层底部会形成反射裂纹，并有可能原原本本地反射到面层表面。

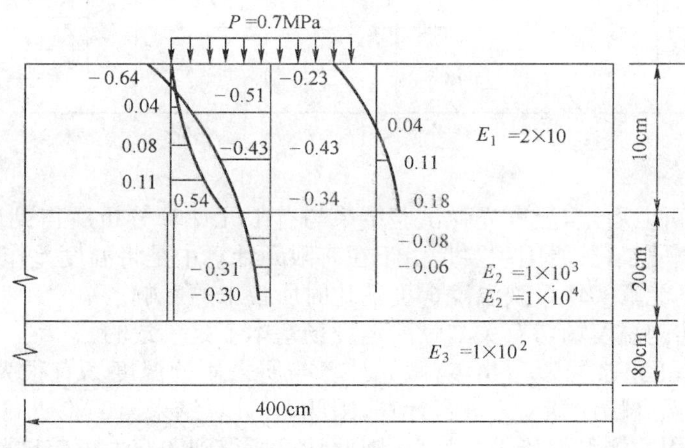

图 12 立体模型(基层开裂)三维弹性试验研究成果荷载中心线断面应力 σ_y 分布规律

3.6 路面开裂后的稳定性分析

路面因负温度梯度作用产生裂纹。为鉴别已经存在裂纹继续扩展的可能性。用式(2)～

(7)对裂缝缝端温度应力强度因子进行计算，原型路面结构裂缝的温度应力断裂强度因子计算结果示于表 2，从表中可以看出：在负温度梯度作用下，面层表面开裂主要是张开型的，裂纹形成后缝端温度应力强度因子 K 是随负温度梯度增大而增大，随缝长 a 增大而减小。说明面层表面裂纹的发展主要是由路面结构在负温度梯度作用下产生的水平拉应力而引起，图 5 说明缝端应力条纹环是对称于垂直裂纹的坐标轴，当 $\Delta T=-20$℃时，根据最大同向断裂准则所求得 $K^*=452.92\mathrm{N/cm^{3/2}}$，$K^*>K_{IC}$，已超过了路面材料的断裂韧性（$K_K=400\sim500\mathrm{N/cm^{3/2}}$），因此面层表面开裂后，裂缝沿原来裂纹方向继续扩展。

裂纹法端应力强度因子与破坏方向角 表 2

模型号	ΔT(℃)	k_I	k_{II}	θ_0（度）	k^*	备注
1	18	431.20	95.40	−11	452.90	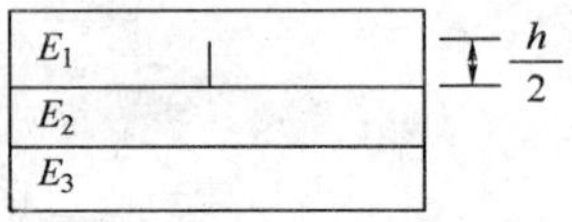 E_1 E_2 E_3 $\frac{h}{2}$
	30	877.60	310.10	−15	893.78	
2	18	386.80	58.30	−6	360.40	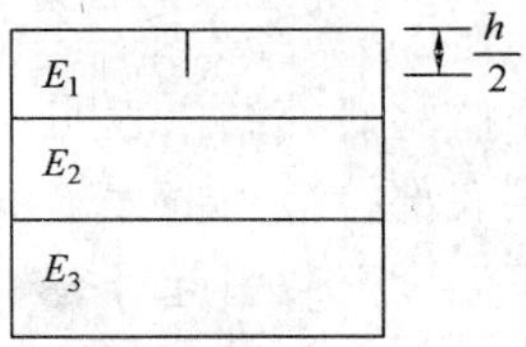 E_1 E_2 E_3 $\frac{h}{2}$
	−20	482.90	0	0	482.90	
	20	−539.10	206.30	34	67.50	
	30	−713.30	63.80	10	1.90	
5	−15	217.60	80.00	−8	269.90	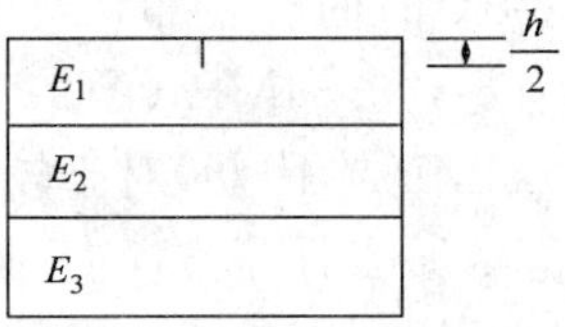 E_1 E_2 E_3 $\frac{h}{2}$
	−24	645.20	128.800	−5	646.20	
	28	−527.90	122.80	23	20.28	
6	−17.5	433.50	108.00	−6	540.30	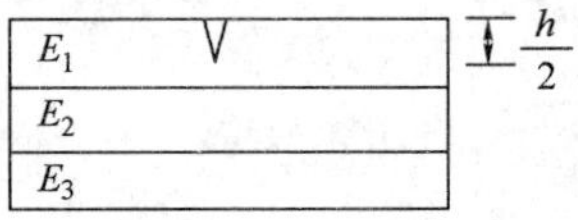 E_1 E_2 E_3 $\frac{h}{2}$
	−22	573.70	120.20	−6	609.00	

4 结语

(1)分析图 13 可以看出，温度光弹试验结果与有限元计算分析所得到应力分布规律是一致的，但试验应力值偏小，其原因主要是由于在有限元计算中是将温度差作为外荷载输入计算机进行计算，因而不能真实地反映温度梯度变化时所带来的影响。

(2)温度光弹实测温度场与有关文献的温度场基本上是一致的。

(3)分析图 13 和图 14 可以看出，有限元计算与所采用的温度场有很大关系。图 13 中曲线②、③、④是取用温度场计算公式进行计算，因此，其计算结果与试验研究成果应力数值相差较大，而①、⑤是取用实测温度场进行计算，因此计算所得到的应力值与试验成果比较一致，这说明温度场的研究是很重要的。

(4)沥青路面开裂主要是由温度荷载所引起的，因此，为减少面层开裂，减小路面结构的破坏，关键在于提高沥青路面材料的抗裂性能，精心组织施工，而用加大面层和基层厚度来提高路面结构的抗裂性能，其效果是不大的。

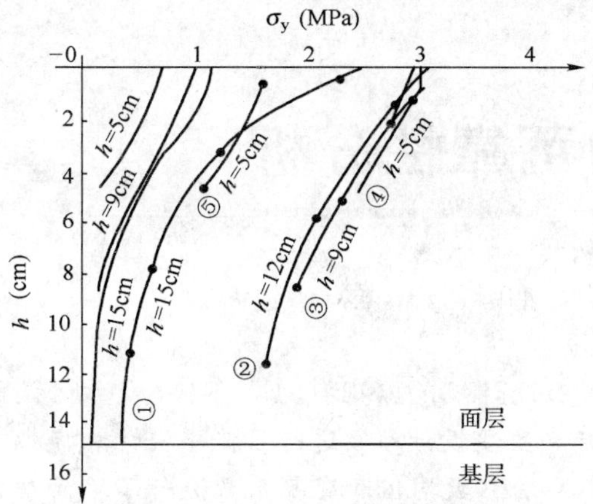

图 13

$\Delta T=-30^{\circ}C$，水平正应力 σ_y 随面层厚度变化规律(无裂纹)；"——"光弹成果，⑤①按实测温度场计算"…"有限元计算成果，②③④按二维温度场计算公式计算

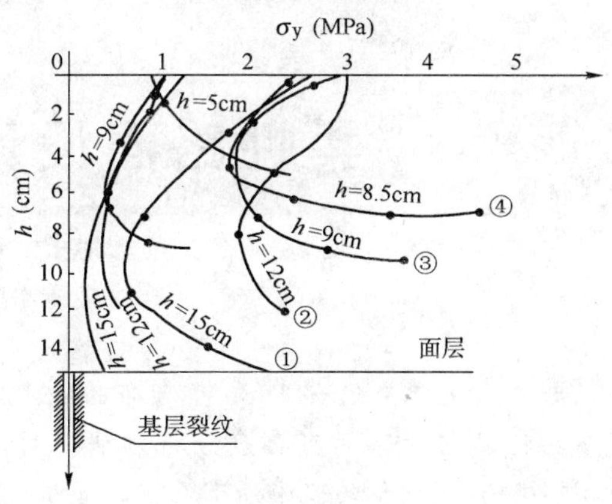

图 14

$\Delta T=-30^{\circ}C$，水平正应力 σ_y 随面层厚度变化规律(基层开裂)；"——"光弹成果，①④按实测温度场计算"…"有限元计算成果，②③按二维温度场计算公式计算

柔性路面设计的可靠性分析

张起森　李　运
（长沙交通学院　长沙　410076）

摘　要：本文以交通部1986年颁布的《公路柔性路面设计规范》(JTJ 014—86)为基础，提出了多指标的柔性路面可靠度分析方法。对设计指标和主要设计参数进行了概率统计和模拟分析，初步得出了它们的概率分布规律。另外，通过用不同的参数均值和变异系数进行了路面结构可靠度计算和敏感性分析。对可靠度分析方法在施工控制和质量检测等方面的应用进行了简略的讨论。

关键词：柔性路面设计指标　计算参数　可靠性

0　引言

可靠度理论作为系统工程的一个分支，从第二次世界大战末期开始进行研究，首先在电子技术部门得到了应用，尔后用于土木工程领域。对路面工程进行可靠性研究是从20世纪50年代末、60年代初开始的。目前美国得克萨斯州柔性路面设计方法、AASHO刚性路面设计方法、美国空军机场道面设计法和柔性机场道面CBR法、修订AASHTO路面结构设计临时指南等都引入了可靠度理论。其他一些国家，如加拿大等，也正在进行这方面的研究。国内关于路面可靠度的分析是从1980年开始的。同济大学、哈尔滨建筑工程学院、西安公路学院和长沙交通学院等，分别就刚性路面和柔性路面设计的可靠性问题进行了探讨，并取得了一定的成果。这些工作为我国的路面可靠度设计方法研究打下了基础。

1　路面可靠度的定义和模型

同其他工程结构一样，路面可靠度可广义地定义为：在规定的条件和规定的时间内，完成预定功能的概率。对于路面结构而言，规定的条件是指正常设计、正常施工和正常使用。规定的时间是指路面的设计年限。关于预定功能，根据柔性路面设计规范的规定，就是要控制路表最大弯沉和层次底面（沥青层和半刚性层）最大弯拉应力（在标准轮载作用下）小于相应的容许值，以保证路面不致产生过度的变形和开裂损坏。

因此，对于公路柔性路面的可靠度可具体定义为：对于正常设计、正常施工和正常使用的路面结构，在规定的设计年限内，其表面最大弯沉和层底最大弯拉应力分别不超过其容许值（容许弯沉和容许弯拉应力）的概率。

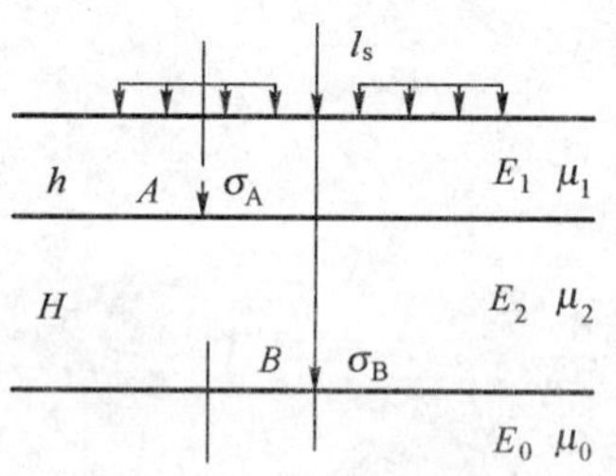

图1　柔性路面计算图

根据这个定义，可以给出柔性路面的可靠度模型如下（图1）：

$$\begin{aligned}R_1 &= P(l_R - l_s > 0)\\ R_2 &= P(\sigma_R - \sigma_A > 0)\\ R_3 &= P(\sigma'_R - \sigma_B > 0)\end{aligned} \tag{1}$$

式中：l_s，σ_A，σ_B 的定义见图 1，它是按三层体系理论计算的表面最大弯沉值和层间最大弯拉应力值。

对于多于三层的路面体系，可以此类推得

$$\begin{aligned}R_1 &= P(l_R - l_S > 0)\\ R_i &= P(\sigma_{R1} - \sigma_{mi} > 0)\end{aligned} \quad i = 1,2,3,\ldots,n \tag{2}$$

实际计算时，为了计算方便，可把多于三层的体系，按等效原理换算为三层体系进行分析。

显然，由于路面结构属多元件系统，按各个控制指标算出的可靠度是不会相同的，如何确定整个路面的可靠度无疑是一个比较复杂的问题。分析路面结构的工作状态可知，路面体系既不属串联系统，也不属并联系统。所以一般只能按近似方法求出可靠度的范围(或破坏概率的上、下限)，然后根据实际情况来判断可靠度是接近于上限还是下限。据分析得出路面可靠度的范围为

$$\min_{i=1,2,\ldots,n} R_i \geqslant R \geqslant \prod_{i=1}^{n} R_i \tag{3}$$

或

$$\max_{i=1,2,\cdots,n} P_{f1} \leqslant P_{fi} \leqslant P_{f1} - \prod_{i=1}^{n} (1 - P_{f1}) \tag{4}$$

2　柔性路面可靠度计算公式

根据可靠度的定义，可用图 2 表示效应与抗力之间的相互关系。图中下半部表示影响效应与抗力的各个设计变量，各设计变量的概率分布分别叠加，便产生上半部的效应与抗力的“干涉”曲线。在图中 s 表示效应，r 表示抗力，$f_s(s)$ 和 $f_r(r)$ 分别表示效应和抗力的概率密度函数，则路面的可靠度可表示为

$$R = P(r > s) = P[(r - s) > 0] \tag{5}$$

式中，$s = f(x_1, x_2, \cdots, x_n)$，$r = g(y_1, y_2, \cdots, y_n)$

在图 2 中阴影部分表示干涉面，它代表了失效概率。现考虑效应落在 ds 间隔内的概率，由图 3 可得

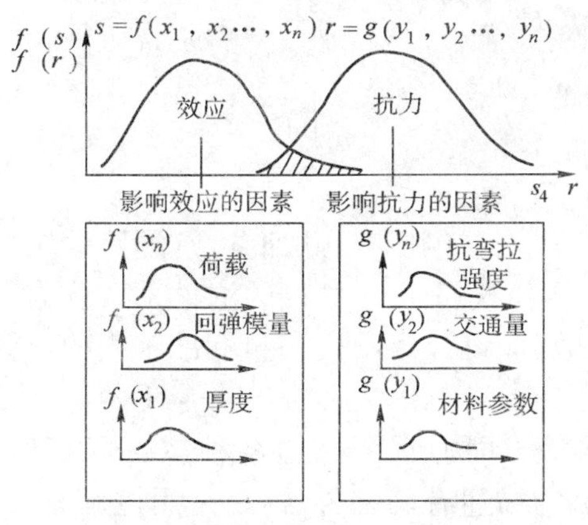

图 2　效应与抗力关系图解

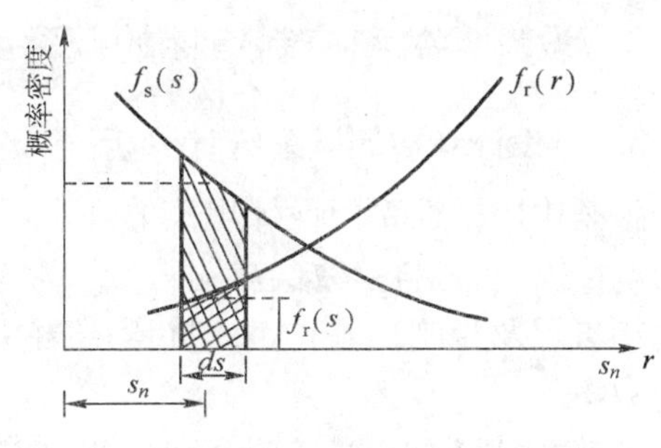

图 3　效应—抗力干涉部分放大图

$$P\left(s_0-\frac{\mathrm{d}s}{2}\leqslant s\leqslant s_0+\frac{\mathrm{d}s}{2}\right)=f_s(s_0)\mathrm{d}s \tag{6}$$

而抗力大于效应的概率为

$$P(r>s_0)=\int_{s_0}^{\infty}f_{\Gamma}(r)\mathrm{d}r \tag{7}$$

假定这是两个独立的随机事件，则它们同时发生的概率为：

$$f_s(s_0)\mathrm{d}s\int_{s_0}^{\infty}f_{\Gamma}(r)\mathrm{d}r \tag{8}$$

图为可靠度是，r 大于 s 的概率，则上式对 s_0 取任意值时均成立，所以

$$R=\int_{-\infty}^{\infty}f_s(s)\int_{s}^{\infty}f_{\Gamma}(r)\mathrm{d}s \tag{9}$$

当抗力和效应均为正态分布时，效应的密度函数为

$$f_s(s)=\frac{1}{\sigma_s\sqrt{2\pi}}\exp\left[-\frac{1}{2}\left(\frac{s-\mu_s}{\sigma_s}\right)^2\right]\qquad -\infty<s<\infty \tag{10}$$

抗力的密度函数为

$$f_{\Gamma}(r)=\frac{2}{\sigma_r\sqrt{2\pi}}\exp\left[-\frac{1}{2}\left(\frac{r-\mu_r}{\sigma_r}\right)^2\right]\qquad -\infty<r<\infty \tag{11}$$

其中，μ_r，μ_s 和 σ_s，σ_r 分别为均值和标准差

定义 $y=r-s$，则 y 也是正态分布，其均值和标准差为

$$\mu_y=\mu_r-\mu_s \tag{12}$$

于是，路面可靠度 R 经适当的推演又可表示为：

$$R=\frac{1}{\sqrt{2}\pi}\int_{-\infty}^{\mu_y\sigma_y}e^{-t^2r^2}\,\mathrm{d}t \tag{13}$$

其中，$t=(y-\mu_y)/\sigma_y$，称为标准正态偏量。

令

$$\beta=\mu_y/\sigma_y=(\mu_r-\mu_s)/\sqrt{\sigma_r^2+\sigma_s^2} \tag{14}$$

β 称为可靠度指标或可靠度系数。则

$$R=\frac{1}{\sqrt{2}\pi}\int_{-\infty}^{\beta}e^{t^2/2}\,\mathrm{d}t=\Phi(\beta) \tag{15}$$

由上式可知，R 与 β 是一一对应的，$\Phi(\beta)$ 是标准正态分布函数，已编制有计算表，因此，实际计算中，只要求得 β，则从这些表中即可求出可靠度 R。

3 设计参数和控制指标的概率统计及模拟分析

3.1 设计参数的概率统计分析

根据中国柔性路面设计规范的规定，路面设计参数主要包括有：几何参数（即路面结构各层的厚度 h_1）、材料参数（包括各层材料的抗压和抗弯拉模量 E_1，材料的泊松系数认为是常量）、沥青层及半刚性层材料的抗弯强度 S_1、荷载系数（即设计年限内当量标准轴载的累计作用次数 N_1）。

显然，由于施工、交通调查和预测、材料性质差异等方面的原因，上述各种参数都存在不可避免的随机性，因此它们都是随机变量。对随机变量的描述有两种方法：一是用概率分布；一是用各阶“矩”。本文是用概率分布来研究各设计参数的统计规律的。即对随机变量的母体 X

进行抽样试验，得子样 $X_1, X_2, \cdots, X_n$，绘出子样频率直方图，然后凭观察确定用某一理论分布来拟合。并用子样的假设分布代替母体的分布。这种假设分布是否合适，必须用皮尔逊 x^2 法或其他方法进行所谓统计假设检验。上述过程，作者已编有计算机程序，只要将有关参数输入，便可对所输入参数的概率分布规律作出判断。下面，根据作者从中国几条施工公路现场及试验室收集的数据，按照上述方法进行统计分析，给出几个主要设计参数的概率分布规律。

3.1.1 路面厚度的概率统计分布(见表 1)

路面厚度概率统计分析 表 1

段　落	结构层	点数	设计值(cm)	实测均值	变异系数	概率分布
107 国道广东某段	面层	40	3.0	3.815	0.199	接近正态
	基层	20	35	34.92	0.082	正态发布
		14	28	29.44	0.043	
		21	27	27.917	0.163	
105 国道广东某段	面层	55	4.0	5.1	0.298	接近正态
	基层	40	15	15.47	0.137	正态发布
		15	20.5	15.5	0.165	
107 国道岳阳某段	面层	156	17	17.92	0.201	接近正态
	基层	285	17	18.37	0.193	正态发布
		126	15	17.62	0.194	
广深线某段面层	面层	26	6	8.092	0.246	接近正态

3.1.2 路基和路面材料抗压回弹模量的概率统计分布(见表 2)

3.1.3 沥青层和半刚性层材料的抗弯拉强度和概率统计分布

路面材料的抗弯拉强度是用规定尺寸的梁试件。用三分点加载法测定的。由于试件制作、养护等原因，目前仅取得部分试验数据，利用正态分布概率纸对其进行检验(见图 4)，取得了满意的结果。所以初步假定抗弯拉强度服从正态分布规律。其变异系数，根据 416 组试验结果的统计，得出为 6.79%。

路基土回弹模量(E_0)概率统计分析 表 2a)

路　　基	测点	均值(MPa)	变异系数	概率分布	说　　明
黑龙江某试验路	181	64.2	0.21	对数正态	数据资料部分引自交通部公路科学研究所的科研报告。用法检验，用对数正态分布拟核较正态分布合理
北京某路	28	105.8	0.18	正态分布	
湖南某路	50	55.2	0.19	对数正态	
广东某路	15	47.2	0.27	接近对数正态	
广西某路	18	88.9	0.39	对数正态	
广东某路	17	56.5	0.25	正态分布	

路面土回弹模量（E_1）概率统计分布 表 2b)

材　　料	试验方法	容量	变异系数	概率分布	说　　明
石灰粉煤灰土	室内顶面法	23	0.210	正态分布	室内法 顶面法，$C_v=7.4\%\sim26.6\%$ 承载板法，$C_v=9.9\%\sim34.9\%$ 野外法，概率分布接近对数正态分布 部分数据资料引自交通部公路科学研究所的科研报告
	室内承载板法	20	0.332	正态分布	
沥青贯入	野外板一板法	23	0.332	对数正态分布	
石灰土	野外板一板法	16	0.163		
水泥砂砾	野外板一板法	6	0.228		
碎砾石灰	野外板一板法	6	0.153		
水泥灰土稳定砂（抗弯拉强度）	三分点加载	9	0.146	正态分布	

注：由于野外条件与实际情况接近，故 E 服从对数正态分布。本人把抗弯拉及抗压回模量都看作服从对数正态分布。

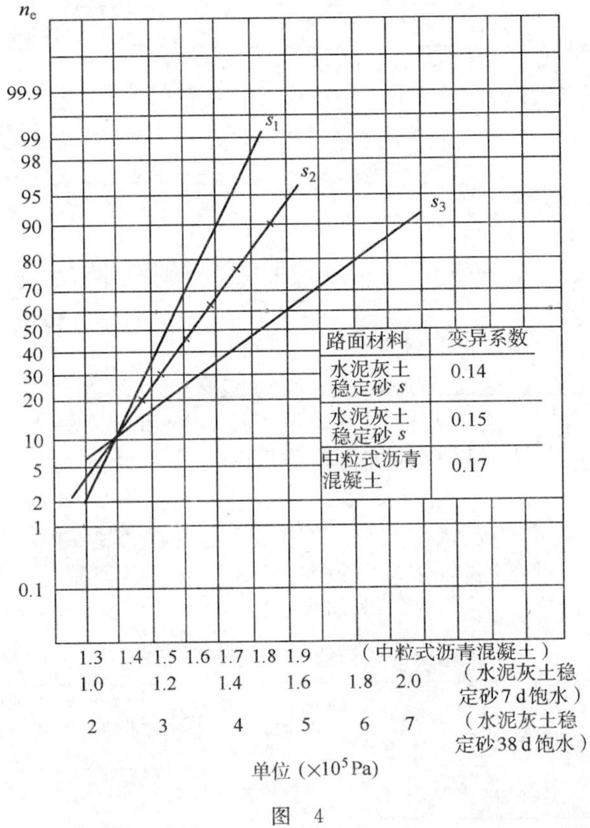

图 4

3.1.4 荷载参数 N_e 的概率分布

在设计年限内，一个车道上的累计当量标准轴载作用次数按下式确定

$$N_e=[(1+r)^t-1]\times365\times n_1\times\frac{\eta}{\gamma} \tag{16}$$

式中：t 为设计年限年；r 为设计年限内交通量平均增长率（%）；n_1 为第一年的日平均当量标准轴载作用次数；η 为车道系数。

从上述公式看出，累计当量标准轴载作用次数 N_e 是日交通量、轴载、年平均交通量增长率和车道系数等随机变量的函数，其标准差可按误差传递公式计算：

本文根据广东省×路 28d 的交通量统计资料，用 α^2 法和偏态系数法检验，得出日平均交通量的概率分布接近于对数正态分布。根据北京调查的资料，车道系数的统计结果见表 3，年交通量增长率的统计分析见表 4。由此可见，日交通量、年平均交通量增长率和车道系数均服从于对数正态分布。

由于累计当量轴载作用次数可看作设计年限内每天的当量轴次的累积之和，所以可把 N_e 看作对数正态分布。

$$\sigma_{Ne}=\sqrt{(\frac{N_e}{\eta}\sigma_\eta)^2+(\frac{N_e}{n_1}\sigma_{n1})^2+\left\{\frac{[r(t-1)-1](1+r)^{t-1}}{r[(1+r)^t-1]}N_e\sigma_r\right\}^2} \tag{17}$$

道路横向分布系数的统计分析　　表 3

道路情况 / 统计项目	双车道			四车道	六车道
	中心有分车线	中心无分车线（因路较窄）	三车道宽度（因行车道较宽）	四车道（大小车分行）	六车道（大小车分行）
样本容量(n)	52	40	60	44	33
平均值	22.94	24.19	22.35	21.33	18.88
标准差	3.69	4.33	3.99	4.28	4.94
变异系数	0.161	0.179	0.179	0.201	0.315
D 正态	0.13	0.12	0.18	0.15	0.18
D 对数	0.11	0.086	0.18	0.12	0.12
$D_{n,e}$	0.20	0.23	0.19	0.23	0.19

年交通量增长率的统计分析　　表 4

道路名称	样本容量(n)	平均值(%)	标准差(%)	变异系数	$D_{正态}$	$D_{对数}$	D	$D_{n,e}$ (m=10)
东单	306	8.382	4.526	0.54	0.37	0.34	0.35	0.41
西单	332	8.452	4.562	0.54	0.34	0.32	0.32	0.41
东四	307	8.651	4.839	0.56	0.28	0.27	0.27	0.41
西四	286	7.232	4.253	0.59	0.33	0.27	0.28	0.41
虎坊桥	336	8.165	2.986	0.37	0.42	0.37	0.37	0.41
五棵松	270	9.582	3.940	0.41	0.29	0.24	0.24	0.41

3.2 控制指标的概率统计分析

根据中国公路柔性路面设计规范的规定，控制指标为：

效应——最大计算弯沉值 l_s，整体性层次底面最大计算弯拉应力 σ_m；

抗力——容许弯沉值 l_R，相应各层次的容许弯拉应力 σ_R。

它们分别按下式计算：

计算弯沉

$$l_s = \frac{2p\sigma}{E_0} \cdot \alpha \cdot F = \frac{2p\delta}{E_0} \cdot \alpha \cdot A_F (\frac{l_R E_0}{2p\delta})^{0.39} \tag{18}$$

容许弯沉

$$l_R = \frac{11.0}{N_e^{0.2}} A_c A_s \tag{19}$$

计算弯拉应力

$$\sigma_m = p \cdot \bar{\sigma}_m = p \cdot f(\frac{h}{\delta}, \frac{H}{\delta}, \frac{E_2}{E_1}, \frac{E_0}{E_2}) \tag{20}$$

容许弯拉应力

$$\sigma_R = \frac{s}{K_s} \tag{21}$$

式中：α 为理论弯沉系数，$\alpha = f(\frac{h}{\delta}, \frac{H}{\delta}, \frac{E_2}{E_1}, \frac{E_0}{E_2})$；$F$ 为计算综合修正系数；A_F 为弯沉综合修正的荷载系数，对于 BZZ—100，$A_F = 1.47$，对于 BZZ—60，$A_F = 1.5$；A_c 为公路等级系数，高速公路为 0.85，一级公路为 1.0，二级公路为 1.1。三、四级公路为 1.2；A_s 为路面类型系数，沥青混凝土、热拌沥青碎石为 1.0。沥青贯入式、冷拌沥青碎(砾)石为 1.1，沥青表面处治为1.2，粒料为 1.3；$\bar{\sigma}_m$为弯拉应力系数；s 为沥青混凝土或整体性基层材料的极限抗弯拉强度(MPa)；K_s 为抗弯拉强度结构系数，按下式计算：

对于沥青混凝土面层

$$K_s = 0.12 N_e^{0.1} / A_c \tag{22}$$

对于整体性基层

$$K_s = 0.40 N_e^{0.1} / A_c \tag{23}$$

从上述式子看出，l_s 和 σ_m 是复杂的随机变量，为此宜用 Monte Carlo 法进行概率分析。对于抗力(l_R 和 σ_R)，同样用 Monte Carlo 法进行分析。其结果一并列在表 5 中。

设计参数、控制指标概率分析汇总 表 5

变量		概率分布	变异系数			变异原因
			低	中	高	
设计参数	h_1	正态分布	0.05	0.10	0.15	施工
	H_1	正态分布	0.10	0.15	0.20	施工
	E_0	对数分布	0.15	0.25	0.40	施工，材料
	E_1	对数分布	0.10	0.20	0.35	施工，材料
	S_1	正态分布	0.04	0.07	0.15	施工，材料
控制指标	N_e	对数分布	0.15	0.30	0.45	预测
	l_s	正态分布	蒙特卡洛法			L_s、$\sigma_n = f(h, H, E_0, E_1 \cdots)$ L_P、$\sigma_R = f(N_e, S_1, \cdots)$
	l_p	正态分布	误差传递公式			
	S_m	正态分布	蒙特卡洛法			
	S_r	正态分布	误差传递公式			

4 路面可靠度设计和敏感性分析

路面结构的可靠度设计，一般可按两种方法进行：一是根据拟定的结构设计方案进行可靠度评价；二是根据结构可靠度的要求，设计结构层的厚度。由于确定路面可靠度水平的要求是一个比较复杂的问题，一般应综合考虑公路的重要性、等级及经济指标等因素，中国目前还没有提出一个统一的数值。故本文先按第一种方法进行分析。采用高级 BASIC 语言编制了路面可靠度计算程序，其步骤如图 5 所示。

例如，某二级公路(双车道)，其路面结构及有关计算参数分别见图 6 和表 6，现来评定该路面结构的可靠度。

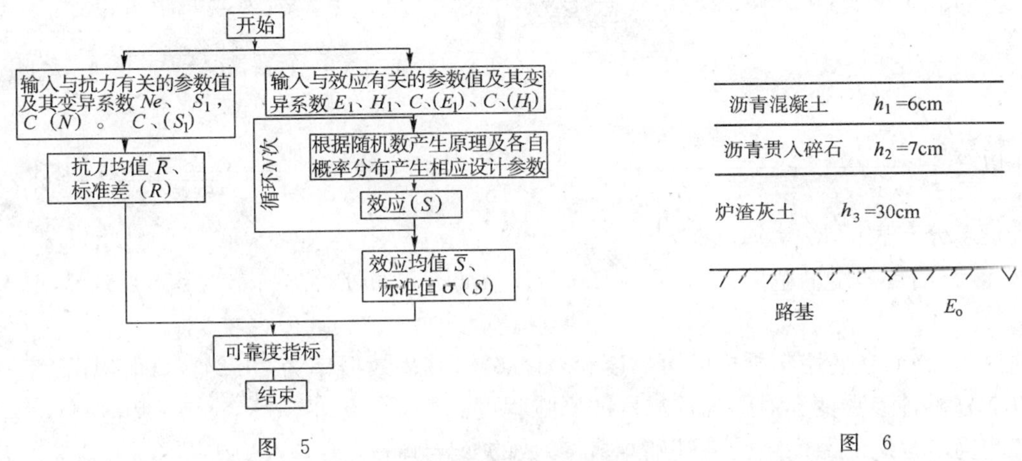

图 5　　图 6

不同转角 τ 对应的项数 n　　表 6

层次	结构类型	厚度		抗压回弹模量		抗压强度及模量			
		$h_1C_r(h_1)$		E_{p1}(MPa)$C_r(E_{p1})$		E_{s1}(Mpa)$C_v(E_{s1})$		S_1(MPa)$C_v(S_1)$	
1	沥青混凝土	6	0.08	1 000	0.15	1 500	0.15	1.5	0.10
2	沥青贯入碎石	7	0.10	600	0.18	600	0.18		
3	炉渣灰土	30	0.12	400	0.20	1 300	0.20	0.5	0.15
4	路基			34	0.22				

标准轴 BZZ—100 在设计年限内的累计作用次数 $N_e=1.6\times10^6$ 次，$C_v(N_e)=0.3$，$p=0.7$(MPa)，$\delta=10.65$cm，$A_c=1.1$，$A_s=1.0$。

4.1 弯沉可靠性分析

$R=P(l_R-l_s>0)=P(L_R-L_s>0)$

$$\overline{L}_s=\frac{2p\delta}{\overline{E}_{p1}}\cdot\overline{\alpha}\cdot F(\frac{\overline{E}_0}{2P\delta})^{0.38}=\frac{2\times0.7\times0.65}{1\,000}\times5.824\,2\times1.47\times(\frac{34}{2\times0.7\times10.65})^{0.38}=$$

0.175cm，用 Monte Carlo 法得出 $C_v(l_s)=10.20\%$，$L_R=(11\cdot A_c\cdot\frac{A_s}{N_e^{0.2}})^{0.62}=1.191$cm

已知 $C_v(N_e)=0.3$，根据误差传递原理

$$C_v(L_R)=0.124,\ C_v(N_e)=3.72\%$$

所以 $\beta_1 = \dfrac{\overline{L}_R - \overline{L}_s}{\sqrt{\sigma_2(L_R) - \sigma^2(L_S)}} = \dfrac{0.191 \sim 0.175}{\sqrt{(0.175 \times 10.2\%)^2 + (0.191 \times 3.72\%)^2}} = 0.86$

查正态分布表得 R：$R_1 = 80.51\%$

4.2 弯拉应力可靠性分析

对于沥青混凝土层底部 $\bar{\sigma}_{m1} = p\bar{\sigma}_m^1 = 0.7 \times (-0.0827) =- 0.056(\text{MPa})$

因为该力为压应力，故可近似认为 $R_2 = 99.9\%$

对于炉渣石灰土层底部 $\bar{\sigma}_{m2} = p\bar{\sigma}_{m2}^l = 0.7 \times 0.34417 = 0.241(\text{MPa})$

用 Monte Carlo 法求得 $C_v(\sigma_{m2}) = 16.01\%$

炉渣石灰土的容许弯拉应力为 $\bar{\sigma}_{R2} = \dfrac{\overline{S}_2}{K_S} = \dfrac{0.5}{(0.4 \cdot \overline{N}_e^{0.1}/A_c)} = 0.330$

根据误差传递公式 $C_v(\sigma_{R2}) = \sqrt{C_v^2(S_2) + C_v^2(N_e) \times 0.1^2} = \sqrt{0.15^2 + (0.3 \times 0.5)^2} = 15.3\%$

所以 $\beta_3 = \dfrac{\bar{\sigma}_{R2} - \bar{\sigma}_{m2}}{\sqrt{\sigma^2(\sigma_{R2}) + \sigma^2(\sigma_{m2})}} = \dfrac{0.33 - 0.241}{\sqrt{(0.33 \times 16.01\%)^2 + (0.241 \times 15.3\%)^2}} = 1.38$

查正态分布表得 $R_3 = 91.62\%$

这样，路面可靠度的范围为 $R_1.R_2 \cdot R_3 \leqslant R \leqslant \min R_1$，即 $73.76\% \leqslant R \leqslant 80.51\%$，取 $R = 73.76\%$。

这说明，路面在使用年限内的可靠度为 73.76%，其失效概率为 26.24%（即破坏概率）。

以下分析各参数变异对路面可靠度的影响程度。

在此仍以上例的路面结构为基础，对各参数的变异水平分别取高、中、低 3 种（表 7），以此进行柔性路面可靠度的敏感性分析。

用所编程序计算的结果及可靠度与各主要参数的关系分别列出在表 8～表 10 和图 7～图 10 中。

变异系数低中高 表 7

	低	中	高
$C_v(h_1)$	0.05	0.10	0.15
$C_v(h_2)$	0.08	0.10	0.15
$C_v(h_3)$	0.10	0.15	0.20
$C_v(E_{1,2,3})$	0.10	0.20	0.25
$C_v(E_0)$	0.18	0.25	0.30
$C_v(N_e)$	0.15	0.30	0.45

弯沉可靠度(R_1)计算结果 表 8

变异水平	面层厚度 h_1(cm)							基层厚度 h_3(cm)				
	4	5	6	7	8	9	10	28	30	32	36	40
低	63.08	73.57	81.86	88.88	93.19	96.25	98.12	72.24	81.86	91.95	97.98	
中	57.93	65.17	71.23	77.34	82.38	86.86	90.49	65.54	71.23	77.64	88.49	
高	52.39	57.14	62.17	67.00	71.90	76.11	79.95	55.57	62.17	68.79	79.39	87.29

注：R_1 为弯沉可靠度，$R_1 = P(L_R - L_s > 0)$；R_2 为基层板底的弯沉应力可靠度，$R_2 = P(\sigma_R - \sigma_m > 0)$。

各设计参数的变异性对可靠度的影响 表 9

$C_v(h_1)$	R_1	R_2	$C_v(h_2)$	R_1	R_2	$C_v(h_3)$	R_1	R_2	$C_v(E_1)$	R_1	R_2
0.10	71.23	83.89	0.10	71.23	83.89	0.15	71.23	83.89	0.10	71.23	85.08
0.15	68.98	83.40	0.15	70.19	83.77	0.20	65.17	79.10	0.20	70.54	83.89
0.20	67.36	82.64	0.20	69.15	83.65	0.25	60.64	74.54	0.30	69.15	83.15
$C_v(E_2)$	R_1	R_2	$C_v(E_0)$	R_1	R_2	$C_v(N_e)$	R_1	R_2	$C_v(S)$	R_1	R_2
0.10	74.10	83.85	0.25	71.23	83.89	0.30	71.23	83.89	0.15	无	83.89
0.20	71.23	83.89	0.35	65.17	82.12	0.50	68.79	83.40	0.25	变	77.04
0.30	68.08	82.89	0.45	60.64	80.23	0.70	66.30	82.89	0.35	化	71.90

注：R_1 为弯沉可靠度，$R_1 = P(L_R - L_s > 0)$；

R_2 为基层板底的弯沉应力可靠度，$R_2 = P(\sigma_R - \sigma_m > 0)$。

路面可靠度计算结果 表 10

<table>
<tr><td></td><td colspan="7">面层厚度 h_1(cm)</td></tr>
<tr><td>h_1</td><td>4</td><td>5</td><td>6</td><td>7</td><td>8</td><td>9</td><td>10</td></tr>
<tr><td>R_1</td><td>57.93</td><td>65.17</td><td>71.23</td><td>77.84</td><td>82.38</td><td>86.86</td><td>90.49</td></tr>
<tr><td>R_2</td><td>76.42</td><td>81.33</td><td>83.89</td><td>86.65</td><td>89.25</td><td>91.31</td><td>93.19</td></tr>
<tr><td></td><td colspan="7">基层厚度 h_3(cm)</td></tr>
<tr><td>h_2</td><td>26</td><td>28</td><td>30</td><td>32</td><td>36</td><td>40</td><td rowspan="3">影响较大</td></tr>
<tr><td>R_1</td><td></td><td>65.54</td><td>71.23</td><td>77.64</td><td>88.49</td><td></td></tr>
<tr><td>R_2</td><td>69.15</td><td>77.34</td><td>83.89</td><td>88.88</td><td>95.05</td><td></td></tr>
<tr><td></td><td colspan="7">土基回弹模量(MPa)</td></tr>
<tr><td>E_0</td><td>24</td><td>30</td><td>34</td><td>44</td><td>54</td><td>64</td><td rowspan="3">影响较大</td></tr>
<tr><td>R_1</td><td>45.22</td><td>59.10</td><td>69.85</td><td>85.08</td><td>93.45</td><td>97.56</td></tr>
<tr><td>R_2</td><td>72.91</td><td></td><td>83.89</td><td>90.32</td><td>94.06</td><td>96.33</td></tr>
<tr><td></td><td colspan="7">中间层(第二层)抗压回弹模量 E_2(MPa)</td></tr>
<tr><td>E_3</td><td>550</td><td>600</td><td>650</td><td colspan="4" rowspan="3">影响较小</td></tr>
<tr><td>R_1</td><td>60.94</td><td>69.85</td><td>70.88</td></tr>
<tr><td>R_2</td><td>83.15</td><td>83.89</td><td>84.13</td></tr>
<tr><td></td><td colspan="7">面层抗压回弹模量 E_1(MPa)及抗弯拉回弹模量 E'_1(MPa)</td></tr>
<tr><td>E_1</td><td>900</td><td>1 000</td><td>1 050</td><td>E'_1</td><td>1 450</td><td>1 500</td><td>1 550</td></tr>
<tr><td>R_1</td><td>67.72</td><td>69.85</td><td>70.88</td><td>R_2</td><td>85.54</td><td>83.89</td><td>84.10</td></tr>
<tr><td></td><td colspan="7">基层抗压回弹模量 E_3(MPa)及抗弯拉回弹模量 E'_3(MPa)</td></tr>
<tr><td>E_3</td><td>350</td><td>400</td><td>450</td><td>E'_1</td><td>1 250</td><td>1 300</td><td>1 350</td><td>1 400</td></tr>
<tr><td>R_1</td><td>68.44</td><td>71.50</td><td>76.73</td><td>R_2</td><td>85.54</td><td>83.89</td><td>82.95</td><td>80.51</td></tr>
<tr><td>S_3</td><td>0.4</td><td>0.5</td><td>0.6</td><td colspan="4" rowspan="2"></td></tr>
<tr><td>R_1</td><td>55.17</td><td>83.89</td><td>94.45</td></tr>
</table>

从以上这些图、表的分析可以看出，对以弯沉为指标的设计可靠度 R_1 而言，影响路面可靠度较大的参数有土基回弹模量、基层厚度和基层抗压回弹模量；对以弯拉应力为指标的设计可靠度 R_2 而言，影响较大的参数有整体性层次材料的抗弯拉强度、抗弯拉模量、厚度和土基回弹模

量。从表9看出，土基回弹模量 E_0 的变异系数 $C_v(E_0)$ 从低值变到高值，R_1 降低了10.59%，R_2 降低了3.66%；基层厚度变异系数 $C_v(h_2$ 或 $h_3)$ 从低值变到高值，R_1 降低了10.59%，R_2 降低了9.35%：面层厚度变异系数 $C_v(h_1)$ 从低值变到高值，R_1 降低了3.89%，R_2 降低了1.25%，抗弯拉强度的变异系数 $C_v(S)$ 从低值变到高值，R_2 降低了11.99%；当量标准轴累计作用次数的变异系数 $C_v(N_e)$ 从低值变到高值，R_1 降低了6.92%，但 R_2 变化仅1.19%。

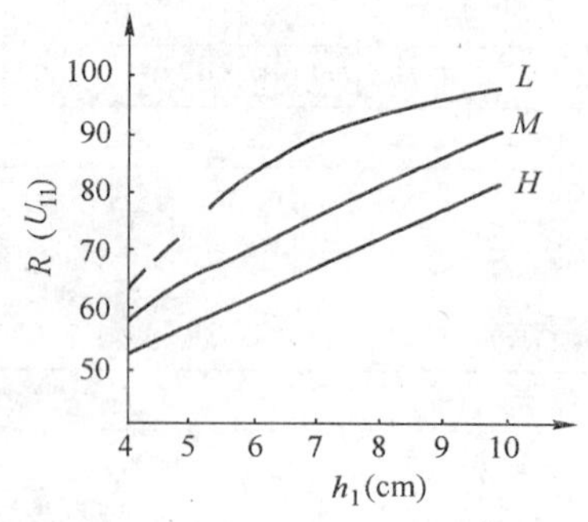

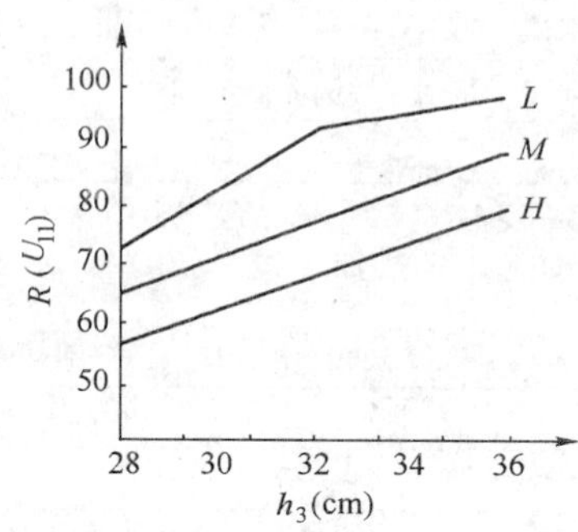

图7 可靠度与路面厚度的关系

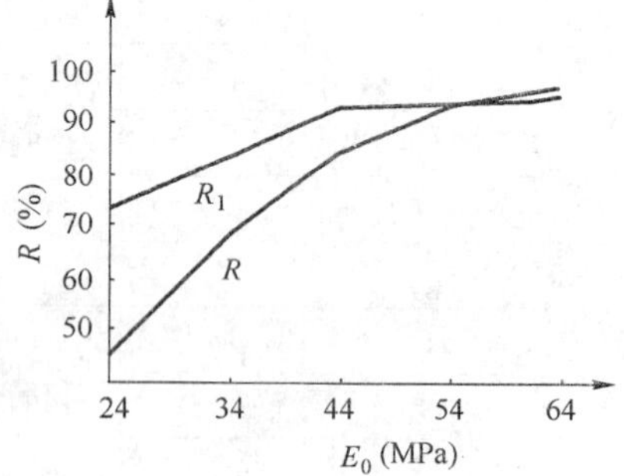

图8 可靠度与土基模量的关系

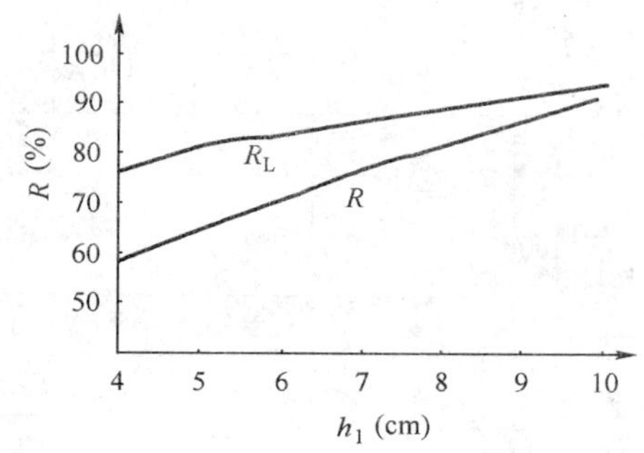

图9 可靠度与面层厚度的关系

另一方面，从表10看出，如果保持参数变异系数不变，而改变参数值的大小，则增加基层厚度和提高路基回弹模量，可明显地增加路面的可靠度。无疑，提高土基回弹模量一般要比增加基层厚度经济些。所以为了提高路面的可靠度，工程上可从增加路基的压实度数和减小路基强度的不均匀性着手，其次是保证基层的设计厚度和强度。

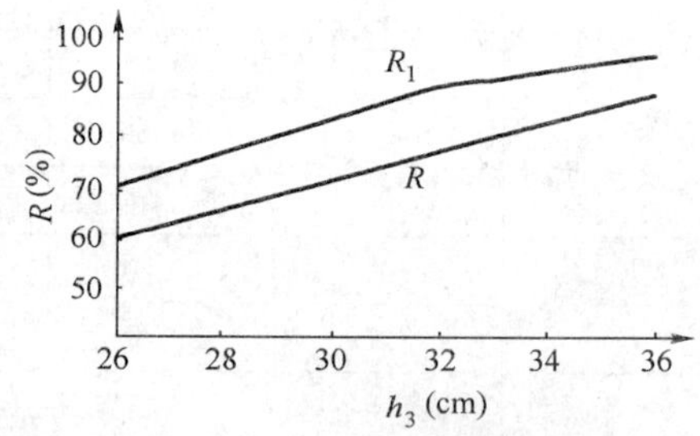

图10 可靠度与基层厚度的关系

由于路面设计参数变化的不确定性主要受施工机械和方法、材料来源等因素的影响，因此保证施工质量是保证路面设计可靠度的关键问题。如果由于某些因素影响，使一些设计参数达不到设计上的要求，那么利用可靠度计算可以调整后继施工水平，使路面的实际可靠度达到设计要求。因篇幅所限，具体调整方法可参看有关文献。

半刚性基层沥青路面的开裂机理

张起森　郑健龙　刘益河
（长沙交通学院　长沙　410076）

摘　要：半刚性基层沥青路面结构是我国高等级公路的主要路面结构形式。由于半刚性基层材料的某些特性，使得这种路面在使用过程中容易产生裂缝，从而大大降低了它的耐久性和其他使用性能。本文通过对半刚性基层沥青路面的断裂应力分析和光弹试验验证，对半刚性基层沥青路面的开裂机理提出了一些新的见解，并提出了减少裂缝的相应措施。对我国高等级沥青路面的合理设计提供了较有价值的依据。

1　半刚性基层沥青路面断裂应力计算

半刚性基层在强度形成和使用过程中，不可避免地会产生裂缝，因此对于半刚性基层沥青路面的应力分析，已不能应用弹性层状体系理论，而应用断裂力学来进行。

1.1　交通荷载断裂应力计算

1.1.1　有限元分析的力学模型

为了考虑半刚性基层开裂后对沥青面层荷载应力的影响，我们取单圆荷载作用下的四层连续体系作为有限元分析的基本力学模型，并假设在半刚性基层中有一贯穿整个厚度的裂缝。应力的计算按断裂力学原理进行。两种典型加载情况如图 1 所示。图 1a）为对称加载情况，图 1b）为非对称加载情况。图中，厚度较小的第二层是模拟为防裂而设置的应力吸收（消散）中间层，如土工布、橡胶沥青膜和粒料层等。显然，如果令此层的模量与第一层的模量相等，则表示无防裂中间层的情况。

1.1.2　数值计算和结果分析

由对称和反对称原理，我们可用迭加法来求解图 1 所示问题。对于所取的材料和结构参数，用有限单元法求得了表 1～表 4 所列结果。分析这些数据后，可以得到下面几点结论。

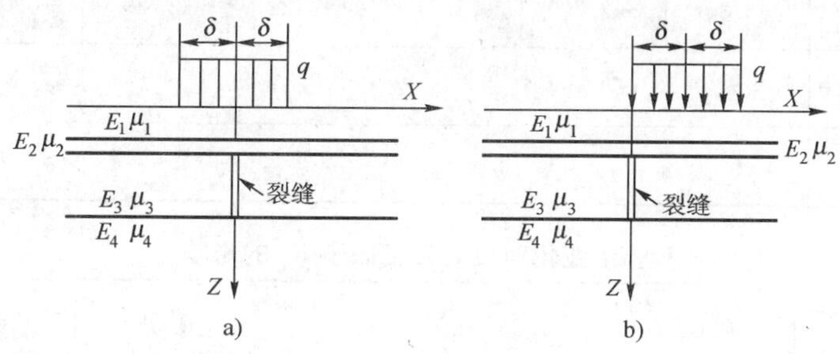

图　1

摘自《土木工程学报》，1992 年 4 月第 25 卷第 2 期

应力($x=0$)　　表 1

z(cm)		0	2	4	6	8	8.75
对称加载	σ_x/q	−4.064	−2.919	−1.887	−0.911	−0.091	−0.520
	τ_{xz}/q	0	0	0	0	0	0
	$K_1/q(cm^{1/3})$	0					
	$K_n/q(cm^{1/2})$	0					
非对称加载	σ_x/q	−2.971	−2.190	−1.653	−1.167	−0.782	−0.364
	τ_{xz}/q	0	−0.573	−0.786	−0.622	−0.393	−0.609
	$K/q(cm^{1/2})$	0					
	$K/q(cm^{3/2})$	0.7155					

基层模量变化对裂缝尖端应力 σ_x 的影响　　表 2

E_2/E_1	Z(cm)					
	0	2	4	6	8	8.75
	σ_x/q					
0.1	−6.307	−3.709	−1.315	1.122	3.729	−0.001 0
0.3	−5.246	−3.450	−1.654	0.158 4	2.084	−0.186 4
0.5	−5.085	−3.361	−1.801	−0.245 2	1.350	−0.282 9
0.7	−4.860	−3.291	−1.876	−0.480 4	0.899 1	−0.352 7
2.0	−4.064	−2.919	−1.887	−0.911 4	−0.091 4	−0.519 7

表 3

Z(cm)		0	2	4	6	8	8.75	注
σ_x/q	$E_2/E_1=1.0$	−6.064	−3.810	−1.764	−0.307 2	2.649	2.315	无应力膜
	$E_2/E_1=0.02$	−6.307	−3.709	−1.315	1.122	3.729	−0.080 9	有
$K_1/q(cm^{1/2})$	$E_2/E_1=1.0$	2.453						无应力膜
	$E_2/E_1=0.02$	0						有

E_2/E_1 变化对应力强度因子 K_n 的影响　　表 4

E_2/E_1	0.02	0.04	0.06	0.08	0.1	1.0
$K_n/q(cm^{1/2})$	0.715 5	1.159	1.541	1.861	2.137	3.975

(1)当荷载相对于裂缝面对称作用时,如果半刚性基层的模量大于沥青层模量时,裂缝端截面的剪应力为零,这说明剪切型应力强度因子 K_n 为零。同时,裂缝上端横截面上的缝端 x 方向的正应力 σ_x 为负,其张开型应力强度因子 K_I 亦为零。可见,在这种情况下,半刚性基层中的穿透裂缝为闭合型裂缝,即它不会导致沥青层底部拉裂。但是,当半刚性基层的模量小于沥青层模量时,由表 2 看出,在沥青层中 $x=0$ 截面底部($z=8$cm)的正应力 σ_x 均为拉应力。而由于应力吸收膜的存在,缝端处 σ_x 仍为负,所以 K_I 为零。如果不设应力吸收膜,即令 $E_2/E_1=1$,则由表 3 可见,缝端 x 向的正应力 σ_x 具有奇异性,相应地 $K_I=2.453q(\text{cm}^{\frac{1}{2}})$。这说明,在这种情况下,半刚性基层开裂后,如不设防裂层,则在沥青层底面缝端处将会产生很大的应力集中,这个力有可能导致沥青层底部开裂,从而引起反射裂缝的扩展。

(2)当荷载相对于裂缝面非对称作用时,缝端 x 方向的正应力为负(表 1),所以应力强度因子 K_I 为零。但剪切应力 τ_{xz} 却具有明显的奇异性,因此,剪切型应力强度因子 K_n 不为零,用外推法求得的 $K_n=0.7155q$(cm1/2)。说明,在这种情况下,反射裂缝是由于剪应力的奇异性引起的。

(3)如果我们改变防裂层 E_2 的模量,由表 4 看出,随着 E_2/E_1 值的增大,K_n 随之增大。这说明,防裂层模量越大,其防裂效果越差。所以为了防止半刚性基层的反射裂缝、宜选用模量低、抗剪切性能好的材料。

(4)由于作用于路面的荷载为移动荷载,对于路面上的一点来讲,总是经历对称荷载和非对称荷载的作用过程。从前述可知,对称荷载不是产生反射裂缝的主要原因,而是由非对称荷载作用在缝端所产生的剪切应力奇异性即 K_n 的作用导致的。

1.2 温度荷载断裂应力计算

1.2.1 温度应力计算的力学模型

为了研究路面开裂以后的温度应力及裂缝在温差作用下的扩展规律,我们分别就图 2 所示三种结构进行了分析。图 2 中,表示路面的纵向(行车方向);z 表示垂直向下方向。

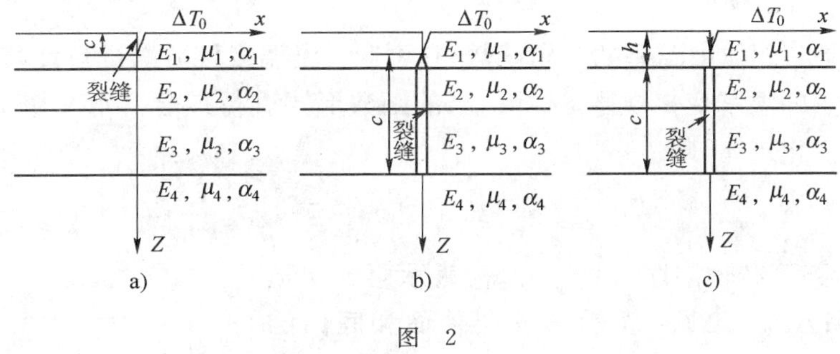

图 2

考虑到路面的实际工作状态,在此假定:(1)路面各结构层均为无限大的线弹性体,且层间始终保持完全连续状态;(2)横向裂缝贯穿路面的整个宽度,且所有裂缝面均为自由面;(3)在任意指定时刻,路面体内的温度在同一水平面上保持为一常数,但随深度 z 的变化而变化。

在求解图 2 所示路面结构的温度应力时,我们选用了有限元位移解法,并采用八节点等参数矩形单元。

由于温度应力是由物体内部先后两个时刻的温度场变化引起的,在我们所考虑的平面应

变状况下，求解温度应力的物理方程为

$$\begin{Bmatrix}\sigma_x\\\sigma_z\\\tau_{xz}\end{Bmatrix}=\frac{E}{(1+\mu)(1-2\mu)}\begin{bmatrix}1-\mu & \mu & 0\\ \mu & 1-\mu & 0\\ 0 & 0 & \frac{1-2\mu}{2}\end{bmatrix}\left[\begin{Bmatrix}\varepsilon_x\\\varepsilon_z\\\gamma_{xz}\end{Bmatrix}-\begin{Bmatrix}(1+\mu)\alpha\Delta T\\(1+\mu)\alpha\Delta T\\0\end{Bmatrix}\right] \tag{1}$$

式中：ΔT 表示温度的变化量；a 为材料的热胀系数。

因为本节计算中不考虑交通荷载的作用，并按照对号入座的方法形成整体刚度矩阵和变温引起的整个结构的等效节点荷载列阵。在考虑相应的边界约束条件消除整体刚度矩阵的奇异性之后，即可得到求解热弹性力学的路面有限元模式

$$[K]=\begin{bmatrix}K_{11} & K_{12} & \cdots & K_{18}\\ K_{12} & K_{22} & \cdots & K_{28}\\ K_{81} & K_{82} & \cdots & K_{88}\end{bmatrix} \tag{2}$$

其中：$[K_{ij}]=\frac{E}{1+\mu}\int_{-1}^{1}\int_{-1}^{1}\begin{bmatrix}\frac{1-\mu}{1-2\mu}N_{i,x}N_{j,x}+\frac{1}{2}N_{i,x}N_{j,x} & \frac{1-\mu}{1-2\mu}N_{i,z}N_{j,z}+\frac{1}{2}N_{i,z}N_{j,z}\\ \frac{\mu}{1-2\mu}N_{i,x}N_{j,x}+\frac{1}{2}N_{i,x}N_{j,x} & \frac{\mu}{1-2\mu}N_{i,z}N_{j,z}+\frac{1}{2}N_{i,z}N_{j,z}\end{bmatrix}\times|J|\,d\xi d\eta$

$$\begin{Bmatrix}N_{i,x}\\N_{i,z}\end{Bmatrix}=[J]^{-1}\begin{Bmatrix}N_{i,\xi}\\N_{i,\eta}\end{Bmatrix}$$

$$[J]^{-1}=\frac{1}{|J|}\begin{Bmatrix}z,_{\xi} & -z,_{\xi}\\ -x,_{\eta} & x,_{\eta}\end{Bmatrix}$$

$$|J|=x,_{\xi}z,\eta-z,_{\xi}x,_{\eta}$$

因温度变化所产生的等效节点力为

$$\{H_i\}=\begin{Bmatrix}H_{ix}\\H_{iz}\end{Bmatrix}=\frac{E\alpha}{1-2\mu}\int_{-1}^{1}\int_{-1}^{1}\begin{matrix}N_{ix}\\N_{iz}\end{matrix}\times\Delta T\mid J\mid d\xi d\eta\qquad(i=1,2,\cdots,8) \tag{3}$$

上式中 ΔT 是路面体内温差的分布函数，它可用二维温度场方法进行计算，也可通过现场测定路面中若干点的温度变化规律，选择适当的函数形式进行拟合。本文用指数函数近似模拟温差随深度的变化规律，即

$$\Delta T=\Delta T_{nD}e^{-\frac{z-z_{nD}}{z_{no}-z_{nD}}\ln\frac{\Delta T_{no}}{\Delta T_{nD}}} \tag{4}$$

式中：n 表示路面结构层序号；z_{nD}、z_{n0} 表示第 n 层顶面和底面的坐标；ΔT_{nD}、ΔT_{n0} 表示第 n 层顶面和底面的温差。

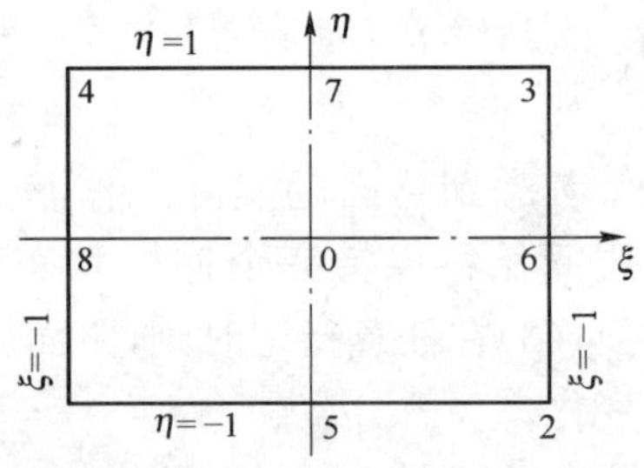

图 3

1.2.2　数值计算结果及分析

用有限单元法对图 2 所示路面结构进行了计算，计算所用参数见表 5。根据有限单元法求得的各节点位移，可求各节点的应力，并用断裂力学有关公式计算裂缝尖端处的应力强度因子。限于篇幅，本文仅列出部分结果（表 6），详细的计算资料请参看有关文献。

计算参数表 表5

路表温差 $\Delta T=-30℃,-25℃,-20℃,-15℃,-10℃,-5℃$

模型	层号	α(1/℃)	μ	E(MPa)	厚度 H(cm)	裂缝长度 c(cm)	说明
表面开裂[图 2a)]	一	2.5×10^{-6}	0.25	3 000 2 000 1 000 500	16	2,4,6,8 10,13,14	
	二	1.8×10^{-6}	0.25	1 000	12		
	三	3.7×10^{-6}	0.25	500	32		
	四	4.0×10^{-6}	0.35	50	140		
反射开裂[图 2b)]	一	2.5×10^{-6}	0.25	3 000 1 500	16	2,4,6 8,10	基层裂缝已反射到面层底部
	二	1.8×10^{-6}	0.25	1 000	12	12	
	三	3.7×10^{-6}	0.25	600	32	32	
	四	4.0×10^{-6}	0.35	50	140		
基层开裂[图 2c)]	一	2.5×10^{-6}	0.25	3 000	6,8,10,12 14,16,18		基层裂缝还未反射到面层
				1 500	6,9,12,16,18		
	二	1.8×10^{-6}	0.25	1 000	12	12	
	三	3.7×10^{-6}	0.25	500	32	32	
	四	4.0×10^{-6}	0.35	50	140		

对表6分析看出，无论表面裂缝或反射裂缝，其应力强度因子都随裂缝长度的增加而增大，随着温差和材料弹性模量的增大而增大。所以，不论表面裂缝或反射裂缝的防止或减少，采用优质沥青、橡胶沥青封层或做夹层，以及土工织物等措施都是有效的。

由图2c)的计算结果(表7)得出，随着面层厚度的减小，裂缝顶端的应力和应力集中系数都将增大，而且厚度越小，应力和应力集中系数增长的速度越快。所以，为了防止半刚性基层反射裂缝，面层需要有一定的厚度，厚度太薄，基层的裂缝会很快反射到面层表面上来。这一点已为很多工程实例所说明。

1.3 路面温度应力光弹试验验证

为了验证开裂路面应力分析的结果，我们进行了路面应力光弹试验。在此仅简要地列出温度应力光弹试验结果，以便对照。

表面裂缝尖端的应力强度因子 $\boldsymbol{K}_{t}$(MPa·m$^{1/2}$)　　表 6a)

E(MPa)	ΔT(℃)	裂缝长度 c(cm)						
		2	4	6	8	10	12	14
3000	−30	0.850 2	1.179	1.504	1.821	2.154	2.512	2.974
	−25	0.705 5	9.774	1.244	1.502	1.774	2.067	2.441
	−20	0.561 7	7.761	9.875	1.188	1.342	1.627	1.918
	−15	0.419 8	5.774	7.310	0.878 3	1.032	1.196	1.407
	−10	0.277 3	3.815	4.809	0.575 9	0.673	0.775	0.917
	−5	0.138 3	1.901	2.393	0.286 0	0.335	0.382	0.452
2 000	−30	0.567 9	0.766 1	0.962 9	1.148	1.336	1.532	1.769
	−25	0.471 5	0.635 5	0.796 8	0.948	1.101	1.261	1.453
	−20	0.375 2	0.505 1	0.631 7	0.749 4	0.868 5	0.992 3	1.141
	−15	0.279 7	0.376 1	0.469 0	0.554 6	0.640 4	0.729 7	0.836 5
	−10	0.185 2	0.248 6	0.308 6	0.363 6	0.418 6	0.475 4	0.543 4
	−5	0.092 29	0.123 9	0.153 5	0.180 6	0.207 6	0.235 4	0.268 8
1000	−30	0.286 3	0.370 9	0.454 0	0.525 2	0.592 1	0.653 2	0.712 2
	−25	0.237 5	0.307 6	0.375 8	0.433 5	0.487 7	0.437 4	0.584 4
	−20	0.188 9	0.264 5	0.297 9	0.343 0	0.364 8	0.422 7	0.458 6
	−15	0.140 7	0.182 1	0.221 0	0.253 5	0.283 6	0.310 7	0.335 9
	−10	0.931 0	0.120 4	0.145 5	0.166 3	0.185 2	0.202 2	0.217 9
	−5	0.045 40	0.059 97	0.072 35	0.082 58	0.091 85	0.100 1	0.107 8
500	−30	0.144 7	0.180 7	0.215 8	0.242 8	0.264 9	0.280 4	0.287 0
	−25	0.120 0	0.149 8	0.178 5	0.200 4	0.218 1	0.230 4	0.235 2
	−20	0.095 38	0.119 1	0.141 5	0.158 4	0.171 9	0.181 1	0.184 4
	−15	0.071 00	0.088 65	0.101 5	0.117 0	0.126 6	0.132 8	0.134 8
	−10	0.046 93	0.058 59	0.069 05	0.076 71	0.082 61	0.086 40	0.087 33
	−5	0.023 39	0.029 19	0.034 35	0.038 08	0.040 95	0.042 75	0.043 15

(1)当路面结构未开裂时，在负温梯度作用下，路面内产生拉应力(顺行车方向)，最大拉应力发生在面层表面。例如，在面层厚度 15cm 时，温度梯度 $\Delta T = -30$ ℃，面层表面最大拉应力 $\sigma_{x} = 1.085$MPa；基层表面拉应力为 0.081MPa，拉力区深入基层约 8cm。可见，如果降温梯度比较大，温度应力有可能使得路面表面开裂，开裂深度有的可达基层内部。

反射裂缝尖端的应力强度因子 $\boldsymbol{K}_{t}$(MPa·m$^{1/2}$)　　表 6b)

E(MPa)	ΔT(℃)	裂缝长度 c(cm)				
		46	48	50	52	54
3 000	−30	1.167	1.164	1.740	2.022	2.352
	−25	0.928 6	1.169	1.395	1.627	1.899
	−20	0.701 3	0.888 6	1.065	1.247	1.462
	−15	0.490 7	0.626 7	0.753 7	0.888 0	1.047
	−10	0.302 0	0.387 8	0.470 6	0.558 0	0.662 3
	−5	0.146 1	0.180 5	0.229 2	0.272 4	0.324 1
1 500	−30	0.747 7	0.862 9	0.975 0	1.098	1.257
	−25	0.592 5	0.686 3	0.778 6	0.880 6	1.012
	−20	0.445 8	0.518 9	0.591 5	0.671 7	0.775 2
	−15	0.309 8	0.363 2	0.416 4	0.475 5	0.551 7
	−10	0.189 6	0.223 9	0.258 5	0.297 1	0.346 9
	−5	0.0915 7	0.108 4	0.125 5	0.144 6	0.169 4

裂缝上端横截面上的应力 σ_x(MPa)(半刚性基层开裂后) 表7

E_1(MPa)	h (cm)	ΔT (℃)	x/h									应力集中系数β
			0.0	0.125	0.25	0.375	0.50	0.625	0.75	0.875	1.0	
3 000	6	−30	1.629	2.384	3.002	3.512	3.975	4.497	5.255	6.651	10.38	3.632
		−25	1.436	2.009	2.459	2.895	3.295	3.671	4.270	5.383	8.370	3.506
		−20	1.198	1.627	1.990	2.287	2.556	2.864	3.313	4.165	6.432	3.359
		−15	0.942 2	1.237	1.486	1.689	1.873	2.084	2.395	2.986	4.593	3.178
		−10	0.658 7	0.836 3	0.985 6	1.106	1.216	1.343.	15.31	1.896	2.896	3.000
		−5	0.335 2	0.420 3	0.491 8	0.549 5	0.601 9	0.662 4	0.753 5	0.929 7	1.416	2.929
3000	8	−30	1.856	2.421	2.869	3.241	3.581	3.964	4.524	5.605	9.268	3.221
		−25	1.596	2.036	2.385	2.672	2.935	3.233	3.670	4.486	7.446	3.097
		−20	1.323	1.647	1.901	1.211	2.301	2.519	2.842	3.455	5.697	2.952
		−15	1.032	1.250	1.419	1.558	1.684	1.830	2.050	2.473	4.047	2.787
		−10	0.715 6	0.843 1	0.941 4	1.020	1.092	1.177	1.308	1.564	2.537	2.610
		−5	0.363 1	0.4234	0.469 6	0.506 8	0.540 3	0.580 0	0.642 3	0.765 8	1.237	2.541
3 000	10	−30	1.996	2.442	2.778	3.059	3.315	3.611	4.061	4.882	8.446	2.916
		−25	1.712	2.053	2.309	2.522	2.715	2.941	3.289	3.890	6.761	2.794
		−20	1.413	1.659	1.841	1.991	2.126	2.288	2.540	2.986	5.150	2.652
		−15	1.097	1.258	1.374	1.469	1.555	1.659	1.827	2.130	3.638	2.490
		−10	0.757 2	0.347 1	0.910 8	0.961 8	1.007	1.064	1.161	1.341	2.265	2.316
		−5	0.383 6	0.425 2	0.454 3	0.477 3	0.497 8	0.524 0	0.569 6	0.655 5	1.102	2.250

(2)在半刚性基层开裂之后,在负温梯度作用下,最大拉应力出现的部位随面层厚度而异。当面层较厚时(如 $h \geqslant 12$cm),最大拉应力发生在面层表面,如 $h=12$cm,$\Delta T=-30$℃,面层表面 $\sigma_x=0.91$MPa,底面(靠裂纹处)0.59MPa;当面层较薄时(如 $h \leqslant 9$cm),最大拉应力发生在面层底面靠裂纹处。如,$h=9$cm,$\Delta T=-30$℃,面层表面 $\sigma_x=1.07$MPa,底面1.32MPa。应力在面层内部呈马鞍形分布。这是由于基层裂缝自由收缩给面层底面附加了一个集中力所致。面层越薄,裂缝产生的应力集中越大。

(3)当路面表面开裂后,在负温度梯度作用下,在裂缝处的断面内,其应力沿面层厚度呈指数曲线分布,最大拉应力发生在缝端处。如当 $h=15$cm,$\Delta T=-24$℃,缝深2.25cm时,距缝端2mm处的应力 $\sigma_x=1.205$MPa。裂缝端附近有明显的应力集中,与无裂情况的应力相比,其应力集中系数达到3.5。

可见,以上结论与上节数值分析结果是一致的。

2 开裂机理分析和防裂措施

2.1 沥青路面裂纹成因分析

计算和试验结果表明,由于负温度梯度作用引起的温差应力是高等级公路沥青路面开裂的基本原因,这种裂纹一般从表面开始。对于交通荷载的作用,大量常用结构的应力计算和光弹试验说明,不论面层底面抑或基层底面,其拉应力值通常较小,一般不至于超过材料的抗拉强度而使路面开裂。但对于温度变化的作用,如果降温梯度较大,或降温速度较快,产生的温度应力是比较大的(它比交通荷载应力有时大几倍),这个应力有可能超过沥青材料的抗拉强度，导致沥青面层表面开裂，一般为横裂。实际调查表明，这种裂纹在我国东北、华北、西北，甚至南方处处可见。

对于我国南方，由于气温较高，可能产生的降温梯度较小，降温速度亦较慢。在这种情况下，考虑沥青材料的松弛性质，由负温差产生的应力可能会完全松弛掉，或其差值(温差应力与松弛应力之差)不致超过材料的抗拉强度，这样沥青路面不可能因一次降温而开裂。但是，因为气温是呈周期变化的，在一天之内要经过降温和升温的交变过程，这样就产生了温度应力的抗压反复作用过程，有可能导致沥青层表面因温度疲劳而开裂。

显然，不论北方或南方，交通荷载应力(尤其是非对称荷载在裂缝面上产生的剪应力)对裂缝形成和发展的两种作用是不可忽视的，一是交通荷载应力的疲劳作用(累积疲劳效应)，二是交通荷载应力与温度应力的叠加，交通荷载应力有可能加剧温度裂缝的产生与扩展。

沥青路面为什么表面容易先开裂呢？这主要是因为表面降温梯度大，产生的温差应力也大；其次是沥青层表面直接受到气候和环境因素(阳光、雨水和污染等)的作用，材料容易老化，抗拉能力降低；再加上交通荷载的反复作用，沥青层表面经受着拉－压－拉的疲劳过程，材料性能会进一步恶化。最新的研究还证明，当沥青路面遭受快速降温时，由于沥青层表面和底面的温差，会使沥青层产生一种类似正弦波的“温度波浪”(thermal rippling)现象。这种现象也会使沥青层表面隆起(以一定间距出现)，产生拉应力。上述诸因素的综合，就可能导致沥青面层表面先开裂。薄的沥青面层开裂尤大。所以，保证沥青层一定厚度，适当地选用好的沥青(最好是聚合物改性沥青)，合理选配好矿料级配，以增加沥青层的抗裂和抗疲劳性能，是高等级公路沥青路面结构设计的首要任务之一。

2.2 路面开裂后的裂纹扩展分析

2.2.1 半刚性基层开裂后的裂纹扩展

半刚性基层开裂后的裂纹扩展，通常称为反射裂纹。根据计算和试验表明，对于较厚的面层(厚度≥12cm时)，当路面降温时，最大的温度应力仍发生在面层表面，半刚性基层的裂纹对面层温度应力的分布影响不大，沥青路面仍可能表面先开裂，随着降温的反复，裂纹逐渐向下扩展，最后与基层裂缝接通。由交通荷载在裂缝处产生的剪切应力集中，对面层裂缝的形成和扩展起着促进作用。但是对于较薄的面层(厚度≤9cm)，情况有所不同，基层的裂缝使得面层底面靠裂缝处产生很大的温度应力集中，它比面层表面的温度应力大得多，所以沥青层更可能从底面先开裂。裂缝扩展的方向，从光弹模型等色线看出，基本上与基层裂纹方向相一致。这说明，对于较薄的沥青面层，半刚性基层的反射裂缝是路面开裂的主要原因。因此，关于裂缝的防治，沥青面层较厚时，主要选用优质沥青和配置抗裂性能好的沥青面层混合料。沥青面层较薄时，除选用优质沥青外，还应采取一些防裂措施，如在面层和半刚性基层之间设置土工织物或做一层弹性模量低、抗拉性能好的橡胶沥青应力吸收膜。为了降低造价，设置上述中间层时，可仅在裂缝附近1m宽度范围内施做，其他部位按正常方法施工。另外，也可在面层和开裂半刚性基层之间铺设级配碎石中间层，但其厚度不小于10cm。应当指出，无论上述何种情况，选择干缩性和温缩性小的半刚性基层材料是至关重要的，选用石灰粉煤灰粒料和水泥稳定粒料作基层是比较好的。同时还应严格施工控制，保证基层成型过程中，不仅强度高，而且裂缝少。

2.2.2 沥青面层表面开裂后的裂纹扩展

沥青路面开裂后，不论在交通荷载，或负温度梯度作用下，裂纹均可能向路面深度扩展。上述计算和试验表明，在路面裂纹的缝端会产生很大的拉应力和剪应力集中，其复合应力强度因子完全可能超过材料的断裂韧性而使路面继续开裂。从光弹试验等色线看出，其裂纹扩展将沿原裂缝方向进行，直至整个面层厚度裂通。对于较薄沥青面层的情况，由于半刚性基层刚度较大，在负温度梯度作用下，基层表面也会产生超过基层材料抗拉强度的拉应力而使基层表面开裂。这种裂缝和原基层存在的裂缝，都会促使面层裂缝的发展。因此，当沥青路面开裂后，要尽早进行养护和修补，以免因雨水侵入和交通及温度荷载作用，而使路面使用质量进一步恶化。

3 结语

半刚性基层沥青路面的开裂问题是一个复杂的研究课题。本文根据断裂力学的原理，对几种典型的开裂情况，进行了交通荷载应力和温度应力分折，并进行了光弹试验验证。按照分析和试验结果，探讨了半刚性基层沥青路面的开裂机理，提出了一些防治开裂的措施，这些成果对于完善我国高等级公路沥青路面的设计方法是有参考价值的。但由于影响沥青路面开裂的因素很多，所以要完全弄清这一问题，仍需继续深入研究。

INQUIRING INTO THE PERFORMANCE EVALUATION INDEX OF ASPHALT PAVEMENT

He Yuliang Zhang Qisen
(Changsha Communications University Changsha 410076)

1 INTRODUCTION

The evaluating index of pavement performance takes an important place in pavement management system (PMS). The evaluating index works as a ruler. Whether it is accurate or not affects the implement effect of PMS and decides its developing prospect. The ruler has its own property. It varies according to objective conditions.

The evaluation index of pavement performance in the present PMS can be divided into two kinds: comprehensive index and individual index. The main representative comprehensive indices the American pavement serviceability index (PSI), Canadian pavement ride comfort index (RCI), Japanese maintenance control index (MCI) and rector form comprehensive index etc. The main individual indices are pavement evenness, antiskid coefficient pavement condition index PCI (or damage ratio), strength coefficient and useful life etc. Many developed countries consider rut depth as an individual evaluation index, while in our country, the rut depth is regarded mainly as a distress in the past PMS, to the pavement distress in the past PMS.

Now in our country the freeways have been developing rapidly, and the channelized traffic has been increasing constantly. The rut will become a striking problem in PMS. Among the highways of mixed traffic the rut in pavement is not very clear, but the transverse sectional deformation (mainly includes rut and swell) in pavement affects the using of pavement and the ride comfort ability. It is easy to measure the transverse sectional deformation with the transverse sectional meter developed by our research institution (Road & Bridge Design & Research Institution of Changsha Communications University). According to the present traffic condition and its developing tendency in our country and the results obtained from a large number of surveys tests and experts' rates to the three asphalt pavements of arterial highways in HuBei province in our country, this paper puts forward the evaluating index of asphalt pavement performance and the standards which fits fitted the condition of our country .

2 EVALUATION INDEXES AND ITS STANDARDS

2.1 Evaluation indexes

The study on pavement evaluation indexes mainly involves two parts: first, which indexes are used to indicate the condition of pavement, to make the subject approach the object as much as possible and to best reflect the objective reality. Second, how to obtain the standards of all evaluation indexes in order to evaluate the pavement condition most accurately, and to provide reliable basis for the maintenance administration to decide the maintenance plan.

The performance of pavement includes three aspects: function, structure and safety. The function of pavement reflects the extent of convenience and comfort provided from pavement to the user. And the most important is the rideabilility comfort or the rideabilility quality. The safety mainly refers to the antiskid ability of surface. The performance of structure concerns the physical condition of pavement. It includes damage condition, transverse sectional deformation and the structure load-bearing capacity of pavement. According to the condition of our country, the three evaluating indexes-transverse sectional deformation, damage rut and strength coefficient of pavement are used to evaluate the structure condition of pavement. Antiskid coefficient is used to evaluate the safety of pavement and the evenness is used to evaluate the rideabilility. And pavement serviceability index (PSI) is used to evaluate comprehensively.

2.1.1 The transverse sectional deformation of the pavement

The unevenness of pavement includes two kinds: the longitudinal and the transverse. The longitudinal unevenness is reflected by the evenness index. The transverse unevenness can be reflected by the transverse sectional deformation values or the rut index. Besides causing bounce, it also obstructs the exchange of lanes when the vehicle is riding and the drainage of the rain, therefore affecting the life-span of pavement, the riding safety and comfort.

In many developed countries, rut is paid much attention to as a main distress, and, is adopted as an important index in the design and maintenance system of asphalt pavement. In our country, the rut will become the main disease in asphalt pavement in the near future. So the transverse unevenness is put forward as an individual evatuatln9 index. It is indicated by the transverse sectional deformation value. In this way the transverse sectional deformation can be used not only to evaluate the transverse unevenness, but also to evaluate the rut depth in the future.

The definition of the transverse sectional deformation is the height of the right angle triangle whose area is equal to the area measured by the sectional meter and one side of which is equal to the length of the sectional meter. It approximately reflects the change of the crown of road and the transverse unequal settlement of the pavement.

2.1.2 The toad-bearing capacity index -The strength coefficient

The toad-bearing capacity is shown by the strength coefficient. The strength coefficient can be gotten the real representative rebound deflection by dividing the present traffic volume allowable rebound deflection. The strength coefficient can reflect the storage condition of the toad-bearing capacity of pavement and to provide basis for the maintenance department to make a decision to have a heavy maintenance or intermediate maintenance. If the pavement is not strong enough and affected by the traffic toad repeatedly, it causes the pavement to deform: to have fatigue crack or to fail easily. The quality of the pavement descends rapidly and the level of service becomes very bad.

The evaluating methodology of the toad-bearing capacity of asphalt pavement.

The toad-bearing capacity of pavement can be reflected from the representative rebound deflection.

The strength coefficient can be calculated by the following formula

$$S=\frac{\text{the present traffic volume allowable rebound deflection LR}}{\text{the real representative rebound deflection Lt}}$$

$$LR=\frac{11.0}{N_e}\cdot A_e\cdot A_s \qquad (1)$$

From the formula above

N_e——The number of times of the total accumulative axial toad action of the present pavement

A_e——Highways classification coefficient, freeway, 0. 85; Top-grade, highway, 1. 0; second grade highway, 1. 1; third-highway, 1. 2;

A_s——Surface course type coefficient, bituminous concrete and hot stir bituminous macadam pavement, I. 0; bituminous penetration, 1. 1; bituminous surface treatment 1. 2

$$l_t=(l_o+\lambda\sigma)k\cdot k_1\cdot k_2\cdot k_3 \qquad (2)$$

From the formula above

l_o——the average value of a rear representation deflection of a certain section (mm)

λ—— guarantee ratio coefficient, $\lambda=1.3$;

σ—— the mean square deviation of real deflection (mm)

k_1——season influence coefficient

k_2——temperature effect coefficient

k_3——temperature amend coefficient, when the thickness of asphalt course is more than 3cm, it should be amend.

K——when the deflection survey truck does not agree to standard axial loading the deflection conversion coefficient.

$$K=(P_1\cdot\sigma_1^{1.5})/(P_2\cdot\sigma_2^{1.5}) \qquad (3)$$

2. 1. 3 The evaluating coefficient of stability of pavement-breakage ratio

The damage condition of pavement reflects the undamaged condition of pavement structure. The result obtained from the research shows the low that the breakage ratio increasing with the time is exponential function, That is to say, with the time going on, if the damaged pavement is not maintained on time, it will increase rapidly and affect the using performance of the pavement seriously, It will increase the work load and difficulties of the maintenance.

The types, difficulties and measuring methodology of damage can he found in the reference material (6)

The evaluating methodology of the damage condition. The damage condition of pavement can be indicated in breakage ratio and calculated in the following formula.

$$DR=\sum K_iA_i/A\times 100\% \tag{4}$$

A_i ——the real area of the i sort;

A——the general area of the survey sections;

K_i ——the relevant conversion coefficient of the i sort of damage can be found in table 1.

The conversion coefficient table of the damage of asphalt pavement table 1

alligator creaking			net-shaped creaking		longitudinal creaking		transverse fissure		pot holes		reveling of pavement		pavement depression		wave swell		bleeding		patch	
L	M	H	L	H	L	H	L	H	L	H	L	H	L	H	L	H	L	H	L	H
0.6	0.8	1.0	0.2	0.4	0.4	0.6	0.2	0.4	0.8	1.0	0.2	0.4	0.4	1.0	0.4	0.8	0.1	0.2	0.1	0.2

L-stands for "light"; M-stands for "middle"; H-stands for "heavy"

2.1.4 The evaluating index of the pavement rideabilility——evenness

The definition of evenness is the vertical deviation of the surface of pavement with the original is the vertical deviation of surface of the pavement. The deviation reflects the vertical rise and fall deformation of pavement. Evenness is an important criterion to evaluate the riding comfort and has close relation with the cost of users. The uneven pavement will increase the riding obstruction, cause riding bump, decrease the riding speed, riding comfort and safety. It will increase the riding cost of the vehicles. So to improve the evenness of the pavement is an important task for the maintenance department.

The evaluating methodology of the rideabilility of pavement

The evenness of pavement is expressed by mean square deviation (σ_0) of uneven value of pavement between the surveying section.

$$\sigma_0=\sqrt{\sum(X_i-X)^2/(n-1)} \tag{5}$$

X_i——the surveying value of number i (mm);

n——the number of surveying sample;

$\overline{X}$ ——the average value of surveying (mm).

$$\overline{X}=\frac{1}{n}\sum X_i \tag{6}$$

σ_0 ——mean square deviation (mm).

The calculation of the representative evenness of pavement

$$\sigma=\sum/n \tag{7}$$

σ——the representative evenness of pavement (mm)

σ_i ——the evenness value of number i surveying section.

n——the whore number of the surveying section.

2.1.5 Safety criterion of pavement——antiskid coefficient.

The surface of pavement must have enough antiskid ability in order to ensure the vehicles being ridden in high speed and safety. The evaluation of the antiskid ability of surface is to judge the using performance of safety maintenance and reconstruction should be taken to the section of bad antiskid ability.

The evaluation methodology of antiskid ability of pavement

Antiskid is often evaluated by measuring the friction factor. According to the present test methods and test technology. We use the swing meter to measure the friction to stand for the antiskid ability of pavement. The relationship between the value measured by the BM type swing meter and the friction coefficient is.

$$f = F_{bm} \times 0.72/100 \quad (8)$$

f——the friction coefficient;

F_{bm}——the reading of the BM type swing meter.

2.1.6 Comprehensive criterion——pavement serviceability index (PSI)

The individual evaluation index of pavement performance reflects a certain aspect of the road condition. The index is direct, and it is good for selecting the correct counter measure clearing with the actual situation. But the individual index can not reflect the using performance of pavement all-sideway, and it′s not convenient to compare the different conditions of highways relatively. But comprehensive criterion can make up this deficiency, and use one criterion to compare different conditions of highways relatively, and to arrange

the priority order and meanwhile, it's convenient to set up using performance prediction model. But to use comprehensive criterion solely is difficult to decide whether the problem is in the evenness or the structure or to decide whether it needs maintenance or reconstruction according to this criterion. So the comprehensive index should be used together with the individual index.

Comprehensive criterion the evaluation methodology of PSI.

When the maintenance measures are taken, the strength coefficient is the only criterion to decide whether the section needs intermediate maintenance or heavy maintenance, white the antiskid coefficient needs to be considered only when all the other criteria meet the needs of using. Because when other criteria cann't meet the needs of using, relative maintenance measures should be taken, and the antiskid performance can also be improved. The comprehensive index only includes three indexes: evenness, transverse section deformation and breakage ratio. The regression coefficient of PSI and the three criteria can be obtained by statistical analysis.

$$PSI = 5.258 - 0.282 lg(1+\sigma) - 0.774(D_r)^{0.41} - 0.509(T_s)^{0.7} \quad (9)$$

Total interrelated coefficient

$$R = 0.906$$

Mean square deviation $S=0.557$

Coefficient of deviation $C_r=0.200$,

PSI——pavement serviceability index;

σ——evenness value (mm);

D_r——damage ratio (%);

Ts——transverse section deformation value.

2.2 Evaluation standard.

(1) The evaluation standard of transverse section deformation, evenness and breakage ratio of pavement.

The method connecting subject with object is used to decide the evaluation standard of evaluation criteria: transverse section deformation, evenness and breakage of the pavement. Their evaluation model is in table 2.

Table 2

criteria name	evaluation model	interrelate coefficient	mean square deviation	coefficient of deviation
section deformation	PQI=5.133-0.885 PQI——section deformation subject mark h_s——section deformation	0.91	0.06	0.02
damage ratio	P_r =5.051−1.72 P_r ——damage subject mark value D_r ——damage ratio(%)	0.924	0.049	0.18
evenness	RQI=5.034−3.637lg σ RQI——rideabilility index σ——evenness value	0.93	0.06	0.02

According to the evaluation model in table 1, the evaluation standard of the three evaluation criteria can be gotten as the following(Table 3～Table 5).

The evaluation standard of pavement section deformation Table 3

road condition grade	excellent	good	fair	poor	very
section deformation	<1.3	1.3～2.7	2.7～4.8	4.8～6.8	>6.8

Asphalt pavement damage standard Table 4

road condition grade	excellent	good	fair	poor	very
damage ratio	≤0.31	0.31～1.52	1.52～3.96	3.96～7.86	≥7.86

Evenness evaluation standard Table 5

road condition grade	excellent	good	fair	poor	very
evenness	≤1.92	1.92～3.63	3.63～6.83	6.83～12.86	≥12.86

(2) The evaluation standard of strength coefficient, antiskid ability and pavement serviceability index (PSI).

According to the comprehensive analysis to the constructive type using experience and the historic data of asphalt pavement in HuBei province and taking "Highway Maintenance Technology Standard" as the reference. The evaluation standards of the three criteria are decided as the following(Table6～Table8).

Strength coefficient evaluation standard Table 6

road condition grade / surface course structure type	excellent	good	fair	poor	very good
bituminous concrete bituminous macadam	≥1. 1	1. 1～0. 9	0. 9～0. 8	0. 8～0. 7	≤0. 7
bituminous penetration bituminous surface treatment	≥1. 0	1. 0～0. 8	0. 8～0. 7	0. 7～0. 6	≤0. 6

Antiskid coefficient evaluation standard Table 7

road condition grade	excellent	good	fair	poor	very poor
antiskid coefficient	>0. 45	0. 40～0. 45	0. 35～0. 40	0. 30～0. 35	<0. 30

PSI evaluation standard Table 8

road condition grade	excellent	good	fair	poor	very poor
PSI	5～4	4～3	3～2	2～1	1～0

3 CONCLUSION

(1) The evaluation standard of the paper, which are gotten by using the methods of connecting subject with object and statistic analysis, are correct and scientific tried out preliminarily by the highway department of HuBei province.

(2) The transverse section deformation criterion put forward by the paper are fit for the evaluation not only of the present asphalt pavement arterial highways, but also of the road condition of the top-grade highways channelized traffic better in the future.

(3) Using individual criteria and comprehensive criteria to evaluate can provide reliable and complete bases for the highway departments at all levels to make maintenance plans better, and to make the maintenance plans more and more scientific.

JC法在柔性路面结构可靠度计算中的应用

查旭东　张起森
（长沙交通学院　长沙　410076）

摘　要：本文对目前研究的柔性路面结构可靠度的计算方法进行了讨论。在近10年的研究工作中，对于柔性路面结构可靠度的计算，我们采用过直接蒙特卡罗法、蒙特卡罗模拟统计分析法等，经过新近一些比较分析，发现采用JC法比较合适。该法不仅符合我国《工程结构可靠度设计统一标准》(GB 50153—92)推荐的方法，而且计算速度快，适应性好，精度又能满足工程设计的要求，故而推荐在今后柔性路面结构可靠度计算中采用。

1　前言

柔性路面结构可靠度的计算方法是交通部"八五科研项目"沥青路面结构的可靠性研究"课题的一项主要内容，经过几年的研究，交通部公路科学研究所、同济大学、西安公路交通大学以及长沙交通学院分别提出了各自的计算方法。这些方法都是基于随机变量的概率模型，围绕近似概率模式与全概率模式展开的，近似概率法主要是指"一次二阶矩法"，即以随机变量的前二阶矩（均值和方差）来描述它们的分布特性，估算可靠指标；全概率法是依据设计基本变量的真分布，精确地计算可靠指标。

柔性路面结构的力学分析是采用弹性层状体系理论，应力和位移的解析解都涉及到多复杂的无穷积分和特殊函数，一般计算方法有诺谟图法和计算机程序数值解法两种，在工程设计中可以采用精度低、范围小的诺谟图法，科研工作中通常采用精度高、范围大、速度快的数值法。由于解析解的复杂性以及难以采用显式表达的特性，对于各基本变量的导数就更难以计算，而近似概率法都牵涉到计算一阶导数以得到变异系数的问题。因此，人们都在极力寻找一种不直接求导而计算变异系数的方法，其中有直接蒙特卡罗法、蒙特卡罗模拟统计分析法等，也有采用回归分析将层状体系理论解显式化后再求导计算变异系数的方法 这些方法都不可避免地产生或多或少的误差和计算结果的不定性，并且这些误差和变化难以修正。因此，这就影响可靠度计算结果的精度和规律。

对于全概率法，在结构工程中，对各基本变量的真实分布难以掌握，同时，复杂的理论推导对一般工程设计人员也难以接受，因此，全概率法在实用上存在着很大困难。

同时，这些方法都局限于单纯计算柔性路面结构的弯沉与弯拉应力两个不同设计指标的可靠度，而没有考虑这两个设计指标间的相关性。很显然，这两个指标的抗力和效应都来源于相同的随机变量——厚度、模量及交通量，必然具有一定的相关性。

摘自《土木工程学报》1996年10月第29卷第5期

一次二阶矩法的理论和计算方法都比较健全和成熟，目前在国际上已进入实用阶段，许多国家将其写入设计规范。我国《工程结构可靠度设计统一标准》(GB 50153—92)推荐的J C法(或称一次二阶矩理论的验算点法)就属于一次二阶矩法，该法能够考虑非正态随机变量在计算工作量增加不多的条件下，可以得到精度较高的可靠指标结果；同时，可以得出验算点的结果。因此JC法被国际安全度联合委员会(JCSS)所推荐。本文首先就JC法在柔性路面结构可靠度计算中的应用进行讨论，然后对两个不同指标间的相关性进行分析，进而采用PNET法计算体系可靠度，并用Turbo C2.0编制了相应的计算程序。

2 柔性路面结构可靠度计算模型

根据我国现行《柔性路面设计规范》(JTJ 014—8S)（以下简称《柔规》)的规定，本文采用效应—抗力概率模型分析柔性路面结构的可靠性，分别考虑弯沉可靠度和弯拉应力可靠度，其数学模型如下

$$R_{\mathrm{I}} = P(l_{\mathrm{R}} - l_{\mathrm{S}}) > 0 \tag{1}$$

$$R_{\mathrm{II}} = P(\sigma_{\mathrm{R}} - \sigma_{\mathrm{m}}) > 0 \tag{2}$$

式中：R_{I}，R_{II} 分别为弯沉和弯拉应力的可靠度；l_{R}，σ_{R} 分别为路表容许弯沉值及验算层层底容许弯拉应力值；l_{S}，σ_m 分别为路表计算弯沉值及验算层层底计算弯拉应力值。

从该模型可以看出，柔性路面结构的可靠度是采用多指标概率模型进行计算的。

3 JC法基本原理及计算过程

JC法又称一次二阶矩理论的设计验算点法，它是在一次二阶矩理论的中心点法基础上提出的。中心点法只考虑设计变量的前二阶矩，未考虑到随机变量的实际概率分布；而验算点法以随机变量的实际概率分布为依据，把非正态分布当量为正态分布模式，同时将极限状态功能函数在结构最大可能失效的设计验算点 P^* 上采用泰勒级数展开，使之线性化，以求得结构的可靠指标β值。

运用验算点法计算结构可靠度时，首先要将非正态分布的基本变量“当量”为正态分布，转换条件是在验算点 P^* 处，当量的正态变量与非正态变量的概率分布函数(CDF)和概率密度函数(PDF)值保持相同。在柔性路面结构可靠度分析中，厚度 h_1 服从正态分布，模量 E_1、交通量 N_e 和极限抗弯拉强度 S_1 等均服从对数正态分布。因此，本文分析中用的较多的非正态分布主要是对数正态分布，在此，仅列出对数正态分布在设计验算点 P^* 处当量成正态分布的平均值及标准差的计算公式

$$u_{\mathrm{x}}^{1}1 = X_i^* (1 - 1nX_i^* + 1n\frac{u_{xi}}{\sqrt{1+CV_{xi}^2}}) \tag{3}$$

$$\sigma_{\mathrm{x2}}^{3} = X_i^* \sqrt{1n(1+CV_{\mathrm{x1}}^2)} \tag{4}$$

其次，JC法将极限状态功能函数线性展开时，需要计算各基本变量的一阶导数，对于柔性路面结构，容许弯沉 L_{R} 及容许弯拉应力 σ_R 的计算公式如下

$$l_{\mathrm{R}} = \frac{1\,000}{N_{\mathrm{e}}^{02}} A_{\mathrm{C}} \cdot A_{\mathrm{S}} \tag{5}$$

$$\sigma_{\mathrm{R}} = \frac{S}{K_{\mathrm{S}}} \tag{6}$$

式中：l_R，σ_R 为分别为路表容许弯沉值(1/100mm)和验算层层底容许弯拉应力值(MPa)；A_C，A_S 为分别为公路等级系数及面层类型系数，按《柔规》取值；S 为沥青混凝土或整体性基层材料的极限抗弯拉强度(MPa)；K_S 为抗弯拉强度结构系数

$$K_S = \frac{a}{A_C} N_e^b \tag{7}$$

式中：a，b 为常系数，对沥青混凝土面层 $a=0.12$，$b=0.2$，对整体性基层 $a=0.40$，$b=0.1$；N_e 为设计年限内一个车道上的累计当量轴次(次)。

柔性路面结构可靠度分析的极限状态功能函数，由式(1)、式(2)得

$$Z_{\text{I}} = L_R - L_S = \frac{1\,100}{N_e^{02}} A_C A_S - f_1(h_i, E_i) \tag{8}$$

$$Z_{\text{II}} = \sigma_R - \sigma_m = \frac{S \cdot A_C}{a N_e^b} - f(h_i, E_i) \tag{9}$$

式中：l_s，σ_m 分别为弹性层状体系理论计算弯沉和弯拉应力的函数。

从式(8)、式(9)可知，设计基本变量主要有交通量 N_e、极限抗弯拉强度 S_i、厚度 h_i 及模量 E_i 等，则基本变量的一阶导数为

$$\frac{\partial Z_1}{\partial N_e} = -\frac{220}{N_e^{1.2}} A_C A_S \tag{10}$$

$$\frac{\partial Z_{\text{II}}}{\partial N_e} = -\frac{S b A_C}{a N_e^{1+b}}, \quad \frac{\partial Z_{\text{II}}}{\partial N_S} = -\frac{A_C}{a N_e^b} \tag{11}$$

前已述及，l_s，σ_m 内含有大量的无穷积分和特殊函数，对其计算，无法采用简单显函数求解。因此就更难以采用显函数形式计算 Z 对 h_i 与 E_i 的一阶导数。目前国内外有许多学者通过回归分析法将层状体系数值解显式化，如果显式解的精度高，用显式求导将变得很容易，但是经过对大量的回归方程分析，这些显式都存在着误差较大和适用范围窄的缺点，并且误差的变化规律难以预测。为此，本文采用数值偏导的方法求解，考虑到 l_s 和 σ_m 的数值解精度以及在拐点导数的异常性，采用控制步长和 ΔZ 的范围以得到精度较高的导数值。参照有关文献，l_s 和 σ_m 与各基本变量的关系主要是单调函数，因此，一般不会出现拐点处的异常性。程序具体实现采用外推法计算一阶偏导数。由式(8)、式(9)可得

$$\frac{\partial Z_{\text{I}}}{\partial h_1} = -\frac{\partial l_s}{\partial h_i}, \quad \frac{\partial Z_{\text{I}}}{\partial E_i} = -\frac{\partial l_s}{\partial E_i} \tag{12}$$

$$\frac{\partial Z_{\text{II}}}{\partial h_i} = -\frac{\partial \sigma_m}{\partial h_1}, \quad \frac{\partial Z_{\text{II}}}{\partial E_1} = -\frac{\partial \sigma_m}{\partial E_1} \tag{13}$$

至此，可以具体采用 JC 法计算可靠指标 β，基于柔性路面结构弯沉 l_s 和弯拉应力 σ_m 函数形式的复杂性，本文采用拉克维茨(Rackwitz)提出的迭代法计算 β 值，并用 Turbo C2.0 编制了 JC 法计算程序，程序框图如图 1 所示。

4 算例

为了说明 JC 法的适用性和计算结果的精确性，本文采用图 2 所示的路面结构进行分析，该结构是 107 国道湖北省境内某段二级公路的路面结构，各设计基本变量的统

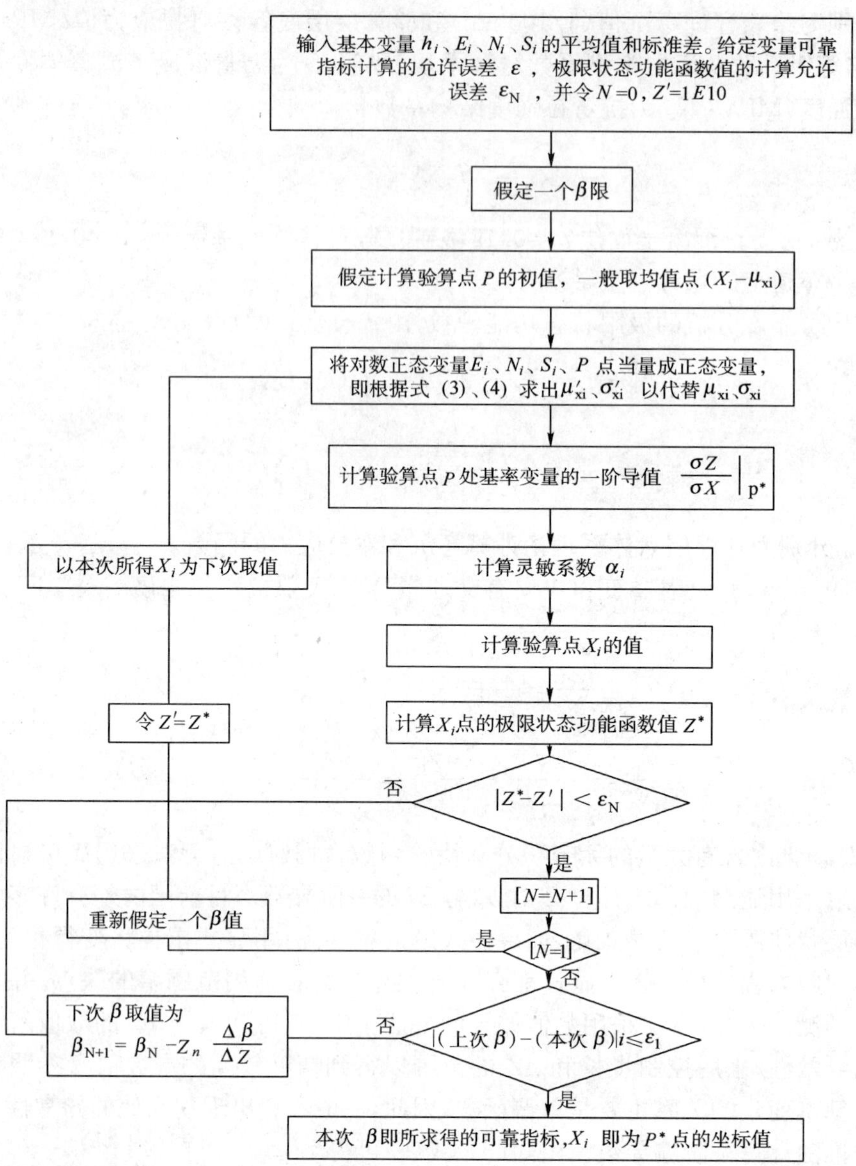

图 1　柔性路面结构可靠度计算 JC 法程序框图

	h_1 (cm)	E_1 (MPa)	S_1 (MPa)
中粒式沥青混凝土	6	1 200	
水泥稳定砂砾	18	1 000	0.6
石灰碎（砾）石土	20	450	0.4
土基			

$CV(h)=0.07$
$CV(E)=0.25$
$N_e=3\times10^6$ (BZZ−100) 次
$CV(N_e)=0.4$
$A_c=1.1, A_s=1.0$
$CV(S)=0.2$

图 2　结构一

计参数见图 2。弯沉可靠度分析计算结果如表 1，可靠指标计算允许误差 e 取 0.001。经过计算，弯沉可靠度为 86.86%，基层弯拉应力可靠度为 97.86%，底基层弯拉应力可靠度为 94.66%。

为了说明结果的计算精度，将 JC 法的计算结果与直接蒙特卡罗法进行比较，同时取设计变量中高变异水平下的两种结构进行分析，具体见图 3。直接蒙特卡罗法模拟次数均取为 20 000 次。分析结果如表 2，表 2 中未列出面层弯拉应力可靠度，是因为一般面层层底的计算弯拉应力为负值，即处于受压状态，可以认为它的可靠度为 100%，故不予考虑。

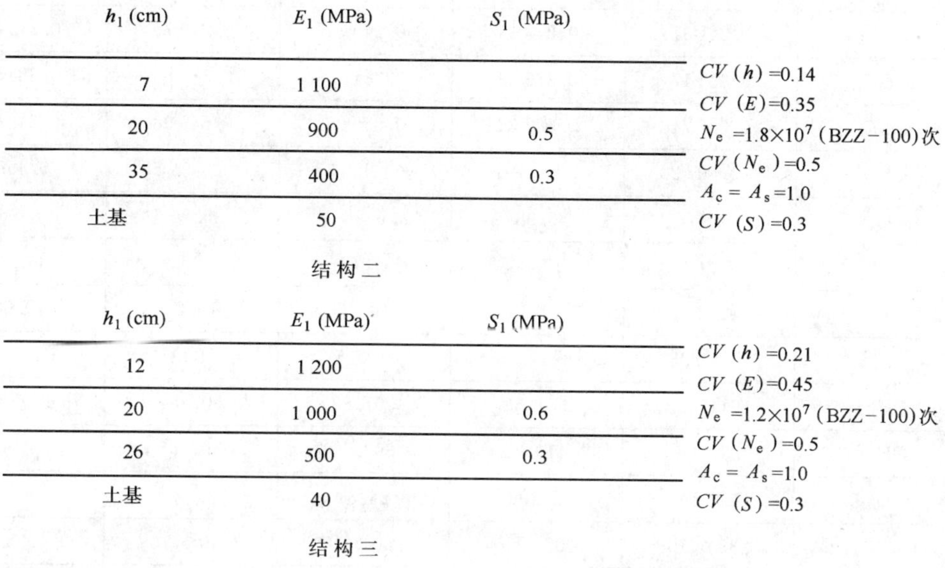

h_1 (cm)	E_1 (MPa)	S_1 (MPa)
7	1 100	
20	900	0.5
35	400	0.3
土基	50	

$CV(h)=0.14$
$CV(E)=0.35$
$N_e=1.8\times10^7$ (BZZ-100)次
$CV(N_e)=0.5$
$A_c=A_s=1.0$
$CV(S)=0.3$

结构二

h_1 (cm)	E_1 (MPa)	S_1 (MPa)
12	1 200	
20	1 000	0.6
26	500	0.3
土基	40	

$CV(h)=0.21$
$CV(E)=0.45$
$N_e=1.2\times10^7$ (BZZ-100)次
$CV(N_e)=0.5$
$A_c=A_s=1.0$
$CV(S)=0.3$

结构三

图 3 结构二

JC 法弯沉可靠度计算表

表 1

项目	迭代次数	1	2	3	4	5
	β	1.000 0	0.500 0	1.123 7	1.119 7	1.119 8
一阶导数	$\partial Z\partial h_1^*$	12.176 9	2.005 1	2.221 8	2.220 3	2.220 2
	$\partial Z\partial h_2^*$	2.020 4	1.862 3	2.061 7	2.060 3	2.060 3
	$\partial Z\partial h_3^*$	1.528 8	1.142 1	1.559 3	1.558 3	1.558 3
	$\partial Z\partial h_1^*$	0.006 957 5	0.005 279 0	0.007 136 8	0.007 130 5	0.007 130 3
	$\partial Z\partial h_2^*$	0.010 612	0.009 869 1	0.010 803	0.010 795	0.010 795
	$\partial Z\partial h_3^*$	0.038 781	0.034 557	0.039 907	0.039 867	0.039 866
	$\partial Z\partial h_0^*$	1.047 9	0.894 9	1.089 0	1.087 6	1.087 5
	$\partial Z\partial h_0^*$	$-3.605\ 0\ 10^{-6}$	$-3.979\ 8\ 10^{-6}$	$-3.519\ 1\ 10^{-6}$	$-3.521\ 1\ 10^{-6}$	$-3.520\ 7\ 10^{-6}$

续上表

项目	迭代次数	1	2	3	4	5
	β	1.000 0	0.500 0	1.123 7	1.119 7	1.119 8
灵敏系数	$a^{*}h_1$	0.092 373	0.095 03	0.093 057	0.093 035	0.093 035
	$a^{*}h_2$	0.357 20	0.249 45	0.259 05	0.259 00	0.259 00
	$a^{*}h_3$	0.218 25	0.210 12	0.211 70	0.217 66	0.217 66
	$a^{*}E_1$	0.192 15	0.186 93	0.193 37	0.193 33	0.193 33
	$a^{*}E_2$	0.241 31	0.243 17	0.240 74	0.240 75	0.240 75
	$a^{*}E_3$	0.383 17	0.376 89	0.384 57	0.384 63	0.384 53
	$a^{*}E_0$	0.646 74	0.532 32	0.650 08	0.649 98	0.649 98
	$a^{*}N_1$	−0.467 23	−0.499 67	−0.459 33	−0.459 58	−0.459 58
验算点值	h_1^{*}	5.96	5.98	5.96	5.96	5.96
	h_2^{*}	17.63	17.84	17.63	17.63	17.63
	h_4^{*}	19.70	19.85	19.66	19.66	19.66
	E_1^{*}	1 110.38	1 137.69	1 103.52	1 103.74	1 103.74
	E_2^{*}	914.18	941.53	907.63	907.84	907.83
	E_3^{*}	397.26	416.77	392.50	392.65	392.65
	h_0^{*}	24.82	26.92	24.31	24.33	24.33
	N_e^{*} (3×10^{G})	3.33×10^{G}	3.07×10^{G}	3.40×10^{G}	3.40×10^{G}	3.40×10^{G}
功能函数值	$Z(l_R^{*}-l_S^{*})$	1.193 45	6.016 09	−0.039 05	0.001 28	0.000 00
	l_R^{*}	60.003 88	61.064 2	59.777 07	59.784 29	59.784 89
	l_S^{*}	58.809 43	55.000 33	59.816 11	59.783 02	59.784 02

从表 2 可知，JC 法的可靠度计算结果与直接蒙特卡罗法相比，误差均在 2 个百分点以内。误差形成的主要原因有：

(1)蒙特卡罗法是一种近似解法，其计算结果的精度不仅受模拟次数多少的影响，而且随机抽样时，随机序列的统计性质及抽样分布效率也对其产生一定的影响。因此，直接蒙特卡罗法的解只是一个相对精确解，其结果本身就具有一定的误差。

(2)前已述及柔性路面结构的弯沉 l_s 与弯拉应力 σ_m 的计算，是采用数值法求解，结果的精度一般可达到 4～5 位有效数字，相应对 JC 法数值求导的一阶导数结果精度有一定影响。但是，从上述两种方法可靠度值的比较说明了数值求导结果与理论结果不会产生较大误差。

通过分析比较，JC 法的精度满足工程设计要求，同时其计算速度快，适用性强，对于上述四层体系，采用 386 微机其速度为 5～10min，而对于 486 微机只需 30 秒，对于 586 微机将更快。其速度主要受求导步长及可靠指标精度控制的影响。如果采用定步长求导，其速度将大大加快。

JC 法与直接蒙特卡罗法比较 表 2

结构编号	可靠度计算方法	弯沉可靠度 R_1(%)	弯拉应力可靠度(%)	
			基层 R_2	底基层 R_3
一	JC 法	86.86	97.86	94.66
	蒙特卡罗法	86.71	97.86	95.01
二	JC 法	83.41	90.68	94.38
	蒙特卡罗法	81.73	91.34	94.62
三	JC 法	82.36	94.06	92.92
	蒙特卡罗法	81.11	94.55	93.19

表 3 列出 J C 法计算的弯沉可靠度随土基模量 E_0 的变异性 CV(E_0)的变化规律。从实践中可知，弯沉的可靠度随 CV(E_0)的增大而减小，表 3 中敏感性分析结果完全符合变化规律，其变化曲线如图 4 所示。敏感性分析采用结构一。

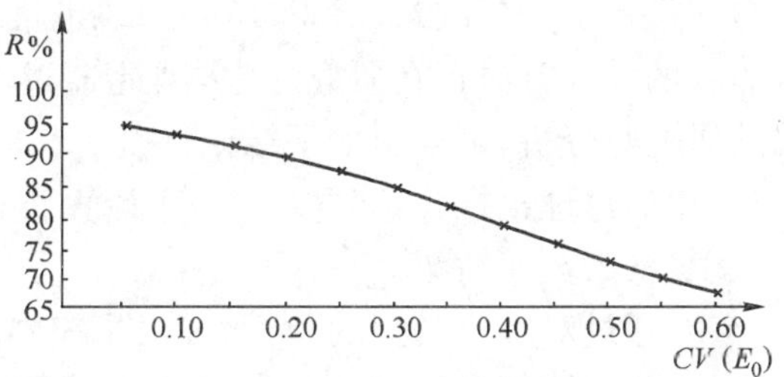

图 4 R ～CV(E_0)变化曲线

JC 法计算的弯沉可靠度与 CV(E_0) 敏感性分析表 表 3

CV(E_0)	0.05	0.10	0.15	0.20	0.25	0.30	0.35	0.40	0.45	0.50	0.55	0.60
R(%)	93.9	93.0	91.4	89.3	86.9	84.2	81.3	78.5	76.8	73.2	70.7	68.4

5 相关性分析及体系可靠度的计算

从式(8)、式(9)可以看出，弯沉和弯拉应力功能函数的抗力和效应含有公共的随机变量，因此，这两个不同的功能函数具有相关性。同时，$Z_{\rm I}$ 和 Z_0 都是非线性函数，采用泰勒级数在验算点 X^* 展开可得相关系数为

$$\rho_{Z_{\rm I} Z_{\rm II}} = \sum_{k=1}^{n} a_{\rm Ik}^{*} a_{\rm IIk}^{*} \tag{14}$$

式中：$a_{\rm Ik}^{*}$ ，$a_{\rm IIk}^{*}$ 分别为 Z_I 和 Z_{II} 在验算点 X＊处相同随机变量的灵敏系数。即表 1 中的 a_i^* 。

根据式(14)计算结构一两个不同设计指标的相关系数见表 4。

相关系数 ρ 分析计算表 表 4

设计指标	弯　沉	基层弯拉应力	底基层弯拉应力
弯沉	1.0	0.218 2	0.196 4
基层弯拉应力	0.218 2	1.0	0.141 5
底基层弯拉应力	0.196 4	0.141 5	1.0

通过相关性分析，对于柔性路面结构体系的可靠度采用 PNET 法计算，取定限相关系数 ρ_0 =0.7，由表 4 可得，各功能函数之间都为低级相关，不能互相代替，这说明了在设计与施工

过程中，应将弯沉和弯拉应力选两个设计指标同时考虑综合分析。因此，柔性路面结构体系的两个不同设计指标相当于串联系统，故可采用下式计算体系可靠度

$$R=\prod_{i=1}^{n}R_1 \tag{15}$$

因此，结构一的体系可靠度为80.46%，同样结构二和结构三的体系可靠度分别为71.39%和71.98%。通过直接蒙特卡罗法计算得到的体系可靠度分别为81.28%，71.88%和73.52%。二者结果基本一致。

6 结语

根据一次二阶矩理论，采用JC法计算工程结构可靠度已得到国际公认，我国《工程结构可靠度设计统一标准》(GB 50153—92)也推荐JC法。在柔性路面结构工程中，目前国内对可靠度的计算方法正在研究之中，因此通过本文对JC法在柔性路面结构可靠度计算中的应用的研究与分析，可得出如下结论：

(1)通过理论推导，建立了JC法计算柔性路面结构可靠度的计算模型，采用数值偏导为引入JC法架起了桥梁。

(2)通过对计算模型的分析，提出了完整的计算过程，并编制了相应的计算程序。

(3)通过算例，将JC法的计算结果与直接蒙特卡罗法模拟20 000次的结果进行比较，说明了JC法计算精度高、速度快、适用性好。其结果精度和计算速度都能满足工程设计要求。

(4)通过对同一结构改变土基模量E_0的变异系数CV(E_0)计算可靠度，分析变化规律，即敏感性分析，分析结果表明JC法计算结果符合实际规律。

(5)根据JC法的计算结果，对柔性路面结构两个不同设计指标的相关性进行了分析，得到这两个设计指标之间及不同结构层弯拉应力之间均为低级相关，这说明不同设计指标组成的路面结构体系相当于串联系统。

总之，采用JC法计算柔性路面结构可靠度是一种行之有效的方法，可应用于工程设计。

STUDY ON THE RELIABILITY OF ASPHALT PAVEMENT STRUCTURE

Xudong Zha Qisen Zhang Zhengyu Lu
(Changsha Communications University Changsha 410076)

Abstract: In this paper, the calculation for the reliability of asphalt pavement structure is discussed. In recent decade's research, we have applied the direct Monte Carlo method and the statistical-analysis method of the Monte Carlo simulation to the reliability of asphalt pavement structure. By comparison with existing research results, we had found that the JC method is suitable. It is not only in accordance with the suggested "Unified Standard for the Reliability Design of Engineering Structure (GB 50153-92)", but its speed is fast and the precision can also satisfy requirement of the engineering design in the meantime. According to the calculated results of the JC method, the system reliability of asphalt pavement structure has been worked out with the PNET method. Therefore, we recommend the JC method be used in the reliability calculation of asphalt pavement structure in the future.

1 PREFACE

As the wider application of the reliability theory in structural engineering, the probability design method based on the reliability theory has been introduced in almost every specifications of structure design in each country in the world. So is the case in the building and bridge structures in our country. As far as the highway pavement is concerned, the beginning of the reliability theory study is a little late. Right now it has not coded in the design. Therefore, in recent decade, we've a deeper research of this respect. The reliability calculation of asphalt pavement structure is mainly discussed in this essay.

The elastic layered system theory as the mechanic analysis of the design of asphalt pavement structure has been recognized in the world. The elastic layered system theory has been used in the existing "*Specifications of Flexible Pavement Design for Highway* (JTJ 014—86)" for the computation of the stress and displacement of asphalt pavement structure, at the same time, with the comprehensive consideration of environment, traffic and material. The deterministic design method has been applied. Because there're many complex special functions and infinite integrals in the solution of the stress and displacement obtained from the elastic layered system theory, it's difficult to obtain the stress, strain and displacement on the derivatives of various orders of basic design variables. But the more exact reliability

摘自《Computational Mechanics》。

calculation involves in what the derivatives come to. This made that there existed greaterdifficult in applying the fine reliability calculation. Therefore, at the present, the scholars in China are searching for ways of the reliability calculation by evading the question of derivation or obtaining derivatives with regression formula (*Research of the Reliability of the Asphalt Pavement*). However, since the exactness and the application of regression formula are limited, there're great errors and it's hard to grasp their law. The application on the reliability calculation remains to be worked out further more. In addition, there're some scholars who employ the direct integral method. Because of the complexity of theoretical development and the requirement of nodal numbers of the multiple integral of numerical computation, its practice and computing speed can hardly meet the requirement of engineering design. Since 1987, through recent decade's study, as to the reliability calculation of asphalt pavement structure, we've put forward two classes of methods. One is the statistical-analysis method of the Monte Carlo simulation based on evading derivation, another is the first-order secondary-moment method based on approximately obtaining derivatives. The real examples of calculation are shown as follows, introducing the advantages and disadvantages of these above two classes of methods and theoretical models of various probability distributions, and recommending the JC method based on the approximate derivatives in the end.

2 PROBABILITY MODEL OF THE RELIABILITY OF ASPHALT PAVEMENT STRUCTURE

In accordance with the design theory of "*Specifications of Flexible Pavement Design for Highway* (JGJ 014—86)" in china, the effect-resistance probability model is used for the reliability analysis of asphalt pavement structure, i. e.

$$\begin{aligned} R_{\mathrm{I}} &= P\,(l_{\mathrm{R}} - l_{\mathrm{s}} > 0) \\ R_{\mathrm{II}} &= P\,(\sigma_{\mathrm{R}i} - \sigma_{\mathrm{m}i} > 0) \end{aligned} \tag{1}$$

Where R_{I}, R_{II} = respectively as the reliability of the deflection and the flexural tensile stress; l_{R}, σ_{Ri} = resistance, respectively as the allowable deflection (1/100mm) and the allowable flexural tensile stress (MPa)

$$\begin{aligned} l_{\mathrm{R}} &= \frac{11.0}{N_{\mathrm{e}}^{0.2}} \cdot A_{\mathrm{c}} \cdot A_{\mathrm{s}} \\ \sigma_{\mathrm{R}} &= \frac{S}{K_{\mathrm{s}}} \end{aligned} \tag{2}$$

In which N_{e} = accumulated equivalent axle times (times) of one lane within the design year; A_{c}, A_{s} = respectively as the coefficient of highway classes and as that of surface types, the values being from "*Specifications of Flexible Pavement Design for Highway* (JTJ 014—86)"; S = the ultimate flexural tensile strength of asphalt concrete surface or monolithic base (MPa); K_{s} = the structural coefficient of flexural tensile strength are computed in line with the following formula

$$K_s = \frac{a}{A_c} N_e^b$$

As to the asphalt concrete surface: $a=0.12$, $b=0.20$, as to the monolithic base: $a=0.40$, $b=0.10$; l_s, σ_{mi} = effect, respectively as the practical deflection of road surface (1/100mm) and the practical flexural tensile stress at the bottom of structural layer (MPa), these are the function of thickness and modulus of the structural layer. It's worked out by the elastic layered system theory.

From Formula (1), it can be seen that the reliability of asphalt pavement structure is analyzed with multi-indexes model. Through a great amount of statistic analysis, the effect and resistance are subject to the normal distribution or the normal logarithm distribution.

3 THE RELIABILITY CALCULATION OF ASPHALT PAVEMENT STRUCTURE

3.1 Statistical-analysis method of the Monte Carlo simulation

The statistical-analysis method of the Monte Carlo simulation is abbreviated as the simulated method in this paper; its basic principle is as follows:

According to the probability distribution types of design parameters such as thickness and modulus of asphalt pavement structure (Zhang Qisen & Li Yun 1992), the random sampling of the known probability distribution has been carried out by means of the Monte Carlo method. There produced a group of random numbers of various parameters, the relevant random sampling seen in some references (Pei Lucheng 1988). This group of random numbers is considered as the real possible condition, which is their combination regarded as the actual combining of pavement structures. The effects l_s, and σ_{mi} were worked out by the mechanical analysis of the elastic layered system theory to the combination of the pavement structure.

Until the simulated times N required by repeating the above process was reached, the result of random sample of the effects with its size as N could be obtained in this way. Then the simulated data was analyzed statistically, and the mean value, variance and coefficient of variation were calculated. Through plenty of simulation analysis and statistical hypothesis testing, the effect is normally subject to the normal distribution or the normal logarithm distribution. But it's better for the normal logarithm distribution (Zhang Qisen & Zha Xudong 1995), the curve of effect distribution is to the right direction, and the simulated mean value is generally 5%~10% larger than the mean value of first order of the Taylor expansion. To certain extent it reflects the condition of the higher order items of the Taylor expansion of the mean value of the effect.

The statistical parameters of the effect computed are considered as the approximate first and secondary moments. Then, Formula (2) of the resistance is developed by the Taylor expansion and the higher order items are given up, and the approximate first and secondary moments of the resistance can be reached.

The moments of former two order of the allowable deflection: the mean value, variance and coefficient of variation are as follows

$$\mu_{\sigma_R} \approx \frac{11.0}{N_e^{0.2}} \cdot A_c \cdot A_s$$

$$\sigma_{l_R} = \frac{0.2\mu_{l_R}}{\mu_{N_e}} \cdot \sigma_{N_e} \tag{3}$$

$$CV(l_R) = 0.2CV(N_e)$$

Where: μ_{l_R}, σ_{l_R}, $CV(l_R)$ = respectively as the mean value, variance and coefficient of variation of the allowable deflection l_R; μ_{N_e}, σ_{N_e}, $CV(N_e)$ = respectively as the mean value, variance and coefficient of variation of the accumulated equivalent axle times N_e.

The moments of former two order of the allowable flexural tensile stress: the mean value, variance and coefficient of variation are as follows:

$$\mu_{\sigma_R} = \frac{\mu_s}{\mu_{K_s}}$$

$$\sigma_{\sigma_R} \approx \sqrt{\left(\frac{A_c}{a\mu_{N_e}^b}\sigma_s\right)^2 + \left(\frac{bA_c\mu_s}{a\mu_{N_e}^{b+1}}\sigma_{N_e}\right)^2}$$

$$CV(\sigma_R) = \sqrt{CV^2(S) + b^2CV^2(N_e)} \tag{4}$$

Where μ_{σ_R}, σ_{σ_R}, $CV(\sigma_R)$ = respectively as the mean value, variance and coefficient of variation of the allowable flexural tensile stress σ_R; μ_{Ks} = the mean value of the structure coefficient of flexural tensile strength K_s; μ_s, σ_s, $CV(S)$ = respectively as the mean value, variance and coefficient of variation of the ultimate flexural tensile strength S.

The implication of the rest characters in Formulas (3) and (4) is the same as in Formula (2).

Lots of the statistical analysis carried out, the resistance is also subject to the normal distribution or the normal distribution or the normal logarithm distribution. Therefore, the reliability index β is worked out in accordance with the stress-strength interference model, i. e. in accordance with the normal-normal model or the normal logarithm-normal logarithm model.

The normal-normal model

$$\beta = \frac{\mu_R - \mu_s}{\sqrt{\sigma_R^2 + \sigma_s^2}} \tag{5}$$

The normal *log*arithm-normal logarithm model

$$\beta = \frac{\ln\left(\frac{\mu_R}{\mu_s}\sqrt{\frac{1+CV_s^2}{1+CV_R^2}}\right)}{\sqrt{\ln(1+CV_R^2)(1+CV_S^2)}} \tag{6}$$

Therefore, the reliability is as follows

$$R = \Phi(\beta) \tag{7}$$

With the simulated statistical analysis of the Monte Carlo method, the times of simulation can be reduced in a great amount. Normally, the times for the direct Monte Carlo method shall not less than $100/P_f$ times. When the failure probability P_f is very small or the more exact result is required, the times of simulation will be enormous, and it'll influence the speed of computation, while, as to the statistical-analysis method of the Monte Carlo simulation, the more exactness can be normally reached after 500～2000 times after plenty of computation and analysis. This is the main reason why the method has been applied.

3.2 First-order secondary-moment method based on the approximate derivative

The computation of the deflection and flexural tensile stress of asphalt pavement structure in line with the elastic layered system theory is rather complicated. All the reliability calculation established on the first-order secondary-moment theory involves the problem of the first and secondary moment according to the first derivative. Meanwhile, the computation of the effect for the asphalt pavement structure employs generally the computerized method. The computerized result can achieve the exactness of 4～5 effective digitals. Then, how to obtain the derivative for a long time has become a hard nut to crack in the counting of the reliability calculation of asphalt pavement structure. It's obvious that the accurate computing the derivatives with the analytic method is very difficult. Therefore, after a huge amount of analysis, with the extrapolation method (Deng Jianzhong, Ge Renjie & Cheng Zhengxing 1985) of the numerical calculus obtaining the derivatives, not only can the more accurate first derivative be reached from the theoretical solution of certain exact limit, but the derivatives of higher order be achieved, and the speed of computation is fast.

The problem how to obtain the first derivative being solved, any methods of the reliability calculation involving in the first derivative can be used. In accordance with the riper reliability calculation both at home and abroad, the first-order secondary-moment theory is generally employed. There're mainly two methods with the first-order secondary-moment theory to calculate the reliability, i. e. the center point and check point methods.

3.2.1 Center point method

The reliability is analyzed by the first and secondary moments in line with the point of mean values of various basic variables (i. e. the center point). That is to say, the limit condition function is developed at the center point with the Taylor expansion and linearized, then the reliability is achieved.

Supposey as the function of n random variable

$$y = g(x_1, x_2, \cdots, x_n) \tag{8}$$

Formula (8) is developed with the Taylor expansion, and chosen linear item, and the approximate mean value of first order and the variance of y are as follows

$$\mu_y \approx g(\mu_{x_1}, \mu_{x_2}, \cdots, \mu_{x_n}) \tag{9}$$

$$\sigma_y \approx \sqrt{\sum_{i=1}^{n}\left(\left.\frac{\partial g}{\partial x_i}\right|_{\mu_{xi}} \cdot \sigma_{xi}\right)^2} \tag{10}$$

With the consideration of the nonlinear property of the elastic layered system theory and the abnormal distribution of design parameters of modulus and strength, there'll be some errors in the result of the computed mean value and variance after the omission of higher order items in the Taylor expansion. If the second derivative is included, the accuracy of the approximate mean value and variance will be improved greatly. There is independent among the different design variables, thus

$$\mu \approx g(\mu_{x1}, \mu_{x2}, \cdots, \mu_{xn}) + \frac{1}{2}\sum_{i=1}^{n}\frac{\partial^2 g}{\partial x_i^2} \cdot \sigma_{xi}^2 \tag{11}$$

With the comparison of the mean value of effect obtained by the statistical analysis of Monte Carlo simulation to that from Formula (11), the two are rather close. This shows that the second derivative of the Taylor expansion should not be omitted.

If Formulas (11) and (10) are applied to calculate the mean value and variance of effect, the coefficient of variation will be

$$CV(y) = \frac{\sigma_y}{\mu_y}$$

Then, the variance of resistance is calculated according to Formulas (3) and (4). The mean value of resistance is calculated in line with Formula (11). Finally, the reliability index β in accordance with the normal-normal model (5) or the logarithm normal-logarithm normal model (6) is calculated.

It can be seen that the statistic-analysis method of the Monte Carlo simulation is practically the first and secondary moments of the effect obtained by the Monte Carlo method. Then the reliability is calculated with the center point method.

3.2.2 Check point method

The check point method transforms the random variables from the abnormal distribution into the equivalent normal distribution with the consideration of the type of the actual distribution of basic variables and the disadvantage of the center point method. Then, the reliability index can be computed. Because of what has been calculated is the value β of the design check point, It's called the check point method. It's recommended by the International of Joint Committee of structural Safety (JCSS), also names as the JC method. It's been suggested in "*Unified Standard for the Reliability Design of Engineering Structure* (GB 50153—92)" in China. The principle of the JC method can be referred in some references (Wu Shiwei 1990) and the application of the reliability calculation of asphalt pavement structure in the reference (Zha Xudong & Zhang Qisen 1996).

4 EXAMPLES OF CALCULATION

In order to explain the applicability and accuracy of these above two classes of methods, choosing three four-layered pavement structures in which specially chosen three variation levels (high, medium and low) of thickness and modulus are analyzed. The probability model of the basic design variables can be seen in the reference (Zhang Qisen & Zha Xudong 1995). The parameters of various structures in Table 1, with the convenience, A_c and A_s are all in 1.0. Because the flexural tensile stress at the bottom of asphalt concrete surface is the minus value, i.e. under pressure, the reliability is considered as 100%. It will not be dealt with in the analysis.

Mean value and coefficient of variation of the design parameters in analyzed structures Table 1

structure	Layer	Materials of pavement	Thickness		Rebound modulus		Flexural tensile strength		Accumulated axle times	
No	No	Structure layers	h(cm)	CV(h)	E(MPa)	CV(E)	S(MPa)	CV(S)	N_e(times)	CV(Ne)
I	1	Asphalt concrete	7		1200					
	2	Cement-stabilized macadam	20	0.07	1000	0.25	0.6	0.30	8×106	0.50
	3	Lime-stabilized macadam-soil	35		500		0.3			
	4	Soil subgrade			30					
II	1	Asphalt concrete	9		1100					
	2	Cement-stabilized sand-gravel	20	0.14	900	0.35	0.6	0.30	12×106	0.50
	3	Lime-stabilized soil	40		450		0.3			
	4	Soil subgrade				40				
III	1	Asphalt concrete	12		1000					
	2	Lime-flyash-stabilized sand-gravel	20	0.21	800	0.45	0.6	0.30	18×106	0.50
	3	Lime-flyash-soil	45		400		0.3			
	4	Soil subgrade			50					

The reliability results by these two classes of methods can be seen in Table 2, meanwhile the result calculated with the direct Monte Carlo method is listed, the simulation times are 20000. The times of the simulated method are 2000. In order to analyze the law of different methods, the changing law of the deflection reliability which change as the different values of the coefficient of variation $CV(E_0)$ of the subgrade modulus is displayed in Figure 1, i.e. the sensitivity analysis. The structure for analysis is Structure II of the medium variation level. During the analysis, the mean value and the coefficient of variation of other design parameters remain the same. It's the value $CV(E_0)$ that is changed, ranging from 0.05 to 0.06. It's known from practice, the deflection reliability reduces as $CV(E_0)$ increases. The curves in Figure 1 are all subject to the law. There're ten methods which have been used in the analysis of reliability, seen the notes for details.

The reliability results of various calculation (Unit:%) Table 2

Structure No	Reliability calculation		Reliability of	Reliability of flexural tensile stress		
	Method	Mean value	Probability model	deflection	Base	Subbase
I	Simulated	Simulation	Normal-normal	96.45	97.98	87.49
			Logarithm-logarithm	96.28	98.75	89.66
		First order the Taylor expansion	Normal-normal	98.23	98.32	87.74
			Logarithm-logarithm	98.08	99.05	89.97
	Center point	First order the Taylor expansion	Normal-normal	98.06	98.14	87.78
			Logarithm-logarithm	97.86	98.74	90.03
		Second order the Taylor expansion	Normal-normal	97.77	98.10	88.31
			Logarithm-logarithm	97.78	98.74	90.60
		Direct MonteCarlo method		97.78	99.05	90.35
II	Simulated	Simulation	Normal-normal	94.34	97.55	93.99
			Logarithm-logarithm	93.74	97.88	96.05
		First order the Taylor expansion	Normal-normal	98.21	98.23	94.47
			Logarithm-logarithm	97.56	98.53	96.53
	Center point	First order the Taylor expansion	Normal-normal	98.04	97.85	94.53
			Logarithm-logarithm	97.35	97.48	96.62
		Second order the Taylor expansion	Normal-normal	96.81	97.62	94.55
			Logarithm-logarithm	96.17	97.84	96.61
		JC method		95.71	98.08	96.29
		Direct Monte Carlo method		95.27	98.12	96.33
III	Simulated	Simulation	Normal-normal	87.47	97.18	96.74
			Logarithm-logarithm	87.64	97.32	97.83
		First order the Taylor expansion	Normal-normal	97.05	98.25	97.33
			Logarithm-logarithm	95.97	98.31	98.36
	Center point	First order the Taylor expansion	Normal-normal	96.18	97.57	97.01
			Logarithm-logarithm	95.01	97.52	97.86
		Second order the Taylor expansion	Normal-normal	90.93	97.23	96.74
			Logarithm-logarithm	90.51	97.25	97.68
		JC method		88.15	96.83	96.74
		Direct Monte Carlo method		88.70	96.27	97.00

Notes The numbers for the reliability calculations are as follows:

1= Simulated method, with the simulated mean value, the normal-normal model;

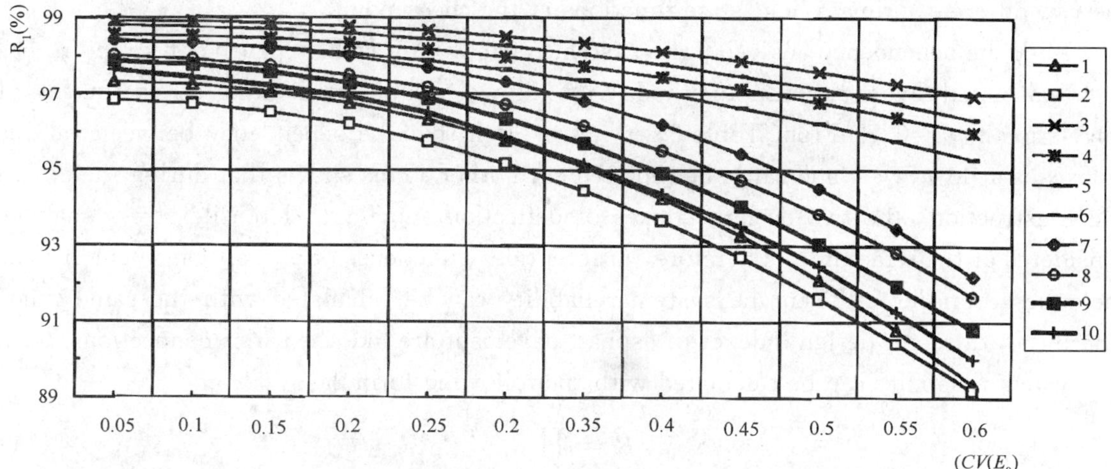

2= Simulated method, with the simulated mean value, the logarithm normal-logarithm normal model;

3= Simulated method, with the mean value of first order of the Taylor expansion, the normal-normal model;

4= Simulated method, with the mean value of first order of the Taylor expansion, the logarithm normal-logarithm normal model;

5= Center point method, with the mean value of first order of the Taylor expansion, the normal-normal model;

6= Center point method, with the mean value of first order of the Taylor expansion, the logarithm normal-logarithm normal model;

7= Center point method, with the mean value of second order of the Taylor expansion, the normal-normal model;

8= Center point method, with the mean value of second order of the Taylor expansion, the logarithm normal-logarithm normal model;

9= Check point method (JC method);

10= Direct Monte Carlo method.

Figure 1 $R_I \sim CV(E_0)$ curves of the sensitivity analysis

5 DEPENDENCY ANALYSIS AND THE CALCULATION OF SYSTEM RELIABILITY

There contains the public random variables in the deflection and flexural tensile stress in Formula (1) Therefore, there exits the dependency between the two different indexes. It's difficult to analyze the dependency with the simulated and the center point methods. At earlier times (Zhang Qisen & Li Yun 1992) the following roughly estimated range of the system reliability was used according to the relevance between the parallel and series connections of the structure system

$$\prod_{i=1}^{n} R_i \leqslant R \leqslant 1 - \prod_{i=1}^{n}(1 - R_i) \tag{12}$$

As far as the JC method is concerned, according to the ultimate limit state functions of different indexes in Formula (1) the coefficient of correlation from the Taylor expansion at the check point are as follows

$$\rho = \sum_{i=1}^{n} \alpha_{Ii}^{*} \alpha_{IIi}^{*} \tag{13}$$

Where: α_{Ii}^{*}, α_{IIi}^{*} = respectively as coefficient of sensitivity of the same random variables of the two different ultimate limit state functions at the check point.

With the dependency analysis, the system reliability of asphalt pavement structure has been calculated by the PNET method (Wu Shiwei 1990), the limit of coefficient of correlation is $\rho_0 = 0.7$. From Table 3, it can be seen that the dependency between various indexes is at low level, and can't be replaced each other. This shows that during the design and construction, the two design indexes of deflection and flexural tensile stress shall be considered at the same time. Therefore, different design indexes of asphalt pavement are like the series connection. Then the system reliability can be calculated with the same time. Therefore, different design indexes of asphalt pavement are like the series connection. Then the system reliability can be calculated with the following formula:

$$R = \prod_{i-1}^{x} R_i \tag{14}$$

Coefficient of correlationp Table3

Design indexes		Deflection	Flexural tensile stress	
			Base	Subbase
Deflection		1.0000	0.2402	0.1681
Flexural tensile stress	Base	0.2402	1.0000	0.2461
	Subbase	0.1681	0.2461	1.0000

Therefore, the system reliability of Structure Ⅱ is 90.39%, so are the reliability 87.0% for Structure I and 82.57% for Structure Ⅲ. The system reliability with the direct Monte Carlo method are calculated respectively as 90.38%, 87.62% and 82.83%, the result of the two is quite uniform.

6 CONCLUSIONS

From the above examples of calculation, the conclusions are reached as follows:

(1) All the results of the reliability calculation are in conformity with the actual law of variation.

(2) As far as the calculation model of the reliability is concerned, the law of the reliability results with the normal-normal model is basically the same as that with the logarithm normal-logarithm normal model. The results are little different. But the result of the logarithm normal-logarithm normal model and that of the direct Monte Carlo method are even closer. Therefore, the logarithm normal-logarithm normal model is recommended.

(3) The results with the mean value of first order of the Taylor expansion for the reliability calculation is similar, while the mean value of second order of the Taylor expansion is basically the same as that with the mean value of simulation. From Figure 1, it can be seen that the result, when the variability of variables is at a low level, calculated with the mean value of first order of the Taylor expansion is close to the direct Monte Carlo method. But as the variation level gets improved, the difference between the two will increase. As the variability of modulus of soil subgrade is high, the former is at least 5%

larger than the latter. This indicates that it's not safe to design with the mean value of first order of the Taylor expansion. While that with the mean value of simulation and the mean value of second order of the Taylor expansion is conform with that by using the direct Monte Carlo method, and the law of variation is the same. Therefore, considering the nonlinear in the solution of elastic layered system theory, the second derivative is introduced to improve the accuracy of the mean value.

(4) With comparison to the above, the reliability result with the JC method is very close to the direct Monte Carlo method. The law of variation of the two is perfectly in conformity. After a great amount of computed analysis, the reliability results is within 3% different. There' re two reasons to the errors: one is that the direct Mont Carlo method is an approximate method, and not only is the accuracy of the result influenced by the times of simulation, but also by the efficiency of the random sampling. The other is the numerical differential which is employed to calculate with the JC method, and the certain errors will occur in the accuracy of the result of the first derivative because of the influence of the numerical solution of the accuracy of elastic layered system theory. But from the analysis, these will not have a great influence on the reliability result. In addition, the speed of the JC method is quick. The result can be achieved in 30 seconds with a 486/40 computer. At the same time, the result of the check point can be reached with the JC method, and the dependency between different design indexes of asphalt pavement can be analyzed.

(5) Through the dependency analysis, the dependency among the various design indexes of asphalt pavement is low level, similar to the series connection system. The system reliability of asphalt pavement structure can be obtained with the PNET method.

In brief, after analysis and comparison, it's suitable to use the JC method to calculate the reliability of asphalt pavement structure. Not only can the exactness meet the requirement of the engineering design, but can the speed be fast. And it may analyze the system reliability. It's suggested that the JC method be applied after introducing the reliability theory in "*Specifications of Flexible Pavement Design for highway*" in China.

结构层组合对路面裂缝扩展的影响

周志刚　张起森

（长沙交通学院　长沙　410076）

摘要：本文运用 Williams 级数和平面应变有限元方法，研究路面等层状结构中垂直界面裂缝尖端应力场的奇异性和裂缝的扩展方向。结果表明，奇异性指数与材料参数的差异性、界面结合条件和加载方式有关。摩擦接触界面和土工织物等措施可能导致形成沿界面的滑移裂缝，从而阻止裂缝继续向前扩展。

关键词：层状体系　裂缝　界面　奇异性　土工织物

为了抑制结构层中裂缝的进一步发展，在路面结构组合和材料配合比设计中采用了诸多方式，例如：在基层和面层间设置碎砾石缓冲层，或土工织物阻裂层；或进行适当的材料配合比设计，调整材料之间的匹配性质；或改进结构层间结合方式等。对于路面开裂，也采用了线弹性断裂力学和黏弹性断裂力学相关理论开展了不少的研究工作。这些研究解释了路面开裂的原因，但并没有从本质上完全揭示上述抑制路面开裂措施的机理。其原因是以往的研究工作均采用均质材料的断裂理论，而路面开裂应属于非均质材料断裂理论的范畴。非均质材料的界面断裂力学的研究已经发现：垂直结构层界面的裂缝尖端应力应变场已不再具有均质材料中－1/2 的奇异性，而和两种材料的剪切模量比有关。有的文献对存在于界面上裂缝所作的研究，进一步指出结构层间结合方式（完全结合，滑动接触）对界面裂缝应力应变场也具有较大的影响。本文根据界面断裂力学理论，采用理论推导和平面应变有限元数值计算相结合的方法，研究结构层材料匹配、层间结合方式对路面结构开裂的影响，在此基础上进一步揭示目前道路工程中常用的土工织物等阻裂措施的工作机理，为有关的设计工作提供理论依据。

1　垂直层间界面的裂缝尖端应力场

考虑到路面等层状结构实际受力状况的复杂性，与其他同类断裂力学的研究一样，这里采用平面应变模型模拟路面结构，以分析影响路面开裂的主要因素的作用规律。假如将裂缝尖端应力场表示为 $\sigma_{ij}(r,\theta)=r^{\lambda-1}\sigma_{ij}(\theta)$，那么可以根据平面应变裂缝问题的 Williams 级数解，对本文所研究的垂直界面裂缝问题（图 1）求解。这里 λ 是奇异性指数，它反映裂缝尖端应力应变场奇异性的强弱。对于均质材料，$\lambda=1/2$。下面针对路面受行车荷载的拉压作用和垂直剪切作用、温度荷载的胀缩作用，分对称和反对称荷载两种情况列出 λ 的特征值方程。

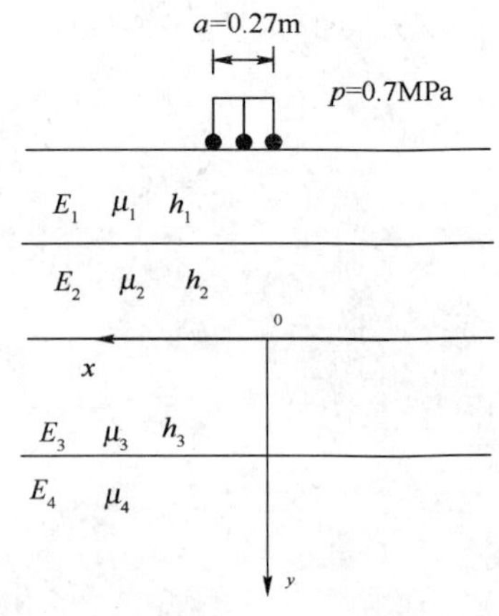

图 1　基层含贯穿裂缝的四层体系路面结构

摘自《中国公路学报》1997 年 6 月第 10 卷第 2 期。

1.1 λ特征值方程

界面完全结合状态下的λ特征值方程已求出，这里不再赘述。根据裂缝尖端周围两层材料的界面摩擦接触的位移、应力的连接条件和裂缝表面自由不受力的边界条件，对摩擦接触界面情形推导出

对称荷载

$$f=\frac{\{\beta[\lambda^2-\sin^2\lambda\pi/2]-\sin^2(\lambda\pi/2)\}\cos(\lambda\pi/2)}{\{\lambda(\lambda+1)-(2\alpha-\beta+1)(\lambda^2-\sin^2(\lambda\pi/2)\}\sin(\lambda\pi/2)} \tag{1}$$

f 是界面摩擦系数。$\beta=\frac{G_2}{G_1}$。G_2 和 G_1 分别是含裂缝和相邻结构层的剪切模量。分析表明，仅当 $f<0$ 时，裂缝尖端应力场才具有奇异性。此时，裂缝前端在层间剪力作用下呈现出愈合的趋势。

反对称荷载

$$f=\frac{\{\cos^2(\lambda\pi/2)+\beta[\lambda^2-\sin^2(\lambda\pi/2)]\}\sin(\lambda\pi/2)}{\{(2\alpha-\beta+1)[\lambda^2-\sin^2(\lambda\pi/2]-\lambda(\lambda+1)\}\cos(\lambda\pi/2)} \tag{2}$$

1.2 裂缝尖端应力场

采用J积分作为裂缝尖端应力场的控制参量，表征裂缝尖端场的应力集中强弱程度。

$$J=\int_L\left(\frac{\sigma_{ij}\varepsilon_{ij}n_x)}{2}-\sigma_{ij}n_ju_{i,x}\right)\mathrm{d}s \tag{3}$$

式中，L 为围绕裂缝尖端的积分路径；n_j 为路径的外法线方向余弦值。

用 J 积分可将裂缝尖端应力主奇异场表示为

$$\sigma_{ij}(r,\theta)=\sigma_0\left(\frac{EJ}{\alpha\sigma_0^2\ln r}\right)^{\lambda-1}\sigma_{ij}(\theta,\lambda) \tag{4}$$

1.3 平面应变有限元法

由于难以推得路面结构裂缝问题的精确解，这里采用平面应变有限元数值的计算方法，并用八结点参单元划分有限元网格。为了反映裂缝尖端应力应变场的奇异性，在每个裂缝尖端设置8个八结点等参数奇异单元。并在奇异单元和普通单元之间设多层过渡单元。奇异单元边中点取在边长1/4处，过渡单元边中点的位置根据下面公式确定(图2)。裂缝前端的有限元网格划分如图3所示。

奇异单元

$$x=x_1+\frac{(x_2-x_1)}{4}y=y_1+\frac{(y_2-y_1)}{4} \tag{5}$$

过渡单元

$$\frac{x-x_1}{x_2-x_1}=\frac{y-y_1}{y_2-y_1}=\frac{(1+\sqrt{k})^2}{4} \tag{6}$$

其中，$k=(x_4-x_1)/(x_2-x_1)$。

含奇异单元和过渡单元的平面应变有限元格式与一般的平面应变有限元完全相同，限于

篇幅,在此不再列出。采用类似于图3所示的含裂缝尖端的矩形路径计算 J 积分值。

对于土工织物,以往的研究分析用一软弱夹层模拟。这与实际情况有所出入。本文采用薄膜理论加以处理,即层间力的连接条件为

$$\tau_{xy1}-\tau_{xy2}=-\frac{\partial T}{\partial x}$$

$$\sigma_{y1}-\sigma_{y2}=-\left(\frac{\partial T}{\partial x}\frac{\partial \upsilon}{\partial x}+T\frac{\partial^2 \upsilon}{\partial x^2}\right) \tag{7}$$

式中,τ_{xy1}、σ_{y1}、τ_{xy2}、σ_{y2} 是上下层的界面应力;T 是土工织物的张力,它随距裂缝的位置的远近而变;υ 是土工织物的垂直位移,因为此种情况中薄膜变形不大,近似认为它具有呈线弹性的张力—变形本构关系;以 E_g、μ_g 分别表征它的张拉模量和泊松比。

由于薄膜公式的引入导致有限元计算中的几何非线性。计算时采用荷载增量迭代的方法,使每次按线弹性问题的有限元方法计算,根据前一次计算的位移应变结果和土工织物的线弹性本构关系确定下一次计算时的土工织物张力及其偏导数,代入式(7),作为下一次计算的界面应力连接条件,反复迭代,从而得到最终的结果。

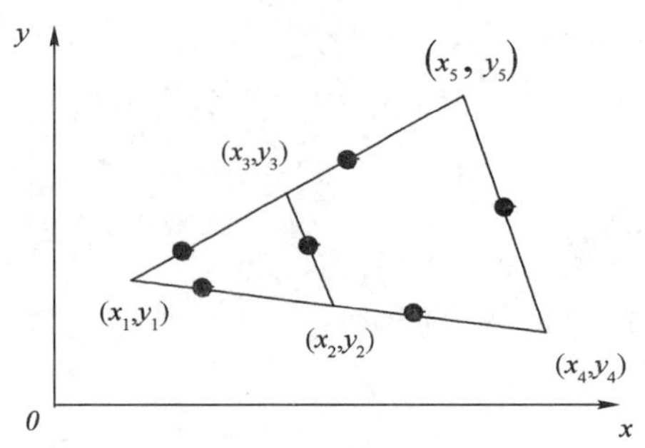

图2 奇异单元和过渡单元边中点位置的确定

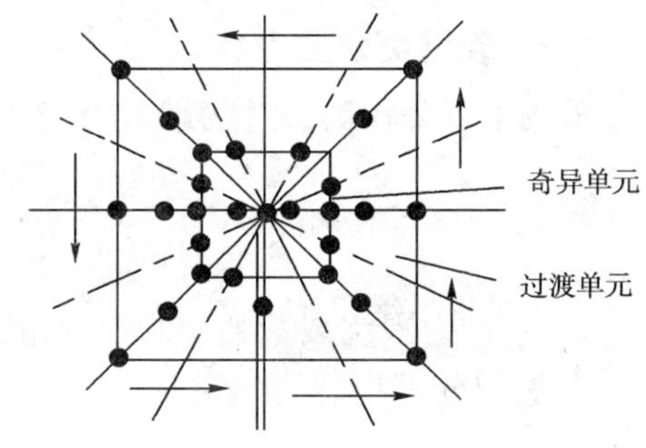

图3 裂缝前端奇异单元与过渡单元划分

2 数值计算结果

2.1 奇异性指数 λ 的特征值

用两种材料的剪切模量的比值 G_2/G_1 表征两种材料力学性质的匹配关系。不考虑泊松比值变化对奇异性指数的影响,取 $\mu_1=\mu_2=0.3$。

根据式(1)、式(2)和对界面完全结合状态的推导结果,计算并绘制出 $\lambda\sim\lg(G_2/G_1)$ 半对数关系曲线(如图4所示)。这些曲线说明,材料的剪切模量比和层间结合方式,的确对界面裂缝尖端应力场的奇异性造成不同的影响。本文所谓的奇异性的强弱,系指奇异性指数 λ 值与均质材料中的 $\lambda_0=1/2$ 值相比较而言。当 $\lambda<\lambda_0$ 时,裂缝尖端应力应变奇异性较强;反之则较弱。

由于应力强度因子 K 是针对 $\lambda=1/2$ 定义的,而现在 λ 值随材料性质和层间接触条件变化较大,若再采用应力强度因子,将会使其值趋于零或无穷大,给其量纲也造成混乱。尽管目

前在有些研究界面裂缝的文献中仍引用了应力强度因子，但只能作为一种近似的处理。而若采用从能量观点引出的 J 积分，则可避免这些矛盾。

2.2 层间应力和 J 积分

对图 1 所示的路面结构四层体系采用平面应变有限元数值方法进行计算分析。其中，材料参数：$E_1 = 1\,400, 1\,000\text{MPa}$，$\mu_1 = 0.25$；$E_2 = 800, 600, 200\text{MPa}$，$\mu_2 = 0.3$；$E_3 = 400\text{MPa}$，$\mu_3 = 0.3$；$E_0 = 30\text{MPa}$，$\mu_0 = 0.35$；$E_g = 10, 1.0\text{MPa} \cdot \text{m}$，$\mu_g = 0.4$；摩擦系数 $f = 0.30$。

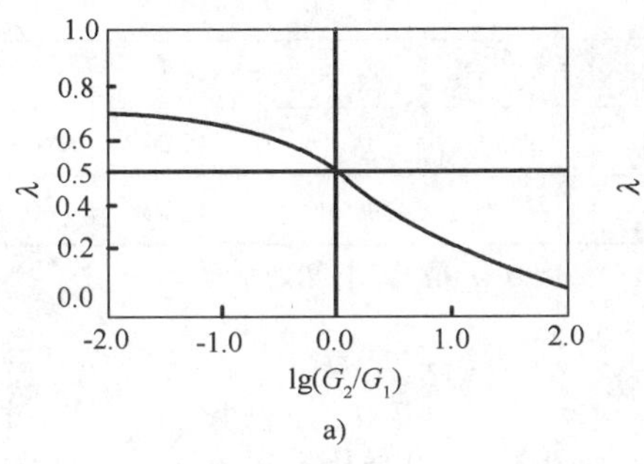

a)

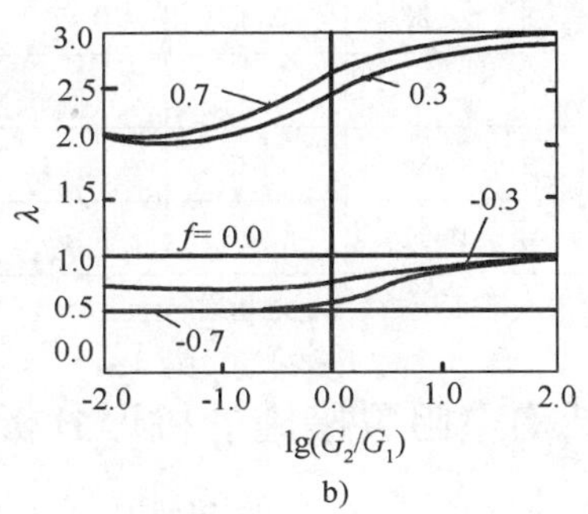

b)

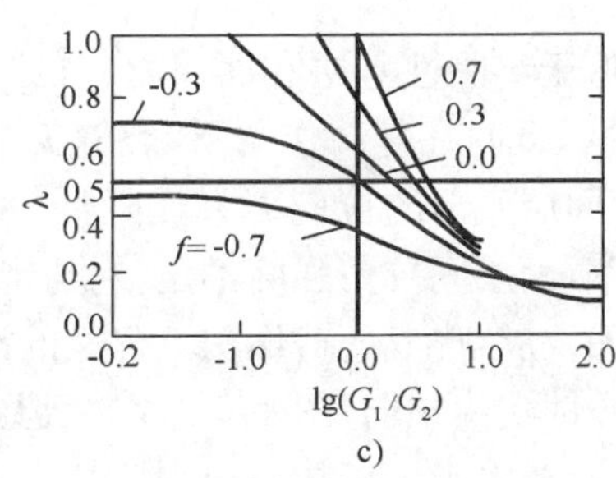

c)

图 4 奇异性指数 λ 值

结构参数：$h_1 = 4\text{cm}$；$h_2 = 8\text{cm}$；$h_3 = 25\text{cm}$；基层含贯穿裂缝。

表 1 和表 2 列出在第 2、3 层间不设与设土工格栅情形下的层间应力 σ_x、τ_{xy} 和 J 积分值。由于基层裂缝的反射主要是非对称荷载导致的，所以仅列出图 1 所示非对称荷载的计算结果 E_1 (MPa)。

面层与基层界面上的应力和 J 积分(不设土工格栅)　　表 1

		完全结合			摩擦系数		
E_1 (MPa)	E_2 (MPa)	σ_x (MPa)	τ_{xy} (MPa)	J(N/cm)	σ_x (MPa)	τ_{xy} (MPa)	J(N/cm)
1 400	800	0.58	0.59	1.25	<0	0.57	0.21
1 000	800	0.44	0.55	0.99	<0	0.51	0.19
1 400	600	0.41	0.47	0.76	<0	0.32	0.07
1 000	600	0.32	0.42	0.56	<0	0.28	0.01
1 400	200	<0	0.38	0.11	<0	0.10	0.01
1 000	200	<0	0.34	0.10	<0	0.08	0.00

注:表中 σ_x 为面层底部正应力,τ_{xy} 为违层与面层间剪应力。

面层与基层界面上的应力和 J 积分(设土工格栅)(MPa) 表 2

		E_g=10.0MPa·m				E_g=1.0MPa·m			
E_1 (MPa)	E_2 (MPa)	σ_x (MPa)	τ_{xy} (MPa)	J (N/cm)	T (kN/cm)	σ_x (MPa)	τ_{xy} (MPa)	J (N/cm)	T (kN/cm)
1 400	800	0.22	0.55	0.96	10.2	0.10	0.54	0.93	3.8
1 000	800	0.18	0.51	0.92	10.8	0.08	0.48	0.87	4.3
1 400	600	0.23	0.42	0.76	12.5	0.11	0.40	0.70	4.2
1 000	600	0.20	0.41	0.71	13.6	0.08	0.38	0.62	4.9
1 400	200	0.25	0.29	0.16	15.7	0.13	0.24	0.13	6.5
1 000	200	0.21	0.26	0.12	16.5	0.10	0.18	0.06	6.8

注:表中 σ_x 为面层底部正应力,τ_{xy} 为基层与土工格栅间剪应力,T 是土工格栅的张力。

3 路面结构中阻裂措施的机理分析

下面结合上述计算结果,就路面结构中两种常用的阻裂措施分析其止裂机理。

3.1 土工织物阻裂层

由于土工织物的拉伸模量远低于半刚性基层和面层材料的模量,假如施工中使土工织物与面层和基层完全粘在一起,根据图 4,此时在外载作用下,裂缝尖端应力场均具有很强的奇异性,土工织物承受着较大的拉力,而使面层底部的拉应力大大降低(见表 1、表 2)。如果土工织物具有较大的抗拉强度和足够的延伸率,而层间抗剪强度不足,它与半刚性基层间界面上较大的剪应力将可能导致裂缝沿土工织物表面发展,形成压剪作用下分叉的滑移裂缝。一旦产生滑移裂缝,主裂缝(原裂缝)尖端应力场的奇异性大为减弱(图 4),甚至在面层底部产生压应力。主裂缝难以继续向面层发展。因此,在施工中有意将土工织物与半刚性基层之间处于不完全结合状态,使层间具有较小的抗剪强度,可以达到抑制裂缝在外载张拉作用下向面层扩展的目的。

但是,对于外载的垂直剪切作用,裂缝尖端场仍呈现出较强的奇异性(图 4c),土工织物承受了较大的横向剪切力。而土工织物本身的抗剪能力很差,因此,尽管土工织物可以阻止裂缝在外载的张拉作用下向上的发展,但难以避免外载的垂直剪切破坏作用。这也是 RCC+AC 复合式路面中,在碾压混凝土板接缝处设置的土工织物难以起到阻止接缝透射到沥青混凝土罩面的本质原因。

3.2 碎砾石缓冲层

此时含裂缝的基层与不含裂缝的碎砾石缓冲层的剪切模量之间,$\lg(G_2/G_1)=0.0\sim0.5$。假如仍按路面结构分析中的一贯做法,将碎砾石材料与半刚性基层和沥青类材料(除沥青混凝土)之间视为连续接触。根据图 4,裂缝尖端应力场具有较强的奇异性,特别是两层材料差异较大时。此时,面层或基层中的裂缝会很容易地向较弱的碎砾石层中发展。这一结论与工程实际以及以往研究者采用均质体断裂力学得出的结论相矛盾。事实上,碎砾石材料是一种松散体,即它内部颗粒间存在自然的裂隙。相邻结构层中的裂缝发展到碎砾石层表面时,将与其体内的多个裂隙汇合,存在向多个方向发展的可能性。假如不从随机断裂力学或微观分叉断裂力学角度进行详细分析,而将这种裂缝融汇视为发生在结构层界面上的一种宏观均质体内现象，完全可以在裂缝发展到碎砾石层时，对碎粒石材料作出两种处理。一种基于碎粒石层底部可能受拉的认识。由于这种材料不抗拉，此时它的抗拉模量或剪切模量极低，属于一种软弱层状况。根据表1结果，碎粒石层将转为受压状态，并且裂缝向前扩展的可能性大为降低。另一种即将碎砾石与相邻结构层间视处于摩擦接触状态。当层间摩擦接触时，无论路表承受对称或反对称荷载，根据图3，裂缝尖端应力场的奇异性会大大低于层间完全结合时的奇异性，特别在层间结合不紧密时(摩擦系数较小)。表1和表2的层间应力和J积分值也支持了这一结论。这是由于碎砾石材料的松散结构将裂缝扩展的能量耗散的结果。

上述分析表明，对于软弱夹层的阻裂机理，从界面断裂力学分析所得出的结论与以往的研究结果不同。其阻裂机理的本质是由于软弱夹层的加入，使层间接触处于摩擦或光滑状态，或具有较弱的层间抗剪强度，会导致分叉滑移裂缝的形成，从而降低了主裂缝继续向前发展的可能性。如果软弱夹层设置不合理，比如它与上下层完全结合在一起，并具有较高的层间抗剪强度，主裂缝仍然可能扩展到面层中。因此在设置各类软弱夹层时，应有意识地使它与其他结构层结合不应过于紧密，才会产生良好的阻裂效果。

4 结语

(1)对于复合结构中的界面裂缝的扩展问题，均质体的断裂理论和概念已不适宜，应从非均质体的界面断裂力学角度进行研究。对于路面一类工程结构中的开裂，应用能量意义上的J积分取代常用的应力强度因子K，作为表征裂缝扩展的控制参数。

(2)结构层之间的模量比和层间结合方式对垂直界面裂缝尖端应力场的奇异性具有较大的影响。一般地，摩擦接触或具有较低的层间抗剪强度的界面结合方式可以降低垂直界面裂缝向相邻结构层发展的可能性，而形成沿界面走向的分叉型滑移裂缝。从而解释了碎砾石缓冲层、土工织物阻裂层等在路面结构中阻止裂缝扩展的机理。

(3)在设置土工织物阻裂层时，应防止在交通荷载作用下土工织物被垂直剪断的破坏。

层状介质垂直界面有限裂纹问题的积分变换解

彭达仁[1]　张起森[1]　杨光松[2]

(1.长沙交通学院　长沙　410076;2.二炮第一研究所固体发动机中心　北京　100085)

摘要: 层状弹性材料包含垂直于界面有限裂纹时,可运用傅立叶变换及引用位错密度函数,导出了反映裂纹尖端奇异性的奇异积分方程组,并使用 Lobatto-chebyshev 方法解此方程组,最后得到裂纹尖端应力强度因子,为检验方法的正确性,对某两层含裂实际结构进行了计算,结果是满意的。

关键词: 层状弹性结构　奇异积分方程组　应力强度因子

1　引言

研究复合材料断裂力学问题时,对以下两种类型的断裂问题感兴趣。一类是界面裂纹问题;另一类是垂直于界面的有限或无限裂纹问题。从查阅的资料来看,后者主要集中在研究两半无限平面异料受对称荷载作用下的断裂力学问题,且限于裂纹边受均匀拉(压)力或无穷远处受均匀拉、压、剪力的情况。所有这些研究建立的力学模型,对于研究诸如层合板等复合材料出现微裂纹时的断裂力学问题时是适用的,因为这时板厚与微裂纹相比,可近似认为是无穷大。然而,在研究路面等层状弹性体系的垂直有限裂纹问题时却不适合,因为裂纹的尺寸和层厚是同一数量级,无法作介质尺寸无穷大的假设。因此,要解决此类问题,必须寻找新的途径,本文根据以下步骤进行解决。首先对位移分量进行 Fourier 变换,将二维弹性力学平衡方程,转为常微分方程组,得通解后,根据应力边界条件及混合边界条件得对偶积分方程组,引入位错密度函数将奇异部分分离出来,得到 Cauchy 型奇异积分方程组。最后,借助正交多项式,解出未知的位错密度函数,从而确定裂纹尖端的应力强度因子。

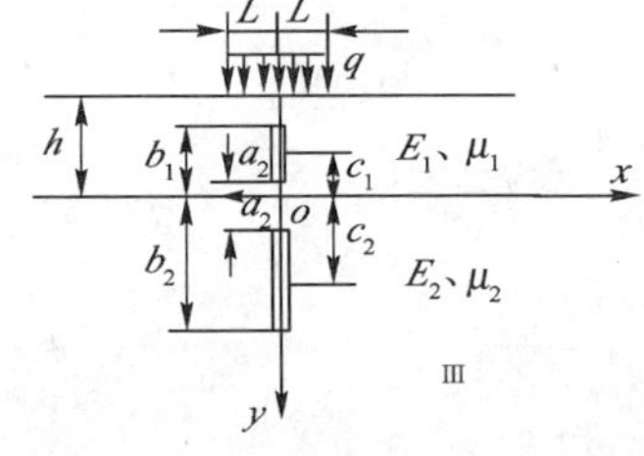

图 1　含裂层状结构(双边裂纹情况)

2　奇异积分方程组的建立及其解

本文研究的力学模型如图 1 所示。u、v 分别表示直角坐标系中 x、y 向的位移。由于关于 y 轴存在对称性,可将 u、v 关于 x 作如下的 Fourier 变换

$$\begin{cases} f_{1i}(\alpha,y)=\sqrt{\dfrac{\pi}{2}}\displaystyle\int_0^{\infty}\mu_i(x,y)\sin\alpha\mathrm{d}x \\ f_{2i}(\alpha,y)=\sqrt{\dfrac{\pi}{2}}\displaystyle\int_0^{\infty}v_i(x,y)\cos\alpha\mathrm{d}x \end{cases} \tag{1}$$

摘自《固体力学学报》1988 年 2 月第 19 卷第 2 期。

y 向不存在对称性,故关于作一般的 Fourier 变换

$$\begin{cases} g_{1i}(\alpha,y)=\sqrt{\dfrac{1}{2\pi}}\displaystyle\int_{-\infty}^{\infty}\mu_i(x,y)e^{i\gamma y}\mathrm{d}y \\ g_{2i}(\alpha,y)=\sqrt{\dfrac{1}{2\pi}}\displaystyle\int_{-\infty}^{\infty}v_i(x,y)e^{i\gamma y}\mathrm{d}y \end{cases} \tag{2}$$

于是总位移 u、v 可由式(1)、式(2)反演迭加得到

$$\begin{cases} u_{1i}(\alpha,y)=\sqrt{\dfrac{2}{\pi}}\displaystyle\int_{0}^{\infty}f_{1i}(\alpha,y)\sin\alpha\mathrm{d}x+\sqrt{\dfrac{1}{2\pi}}\displaystyle\int_{-\infty}^{\infty}g_{1i}(x,\gamma)e^{-i\gamma y}\mathrm{d}y \\ v_{2i}(\alpha,y)=\sqrt{\dfrac{2}{\pi}}\displaystyle\int_{0}^{\infty}f_{2i}(\alpha,y)\cos\alpha\mathrm{d}x+\sqrt{\dfrac{1}{2\pi}}\displaystyle\int_{-\infty}^{\infty}g_{2i}(x,\gamma)e^{-i\gamma y}\mathrm{d}y \end{cases} \tag{3}$$

将式(3)代入二维弹性力学平衡方程,最后可得含裂弹性介质在对称荷载作用下,位移场的一般解。下面考虑边界条件:

$$u_1(x,0)=u_2(x,0)\ ,\ v_1(x,0)=v_2(x,0) \tag{4}$$

$$\sigma_{1y}(x,0)=\sigma_{2y}(x,0),\ \tau_{1xy}(x,0)=\tau_{2xy}(x,0)\ ,\ \tau_{1xy}(0,y)=\tau_{2xy}(0,y) \tag{5}$$

$$\tau_{1xy}(x,-h)=0\ ,\ \sigma_{1y}(x,-h)=q[H(x+L)-H(x-L)] \tag{6}$$

$H(x)$ 为亥维赛单位阶跃函数。

$$\lim\sigma_{ix}(x,y)=0 \qquad a_i<y<b_i\ ,\ i=1,2 \tag{7}$$

$$u_i(0,y)=0 \qquad 0<y<a_i,b_2<y<\infty,b_1<y<h,i=1,2 \tag{8}$$

为推导公式方便,引入位错密度函数,其定义为

$$\varphi_i(t)=\frac{\partial u_i(0,t)}{\partial t},i=1,2$$

将求得的位移场公式连同代入广义胡克定律后得到的应力公式,一并代入式(4)~式(8),并适当化简后得到反映裂尖奇异性的积分方程组

$$\begin{aligned} &\frac{1}{\pi}\int_{a_1}^{b_1}\left[\frac{1}{t-y}+K_{11}(y,t)\right]\varphi_1(-t)\mathrm{d}t+\frac{1}{\pi}\int_{a_2}^{b_2}K_{12}(y,t)\varphi_2(t)\mathrm{d}t=\frac{1+K_1}{4G_1\pi}Q_1(y) \\ &\frac{1}{\pi}\int_{a_1}^{b_1}K_{21}(y,t)\varphi_1(-t)dt+\frac{1}{\pi}\int_{a_2}^{b_2}\left[\frac{1}{t-y}+K_{22}(y,t)\right]\varphi_2(t)\mathrm{d}t=\frac{1+K_2}{4G_2\pi}Q_2(y) \end{aligned} \tag{9}$$

其中:

$$\begin{aligned} &K_{11}(y,t)=\int_0^\infty k_{11}(\alpha,y,t)\mathrm{d}\alpha=-\int_0^\infty[h_1(\alpha,y,t)e^{-\alpha(t-y)}+h_2(\alpha,y,t)e^{-\alpha(t+y)}]\mathrm{d}\alpha \\ &K_{12}(y,t)=\int_0^\infty k_{12}(\alpha,y,t)\mathrm{d}\alpha=-\int_0^\infty[h_1^*(\alpha,y,t)e^{-\alpha(t-y)}+h_2^*(\alpha,y,t)e^{-\alpha(t+y)}]\mathrm{d}\alpha \\ &K_{21}(y,t)=\int_0^\infty k_{21}(\alpha,y,t)\mathrm{d}\alpha=\int_0^\infty h_3(\alpha,y,t)e^{-\alpha(t-y)}\mathrm{d}\alpha \\ &K_{22}(y,t)=\int_0^\infty k_{22}(\alpha,y,t)\mathrm{d}\alpha=\int_0^\infty h_3^*(\alpha,y,t)e^{-\alpha(t-y)}\mathrm{d}\alpha \end{aligned} \tag{10}$$

$$\begin{aligned} &h_1(\alpha,y,t)=h_{11}(\alpha)-yh_{12}(\alpha)+th_{13}(\alpha)-tyh_{14}(\alpha) \\ &h_2(\alpha,y,t)=h_{21}(\alpha)-yh_{22}(\alpha)+th_{23}(\alpha)-tyh_{24}(\alpha) \\ &h_3(\alpha,y,t)=h_{31}(\alpha)-yh_{32}(\alpha)+th_{33}(\alpha)-tyh_{34}(\alpha) \\ &h_1^*(\alpha,y,t)=h_{11}^*(\alpha)-yh_{12}^*(\alpha)+th_{13}^*(\alpha)-tyh_{14}^*(\alpha) \\ &h_2^*(\alpha,y,t)=h_{21}^*(\alpha)-yh_{22}^*(\alpha)+th_{23}^*(\alpha)-tyh_{24}^*(\alpha) \end{aligned}$$

$$h_3^*(\alpha,y,t)=h_{31}^*(\alpha)-yh_{32}^*(\alpha)+th_{33}^*(\alpha)-tyh_{34}^*(\alpha)$$

$$Q_1(y)=\int_0^\infty Q^*(\alpha,y)\mathrm{d}\alpha=\int_0^\infty[hq_1(\alpha,y)e^{-\alpha(h-y)}+hq_2(\alpha,y)^{-\alpha(h+y)}]\mathrm{d}\alpha$$

$$Q_2(y)=\int_0^\infty Q_2^*(\alpha,y)\mathrm{d}\alpha=-\int_0^\infty hq_3(\alpha,y)^{-\alpha(h+y)}\mathrm{d}\alpha \tag{11}$$

显然，式(9)构成了带 Cauchy 主核的奇异积分方程组，为方便使用正交多项式求解，先将积分限变换到(−1,1)，即定义新变量

$$\varepsilon_i=\frac{2t-(a_i+b_i)}{b_i-a_i}$$

$$\eta_i=\frac{2y-(a_i+b_i)}{b_i-a_i}(i=1,2)$$

由于裂纹尖端的奇异性为$-\frac{1}{2}$，故，可设

$$\varphi_1(-\varepsilon)=F_1(-\varepsilon)/\sqrt{1-\varepsilon^2}$$

$$\varphi_2(\varepsilon)=F_2(\varepsilon)/\sqrt{1-\varepsilon^2}$$

$F_j(\varepsilon)$ 为满足 H 条件的函数($-1<\varepsilon<1,j=1,2$)。

于是式(9)式可写为

$$\frac{1}{\pi}\int_{-1}^1\sum_{j=1}^2\left[\frac{\delta_{ij}}{\varepsilon-\eta}+\frac{b_j-a_j}{2}K_{ij}(\varepsilon,\eta)\right]F_j[(2j-3)\varepsilon]W(\varepsilon)\mathrm{d}\varepsilon=\frac{1+K_i}{4\pi G_i}Q_2(\eta) \tag{12}$$

$$\omega(\varepsilon)=1/\sqrt{1-\varepsilon^2}\qquad i=1\qquad 2-1<\eta<1$$

另外，由式(8)知式(12)的解必须满足以下条件

$$\int_{-1}^1\varphi_i[(3-2i)\varepsilon]\mathrm{d}\varepsilon=0\qquad i=1,2 \tag{13}$$

若 $K_{ij}(\varepsilon,\eta)$、$Q_j(\eta)$ 等无穷积分的求积使用 Gauss-Laguerre 公式，奇异积分方程式(12)、式(13)的求解，采用 Lobatto-Chebyshev 法，即

$$\frac{1}{n-1}\sum_{s=1}^n\sum_{j=1}^2\left[\frac{\delta_{ij}}{\varepsilon_s-\eta_\gamma}+\left(\frac{b_j-a_j}{2}\right)\sum_{M=1}^L\lambda_M^{(L)}e^{\zeta_M}k_{ij}(\zeta_M,\varepsilon_s,\eta_\gamma)\right]$$

$$F_j[(2j-3)\varepsilon_s]\cdot\theta_s=\frac{1+K_i}{4\pi G_i}\sum_{M=1}^L\lambda_M^{(L)}e^{\zeta_M}Q^*(\zeta_M,\eta_\gamma) \tag{14}$$

$$\sum_{s=1}^n\theta_sF_i[(3-2i)\varepsilon_s]=0\ ,\ i=1,2$$

式中，$\lambda_M^{(L)}$ 为求积系数；ζ_M 为 Laguerre 多项式的根；$\varepsilon_s=\cos\frac{\pi}{2n}(2s-1)$，$s=2,\cdots,n-1$；$\eta_r=\cos\frac{\pi\gamma}{n}$，$r=1,2,\cdots,n-1$；$\theta_s=\begin{cases}1/2,s=1,n\\1,s=2,3\cdots,n-1\end{cases}$。

解线性方程式(14)可求得 $F_1(\pm1)$ 和 $F_2(\pm1)$，从而得裂纹尖端的应力强度因子为

$$K(a_i)=\frac{4G_i}{1+K_i}\sqrt{\frac{b_i-a_i}{2}}F_i(2i-3)\qquad i=1,2 \tag{15}$$

$$K(b_i)=-\frac{4G_i}{1+K_i}\sqrt{\frac{b_i-a_i}{2}}F_i(3-2i)\qquad i=1,2$$

3 计算实例

考虑某平面应变状态下，层状含裂弹性结构（图 1～图 3），且已知 $L=15\text{cm}$，$h=10\text{cm}$，$\mu_1=0.25$，$\mu_2=0.30$，$E_1=4320\text{Pa}$，$E_2=500\text{Pa}$，$q=0.7\text{N/m}^2$。计算结果由表 1～表 5 给出。

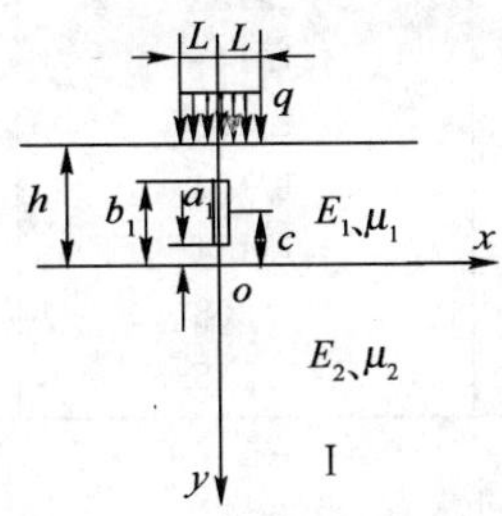

图 2 含裂层状结构(上部单边裂纹情况)

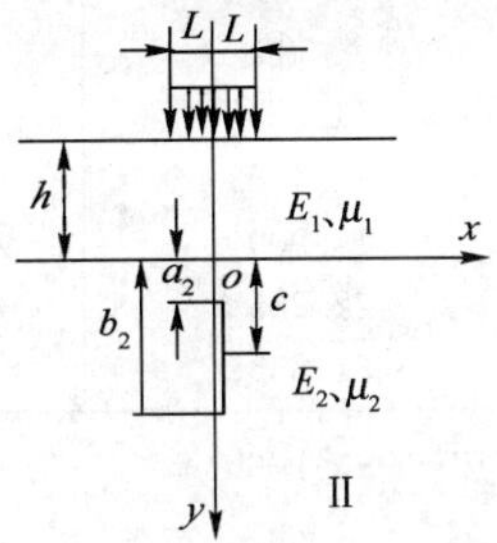

图 3 含裂层状结构(下部单边裂纹情况)

($10^4\text{N/m}^{3/2}$) 表 1

l_1	$K(a_1)$	$K(b_1)$
0.5	3.479	2.860
1.0	5.427	3.670
1.5	7.337	4.087
2.0	9.378	4.316
2.5	11.675	4.460
3.0	14.405	4.598
3.5	17.898	4.813
4.0	22.911	5.233
4.5	31.816	6.110

$c=5\text{cm}$，$L_1=(b_1-a_1)/2\text{cm}$

($10^4\text{N/m}^{3/2}$) 表 2

l_1	$K(a_2)$	$K(b_2)$
1	1.126	0.981
2	1.703	1.292
3	2.229	1.473
4	2.746	1.581
5	3.264	1.640
6	3.782	1.663
7	4.285	1.675
8	4.723	1.706
9	4.949	1.721

$c=5\text{cm}$，$L_2=(b_2-a_2)/2\text{cm}$

($10^4 N/m^{3/2}$)　表 3

l_1	$K(a_1)$	$K(b_1)$	$K(a_2)$	$K(b_2)$
0.5	3.484	2.866	1.127	0.981
1.0	5.433	3.678	1.130	0.984
1.5	7.345	4.099	1.135	0.989
2.0	9.386	4.331	1.143	0.996
2.5	11.685	4.478	1.153	1.005
3.0	14.416	4.620	1.166	1.017
3.5	17.909	4.842	1.184	1.033
4.0	22.925	5.268	1.208	1.054
4.5	31.835	6.157	1.245	1.088

$L_2 = 1\text{cm}, c_1 = 5\text{cm}, c_2 = 10\text{cm}$

($10^4 N/m^{3/2}$)　表 4

l_1	$K(a_1)$	$K(b_1)$	$K(a_2)$	$K(b_2)$
0.5	3.563	2.956	2.748	1.583
1.0	5.540	3.817	2.756	1.588
1.5	7.469	4.283	2.768	1.596
2.0	9.526	4.565	2.787	1.608
2.5	11.840	4.768	2.812	1.625
3.0	14.589	4.977	2.845	1.646
3.5	18.107	5.285	2.889	1.675
4.0	23.162	5.830	2.950	1.715
4.5	32.149	6.916	3.045	1.775

$L_2 = 4\text{cm}, c_1 = 5\text{cm}, c_2 = 10\text{cm}$

($10^4 N/m^{3/2}$)　表 5

l_1	$K(a_1)$	$K(b_1)$	$K(a_2)$	$K(b_2)$
0.5	4.059	3.530	4.840	1.545
1.0	6.204	4.705	4.857	1.552
1.5	8.252	5.490	4.886	1.564
2.0	10.412	6.133	4.929	1.581
2.5	12.835	6.779	4.991	1.605
3.0	15.720	7.569	5.080	1.638
3.5	19.437	8.707	5.215	1.682
4.0	24.827	10.592	5.439	1.748
4.5	34.522	14.354	5.892	1.856

$L_2 = 1\text{cm}, c_1 = 5\text{cm}, c_2 = 10\text{cm}$

4　结语

本文研究了层状介质含垂直于界面有限裂纹的断裂力学问题,并详细推导了对称荷载作用下裂纹尖端应力强度因子的计算公式。表 1～表 5 的计算结果可看出,L_2(或 L_1)固定时,裂尖应力强度因子随 L_1(或 L_2)单调增加,且同一裂纹长度时,$K(a_i)$ 大于 $K(b_i)$。综上表明,本文提供的方法简便,计算量小,具有一定的应用价值。

中南片区高等级公路半刚性基层沥青路面典型结构的研究

查旭东　武和平　张起森

（长沙交通学院路桥工程系　长沙　410076）

摘要： 通过对中南片区高等级公路半刚性基层沥青路面现有结构的调查研究，室内外试验分析，以及大量的理论计算，合理地划分了交通量等级与土基强度等级，最终推荐了适合于中南片区气候特点和自然条件的不同交通量等级与不同土基强度等级的半刚性路面典型结构设计图式。

关键词： 半刚性基层沥青路面　典型结构　交通量等级　土基强度等级

本文系交通部“八五”国家重点科技攻关项目(85-403-02-02)“高等级公路半刚性基层沥青路面典型结构的研究”的一部分。笔者提出了适合于中南片区气候、交通等级及土基强度等特点的半刚性基层沥青路面典型结构的一套较完整的设计方法与设计图式，可为沥青路面典型结构设计提供参考。

1　中南片区气候特点及自然条件

中南片区的公路一级自然区划主要属东南湿热区Ⅳ区，是中国最湿热的地区，气温高，降雨多。年平均气温在16～23℃之间，大部分地区的年极端最高气温在37～39℃之间，部分地区可达40℃以上；少数年份受冷空气影响，极端最低气温可降至－5～－10℃。同时，本地区年平均降水量在1 000mm以上，少数地区可达3 000mm，并且70%～80%的降水集中于春夏季节，雨季长达6个月，日照时间短，春夏的东南季风造成梅雨和夏雨形成本地区明显的不利季节。由于逐年间季风活动的不稳定，本地区旱涝常有发生。此外，低温冷(冻)害及局部地区的冰雹、大风等，也是本地区的主要气候灾害。由于中南片区独特的气候条件，夏季气温过高，容易引起沥青路面泛油与老化；雨季降水量过大，容易造成沥青路面的水毁。同时，在行车荷载的共同作用下，以及对半刚性材料设计的不完善是本地区半刚性路面出现早期破坏的主要原因。

中南片区东接长江中下游平原和珠江三角洲，西靠云贵高原和四川盆地，北邻广袤的中原地区，南依无垠的南海。整个地区以平原微丘区为主，只有西部地区及横亘湘粤桂的南岭山脉山高岭大。同时，本地区分属长江与珠江两大水系，河流密布，水系发达，具有明显的湖区特点。土质多以细颗粒的黏性土和粉性土为主，主要有黄棕黏土、红黏土、砖红黏土与软土，因此，本地区路基强度多在50MPa以内。

摘自《中国公路学报》1998年7月第11卷第3期。

2 交通量参数

2.1 交通组成及换算系数的分析

为了合理地预估路面的使用性能，拟定并验算路面的设计方案，选择养护维修对策及费用的分配，必须将中国道路上现有的混合交通的各种车型作用次数等效换算成标准轴载作用次数。因此，笔者对湖南省境内6条干线公路及广西南北公路进行了实地交通调查，并收集了沿线各交通量观测站的近10年的观测资料，经过整理分析，提出了交通轴载换算和交通量年增长率。

通常，对路面结构性能影响大的主要有以下5类车辆组成：①中型载货汽车（载重2.5～7t）；②大型载货汽车（载重大于7t）；③载货汽车拖挂车；④大型客车；⑤大中型拖拉机。将这5类车辆的各种车型及满载率情况按照《公路沥青路面设计规范》(JTJ 014—97)的规定换算成标准轴载BZZ-100的作用次数，然后，根据每类中各车型的换算系数及交通组成得到每类的轴载换算系数$F_j(j=1,2,\cdots,5)$，具体采用下式计算

$$F_j=\frac{\sum(f_{mji}N_{ji}+f_{kji}E_{ji})}{\sum(N_{ji}+E_{ji})} \tag{1}$$

式中，F_j为第j类车辆换算成标准轴载的轴载换算系数；f_{mji}为第j类中第i种车型满载时换算成标准轴载的换算系数；f为第j类中第i种车型空载时换算成标准轴载的换算系数；N_{ji}为第j类中第i种车型的满载通过数；E_{ji}为第j类中第i种车型的空载通过数。

式(1)是针对某一路段的某个测点来进行计算的，而对于同一路段，各测点的交通量大小不同，应采用加权平均的方法计算各路段各类车型的平均轴载换算系数$\overline{F}_j$，即：

$$\overline{F}_j=\frac{\sum F_{jk}M_{jk}}{M_{jk}} \tag{2}$$

式中，$\overline{F}_j$为各车型大类的平均轴载换算系数；F_{jk}为第k测点第j类车型的轴载换算系数；M_{jk}为第k测点第j类车辆的通过数；$M_{jk}=N_{jk}+E_{jk}$，其中N_{jk}为第k测点第j类车辆的满载通过数，E_{jk}为第k测点第j类车辆的空载通过数。

通过对调查数据的分析计算，推荐湖南和广西干线公路的5类车辆轴载换算系数如表1。

5类车辆轴载换算系数推荐值　　表1

车型分类	湖南省		广西壮族自治区
	国道	省道	南宁—北海公路
中型载货汽车(F_1)	0.1178	0.1066	0.1271
大型载货汽车(F_2)	0.8710	0.8286	0.9418
载货汽车拖挂车(F_3)	0.1885	0.1562	0.8442
大型客车(F_4)	0.4094	0.4094	0.4878
大中型拖拉机(F_5)	0.2625	0.2625	0.2625

同时，为了研究干线公路交通量增长率的变化规律，通过对17条主要干线公路10年来的交通观测资料的统计分析，得到中南片区干线公路交通量增长率为：国道5%～10%，省道4.5%～9%。

2.2 交通量等级划分

交通量是路面结构设计的重要参数，半刚性路面结构的承载能力和路面疲劳破坏及使用功能都与路面的标准轴载累计作用次数的数量级有关，因此，合理的交通量分级为设计出的路面结构提供经济可靠的保证。根据《公路沥青路面设计规范》的有关规定，本文采用标准轴载BZZ-100的累计当量轴次来分级。

为了合理地划分交通量等级，选取典型结构来考察分析在不同的累计当量轴次作用下，路面结构厚度的变化规律，并以结构厚度递减不超过10cm为原则，来划分交通量等级。由于《公路沥青路面设计规范》中的沥青路面结构设计方法中设计弯沉和弯沉综合修正系数综合考虑了各级路面的情况，而对于高等级公路的半刚性路面不尽合理。因此，容许弯沉 l_R 按下式计算：

$$l_R = \frac{22.0}{N_e^{0.26}} \tag{3}$$

式中，l_R 为路表容许弯沉值，mm；N_e 为设计年限内一个设计车道的累计当量轴次。

弯沉综合修正系数 F 计算式如下

$$F = 2.01\left[\frac{E_0 L_R}{2p\delta}\right]^{0.46} \tag{4}$$

式中，E_0 为土基回弹模量，MPa；p 为荷载当量均布压力，MPa；δ 为荷载当量圆半径，cm。根据式(3)和式(4)，选取图1所示结构进行设计，计算结果见表2。

	厚度(cm)	模量(MPa)
面层	9(3/6),12(5/7)	1 200/1 000
基层	20	800
底基层	?	400
//八\土基		30,50

图1 设计选用结构

设计结果 表2

面层厚度(cm)	土基模量(MPa)	交通量 N_e(×10^4 轴次)			
		500	800	1200	1800
3/6	30	37.6	44.6	51.3	58.7
	50	31.0	38.6	45.9	54.2
5/7	30	32.7	39.5	46.0	53.0
	50	25.8	33.0	40.1	47.8

从表 2 中可以看出，在以上 4 个交通量作用下，结构厚度递减幅度基本上相等，大多在 7cm 以内。同时，计算结果表明，累计标准轴次的少量差别，对路面的设计弯沉值无明显影响，而设计弯沉值的少量差别对路面结构层的厚度也无大的影响，所以，对交通量等级的划分无需太细。根据国标《沥青路面施工技术规范》(GBT 92—93)的规定：中国高等级公路交通量最低标准为一个车道的设计交通量一般均在 500 辆/日(BZZ-100)以上。若年增长率 $\gamma=7\%$，设计年限 $n=15$ 年，则累计当量轴次为：$N_e=4.85\times10^6$(轴次)。因此，交通量等级划分的最小值取 5×10^6(轴次)，同时，考虑到干线公路的修建、养护的需要和今后高等级公路建设发展的需要，将交通量划分为 4 个等级，如表 3 所示。

交通量等级的划分　　表 3

交通等级	累计标准当量轴次	初始日平均当量轴次
T_4	$<5\times10^6$	<1 587
T_3	$5\times10^6\sim8\times10^6$	1 587～2 539
T_2	$8\times10^6\sim12\times10^6$	2 539～3 809
T_1	$12\times10^6\sim18\times10^6$	3 809～5 713

注：设计年限为 15 年，交通量年平均增长率采用 5%，车道系数取 0.4。

3　半刚性材料设计参数

为了对中南片区干线公路路面结构中常用的几种半刚性材料的强度形成规律、水稳性能和抗裂性能等性质有一个较全面的认识和了解，以便为半刚性路面设计和合理选材提供可靠的科学依据，共选取了 8 种较典型的半刚性材料进行了不同龄期的抗压强度、抗压模量、弯拉强度、弯拉模量的室内试验，水稳性及冻融循环试验以及抗温缩性能试验。通过大量的室内试验与分析计算，得到如下结果。

(1)不同类型或不同材料组成的半刚性材料，其强度的模量随龄期增加而增长的速度是不相同的。水泥稳定类、水泥石灰综合稳定类及二灰稳定类的强度和模量随龄期增长的幅度较大，其中综合稳定类中，以稳定含粒料土类效果较佳，其强度和模量后期增长趋势超过水泥稳定类；在二灰稳定类中，稳定粒料与稳定细粒土之间存在着明显的差异，二灰稳定粒料类的强度和模量增长趋势较快，后期强度仍有较大的增长。四类半刚性材料中，以石灰稳定类材料的力学指标最差。

(2)对于 6 种典型的半刚性材料，按水稳性能好坏的顺序排列为：水泥石灰综合稳定粒料土类>水泥石灰稳定砂性土类>二灰土>石灰稳定碎石土>石灰稳定山砾土>石灰土。根据 4 种半刚性材料冻融试验结果，按冻融稳定性能好坏的顺序排列为：水泥石灰综合稳定砂土>水泥石灰综合稳定山砾土>二灰土>石灰稳定类。

(3)选取 5 种半刚性材料进行抗温缩性能试验，试验结果表明，半刚性材料的温缩系数 α_t 随强度和刚度的增加而增大。集料含量对 α_t 有显著的降低作用，即掺集料的半刚性材料具有比纯结合料更优良的性能，在接近最佳含水率状态时的 0～－10℃温度区间内，有最大的 α_t 值，按 α_t 值大小排列顺序为：石灰土>二灰土>石灰稳定砂砾土>水泥砂砾>二灰砂砾，即二灰砂砾的抗温缩性能最好。

(4)通过室内试验与野外实测综合论证，中南片区干线公路常用路面材料设计参数建议值见表4。

中南片区干线公路常用路面材料设计参数建议值 表4

序号	材料名称	抗压回弹模量 E (MPa)	抗拉强度 S (MPa)	序号	材料名称	抗压回弹模量 E (MPa)	抗拉强度 S (MPa)
1	中粒式沥青混凝土	1 200	1.5～2.0	5	石灰碎(砾)石土	400～500	0.2～0.3
2	粗粒式沥青混凝土	1 000	1.0～2.0	6	水泥石灰稳定砂土	500～600	0.35～0.5
3	水泥稳定粒料	900～1 000	0.4～0.7	7	二灰土	400～550	0.3～0.4
4	二灰稳定粒料	700～900	0.4～0.7	8	石灰土	350～450	0.2～0.3

4 土基强度参数

4.1 土基回弹模量 E_0 与 CBR 值对比试验

回弹模量 E_0 与承载比 CBR 用于表征土基刚度指标均反映了土基的力学特性。中国路面设计体系中是采用 E_0 作为路基设计参数，通过室内对比试验研究，确定 E_0 与 CBR 之间的统计关系，可以方便地根据室内试验得到的 CBR 间接确定土基回弹模量 E_0，以用于路面结构设计，也便于与国外的 CBR 设计方法进行对比。为了探讨中南片区的土基回弹模量 E_0 与 CBR 之间的统计关系，选择了2种土样进行室内对比试验，得到16组数据，如表5所示。

对比实验数据 表5

序号	CBR(%)	E_0(MPa)	序号	CBR(%)	E_0(MPa)	序号	CBR(%)	E_0(MPa)	序号	CBR(%)	E_0(MPa)
1	12.1	57.7	5	6.1	40.0	9	9.3	38.1	13	2.3	23.3
2	10.8	48.0	6	6.9	40.4	10	5.4	26.7	14	2.4	14.5
3	12.6	53.6	7	7.6	38.5	11	5.4	26.8	15	2.7	15.7
4	11.5	56.4	8	6.6	40.1	12	4.8	28.3	16	2.9	18.2

通过统计分析，得到回归公式为

$$E_0 = 9.04\mathrm{CBR}^{0.72} \qquad (n = 16, r = 0.894) \tag{5}$$

4.2 土基强度等级划分

在中国柔性路面设计理论中，土基回弹模量是路面结构设计的基本参数。确定土基回弹模量的方法有查表法和实测法等。由于查表法比较粗糙，故采用在已建路基上通过实测承载板或弯沉的结果来确定。从野外调查的结果来看，承载板实测的土基模量极少出现小于30MPa的情况，因此，将土基最小模量要求为30MPa。对于达不到要求的路段，应作适当的处理。对于高等级公路的半刚性路面，土基强度要求在30MPa以上，是符合高等级路面的强度要求的。

为了考察随着路面结构厚度变化土基回弹模量 E_0 的变化规律，选取了6种不同交通等级、不同材料组成的典型结构24个，对每一个结构按面层和基层厚度不变，而以5cm一级改变底基层的厚度，来分析 E_0 的变化规律。通过大量计算得到多条曲线，可以看出，E_0 随底基层厚度的减薄而递增，各条曲线的变化趋势基本相同，其递增速率大致可分为3个阶 E_0 段：①当 $E_0=30\sim45$MPa时，曲线较陡，即随着底基层厚度变薄，土基强度变化速率越大；②当 $E_0=45\sim65$MPa时，曲线逐渐变缓；③当 $E_0>65$MPa时，曲线变得平缓，即土基对底基层厚度的影响不敏感。因此，对于 $E_0<65$MPa，土基对路面结构厚度的影响敏感，故此时，土基强度划分可以适当细一些；而 $E_0>65$MPa，随着 E_0 的增加结构层厚度变化较慢，故土基强度划分可粗些。因此，以 E_0 为划分指标，将土基强度划分为3个等级，见表6。

土基强度等级划分　　表6

等　级	土基回弹模量(MPa)	CBR(%)
S_1	$30\leqslant E_0<45$	5.3～9.3
S_2	$45\leqslant E_0<65$	9.3～15.5
S_3	≥65	≥15.5

5　路面典型结构组合验算及推荐

路面结构应具有足够的承载能力和耐久性、抗裂性和抗滑性好及车辙少等特征，因此，为了使路面结构组合达到以上要求，应考虑在不同交通等级下沥青面层的合适厚度、半刚性材料的选择及基层最小厚度等因素。

5.1　沥青面层的合适厚度

长期以来，国外普遍认为半刚性基层沥青路面面层的裂缝是由于半刚性基层引起的反射裂缝，所以，国外常用加厚沥青面层厚度的方法来克服裂缝的产生，一般沥青面层厚度为17～30cm。中国从1984年开始修建高速公路，沥青面层厚度多为12～20cm。根据"七五"期间对半刚性路面裂缝的研究成果表明，在未开裂的半刚性基层上铺筑较厚的沥青面层后，表面的裂缝主要是面层本身的温度裂缝。温度应力光弹试验和有限元计算也表明，优质半刚性基层上沥青面层越厚，温度应力越大。因此，面层越厚，越容易出现温度裂缝。同时，增厚沥青面层会明显增加车辙深度，以及大大提高投资，造成不必要的资源浪费。故此，推荐沥青面层合适厚度为：高速公路12cm左右，一级公路8～12cm。

考虑到高等级公路中各级公路的交通量以及气候条件都有着明显的差异，同时，载货汽车的比例也有较大的差异。因此，应根据设计使用年限内的累计标准轴次来确定沥青面层厚度，对于中南湿热地区高等级公路沥青面层的合适厚度建议为：$<5\times10^6$ 轴次为7cm；$5\sim8\times10^6$ 轴次为9cm；$8\sim12\times10^6$ 轴次为12cm；$12\sim18\times10^6$ 轴次为15cm。

5.2　半刚性基层材料选择及最小厚度

半刚性基层材料的收缩性对沥青面层裂缝的轻重程度有很大影响，根据前述进行的半刚性材料的性能试验，应采用水稳性、抗冻性及抗温缩性好的强度高的材料。对于中南片区的特殊气候条件，我们建成：对于一般公路，基层材料可采用无机结合料稳定中粒土或粗粒土，而高等级公路基层材料应采用水泥稳定或二灰稳定粒料及水泥石灰综合稳定粒料土类，而石灰土或稳定细粒土材料只宜在底基层使用。

根据基层坚实、稳定可靠及经济合理的原则，经过大量的调查分析和理论计算，建议湿热地区高等级公路半刚性基层最小厚度为 20～25cm。

5.3　典型结构组合厚度的推荐

在上述研究成果的基础上，按照以下基本原则推荐了中南片区半刚性基层沥青路面的典型结构组合图式，见图 2。

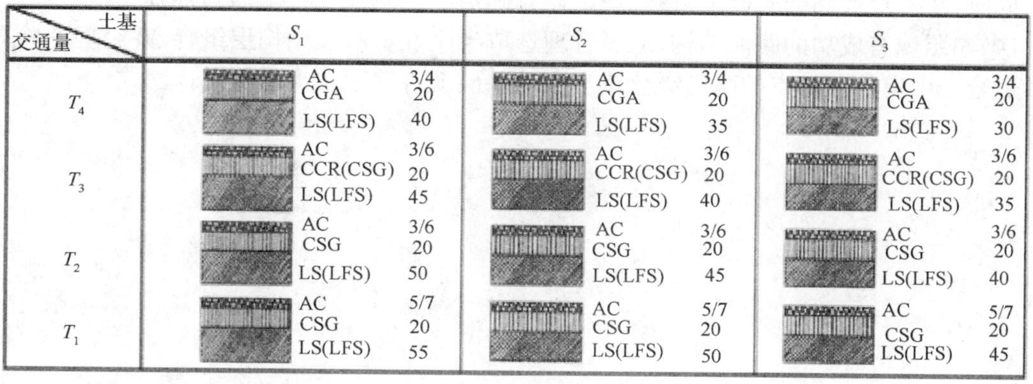

土基 交通量	S_1	S_2	S_3
T_4	AC 3/4 CGA 20 LS(LFS) 40	AC 3/4 CGA 20 LS(LFS) 35	AC 3/4 CGA 20 LS(LFS) 30
T_3	AC 3/6 CCR(CSG) 20 LS(LFS) 45	AC 3/6 CCR(CSG) 20 LS(LFS) 40	AC 3/6 CCR(CSG) 20 LS(LFS) 35
T_2	AC 3/6 CSG 20 LS(LFS) 50	AC 3/6 CSG 20 LS(LFS) 45	AC 3/6 CSG 20 LS(LFS) 40
T_1	AC 5/7 CSG 20 LS(LFS) 55	AC 5/7 CSG 20 LS(LFS) 50	AC 5/7 CSG 20 LS(LFS) 45

图 2　中南片区高等级公路半刚性基层沥青路面典型结构组合推荐图式

注：本图未列出所有推荐的典型结构，详细内容可参考文献[5]。面层 AC-沥青混凝土；基层：CGA-二灰级配集料；CCR-水泥碎石；CSG-水泥砂砾；底基层：LS-石灰土；LFD-二灰土。

(1)所推荐的材料均是根据各地区多年来的使用经验总结与本文研究成果而选用的，具有较典型的代表性；并吸收了近年来开发使用的新材料。

(2)所有推荐结构的厚度均按照《公路沥青路面设计规范》的规定进行了验算，其中容许弯沉 l_R 与弯沉综合修正系数 F 按式(3)与式(4)计算。验算结果表明，所有结构均达到弯沉和弯拉应力两个设计指标的要求。

(3)对于土基回弹模量 $E_0<30$MPa，应对土基进行加固处理或设置垫层，以保证土基强度达到 S1 级标准；当 $E_0<20$MPa 时，应对路基顶面以下至少 50cm 范围内进行换土或作改善处理；而对于软土路基，则应另作特殊设计。

5.4　典型结构设计使用指南

至此，可以采用典型结构法进行半刚性路面结构的设计，具体如下。

(1)确定交通量等级。首先按照《公路沥青路面设计规范》中的 4.35 次方或表 1 推荐的轴载换算系数，根据混合交通量调查资料计算竣工年初始交通量 N_1；然后，根据交通量年增长率与设计年限来计算累计交通量 N_e；最后根据 N_e 参考表 3 确定交通量等级。

(2)确定土基强度等级。根据土质、密实度和含水率，采用实测法和查表法确定土基回弹模量 E_0，或通过室内承载板测得的 CBR 值采用式(5)计算 E_0，而后由 E_0 参考表 6 确定土基强度等级。

(3)确定路面结构组合。考虑就地取材与经济可靠的原则，由交通量等级和土基强度等级，根据图 2 选定合理的路面结构组合。

6　结语

(1)通过对中南片区几条高等级公路半刚性路面的交通资料进行实地调查和收集，得到了混合交通中5类车辆的轴载换算系数和交通量年平均增长率。同时，通过理论计算和分析比较，确定了交通量等级的划分方法。

(2)通过室内外试验，研究了中南片区常用半刚性材料的物理力学性能，并提出了半刚性材料设计参数的建议值。

(3)通过对室内测得土基模量 E_0 和承载比CBR的统计回归，建立了 E_0 和CBR的经验公式。同时，在实地检测的基础上，通过理论计算确定了土基强度等级的划分方法。

(4)参照现有成功的路面结构，通过合理选取半刚性材料及结构层组合，并经理论验算，推荐了适合于中南片区特点的高等级公路半刚性基层沥青路面典型结构设计图式。

沥青路面结构室内直槽试验验证的研究

查旭东 张起森
（长沙交通学院 长沙 410076）

摘要：利用室内直槽修筑的4段典型的半刚性基层沥青路面结构，对其弯沉和拉应力进行测定，并对实测值和理论值进行对比分析，验证交通部"八五"科技项目"沥青路面设计指标与参数的研究"推荐的路面材料设计参数、弯沉综合修正系数与拉应力计算等的合理性。通过大量的实测数据和分析计算表明，推荐的设计参数和设计方法是合理的，可纳入设计规范，应用于工程设计。

关键词：沥青路面 半刚性基层 弯沉 拉应力

20世纪90年代以来，随着我国高等级公路建设的迅猛发展，半刚性基层沥青路面得到越来越广泛的应用，而《公路柔性路面设计规范》(JTJ 014—86)于1987年颁发实施，其中的许多内容是建立在80年代较为常用的柔性基层与沥青表面处理结构的基础之上，甚至部分内容沿用了78规范的设计方法。因此，86规范已不能满足当前半刚性基层沥青路面结构设计的要求，交通部"八五"期间开展了"沥青路面设计指标与参数"项目的研究，其目的就是针对86规范的不足之处，对设计指标和设计参数等进行修订。

为了验证本项目研究成果的合理性，在长沙交通学院的室内大型直槽试验室修筑了4段典型的半刚性基层沥青路面结构，并埋设压力盒、应变计与传感器测定弯沉和拉应力，通过实测结果和理论计算进行分析，研究半刚性基层沥青路面的应力应变的性质和工作情况，以验证项目组提出的材料参数、弯沉综合修正系数F及拉应力等设计指标和设计参数。

1 直槽试验路方案

直槽试验路共14m长，3.2m宽，采用了4种典型的半刚性基层沥青路面结构，分别模拟一级、二级和三级公路的路面结构。全部采用石灰土作底基层，基层分别采用水泥稳定砂砾、二灰碎石、水泥灰土砂与级配碎石，上面层采用细粒式沥青混凝土，下面层采用粗粒式沥青混凝土，对一级公路路面结构，增设沥青碎石作为联结层。试验路于1993年2月22日开工，7月28日完成，9～11月进行测试，面层测试温度为10～20℃。施工中严格控制各结构层的压实度，根据实测结果，各层实际压实度及含水率情况见表1。从表1可以看出，试验路的施工质量很高。

试验路各结构层材料压实度及含水率实测结果　　表1

实测项目	土基	级配砾石	石灰土	二灰碎石	水泥灰土砂	水泥稳定砂砾	级配碎石
压实度K(%)	93.0	99.0	93.0	97.5	98.1	99.0	99.0
含水率w(%)	14.2	4.0	17.0	10.7	9.0	6.0	5.0

摘自《土木工程学报》2000年10月第33卷第5期。

埋设的传感器元件分别采用了应变式 BW-0.4 型、钢弦式 JXY4 型振弦式双膜压力盒及应变测量传感器等 3 种。压力盒在使用前进行防潮处理，并用气压进行标定，为了保证压力盒受压均匀，埋设时将埋设点整平后垫上一层细料（过 1mm 筛孔），压力盒安装好后再在其上铺 1.5～2.0cm 厚的细料。

过去路面结构层测定应变，一般是采用试件块直接粘贴应变片的方法，将试件块埋设到测试位置。实践表明，这种方法存在着几个缺点：试件块与结构层难以很好地结合；应变计直接与试件接触，防潮效果差；埋设时易造成应变计焊点脱落。针对这些缺点，通过自制路面结构层应变测量传感器，采用联合式防潮处理，大大提高了应变元件的绝缘度，这种元件为预埋式，埋设时与压力盒的要求相同，这样，保证了应变传感器两端与路面结构层紧密结合，提高了测量精度。同时，保护装置保证了施工时不会因不小心而造成应变元件的失效。

试验路竣工的路面结构、传感器埋设和测点布置如图 1 所示。

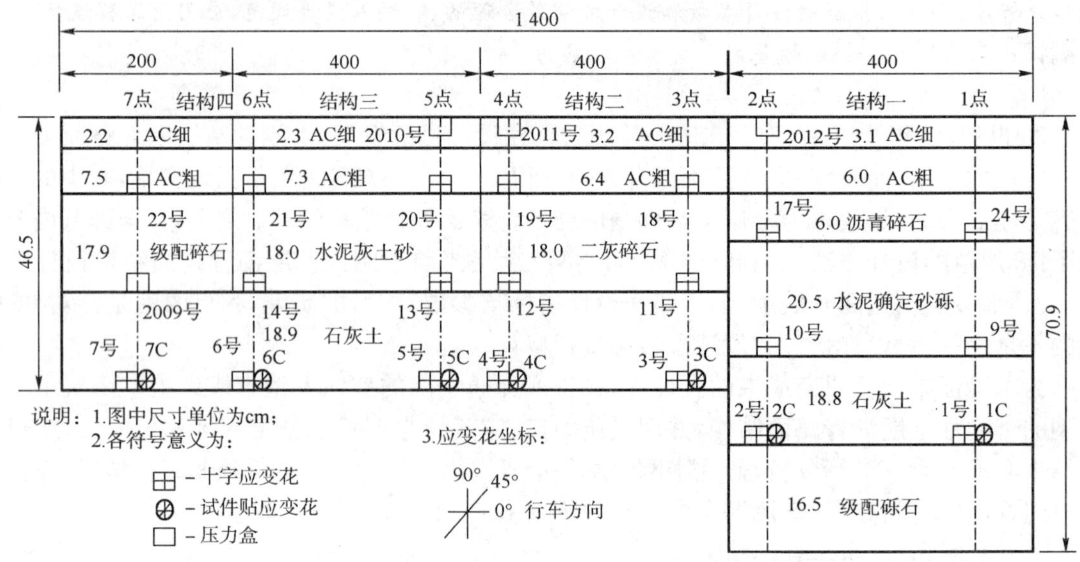

图 1 直槽试验路方案示意图

2 基本原理

2.1 弯沉的计算

通过对吉林长农、山西盂县、广西南格、湖北麻城、广东广深高速公路与山东淄川等试验路，以及“七五攻关”的西安试验路等资料的汇总，理论弯沉值 l_L 采用推荐的抗压模量值进行计算。同时，由于半刚性基层沥青路面的基层整体性好且强度和刚度高，因此土基模量 E_0 对弯沉的影响要比柔性基层结构小，为了削弱 E_0 的影响，根据实测弯沉值 l_s 并考虑两倍均方差，推荐弯沉综合修正系数 F 的计算公式为

$$F = 1.63\left(\frac{l_s}{d}\right)^{0.38}\left(\frac{E_0}{p}\right)^{0.36} \tag{1}$$

式中，d、p 分别为标准车型的轮胎当量圆直径（cm）和接地压强（MPa），对于标准轴载 BZZ-100，$d=21.3$cm，$p=0.7$MPa。

又 $F=l_s/l_L$，若弯沉的单位取为 0.01mm，则可以得到实际弯沉值 l_s。的计算公式为

$$l_s = 0.006\,016 \cdot E_0^{0.580\,6} \cdot l_L^{1.612\,9} \tag{2}$$

2.2 拉应力的计算

对于静态应变测量，由于长导线电阻、应变片的横向效应及环境湿度和温度等的影响，实测应变应进行修正。前已述及，应变计采用了联合式防潮处理，同时，测定时对环境温度进行了温度补偿和严格检测，因此不进行环境湿度和温度的修正。另外，采用了公共地线接桥法，不需进行长导线修正。因而主要考虑横向效应的平面修正，修正公式采用式(3)计算。

$$\left.\begin{aligned} \varepsilon_0 &= Q(\varepsilon_{m0} - H\varepsilon_{m90}) \\ \varepsilon_{90} &= Q(\varepsilon_{m90} - H\varepsilon_{m0}) \\ \varepsilon_{45} &= Q[(1+H)\varepsilon_{m45} - H(\varepsilon_{m0} + \varepsilon_{m90})] \end{aligned}\right\}$$

$$Q = \frac{1-\mu H}{1-H^2} \tag{3}$$

式中，ε_0、ε_{45}、ε_{90} 分别为 0°、45° 和 90° 方向修正后的应变；ε_{m0}、ε_{m45}、ε_{m90} 分别为 0°、45° 和 90° 方向的实测应变；H 为应变片材料的横向效应系数，取 0.03；μ 为沥青混凝土或半刚性基层材料泊松系数，取 0.25。

根据弹性层状体系理论，荷载中心垂线处的主应力方向即直角坐标的三个方向：行车方向、横断面方向和垂直向。由于路面结构内部各点受三向力的作用，属于空间问题，而测得的应变只有水平向的行车方向（0°）和横断面方向（90°）的两个应变值，垂直向的应变没有测定，在分析计算时，垂直向的应变值采用理论计算结果。对于水平向的两个主应变，根据式(3)进行修正得到的 ε_0、ε_{45} 和 ε_{90}，按式(4)计算最大和最小拉应变 ε_{max} 和 ε_{min}。由于路面结构分析时，主要考虑最大应力，故验证时只取最大应力值，采用式(5)计算。

$$\left.\begin{matrix} \varepsilon_{max} \\ \varepsilon_{min} \end{matrix}\right\} = \frac{1}{2}(\varepsilon_0 + \varepsilon_{90}) \pm \frac{1}{2}\sqrt{(\varepsilon_0 - \varepsilon_{90})^2 + (2\varepsilon_{45} - \varepsilon_0 - \varepsilon_{90})^2} \tag{4}$$

$$\sigma_{max} = \frac{E}{(1+\mu)(1-2\mu)} \times [(1-\mu)\varepsilon_1 + \mu(\varepsilon_2 + \varepsilon_3)] \tag{5}$$

式中，E 和 μ 为测定层的回弹模量和泊松系数(取 0.25)；ε_1、ε_2、ε_3 为 3 个主应变值。

2.3 材料设计参数

根据本项目的研究成果，路面结构材料的设计参数推荐值见表 2，在验证分析时，各设计参数按推荐范围分别取高、中和低 3 组限值。对于沥青混合料，计算弯沉时取 20℃的模量值，计算拉应力时取 15℃的模量值。对于土基模量 E_0，通过承载板试验测定结果见表 3，同时考虑两倍均方差，最终选取 $\bar{E}_0 \pm 2\sigma$ 作为 E_0 的界限值，则 E_0 的取值分别为：40.1MPa、66.2MPa 和 92.3MPa。

3 试验验证

3.1 弯沉的试验验证

根据图 1 的路面结构组合和表 2、表 3 的材料参数推荐值，对实测弯沉和理论弯沉进行比较分析，得到的弯沉验证结果见表 4。表中理论弯沉值 l_L 根据弹性层状体系理论计算；计算弯沉值为修正后的理论弯沉值，采用式(2)计算；实测弯沉值 l_s 是根据弯沉实测结果，并考虑两倍均方差与季节、温度和湿度影响系数得到。

路面结构材料设计参数推荐值 表2

材料名称	抗压模量(MPa)		劈裂强度(MPa)
	20℃	15℃	
细粒式沥青混凝土	1 200～1 600	1 800～2 200	1.2～1.6
粗粒式沥青混凝土	800～1 200	1 200～1 600	0.6～1.0
沥青碎石	600～800	—	—
二灰碎石	1 300～1 700		0.5～0.8
水泥稳定砂砾	1 300～1 700		0.4～0.6
水泥灰土砂	800～1 200		0.3～0.4
石灰土	400～700		0.2～0.25
级配碎石(基层)	250～300		—
级配砾石(底基层)	200～250		—

土基回弹模 E_0 的承载板测定结果 表3

含水率 w(%)	E_0 的实测结果				平均值(MPa)	均方差(MPa)
	1	2	3	4		
14.2	54.2	65.6	84.5	60.6	66.2	13.1

弯沉值验证结果 表4

结构	编号模量	取值理论弯沉值 l_L (0.1mm)	计算弯沉值 l_LF (0.01mm)	弯沉综合修正系数 F	实测弯沉值 l_s (0.01mm)	绝对误差 l_LF-l_s (0.01mm)
一	低	51.7	29.8	0.575 8	15.8	14.0
	中	35.7	21.9	0.613 5		6.1
	高	27.6	17.6	0.636 2		1.8
二	低	64.2	42.2	0.657 7	20.2	22.0
	中	42.9	29.4	0.686 7		9.2
	高	32.5	22.8	0.702 6		2.6
三	低	68.0	46.3	0.681 3	29.6	16.7
	中	45.2	32.0	0.709 2		2.4
	高	34.1	24.6	0.723 5		−5.0
四	低	82.0	62.7	0.764 2	38.1	24.6
	中	57.6	47.4	0.822 8		9.3
	高	45.3	39.0	0.861 5		0.9

从表4可以看出，计算弯沉值要比实测弯沉值大，各结构层设计参数取低限值时，实测弯沉值与计算弯沉值之间存在较大误差；取中值时，二者误差都在10.0(0.01mm)以内；取高限时，误差都在5.0(0.01mm)以内。

弯沉综合修正系数 F 的计算公式(1)是根据全国各地区的试验路数据得到,并且设计参数的推荐值也是根据各地区室内外试验结果确定。因此,F 的推荐公式比较普遍地反映了各地区材料性能与施工质量等的平均水平。相比而言,直槽试验路严格按施工技术规范进行质量控制,相应的结构材料性能比较好,实际模量值应偏高。从模量均取高限值来看,二者误差都在 5.0(0.01mm)以内,误差完全满足工程设计要求。另外,为了保证路面结构设计具有一定的安全余量,采用式(1)进行弯沉修正是合理的。

3.2 拉应力的验证

拉应力的理论计算值采用弹性层状连续体系计算,实测值为实测应变的平均值,并进行修正。水平向的两个主应变,对于 3 片应变花采用式(4)计算;对于 2 片应变花,根据层状体系理论,可认为测得的应变即为主应变值,可直接采用。确定主应变后按式(5)计算层底的最大拉应力,拉应力的验证结果见表 5~表 7。表中相对误差定义为

$$E=\frac{\sigma_s-\sigma_m}{\sigma_m}\times 100\ \% \tag{6}$$

从表 5~表 7 可以看出,各结构层的实测拉应力值和弹性层状体系计算的理论拉应力值,二者相对误差虽然较大,但在模量取中值时,面层拉应力的相对误差基本上在 10%以内,完全满足工程设计要求;对于基层和底基层的拉应力,模量取值在中高限范围内时,实测值在理论值范围内。这说明采用弹性层状体系理论分析路面结构层的拉应力是正确的,推荐的模量参数是合理的。对于非沥青混合料结构层可以采用抗压模量计算拉应力,因此,可取消《公路柔性路面设计规范》(JTJ 014—86)中的弯拉模量的有关规定,在验算不同结构层的拉应力时,不需在同一结构层取两套模量。同时,验算沥青层的拉应力时,应选用 15℃的抗压模量,并且可以直接采用弹性层状连续体系,不必考虑两层界面之间的滑动接触。

面层拉应力验证结果表 表 5

结构编号	实测应变值(με)		修正应变值(με)		模量取值	竖应变 ε_3 (με)	实测拉应力 σ_s (MPa)	理论拉应力 σ_m (MPa)	相对误差 (%)
	ε_{m0}	ε_{m90}	ε_1	ε_2					
一	7	−45	8.3	−44.9	低	−237	−0.062	−0.060	2.8
					中	−207	−0.064	−0.059	7.7
					高	−184	−0.065	−0.058	12.6
二	5	−70	7.1	−69.7	低	−120	−0.081	−0.094	−13.9
					中	−100	−0.083	−0.087	−4.5
					高	−86.3	−0.086	−0.083	4.0
三	48	−94	50.5	−94.8	低	−150	−0.045	−0.039	14.9
					中	−123	−0.037	−0.045	−17.4
					高	−104	−0.030	−0.049	−38.1
四	268	−140	270.4	−147.1	低	−210	0.218	0.240	−9.2
					中	−184	0.269	0.255	5.4
					高	−164	0.320	0.268	19.4

基层拉应力验证结果表

表 6

结构编号	实测应变值(με)		修正应变值(με)		模量取值	竖应变 ε_3 (με)	实测拉应力 σ_s (MPa)	理论拉应力 σ_m (MPa)	相对误差 (%)
	ε_{m0}	ε_{m90}	ε_1	ε_2					
一	67	51	65.0	48.7	低	−97.2	0.076	0.143	−46.7
					中	−80.4	0.098	0.121	−19.0
					高	−68.9	0.119	0.107	11.1
二	105	53	102.7	49.5	低	−125	0.121	0.215	−43.7
					中	−101	0.154	0.174	−11.5
					高	−86.1	0.185	0.150	23.1
三	108	45	105.9	41.5	低	−168	0.061	0.128	−52.2
					中	−131	0.091	0.108	−15.4
					高	−108	0.121	0.096	25.7

底层拉应力验证结果表

表 7

结构编号	实测应变值(με)			修正应变值(με)		模量取值	竖应变 ε_3 (με)	实测拉应力 σ_s (MPa)	理论拉应力 σ_m (MPa)	相对误差 (%)
	ε_{m0}	ε_{m90}	$\varepsilon_{m\theta0}$	ε_1	ε_2					
一	81	—	74	78.3	71.1	低	−114	0.031	0.048	−36.0
						中	−90.5	0.047	0.053	−10.6
						高	−75.1	0.065	0.056	15.4
二	140	169	106	168.7	68.3	低	−175	0.064	0.104	−38.5
						中	−132	0.097	0.102	−4.6
						高	−106	0.131	0.102	28.6
三	165	110	108	171.3	91.7	低	−187	0.067	0.113	−40.7
						中	−138	0.103	0.108	−4.7
						高	−110	0.139	0.106	31.0
四	160	97	132	192.8	88.5	低	−227	0.070	0.135	−47.8
						中	−169	0.110	0.129	−15.1
						高	−136	0.149	0.126	18.0

注:表中"—"表示应变计已损坏。

4 结语

通过对直槽试验路的 4 种典型的半刚性基层沥青路面结构进行的弯沉和拉应力的试验和理论验证,可以得到如下结论:

(1)可取消滑动接触的层间界面,采用层间界面为连接接触的弹性层状体系理论进行沥青路面结构设计。

(2)推荐的路面结构材料设计参数是合理的,符合我国当前半刚性基层沥青路面的材料性能和施工质量的总体水平。验算拉应力时,可取消弯拉模量,对于沥青混合料采用 15℃的抗压模量,非沥青混合料直接采用抗压回弹模量。

(3)采用式(1)的弯沉综合修正系数 F 的计算公式是合适的,误差满足工程设计要求,比较科学地反映了半刚性基层沥青路面结构的整体强度指标。

因此,弯沉综合修正系数计算公式(1)、材料参数的推荐值(表 2)以及拉应力的计算方法等,可纳入设计规范,应用于工程设计。

厦门海沧大桥桥面沥青铺装层直道疲劳试验研究

张起森 李宇峙 邵腊根 吴军 李闯民
(长沙交通学院路桥工程系 长沙 410076)

摘要：为制订交通部《钢桥铺装设计施工规程》，结合厦门海沧大桥的施工方案，进行了6种沥青混凝土典型铺装的直道疲劳试验。研究了铺装层应力场分布，回归统计了随轴载作用次数增加，应力应变的变化规律。根据直道疲劳试验结果，预测了6种典型铺装方案的疲劳寿命。

关键词：钢桥面铺装层 直道 疲劳试验 应变 荷载作用次数

沥青混合料的疲劳破坏明显地依赖于不同材料在一定试验方式下的应力—应变响应关系。从这个意义上讲，沥青混合料的疲劳特性研究与其应力—应变响应关系的研究是一个无法分割的有机整体，多数研究者认为对沥青混合料疲劳特性的研究最终都归结为对沥青混合料的应力应变响应关系的研究。因此，为了评价钢桥桥面沥青混合料铺装层的疲劳特性，研究不同桥面铺装层的应力应变及其随轴载作用变化的规律就显得十分重要了。桥面评价的力学—经验方法，一般利用弹性理论来预测桥面铺装层的响应或者利用弯沉来反算各层模量，根据经验公式和材料参数来预测在交通荷载作用下的桥面铺装层疲劳性能。这样的应力应变常常是计算出来的。真正了解实际桥面中铺装层的应变的唯一可靠方法就是用可靠的手段测量实际桥面中的应变。实际桥面铺装层在真实汽车荷载作用下的疲劳破坏试验，由于费用高、时间长，在实际中很难实施。而钢桥面结构在加速重复荷载作用下的直道疲劳试验，能在短短几个月的时间内模拟车辆荷载对钢桥面铺装层10年或数10年的作用效果，加速重复荷载试验得到了公路研究者的公认。加速重复荷载试验能非常好地模拟现场情况，因此笔者利用长沙交通学院的直道进行了6种桥面铺装方案的疲劳试验，根据动态采集的应变和对应作用次数，建立了应变和荷载作用次数的关系式，对典型桥面铺装方案疲劳特性作出了评价。

1 钢桥面铺装直道试验方案

直道钢桥模型的桥面为正交异形板，宽3m，长18m，以横梁位置及墩位分段，全桥可均分为6个3m长的试验段，可铺筑6种不同的桥面铺装方案，具体方案和试验目的如下。

方案一和方案二在于比较铺装上下层是否涂布乳化改性沥青黏结层对铺装结构的性能影响；方案二和方案三在于比较热喷锌与富锌漆两种防护层对整个铺装结构的性能影响，方案三是厦门海沧大桥采用的铺装结构；方案四是重庆公路科研所为汕头岩石大桥设计的铺装结构；方案六是日本专家为厦门海沧大桥推荐的铺装结构；方案五是重庆公路科研所方案和日本方

摘自《中国公路学报》2001年1月第14卷第1期。

案的混合形式;方案三、四、六可比较不同的铺装层混合料对铺装整体结构的性能影响。6种铺装方案包含了4种沥青混合料类型,即:SMA10、SMA13、SMA13A和AC13。

沥青:底层SMA10及SMA13A混合料均为重庆公路科研所的Y-2改性沥青结合料;表层SMA13及AC13混合料为重庆公路科研所研制的X-2改性沥青结合料。

石料:采用厦门路桥公司提供的辉绿岩碎石。

纤维:采用重庆公路科研所提供的沥青丸状纤维,其中沥青含量20%,纤维含量80%。4种沥青混合料的配合比及相应的性能参数见表1和表2。

沥青混合料的配合比 表1

级配	各筛孔(mm)的通过率(%)										沥青用量(%)	纤维用量(%)
	16.00	13.20	9.50	4.75	2.36	1.18	0.60	0.30	0.15	0.075		
SMA10	100	100	98.3	40.7	30.3	23.1	19.5	16.1	14.3	11.4	6.8	0.4
SMA13A	100	94.3	69.5	29.5	23.3	20.4	17.2	15.8	13.3	11.1	6.3	0.4
SMA13	100	93.3	55.4	26.2	22.9	18.2	15.8	13.4	13.3	10.1	6.7	0.4
AC13	100	97.2	81.4	50.3	50.3	31.4	22.7	13.3	10.8	7.9	5.3	

沥青混合料的性能参数 表2

级配	空隙率(%)		马氏稳定度(kN)		流值(0.1mm)	
	实测值	要求值	实测值	要求值	实测值	要求值
SMA10	2.8	2.5～3.5	12.51	大于6.2	36.7	20～40
SMA13A	3.4	2.5～3.5	10.64	大于6.2	31.6	20～40
SMA13	4.0	3.5～4.5	8.89	大于6.2	38.3	20～40
AC13	4.5	3～6	15.68	大于7.5	32.7	20～40

铺装施工中,混合料的级配控制以表1中的配合比为目标值,集料对目标值的容许波动范围是:对16、13.2、9.5(mm)筛为4%;对4.75、2.36、1.18、0.6(mm)筛为3%;对0.075(mm)筛为2%。沥青含量对目标值的容许偏差为0.3%。

底层SMA10及SMA13A混合料拌和温度为195～210℃,压实终了温度为150℃;表层SMA13及AC13混合料拌和温度为185～210℃,压实终了温度为140℃;底层及表层铺装压实度均不低于98%。

2 测试仪器

2.1 动态数据采集系统

自行研制的直道试验动态数据采集系统,采用3台计算机对钢桥进行动态数据采集,采集的数据可永久保存,可随时调用任一通道、任一运行次数的数据。动态数据采集流程如图1所示。为保证采样速度与测试精度,专门采用了16位高精度300kHz高速A/D采样卡,设计并制作了高稳定度、高灵敏度、高抗干扰的动态数据前端放大部分。这些都有助于确保钢桥面铺装动态数据采集的真实性、可靠性。

2.2 应变花的布设图

考虑到已涂热喷锌表面需即时做黏结层及溶剂型沥青橡胶,其上均不宜贴应变片,故只选方案三、四(涂富锌漆段)作钢桥裸板上下应力应变对比测试,对其余方案在其底部相应位置贴应变花。应变花分别埋于各节段中心,具体位置根据理论计算和钢桥裸板测试结果确定,见图2,方案一、二和方案五、六在其钢板底部贴5×3个应变片,在沥青铺装层表面贴2×3个应变片。方案三和方案四还增加了钢板表面的5×3个应变片。箔式应变片的灵敏系数均为2.06,整个钢桥铺装层共布设156个应变片。按图2所示荷位对钢桥模型加载测试。6个热电偶分别埋设在各段中央的中间层内。

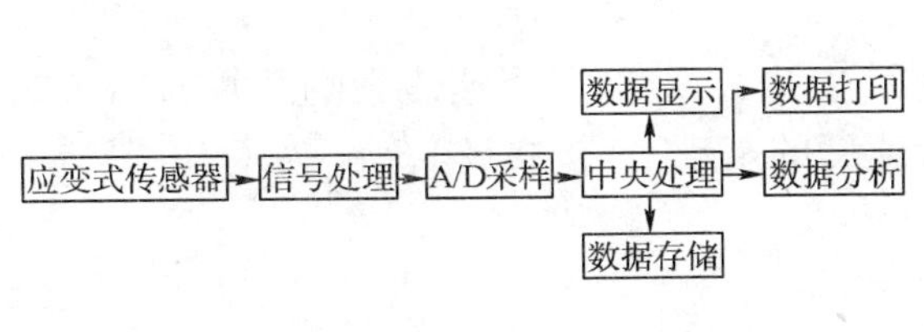

图1 动态数据采集系统流程

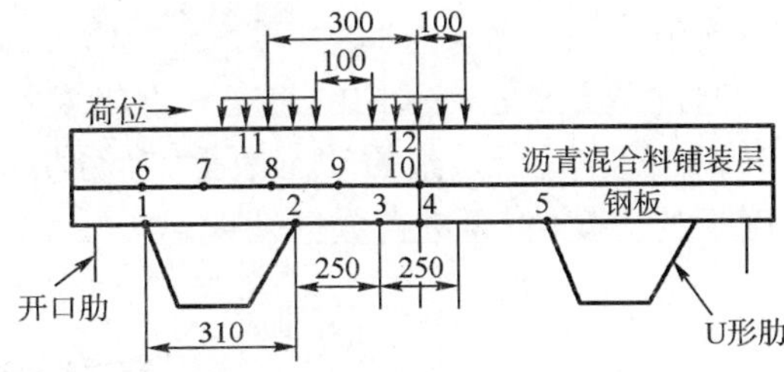

图2 钢桥应变花布设(横断面)(尺寸单位:mm)

2.3 试验加载车

试验加载车的加载轮为双轮组驱动轮,标准质量5.0×10^3kg,接地压力为0.7MPa。运行速度0~30km/h。驱动部分为无级变频调速,节省能源,速度控制准确。主控制部分与加载控制部分采用无线通信,各种指令只需一次性设置,加载车将按指令运行(运行次数、速度、单双向加载),既可做单向加载,也可做双向加载,并能模拟车辆对路面做横向正态分布加载。

3 钢桥桥面铺装层疲劳特性

3.1 加载车速对应变的影响

由于车轮通过某个点时,速度会有些变动,因此需要测定其瞬时速度。瞬时速度的获取方法是:因为在采集数据时,同一台计算机要采集相邻的3个方案共30个通道的数据,各通道的数据都是加载车从运行到同一桥面横断面时同时开始采的;当加载车正好经过某一通道对应的桥面应变片位置时,此时,此通道应变达到最大值,即出现峰值,因此,相邻的两方案由于处于不同的横断面位置,其两者的峰值出现的位置就存在一差值M;每通道每次在4s内采完142个数据,即每采集一个数据需要4/142=0.028 2s,所以加载车经过两相邻的方案的时间差$\Delta t=0.0282M$,而两相邻方案间的距离都为3m;在计算车速时,选择数据较稳定的两相邻方案的通道,利用计算机编程计算出两通道对应采集数据峰值位差M,然后按式(1)计算出加载车瞬时速度

$$V=3/(0.0282M)\times3.6(\text{km/h}) \tag{1}$$

桥面铺装层的应变不仅受到运行次数的增加而增长,而且受车速的影响也较大,为此,要寻求加荷次数和应变变化规律,必须把车速定在某一定速度下运行。然而,加载车车速并非稳定,为此,需找出速度波动对应变的影响规律。

在找出速度对应变的影响规律之前,必须求出各个方案的各采集次数对应的主应变ε,在钢桥铺装面上的各方案的同一点贴有3个方向的应变片,分别是0°、45°、90°方向的应变ε_0、ε_{45}、ε_{90},可根据式(2)求出主应变。

$$\varepsilon=(\varepsilon_0+\varepsilon_{90})/2+[(\varepsilon_0-\varepsilon_{90})^2+(2\varepsilon_{45}-\varepsilon_0-\varepsilon_{90})^2]^{1/2} \tag{2}$$

由于车速大部分时间在 22km/h 左右波动，所以选定此速度为统一速度；通过对沥青表面应变数据的统计回归，在运行速度 30km/h 以下时，不同车速下的应变换算成 22km/h 速度下的应变回归经验公式为

$$\varepsilon_{22} = \varepsilon_V (V/22)^m \tag{3}$$

式中，m 为速度影响系数；ε_V 为 V 车速下的实际应变值；ε_{22} 为换算为 22km/h 车速下对应的应变值。

通过对方案六、三、二的速度—主应变关系（图 3）进行回归，可得速度影响系数 m 在 0.4～0.5 之间。对所采集的动态数据，在分析运行速度的基础上，按式(3)统一换算为 22km/h 速度下的应变值，再进行数据处理。

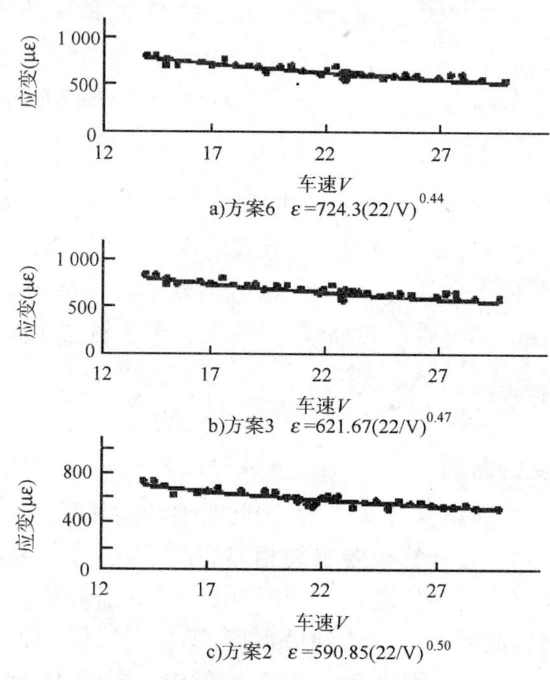

图 3 速度影响系数回归方程

3.2 动荷载作用下钢桥桥面铺装层的应变

图 4 为动载作用下桥面结构示意图，桥面结构由几层材料组成，假定同层材料是均质且各向同性。为测出 A 点在加载车匀速运行中的应变，先假定如下坐标系，即假定荷载在 O 点，Y 轴为轮迹方向，X 轴正交于轮迹方向，Z 轴垂直于 XOY 平面。

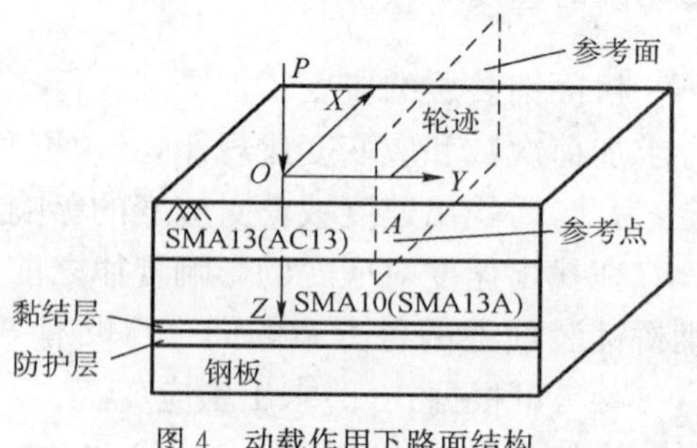

图 4 动载作用下路面结构

随加载车从 O 点起动，加载车作用荷载随距离的变化如图 5 所示。作用荷载 $P(O)$ 可以看作平均荷载 P 和随机扰动荷载 P_Y 之和，即 $P(O)=P+P_Y$。

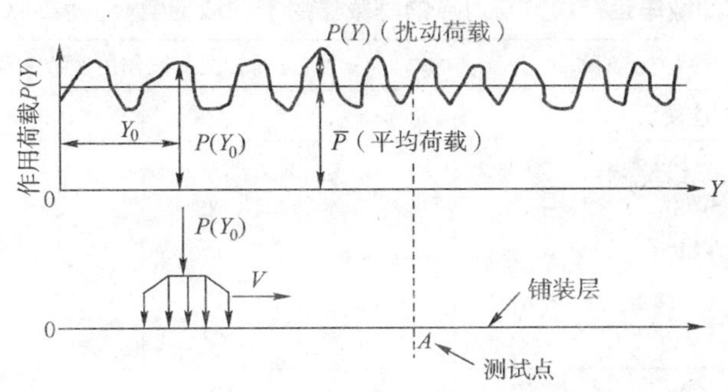

图 5 加载车作用下的荷载

理论和试验都表明 P_Y 受到加载车本身、桥面平整度以及车速的影响。当荷载在较远 O 点时($Y=0$)，对 A 点不产生应变或应变很小，当荷载向 A 移动时，应变响应曲线如图 6 所示。桥面铺装层 $\varepsilon(t)$ 可表示为

$$\varepsilon(t)=\bar{\varepsilon}(t)+\tilde{\varepsilon}(t) \tag{4}$$

式中，$\bar{\varepsilon}(t)$ 为平均荷载产生的应变；$\tilde{\varepsilon}(t)$ 为扰动荷载产生的应变。

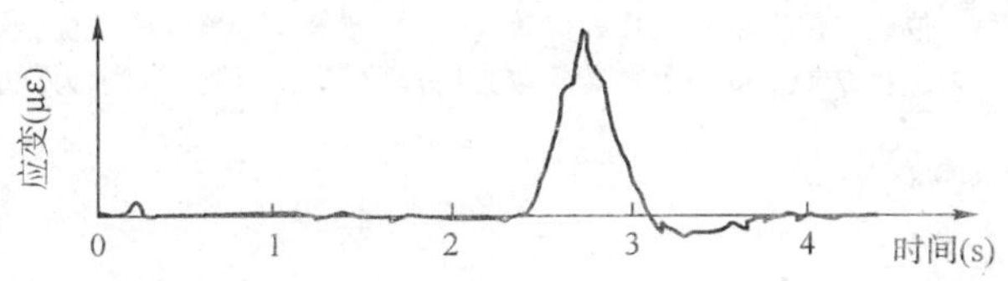

图 6 为动载作用下 A 点应变波形

现行的理论计算，只能求出平均应变 $\bar{\varepsilon}(t)$，对扰动荷载产生的扰动应变 $\tilde{\varepsilon}(t)$，引入动载系数。直道试验动态数据采集系统所采集的应变，则是 $\varepsilon(t)$，既包括了平均应变 $\bar{\varepsilon}(t)$，又包括了扰动应变 $\tilde{\varepsilon}(t)$。

3.3 静载测试

静载测试双轮重 5.0×10^3kg，接地压强 0.7MPa，静载测试的荷位如图 3 所示，测试结果见表 3。

从测试结果可以看出：铺装层表面应变随荷载作用次数的增加而增加，在重复荷载作用下，面层刚度逐渐减弱，应变增加，符合疲劳试验规律。在桥面铺装后，钢桥裸板表面和底面的应变均将减小，说明沥青铺装层本身有一定的传荷作用，随着荷载次数的增加，裸板表面和底面的应变几乎恒定，说明钢桥裸板刚度基本不变，钢桥铺装层的薄弱环节是在铺装层本身，而且最大的拉应变出现在 U 形肋焊接点 2 上方铺装层表面一个轮胎的边上(图 3 上的 11 点)，这与理论分析是一致的。刚开始时，铺装层仍存在一个压密过程，表现在静载作用下，变形较大，应变值较大；当车载作用 2～5 万次以后，路面的压实度不再增长，随着荷载次数增长，桥面铺装层处于应力应变交变状态，致使钢桥铺装层强度逐渐下降，应变增大。当在荷载作用下桥面铺装层表面产生的应变超过强度下降后的结构承载能力时，铺装层表面出现裂纹，产生疲劳断裂破坏。

方案二加载车运行次数与对应的静载作用下的应变值(温度:20℃)(με)　　表3

位置	通道号	钢桥裸板	沥青铺装层荷载作用次数(万次)					
		应变	0	2.5	5	10	13	16
钢板底部	5.0	−149	−81	−70	−75	−71	−74	−77
	5.90	−28	−29	−34	−38	−32	−36	−36
	2.0	−450	−429	−414	−430	−395	−438	−444
	2.45	−210	−140	−110	−114	−116	−192	−199
	2.90	−52	−41	−30	−33	−36	−38	−42
钢板表面	9.0	390	352	340	350	247	342	351
	9.90	−164	−150	−144	−145	−128	−148	−144
	8.0	481	370	352	368	381	440	450
	8.90	−81	−80	−76	−78	−75	−82	−86
沥青表面	12.0	—	−800	−761	−779	−818	−833	−1134
	12.90	—	−450	−432	−442	−448	−483	−551
	11.0	—	490	450	564	614	629	700
	11.90	—	−321	−285	−300	−360	−441	−568

注:通道号代号“·”号前一位或二位表示应变片的位置(可参考图3),“·”号后一位(或二位)表示应变片方向;0表示垂直于轮迹方向,45表示45°方向,90表示顺着轮迹方向;静载应变值“—”表示为压应变,“+”表示为拉应变。

3.4 疲劳试验结果及分析

3.4.1 铺装层应力场

图7为方案二在疲劳寿命内中央横断面内各点应变随荷载作用次数增长的变化趋势,可以看出0°方向的压应变和拉应变均最大,且最大的拉应变出现在沥青铺装层表面,相当于图2中的11点位置,即闭口肋内侧。这也正是铺装层首先在此位置开裂的原因。图8为方案三各点的应力随荷载作用次数增长的变化趋势图,有与方案二相同的结论,即表面层拉应变最大,钢桥铺装层开裂是从表面开始,这与一般沥青混凝土路面开裂从底部开始不同。对方案一、四、五、六分析,亦有相同的结论。

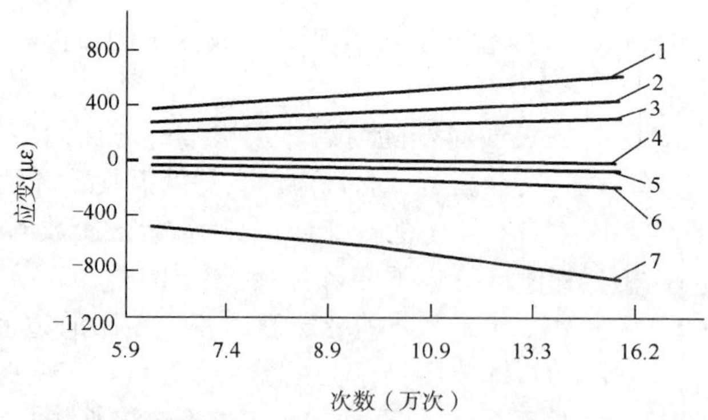

图7　方案二:横断面内应力分布

注:①图中各曲线对应通道号:1-11.0;2-1.0;3-11.45;4-4.90;5-12.90;6-11.90;7-12.0;
②通道号意义同表3标注。

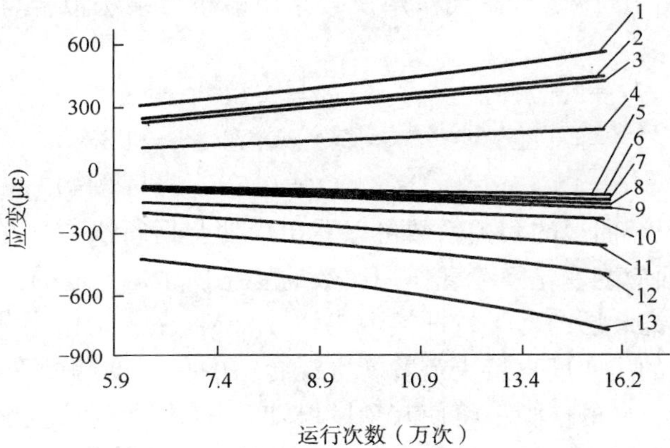

图 8 方案三:横断面应力分布

注:①图中各曲线对应通道号:1-11.0;2-8.0;3-9.0;4-8.90;5-5.0;6-5.90;7-12.90;8-9.90;9-2.90;10-2.45;11-11.90;12-2.0;13-12.0;

②通道号意义同表 3 标注。

3.4.2 铺装层直道疲劳试验应变史

铺装层应变的变化,是一个多方面因素综合作用的复杂过程。桥面铺装层的材料性质、压实程度、温度环境、结构类型、干湿状况、气候条件、交通组成、检测时的环境条件以及所用的仪具设备均将对应变的变化产生很大影响。图 9～图 11 为方案二、三、六铺装层表面位置 11(图 2)处的主拉应变随荷载作用次数的变化规律。图 12 为 3 种方案的应变随荷载作用次数变化的对照图。

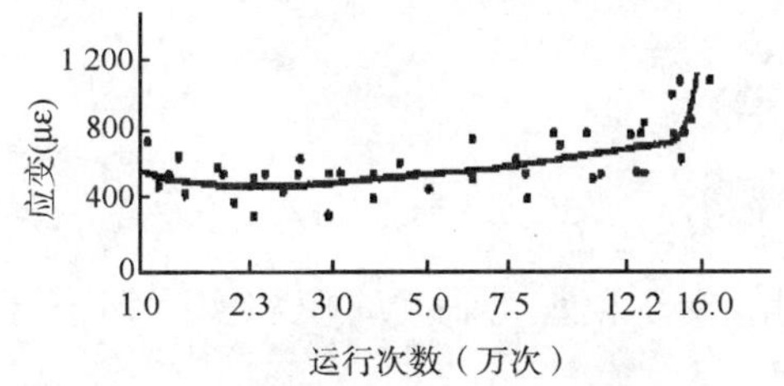

图 9 方案二应变与运行次数对应关系

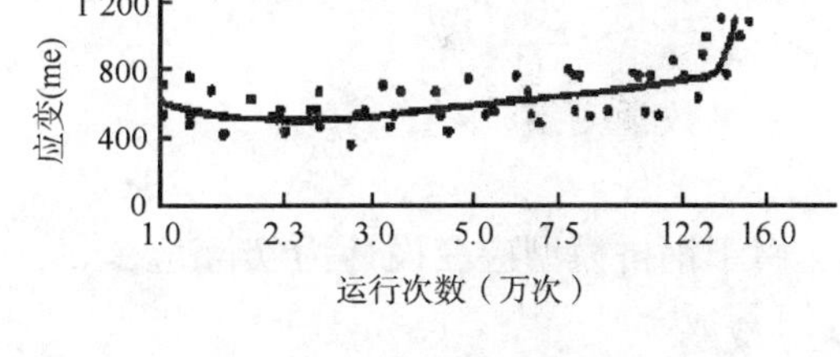

图 10 方案三应变与运行次数对应关系

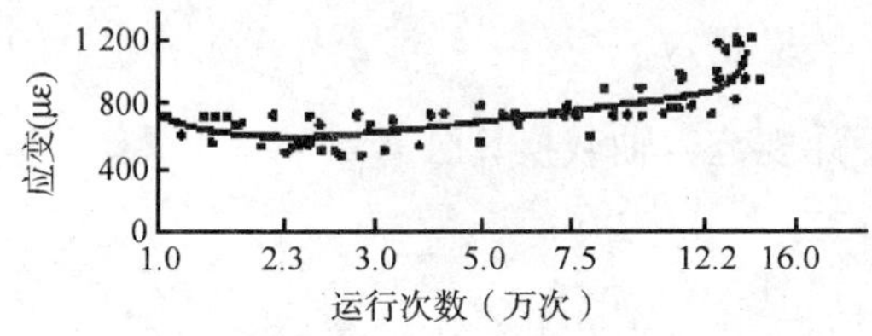

图 11 方案六应变与运行次数对应关系

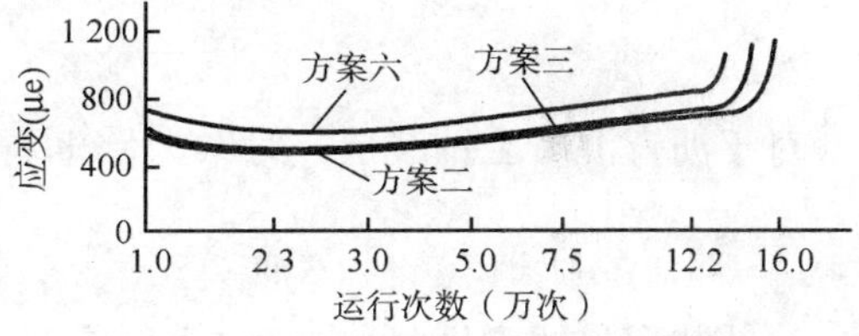

图 12 方案二、三、六应变随荷载作用次数变化关系

由图 9～图 12 不难看出,表层拉应变的变化过程可分为 3 个阶段。第一阶段为桥面铺装竣工后的前 2～3 万次,此时应变略有降低;第二阶段(2～3)～(12～15)万次,此时应变缓慢增加,这是残余应变累积的结果;第三阶段(12～15)～(13～16)万次,此时应变开始增加,并且增加速率变快,直到桥面铺装层表面开裂。铺装层寿命的第二阶段可以建立回归

统计方程。对图 9～图 11 应变与荷载作用次数采用最小二乘法拟合，可得应变与荷载作用次数的函数关系。

方案六：　$\varepsilon=57.765N^{0.2240}$　($\gamma=0.82\quad n=3\,978$)　(5)

方案三：　$\varepsilon=43.885N^{0.2348}$　($\gamma=0.71\quad n=4\,380$)　(6)

方案二：　$\varepsilon=45.755N^{0.2266}$　($\gamma=0.78\quad n=4\,644$)　(7)

从式(5)～式(7)拟合曲线的相关系数可以看出应变与运行次数相关显著，说明用上述公式表示桥面铺装层表面应变变化随荷载作用次数的变化规律是合适的。

试验表明，钢桥面铺装层的力学特性接近线弹性材料，在开始作用荷载时，铺装层得到了进一步压实，而铺装层的压实度直接决定着沥青混合料的稳定度和劲度以及沥青混合料中的空隙率，减小沥青混凝土层的空隙率将使其劲度增加，混合料所受应变略有降低，有利于提高铺装层使用寿命。在疲劳试验过程中，残余应变随荷载作用次数的增加而增大，但与回弹应变的比值较小。在铺装层临近破坏开裂时，残余应变迅速增加，应变片拉断时基本上也就是桥面铺装层开裂的开始时间。

3.4.3　疲劳试验结果及其寿命预估

3.4.3.1　疲劳试验结果

1999 年 5 月 18 日到 1999 年 8 月 6 日，进行了 6 种铺装方案在动态荷载作用下的应变测试工作。疲劳破坏试验结果为：方案五(16.2 万次)＞方案二(16 万次)＞方案一(15.6 万次)＞方案三(14.4 万次)＞方案四(14 万次)＞方案六(13 万次)。其中方案二、三、六的开始开裂次数可从图 13 中看出，观测结果与应变变化结果基本一致。

3.4.3.2　桥面铺装层疲劳寿命预估

根据室内梁式试件试验结果，建立了 SMA 铺装层。

疲劳方程

$$\sigma=28.12N_e^{-0.2280} \tag{8}$$

通过数学变换

$$N_e=226\,731\sigma^{-4.386}\qquad N_e\sigma^{4.386}=226\,731$$

由于钢桥模型应变设计为实际应变的 3 倍，因此，钢桥模型寿命 $N_{模}$模和实际钢桥寿命 $N_{实}$可写成

$$\frac{N_{实}}{N_{模}}=\left[\frac{\sigma_{模}}{\sigma_{实}}\right]^{4.386}$$

$$N_{实}=N_{模}\left[\frac{\sigma_{模}}{\sigma_{实}}\right]^{4.386}=3^{4.386}N_{模} \tag{9}$$

对于沥青混凝土铺装层，参照《公路沥青路面设计规范》，轴载换算公式

$$\frac{N_1}{N_2}=\left[\frac{P_2}{P_1}\right]^{4.35}$$

当铺装层作线弹性材料处理，模型应变放大 3 倍时，相当于荷载扩大 3 倍，所以

$$\frac{N_{模}}{N_{实}}=\left[\frac{P_{实}}{\sigma_{模}}\right]^{4.35}=\left[\frac{P}{3P}\right]^{4.35}=3^{-4.35}$$

即

$$N_{实}=3^{4.35}N_{模} \tag{10}$$

根据式(9)、式(10)，可相应预测出方案一～六的寿命，见表 4。

铺装层寿命预测 表4

方 案	直道疲劳寿命(万次)	预测寿命(万次)	预测公式
一	15.6	1 930.982 8	(9)
二	16.0	1 980.495 2	(9)
三	14.4	1 782.445 7	(9)
四	14.0	1 732.933 3	(9)
五	16.2	2 005.251 4	(9)
六	13.0	1 546.752 5	(10)

由于直道处于室内，环境温度在20～30℃之间，没有水损害的影响，以及作为试验路的混合料拌和、施工等方面均得到较好的控制，这些因素都使得由室内直道疲劳寿命所预测的钢桥桥面铺装层疲劳寿命与实际钢桥面铺装层疲劳寿命有一定差异。它们之间究竟怎样换算，还需进一步研究。但从方案比较来看，直道试验的目的是达到了，而且这样得到的疲劳方程比用小试件得到的疲劳方程更接近实际。

3.4.3.3 直道疲劳试验结果分析

面层使用SMA混合料时，疲劳寿命明显地比使用密配沥青混凝土(方案六)长。此归结于其含有较高的沥青含量、较多的矿粉以及纤维。这既减小了空隙率，使老化的速度、水蚀作用降低，又可减少微裂缝，提高柔韧性，使应力集中程度降低，变形特性改善。方案二寿命长于方案一，方案三寿命长于方案四，可以推断铺装上、下层间使用乳化改性沥青黏层时，可增加铺装层的疲劳寿命。这是因为界面黏层有利于上下层协同作用。以热喷锌作为防护层的方案一和方案二的疲劳寿命明显较以富锌漆作防护层的方案三和方案四寿命长，可能是因为热喷锌具有120μm的厚度。这一层金属层相当于钢板增加了0.12mm的金属层厚度，增加了钢板抵抗荷载的能力。从方案五寿命长于方案三，说明涂一层溶剂型沥青橡胶作为防护层比涂富锌漆效果更好。可能是在直道试验室内，工作环境条件较好，没有雨水影响，温度、湿度比较适中，加之在涂洒过程中和施工后严格按程序办，表面污染、损伤小。

在4种混合料组合的6种方案中，SMA13和SM10组合的4种铺装层疲劳寿命较其他两种方案长。这说明铺装下层采用密水性好、热稳性高的SMA10；铺装上层采用抗裂性及高温性能优良、表面宏观纹理较深的SMA13沥青混合料是一种较好的组合。

4 结语

经过近3个月加速加载直道试验，采集了约3×10^7个、150MB的动态数据，建立了典型钢桥桥面铺装层的疲劳方程，验证了铺装层的疲劳特性。直道加载试验表明，6种铺装层的疲劳寿命顺序为：方案五(16.2万次)＞方案二(16万次)＞方案一(15.6万次)＞方案三(14.4万次)＞方案四(14万次)＞方案六(13万次)。在气候环境条件、加载状况、荷载作用次数相同的情况下，从材料组成、结构组合等方面对6种铺装层的疲劳特性结果进行了分析评价。

加筋延缓沥青路面反射裂缝的疲劳损伤分析

周志刚　张起森

（长沙理工大学公路工程学院　长沙　410076）

0　前言

国内外试验研究和基于断裂力学的理论研究分析表明，土工布、玻璃纤维格栅等加筋材料可有效地防止半刚性基层沥青路面反射裂缝。研究中均假定材料内部裂缝是一条线状的损伤断裂带，裂缝两侧的材料不连续，但各自仍为均匀连续介质，而事实上，裂缝的形成是由于材料在各类荷载作用下内部逐渐出现损伤劣化，这种损伤劣化可能呈现为不均匀分布，当某处达到损伤容限时，该处材料将首先出现微裂纹，其后不断发展的微裂纹汇聚形成宏观裂缝。此时宏观裂缝周围材料已出现损伤劣化，裂缝周围损伤区以外才是平常所认为的弹性区，材料的力学行为与损伤前均匀材料的力学行为会存在较大差异。损伤力学正是基于这一事实在材料力学、断裂力学基础上发展建立形成的一门独立的学科分支，它更适于真实地揭示沥青混合料和沥青类路面结构损伤断裂破坏机理。为了进一步认识半刚性基层沥青路面反射裂缝开裂机理，应用加筋材料防治其破坏的机制，本文采用疲劳损伤理论与方法分析含半刚性基层裂缝的沥青面层疲劳损伤演化过程，探讨加筋材料对沥青面层的抗裂机理及效果。

1　疲劳损伤力学—有限元方法

在疲劳损伤力学理论中，疲劳损伤演化方程为

$$\frac{\mathrm{d}D}{\mathrm{d}N}=a^{*}\left(\frac{\sigma_{\mathrm{e}}}{1-D}\right)^{\mathrm{p}}(1-D)^{-\mathrm{q}} \tag{1}$$

$$\sigma_{\mathrm{e}}=\sqrt{\frac{3}{2}s_{ij}s_{ij}}$$

式中，D 为损伤度，$0\leqslant D\leqslant 1$；N 为疲劳作用次数（疲劳寿命）；s_{ij} 为应力偏量分量的变程，$s_{ij}=\sigma_{ij}-\delta_{ij}\delta_{\mathrm{rs}}\delta_{\mathrm{rs}}$；$a^{*}$、$p$、$q$ 为材料的疲劳损伤特性参数，与载荷循环特征 R 及温度 T 有关。根据结合疲劳试验结果的疲劳损伤分析比较，取 $q=0$。

对于所分析的问题，按照平面应变问题处理，此时有限元方法中的本构关系方程为

$$\begin{Bmatrix}\sigma_{\mathrm{x}}\\ \sigma_{\mathrm{z}}\\ \tau_{\mathrm{xz}}\end{Bmatrix}=\frac{E(1-D)}{(1+\mu)(1-2\mu)}\begin{bmatrix}1+\mu & \mu & 0\\ \mu & 1-\mu & 0\\ 0 & 0 & \dfrac{1-2\mu}{2}\end{bmatrix}\begin{Bmatrix}\varepsilon_{\mathrm{x}}\\ \varepsilon_{\mathrm{z}}\\ \gamma_{\mathrm{xz}}\end{Bmatrix} \tag{2}$$

摘自《岩土工程学报》2005 年 2 月 27 卷第 2 期。

在 8 节点等参单元有限元格式中，引入考虑损伤的弹性矩阵 $\{S\}$。

$$\{S\}=\frac{E(1-D)}{(1+\mu)(1-2\mu)}\begin{bmatrix}1+\mu & \mu & 0\\ \mu & 1-\mu & 0\\ 0 & 0 & \frac{1-2\mu}{2}\end{bmatrix} \tag{3}$$

疲劳损伤力学—有限元方法中其他计算方程与一般有限元方法一样。

在进行疲劳损伤分析与裂纹形成及扩展寿命预估时，以 (O) 与 (n) 分别代表疲劳裂纹形成以及扩展过程中危险点（即临界点）的有限单元编号，预估裂纹形成与扩展寿命。模拟计算中不固定裂缝的扩展方向，根据任意点的损伤度值是否达到 1.0 而定。

利用自编的有限元程序计算了不同增长步长 $\Delta D=0.01,0.02,0.03,0.04,0.05$ 下的疲劳损伤，结果表明均能取得良好的精度，故本文有限元计算中均取 $\Delta D=0.02$ 的增长量步长。

2 结构计算模型

沥青路面结构选用常用的 4 层体系结构：沥青面层厚 18cm；半刚性基层厚 20cm，模量 1 400MPa；底基层厚 25cm，模量 300MPa；土基模量 40MPa。半刚性基层含贯穿裂缝。荷载为偏载，作用在裂缝上方左侧路表，其强度为 0.7MPa。

根据室内沥青路面分析仪（APA）疲劳试验，沥青面层材料的力学参数取：弹性模量 $E=1\,350\text{MPa}$；疲劳损伤特征参数 $p=3.24$，$a^*=7.039\times10^{-6}$。

沥青路面结构包括无筋结构和加筋结构两类。其中加筋结构是在已开裂的半刚性基层与其上沥青面层间铺设一层加筋材料，加筋材料的张拉模量 $E_g=0.1,0.5\text{MN/m}$。

3 疲劳损伤分析

3.1 应力分布

根据不同疲劳损伤阶段半刚性基层裂缝延长线上正应力 σ_x 和剪应力 τ_{xz} 的分布曲线，不同疲劳损伤阶段应力变化较大的区域为面层下部裂缝尖端附近 2～4cm 范围，而离表面区域应力变化不大。在损伤前，裂缝尖端附近存在着明显的应力集中现象，但随着损伤程度的加深、损伤区的扩大，应力集中现象减弱。沥青面层表面应力的波动与表面出现的损伤有关。

值得注意的是，在偏载作用下，裂缝延长线上正应力 σ_x 始终为负，处于受压状态。针对对称受载情形进行疲劳损伤分析得到同样的结果。因此，对于交通荷载下的半刚性基层裂缝，裂缝延长线上损伤区的发展主要归因于剪应力的作用。

图 1 为无损伤时沥青面层底部正应力 σ_x 的分布，在较长的疲劳损伤阶段，其分布规律相似。它清楚地表明，裂缝附近沥青层内存在着应力集中现象，很小的区域内正应力 σ_x 发生急剧变化，由裂缝右侧（非加载边）的极大负值转变为裂缝左侧（加载边）的较大正值 σ_1。随着疲劳加载的进行，对于无筋和加筋的沥青路面结构，这一弯拉应力 σ_1 呈现出不同的变化趋势（见图 2）。对于无筋的沥青路面结构，在较长时间内（约 160 000 次循环加载），沥青面层底部一直存在弯拉应力，只是其值随着疲劳损伤程度的加深而逐渐减弱。而对于加筋的沥青路面结构，沥青面层底部的弯拉应力存在的时间较短（约 75 000 次循环加载），这正是加筋材料起到了加

筋作用，改变了损伤区的应力分布状态，相应延长了沥青面层的使用寿命。

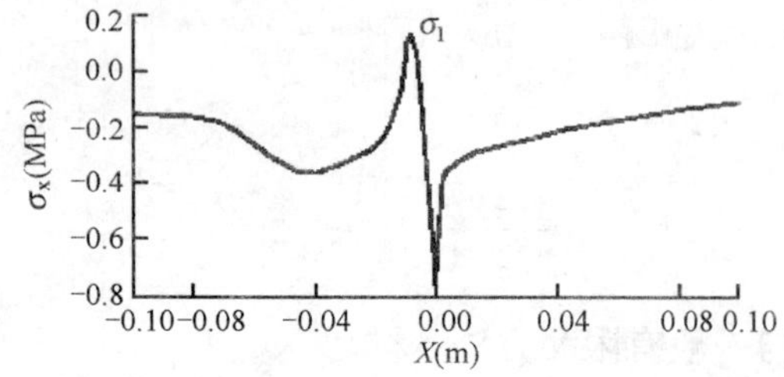

图1　沥青面层底部正应力 σ_x 分布（$N=1$）

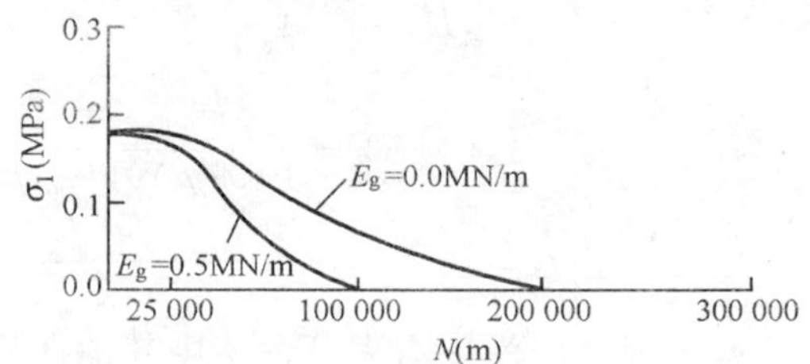

图2　沥青面层底部弯拉应力 σ_1 随疲劳损伤的变化

3.2　路表弯沉

在沥青路面设计、使用中人们一般重视路表弯沉（垂直位移），因为它集中体现了沥青路面结构内部状况。图3显示了在偏载下沥青路面表面弯沉盆的变化。不同疲劳加载次数的路表弯沉盆的变化区域主要集中在约50cm直径范围内。同时，弯沉盆的最大值 W_{max} 随着循环加载次数的增加逐渐增大，见图4。

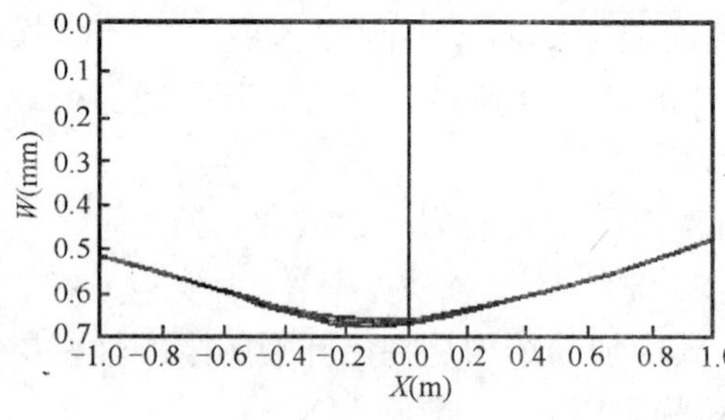

图3　沥青路面表面弯沉盆

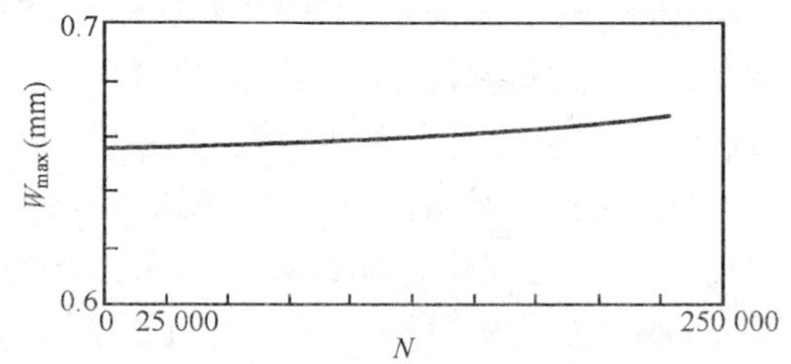

图4　最大弯沉值 W_{max} 随循环加载次数 N 的变化

3.3　损伤场

损伤度 D 在结构内部的分布（损伤场）能真实地反映结构内部空洞、裂缝等缺陷的萌生、发展过程。图5、图6分别为无筋和加筋（$E_g=0.5$MN/m）沥青路面结构在不同循环加载次数下裂缝起裂，损伤区发展过程中其面层内损伤场图。

损伤场图表明，由于半刚性基层裂缝尖端附近沥青面层底部的应力集中，首先在该区域萌发损伤，导致裂缝的起裂。随着循环加载次数的增多，损伤破坏区逐渐向上、向加载区下沥青面层内发展。由于有限元计算以沥青面层表面出现损伤破坏区为终止依据，结果表明，就本文所完成的计算，对于交通荷载下的沥青路面反射裂缝问题，沥青面层开裂的起因是半刚性基层裂缝造成沥青面层底部应力集中。损伤破坏的发展属于一种压剪破坏形式，即形成一条从半刚性基层裂缝尖端斜向加载区内路表的损伤破坏带。当裂缝（损伤破坏带）向上发展接近沥青面层表面时，路表先出现裂缝破坏，在与沥青面层内部的裂缝融汇，形成贯穿裂缝。对于对称荷载下的沥青路面所开展的疲劳损伤分析也得到同样的结果。由于沥青路面是承受从左至右运动的交通荷载，考虑一次交通荷载会先后作用于半刚性基层裂缝延长线上左右两侧的路表，对偏载下的损伤区进行叠加（并不为简单的线性叠加），可以想像到，半刚性基层裂缝将垂直向上发展，造成一定宽度范围内沥青面层的破坏。

对比无筋和加筋沥青路面损伤场，可以发现，由于加筋材料在裂缝附近的局部增强约束作用，在裂缝的右侧始终存在受压区，未出现拉剪损伤现象。无筋沥青路面裂缝前沿的损伤区分布范围较大，损伤程度更为明显。

损伤场图中(图 5、图 6)在荷载作用下的沥青混凝土面层内大部分区域为受压无损或损伤轻微(浅色区)。

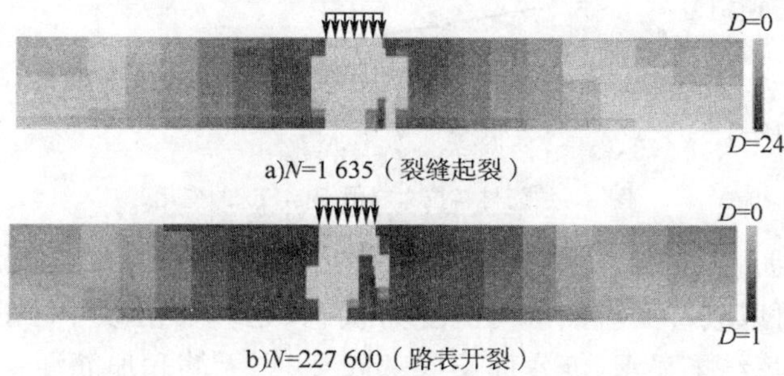

图 5 无筋沥青路面结构面层内损伤场的变化

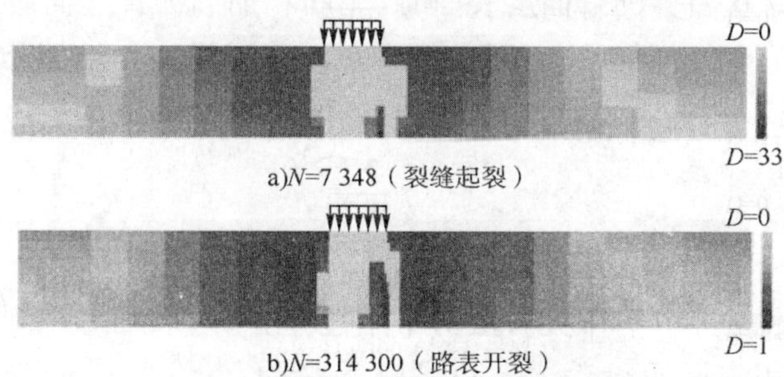

图 6 加筋沥青路面结构面层内损伤场的变化

3.4 加筋作用

加筋材料在对沥青面层起加筋作用时，其初期拉力分布如图 7 所示，呈现为双峰曲线形式。随着循环加载次数的增加，双峰值 T_1、T_2 均逐渐减小，见图 8。特别对于 T_1 峰值，在经受约 20 000 次循环加载后即衰减为零值，加筋材料拉力分布转为单峰曲线。而 T_2 峰值保持了较长时间才衰减为零值。这是由于损伤破坏区的发展，造成加载区下沥青面层底部小范围内形成向半刚性基层裂缝位置方向滑移的趋势，使得加筋材料在裂缝处逐渐变为受挤压，而旁边区域的加筋材料受到张拉作用。图 7 表明，加筋材料发挥作用的范围大约为 10cm 宽区域。

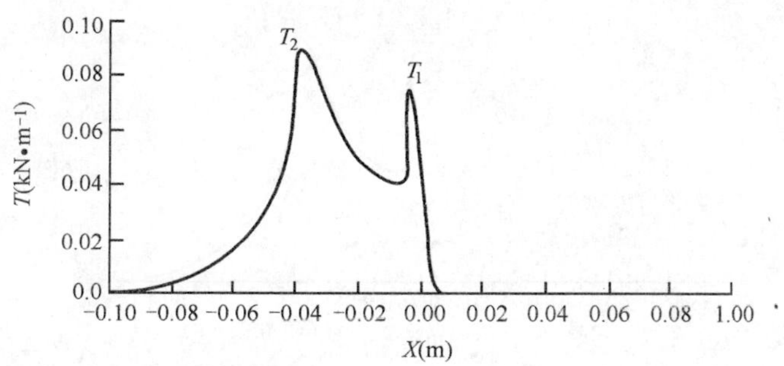

图 7 加筋材料拉力分布(E_g=0.5MN/m)

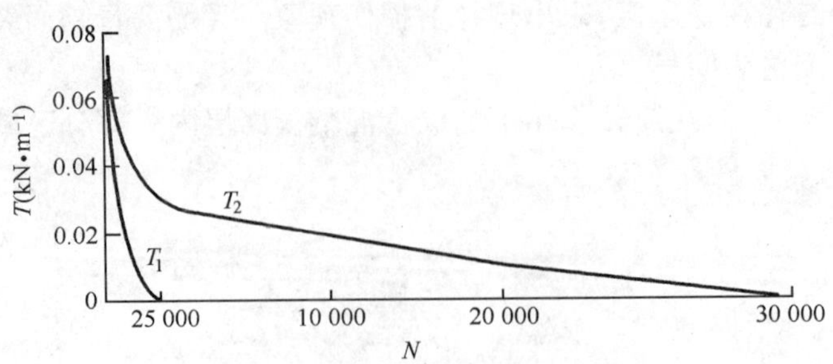

图 8　加筋材料拉力峰值 T_1，T_2 的变化

关于无筋和加筋沥青路面结构的疲劳损伤分析结果表明，在沥青面层与半刚性基层之间铺设加筋材料，的确可以改善沥青面层内的受力状态，延缓损伤破坏区的发展，相应延长沥青面层的疲劳寿命。计算结果显示，沥青面层底部起裂时，无筋和加筋沥青路面所承受的循环加载次数分别为：无筋 $N=1\ 635$，加筋 $N=7\ 257$（$E_g=0.1$MN/m），加筋 $N=7\ 348$（$E_g=0.5$MN/m）；疲劳损伤破坏区贯穿沥青面层表面时，无筋和加筋沥青路面所承受的循环加载次数分别为：无筋 $N=227\ 600$，加筋 $N=291\ 100$（$E_g=0.1$MN/m），加筋 $N=314\ 300$（$E_g=0.5$MN/m）。铺设张拉模量 $E_g=0.1$，0.5MN/m 的加筋材料，分别可以将沥青面层的疲劳寿命延长至 1.28、1.38 倍。

4　结语

本文运用疲劳损伤力学—有限元方法对半刚性基层沥青路面疲劳破坏过程及加筋材料延缓沥青路面开裂的作用进行了系统研究，得到以下主要结论。

(1)沥青面层底部裂缝尖端附近的应力集中现象随着损伤程度的加深、损伤区的扩大而减弱。无论偏载或对称加载，裂缝延长线上正应力 σ_x 始终为负，处于受压状态，裂缝延长线上损伤区的发展主要归因于剪应力的作用，沥青面层损伤断裂属于一种压剪破坏过程。并且，当沥青面层内部裂缝向上扩展后期，路表先出现裂缝，再与其内部裂缝融汇，形成贯穿裂缝。

(2)对比无筋和加筋沥青路面，加筋材料在裂缝附近存在局部增强约束作用，在裂缝的右侧始终存在受压区，未出现拉剪损伤现象，而无筋沥青路面裂缝前沿的损伤区分布范围较大，损伤程度更为明显。这表明加筋能约束沥青面层底部损伤区的范围及损伤区向上发展速度，从而延长沥青面层寿命。并且，加筋材料发挥作用的范围大约为 10cm 宽区域。

刚性路面结构动力反应的试验研究

张 军[1,2] 邹银生[1] 张起森[2]
(1.湖南大学 长沙 410082;2.长沙理工大学 长沙 410076)

摘要: 叙述在美国明尼苏达州 Mn/PROAD 研究设施进行的刚性路面动力反应试验研究工作。试验中选择了 3 个刚性路面研究断面,通过采集两种质量的载货汽车以不同速度通过时,刚性路面板不同位置和不同深度部位处动应变计、缩缝传力杆钢筋应变计的应变时域变化曲线和路基顶面动土压力计的土压力时域变化曲线,获得了刚性路面板顶面和底面的纵向和横向动应变特征、缩缝传力杆动应变特征和路基顶面动土压力特征以及影响刚性路面板动应变特征的参数等的测试数据,为进行理论分析提供了重要基础。

关键词: 刚性路面 动力反应 动应变

1 前言

随着交通运输业的迅速发展和汽车工业的更新换代,作为基础设施的高速公路路面结构承载能力越来越难以满足使用要求,现行刚性路面设计规范由于对车辆荷载采用过于简化的假设,导致无法正确反映路面受力和变形性状。本文试图通过刚性路面动力反应的试验研究。揭示车辆荷载作用下刚性路面受力和变形性状。试验是在美国明尼苏达州 Mn/PROAD 研究设施进行的。Mn/PROAD 研究设施是目前世界上最大、最综合的室外道路实验室,位于明州圣保罗(St1Paul)西北 65km(40mile)处,靠近并且平行美国 94 号州际高速公路(I—94),试验路段分为两大部分,一部分为主要路段(Mainline 简称 ML),长 5. 6km(3. 5mile),通行州际高速公路(I-94)上的车辆;另一部分称为低容量路段(Low Volume Road 简称 LVR),长 4. 0km(2. 5mile),为双行环道,通行两种质量的专用载货汽车,其中,内环道通行总质量为36. 32t(80 000lb)的载货汽车(80k Mn/PROAD Truck & Muck),外环道通行总质量为 46. 308t(102 000lb)的载货汽车(102k Mn/PROADTruck & Muck)。Mn/PROAD 研究设施中设置了 40 个路面结构研究断面,16 个刚性路面结构研究断面,24 个柔性路面结构研究断面,每一个断面长 152. 4m(500in),研究人员在 40 个研究断面上布置了 4 572 个电子传感器,可以采集车辆通过时路面结构应变、位移、加速度等动力反应量值,还可以采集路面温度、路基含水率变化,冻胀、冻融等气候变化,为研究环境因素和车辆荷载对路面结构的影响提供第一手材料。此外,Mn/PROAD 研究设施拥有动态称重仪(Weigh-in-Motion 简称 WIM)、落锤式弯沉仪(Falling-Weight-Deflectometer 简称 FWD)等先进的道路实验设备,还拥有完备的传感器网络测试系统和精确的数据采集处理系统,是研究道路使用性能、通行能力和破坏机理的良好场所。

摘自《土木工程学报》2005 年 11 月第 38 卷第 11 期。

2 试验研究条件

2.1 Mn/PROAD 载货汽车

试验中利用的车辆主要是经过标定的 80k 和 102k Mn/PROAD 载货汽车（总质量分别为 36.32t 和 46.308t），Mn/PROAD 载货汽车为美国高速公路运输中常见的一种载货汽车类型，其形状和轴重、轴间距等参数如图 1、图 2 所示。

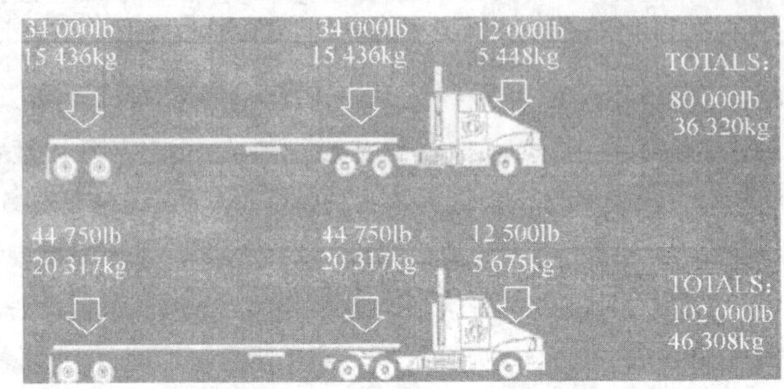

图 1 Mn/ROAD 载货汽车形状和质量

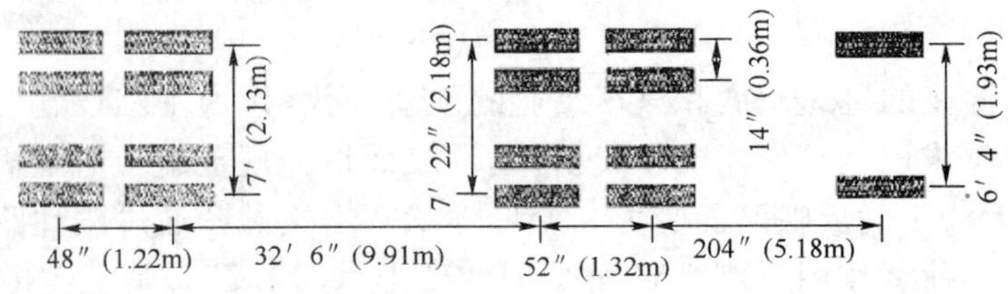

图 2 Mn/ROAD 载货汽车车轮迹布置

2.2 测试传感器的类型

试验中主要测试的传感器类型包括：刚性路面中的内置式动应变片（CE 或 CD Sensors），传力杆上的钢筋应变计（SS Sensors）和刚性路面下面基层的动土压力计（PG Sensors）。

2.3 动态数据采集处理系统

试验利用 OPTIM 电器有限公司生产的硬件系统 MEGADAC 和测试软件 TCS 进行路面结构动力反应量值（动应变和动土压力）的采集、记录和存储，工作过程如图 3 所示。

传感器 → MEGADAC系统 → 计算机软件TCS系统

图 3 路面结构动力反应量测过程

2.4 研究断面

研究断面（38、5 和 10）的几何特征和结构层的力学性质如图 4 所示。

2.5 传感器的位置和编号

研究断面（38、5 和 10）上安装的传感器类型包括：混凝土刚性路面板的动应变传感器、缩缝传力杆的钢筋动应变传感器和路面基层的动土压力传感器，动应变传感器的位置和编号如图 5～图 8 所示。

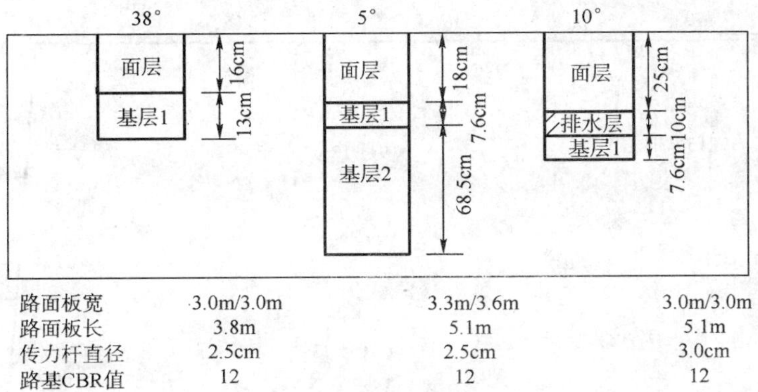

图 4 研究断面的几何形状和材料性质

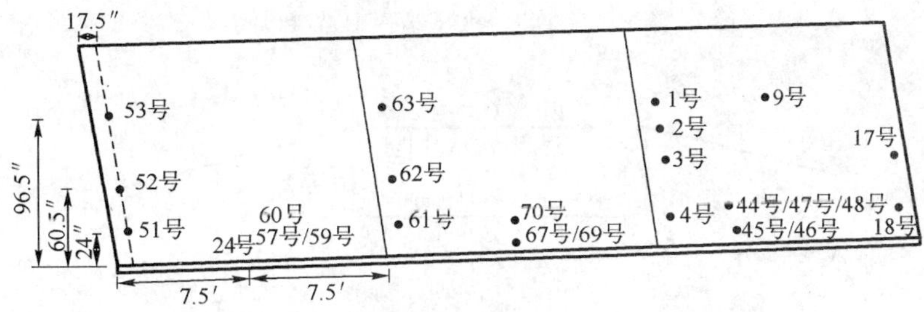

图 5 第 38 研究断面上传感器平面位置和编号

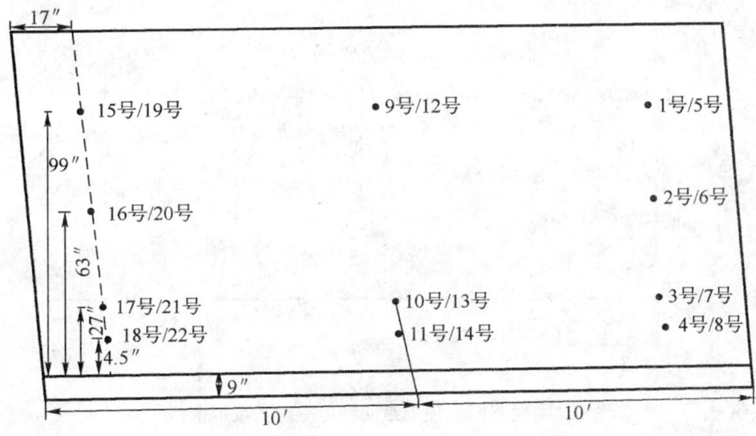

图 6 第 5 研究断面上传感器平面位置和编号

3 试验研究结果

(1)刚性路面板顶面纵向动应变时程反应特征刚性路面板顶面纵向动应变时程反应曲线，如图 9 所示，呈现压应变和拉应变交替变化的特征，双轴双轮组经过时压应变峰值大于单轴单轮经过时压应变峰值。

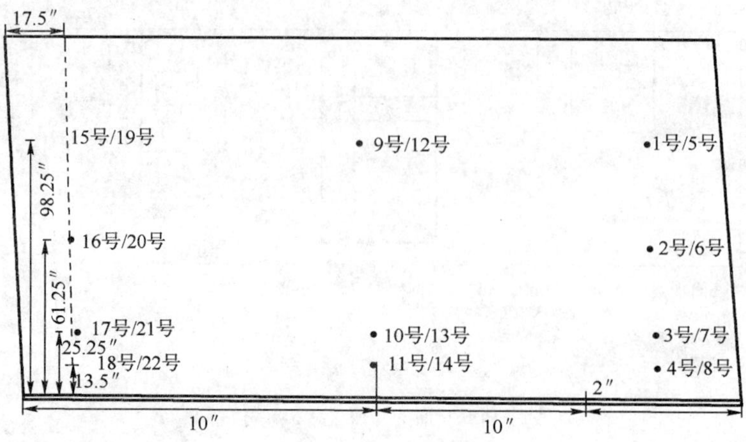

图 7　第 10 研究断面上传感器平面位置和编号

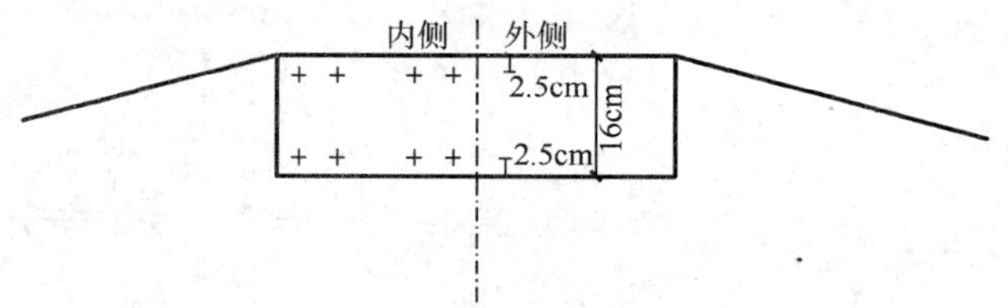

图 8　第 38 研究断面上传感器深度位置

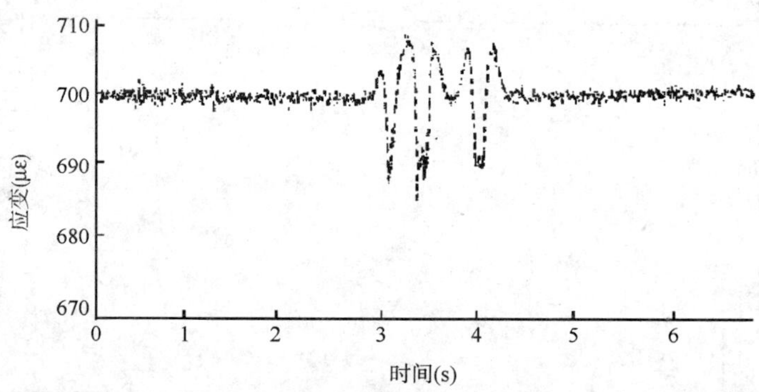

图 9　刚性路面板顶面纵向动应变时程反应曲线

(2)刚性路面板顶面横向动应变时程反应特征刚性路面板顶面横向动应变时程反应曲线，如图 10、图 11 所示，呈现压应变(图 10 所示)或拉应变(图 11 所示)的特征，压应变峰值大小与轴载大小有关，但是，拉应变峰值大小几乎与轴载大小无关。

(3)刚性路面板底面纵向动应变时程反应特征刚性路面板底面纵向动应变时程反应曲线，如图 12 所示，与相应位置的板顶面纵向动应变时程反应曲线形状相反，亦呈现压应变和拉应变交替变化的特征，拉应变峰值大于压应变峰值，双轴双轮组经过时拉应变峰值大于单轴单轮经过时拉应变峰值。

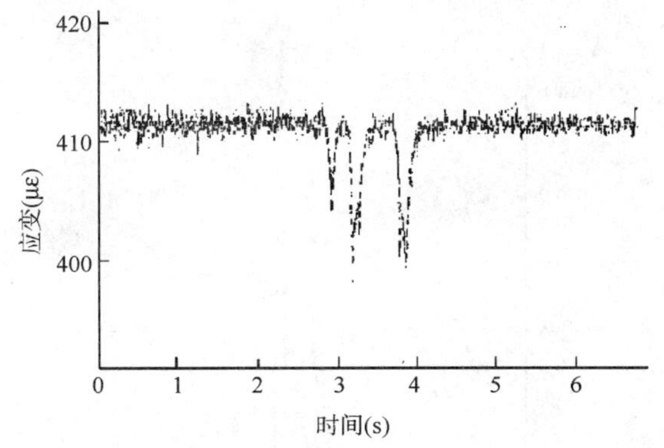

图 10 刚性路面板顶面横向动应变时程反应曲线
(38-CE-61)

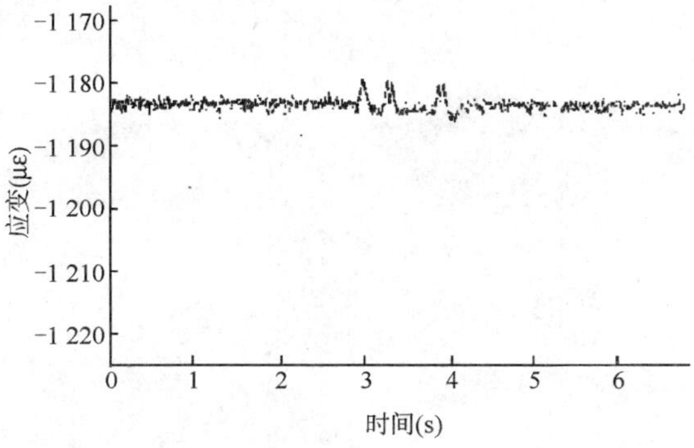

图 11 刚性路面板顶面横向动应变时程反应曲线
(38-CE-61)

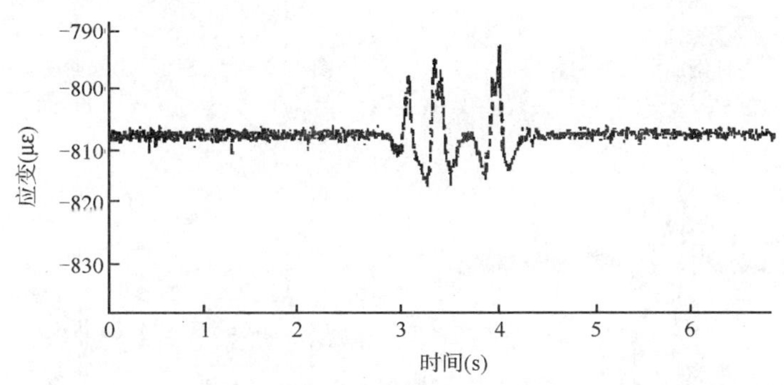

图 12 刚性路面板底面纵向动应变时程反应曲线

(4)刚性路面缩缝传力杆钢筋动应变时程反应特征第 38 研究断面的缩缝传力杆采用直径 2.54cm(1in)的钢筋,沿平行于道路中线方向,均匀布置在缩缝断面的中部,距顶面$1/2h$(h 为路面板厚度)处,并且保证传力杆的一半长度能够滑动,以防止因设置传力杆而引起收缩裂缝的转移。图 13 为采集的刚性路面缩缝传力杆钢筋动应变时程反应曲线,其形状与刚性路面板顶面纵向动应变时程反应曲线相似,亦呈现压应变和拉应变交替变化的特征,压应变峰值大于拉应变峰值,双轴双轮组经过时压应变峰值大于单轴单轮经过时压应变峰值。

(5)刚性路面基层顶面动土压力时程反应特征刚性路面基层顶面动土压力时程反应,如图 14 所示,呈现压应力特征,双轴双轮组经过时压应力峰值大于单轴单轮经过时压应力峰值,其次,双轴双轮组经过时压应力峰值点只有一个,这与双轴双轮组经过时刚性路面板动应变存在两个峰值点的情况不同。

(6)车辆轴重对刚性路面板动应变的影响。通过采集两种质量载货汽车(80k 和 102k Mn/PROAD Truck&Muck)以 65km/h(40mile/h)通过第 38 研究断面时,路面结构不同位置处的动应变传感器(CE sensors)和缩缝传力杆上钢筋应变计(SS sensor)的应变时域变化曲线,可以发现,车辆轴重对刚性路面板动应变特征的影响不大,但是,对刚性路面板动应变峰值大小的影响较大,在两种车辆行驶速度相同,轮迹重合的情形下,车辆轴重越大,刚性路面板内某位置处动应变峰值越大,如图 15 所示。

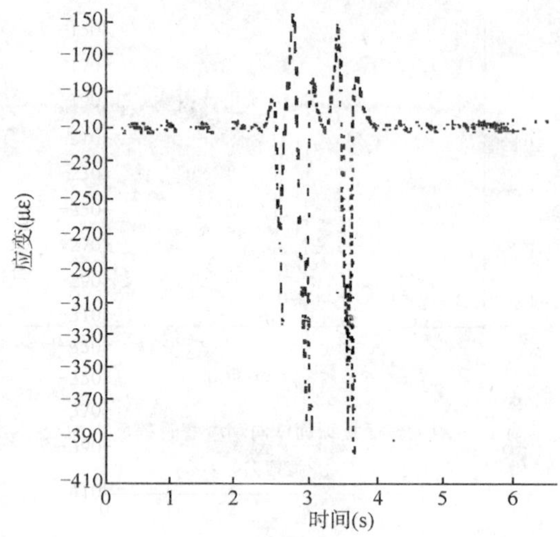

图 13 刚性路面缩缝传力杆钢筋动应变时程反应曲线(38-SS-5)

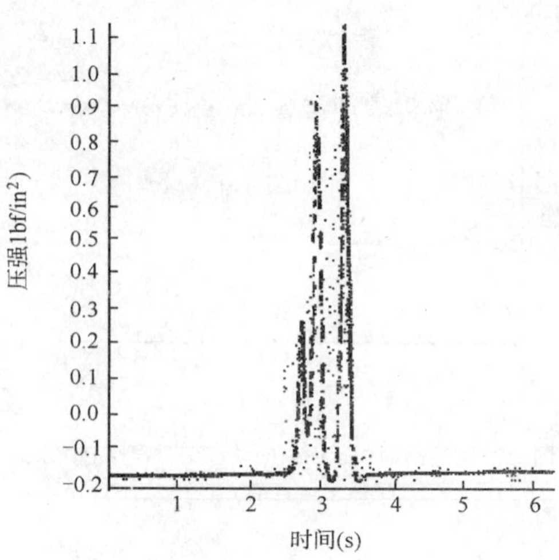

图 14 刚性路面基层顶面动土压力时程反应曲线(10-PG-06)

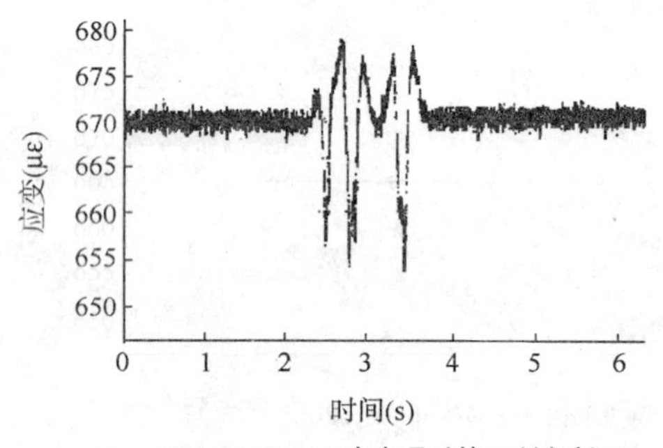

a)80k Mn/ROAD卡车通过第38研究断面

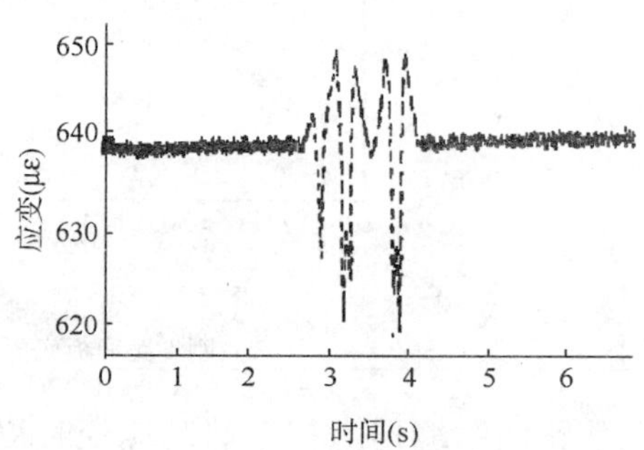

b)102k Mn/ROAD卡车通过第38研究断面

图 15 车辆轴重对刚性路面板动应变反应的影响

(7)车辆轮迹对刚性路面板动应变的影响。通过采集某种载货汽车(80k 或 102k Mn/PROAD Truck & Muck)以 65km/h(40mile/h)通过第 38 研究断面时,路面结构不同位置处的动应变传感器(CE sensors)和缩缝传力杆上钢筋应变计(SS sensor)的应变时域变化曲线,可以发现,车辆轮迹对刚性路面板动应变特征的影响不大,但是,对刚性路面板动应变峰值大小的影响较大,在车辆行驶速度相同、车辆轴重相同时,如果车辆轮迹不同,那么,刚性路面板内某位置处动应变峰值不同,如图 16 所示。

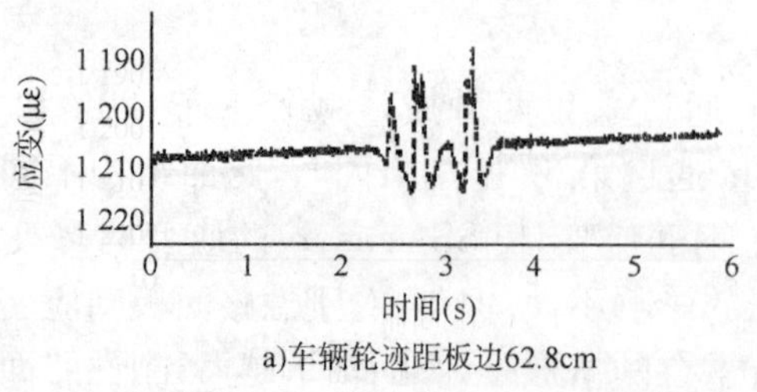

a)车辆轮迹距板边62.8cm

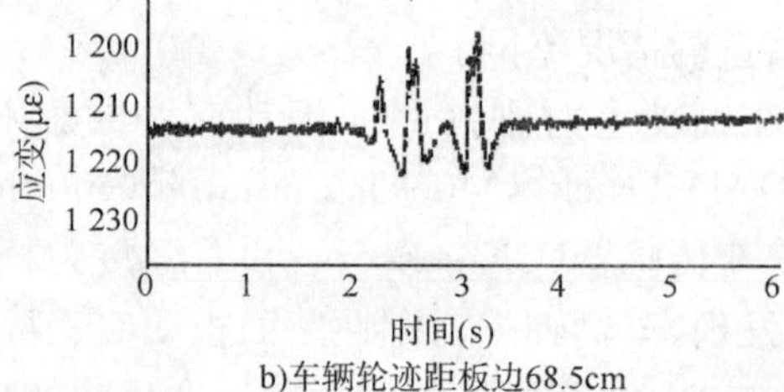

b)车辆轮迹距板边68.5cm

图 16 车辆轮迹对刚性路面板动应变反应的影响

(8)车辆速度对刚性路面板动应变的影响。通过采集某种质量载货汽车(80k 或 102k Mn/ PROADTruck&Muck)分别以速度 32.2km/h(20mile/h)和 80.5km/h(50mile/h)通过研究断面(5 和 10)时,路面结构不同位置处的动应变传感器(CE sensors)的应变时域变化曲线,可以发现,车辆速度对刚性路面板动应变特征的影响不大,但是,对刚性路面板动应变峰值大小的影响较大,在车辆轮迹重合,车辆轴重相同时,如果车辆行驶速度不同,那么,刚性路面板内某位置处动应变峰值不同,如图 17 所示。一般来说,车辆行驶速度越快,刚性路面板动应变峰值越大。

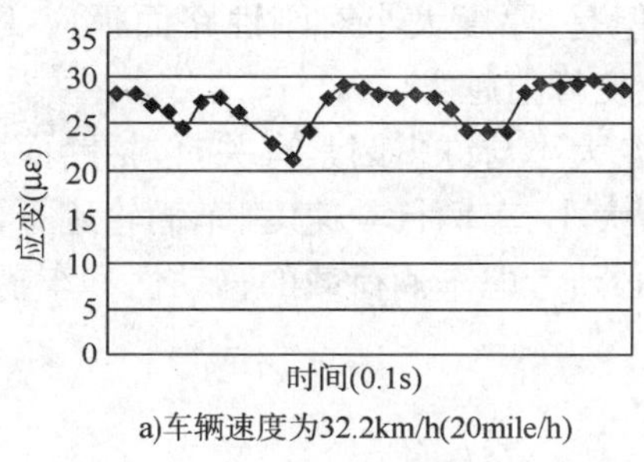

a)车辆速度为32.2km/h(20mile/h)

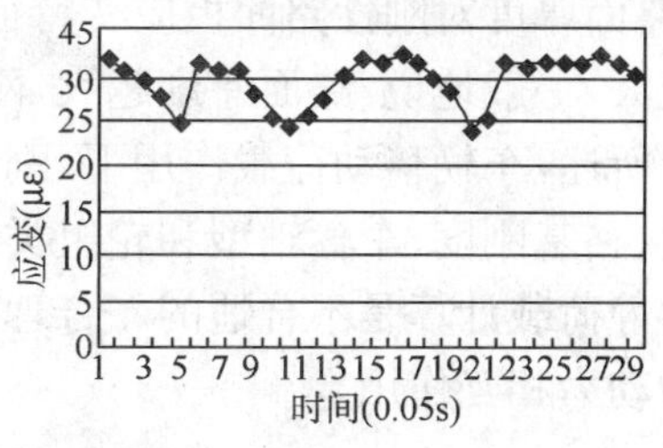

b)车辆速度为80.5km/h(50mile/h)

图 17 车辆速度对刚性路面板动应变的影响

(9)路面厚度对刚性路面板动应变的影响。通过采集某种载货汽车(80k 或 102k Mn/ PROAD Truck&Muck)以某速度 32.2km/h(20mile/h)或 80.5km/h(50mile/h)通过路面厚度不同的研究断面(5 和 10)时,路面结构某位置处的动应变传感器(CE sensors)的应变时域变化曲线,其中第 5 研究断面路面厚度为 18cm(7.14in),第 10 研究断面路面厚度为 25cm(9.86in)可以发现,路面厚度对刚性路面板动应变特征的影响不大,但是,对刚性路面板动应变峰值大小的影响较大,在路基刚度相同,车辆轮迹重合,车辆轴重相同时,如果路面厚度不同,那么,刚性路面板内某位置处动应变峰值不同,如图 18 所示。一般来说,路面厚度越大,刚性路面板动应变峰值越大。

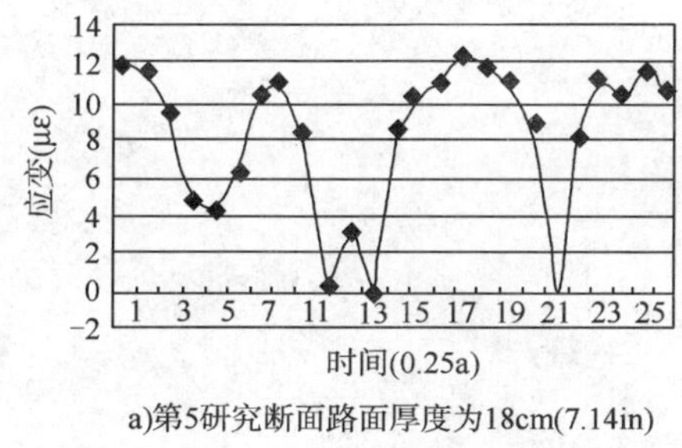

a)第5研究断面路面厚度为18cm(7.14in)

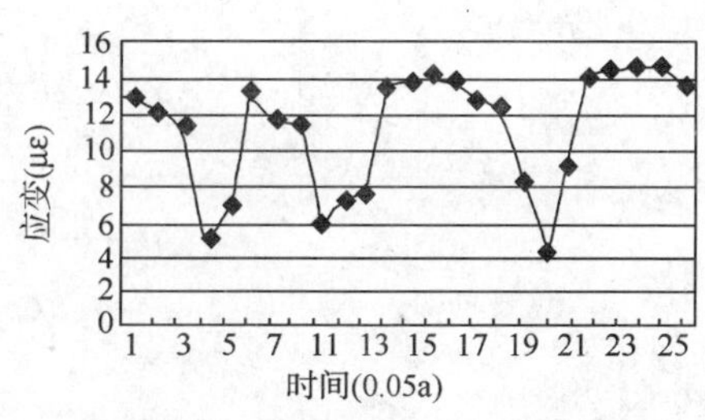

b)第10研究断面路面厚度为25cm(9.86in)

图 18 路面厚度对刚性路面板动应变的影响

4 结语

通过研究不同轴重的车辆,以不同速度行驶时,不同厚度研究断面上不同位置处的刚性路面板动应变反应,可以得到以下结论:

(1)刚性路面板纵向应变呈现拉、压交替变化的动应变特征,压应变峰值大于拉压应变峰值,拉应变峰值与车辆轴载大小关系不大。

(2)刚性路面板横向应变呈现压应变或压应变特征。

(3)刚性路面板缩缝传力杆应变呈现拉、压交替变化的动应变特征,压应变峰值大于拉压应变峰值,拉应变峰值与车辆轴载大小关系不大。

(4)车辆轴载对刚性路面板应变特征影响不大,但是,轴载大小对刚性路面板应变峰值大小影响较大,一般地说,车辆轴载越大,刚性路面板压应变峰值越大。

(5)车辆速度对刚性路面板应变特征影响不大,但是,速度大小对刚性路面板应变峰值大小影响较大,一般地说,车辆行驶速度越快,刚性路面板应变峰值越大。

(6)路面厚度对刚性路面板应变特征影响不大,但是,厚度大小对刚性路面板应变峰值大小影响较大,一般地说,路面厚度越大,刚性路面板应变峰值越大。

综上所述,车辆移动荷载作用下,刚性路面板应变大小与许多因素有关,包括路面厚度、路面平整度、路基刚度、车辆轴型和轮组类型、车辆轴载大小、车辆行驶速度、车辆轮迹等,将车辆荷载作为静荷载计算是不合适的。合理的计算方法必须考虑车辆荷载的移动性和车辆与刚性路面板的动力相互作用。

旧水泥混凝土路面搭板罩面的应力

关宏信 张起森 郑健龙

（长沙理工大学公路工程学院 长沙 410076）

摘要： 采用沥青罩面处理旧水泥混凝土路面时，沥青罩面层底对应旧路接裂缝的位置会因为应力集中而开裂。提出将旧板接裂缝顶部拓宽再采用水泥混凝土搭板来处理接裂缝，然后进行沥青罩面的方法，称为搭板罩面法。采用二维有限元方法分析了搭板罩面法处理旧水泥混凝土路面的影响因素，这些因素包括搭板厚度、搭板宽度、搭板强度以及搭板与旧水泥混凝土接头部位结合强弱。计算结果表明，接头顶端和裂缝顶端的应力随着搭板厚度的减小、搭板宽度的减小以及搭板的强度的减小而减小，而随着搭板与旧水泥混凝土板之间的接头处的结合由弱变强，接头顶端和裂缝顶端应力的变化趋势却相反。分析表明搭板设计需要综合考虑多方面的因素。

关键词： 道路工程 水泥混凝土 旧路面 搭板罩面法 影响因素 应力 有限元

0 引言

水泥混凝土路面破损后的修复常采用沥青罩面或沥青加铺，但沥青罩面或沥青加铺方法的最大问题是出现反射裂缝。国内外有许多学者一直致力于反射裂缝的研究，普遍认为这种反射裂缝只能延缓，无法阻止。延缓的方法包括增设应力吸收层、采用改性沥青、铺设土工合成材料以及增加沥青面层厚度等。作者于 2002 年提出了搭板罩面法用于旧混凝土路面改造，后来也做过相关计算分析，该法是将旧水泥混凝土板贯穿裂缝两侧一定范围一定深度的混凝土去除，然后换填以新的混凝土，这里称其为搭板，这样就将原本由沥青面层承担的应力集中转移给强度相对较高的水泥混凝土，并能有效降低沥青面层底部的弯拉应力和剪应力，而且搭板与旧板之间的接头部位（此为搭板罩面法的薄弱之处）产生的应力也可大大小于直接罩面法裂缝顶端的应力。但是，该方法要应用于工程实际首先需要解决的问题就是搭板的平面尺寸如何确定，即搭板的设计问题。本文通过二维有限元计算来分析搭板宽度和厚度等结构参数对结构层内应力的影响，探索其内在规律，为搭板的平面设计奠定基础。

1 有限元模型

本文所分析的路面结构为：细粒式沥青混凝土罩面层、搭板和旧水泥混凝土板、水泥稳定砂砾基层、灰土底基层和土基（图 1）。为分析行车荷载对横缝的影响，结构分析时采用平面应力模型。

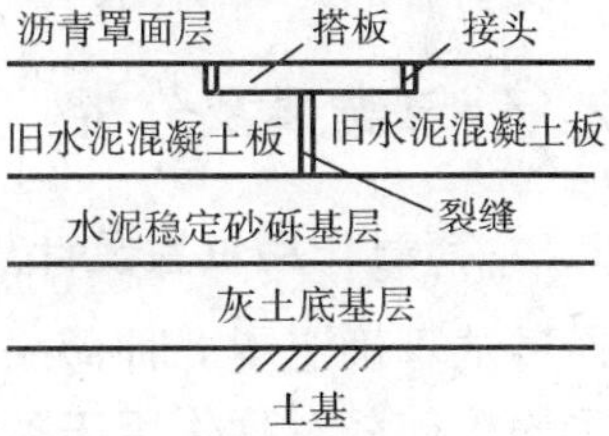

图 1 路面结构

摘自《长安大学学报》（自然科学版）2005 年 11 月第 25 卷第 6 期。

为使计算结果尽量反映实际情况，采用模型尺寸为：车辆行驶方向（X 轴）取 15m（3 块板和 2 条接缝），深度方向（Y 轴）取 10.85m（其中土基厚度取为 10m）。

对分析模型中存在的接缝、裂缝及搭板与旧水泥混凝土板的接头部位，均按照实体材料考虑，通过选取其模量的大小进行模拟。鉴于旧水泥混凝土路面的接缝传递荷载的能力普遍较低，取接缝材料的模量为 80MPa，宽度为 1cm；而对于水泥混凝土板中的裂缝（位于板的中间，贯穿整个旧板的厚度），认为其存在一定的传递荷载的能力，与接缝同样处理，但其模量为 10MPa，宽度取 2cm；本文取接头宽 2cm，通过取接头处材料不同模量的方法来模拟搭板与旧水泥混凝土板之间接头的结合情况的影响。

为评价搭板厚度对罩面效果的影响，取其厚度分别为 4cm、6cm、7cm、8cm、9cm、10cm、12cm、16cm、20cm；同样，为评价搭板宽度对罩面效果的影响，取其宽度分别为 12cm、22cm、42cm、62cm、82cm、86cm、90cm、94cm、100cm、110cm、120cm、140cm、160cm、180cm、200cm、240cm。各结构层的计算参数如表 1 所示。

各结构层的计算参数 表 1

类别	厚度（cm）	回弹模量（MPa）	泊松比
细粒式沥青混凝土罩面层	10	2 000	0.35
搭板	4,6,7,8,9,10,12,16,20	2 000,6 000,10 000,12 000,16 000,18 000,20 000,24 000,28 000,30 000,35 000	0.16
旧水泥混凝土板	25	10 000	0.16
基层	20	300	0.40
底基层	30	150	0.40
土基	—	50	0.45

计算作如下假定：

①各结构层材料是均质、各向同性的弹性材料；

②各结构层之间是完全连续的。

对于路面结构所受的荷载，本文考虑为静止垂直均布荷载，认为标准轴载通过后轴一侧的轮胎作用于路表，大小为 5t，轮胎接地长度为 20cm。本文的有限元模型采用 8 节点等参单元，所有节点都不能转动，同时认为 10m 深度下的土基不受路表荷载的影响，模型的边界条件为：

①模型底面固定；

②旧水泥混凝土层两侧的边界面是自由的，其余各结构层两侧的边界面固定；

③模型表面是自由的。

2 计算结果及分析

2.1 荷载作用位置及计算点位的确定

通过试算确定了 3 种荷载作用位置和相应的计算点位：

①均布荷载对称作用于裂缝两侧（荷位 1），计算点为裂缝顶端也即搭板底部对应点（计算点 1）的弯拉应力，见图 2a）；

②均布荷载作用于裂缝一侧（荷位 2），计算点为裂缝顶端也即搭板底部对应点（计算点 1）

的剪应力,见图 2b);

③均布荷载作用于接头一侧(荷位 3),计算点为接头顶端也即沥青罩面层底部对应点(计算点 2)的剪应力,见图 2c)。

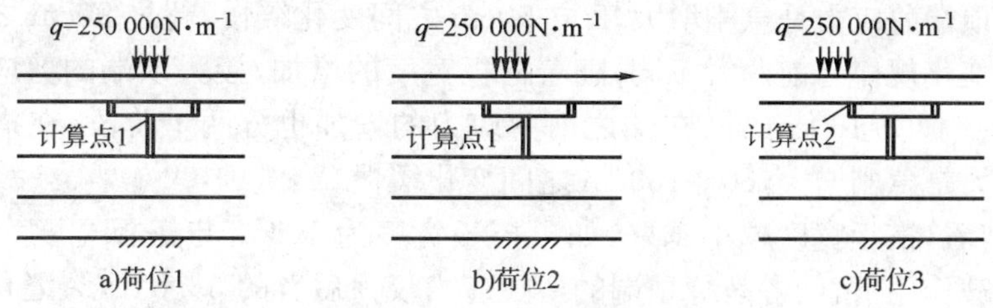

图 2 荷载作用位置及相应的计算点

2.2 搭板厚度的影响

为评价搭板厚度对结构层内应力的影响,采用前述的 9 种板厚(搭板宽均为 82cm,搭板模量均为 30 000MPa,接头宽度均为 1cm,接头处材料模量均为 100Pa),分别计算了 3 种荷载作用位置下对应点位的应力,计算结果如图 3～图 5 所示。

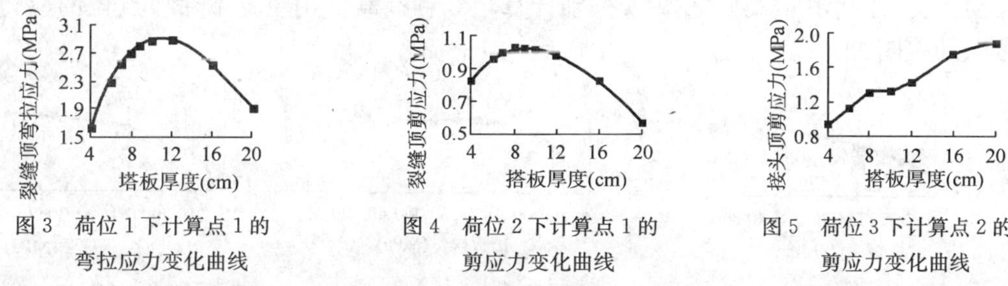

图 3 荷位 1 下计算点 1 的弯拉应力变化曲线

图 4 荷位 2 下计算点 1 的剪应力变化曲线

图 5 荷位 3 下计算点 2 的剪应力变化曲线

由图 3 可见,随着搭板厚度的增加,裂缝两侧对称加载情况下,裂缝顶端的弯拉应力先增加后减小,呈抛物线形,峰值点对应搭板厚度约为 12cm;图 4 也出现了相同的变化规律,裂缝一侧偏载情况下,裂缝顶端的剪应力先增加后减小,呈抛物线形,峰值点对应搭板厚度约为 8cm;图 5 表明随搭板厚度的增加,接头顶端的剪应力随之增加,从变化趋势看,搭板厚度越小越好。如果搭板厚度为 4cm,在相同荷载下,裂缝顶端的弯拉应力仅为峰值的 56%,裂缝顶端的剪应力仅为峰值的 80%,接头顶端的剪应力仅为搭板厚度 12cm 时的 64.6%。

2.3 搭板宽度的影响

为评价搭板宽度对结构层内应力的影响,采用前述的 16 种宽度(搭板厚度均为 6cm,搭板模量均为 30 000MPa,接头宽度均为 2cm,接头处材料模量均为 100Pa),分别计算了 3 种荷载作用位置下对应点位的应力,计算结果如图 6～图 8 所示。

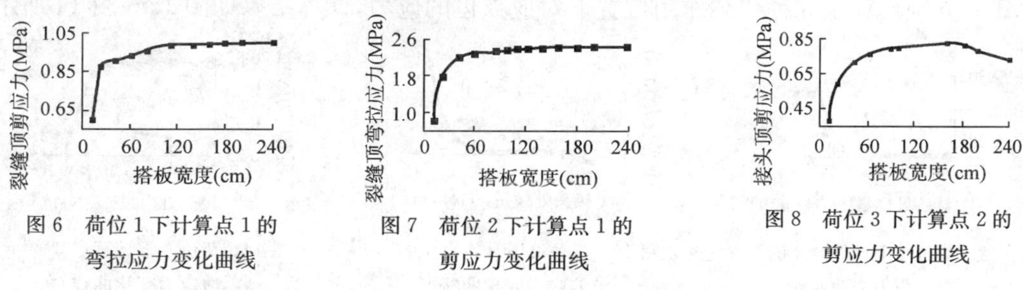

图 6 荷位 1 下计算点 1 的弯拉应力变化曲线

图 7 荷位 2 下计算点 1 的剪应力变化曲线

图 8 荷位 3 下计算点 2 的剪应力变化曲线

图 6 表明，随着搭板宽度的增加，裂缝顶端的弯拉应力总体趋势是越来越大，但增加的幅度却是先大后小，在搭板宽度增加到 40cm 之前弯拉应力是急剧增大，40～80cm 之间变化缓慢，超过 80cm 之后基本稳定下来；图 7 也表现出与图 6 相同的变化规律，在搭板宽度增加到 20cm 之前裂缝顶端剪应力是急剧增大，20～90cm 之间变化缓慢，超过 90cm 之后基本稳定下来；图 8 所示的变化规律与前两者不同，随着搭板宽度的增加，接头顶端的剪应力先增加后减小，转折点约为搭板宽 160cm 处，在此之前剪应力的增加也分两个阶段，在搭板宽度增加到 60cm 之前剪应力是急剧增大，60～160cm 之间变化缓慢。

从变化趋势看，搭板宽度越小越好，如果搭板宽度为 12cm，与搭板宽度为 160cm 的情况相比，在相同荷载作用下，前者裂缝顶端的弯拉应力仅为后者的 33.8%，裂缝顶端的剪应力仅为后者的 61.4%，接头顶端的剪应力仅为后者的 46.2%。

2.4 搭板强度的影响

为评价搭板强度对结构层应力的影响，选取了 11 种不同的搭板模量(搭板厚度均为 6cm，搭板宽度均为 82cm，接头宽度均为 2cm，接头处材料模量均为 100Pa)，即 2 000MPa、6 000MPa、10 000MPa、12 000MPa、16 000MPa、18 000MPa、20 000MPa、24 000MPa、28 000MPa、30 000MPa、35 000MPa，分别计算了 3 种荷载作用位置下对应点位的应力，计算结果如图 9～图 11 所示。

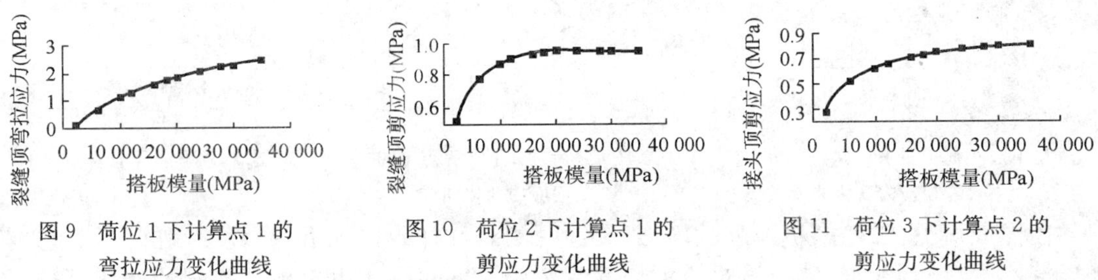

图 9　荷位 1 下计算点 1 的弯拉应力变化曲线

图 10　荷位 2 下计算点 1 的剪应力变化曲线

图 11　荷位 3 下计算点 2 的剪应力变化曲线

图 9～图 11 都表明同一规律，即随着搭板强度的加大，裂缝顶端的拉应力、剪应力和接头顶端的剪应力都随之增加，但变化速度有所区别，裂缝顶端的弯拉应力基本随着搭板模量的增加均匀增加，裂缝顶端剪应力随搭板模量而变化的速度先快后慢，转折点约为搭板模量 10 000MPa处，接头顶端剪应力随搭板模量而变化的速度也是先快后慢(转折点约为搭板模量 10 000MPa 处)。这就为搭板材料的选择提供了依据。

2.5 接头处结合的影响

为评价接头处搭板与旧板之间结合强度对结构层内应力的影响，选取了 10 种不同的接头材料模量，即 100Pa、1 000Pa、10 000Pa 和 0.1MPa、1MPa、10MPa、50MPa、100MPa、500MPa、1 000MPa，分别计算了 3 种荷载作用位置下对应点位的应力，计算结果如图 12～图 14 所示。

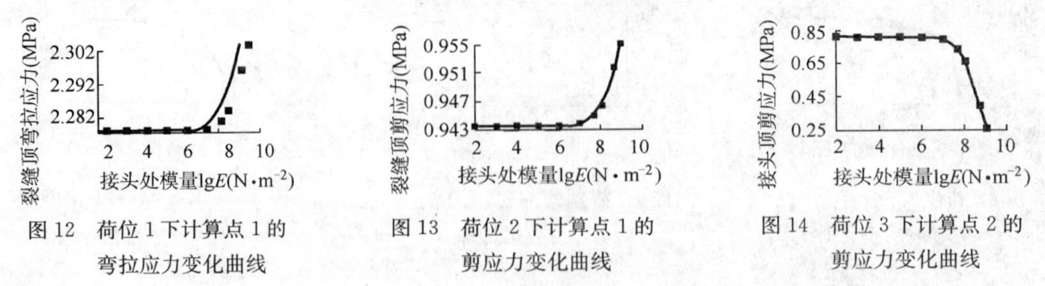

图 12　荷位 1 下计算点 1 的弯拉应力变化曲线

图 13　荷位 2 下计算点 1 的剪应力变化曲线

图 14　荷位 3 下计算点 2 的剪应力变化曲线

图12～图14的共同特点是应力随着接头处材料模量的变化都是先缓慢变化，后急剧变化，而且转折点都约为接头模量10MPa处，在转折点之前应力基本相同，不同之处在于裂缝顶端的弯拉应力和剪应力是随着接头处模量的增加而增加，但接头顶端剪应力却是随着接头处模量的增加而减小。这就为搭板与旧水泥混凝土板之间接头处结合状况的选择提供了依据，如果以接头顶端沥青罩面层底的剪应力为控制应力，结合得越牢固越好；如果以裂缝顶端搭板底的弯拉应力或剪应力为控制应力，则结合得越松越好。

综上所述，从理论分析的角度来看，搭板越薄越好，越窄越好，强度越低越好。但是搭板太薄、太窄会引起施工方面的问题，而且这样的搭板自重相应也较小，容易随着车辆行驶的冲击而引起松动破坏。另外，虽然搭板模量越小越好，但此时其极限强度或容许应力相应也比较小，需要综合考虑来选取搭板材料；对于搭板与旧水泥混凝土板之间的接头处的结合状况的选择，就需要对接头顶端剪应力/沥青罩面层材料的容许剪应力、裂缝顶端剪应力/搭板材料的容许剪应力、裂缝顶端弯拉应力/搭板材料的容许拉应力这3者进行对比分析后确定。

3 结语

(1)搭板的厚度越小，控制点位处的应力越小；搭板的宽度越小，控制点位处的应力越小，因此在施工允许的情况下应尽量减小搭板的平面尺寸。

(2)搭板的强度越低，控制点位处的应力越小，但同时需要考虑最大应力与搭板材料承载能力的比较来选择搭板材料。

(3)随着搭板与旧水泥混凝土板之间的接头处的结合由弱变强，两个控制点位处应力的变化趋势相反，需要综合分析来确定接头处的结合情况。

(4)虽然通过理论分析得出上述结论，但一方面还难以根据上述分析提出搭板的设计方法，另一方面要应用于实践还有许多问题需要解决，比如搭板的厚度能薄到什么程度、宽度又能窄到什么程度等，这些都是本文后续需要解决的课题。

黄河二桥系杆拱桥桥面铺装结构力学性能研究

张起森　李雪莲　查旭东
（长沙理工大学公路工程学院　长沙　410076）

摘要：本文应用有限元法对黄河二桥下承式系杆拱桥双层沥青混凝土铺装体系进行受力分析，确定了全桥的最不利荷位，提出了系杆拱桥面铺装设计控制指标，并在各个指标的最不利双轮加载方式下，进一步分析了车轮附近区域沥青混凝土铺装层各控制指标的变化规律，同时给出其相应的三维图。为确定水平荷载对铺装层各控制指标的影响，本文还分析了不同水平荷载下各控制指标的变化规律。为更准确地模拟实际边界条件，分析的整个过程是在包括梁、拱肋、吊杆和桥面铺装等部分的整体桥梁结构上实现的。结合力学分析所得结论进行了相应试验研究，建立了不同温度下水泥混凝土桥面板与沥青铺装层间的剪切强度与粘结强度关系式，并确定了15℃时该桥铺装层层间稳定性控制指标——容许黏结强度。最后，进行现场拉拔试验，检验实桥上的层间稳定性。

关键词：有限元　下承式系杆拱桥　桥面铺装　防水黏结层　抗剪强度　黏结强度

0　引言

桥面铺装是指铺筑在桥面板上的防护层，是桥梁结构的重要组成部分，其作用在于防止车轮直接磨耗行车道板，保护主梁免受雨水及其他有害物质的侵蚀，并起到扩散荷载的作用。桥面铺装质量的好坏和使用耐久性将直接影响到汽车的行驶质量和使用耐久性，是桥梁建设中的一项关键技术。

以往的水泥混凝土桥梁设计中，沥青铺装一般不作受力计算，只是作为构造层来考虑。近几年，随着交通量的增大和部分地区采用了桥面防水层，使沥青铺装破坏严重，渐渐引起了人们的重视，少数学者也开始从理论结构方面进行研究。本文结合桥梁结构理论和路面设计方法，利用有限元分析方法，对黄河二桥100m跨系杆拱桥双层沥青铺装体系进行力学性能研究，首先用较粗的网格划分对系杆拱桥的上部结构进行受力分析，确定全桥的最不利荷位，提出了桥面铺装设计控制指标，再用较细的单元网格划分最不利荷位附近区域的铺装层，在各个指标的最不利加载方式下，进一步分析了该区域各控制指标的变化规律，同时，为确定水平荷载对铺装层各设计指标的影响，本文还分析了不同摩擦系数下各控制指标的变化规律。此外，结合力学分析所得结论进行了相应试验研究，建立了不同温度下水泥混凝土桥面板与沥青铺装层间的剪切强度与黏结强度关系式，并确定了15℃时该桥铺装层层间稳定性控制指标——容许黏结强度，并检测铺装层层间黏结强度，验证其是否满足要求。

摘自《土木工程学报》2006年7月第39卷第7期。

1 黄河二桥系杆拱桥面铺装模型

黄河二桥是我国京珠国道主干线上的一座特大型混凝土桥梁，该桥全长 9 848.16m，设计车速 120km/h，双幅（上、下行）为 8 车道，其中单幅 4 个车道桥面净宽 19.377m。全桥从北向南为 1 联（5×35m 预应力 T 梁）+16 联（7×35m 预应力 T 梁）+2 联（5×35m 预应力 T 梁）+13 联（5×50m 预应力 T 梁）+4 联（4×50m 预应力 T 梁）+4 联（2×100m 预应力 T 梁）+3 联（9×20m 预应力空心板）。其中，100m 跨系杆拱桥是双哑铃形拱面、竖直吊杆、箱形端横梁、T 形中横梁和预应力混凝土箱形系杆梁的下承式钢管混凝土刚性系杆刚性拱桥。而且在两片平行拱肋之间还设置了两个 K 形风撑和一个一字形风撑，提高了拱肋的横向稳定性。另外，该桥的上下部结构连接方式是上部结构简支于墩台上，结构受力明确，为外部静定、内部超静定的结构，它下部结构类似于梁桥。

1.1 计算的基本假设

（1）沥青混凝土铺装层与水泥混凝土板的层间接触是完全连续（位移和应力连续）的。

（2）沥青混凝土铺装层和水泥混凝土桥面板是完全线弹性、均匀、各向同性的，用弹性参数 E、μ 表征。

（3）水泥混凝土桥面板和铺装层的自重不计。通常铺装层是在桥面板完全安装完毕后才铺筑的，因此水泥混凝土板自重对铺装层的受力无影响。

1.2 分析模型

分析时采用系杆拱的实际尺寸模型，计算跨径 95.5m，桥面净宽为 19.377m，横坡为 2%。建模时，以桥面铺装层顶面的一个角点为原点，x 为横桥向，y 轴为竖向，z 轴为顺桥向。考虑该桥上部结构简支于墩台上，故边界约束为顺桥向一端固定三个方向的位移，另一端固定竖向和顺桥向位移，模型如图 1 所示。

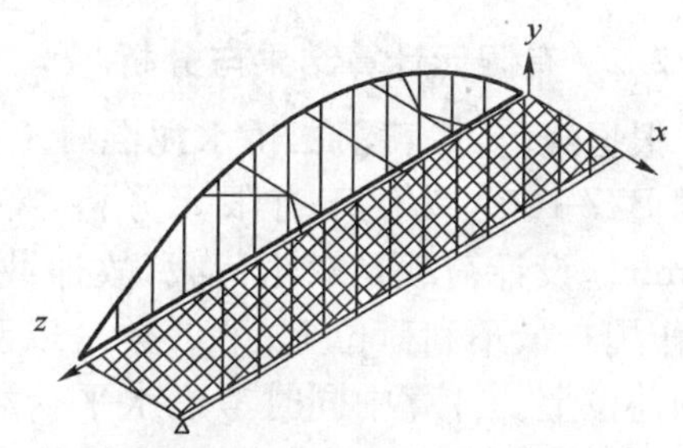

图 1 黄河二桥系杆拱桥计算模型

图 1 中，横梁、预制板纵肋和系杆梁采用 BEAM188 梁单元，拱肋、横撑采用 BEAM4 梁单元，吊杆采用 LINK8 杆单元，桥面各铺装层均采用 SOLID65 实体单元，各层基本参数见表 1。

系杆拱桥桥面各层基本参数　　表 1

层号	材料名称	厚度 h(cm)	回弹模量 E(MPa)	泊松比 μ
第一层	AC-13I 改性沥青混凝土	4	2 200	0.25
第二层	AC-16I 改性沥青混凝土	5	2 000	0.25
第三层	40 号钢纤维水泥混凝土层	8	35 000	0.15
第四层	50 号素水泥混凝土桥面板	12	35 000	0.15

2 桥面铺装有限元分析

2.1 确定全桥最不利荷位

用较粗的网格划分模型，因桥纵、横向均具有对称性，故只在半桥的相邻边缘两个车道上施加荷载，如图2分别在桥上104个位置(均匀分布于1/4桥上，纵、横实线表示预制板纵肋、中横梁，代表荷载作用位置)施加集中荷载：垂直分力为50kN；水平摩擦系数 $f=0.2$，即水平分力取 $0.2\times50=10$kN。

通过分析发现，铺装层的最大主应力、横桥向最大拉应力、竖向最大拉应力、纵向最大拉应力、横向最大剪应力、竖向最大剪拉应力、纵向最大剪应力和最大弯沉值都出现在载荷作用在点($x=0.8885$m，$y=0$，$z=47.75$m)，即桥的跨中，故确定此点为全桥的最不利荷位，如图2所示。

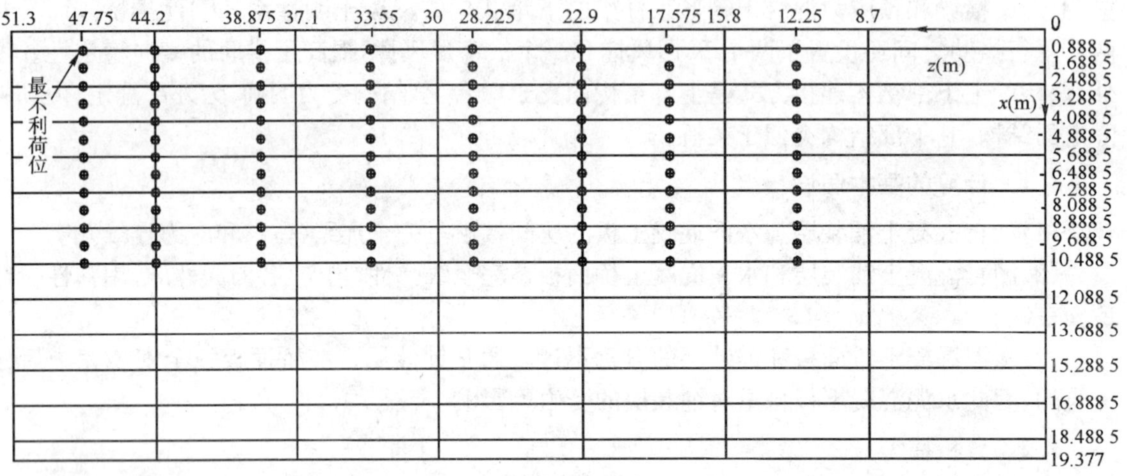

图2　104个荷载作用位置分布情况

2.2　有限元计算结果与分析

根据规范，对黄河二桥水泥混凝土系杆拱桥桥面铺装层分析时采用的设计荷载为标准轴载BZZ-100。为便于有限元分析，将轮胎接地面简化为200mm×200 mm，两轮净距为100mm。设计荷载是双轮荷载，故加载方式有两类：第一类是以双轮荷载中心点作为控制点，作用在最不利荷位上；第二类是以双轮荷载中一个轮载的中心点作为控制点作用在最不利荷位上。计算中同时考虑水平荷载与垂直荷载，其中，垂直荷载0.7MPa，而水平荷载是通过垂直荷载乘以车轮与路面间的摩擦系数得到，根据已有研究成果，0.2时表示缓慢制动，适用于停车场、交叉口等缓慢制动处；0.5时表示紧急制动；首先取 $f=0.2$ 进行计算，即

$$q=f\times p \tag{1}$$

式中，q 为水平荷载，MPa；p 为垂直荷载，MPa。

为了进一步分析铺装层受力情况，将最不利荷位附近区域的网格进行细化，分别在两种加载方式下对车轮附近(取以双轮中心为形心横桥向1.4m宽、顺桥向2m长的范围为研究对象)的铺装层体系进行受力分析。

(1)铺装层的开裂破坏是水泥混凝土桥面铺装常见的破坏方式。铺装层最大拉应力是控制其开裂破坏的重要设计指标，分析其分布变化规律可以了解铺装层开裂破坏特性以采取有效防范措施。分析结果表明，铺装层的最大拉应力均出现在铺装层表面，且均在跨中，见表2。

铺装层的最大拉应力 表2

应力应变指标	第一类	第二类
最大主应力 σ_{1max}(MPa)	0.1751	0.1746
最大横向拉应力 σ_{xmax}(MPa)	0.1047	0.0798
最大纵向拉应力 σ_{zmax}(MPa)	0.0648	0.0671

从表2可知，两种加载方式下铺装层最大横向拉应力与最大主应力大小相当，且最大横向拉应力 σ_{xmax} 均明显大于最大纵向拉应力 σ_{zmax}，考虑到最大主应力方向的复杂性，所以应将横向拉应力作为铺装层设计的一个重要控制指标，通过控制最大横向拉应力，进而控制铺装层开裂破坏。而且，在第一类加载方式下的 σ_{xmax} 比第二类加载方式下 σ_{xmax} 大31.2%，故把第一类加载方式作为控制铺装层拉应力的最不利加载方式。此时 σ_{xmax} 出现在两轮中心偏前(车轮行进方向为前)0.05m，铺装层横向正应力在最大值点的水平面的分布情况见图3。

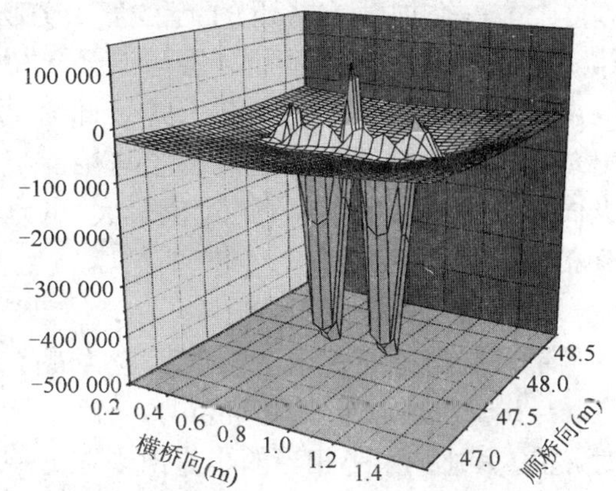

图3 横向正应力在最大值点的水平面分布图

根据图3可得出以下结论：

①在车轮正下方横桥向正应力为负，即压应力。但在两轮前方(车轮行进方向为前，即 z 轴正向)出现局部受拉，其中在偏前0.05m处出现了最大拉应力0.1047MPa；

②在最大值的横断面方向离车轮外缘0.05m处，还有两个较大拉应力存在，其值约0.015MPa。所以铺装层表面容易出现拉裂的位置有3个位置：a、$x=0.8885$m，$z=47.80$m，即两轮中心偏前0.05m处；b、$x=0.5885$m，$z=47.80$m离左轮外缘(靠近桥梁边缘)0.05m处；c、$x=1.1885$m，$z=47.80$m离右轮外缘(即靠近行车道中线)0.05m处。两轮中心偏前0.05m处最易出现拉裂破坏，另两个位置次之。

(2)鉴于黄河二桥桥面铺装是双层铺装层体系，层间结合面是一个薄弱环节，可能发生剪切破坏，故应进行层间剪应力分析。同时，铺装层与水泥混凝土桥面板的黏结破坏也是一类常见的破坏类型，其层间剪应力也是控制黏结破坏的主要控制指标，计算结果如表3和表4所示。

铺装层层间最大剪应力 表3

应力应变指标	第一类	第二类
最大横向剪应力 τ_{xmax}(MPa)	0.1075	0.1096
最大纵向剪应力 τ_{zmax}(MPa)	0.1617	0.1624

铺装层与桥面板间最大剪应力 表4

应力应变指标	第一类	第二类
最大横向剪应力 τ_{xmax}(MPa)	0.1331	0.1460
最大纵向剪应力 τ_{zmax}(MPa)	0.1743	0.1790

由表 3 和表 4 可知,行进车轮作用下发生铺装层与桥面板层间破坏的可能性是明显大于铺装层间可能发生的破坏,所以保证铺装层与桥面板之间不发生剪切破坏最为关键。

根据表 4 中的计算结果可以看出,铺装层内的纵向最大剪应力 τ_{zmax} 均明显大于横向最大剪应力 τ_{xmax},故层间剪应力的控制方向是顺桥方向,铺装层与混凝土桥面板的层间黏结破坏的主要控制指标就是层间的纵向剪应力 τ_z,类似于简支板桥。另外,第二类加载方式下的 τ_{xmax} 比第一类加载方式下的 τ_{xmax} 大 3.70%,故第二类加载方式是控制铺装层与混凝土桥面板的层间剪应力的最不利加载方式。此时 τ_{zmax} 是出现在右车轮前缘中心。铺装层与桥面板层间纵向剪应力在最大值点(绝对值最大)的水平面分布情况见图 4。

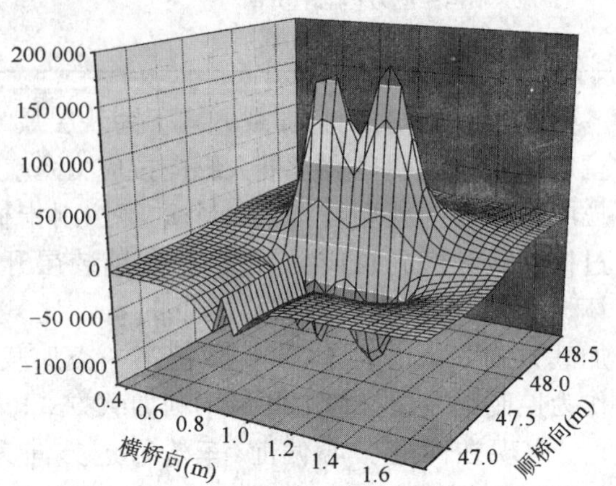

图 4　纵向剪应力在最大值点的水平面分布图

根据图 4 可得以下结论:

铺装层与桥面板层间纵向剪应力最大值现在 $x=1.1885$m,$y=-0.066$m,$z=47.85$m 的位置,即靠近行车道中线的右轮前缘中心。同时,还有另外一大小相当的峰值出现在另一个车轮即靠近桥梁外缘的左轮前缘中心,也是比较容易发生剪切破坏的位置。另外,纵向剪应力也均随着离车轮前缘的距离的增大而减小,车轮作用下可能发生铺装层与桥面板层间破坏的范围是包括车轮作用面积的横桥向 0.9m 宽、顺桥向0.9m长的范围。

2.3　水平荷载对铺装层受力的影响

为确定水平荷载对铺装层各控制指标的影响,在第一类加载方式下(即双轮中心作用于最不利荷位上),分别取摩擦系数 $f=0.2$、0.3 和 0.5 进行分析,结果如表 5 所示。

水平荷载对控制指标的影响　　表 5

应力应变指标	$f=0.2$	$f=0.3$	$f=0.5$
最大拉应力 σ_{xmax}(MPa)	0.104 7	0.112 5	0.128 2
最大层间剪应力 τ_{zmax}(MPa)	0.179 0	0.235 3	0.386 4

(1)由如表 5 可以看出:

①铺装层最大拉应力在水平摩擦系数为 0.3 和 0.5 时,其值分别是 $f=0.2$ 时的 107.4%和 122.4%。

②铺装层与桥面板层间最大剪应力在水平摩擦系数为 0.3 和 0.5 时,其值分别是 $f=0.2$ 时的 131.5%和 215.9%。

可见随水平荷载的增大,各控制指标值均显著增大。但是,受水平荷载影响最大是铺装层与桥面板层间最大剪应力,也就是说行驶车辆紧急制动时,铺装层更有可能沿桥面板产生剪切推移。

(2)另外,由有限元的分析结果可知:

①随着水平荷载的增大,出现铺装层与桥面板层间 τ_{zmax} 的位置就越靠近轮胎后缘:$f=0.2$ 时,τ_{zmax} 出现在 $z=47.85$m 处;$f=0.3$ 时,τ_{zmax} 出现在 $z=47.80$m 处;$f=0.5$ 时 τ_{zmax} 出现在 $z=47.75$m处。

②尽管水平荷载发生变化，铺装层的最大拉应力也始终是出现在同一个位置，而且 $f=0.5$ 时，σ_{zmax}仅为 0.128 2MPa，一般沥青混凝土都能满足此项强度要求。

3 层间稳定性试验研究

由上述力学特性分析可知，铺装层更易产生铺装层与桥面板间的剪切破坏，故着重进行层间稳定性室内外试验研究。

3.1 室内试验

3.1.1 剪切试验

试验仪器采用 45-D0548 便携式剪切仪，试验采用的防水黏结层涂膜是河南路安交通发展有限公司生产的“路恒”牌桥面层间专用防水黏结层涂料。其中，底涂和二涂采用 LQT-II 型，三涂采用 LQT-I 型。试验研究发现，该种防水黏结层材料存在一个最佳涂膜量 0.85kg/m^2。

在防水黏结层材料的最佳涂膜量下，保持剪切速率 kN/10s（每 10s 施加 1kN 的力）和垂直压力 0.7MPa 不变。分析不同环境温度下层间抗剪强度 τ 的变化情况，其结果见表 6。

变动环境温度剪切试验结果 表 6

温度（℃）	15	25	35	45	60
水平剪力（kN）	6.2	5.3	5.0	4.3	3.9
	6.3	5.5	5.0	3.6	3.5
	6.2	5.5	4.3	4.2	4.1
平均 τ（MPa）	0.794	0.692	0.607	0.514	0.488

将试验结果进行回归，结果如图 5 所示。

由表 6 和图 5 可知，60℃时的 τ 相当于 15℃时的 τ 值的 60.5%，说明夏季高温时，用该种防水黏结层材料做黏结层，其层间抗剪强度会有所降低。而目前公路部门常用的热沥青层间结合料，其 60℃时的 τ 仅相当于 15℃时的 τ 值的 1/5，即夏季高温时，其层间抗剪能力将大大降低，降低到常温的 1/6～1/4。可见，复合高分子防水黏结层材料对温度变化的敏感性远远小于热沥青防水黏结层材料。比较表 5 和表 6 可知，即使在水平力为 $0.5p$、温度为 60℃时，桥面防水黏结层的抗剪能力是满足要求的（$\tau_{zmax}=0.386\,4<0.488$）。

3.1.2 拉拔试验

先按剪切试验中复合试件的成型方法成型复合试件，再将成型好的复合试件用自行加工卿具将其夹紧，在液压式万能试验机上进行拉拔试验。

沥青基防水黏结层材料均为温度敏感性材料，一般随着温度的升高黏结强度 f_v 明显降低。在防水黏结层材料的最佳涂膜量下，分析不同环境温度下层间粘结强度 f_v 的变化情况，具体结果见表 7 和图 6。

变动环境温度的拉拔试验结果 表 7

温度（℃）	15	25	35	45	60
拉拔力（kN）	4.8	4.1	3.8	3.3	2.3
	4.5	4.2	3.8	3.1	2.8
	4.5	4.1	3.7	3.0	2.6
平均 f_v（MPa）	0.587	0.528	0.479	0.400	0.327

将试验结果进行回归，结果如图 6 所示。

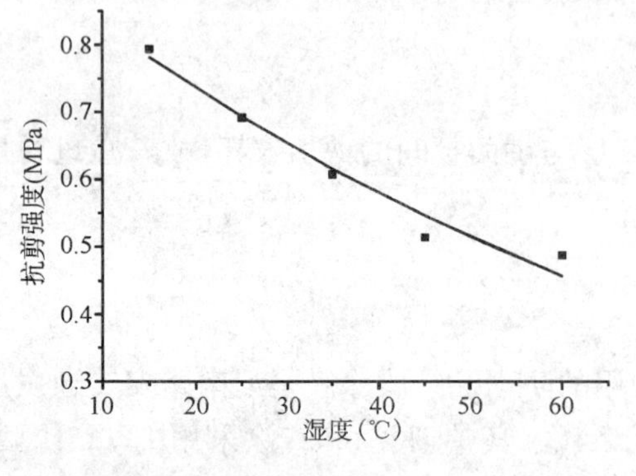

图 5　温度 t 与抗剪强度 τ 关系图

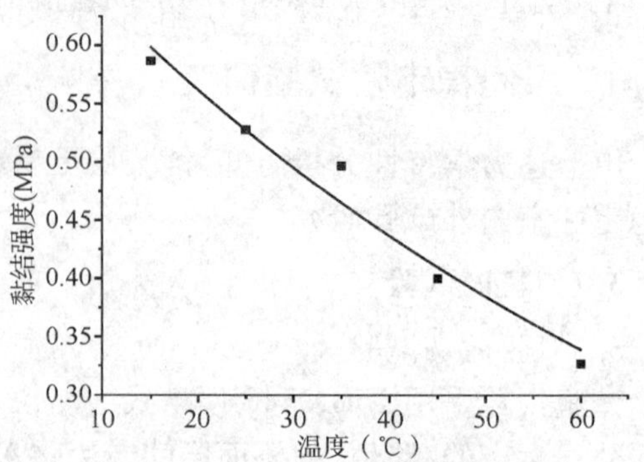

图 6　温度 t 与黏结强度 f_v 的关系图

由表 7 可知，60℃时的黏结强度仅为 15℃的 55.7%，可见该复合高分子防水黏结层材料的黏结强度也是随着温度升高明显减小的。

3.1.3　确定容许黏结强度

对室内剪切和拉拔试验中所得的不同温度下抗剪强度和黏结强度进行多元线性回归分析，得到如下关系方程式

$$\tau=1.94f_v+0.0044t-0.44 \qquad (R^2=0.9463) \tag{2}$$

当温度 $t=15$℃时

$$\tau=1.94f_v+0.0044t-0.44=1.94f_v-0.374 \tag{3}$$

式中，τ 为抗剪强度，MPa；f_v 为黏结强度，MPa；t 为环境温度，℃。

层间剪切破坏并不像室内试验那样，在水平荷载与垂直荷载作用下一次破坏，乃是一个疲劳剪切破坏的过程。借鉴我国城市道路柔性路面设计方法，在考虑疲劳及结构安全因素时，引入抗剪强度结构系数 K_τ，本文按最不利情况来考虑，即取在紧急制动($f=0.5$)时，$K_\tau=1.2$，则 15℃时层间容许剪切强度为 $\tau_R=\tau/1.2$。另外，验算剪切条件为

$$\tau_m\leqslant\tau_R \tag{4}$$

由表 5 可知，0.7MPa 轮压下，考虑最不利情况即水平摩擦系数 $f=0.5$ 时，其理论层间剪切强度 τ_m

$$\tau_m=0.3864\text{MPa} \tag{5}$$

由验算剪切条件式(4)反算得最小容许抗剪强度$[\tau_R]_{\min}=\tau_m=0.3864$，此时最大层间抗剪强度$[\tau]_{\max}=1.2\times0.3864=0.4637$MPa。由式(5)，可求得$[\tau]_{\max}$相应的$[f_v]_{\max}=0.4318$MPa，即 15℃时桥面板和沥青混凝土层层间的容许黏结强度。

3.2　现场试验

试验采用长沙交通学院研制开发的"QLP-1 桥面铺装层拉拔试验系统"(见图 7)，该系统采用传感器技术(拉压力传感器、位移传感器)、电子控制技术及机械传动技术研制而成的，可以实现整个试验过程的自动化。同时具有微机接口，有相应的软件支持，利用便携式微机可以

自动绘出实时曲线，保存试验数据，打印报表等功能，是一种全新的新一代桥面铺装层抗拉拔力指标的测试设备。

在沥青混凝土铺装层施工（见图8）完毕后，用直径为10cm的钻心机在沥青混凝土层上钻孔，钻到桥面板位置取出钻头，使得试件的沥青混凝土部分与其他周边沥青混凝土铺装完全割断。用环氧树脂将自动桥面铺装层测试系统的金属黏头黏在沥青混凝土表面，待环氧树脂凝固后才开始测定。试验时现场温度15℃，拉拔速度为10mm/min，试验过程如图9所示，结果见表8。

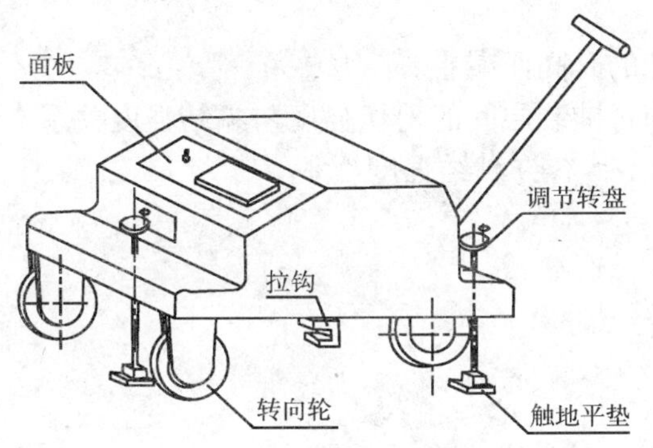

图7 QLP-1桥面铺装层拉拔试验系统结构图

图8 黄河二桥铺装层现场施工

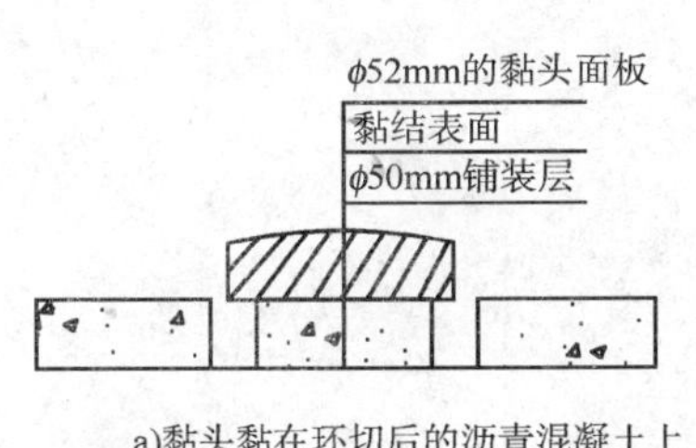

a)黏头黏在环切后的沥青混凝土上

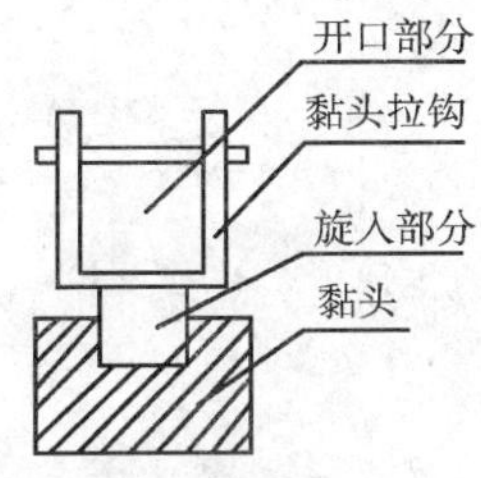

b)黏头拉钩旋入黏头

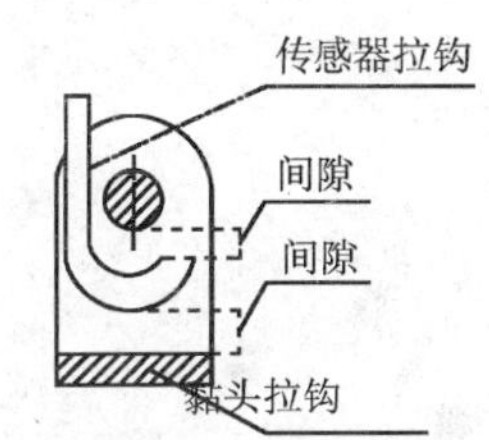

c)传感器拉钩钩住黏头拉钩

图9 基本试验过程

桥面板与沥青混凝土层间的黏结强度 表8

拉拔力(kN)	黏结强度(MPa)	平均黏结强度(MPa)
5.57	0.709	
5.88	0.749	
5.70	0.726	
5.76	0.733	0.724
5.40	0.688	
5.70	0.726	
5.80	0.738	

由表8可知，15℃时在现场拉拔试验中测得的桥面板和沥青混凝土层间的黏结强度为0.724MPa，大于该温度下桥面板和沥青混凝土层间的容许黏结强度0.431 8MPa，故满足层间稳定性要求。

4 结语

本文通过分析得到了以下几个主要结论：

(1)全桥的最不利荷位在跨中。

(2)铺装层与桥面板层间破坏的可能性明显大于铺装层间可能发生的破坏，所以保证铺装层与桥面板之间不发生剪切破坏最为关键。

(3)随水平荷载增加，铺装层拉应力和层间剪应力均增大，但是，受水平荷载影响最大的是铺装层与桥面板层间最大剪应力。

(4)层间抗剪强度和黏结强度随试验环境温度的升高而减小。

(5)建立了不同温度下水泥混凝土桥面板与沥青铺装层间的剪切强度与黏结强度关系式，并确定了15℃时该桥铺装层层间稳定性控制指标——容许黏结强度。

ANALYSIS OF FATIGUE CRACKING OF REINFORCED OVERLAY ON EXISTED RIGID PAVEMENTS

Zhou Zhigang Zheng Jianlong Zhang Qisen
(Department of Highway & Communications Engineering,
Changsha Communications University, Changsha 410076)

Abstract: The fatigue cracking lives of overlays with different thickness, reinforcing and interracial condition are compared by using FEM and fatigue fracture mechanics. The results show that placing reinforcement in overlay system can weakens the concentration level of stress around crack tip, and thus preventing asphalt overlays from reflective cracking or delaying the cracking time. In some cases, increasing overlay thickness may be more effective to do so. In addition, the interfacial effect is disgussed too. The interaction between reinforcement material and layers influences the reintbrcing cffcct largely.

Key words: Fatigue life Reinforcement Reflective Crack Interface

1 INTRODUCTION

Reflective cracking is one kind of main diseases causing damages of asphalt overlays on rigid pavements. Some methods have been used to prevent the initiating of reflective cracks or delay the time when the cracks expand to the surfaces. Study and practice have proved it is a valid method that reinforcement materials such as fabrics and geogrids are placed between existed rigid pavement and asphalt overlay to prevent the cracks in rigid pavement from developing upwards and prolong the service life of the overlay. It has been shown that the mechanical effects of the rcinforcelnent materials on thc overlay systems should mainly inc include:

i)as the crack develops into the overlay, the reinforcement will act as a bridge to pull the opened crack edges together and weaken the tension stress concentration around the crack tips;

ii)the reinforcement will strengthen the interlock of the crack edges and wcaken the shear stress concentration around the crack tips;

iii) some geosynthetics materials such as geotextile may act as separating layers or SAMIs and increase the potentiality of the vertical crack in existed rigid pavemen developing along the interface between the overlay and existed rigid pas, ement, and so to delay the time when thc crack reflects to the top of overlay.

摘自 *China-Japan Workshop on Pavement Technology*。

But so far there aren't any design methods to be used well practically lbr the application of reinforcement materials in asphalt mixture overlays to prevent them from crocking. This has made engineers difficult in selecting the type of reinforcement materials (mainly geosynthetics), determining the thickness of overlay or controlling the quality of overlay construction.

In this paper, it is analyzed the fatigue cracking life of reinforced overlay and factors effecting it by using fatigue fracture mechanics method based on the results of calculations with FEM and laboratory tests. Some suggestions axe put forward for reference.

2 INTERFACIAL CONTACTING CONDITION

The characteristics of reinforcement materials strengthening asphah overlays should be the one which the reinforcement phase in composite material acts as, and they should be ofinterfacial characteristics more stronger which reflect remarkable on the interrelation between the forces and displacements of the reinforcement materials and fillings (paving materials) on the interface. ′[he interracial contacting condition will influence directly whether the reinforcement materials improve the characteristics of asphalt overlay and enhance its strength resisting cracking. Although it has been proved that the reinforcement materials should be ensured connected with fillings well, but it is difficult to do so in practice. For example, as the geogrid (such as Glasphah produced in CANADA) is placed on the surface of rigid pavement, even if the surface is cleaned and binder is sprayed on it, the geogrid will still move or fold and can't bond with layers (up and down) completely when asphalt binder is sprayed and compactor rolls. Under traffic loading, the geogrid may fie contacted with layers frictionally or slidingly to change the reinforcing effect. And this is one kind of interracial cffects. which can be represented by interface element (elastic spring model) between reinforcement and layers.

For plane problem, the relations between forces and displacements in the interface element are

$$\begin{Bmatrix} F_s \\ F_n \end{Bmatrix} = \begin{bmatrix} k_s & 0 \\ 0 & k_n \end{bmatrix} \begin{Bmatrix} \Delta u \\ \Delta w \end{Bmatrix} \tag{1}$$

Where respectively, Fs, Fn are shear and normal forces between up and down layers, ks, kn are stiffness factors of shear and nomlal springs, andΔu , $\Delta w$are their relative displacements in the two directions.

Geotextiles and geogrids will show different interfacial characteristics as placed in the overlay system because of their different constitutions, and it will influence the effect of strengthening asphalt overlays too. Thus for different types of reinforcement materials, the values of ks will not be equal to each other. For geotextihi, the interaction between reil～forcement and filling is due to the limited friction on the interface, so the k_s value will be small. But for geogrid, the interaction will include the friction force between its longitudinal strip and filling, the reaction force of transverse ribs to filling and its torsion moment, so the ks value will be large.

If k_{s1}, k_{s2} representing the shear spring stiffness factors for interfaces between reinforcement and overlay or slab, then give their different values to compare. The case of $k_s = 10^6 \frac{\mathrm{MPa}}{\mathrm{m}}$ represents ideal bonding conditions.

3 CALCULATION METHOD

3.1 Modeling for the reinforced overlay system in FEM

Calculation and analysis will be carried out by using plane strain finite element method. The 8-node quadrilateral isoparametric element is chosen as the finite element. For the problem analyzed, three kinds of special elements are used here. They are singular element and transition element which reflect the singularity at the crack tip (see Fig. 1), bar type element for modeling the reinforcement material.

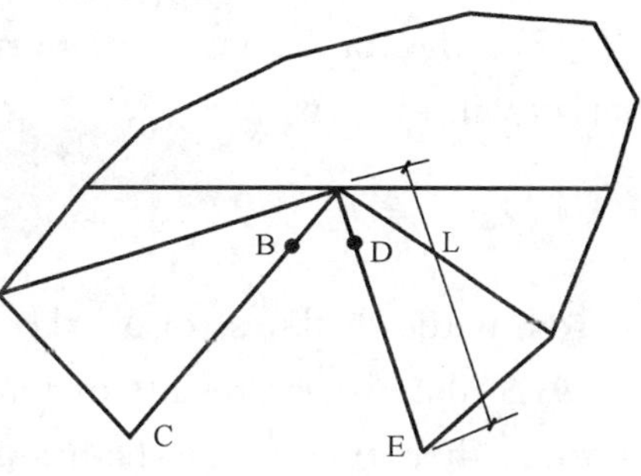

Fig. 1

The four elastic layers system is chosen as rigid pavement structure with overlay (Table 1). In calculation, the traffic load acting on the surface of overlay will be eccentric (with horizontal load simultaneously). Among them, the perpendicular load value is 0.7MPa. horizontal load value is 0.21MPa. The sizes of loading area are $2r = 2 \times 5.0$cm.

pavement structure Table 1

	Modulus(MPa)	Thickness(cm)
Overlay	1 800	4,6,8,15
Slab	30 000	25
Semi-rigid base course	1 400	25
subgrade	40	

3.2 Calculation of stress intensity factor

By regression for the horizontal and vertical displacements along the crack edges [see equation (2)], stress intensity factors (K_{I} for the tension type crack and K_{II} the shear type crack) can be obtained.

$$\Delta u = \frac{1+k}{G\sqrt{2\pi}} K_{\mathrm{I}} \sqrt{r} + A_1 r + A_{\frac{3}{2}} r^{\frac{3}{2}} + \cdots$$

$$\Delta w = \frac{1+k}{G\sqrt{2\pi}} K_{\mathrm{II}} \sqrt{r} + B_1 r + B_{\frac{3}{2}} r^{\frac{3}{2}} + \cdots \qquad (2)$$

Because under unaxial symmetrical loading the crack complex type, so the rtde of maximum tension stress propagating angle θ and complex stress intensity factor if $K_1 < 0.0$, then $K_1 = 0.0$ while calculating.

3.3 Prodiction of fatigue cracking life of overlay

In case of a crack propagation analysis, the rate of crack growth in the overla can be predicted by using the empirical power law developed by Paris and Erdogan, which relates the stress lntenslty factor to the crack propagaion speed as follows

$$\frac{da}{dN} = AK^{*m} \tag{3}$$

Where A and m are fracture mechanics parameters.

Then the total number of normalized axle loads as the crack in slab reach the top of overlay will be

$$N = \int_0^h A^{-1}(K^*)^{-m}da \tag{4}$$

where h is the thickness of overlay.

According to the results of repeated bending tests on beam speciments made by asphalt mixture, thelr fracture mechamcs parameters are $A=3.0\times10^{-6}$, $m=2.38$.

4 ANALYSIS FOR FATIGUE CRACKING LIFE OF OVERLAY

4.1 Reinforcing effect

Using equation (4), the calculating results show that setting reinforcement between overlay and slab can prolong overlay fatigue cracking life indeed, but this effect is not remarkable under traffic loading (see Fig. 2). If the improvement factor forreinforcing is given by $f = \frac{N}{N_0}$, in which N is the fatigue cracking life of overlay, and N, is that one without reinforcement, the comparison between values of improvement factor for different values of overlay thickness shows the improvement efibct depends on overlay thickness and the type of reinforcement (see Fig. 3).

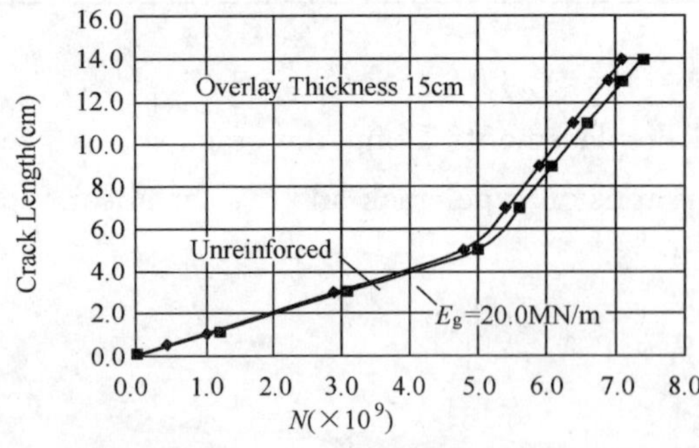

Fig. 2

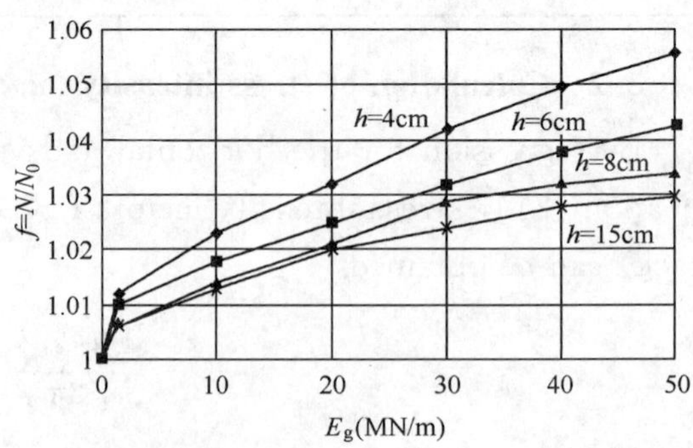

Fig. 3

If overlay is thin, the reinforcement can improve its strength resisting cracking more effectively than the thick one. When the overlay is thicker than 15cra. the minfoming effect isn't distinct(see Fig. 4).

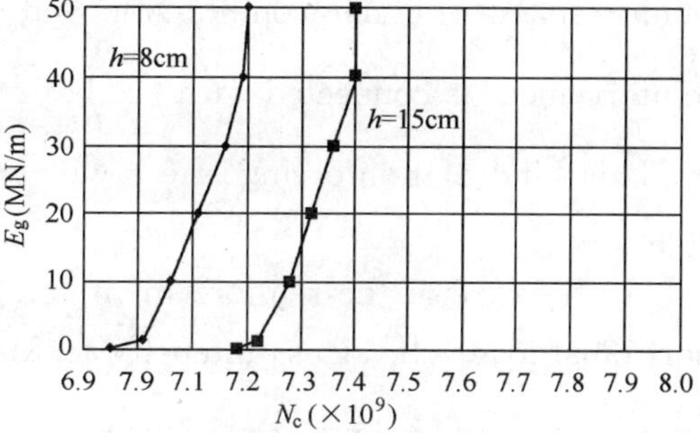

Fig. 4

Results show- that the reinforcement placed under the asphalt overlay can weaken the concentration level of stress around crack tip for some degree, but the reinforcing effect is determined largely by the mechanical characteristics of reinforcement selected. Certainly, using stronger reinforcement can slow down cracking speed, but it must be strong enough. The stiffness (E_g) of reinforcement should be larger than 1. 0MN/m for traffic loads. For example, the geosynthetics with $E_g=$ 10. 0MN/m value of stifthess can act as reinforcement, but that one with $E_g=0.$ 1MN/m value of stiffness can't do it. On the contrary, if $E_g<1.$ 0MN/m, the stress intensity factor increases, then the reinforcement so called should act as SAMIs(stress absorbing membrane interlaycrs) and the modeling for the interface should be changed accordingly in FEM. Off course, the limit classifying reinforcement and SAMIs is concerned with pavement structure system chosen. The law of stress concentration varying with Eg is also the same.

Another result is that the reinfoming effect mainly influences stress intensity factor K_I, but hardly for K_{II}. This is consistent with the characteristics that the reinforcement is only able to resist tension and has not powerful resisting shear ability. But the reinforment will improve the distribution of shear stress in the asphalt overlay along the interface.

Also the reinforcement will increase the propagating angle θ of crack to prolong the propagating route and delay the time crack developing to the surface.

In a word, if reinforcement is placed between asphalt overlay and slab, the service lite of asphalt overlay will be increased for the reinforcement reduces the values of stress intensity factors and prolong the crack propagating route.

In addition, it is shown that the overlay cracking process can be divided into two stages: firstly, as the crack develops into asphalt overlay, it cracks slowly and stablely; secondly, when it arrives some depth in overlay—, it develops quickly and shortly. If the overlay is 15cm thick, the crack length in overlay in first stage is about 1/3 of thickness. but its time is about 2/3 of total cracking time (see Fig. 2).

4.2 Interfacial effect

Above it is pointed out that it is necessary to analyze the reinforcing effect of reinforcement materials under different interracial contacting conditions in order to provide guides for the overlay and construction of reinforcement materials.

Results show that if $k_{s1}=10.0$, $k_{s2}=10^6\ \frac{\text{MPa}}{\text{m}}$ or $k_{s1}=k_{s2}=10.0\ \frac{\text{MPa}}{\text{m}}$ the maximum tension force in reinforcement at the crack tip is Tmax$<$0. 0, which means that the reinforcement is under compression and it can't play the role of reinforcing. Only when reinforcement is connected with the bottom of overlay completely ($k_{s2} = 10^6 \frac{MPa}{m}$), will do it. This kind of reinforcing effect will weaken the concentration level of tension stress at crack tip.

In tile case of the reinforcement connecting layers uncompletely, if not considering the horizomal load, the stress intensity factor K_I under centric loading is greater than that one under eccentric loading. But if connected well ($k_{s1} = k_{s2} = 10^6 \frac{MPa}{m}$), the complex stress intensity factor K^* under centric loading is smaller. Cortsideing the effect of horizontal load, the complex stress intensity t:actor K^* under eccentric loading is greater than that one under centric loading no matter how about the interfhcial connecting. The horizontal load mainly increases the tension stress σ_x, along the extensive line of crack, expands the area under tension, and there is not any influence lbr the shear stress τ_{xy}.

According to the calculating results, the interfacial condition between reinforcement and slab influences the concentration of stresses at crack tip largely. No matter the reintbreement is placed or not, good interfacial bonding condition can weaken the concentration level of tension stresses, bm sliding frictionlessly can weaken the concentration level of shear stresses. The condition of k_{s2} =10. 0MPa/m is similar to sliding frictionlessly, and that of $k_{s2}=10^6$MPa/m can represent the interfacial connecting cmnpletely condition(ideal bonding condition). Based on the results of complex stress intensity factor and crack propagating angle, the reinforcement should be ensured to bond with slab completely in order to play the role of reinforcement, And the interim range from sliding frictionlessly to ideal bonding should be k_{s2} = 10. 0~10^4MPa/m.

If the reinforcement is bonded with slab badly, it still can weaken the concentration level of tension stress, but increase that one of shear stress slightly. This is because of tension force in reinforcement transited by increasing shear thrces between reinfm'cement and bottom of overlay. And the tension force will increase too. Because of the multiple effect of diftbrent load, at last the reinforcement still reduces the complex stress intensity factor and increases the crack propagating angle.

5 CONCLUSION

According to the analysis above, we can make following conclusion:

(1) Setting reinforcement materials in overlay system can prolong its fatigue cracking life, but this kind of reinforcing effect depends on the overlay thickness and interracial condition.

In the case of thick overlay, the reinforcing effect may be not distinct. If or not using reinforcement materials should be one economical problem. Sometimes usiing thicker overlay maybe less expensive than using reinforcement material.

The interFacial condition influences the reinforcing effect largely. Only the reinforcement material connected with overlay well, can it play the role of reinthrcement. The reinforcement should be bonded with slab as well as possible to increase the l～tigue cracking life of asphalt overlay. Because there are meshes in geogrids and they can interlock asphalt mixture well, so geogrids such as Glasphalt can be used in asphalt overlay systems extensively. But it must be pointed out that the interfacial condition is very complicated, and there exists the possibility′ of debonding between reinforcement and layers and crack propagating along the interface to crack at some position away from the original crack position. It is important to test the interracial characteristics with various experiments.

(2)Materials such as geogrid or fabrics should be strong enough to act as reinforcement. Only the stiffness of reinforcement greater than some value, is there this kind of reinforcing effect. This value can be used to classify reinforcement and SAMIs.

6 ACKNOWLEDGEMENTS

This research has been made possible by Foundation Fund fbr Natural Science of Hunan Province.

用差分法解算弹性地基上的板(非文氏假定)

张起森
(长沙交通学校　长沙　410076)

摘要： 本文是叙述用差分法解算弹性地基上板的原理，它是把地基当作一个弹性半空间体，采用弹性力学的公式来计算地基变位。应用差分法的概念可以将板体弯曲的四阶偏微分方程化为一个代数方程。这不仅使计算工作大为简化，且易被一般工程计算人员所掌握。文章最后还举出了一个具体算例，并与郭布洛夫—巴沙托夫的级数法计算结果作了比较。

关键词： 差分法　弹性地基　板

0　引言

大家都知道，弹性地基上的计算迄今无合理可行的办法。这主要是因为板的计算较之梁的计算要复杂得多。过去很多学者在这方面做了许多研究工作，也提出了一系列计算弹性地基上板的方法。其中主要有郭布洛夫—巴沙托夫提出的级数法，日莫契金提出的链杠法等(这些方法目前在工程实际中等到了较广泛的应用)。但是无论是郭氏法，或是日氏法都是很繁杂的，特别是日氏法仅能用来解算弹性地基上的圆板和刚性矩形板。对于柔性矩形板，目前由于嵌固于一点的矩形板在外荷作用下挠度问题没有得到解决，因此该法不能应用。

笔者认为，弹性地基上的板可以用差分法求解。当然计算工作量是很大的。但这些运算是初等运算，所以很容易被人们采用。加之目前计算机日益广泛地运用于工程实际中，因此这些困难是可以克服的。

下面我们就来叙述这个方法的基本精神。最后还列举了一个算例，并与郭氏法的计算结果作了比较。

1　用差分法计算弹性地基上板的原理

我们知道弹性地基上板体的挠曲微分方程式可以写成下面的形式

$$\nabla^4 \omega = \frac{q(x,y)-p(x,y)}{D} \tag{1}$$

式中，∇^2 为拉普拉斯算子，$\nabla^2 = \frac{\partial^2}{\partial x^2} + \frac{\partial^2}{\partial y^2}$；$q(x,y)$为板上的荷载；$p(x,y)$为地基对板的反力；$D$ 为圆柱刚度，$D = \frac{Eh^3}{12(1-u^2)}$($E$ 为板的弹性模量，u 为泊松比，h 为板厚)。

把式(1)展开后可得

摘自《湖南大学学报》1966 年 5 月第 1 期。

$$\frac{\partial^4\omega}{\partial x^4}+2\frac{\partial^4\omega}{\partial x^2\partial y^2}+\frac{\partial^4\omega}{\partial y^4}=\frac{q(x,y)-p(x,y)}{D} \tag{2}$$

式(2)是一个四阶偏微分方程。ω 是板的挠度，$p(x,y)$ 是未知的地基反力。要直接求解式(2)是困难的。但是，若我们将式(2)改变一下，利用差分的概念，就可以将式(2)变为一个代数方程。经过适当的运算之后，最后我们得到(参看图 1)

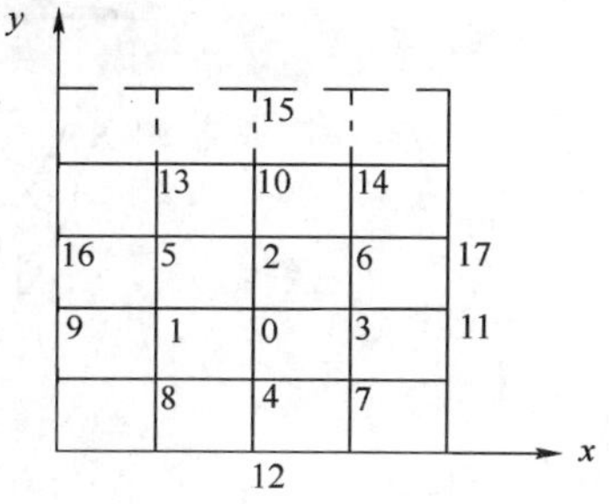

$$\frac{1}{\partial^4}(20\omega_0-8\sum\omega_1+2\sum\omega_5+\sum\omega_9)_0=\frac{q_0(x,y)-p_0(x,y)}{D} \tag{3}$$

其中：$\sum\omega_1=\omega_1+\omega_2+\omega_3+\omega_4$；

$\sum\omega_5=\omega_5+\omega_6+\omega_7+\omega_8$；

$\sum\omega_9=\omega_9+\omega_{10}+\omega_{11}+\omega_{12}$。

图 1

式中脚标“0”表示差分方程是对网格中的 0 点写出的。类似的方法可以对其他点建立差分方程。例如，对于 2 点有：

$$\frac{1}{\partial^4}(20\omega_2-8\sum\omega_5^*+\sum\omega_{13}+\sum\omega_{16})_2=\frac{q_2(x,y)-p_2(x,y)}{D} \tag{4}$$

其中：$\sum\omega_5{}^*=\omega_5+\omega_{10}+\omega_6+\omega_0$；

$\sum\omega_{13}=\omega_{13}+\omega_{14}+\omega_3+\omega_1$；

$\sum\omega_{16}=\omega_{16}+\omega_{15}+\omega_{17}+\omega_4$。

注意到上式中的 ω_{15} 是虚拟挠度。以后必须利用边界条件加以消除。当在边界上的点及邻近边界上的点成立差分法方程时会引入类似的虚拟挠度。通常我们称这些虚拟网格为扩大网格。

如此继续下去，就可以对每一点成立类似的差分方程。这样一组方程的数目与所划分出来的网格结点的数目相等(不包括扩大网格的点子)。

仔细分析一下已经得出的方程式，就会发现这些方程中还包括有未知的反力 $p(x,y)$。若我们能将所有的 ω 与 p 建立某种关系，使 ω 都以 p 来表示。那么上面的方程式(3)、式(4)、…等，便是一组以 p 来表示的线性方程组，因为 p 为反力强度，它是表示作用在各个网格上的反力。因此我们所列出的这组方程组，其方程个数便和未知力 p 的个数相同。利用线性方程组的解法原理，就可以解出方程中的未知反力 p。

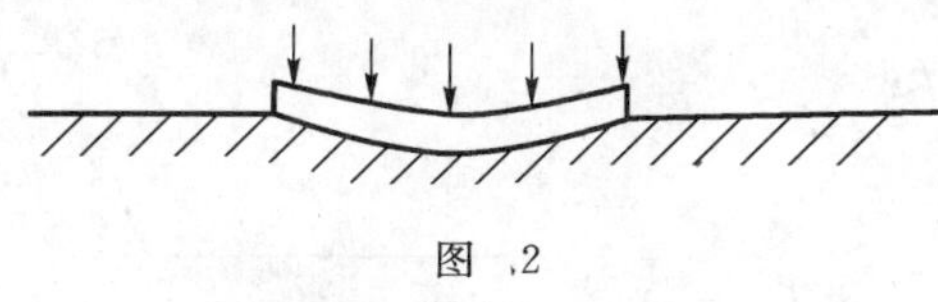

图 2

实际上我们可以看到，当在板上承受荷载后，板和地基总是一起的(图 2)。根据这个事实，我们就可以引入这样的假定：板和地基在受荷变形后是紧密无间地贴合在一起的。即我们的位移连续条件是：板的挠度 ω 与地基的沉陷 y 相等，或写作

$$\omega=y \tag{5}$$

地基表面的沉陷 y(当承受一集中荷载时)，用下式计算

$$y=\frac{1-u_0^2}{\pi E_0 r}p \tag{6}$$

式中，p 为地基表面上某一点的荷载；u_0 为地基的泊松系数；E_0 为地基的弹性模量；π 为所求沉陷点到外力作用点的水平距离。

参照图3可以得出，由第k块面积上的荷载(均布的，其合力为p_k)在i点所产生的位移为

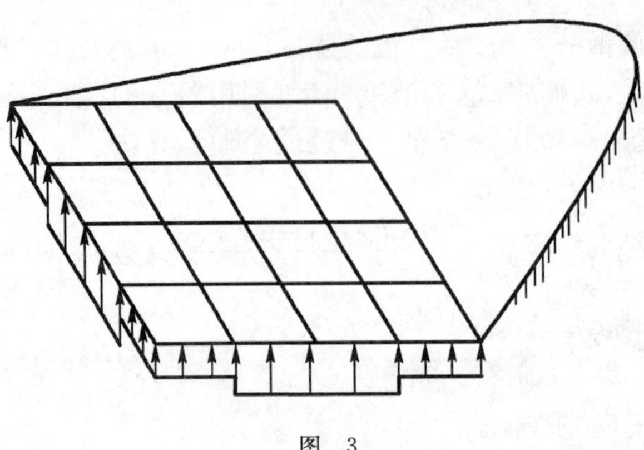

图 3

$$
\begin{aligned}
y_{ki} = \frac{(1-u_0^2)}{\pi E_0 \sigma^2} p \Bigg\{ & \left(x+\frac{\sigma}{2}\right)\ln\left[\left(y+\frac{\sigma}{2}\right)+\sqrt{\left(y+\frac{\sigma}{2}\right)^2+\left(x+\frac{\sigma}{2}\right)^2}\right] \\
& -\left(x-\frac{\sigma}{2}\right)\ln\left[\left(y+\frac{\sigma}{2}\right)+\sqrt{\left(y+\frac{\sigma}{2}\right)^2+\left(x+\frac{\sigma}{2}\right)^2}\right] \\
& +\left(y+\frac{\sigma}{2}\right)\ln\left[\sqrt{1+\left(\frac{x+\sigma/2}{y+\sigma/2}\right)^2}+\frac{x+\sigma/2}{y+\sigma/2}\right] \\
& -\left(y+\frac{\sigma}{2}\right)\ln\left[\sqrt{1+\left(\frac{x-\sigma/2}{y+\sigma/2}\right)^2}+\frac{x-\sigma/2}{y+\sigma/2}\right] \\
& -\left(x+\frac{\sigma}{2}\right)\ln\left[\left(y-\frac{\sigma}{2}\right)+\sqrt{\left(y-\frac{\sigma}{2}\right)^2+\left(x+\frac{\sigma}{2}\right)^2}\right] \\
& +\left(x-\frac{\sigma}{2}\right)\ln\left[\left(y-\frac{\sigma}{2}\right)+\sqrt{\left(y-\frac{\sigma}{2}\right)^2+\left(x-\frac{\sigma}{2}\right)^2}\right] \\
& -\left(y-\frac{\sigma}{2}\right)\ln\left[\sqrt{1+\left(\frac{x+\sigma/2}{y-\sigma/2}\right)^2}+\frac{x+\sigma/2}{y-\sigma/2}\right] \\
& +\left(y-\frac{\sigma}{2}\right)\ln\left[\sqrt{1+\left(\frac{x-\sigma/2}{y-\sigma/2}\right)^2}+\frac{x-\sigma/2}{y-\sigma/2}\right]\Bigg\}
\end{aligned}
$$

当$y=0$时，按下式计算y_{ki}

$$
y_{ki} = \frac{(1-u_0^2)}{\pi E_0 \sigma^2} F_{ki} p_k \tag{7}
$$

式中：

$$
\begin{aligned}
F_{ki} = \Bigg\{ & -\ln\left[\left(2\frac{x}{\sigma}\right)^2-1\right]-2\frac{x}{\sigma}\ln\frac{2\frac{x}{\sigma}+1}{2\frac{x}{\sigma}-1}+\ln\frac{\left(2\frac{x}{\sigma}+1\right)+\sqrt{\left(2\frac{x}{\sigma}+1\right)^2+1}}{\left(2\frac{x}{\sigma}-1\right)+\sqrt{\left(2\frac{x}{\sigma}-1\right)^2+1}} \\
& +2\frac{x}{\sigma}\ln\frac{1+\sqrt{\left(2\frac{x}{\sigma}+1\right)^2+1}}{1+\sqrt{\left(2\frac{x}{\sigma}-1\right)^2+1}}+\ln\left[1+\sqrt{\left(2\frac{x}{\sigma}+1\right)^2+1}\right]\cdot\left[1+\sqrt{\left(2\frac{x}{\sigma}-1\right)^2+1}\right]\Bigg\}
\end{aligned}
$$

x、y为i与k之间的距离(沿坐标轴)。

而第 k 块面积上的均布荷载在 k 点所引起的位移为

$$y_{kk}=\frac{1-u_0^2}{\pi E_0\sigma}F'_{ki}p_k \tag{8}$$

式中：$F'_{ki}=2\{\ln[1+\sqrt{2}]+\ln[1-\sqrt{2}]\}=3.525$

F_{ki} 已编制有表格(见表 1)，只要根据 $\frac{b}{c}$ 和 $\frac{x}{c}$ 就可以查表求得 F_{ki} 。这里 b 和 c 是分块面积的长度和宽度，我们这里取 $b=c=\sigma$。值得指出，当 b 和 c 不等时，F_{ki} 有另外的表达式，这里根据积分法得出。

表 1

x/c	c/x	F_{xi}
		$b/c=1$
0	∞	3.525
1	1	1.038
2	0.500	0.505
3	0.333	0.335
4	0.250	0.251
5	0.200	0.200
6	0.167	0.167
7	0.143	0.143
8	0.125	0.125
9	0.111	0.111
10	0.100	0.100

注：对于 b/c 的其他值，可从有关著作中查到，此不列出。

对于地基表面上(板底下的)任一点的沉陷是由整个板上的荷载产生的(其实是由反力 p 产生的)。所有这些力对某点产生的沉陷，我们假定可以用叠加原理求得。例如对于图 3 中的 i 点，其总沉陷为

$$\overline{Y}_i=\omega_i=y_{ii}+\sum_{k=1}^{n-1}y_{ki} \tag{9}$$

或写作

$$\overline{Y}_i=\omega_i=\frac{1-u_0^2}{\pi E_0\sigma}[F'_{ki}p_i+\sum_{k=1}^{n-1}F_{ki}p_k] \tag{10}$$

以式(10)代入上面的式(3)、式(4)、…诸式。例如代入式(3)得

$$\begin{aligned}&\frac{1-u_0^2}{\pi E_0\sigma^5}[(20(F'_{k0}p'_0+\sum_{k=1}^{n-1}F_{k0}p_k)-8\sum_{i=1,2,3,4}(F'_{ki}p'_i+\sum_{k=1}^{n-1}F_{ki}p_k)\\&+2\sum_{i=5,6,7,8}(F'_{ki}p'_i+\sum_{k=1}^{n-1}F_{ki}p_i)+\sum_{i=9,10,11,12}(F'_{ki}p'_i+\sum_{k=1}^{n-1}F_{ki}p_k)]\\&=\frac{q_0(x,y)-p_0(x,y)}{\mathrm{D}}\end{aligned} \tag{11}$$

代入式(4)得

$$\begin{aligned}&\frac{1-u_0^2}{\pi E_0\sigma^5}[(20(F'_{k2}p'_i+\sum_{k=1}^{n-1}F_{k2}p_2)-8\sum_{i=0,5,6,10}(F'_{ki}p'_i+\sum_{k=1}^{n-1}F_{ki}p_k)\\&+2\sum_{i=1,3,13,14}(F'_{ki}p'_i+\sum_{k=1}^{n-1}F_{ki}p_k)+\sum_{i=4,15,16,17}(F'_{ki}p'_i+\sum_{k=1}^{n-1}F_{ki}p_k)]\\&=\frac{q_2(x,y)-p_2(x,y)}{D}\cdots\end{aligned} \tag{12}$$

继续这样做下去，把所有的差分方程变为以 p 为未知数的线性代数方程。当解算这些方程求出 p 之后，就可以求得板每一点的挠度 ω（或地基表面的沉陷 y）。由此应用弹性力学的板体弯曲的普遍公式，即可求得板内的弯矩、切力，以及板内的垂直应力和切应力等。

例如，对于 0 点这些力和应力的表达式如下：

$$(\sigma_x)_0 = \frac{(M_x)_0 Z}{J} \qquad (\sigma_y)_0 = \frac{(M_y)_0 Z}{J}$$

$$(\tau_{xy})_0 = \frac{(M_{xy})_0 Z}{J} \qquad (\tau_{yz})_0 = \frac{(Q_y)_0 S}{J}$$

$$(\tau_{xz})_0 = \frac{(Q_x)_0 S}{J}$$

$$(M_x)_0 = -\frac{D}{\sigma^2}[(\omega_1 - 2\omega_0 + \omega_3) + u(\omega_2 - 2\omega_0 + \omega_3)]$$

$$(M_y)_0 = -\frac{D}{\sigma^2}[(\omega_2 - 2\omega_0 + \omega_4) + u(\omega_1 - 2\omega_0 + \omega_3)]$$

$$(M_{xy})_0 = -\frac{D(1-u)}{4\sigma^2}[\omega_5 - \omega_6 + \omega_7 - \omega_8]$$

$$(Q_x)_0 = -\frac{D}{\sigma^2}\frac{\partial}{\partial x}[\omega_1 - 4\omega_0 + \omega_2 + \omega_3 + \omega_4]$$

$$(Q_y)_0 = -\frac{D}{\sigma^2}\frac{\partial}{\partial y}[\omega_2 - 4\omega_0 + \omega_4 + \omega_1 + \omega_3]$$

式中的各符号与一般力学中符号相同。

2 通常的边界条件

上面我们已经提到，在边界上的点及邻近边界上的点建立差分方程时，需要将网格扩大到边界外去。在这些边界以外的网格点上挠度是虚拟的。因此必须利用边界上的条件消除这些虚拟挠度，我们的计算工作方可进行下去。我们仅讨论几种常用边界条件的处理。

(1)简支边时(图 4)

在简支边上，弯矩等于零，即

$$(M_x)_{11} = 0$$

或

$$\left(\frac{\partial^2 \omega}{\partial x^2}\right)_{11} = 0$$

改成差分形式有

$$\left(\frac{\partial^2 \omega}{\partial x^2}\right)_{11} = \frac{\omega_3 - 2\omega_{11} + \omega_a}{\sigma^2} = 0$$

因

$$\omega_{11} = 0$$

所以

$$\omega_a = -\omega_3 \tag{13}$$

就是说，简支边界内外二点挠度相等，但符号相反。

(2)固定边时(图 5)

在固定边界上，转角为零，即

$$(\theta)_{11} = 0$$

或

$$\left(\frac{\partial \omega}{\partial x}\right)_{11} = 0$$

改成差分形式有

$$\left(\frac{\partial \omega}{\partial x}\right)_{11} = \frac{\omega_a - \omega_3}{2\sigma} = 0$$

所以

$$\omega_a = \omega_3 \tag{14}$$

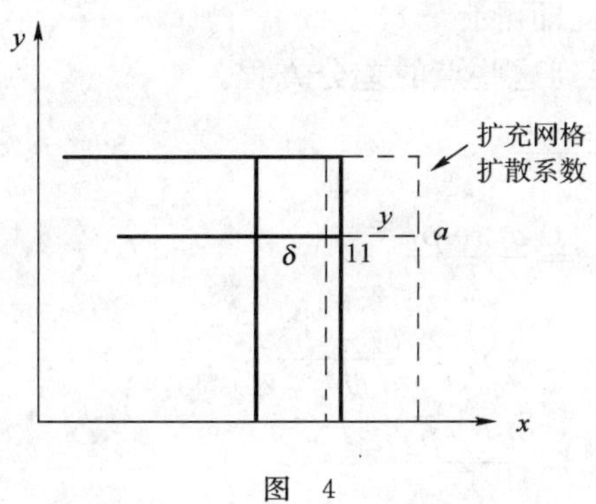

图　4

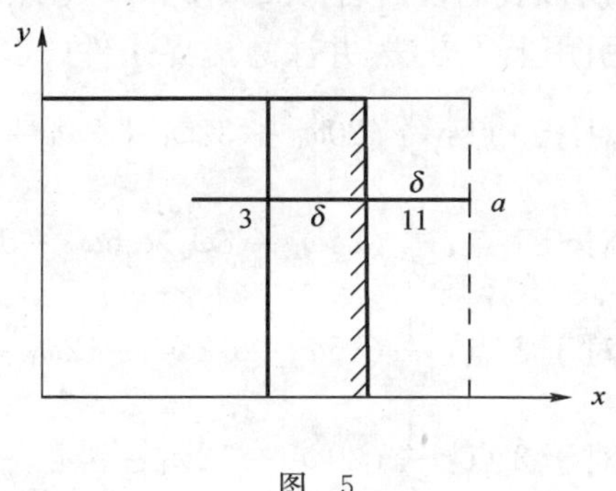

图　5

就是说，固定边界内外二点挠度相等，符号相同。

(3)自由边时(图 6)

在自由边界上因各点的挠度是未知的，故我们需在这些边界点上成立差分方程，这样就必须将网格往外扩充二格。

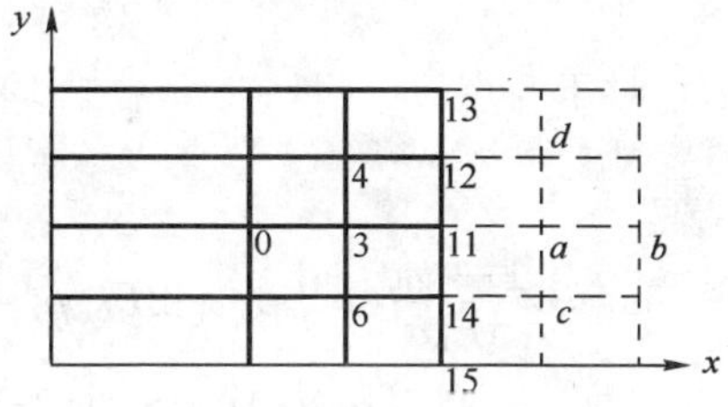

自由边界上的边界条件可以写成为

$(M_x)_{11} = 0$　　及　　$V_x = Q_x + \dfrac{\partial M_{xy}}{\partial y} = 0$

图　6

写成差分形式有

$$\left.\begin{aligned}&(\omega_a - 2\omega_{11} + \omega_3) + u(\omega_{12} - 2\omega_{11} + \omega_{14}) = 0\\&\omega_b = \omega_0 + (6 - 2u)(\omega_a - \omega_3) + (2 - u)(\omega_{14} + \omega_{12} - \omega_a - \omega_b)\end{aligned}\right\}\tag{15}$$

但是，我们知道，对于钢筋混凝土板，泊松系数 u 通常是很小的，一般为 $\dfrac{1}{6}$，所以可以认为 $u = 0$，从而式(15)又可改写为

$$\left.\begin{aligned}&\omega_a = 2\omega_{11} - \omega_3\\&\omega_b = \omega_0 + 12(\omega_{11} - \omega_3) + 4(\omega_4 + \omega_6 - \omega_{12} - \omega_{14})\end{aligned}\right\}\tag{16}$$

3　计算例题

设想一个方形板，其柔度指数 $r = 10 > \dfrac{8}{\sqrt{\alpha}} = 8\left(\alpha = \dfrac{长}{宽} = \dfrac{\sigma}{\sigma} = 1\right)$，承受均布荷载 $q = 1(\dfrac{t}{m^2})$。

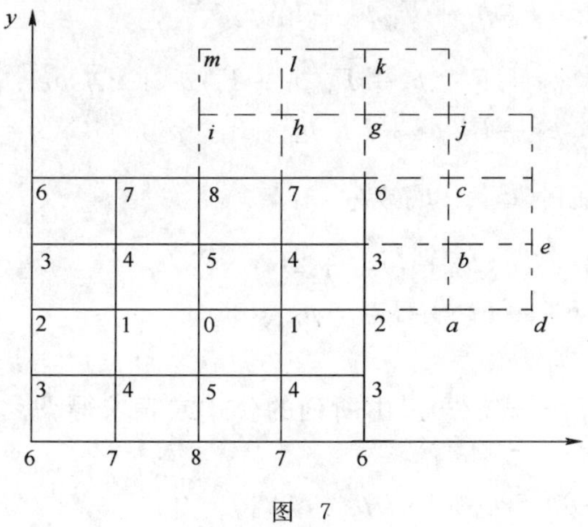

图　7

设板的半边长 a=1m，厚度 h=20cm，土壤变形模量 $E_0 = 230\ \dfrac{\text{kg}}{\text{cm}^2}$，泊松比 $u = 0.4$。板自由支承在弹性地基上。求地基反力 $p(x,y)$。

利用上述原理进行求解(图 7)。

首先注意到板上的荷载是均布的，板又是正方形的。利用对称性仅求出板中一部分网格点的反力即可。将板分成 16 个方块，每小块的边长为 0.5m。注意到 $\omega_1 = \omega_5, \omega_2 = \omega_8, \omega_3 =$

ω_7。所以我们仅需对0、1、2、3、4、6等点成立差分方程即可。

引用上述方法，并注意边界条件(式13)。不难得到这些点的差分方程。

对于0点：$\frac{1}{\sigma^4}(20\omega_0 - 32\omega_1 + 8\omega_4 + 4\omega_2)_0 = \frac{q_0 - p_0}{D}$ (17)

对于1点：$\frac{1}{\sigma^4}(24\omega_1 - 8\omega_0 - 6\omega_2 - 16\omega_4 + 6\omega_3)_1 = \frac{q_1 - p_1}{D}$ (18)

对于2点：$\frac{1}{\sigma^4}(16\omega_2 - 12\omega_3 - 12\omega_1 + 2\omega_0 + 4\omega_4 + 2\omega_6)_2 = \frac{q_2 - p_2}{D}$ (19)

对于3点：$\frac{1}{\sigma^4}(20\omega_3 - 12\omega_4 - 4\omega_1 - 6\omega_6 + 2\omega_1)_3 = \frac{q_3 - p_3}{D}$ (20)

对于4点：$\frac{1}{\sigma^4}(28\omega_4 - 16\omega_1 - 12\omega_3 + 2\omega_0 + 2\omega_6)_4 = \frac{q_4 - p_4}{D}$ (21)

对于6点：$\frac{1}{\sigma^4}(4\omega_6 - 8\omega_3 + 8\omega_2)_6 = \frac{q_6 - p_6}{D}$ (22)

但是

$$\omega_0 = \frac{1-u_0^2}{\pi E_0 \sigma}(F'_{00}p_0 + 2F_{01}p_1 + 2F_{02}p_2 + 4F_{03}p_3 + 4F_{04}p_4 + 2F_{05}p_5 + 4F_{06}p_6 + 4F_{07}p_7 + 2F_{08}p_8)$$

$$\omega_1 = \frac{1-u_0^2}{\pi E_0 \sigma}(F'_{11}p_1 + F^*_{11}p_1 + F_{12}p_2 + F^*_{12}p_2 + 2F_{13}p_3 + 2F^*_{13}p_3 + 2F_{14}p_4 + 2F^*_{14}p_4 + 2F_{15}p_5 + 2F_{16}p_6 + 2F^*_{16}p_6 + 2F_{17}p_7 + 2F^*_{17}p_7 + 2F_{18}p_8 + F_{10}p_0)$$

$$\omega_2 = \frac{1-u_0^2}{\pi E_0 \sigma}(F'_{22}p_2 + F^*_{22}p_2 + F_{21}p_1 + F^*_{21}p_1 + 2F_{23}p_3 + 2F^*_{23}p_3 + 2F_{24}p_4 + 2F^*_{24}p_4 + 2F_{25}p_5 + 2F_{26}p_6 + 2F^*_{26}p_6 + 2F_{27}p_7 + 2F^*_{27}p_7 + 2F_{28}p_8 + F_{20}p_0)$$

$$\omega_3 = \frac{1-u_0^2}{\pi E_0 \sigma}(F'_{33}p_3 + F^*_{33}p_3 + F^{**}_{33}p_3 + F^{***}_{33}p_3 + F_{30}p_0 + F_{31}p_1 + F^*_{31}p_1 + F_{32}p_2 + F^*_{32}p_2 + F_{34}p_4 + F^*_{34}p_4 + F^{**}_{34}p_4 + F^{***}_{34}p_4 + F_{35}p_5 + F^*_{35}p_5 + F_{36}p_6 + F^*_{36}p_6 + F^{**}_{36}p_6 + F^{***}_{36}p_6 + F_{37}p_7 + F^*_{37}p_7 + F^{**}_{37}p_7 + F^{***}_{37}p_7 + F_{38}p_8 + F^*_{38}p_8)$$

$$\omega_4 = \frac{1-u_0^2}{\pi E_0 \sigma}(F'_{44}p_4 + F^*_{44}p_4 + F^{**}_{44}p_4 + F_{41}p_1 + F^*_{41}p_1 + F_{42}p_2 + F^*_{42}p_2 + F_{45}p_5 + F^*_{45}p_5 + F_{46}p_6 + F^*_{46}p_6 + F^{**}_{46}p_6 + F^{***}_{46}p_6 + F_{47}p_7 + F^*_{47}p_7 + F^{**}_{47}p_7 + F^{***}_{47}p_7 + F_{48}p_8 + F^*_{48}p_8 + F_{40}p_0 + F_{43}p_3 + F^*_{43}p_3 + F^{**}_{43}p_3 + F^{***}_{43}p_3)$$

$$\omega_6 = \frac{1-u_0^2}{\pi E_0 \sigma}[(F'_{66} + 2F^*_{66} + F^{**}_{66})p_6 + F_{60}p_0 + (F_{61} + F^*_{61})p_1 + (F_{62} + F^*_{62})p_2 + (F_{63} + F^*_{63} + F^{**}_{63} + F^{***}_{63})p_3 + (F_{64} + 2F^*_{64} + 2F^{**}_{64})p_4 + (F_{65} + F^*_{65})p_5 + (F_{67} + F^*_{67} + F^{**}_{67} + F^{***}_{67})p_7 + (F_{68} + F^*_{68})p_8]$$

将这些 $\omega_i(i=1,2,3,4,6,0)$ 的值代入式(17)～式(22)。由所列的公式或表求得 F_{ki} 之值(中间值用内插法求)。经过计算并简化后得：

$$3\,196.6p_0 - 115.6p_1 + 160.6p_2 - 32.4p_3 + 80.5p_4 + 11.5p_6 = 324q' \quad (23)$$

$$-29.2p_0+3\,261.9p_1-34.7p_2+59.8p_3+62.0p_4-6.9p_6=324q' \quad (24)$$

$$-3.4p_0-34.3p_1+3297.7p_2+26.2p_3+47.0p_4-9.2p_6=324q' \quad (25)$$

$$-8.4p_0+12.8p_1-17.5p_2+3\,306.2p_3-43p_4-18.2p_6=324q' \quad (26)$$

$$31.3p_0-59.7p_1+1.6p_2-39.3p_3+3\,313.1p_4+24.7p_6=324q' \quad (27)$$

$$0.2p_0-43.7p_1-48.7p_2-17.5p_3+31.8p_4+3\,254.7p_6=324q' \quad (28)$$

(注意上面的 q' 是以 $\mathrm{kg/cm^2}$ 为计算单位的)

利用线性代数中高斯消去法,可将式(23)~式(28)化为三角形的形式:

$$3\,196.6p_0-115.6p_1+160.6p_2-32.4p_3+80.5p_4+11.5p_6=324q' \quad (29)$$

$$3\,225.8p_0-3\,377.5p_1+195.3p_2-92.2p_3+18.5p_4+18.4p_6=0 \quad (30)$$

$$-3\,296p_1+3\,365.3p_2-36.2p_3-76p_4-2.6p_6=0 \quad (31)$$

$$3\,359.8p_2-3\,356.2p_3+31.5p_4+52p_6=0 \quad (32)$$

$$-3\,418.6p_3+3\,356.5p_4-17.9p_6=0 \quad (33)$$

$$p_4=1.01p_6 \quad (34)$$

解出式(29)~式(34)之后即求得

$$p_0=0.965q \qquad p_1=1.070q \qquad p_2=1.085q$$

$$p_3=1.20q \qquad p_4=1.232q \qquad p_6=1.22q$$

如果把郭布洛夫—巴沙托夫用级数法求得的解答与我们所求得的解答绘在同一图上(图8),我们就会发现,按照本法计算的结果,板中间的点3的压力比按郭氏得到的大,而板边各点的压力比按郭氏法得到的小。但是仔细研究所得到的结果,我们可以得到这样的结论:按两种方法所计算得到的反压力总和基本上是接近的。显然,若把网格划分得更多些,可以肯定所得结果会更加精确。

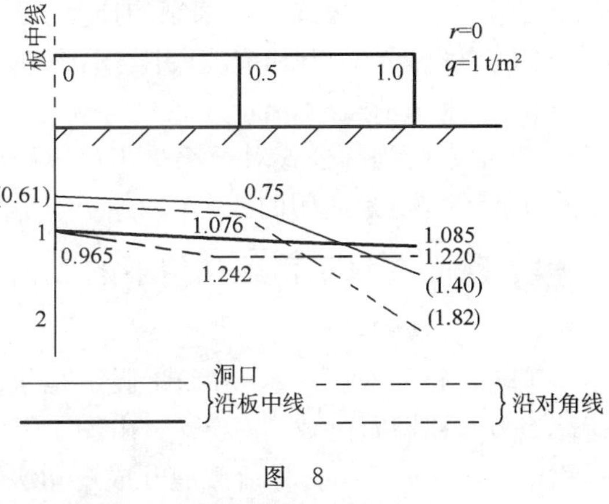

图 8

我们伟大的领袖毛主席告诉我们,检验真理的唯一标准是通过实践。因此要肯定本法(其他方法亦然)的精确度,不仅仅是要通过实验来验证。关于确定刚性基础板下的反力问题,已有人进行了一些试验工作。今后我们也要创造条件这方面的实验研究。

4 结语

用差分法计算弹性地基上的板是一种有价值的实用方法。因为它可以使计算简化,又易被人们所接受。但是,由于计算的精确方程是和网格的数目有关的,网格划分得越多,计算结果就越精确,相应地计算工作量也就增加了。为了减少计算工作量,便于工程实际采用,今后应该制定出一套计算图表。另外,本文仅仅研究了一个较为简单的例子。更完善的工作还在继续研究中。

作者对周泽西先生的指教表示感谢。限于水平,错误之处难免,请读者指正。

水平荷载作用下路面应力的有限单元半分析法

张起森
（湖南省交通科学研究所　长沙　410076）

汽车在路面上行驶时，车轮对路面作用有垂直荷载和水平荷载。汽车加速、减速、制动时，车轮对路面作用的水平力可达到垂直荷载的0.5～0.6倍以上，意外情况的紧急制动，水平力可达到垂直荷载的0.8～1.0倍。路面在水平力的作用下，往往产生波浪和推移。沙石路面最常见的搓板现象，黑色路面的拥包、波浪和揭皮，都与水平力的直接作用有关。现有的路面设计方法，一般只考虑垂直荷载，这不能不说是一大缺陷。计算和某些试验表明，水平力对于路面上层的设计是不可以忽视的。因为水平力的附加作用，使路面的临塑荷载大大降低，增加了表面的水平变形和层间滑动。

本文采用《路面有限元分析探讨》所述有限单元半分析法求解路面水平力。将原来的空间问题转化为平面问题来处理，使问题得到了简化。文章中推导出了精确的刚度矩阵及计算路面结构应力应变的公式。用编制的计算机程序，对给定的路面结构参数进行计算，计算了特定断面各点的位移、应力和应变，并与用弹性理论法求得的结果进行了比较。对所得结果的分析，指明了水平荷载对路面设计的影响，这对于路面设计方法的完善和改进是有一定意义的。同时，文章中所列的公式对于承受非对称荷载的一般工程结构物（只要是可当作轴对称结构处理的）的计算，也是适用的。

1　路面在水平荷载作用下的应力分析

1.1　计算图式

车轮对路面作用的水平荷载，假定是呈圆形均匀分布的（图1）。这个荷载可分解为径向荷载 $S\cos\theta$ 和切向荷载 $-S\sin\theta$。由图1看出，$S\cos\theta$ 和 $-S\sin\theta$ 均正对称于 $\theta=0$ 平面，而反对称于 $\theta=90°$ 平面。将荷载展开成三角级数的形式后，就可采用半分析法的一般原理，把所论的空间问题转化为平面问题来处理。

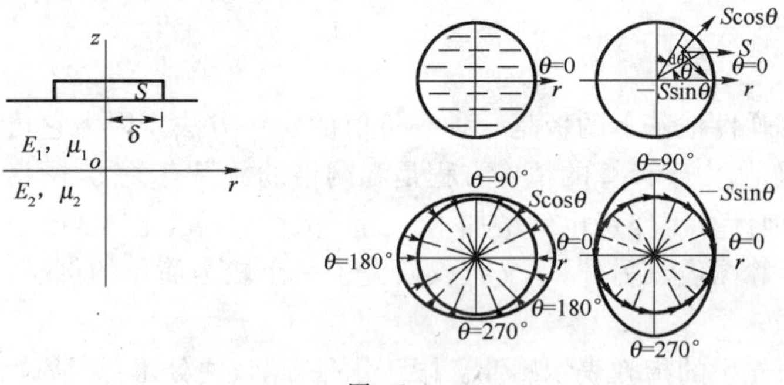

图　1

摘自《公路工程》1977年第3期。

对于路基路面结构用离散化的方法，分割为由一系列三角环单元组成的体系(图 2)。这些单元以圜节点相连接，它们在 roz 平面上的投影为一三角形(如 ijm)。为简化起见，仅取出物体的四分之一来考虑。对于边界作这样的处理：在，$r=0$(z 轴)的平面，仅有径向位移(u)，切向位移(ν)，而无竖向位移($w=0$)；在右部和底部边界面上，假定径向、切向和竖向位移均为零，即作固定边界面处理。

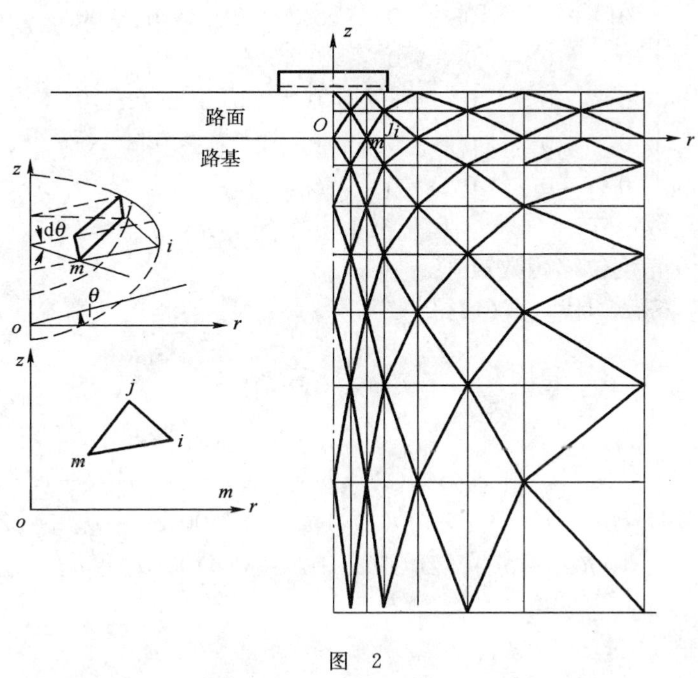

图 2

1.2 位移函数

由于荷载对 $\theta=0$ 平面是正对称的，所以假定位移函数为

$$
\left.\begin{aligned}
u &= (b_1+b_2r+b_3Z)\cos\theta \\
w &= (b_4+b_5r+b_6Z)\cos\theta \\
v &= (b_7+b_8r+b_9Z)\sin\theta
\end{aligned}\right\} \tag{1}
$$

这个位移模式对于三角形三个节点 i 、j 、m 都是适用的。因此对于每个节点的位移可用矩阵形式表示为

$$
\begin{Bmatrix} u_i \\ w_i \\ v_i \\ u_j \\ w_j \\ v_j \\ u_m \\ w_m \\ v_m \end{Bmatrix}=\begin{bmatrix}
\cos\theta & 0 & 0 & 0 & 0 & 0 & 0 & 0 & 0 \\
0 & \cos\theta & 0 & 0 & 0 & 0 & 0 & 0 & 0 \\
0 & 0 & \sin\theta & 0 & 0 & 0 & 0 & 0 & 0 \\
0 & 0 & 0 & \cos\theta & 0 & 0 & 0 & 0 & 0 \\
0 & 0 & 0 & 0 & \cos\theta & 0 & 0 & 0 & 0 \\
0 & 0 & 0 & 0 & 0 & \sin\theta & 0 & 0 & 0 \\
0 & 0 & 0 & 0 & 0 & 0 & \cos\theta & 0 & 0 \\
0 & 0 & 0 & 0 & 0 & 0 & 0 & \cos\theta & 0 \\
0 & 0 & 0 & 0 & 0 & 0 & 0 & 0 & \sin\theta
\end{bmatrix}\begin{Bmatrix} u'_i \\ w'_i \\ v'_i \\ u'_j \\ w'_j \\ v'_j \\ u'_m \\ w'_m \\ v'_m \end{Bmatrix} \tag{2}
$$

或

$$\{\delta\} = [T]\{\delta'\}$$

式中：

$$[T] = \begin{bmatrix} \cos\theta & 0 & 0 & 0 & 0 & 0 & 0 & 0 & 0 \\ 0 & \cos\theta & 0 & 0 & 0 & 0 & 0 & 0 & 0 \\ 0 & 0 & \sin\theta & 0 & 0 & 0 & 0 & 0 & 0 \\ 0 & 0 & 0 & \cos\theta & 0 & 0 & 0 & 0 & 0 \\ 0 & 0 & 0 & 0 & \cos\theta & 0 & 0 & 0 & 0 \\ 0 & 0 & 0 & 0 & 0 & \sin\theta & 0 & 0 & 0 \\ 0 & 0 & 0 & 0 & 0 & 0 & \cos\theta & 0 & 0 \\ 0 & 0 & 0 & 0 & 0 & 0 & 0 & \cos\theta & 0 \\ 0 & 0 & 0 & 0 & 0 & 0 & 0 & 0 & \sin\theta \end{bmatrix}$$

称为周向三角函数矩阵；

$\{\delta'\}$ 为不包括 θ 角度位移函数矩阵。

求出系数 $b_1, b_2, \cdots, b_9$，代入式(1)得

$$\{f\} = \begin{Bmatrix} u \\ w \\ v \end{Bmatrix} = \frac{1}{2\Delta}\begin{Bmatrix} (a_i + b_i + c_iZ)00(a_j + b_j + c_jZ)00(a_m + b_m + c_mZ)00 \\ 0(a_i + b_i + c_iZ)00(a_j + b_j + c_jZ)00(a_m + b_m + c_mZ)0 \\ 00(a_i + b_i + c_iZ)00(a_j + b_j + c_jZ)00(a_m + b_m + c_mZ) \end{Bmatrix}\begin{Bmatrix} u_i \\ w_i \\ v_i \\ u_j \\ w_j \\ v_j \\ u_m \\ w_m \\ v_m \end{Bmatrix}$$

$$= \{N\}\{\delta\} = \{N\}\{T\}\{\delta'\} \tag{3}$$

式中：

$$a_i = r_iZ_m - r_mZ_j \qquad b_i = Z_j - Z_m \qquad c_i = r_m - r_j$$

$$a_j = r_mZ_i - r_iZ_m \qquad b_j = Z_m - Z_i \qquad c_j = r_i - r_m$$

$$a_m = r_iZ_j - r_jZ_i \qquad b_m = Z_i - Z_j \qquad c_m = r_j - r_i$$

Δ 为三角形单元面积，$2\Delta = \begin{vmatrix} 1 & r_i & Z_i \\ 1 & r_j & Z_j \\ 1 & r_m & Z_m \end{vmatrix}$

利用式(3)，可根据节点位移求得单元内任一点的位移值。

1.3 应力和应变关系

在有限单元分析中，应力和应变是以节点位移表示的。由弹性力学的普遍公式可得：

$$\{\varepsilon'\} = \{B\}\{\delta'\} \tag{4}$$

$$\{\varepsilon\} = \{T\}\{\varepsilon'\} \tag{5}$$

其中：

$$\{B\} = \frac{1}{2\Delta}\{B^i, B^j, B^m\}$$

$\{B^i\},\{B^j\},\{B^m\}$ 为 6×3 阶子矩阵。

$$\{B^i\}=\begin{Bmatrix} b_i & 0 & 0 \\ 0 & c_i & 0 \\ d_i & 0 & d_i \\ c_i & b_i & 0 \\ -d_i & 0 & -c_i \\ 0 & -d_i & c_i \end{Bmatrix}$$

$$d_i=\left(\frac{a_i+c_iZ}{r}+b_i\right)$$

$$e_i=\left(\frac{a_i+c_iZ}{r}\right)$$

把上式中的 i 换为 j 、m 即得 $\{B^j\}$、$\{B^m\}$ 。

由上式可知，三角环单元的应变是 r、Z 的函数，不是一个常量。且在 $r=0$ 处，ε_θ 、$r_{r\theta}$ 、$r_{z\theta}$ 均出现奇性。为了避免这种情况出现，对于在 z 轴上的节点，计算时令节点圆半径等于一个有限小的值，以处理 $r=0$ 的奇点。

对于应力与应变的关系，有

$$\{\sigma\}=\begin{Bmatrix} \sigma_r \\ \sigma_z \\ \sigma_\theta \\ \tau_{r\theta} \\ \tau_{rz} \\ \tau_{z\theta} \end{Bmatrix}=\frac{E(1-\mu)}{(1+\mu)(1-2\mu)}\begin{Bmatrix} 1 & R & R & 0 & 0 & 0 \\ R & 1 & R & 0 & 0 & 0 \\ R & R & 1 & 0 & 0 & 0 \\ 0 & 0 & 0 & S & 0 & 0 \\ 0 & 0 & 0 & 0 & S & 0 \\ 0 & 0 & 0 & 0 & 0 & S \end{Bmatrix}\begin{Bmatrix} \varepsilon_r \\ \varepsilon_z \\ \varepsilon_\theta \\ r_{r\theta} \\ r_{rz} \\ r_{z\theta} \end{Bmatrix} \tag{6}$$

$$=\{D\}\{\varepsilon\}=\{D\}\{T\}\{\varepsilon'\}$$

式中：$R=\dfrac{\mu}{1-\mu}$

$S=\dfrac{1-2\mu}{2(1-\mu)}$

1.4 刚度矩阵

刚度矩阵的推导应用了势能原理，并用了三角函数正交性性质

$$\left.\begin{aligned} I_1&=\int_0^l \sin\frac{n\pi x}{l}\cos\frac{m\pi x}{l}\mathrm{d}x, I_1=0 \\ I_2&=\int_0^l \sin\frac{n\pi x}{l}\sin\frac{m\pi x}{l}\mathrm{d}x,\text{当 } m=n \text{ 时}, I_2=I_3=0 \\ I_3&=\int_0^l \cos\frac{n\pi x}{l}\cos\frac{m\pi x}{l}dx,\text{当 } m\neq n \text{ 时}, I_2=I_3=\frac{l}{2} \end{aligned}\right\}$$

为了避免烦琐的积分，把刚度矩阵分成两个部分：一个部分称为平均刚度矩阵，一个部分称为修正刚度矩阵，即

$$\{K\}=\{\overline{K}\}+\{K'\} \tag{7}$$

平均刚度矩阵 $\{K\}$ 是对三角形单元的中心（即 $r=\bar{r}$, $Z=\overline{Z}$ ）求得的，修正刚度矩阵 $\{K'\}$ 是为修正平均刚度矩阵，以得到精确刚度矩阵 $\{K\}$ 引进的。

经过适当的演算得到

$$\{\overline{K}\}=\begin{Bmatrix}\overline{K}_{ii} & \overline{K}_{ij} & \overline{K}_{im}\\ \overline{K}_{ji} & \overline{K}_{jj} & \overline{K}_{jm}\\ \overline{K}_{mi} & \overline{K}_{mj} & \overline{K}_{mm}\end{Bmatrix} \tag{8}$$

子矩阵 $\{\overline{K}_{rs}\}$ 为

$$r=i,j,m$$

$$s=i,j,m$$

$$\{\overline{K}_{rs}\}=\frac{\overline{r}}{2}\begin{Bmatrix}\begin{matrix}b_r(D_{11}b_s+D_{13}d_s)\\+\overline{d}_r(D_{31}b_s+D_{33}d_s)\\+D_{44}C_rC_s+D_{55}\overline{d}_r\overline{d}_s\end{matrix} & \begin{matrix}b_rD_{12}C_s+D_{32}C_s\overline{d}_r\\+D_{44}C_rb_s\end{matrix} & \begin{matrix}b_rD_{13}\overline{d}_s+D_{33}C_s\overline{d}_r\overline{d}_s\\+D_{35}\overline{d}_r\overline{d}_s\end{matrix}\\ C_r(D_{21}b_s+D_{23}\overline{d}_s+D_{44}b_rC_s) & \begin{matrix}D_{22}C_rC_s+D_{44}b_rb_s\\+D_{66}\overline{d}_r\overline{d}_s\end{matrix} & D_{23}C_r\overline{d}_s-D_{66}C_s\overline{d}_r\\ \overline{d}_r(D_{31}b_s+D_{33}\overline{d}_s)+D_{55}\overline{d}_r\overline{d}_s & D_{32}C_s\overline{d}_r-D_{66}C_r\overline{d}_s & D_{33}\overline{d}_r\overline{d}_s+D_{55}\overline{e}_r\overline{e}_s+D_{66}C_rC_s\end{Bmatrix} \tag{9}$$

式中：

$$d_r=\frac{a_r+c_r\overline{Z}}{\overline{r}}+b_r\qquad \overline{e}_r=\frac{a_r+C_r\overline{Z}}{\overline{r}}$$

$$d_s=\frac{a_s+c_s\overline{Z}}{\overline{r}}+b_s\qquad \overline{e}_s=\frac{a_s+C_s\overline{Z}}{\overline{r}}$$

$$\{K'\}=\begin{Bmatrix}K'_{ii} & K'_{ij} & K'_{im}\\ K'_{ji} & K'_{jj} & K'_{jm}\\ K'_{mi} & K'_{mj} & K'_{mm}\end{Bmatrix} \tag{10}$$

子矩阵 $\{K'_{rs}\}$ 为

$$r=i,j,m$$

$$s=i,j,m$$

$$\{K'_{rs}\}=\begin{Bmatrix}C_1C_{rs} & 0 & C_1C_{rs}\\ 0 & C_2C_{rs} & 0\\ C_1C_{rs} & 0 & C_1C_{rs}\end{Bmatrix} \tag{11}$$

式中：

$$C_1=D_{33}+D_{55}=\frac{E(3-4\mu)}{2(1+\mu)(1-2\mu)}$$

$$C_2=D_{66}=\frac{E}{2(1+\mu)}$$

$$C_{rr}=[(a_r^2I_1+2a_rC_r+C_r^2I_3)-\frac{(a_r^2+2a_rC_r\overline{Z}+C_r^2\overline{Z}^2}{\overline{r}^2}I_4]$$

$$C_{rs}=\{[a_ra_sI_1+(a_sC_r+a_rC_s)I_2+C_rC_sI_s]-\frac{[(a_ra_s+a_sC_r+a_rC_s)\overline{Z}+C_rC_s\overline{Z}^2}{\overline{r}^2}I_4\}$$

$$I_1=\frac{1}{\Delta}[(A_{ji}+A_{im})\lg r_i+(A_{mj}+A_{ji})\lg r_j+(A_{im}-A_{mj})\lg r_m]$$

$$I_2=\frac{1}{2\Delta}[(A_{ji}^2+A_{im}^2)\lg r_i+(A_{mj}^2+A_{ji}^2)\lg r_j+(A_{im}^2-A_{mj}^2)\lg r_m]$$

$$+\frac{1}{\Delta}[(A_{im}B_{im}(r_m-r_i)+A_{mj}B_{mj}(r_j-r_m)+A_{ji}B_{ji}(r_i-r_j)$$

$$+\frac{1}{4\Delta}[B_{im}^2(r_m^2-r_i^2)+B_{mj}^2(r_j^2-r_m^2)+B_{ji}^2(r_i^2-r_j^2)]$$

$$I_3=\frac{1}{3\Delta}[(A_{ji}^3+A_{im}^3)\lg r_i+(A_{mj}^3+A_{ji}^3)\lg r_j+(A_{im}^3-A_{mj}^3)\lg r_m]$$

$$+\frac{1}{\Delta}[(A_{im}^2B_{im}(r_m-r_i)+A_{mj}^2B_{mj}(r_j-r_m)+A_{ji}^2B_{ji}(r_i-r_j)$$

$$+\frac{1}{2\Delta}[A_{im}B_{im}^2(r_m^2-r_i^2)+A_{mj}B_{mj}^2(r_j^2-r_m^2)+A_{ji}B_{ji}^2(r_i^2-r_j^2)]$$

$$+\frac{1}{9\Delta}[B_{im}^3(r_m^3-r_i^3)+B_{mj}^3(r_j^3-r_m^3)+B_{ji}^3(r_i^3-r_j^3)]$$

$$I_4=\frac{1}{2\Delta}[A_{im}(r_m^2-r_i^2)+A_{mj}(r_j^2-r_m^2)+A_{ji}(r_i^2-r_j^2)]$$

$$+\frac{1}{3\Delta}[B_{im}(r_m^3-r_i^3)+B_{mj}(r_j^3-r_m^3)+B_{ji}(r_i^3-r_j^3)]$$

$$A_{im}=\frac{r_mZ_i-r_iZ_m}{r_m-r_i}$$

$$B_{im}=\frac{Z_m-Z_i}{r_m-r_i}$$

1.5 节点荷载

在有限单元法中，外荷载是移至单元节点上的。如图3，取单位面积上的水平荷载强度为1，并分解为径向荷载 $1\cdot\cos\theta$ 和切向荷载 $-1\cdot\sin\theta$ 。由下式求得节点荷载

$$\{F\}^e=-\iint[T]^T[N]^T\{S\}r\mathrm{d}r\mathrm{d}\theta \tag{12}$$

将有关的各值代入后得

$$\{F\}^e=\begin{Bmatrix}F_u^i\\F_w^i\\F_v^i\\F_u^j\\F_w^j\\F_v^j\\F_u^m\\F_w^m\\F_v^m\end{Bmatrix}=\frac{\pi}{2\Delta}\begin{Bmatrix}\frac{(a_i+C_iZ_o)(r_r^2-r_j^2)}{2}+\frac{b_i(r_r^3-r_j^3)}{3}\\0\\-[\frac{(a_i+C_iZ_o)(r_r^2-r_j^2)}{2}+\frac{b_i(r_r^3-r_j^3)}{3}\\0\\\frac{(a_j+C_jZ_o)(r_i^2-r_j^2)}{2}+\frac{b_j(r_i^3-r_j^3)}{3}\\-[\frac{(a_j+C_jZ_o)(r_i^2-r_j^2)}{2}+\frac{b_j(r_i^3-r_j^3)}{3}]\\\frac{(a_m+C_mZ_o)(r_i^2-r_j^2)}{2}+\frac{b_m(r_i^3-r_j^3)}{3}\\0\\-[\frac{(a_m+C_mZ_o)(r_i^2-r_j^2)}{2}+\frac{b_m(r_i^3-r_j^3)}{3}]\end{Bmatrix}$$

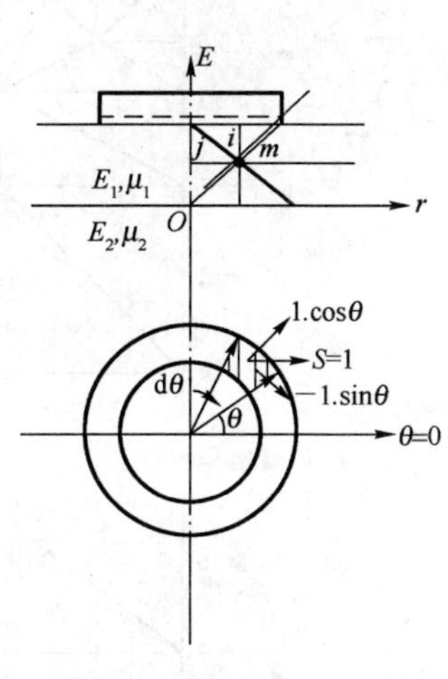

图 3
（注：上图纵轴 E 应为 Z）

式中，Z_o 为荷载边界面对坐标。

1.6 静力平衡方程

利用势能原理推导的静力平衡方程为

$$\pi[I](\sum_{e}\{K\}\{\delta'\})=\sum_{e'}\iint[T]^T[N]^T\{S\}rdrd\theta \tag{13}$$

式中，$[I]$ 称为单位矩阵。

$$[I]=\begin{Bmatrix}1&0&0&0&0&0&0&0&0\\0&1&0&0&0&0&0&0&0\\0&0&1&0&0&0&0&0&0\\0&0&0&1&0&0&0&0&0\\0&0&0&0&1&0&0&0&0\\0&0&0&0&0&1&0&0&0\\0&0&0&0&0&0&1&0&0\\0&0&0&0&0&0&0&1&0\\0&0&0&0&0&0&0&0&1\end{Bmatrix}$$

式(13)右端是外力项，按式(12)计算。左端$\{K\}$式(7)求得。这样，式(13)中仅位移矢量 $\{\delta'\}$ 是未知的，有多少个未知位移量，就能建立多少个平衡方程式，由此解出位移 $\{\delta'\}$ 。对于 $\theta\neq 0$ 的其他断面上的位移，可以相应的 θ 值代入式(2)求得。对于应力和应变，由式(4)及式(6)得到。

2 计算例子及结果分析

为了说明有限元法计算的可靠性，我们在 DJS-21 机上，计算了部分结果。计算图式如图 4 所示。计算图范围在 z 方向取 8 倍半径，r 方向取 11 倍半径。计算参数如下

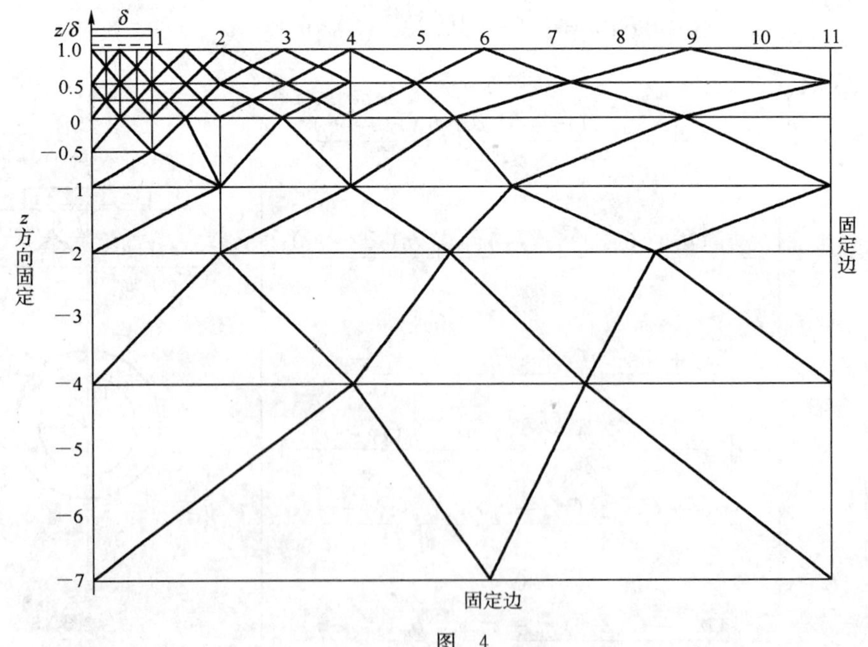

图 4

$$h/\delta = 1,2$$
$$E_2/E_1 = 0.5, 0.2, 0.1$$
$$\mu_1 = 0.2 \qquad \mu_2 = 0.4$$

计算时把所有的量都化为无量纲量：$\overline{u}, \overline{w}, \overline{v}$；$\overline{\varepsilon}_r, \overline{\varepsilon}_z, \overline{\varepsilon}_\theta, \overline{r}_{rz}, \overline{r}_{r\theta}, \overline{r}_{z\theta}$；$\overline{\sigma}_r, \overline{\sigma}_z, \overline{\sigma}_\theta, \overline{\tau}_{rz}, \overline{\tau}_{r\theta}, \overline{\tau}_{z\theta}$。这些量与原有量的关系为

$$\begin{aligned}
&u = \frac{S\delta}{E_1}\overline{u} \qquad w = \frac{S\delta}{E_1}\overline{w} \qquad v = \frac{S\delta}{E_1}\overline{v} \\
&\varepsilon_r = \frac{S}{E_1}\overline{\varepsilon}_r \qquad \varepsilon_z = \frac{S}{E_1}\overline{\varepsilon}_z \qquad \varepsilon_\theta = \frac{S}{E_1}\overline{\varepsilon}_\theta \\
&r_{rz} = \frac{S}{E_1}\overline{r}_{rz} \qquad r_{r\theta} = \frac{S}{E_1}\overline{r}_{r\theta} \qquad r_{z\theta} = \frac{S}{E_1}\overline{r}_{z\theta} \\
&\sigma_r = S\overline{\sigma}_r \qquad \sigma_z = S\overline{\sigma}_z \qquad \sigma_\theta = S\overline{\sigma}_\theta \\
&\tau_{rz} = S\overline{\tau}_{rz} \qquad \tau_{r\theta} = S\overline{\tau}_{r\theta} \qquad \tau_{z\theta} = S\overline{\tau}_{z\theta}
\end{aligned} \tag{14}$$

作为例子，这里仅举出 $h/\delta = 1, 2E_2/E_1 = 0.5$ 及 $h/\delta = 2, E_2/E_1 = 0.2$（两种情况 $\mu_1 = 0.2, \mu_2 = 0.4$）两组计算结果（图5和图6）。在图上画出了 z 轴，表面及界面上的径向位移 u，径向应变 ε_r，径向应力 σ_r 及剪切应力 τ_{rz}。作为比较，在图上还画出了澳大利亚用弹性理论求得的相应各值。从这些结果的比较看出，用两种方法得到的各值，其变化规律是很相似的：①径向位移 u 在荷载面中心出现最大值，随径向距离增大而减小，随深度增加而减小。位移方向与荷载作用方向一致（单向推移）；②径向应变 ε_r，在荷载面中心为零，在 $r/\delta = 1$ 时出现最大值，此后随 r/δ 增大而减小，③径向应力 σ_r 的变化规律与 ε_r 相同，它们均随深度增加而减小，且可能出现反号，④剪切应力 τ_{rz} 随深度增加衰减很快，在 $z/\delta = 1$ 时，τ_{rz} 一般仅为表面值的1/10～2/10，有时还出现反号（这说明水平力的影响主要在路面上层）；⑤界面上的各值一般比表面值小，同时最大值的位置通常出现在 $r/\delta = 1$ 附近。

这些情况说明，用有限单元法进行路面的应力分析，可以得到满意的结果。

与垂直荷载计算的数值进行比较看出，考虑水平荷载作用后，路面结构的水平位移和剪切应力均比仅考虑垂直荷载计算的有明显的增大，例如剪切应力可增大百分之几十到百分之二百（随水平荷载强度及路面结构而异）。这说明在路面设计中计入水平荷载作用是很有意义的。

还应指出，从图上看出，在数量上有限单元法求得的结果一般较弹性理论解偏小。

偏小的原因，分析是由于有限单元法仅计算了一个较小的范围（$r/\delta = 11, z/\delta = 8$），所以求得的位移偏小，致使应力和应变也偏小。因此为了得到一个理论上较好的结果，需要取出一个较大的路面范围进行计算。产生差异的其他原因，大概还有网格划分的合理程度、边界的处理是否比较符合实际等。这些问题也是有限单元法分析所必须注意的一般问题。

3 结语

路面（层状体系）在水平荷载作用下的应力分析，国内以往还没有看到发表数值解答。本文通过有限单元半分析法对这一问题进行了探讨，并得到了一些数值结果。从这些结果与国外弹性理论解的比较看出，有限单元法的解答是满意的。为了进一步提供应用的成果，需要对不同的

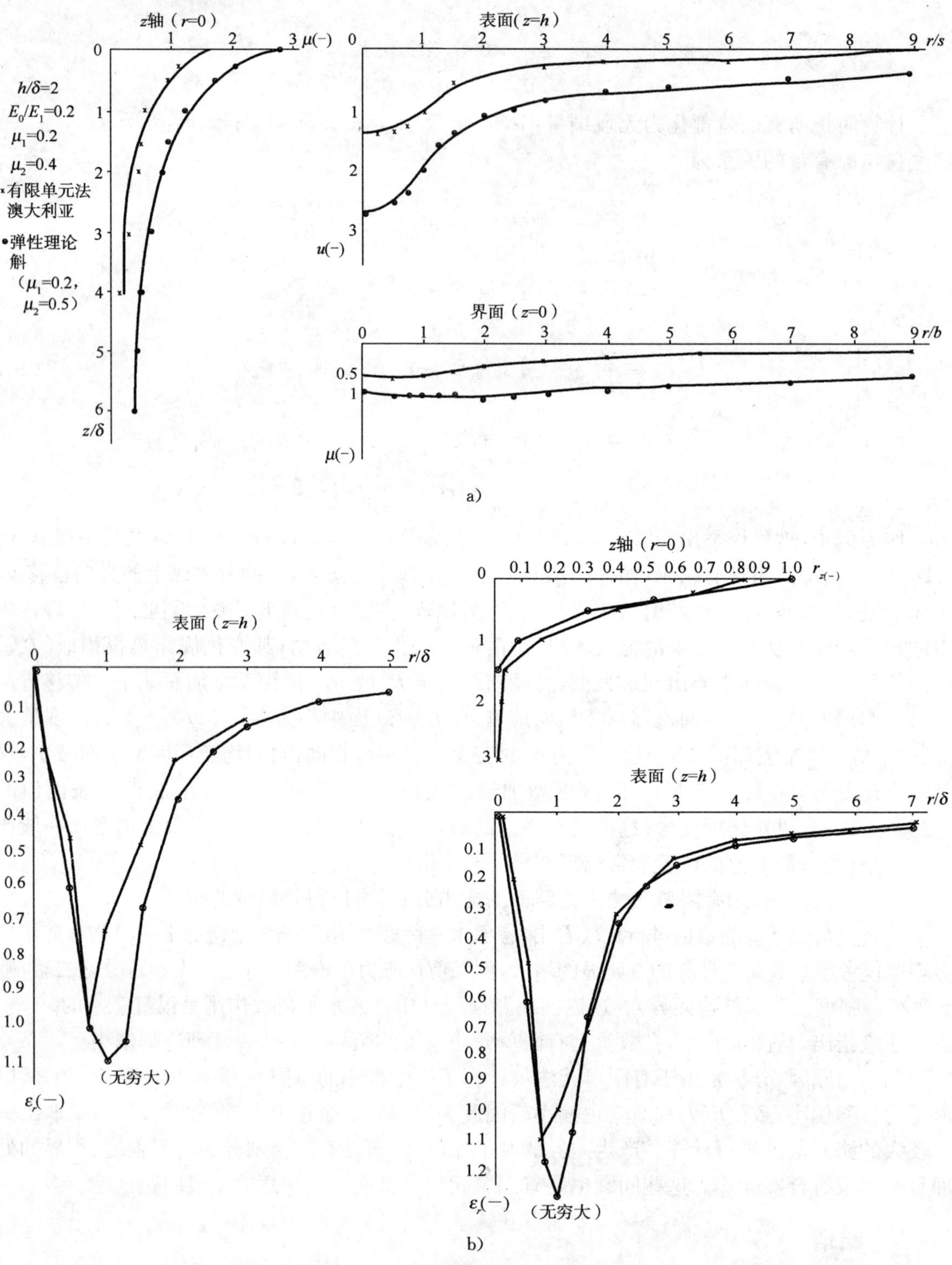

图 5

计算参数编制应力应变表，目前我们正在计划进行这一工作。为了拟定新的路面设计方法，计入水平荷载的作用应是一项重要的内容。本文的目的也就是希望在这方面能起到一点作用。

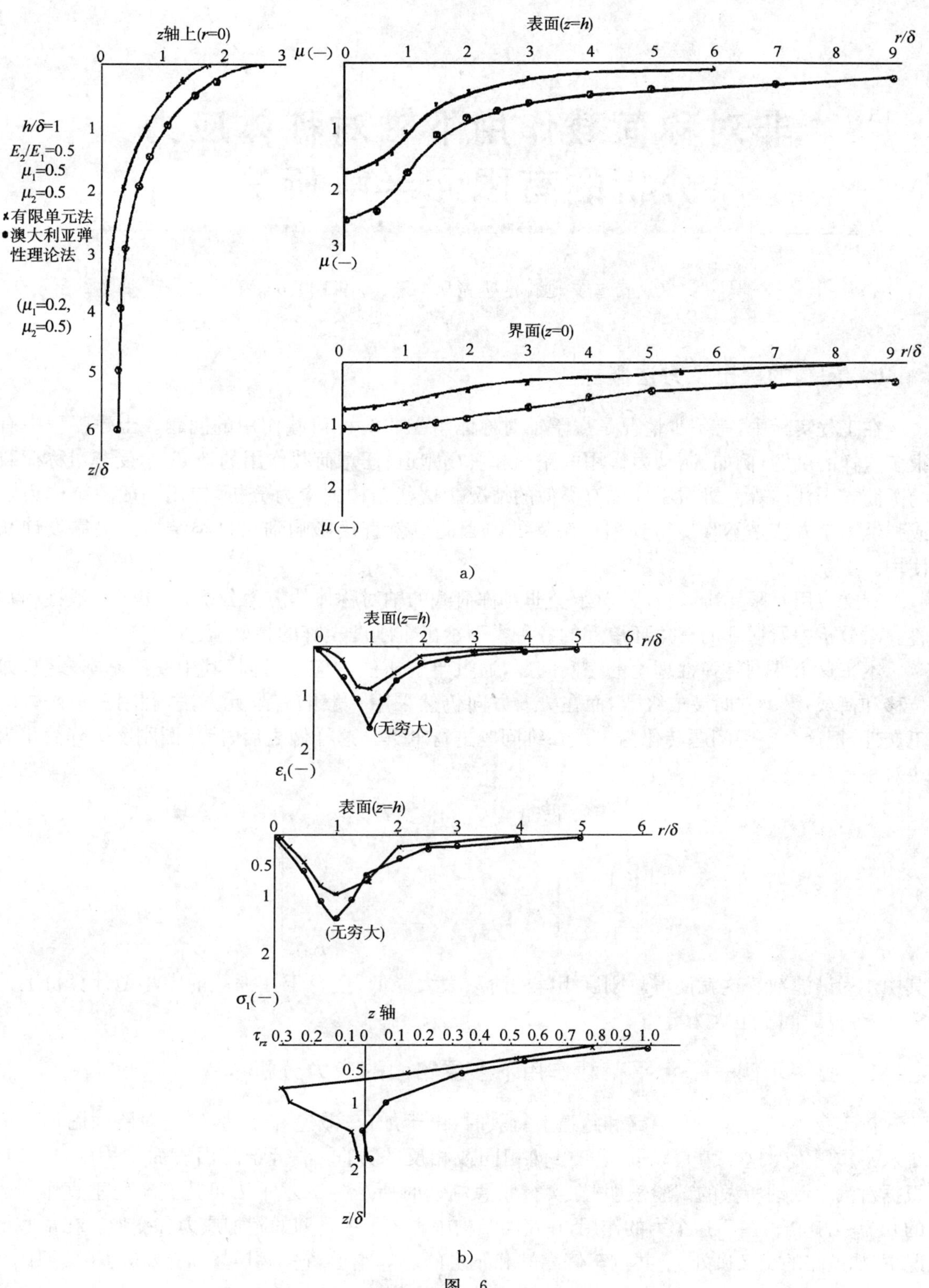

图 6

文章中有误之处，请读者批评指正。

非对称荷载作用下轴对称体应力分析的有限元半解析法

张起森
（湖南省交通科学研究所　长沙　410076）

0　问题的提出及方法概述

在工程实际中，有不少情况是属于轴对称体承受非对称荷载作用的问题。土建工程中有很多这样的事例，例如，制动力作用的路面和机场跑道、任意荷载作用的地基、承受非对称荷载的圆筒或圆柱体等。机械零件也有类似的情况。这些结构的应力分析，应用一般的结构力学或弹性力学方法是不容易得到精确解答的。因此也就直接影响到对这类结构的可靠设计和使用。

本文应用有限元半解析法，对承受非对称荷载的轴对称体的应力分析，提出了一般性的解答。对分析中所遇到的三角环单元的各种类型给出了刚度矩阵的精确值。

本来这个课题是弹性理论的空间问题，通过半解析法的应用，即将其中一些基本参数（如位移和荷载）沿 θ 方向展成级数，而在 r、z 方向仍然采用一般的有限元方法，利用三角函数的正交性，把这个空间问题转化为一系二维问题进行求解。这样做之后，使单圆刚度矩阵简化为块对角矩阵

$$[K]^e=\begin{bmatrix} K_{11} & & & & \\ & K_{22} & & 0 & \\ & & K_{33} & & \\ & 0 & & \ddots & \\ & & & & K_{LL} \end{bmatrix}$$

其中 l 为谐波数。这就使得总刚度矩阵的阶数大大降低，适合于在一般的中小型计算机上计算，在计算时间上也大为节省。

1　应用示例——水平荷载作用下多层路面的应力分析

汽车及飞机起落架在道路和跑道上行驶时，由于加速、减速和制动，车轮对路面附加了一个水平作用力。这个力是以同行车方向相同或相反的方向，平行于路面表面作用的（图 1）。根据对汽车制动所做的试验表明，在实行紧急制动时所产生的水平力可达到车轮垂直作用力的 0.8～1.0 倍。由于这个力的作用，在路面结构中产生了一系列的附加应力和变形。在某些情况下，如道路的交叉口处、公共汽车停靠站和飞机的起降跑道，它是引起路面破坏的主要原因。

摘自《力学与实践》1980 年 5 月第 2 卷第 2 期。

在车轮与路面接触面上的水平荷载，我们可将它进行分解（图2），在径向为 $R=S\cos\theta$，在切向为 $T=-S\sin\theta$（力的方向规定为径向荷载向外为正，切向荷载逆时针为正）。这样每个圆环上作用的水平力，就变成了沿圆周作用的径向力和切向力。可以看出，不论径向荷载和切向荷载均是正对于 $\theta=0$ 轴，反对称于 $\theta=90^\circ$ 轴的。根据半解析原理，这里荷载可归结为正对称荷载情况进行分析，即荷载为（$Q=1$）

$$\left.\begin{aligned} R &= S\cos\theta \\ Q &= 0\text{（竖向荷载）} \\ T &= -S\sin\theta \end{aligned}\right\} \tag{1}$$

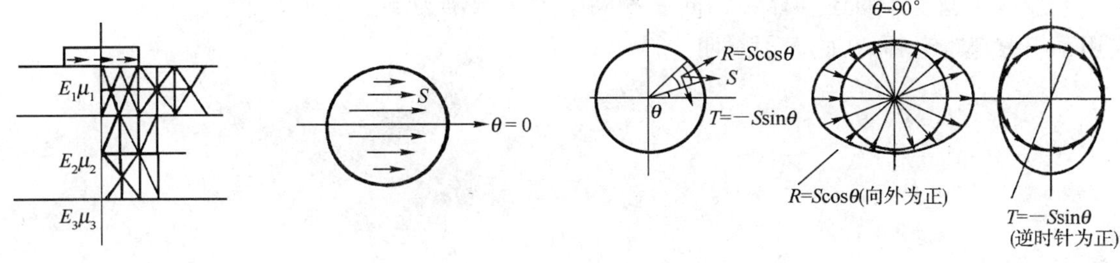

图 1　　　图 2

位移展开为

$$\left.\begin{aligned} u &= \bar{u}\cos\theta \\ w &= \bar{w}\cos\theta \\ v &= \bar{v}\sin\theta \end{aligned}\right\} \tag{2}$$

其中：$\bar{u}=b_1+b_2r+b_3z$

$\bar{w}=b_4+b_5r+b_6z$

$\bar{v}=b_7+b_8r+b_9z$

用三角环单圆将路面结构离散化，把荷载等效地移至节点上。对每个节点建立静力平衡方程，代入边界条件，解出节点的三个位移分量。由此可求得各节点的应变、应力、主应变、主应力和主方向。

利用CJ-709机对双层和三层路面结构的不同参数（h/δ，H/δ，E_2/E_1，E_0/E_1，E_3/E_2）进行了计算。图3给出的是双层路面结构荷载轴线、路表面及层间界面上各计算点的位移、应变和应力，并与澳大利亚C. M. Gerrard用弹性理论求得的部分数值进行了比较，看得出他们之间是相当一致的。

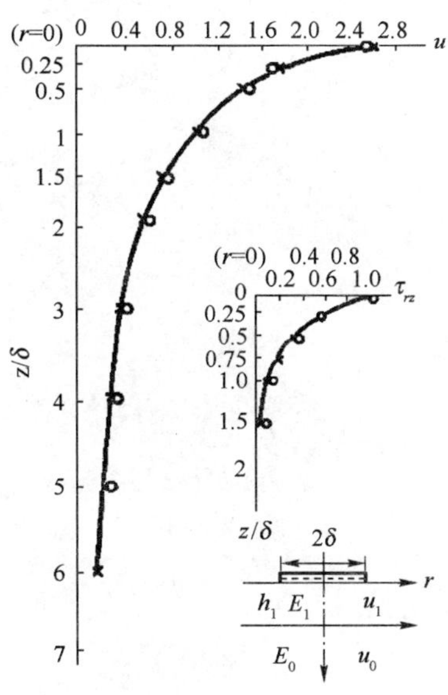

图 3

从计算结果分析得出，在水平荷载作用下，最大主拉应力 σ_3 和最大剪应力 τ_{max} 均产生在上层表面荷载前进方向的边缘处（即为最危险点）。但在垂直荷载作用下，最危险点一般出现在上层底面的荷载轴线上。因此，水平荷载产生的应力特征与垂直荷载是大不一样的。在水平与垂直的复合荷载作用下，最大拉应力点一般出现在上层底面，荷载轴线处；最大剪应力发生在上层表面荷载前进方向的边缘处(图 4)。同时，复合荷载作用下的最大剪应力，比仅有垂直荷载作用时，可以增加 90%～160%(在加速行驶和一般制动时)。由于水平荷载的作用，使路面的临塑荷载大为降低，一般可降低 50%～100%。所以，在路面结构设计中考虑水平荷载的作用是非常必要的。尤其对于面层结构的设计，考虑这点更为紧要。

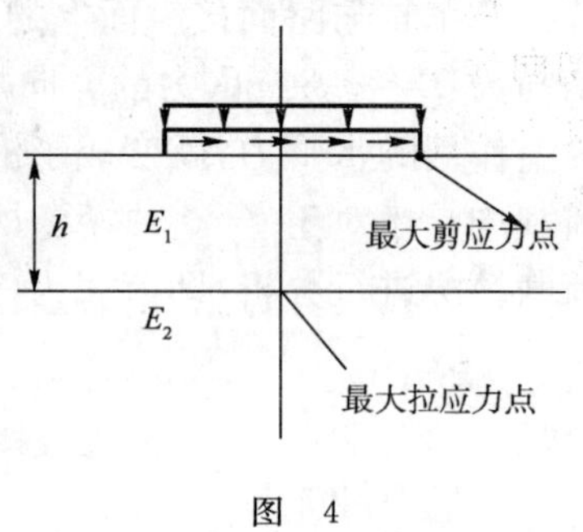

图 4

参加本课题工作的还有林钟铭同志和湖南大学数学力学应用小组谭邦本老师，在此表示感谢。

连续体有限元分析中特殊单元刚度矩阵的推导

张起森
（长沙交通学院　长沙　410076）

摘要： 本文给出了对称和非对称荷载作用下，轴对称连续体有限元分析时，有节点在对称轴上的三角线单元及两个节点径向坐标相等的三角形单元精确刚度矩阵的计算公式，消除了 O.C. 辛克维奇公式的缺陷。

关键词： 连续本　有限元分析　刚度矩阵

0　引言

在连续体有限单元分析中，求解荷载轴线上的应力和位移，会遇上 $r=0$ 所带来的麻烦。就是说，对于有节点在轴上的单元，其刚度矩阵无法用一般公式加以计算，而采用平均刚度矩阵近似处理。在 O. C. 辛克维奇的著作中，虽然提出了用修正刚度矩阵的办法给出单元的精确刚度矩阵，但正如相关文献指出的，辛克维奇的原公式是有些错误的，需要加以改正。不仅如此，辛氏的著作中，对洛毕达法则的运用也有些问题。如当单元有两个节点在荷载轴线上时，按辛氏方法得到的结果是不对的。本文旨在推导轴对称连续体，在对称和非对称荷载作用下，这些特殊单元的精确刚度矩阵，并说明 O. C. 辛克维奇公式中的缺陷所在。对于非对称荷载作用下，这些特殊单元的刚度矩阵的辛氏著作中是没有的。

1　连续体有限元分析中的特殊单元

在轴对称连续体的应力分析中，不论在对称或非对称荷载作用下，荷载轴线上的应力应变和位移，都是结构设计很需要的数据。但是要真正求得这些点的应力应变和位移，会遇到 $r=0$ 时，刚度矩阵中的某些项(包含 $1/r$)出现无穷大。这使得计算工作无法进行下去。对于包含这些点的单元，通常存在两种情况(图 1)：一种情况是仅有一个节点在荷载上；一种情况则有两个单元在荷载轴线上。对于这两类单元，其刚度矩阵的确定方法是不同的。此外，还有一种情况，即单元的两个节点径向坐标相等，这时刚度矩阵中亦出现无穷大项(图 2)，也需进行一定的处理。

只有把这些特殊单元的精确刚度矩阵推导出来了，连续体内应力的有限元分析才能进行，并得到正确的结果。

2　各种特殊单元刚度矩阵的推导

为了得到特殊单元的刚度矩阵，我们把垂直荷载和水平荷载的情况分别加以考虑。由于

摘自《湖南大学学报》1980 年 9 月第 7 卷第 3 期。

垂直荷载是当作轴对称情况处理的，水平荷载（非对称）是一个空间问题，所以同样形状的单元，其刚度矩阵是不一样的。下面我们先来考虑垂直荷载（或轴对称荷载）情况。

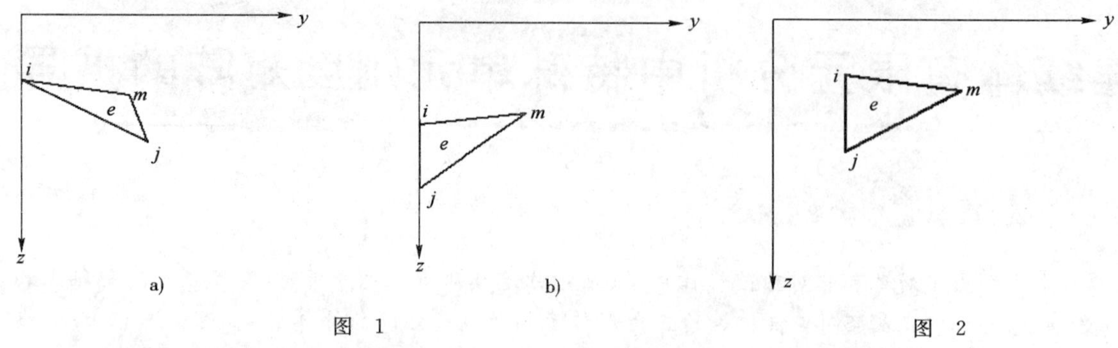

图 1　　图 2

在垂直荷载作用下，结构内任一三角形单元 ijm 的精确度矩阵可表示为

$$\{K\}=\{\overline{K}\}+\{K'\} \tag{1}$$

式中，$\{\overline{K}\}$ 为平均刚度矩阵；$\{K'\}$ 为修正刚度矩阵。

$\{K'\}$ 的表达式为

$$\{K'\}=\frac{\pi}{2\Delta}\begin{bmatrix}R'_{ii} & R'_{ij} & R'_{im}\\ R'_{ji} & R'_{jj} & R'_{jm}\\ R'_{mi} & R'_{mj} & R'_{mm}\end{bmatrix} \tag{2}$$

$$\underset{r,s=i,j,m}{[R'_{rs}]}=\begin{bmatrix}D_{33}C_{rs} & 0\\ 0 & 0\end{bmatrix}$$

$$D_{33}=\frac{E(1-u)}{(1+u)(1-2u)}$$

$$C_{rs}=\left[a_r a_s\left(I_1-\frac{I_4}{\overline{r}^2}\right)+(a_r c_s+a_s c_r)\left(I_2-\frac{\overline{Z}I_4}{\overline{r}^2}\right)+c_r c_s\left(I_3-\frac{\overline{Z}^2 I_4}{\overline{r}^2}\right)\right]$$

而

$$I_1=\frac{1}{\Delta}\left[(A_{ji}-A_{im})l_g r_i+(A_{mi}-A_{ji})l_g r_j+(A_{im}-A_{mj})l_g r_m\right.$$
$$\left.+B_{im}(r_m-r_i)+B_{mj}(r_j-r_m)+B_{ij}(r_i-r_j)\right]$$

$$I_2=\frac{1}{2\Delta}\{[(A_{ji}^2-A_{im}^2)l_g r_i+(A_{mj}^2-A_{ji}^2)l_g r_j+(A_{im}^2-A_{mj}^2)l_g r_m]$$
$$+A_{im}B_{im}(r_m-r_i)+A_{mj}B_{mj}(r_j-r_m)+A_{ji}B_{ji}(r_i-r_j)$$
$$+\frac{1}{4}[B_{im}^2(r_m^2-r_i^2)+B_{mj}^2(r_j^2-r_m^2)+B_{ji}^2(r_i^2-r_j^2)]\}$$

$$I_3=\frac{1}{3\Delta}\{[(A_{ji}^3-A_{im}^3)l_g r_i+(A_{mj}^3-A_{ji}^3)l_g r_j+(A_{im}^3-A_{mj}^3)l_g r_m]$$
$$+A_{im}^2B_{im}(r_m-r_i)+A_{mj}^2B_{mj}(r_j-r_m)+A_{ji}^2B_{ji}(r_i-r_j)$$
$$+\frac{1}{2}[A_{im}B_{im}^2(r_m^2-r_i^2)+A_{mj}B_{mj}^2(r_j^2-r_m^2)+A_{ji}B_{ji}^2(r_i^2-r_j^2)]$$
$$+\frac{1}{9}[B_{im}^3(r_m^3-r_i^3)+B_{mj}^3(r_j^3-r_m^3)+B_{ji}^3(r_i^3-r_j^3)]$$

$$I_4=\frac{1}{2\Delta}\left\{\left[A_{im}(r_m^2-r_i^2)+A_{mj}(r_j^2-r_m^2)+A_{ji}(r_i^2-r_j^2)\right]\right.$$
$$\left.+\frac{1}{3}\left[B_{im}(r_m^3-r_i^3)+B_{mj}(r_j^3-r_m^3)+B_{ji}(r_i^3-r_j^3)\right]\right\}$$

$$A_{im}=\frac{r_m z_i-r_i z_m}{r_m-r_i}\qquad B_{im}=\frac{z_m-z_i}{r_m-r_i}\qquad\text{(如此类推)}$$

在上列式子中,我们看得出,当 $r_i=0$(或 $r_j=0$ 或 $r_m=0$),$r_i=r_j=0$(或 $r_i=r_m=0$ 或 $r_i=r_j=0$)及 $r_i=r_j$(或 $r_i=r_m$ 或 $r_j=r_m$),均出现了无穷大项。例如 $r_i=0$ 时,式中均有

$$(A_{ji}^n-A_{im}^n)l_g r_i\to 0\times\infty$$

所以对它们必须给出处理,刚度矩阵才能确定。

(1)若有两个节点的径向坐标相等(图2),这时相应的 A 和 B 项变为无穷大。但我们可以注意到,这时在进行面积积分时,对这些线无需进行积分,其面积为0,故可以设相应的 A 和 B 为0,即:若

$$\begin{aligned}&r_i=r_m\text{ 时},A_{im}=B_{im}=0\\&r_j=r_m\text{ 时},A_{mj}=B_{mj}=0\\&r_i=r_j\text{ 时},A_{ji}=B_{ji}=0\end{aligned}\tag{3}$$

(2)若单元只有一个节点在荷载轴线上,如 $r_i=0$(图1a),此时 $(A_{ji}^n-A_{im}^n)l_g r_i\to 0\times\infty$,但因:

$$A_{ji}=\frac{r_i z_j-r_j z_i}{r_i-r_j}\text{,当 }r_i=0\text{ 时},A_{ji}=z_i$$

$$A_{im}=\frac{r_m z_i-r_i z_m}{r_m-r_i}\text{,当 }r_i=0\text{ 时},A_{im}=z_i$$

z_i 是点 i 的 z 坐标,所以 $A_{ji}=A_{im}$。这时,在进行积分时,含有 $1/r$ 的奇性项可以互相抵消,例如在求 I_i 时,有:

$$I_1=\frac{1}{\Delta}\iint\frac{1}{r}\mathrm{d}r\mathrm{d}z=\frac{1}{\Delta}\left\{\int_{r_i}^{r_m}\int_0^{Z=A_i+B_{im}r}\frac{1}{r}\mathrm{d}r\mathrm{d}z\right.$$
$$\left.+\int_{r_i}^{r_j}\int_0^{Z=A_{ji}+B_{ji}r}\frac{1}{r}\mathrm{d}r\mathrm{d}z+\int_{r_m}^{r_j}\int_0^{Z=A_{mj}+B_{mj}r}\frac{1}{r}\mathrm{d}r\mathrm{d}z\right\}$$
$$=\frac{1}{\Delta}\left\{\int_{r_i}^{r_m}\frac{A_{im}+B_{im}r}{r}\mathrm{d}r+\int_{r_j}^{r_i}\frac{A_{ji}+B_{ji}r}{r}\mathrm{d}r+\int_{r_m}^{r_j}\frac{A_{mj}+B_{mj}r}{r}\mathrm{d}r\right\}$$
$$=\frac{1}{\Delta}\left\{\underset{\sim\sim\sim\sim\sim}{\int_{r_i}^{r_m}\frac{A_{im}}{r}\mathrm{d}r}+\int_{r_i}^{r_m}B_{im}\mathrm{d}r+\underset{\sim\sim\sim\sim\sim}{\int_{r_j}^{r_i}\frac{A_{ji}}{r}\mathrm{d}r}+\int_{r_j}^{r_i}B_{ji}\mathrm{d}r\right.$$
$$\left.+\left\{\int_{r_m}^{r_j}\frac{A_{mj}}{r}\mathrm{d}r+\int_{r_m}^{r_j}B_{mj}\mathrm{d}r\right\}\right.$$

上式中,仅有带"~~~"号的二项是含 $l_g r_i$ 的奇性项,但它们符号相反,且 $A_{im}=A_{ji}$,故可以相互抵消。因此,对于这种情况,可令

$$(A_{ji}^n-A_{im}^n)l_g r_i=0\qquad(n=1,2,3)\tag{4}$$

(3)若单元有两个节点在荷载轴线上时,这时有 $r_i = r_j = 0$(图 1b)。根据轴对称的性质,有 $u_i = u_j = 0$(即径向位移为零)。利用这个条件,解以下的单元平衡方程时,可以把对应 $u_i u_j$ 中的奇性项划掉

$$\begin{bmatrix} K_{ii} & K_{ij} & K_{im} \\ K_{ji} & K_{jj} & K_{jm} \\ K_{mi} & K_{mj} & K_{mm} \end{bmatrix} \begin{Bmatrix} u_i \\ v_i \\ u_j \\ v_j \\ u_m \\ v_m \end{Bmatrix} = \begin{Bmatrix} 0 \\ P_i \\ 0 \\ P_j \\ 0 \\ P_m \end{Bmatrix} \tag{5}$$

式中:$[K_{rs}](r,s = i,j,m)$ 的计算公式如下:

$$[K_{rs}] = \iint_e [B_r]^T [D][B_s] r\,\mathrm{d}r\mathrm{d}z = \frac{1}{4\Delta^2}\frac{E}{(1+u)(1-2u)}$$

$$\times \iint_e \begin{bmatrix} (1-u)b_r b_s + \frac{1-2u}{2}C_r C_r + & \\ + ub_s\frac{a_r + b_r r + c_r z}{r} + & ub_r c_s + \frac{1-2u}{2}b_s c_r + \\ + ub_r\frac{a_s + b_s r + c_s z}{r} + & + uc_s\frac{a_r + b_r r + c_r z}{r} \\ + (1-u)\frac{(a_r + b_r r + c_r z)(a_s + b_s r + c_s z)}{r^2} & \\ ub_s c_r + \frac{1-2u}{2}b_r c_s + & (1-u)c_r c_s + \\ + uc_r\frac{a_s + b_s r + c_s z}{r} & + \frac{1-2u}{2}b_r b_s \end{bmatrix} r\mathrm{d}r\mathrm{d}z \tag{6}$$

从式(6) 看出,刚度矩阵的积分中,唯一可能含奇性项的积分是 $r = s = m$ 。

$$\iint_e \frac{(a_m + b_m r + c_m z)^2}{r}\mathrm{d}r\mathrm{d}z$$

这一项的积分因为

$$a_m = r_i z_j - r_j z_i = 0, c_m = r_j - r_i = 0$$

所以

$$\iint_e \frac{(a_m + b_m r + c_m z)^2}{r}\mathrm{d}r\mathrm{d}z = \iint_e b_m^2 r\,\mathrm{d}r\mathrm{d}z = \Delta b_m^2 I_4 \tag{7}$$

根据以上分析,我们得到这种特殊单元的刚度矩阵

$$[K]_e = \begin{bmatrix} K_{ii} & K_{ij} & K_{im} \\ K_{ji} & K_{jj} & K_{jm} \\ K_{mi} & K_{mj} & K_{mm} \end{bmatrix} \tag{8}$$

其中 $[K_{rs}]_{r,s=i,jm}$ 为

$$[K_{rs}]=\frac{E}{4\Delta^2(1+u)(1-2u)}\begin{bmatrix}[(1-u)b_rb_s+ & \\ +\frac{1-2u}{2}c_rc_s]I_4+ & \left(ub_rc_s+\frac{1-2u}{2}b_sc_r\right)I_4+ \\ +u(b_r+b_s)I_5+ & +uc_sI_5 \\ +(1-u)\Delta b_m^2I_4 & \\ \left(ub_sc_r+\frac{1-2u}{2}b_rc_s\right)I_4+ & [(1-u)c_rc_s+ \\ +uc_rI_5 & +\frac{1-2u}{2}b_rb_s]I_4 \end{bmatrix}$$

式中，I_4、I_5 均是不带奇性的，其中 I_5 为

$$I_5=\iint_e(a_r+b_rr+c_rz)\mathrm{d}r\mathrm{d}z=\frac{1}{3}\Delta^2$$

对于水平荷载(非对称荷载)的情况，我们可得到与垂直荷载类似的平均刚度矩阵和修正刚度矩阵。在修止刚度矩阵 $[K']$ 中也包含了同前面一样的 I_1、I_2、I_3 和 I_4。所以对于一个节点在荷载轴线上的单元及 $r_i=r_j$ 的单元(此单元的 ij 边平行于荷载轴)，可以同前述方法进行处理去掉奇性项，求出精确的刚度矩阵。但是对于两个节点在荷载轴线上的单元，其刚度矩阵不能像对称荷载那样处理，需要另行给定这些单元的位移场，从而得出如下的刚度矩阵精确值。

$$[K]=\iint_\Delta[B]^T[D][B]r\mathrm{d}r\mathrm{d}z=\frac{E(1-u)}{(1+u)(1-2u)}\times\frac{I_4}{4\Delta}$$

$$\times\begin{bmatrix}
\frac{3-4u}{2(1-u)}b_i^2+\frac{1-2u}{1-u}c_i'^2 & 0 & 0 & 0 & \frac{3-4u}{2(1-u)}b_ib_j+\frac{1-2u}{1-u}c_i'c_j' & 0 & \frac{3-2u}{2(1-u)}b_ib_m & \frac{1-2u}{1-u}b_mc_i' & \frac{u}{1-u}b_ib_m \\
0 & 0 & 0 & 0 & 0 & 0 & 0 & 0 & 0 \\
0 & 0 & 0 & 0 & 0 & 0 & 0 & 0 & 0 \\
0 & 0 & 0 & 0 & 0 & 0 & 0 & 0 & 0 \\
\frac{3-4u}{2(1-u)}b_ib_j+\frac{1-2u}{1-u}c_i'c_j' & 0 & 0 & 0 & \frac{3-4u}{2(1-u)}b_j^2+\frac{1-2u}{1-u}c_i'^2 & 0 & \frac{3-2u}{2(1-u)}b_jb_m & \frac{1-2u}{1-u}b_mc_j' & \frac{u}{1-u}b_jb_m \\
0 & 0 & 0 & 0 & 0 & 0 & 0 & 0 & 0 \\
\frac{3-2u}{2(1-u)}b_ib_m & 0 & 0 & 0 & \frac{3-2u}{2(1-u)}b_jb_m & 0 & \frac{5-2u}{2(1-u)}b_m^2 & 0 & \frac{1}{1-u}b_m^2 \\
\frac{1-2u}{1-u}b_mc_i' & 0 & 0 & 0 & \frac{1-2u}{1-u}b_mc_j' & 0 & 0 & \frac{1-2u}{1-u}b_m^2 & 0 \\
\frac{u}{1-u}b_ib_m & 0 & 0 & 0 & \frac{u}{1-u}b_jb_m & 0 & \frac{1}{1-u}b_m^2 & 0 & 0
\end{bmatrix} \quad (9)$$

式中，$b_i = z_i - z_m$，$b_j = z_m - z_i$，$b_m = z_i - z_j$，$c_i' = r_m$，$c_j' = -r_m$。

从以上公式看出，在 O. C. 辛克维奇的著作中，其 I_1 的计算公式中少了 $B_{im}(r_m - r_i) + B_{mj}(r_i - r_m) + B_{ij}(r_i - r_j)$ 三项。当三角形单元的三个径向坐标 $r_i \neq r_j$，$r_j \neq r_m$ 及 $r_m \neq r_i$ 时，这三项是相互抵消了，原公式是正确的。但是，对于我们上面讨论的特殊单元，辛氏公式是有缺陷的。

另外，当单元有两个节点在荷载面的轴线上时，用辛氏所讲的洛毕达法则是得不到刚度矩阵精确值的。

汽车在不平道路上行驶时的动力分析和实验

张起森
（湖南省交通科学研究所 长沙 410076）

摘要： 本文分析了汽车在不平整路面（波浪路面）上行驶时的纵向角振动和竖向振动问题。在研究竖向振动时，把纵向角振动的影响考虑进去，给出了振动方程的解。对于汽车振动时，车轮给予路面的附加荷载的计算问题着重进行了讨论，并研制了电子秤测定车辆以不同速度通过不同的不平整时，车轮对路面作用的动荷载值。试验结果和计算值的一致性，证明了本文分析方法的正确性。

关键词： 汽车　不平道路　动力分析

1　前言

在我国目前的公路上，路面不平整是一个比较严重的问题。由于路面不平整的存在，一方面对车辆、旅客和货物产生了不利的影响；另一方面也降低了路面的实用性能，甚至影响到它的使用寿命。因此，对于平整度问题的研究已经提到了交通部门的议事日程。

本文从过去大量的路面不平整调查出发，假定路面上的不平整符合正弦波的规律（即所谓搓板路面），并研究汽车在这种波浪路面行驶时产生的振动情况，以及轮胎对路面附加的作用力。为了证实理论分析的结果，我们利用了自制的电子秤，测定了解放牌汽车在不同的不平整路面上驶过时对路面产生的振动力，并用这些数据与理论值进行了对照。实测值与理论值的一致性，使得我们确信本文所提供方法的可靠性。

2　汽车在不平整道路上行驶的振动分析

汽车的振动现象与一般固定的机械，甚至与机车车辆的振动情况是大不相同的。为了分析上的方便，通常把汽车看作是由 3 部分所组成，即底盘和车身、后桥、前桥。汽车车身的重心和振动中心一般是不重合的。因此作用在重心上的力，不仅会引起垂直振动，同时也会引起纵向振动。如图 1 所示，当一个车轮受到冲击后会使车身发生 3 种振动，即若将在 A 点的冲击力 P（由路面不平整激发的）移至重心 o，则对车身便附加了一个力矩 $M_{Ao}=P\cdot Ao$。将 M_{Ao} 分成 M_b 和 M_c，这时车身上便作用了 3 种力：车身重心上的力 P，引起车身垂直振动；力矩 $M_c=P\cdot c$，引起车身纵向振动；力矩 $M_b=P\cdot b$，引起车身的横向振动。

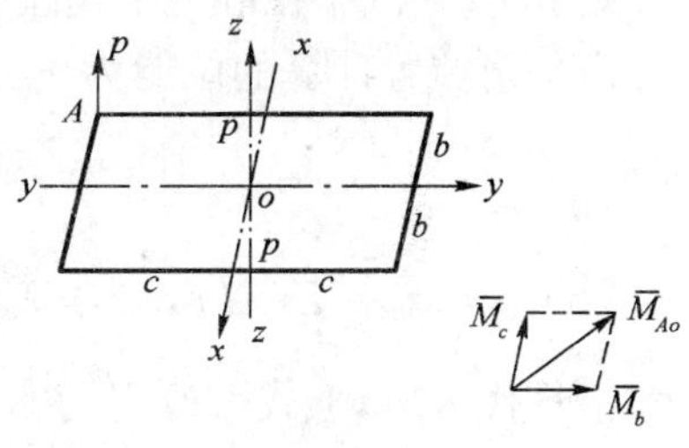

图　1

摘自《中南公路工程》1983 年 6 月第 1 期。

由此我们认为，在底盘和车身方面可能发生3种情况的振动，即沿 zz 方向的垂直振动、绕横轴 xx 的纵向振动以及绕纵轴 yy 的横向振动。在轮轴方面(前桥和后桥)，可能发生两种较重要的振动情况，即沿 zz 轴在充气轮胎上的垂直振动，以及绕 yy 轴的横向振动。

当然，汽车作为一个振动体系实际上是一个多质点的体系，一般认为有18个自由度。因此要真正按照汽车的实际情况来研究其振动，是一个相当复杂的问题。但是在汽车的构造设计中，往往通过构造要求限制了车辆的横向振动、横向和纵向位移。这样，对与研究最有意义的仅仅是沿 zz 轴的垂直振动和绕 xx 轴的纵向振动。这就是以两个自由度体系研究汽车振动的基本依据。

3 汽车在不平整道路上的纵向振动

为了研究这个问题，我们作了以下几点假定。

(1)假定路面上的波形是正弦的，即

$$F(X)=\frac{h}{2}\left(1-\cos\frac{2\pi vt}{\lambda}\right) \tag{1}$$

式中，h 为路面不平整高度；λ 为波长。

(2)把汽车的振动问题简化为两个自由度的振动系统来研究(图2)，并假定汽车以常速 v 驶过波浪路面的第一个波段。

(3)忽略同一轴上另一个(组)车轮对所研究车轮振动的影响，并假定车轮在任何时刻都不离开路面。

(4)假定悬挂的弹性特征是线性的，并且在它上面没有任何阻尼，也没有外加的减振器。

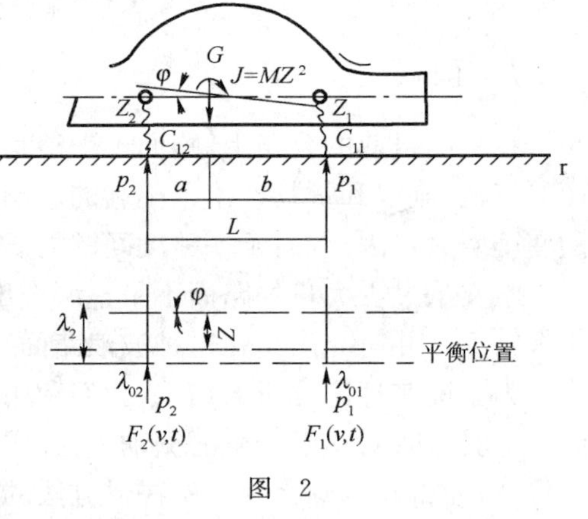

图 2

从图2可以写出这个系统的动能为

$$T=\frac{1}{2}MZ^2+\frac{1}{2}J\varphi^2=[MZ^2+M\rho^2\varphi^2] \tag{2}$$

式中，ρ 为汽车质量关于通过其重心且与其对称平面垂直的轴惯性半径。

对于系统的位能可以这样给出：

令 λ_1 和 λ_2 为前轴和后轴弹簧的压缩量；

λ_{e1} 和 λ_{e2} 为汽车在静力平衡位置时前轴和后轴弹簧的压缩量。

由平衡位置计算的位能为

$$\Pi=-GZ+\frac{C_{11}}{2}(\lambda_1^2-\lambda_{01}^2)+\frac{C_{22}}{2}(\lambda_2^2-\lambda_{02}^2) \tag{3}$$

以 $\lambda_1=\lambda_{01}+Z-b\varphi,\lambda_2=\lambda_{02}+Z+a\varphi,\lambda_{01}=\frac{Ga}{C_{11}(a+b)},\lambda_{02}=\frac{Gb}{C_{22}(a+b)}$

诸量代入后，上式可改写为

$$\Pi=\frac{1}{2}[(C_{11}+C_{22})Z^2+(C_{11}b^2+C_{22}a^2)\varphi^2+2(C_{22}a-C_{11}b)\varphi Z] \tag{4}$$

将式(3)、式(4)代入拉格朗日方程。

注意到：$Z_1=Z-b\tan\varphi\approx Z-b\varphi,Z_2=Z+a\tan\varphi\approx Z+a\varphi$ 。

再经适当变化，得汽车车身自由振动的方程

$$\frac{d^2Z_2}{dt^2}+\frac{ab-\rho^2}{\rho^2+a^2}\cdot\frac{d^2Z_2}{dt^2}+\omega_1^2Z_1=0 \tag{5}$$

$$\frac{d^2Z_2}{dt^2}+\frac{ab-\rho^2}{\rho^2+b^2}\cdot\frac{d^2Z_1}{dt^2}+\omega_2^2Z_2=0 \tag{6}$$

式中：$\omega_1^2=\dfrac{C_{11}L^2}{M'(\rho^2+b^2)}$，$\omega_2^2=\dfrac{C_{22}L^2}{M'(\rho^2+b^2)}$。

但是考虑到我们前面所作的假定，这时汽车是在一个不平整的路面上行驶，若前轮处的路面断面形状由 $F_1(v,t)$ 确定，后轮处的路面断面形状由 $F_2(v,t)$ 确定，则式(5)、式(6)改写为

$$\frac{d^2Z_1}{dt^2}+K_1\frac{d^2Z_2}{dt^2}+\omega_1^2Z_1=\omega_1^2F_1(v,t) \tag{7}$$

$$\frac{d^2Z_2}{dt^2}+K_2\frac{d^2Z_1}{dt^2}+\omega_2^2Z_1=\omega_2^2F_2(v,t) \tag{8}$$

式中：$K_1=\dfrac{ab-\rho^2}{\rho^2+a^2}$，$K_2=\dfrac{ab-\rho^2}{\rho^2+b^2}$（称为相关系数）。

$F_1(v,t)$ 与 $F_2(v,t)$ 满足以下关系

$$F_2(v,t)=F_1(v,t-L/v)$$

式(7)、式(8)便是我们需要求得的车身纵向振动方程。

系统的主频率由式(5)、式(6)求得，即：设

$$Z_1=A\sin(\omega_g t+a),Z_2=B\sin(\omega_g t+a)$$

其中，a 为相角；A、B 为汽车前后轴自由振动的振幅。把它们代入式(5)、式(6)，并从其系数行列为零，得主频率方程式

$$(1-K_1K_2)\omega_g^4-(\omega_1^2+\omega_2^2)\uparrow^2+\omega_1^2\omega_2^2=0 \tag{9}$$

其解为

$$(\omega_g)_{1,2}^2=\frac{1}{2(1-k_1k_2)}\left[(\omega_1^2+\omega_2^2)\pm\sqrt{(\omega_2^2-\omega_1^2)+4k_1k_2\omega_1^2\omega_2^2}\right] \tag{10}$$

在式(7)、式(8)中，若把假定的正弦形不平整代入，则可改写为

$$\frac{d^2Z_1}{dt^2}+K_1\frac{d^2Z_2}{dt^2}+\omega_1^2Z_1=\omega_1^2h\sin^2\frac{\pi vt}{\lambda} \tag{11}$$

$$\frac{d^2Z_2}{dt^2}+K_2\frac{d^2Z_1}{dt^2}+\omega_2^2Z_2=\omega_2^2h\sin^2\frac{\pi v(vt-1)}{\lambda} \tag{12}$$

式(11)、式(12)是一组常数系数非齐次二阶联立微分方程组。

这组方程的求解，当 $\tau_0=\dfrac{\lambda}{v}\leqslant\dfrac{2\pi}{\omega_1}$，$\tau_0=\dfrac{\lambda}{v}\leqslant\dfrac{2\pi}{\omega_2}$ 时（即汽车驶过不平整的时间 τ_0 远小于汽车的固有振动周期时），按照 II. T. ⅡapxIIobckIIII 对类似问题的求解方法，可得到下面形式的解答

$$Z_1-\left[A_1\sin\omega_{g1}t+C_1\sin\omega_{g2}t+B_1\sin\omega_{g1}\left(t-\frac{L}{v}\right)+D_1\sin\omega_{g2}\left(t-\frac{L}{v}\right)\right]\bar{r} \tag{13}$$

$$Z_2=\left[A_2\sin\omega_{g1}t+C_2\sin\omega_{g2}t+B_2\sin\omega_{g1}\left(t-\frac{L}{v}\right)+D_2\sin\omega_{g2}\left(t-\frac{L}{v}\right)\right]\bar{r} \tag{14}$$

式中，$\bar{r}=\int_0^{\tau_0}F(\tau)\mathrm{d}\tau$，是一个与车速和路面不平整有关的常数。$A_1$、$C_1$、$B_1$、$D_1$ 和 A_2、C_2、B_2、D_2 是与汽车结构参数有关的量，可由下式确定

$$A_1=-\frac{\omega_1^2(\omega_{g1}^2-\omega_2^2)}{(1-K_1K_2)(\omega_{g2}^2-\omega_{g1}^2)\omega_{g1}}\qquad C_1=\frac{\omega_1^2(\omega_{g2}^2-\omega_2^2)}{(1-K_1K_2)(\omega_{g2}^2-\omega_{g1}^2)\omega_{g2}}$$

$$B_1=-\frac{K_1\omega_{g1}^2\omega_2^2}{(1-K_1K_2)(\omega_{g2}^2-\omega_{g1}^2)\omega_{g1}}\qquad D_1=\frac{K_1\omega_{g2}^2\omega_2^2}{(1-K_1K_2)(\omega_{g2}^2-\omega_{g1}^2)\omega_{g2}}$$

$$A_2=-\frac{K_2\omega_{g1}^2\omega_1^2}{(1-K_1K_2)(\omega_{g2}^2-\omega_{g1}^2)\omega_{g1}}\qquad C_2=\frac{K_2\omega_{g2}^2\omega_1^2}{(1-K_1K_2)(\omega_{g2}^2-\omega_{g1}^2)\omega_{g2}}$$

$$B_2=-\frac{\omega_2^2(\omega_{g1}^2-\omega_1^2)}{(1-K_1K_2)(\omega_{g2}^2-\omega_{g1}^2)\omega_{g1}}\qquad D_2=\frac{\omega_2^2(\omega_{g2}^2-\omega_1^2)}{(1-K_1K_2)(\omega_{g2}^2-\omega_{g1}^2)\omega_{g2}}$$

式(13)、式(14)是汽车通过不平整路面时，车厢在前轴和后轴上的竖向振动方程，它们与时间 t 有关。显然，对于工程实际有更大意义的是车箱的最大振幅和最大振动加速度，他们分别为

$$Z_{1\max}=\left[A_1\sin\omega_{g1}t_1+C_1\sin\omega_{g2}t_1+B_1\sin\omega_{g1}\left(t_1-\frac{L}{v}\right)+D_1\sin\omega_{g2}\left(t_1-\frac{L}{v}\right)\right]\bar{r}\qquad(15)$$

$$Z_{2\max}=\left[A_2\sin\omega_{g1}t_2+C_2\sin\omega_{g2}t_2+B_2\sin\omega_{g2}\left(t_2-\frac{L}{v}\right)+D_2\sin\omega_{g2}\left(t_2-\frac{L}{v}\right)\right]\bar{r}\qquad(16)$$

式中：t_1、t_2 分别由下面的超越方程确定：

$$H_1\cos\omega_{g1}t_1+H_3\sin\omega_{g1}t_1+H_2\cos\omega_{g2}t_1+H_4\sin\omega_{g2}t_1=0$$

$$H'_1\cos\omega_{g1}t_2+H'_3\sin\omega_{g1}t_2+H'_2\cos\omega_{g2}t_2+H'_4\sin\omega_{g2}t_2=0$$

其中：$H_1=A\omega_{g1}+B_1\omega_{g1}\cos\omega_{g1}\frac{L}{v}$ $\qquad H_2=C_1\omega_{g2}+D_1\omega_{g2}\cos\omega_{g2}\frac{L}{v}$

$$H_3=B_1\omega_{g1}\sin\omega_{g1}\frac{L}{v}\qquad H_4=D_1\omega_{g2}\sin\omega_{g2}\frac{L}{v}$$

$$H'_1=A_2\omega_{g1}+B_2\omega_{g1}\cos\omega_{g1}\frac{L}{v}\qquad H'_2=C_2\omega_{g2}+D_2\omega_{g2}\cos\omega_{g2}\frac{L}{v}$$

$$H'_3=B_2\omega_{g1}\sin\omega_{g1}\frac{L}{v}\qquad H'_4=D_2\omega_{g2}\sin\omega_{g2}$$

以及

$$\ddot{Z}_{1\max}=r\sqrt{\omega_{g1}^4(A_1^2+B_1^2+2A_1B_1\cos\omega_{g1}L/v)+\omega_{g2}^4(C_1^2+D_1^2+2C_1D_1\cos\omega_{g2}L/v)}\qquad(17)$$

$$\ddot{Z}_{2\max}=r\sqrt{\omega_{g1}^4(A_2^2+B_2^2+2A_2B_2\cos\omega_{g1}L/v)+\omega_{g2}^4(C_2^2+D_2^2+2C_2D_2\cos\omega_{g2}L/v)}\qquad(18)$$

式中：$r=\frac{1}{\sqrt{2}}\int_0^{\tau_0}F(\tau)\mathrm{d}\tau=\frac{1}{\sqrt{2}}\bar{r}$（注意前后轮处的 $F(\tau)$ 相差 L/v 时间）。

到此为止，汽车在通过正弦形波浪（不平整）的纵向振动问题就算解决了。但是对于道路工作者来讲，最有意义的是后轴的振动情况，因为在路面结构设计中总是取后轴荷载作为计算荷载的。下面我们就来研究这个问题。

4 汽车后轴——对车轮组在不平整道路上的振动分析

研究这个问题时除上述假定外，我们还引入：

(1)假定振动是在汽车由不平整的第一个波形进入第二个波形发生的，在研究后轮组的振

动时，把汽车的纵向振动影响考虑进去。

(2)假想把汽车的质量分成两个部分：一为弹簧支撑部分质量(即悬挂以上部分的质量)；二为非弹簧之承部分质量(即悬挂、车轴及轮胎等)。

分析简图3。

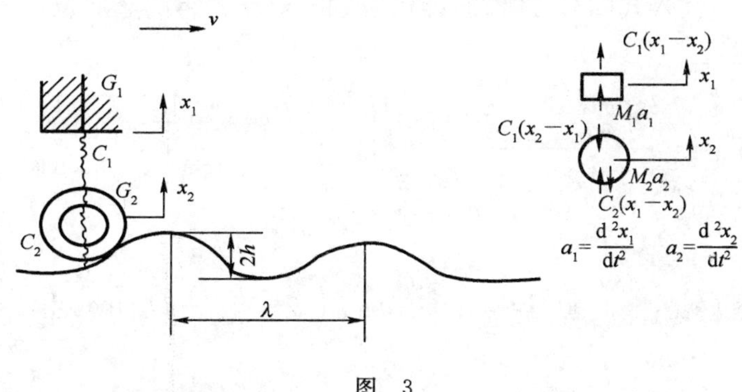

图 3

按照上面的图式，用拉格朗日方程，则不难得出该系统的竖向振动方程

$$M_1\frac{d^2x_1}{dt^2}+C_1(x_1-x_2)=0 \tag{19}$$

$$M_2\frac{d^2x_2}{dt^2}+C_2x_2+C_1(x_2-x_1)=C_2x \tag{20}$$

为了求得式(19)、式(20)的一般解，我们先求得它们的特解为

$$\overline{x_1}=\overline{B}\sin\omega_c t=\frac{C_1C_2h}{\Delta(\omega_c^2)}\sin\omega_c t$$

$$\overline{x_2}=\overline{B}\sin\omega_c t=\frac{(C_1-M_1\omega_c^2)C_2h}{\Delta(\omega_c^2)}\sin\omega_c t \tag{21}$$

式中：$\omega_c=\frac{\pi v}{\lambda}$，路面的激振频率。

$$\Delta(\omega_c^2)=(C_1-M_1\omega_c^2)(C_1+C_2-M_2\omega_c^2)-C_1^2$$

因此，式(19)、式(20)的一般解可写成

$$x_1=\overline{A_1}\sin k_1t+\overline{A_2}\sin k_2t+\overline{B_1}\sin\omega_c t \tag{22}$$

$$x_2=a_1\overline{A_1}\sin k_1t+a_2\overline{A_2}\sin k_2t+\overline{B_1}\sin\omega_c t \tag{23}$$

式中：$a_1=\frac{C_1-M_1k_1^2}{C_1}$，$a_2=\frac{C_1-M_1k_2^2}{C_1}$，称为联系系数，常数$\overline{A_1}$和$\overline{A_2}$由下面的初始条件确定。

即当$t=t_0=\lambda/v$时

$$x_1(t_0)=Z_2(t_0),\left(\frac{dx_1}{dt}\right)_{t=t_0}=\left(\frac{dz_2}{dt}\right)_{t=t_0}$$

$$x_2(t_0)=0,\left(\frac{dx_2}{dt}\right)_{t=t_0}=0$$

由此得

$$\overline{A_1}=\frac{\begin{vmatrix}\overline{F_1}-\overline{B_1}\sin\omega_c t_0 & \sin k_2t_0\\ \overline{F_2}-\overline{B_1}\omega_c\cos\omega_c t_0 & k_2\cos k_2t_0\end{vmatrix}}{\begin{vmatrix}\sin k_1t_0 & \sin k_2t_0\\ k_1\cos k_1t_0 & k_2\cos k_2t_0\end{vmatrix}} \tag{24}$$

$$\overline{A_2} = \frac{\begin{vmatrix} \sin k_1 t_0 & \overline{F_1} - \overline{B_1}\sin\omega_c t_0 \\ k_1\cos k_1 t_0 & \overline{F_2} - \overline{B_1}\omega_c\cos\omega_c t_0 \end{vmatrix}}{\begin{vmatrix} \sin k_1 t_0 & \sin k_2 t_0 \\ k_1\cos k_1 t_0 & k_2\cos k_2 t_0 \end{vmatrix}} \tag{25}$$

以式(24)、式(25)代入式(22)、式(23)即得后轴一对车轮组的竖向振动方程。该系统的主频率 k_1、k_2 由下式确定

$$k_{1,2}^2 = \frac{\left(\frac{C_1+C_2}{M_2}+\frac{C_1}{M_1}\right)}{2} \pm \sqrt{\left(\frac{\frac{C_1+C_2}{M_2}+\frac{C_1}{M_1}}{2}\right)^2 - \frac{C_1C_2}{M_1M_2}} \tag{26}$$

$\overline{F_1}$ 和 $\overline{F_2}$ 为

$$\overline{F_1} = \left[A_2\sin\omega_{g1}t_0 + C_2\sin\omega_{g2}t_0 + B_2\sin\omega_{g1}\left(t_0 - \frac{L}{v}\right) + D_2\sin\omega_{g2}\left(t_0 - \frac{L}{v}\right)\right]\bar{r} \tag{27}$$

$$\overline{F_2} = \left[A_2\omega_{g1}\cos\omega_{g1}t_0 + C_2\omega_{g2}\cos\omega_{g2}t_0 + B_2\omega_{g1}\cos\omega_{g1}\left(t_0 - \frac{L}{v}\right) + D_2\omega_{g2}\cos\omega_{g2}\left(t_0 - \frac{L}{v}\right)\right]\bar{r} \tag{28}$$

式中 $\bar{r}$ 同前。

5 车轮对路面作用的动荷载研究

汽车在不平整路面上行驶时，由于上面所研究的振动情况，车轮对路面会产生一个附加动荷载，这个动荷载对路面结构会引起一个额外的动应力和动变形，它们对路面的使用性能和寿命有很大的影响。在现有的路面设计方法中一般是以引入动力系数来考虑这种影响的。下面我们分两种情况来研究车轮对路面作用的动荷载。

5.1 汽车振动时车轮不离开路面情况下的动荷载

这种情况就是我们前面所研究的振动问题。这时，车轮对路面作用的动荷载可直接由下式给出

$$P_{动} = C_2(x_2 - h\sin\omega_c t) \tag{29}$$

式中，x_2 由式(21)确定；C_2 为轮胎刚度；h 为路面不平整度(即正弦波的波幅)。

由式(29)可见，汽车在不平整路面上行驶时，车轮对路面的动荷载是随时间和不平整度而变化的。根据以往全国各地进行的调查，我国的搓板路面的波长和波幅大致有表 1 中的数值。

表 1

地　　区	波长 λ(cm)	波幅 K(cm)
华东区	50～75	1.0～1.5
华北区	65～85	0.5～2.5
西北区	50～180	1.0～3.0
湖南省	40～100	0.5～1.5
福建省	60～65	0.5～1.5

路面不平整的波长和波幅给定之后，按式(33)就可以求得车轮对路面不同地点所施加的动荷载。

5.2 车轮挑起时对路面产生的冲击力计算

当汽车以一定的速度在路面上行驶时，若前轮突然遇上不平整，则车轮与路面之间就会发生撞击。撞击时的冲量如果足够大，给车轮就有一个很大的向上的垂直运动速度，使车轮离开路面发生跳动(如图4)，然后从波峰按抛物线方程降落到路面上，对路面产生附加的冲击荷载。

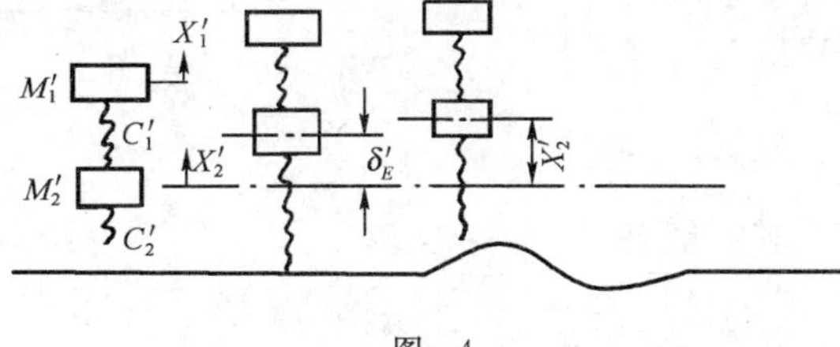

图 4

下面我们先来研究使车轮发生跳起的临界速度 v_k。

设 $\delta'_2=\dfrac{(M'_1+M'_2)g}{C'_2}$ 表示前轮的静压缩，X'_2 表示任何时刻由于振动产生的车轮位移(图4)。显然车轮跳动发生在 $|X'_{2\max}|>\delta'_2$ 的情况下(它们的符号应相反)。$X'_{2\max}$ 由前轮跳的方程确定，其值为

$$X'_{2\max}=\overline{A}'_1\cos k'_1t_3+\overline{A}'_2\cos k'_2t_3+\overline{C}'_2+\overline{D}'_3\cos\omega_c t_3 \tag{30}$$

式中：$\overline{A}'_1=-\dfrac{h}{2}\dfrac{k_1^{12}}{k_2^{12}-k_1^{12}}+\overline{D}'_1\dfrac{\omega_c^2-k_2^{12}}{k_2^{12}-k_1^{12}}$

$$\overline{A}'_2=-\overline{A}'_1$$

$$\overline{C}'_2=\frac{h}{2}$$

$$\overline{D}'_2=-\frac{h}{2}\frac{k_1^{12}k_2^{12}}{(\omega_c^2+k_1^{12})(\omega_c^2+k_2^{12})}$$

其中：k_1^{12}、k_2^{12} 可由式(30)把后轮组的参数换成前轮组的有关参数计算而得。t_3 由超越方程求得。

$$\overline{A}'_1k'_1\sin k'_1t_3+\overline{A}'_2k'_2\sin k'_2t_3+\overline{D}'_2\omega_c\sin\omega_c t_3=0$$

$$\omega_c=\frac{2\pi v}{\lambda}$$

因此

$$v_k=\frac{2\pi v}{\lambda}\cos^{-1}\frac{\delta'_2-(\overline{A}'_1\cos k'_1t_3+\overline{A}'_2\cos k'_2t_3+\overline{C}'_2)}{\overline{D}'_2} \tag{31}$$

按此式(31)判定车轮跳离路面之后，我们即可按下式确定车轮对路面的冲击力

$$P_{冲}=C'_2\mu \tag{32}$$

式中，C'_2 为前轮的刚度；μ 为轮胎冲击时的最大动力压缩。

轮胎动力压缩 μ 按以下的思路确定。

如图5中，A 是轮胎开始降落的平面，它在轮胎静力平衡位置 O 以上 h 处(h 亦是波幅)；B 平面表示轮胎与路面相接触的平面；δ 为轮胎的静力压缩。

轮胎在动压缩过程中的运动方程(从 O 点开始)为

$$\overline{M_2}\frac{d^2\mu}{dt^2}+C'_2\mu=0 \tag{33}$$

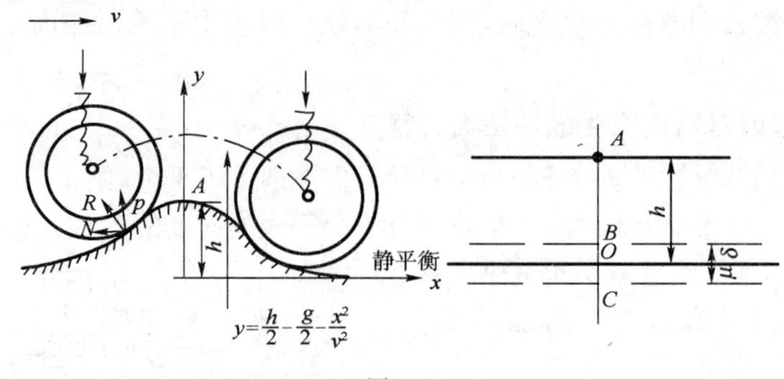

图 5

其一般解

$$\mu = H_1\cos\omega t + H_2\sin\omega t \tag{34}$$

式中，$\omega = \frac{C_2'}{\overline{M_2}}$，$\overline{M_2}$ 为前轮、前半轴、悬挂等的质量。

根据初始条件：

$$t=0 \text{ 时}, \mu=0, \frac{\mathrm{d}\mu}{\mathrm{d}t} = \sqrt{2h(g+a)}$$

其中，a 为由悬挂压力产生的附加加速度。

则得

$$\mu = \frac{\sqrt{2h(g+a)}}{\omega}\sin\omega t \tag{35}$$

由此，轮胎的最大动压缩，并计入轮胎的恢复系数 e，为

$$\mu_{\max} = \frac{e\sqrt{2h(g+a)}}{\omega} \tag{36}$$

式中，a 由下式确定(推导从略)

$$a = \frac{2C'_1 f - C'_1 h}{2\overline{M_2}} \tag{37}$$

其中：C_1' 为悬挂的刚度；f 为悬挂的压缩量，由振动方程决定。

恢复系数 e，根据对不同气压的轮胎在不同路面上进行动力试验所得到结果的平均值如表 2 所示。

表 2

内胎气压(大气压)	水泥混凝土		沥青混凝土		黏　土	
	范围(%)	平均(%)	范围(%)	平均(%)	范围(%)	平均(%)
4	78～83	82	75～82	80	72～76	75
5	79～84	82	79～82	81	73～76	75

在得到车轮对路面附加的动荷载之后，动力系数按下式确定

$$\psi = \frac{P_{\text{静}} + P_{\text{动(冲)}}}{P_{\text{静}}} \tag{38}$$

6　车轮对路面作用的动荷载的实验研究

为了说明上述分析的正确性，我们曾利用自制的电子秤对车轮给予路面的动荷载进行了实验研究。它是由测力板、工字钢、压力元件等组成，测力板被固结在两根工字钢梁上，工字钢两端分别搁在压力元件上。压力元件是电阻式的。另外为了校核起见，在钢梁的跨中也贴了

应变片。当车轮荷载作用在测力板上时,每根钢梁下的压力元件即受力,同时钢梁跨中的应变片也因受弯矩作用,产生电阻变化,这种变化转换为电量改变而记录在示波器和动态应变仪中,根据它们即可按预先的标定曲线确定车轮对路面作用的荷载大小(此装置也曾用来测定车轮对路面作用的水平力)。

试验时,路面不平整是用水泥块按余弦波形(或正弦的半波)模拟的。试验汽车采用路面设计中的计算汽车解放 CA-10(空载和装载 3.25t),试验速度从 9~40km/h。

试验的典型结果见图 6。从这些试验的分析得出,当解放牌汽车在高度为 1.5cm 的不平整路面上通过时,其动力系数:对于空车,变化在 1.30~2.20 之间,平均为 1.75;对于重车,变化在 1.1~1.5 之间,平均 1.30。当汽车在高度为 2.0cm 的不平整路面通过时,其动力系数,对于空车,变化在 1.35~2.40 之间,平均为 1.87;对于重车,变化在 1.20~1.65 之间,平均为 1.42。并且对试验的条件下,空车在 25km/h 左右,重车在 30km/h 左右,出现动力系数的最大值。另外从示波图看出,解放牌汽车在满载低速(路面平整和不平整的情形)和空载低速(路面平整)时,其示波图均为单峰曲线;而在空载低速(有不平整)、空载高速和满载高速(平整和有不平整)时,其示波为双峰或多峰曲线。这些结果表明,空车、高速行驶和路面上有不平整时,汽车的振动更剧烈。但对于路面设计而言,重车的动荷载是必须加以考虑的。

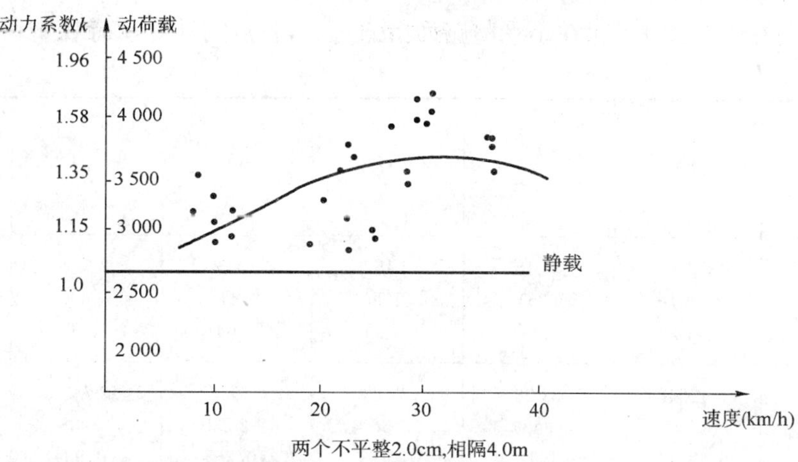

两个不平整2.0cm,相隔4.0m

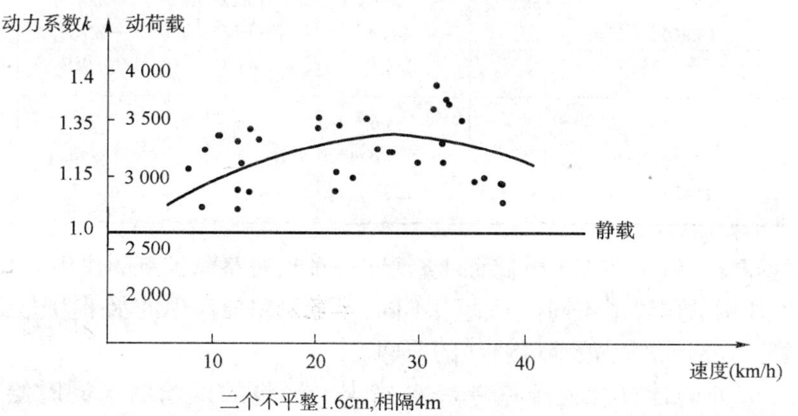

二个不平整1.6cm,相隔4m

图 6 解放 CA-10 重车(载重 3.25t)沥青路面上有人为不平整

为说明本文所提方法的正确性，我们对一个典型的余弦形不平整（波幅 2.0cm，波长 60cm）用解放牌重车（载重 3.25t）所做的动力试验进行理论分析，并把计算的动荷载与试验实测的动荷载作一对比。

解放牌汽车（载重 4.00t）的有关参数如下：前悬挂以上质量：1 385kg；前非悬挂部分质量：525kg；前弹簧刚度（单边）：125kg/cm；前轮胎刚度（每只）：620kg/cm（内胎压力 3.5kg/cm^2）；后悬挂以上质量：2 930kg；后非悬挂部分质量：1 049kg；后弹簧刚度（每边）：主簧 186kg/cm，副簧 324kg/cm；后轮胎刚度（每边二只）：1 400kg/cm；汽车前后轴轴距 $L=4$m，重心至后轴 $b=0.744$m；重心至前轴 $a=3.256$m。

路面不平整 $F(X)=\frac{h}{2}\left(1-\cos\frac{2\pi vt}{\lambda}\right)$　　$h=2$cm　　$\lambda=60$cm

由此求得

$C_{11}=210$kg/cm　　$C_{22}=749$kg/cm　　$M=6.43$kg·s^2/cm

$\omega_{g1}=25.4$s^{-1}　　$\omega_{g2}=5.4$s^{-1}

$C_1=510$kg/cm　　$C_2=1\,400$kg/cm　　$M_1=2.51$kg·s^2/cm

$M_2=0.535$kg·s^2/cm　　$k_1=60.3$s^{-1}　　$k_2=12.1$s^{-1}。

利用上述有关公式求得车轮在不平整路面上通过时，各点的计算动荷载如表 3 所列。

表 3

计算点坐标(cm) / 车速(km/h)	15	32	37	45	60	注
10	3 669① (686)② 1.13③	3 018 (35) 1.02	3 157 (174) 1.10	3 112 (129) 1.04	2 093 (−890) 0.70	①总荷载 ②附加动荷载 ③动力系数
20	4 258 (1 275) 1.43	3 326 (343) 1.12	2 423 (−560) 0.813	763 (−2 220) (0.26)	2 745 (−238) (0.92)	
30	4 273 (1 290) 1.44	4 353 (1 370) 1.46	3 358 (375) 1.13	1 428 (−1 555) 0.48	233 (−2 750) 0.08	
40	4 323 (1 340) 1.45	4 868 (1 882) 1.64	4 093 (1 110) 1.37	2 303 (−680) 0.77	193 (−2 790) 0.07	

由表中的数据看出，汽车在不平整路面上行驶时，车轮对路面各点的作用力是不同的。速度不同，出现最大作用的位置也不同。垂直力不同，车轮对路面作用的水平力也不同。这种周期性的变化，可能就是路面产生波浪（搓板）的原因。

把表 3 中 15cm 处的计算动荷载用单峰水泥块不平整的试验结果同时绘在一张图上（图 7），我们可以看出，它们之间无论在数值上，或规律上都是吻合的。这说明用上述方法考虑汽车对路面的动力作用是正确的。

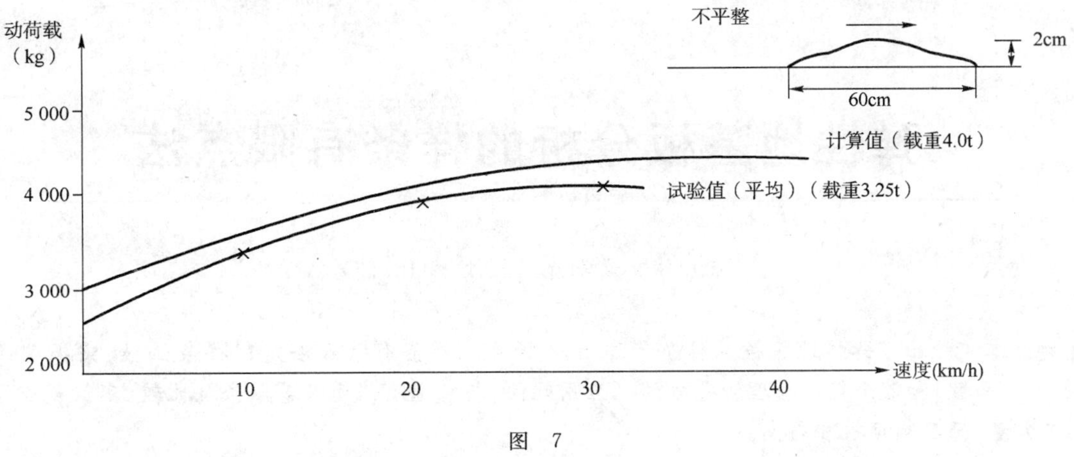

图 7

7　结语

以上我们详细地讨论了汽车在不平整路面上行驶的振动情况，研究了车轮对路面附加的动荷载。为了简便，我们把汽车简化为两个自由度的体系来研究，在理论上更臻完善。

作者认为，本方法对于研究行车舒适性、货物运输的安全性和路面不平整的容许指标等方面都有一定的参考价值。

作者对湖南大学苏鸿培教授给予的指教表示感谢。

弹性地基板分析的样条有限点法

张起森

（长沙交通学院　长沙　410076）

提要： 本文给出了弹性地基板的样条有限点分析法。样条有限点法是以样条函数、梁振型函数（或三角函数）和最小势能原理为基础的。应用此法，与普通有限元及有限条法比较，不仅减少了计算工作量，而且精度也相当高。

关键词： 弹性地基板　样条　有限点法

1　计算原理

如图1所示，一块支承在温克列尔地基上的各向同性板，板的长度为 a，宽度为 b。板的弹性模量为 E，泊松比为 μ，地基的基床系数为 k。板承受任意荷载为 $q(x,y)$。取样条结点为 0、1、2、…、N。坐标轴 x、y 取在板的中性平面内，原点取在板的角隅上，即 $0\leqslant x\leqslant a, 0\leqslant y\leqslant b$。

在小变形的情况下，取板的挠度函数 $W(x,y)$ 为样条函数与梁振型函数的乘积，以下式表示

$$W(x,y)=\sum_{m=1}^{m}s(x)Y_m(y)=\sum_{m=1}^{m}\sum_{i=-1}^{N+1}\gamma_{im}\varphi_i(x)Y_m(y) \quad (1)$$

式中，γ_{im} 为结点参数，是一些待定系数；$S(x)$ 为三次样条函数，$S(x)=\sum_{i=-1}^{N+1}\gamma_{im}\varphi_i(x)$，它对应于下列划分。

$$0=x_0<x_1<x_2<\cdots<x_N=a(h=x_{i+1}-x_i)$$

$$N=a/h \qquad (h=x_{i+1}-x_i)$$

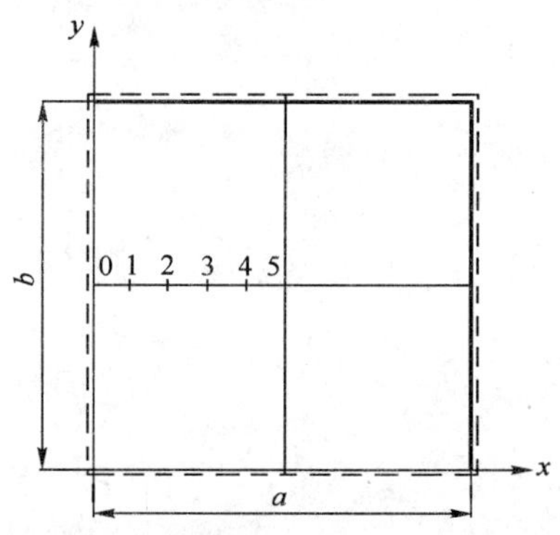

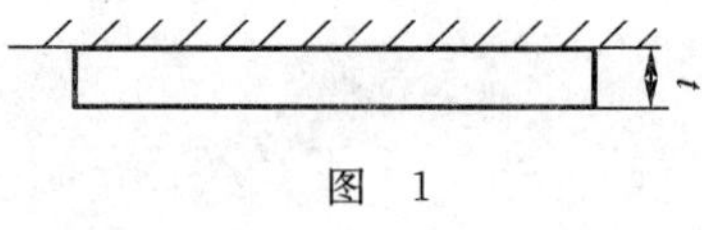

图　1

$Y_m(y)$ 为梁的振型函数，由支座边界条件决定，例如，对于 y 方向两对边简支时，取

$$Y_m(y)=\sin\frac{m\pi}{b}y \quad m=1,2,3,\cdots \qquad (2)$$

对于 y 方向两对边固定时，取

$$Y_m(y)=\sin\frac{m\pi}{b}y-\sinh\frac{m\pi}{b}y-a_m\left[\cos\frac{m\pi}{b}y-h-\cosh\frac{m\pi}{b}y\right] \quad m=1.5,2.5,3.5,\cdots \qquad (3)$$

其中：$a_m=\dfrac{\sin m\pi-\sinh m\pi}{\cos m\pi-\cosh m\pi}$

摘自《长沙交通学院学报》1985年12月第1卷第1期。

对于 y 方向两边自由时，取

$$Y_m(y)=\sin\frac{\mu_m}{b}y+\sinh\frac{\mu_m}{b}y-a_m[\cos\frac{\mu_m}{a}y+\cosh\frac{\mu_m}{a}y] \tag{4}$$

$$a_m=\frac{\sin\mu_m-\sinh\mu_m}{\cos\mu_m-\cosh\mu_m}$$

$$u_m=4.7300,7.8532,0.9960,\cdots,\frac{2m-3}{2}\pi$$

$$m=3,4,5,\cdots$$

$$Y_1(y)=1 \tag{5}$$

$$Y_2(y)=1-\frac{2y}{a} \tag{6}$$

把式(1)写成矩形形式，为

$$W(x,y)=\sum_{m=1}^{m}[\varphi]Y_m\{\gamma\} \tag{7}$$

式中：$\{\gamma\}=\{\{\gamma\}_1\quad\{\gamma\}_2\cdots\{\gamma\}_m\}^T$

$[\varphi]=[\varphi_{-1}\quad\varphi_0\quad\varphi_1\cdots\varphi_{N+1}]$

$Y_m=Y_m(y)$

$\varphi_i=\varphi_i(x),(i=-1,0,1,2,\cdots,N,N+1)$，是一个与三次 B 样条 $\varphi_3(\frac{x-x_0}{h}-i)$ 有关的基函数，即

$$\varphi_{-1}(x)=\varphi_3(\frac{x-x_0}{h}+1)$$

$$\varphi_0(x)=\varphi_3(\frac{x-x_0}{h})-4\varphi_3(\frac{x-x_0}{h}+1)$$

$$\varphi_1(x)=\varphi_3(\frac{x-x_0}{h}+1)-\frac{1}{2}\varphi_3(\frac{x-x_0}{h})+\varphi_3(\frac{x-x_0}{h}-1)$$

$$\varphi_2(x)=\varphi_3(\frac{x-x_0}{h}-2)$$

$$\varphi_3(x)=\varphi_3(\frac{x-x_0}{h}-3)$$

$$\cdots$$

$$\varphi_{N-2}(x)=\varphi_3(\frac{x-x_0}{h}-N+2)$$

$$\varphi_{N-1}(x)=\varphi_3(\frac{x-x_0}{h}-N+1)-\frac{1}{2}\varphi_3(\frac{x-x_0}{h}-N)+\varphi_3(\frac{x-x_0}{h}-N+1)$$

$$\varphi_N(x)=\varphi_3(\frac{x-x_0}{h}-N)-4\varphi_3(\frac{x-x_0}{h}-N-1)$$

$$\varphi_{N+1}(x)=\varphi_3(\frac{x-x_0}{h}-N-1)$$

由式(7)可知,只要求出了结点参数 $\{\gamma\}$,则板的挠度便可求得。进而利用板弯曲理论的有关公式,则可求得板的内力(弯矩和应力)及应变。

下面先来求出结点参数 $\{\gamma\}_m$。由最小势能原理

$$\frac{\partial U}{\partial\{\gamma\}}=0 \tag{8}$$

式中,U 为板体的总势能,在小变形情况下,对于弹性地基板为

$$U=\frac{1}{2}\int_0^a\int_0^b \varepsilon^T M \mathrm{d}x\mathrm{d}y-\int_0^a\int_0^b W^T q \mathrm{d}x\mathrm{d}y+\frac{1}{2}\int_0^a\int_0^b W^T p \mathrm{d}x\mathrm{d}y \tag{9}$$

式中,W 为板的挠度;q 为板上的任意分布荷载;p 为地基对板的反力;ε 为板的应变,以矩阵形式表示,有

$$\varepsilon=\begin{Bmatrix}-\partial^2\omega/\partial x^2\\ -\partial^2\omega/\partial y^2\\ 2\partial^2\omega/\partial x\partial y\end{Bmatrix}=\sum_{m=1}^{m}[B]_m\{\gamma\}_m=[B]\{\gamma\} \tag{10}$$

M 为板的弯矩,以矩阵形式表示,有

$$M=\begin{Bmatrix}M_x\\ M_y\\ M_{xy}\end{Bmatrix}=[D]\varepsilon=[D][B]\{\gamma\} \tag{11}$$

其中:$[B]=[[B]_1[B]_2\cdots[B]_m]$ (12)

$$[B]_m=\begin{bmatrix}-[\varphi'']Y_m\\ -[\varphi]Y''_m\\ -[\varphi']Y'_m\end{bmatrix}$$

因为我们研究的地基是 Winker 地基,则地基反力为

$$p=kW \tag{13}$$

把式(7)、式(10)~式(13)代入式(9),得

$$\begin{aligned}U=&\frac{1}{2}\int_0^a\int_0^b\{\gamma\}^T[B]^T[D][B]\{\gamma\}\mathrm{d}x\mathrm{d}y-\int_0^a\int_0^b\{\gamma\}^T[N]^T q\mathrm{d}x\mathrm{d}y\\ &+\frac{1}{2}\int_0^a\int_0^b\{\gamma\}^T[N]^T k[N]\{\gamma\}\mathrm{d}x\mathrm{d}y\end{aligned} \tag{14}$$

将式(14)代入式(8),得

$$\begin{aligned}\frac{\partial U}{\partial\{\gamma\}}=&(\int_0^a\int_0^b[B]^T[D][B]\mathrm{d}x\mathrm{d}y)\{\gamma\}-\int_0^a\int_0^b[N]^T q\mathrm{d}x\mathrm{d}y\\ &+(\int_0^a\int_0^b[N]^T k[N]\mathrm{d}x\mathrm{d}y)\{\gamma\}=0\end{aligned}$$

由此

$$[K]\{\gamma\}=[F] \tag{15}$$

式中: $[K]=[K_1]+[K_2]=\int_0^a\int_0^b[B]^T[D][B]\mathrm{d}x\mathrm{d}y+\int_0^a\int_0^b[N]^T k[N]\mathrm{d}x\mathrm{d}y$ (16)

$$[F]=\int_0^a\int_0^b[N]^T q\,\mathrm{d}x\mathrm{d}y \tag{17}$$

其中：

$$[D]=\begin{bmatrix} D & \mu D & 0 \\ \mu D & D & 0 \\ 0 & 0 & \frac{1}{2}(1-\mu)D \end{bmatrix} \tag{18}$$

把式(16)展开，并将相应的[B]、[D]、[N]代入后得：

$$[K_1]=\begin{bmatrix} K_{11} & K_{12} & \cdots\cdots & K_{1m} \\ K_{21} & K_{22} & \cdots & K_{2m} \\ K_{31} & K_{32} & K_{33}\cdots & K_{3m} \\ \cdot & \cdot & \cdot & \cdot \\ \cdot & \cdot & \cdot & \cdot \\ \cdot & \cdot & \cdot & \cdot \\ K_{m1} & K_{m2} & K_{m3}\cdots & K_{mm} \end{bmatrix} \tag{19}$$

其中：$K_{mn}-D[A_xF_y+\mu(B_xB_x^T+B_x^TB_x)+F_xA_y+2(1+\mu)C_rC_y]$

式中：

$$A_x=\int_0^a[\varphi_i''\varphi_k'']\mathrm{d}x \qquad B_x=\int a_0[\varphi_i\varphi_k'']\mathrm{d}x$$

$$B_x^T=\int_0^a[\varphi_i\varphi_k'']^T\mathrm{d}x \qquad C_x=\int_0^a[\varphi_i'\varphi_k']\mathrm{d}x$$

$$F_x=\int_0^a[\varphi_i\quad\varphi_k'']^T\mathrm{d}x \tag{20}$$

$$i,K=-1,0,1,2,\cdots,N,N+1$$

$$A_y=\int_0^b Y'_mY''_m\mathrm{d}y \qquad B_y=\int_0^b Y_mY''_m\mathrm{d}y$$

$$B_y^T=\int_0^b Y''_mY_n\mathrm{d}y \qquad C_x=\int_0^b Y'_mY'_n\mathrm{d}y \qquad F_y=\int_0^b Y_mY_n\mathrm{d}y$$

$$m,n=1,2,3\cdots\cdots \tag{21}$$

在式(20)中，φ_i、φ_k 是三次 B 样条函数的基函数。由 B 样条的紧凑性，当 $|i-k|\geqslant 4$ 时，其乘积为

$$\varphi_i\varphi_k=\varphi'_i\varphi'_k=\varphi'_i\varphi''_k=\varphi''_i\varphi''_k=0$$

因此，式(20)所示矩阵 A_x、B_x、B_x^T、C_x、F_x 是带状矩阵，半带宽等于4。利用样条函数积分法可以求得式(20)的具体形式(见参考文献[1])。对于式(21)，在求积时要注意梁振型函数 $Y_m(y)$ 具有正交性，即

$$\left.\begin{aligned}\int_0^b Y_mY_n\mathrm{d}y=0\\ \int_0^b Y''_mY''_n\mathrm{d}y=0\end{aligned}\right\}\text{当 } m\neq n \text{ 时}$$

对于给定的 $Y_m(y)$，可以求得式(21)的具体形式。

对

$$[K_2]=k\int_0^a\int_0^b[N]^T[N]\mathrm{d}x\mathrm{d}y$$

$$=k\int_0^a\int_0^b[[\varphi]Y_1[\varphi]Y_2\cdots[\varphi]Y_m]^T[[\varphi]Y_1[\varphi]Y_2\cdots[\varphi]Y_m]\mathrm{d}x\mathrm{d}y \tag{22}$$

是由于基地产生的刚度矩阵，把 $[\varphi]$、Y_m 代入后可以求得 $[K_2]$ 的结果。

荷载项

$$[F]=\int_0^a\int_0^b[\varphi]^T Y_m q(x,y)\mathrm{d}x\mathrm{d}y \tag{23}$$

对于均布荷载 q

$$[F]=\int_0^a[\varphi]^T\mathrm{d}x\int_0^b Y_m\mathrm{d}y \tag{24}$$

对于集中荷载 P，力作用点在 (x_i,y_i)，则

$$[F]=P[\varphi]^T|_{x=x_i}Y_m(y_i) \tag{25}$$

在求出 $[K]$ 和 $[F]$ 之后，由式(15)可解出结点参数 $\{\gamma\}$

$$\{\gamma\}=[K]^{-1}[F] \tag{26}$$

将上式代入式(7)，即可求得板的挠度 W。由此，从式(10)和式(11)可得板的应变 ε 和弯矩 W。

2 计算示例

以下应用前述的原理，研究一块弹性地基上的四边简支各向同性的方板(图 2)。

板边长为 20m，厚 2m，板的弹性模量 $E=1.8\times10^6\mathrm{t/m^2}$，泊松比 $\mu=0.16$，地基系数 $k_0=750\mathrm{t/m^3}$。板受均布荷载 $q=3\mathrm{t/m^2}$ 作用。求板中心处的挠度和弯矩。

由于板几何上的对称性，以及作用荷载的对称性，可取板的一半进行研究。对于半边板取样条结点为 0、1、2、3、4、5，在 $[0,\frac{1}{2}a]$ 上分 5 等份，$N=5$，$h=a/10=20/10=2\mathrm{m}$。

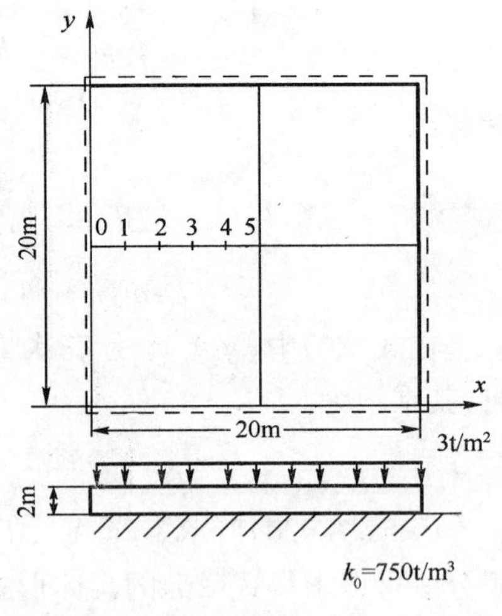

图 2

板的挠度 $W=(x,y)$ 用下列公式表示

$$W=(x,y)=\sum_{m=1}^{m}\gamma_{im}\varphi_i(x)Y_m(y)=\sum_{m=1}^{m}\sum_{i=-1}^{6}S(x)Y_m(y)$$

三次样条函数 $S(x)=\sum_{i=-1}^{6}\gamma_{im}\varphi_i(x)$ 对应于下列分划

$$0=x_0<x_1<x_2<x_3<x_4<x_5=\frac{1}{2}a=10$$

因为 y 方向两对边是简支边，取梁振型函数为

$$Y_m(y)=\sin\frac{m\pi}{b}y$$

当 $m=1$ 时

$$[K_1]=D[A_xF_y+\mu(B_xB_y^T+B_y^TB_y)+F_xA_y+2(1-\mu)C_xC_y]$$

根据简支边的边界条件可求得

$$A_x=\frac{1\,000}{a^3}\begin{bmatrix}\frac{32}{2} & -\frac{9}{2} & -\frac{2}{3} & \frac{1}{6} & 0 & 0\\ & \frac{9}{2} & -\frac{4}{3} & -\frac{1}{12} & \frac{1}{6} & 0\\ & \text{对} & \frac{8}{3} & -\frac{3}{2} & 0 & \frac{1}{6}\\ & & & \frac{8}{3} & -\frac{4}{3} & 0\\ & & & \text{称} & \frac{8}{3} & -\frac{3}{2}\\ & & & & & \frac{4}{3}\end{bmatrix}$$

$$B_x=\frac{10}{a}\begin{bmatrix}\frac{17}{120} & -\frac{2}{3} & -\frac{1}{40} & \frac{1}{6} & \frac{1}{120} & 0\\ & -\frac{27}{40} & \frac{1}{30} & \frac{47}{240} & \frac{1}{120} & 0\\ & \text{对} & -\frac{2}{3} & \frac{1}{8} & \frac{1}{5} & \frac{1}{120}\\ & & & -\frac{2}{3} & \frac{2}{15} & \frac{1}{5}\\ & & & \text{称} & -\frac{7}{15} & \frac{1}{8}\\ & & & & & -\frac{1}{3}\end{bmatrix}$$

$$B_x^T=B_x$$

$$C_x=\frac{10}{a}\begin{bmatrix}\frac{2}{3} & \frac{1}{40} & -\frac{1}{6} & \frac{1}{120} & 0 & 0\\ & \frac{27}{40} & -\frac{1}{30} & -\frac{47}{240} & -\frac{1}{120} & 0\\ & \text{对} & \frac{2}{3} & -\frac{1}{8} & -\frac{1}{5} & -\frac{1}{120}\\ & & & \frac{2}{3} & -\frac{2}{15} & -\frac{1}{5}\\ & & & \text{称} & \frac{7}{15} & -\frac{1}{8}\\ & & & & & \frac{1}{3}\end{bmatrix}$$

$$F_x=\frac{a}{10}\begin{bmatrix}\frac{31}{315} & \frac{5}{48} & \frac{29}{1\,260} & \frac{1}{5\,040} & 0 & 0\\ & \frac{183}{500} & \frac{283}{1\,260} & \frac{239}{10\,080} & \frac{1}{5\,040} & 0\\ & 对 & \frac{151}{315} & \frac{397}{1\,680} & \frac{1}{42} & \frac{1}{5\,040}\\ & & & \frac{151}{315} & \frac{149}{630} & \frac{1}{42}\\ & & & 称 & \frac{317}{630} & \frac{397}{1\,680}\\ & & & & & \frac{151}{630}\end{bmatrix}$$

而 A_y、B_y、C_y、F_y 的积分如下

$$A_y=\frac{\pi^4}{2a^3}\qquad B_y=-\frac{1}{2}\frac{\pi^2}{a}\qquad B_y^T=-\frac{1}{2}\frac{\pi^2}{a}$$

$$C_y=\frac{\pi^2}{2a}\qquad F_y=\frac{a}{2}$$

由此求得 $[K_1]$

$$[K_1]=\begin{bmatrix}108 & -44.95 & -6.99 & 1.683 & 0 & 0\\ & 46.25 & -13.4 & -1.125 & 1.683 & 0\\ & 对 & 28.0 & -15.25 & -0.4 & 1.683\\ & & & 28.0 & -13.6 & -0.4\\ & & & 称 & 27.6 & -15.25\\ & & & & & 14\end{bmatrix}\frac{50D}{a^2}$$

$$[K_2]=k\int_0^a[\varphi]^T[\varphi]^T\mathrm{d}x\int_0^b Y_1^TY_1\mathrm{d}y$$

其中：

$$\int_0^b Y_1^TY_1\mathrm{d}y=\int_0^b\sin^2\frac{\pi}{b}y\mathrm{d}y=\frac{b}{\pi}\left(\frac{1}{2}\frac{\pi}{b}y-\frac{1}{2}\sin\frac{2\pi}{b}\right)\Big|_0^b$$

$$=\frac{1}{2}b$$

对于 $\int_0^a[\varphi]^T[\varphi]\mathrm{d}x$，考虑到简支边界条件得

$$\int_0^a[\varphi]^T[\varphi]\mathrm{d}x=\frac{a}{10}\begin{bmatrix}\frac{31}{315} & \frac{5}{48} & \frac{29}{1\,260} & \frac{1}{5\,040} & 0 & 0\\ & \frac{183}{500} & \frac{283}{1\,260} & \frac{239}{10\,080} & \frac{1}{5\,040} & 0\\ & 对 & \frac{151}{315} & \frac{397}{1\,680} & \frac{1}{42} & \frac{1}{5\,040}\\ & & & \frac{151}{315} & \frac{149}{630} & \frac{1}{42}\\ & & & 称 & \frac{317}{630} & \frac{397}{1\,680}\\ & & & & & \frac{151}{630}\end{bmatrix}$$

所以(注意 $a=b$)

$$[K_2]=\frac{ka^2}{20}\begin{bmatrix}\frac{31}{315} & \frac{5}{48} & \frac{29}{1\,260} & \frac{1}{5\,040} & 0 & 0\\ & \frac{183}{500} & \frac{283}{1\,260} & \frac{239}{10\,080} & \frac{1}{5\,040} & 0\\ & \text{对} & \frac{151}{315} & \frac{397}{1\,680} & \frac{1}{42} & \frac{1}{5\,040}\\ & & & \frac{151}{315} & \frac{149}{630} & \frac{1}{42}\\ & & & \text{称} & \frac{317}{630} & \frac{397}{1\,680}\\ & & & & & \frac{151}{630}\end{bmatrix}$$

$$[F]=\int_0^a\int_0^b[N]^T q\,\mathrm{d}x\mathrm{d}y=\int_0^a\int_0^b[\varphi]^T Y_m q\,\mathrm{d}x\mathrm{d}y$$

因板上作用的是均布荷载,q 为常数;取 $m=1$,则

$$[F]=\frac{2bq}{\pi}\int_0^a[\varphi_{-1}\quad\varphi_0\quad\varphi_1\cdots\varphi_{N+1}]^T\mathrm{d}x$$

又因板四边简支,所以(注意 $a=b$)

$$[F]=\frac{2bq}{\pi}\left[\frac{1}{3}\times\frac{a}{10}\quad\frac{3}{4}\times\frac{a}{10}\quad\frac{a}{10}\quad\frac{a}{10}\quad\frac{a}{10}\quad\frac{1}{2}\times\frac{a}{10}\right]^T$$

$$=[0.0212\quad 0.048\quad 0.064\quad 0.064\quad 0.064\quad 0.032]^T qa^2$$

把有关数据代入上面的 $[K_1]$、$[K_2]$、$[F]$,得

$$[K]=[K_1]+[K_2]=$$

$$1\,000\times\begin{bmatrix}16\,525.48 & -68\,771.94 & -1\,069.16 & 257 & 0 & 0\\ & 7\,081.2 & -2\,046.83 & -171.74 & 257 & 0\\ & \text{对} & 4\,284.71 & -2\,329.76 & -60.84 & 257\\ & & & 4\,291.19 & -2\,077.25 & -60.84\\ & & & \text{称} & 4\,230.35 & -2\,329.76\\ & & & & & 2149.19\end{bmatrix}$$

$$[F]=1\,200[0.021\,2\quad 0.048\quad 0.064\quad 0.064\quad 0.064\quad 0.032]^T$$

由 $[K][\gamma]=[F]$ 解得

$$\gamma_0=2.39\times10^{-4}\qquad\gamma_1=4.77\times10^{-4}\qquad\gamma_2=8.39\times10^{-4}$$

$$\gamma_3=1.21\times10^{-3}\qquad\gamma_4=1.398\times10^{-3}\qquad\gamma_5=1.46\times10^{-3}$$

由此可按下式计算出板中心(即 $y=\frac{b}{2}$)处的挠度

$$W_5=(\gamma_4\gamma_4+\varphi_5\varphi_5)\sin\frac{\pi y}{b}$$

$$\varphi_5=\varphi_3(\frac{x}{h}-5)=\varphi_3(0)\,\frac{2}{3}$$

$$\varphi_4=\varphi_3(\frac{x}{h}-5+1)+\varphi_3(\frac{x}{h}-5-1)=\varphi_3(1)+\varphi_3(-1)\,\frac{1}{3}$$

$$Y_1=\sin\frac{\pi y}{b}=\sin\frac{\pi}{2}=1$$

所以

$$W_5 = (1.398 \times 10^{-3} \times \frac{1}{3} + 1.46 \times 10^{-3} \times \frac{2}{3}) = 0.001\,44\text{m}$$

板中心的弯矩为

$$M_x = D(-\varphi''_4 Y_1 \gamma_4 - \varphi''_5 Y_1 \gamma_5) + \mu D(-\varphi_4 Y''_1 \gamma_4 - \varphi_5 Y''_1 \gamma_5)$$

$$\varphi''_4 = \frac{1}{h^2}[\varphi''_3(\frac{x}{h} - 5 + 1) + \varphi''_3(\frac{x}{h} - 5 - 1)] = \frac{1}{h^2}[\varphi''_3(1) + \varphi''_3(-1)] = \frac{200}{a}$$

$$\varphi''_5 = \frac{1}{h^2}[\varphi''_3(\frac{x}{h} - 5)] = \frac{1}{h^2}\varphi''_3(0) = -\frac{200}{a^2}$$

$$D = \frac{Et^3}{12(1-\mu^2)} = 1.24 \times 10^6$$

$$Y''_1 = -\frac{\pi^2}{b^2} = -\frac{\pi^2}{a^2}$$

所以

$$M_x = 45.5 \quad \text{t/m}$$

而

$$M_y = \mu D(-\varphi''_4 Y_1 \gamma_4 - \varphi''_5 Y_1 \gamma_5) + D(-\varphi_4 Y''_1 \gamma_4 - \varphi_5 Y''_1 \gamma_5)$$

$$M_y = 50.4 \quad \text{t/m}$$

$$M_{xy} = (1-\mu) D(-\varphi'_4 Y'_1 \gamma_4 - \varphi'_5 Y'_1 \gamma_5)$$

因为

$$\varphi'_4 = \frac{1}{h} = [\varphi'_3(1) + \varphi'_3(-1)] = 0$$

$$\varphi'_5 = 0$$

所以

$$M_{xy} = 0$$

同样，对于 $m = 3$，有

$$[K] = 1\,000 \times \begin{bmatrix} 17\,942.28 & -6\,702.94 & -1\,387.36 & 243.3 & 0 & 0 \\ & 8\,784 & -1\,835.73 & -532.04 & 243.3 & 0 \\ & \text{对} & 6\,159.01 & -2\,297.56 & -423.44 & 243.3 \\ & & & 6\,165.49 & -2\,031.55 & -423.44 \\ & & & \text{称} & 5\,745.05 & -2\,294.56 \\ & & & & & 3\,097.79 \end{bmatrix}$$

$$[F] = 1\,000 \times [0.008\,5 \quad 0.019 \quad 0.025 \quad 0.025 \quad 0.025 \quad 0.013\,0]^T$$

由 $[K][\gamma] = [F]$ 解得

$$\gamma_0 = 5.12 \times 10^{-6} \qquad \gamma_1 = 9.88 \times 10^{-6} \qquad \gamma_2 = 1.55 \times 10^{-5}$$

$$\gamma_3 = 1.83 \times 10^{-5} \qquad \gamma_4 = 1.95 \times 10^{-5} \qquad \gamma_5 = 1.99 \times 10^{-5}$$

据此求得：板中心挠度、板中心弯矩

$$M_x = 1.24 \times 10^6 \times [\frac{100}{400} \times (2 \times 1 \times 1.95 \times 10^{-5} - 2 \times 1 \times 1.99 \times 10^{-5}) + 0.16 \times \frac{88.74}{400} \times (-\frac{1}{3} \times 1.95 \times 10^{-5} - \frac{2}{3} \times 1.99 \times 10^{-5})]$$

$$= -1.1\text{t/m}$$

$$M_y = 0.16 \times 1.24 \times 10^6 \times [\frac{100}{400} \times (2 \times 1 \times 1.95 \times 10^{-5} - 2 \times 1 \times 1.99 \times 10^{-5})] + 1.24 \times 10^6 \times [\frac{88.74}{400} \times (-\frac{1}{3} \times 1.95 \times 10^{-5} - \frac{2}{3} \times 1.99 \times 10^{-5})]$$

$$= -5.44\text{t/m}$$

$$M_{xy} = 0$$

把 m=1、3 的结果叠加起来，求得解答如表 1 所示。

表 1

板中心挠度与弯矩	W(m)	M_x(t/m)	M_y(t/m)	M_{xy}(t/m) 注
m=1	0.001 44	45.5	50.4	0
m=3	−0.000 02	−1.1	−5.44	0
Σ	0.001 42	44.4	44.96	0
精确解	0.001 3	39.9	39.9	0

表中还列出了精确解（级数解），对比看出，样条有限点法的精度是满意的。如果取的级致再增加（取 m=5,7,…），则样条有限点的结果可足够接近精确解。

多层路面上、中层(半刚性基层)拉应力简化计算方法的研究

张起森　余景顺　方　芳

(长沙交通学院　长沙　410076)

摘　要: 本文给出了多层路面上,中层(半刚性基层)拉应力简化计算的一个新方法。这个方法考虑了路面结构传布荷载的特性,把荷载扩散后引用到简化计算公式中,使计算的精度有一定的提高。为了说明问题,文中对30组不同模量比和厚度比例的4、5层体系之上、中层拉应力,进行了新规范法、简化新法和层状体系精确解计算,并给出了它们的计算精度比较。

1　前言

高等级公路的路面多为3~4层以上的结构层次所组成。近年来,电子计算机的应用,使得许多国家和地区建立了以弹性层状体系理论为基础的柔性路面设计方法。其中3层体系理论应用最为普遍。多于3层的体系,除可用电子计算机程序进行应力应变计算外,亦可用近似方法将多层体系转换为3层体系,然后用3层体系的计算程序或诺谟图进行应力应变的求解。我国即将颁布的柔性路面新规范即属于后者。显然,这种方法对于工程单位来讲是更受欢迎的,特别是目前我们国家计算机还不太普及的情况下,采用这种办法就更具有现实意义。这也是我们为什么要进一步探讨多层路面上、中层拉应力简化计算的原因。

2　关于新规范法计算精度的进一步检验

柔性路面设计新规范对多于3层的体系是采用当量厚度法将其简化的。这个方法的具体计算公式如下:

2.1　对于上层拉应力(图1)

$$H=h_2+\sum_{k=1}^{n-1}h_k\sqrt[0.9]{\frac{E_K}{E_2}} \tag{1}$$

对4层体系

$$H=h_2+h_3\sqrt[0.9]{\frac{E_3}{E_2}}$$

对5层体系

摘自《长沙交通学院报》1987年3月第3卷第1期。

$$H=h_2+h_3\sqrt[0.9]{\frac{E_K}{E_2}}+h_4\sqrt[0.9]{\frac{E_4}{E_2}}$$

2.2 对于中层拉应力(图 2)

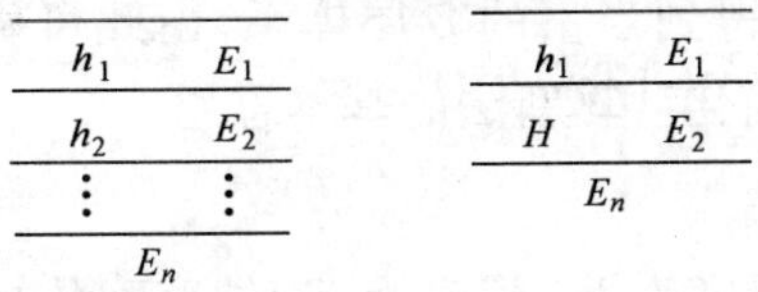

h_1	E_1
h_2	E_2
⋮	⋮
	E_n

h_1	E_1
H	E_2
	E_n

图 1

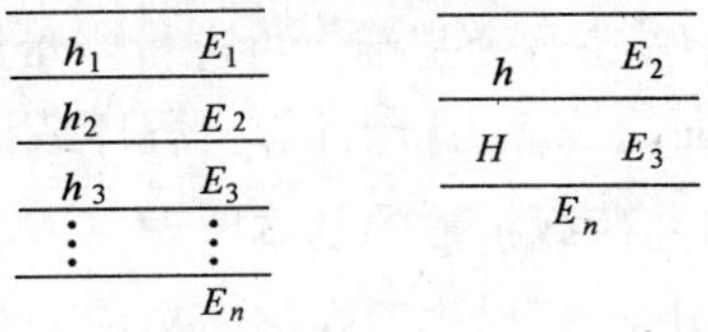

h_1	E_1
h_2	E_2
h_3	E_3
⋮	⋮
	E_n

h	E_2
H	E_3
	E_n

图 2

$$h=h_2+\sum_{k=1}^{n-1}h_k\sqrt[4]{\frac{E_K}{E_2}}$$

$$H=h_3+\sum_{k=1}^{n-1}h_k\sqrt[0.9]{\frac{E_K}{E_3}} \tag{2}$$

对 4 层体系

$$h=h_2+h_1\sqrt[4]{\frac{E_1}{E_2}},H=h_3$$

对 5 层体系

$$h=h_2+h_1\sqrt[4]{\frac{E_1}{E_2}}$$

$$H=h_3+h_4\sqrt[0.9]{\frac{E_4}{E_3}}$$

该法的优点有:①不受层次限制,对于不同的计算层有不同的公式可用;②适用于正、倒装结构;③公式形式较简单,且较统一,使用起来较方便。

从计算的精度看,经过对 30 组常用路面结构(其中 4 层体系 20 组,5 层体系 10 组)的分析发现,对于上层底面拉应力的计算,该法精度甚高。例如,对于 4 层体系,与精确解相比,平均相对误差为 1.69%,相对误差最大值为 5.2%;对于 5 层体系,平均相对误差为 6.48%,虽发现有极个别误差达到 22%,但大多数的相对误差在 5%以下。对于中层底面拉应力的计算,情况则有所不同。例如,对于 4 层体系,平均相对误差为 6.02%,误差在 8%左右的占计算数的 20%;对于 5 层体系,平均相对误差为 11.84%,误差最大者为 16.2%,且误差在 12%左右的占计算数的 70%。由此可见,新规范法对于中层底面的拉应力计算误差是较大的,尤其是对于 5 层体系中层拉应力的计算,误差就更大。因此,我们认为,用新规范的当量厚度法计算多层体系中层拉应力的可靠性尚需进一步去验证。

鉴于新规范法在中层拉应力的计算中存在上述的问题,我们研究了一种考虑荷载扩散的改进计算方法。计算结果表明,这种方法精度较规范法有所提高(尤其对 5 层体系中层拉应力的计算),使用起来也同样简便。下面我们来介绍这个方法。

3 拉应力简化计算的新方法

考虑到路面结构传播荷载的特性，根据作者以前所做的工作，我们可以找出荷载扩散系数 K 与路面结构特性（主要是材料模量）之间的关系。由扩散系数 K 计算出各层界面上的荷载圆直径 d_i，在这个基础上再进行当量厚度的计算，从而得到当量的 3 层体系，由此可确定上、中层底面的拉应力（用计算机程序或诺谟图）。这就是简化计算新法的基本思想。

3.1 荷载扩散的基本原理

如图 3 所示，作用在路面表面的荷载 P_1、d_1，通过厚度为 h_1、模量为 E_1 的路面传播后，在下层界面上变成了 P_2、d_2。由图可知

$$d_2=d_1+Kh_1 \tag{3}$$

其中：

$$K=\frac{d_2-d_1}{h_1} \tag{4}$$

式中，K 为应力扩散系数，主要与相邻层的模量比有关，参见表 1。

K 与模量比的关系　　表 1

E_1/E_2	K	E_1/E_2	K	E_1/E_2	K
1		5	1.2	10	2.0
1.5	0.4	6	1.4	15	2.6
2	0.6	7	1.6	20	3.1
3	0.8	8	1.8	50	4.9
4	1.0	9	1.9	100	6.8

同理，对于多层体系可推得如下关系（图 4）

$$\begin{cases} d_2=d_1+K_1h_1, K_1=f(E_1/E_{12}) \\ d_3=d_2+K_2h_2, K_2=f(E_2/E_{23}) \\ \cdots,\cdots \\ d_n=d_{n-1}+K_{n-1}h_{n-1}, K_{n-1}=f(E_{n-1}/E_n) \end{cases} \tag{5}$$

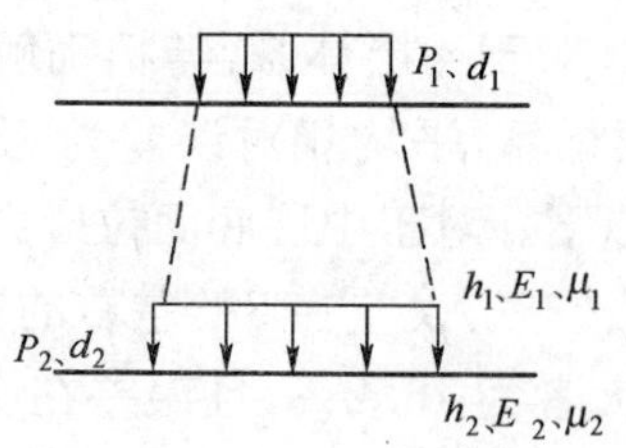

图 3

图 4

上式中，$E_{i,i+1}$ 为第 i 层表面的综合强度，即把第 i 层以下的所有层看成一个半限体的当量模量，可由试算确定。

从计算中知道，用试算法确定 K 值是比较麻烦的。根据我们过去进行的研究，K 值可用优选法一次确定。经计算最后得到 $K_1=0.6$，$K_2=0.3$，$K_3=0.15$，$K_4=0.075$，…。知道 K_i

值后，d_i 值则很容易确定。在实际确定 d_i 时，当$\frac{h_1}{\delta}<1$ 时（δ 一般取 10cm），因 $K_1h_1<6$，为简便计算，可取 $d_2=50\text{cm}$；当$\frac{h_1}{\delta}\geqslant 1$ 时，$d_2=20+30+K_1h_1=50K_2h_1$。而 $d_3=d_2+K_2h_2$，$d_4=d_3+K_3h_3$，…（图 5）。

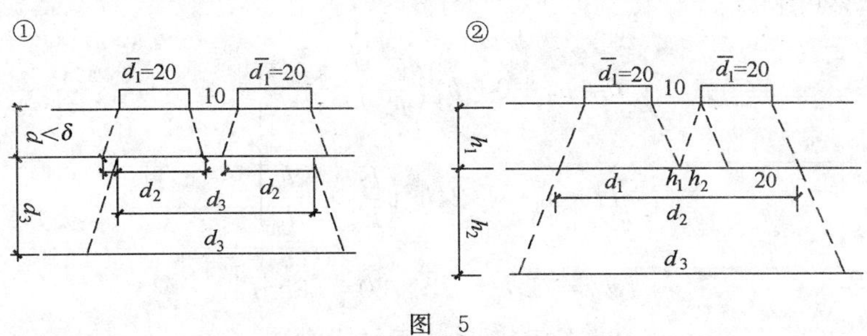

图 5

①取 $\bar{d}_1=2\delta=20\text{cm}$，对高等级公路的沥青面层，最小厚度通常为 6～8cm，如取 $h_1=6\text{cm}$，$K_1=0.6$，则$d'_2=\bar{d}_1+K_1h_1=20+0.6\times 6=23.6\text{cm}$，$d_2=2d'_2=47.2\text{cm}$；如取 $h_1=8\text{cm}$，$K_1=0.6$，则 $d'_2=20+0.6\times 8=24.8\text{cm}$，$d_2=2d'_2=49.6\text{cm}$。为便于计算，当 $h_1<10\text{cm}$ 时，就取 $d_2=50\text{cm}$。

②取 $\bar{d}_1=2\delta=20\text{cm}$，从作图可知，当 $h_1\geqslant\delta$ 时，$d_2=30+20+K_1h_1=50K_1h_1$（当荷载扩散线相互交叉时也是正确的）。

3.2 拉应力简化计算的新公式

关于拉应力的简化计算仍遵循计算层和计算层的相邻层模量不变以及路基不变的原则。据此，经过适当的计算和比较，最后我们建议采用如下的拉应力简化计算新公式：

(1)上层底面拉应力（不变）

对于 4 层体系（图 6）

$$H=h_2+0.85h_3\frac{E_3}{E_2}\frac{d_3}{d_2} \tag{6}$$

对于 5 层体系（图 7）

d_1P_1
E_1 h_1 d_2P_2
E_2 h_2 d_2P_3
E_3 h_3
E_4
→
E_1 h_1
E_2 H
E_4

图 6

d_1P_1
E_1 h_1 d_2P_2
E_2 h_2 d_2P_3
E_3 h_3 d_4P_4
E_4 h_4
E_5
→
E_1 h_1
E_2H
E_5

图 7

$$H=h_2+0.85h_3\frac{E_3}{E_2}\frac{d_3}{d_2}+0.45h_4\frac{E_4}{E_2}\frac{d_4}{d_2} \tag{7}$$

从式(6)和式(7)可以看出，把 4 层和 5 层体系换算为 3 层体系时，除 E_1、h_1 不变外，E_2、h_2 实际上也没有动。其他层次，如 E_3、h_3 和 E_4、h_4 层是折算成 E_2 层后与 E_2、h_2 是层合拼成一新的 E_2、H 层。在换算过程中路基层是保持不动的。

(2)中层底面拉应力

这时要保持 E_2、h_2，E_3、h_3 层和路基不变。

对于 4 层体系(图 8)

$$h=h_2+0.4h_3\left(\frac{E_1}{E_2}\right)^{\frac{1}{3}}\frac{d_2}{d_1} \tag{8}$$

对于 5 层体系(图 9)

$$\left.\begin{aligned} h&=h_2+0.4h_1\left(\frac{E_1}{E_2}\right)^{1}\frac{d_2}{d_1} \\ H&=h_3+1.24h_4\left(\frac{E_4}{E_3}\right)^{2}\frac{d_4}{d_3} \end{aligned}\right\} \tag{9}$$

式中：

$$d_1=\sqrt{2d_1}=\sqrt{2}\times 20=28\text{cm}$$

d_2、d_3…仍按上述方法确定。

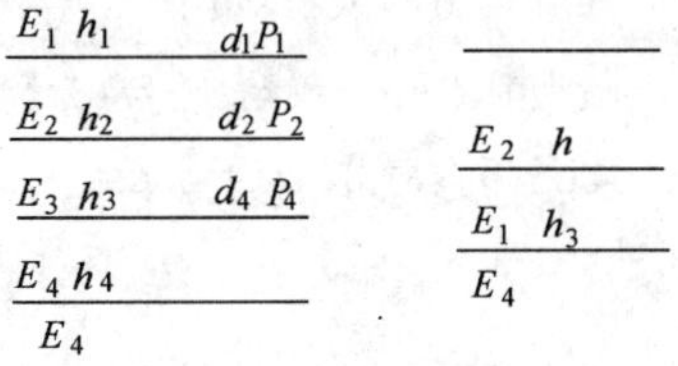

E_1 h_1 d_1P_1
E_2 h_2 d_2P_2
E_3 h_3 d_4P_4
E_4 h_4
E_4

E_2 h
E_1 h_3
E_4

图 8

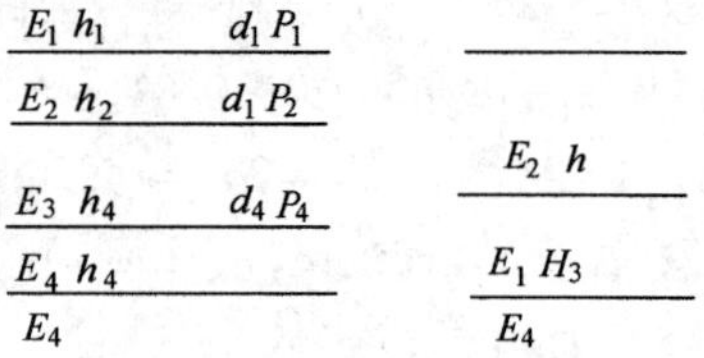

E_1 h_1 d_1P_1
E_2 h_2 d_1P_2
E_3 h_4 d_4P_4
E_4 h_4
E_4

E_2 h
E_1 H_3
E_4

图 9

3.3 计算结果比较和精度分析

我们对拟定的 30 组常用路面结构(4 层体系 20 组、5 层体系 10 组)，分别用计算机对其上、中层底面拉应力进行了新规范法、简化计算新法和层状体系精确解计算。计算结果及比较见表 2。为了说明问题，我们用平均相对误差来说明新规范法和简化计算新法的精度情况(与精确解相比)，如表 3。可见，简化新法的精度比规范法有一定提高，尤其是对于中层拉应力计算，简化新法比规范法有明显的改进，特别是对于 5 层体系中层底面拉应力的计算，平均相对误差由规范的 11.84%降为 4.33%。表 4 列了出 5 层体系中层底面拉应力两种计算方法的精度对照。

上层底面拉应力系数 $\bar{\sigma}_{r1}$(部分数据) 表 2

4 层体系	$E_1=2\,000$			$E_2=2\,000$			$E_3=400$		$E_4=120$				
	$\frac{E_2}{E_1}$	$\frac{E_3}{E_2}$	$\frac{E_4}{E_3}$	$\frac{h_1}{\delta}$	$\frac{h_2}{\delta}$	$\frac{h_3}{\delta}$	$\bar{\sigma}_{r1}$精	$\frac{h_{2-3}}{\delta}$	$\frac{E_4}{E_2}$	$\frac{E_2}{E_1}$	$\frac{h_1}{\delta}$	$\bar{\sigma}_{r1}$	相对误差(%)
1	0.1	0.2	0.3	0.75	1.0	1.5	1.713	1.250	0.06	0.1	0.75	1.784	4.1·
								1.270	0.06	0.1	0.75	1.784	3.0··
2	0.1	0.2	0.3	0.75	2.0	2.0	1.216	2.345	0.06	0.1	0.75	1.223	0.6
								2.381	0.06	0.1	0.75	1.214	−0.2
3	0.1	0.2	0.3	1.0	2.0	2.0	1.104	2.345	0.06	0.1	1.0	1.121	1.5
								2.376	0.06	0.1	1.0	1.113	0.8
4	0.1	0.2	0.3	1.5	2.0	2.0	0.862 8	2.330	0.06	0.1	1.5	0.885 9	2.7
								2.374	0.06	0.1	1.5	0.877 2	1.6

注：·——规范法；··——简算法。

（部分数据） 续上表

4层体系	$E_1=20\ 000$	$E_2=4\ 000$		$E_3=800$		$E_4=320$							
	$\frac{E_2}{E_1}$	$\frac{E_3}{E_2}$	$\frac{E_4}{E_3}$	$\frac{h_1}{\delta}$	$\frac{h_2}{\delta}$	$\frac{h_3}{\delta}$	$\bar{\sigma}_{r1}$精	$\frac{h_{2-3}}{\delta}$	$\frac{E_4}{E_2}$	$\frac{E_2}{E_1}$	$\frac{h_1}{\delta}$	$\bar{\sigma}_{r1}$	相对误差（%）
5	0.2	0.2	0.4	0.75	1.0	1.5	0.816 7	1.250	0.08	0.2	0.75	0.820 9	0.5
								1.270	0.08	0.2	0.75	0.810 9	−0.2
6	0.2	0.2	0.4	0.75	2.0	2.0	0.561 0	2.330	0.08	0.2	0.75	0.552 4	−1.5
								2.381	0.08	0.2	0.75	0.547 3	−2.4
7	0.2	0.2	0.4	1.0	2.0	2.0	0.560 7	2.330	0.08	0.2	1.0	0.559 2	−0.3
								2.376	0.08	0.2	1.0	0.553 8	−1.2
8	0.2	0.2	0.4	1.5	2.0	2.0	0.4672	2.330	0.08	0.2	1.5	0.471 6	0.9
								2.374	0.08	0.2	1.5	0.466 6	−0.1

5层体系	（21～22组）$E_1=20\ 000$			$E_2=4\ 000$			$E_3=800$			$E_4=240$				
	$\frac{E_2}{E_1}$	$\frac{E_3}{E_2}$	$\frac{E_4}{E_3}$	$\frac{E_5}{E_4}$	$\frac{h_1}{\delta}$	$\frac{h_2}{\delta}$	$\frac{h_3}{\delta}$	$\frac{h_4}{\delta}$	$\bar{\sigma}_{r1}$精	$\frac{h_{2-3-4}}{\delta}$	$\frac{E_3}{E_2}$	$\frac{E_2}{E_1}$	$\frac{h_1}{\delta}$	$\bar{\sigma}_{r1}$	相对误差（%）
21	0.2	0.2	0.6	0.5	0.75	1.0	1.5	2.0	0.789 0	1.440	0.06	0.2	0.75	0.762 0	−3.4
										1.390	0.06	0.2	0.75	0.784 8	−0.5
22	0.2	0.2	0.6	0.5	1.5	2.0	2.0	3.0	0.457 5	2.620	0.06	0.2	1.5	0.453 0	−1.0
										2.561	0.06	0.2	1.5	0.459 3	0.4
23	0.1	0.4	0.5	0.3	0.75	1.0	1.5	2.0	1.363	1.830	0.06	0.1	0.75	1.376	1.0
										1.740	0.06	0.1	0.75	1.441	5.7
24	0.1	0.4	0.5	0.3	1.5	2.0	2.0	3.0	0.739 7	3.190	0.06	0.1	1.5	0.753 0	1.8
										3.064	0.06	0.1	1.5	0.771 2	4.2

（23～24组）$E_1=20\ 000$　$E_2=2\ 000$　$E_3=800$　$E_4=400$　$E_5=120$

5层体系	（25～26组）$E_1=20\ 000$			$E_2=4\ 000$			$E_3=1\ 600$			$E_4=800$		$E_5=240$		
	$\frac{E_2}{E_1}$	$\frac{E_3}{E_2}$	$\frac{E_4}{E_3}$	$\frac{E_5}{E_4}$	$\frac{h_1}{\delta}$	$\frac{h_2}{\delta}$	$\frac{h_3}{\delta}$	$\frac{h_4}{\delta}$	$\bar{\sigma}_{r1}$精	$\frac{h_{2-3-4}}{\delta}$	$\frac{E_3}{E_2}$	$\frac{E_2}{E_1}$	$\frac{h_1}{\delta}$	$\bar{\sigma}_{r1}$	相对误差（%）
25	0.2	0.4	0.5	0.3	0.75	1.0	1.5	2.0	0.649 4	1.880	0.06	0.2	0.75	0.621 7	−4.3
										1.740	0.06	0.2	0.75	0.656 8	1.1
26	0.2	0.4	0.5	0.3	1.5	2.0	2.0	3.0	0.406 6	3.220	0.06	0.2	1.5	0.404 6	−0.5
										3.062	0.06	0.2	1.5	0.415 1	2.1

(部分数据)　　续上表

5层体系	(25、26组)E_1=20 000			E_2=4 000			E_3=1 600			E_4=800			E_4=240		
	$\frac{E_2}{E_1}$	$\frac{E_3}{E_2}$	$\frac{E_4}{E_3}$	$\frac{E_5}{E_4}$	$\frac{h_1}{\delta}$	$\frac{h_2}{\delta}$	$\frac{h_3}{\delta}$	$\frac{h_4}{\delta}$	$\bar{\sigma}_{r1}$精	$\frac{h_{2-3-4}}{\delta}$	$\frac{E_3}{E_2}$	$\frac{E_2}{E_1}$	$\frac{h_1}{\delta}$	$\bar{\sigma}_{r1}$	相对误差(%)
27	0.4	0.4	0.4	0.4	0.75	1.0	1.5	2.0	0.159 2	1.803 1.700	0.064 0.064	0.4 0.4	0.75 0.75	0.124 1 0.136 3	−22.0 −14.0
28	0.4	0.4	0.4	0.4	1.5	2.0	2.0	3.0	0.157 6	3.110 2.998	0.064 0.064	0.4 0.4	1.5 1.5	0.149 9 0.153 7	−4.88 −2.5

(27~28组)E_1=15 000　E_2=6 000　E_3=2 400　E_4=960　E_5=384

5层体系	(29~30组)E_1=15 000			E_2=6 000			E_3=2 400			E_4=960			E_5=384		
	$\frac{E_2}{E_1}$	$\frac{E_3}{E_2}$	$\frac{E_4}{E_3}$	$\frac{E_5}{E_4}$	$\frac{h_1}{\delta}$	$\frac{h_2}{\delta}$	$\frac{h_3}{\delta}$	$\frac{h_4}{\delta}$	$\bar{\sigma}_{r1}$精	$\frac{h_{2-3-4}}{\delta}$	$\frac{E_3}{E_2}$	$\frac{E_2}{E_1}$	$\frac{h_1}{\delta}$	$\bar{\sigma}_{r1}$	相对误差(%)
29	0.4	0.4	0.4	0.4	1.0	2.0	2.0	3.0	0.161 1	3.11 2.98	0.064 0.064	0.4 0.4	1.0 1.0	0.141 7 0.144 1	−12.0 −10.6
30	0.4	0.4	0.4	0.4	1.0	1.5	2.0	3.0	0.179 7	2.614 2.84	0.064 0.064	0.4 0.4	1.0 1.0	0.154 6 0.160 3	−13.97 −10.8

中层底面拉应力系数$\bar{\sigma}_{r2}$(部分数据)

4层体系	(1~4组)E_1=20 000			E_2=2 000			E_3=400			E_4=120		
	$\frac{E_2}{E_1}$	$\frac{E_3}{E_2}$	$\frac{E_4}{E_3}$	$\frac{h_1}{\delta}$	$\frac{h_2}{\delta}$	$\frac{h_3}{\delta}$	$\bar{\sigma}_{r2}$精	$\frac{h_3}{\delta}$	$\frac{E_4}{E_3}$	$\frac{E_3}{E_2}$	$\frac{h_{1-2}}{\delta}$	$\bar{\sigma}_{r2}$	相对误差(%)
1	0.1	0.2	0.3	0.75	1.5	1.5	0.260 3	1.5 1.5	0.3 0.3	0.2 0.2	2.654 2.834	0.242 8 0.237 3	−6.7 −8.9
2	0.1	0.2	0.3	0.75	2.0	2.0	0.211 7	2.0 2.0	0.3 0.3	0.2 0.2	3.154 3.33	0.208 4 0.197 9	−3.7 −6.9
3	0.1	0.2	0.3	1.0	2.0	2.0	0.187 4	2.0 2.0	0.3 0.3	0.2 0.2	3.724 3.78	0.181 5 0.179 1	−3.1 −4.4
4	0.1	0.2	0.3	1.5	2.0	2.0	0.141 4	2.0 2.0	0.3 0.3	0.2 0.2	4.72 4.76	0.141 9 0.147 3	0.4 1.63
5	0.2	0.2	0.4	1.0	2.0	2.0	0.208 3	2.0 2.0	0.4 0.4	0.2 0.2	2.868 2.995	0.197 3 0.194 1	−5.3 −6.8

（部分数据） 续上表

4层体系	（1～4组）$E_1=20\ 000$		$E_2=2\ 000$			$E_3=400$			$E_4=120$				
	$\frac{E_2}{E_1}$	$\frac{E_3}{E_2}$	$\frac{E_4}{E_3}$	$\frac{h_1}{\delta}$	$\frac{h_2}{\delta}$	$\frac{h_3}{\delta}$	$\bar{\sigma}_{r2}$精	$\frac{h_3}{\delta}$	$\frac{E_4}{E_3}$	$\frac{E_3}{E_2}$	$\frac{h_{1-2}}{\delta}$	$\bar{\sigma}_{r2}$	相对误差（%）
6	0.2	0.2	0.4	0.75	2.0	2.0	0.201 9	2.0	0.4	0.2	2.916	0.196 2	−2.8
								2.0	0.4	0.2	3.12	0.190 4	−5.7
7	0.2	0.2	0.4	1.0	2.0	2.0	0.185 8	2.0	0.4	0.2	3.368	0.181 7	−2.2
								2.0	0.4	0.2	3.495	0.177 0	−4.7
8	0.2	0.2	0.4	1.5	2.0	2.0	0.151 3	2.0	0.4	0.2	4.162	0.151 2	−0.1
								2.0	0.4	0.2	4.24	0.148 3	−1.98

（5～8组）$E_1=20\ 000$　　$E_2=4\ 000$　　$E_3=800$　　$E_4=320$

4层体系	（9～12组）$E_1=20\ 000$		$E_2=4\ 000$			$E_3=1\ 200$			$E_4=240$				
	$\frac{E_2}{E_1}$	$\frac{E_3}{E_2}$	$\frac{E_4}{E_3}$	$\frac{h_1}{\delta}$	$\frac{h_2}{\delta}$	$\frac{h_3}{\delta}$	$\bar{\sigma}_{r2}$精	$\frac{h_3}{\delta}$	$\frac{E_4}{E_3}$	$\frac{E_3}{E_2}$	$\frac{h_{1-2}}{\delta}$	$\bar{\sigma}_{r2}$	相对误差（%）
9	0.2	0.3	0.2	1.0	1.5	1.5	0.201 8	1.5	0.2	0.3	2.686	0.187 0	−7.3
								1.5	0.2	0.3	2.995	0.185 8	−7.9
10	0.2	0.3	0.2	1.0	2.0	2.0	0.161 3	2.0	0.2	0.3	3.368	0.152 4	−5.5
								2.0	0.2	0.3	3.495	0.149 5	−7.3
11	0.2	0.3	0.2	1.5	2.0	2.0	0.135 7	2.0	0.2	0.3	4.162	0.131 8	−2.9
								2.0	0.2	0.3	4.240	0.129 7	−4.4
12	0.2	0.3	0.2	1.5	2.0	2.5	0.124 9	2.5	0.2	0.3	4.162	0.120 0	−3.9
								2.5	0.2	0.3	4.240	0.118 2	−5.4
13	0.2	0.2	0.3	0.75	1.5	2.0	0.241 9	2.0	0.3	0.2	2.416	0.218 8	−9.5
								2.0	0.3	0.2	2.622	0.218 7	−9.5
14	0.2	0.2	0.3	0.75	2.0	2.0	0.218 2	2.0	0.3	0.2	2.916	0.212 6	−2.6
								2.0	0.3	0.2	3.120	0.202 6	−5.6
15	0.2	0.2	0.3	1.0	2.0	2.0	0.200 7	2.0	0.3	0.2	3.368	0.196 4	−2.1
								2.0	0.3	0.2	3.495	0.191 1	−4.8
16	0.2	0.2	0.3	1.5	2.0	2.0	0.163 5	2.0	0.3	0.2	4.162	0.163 2	−0.2
								2.0	0.3	0.2	4.240	0.160 1	−2.1

（13～16组）$E_1=20\ 000$　　$E_2=4\ 000$　　$E_3=800$　　$E_4=240$

（部分数据） 续上表

5层体系	(21～22组)$E_1=20\,000$			$E_2=4\,000$			$E_3=800$			$E_4=480$			$E_5=240$		
	$\frac{E_2}{E_1}$	$\frac{E_3}{E_2}$	$\frac{E_4}{E_3}$	$\frac{E_5}{E_4}$	$\frac{h_1}{\delta}$	$\frac{h_2}{\delta}$	$\frac{h_3}{\delta}$	$\frac{h_4}{\delta}$	$\bar{\sigma}_{r2}$精	$\frac{h_{3-2}}{\delta}$	$\frac{E_5}{E_3}$	$\frac{E_3}{E_2}$	$\frac{h_{1-2}}{\delta}$	$\bar{\sigma}_{r2}$	相对误差（%）
21	0.2	0.2	0.6	0.5	1.0	1.5	1.5	2.0	0.213 4	2.459	0.3	0.2	2.868	0.199 4	−6.5
										2.63	0.3	0.2	2.995	0.199 2	−9.9
22	0.2	0.2	0.6	0.5	1.5	2.0	2.0	3.0	0.145 1	3.40	0.3	0.2	4.162	0.142 4	−1.8
										3.70	0.3	0.2	4.240	0.137 0	−5.6
23	0.1	0.4	0.5	0.3	1.0	1.5	1.5	2.0	0.123 9	2.16	0.15	0.4	3.316	0.114 2	−7.8
										2.43	0.15	0.4	3.278	0.105 7	−14.7
24	0.1	0.4	0.5	0.3	1.5	2.0	2.0	3.0	0.080 7	2.973	0.15	0.4	4.724	0.078 89	−2.3
										3.30	0.15	0.4	4.67	0.074 19	−8.16

(23～24组) $E_1=20\,000$ $E_2=2\,000$ $E_3=800$ $E_4=400$ $E_5=120$

5层体系	(25～26组)$E_1=20\,000$			$E_2=4\,000$			$E_3=1\,600$			$E_4=800$			$E_5=240$		
	$\frac{E_2}{E_1}$	$\frac{E_3}{E_2}$	$\frac{E_4}{E_3}$	$\frac{E_5}{E_4}$	$\frac{h_1}{\delta}$	$\frac{h_2}{\delta}$	$\frac{h_3}{\delta}$	$\frac{h_4}{\delta}$	$\bar{\sigma}_{r2}$精	$\frac{h_{3-2}}{\delta}$	$\frac{E_5}{E_3}$	$\frac{E_3}{E_2}$	$\frac{h_{1-2}}{\delta}$	$\bar{\sigma}_{r2}$	相对误差（%）
25	0.2	0.4	0.5	0.3	1.0	1.5	1.5	2.0	0.125 1	2.166	0.15	0.4	2.868	0.112 9	−9.8
										2.420	0.15	0.4	2.995	0.104 8	−16.2
26	0.2	0.4	0.5	0.3	1.5	2.0	2.0	2.0	0.088 1	2.973	0.15	0.4	4.162	0.086 04	−3.1
										3.390	0.15	0.4	4.240	0.079 09	−10.94
27	0.4	0.4	0.4	0.4	1.0	1.5	1.5	2.0	0.133 3	1.926	0.16	0.4	2.956	0.122 2	−0.9
										2.220	0.16	0.4	2.757	0.106 5	−13.8
28	0.4	0.4	0.4	0.4	1.5	2.0	2.0	3.0	0.095 3	2.624	0.16	0.4	3.716	0.096 08	−0.6
										3.084	0.16	0.4	3.890	0.085 90	−10.08
(27～28组)$E_1=15\,000$ $E_2=6\,000$ $E_3=2\,400$ $E_4=960$ $E_5=384$															
29	0.4	0.4	0.4	0.4	1.0	2.0	2.0	3.0	0.101 0	2.624	0.16	0.4	3.086	0.097 83	−3.1
										3.080	0.16	0.4	3.257	0.088 47	−12.4
30	0.4	0.4	0.4	0.4	1.0	1.5	1.5	2.5	0.011 90	2.033	0.16	0.4	2.586	0.11 02	−7.4
										2.400	0.16	0.4	2.760	0.098 80	−16.13

(29～30组)$E_1=15\,000$ $E_2=6\,000$ $E_3=2\,400$ $E_4=960$ $E_5=384$

拉应力平均相对误差对照表　　表 3

体系	方法＼层位	上层底面	中层地面
4层	规范法	1.69%	6.02%
	简化新法	1.43%	4.58%
5层	规范法	6.48%	11.84%
	简化新法	5.19%	4.33%

5 层体系中层底面拉应力计算误差比较表　　表 4

方法	最大相对误差	最小相对误差	相对误差>8%的组数占总组数的百分比
规范法	16.2%	5.6%	90%
简化新法	9.8%	0.6%	10%

3.4 计算示例

已知一路面结构为 4 层体系，其模量比分别为 $E_2/E_1=0.1$，$E_3/E_2=0.2$，$E_4/E_3=0.3$，厚度比为 $h_1/\delta=0.75$，$h_2/\delta=2.0$。试求上层底面和中层底面的拉应力$\bar{\sigma}_{r1}$和$\bar{\sigma}_{r2}$。

解：(1)求上层底面的拉应力

取 $\delta_1=10\text{cm}$

因为 $h_1/\delta=0.75<1$，所以取 $d_2=50\text{cm}$

$d_3=d_2+K_2h_2=50+0.3\times20=56\text{cm}$

$H=h_2+0.85h_3\dfrac{E_3}{E_2}\dfrac{d_3}{d_2}=20+0.85\times20\times0.2\dfrac{56}{50}=23.81$

由 $h_1/\delta=0.75$，$H/\delta=2.381$，$E_2/E_1=0.1$，$E_4/E_2=0.06$

用计算机程序可求得 $\bar{\sigma}_{r1}=1.216$。

而 4 层体系上层底面拉应力的精确为 1.214，由此得相对误差为－0.2%。

(2)求中层底面的拉应力

因 $d_1=\sqrt{2}\times20=28\text{cm}$，$d_2=50\text{cm}$

$$h=h_2+0.4h_1\left(\frac{E_1}{E_2}\right)^{\frac{1}{3}}\frac{d_2}{d_1}=20+0.4\times7.5(10)^{\frac{1}{3}}\times\frac{50}{28}=31.54$$

由 $h/\delta=3.154$，$h_3/\delta=2.0$，$E_3/E_2=0.2$，$E_4/E_3=0.3$

求得

$$\bar{\sigma}_{r2}=0.2048$$

而 4 层体系中层底面拉应力的精确为 1.214，相比得相对误差为－3.7%。

4 结语

关于多层体系上、中层拉应力的简化计算，我们只做了 4 层、5 层体系的计算。对于实用来讲，4、5 层体系是基本上可以满足要求的。但从理论上讲，6 层以上体系如何简化，仍有待进一步研究。因此，目前得到的一些认识仅限于 4、5 层体系的简化。同时，由于时间所限，我们对4、5层体系仅做了30组常用结构的分析。文中所提出的一些看法，仅供大家进一步研究这个问题时参考。

另外，对于拉应力的简化计算，相比弯沉的简化计算来讲，是个更复杂的问题。因此，过去国内外在这方面都研究得不太多。因为拉应力相对于厚度的变化并不是一条单调的减曲线，所以给拉应力的简化计算带来一定的困难。这集中反映在当$h_1<0.75\delta$，且模量比又较大(如5～10倍)时，不管用哪种方法计算出的σ_r误差都较大的问题上。

叠加法在刚性路面应力分析中的应用

郑健龙 张起森

（长沙交通学院 长沙 410076）

摘 要： 文选用 Winkler 地基上四边自由的矩形板作为刚性路面的力学模型，应用求解弹性薄板弯曲问题的叠加法和广义简支边的概念，对载荷分别作用于板中和板角时的刚性路面进行了理论分析，并将问题归结为一组无穷型线性代数方程组的求解。取前 20 项计算，在没有协处理器的 IBM-PC 微型计算机上求解时只用了 15min 的 CPU 时间，相对误差仅为 0.068%。数值结果表明，本文的推导是正确的，计算结果是可靠的。

众所周知，在进行刚性路面的理论分析时有两种常用的力学模型，即 Winkler 地基板模型和弹性半空间地基板模型。但这两种模型目前都只能求得无限大板和轴对称圆板的解析解。而实际的水泥混凝土路面大多为矩形板结构，且工程中最为关心的是荷载作用于板边和板角时路面板的受力状态，所以，只能借助于有限元法或有限差分法等数值方法求解。这类方法的特点是适用范围广，可解决各种力学模型的计算问题；但数据量较大，对计算机内存容量有一定的要求，且计算时需占用较长的 CPU 时间，故不便在工程部门推广使用。

相比之下，应用叠加法求解时数据量小，占用机器内存少，只须输入混凝土面板的几何尺寸和材料参数以及地基系数即可在任何微型机上求得足够精确的计算结果。故便于在工程部门推广使用，以实现计算机辅助设计的规范化。

1 理论分析

1.1 车轮荷载作用于路面板的中央

设车轮和路面之间的接触区域为一矩形，并将接触应力近似地看作为一常值 q_0（图 1）。则当以 Winkler 地基板为力学模型时，相应的控制方程和边界条件为

$$\left.\begin{aligned}
&\frac{\partial^4 W}{\partial x^4}+2\frac{\partial^4 W}{\partial x^4\partial y^4}+\frac{\partial^4 W}{\partial y^4}+\frac{k}{D}W=\frac{q}{D}\\
&M_x=-D\left(\frac{\partial^2 W}{\partial x^2}+\mu\frac{\partial^2 W}{\partial y^2}\right),M_y=-D\left(\frac{\partial^2 W}{\partial y^2}+\mu\frac{\partial^2 W}{\partial x^2}\right)\\
&M_{xy}=-D(1-\mu)\frac{\partial^2 W}{\partial x\partial y},Q_x=-D\frac{\partial}{\partial x}\left(\frac{\partial^2 W}{\partial x^2}+\frac{\partial^2 W}{\partial y^2}\right)\\
&Q_y=-D\frac{\partial}{\partial x}\left(\frac{\partial^2 W}{\partial x^2}+\frac{\partial^2 W}{\partial y^2}\right)
\end{aligned}\right\}\qquad(1)$$

《摘自长沙交通学院学报》1988 年 3 月第 4 卷第 1 期。

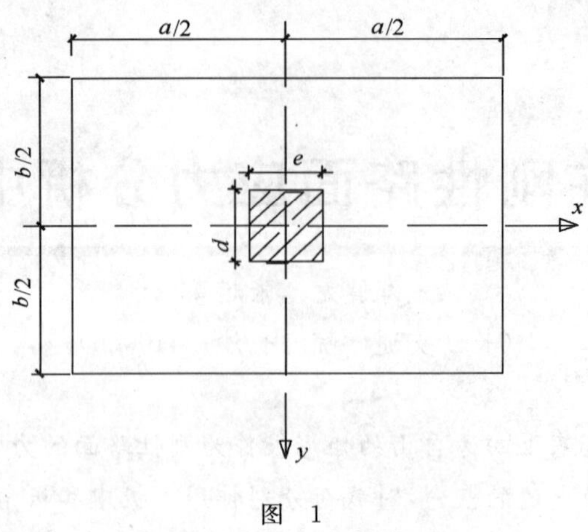

图 1

$$\left.\begin{array}{ll}\text{当 } x=\pm\dfrac{a}{2}\text{ 时} & M_x=0, V_x=Q_x+\dfrac{\partial M_{xy}}{\partial y}=0\\ \text{当 } y=\pm\dfrac{b}{2}\text{ 时} & M_y=0, V_y=Q_y+\dfrac{\partial M_{xy}}{\partial x}=0\\ \text{在自由角点} & R=2M_{xy}=0\end{array}\right\} \tag{2}$$

为了寻求同时满足式(1)和式(3)的路面弯沉值 W，我们将图 1 所示四边自由、中央受局部均布荷载作用的 Winkler 地基矩形板分解为图 2 所示 5 种基本体系的叠加。

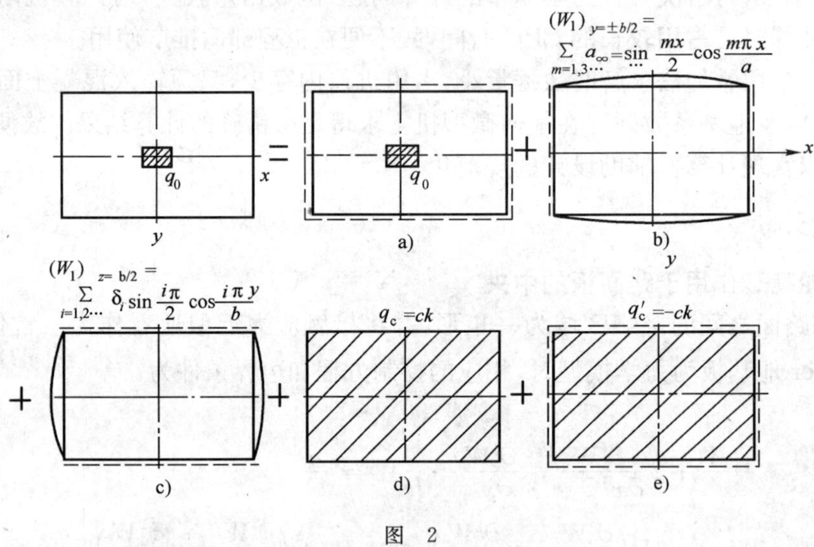

图 2

1.1.1 四边简支、中央受局部均布法向荷载作用的 Winkler 地基矩形板

将 W_1 展位双三角级数，并注意到问题的对称性，则由纳维解法不难求得这种情况下 W_1 的表达式

$$W_1=\frac{16q_0}{\pi^2}\sum_{m=1,3\cdots}\sum_{m=1,3\cdots}\frac{\sin\dfrac{m\pi e}{2a}\sin\dfrac{i\pi d}{2b}\cos\dfrac{m\pi x}{a}\cos\dfrac{i\pi y}{b}}{mi\left[\pi^4 D\left(\dfrac{m^2}{a^2}+\dfrac{i^2}{b^2}\right)^2+k\right]} \tag{3}$$

将式(3)代入式(2)中 V_x 的表达式，并且令 $x=\pm\frac{a}{2}$，则可得等效剪力 V_{x1} 在边界上的取值：

$$(V_{x_1})_{x=\pm\frac{a}{2}}=\frac{16q_0\pi D}{a}\sum_{m=1,3\cdots}\sum_{m=1,3\cdots}\frac{\left[\frac{m^2}{a^2}+(2-\mu)\frac{i^2}{b^2}\right]\sin\frac{m\pi e}{2a}\sin\frac{i\pi d}{2b}\sin\frac{m\pi}{a}\cos\frac{i\pi}{b}}{i\left[\pi^4D\left(\frac{m^2}{\pi^2}+\frac{i^2}{b^2}\right)^2+k\right]}\tag{4}$$

而四个角点的等效集中力 R_1 均为

$$R_1=2D(1-\mu)\frac{16q_0}{ab}\sum_{m=1,3\cdots}\sum_{m=1,3\cdots}\frac{\sin\frac{m\pi e}{2a}\sin\frac{i\pi d}{2b}\sin\frac{m\pi}{2}\sin\frac{i\pi}{2}}{\pi^4D\left(\frac{m^2}{a^2}+\frac{i^2}{b^2}\right)^2+k}\tag{5}$$

由式(1)和(3)还可以进一步写出板内的弯矩和剪力。

1.1.2 无法向荷载作用的 Winkler 地基矩形板沿 $x=\pm\frac{a}{2}$ 的边界简支，沿 $y=\pm\frac{b}{2}$ 的边界广义简支，广义简支边的弯沉为

$$(W_2)_{y=\pm\frac{b}{2}}=\sum_{m=1,3\cdots}a_m\sin\frac{m\pi}{2}\cos\frac{m\pi x}{a}$$

所谓广义简支边界是指弯矩为零，但位移不为零的一种特殊边界。

由于 $x=\pm\frac{a}{2}$ 的对边简支，故可用李维法求解，注意到广义简支的边界条件

$$(W_2)_{y=\pm\frac{b}{2}}=\sum_{m=1,3\cdots}a_m\sin\frac{m\pi}{2}\cos\frac{m\pi x}{a}$$

$$(W_{y_2})_{y=\pm\frac{b}{2}}=-D\left(\frac{\partial^2W}{\partial y^2}+\mu\frac{\partial^2W}{\partial x^2}\right)_{y=\pm\frac{b}{2}}=0$$

可得：

$$W_2=\sum_{m=1,3\cdots}a_m(A_m\mathrm{ch}\beta_my\cos v_my+B_m\mathrm{sh}\beta_my\sin v_my)\sin\frac{m\pi}{2}\cos\frac{m\pi x}{a}\tag{6}$$

$$\begin{aligned}(V_{x_2})_{x=\pm\frac{a}{2}}=-D\sum_{m=1,3\cdots}a_m\Big\{&-\left[A_m(1-\mu)\frac{m^3\pi^3}{a^3}+B_m\frac{m\pi}{a}(2-\mu)\sqrt{\frac{k}{D}}\right]\mathrm{ch}\beta_my\cos v_my\\&+\left[A_m\frac{m\pi}{a}(2-\mu)\sqrt{\frac{k}{D}}-B_m(1-\mu)\frac{m^3\pi^3}{a^3}\right]\mathrm{sh}\beta_my\sin v_my\Big\}\end{aligned}\tag{7}$$

$$\begin{aligned}R_2=2D(1-\mu)\frac{\pi}{a}\sum_{m=1,3\cdots}a_m\Big\{&A_mm\left[\beta_m\mathrm{sh}\frac{\beta_mb}{2}\cos\frac{v_mb}{2}-v_m\mathrm{ch}\frac{\beta_mb}{2}\sin\frac{v_mb}{2}\right]\\&+B_mm\left[\beta_m\mathrm{ch}\frac{\beta_mb}{2}\sin\frac{v_mb}{2}-v_m\mathrm{sh}\frac{\beta_mb}{2}\cos\frac{v_mb}{2}\right]\Big\}\end{aligned}\tag{8}$$

式中：

$$\left.\begin{aligned}&\beta_m=\frac{1}{\sqrt{2}}\sqrt{\sqrt{\frac{m^4\pi^4}{a^4}+\frac{k}{D}}+\frac{m^2\pi^2}{a^2}},\ v_m=\frac{1}{\sqrt{2}}\sqrt{\sqrt{\frac{m^4\pi^4}{a^4}+\frac{k}{D}}-\frac{m^2\pi^2}{a^2}}\\&A_m=\left[\frac{m^2\pi^2}{a^2}(1-\mu)\mathrm{th}\frac{\beta_mb}{2}\tan\frac{v_mb}{2}+\sqrt{\frac{k}{D}}\right]\Big/\left[\sqrt{\frac{k}{D}}(\mathrm{th}^2\frac{\beta_mb}{2}\tan\frac{v_mb}{2}+1)\mathrm{ch}\frac{\beta_mb}{2}\cos\frac{v_mb}{2}\right]\\&B_m=-\left[\frac{m^2\pi^2}{a^2}(1-\mu)-\sqrt{\frac{k}{D}}\mathrm{th}\frac{\beta_mb}{2}\tan\frac{v_mb}{2}\right]\Big/\left[\sqrt{\frac{k}{D}}(\mathrm{th}^2\frac{\beta_mb}{2}\tan\frac{v_mb}{2}+1)\mathrm{ch}\frac{\beta_mb}{2}\cos\frac{v_mb}{2}\right]\end{aligned}\right\}\tag{9}$$

将式(7)进一步展为余弦级数可得

$$(V_{x_2})_{x=\pm\frac{a}{2}}=-D\sum_{m=1,3\cdots}\sum_{i=1,3\cdots}a_m\frac{2}{b}\Bigg\{\Bigg[-A_m(1-\mu)\frac{m^3\pi^3}{a^3}-B_m\frac{m\pi}{a}(2-\mu)\sqrt{\frac{k}{D}}\Bigg]$$

$$\Bigg[\frac{1}{\beta_m^2(v_m-\frac{i\pi}{b})^2}\Big((v_m-\frac{i\pi}{b})\mathrm{ch}\frac{\beta_m b}{2}\cdot\sin(v_m-\frac{i\pi}{b})\frac{b}{2}\Bigg]+$$

$$\beta_m\mathrm{sh}\frac{\beta_m b}{2}\cdot\cos\Big(v_m-\frac{i\pi}{b}\Big)\frac{b}{2}+\frac{1}{\beta_m^2\Big(v_m-\frac{i\pi}{b}\Big)^2}\Big(v_m-\frac{i\pi}{b}\Big)\mathrm{ch}\frac{\beta_m b}{2}\cdot\sin\Big(v_m+\frac{i\pi}{b}\Big)\frac{b}{2}$$

$$+\beta_m\mathrm{sh}\frac{\beta_m b}{2}\cdot\cos(v_m-\frac{i\pi}{b})\frac{b}{2}\Bigg]+\Bigg[A_m\frac{m\pi}{a}(2-\mu)\sqrt{\frac{k}{D}}$$

$$-B_m(1-\mu)\frac{m^3\pi^3}{a^3}\Bigg]\Bigg[\frac{1}{\beta_m^2\Big(v_m-\frac{i\pi}{b}\Big)^2}\Big[\beta_m\mathrm{ch}\frac{\beta_m b}{2}\cdot\sin\Big(v_m-\frac{i\pi}{b}\Big)\frac{b}{2}$$

$$-\Big(v_m-\frac{i\pi}{b}\Big)\mathrm{sh}\frac{\beta_m b}{2}\cos\Big(v_m-\frac{i\pi}{b}\Big)\frac{b}{2}\Big]+\frac{1}{\beta_m^2\Big(v_m-\frac{i\pi}{b}\Big)^2}\Big[\beta_m\mathrm{ch}\frac{\beta_m b}{2}\cdot\sin\Big(v_m+\frac{i\pi}{b}\Big)\frac{b}{2}\Big]$$

$$-(v_m+\frac{i\pi}{b})\mathrm{sh}\frac{\beta_m b}{2}\cos\Big(v_m+\frac{i\pi}{b}\Big)\frac{b}{2}\Big)\Bigg]\Bigg\}\cos\frac{i\pi y}{b} \tag{10}$$

1.1.3 无法向荷载作用的 Winkler 地基矩形板沿 $y=\pm\frac{b}{2}$ 的边界简支，沿 $x=\pm\frac{a}{2}$ 的边界广义简支，广义简支边的弯沉为

$$(W_3)_{x=\pm\frac{a}{2}}=\sum_{i=1,3\cdots}b_i\sin\frac{i\pi}{2}\cos\frac{i\pi y}{b}$$

用完全类似的方法可得

$$W_3=\sum_{i=1,3\cdots}b_i(C_i\mathrm{ch}\beta_i x\cos v_i x+D_i\mathrm{sh}\beta_i x\sin v_i x)\sin\frac{i\pi}{2}\cos\frac{i\pi y}{b} \tag{11}$$

$$\begin{aligned}(V_3)_{x=\pm\frac{a}{2}}=-D\sum_{i=1,3\cdots}b_i\Bigg\{\Bigg[C_i\Big((1-\mu)\beta_i\frac{i^2\pi^2}{b^2}-v_i\sqrt{\frac{k}{D}}\Big)+D_i\Big(-(1-\mu)\frac{i^2\pi^2}{b^2}v_i\\+\sqrt{\frac{k}{D}}\beta_i\Big)\Bigg]\cdot\mathrm{sh}\frac{\beta_i a}{2}\cos\frac{v_i a}{2}+\Bigg[C_i\Big((1-\mu)\frac{i^2\pi^2}{b^2}v_i-\sqrt{\frac{k}{D}}\beta_i\Big)\\+D_i\Big(-(1-\mu)\beta_i\frac{i^2\pi^2}{b^2}-v_i\sqrt{\frac{k}{D}}\Big)\Bigg]\mathrm{ch}\frac{\beta_i a}{2}\sin\frac{i\pi}{2}\Bigg\}\sin\frac{i\pi}{2}\cos\frac{i\pi y}{b}\end{aligned} \tag{12}$$

$$\begin{aligned}R_3=2D(1-\mu)\frac{\pi}{b}\sum_{i=1,3\cdots}b_i i\Big[C_i\Big(\beta_i\mathrm{sh}\frac{\beta_i a}{2}\cos\frac{v_i a}{2}-v_i\mathrm{ch}\frac{\beta_i a}{2}\sin\frac{v_i a}{2}\Big)\\+D_i\Big(\beta_i\mathrm{ch}\frac{\beta_i a}{2}\sin\frac{v_i a}{2}+v_i\mathrm{sh}\frac{\beta_i a}{2}\cos\frac{v_i a}{2}\Big)\Big]\end{aligned} \tag{13}$$

式中：

$$\left.\begin{aligned}
&\beta_i=\frac{1}{\sqrt{2}}\sqrt{\sqrt{\frac{m^4\pi^4}{a^4}+\frac{k}{D}}+\frac{m^2\pi^2}{a^2}},v_m=\frac{1}{\sqrt{2}}\sqrt{\sqrt{\frac{m^4\pi^4}{a^4}+\frac{k}{D}}-\frac{m^2\pi^2}{a^2}}\\
&C_i=\left[\frac{i^2\pi^2}{b^2}(1-\mu)\mathrm{th}\frac{\beta_i a}{2}\tan\frac{v_i a}{2}+\sqrt{\frac{k}{D}}\right]\Big/\left[\sqrt{\frac{k}{D}}(\mathrm{th}^2\frac{\beta_i a}{2}\tan^2\frac{v_i a}{2}+1)\mathrm{ch}\frac{\beta_i a}{2}\cos\frac{v_i a}{2}\right]\\
&D_i=-\left[\frac{i^2\pi^2}{b^2}(1-\mu)-\sqrt{\frac{k}{D}}\mathrm{th}\frac{\beta_i a}{2}\tan\frac{v_i a}{2}\right]\Big/\left[\sqrt{\frac{k}{D}}(\mathrm{th}^2\frac{\beta_i a}{2}\tan\frac{v_i a}{2}+1)\mathrm{ch}\frac{\beta_i a}{2}\cos\frac{v_i a}{2}\right]
\end{aligned}\right\}\tag{14}$$

1.1.4 四边自由的 Winkler 地基矩形板在整个板面上作用有均布法向荷载 q_0。

显然，在这种情况下满足式(1)和(2)的解为

$$\left.\begin{aligned}
&W_4=q_0/k=\text{常数}\\
&(V_{x_4})_{x=\pm\frac{a}{2}}=0,R=0
\end{aligned}\right\}\tag{15}$$

1.1.5 四边简支的 Winkler 地基矩形板在整个板面上作用有均布法向荷载$(-q_0)$。

将法向荷载$(-q_0)$展为余弦级数，然后应用李维法求解可得

$$W_5=-\frac{4ckb^4}{\pi^5 D}\sum_{i=1,3\cdots}\frac{\sin\frac{i\pi}{2}\cos\frac{i\pi y}{b}}{i^5\left(1+\frac{kb^4}{i^4\pi^4 D}\right)}(1+E_i\mathrm{ch}\beta_i x\cos v_i x+F_i\mathrm{sh}\beta_i x\cos v_i x)\tag{16}$$

$$\begin{aligned}
(V_{x_5})_{x=\pm\frac{a}{2}}=&\frac{4ckb^4}{\pi^5}\sum_{i=1,3\cdots}\frac{\sin\frac{i\pi}{2}\cos\frac{i\pi y}{b}}{i^5(1+\frac{kb^4}{i^4\pi^4 D})}\{[\frac{i^2\pi^2}{b^2}(-1+\mu)(E_i\beta_i+F_i v_i)\\
&+\sqrt{\frac{k}{D}}(F_i\beta_i-E_i v_i)]\mathrm{sh}\frac{\beta_i a}{2}\cos\frac{\nu_i a}{2}+[\frac{i^2\pi^2}{b^2}(1-\mu)(E_i v_i-F_i\beta_i)\\
&-\sqrt{\frac{k}{D}}(F_i\beta_i+E_i v_i)]\mathrm{ch}\frac{\beta_i a}{2}\sin\frac{\nu_i a}{2}\}
\end{aligned}\tag{17}$$

$$\begin{aligned}
R_5=&(1-\mu)\frac{8ckb^3}{\pi^4}\sum_{i=1,3\cdots}\frac{1}{i^4(1+\frac{kb^4}{i^4\pi^4 D})}[E_i(\beta_i\mathrm{sh}\frac{\beta_i a}{2}\cos\frac{\nu_i a}{2}-\nu_i\mathrm{ch}\frac{\beta_i a}{2}\sin\frac{\nu_i a}{2})\\
&+F_i(\beta_i\mathrm{ch}\frac{\beta_i a}{2}\sin\frac{\nu_i a}{2}+\nu_i\mathrm{sh}\frac{\beta_i a}{2}\cos\frac{\nu_i a}{2})]
\end{aligned}\tag{18}$$

$$\left.\begin{aligned}
&c=\frac{q_0}{k}\\
&E_i=-(\frac{i^2\pi^2}{b^2}\mathrm{sh}\frac{\beta_i a}{2}\sin\frac{\nu_i a}{2}+\sqrt{\frac{k}{D}}\mathrm{ch}\frac{\beta_i a}{2}\cos\frac{\nu_i a}{2})\Big/[\sqrt{\frac{k}{D}}(\mathrm{sh}^2\frac{\beta_i a}{2}+\cos^2\frac{\nu_i a}{2})]\\
&F_i=(\frac{i^2\pi^2}{b^2}\mathrm{ch}\frac{\beta_i a}{2}\cos\frac{\nu_i a}{2}+\sqrt{\frac{k}{D}}\mathrm{sh}\frac{\beta_i a}{2}\sin\frac{\nu_i a}{2})\Big/[\sqrt{\frac{k}{D}}(\mathrm{sh}^2\frac{\beta_i a}{2}+\cos^2\frac{\nu_i a}{2})]
\end{aligned}\right\}\tag{19}$$

显然，以上 5 个部分叠加的结果使得合成以后的法向荷载仍为原结构的法向荷载；合成以后的位移场除了满足基本方程(1)以外，在边界上还满足弯矩为零的条件。但是，要使其完全等价于真实的位移场，还应通过适当选取系数 a_m、b_i 和 $c(c=q_0/k)$，设法使其在边界上满足等效剪力和自由角点反力为零的条件，即

$$(V_x)_{x=\pm\frac{a}{2}} = (V_{x1}+V_{x2}+V_{x3}+V_{x4}+V_{x5})_{x=\pm\frac{a}{2}} = 0 \tag{20}$$

$$(V_y)_{y=\pm\frac{a}{2}} = (V_{y1}+V_{y2}+V_{y3}+V_{y4}+V_{y5})_{y=\pm\frac{a}{2}} = 0 \tag{21}$$

$$R = R_1+R_2+R_3+R_4+R_5 = 0 \tag{22}$$

将式(4)、(10)、(12)、(15)和(17)代入方程(20),并注意到三角函数的正交性,则可得到:

$$\sum_{m=1,3\cdots}^{\infty} a_m \cdot \frac{2}{b}\Bigg\{\left[-A_m(1-\mu)\frac{m^3\pi^3}{a^3}-B_m(2-\mu)\frac{m\pi}{a}\sqrt{\frac{k}{D}}\right]\left[\frac{1}{\beta_m^2\left(\nu_m-\frac{i\pi}{b}\right)^2}\right.$$

$$\left(\left(\nu_m-\frac{i\pi}{b}\mathrm{ch}\frac{\beta_m b}{2}\cdot\sin\left(\nu_m-\frac{i\pi}{b}\right)\frac{b}{2}+\beta_m\mathrm{sh}\frac{\beta_m b}{2}\cos\left(\nu_m-\frac{i\pi}{b}\right)\frac{b}{2}\right)\right.$$

$$+\left[\frac{1}{\beta_m^2+\left(\nu_m+\frac{i\pi}{b}\right)^2}\left(\left(\nu_m+\frac{i\pi}{b}\right)\mathrm{ch}\frac{\beta_m b}{2}\cdot\sin\left(\nu_m+\frac{i\pi}{b}\right)\frac{b}{2}+\beta_m\mathrm{sh}\frac{\beta_m b}{2}\cos\left(\nu_m\right.\right.\right.$$

$$\left.\left.\left.+\frac{i\pi}{b}\right)\frac{b}{2}\right)\right]+\left[A_m(2-\mu)\frac{m\pi}{a}\sqrt{\frac{k}{D}}-B_m(1-\mu)\frac{m^3\pi^3}{a^3}\right]\left[\frac{1}{\beta_m^2+\left(\nu_m-\frac{i\pi}{b}\right)^2}\left(\beta_m\mathrm{ch}\frac{\beta_m b}{2}\right.\right.$$

$$\left.\cdot\sin\left(\nu_m-\frac{i\pi}{b}\right)\frac{b}{2}-\left(\nu_m-\frac{i\pi}{b}\right)\mathrm{sh}\frac{\beta_m b}{2}\cos\left(\nu_m-\frac{i\pi}{b}\right)\frac{b}{2}\right)$$

$$+\left[\frac{1}{\beta_m^2+\left(\nu_m+\frac{i\pi}{b}\right)^2}\left(\beta_m\mathrm{ch}\frac{\beta_m b}{2}\cdot\sin\left(\nu_m+\frac{i\pi}{b}\right)\frac{b}{2}-\left(\nu_m+\frac{i\pi}{b}\right)\mathrm{sh}\frac{\beta_m b}{2}\cos\left(\nu_m\right.\right.\right.$$

$$\left.\left.\left.+\frac{i\pi}{b}\right)\frac{b}{2}\right)\right]\Bigg\}+b_i\left\{\left[C_i\left(-(1-\mu)\beta_i\frac{i^2\pi^2}{b^2}-\nu_i\sqrt{\frac{k}{D}}\right)+D_i\left(-(1-\mu)\nu_i\frac{i^2\pi^2}{b^2}-\right.\right.\right.$$

$$\left.\left.+\beta_i\sqrt{\frac{k}{D}}\right)\right]\mathrm{sh}\frac{\beta_i a}{2}\cos\frac{\nu_i a}{2}+\left[C_i(1-\mu)\nu_i\frac{i^2\pi^2}{b^2}-\beta_i\sqrt{\frac{k}{D}}\right)+D_i\left(-(1-\mu)\beta_i\frac{i^2\pi^2}{b^2}\right.$$

$$\left.\left.-\nu_i\sqrt{\frac{k}{D}}\right)\right]\mathrm{ch}\frac{\beta_i a}{2}\sin\frac{\nu_i a}{2}\right\}\sin\frac{i\pi}{2}-c\frac{4kb^4\sin\frac{i\pi}{2}}{D\pi^5 i^5\left(1+\frac{kb^4}{\pi^4 i^4 D}\right)}\left\{\left[\frac{i^2\pi^2}{b^2}(-1+\mu)(E_i\beta_i\right.\right.$$

$$\left.+F_i\nu_i)+\sqrt{\frac{k}{D}}(F_i\beta_i-E_i\nu_i)\right]\mathrm{sh}\frac{\beta_i a}{2}\cos\frac{\nu_i a}{2}+\left[\frac{i^2\pi^2}{b^2}(1-\mu)(E_i\nu_i-F_i\beta_i)\right.$$

$$\left.\left.-\sqrt{\frac{k}{D}}(E_i\beta_i+F_i\nu_i)\right]\mathrm{ch}\frac{\beta_i a}{2}\sin\frac{\nu_i a}{2}\right\}$$

$$=-\frac{16\pi q_0}{a_i}\sum_{m=1,3\cdots}^{\infty}\frac{\frac{m^2}{a^2}+(2-\mu)\frac{i^2}{b^2}}{\pi^4 D\left(\frac{m^2}{a^2}+\frac{i^2}{b^2}\right)^2+k}\sin\frac{m\pi}{2}\sin\frac{m\pi c}{2a}\sin\frac{i\pi d}{2b}(i=1,3\cdots\infty) \tag{23}$$

根据对称性原理，只要在式(23)中将 a 和 b、c 和 d、m 和 i、A_m 和 C_i、B_m 和 D_i 互换即可得式(21)的表达式：

$$a_m\left\{\left[A_m\left(-(1-\mu)\beta_m\frac{m^2\pi^2}{a^2}-\sqrt{\frac{k}{D}}\nu_m\right)+B_m\left(-(1-\mu)\nu_m\frac{m^2\pi^2}{a^2}\right.\right.\right.$$

$$\left.\left.+\sqrt{\frac{k}{D}}\beta_m\right)\right]\mathrm{sh}\frac{\beta_m b}{2}\cos\frac{\nu_m b}{2}+\left[A_m(1-\mu)\nu_m\frac{m^2\pi^2}{a^2}-\sqrt{\frac{k}{D}}\beta_m\right)$$

$$\left.+B_m\left(-(1-\mu)\beta_m\frac{m^2\pi^2}{a^2}-\sqrt{\frac{k}{D}}\nu_m\right)\right]\mathrm{ch}\frac{\beta_m b}{2}\sin\frac{\nu_m b}{2}\right\}\sin\frac{m\pi}{2}$$

$$+\sum_{m=1,3\cdots}^{\infty}b_i\cdot\frac{2}{a}\left\{\left[-c_i(1-\mu)\frac{i^3\pi^3}{b^3}-D_i(2-\mu)\frac{i\pi}{b}\sqrt{\frac{k}{D}}\right]\left[\frac{1}{\beta_i^2\left(\nu_i-\frac{m\pi}{a}\right)^2}((\nu_i\right.\right.$$

$$\left.-\frac{m\pi}{b}\right)\mathrm{ch}\frac{\beta_i a}{2}\cdot\sin\left(\nu_i-\frac{m\pi}{b}\right)\frac{a}{2}+\beta_i\,\mathrm{sh}\frac{\beta_i a}{2}\cos\left(\nu_i-\frac{m\pi}{a}\right)\frac{a}{2})$$

$$+\left[\frac{1}{\beta_i^2+\left(\nu_i+\frac{m\pi}{a}\right)^2}((\nu_i+\frac{m\pi}{a})\mathrm{ch}\frac{\beta_i a}{2}\cdot\sin\left(\nu_i+\frac{m\pi}{a}\right)\frac{a}{2}+\beta_i\,\mathrm{sh}\frac{\beta_i a}{2}\cos\left(\nu_i+\frac{m\pi}{a}\right)\frac{a}{2}\right]$$

$$+\left[C_i(2-\mu)\frac{i\pi}{b}\sqrt{\frac{k}{D}}-D_i(1-\mu)\beta_i\frac{i^3\pi^3}{b^3}\right]\left[\frac{1}{\beta_i^2+\left(\nu_i-\frac{m\pi}{a}\right)^2}\left(\beta_i\,\mathrm{ch}\frac{\beta_i a}{2}\cdot\sin(\nu_i\right.\right.$$

$$\left.-\frac{m\pi}{a}\right)\frac{a}{2}-\left(\nu_i-\frac{m\pi}{a}\right)\mathrm{sh}\frac{\beta_i a}{2}\cos\left(\nu_i-\frac{m\pi}{a}\right)\frac{a}{2}\right)+\frac{1}{\beta_i^2+\left(\nu_i+\frac{m\pi}{a}\right)^2}\left(\beta_i\,\mathrm{ch}\frac{\beta_i a}{2}\cdot\sin(\nu_i\right.$$

$$\left.\left.\left.+\frac{m\pi}{a}\right)\frac{a}{2}-\left(\nu_i+\frac{m\pi}{a}\right)\mathrm{sh}\frac{\beta_i a}{2}\cos\left(\nu_i+\frac{m\pi}{a}\right)\frac{a}{2}\right)\right]\right\}-c\frac{4ka^4\sin\frac{m\pi}{2}}{D\pi^5m^5\left(1+\frac{ka^4}{\pi^4m^4D}\right)}\{[(-1$$

$$+\mu)\frac{m^2\pi^2}{a^2}(E_m\beta_m+F_m\nu_m)+\sqrt{\frac{k}{D}}(F_m\beta_m-E_m\nu_m)\right]\mathrm{sh}\frac{\beta_m b}{2}\cos\frac{\nu_m b}{2}$$

$$+[(1-\mu)\frac{m^2\pi^2}{a^2}(E_m\nu_m-F_m\beta_m)-\sqrt{\frac{k}{D}}(E_m\beta_m+F_m\nu_m)]\mathrm{ch}\frac{\beta_m b}{2}\sin\frac{\nu_m b}{2}\}$$

$$=-\frac{16\pi q_0}{mb}\sum_{i=1,3\cdots}^{\infty}\frac{\frac{i^2}{b^2}+(2-\mu)\frac{m^2}{a^2}}{\pi^4D\left(\frac{m^2}{a^2}+\frac{i^2}{b^2}\right)^2+k}\sin\frac{i\pi}{2}\sin\frac{m\pi c}{2a}\sin\frac{i\pi d}{2b}(i=1,3\cdots\infty)\qquad(24)$$

再将式(5)、(8)、(13)、(15)及(18)代入式(22)可得

$$\sum_{m=1,3\cdots}^{\infty} a_m \cdot \frac{m\pi}{a}\Big[A_m\Big(\beta_m \mathrm{sh}\frac{\beta_m b}{2}\cos\frac{\nu_m b}{2} - \nu_m \mathrm{ch}\frac{\beta_m b}{2}\sin\frac{\nu_m b}{2}\Big) + B_m\Big(\beta_m \mathrm{ch}\frac{\beta_m b}{2}\sin\frac{\nu_m b}{2} + \nu_m \mathrm{sh}\frac{\beta_m b}{2}\cos\frac{\nu_m b}{2}\Big)\Big] + \sum_{i=1,3\cdots}^{\infty} b_i \cdot \frac{i\pi}{b}\Big[C_i\Big(\beta_i \mathrm{sh}\frac{\beta_i a}{2}\cos\frac{\nu_i a}{2} - \nu_i \mathrm{ch}\frac{\beta_i a}{2}\sin\frac{\nu_i a}{2}\Big) + D_i\Big(\beta_i \mathrm{ch}\frac{\beta_i a}{2}\sin\frac{\nu_i a}{2} + \nu_i \mathrm{sh}\frac{\beta_i a}{2}\cos\frac{\nu_i a}{2}\Big)\Big] - c\,\frac{4kb^4}{D\pi^5}\sum_{i=1,3\cdots}^{\infty}\frac{1}{i^4\Big(1+\frac{kb^4}{\pi^4 m^4 D}\Big)} \cdot \Big[E_i\Big(\beta_i \mathrm{sh}\frac{\beta_i a}{2}\cos\frac{\nu_i a}{2} - \nu_i \mathrm{ch}\frac{\beta_i a}{2}\sin\frac{\nu_i a}{2}\Big) + F_i\Big(\beta_i \mathrm{ch}\frac{\beta_i a}{2}\sin\frac{\nu_i a}{2} + \nu_i \mathrm{sh}\frac{\beta_i a}{2}\sin\frac{\nu_i a}{2}\Big)\Big] = \frac{16q_0}{ab}\sum_{m=1,3\cdots}^{\infty}\sum_{i=1,3\cdots}^{\infty}\frac{\sin\frac{mac}{2a}\sin\frac{i\pi d}{2b}\sin\frac{m\pi}{2}\sin\frac{i\pi}{2}}{\pi^4 D\Big(\frac{m^2}{a^2}+\frac{i^2}{b^2}\Big)+k} \tag{25}$$

将方程(23)、(24)和(25)联立即可得一组以 a_m、b_i 和 c 为未知数的无穷型的线性代数方程组。由于 a_m 和 b_i 均为广义简支边边界位移的傅立叶级数的展开系数，c 为实际结构的角点位移，所以解的唯一性和收敛性是显而易见的。因此，取足够多的有限项求解即可得到足够精确的解答。再将解得的 a_m、b_m 和 c 分别代入式(3)、(6)、(11)、(15)和(16)，并注意 $c=q_0/k$，然后取 $W=W_1+W_2+W_3+W_4+W_5$，即可得到单轮荷载作用于刚性路面中央时表面弯沉的解析表达式。将求得的值代入(1)式中关于弯矩和剪力的计算式，还可进一步得到弯拉应力和剪切应力的解析表达式。

1.2 车轮荷载作用于路面板的板角

假设车轮和路面之间的接触区间为一矩形，接触应力为一常值 q_0(图 3)，则根据圣维南局部作用原理，图 3 所给出的结构可近似地看成图 4 所示的结构。然后仿照研究前一问题的方法，将其分解为图 5 所示的 5 种基本体系的叠加。只要将式(3)，(4)和式(5)所表示的四边简支、中央受局部均布载荷作用的 Winkler 地基矩形板的解用图 5 所示的四边简支在板角局部内域内受均布法向载荷作用的 Winkler 地基矩形板的解取代，则前一问题的全部分析过程及数学表达式在这里都是适用的。

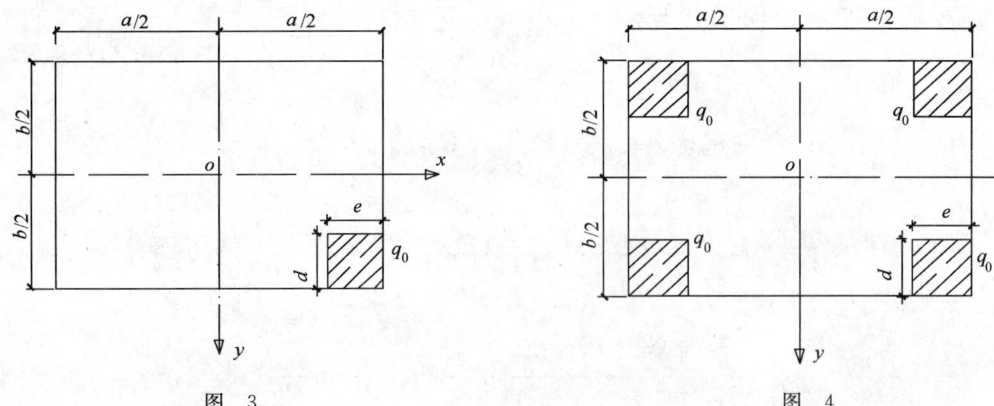

图 3　　　　图 4

为了求得图 5a)所示系统的解，我们仍然采用纳维解法。将 W_1 展为双三角级数后不难由基本方程(1)解得

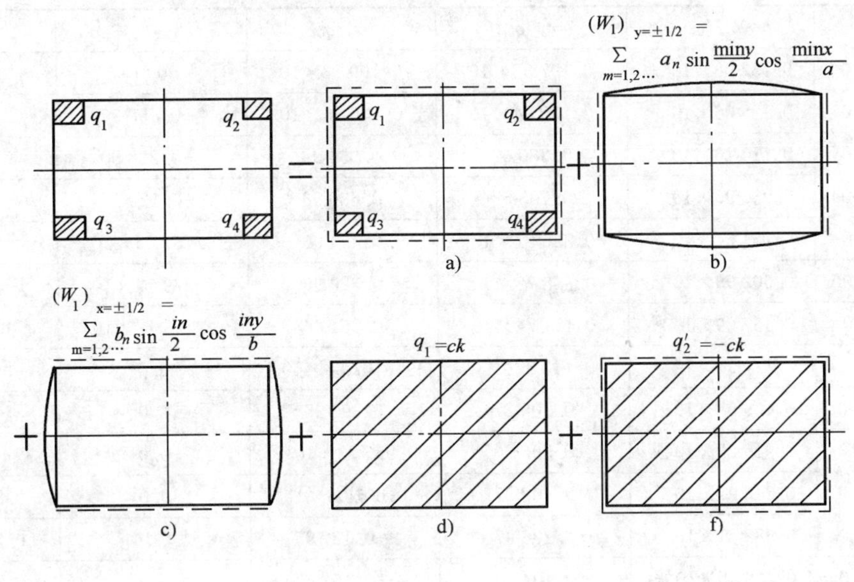

图 5

$$W_1=\sum_{m=1,3\cdots}^{\infty}\sum_{i=1,3\cdots}^{\infty}\frac{16q_0\left(1-\cos\frac{mae}{2a}\right)\left(1-\cos\frac{i\pi d}{2b}\right)}{mi\pi^2\left[\pi^4 D\left(\frac{m^2}{a^2}+\frac{i^2}{b^2}\right)+k\right]}\sin\frac{m\pi}{2}\sin\frac{i\pi}{2}\cos\frac{m\pi x}{a}\cos\frac{i\pi y}{b} \tag{26}$$

$$(V_{x_1})_{x=\pm\frac{a}{2}}=-D\sum_{m=1,3\cdots}^{\infty}\sum_{i=1,3\cdots}^{\infty}\frac{16\pi q_0\left(1-\cos\frac{m\pi e}{a}\right)\left(1-\cos\frac{i\pi d}{b}\right)\sin\frac{i\pi}{2}}{ai\left[\pi^4 D\left(\frac{m^2}{a^2}+\frac{i^2}{b^2}\right)+k\right]}\cdot\left[\frac{m^2}{a^2}+(2-\mu)\frac{i^2}{b^2}\right]\cos\frac{i\pi y}{b} \tag{27}$$

$$R_1=2D(1-\mu)\sum_{m=1,3\cdots}^{\infty}\sum_{i=1,3\cdots}^{\infty}\frac{16q_0\left(1-\cos\frac{m\pi e}{2a}\right)\left(1-\cos\frac{i\pi d}{2b}\right)}{ab\left[\pi^4 D\left(\frac{m^2}{a^2}+\frac{i^2}{b^2}\right)+k\right]} \tag{28}$$

将式(27)除以 D 取代式(23)中等号的右端项，再将 a 和 b、c 和 d、m 和 i 互换，并作为式(24)中等号的右端项，同时将式(28)除以 $2D(1-\mu)$ 取代式(25)等号的右端项，并注意应用三角函数的正交性消去关于坐标函数的求和符号，即可得求解这一问题的无穷型的线性代数方程组。解之即得车轮荷载作用于板角时刚性路面的弯沉、弯拉应力和剪切应力的解析表达式。

2 数值结果

本文取 $a=200$cm，$b=400$cm，$c=d=19.05$cm，板厚 $h=15$cm，板的弹性模量 $E=30\,000$kg/cm，泊松比 $\mu=0.2$，地基系数 $k=1.5$kg/cm^3，按板中央矩形区间均匀加载的情况进行计算(图 1)，所求得的数值结果见表 1(m 和 i 各取 20 项计算)。

Winkler 地基矩形板中央区间均匀加载计算结果 表1

x	y	W/q_0	σ_x/q_0	σ_y/q_0	τ_{xz}/q_0	τ_{yz}/q_0
0.0	0.0	0.13208×10^{-1}	0.19732×10	0.19978×10	0.0	0.0
15.0	0.0	0.12506×10^{-1}	0.10084×10	0.14636×10	−0.459 36	0.0
30.0	0.0	0.11016×10^{-1}	0.380 62	0.934 98	−0.228 50	0.0
45.0	0.0	0.93095×10^{-2}	0.103 58	0.630 98	−0.129 12	0.0
60.0	0.0	0.76154×10^{-2}	-0.25621×10^{-1}	0.444 96	-0.73735×10^{-1}	0.0
75.0	0.0	0.60299×10^{-2}	-0.66878×10^{-1}	0.329 99	-0.37977×10^{-1}	0.0
9.0	0.0	0.45729×10^{-2}	-0.45174×10^{-1}	0.261 46	-0.12912×10^{-1}	0.0
0.0	15.0	0.12491×10^{-1}	0.14362×10	0.10288×10	0.0	−0.452 76
0.0	30.0	0.10958×10^{-1}	0.905 27	0.390 95	0.0	−0.230 43
0.0	45.0	0.91922×10^{-2}	0.596 60	0.95573×10^{-1}	0.0	−0.135 37
0.0	60.0	0.74397×10^{-2}	0.402 97	-0.60108×10^{-1}	0.0	-0.83846×10^{-1}
0.0	75.0	0.58221×10^{-2}	0.276 97	−0.137 95	0.0	-0.51941×10^{-1}
0.0	90.0	0.43945×10^{-2}	0.194 28	−0.167 67	0.0	-0.30898×10^{-1}
0.0	105.0	0.31713×10^{-2}	0.140 48	−0.166 92	0.0	-0.16684×10^{-1}
0.0	120.0	0.21421×10^{-2}	0.106 27	−0.147 52	0.0	-0.71438×10^{-2}
0.0	135.0	0.12812×10^{-2}	0.85300×10^{-1}	−0.117 88	0.0	-0.10118×10^{-2}
0.0	150.0	0.55546×10^{-3}	0.73111×10^{-1}	-0.84338×10^{-1}	0.0	0.24909×10^{-2}
0.0	165.0	-0.71019×10^{-4}	0.66393×10^{-1}	-0.51774×10^{-1}	0.0	0.38572×10^{-2}
0.0	180.0	-0.63192×10^{-3}	0.62541×10^{-1}	-0.24098×10^{-1}	0.0	0.34007×10^{-2}
0.0	195.0	-0.11556×10^{-2}	0.59341×10^{-1}	-0.45413×10^{-1}	0.0	0.12685×10^{-2}

注：表中 x、y、W 的单位为 cm；q_0、δ_x、δ_y、τ_{xz}、τ_{yz} 单位为 kg/cm^2。

由附表中的计算结果可以看出，最大弯沉和最大弯拉应力点均在板的中点，其值分别为 $W_{max}=0.013208q_0$ 和 $\sigma_{max}=1.9978q_0$。

如取相同的结构参数和材料参数，但按图 4 所示的在板角的小矩形区域均匀加载的情况进行计算，则发现最大弯沉发生在角点，其值为 $W_{max}=0.048575q_0$，而相应的中点弯沉仅为 $W_0=0.28013\times10^{-5}q_0$，不到 W_{max}的万分之一。可见，在角点附近加载对中点几乎没有影响，所以，用图 4 所示结构近似地代替图 3 所示结构进行计算是足够精确的。

3 结语

(1)计算表明，当路面板中央的矩形区域内作用有均布荷载时，板角位移 W_0/q_0 随着比值 a/e 的变化可能出现负值，即板角向上翘曲(图 6)。这意味着路面和路基之间将出现拉应力状态，和我们在对柔性路面作非线性接触分析时所得出的结论是一致的。这一点应引起工程部门的注意。

(2)当荷载作用于路面板的中央时，路面的最大弯沉 W_{max}/q_0 随比值 a/e 的变化规律如图 7 所示。由图可见，随着 a/e 的增大，W_{max}/q_0 趋近于一常数 $C_0=0.0122$。这是无限大板最大弯沉和荷载强度的比值。而当 $a/e\geqslant20$ 时，W_{max}/q_0 已非常接近这一数值。此外，由图 6 可以看出，当$a/e\geqslant20$ 时，板角位移也已小到可以忽略不计的程度。所以，当 $a/e\geqslant20$ 时当作无限大板处理是满足精度要求的。

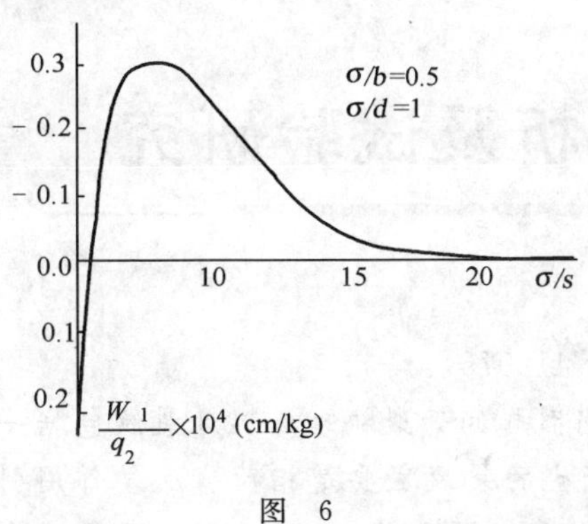

图 6

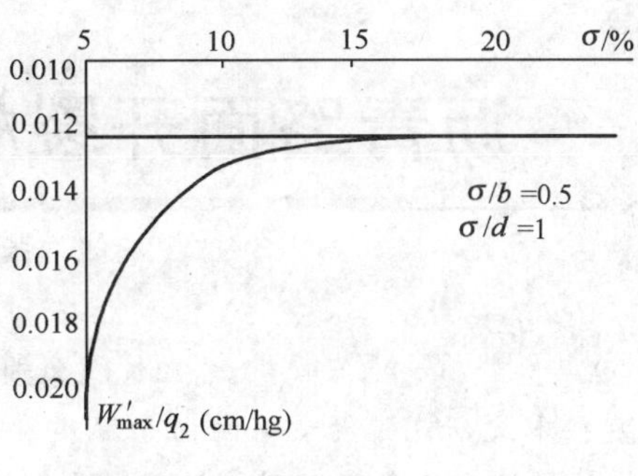

图 7

(3)为了验证本文理论和计算的正确性,我们按照本文所解得的 W 的解析表达式对地基反力的合力进行了计算,将解得的 a_m、b_i 和 c 分别代入(29)式中相应的位移表达式并作积分运

$$P = 4\int_0^{a/2}\int_0^{a/2}(W_1 + W_2 + W_3 + W_4 + W_5)k\mathrm{d}x\mathrm{d}y \tag{29}$$

算,可得 $P=363.149q_0$。而作用于路面板中央矩形区域内的均布荷载的合力为 $Q = 362.903q_0$ 。相对误差仅为 0.068%,可见本文的推导和计算是正确的。

(4)本文在分析过程中,仅考虑了单轮荷载的作用。然而,整个过程完全适用于双轮荷载和多轮荷载的情况。同时,用这种方法还可对车轮荷载作用于路面板任意位置的情况进行分析。

沥青路面开裂机理分析及试验研究

张起森　刘益河

（长沙交通学院　长沙　410076）

摘　要：本文研究了沥青路面由于温度和荷载反复作用引起的开裂机理。温度裂纹包括一次降温引起的裂纹和反复降温引起的疲劳裂纹。荷载作用产生的裂纹主要是指荷载反复作用引起的疲劳裂纹。另一类，裂纹是反射裂缝，它也是与温度和荷载作用有关的。对于不同原因产生的裂纹，本文分析了裂纹的形成和发展，并用光弹试验研究了路面开裂后的应力状态，应力强度因子和裂纹扩展到稳定性问题。

关键词：沥青路面　开裂机理　分析　试验研究

1　路面的裂纹

沥青路面开裂是一种很普遍的破坏现象。开裂之处对路面的使用性能影响不大，但随着裂纹的扩大，由于雨水侵入，会使道路基层乃至路基含水量增加，强度降低，最后导致路面发生网裂、变形而破坏。所以，开裂不仅影响路面的外观，而且最终还可能导致路面的破坏。因此，它是道路工作者一直关注的问题。

沥青路面的裂纹除由于材料老化而产生的大面积碎裂之外（这种现象在使用煤沥青时最常见），由于温度收缩应力和荷载应力作用也会使路面开裂，另外还有开裂老路面或半刚性基层逐步反射到罩面层的反射裂缝，这种裂纹实际上也与温度应力和荷载应力有关。

温度裂纹可分为低温收缩裂纹（它是由一次较大的降温引起的）和因反复降温（不一定出现负温度，一次降温的幅度不大）产生的温度疲劳裂纹。这类裂纹的特征一般是先以横向裂缝出现在路面表面上（图 1），然后在温度应力的进一步作用和荷载因素影响下，裂纹扩展并加密，可能伴随出现纵向裂纹。由于低温开裂在我国北方修建的沥青路面中是一个主要的破坏形式，因此，它是北方各省重要研究课题之一。在南方虽然温度开裂没有那样严重，但也是路面开裂的一个重要原因。例如在广东省广州至深圳公路黄浦段的沥青混凝土路面中就发现了

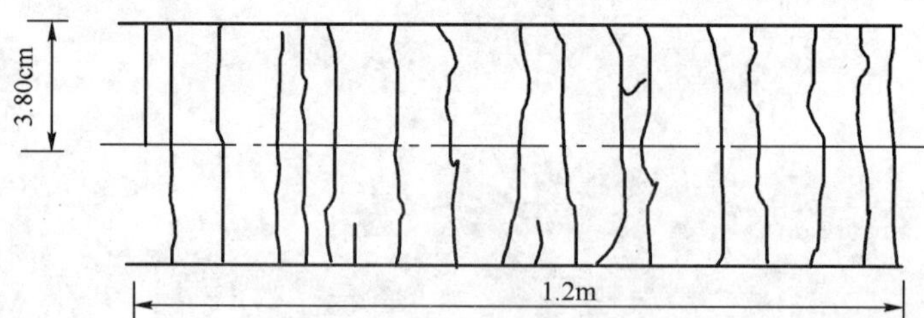

图 1　加拿大 Ste Anne 试验路第一个冬季出现的裂纹（150/200 沥青，1.2cm 沥青混凝土面层）

摘自《长沙交通学院学报》1988 年 9 月第 4 郑第 2 期。

间距几米或几十米的横裂。经现场分析，这类裂纹并不是半刚性基层的反射缝，而是由于反复降温而引起的温度疲劳裂纹。

荷载应力产生的裂纹情况比较复杂，它与路面结构的强度（整体强度和弯曲疲劳强度）密切相关。当路面整体强度明显不足时，在车轮荷载作用下，沥青面层会因承受过大的弯拉应力而破坏，并随着荷载的继续作用很快形成网裂。这种破坏现象在我国现有的沥青路面中是屡见不鲜的。当路面结构强度符合设计要求时，由于车轮荷载作用下沥青面层底面一般处于受拉状态（图 2），随着荷载的反复施加，沥青面层底面会因拉力疲劳而断裂。荷载疲劳裂纹的特征是，裂纹一般出现以纵向裂缝为主的网裂，而且发生在路面使用寿命的后期，这种荷载作用累计次数已接近沥青混合料的疲劳次数。由于结构设计不合理而产生的沥青路面裂纹，往往另有特征。根据调查，如果因为沥青面层下面的基层水稳性不足，例如使用泥结类基层而产生的裂纹，这类裂纹一般是比较细密的，并且伴随有变形和冒泥现象。如果沥青层下面的基层干稳定性不足，例如使用了级配不良的碎（砾）石基层，由此产生的沥青面层开裂，其裂纹也较细，裂块大小和形状与碎石颗粒相仿。

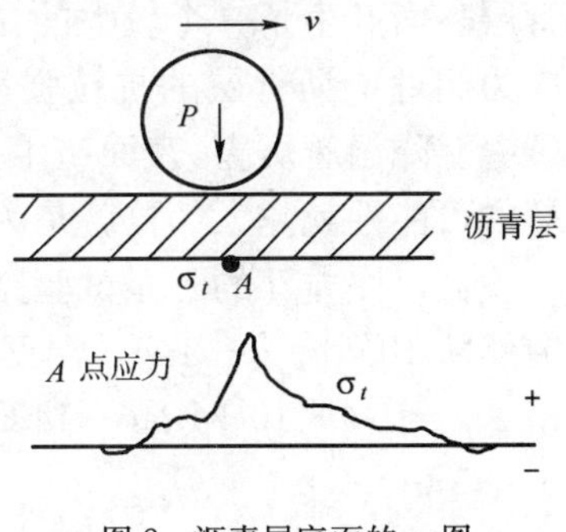

图 2　沥青层底面的 σ_t 图

道路使用者和设计者所关注的另一类裂纹是反射裂纹。反射裂纹发生在两种场合：一种是老路罩面，老沥青路面已大面积开裂，如果罩面层厚度较小，在荷载和温度应力的联合作用下，老路的裂纹很快就会反射到沥青层表面上来；另一种是沥青层铺筑在半刚性基层上，因为半刚性基层刚度较大，它会因温度变化和水分变化而产生裂纹，这些裂纹当沥青层厚度较薄时也会很快反射到沥青层表面上。反射裂纹一直是国内外道路工作者研究的重要课题。

2　沥青路面开裂机理分析

2.1　温度裂纹

已有调查资料证明，沥青面层在温度变化较小时具有板体性。由于气温随时间的变化，沥青层内的温度也发生周期性变化，而且沥青层表面和底面亦存在一个梯度（图 3）。由于这样，

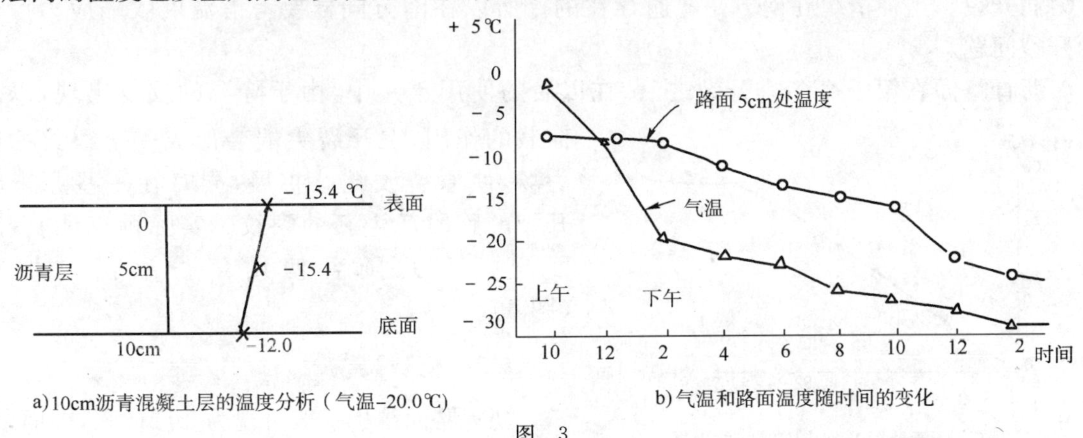

a) 10cm沥青混凝土层的温度分析（气温-20.0℃）

b) 气温和路面温度随时间的变化

图　3

沥青面层也像混凝土路面一样发生伸缩变形和翘曲变形(图 4)。当这种变形受到基层和周围路面阻挠时或在路面自重作用下,面层内就会产生收缩应力和翘曲应力。当气温下降时,沥青层会收缩,在层内产生拉应力;同时层顶面和层底的温差还会使沥青层发生翘曲,使层上部受拉,下部受压。这样,收缩和翘曲作用的综合结果,导致在沥青层表面产生了一个较大的拉应力。如果这个拉应力超过了沥青层的抗拉强度,则表面就会形成裂缝。降温越厉害,表面产生拉应力就越大(沥青混合料的劲度模量增大,温度差增大形成网裂的可能性就越大。这就是为什么北方温缩裂纹比南方严重的原因。

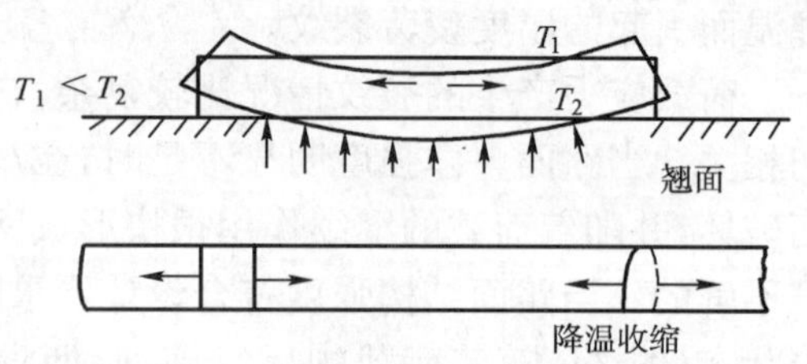

图 4　沥青路面的收缩和翘曲变形

我们以黑龙江的一条试验路资料来作说明。该试验路段是 1981 年 7 月完工的。如果气温突然从 10℃降为－14℃,温度差 $\Delta t=24$℃,取沥青混凝土的收缩系数 $\alpha=1.5\times10^{-5}$/℃,劲度模量 $s=0.4\times10^4$MPa(－14℃时),则温度收缩应力可按下式计算

$$\sigma_t=\frac{s\alpha\Delta t}{1-\nu}=\frac{0.4\times10^4\times1.5\times10^{-5}\times24}{1-0.25}=1.92(\text{MPa})$$

根据试验路的结构,沥青混凝土仅 3～4cm,所以可认为其顶面和底面无温差,温度翘曲应力可以不考虑。但即使如此,仅温度收缩应力一项就已超过了材料的抗拉强度。试验结果表明,沥青混凝土的抗拉强度一般不会超过 1.5MPa,因此,该试验路在 10 月份到 11 月份的突然降温过程中产生裂纹是必然的。图 5 是该试验路段调查时的开裂情况。如果降温是反复出现的,虽然每次降温的幅度不大,甚至不出现负温度,但沥青路面仍因温度疲劳应力而开裂。这种情况在南方是普遍存在的。所以在南方同样要考虑温度收缩应力产生的开裂问题。

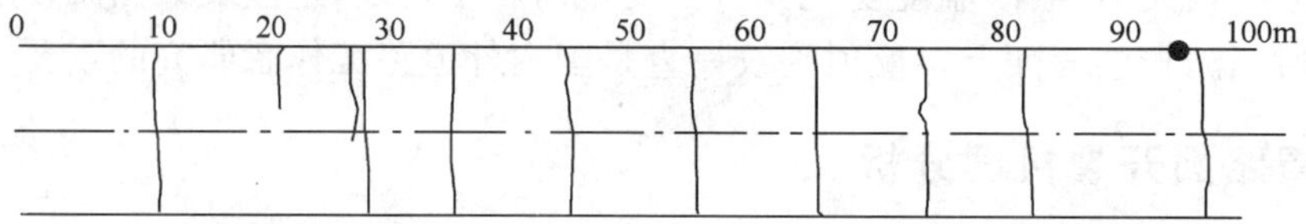

图 5　黑龙江某试验路竣工后第一个冬季的开裂情况

沥青路面在第一个冬季开裂之后,在以后的使用年月中,由于降温的反复出现,以及荷载的作用,在开裂尖端会形成一个很大的应力场,使原裂纹继续扩展,同时在一些原来未开裂的路段产生新的裂纹。实际调查证明,路面开裂率是随着使用年份逐渐增加的(图 6)。

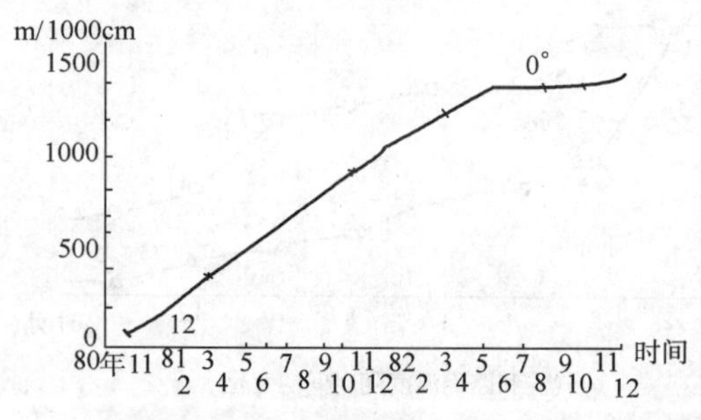

图 6　沥青路面开裂率随时间的发展

2.2　荷载裂纹

沥青路面结构一般可视为 3 层体系,即面层、基层和路基。根据 3 层体系的应力分析,面层底

面一般处于受拉状态。拉应力大小除与荷载有关外，还与 h_1/δ、H/δ、E_2/E_1、E_3/E_2 等有关（图 7）。如果面层较薄和面层模量较大，或基层较薄和路基模量较小，这时沥青底面在荷载作用下会产生较大的拉应力，路面很可能在荷载作用次数较少时开裂。实际道路上，这种情况一般出现在路面结构整体强度不足时。如果道路整体强度满足了设计要求，路面组合结构又比较合理，在这种情况下，沥青面层会因荷载反复作用而疲劳开裂。荷载反复作用次数则与拉应力（或拉应变）的大小、沥青混合料组成、沥青用量和性质等因素有关。一般可以按下式计算

$$N = c\left(\frac{1}{\varepsilon_r}\right)^n \text{或} N = c'\left(\frac{1}{\varepsilon_r}\right)^{n'}$$

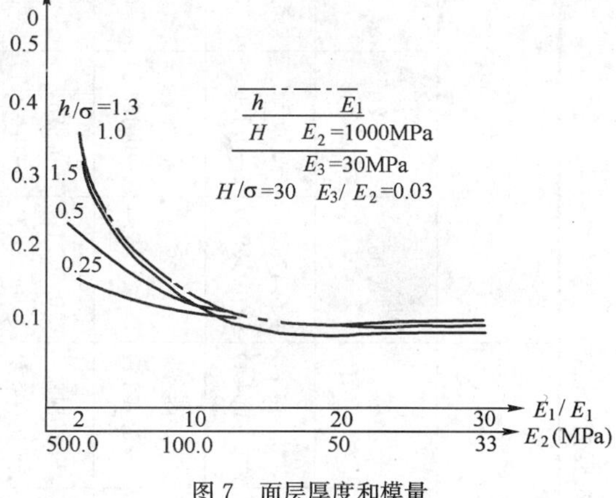

图 7　面层厚度和模量

式中，c、n、c'、n'是与沥青混合料组成、沥青性质和用量等有关的系数。

例如，根据一些试验，沥青混凝土的 c 可取为 2.74×10^6，n 为 4。若在荷载作用下，沥青层底面的拉应变为 800×10^{-6}，则

$$N = 2.74\times10^6\times\left(\frac{1}{800\times10^{-6}}\right)^{-4} = 6.7\times10^6\text{（次）}$$

即在这种情况下，沥青路面可经受 670 万次的荷载作用才发生疲劳开裂。

与前面温度裂纹不同，荷载产生的裂纹通常先出现在沥青层的底面，然后在荷载作用下，裂纹逐渐扩展和加密。计算表明在双圆荷载作用下，切向应力 σ_θ 一般比径向应力 σ_r 大 20%～40%，故路面有可能首先产生纵向裂纹。在沥青层表面上的裂纹特征是以纵向裂纹为主的网裂或龟裂。当然，在经常出现制动或加减速的路段，水平力的作用也是不可忽视的（根据我们进行的试验，在汽车加速或减速时，水平力可达车轮垂直作用力的 0.4～0.6 倍；在紧急刹车时，水平力可达垂直作用力的 0.8 倍以上），这时需要考虑水平力和垂直力对路面结构的综合作用。按照计算（表 1），这种情况下，沥青层表面荷载作用面层边缘（轮后）处出现的径向拉应力一般都大于在面层底面产生的最大拉应力，因此面层表面首先出现拉裂的可能性更大。综上所述，沥青面层在荷载作用下产生裂纹的机理是比较复杂的。对于一般路段，开裂首先发生在沥青表面层的底部，然后逐渐向上扩展到表面。在水平力作用比较大的路段，裂纹更可能首先在沥青表面出现，然后逐渐向沥青层下扩展。后者与温度裂纹的特征非常相似。在调查沥青路面开裂时，看到沥青层表面裂口大，裂缝向下扩展的现象比较普遍。

2.3 反射裂纹

如前所述，反射裂纹是指老路面上的裂纹或半刚性基层表面的裂纹，在荷载和温度应力的作用下，逐渐反射到沥青表面的裂纹。实际调查证明，这种裂纹在沥青层较薄时，一般 1～2 年就会产生。长时间以来，人们为了认识和防治这种裂纹已进行了不少研究，但看来成果不是那

三层连续体系上层表面轮后 $r=1.1\delta$ 和上层底面 $r=0$ 处最大拉应力比较

表 1

h_1/δ	h_2/δ	E_2/E_1	0.3			0.8			1.5		
		E_3/E_2 / 水平力系数	0.05	0.2	0.5	0.05	0.2	0.5	0.05	0.2	0.5
1.0	2.0	0.3	0.103 4 (0.340 2)	0.358 7 (0.378 6)	0.490 8 (0.398 2)	0.365 9 (−0.065 8)	0.537 0 (−0.025 8)	0.619 4 (−0.004 4)	0.476 3 (−0.189 0)	0.604 5 (−0.156 9)	0.662 8 (−0.140 1)
		0.4	0.289 5 (0.340 7)	0.542 1 (0.379 1)	0.671 8 (0.398 6)	0.537 0 (−0.064 0)	0.705 3 (−0.023 9)	0.785 5 (−0.002 7)	0.639 2 (−0.185 9)	0.764 9 (−0.153 8)	0.821 4 (−0.136 9)
		0.5	0.475 7 (0.341 3)	0.725 5 (0.379 7)	0.852 8 (0.399 2)	0.708 0 (−0.061 9)	0.873 7 (−0.021 8)	0.951 7 (−0.000 7)	0.802 1 (−0.182 3)	0.925 3 (−0.150 1)	0.979 9 (−0.133 1)
		0.8	1.034 3 (0.343 9)	1.275 8 (0.332 1)	1.395 8 (0.401 4)	1.221 1 (−0.054 0)	1.378 7 (−0.014 0)	1.450 2 (−0.007 2)	1.290 8 (−0.167 4)	1.406 6 (−0.135 0)	1.455 6 (−0.117 7)
	3.0	0.3	0.260 6 (0.339 3)	0.423 7 (0.377 4)	0.512 6 (0.337 4)	0.467 5 (0.053 4)	0.576 2 (−0.020 3)	0.631 7 (−0.002 6)	0.553 6 (−0.176 2)	0.632 6 (−0.151 3)	0.6712 9 (−0.138 2)
		0.4	0.443 2 (0.339 8)	0.605 0 (0.377 8)	0.692 6 (0.397 8)	0.635 3 (−0.051 6)	0.742 7 (−0.018 6)	0.797 1 (−0.001 0)	0.713 6 (−0.173 0)	0.791 4 (−0.148 2)	0.829 2 (−0.135 0)
		0.5	0.625 9 (0.340 4)	0.786 3 (0.378 4)	0.872 7 (0.398 3)	0.803 1 (−0.04945)	0.909 2 (−0.016 5)	0.962 5 (−0.001 1)	0.873 6 (−0.169 2)	0.950 3 (−0.144 4)	0.987 1 (−0.131 2)
		0.8	1.174 0 (0.342 9)	1.330 3 (0.380 7)	1.413 0 (0.400 6)	1.306 5 (−0.041 6)	1.408 6 (−0.008 6)	1.458 7 (−0.008 9)	1.353 6 (−0.128 9)	1.426 8 (−0.128 9)	1.460 9 (−0.115)

注:括号内的数值为上层底面 $r=0$ 处的最大拉应力系数。

么显著。以致一些国家得出结论，在高等级公路上，如果沥青直接铺筑在半刚性基层上，为了防止反射裂纹过早出现，沥青层的厚度应不小于15～20cm。

反射裂纹是怎么样形成的呢？让我们来分析一下图8所示的路面结构。在这个结构中基层或老路已开裂，沥青面层铺在其上。用有限元法计算了在面层内由荷载和温度作用产生的应力（图9）。从这些结果看出，在裂纹上面的沥青层内确实存在一个很大的水平拉应力和剪应力，这个应力就是使半刚性基层（或老路）裂纹向沥青面层反射的原因。

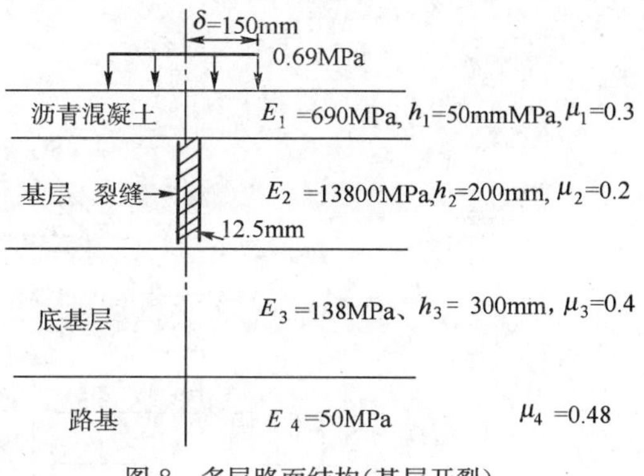

图8 多层路面结构（基层开裂）

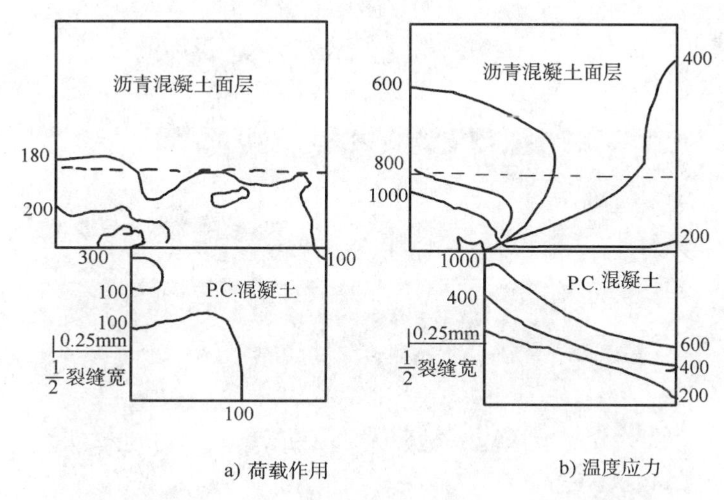

a) 荷载作用

b) 温度应力

图9 面层内应力分布图

3 路面开裂的光弹试验

从上面的分析已经知道，路面会因温度应力和荷载作用而产生裂纹。另外，在路面铺筑过程中总不免存在一些初始缺陷，如空隙微裂等。这些初始裂纹或缺陷的存在，使得路面的受力状态发生很大的变化，缝端处很大的应力集中会使裂纹继续扩展，最终导致路面破坏。为了说明这个问题，我们用光弹法对于这个开裂的路面进行了研究。路面结构的几何尺寸和弹性模量示于图10。路面的上层底面有一横向裂纹，缝宽1mm，缝深为路面厚度之半，即100mm。路面结构基层与面层的接触界面假定是连续的。荷载集度 $p=0.7$MPa，荷载作用位置分三种[图10b)]：

荷载面中心线距裂缝中心线15cm（I号模型），0cm（II号模型），15cm（III号模型）。

光弹模型材料采用618[*]环氧树脂。模型比例尺为1∶20。集中荷载是通过杠杆滑轮系统施加到柔性承载板上的，力比尺（2.5～3.0）×10^3。模型加载装置见图11。

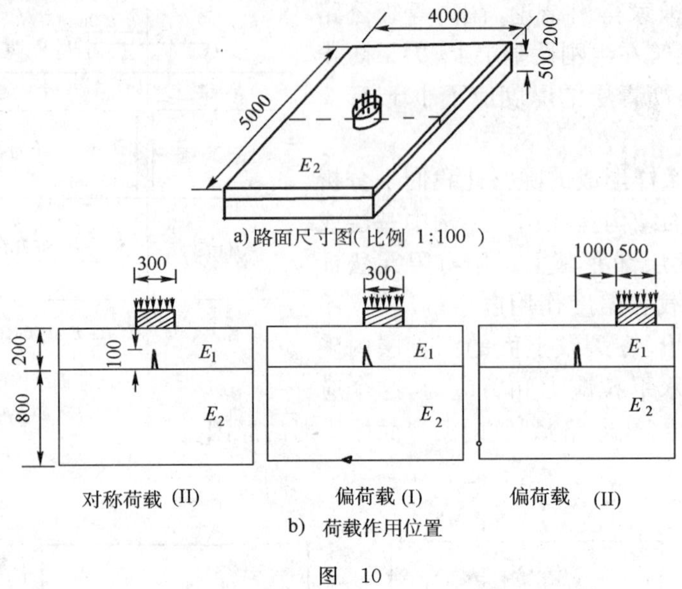

a) 路面尺寸图(比例 1:100)

b) 荷载作用位置

图 10

图 11 模型加载装置

根据光弹试验的有关知识,等色线条纹代表主应力差或等剪应力。因此,缝端应力场可用等色线表示,并可建立等色线与应力强度因子之间的关系。从断裂力学可知,当$\rho \ll r$(r为缝端曲率半径),见图 12,应力强度因子与等色线条纹关系可写为:

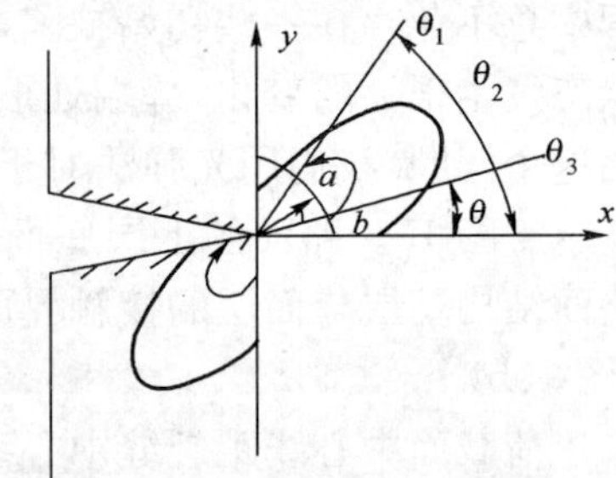

图 12 混合模型缝端等色线

张开型

$$K_{\mathrm{I}} = \frac{f}{d}\left[\frac{\pi r}{2}\right]^{1/2} nf(\theta) \tag{1}$$

剪切型

$$K_{\mathrm{II}} = \frac{f}{d}\left[\frac{\pi r}{2}\right]^{1/2} ny(\theta) \tag{2}$$

式中，f 为模型材料条纹值，可用对径受压圆盘标准试件确定；r 为测点离缝端距离；d 为模型的厚度；n 为模型等色线条纹级数。$f(\theta)$、$y(\theta)$ 为测点 a、b 的 θ 函数，可按下列公式计算

$$f(\theta)=[-2\cos\alpha+(4-\sin^2\alpha)^{1/2}]\cdot[(\sin^2\theta_a+\sin^2\theta_b)+\sin\theta_a\cdot\sin\theta_b\cdot(4-\sin^2\alpha)^{1/2}]^{-1/2} \tag{3}$$

$$y(\theta)=\sin\alpha[\sin^2\theta_a+\sin^2\theta_b+\sin\theta_a\cdot\sin\theta_b\cdot(4-\sin^2\alpha)^{1/2}]^{-1/2} \tag{4}$$

$$\alpha=\frac{\theta_a+\theta_b}{4}$$

相应于最大切向应力的裂纹扩展方向角 θ_b 可用下式确定

$$\theta_0=\arccos\left[\frac{3K_{\mathrm{II}}^2+K_{\mathrm{I}}(K_{\mathrm{I}}^2+8K_{\mathrm{II}}^2)^{1/2}}{K_{\mathrm{I}}^2+9K_{\mathrm{II}}^2}\right] \tag{5}$$

沿着裂纹扩展方向的最大切向应力 $(\sigma_\theta)_{\max}$ 为

$$(\sigma_\theta)_{\max}=[2\pi r]^{1/2}\cos\frac{\theta_0}{2}\left[K_{\mathrm{I}}\cos^2\frac{\theta_0}{2}-\frac{3}{2}K_{\mathrm{II}}\sin\theta_0\right]\left[K_{\mathrm{I}}\cos^2\frac{\theta_0}{2}-\frac{3}{2}K_{\mathrm{I}}\sin\theta_0\right] \tag{6}$$

断裂判据为

$$K^*=(\sigma_0)_{\max}\sqrt{2\pi r} \tag{7}$$

当时 $K^*=K_{1c}$，裂纹失稳扩展。K_{1c} 为材料的断裂韧性，由试验确定。

为了研究裂纹附近的应力状态，并进一步了解应力在界面上的传递规律，我们在模型平行于行车方向取了三个不同位置的切片(图 13)。

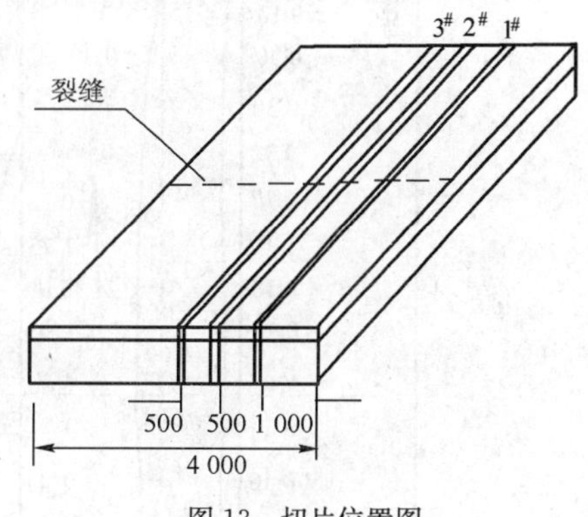

图 13 切片位置图

各断面的盈利用剪应力差法进行计算，其式为

$$\sigma_{xi}=\sigma_{xi-1}-\sum_{i-1}^{i}\frac{\Delta\tau_{xy}}{\Delta y}\Delta x$$

$$\sigma_y=\sigma_x-\frac{cf}{d_z}n_z\cos\theta_z$$

$$\tau_{xy}=\frac{cf}{2d_z}n_z\cos2\theta_z$$

式中，c 为应力比尺；f 为材料条纹值；d_z 为 z 向切片厚度；θ_z 为 z 向照射时等倾线角度；n_z 为 z 向照射时条纹级数。

对于临近缝端的测点 r，条纹级数 n 和 θ_m 的测量结果示于表 2。

临近缝端的测点 r_{mm}、条纹数 n、θ_m 的测量结果 表 2

模型	切片	测点参数			测量结果			取值		注
		θ_m(度)	n(条)	r_{mm} (cm)	K_I	K_{II}	θ_0	$\overline{K}_I$	$\overline{K}_{II}$	
I	1#	−75	8	2	19.52	8.31	−44	23.94	8.73	$E_1/E_2=10$
		−62	7	3.2	28.35	9.15	−44			
	2#	−80	7	2	15.33	7.24	−30	18.96	8.00	
		−70	6	4	22.59	8.77	−32			
	3#	−30	8	2	91.52	12.49	−48	96.10	13.10	
		−30	7	3.2	100.67	13.72	−48			
II	1#	−70	3	1.6	4.32	1.65		4.32	1.65	$E_1/E_2=10$
		−65								
	2#	−65	4	2.0	7.29	2.52		7.29	2.52	
	3#	−60	5	1.6	8.75	2.70		8.75	2.70	
III	3#	−53	6	2.6	33.71	8.87		31.45	8.74	$E_1/E_2=10$
		−61	5.5	5.2	29.19	8.60				

利用试验确定的材料参数，通过一系列计算，得到了三个模型不同切片位置处的正应力和剪应力分布。为了说明问题，下面我们仅列出Ⅰ号模型 2# 切片和 3# 的应力分布图（图 14 和图 15）和Ⅰ号模型等色线（图 16）。分析这些结果可以看出：

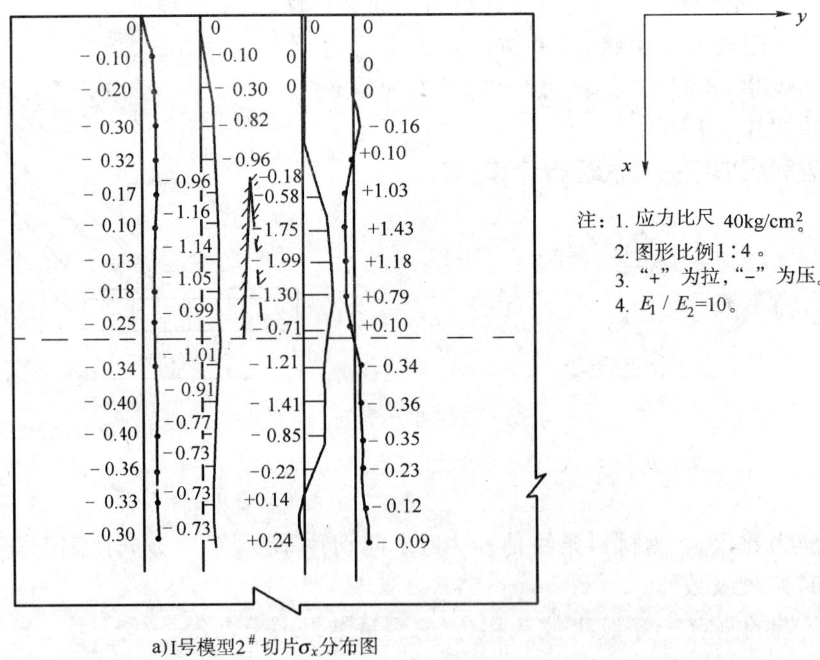

a)Ⅰ号模型2# 切片σ_x分布图

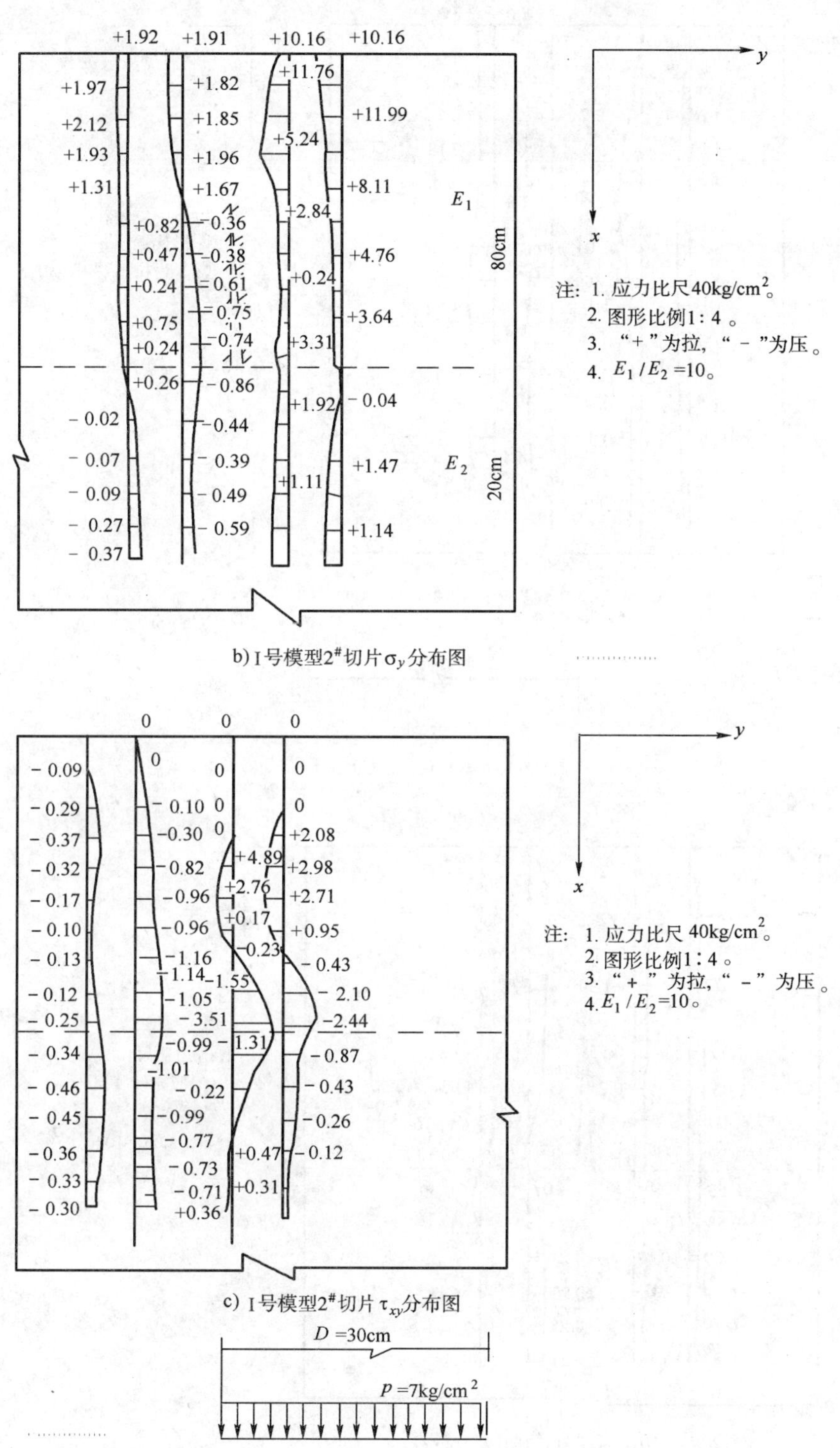

b) Ⅰ号模型2#切片σ_y分布图

c) Ⅰ号模型2#切片τ_{xy}分布图

图　14

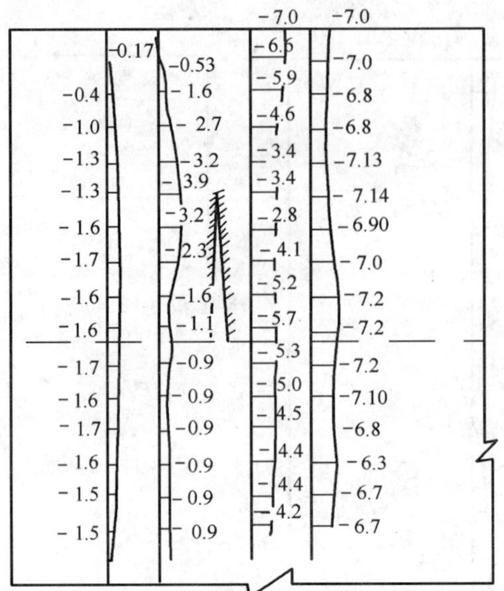

y

x

注：1. 应力比尺40kg/cm²。
2. 图形比例1 : 4 。
3. “+”为拉，“-”为压。
4. E_1 E_2 =10 。

a) I 号模型3[#]切片σ_x分布图

D=30cm

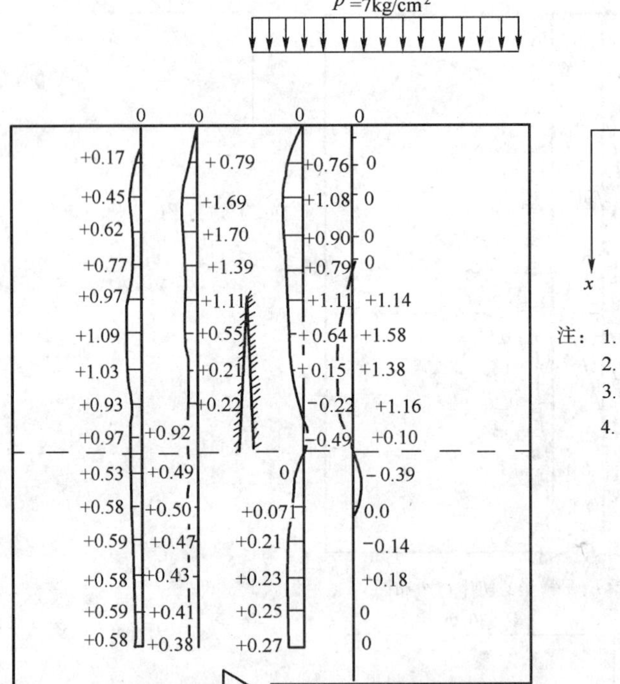

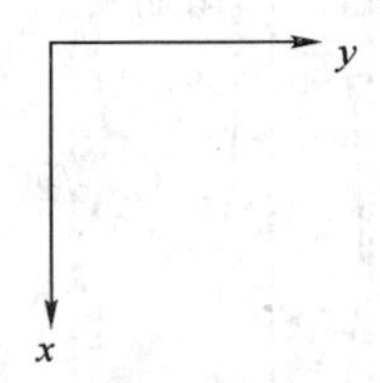

注：1. 应力比尺40kg/cm²。
2. 图形比例 1:4
3. “+”为拉，“-”为压。
4. E_1 / E_2 =10。

b) II号模型3[#]切片τ_{xy}分布图

图 15

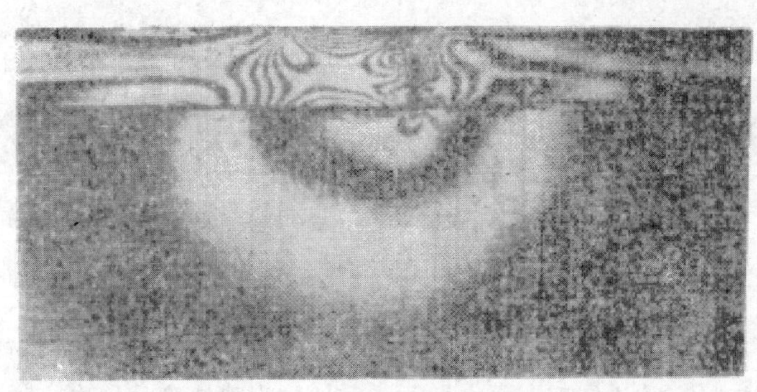

图 16 I号模型 3# 切片模型等色线

a. 切片平面上垂直正应力 σ_x 为压应力，最大值发生在路面与荷载板接触面上，其值为 -7kg/cm^2（-0.7MPa），应力往下传递逐渐减小，传递到下层的深度约为 60cm。由于缝端应力集中的影响，各断面正应力 σ_x 分布很不均匀，在 3# 切片上各 σ_x 出现峰值。

b. 正应力 σ_y（沿行车方向）在 3# 切片内部各点为压应力，在离开荷载作用处的断面内，路面上主要处于受拉状态，下层受压。最大拉应力发生在 I 号模型 2# 切片处，其值为 $+15.24\text{kg/cm}^2$（$+1.52$MPa）。

c. 剪切应力 τ_{xy} 在模型断面内各点分布很不均匀。一般是在裂缝附近与界面处，τ_{xy} 出现峰值。最大剪应力发生在 I 号模型 2# 切片内，其值为 4.89kg/cm^2（0.49MPa）。

d. 采用等参数法计算的盈利强度因子表明，I 号模型 3# 切片缝端的 K_{I} 最大，其值为 $K_{\text{I}}=96.11\text{kg/cm}^{3/2}$（$9.61\text{MN/m}^{3/2}$），$K_{\text{II}}=13.10\text{kg/cm}^{3/2}$（$1.31\text{MN/m}^{3/2}$），$K^*=79.81\text{kg/cm}^{3/2}$（$7.98\text{MN/m}^{3/2}$），开裂扩展到方向角 $\theta=30\sim40°$。根据一些试验结果，沥青混凝土材料的断裂韧性 $K_{1c}=30\sim50\text{kg/cm}^{3/2}$（$3.0\sim5.0\text{MN/m}^{3/2}$）。可见这种裂纹是处于不稳定状态的，它在荷载作用下有可能继续沿开裂角方向（偏离裂纹中心线）扩展。

e. 从模型各切片的应力结果看出，在裂纹端部均存在一定的应力集中现象，应力集中系数为 1.5～2.0。应力集中使得缝端产生一个很大的应力场，这个应力场便是裂纹继续扩展的动力。另外，当路面开裂后，其应力状态已不能再用弹性连续体系理论进行分析。所以，一旦路面在某种原因下产生了裂纹，其扩展往往是必然的，但裂纹扩展的速度则受荷载、温度、材料性质和路面结构等因素所制约。

4 结语

沥青路面开裂是路面破坏的一种普遍现象。为了防止开裂，保证路面的正常使用品质，研究路面开裂的机理是十分必要的。本文根据沥青路面的调查，着重对温度裂纹、荷载裂纹以及与荷载和温度应力有关的反射裂纹机理进行了分析。为了探讨路面开裂后的应力状态及裂纹扩展到稳定状态，我们对开裂后的路面模型进行了光弹试验。初步结果表明，用这种方法研究开裂路面的应力状态是可行的，他能帮助弄清路面开裂机理，但更进一步的研究工作需要继续进行。

刚性路面设计理论新探

郑健龙　张起森
（长沙交通学院　长沙　410076）

摘　要： 本文以双参数地基上有限尺寸的 Reissner 板作为刚性路面的力学模型，用解析的方法对路面的弯沉和应力进行了分析，并设计了计算机通用程序（只要输入材料参数和结构的几何参数，便可算得多轮荷载作用于任何位置时，路面中任意点的弯沉和弯拉应力的精确值）。与传统的有限元方法比较，该计算程序具有使用方便、适用范围广、数据量小、计算时间短、便于推广计算机辅助设计等优点。文中还对双参数地基、文克勒地基和弹性半空间地基这三种力学模型进行了数值比较。结果表明，对于刚性路面而言，双参数地基上的 Reissner 板是一种很有工程价值的力学模型。

关键词： 刚性路面　Reissner 板　双参数地基

目前，刚性路面设计有两种常用的力学模型，即文克勒地基板模型和弹性半空间地基板模型。前者计算简单，当把混凝土面板看作尺寸有限的矩形薄板时，可用解析的方法对轮载作用于板中、板边以及板角的情况进行分析。但由于文克勒地基没有考虑土体颗粒之间的横向剪切作用，故理论比较粗糙，与地基的实际情况有一定差距。后者比较接近实际情况，但仅当载荷作用于无限大板中央时，才能求得解析解；对于荷载作用于板边或板角的情况，则只能用有限元等数值方法求解。如果荷载作用于板角，即使用有限元方法求解，其数值结果也难以与实测值吻合，所产生的误差乃至比文克勒地基模型更大 。可见，这两种力学模型都有不完善之处。而双参数地基模型既考虑了基层中土体间的横向剪切效应，又能用解析的方法对荷载作用于板中、板边和板角的情况进行分析，故兼有文克勒地基和弹性半空间地基的优点。因此，以双参数地基上的矩形板作为刚性路面的力学模型，并开展有关的应用研究，无疑具有十分重要的意义。

1　基本方程

考虑到土体间的横向剪切作用，运用能量变分原理，可将土基对其上部建筑的垂直反作用力表为如下形式

$$p = kw - G_p \nabla^2 w \tag{1}$$

式中，w 为基础表面的垂直位移；$\nabla^2 = \frac{\partial^2}{\partial_x^2} + \frac{\partial^2}{\partial_y^2}$；$k$ 和 G_p 为双参数地基的地基参数。

摘自《长沙交通学院学报》1989 年 2 月第 5 卷第 2 期。

式(1)即为双参数地基的数学模型。其中,k 和文克勒地基的地基系数具有相同的物理意义,G_p 则表征了土基抵抗横向剪切变形的能力。它们可分别表示为:

$$\left.\begin{aligned} &k=\frac{E_0(1-\mu)\gamma}{L(1+\mu_0)(1-2\mu_0)}\Phi_k, G_p=\frac{E_0 L}{8(1+\mu_0)\gamma}\Phi_g \\ &\left.\begin{aligned}\Phi_k\\ \Phi_g\end{aligned}\right\}=\frac{\operatorname{sh}(2\gamma H/L)\operatorname{ch}(2\gamma H/L)\pm 2\gamma H/L}{\operatorname{sh}^2(2\gamma H/L)} \end{aligned}\right\} \tag{2}$$

式中,E_0 为土基的弹性模量;μ_0 为柏松比;H 为剪切深度;γ 为一个与土基性质有关的常数;L 为上部结构平面方向的特征尺寸。

另一方面,Reissner 板的控制方程

$$\left.\begin{aligned} &\nabla^2\nabla^2 F=q_1/D \\ &\nabla^2 f-\frac{2C}{(1-\mu)D}f=0 \end{aligned}\right\} \tag{3}$$

式中,D 为板的弯曲刚度 $D=\frac{Eh^3}{12(1-\mu^2)}$;$C$ 为板的剪切刚度 $C=\frac{5Eh}{12(1+\mu)}$;q_1 为作用于板上的垂直荷载。

板的挠度 w,横截面转角 Ψ_x、Ψ_y 以及内力 M_x、M_y、M_{xy}、Q_x、Q_y 则可分别由以下各式求解:

$$\left.\begin{aligned} &w=F-\frac{D}{C}\nabla^2 F \\ &\Psi_x=\frac{\partial F}{\partial x}+\frac{\partial f}{\partial y} \\ &\Psi_y=\frac{\partial F}{\partial y}-\frac{\partial f}{\partial x} \\ &M_x=-D\left[\frac{\partial^2 F}{\partial x^2}+\mu\frac{\partial^2 F}{\partial y^2}+(1-\mu)\frac{\partial^2 f}{\partial x\partial y}\right] \\ &M_y=-D\left[\frac{\partial^2 F}{\partial x^2}+\mu\frac{\partial^2 F}{\partial y^2}-(1-\mu)\frac{\partial^2 f}{\partial x\partial y}\right] \\ &M_{xy}=-D(1-\mu)\left[\frac{\partial^2 F}{\partial x\partial y}-\frac{1}{2}\left(\frac{\partial^2 f}{\partial x^2}-\frac{\partial^2 f}{\partial y^2}\right)\right] \\ &Q_x=-D\left(\frac{\partial}{\partial x}\nabla^2 F+\frac{C\partial f}{D\partial y}\right) \\ &Q_y=-D\left(\frac{\partial}{\partial y}\nabla^2 F-\frac{C\partial f}{D\partial x}\right) \end{aligned}\right\} \tag{4}$$

对于半刚性路面而言,作用于面板的垂直载荷 q_1 包括车轮载荷 q 和土基的反作用力 p,即

$$q_1=q-p \tag{5}$$

将式(5)代入式(3),并注意到式(1),即可得双参数地基上 Reissner 板的控制方程:

$$\left.\begin{aligned}\nabla^2\nabla^2 F-2\alpha^2\ \nabla^2 F+\beta^4 F=q/D\\ \nabla^2 f-2\theta^2 f=0\end{aligned}\right\}\tag{6}$$

式中,$\alpha^2=\dfrac{k/C+G_n/D}{2(1+G_p/C)}$,$\beta^4=\dfrac{k/D}{1+G_p/C}$,$\theta^2=\dfrac{C}{(1-\mu)D}$,$D_0=D(1+G_p/C)$,均为决定于结构和材料性质的常数。

只要根据确定的边界条件由式(6)解出 F 和 f,即可由式(4)求得路面板内任一点的挠度、转角和内力。

2 求解方法

以双参数地基上四边自由的 Reissner 矩形板作为刚性路面的力学模型,并将车轮对路面的作用近似地看作为矩形区间上的均布荷载(图 1),则可将图 1 所示的一般问题简化为图 2 所示几个基本问题的组合。

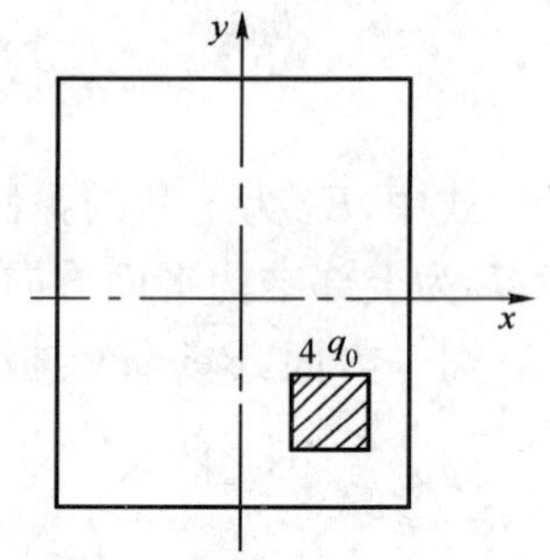

图 1 路面板上荷载位置示意图

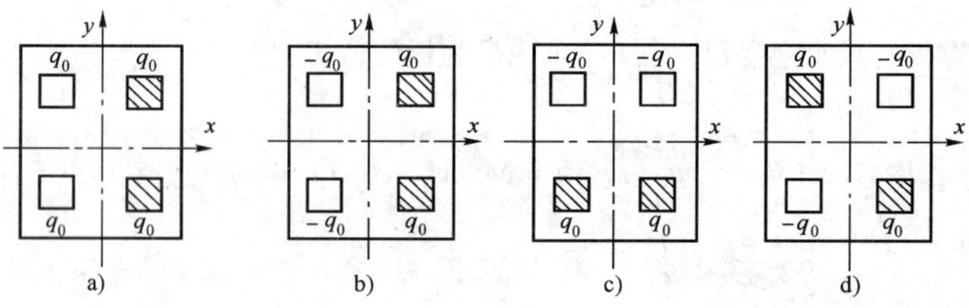

图 2 一般加载分解为对称、反对称示意图

图 2 中 a)为双轴对称问题,b)和 c)为一轴对称、另一轴反对称的问题,d)则为双轴反对称问题。

以上几类基本问题均可应用叠加原理和傅立叶级数展开的方法求解。

2.1 双轴对称问题

图 2a)所示的双轴对称问题,可根据位移叠加原理进一步分解为图 3 所示的三个基本问题。

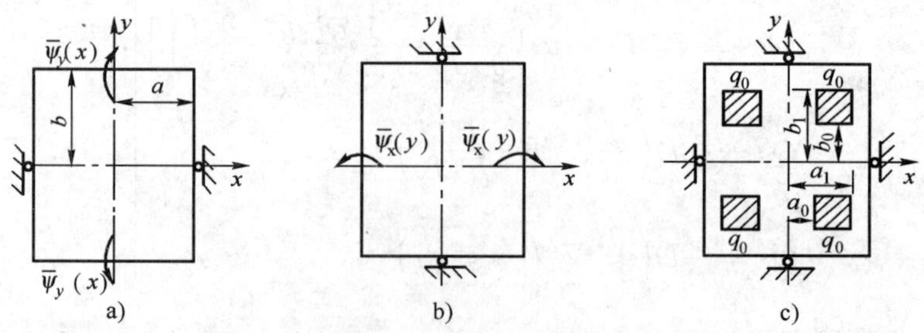

图 3 双轴对称加载的基本组合

图 3a)所对应的边界条件为

$$x=\pm a:M_{xy}=Q_x=\Psi_x=0$$

$$y=\pm b:M_{xy}=Q_y=0,\Psi_y=\overline{\Psi}_y=\sum_{m=0}^{\infty}A_m\cos\frac{m\pi x}{a} \tag{7}$$

式中,A_m 为待定的边界法向转角的傅立叶展开系数。

通常,将由式(7)决定的边界称为滑支边,由式(8)决定的边界称为广义滑支边,用图中所示的符号表示。

应用分离变量法可得满足控制方程(5)和上述边界条件的单三角级数解:

$$\left.\begin{aligned}F_a&=\sum_{m=0}^{\infty}\frac{A_m}{R_m}\{(U_m[\Phi_{4m}(b)\Phi_{1m}(y)+\Phi_{3m}(b)\Phi_{2m}(y)]\\&\quad+V_m[\Phi_{3m}(b)\Phi_{1m}(y)-\Phi_{4m}(b)\Phi_{2m}(y)]\}\cos\frac{m\pi x}{a}\\f_a&=\sum_{m=1}^{\infty}A_mW_m\mathrm{sh}\theta_m y\sin\frac{m\pi x}{a}\end{aligned}\right\} \tag{8}$$

式中:

$$\left.\begin{aligned}&\Phi_{1m}(y)=\mathrm{ch}\alpha_m y\cos\beta_m y,\Phi_{2m}(y)=\mathrm{sh}\alpha_m y\sin\beta_m y\\&\Phi_{3m}(y)=\mathrm{ch}\alpha_m y\sin\beta_m y,\Phi_{4m}(y)=\mathrm{sh}\alpha_m y\cos\beta_m y\\&\alpha_m=\sqrt{(t_m^2\pm\gamma_m^2\pm\alpha^2)/2}=\beta_m,t_m^2=\sqrt{\gamma_m^4+2\alpha^2\gamma_m^2+\beta^4}\\&\gamma_m=\frac{m\pi}{a},\theta_m=\sqrt{\gamma_m^2+2\theta^2}\\&R_m=\theta^2l^2t_m^2[\Phi_{3m}^2(b)+\Phi_{4m}^2(b)],l^2=\sqrt{\beta^4-\alpha^4}\\&U_m=(\alpha_ml^2+\beta_m\alpha^2)(\theta^2+\gamma_m^2)-(1-\mu)\theta^2\gamma_m^2\beta_m\\&V_m=(\alpha_m\alpha^2-\beta_ml^2)(\theta^2+\gamma_m^2)-(1-\mu)\theta^2\gamma_m^2\beta_m\end{aligned}\right\} \tag{9}$$

将式(7)~(10)中的 a 和 b、x 和 y、m 和 n 互换,即为图 3b)所示问题的边界条件和通解

$$y=\pm b:M_{xy}=Q_y=\Psi_y=0 \tag{10}$$

$$x=\pm\alpha:M_{xy}=Q_x=0,\Psi_x=\overline{\Psi}_x=\sum_{n=0}^{\infty}A_n\cos\frac{n\pi y}{b} \tag{11}$$

$$\left.\begin{aligned}F_b&=\sum_{n=0}^{\infty}\frac{A_n}{R_n}\{U_n[\Phi_{4n}(a)\Phi_{1n}(x)+\Phi_{3n}(a)\Phi_{2n}(x)]\\&\quad+V_n[\Phi_{3n}(a)\Phi_{1n}(x)-\Phi_{4n}(a)\Phi_{2n}(x)]\}\cos\frac{n\pi y}{b}\\f_b&=\sum_{n=1}^{\infty}A_nW_n\mathrm{sh}\theta_n y\sin\frac{n\pi y}{b}\end{aligned}\right\} \tag{12}$$

图 3c)所对应的边界条件为

$$x=\pm a:M_x=Q_x=M_{xy}=0$$

$$y=\pm b: M_y = Q_y = M_{xy} = 0 \tag{13}$$

利用双级数展开不难得到满足控制方程(5)和边界条件(14)的通解

$$F_c = \sum_{m=0}^{\infty}\sum_{n=0}^{\infty}\frac{q_0(\sin\alpha_m x_1 - \sin\alpha_m x_0)(\sin\alpha_n y_1 - \sin\alpha_n y_0)\cos\alpha_m x\cos\alpha_n y}{\delta_{mn}D_0[(\alpha_m^2+\alpha_n^2)^2+2\alpha^2(\alpha_m^2+\alpha_n^2)+\beta^4]mn\pi^2}$$

$$f_c = 0 \tag{14}$$

式中：

$$\delta_{mn}=\begin{cases}1, m\neq 0, n=0\\ 2, m\neq 0, n=0\text{ 或 }m=0, n\neq 0\\ 4, m=0, n=0\end{cases}$$

而且，当 $m=0$ 或 $n=0$ 时，式(15)的右端须取极限。

前述三个基本解的叠加结果在边界上可以满足剪力和扭矩为零的条件，如要满足自由边的全部边界条件，还必须满足边界弯矩为零的条件。为此，我们令

$$\left.\begin{aligned}(M_{xa}+M_{xb}+M_{xc})_{x=\pm a}=0\\(M_{ya}+M_{yb}+M_{yc})_{y=\pm b}=0\end{aligned}\right\} \tag{15}$$

由式(9)、(13)、(15)分别求得式(16)的各项，并将$(M_{xa})_{x=\pm a}$和$(M_{yb})_{x=\pm b}$分别展为 $\cos\alpha_n y$ 和 $\cos\alpha_m x$ 的级数，再利用三角函数的正交性，同时注意到对称性条件，即可得到一组 A_m 和 A_n 为未知数的无穷型线性方程组。根据精度要求取前面足够多的有限项求解，即可得到待定的展开系数 A_m 和 A_n。然后令

$$\left.\begin{aligned}F=F_a+F_b+F_c\\f=f_a+f_b+f_c\end{aligned}\right\} \tag{16}$$

即得图 2a)所示问题的解析解，进而可得其任一点的位移、应力和应变。

2.2 一轴对称另一轴反对称问题

图 2b)所示相对于 x 轴对称、相对于 y 轴反对称的问题可用图 4 所示三个基本问题的叠加得出。

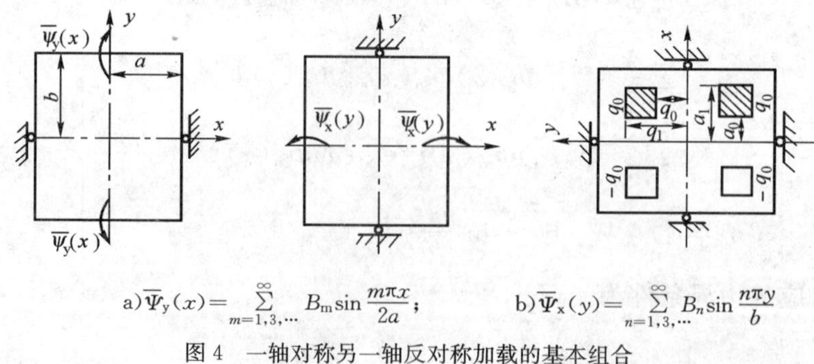

a)$\overline{\Psi}_y(x)=\sum\limits_{m=1,3,\cdots}^{\infty}B_m\sin\dfrac{m\pi x}{2a}$； b)$\overline{\Psi}_x(y)=\sum\limits_{n=1,3,\cdots}^{\infty}B_n\sin\dfrac{n\pi y}{b}$

图 4 一轴对称另一轴反对称加载的基本组合

应用和前面相似的方法，对于图 4a）所示的基本问题在 x 方向展开为正弦级数，对于图 4b）所示问题在 y 方向展开为余弦级数，对于图 4c）所示的问题，则在 x 方向展为正弦级数，y 方向展为余弦级数，按类似的方法可得一组以 B_m、B_n 为未知数的无穷型线性代数方程组。取前面有限项求解，即可得到关于这一问题的解析解。

如在求解过程中将 a、b 互换，还可进一步导出图 2c）所示问题的解析解。

2.3　双轴反对称问题

图 2d）所示双轴反对称问题可以等效为图 5 所示三个基本问题的组合。

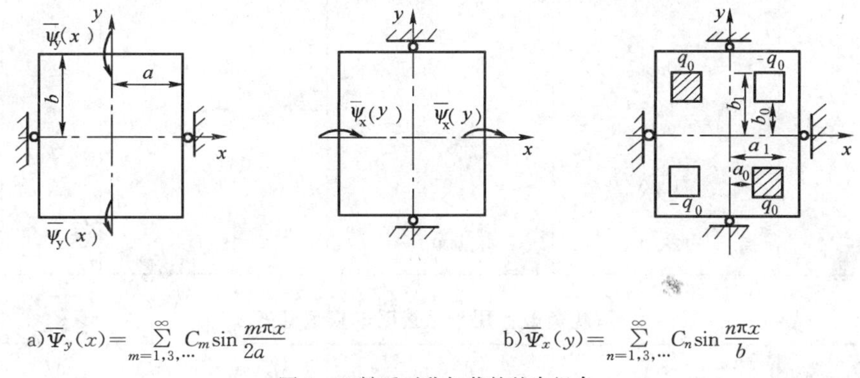

a) $\overline{\Psi}_y(x)=\sum\limits_{m=1,3,\cdots}^{\infty}C_m\sin\dfrac{m\pi x}{2a}$　　b) $\overline{\Psi}_x(y)=\sum\limits_{n=1,3,\cdots}^{\infty}C_n\sin\dfrac{n\pi x}{b}$

图 5　双轴反对称加载的基本组合

只要将前述双轴对称问题的余弦展开换为正弦展开，即可用相似的方法得到一组以展开系数 C_m、C_n 为未知数的无穷型线性方程组，取前面有限项求解，即可得这一问题的解析解。

3　算例与数值比较

本文对图 3 所示两种加载情况作了具体计算，相应的计算参数分别为 $q_0=1\text{kg/cm}^2$，$E_0=800\text{kg/cm}^2$，$\mu_0=0.30$，$E=2.1\times10^5\text{kg/cm}^2$，$\mu=0.15$，$\gamma=1.0$，$H=200\text{cm}$，$a=500\text{cm}$，$b=L=350\text{cm}$，$h=20\text{cm}$。

数值结果如表 1 和表 2 所示。表 1 对应于图 6a）所示加载情况；表 2 对应于图 6b）所示加载情况。

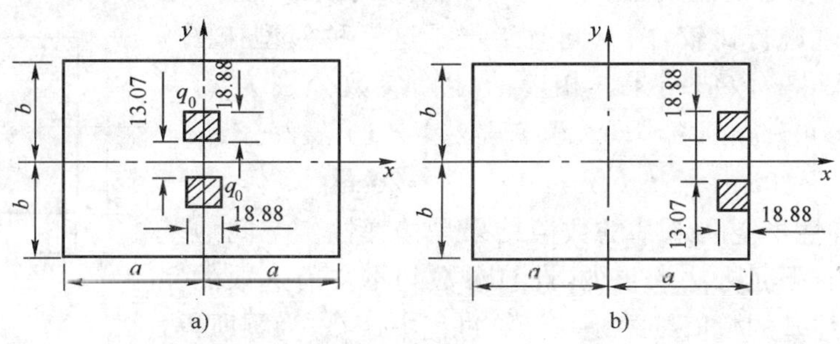

图 6　板中和板边双轮加载的荷位示意图

双轮荷载作用于板中时的挠度和弯矩　　表1

x (cm)	y (cm)	W (cm)	M_x(kg·cm/cm)	M_y(kg·cm/cm)
0.0	0.0	0.002 878	118.4	83.53
0.0	16.0	0.002 821	119.1	98.61
0.0	32.0	0.002 574	87.78	50.16
0.0	48.0	0.002 267	61.15	21.64
0.0	64.0	0.001 949	44.54	7.502
0.0	80.0	0.001 636	33.30	−0.318
0.0	96.0	0.001 335	25.32	−4.421
0.0	112.0	0.001 053	19.60	−6.061
0.0	128.0	0.000 788	15.41	−5.958

双轮荷载作用于板边时的挠度弯矩　　表2

x (cm)	y (cm)	W (cm)	M_x(kg·cm/cm)	M_y(kg·cm/cm)
0.0	0.0	0.000 077	−31.98	10.51
31.25	0.0	0.000 040	−34.25	11.19
62.50	0.0	0.000 409	−40.84	13.47
93.75	0.0	0.001 079	−50.87	18.31
125.0	0.0	0.002 126	−62.54	27.63
156.25	0.0	0.003 644	−72.30	45.21
187.50	0.0	0.005 724	−72.83	78.45
218.75	0.0	0.008 413	−43.24	139.0
250.0	0.0	0.011 52	0.0	180.0

为了检验计算程序的正确性，将双参数地基和弹性半空间地基以及文克勒地基进行比较，图9同时给出了这三种模型按图7所示加载情况算得的数值结果。相应的计算参数分别为 $q_0=5\text{kg/cm}^2$，$E_0=800\text{kg/cm}^2$，$\mu_0=0.30$，$E=2.1\times10^5\text{kg/cm}^2$，$\mu=0.15$，$\gamma=1.0$，$H=400\text{cm}$，$a=b=L=440\text{cm}$，$h=20\text{cm}$。

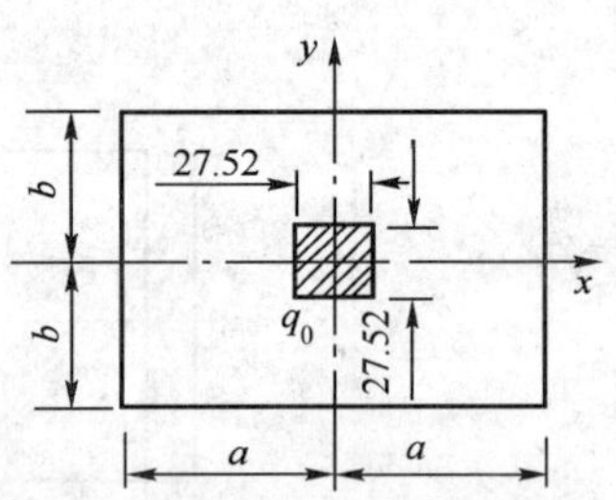

图7　单轮荷载作用于板中的示意图

在图9中，弹性半空间地基的数值结果是按弹性半空间地基上的薄板理论用有限元方法求得的，计算参数与本文所选取的完全一致。文克勒地基的数值结果是在计算过程中令 G_p 为零所得。

此外，我们还在图8中给出了最大弯矩 M_{max} 和最大挠度 w_{max} 随着双参数地基剪切层深度

H 变化的变化规律。由该图可以看出，随着 H 取值的增大，最大弯矩和挠度都向弹性半空间地基逼近。为此，我们在计算时所选的 H 值较大，以便于比较双参数地基模拟弹性半空间地基的精确程度。

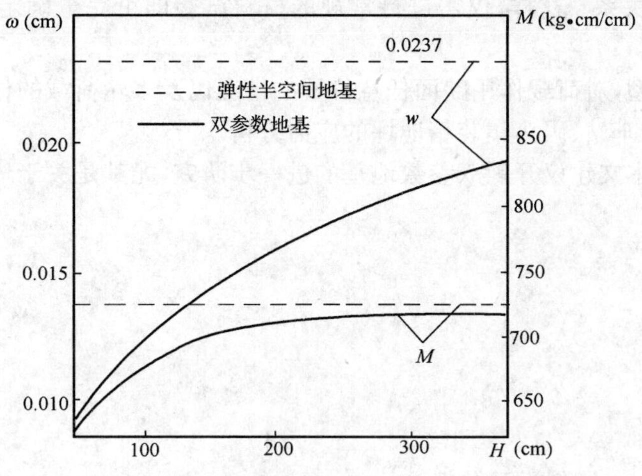

图 8 剪切层厚度对弯矩和挠度的影响

4 结语

(1)试验表明，以弹性性质为基础的离散化模型——文克勒地基和连续体模型——弹性半空间地基，在实际应用中都有一定的局限性。一般说来，当基层的黏结力较小时，用文克勒地基描述比较合理，而当基层的黏结力较大时，则用弹性半空间地基描述将更为准确。另一方面，由图 8 和图 9 可以看出，当 H 取值较大时，双参数地基可以较好地模拟弹性半空间地基，而当 H 较小时，则和文克勒地基比较接近。可见，通过调整 H 的取值，可使双参数地基具有广泛的适用范围。因此，建议道路工程界开展有关的应用性研究。

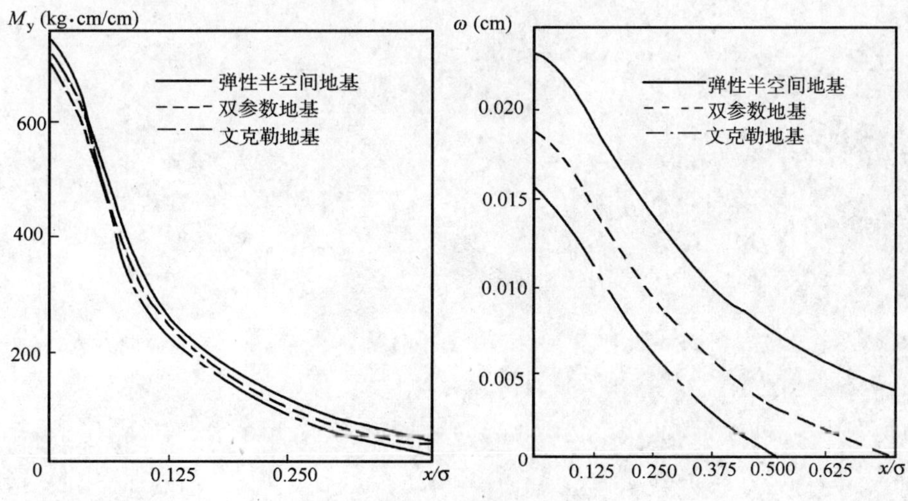

图 9 不同地基模型的数值比较

(2)双参数地基能否客观地反映刚性路面的受力特征,很大程度上取决于地基参数选取是否合理。我们建议直接用式(2)建立基层回弹模量、柏松比与地基参数 k、G_p 之间的联系。然后通过应力的实测值与理论值之间的对比确定基层的黏结力、内摩擦角、密实度等物理性质与参数、H 之间的对应关系。这样,仅需进行常规的材料试验即可完全确定双参数地基的地基参数。

(3)采用这种模型,对荷载作用路面任意位置的情况以及多轮荷载的作用均可用解析法进行分析。而且可用于车站、码头集装箱地坪的应力分析。

鉴于以上原因,本文建议开展双参数地基的进一步研究,尤其是关于地基参数方面的试验研究。

用光弹法研究半刚性路面基层开裂和裂缝稳定性问题

刘益河 张起森
(深圳市城市交通规划研究中心)

摘 要：路面及半刚性基层在修建和使用过程中，由于水分蒸发以及温度的变化，容易产生裂纹。本文主要用三维光弹性法，通过模型试验来研究这种路面结构开裂后，在交通荷载作用下，裂纹附近的应力状态及裂纹稳定性问题。研究结果表明，在基层存在裂纹后，基层裂纹有可能原原本本地沿着裂纹方向反射到路面表面。为防止这种裂纹的反射，在基层表面用一弹模低、变形大、厚度较薄的夹层材料是有效的。文中还对路面结构的破坏机理和裂纹附近的应力状态作了较详细的分析，所提供的成果对于路面设计将有一定的参考价值。

关键词：裂纹 光弹法 半刚性路面 裂缝稳定性

1 基本数据

半刚性路面结构尺寸和荷载示于图1和图2。为了便于试验，将路基近似取为有限厚度的层次(厚度80cm)。

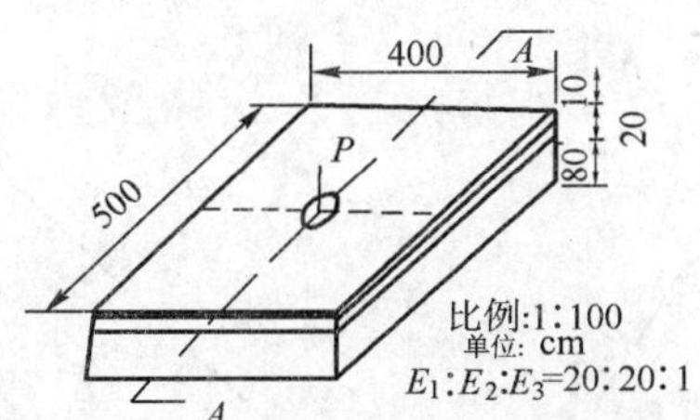

图1 半刚性路面结构示意图

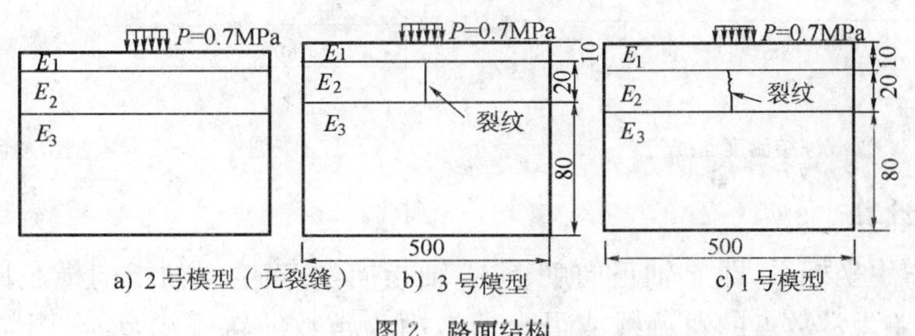

a) 2号模型(无裂缝) b) 3号模型 c) 1号模型

图2 路面结构

《摘自长沙交通学院学报》1989年12月第3、4期。

基层为穿透裂纹，荷载板为 $D=30\text{cm}$ 的圆形柔性板，其弹模 $E_0=2\,800\text{MPa}$。荷载中心线距裂纹的距离分别为 15cm(3,4,5 号模型)和重合(1 号模型)两种，为研究基层开裂前后路面的应力状态，2 号模型为基层未开裂的模型。

路面材料弹模 $E_1=2\,000\text{MPa}$，基层材料弹模 $E_2=1\,000\text{MPa}$，最下层材料弹横 $E_3=100\text{MPa}$。

2 试验方法

2.1 模型制作

本实验仅做了一种荷载(即交通荷载)作用下的三层路面结构三维光弹(共 5 个)。

模型材料是用 6101# 环氧树脂制成。路面结构中不同的弹性模量材料的模型，是在环氧树脂中加入适量的高分子聚合物浇注而成。实测结果表明，这种材料基本上满足了原型材料性质的相似关系。

模型比例尺选为 1∶20，将预先浇注的环氧树脂板材经手工加工成为所需要的模型尺寸，路面结构的基层裂纹是用两块预先加工的板材粘在下层表面上而成。

2.2 加载冻结

以圆面积施加的交通荷载，是用集中力通过铝垫块作用在环氧树脂做成的柔性板上，并用机械杠杆滑轮施加。力比尺 $\delta_p=(2.5\sim3.0)\times10^3$，采用高温加载冻结。加载冻结温度曲线图如图 3 所示。

2.3 模型切片

模型加载冻结后进行切片，切片厚度一般为 $\delta=0.4\sim0.5\text{ cm}$，切片位置见图 4。

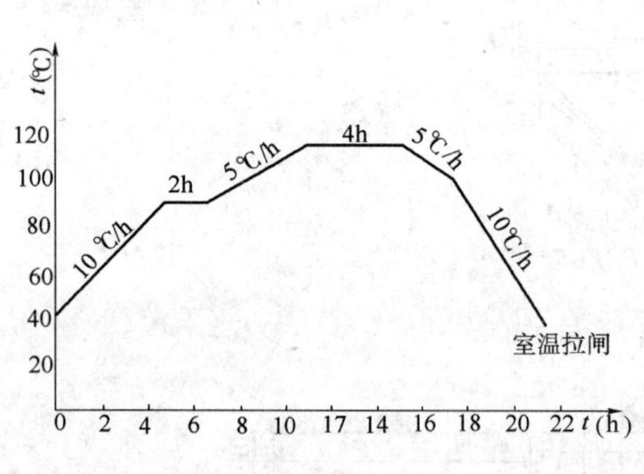

图 3 加载冻结温度曲线

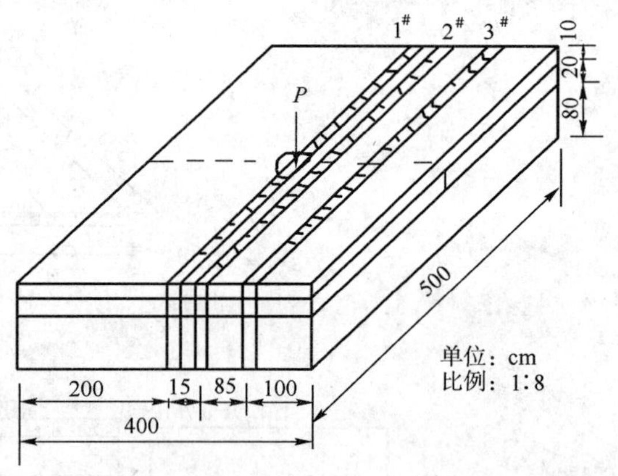

图 4 1～5 号模型切片位置图

2.4 观测计算

观测采用右手坐标系，即 x 轴正向朝下、y 轴指向顺东向、z 轴指向横东向。切片模型等色线(即主应力差为常数点的轨迹线或最大剪应力为常数的轨迹线)均在国防科技大学 0.50 系光弹仪上，将图形放大 10 倍后进行观测。计算全部在微处理机上进行。本文仅提供 xoy 平面内各断面的应力分量。

路面结构各层为不同弹性模量的材料所组成，其交界面上(图 5)的 B、C 点的应力分量、应变分量(分别用 I、II 区别)有如下关系：

由变形连接条件要求，必有

$$\varepsilon^{\mathrm{I}}=\varepsilon_y^{\mathrm{II}}\,\varepsilon_z^{\mathrm{I}}=\varepsilon_z^{\mathrm{II}}\qquad \gamma_{yx}^{\mathrm{I}}=\gamma_{yx}^{\mathrm{II}}$$

即 zoy 交界面上的切向应变及剪应变相等。由平衡条件要求，必有

$$\sigma_x=\varepsilon_x^{\mathrm{II}}\qquad \tau_{xy}^{\mathrm{I}}=\tau_{xy}^{\mathrm{II}}\qquad \tau_{zx}^{\mathrm{I}}=\tau_{zx}^{\mathrm{II}}$$

即交界面上法向应力相等，垂直于界面上的平面内剪应力相等。由于界面两侧弹性模量不相等，则有

$$\varepsilon_x^{\mathrm{I}}\neq\varepsilon_x^{\mathrm{II}}\qquad \gamma_{xz}^{\mathrm{I}}\neq\gamma_{xz}^{\mathrm{II}}\qquad \gamma_{yx}^{\mathrm{I}}\neq\gamma_{yx}^{\mathrm{II}}$$

$$\sigma_y^{\mathrm{I}}\neq\sigma_y^{\mathrm{II}}\qquad \sigma_z^{\mathrm{I}}\neq\sigma_z^{II}\qquad \tau_{zy}^{\mathrm{I}}\neq\tau_{zy}^{\mathrm{II}}$$

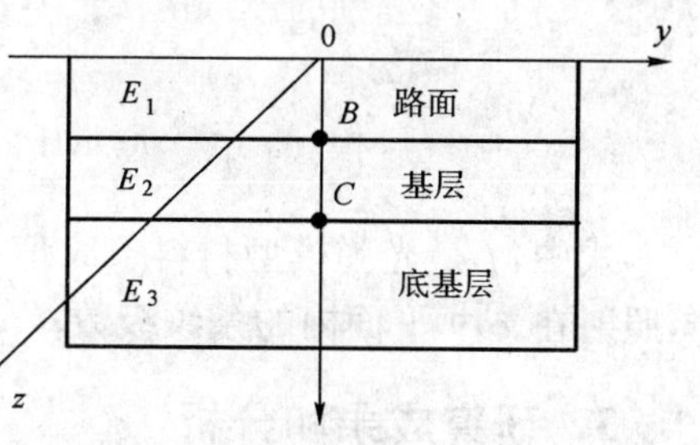

图 5 界面电坐标示意图

杜庆华就非均匀介质弹性力学平面问题作过分析，为简化计算，对于平面两侧不相等的应力分量、应变分量、弹性模量在交界面上取平均值。采用这种处理方法，略去了次要变形要求，显然是近似的，但代表边界面以外所给予的影响，有足够的精确度。

本试验设定在界面内有

$$\overline{E}=\frac{E^{\mathrm{I}}+E^{\mathrm{II}}}{2}\qquad \overline{\varepsilon_x}=\frac{\varepsilon_x^{\mathrm{I}}+E_x^{\mathrm{II}}}{2}\qquad \overline{\sigma_z}=\frac{\sigma_z^{\mathrm{I}}+\sigma_z^{\mathrm{II}}}{2}$$

$$\overline{\sigma_y}=\frac{\sigma_y^{\mathrm{I}}+\sigma_y^{\mathrm{II}}}{2}\qquad \overline{\tau_{zy}}=\frac{\tau_{zy}^{\mathrm{I}}+\sigma_{zy}^{\mathrm{II}}}{2}\qquad 且\ v^{\mathrm{I}}=v^{\mathrm{II}}=v$$

于是得到了界面点在界面两侧的应力分量有如下关系

$$\sigma_z^{\mathrm{II}}=\frac{E^{\mathrm{II}}}{E^{\mathrm{I}}}\sigma_z^{\mathrm{I}}+\frac{v(E^{\mathrm{I}}-E^{\mathrm{II}})}{(1-v)E^{\mathrm{I}}}\sigma_x^{\mathrm{I}}$$

$$\sigma_y^{\mathrm{II}}=\frac{E^{\mathrm{II}}}{E^{\mathrm{I}}}\sigma_y^{\mathrm{I}}+\frac{v(E^{\mathrm{I}}-E^{\mathrm{II}})}{(1-v)E^{\mathrm{I}}}\sigma_x^{\mathrm{I}}$$

$$\sigma_x^{\mathrm{II}}=\sigma_x^{\mathrm{I}}$$

$$\tau_{xy}^{\mathrm{II}}=\tau_{xy}^{\mathrm{I}}\frac{E^{\mathrm{II}}}{E^{\mathrm{I}}}$$

$$\tau_{yx}^{\mathrm{II}}=\tau_{yx}^{\mathrm{I}}$$

$$\tau_{xz}^{\mathrm{II}}=\tau_{xz}^{\mathrm{I}}$$

在 xoy 平面内的应力，可用剪应力差法求得 σ_x，然后求出 σ_y 及 τ_{xy}，其计算公式如下

$$\frac{\partial\sigma_x}{\partial x}+\frac{\partial\tau_{xy}}{\partial y}=0$$

用有限差分法代替偏导数，则

$$(\sigma_x)_i=(\sigma_x)_0-\sum_0^i\frac{\Delta\tau_{xy}}{\Delta y}\Delta x$$

这里 $(\sigma_x)_0$ 是模型边界上的点沿 x 方向的正应力分量，由边界条件给出

$$(\sigma_x)_0=\begin{cases}p,0<r<\dfrac{D}{2}\\[2mm]\dfrac{2}{p},r=\dfrac{D}{2}\\[2mm]0,r>\dfrac{D}{2}\end{cases}$$

式中，D 是荷载作用在柔性板上的直径；p 是汽车通过轮胎作用于路面上的荷载集度。

$$\sigma_y=\sigma_x-\frac{an_z f}{d_z}\cdot\cos^2\theta$$

$$\tau_{xy}=\frac{an_z f}{2d_z}\sin 2\theta$$

式中，f 是光弹模型材料条纹值(N/cm)，用标准圆盘试验测定；α 是应力比例尺；n_z 为 z 向照射在 xoy 平面内的条纹级数；θ 是 z 向照射在 xoy 平面内等倾线角度。

3 研究成果和分析

模型材料常数、荷载比尺、几何比尺和应力换算系数列于表 1。部分模型切片等色线示于图 6，主要部位应力成果示于图 7、图 8、图 9。

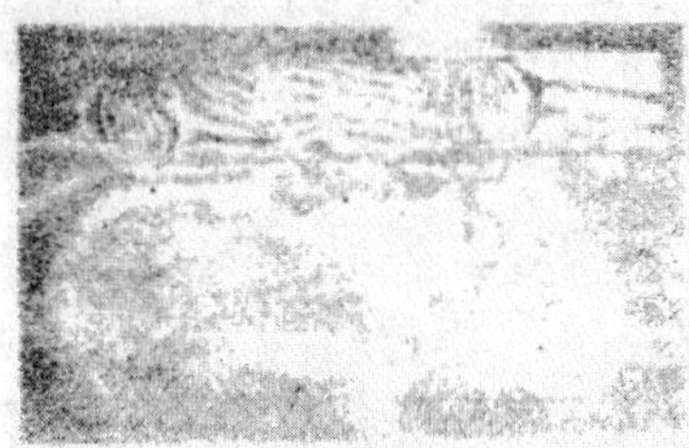

a) 3号模型1# 切片（无夹层）

b) 3号模型1# 切片（无夹层）

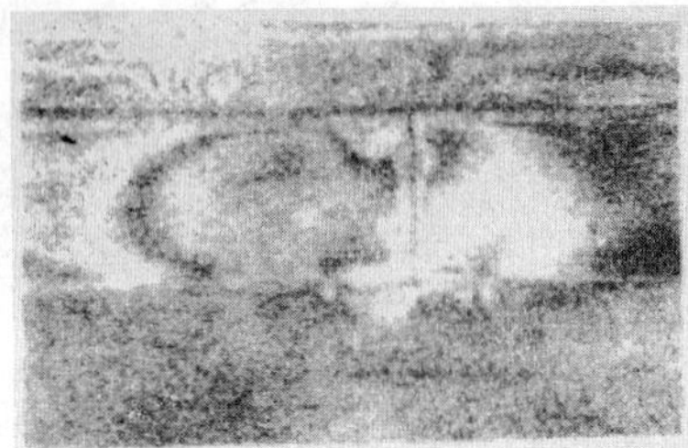

c) 3号模型1# 切片（704无夹层）

d) 3号模型1# 切片（塑料薄膜夹层）

图 6 模型切片等色线(E_1 : E_2 : E_3＝20 : 10 : 1)

3.1 缝端附近应力状态

有关常数 表1

模型	1	2	3	4	5
材料条纹值(N/cm)	3.2	3.9	3.8	3.6	3.4
几何比例尺	1 : 20	1 : 20	1 : 20	1 : 20	1 : 20
荷载比例尺	2.95×10^3	2.95×10^3	2.95×10^3	2.93×10^3	2.93×10^3
应力换算系数	0.60	0.55	0.52	0.63	0.59

3.1.1 正应力 σ_x 分布规律

从图 7～图 9 及表 2～表 4 中可以看出，各切片在荷载面积范围内，其断面内部正应力 σ_x 均为压应力，最大压应力 σ_x ＝－0.7MPa 发生在路面与荷载板接触面上，压应力直接向下传递并随着深度的增加而减小。从模型等色线可以看出(图 6)，压应力传递深度约为面层厚度的 3～4 倍。σ_x 沿顺

表 2

断面应力成果

点号	1-1断面 σ_x	1-1断面 σ_y	1-1断面 τ_{xy}	2-2断面 σ_x	2-2断面 σ_y	2-2断面 τ_{xy}	3-3断面 σ_x	3-3断面 σ_y	3-3断面 τ_{xy}	4-4断面 σ_x	4-4断面 σ_y	4-4断面 τ_{xy}	荷载及断面计算示意图
1	−0.70	−0.68	0	−0.70	−0.68	0	0	0.02	0	0	0	0	
2	−0.70	−0.67	0	−0.70	−0.68	0	−0.002	0.02	0.01	0.04	0.17	0.06	
3	−0.70	−0.57	0	−0.70	−0.47	0	−0.01	0.02	0.003	0.07	0.13	0.05	
4	−0.70	−0.28	0	−0.70	−0.22	0	−0.01	0.03	0.008	0.05	0.10	0.02	
5				−0.67	−0.19	0	−0.01	−0.002	−0.002	0.03	0.07	0.03	
6				−0.60	−0.39	0	−0.01	−0.02	0.003	0.03	0.06	0.02	
7				−0.60	−0.39	0	−0.02	−0.01	0.002	0.02	0.05	0.02	
8				−0.60	−0.39	0	−0.02	−0.001	0.001	0.01	0.04	0.02	
9				−0.57	−0.32	0	−0.02	−0.001	0.001	−0.01	0.03	0.03	1号模型1#切片
0				0	0.13	0	0	0.11	0	0	0.11	0	
1				0	0.12	0.08	0.003	0.03	0.04	0	0.04	0.02	
2				0.01	−0.29	0.09	0.03	0.10	0.05	0.01	0.03	0.04	
3				0.01	−0.32	0.02	0.05	0.10	0.03	0.05	0.04	0.01	
4				−0.02	−0.05	0.002	−0.05	0.01	0.02	0.04	0.06	0.02	
5				−0.02	−0.04	0	−0.17	−0.06	0.02	0.09	0.07	0.03	
6				−0.02	−0.04	0	−0.18	−0.07	0.02	0.09	0.06	0.03	
7				−0.02	−0.02	0	−0.19	−0.09	0.02	0.05	0.09	0.05	
8				−0.03	−0.02	0	−0.21	−0.03	0.04	0.05	0.03	0.01	
9													1号模型2#切片

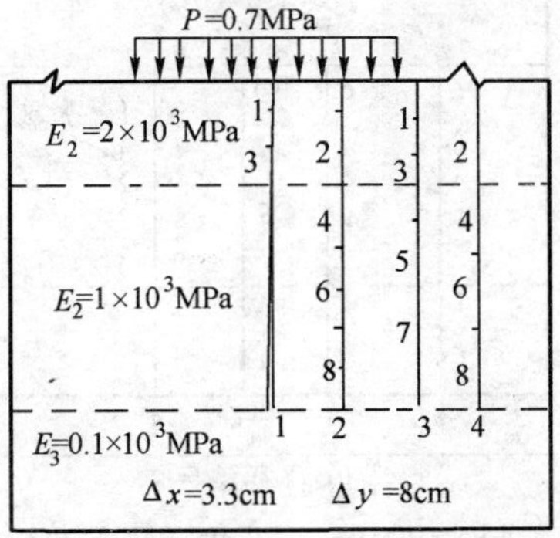

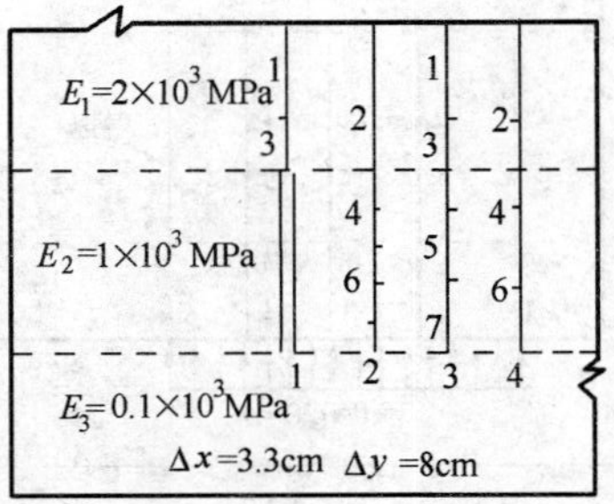

注:应力单位 MPa。

断面应力成果 表3

点号	1-1断面			2-2断面			3-3断面			4-4断面			荷载及断面计算示意图
	σ_x	σ_y	τ_{xy}	σ_x	σ_y	τ_{xy}	σ_x	σ_y	τ_{xy}	σ_x	σ_y	τ_{xy}	
0	−0.70	−0.64	0	−0.70	−0.64	0	−0.70	−0.58	0	−0.60	−0.34	0.03	P=0.7MPa
1	−0.60	−0.44	0	−0.60	−0.51	0	−0.70	−0.39	0	−0.70	−0.23	0	E_1
2	−0.55	−0.437	0	−0.64	−0.44	0	−0.62	−0.29	0	−0.46	−0.004	−0.04	E_2
3	−0.54	−0.24	0	−0.65	−0.34	0	−0.62	−0.29	0	−0.46	0.11	−0.04	裂纹
4	−0.54	−0.36	0.03	−0.65	−0.36	0.04	−0.62	−0.43	0.05	−0.35	0.18	0	$E_3=0.1\times10^3$MPa
5	−0.56	−0.36	0.02	−0.66	−0.35	0.05	−0.62	−0.39	0.04	−0.21	−0.08	−0.05	
6	−0.60	−0.36	0.04	−0.66	−0.33	0.05	−0.60	−0.37	0.03	−0.19	−0.06	−0.05	
7	−0.61	−0.33	0.03	−0.65	−0.33	0.05	−0.60	−0.28	0.03	−0.16	−0.05	−0.05	
8	−0.64	−0.37	0.03	−0.64	−0.33	−0.04				−0.14	−0.03	−0.04	$E_1=2\times10^3$MPa $E_2=1\times10^3$MPa
9										−0.11	−0.004	−0.03	3号模型1#切片
0	0	−0.16	0	0	0.25	0	0	0.16	0	0	0.10	0	
1		0.03		0.004	0.05	0.10	0.01	0.17	0.16	−0.02	0.13	−0.03	E_1
2				0.004	0.19	0.10	0.05	0.18	0.04	−0.03	0.11	−0.03	E_2
3				0.02	0.23	0.02	0.02	0.36	0.06	−0.04	0.08	−0.02	裂纹
4				0.02	0.05	0.04	−0.02	0.01	0.02	−0.04	0.01	−0.04	$E_3=0.1\times10^3$MPa
5				0.06	0.07	0.04	−0.01	0.003	0.03	−0.03	0.01	−0.04	
6				0.06	0.06	0.02	−0.01	0.003	0.04	−0.03	0.02	−0.03	
7				0.04	0.06	−0.02	−0.01	0.02	0.04	−0.01	0.03	−0.02	
8				−0.12	−0.41	0.03	−0.25	−0.11	−0.01	−0.004	0.04	−0.01	$E_1=2\times10^3$MPa $E_2=1\times10^3$MPa
9				−0.11	−0.41	0.02	−0.24	−0.10	−0.01	−0.01	0.06	−0.01	3号模型2#切片

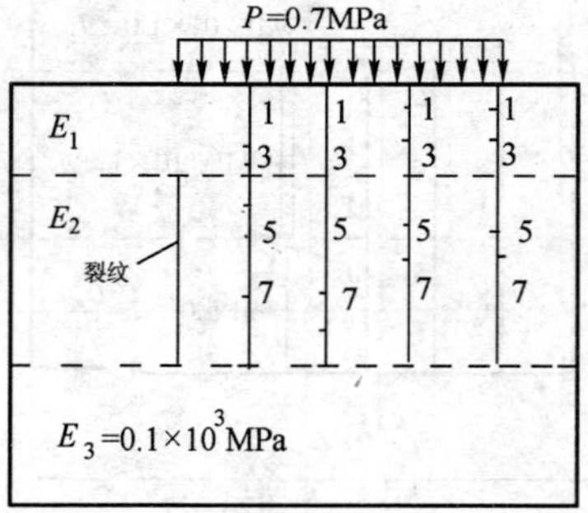

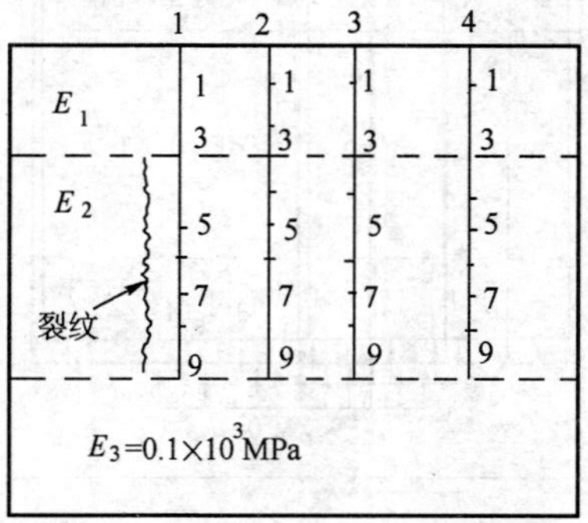

注:应力单位 MPa。

断面应力成果 表 4

点号	1-1 断面 σ_x	1-1 断面 σ_y	1-1 断面 τ_{xy}	2-2 断面 σ_x	2-2 断面 σ_y	2-2 断面 τ_{xy}	3-3 断面 σ_x	3-3 断面 σ_y	3-3 断面 τ_{xy}	4-4 断面 σ_x	4-4 断面 σ_y	4-4 断面 τ_{xy}	荷载及断面计算示意图
1	−0.70	−0.64	0	−0.70	−0.70	0	0	0.17	0	0	0.14	0	P=0.7MPa；E_1=2×10³MPa；E_2=1×10³MPa；E_3=0.1×10³MPa；3 号模型 1# 切片
2	−0.70	−0.57	0	−0.67	−0.54	−0.04	0	0.07	−0.008	0.02	0.03	−0.05	
3	−0.70	−0.46	0	−0.63	−0.39	−0.03	0.03	0.13	−0.05	0.02	0.03	−0.04	
4	−0.70	−0.27	0	−0.62	−0.27	0	0.04	0.11	−0.03	0.01	0.02	−0.03	
5	−0.69	−0.41	0	−0.61	−0.37	−0.03	0.05	0.03	−0.04	0.02	0.01	−0.04	
6	−0.66	−0.37	0	−0.61	−0.35	−0.05	0.05	0.05	−0.05	0.02	0.01	−0.05	
7	−0.62	−0.32	0	−0.06	−0.33	−0.05	0.05	0.06	−0.06	0.03	0	−0.05	
8	−0.60	−0.30	0	−0.59	−0.31	−0.04	0.06	0.08	−0.05	0.04	0.01	−0.05	
9	−0.58	−0.28	0	−0.58	−0.29	−0.04	0.06	0.10	−0.04	0.04	0.02	−0.04	
0	−0.70	−0.64	0	0	0.05	0	0	0.06	0	0	0.06	0	E_1=2×10³MPa；E_2=1×10³MPa；E_3=0.1×10³MPa；3 号模型 2# 切片
1	−0.70	−0.56	0.01	−0.001	−0.05	−0.02	−0.02	0.02	−0.04	−0.003	0.002	−0.02	
2	−0.68	−0.47	0	0.20	−0.02	−0.03	−0.03	0.07	−0.03	−0.02	0.01	−0.02	
3	−0.68	−0.31	0	0.11	0	−0.03	−0.03	0.03	−0.01	−0.02	0.01	−0.01	
4	−0.07	−0.41	0	0.02	0.02	−0.02	−0.03	−0.01	−0.03	−0.02	0.01	−0.02	
5	−0.65	−0.37	0.003	0.03	0.04	−0.03	−0.03	−0.01	−0.04	−0.03	0.01	−0.04	
6	−0.63	−0.34	0.003	0.04	0.06	−0.04	−0.03	−0.01	−0.05	−0.03	0	−0.05	
7	−0.65	−0.33	0	0.05	0.08	−0.04	−0.02	0.03	−0.04	−0.03	0.01	−0.05	
8	−0.59	−0.31	0	0.06	0.08	−0.04	−0.02	0.03	−0.04	−0.02	0.02	−0.05	
9	−0.58	−0.28	0	0.06	0.11	−0.03	−0.02	−0.04	−0.04	−0.03	0.03	−0.04	

注:应力单位 MPa。

车向(即 y 轴方向)分布规律:压应力随着离开荷载轴线的距离增大而减小,在承载面积周缘之外的断面,σ_x 出现微拉,其沿顺车向分布呈马鞍形,路面在承载面积周缘之外,有隆起现象。

3.1.2 正应力 σ_y 的分布规律

各切片在承载面积范围各点 σ_y 均为压应力,最大压应力发生在承载面积轴线断面内,压应力随着基层深度增大而减小。在承载面积周缘之外的断面内部各点,路面上半部 σ_y 为拉应力,下半部 σ_y 为压应力,最大拉应力 $\sigma_y = 0.59\text{MPa}$,发生在 3 号模型(无夹层)1# 切片内[图 6a)]。

3.1.3 剪应力分布规律

各模型切片的断面内部各点,剪应力分布很不均匀,一般是:越靠近荷载面轴线的断面内各点 τ_{xy} 越小,在缝端和承载面周缘处附近 τ_{xy} 较大,这是由于应力集中影响所致。比较 1 号模型(开裂)和 2 号模型(未开裂)断面剪应力数值可看出,当基层开裂后,各断面内剪应力数值普遍减小。

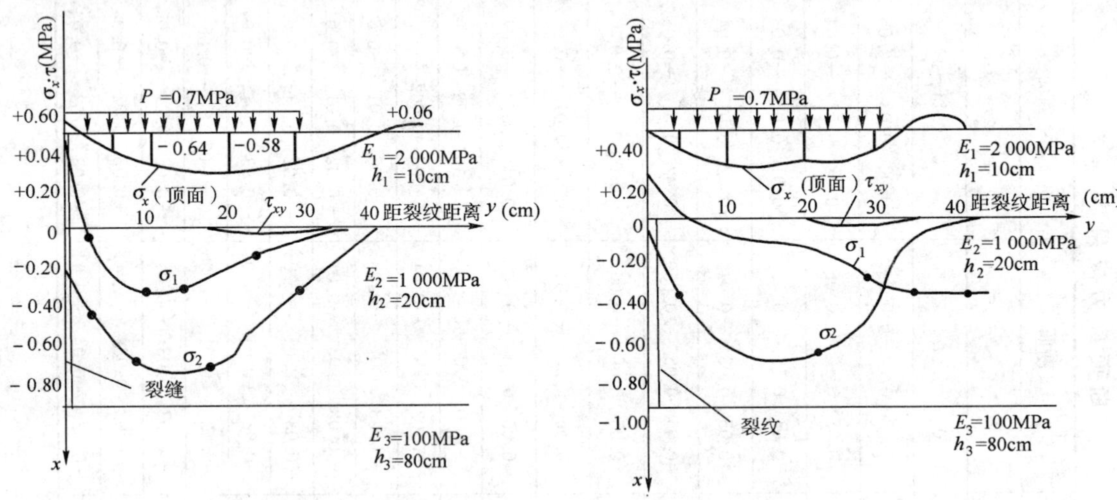

图 7 3 号模型 1# 切片应力随径向变化曲线(无夹层)

图 8 4 号模型 1# 切片应力随径向变化曲线(704 胶夹层)

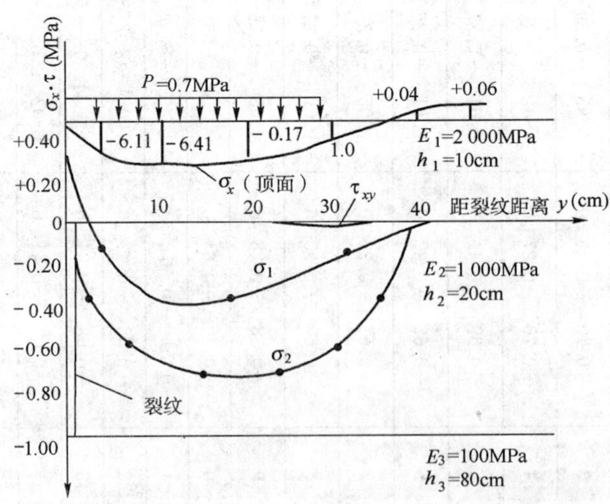

图 9 5 号模型 1# 切片应力随径向变化曲线(塑料膜夹层)

3.2 半刚性路面的破坏机理

3.2.1 裂缝稳定性分析

路面三维光弹性模型试验研究结果表明:当基层存在裂纹后(尤其是在偏荷载作用下),面层在基层裂纹处发生相对剪切位移。其结果使面层的荷载应力发生很大变化,致使面层底部近裂纹处存在一范围小而裂度较大的拉力区,并在该处形成高度应力集中。因此,裂纹有可能原原本本地反射到路的表面。

3.2.2 路面的破坏机理

在交通荷载作用下,缝端附近的应力状态比较复杂。但总的看来,路面是处于一种弯曲作用状态,在车轮竖向加载底部是处于三向受压状态,最大压应力位于荷载面积轴线附近。根据莫尔—库仑强度理论,在基层顶面处的面层,有可能产生压剪破坏,在承载面积周缘处以外的路面上部受拉,下部受压。根据第一强度理论,路面破坏可能沿主压线拉开。

在承载面积周缘处或裂纹端,其模型等色线条纹十分密集,应力集中也较明显,该处有可能产生剪切破坏。

3.2.3 应力传递范围

在交通荷载作用下,其有效应力影响范围,在水平方向约为荷载面积的 1.5～2.0 倍,在基层深度方向约为路面厚度的 3～4 倍。

3.2.4 应力集中系数

各模型切片,其裂缝均存在一定的应力集中,应力集中系数一般为 1.5～2.0。

3.3 反射裂纹成因及防治措施

对于半刚性基层路面来讲,基层未开裂前,面层(路面)一般承受双向荷载挤压作用。

基层开裂之后,由于裂缝的存在,面层在基层裂纹处发生相对的竖向剪切位移,其结果使面层的荷载应力发生了很大变化。试验研究结果表明,基层开裂之后,面层底部近裂纹处存在一范围较小而裂度较大的拉力区,在交通荷载作用下,面层底部最大拉应力为 0.54MPa,拉力区深度贯穿于整个路面厚度,面层裂纹处形成高度应力集中,应力集中系数为 3.33[图 6a)和表 5]。路面反射裂纹正是由于面层底部的较大拉应力和应力集中而引起的。从模型等色

夹层材料对面层(路面)应力分布影响 表 5

模型	点号	应力(MPa)			应力集中系数	拉力区深度	模型图例
		σ_x	σ_y	τ_{xy}			
3 号模型 1# 切片	0	−0.35	0.06	0	3.33	h_1 路面厚度	P=0.7MPa; y; 0; 1; 2; 3; 4; 无夹层; 路面; 基层; 裂纹; 底基层; x
	1	−0.33	0.01	0.14			
	2	−0.21	0.01	0.18			
	3	−0.19	0.11	0.18			
	4	−0.04	0.54	0.18			

续上表

模型	点号	应力(MPa)			应力集中系数	拉力区深度	模型图例
		σ_x	σ_y	τ_{xy}			
4 号模型 1# 切片	0	－0.35	－0.07	0	1.70	1/5h	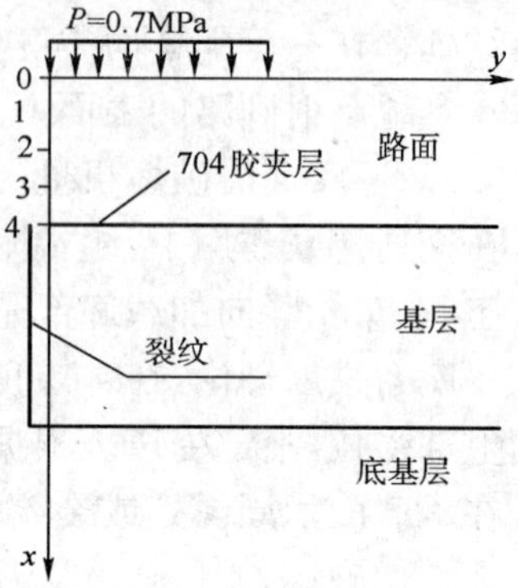 P=0.7MPa; y; 0 1 2 3 4; 704 胶夹层; 路面; 基层; 裂纹; 底基层; x
	1	－0.32	－0.03	0.19			
	2	－0.28	－0.04	0.18			
	3	－0.26	－0.003	0.13			
	4	－0.07		0.290			
5 号模型 1# 切片	0	－0.35	－0.24	0	3.0	4/5 h	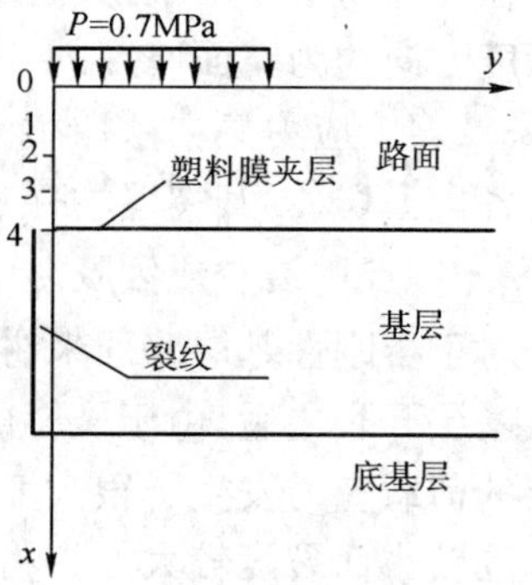 P=0.7MPa; y; 0 1 2 3 4; 塑料膜夹层; 路面; 基层; 裂纹; 底基层; x
	1	－0.20	－0.06	0.07			
	2	－0.01	0.37	0.08			
	3	0.03	0.46	0.08			
	4	－0.02		0.520			

线[图 6a)]可以看出，面层在裂纹处的等色线几乎与裂纹方向平行，说明反射裂纹一般是以横缝的形式从面层底部开始向前发展，直至穿过整个面层，其位置与基层裂纹一致。

为防止基层裂纹的反射，本试验采用南京大学生产的 704 胶均匀涂在基层表面(厚度为 0.1～0.2 mm)，这对于防止基层裂纹反射到面层是有效的。704 胶为室温硫化硅橡胶配制而成，且有耐高、低温(－60～250℃)、弹模低、变形大、无显著徐变等特性，经测定，其弹模 E=4.6～5.2MPa，摩擦系数 f=0.77，黏着力 C_M=0.000 1Mpa。将带有 704 胶的模型，进行高温冻结(温度为 115℃)后，进行切片观测。试验结果是：面层底部裂纹处附近，在顺车方向虽然拉力区范围有所增大，但裂变大大降低，最大拉应力为 0.29MPa(降低了 43%)，拉力区深度仅为面层厚度的 1/5，应力集中系数从 3.33 降至 1.70，模型等色线不再与基层裂纹方向平行。

为探讨不同夹层材料的止裂性能，本试验的 5 号模型是采用塑料薄膜作夹层(在膜上表面涂上环氧树脂，膜下表面与基层光滑接触)。将带有塑料薄膜夹层的模型进行加载冻结后，进行切片观测。研究结果表明，用塑料膜板作夹层材料，对止裂效果是不好的，面层底部裂纹处最大拉应力为 0.52MPa，拉力区深度为面层厚度的 4/5，应力集中系数为 3.0。分析其原因，虽然塑料膜弹模低，但塑性在高温时具有老化现象，且变形量也很小，说明变形量小、容易老化的夹层材料，不宜用于路面的止裂。

4 结语

(1)应用三维光弹性研究带裂纹路面结构的应力场是一种较为有效的方法，它对于半刚性路面，当基层开裂之后，裂纹的稳定性、扩展规律以及裂端附近的应力成果与广东惠州路(试验路)观测结果基本上是一致的。光弹性试验对于基层裂纹反射的成因及裂缝措施的力学分析，已得到在试验路中应用土工布夹层防裂试验成果的证实，说明三维光弹性试验用于路面结构的应力分析(尤其是对带裂纹体的路面结构应力分析)，其成果具有一定可靠性。

(2)从本文应力成果分析可以得出：半刚性路面面层产生裂纹并不一定是由于交通荷载作用而引起(根据有关研究结果表明，路面开裂是由于温度荷载变化或材料干缩等原因引起)。但路面结构产生裂纹后，在交通荷载作用下，这些裂纹有继续扩展的可能。为防止裂纹继续发展，在基层表面，用一弹模低、变形大、厚度较薄的夹层材料，对于防止裂纹反射是有效的。

(3)半刚性基层的柔性路面设计问题，是当前高速公路修建中急需解决的一个问题。因为半刚性基层容易产生裂纹，所以研究半刚性基层开裂后整个路面结构的应力状态，对于解决柔性路面结构设计是至关重要的。本文应用光弹法研究所得成果，无疑可作为此类路面结构设计的参考。但有些问题尚待进一步研究探讨。对于路面开裂后，在温度荷载作用下的应力状态研究，其研究成果在后报告。

用温度光弹法确定路面结构裂缝的应力强度因子

刘益河　张起森
（长沙交通学院　长沙　410076）

摘　要：半刚性基层沥青路面在修建和使用过程中，因温度变化及其他因素影响，很容易产生裂缝。本文主要是用温度光弹性法，通过模拟试验来研究这种路面结构开裂后，在温度梯度荷载作用下，缝端的温度应力强度因子及鉴别裂缝的稳定性问题。

关键词：路面　裂纹　光弹性试验

1　温度光弹性试验基本方法

用温度光弹性法研究路面的温度应力及缝端的温度应力强度因子，主要是在模拟表面冷却（即低温负荷法）或加热（即高温负荷法）使模型表面边界内产生预计的温度场，从而产生温度应力条纹（即模型等色线，用 n 表示），再由 n 及缝端到 n 级条纹的距离 r_{mn} 计算缝端的温度应力强度因子 K。由于模型温度场与实际路面结构的温度场相似，因此，可由模型求得实际路面结构的温度应力强度因子。但在进行温度光弹性试验时，必须满足如下两个基本条件：

（1）模型材料条纹值 f(N/cm) 不随模型内各点温度不同而不同。实测结果表明，6101# 树脂在 50℃以下材料条纹值 f 变化不大（图 1），且在 24～60℃范围内线膨胀系数接近常数（表 1）。因此，选定 50℃以下为 6 101 号材料温度荷载的许可范围。

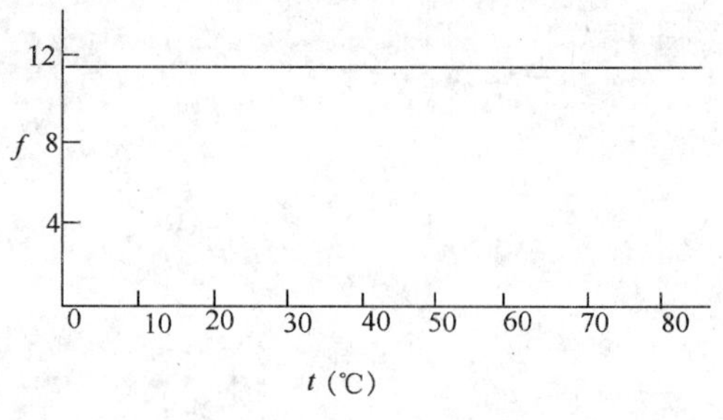

图 1　6 101 号的 t-f 关系

不同温度下的 α 值　　表 1

温度 t(℃)	30	40	50	60
线膨胀系数 α(/℃)	7.25×10^{-5}	6.93×10^{-5}	6.43×10^{-5}	7.00×10^{-5}

（2）在满足模型与原型的温度场要相似条件下，按照热弹性理论将模型的温度应力换算到原型的温度应力。考虑到原型是平面形变，而模型是在平面应力情况下，它们的换算公式为

摘自《长沙交通学院学报》1991 年 1 月第 7 卷第 1 期。

$$\sigma_{H}=\frac{E_{H}t_{H}\alpha_{H}}{(1-v_{H})E_{M}t_{M}\alpha_{M}}\sigma_{M} \tag{1}$$

式中，σ_H、σ_M 为原型和模型的温度应力；E_H、E_M 为原型和模型的弹模；α_H、α_M 为原型和模型的线膨胀系数；t_H、t_H 为原型和模型的温度变化；v_H 为原型材料的泊松系数。

2 模型材料

2.1 模型材料物理力学常数 $\boldsymbol{\alpha}$、$\boldsymbol{E}$、$\boldsymbol{\nu}$ 对温度应力和位移的影响

由于热光弹(或冷却)试验的荷载是温度，因此预先测定材料在温度变化时其物理力学性能的变化对其应力、位移的影响。

众所周知，求解热弹性应力空间时，归结为求解 3 个平衡方程和满足边界条件的 6 个相容方程。当不计体积力和表面力时，这些方程可写为

$$\sigma_{ij}=\alpha E\widetilde{\sigma}_{ij} \tag{2}$$

$$\frac{\partial\widetilde{\sigma}_{ij}}{\partial j}=0 \tag{3}$$

$$\nabla^{2}\widetilde{\sigma}_{ij}+\frac{1}{1+\nu}+\frac{\partial^{2}S}{\partial i\partial j}+\frac{1}{1+\nu}\left(\frac{\partial^{2}t}{\partial i\partial j}+\frac{1+\nu}{1-\nu}\nabla^{2}t\delta_{ij}\right)=0 \tag{4}$$

$$\widetilde{\sigma}_{ij}n_{1}/S=0 \tag{5}$$

式(3)～式(5)中不包含常数 α、E，因此推导出应力 $\widetilde{\sigma}_{ij}$ 与 α、E 无关而仅与泊松系数有关。从式(2)可以看出，线膨胀系数 α 和弹模 E 是作为系数包含在应力 σ_{ij} 内，即 α 和 E 不会影响温度应力分布。由此可得出结论：在自由体或约束(刚性约束)体的空间(单连通或多连通域)内，热弹性应力与 αE 成正比；热弹性位移与 E 无关而与 α 成正比：

对平面热弹性问题按应力函数 F 求解

$$F=Q\widetilde{F} \tag{6}$$

对于平面应力 $Q=\alpha E$，对于平面应变

$$Q=\frac{\alpha E}{1+\nu}$$

相容方程为

$$\nabla^{4}F+\nabla^{2}t=0 \tag{7}$$

边界条件为

$$\widetilde{F}/n=\left(\frac{\partial F}{\partial n}\right)/n=0 \tag{8}$$

式(7)和式(8)不包含材料的物理力学常数 E、α 和 ν，即 E、α 和 ν 不会影响应力分布。由此可得出结论：

(1)对于自由体和多连通体的平面热弹性问题，在任何温度场中，热弹性应力与 E、α 和 ν 无关；对于平面应力状态，应力与 αE 成正比，边界点上位移与 α 成正比。

(2)对于平面应变状态，应力与 $\frac{\alpha E}{1-\nu}$ 成正比，边界点上位移与 $(1+\nu)\alpha$ 成正比，从而可以说明热弹性应力分布与泊松系数无关，因而对于平面问题，能够很精确地把模型应力换算到原型

中去。

2.2 模型材料的性质

模型材料采用6101#环氧树脂制成。路面结构中不同的弹性模量材料的模拟，是在环氧树脂中加入适量的不同固化剂用量配制浇注而成。实测结果表明，这种材料基本上满足了原型材料性质的相似关系。

模型材料的其他有关性质，如导热系数、导温系数、热传导系数等列于表2。

路面结构材料常数　　表2

		弹模 E (MPa)	泊松系数 ν	热交换系数 β [kW/(m²·℃)]	导热系数 λ [W/(m·℃)]	导温系数 a (m²/h)	线膨胀系数 α (/℃)
面层	原型	3×10^3	0.25	17	1.97	3×10^{-3}	2.5×10^{-5}
	模型	3×10^3	0.30	9	0.14	3.32×10^{-4}	6.5×10^{-5}
基层	原型	1×10^3	0.25	17	1.27	2.8×10^{-4}	1.5×10^{-5}
	模型	1×10^3	0.30	9	0.14	3.32×10^{-8}	6.5×10−5

3 实验研究方法

3.1 基本数据

半刚性基层沥青路面结构尺寸示于图2。

模型比例尺选为1∶7.5。为增强光学效应，模型采用15mm厚的6 101#环氧树脂板制成，将预先浇注的环氧树脂板材经手工加工成所需要的路面结构中不同的弹模材料，然后将其用粘结胶粘贴成平面模型。路面裂纹是用手工锯锯成V字形裂缝，其曲率半径$\rho=0.005$mm。

3.2 边界条件

原型路面结构在顺车向取400cm，其两端不允许有水平位移，试验时用螺钉将模型固定在光弹仪加力架上。在垂直于顺车向取原型11.25cm厚，作平面形变处理(实际上模型是平面应力状态)。模型两侧用经过退火处理的厚为10mm的有机玻璃模型覆盖，可以使模型$\frac{\partial T}{\partial z}=0$，获得较好的平面稳定温度场。模型基础在深80 mm以下温度场变化不大。因此，深80 mm以下作为稳定场的边界条件。由均匀场变化到稳定场过程中基础为半无限弹性体，因此，模型基础在80 mm处固定作为弹性固结。

3.3 温度场的控制及测量装置

本试验是采用0.3mm直径康铜丝和0.19mm直径漆包线制成的热电偶装置，测点布置示于图3，路面结构温度场实测结果示于图4和图5。

低温负荷法是用配置的冷却剂(几种冷却剂配置列于表3)使模型降温至零点以下来扩大温差，本试验采用盐与冰混合物可达−22℃。为实现稳定低温负荷，冷却剂必须装在隔热的特制盒子内。

高温负荷法是使模型温差值均在室温以上，将模型的正温梯度控制在$\Delta t=30$℃左右，即可出现足够的热应力条纹级数。为提高观测精度，采用光弹性图像倍增处理，可使应力条纹级

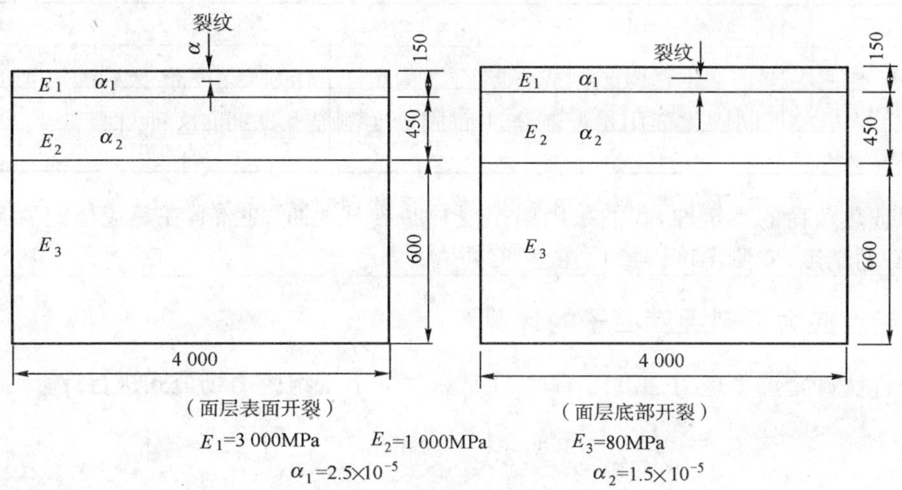

图 2 路面结构尺寸示意图

数增加 2 倍以上。本试验是以靠近模型表面(距表面约 1cm 左右)的电阻丝加热来作为模型的热负荷,并通过调压器来调节温度和加温速度。对于 300W 电阻丝,当电压控制在 50V 时加热速度适宜。

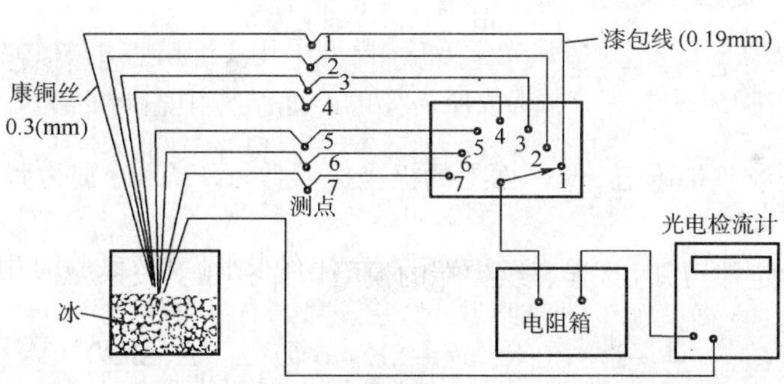

图 3 实测温度场热偶装置

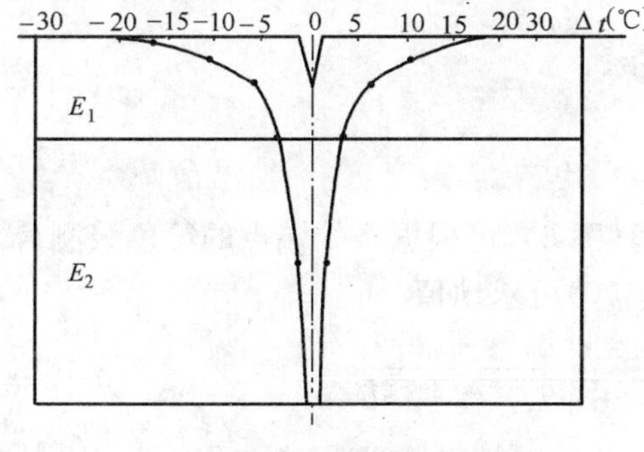

图 4 温度沿面层深度分布规律

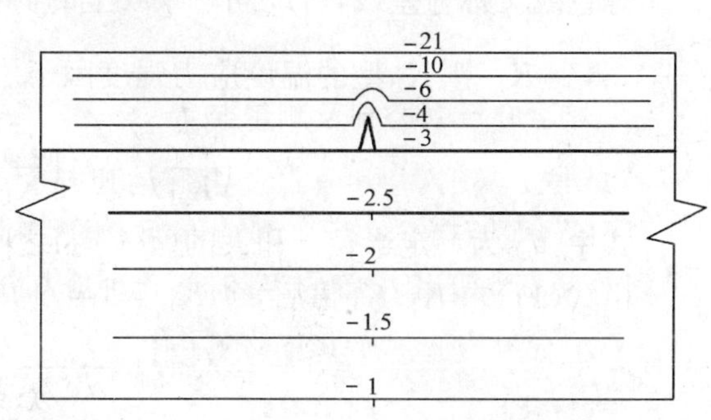

图 5 温度沿顺车向分布规律

几种冷却剂配置 表 3

冷却剂	$CaCl_2 6H_2O$	NaCl	$NaNO_2$	$MgCl_2$
盐含量（g）	143	33	59	27.5
冰含量（g）	100	−100	100	−100
最低温度（℃）	−55	−21.2	−15.5	−33.6

为保证热负荷的稳定性，我们采用温控仪对加热温度加以控制，在热流稳定后温控仪能达到±0.2℃的精度，实测温度误差也在±1℃左右。

4 温度应力断裂温度因子的计算

光弹性法确定温度应力强度因子时，通常采用如下一组应力场公式进行计算

$$\left.\begin{aligned}\sigma_x &= \frac{K_{\mathrm{I}}}{\sqrt{2\pi r}} = \cos\frac{\theta}{2}\left(1-\sin\frac{\theta}{2}\sin\frac{3}{2}\theta\right)\\ &\quad -\frac{K_{\mathrm{II}}}{\sqrt{2\pi r}} = \sin\frac{\theta}{2}\left(2+\cos\frac{\theta}{2}\cos\frac{3}{2}\theta\right)\\ \sigma_y &= \frac{K_{\mathrm{I}}}{\sqrt{2\pi r}} = \cos\frac{\theta}{2}\left(1+\sin\frac{\theta}{2}\cos\frac{3}{2}\theta\right)\\ &\quad +\frac{K_{\mathrm{II}}}{\sqrt{2\pi r}}\sin\frac{\theta}{2}\left(2+\cos\frac{\theta}{2}\cos\frac{3}{2}\theta\right)\\ \tau_{xy} &= \frac{1}{\sqrt{2\pi r}}\begin{bmatrix}K_{\mathrm{I}}\sin\frac{\theta}{2}\cos\frac{\theta}{2}\cos\frac{3}{2}\theta\\ +K_{\mathrm{II}}\cos\frac{\theta}{2}\left(1-\sin\frac{\theta}{2}-\sin\frac{2}{3}\theta\right)\end{bmatrix}\end{aligned}\right\} \tag{9}$$

式中，r、θ 为裂纹尖端附近 xy 平面上的极坐标参数；K_{I}、K_{II} 分别为张开型、剪切型的温度应力强度因子（$N/cm^{3/2}$）。

由应力—光学定律可知，对于裂纹尖端的模型切片有如下关系

$$\frac{nf}{d} = \frac{1}{\sqrt{2\pi r}}[(K_{\mathrm{I}}\sin\theta + 2K_{\mathrm{II}}\cos\theta)^2 + (K_{\mathrm{II}}\sin\theta)^2]^{1/2} \tag{10}$$

式中，f、n、d 分别为光弹模型材料条纹值、等色线条纹级数、模型切片厚度。

等色线又称等差线，所以同一条纹上的剪应力为常数。将式(10)对 θ 微分，求条纹环极值 $\frac{\partial\tau_{max}}{\partial\theta}$，得到 K_{I} 型、K_{II} 型的温度应力强度因子之比的关系：

$$\left(\frac{K_{\mathrm{I}}}{K_{\mathrm{II}}}\right)^2 + 4\left(\frac{K_{\mathrm{I}}}{K_{\mathrm{II}}}\right)\cot 2\theta_m - 3 = 0 \tag{11}$$

式中，θ_m 为一定半径 r 和大的$(\sigma_1-\sigma_2)$之间的夹角（图 6），可根据条纹端点的等色线测得。

由式(11)求 $K_{\mathrm{I}}/K_{\mathrm{II}}$ 值后，令 $K_{\mathrm{I}}/K_{\mathrm{II}}=A$ 并代入式(10)可求出值

$$\begin{aligned}K_{\mathrm{II}} &= \mathrm{n}\sqrt{2\pi r_{mn}}\,\frac{f}{d}\,\frac{1}{\sqrt{(A\sin\theta_m + 2\cos\theta_m)^2 + \sin^2\theta}}\\ K_{\mathrm{I}} &= AK_{\mathrm{II}}\end{aligned} \tag{12}$$

式中，r_{mn} 是 θ_m 沿方向从缝端到 n 级等色线条纹的距离。

对于复合型条纹(裂纹同时受到正应力和剪应力作用),其扩展方向一般总是和原来裂纹方向成θ角。复合判据(或断裂准则)目前尚未成熟,主要有最大周向应力判据、比应变能判据,以及最大应变能释放率判据。最大周向应力判据认为:在复合应力作用下,裂纹扩展方向是周向应力取最大值方向。当$K^{*}=K_{\mathrm{Ic}}$时,裂纹处于临界状态;当$K^{*}>K_{\mathrm{Ic}}$时,裂纹就失稳扩展。在复合应力作用下,极坐标应力场为

$$\sigma_{\theta}=\left[\cos\frac{\theta}{2}\left(K_{\mathrm{I}}\cos^{2}\frac{\theta}{2}-\frac{3}{2}K_{\mathrm{II}}\sin^{2}\theta\right)\right]/\sqrt{2\pi r} \quad (13)$$

对式(13)微分,整理后解得θ_0破坏方向的公式为

$$K_{\mathrm{I}}\sin\theta_0+K_{\mathrm{II}}(3\cos\theta_0-1)=0 \quad (14)$$

由式(14)解出θ_0并代入式(13),得到最大周向应力断裂判据:

$$K^{*}=(\sigma_{\theta})_{\max}\sqrt{2\pi r}=K_{\mathrm{Ic}}$$

图 6　K_{I}、K_{II}型的典型条纹环

即

$$K^{*}=\cos\frac{\theta_0}{2}\left(K_{\mathrm{I}}\cos\frac{\theta_0}{2}-\frac{3}{2}K_{\mathrm{II}}\sin^{2}\theta_0\right)=K_{\mathrm{1c}} \quad (15)$$

5　研究结果与分析

5.1　参数测量

在温度光弹性应力分析中,采用正确方法和使用先进的仪器对各种参数进行测量,是保证获得正确应力条纹图形的先决条件。临近终端顶点至裂端顶点的距离r_{mn}的测量,是用光弹性数字图像处理系统将条纹放大6~10倍后进行量取。对等色线条纹级数较小的模型,也用该系统对条纹进行倍增后量取。图7和表4分别给出了部分模型等色线条纹倍增图及测量参数θ_m、r_{mn}和n。

a) 热负荷架载荷载

b) 2# 模型 Δt=30℃ 等色线

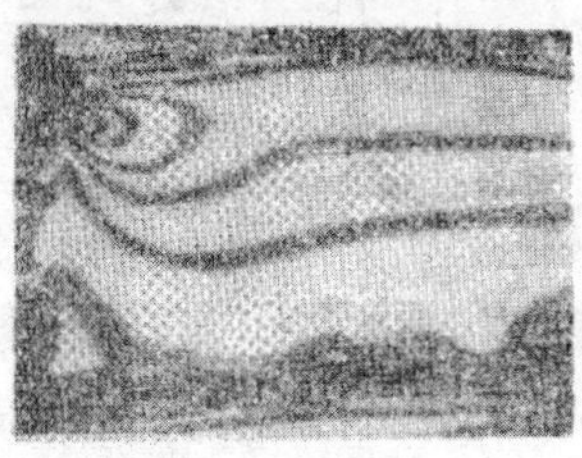

c) 5# 模型 Δt=24℃ 等色线

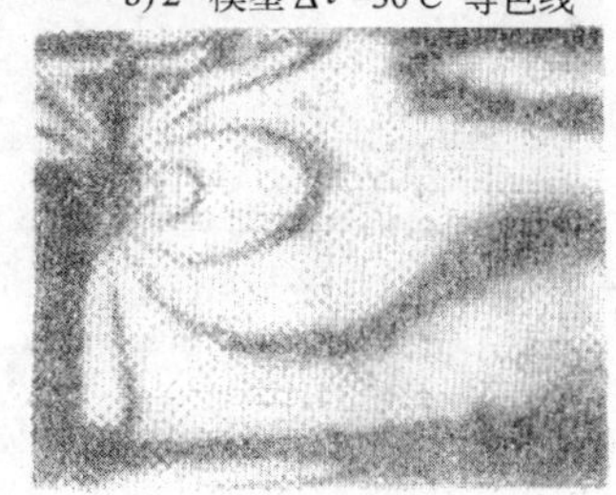

d) 6# 模型Δ=−22℃等色线

图 7　温度荷载作用下的模型等色线

5.2 温度应力断裂强度因子

为鉴别路面结构已经存在的裂缝继续扩展的可能性,有必要利用式(10)~式(15)对缝端的温度应力强度因子 K 进行计算。原型结构的温度应力强度因子的计算结果列于表 4 和图 8、图 9。

测量参数及 K 值结果 表 4

模型	温度梯度 Δt(℃)	测量参数 条纹 n	原型 r_{mn}(cm)	θ_m(°)	K_u(N/cm$^{3/2}$) 计算值	K_u(N/cm$^{3/2}$) 采用值	原型 K_1(N/cm$^{3/2}$) 计算值	K_1(N/cm$^{3/2}$) 采用值	破裂角 θ(°)	K^*(N/cm$^{3/2}$)	缝长 a
1#	18	2.5	0.875	67	853.70	95.90	385.90	430.30	−11	425.90	0.5h
		2.0	2.060		105.03		475.10				
	30	4.0	1.988	57	298.90	310.10	845.88	877.60	−15	875.40	
			3.00		321.30		909.27				
2#	−18	3.0	0.500	105	58.70	58.30	430.27	427.33	−6	435.15	0.5h
			0.688		57.40		420.74				
		2.5	1.125		58.70		430.27				
	−20	3.0	0.776	90	0	0	485.90	482.90	0	482.90	
		2.5	1.034				486.20				
		2.0	1.680				476.70				
	−30	3.0	0.866	100	60.19	65.70	503.70	551.40	−3	533.30	
		2.0	1.423		65.40		547.30				
		1.5	2.063		71.60		597.20				
5#	−15	1.5	1.125	56	84.20	80.00	229.02	217.60	−8	269.90	0.6h
		1.0	2.050		75.80		206.18				
	−24	3.0	1.250	69	110.20	128.80	559.81	654.40	−5	643.51	
		2.5	2.300		126.60		—				
		2.0	4.875		147.30		748.28				
6#	−17.5	2.0	1.875	65	108.40	108.40	443.50	443.50	−6	540.30	0.3h
		3.0	1.250		117.30		559.52				
	−22	2.5	1.875	68	119.80	120.00	571.44	573.70	−5	588.32	
		2.0	3.125		123.70		590.00				

注:表中 h 为面层宽度。

由测得的温度应力强度因子可以看出,在负温度梯度作用下,面层表面开裂主要是属于张开型。裂纹形成之后,K 是随着负荷温度梯度的增大而增大,随缝长 a 值的增大而减小。这说明面层表面裂缝的发展主要是由于路面结构表面在负温度梯度作用下所产生的顺车向的拉应力所引起的。图 7 中的部分照片说明,在负温度梯度下,缝端应力条纹环是对称于垂直裂缝坐标的,当 $\Delta t=-20$℃时,根据最大周向断裂准则所求得的 $K^*=482.90$N/cm$^{3/2}$,已超过了路面材料的断裂韧性 K_{1c} 值($K_{1c}=400\sim500$N/cm$^{3/2}$)。因此,面层表面开裂后,裂缝是沿着原来裂纹方向继续扩展，并在温度疲劳荷载作用及其他因素影响下，裂纹有可能穿透整个面层厚度，直至向基层深处扩展。

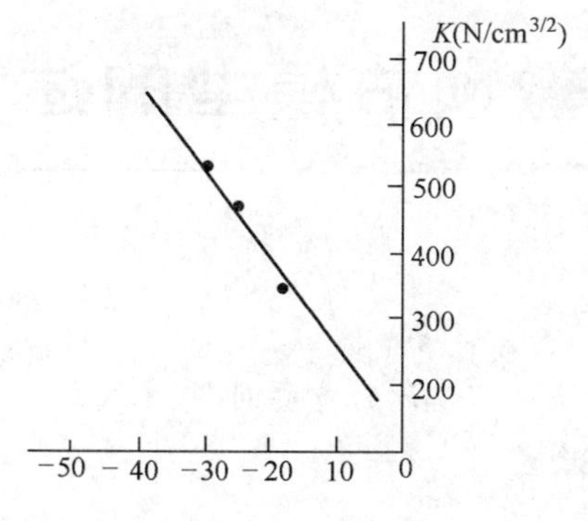

图 8 K 随负温度梯度变化规律

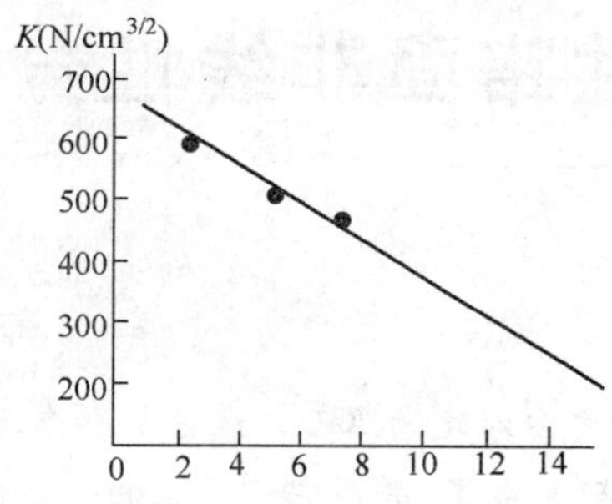

图 9 $\Delta t=-20$℃，K 值随 a 变化规律

当面层底部开裂后，裂端应力条纹环不与垂直于裂缝的坐标轴对称，说明面层底部开裂。在正温度梯度作用下，裂缝是属于混合型，而且 K 值是随温度梯度增大而增大。当 $\Delta t=30$℃，$K^*=877.60\mathrm{kN/cm}^{3/2}$，根据最大周向断裂准则，面层底部裂缝是不稳定的，且 $K_{\mathrm{I}}>K_{\mathrm{II}}$。说明底面裂缝的发展主要是由于路面结构在正温度梯度作用下，面层底部在顺车向所产生的拉应力引起并在温度疲劳荷载作用及其他因素影响下，裂缝是沿着偏离于裂纹中心线 10°～15°方向继续扩展，直至反射到面层表面。

6 结语

(1)应用温度光弹性法研究带有裂缝路面结构的应力场，不仅可以了解裂缝产生以后的温度应力分布状态，而且可以获得鉴别裂缝继续扩展的可能性的温度应力强度因子及裂缝扩展的方向。利用裂端温度应力强度因子判别裂缝扩展可能性及扩展方向的方法，有一定可靠性，经有理论解的偏裂纹三点弯曲试验结果，其结果与试验值比较，误差在 5%之内。本文介绍的用热电偶在模型上实测温度场与实际路面结构实测温度场基本相符。

(2)试验研究结果表明，路面开裂后，温度梯度变化是引起裂缝继续扩展的重要因素。面层表面开裂后，在负温度荷载作用下，裂纹会沿着原来裂纹方向继续向面层底部发展，并在温度疲劳荷载作用下及其他因素影响下，裂缝穿透整个面层厚度后，有可能向基层深处扩展。在正温度梯度荷载作用下，裂纹是偏离于其中心线继续向面层表面扩展，并在温度疲劳及其他因素影响下，裂缝可能反射到面层表面。

(3)本文仅研究温度梯度作用下带裂纹路面结构的裂缝稳定性问题(未开裂路面结构的温度应力状态，将另文发表)。实际路面结构裂纹的产生及发展规律，应综合考虑温度荷载及行车荷载共同作用结果和其他有关因素(如面层不同厚度)的影响。

柔性路面非线性分析和车辙预估模型的述评

张起森

(长沙交通学院　长沙　410076)

摘　要: 文中涉及的路面非线分析和车辙预估模型是柔性路面设计的重要问题、本文综述了这方面的主要研究成果,并对它们存在的一些问题进行了讨论。

关键词: 非线性　车辙　路面设计

1　柔性路面非线性分析

含有粒料基层(或底基层)的柔性路面结构分析,已引起许多学者的兴趣。这是由于粒料在受力过程中的非线性应力应变特性所引起的。因为粒料层的模量有很大的应力依赖性,所以在分析中不能把粒料层的模量取为定值。这样在柔性路面力学分析中常用的线弹性层状体系法就受到了限制。为了考虑粒料的非线性应力—应变性能,首先由 Hicks 和 Monismith (1972 年),之后有 Brown 和 Pippin,Zhang,Paute,Uzan,Jouve 和 Thom 等分别提出了一系列的包含粒料基层的柔性路面的分析方法。为了明了起见,下面依次作一简单的介绍。

Hicks 和 Monismith(1972 年)首先把重复荷载三轴试验确定的土壤和未处治粒料的分线性应力应变关系应用到路面力学中来。他们采用了三种分析方法:

a. hevron 多层弹性体系解。应用线弹性层状体系理论,把粒料层和路基分成许多子层,然后用每个子层的平均应力,分别按不同的模量与应力的关系,确定该子层的模量值。认为沥青层的模量主要决定于温度:

沥青层:$M_R=f(T),\mu=f(T)$;

粒料基层:$M_R=K_1\theta^{K_2}$, $\mu=f(\delta_{1/}\sigma_3)$;

路基上层:$M_R=5000\text{psi},\mu=0.4$;

路基下层:$M_R=f(\sigma_d),\mu=0.3$;

显然,这种方法仅允许模量随深度变化,并且对于每一给定的层次,波桑比是个定植。

b. 增量有限元法(FEPAVE2)。采用有限单元法,把路面划分为 6 个子层,即沥青面层,粒料层、路基 1、2、3、4 层。每个子层用矩形单元再进行离散。各层材料的特性根据下面确定:

沥青层:假定是线弹性材料,其模量和波桑比认为与温度有关,

$$M_R=f(T),\mu=f(T);$$

粒料层:$M_R=K_1\theta^{K_2}$, $\mu=f(\delta_{1/}\sigma_3)$;

路基层:$M_R=K_2+K_3[K_1-(\sigma_1-\sigma_3)]$,当 $K_1>(\sigma_1-\sigma_3)$时,

$$M_R=K_2+K_4[(\sigma_1-\sigma_3)-K_1],当 K_1<(\sigma_1-\sigma_3)时。$$

式中,K_1、K_2、K_3、K_4 是试验确定的材料常数;μ 取一定值。

c. 增量有限元法(FEPAVE4)。与 FEPAVE2 类似,但粒料和路基的波桑比是按应力的函数确定的。

Brown 和 Pippin(1980 年)为了分析包含粒料层的路面结构,提出了一个计算机程序 SENOL(割线分线性)。这个程序也是根据轴对称有限但与法编制的。所用的单元是矩形单元。分析方法是割线增量法,而且采用了单元自动生成技术。各层材料的特性如下;

沥青层:沥青刚度按 Shell 发展的计算沥青动力刚度的方法确定,波桑比取 0.4;

粒料层:体积模量

$$K = p\frac{(k/p)^{0.33}}{\{1-0.08(q/p)^2\}}$$

其中:$k=1.9\times10^{11}$kPa。

剪切模量

$$\text{在应力路径开始点 } G_1 = \frac{q_1}{3\varepsilon_1},$$

$$\text{在盈利路径终点 } G'_2 = \frac{q_2}{3\varepsilon_2},$$

波桑比:0.2

路基:$M_r = a\left[\frac{p'_0}{q_{\max}}\right]^{0.7}$,$\mu = 0.4$ 。

式中,a=50 000kPa; p'_0 为初始法向有效应力。

张起森等(1982 年)对包含粒料基层的路面结构非线性性质进行了研究,采用的是有线单元法,所用的单元是圆环三角形元。非线性分析方法采用了一种改进的 BFGS 法。经具体计算证明,这种方法具有计算可靠,适应较大荷载增量和大变形的优点,而且收敛速度也较快。所用材料参数:

沥青层:$E_T = 10^{a_1-\beta_1 T}$

式中,T 为沥青层平均温度;a_1、β_1 为材料参数;μ 取 0.30.

粒料层:$E = K_1(\sigma_3-\sigma_t)^{n_1}$

$\mu = \partial_2\lg(\sigma_1/\sigma_3)^{\beta_2}$

式中,K_1、n_1、∂_2、β_2 为试验参数;σ_1、σ_3 为最大、最小主应力(以受压为正);σ_t 为粒料的抗拉强度。

路基:用切线模量时

$$E_t = \left[1-\frac{R_f(1-\sin\varphi)(\sigma_1-\sigma_3)}{2C\cos\varphi+2\sigma_3\sin\varphi}\right]^2 Kp_a\left(\frac{\sigma_3-\sigma_t}{p_a}\right)^n$$

$$\mu_t = \frac{g-f\lg(\sigma_3-\sigma_t)}{(1-A)^2}$$

而

$$A = \frac{(\sigma_1-\sigma_3)d}{Kp_a\left(\frac{\sigma_3-\sigma_t}{p_a}\right)^n\left[1-\frac{R_f(1-\sin\varphi)(\sigma_1-\sigma_3)}{2C\cos\varphi+2\sigma_3\sin\varphi}\right]^2}$$

式中,R_f 为破坏比,其值小于 1;C、φ 为土壤的黏聚力和内摩擦角;K,n 为试验确定的参数;p_a 为大气压力;σ_t 为土的抗拉强度;g、f、d 为试验参数。

用割线模量时

$$E_R = K_2 + K_3[K_1{}' - (\sigma_1 - \sigma_3)]，当 K_1{}' > (\sigma_1 - \sigma_3) 时，$$

$$E_R = K_2 + K_4[(\sigma_1 - \sigma_3) - K'_1]，当 K'_1 < (\sigma_1 - \sigma_3) 时。$$

式中，K'_1、K_2、K_3、K_4 为试验确定的参数。

非线性分析得到的结果与足尺试槽实验的数值进行比较，取得了满意的一致性。

Uzan(1985 年)根据对粒料进行的一系列试验和有关粒料模型的比较后，提出了一个新的粒料模型，并用有限单元法把这个新模型考虑到路面应力分析中去。他不仅考虑了材料的自重应力，同时还考虑了压实引起的残余应力影响。具体的材料参数如下：

沥青层：用固定的弹性模量和波桑比(认为是弹性的)；

粒料基层和底基层：

当考虑自重应力时，$M_R = K_1\theta^{K_2}$

当考虑压实残余应力时，$M_R = K_1\theta^{K_2}\varepsilon_a^{K_3}$

或 $M_R = K_1\theta^{K_2}\varepsilon_d^{K_4}$

其中：$\varepsilon_a > 10^{-5}$，$\varepsilon_d > 0.1\sigma_3$。

路基：用固定的弹性模量和波桑比。

Paute(1982 年)也提出了一个考虑粒料非线性性质的路面有限元分析法，所用单元是六节点三角元和八节点矩形元。分析方法是切线增量法，材料性质参数由下面的方法给出：

沥青层：具有标准的线弹性性质，给定固定的弹性模量和波桑比；

粒料层：给定固定的体积模量

$$G_t = \frac{1}{3}\frac{\partial f}{\partial \varepsilon_n}\left(\frac{p_m}{L_r}\right)^a$$

式中，$q = f(\varepsilon_n)$是根据某一给定应力路径得到的应力—应变曲线方程；p_m 为平均法向应力；L_r 为应力路径长度；a 为试验参数。

路基：给定固定的回弹模量和波桑比。

Jouve et al(1987 年)提出的考虑粒料非线性应力应变关系的路面分析方法仍是一个有限单元法(轴对称体、位移法)，用的是普通三角形单元。分析方法是 Newton-Raphson 算法。由于粒料在很小应力时仍有非线性性质，Jouve 经计算认为，无论切线或割线法均不适应，而应用混合法，即首先按弹性计算确定一个初始位移(D_0)；第二步用 5 次割线迭代完成第一次逼近；第三步用 3 或 4 次切线迭代完成解的一个好的近似。

材料参数如下：

沥青混凝土磨耗层：给定固定的弹性模量和波桑比

粒料层：压缩模量 $K = K_1 p^{(1-n)}\left[1 + r\left(\frac{q}{p}\right)^2\right]$

剪切模量 $G = G_1 p^{(1-m)}$，

式中，K_1、G、m、n、r 均为试验参数；p 为平均法向应力；q 为剪切应力。

弹性模量和波桑比按下式进行计算

$$E = \frac{9KG}{3K + G}$$

$$\mu = \frac{3K - 2G}{6K + 2G}。$$

$$E = 88\,400(p'_0/p_r)^{0.52}\,(\text{kPa})$$

路基

$$\mu = \frac{0.5p'_0}{1+p'_0}$$

式中，p'_0 为有效压力，$p'_0 = p_0 - x\mu_e$，p_0 为总应力，$p_0 = rCh_c + r_s z$；x 为与饱和程度有关的系数；μ_e 为空隙压力；p_r 为平均法向应力的变化，$p_r = p_2 - p_1$。

Vuong(1985 年)对于考虑材料非线性的路面分析方法是按下述方式进行的：

a. 采用四边形单元；

b. 荷载考虑了：垂直荷载，内向、对称的剪切荷载和单方向的剪切荷载；

c. 非线性分析采用了三种模型：

NL_1：本构方程 体积模量 $K = \dfrac{K_2}{3(1-2\mu)} + \dfrac{K_1}{3(1-2\mu)}\sigma_m^n$

$$\text{剪切模量 } G = \frac{K_2}{2(1+\mu)} + \frac{K_1}{2(1+\mu)}\sigma_m^n$$

沥青面层是按线弹性材料处理；

NL_2：材料参数是按 NL_1 模型取，但已考虑到粒料层不可能承受拉应力，把这个拉力置零，并按力平衡的要求，计算相应的应力重分布；

NL_3：除考虑 NL_2 的情况外，还计入剪切作用对剪切模量的影响

$$G = \frac{K_2}{2(1+\mu)} + \frac{K_1}{2(1+\mu)}\sigma_m^n\left[1-\left(\frac{\tau}{\tau_f}\right)^m\right];$$

d. 分析法：采用直接迭代法。

从三种模型的对比计算看出，非线性解对于粒料层的无抗拉能力的影响是很敏感的，如果不考虑这种情况，可能会导致错误的结果。但对剪切影响的依赖性却是不大的，一般情况下可以不考虑剪切应力对 G 的影响。

Thom(1988 年)对考虑粒料非线性的路面结构计算提出了另一种方法。因此面层比较薄，它在路面结构中的重要性不大、所以按板来考虑，仅仅杨氏模量是被用作来说明沥青层的性质。对于路基，虽然它有类似基层粒料的非线性性质，但为简化起见，仍然采用了线弹性性质的假定。对于粒料基层的非线性性质直接采用了从三轴试验确定的非线性应力—应变方程。求解方法是用的离散点法。具体解法如下：

a. 首先用板弯曲理论确定沥青面层与基层接触面上的接触应力；

b. 用离散点法把粒料层和路基进行离散。每个离散点有六点未知量：垂直应力 σ_z，径向应力 σ_r，切向应力 σ_τ 在 r、z 平面上的剪切应力 τ，垂直位移 m_z，径向位移 m_r，因此需要六个方程式进行求解。

粒料层的六个方程式包括三个剪切应变方程(由三轴试验确定的非线性应力—应变关系)，一个体积应变方程和两个平衡方程

$$\frac{1}{2}\left(\frac{\mathrm{d}m_r}{\mathrm{d}r} - \frac{\mathrm{d}m_z}{\mathrm{d}z}\right) = A\ln\left(\frac{\sigma_z}{\sigma_r}\Big/\frac{\sigma_{zi}}{\sigma_{ri}}\right)$$

$$\frac{1}{2}\left(\frac{m_r}{r} - \frac{\mathrm{d}m_r}{\mathrm{d}r}\right) = A\ln\left(\frac{\sigma_z}{\sigma_\tau}\Big/\frac{\sigma_{zi}}{\sigma_{\tau i}}\right)$$

$$\frac{1}{2}\left(\frac{\mathrm{d}m_r}{\mathrm{d}z}+\frac{\mathrm{d}m_z}{\mathrm{d}r}\right)=A\ln\left[\left(\frac{1}{2}(\sigma_z+\sigma_r)+\tau\right)/\left(\frac{1}{2}(\sigma_z+\sigma_r)-\tau\right)\right]$$

$$-\left(\frac{m_r}{r}+\frac{\mathrm{d}m_r}{\mathrm{d}r}+\frac{\mathrm{d}m_z}{\mathrm{d}z}\right)=B\ln\left[\frac{\sigma_r+\sigma_z+\sigma_\tau}{\sigma_{zi}+\sigma_{ri}+\sigma_{\tau i}}\right]-C\left[\left(\ln\frac{\sigma_z}{\sigma_r}\right)^2-\left(\ln\frac{\sigma_{zi}}{\sigma_{ri}}\right)^2+\left(\ln\frac{\sigma_r}{\sigma_\tau}\right)^2\right.$$

$$\left.-\left(\ln\frac{\sigma_{RI}}{\sigma_{\tau I}}\right)^2+\left(\ln\frac{\sigma_\tau}{\sigma_z}\right)^2+\left[\ln\frac{\frac{1}{2}(\sigma_z+\sigma_r)+\tau}{\frac{1}{2}(\sigma_z+\sigma_r)-\tau}\right]\right]$$

$$\frac{\mathrm{d}\tau}{\mathrm{d}z}=\frac{\mathrm{d}\sigma_r}{\mathrm{d}r}+\frac{\sigma_r}{r}-\frac{\sigma_\tau}{r}$$

$$\frac{\mathrm{d}\sigma_z}{\mathrm{d}z}=\frac{\mathrm{d}\tau}{\mathrm{d}r}+\frac{\tau}{r}$$

对于路基，前面的四个方程式由线弹性理论的相应方程式代替即可。后两个方程式与前相同。

界面条件是假定完全连续无滑移存在，并规定在离荷载轴 3m 半径处无剪切应力和径向位移。

另外，具体求解时，为了简化起见，把所有的微分改成相邻两点的差值。

按上述要点编制了计算机程序 GRANMAT。

从上面所介绍的各种考虑材料非线性的路面分析方法看出，他们之中绝大部分是用有线单元法。为了逼近非线性的应力—应变关系，有的用增量法，有的用迭代法，也有采用增量—迭代法（混合法）的从收敛速度和精度来看，混合法和修正的 BFGS 法是一种适用范围更广的方法。从材料的模型来看，当沥青层较薄时，一般近似当作线弹性材料处理；当沥青层较厚时，应考虑沥青材料的非线性性质。显然把路基当作线弹性材料也不一定合适。所以，较好的路面分析模型应当同时考虑带粒料基层和路基的非线性特性，沥青层的黏弹（塑）性性质也应考虑，同时还要注意到粒料不能承受拉应力的性能。有些方法考虑了压实引起的残余应力影响，并认为这样可以克服三轴试验结果与路面实际工作状态之间的差异问题，这点意见建立在新的分析方法时是值得注意的。Thom 提出的离散点法是把试验得到的实际非线性应力应变关系（三个剪切应变方程，一个体积应变方程）和两个平衡方程联立一起求解六个未知量，实际计算时虽然做了一定的简化，但这种想法是有可取之处的。

2 路面车辙的预测

目前对路面车辙的预测的研究分两个方面进行。一个方面是采用黏弹性或黏塑性理论；另一方面是用一种简化计算，即路面应力仍按弹性理论（有的同时考虑材料的非线性特性计算，永久变形规律由试验确定。下面主要介绍后一种方法。

2.1 路面结构应力计算

路面结构的应力计算主要有两种方法：一种是用弹性层状体系理论，这种方法已有许多计算程序，可以直接应用；另一种是用有限单元法。正如前一节所述，由于考虑粒料和路基的非线性特性，计算时有的采用迭代法，有的采用增量法，也有的采用混合法。从两种方法的计算结果与实际值的对比看出，显然采用有限单元法（非线性）的结果更符合实际。所以在以后许多关于车辙问题的研究中，路面的应力都是用有限单元法进行计算的。

2.2 路面材料的永久变形规律

路面车辙的计算一般要考虑沥青层、粒料层和路基的永久变形累积，所以通常要研究这三类材料的永久变形规律。由于我们目前的课题只限于研究薄沥青面层的粒料路面结构的性能，所以在分析中，通常把沥青层作为一个弹性层考虑，而不计及其塑性变形问题，这样我们只要研究粒料和路基的永久变形规律即可。

不论是粒料还是路基土壤，在重复荷载作用下，其塑性变形是逐渐累积的，但变形率随着加荷次数的增加还是逐渐减少的。从试验结果看出，在前面几次重复荷载作用下，永久变形是很明显的。但随着荷载重复次数的增加，以后每一次荷载作用的永久变形就不很明显了。另外，从塑性剪切应变与偏应力的关系(图 1)看出，当应力路径长度相等时，随偏应力的增大剪切应变发展较快。同时，当最大偏应力相同时，较长应力路径将产生较大的剪应变。由此得出，塑性变形的发展不仅与荷载重复作用次数有关，而且与偏应力大小和应力路径长度有关。

在重复荷载三轴试验中(q、p 是确定的)，永久轴应变的发展与荷载作用次数 N 的关系如下(图 2)：

$$\varepsilon_p = AN^{B} \tag{1}$$

式中，A、B 是试验参数。

所以对于一般的情形，ε_p 与 N 和 q、p 应有如下关系

$$\varepsilon_p = AN^{B} f(q,p) \tag{2}$$

在 q、p 平面内，ε_p 的等值图如图 3 所示。

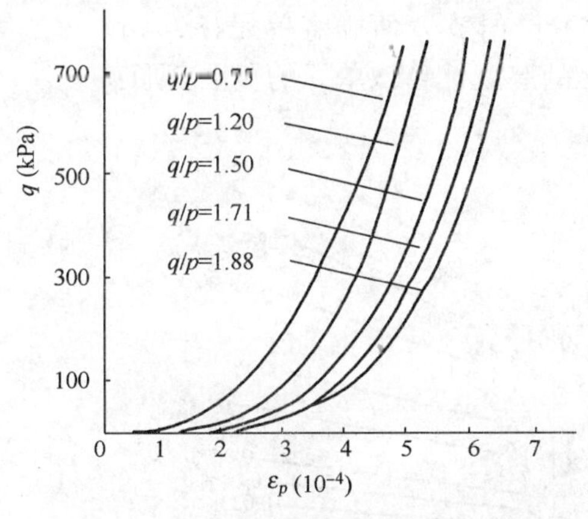

图 1 不同应力路径的应力—应变曲线

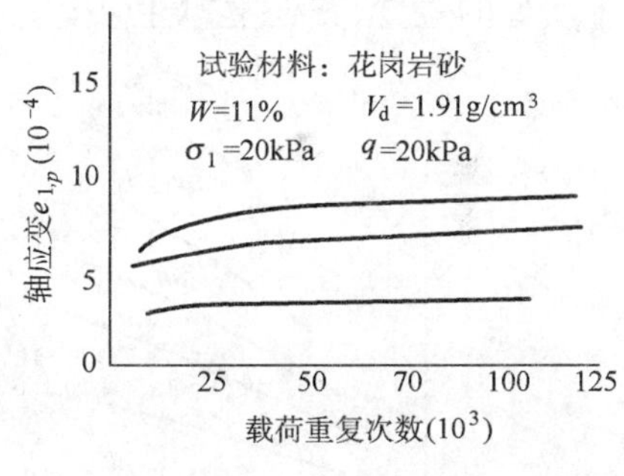

图 2 路面轴应变和荷载次数之间的关系

在英国 Nottingham 大学土木系布朗(S. FBrown)教授的指导下，Pippin 于 1979 年之前完成了对粒料塑性变形累积规律的一些试验，并取得了塑性剪切应变累积的方程式如下

$$\varepsilon_{sp} = f_n(N) \times L \times (q/p')^{2.8}_{max} \tag{3}$$

式中，L 为在 p'、q 空间中应力路径的长度；N 为荷载作用次数。

从这个式子可以看出，塑性剪切应变是与荷载重复作用次数、应力路径长度和在该应力路径上达到的剪应力 q 与平均有效应力 p' 之比的最大值有关。

对于塑性体积应变，由于剪切膨胀影响的复杂性，Pipping 没有得出什么结果。

Thom(1988 年)对粒料的塑性变形问题做了更进一步的研究，他不仅做了大量的三轴试验，而且还探索了空心圆柱试件的塑性变形累积规律，后者可以模拟空间应力状态和考虑剪

切应力的影响。根据对试验结果的分析，他对塑性剪切应变和体积应变规律提出了如下的模型

$$\varepsilon_{sp}=-\frac{1}{L}\ln\left[\left(\frac{\sigma_f-\sigma_{max}}{\sigma_f}\right)-\frac{1}{M_1}\left(\sigma_\tau+\frac{1}{3}\sigma_s\right)\ln(N)\right] \tag{4}$$

式中，σ_f 为破坏应力；σ_{max} 为应力路径的最大应力；σ_s 为法向平均应力的变化；L、M 为试验常数；σ_t 为破阶面上的法向应力。

$$\varepsilon_{vp}=\frac{1}{M_2}\left(\sum\delta\sigma+2\sum\delta\tau\right)\ln N-\frac{1}{2}\varepsilon_{sp} \tag{5}$$

式中，$\sum\delta\sigma=(\delta\sigma_x+\delta\sigma_y+\delta\sigma_z)$； $\sum\delta\tau=(\delta\tau_{xy}+\delta\tau_{zx}+\delta\tau_{yz})$；$M_2$ 为试验常数。

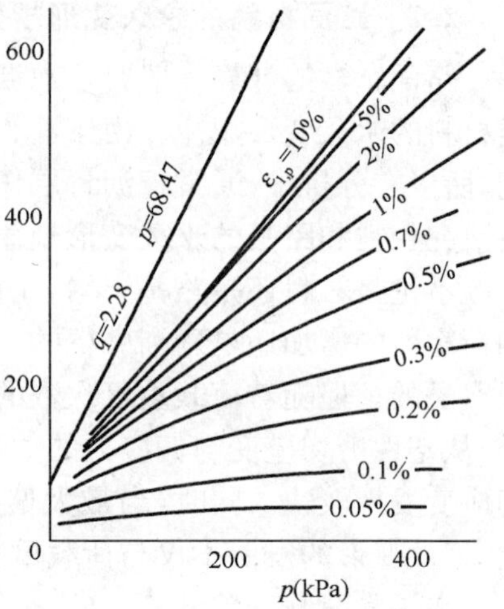

图 3　轴永久应变等值图

显然，Thom 的模型为我们今后研究粒料的永久变形规律打下了一个基础。Thom 在研究报告中还指出了主应力转动对塑性变形的影响，这一点也我们今后建立一个更精确的模型指出了方向。

2.3　关于路面车辙的预测

路面车辙的计算，目前主要采用了三种方法。

第一种方法是按应力(p,q)和塑性应变$(\varepsilon_v^p,\varepsilon_q^p)$之间的等值图关系（图 4）进行计算。首先用有限元分析把各单元的应力(p,q)计算出来，然后根据 p、q 值确定单元在$(p,q)\sim\varepsilon_{1,p}$等值图上所处的位置，查处主塑性应变 $\varepsilon_{1,p}$值，按各单元的厚度计算该单元的塑性变形：

$$\Delta w=h\times\varepsilon_{1,p} \tag{6}$$

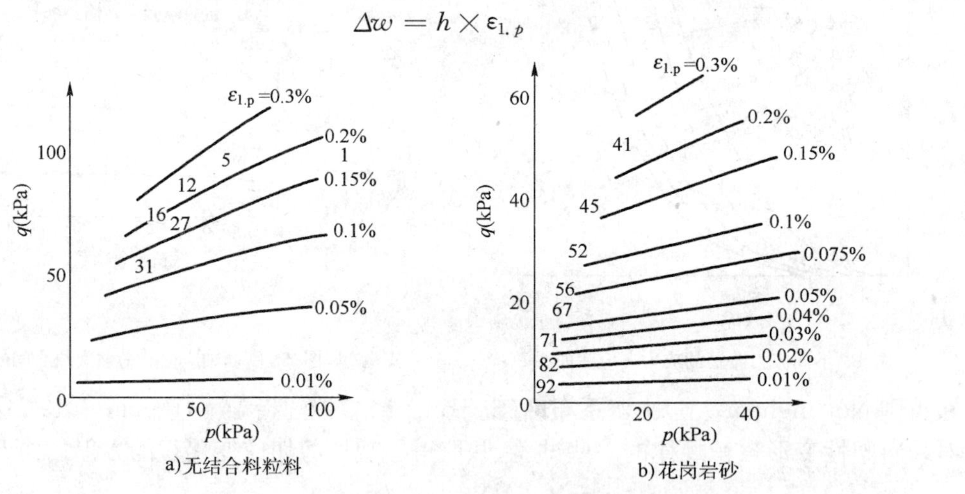

图 4　在轴荷载 10^5 次重复作用下单元的应力状态和永久应变

把各有关单元的 Δw 累加起来，求得路面的总塑性变形即车辙深度。

第二种方法是直接利用应力(p,q)与 $\varepsilon_{1,p}$的关系进行计算。方法也是首先用有限元分析，把各单元的应力(p,q)计算出来。然后根据不同应力水平的 ε_p 与重复荷载作用次数 N 的关系，计算出各个单元的塑性变形，累加起来就是路面的车辙深度。

第三种方法除考虑粒料和路基的塑性变形外，还同时考虑了沥青面层的塑性变形。这在

沥青层比较厚时是非常必要的。沥青层的永久应变根据 Shell 的研究人员提出的方程确定

$$\Delta h_{1-i} = c_{\text{mix}} \times h_{1-i} \times \frac{\text{平均垂直压应力}}{S_{\text{mix}}} \tag{7}$$

式中：Δh_{1-i} 为沥青层厚度的变化，即永久变形；h_{1-i} 为层次的厚度；S_{mix} 为在特定荷载时间和温度条件下的蠕变模量；c_{mix} 为校正因数。

通常，沥青材料的蠕变试验式是在无侧限条件下完成的。

除了上述方法之外，现公路学院王秉刚等曾对黏弹性层状体系理论进行研究。同济大学的许志鸿近年提出了用黏弹性体系理论预测沥青路面车辙的方法，这个方法的基本点如下：

a. 把路基路面结构看成一个黏弹性层状体系，按黏弹性—弹性比拟原则求得黏弹性体系的解；

b. 在计算永久变形时，材料长期荷载下的变形用 Laplace 变换的终值定理确定，卸载时的变形用 Laplace 变换的初值确定，其差即为永久变形值；

c. 为了考虑动载影响，引入了一个动态影响系数 C_{M}。C_{M} 是在 MTS 试验机上进行的、动蠕变试验确定的。其他参数，如劲度模量 S_{mix}，沥青层的有效温度 T_{eff} 等按林绣贤研究员提出的方法确定。

以这种方法计算的结果与 Shell 方法作了对比，获得了比较好的一致性。

由上面所述可以看出，该方法实质上是一种黏弹性理论的近似法。对于动载的影响，也仅引入 C_{M}（动态影响系数）近似解决。所以应该说，对于车辙的正确预估和计算，目前国内外都还处在一个探索阶段，要真正解决好这个问题，尚需进行大量和深入的研究工作。

3　结语

柔性路面结构在荷载作用下，通常表现为非弹性。非线性的性能，目前把它假定为弹性和线性体的分析方法只是一种近似的处理。特别是对于包含有粒料基层或底基层的柔性路面结构，由于粒料基层材料的模量具有明显的应力依赖性，按照弹性层状体系理论进行分析是得不到正确结果的。为此，许多研究工作者对这类结构的非线性分析方法进行过探索。分析的方法基本上都采用有限单元法，但对于粒料的本构模型却各有不同。用什么样的本构模型才能比较精确地的反应粒料的受力特性呢？现在还难以定论。这方面的研究工作还在深入，相信在不久的将来会得到结论的。但可以肯定的是目前常用的 K-θ 模型是不理想的，有待完善和改进。

对于沥青路面的车辙预估问题，目前国内外都正在探索。我国同济大学在车辙预估理论方面做了很多工作，东南大学在车辙试验方面取得了一定的成果。这些为发展我国车辙预估模型和计算理论奠定了基础。可以相信，只要继续努力，不久的将来，我国将对沥青路面的车辙计算和预估提出一套具有特色的实用方法。

沥青路面纤维半刚性基层材料的性能分析

陈晔　张起森
（长沙交通学院　长沙　410076）

摘　要： 本文在试验的基础上，探索了纤维半刚性材料温度和干燥混合收缩的规律及原因，进行了混合收缩与温度收缩、干燥收缩的比较分析。对不同种类纤维土材料及相应半刚性材料的混合收缩性能也进行了试验比较分析，得出了纤维半刚性基层材料的抗温度和干燥混合收缩性能优于相应的半刚性基层材料的结论，为防止或减少半刚性基层材料的收缩开裂提供了一种新的途径。

关键词： 沥青路面　纤维半刚性基层材料　温度和干燥混合收缩性能

高等级公路沥青路面用半刚性材料作为基层或底基层，已成为我国一种主要路面结构形式。半刚性基层材料具有良好的工程性质和显著的经济效益。但半刚性材料基层在早期频繁出现裂缝，致使沥青路面产生病害，严重影响了沥青路面的使用品质和使用寿命，对其进一步推广应用形成了潜在的威胁。半刚性基层材料的开裂是由于干燥收缩、温度收缩或温度和干燥混合收缩引起的。因此，对基层材料抗干缩性能、抗温缩性能及抗温度和干燥混合收缩性能进行研究，提出合理而实用的措施减少基层材料的开裂，是当前公路建设中急需解决的问题之一。

改善基层材料的原材料组成及材料自身性能，从而提高基层材料的抗裂性，是防止或减少裂缝的有效途径。在道路工程中，纤维土材料适于解决土木工程结构中经常出现的变形问题，在静载和重复荷载的作用下，它能改善应力传播和应力分布，从而较好地改善土体的受力性能。目前，纤维土技术主要应用于处理边坡、修建挡墙、加固路堤、处理软基等。但是，用短纤维加固沥青路面半刚性基层材料的研究和应用工作，在我国仍进行较少，对纤维半刚性材料抗温度和干燥混合收缩性能的研究工作进行得更少。

1　试验材料的选取

通过调查、试验和查阅资料，认为聚丙烯纤维作为路面基层加筋材料，力学性能较好，在不受阳光照射下，耐久性满足公路使用要求。特别是此材料属于普及型材料，可利用塑料厂和化钎厂的纤维下脚料。使用这种材料，在公路建筑中不会增加施工程序，施工方法简便，容易推广。本试验采用湖南省常德塑料五厂生产的聚丙烯短纤维，纤维密度为 0.9g/cm^3，纤维截面尺寸：长×宽＝3mm×0.35mm。

基体材料的选择主要是以路面基层材料的适用性、普及性和经济性为原则。目前，高等级公路沥青路面基层材料大量采用半刚性材料，所以纤维土的基体也选择半刚性材料。交通部“七·五”重点攻关课题“半刚性基层沥青路面的研究”中，已对一些类型半刚性材料进行了一定

摘自《长沙交通学院学报》1994 年 3 月第 10 卷第 1 期。

的收缩试验研究，但对目前高等级公路沥青路面大量采用的两种半刚性材料（石灰水泥土、石灰粉煤灰土）没有进行系统的研究，所以，本文选用了石灰水泥土、石灰粉煤灰土两种半刚性材料作为纤维土的基体。石灰水泥土的配合比为石灰∶水泥∶土＝6∶4∶90；石灰粉煤灰土的配合比为石灰∶粉煤灰∶土＝10∶40∶50。

土的采集考虑到所用材料与工程实际情况相接近，故采用了常德境内1804线公路建筑工地的施工用土。土质为粉质亚黏土，SiO_2 和 Al_2O_3 含量在81％以上。

石灰采用常德县石灰厂生产的熟石灰，按规定所用的石灰为钙质消石灰，活性 CaO＋MgO 的含量达Ⅰ级，细度为Ⅱ级。

水泥用常德县水泥厂生产的425号普通硅酸盐水泥，其主要物理化学性质符合国标。

粉煤灰取自常德电厂湿法排灰池中的粉煤灰。

2 试验与结果

纤维土基层材料收缩性能的影响因素很多，包括气候环境、土质、纤维种类、材料组成及材料的自身特性、所处温度条件和含水量状况等，其中温度和含水量是主要影响因素。为了能够全面的评价纤维土材料的收缩性能，必须研究不同温度和干湿状态对纤维土材料的收缩综合影响。

本试验是将饱水试件表面不封闭地置于温度变化的环境中，在温度变化的过程中，试件中的含水量也发生变化。这种收缩是由温度和干燥双重收缩组成，称其为温度和干燥混合收缩（简称混合收缩）。混合收缩试验是对实际工程中纤维土基层材料收缩状态的模拟。通过这种模拟试验，以便进一步了解实际工程中纤维土材料的真实收缩规律。

本试验采用纤维石灰水泥土（纤维掺量1.0‰，纤维长5cm）、纤维石灰粉煤灰土（纤维掺量1.0‰，纤维长7cm）及相应的两种半刚性材料作为研究对象。试件的制备、养生以及试验数据取舍均按规定进行。

2.1 材料混合收缩系数的测定

用湿气养生28d，经制作处理后的试件，放入水中毛细饱水2h，取出立即称重。放入恒温箱中，从50℃开始，在50～10℃区间取每级温差 $\Delta t=10$℃，在10～－10℃温度区间取每级温差 $\Delta t=5$℃；用“电测法”测定试件每级温差段的应变值和相应的含水量，直到－10℃为止。根据温度变化量 Δt、测定的含水变化量 ΔW 及试件的应变值，计算材料的混合收缩系数。

2.2 材料干缩系数的测定

将养生到预定龄期的试件放入恒温箱中，在温度恒定（$t=40$℃）的条件下，用“电测法”测定其不同含水量下的应变值，直到试件恒重为止。计算单位含水量变化所产生的应变值（即干缩系数）。

2.3 材料温缩系数的测定

将养生到预定龄期的试件，分别在不同含水量状态下封密，在试件中含水量恒定的条件下，用“电测法”测定其不同温度条件下（50～10℃）的应变值。计算单位温度变化所产生的应变值（即温缩系数）。

2.4 试验结果

纤维土材料及相应半刚性材料混合收缩试验结果汇总于表1。各种试验材料的混合收缩系数及相应的干缩系数、温缩系数，经数理统计处理后的试验结果汇总于表 2。

纤维土材料混合收缩数据　　表 1

纤维土名称	Δt (℃)	ΔW (%)	a_1 ($\mu\varepsilon$/℃)	a_d ($\mu\varepsilon$/W)	Δt (℃)	ΔW (%)	a_1 ($\mu\varepsilon$/℃)	a_d ($\mu\varepsilon$/W)
石灰水泥土	50～40	2.92	−27.35	−55.41	40～30	1.63	−27.89	−55.41
	30～20	3.31	−28.97	−55.41	20～10	0.45	−28.15	−55.41
	10～5	0.75	−27.35	−55.41	5～0	0.37	−25.17	−55.41
	0～5	0.22	−30.56	−55.41	−5～−10	0.11	−20.32	−55.41
纤维加固石灰水泥土	50～40	1.51	−26.16	−52.37	40～30	1.13	−27.07	−52.37
	30～20	2.47	−27.89	−52.37	20～10	0.89	−28.03	−52.37
	10～5	1.12	−25.87	−52.37	5～0	0.39	−23.01	−52.37
	0～5	0.42	−28.86	−52.37	−5～−10	0.19	−19.15	−52.37
石灰粉煤灰土	50～40	2.09	−28.17	−62.16	40～30	1.69	−31.03	−62.16
	30～20	1.41	−27.96	−62.16	20～10	1.47	−31.17	−62.16
	10～5	1.72	−28.76	−62.16	5～0	0.22	−27.98	−62.16
	0～−5	0.66	−36.08	−62.16	−5～10	0.08	−31.16	−62.16
纤维加固石灰粉粉煤灰土	50～40	3.35	−26.72	−43.72	40～30	1.92	−29.07	−43.72
	30～20	3.01	−25.01	−43.72	20～10	1.21	−26.32	−43.72
	10～5	0.82	−28.41	−43.72	5～0	0.16	−29.15	−43.72
	0～−5	0.23	−30.98	−43.72	−5～−10	0.15	−29.26	−43.72

纤维材料各种收缩数据表　　表 2

项　目	石灰水泥土	纤维加固石灰水泥土	石灰粉煤灰土	纤维加固时灰粉煤灰土
总温差 Δt_x(℃)	60	60	60	60
含水量变化范围 $W_{初}-W_{终}$(%)	24.17−14.51	23.26−15.13	28.41−19.07	29.52−18.37
总含水量变化值 ΔW_z(%)	9.66	8.13	9.34	11.16
含水量范围相应 a_d($\mu\varepsilon$/W)	55.41	52.37	62.16	43.72
干缩总应变值 $a_d\times\Delta W_1$($\mu\varepsilon$)	−53.53	−425.8	−579.6	−487.9
实验总应变值 $\varepsilon_{终}$($\mu\varepsilon$)	−2 188	−2 004	−2 384	2 171
混合收缩平均收缩系数 a_M($\mu\varepsilon$/℃)	−27.54	−26.30	−30.05	−28.06
混合收缩最大值 a_{Mmax}($\mu\varepsilon$/℃)	−30.56	−28.86	−36.08	−30.92
封闭温度收缩最大值 a_{tmax}($\mu\varepsilon$/℃)	−20.11	−19.25	−22.84	−20.69

3　纤维土材料混合收缩规律分析

3.1　混合收缩系数随湿度的变化

根据试验结果，得出了纤维土材料及相应的半刚性材料混合收缩系数(α_{th})与温度(t)的关系。

从试验曲线分析，可得出如下几点结论：

a. 纤维土材料和相应的半刚性材料的 α_{th}-t 曲线具有相同的变化规律。混合收缩系数 α_{th}

随温度的变化波动幅度大于某一固定含水量状态下温缩系数 α_t 随温度的变化幅度。对于纤维石灰水泥土和相应的半刚性材料，在高温区 α_{th} 随温度的变化呈“凸形抛物线”。对于纤维石灰粉煤灰土和相应的半刚性材料，α_{th} 随温度的变化呈“正弦曲线”。在低温区间，4 种材料的 α_{th} 随温度变化均呈“凸形抛物线”，最大值均在 $t=0\sim-10$℃温度区间。

b. 4 种材料的混合收缩系数 α_{th} 在相应区间大小次序为：

$$\alpha_{th}(\text{LFS})>\alpha_{th}(\text{FLFS})>\alpha_{th}(\text{LCS})>\alpha_{th}(\text{FLCS})$$

c. 在整个温度区间（50～－10℃）内纤维土材料的 α_{th} 值均小于相应半刚性材料的值。说明在温度和含水量的综合影响下，纤维土材料的抗收缩性能明显优于半刚性材料。

3.2 材料混合收缩含水量的变化规律

根据表 1，温度从 50℃降至－10℃，含水量不断变小，半刚性材料含水量的变化范围，从 $W_{湿}$ 至 $\frac{1}{2}(W_{湿}+W_{半风干})$，纤维土材料含水量的变化范围从 $W_{湿}$ 至 $\frac{1}{3}(W_{湿}+W_{风干})$。各类材料进入低温区（$t<10$℃）后含水量变化非常小，一般情况下，$\Delta W<2.7\%$。特别是 $t<0$℃区间，含水量几乎不发生变化。也就是说，含水量变化和干燥收缩主要发生在 50～100℃的高温区间。在低温区间主要是温度收缩。

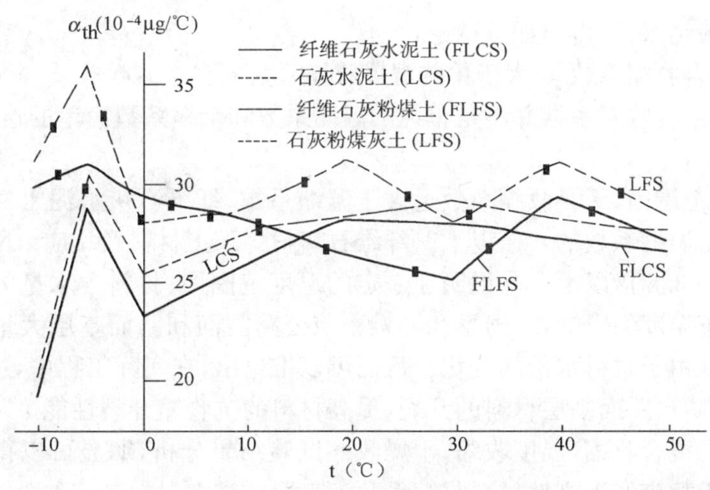

图 1 28d 龄期试件混合收缩 α_{th}-t 关系图

3.3 纤维土材料混合收缩规律分析

混合收缩情况下的混合收缩系数 α_{th} 随温度和含水量变化规律，其机理要比单纯干缩和温缩机理复杂得多。温度下降，毛细管弯液面的表面张力增加，土的收缩使弯液面曲率半径变小 ΔR_1。同时，水的蒸发又使弯液面曲率半径变小 ΔR_t，如果收缩前毛细管中水的液面曲率半径为 R，那么，压力差 $\Delta p=\frac{2\sigma}{R-(\Delta R_1-\Delta R_t)}$。在 Δp 作用下，材料产生收缩。含水量减少，特别当 $W<W_{湿}$，材料在混合收缩时，使得温缩性减小。而含水量减少，也使颗粒连接加强，整体材料强度提高，使颗粒活动性减小。另一方面，含水量的减小，会使干燥收缩增大。材料中毛细管张力作用，使吸附水和分子间力的作用以及层间水作用加强。因此，在温度降低和含水量减小的双重作用下，温缩和干缩同时对材料起作用。所以在高温区间，α_{th} 值的变化幅度大于单

纯温缩条件下(封闭状态试件)的变化幅度。进入低温区间后，干燥收缩作用减小，甚至含水量不变化，这时以温度收缩为主，为此又出现了同封闭状态同样的 $\alpha_t \sim t$ 规律性。

4 混合收缩与非混合收缩的比较分析

由试验结果(表 2)，分析得出纤维土材料及相应的半刚性材料混合收缩比固定含水量状态温度收缩大，其相互关系为：$\alpha_{th}=1.5\alpha_t$。

为了分析混合收缩、温度收缩、干燥收缩性质的关系，表 3 给出在 40～50℃温度范围内各种情况的收缩系数最大值。其中 α_{stmax} 为各干湿状态的最大干燥收缩系数值。

α_{th}、α_t、α_{st} 比较表 表 3

材料类型	$\alpha_{th\,max}$ (με/℃)	$\alpha_{t\,max}$ (με/℃)	$\alpha_{st\,max}$ (με/W)	$\frac{\alpha_{st\,max}}{\alpha_{th\,max}}$
石灰石水泥土	−27.89	−16.52	−98.97	5.99
纤维石灰水泥土	−27.07	−13.32	−95.65	7.18
石灰粉煤灰土	−31.03	−18.23	−69.85	3.83
纤维石灰粉煤灰土	−29.07	−15.97	−55.34	3.47

分析表 3 的试验结果，可得出如下结论：

(1)各类材料混合收缩系数 α_{th}大于单纯温度收缩系数 α_t。

(2)纤维土材料混合收缩系数并不是单纯的温缩系数和干缩系数简单的迭加，而是有机的组合。

(3)在同一温度范围内，干燥收缩系数远大于温缩系数，纤维石灰水泥土材料及相应的半刚性材料干缩系数是温缩系数的 6 倍以上。纤维石灰粉煤灰土材料及相应半刚性材料干缩系数是温度收缩系数的 3.5 倍以上。这说明在一定的温度范围内，材料含水量的变化对材料收缩性能的影响远大于温度的影响，在雨季和春融季节公路路面和路面基层大量出现裂缝和病害的主要原因之一是由于材料水份的变化。从而可以推论出，在实际工程中，适当调整材料的含水量，可以减少或防治路面基层材料的开裂，提高材料的抗收缩开裂性能。

d. 从各类材料的混合收缩、温度收缩、干燥收缩试验结果分析，明显可以得出纤维土材料的收缩系数普遍小于相应的半刚性材料收缩系数。表明纤维土材料是一种既可以发挥半刚性基层材料的强度、良好的稳定性和经济性的优点，又可以克服半刚性材料早期容易产生收缩开裂的缺点。所以纤维土材料是一种性能良好、经济实用的新型路面建筑材料。

APPROACH TO THE PERFORMANCE EVALUATION INDEX OF ASPHALTPAVEMENT

Zhang Qisen He Yuliang
(Changsha Communications Institute ChangSha 410076)

Abstract: In this paper, the strength coefficient, sectional deformation, damage ratio, evenness and antiskid coefficient are presented as individual indices of asphalt pavement performance evaluation indices, and pavement serviceability index (PSI) is used as a comprehensive index. The evaluation criteria are advanced by utilizing the method of connecting subjective mark with objective measurement.

Key words: Asphalt pavement performance evaluation Evaluation indices Evaluation criteria

1 INTRODUCTION

The evaluation index of pavement performance occupies an important place in pavement management system (PMS). The evaluating index works as a ruler. Whether it is accurate or not, it affects the implement effect of PMS and controls its developing prospect. The ruler has its own property, and it varies with actual conditions.

The evaluation index of pavement performance in the present PMS falls into two categories: the comprehensive index and the individual index. The main representative comprehensive indices include the American pavement serviceability index (PSI), Canadian pavement ride comfort index (RCI), Japanese maintenance control index (MCI) and rector form comprehensive index etc. The main individual indices are pavement evenness, antiskid coefficient, pavement condition index PCI (or damage ratio), strength coefficient and useful life etc. Many developed countries consider rut depth as all individual evaluation index, while in China, the rut depth is mainly regarded as a pavement distress in the past PMS.

Now in China the freeways have been developing rapidly, and the channelized traffic has been increasing constantly. The rut will become a striking problem in PMS. Among the highways of mixed traffic the rut in pavement is not very clear, but the transverse sectional deformation (mainly rut and swell) in pavement affects the utilization of pavement and the ride comfort ability. It is easy to measure the transverse sectional deformation with the transverse sectional meter developed by our research institution (Road& Bridge Design& Research Institution of Changsha Communications Institute). According to the present traffic condition and its developing tendency in China and the results obtained from a large

摘自《长沙交通学院学报》1994 年 9 月第 10 卷第 3 期。

number of surveys tests and experts' rates to the three asphalt pavements of arterial highways in Hubei province, this paper puts forward the evaluation indices of asphalt pavement performance and the criteria which fit the condition of China.

2 EVALUATION INDICES AND ITS CRITERIA

2.1 Evaluation indices

The study on pavement evaluation indices mainly involves two parts: first, what indices are used to indicate the condition of pavement, to make the subjective evaluation approach the actual conditions as much as possible and to best reflect the objective reality? Second, how to obtain the criteria of all evaluation indices in order to evaluate the pavement condition most accurately and to provide reliable basis for the maintenance administration to decide the maintenance plan?

The performance of pavement includes three aspects: function, structure and safety. The function of pavement reflects the extent of convenience and comfort provided for the user by the pavement. And the most important is the ride ability comfort or the ride ability quality. Salty mainly refers to the antiskid ability of surface. The performance of structure concerns the physical condition of pavement. It includes damage condition, transverse sectional deformation and the structure load-bearing capacity of pavement. In the present situation of China, the three evaluating indices-transverse sectional deformation, damage ratio and strength coefficient of pavement are used to evaluate the structure condition of pavement. Antiskid coefficient is used to evaluate the safety of pavement and the evenness is used to evaluate the ride ability. And pavement serviceability index (PSI) is used to evaluate comprehensively.

2.1.1 The transverse sectional deformation of the pavement

The unevenness of pavement includes two kinds: the longitudinal and the transverse. The longitudinal unevenness is reflected by the evenness index. The transverse unevenness can be reflected by the transverse sectional deformation values or the rut index. Besides causing bounce, it also obstructs the lane exchange of the vehicle and the drainage of the rain. And accordingly it will affect the life-span of pavement, and the riding safety and comfort.

In many developed countries, rut is paid much attention to as a main distress and is adopted as an important index in the design and maintenance system of asphalt pavement. In China, the rut will become the main distress in asphalt pavement in the near future. So the transverse unevenness is put forward as an individual evaluating index. It is indicated by the transverse sectional deformation value. In this way the transverse sectional deformation can be used not only to evaluate the transverse unevenness, but also to evaluate the rut depth in the future.

The transverse sectional deformation is defined as the height of the right angle triangle whose area is equal to the area measured by the sectional meter and one side of which is equal to the length of the transverse meter. It approximately reflects the change of the crown of road and the transverse unequal settlement of the pavement.

2.1.2 The load-bearing capacity index—The strength coefficient

The load-bearing capacity is shown by the strength coefficient. The strength coefficient (S) can be calculated by the following formula (1). The strength coefficient can reflect the storage condition of the load-bearing capacity of pavement and to provide basis for the maintenance department to make a decision to have a heavy maintenance or intermediate maintenance. If the pavement is not strong enough and affected by the traffic load repeatedly, it will be deformed: to have fatigues crack or to fail easily. The quality of the pavement descends rapidly and the level of service becomes very poor.

The evaluating method of the load-bearing capacity of asphalt pavement.

The load-bearing capacity of pavement can be reflected by the representative rebound deflection. The axle shaft load of the deflection survey truck is 100 kN.

$$S = \frac{\textit{the present traffic volum allowable rebornd defection } L_R}{\textit{the real representative rebound deflection } L_r} \tag{1}$$

S——the strength coefficient.

$$L_R = \frac{11.0}{N_c^{0.2}} \cdot A_c \cdot A_s \tag{2}$$

N_c——The number of times of the total accumulative axial load action of the present pavement.

A_c——Highway classification coefficient, freeway, 0.85; Top-grade, highway, 1.0; second grade highway, 1.1; third-grade highway, 1.2;

A_s——Surface course type coefficient, bituminous concrete and hot stir bituminous macadam pavement, 1.0; bituminous penetration, 1.1; bituminous surface treatment 1.2;

$$l_l = (l_c + \lambda\sigma)k_1 \cdot k_2 \cdot k_3 \tag{3}$$

L_c——the average value of a real representation deflection of a certain section (mm);

λ——guarantee ratio coefficient, 1.3;

σ——the mean square deviation of teal deflection (mm);

k_1——season influence coefficient;

k_2——temperature effect coefficient;

k_3——temperature amend coefficient, when the thickness of asphalt course is more than 3 cm, it should be amended.

2.1.3 The evaluation index of stability of pavement damage ratio

The damage condition of pavement reflects the undamaged condition of pavement structure. The result obtained from the research shows the law that the damage ratio increasing with the time is exponential function. That is to say, with the time going on, if the damaged pavement is not maintained in time, it will increase rapidly and affect the performance of the pavement seriously. It will increase the work load and difficulties of the maintenance.

The types, difficulties and measuring method of damage can be found in the reference material (6).

The evaluation method of the damage condition.

The damage condition of pavement can be indicated in damage ratio and can be calculated by the following formula.

$$D_R = \sum (K_i A_i / A) \times 100\% \tag{4}$$

A_i——the real area of the i sort ;

A——the total area of the survey sections ;

K_i——the relevant conversion coefficient of the i sort of damage can be found in table 1.

The conversion coefficient table of the damage of asphalt pavement table 1

alligator cracking			net-shaped cracking		longitudinal cracking		transverse fissure		pot holes	
L	*M*	*H*	*L*	*H*	*L*	*H*	*L*	*H*	*L*	*H*
0.6	0.8	1.0	0.2	0.4	0.4	0.6	0.2	0.4	0.8	1.0

reveling of pavement		pavement depression		wave or swell		bleeding		patch0	
L	*H*	*L*	*H*	*L*	*H*	*L*	*H*	*L*	*H*
0.2	0.4	0.4	1.0	0.4	0.8	0.1	0.2	0.1	0.2

L —stands for ‘light’ ; M—stands for “middle ’; H—stands for ‘heavy’

2.1.4 The evaluating Index of the pavement ride ability—evenness

The evenness can be defined as the vertical deviation of the surface of pavement with the original surface of the pavement. The deviation reflects the vertical rise and fall deformation of pavement. Evenness is an important index to evaluate the riding comfort and has close relation with the cost of users. The uneven pavement will increase the riding obstruction, cause riding bump and decrease the riding speed t riding comfort and safety. It will increase the riding cost of the vehicles. So it is an important task for the maintenance department to improve the evenness of the pavement.

The evaluating method of the rideability of pavement.

The evenness of pavement is expressed by the mean square deviation ( ) of uneven value of pavement between the surveying section.

$$\sigma_0 = \sqrt{\sum (X_i = \overline{X})^2 / (n-1)} \tag{5}$$

x_i——the surveying value of number i (mm);

n——the number of surveying sample ;

σ_0——mean square deviation (mm) ;

$\overline{x}$——the average value of surveying (mm).

$$\overline{x} \sum x_i / n \tag{6}$$

The calculation of the representative evenness of pavement is

$$\sigma = \sum \sigma_i / n \tag{7}$$

σ——the representative evenness of pavement (mm) ;

σ_i——the evenness value of number i surveying section ;

n——the whole number of the surveying section.

2.1.5 The safety index of pavement-antiskid coefficient

The surface of pavement must have enough antiskid ability in order to ensure the vehicles running in safety at high speed. The evaluation of the antiskid ability of surface is to judge the performance of safety. The section with poor antiskid ability should be maintained and reconstructed.

The evaluation method of antiskid ability of pavement.

Antiskid is often evaluated by measuring the friction factor. According to the present test methods and test technology, we use the swingmeter to measure the friction to stand for the antiskid ability of pavement. The relationship between the value measured by the BM type swing meter and the friction coefficient is.

$$f = F_{bm} \times 0.72/100 \tag{8}$$

f——the friction coefficient;

F_{bm}——the reading of the BM type swing meter.

2.1.6 The comprehensive index-pavement serviceability index (PSI)

The individual evaluation index of pavement performance reflects a certain aspect of the road condition. The index is direct, and it is helpful for selecting the correct countermeasure dealing with the actual situation. But the individual index can not reflect the performance of pavement in full perspective, and it's not convenient to compare the different conditions of highways relatively. But comprehensive index can make up this deficiency, and use one index to give different conditions of highways a relative comparison, and to arrange the priority order; and meanwhile it's convenient to set up performance prediction model. But to use comprehensive index solely is difficult to decide whether the problem is in the evenness or the structure or to decide whether it needs maintenance or reconstruction according to this index. So the comprehensive index should be used together with the individual index.

Comprehensive index-the evaluation method of PSI.

When the maintenance measures are taken, the strength coefficient is the only index to decide whether the section needs intermediate maintenance or heavy maintenance, while the antiskid coefficient needs to be considered only when all the other indices meet the needs ofutilizing. This is because when the other indices can't meet the needs of utilizing, relative maintenance measures should be taken, and the antiskid performance can also be improved. The comprehensive index only includes three indices: evenness, transverse section deformation and damage ratio. The regression coefficient of PSI and the three indices can be obtained by statistical analysis.

$$PSI = 5.258 - 0.2821g(1+\sigma) - 0.774(D_R)^{0.41} - 0.509(H_t)^{0.7} \tag{9}$$

Total interrelated coefficient R= 0.906

Mean square deviation　　S=0.557

Coefficient of deviation　　C_r= 0.200

PSI——pavement serviceability index ;

σ——evenness value (mm) ;

D_r——damage ratio (%) ;

H_t——transverse section deformation value.

2.2 Evaluation criteria

2.2.1 The evaluation criteria of transverse section deformation, evenness and damage ratio of pavement

The method connecting subjective mark with objective measurement is used to decide the evaluation criteria of evaluation indices: transverse section deformation, evenness and damage ratio of the pavement. Their evaluation model is in table 2.

table 2

indices name	evaluation model	interrelated coefficient	mean square	coefficient of deviation
section deformation	$PQI=5.133-0.885H_t^{0.6}$ PQI—section deformation subject mark value H_t—section deformation	0.91	0.06	0.02
damage deformation	$P_r=5.05-1.72D_r^{0.43}$ P_r——damage subject mark value D_r——damage ratio (%)	0.924	0.049	0.018
evenness	$RQI=5.034-3.637lg\sigma$ PQI——rideability index σ——evenness value	0.93	0.06	0.02

According to the evaluation model in table 2, the evaluation criteria of the three evaluation indices can be expressed as the following (table 3～table 5).

The evaluation criterion of pavement section deformation　　table 3

road condition grade	excellent	good	fair	poor	very poor
section deformation	<1.3	1.3～2.7	2.7～4.8	4.8～6.8	>6.8

Asphalt pavement damage criterion　　table 4

road condition grade	excellent	good	fair	poor	very poor
damage ratio	≤0.31	0.31～1.52	1.52～3.96	3.96～7.86	≥7.86

Evenness evaluation criterion　　table 5

road condition grade	excellent	good	fair	poor	very poor
evenness	≤1.92	1.92～3.63	3.63～6.83	6.83～12.86	≥12.86

2.2.2 The evaluation criteria of strength coefficient, antiskid ability and pavement serviceability Index (PSI)

According to the comprehensive analysis to the constructive type using experience and the historic data of asphalt pavement in Hubei province and taking 'Highway Maintenance Technology Standard' as the reference. The evaluation criteria of the three indices are decided as the following. (table 6, table 7)

Strength coefficient evaluation criterion table 6

road conditiongrade / surfacecourse structure type	excellent	good	fair	poor	very poor
bituminous concrete bituminous macadam	≥1.0	1.0～0.9	0.9～0.8	0.8～0.7	≤0.7
bituminous penetration surface treatment	≥1.0	1.0～0.8	0.8～0.7	0.7～0.6	≤0.6

Antiskid coefficient evaluation criterion table 7

road condition grade	excellent	good	fair	poor	very poor
Antiskid coefficient	>0.45	0.40～0.45	0.35～0.40	0.30～0.35	<0.30

PSI evaluation criterion table 8

road condition grade	excellent	good	fair	poor	very poor
PSI	5～4	4～3	3～2	2～1	1～0

3 CONCLUSION

a. The evaluation criteria of the paper, obtained by utilizing the methods of connecting subjective mark with objective measurement and statistic analysis, and tested preliminarily by the highway department of Hu = bei province, are proved correct and scientific.

b. The transverse section deformation indices presented in the paper are fit for the evaluation not only of the present asphalt pavement arterial highways, but also of the road condition of the top grade highways with better channelized traffic in the future.

c. Utilizing the individual indices and the comprehensive index for evaluati0n can provide reliable and complete basis for the highway departments at all levels to make better and more scientific maintenance plans.

水泥混凝土路面企口接缝的应力分析

卢正宇　张起森

（长沙交通学院　长沙　410076）

摘　要：本文利用完全三维弹性理论有限元法，对以企口缝形式相连接的两块水泥混凝土路面板在行车荷载作用下的力学行为进行了分析，计算了在企口缝附近的应力状态和企口缝的传荷能力，得出了在行车荷载作用下企口缝的破坏形式，以及裂缝可能发生的位置，为合理布置接缝、防止混凝土路面板纵向开裂提供了理论依据。

关键词：水泥混凝土　路面　企口缝　传荷能力　有限元分析

水泥混凝土路面在城市道路、机场跑道和公路建设中应用广泛，具有许多其他路面所没有的优点，特别是在南方地区有取代沥青混凝土路面的趋势。但是水泥混凝土路面目前还有一些较显著的缺点和理论上未完全解决的问题，如临界荷位、设计控制指标、合理的接缝类型等，而阻碍水泥混凝土路面发展的最大问题是接缝的存在以及接缝处的早期损坏。国内外对水泥混凝土路面接缝中的胀缝进行过较多的研究，对企口缝还未见过有关的理论研究报告，仅进行了某些传荷能力方面的实地测定。企口缝在水泥混凝土路面中普遍存在，这种接缝造成的破坏引起了工程部门较大的争议，有些人士甚至建议取消企口缝。本文对企口缝的力学行为进行探讨，其目的是弄清企口缝的应力状态，从理论上论证企口缝早期开裂的原因和开裂位置，为工程部门防止这种接缝早期破坏提供理论依据。一般把水泥混凝土路面看作弹性地基板，而小挠度弹性薄板理论是世界各国刚性路面设计方法中广泛采用的力学模型，近年来中厚板理论亦被用以分析这种路面。上述两种理论都是在完全三维弹性理论的基础上进行一些合理简化假设后推导出来的，都存在某些局限性，如对分析多块板和板中局部应力状态问题有一定的困难，对分析本文的两块板间企口缝的应力状态同样存在较大的困难。本文直接采用完全三维弹性理论和20节点空间等参数有限元方法进行分析。

1　基本原理和公式

有限单元法的基本原理就是对一个完整的分析模型进行剖分，划为有限多个单元。在单元内与节点间用插值函数建立其关系，用最小势能原理或虚功原理为理论基础推演出平衡方程。

基本公式

$$\left.\begin{aligned} u=\sum_{i=1}^{20}N_iu_i\,,v=\sum_{i=1}^{20}N_iv_i\,,w=\sum_{i=1}^{20}N_iw_i \\ x=\sum_{i=1}^{20}N_ix_i\,,y=\sum_{i=1}^{20}N_iy_i\,,z=\sum_{i=1}^{20}N_iz_i \end{aligned}\right\} \tag{1}$$

摘自《长沙交通学院学报》1994年9月第10卷第3期。

$$\{\varepsilon\} = [B]\{\delta\} \qquad \{\sigma\} = [D][B]\{\delta\} \tag{2}$$

平衡方程

$$\{F\}^e = [K]^e\{\delta\}^e$$

其中，$[K]^e$ 为单元刚度矩阵

$$[K]^e = \iiint_v [B]^T[D][B]\mathrm{d}x\mathrm{d}y\mathrm{d}z$$

求出每个单元的单刚后，按“对号入座”的方法组集成整体刚度方程，然后求解线性方程组就可求出整个结构的所有节点位移，从而可求得应变和应力。

根据 20 节点等参数单元性质如式(1)所示，其中形态函数 N_i 为：

$$N_i = \frac{1}{8}(1+\xi_i\xi)(1+\eta_i\eta)(1+\zeta_i\zeta)(\xi_i\xi+\eta_i\eta+\zeta_i\zeta-2) \qquad (i=1,\cdots,8)$$

$$N_i = \frac{1}{4}(1-\xi^2)(1+\eta_i\eta)(1+\zeta_i\zeta) \qquad (i=9,10,11,12)$$

$$N_i = \frac{1}{4}(1-\eta^2)(1+\xi_i\xi)(1+\zeta_i\zeta) \qquad (i=13,14,15,16)$$

$$N^i = \frac{1}{4}(1-\zeta^2)(1+\xi_i\xi)(1+\eta_i\eta) \qquad (i=17,18,19,20)$$

令

$$\{f\} = [u \quad v \quad w]^T$$

$$\{\sigma\} = [u_1 \quad v_1 \quad w_1 \quad \cdots \quad u_{20} \quad v_{20} \quad w_{20}]^T$$

$$[N] = \sum_{i=1}^{20}\begin{bmatrix} N_i & 0 & 0 \\ 0 & N_i & 0 \\ 0 & 0 & N_i \end{bmatrix} \tag{3}$$

由上述所得

$$\{f\} = [N]\{\delta\}$$

根据三维弹性力学中应变位移关系式和应力应变关系式得式(2)，其中

$$\{\varepsilon\} = \begin{Bmatrix} \varepsilon_x \\ \varepsilon_y \\ \varepsilon_z \\ \gamma_{xy} \\ \gamma_{yz} \\ \gamma_{xz} \end{Bmatrix} = \begin{bmatrix} \frac{\partial}{\partial x} & & \\ 0 & \frac{\partial}{\partial y} & 0 \\ 0 & 0 & \frac{\partial}{\partial z} \\ \frac{\partial}{\partial y} & \frac{\partial}{\partial x} & 0 \\ 0 & \frac{\partial}{\partial z} & \frac{\partial}{\partial y} \\ \frac{\partial}{\partial z} & 0 & \frac{\partial}{\partial x} \end{bmatrix} \begin{Bmatrix} u \\ v \\ w \end{Bmatrix}$$

$$[B] = [B_1 \quad B_2 \quad \cdots \quad B_{20}]$$

$$[B_i]=\begin{bmatrix}\frac{\partial N_i}{\partial x} & 0 & 0\\ 0 & \frac{\partial N_i}{\partial y} & 0\\ 0 & 0 & \frac{\partial N_i}{\partial z}\\ \frac{\partial N_i}{\partial y} & \frac{\partial N_i}{\partial x} & 0\\ 0 & \frac{\partial N_i}{\partial x} & \frac{\partial N_i}{\partial y}\\ \frac{\partial N_i}{\partial z} & 0 & \frac{\partial N_i}{\partial x}\end{bmatrix} \quad (i=1,2,\cdots,20)$$

$$\{\sigma\}=\{\sigma_x \quad \sigma_y \quad \sigma_z \quad \tau_{xy} \quad \tau_{yz} \quad \tau_{xz}\}^T$$

$$[D]=\begin{bmatrix}D_1 & D_2 & D_3 & 0 & 0 & 0\\ D_2 & D_1 & D_2 & 0 & 0 & 0\\ D_2 & D_2 & D_1 & 0 & 0 & 0\\ 0 & 0 & 0 & D_3 & 0 & 0\\ 0 & 0 & 0 & 0 & D_3 & 0\\ 0 & 0 & 0 & 0 & 0 & D_3\end{bmatrix}$$

$$D_1=E(1-\mu)/[(1+\mu)(1-2\mu)]$$

$$D_2=E\mu/[(1+\mu)(1-2\mu)]$$

$$D_3=E/[2(1+\mu)]$$

设单元各节点有一微小有虚位移 δ'，则相应有一虚应变 ε'，由虚功原理得

$$(\{\delta'\}^y)^T\{F\}^e=\iiint_{v^e}\{\varepsilon'\}^T\{\delta\}\mathrm{d}x\mathrm{d}y\mathrm{d}z$$

其中，$\{F\}$ 为单元节点力。将式(2)代入上式得

$$\{F\}^e=\iiint_{v^e}[B]^T[D][B]\mathrm{d}x\mathrm{d}y\mathrm{d}z\{\delta\}$$

此即节点力与节点位移的平衡方程式。

设单元内分别作用有集中力 P_1、体积力 P_2 和分布面力 P_3，根据功的互等定理得

$$\{F\}^e=[N]^T\{P_1\}+\iiint_{v^e}[N]^T\{P_2\}\mathrm{d}x\mathrm{d}y\mathrm{d}z+\iint_{s^e}[N]^T\{P_3\}\mathrm{d}s \tag{4}$$

右边各项依次为集中力、体积力和分布面力作用下的等效节点荷载。

由于集中力 P_1 作用处一般在单元划分时取为节点，因此，可以直接给出节点荷载而不必进行计算。

在分布面力作用下，通常只有单位自重，设单位密度为 ρ，则

$$\{P_2\}=\{0 \quad 0 \quad -\rho g\}$$

式中，g 为重力加速度。

将上式和式(4)代入式(5)右边的第二项得出单元 20 个节点中任意一个节点上的节点荷载为

$$\begin{Bmatrix} x_i \\ y_i \\ z_i \end{Bmatrix} = \iiint_{v^e} \begin{bmatrix} N_i & 0 & 0 \\ 0 & N_i & 0 \\ 0 & 0 & N_i \end{bmatrix} \begin{Bmatrix} 0 \\ 0 \\ -\rho g \end{Bmatrix} \mathrm{d}x\mathrm{d}y\mathrm{d}z$$

可见在自重荷载作用下等效节点荷载只有 z 方向的不等于零，为

$$z_i = \iiint_{v^e} -\rho g N_i \mathrm{d}x\mathrm{d}y\mathrm{d}z \qquad (i=1,2,\cdots,20)$$

由高斯积分公式得

$$z_i = \sum_{i=1}^{3}\sum_{i=1}^{3}\sum_{i=1}^{3} -\rho g N_i \mid J \mid_{\xi,\eta,\zeta} H_\xi H_\eta H_\zeta$$

根据公路路面的受力特点，只需考虑 $\xi=1$ 的表面作用有分布面力且作用的是均匀分布的面力荷载 $\bar{q}$ 的情况。设受荷表面上任意一点正 ξ 方向的方向余弦为 l,m,n，则式(5)中第三项的分布面力列阵 $\{P_3\}$ 为

$$\{P_3\} = -\begin{Bmatrix} \bar{q}l \\ \bar{q}m \\ \bar{q}n \end{Bmatrix}$$

将上式和式(4)代入式(5)的第三项得

$$\{F_3^e\} = \int_{-1}^{1}\int_{-1}^{1} [N]^T \{P_3\} ds$$

假设受荷的外表面为曲面，其等参元坐标系如图1所示，经分析后用高斯积分公式得

$$x_i = -\sum_{i=1}^{3}\sum_{i=1}^{3}\left[N_i \bar{q} \left(\frac{\partial y}{\partial \eta}\frac{\partial z}{\partial \zeta} - \frac{\partial z}{\partial \eta}\frac{\partial y}{\partial \zeta} \right) \right]_{\eta_y \zeta_z} H_y H_z$$

$$y_i = -\sum_{i=1}^{3}\sum_{i=1}^{3}\left[N_i \bar{q} \left(\frac{\partial z}{\partial \eta}\frac{\partial x}{\partial \zeta} - \frac{\partial x}{\partial \eta}\frac{\partial z}{\partial \zeta} \right) \right]_{\eta_z \zeta_x} H_z H_x$$

$$z_i = -\sum_{i=1}^{3}\sum_{i=1}^{3}\left[N_i \bar{q} \left(\frac{\partial x}{\partial \eta}\frac{\partial y}{\partial \zeta} - \frac{\partial y}{\partial \eta}\frac{\partial x}{\partial \zeta} \right) \right]_{\eta_x \zeta_y} H_x H_y$$

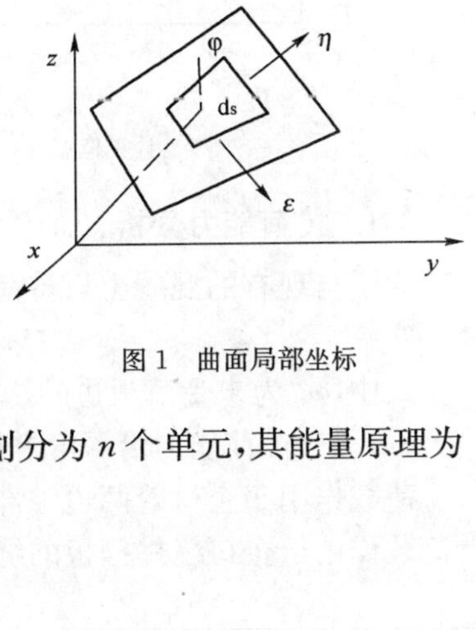

图1 曲面局部坐标

上面是对离散化的某一单元进行推导建立了单元平衡方程。众所周知，在有限元中整个结构被离散为许多单元，设被划分为 n 个单元，其能量原理为

$$\Pi_p = \sum_{i=1}^{n} U^e + \sum_{i=1}^{n} V^e$$

其中：$U^e = \frac{1}{2}\{\delta\}^T [K]^e \{\delta\}$；$V^e = -\{\delta\}^T \{F\}^e$

由最小势能原理 $\frac{\partial \Pi_p}{\partial \{\delta\}} = 0$ 得

$$\sum_{i=1}^{n} [K]^e \{\delta\} = \sum_{i=1}^{n} \{F\}^e$$

令

$$[K] = \sum_{i=1}^{n} [K],\{R\} = \sum_{i=1}^{n} [F]$$

得

$$[K]\{\delta\} = \{R\}$$

式中，$[K]$、$\{R\}$分别为结构整体刚度矩阵和整体节点荷载列阵，其值分别由单元刚度矩阵和单元节点荷载列阵叠加而得。

2 计算模型、基本假定及计算参数

本文分析的力学模型为弹性地基上两块板以企口缝相连接，在企口缝中不设传力杆，计算模型如图2所示。

假定：板与地基之间是紧密结合的；不考虑板与地基的脱空；板四周是固定端即位移为零；在地基80cm深处的位移为零。

基本参数：板 $E_0=3.1\times10^4$ MPa，$\mu=0.15$；地基 $E=1.0\times10^2$ MPa，$\mu=0.3$；荷载为单位压力作用面积20cm×30cm。

为了分析企口缝各部分的受力状态，把企口缝按其形状分为5个部分进行分析，如图3所示。

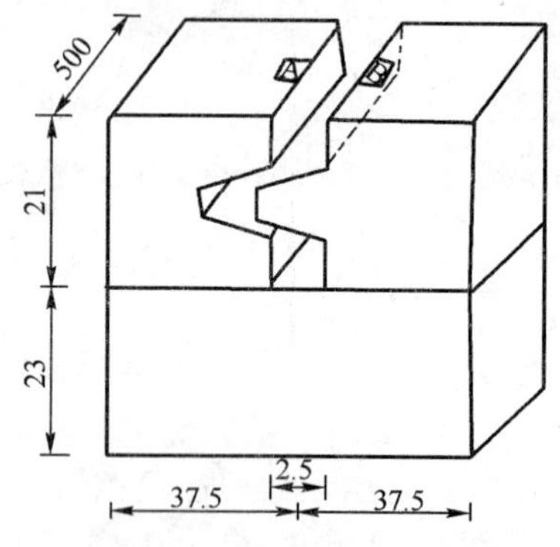

图2 计算模型

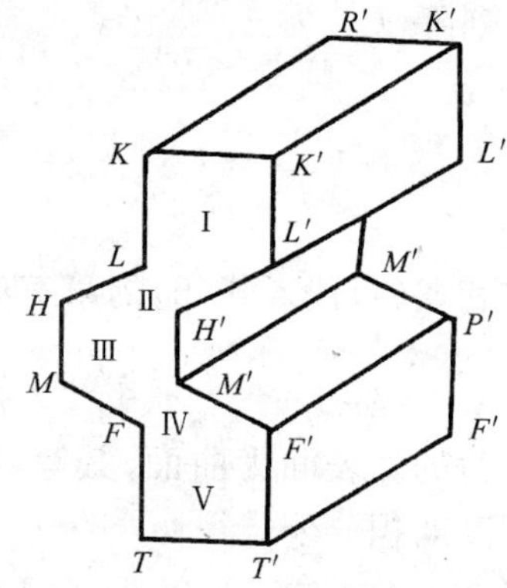

图3 企口缝沿深度方向划分为5个部分

2.1 传荷能力分析

为了与现有的混凝土板传荷能力评定方法相同，用挠度比来表示，定义为

$$\eta=(\omega_2/\omega_1)\times100\%$$

式中，ω_2 为未受荷板边的挠度值；ω_1 为受荷板边的挠度值。

2.1.1 传荷能力沿深度方向的分析

荷载作用于企口缝两边中部(即图2的A、B两位置)，η值沿深度的变化见表1，A位置表示荷载作用于企口缝榫槽板的缝边中部，B位置表示荷载作用于企口缝榫头板的缝边中部。

传荷能力值沿深度方向的变化　　表1

企口缝位置	垂直均布荷载		水平均布荷载	
	A	B	A	B
Ⅰ	35.699	36.571	35.351	37.626
Ⅱ	37.366	35.349	39.935	35.804
Ⅲ	39.094	34.079	44.826	33.239
Ⅳ	37.892	35.395	42.415	36.437
Ⅴ	36.833	37.337	39.696	40.006
平均	37.377	35.786	40.445	36.622

由图 2 和表 1 可以看出：

(1)无论垂直荷载还是水平荷载，当荷载作用于板榫槽(A)位置时其企口缝的传荷能力大于荷载作用于榫头(B)位置，因此从其传荷能力来看应把榫槽板作为重车道进行设计；

(2)当荷载作用于 A 位置时，企口缝中第Ⅲ部分的传荷能力最大，而当荷载作用于 B 位置时企口缝中第Ⅱ部分的传荷能力最小；

(3)企口缝对水平荷载的传荷能力大于对垂直荷载的传荷能力，但其挠度值垂直荷载作用时大于水平荷载作用时，后者占前者的 16.436%。

2.1.2 传荷能力沿缝长方向的分析

同样把企口缝沿其长度方向(5 m)平均分成 5 等分(L_1～L_5)，其传荷能力变化如表 2。由表 2 可见其传荷能力沿缝长方向几乎没有多大变化，因此可认为企口缝的传荷能力沿缝长方向是均匀的。

传荷能力沿缝长方向的变化 表 2

缝长方向 W 位置	L_1	L_2	L_3	L_4	L_5
η	37.315	37.321	37.370	37.322	37.316

2.1.3 地基强弱变化时传荷能力 η 的影响

仅改变地基弹性模量 E 值，传荷能力变化如表 3。

η 值随地基弹性模量 E 的变化情况 表 3

企口缝位置	1.0×10^3(N/cm²)	1.0×10^4(N/cm²)	1.0×10^5(N/cm²)
Ⅰ	25.145	35.699	40.703
Ⅱ	26.743	37.366	42.074
Ⅲ	28.743	39.094	45.347
Ⅳ	25.975	37.892	43.452
Ⅴ	24.834	36.833	42.704
平均	26.274	37.377	42.704
挠度值(cm)	9.797×10^{-5}	3.853×10^{-5}	1.388×10^{-5}

从表 3 可知，地基弹性模量增大时传荷能力明显增大，其挠度值相应减小。

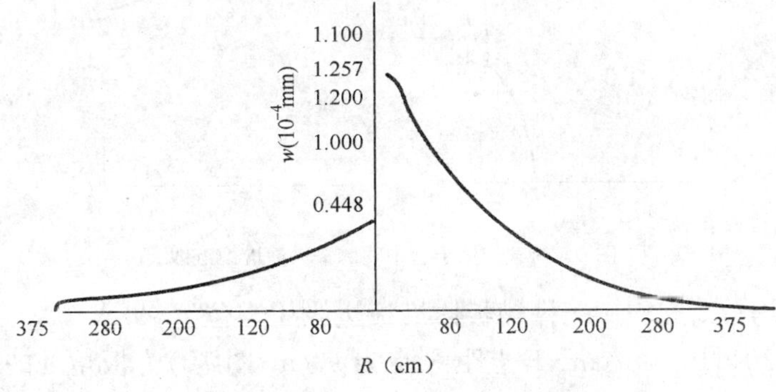

图 4 荷载作用于 B 时板体表面挠度值分布

2.2 挠度值沿板两边的分布情况

图 4 示出垂直均布荷载作用于企口缝榫头板缝中部(*B*)位置时板体表面挠度值的分布。

图 5 为垂直均布荷载分别作用于板 *A*、*B* 两位置时，挠度值沿深度的分布情况。从图中可看出，当垂直荷载作用于榫头板 *B* 时挠度值主要产生于此板体，榫槽板中仅有较小的挠度值。这种在缝两边挠度的大小正是反映接缝传荷性能的一个重要而直接的标志。从荷载作用在板体上其挠度值沿深度的分布可看出，在板与地基交界面有一明显变化。这种分布与土力学中所得结果一致。

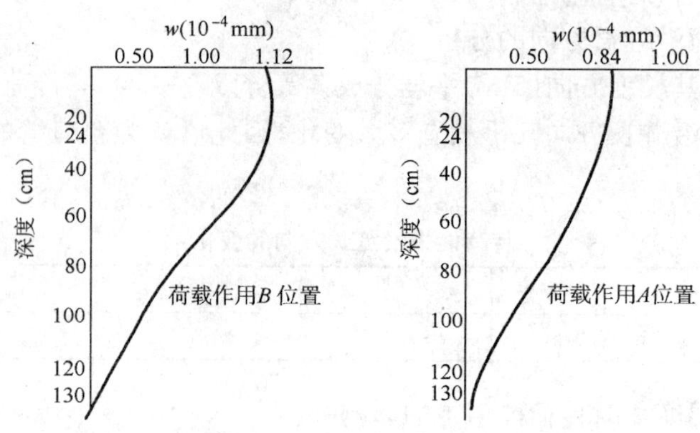

图 5 荷载作用时挠度值沿深度方向的变化

分析荷载作用在企口缝 *A*、*B* 位置时其最大剪应力情况，得知在缝榫头板中没有剪切应力迹线出现，而在缝榫槽板中形成剪切应力迹线。

图 6a)为垂直均布单位荷载作用于缝榫头板中部(*B*)位置时，缝榫槽板体中形成的最大剪应力迹线图，其值为 $6.32\times10^{-1}\mathrm{N/cm^2}$，迹线交于 *D* 点，*D* 点距 T 点为 25cm，因此这时板底出现沿$\overset{\frown}{MD}$弧线的破坏。

图 6b)为垂直均布荷载作用于 *A* 位置时在缝榫槽板体中形成的最大剪应力迹线图，其最大剪应力迹线出现在板的上部，交于板面上 E 点，E 点距 R 点为 100cm，其值为 $11.56\times10^{-1}\mathrm{N/cm^2}$。因此，这时在榫槽板的上部可能出现沿$\overset{\frown}{HE}$弧线的破坏。

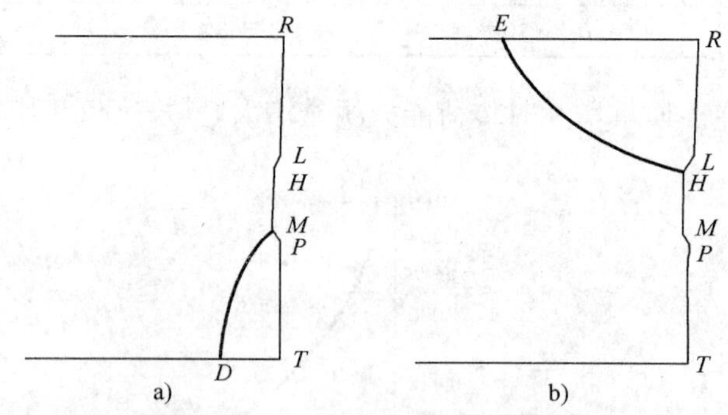

图 6 荷载作用于缝中间的最大剪应力迹线

图 7a)为垂直均布荷载作用于榫槽板体沿板边缘 1/4 位置，最大剪应力迹线与板面相交于 F 点，其值为 $8.20\times10^{-5}\mathrm{N/cm^2}$，F 点距 R 点为 90cm；图 7b)为板角处的情况，最大剪应力迹线与板面相交于 *G* 点，*G* 点距 *R* 点为 80cm，最大剪应力为 $7.46\times10^{-1}\mathrm{N/cm^2}$。

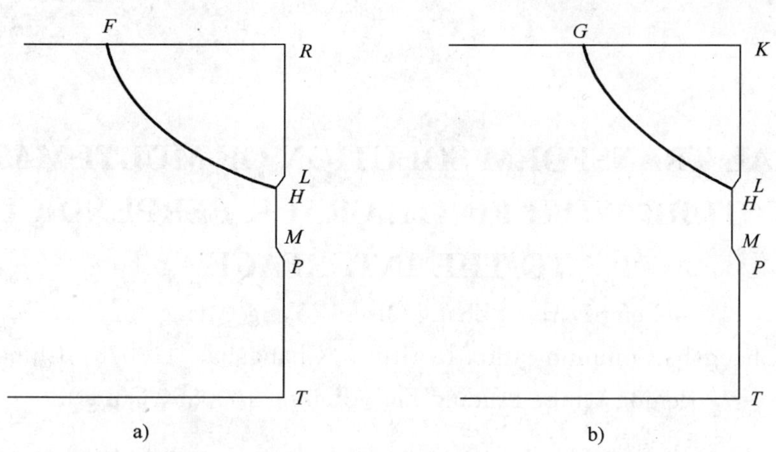

图 7 荷载作用于 A 时，缝左板 1/4 处和板角处的最大剪应力迹线

综上所述，当垂直荷载作用于板体时最大剪应力迹线会出现在榫槽板体的上、下两部分，即开裂有可能出现在板面和板底；当作用于榫槽板时仅出现于板体的上部；当作用于榫头板时仅出现于板体的下部。

2.3 与实测值的比较

根据现有对企口缝的实际调查情况分析，认为企口缝的主要破坏有三种形式：一是企口缝被严重拉宽，由于基层有一定的横坡，混凝土路面板向路肩滑移，造成纵缝被拉宽影响使用，建议设置拉筋以防止出现这种破坏；二是企口缝的早期压边损坏，产生纵向不规则裂缝；三是企口缝与胀缝交角处角隅损坏严重。

由本文分析可知，企口缝纵向裂缝的产生是不可避免的，在没有设置传力杆的情况下，板顶面开裂位置为 80～100cm 范围内，板底亦会产生一条长在 25cm 内的纵向裂缝。实际调查板面裂缝位置在 100～150cm 范围内。据此，必须在此范围内对混凝土路面板加强处理。

INTEGRAL TRANSFORM SOLUTION OF MULTI-MATERLAL STRUCTURE WITH FINITE CRACK PERPENDICULAR TO THE INTERFACE

Peng Daren　Zhang Qisen　Yang Guangson
(Changsha Communication Institute　Changsha　410076　China)
(Beijing Qinhe Daiding Zigi, Beijing 100085, China)

Abstract: The plane elasticity problem for layered elastic systems containing a finite crack perpendicular to the interface is considered . To derive the singular integral equations , Fourier transform in conjunction with dislocation is used. The singular intergral equation is solved with the lobatto-Cheby-shev method commonly applied to such problems . In order to have an idea about the usefulness of the method desribed , a two-layer structure which contains a cut parallel to h is considered.

Key words: singular intergral equation　fourier transform

1　INTRODUCTION

Composite materials fracture problems were studied in the previous series of papers , in which the primary interest is in two kinds of problems. One is the research on a crack parallel to or at the interface, the other is a crack perpendicular to the interface . In the literature , the study on the second kind of problems is within the limits of half space of bi-materials subjected to uniform tractions(or shears) along the crack surface described in [3]～[8]. However , all those estimated mechanical models only fit in with the laminate plate structures containing imperfection . Because the thickness of plate is far larger than the size of imperfection , it is reasonable to assume the structure to be a half plane of bi - materials containing a finite crack.

As the dimensions of the medium and the crack are of the same order for the fracture problem of a multilayer pavement structure, the above - mentioned assumption is untenable . In order to solve the problems, other methods have to be found.

In the paper, an analytical method is investigated to solve plane elasticity layered systems containing finite cracks , which are perpendicular to the interface . By using Fourier transform , introducing dislocation density functions and according to mixed boundary conditions , the singular integral equation is derived . A simple and highly effective numerical method-orthogonal polynomials transformation is used to solve the singular integral equation. Then, the formulas of stress intensity factors at the crack tips are given.

2 ON THE FORMULATION AND SOLUTION OF THE SINGULAR INTEGRAL EQUATIONS

The problem under consideration is illustrated in Fig. 1. The u, v are displacement components in X, Y directions of rectangular Cartesian coordinates, owing to the symmetry about Y axis, the Fourier transform with respect to x applied to u and v is

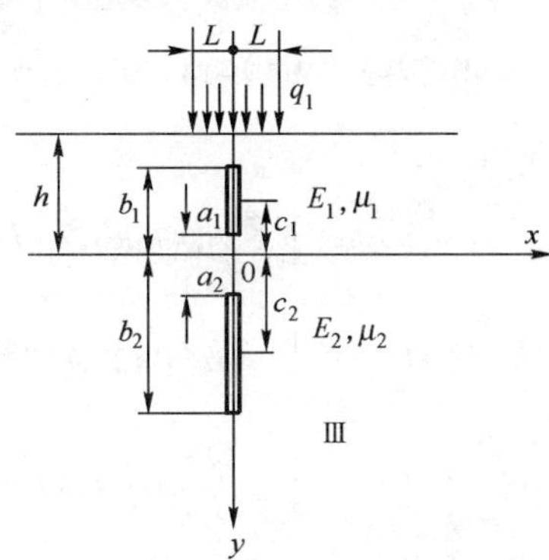

Fig . 1 Two cracks imbedded in bimaterials

$$
\begin{aligned}
f_{1i}(a,y) &= \sqrt{\frac{2}{\pi}}\int_0^{\infty} u_i(x,y)\sin axdx \\
f_2 i(a,y) &= \sqrt{\frac{2}{\pi}}\int_0^{\infty} u_i(x,y)\cos axdx
\end{aligned}
\tag{1}
$$

The Fourier transform with respect to y axis is given by

$$
\begin{aligned}
g_{1i}(x,r) &= \sqrt{\frac{1}{2\pi}}\int_{-\infty}^{\infty} U_i(x,y)e^{iry}dy \\
g_{2i}(x,r) &= \sqrt{\frac{1}{2\pi}}\int_{-\infty}^{\infty} v_i(x,y)e^{iry}dy
\end{aligned}
\tag{2}
$$

The functions u and v may finally be written as

$$
\begin{aligned}
u_i(a,y) &= \sqrt{\frac{1}{2\pi}}\int_0^{\infty} f_{1i}(a,y)\sin axdx + \sqrt{\frac{1}{2\pi}}\int_{-\infty}^{\infty} g_{1i}(x,r)e^{iry}dr \\
v_i(a,y) &= \sqrt{\frac{2}{\pi}}\int_0^{\infty} f_{2i}(a,y)\cos axdx + \sqrt{\frac{1}{2\pi}}\int_{-\infty}^{\infty} g_{2i}(x,r)e^{-iry}dy
\end{aligned}
\tag{3}
$$

By substituting (3) into the equilibrium equations, the displacement solution of plane fracture problems under symmetry loading can be obtained. This solution must satisfy the following boundary conditions

$$u_1(x,0)=u_2(x,0)\ ,v_1(x,0)=v_2(x,0) \tag{4}$$

$$\sigma_{1y}(x,0)=\sigma_{2y}(x,0)\ ,\tau_{1xy}(x,0)=\tau_{2xy}(x,0)\ ,\tau_{1xy}(y,0)=\tau_{2xy}(y,0) \tag{5}$$

$$\tau_{1xy}(x,-h)=0\ ,\sigma_{1y}(x,-h)=q[H(x+L)-H(x-L)] \tag{6}$$

Where H(x) is Heaviside unit function, and

$$\lim_{x\to o}\sigma_{ix}(x,y)=0\ldots a_i<y<b_i, i=1,2 \tag{7}$$

$$u_i(0,y)=0.0<y<a_i,\ b_2<y<\infty\ ,b_1<y<h\ ,\ i=1,2 \tag{8}$$

To reduce the problem to an integral equation, the unknown dislocation density function is defined by

$$\varphi_i(t)=\frac{\partial u_i(0,t)}{\partial t}, i=1,2$$

From Hooke's law, we can easily obtain the stress components, Substituting the stress components u,v into (4)～(8), after somewhat routine manipulation, the singular intergral equations of this fracture problem can be given as

$$\begin{aligned}&\frac{1}{\pi}\Big[\int_{a_1}^{b_1}\frac{1}{t-y}+K_{11}(y,t)\Big]\varphi_1(-t)\,dt+\frac{1}{\pi}\int_{a_2}^{b_2}K_{12}(y,t)\varphi_2(t)\,dt=\frac{1+K_1}{4G_1\pi}Q_1(Y)\\&\frac{1}{\pi}\int_{a_1}^{b_1}K_{21}(y,t)\varphi_1(-t)\,dt+\frac{1}{\pi}\Big[\int_{a_2}^{b_2}\frac{1}{t-y}+K_{22}(y,t)\Big]\varphi_2(t)\,dt=\frac{1+K_2}{4G_2\pi}Q_2(Y)\end{aligned}\tag{9}$$

Where

$$K_{11}(y,t)=\int_0^\infty k_{11}(a,y,t)da=-\int_0^\infty[h_1(a,y,t)e^{-a(t-y)}+h_2(a,y,t)e^{-a(t+y)}]da$$

$$K_{12}(y,t)=\int_0^\infty k_{12}(a,y,t)da=-\int_0^\infty[h_1^*(a,y,t)e^{-a(t-y)}+h_2^*(a,y,t)e^{-a(t+y)}]da$$

$$K_{21}(y,t)=\int_0^\infty k_{21}(a,y,t)da=\int_0^\infty h_3(a,y,t)e^{-a(t-y)}\,da$$

$$K_{22}(y,t)=\int_0^\infty k_{22}(a,y,t)da=\int_0^\infty h_3^*(a,y,t)e^{-a(t-y)}\,da$$

(10)

$$\begin{aligned}h_1(a,y,t)&=h_{11}(a)-yh_{12}(a)+th_{13}(a)-th_{14}(a)\\h_2(a,y,t)&=h_{21}(a)-yh_{22}(a)+th_{23}(a)-th_{24}(a)\\h_3(a,y,t)&=h_{31}(a)-yh_{32}(a)+th_{33}(a)-th_{34}(a)\\h_1^*(a,y,t)&=h_{11}^*(a)-yh_{12}^*(a)+th_{13}^*(a)-th_{14}^*(a)\\h_2^*(a,y,t)&=h_{21}^*(a)-yh_{22}^*(a)+th_{23}^*(a)-th_{24}^*(a)\\h_3^*(a,y,t)&=h_{31}^*(a)-yh_{32}^*(a)+th_{33}^*(a)-th_{34}^*(a)\end{aligned}\tag{11}$$

$$Q_1(y)=\int_0^\infty Q_1^*(a,y)\,da=\int_0^\infty[hq_1(a,y)e^{-a(h-y)}+hq_2(a,y)e^{-a(h+y)}]da$$

$$Q_2(y)=\int_0^\infty Q_2^*(a,y)\,da=-\int_0^\infty hq_3(a,y)e^{-a(h+y)}\,da$$

The expressions h11(a),…,h×34(a) and hq_1, hq_2, hq_3 are given in the Appendix.

It is obvious that the singular intergral equations with Cauchy kernel are expressed by (9). In order to obtain orthotropic polynomial solutions of integral equations (9), the intervals of integration are normalized by introducing the new variables ε_i and η_i

$$\varepsilon_i=\frac{2t-(a_i+b_i)}{b_i-a_i},\ \eta_i=\frac{2y-(a_i+b_i)}{b_i-a_i},\ (i=1,2)$$

The power of the stress singularity at the tip of crack is $-1/2$. therefore, we assume that the unknown functions can be expressed as

$$\varphi_1(-\varepsilon)=F_1(-\varepsilon)/\sqrt{1-\varepsilon^2},\varphi_2(-\varepsilon)=F_2(-\varepsilon)/\sqrt{1-\varepsilon^2}$$

$F_j(\varepsilon)$is a function which satisfies the Holder conditions ($-1<\varepsilon<1,j=1,2$). Equation (9) can be written as

$$\frac{1}{\pi}\int_{-1}^{1}\sum_{j=1}^{2}\Big[\frac{\delta_{ij}}{\varepsilon-\eta}+\frac{b_j+a_j}{2}K_{ij}(\varepsilon,\eta)\Big]F_j[(2j-3)\varepsilon]d\varepsilon=\frac{1+K_i}{4\pi G_i}Q_2(\eta)\tag{12}$$

where$w(\varepsilon)=1/\sqrt{1-\varepsilon^2},i=1,2;-1<\eta<1$. On the other hand, from (8), the intergral equation(12)is solved on the following conditions

$$\int_{-1}^{1}\varphi_i[(3-2i)\varepsilon]d\varepsilon = 0 \ , \ i = 1,2 \tag{13}$$

First, the infinite integrals $k_{ij}(\varepsilon,\eta)$ and $Q_J(\eta)$ are calculated by using Gauss—Laguerre quadrature[11]. Then , the solution of integral equations (12) and (13) is obtained by applying the Lobatto—Chebyshev method given in [3], namely

$$\frac{1}{n-1}\sum_{s=1}^{n}\sum_{j=1}^{2}\left[\frac{\delta_{ij}}{\varepsilon_s-\eta_r}+\left(\frac{b_j-a_j}{2}\right)\sum_{M=2}^{L}\lambda_M^{(L)}e^{\xi}Mk_{ij}(\zeta_M,\varepsilon_s,\eta_r)\right].$$

$$F_j[(2j-3)\varepsilon_s]\cdot\theta_s = \frac{1+K_i}{4\pi G_i}\sum_{M=2}^{L}\lambda_M^{(L)}e^{\xi}MQ(\zeta_M,\eta_r) \tag{14}$$

$$\sum_{s=1}^{n}\theta_s F_i[(3-2i)\varepsilon_s] = 0 \ , \ i = 1,2$$

In which $\lambda_M^{(L)}$ Integral constant ; ζ_M The root of Laguerre polynominal ; $\varepsilon_s=\cos\frac{\pi}{2n}(2s-1)$, $s=2,\cdots,n-1$; $\eta_r=\cos\frac{\pi r}{n}$, $r=2,\cdots,n-1$, $\theta_s=\begin{cases}1/2, s=1,n\\ 1, s=2,3,\cdots,n-1\end{cases}$

By solving linear algebraic equation (14) , we can determine $F_1(\pm 1)$ and $F_2(\pm 1)$. Therefore , the stress intensity factors at the tip of crack can be evaluated

$$\begin{aligned} K(a_i) &= \frac{4G_i}{1+K_i}\sqrt{\frac{b_i-a_i}{2}}F_i(2i-3) \quad i = 1,2 \\ K(b_i) &= -\frac{4G_i}{1+K_i}\sqrt{\frac{b_i-a_i}{2}}F_i(3-2i) \quad i = 1,2 \end{aligned} \tag{15}$$

3 EXAMPLE

A plane strain elasticity fracture problem of two—layer construction shown in Fig. 1~Fig. 3 is considered, where, L=15cm , H=10cm ; the Poisson's ratio : $\mu_1=0.25$, $\mu_2=0.3$; moduli of elasticity : $E_1=4\ 320$Pa, $E_2=500$Pa; external load q=0. 7N/m. The calculation results are given in Tables I~III.

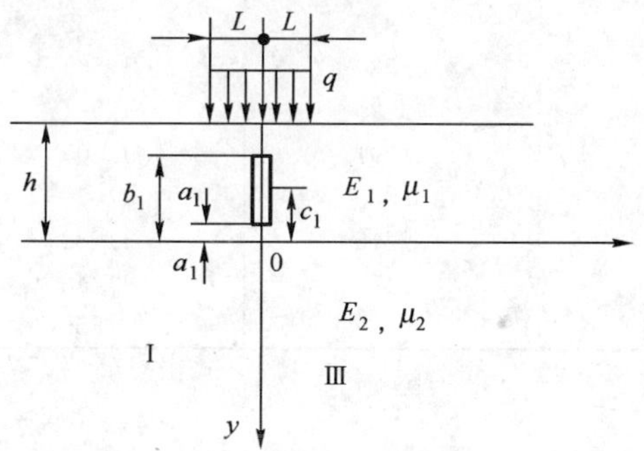

Fig . 2 A finite crack is in the upper medium.

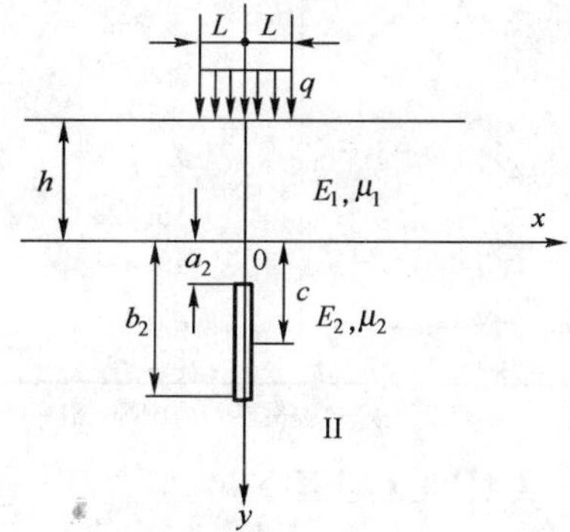

Fig. 3 A finite crack is in the lower medium. .

$l_1=1$, $c_1=5$, $c_2=10$cm

Table 1

L_1	$K(a_1)$	$K(b_1)$
0.5	3.479	2.860
1.0	5.427	3.670
1.5	7.337	4.087
2.0	9.378	4.316
2.5	11.675	4.460
3.0	14.405	4.598
3.5	17.898	4.813
4.0	22.911	5.233
4.5	31.816	6.110

$C=5\text{cm}$, $l_1=(b_1-a_1)/2\text{cm}$ $(10^4\text{N/m}^{3/2})$

Table 2

L_1	$K(a_2)$	$K(b_2)$
1	1.126	0.981
2	1.703	1.292
3	2.229	1.473
4	2.746	1.581
5	3.264	1.640
6	3.782	1.663
7	4.285	1.675
8	4.723	1.706
9	7.949	1.721

$C=10\text{cm}$, $l_1=(b_2-a_2)/2\text{cm}$ $(10^4\text{N/m}^{3/2})$

Table 3-1

L_1	$K(a_1)$	$K(b_1)$	$K(a_2)$	$K(b_2)$
0.5	3.484	2.866	1.127	0.981
1.0	5.433	3.678	1.130	0.984
1.5	7.345	4.099	1.135	1.989
2.0	9.386	4.331	1.143	0.996
2.5	11.685	4.478	1.153	1.005
3.0	14.416	4.620	1.166	1.017
3.5	17.909	4.842	1.184	1.033
4.0	22.925	5.268	1.208	1.054
4.5	31.835	6.157	1.245	1.088

$(10^4\text{N/m}^{3/2})$

Table 3-2

L_1	$K(a_1)$	$K(b_1)$	$K(a_2)$	$K(b_2)$
0.5	3.563	2.956	2.748	1.583
1.0	5.540	3.817	2.756	1.588
1.5	7.469	4.283	2.768	1.596
2.0	9.526	4.565	2.787	1.608
2.5	11.840	4.768	2.812	1.625
3.0	14.589	4.977	2.845	1.646
3.5	18.107	5.285	2.889	1.675
4.0	23.162	5.830	2.950	1.715
4.5	32.149	6.916	3.045	1.775

$l_1=4$, $c_1=5$, $c_2=10\text{cm}$ $(10^4\text{N/m}^{3/2})$

Table 3-3

L_1	$K(a_1)$	$K(b_1)$	$K(a_2)$	$K(b_2)$
0.5	4.059	3.530	4.840	1.545
1.0	6.204	4.705	4.857	1.552
1.5	8.252	5.490	4.886	1.564
2.0	10.412	6.133	4.929	1.581
2.5	12.835	6.779	4.991	1.605
3.0	15.720	7.569	5.080	1.638
3.5	19.437	8.707	5.215	1.682
4.0	24.827	10.592	5.493	1.748
4.5	34.522	14.343	5.892	1.856

$l_1=1$, $c_1=5$, $c_2=10\text{cm}$ $(10^4\text{N/m}^{3/2})$

4 CONCLUSION

As mentioned above, the primary objective of this paper lies in analyzing the layer plane elastic structure with finite length crack perpendicular to interface and fully imbedded intensity factors at the crack tips. The results in Tables I～III show that the stress intensity factors increase with L1(or L2) as L 2(or L1) is fixed and K(ai) is generally greater than K(bi) and crack length is a constant. The calculation results indicate that the method described in this paper is simple and flexible. The practicality and value of application is confirmed.

APPENDIX

$$h_{11}(a)=\frac{-2}{(1+K_1)\Delta}\{[3(1+mK_1)(mK_1-K_2)+(m-1)(m+K_2)+2ah<(1+mK_1)\cdot(m+K_2)-m(1+K_1)(1+mK_1)-3(m-1)(m+K_2)>+4a^2h^2(m-1)\cdot(m+K_2)]\cdot e^{-2ah}+4(m-1)(mK_1-K_2)e^{-4ah}+[-(1+mK_1)(m+K_2)+m(1+K_1)(1+mK_1)+3(m-1)(m+K_2)]e^{-2a(2h-t)}+4(1+mK_1)(m+K_2)\cdot(1-2ah+a^2h^2)e^{-2a(2h-t)}\}$$

$$h_{12}(a)=\frac{-4a}{(1+K_1)\Delta}\{(1-m)(mK_1-K_2)e^{-4ah}+[(1+mK_1)(K_2-mK_1)+2ah(m-1)(m+K_2)]e^{-2ah}+(1-m)(m+K_2)e^{-2a(2h-t)}+(1+mK_1)(m+K_2)(2ah-3)e^{-2a(2h-t)}\};$$

$$h_{13}(a)=\frac{-4a}{(1+K_1)\Delta}\{(1-m)(mK_1-K_2)e^{-4ah}+(m-1)(m+K_2)(1-6ah+4a^2h^2)e^{-2ah}+3(1-m)(m+K_2)e^{-2a(2h-t)}+(1+mK_1)(m+K_2)(2ah-3)e^{-2a(2h-t)}\};$$

$$h_{14}(a)=\frac{8a^2}{(1+K_1)\Delta}(m+K_2)\{2ah(m-1)e^{-2ah}+(m-1)e^{-2a(2h-t)}+(1+mK_1)e^{-2a(2h-t)}\};$$

$$h_{21}(a)=\frac{2}{(1+K_1)\Delta}\{(1+mK_1)(m+K_2)-m(1+K_1)(1+mK_1)-3(m-1)(m+K_2)+[4(1-m)(mK_1-K_2)(1+2ah+4a^2h^2)]e^{-2ah}+[<(1+mK_1)(m+K_2)-m(1+K_1)(1+mK_1)+3(m-1)(m+K_2)>(2ah-1)+3(m-1)(m+K_2)4a^2h^2]e^{-2a(2h-t)}+4(m-1)(mK_1-K_2)e^{-2a(2h-t)}\};$$

$$h_{22}(a)=\frac{4a(1-m)}{(1+K_1)\Delta}\{m+K_2+(mK_1-K_2)(1+2ah)e^{-2ah}+(K_2-mK_1)e^{-2a(2h-t)}-(m+K_2)(1+2ah+4a^2h^2)e^{-2a(2h-t)}\};$$

$$h_{23}(a)=\frac{-4a}{(1+K_1)\Delta}\{3(1-m)(m+K_2)+(1-m)(mK_1-K_2)(3+2ah)e^{-2ah}+(1-m)(mK_1-K_2)e^{-2a(2h-t)}+[(1+mK_1)(K_2-mK_1)+6ah(m-1)(m+K_2)]e^{-2a(2h-t)};$$

$$h_{24}(a)=\frac{-8a^2(m-1)}{(1+K_1)\Delta}\{-(m+K_2)+(K_2-mK_1)e^{-2ah}+2ah(m+K_2)e^{-2a(2h-t)}\};$$

$$h_{31}(a)=\frac{-2}{\Delta}\{-[3(1+mK_1)+(m+K_2)]+<3(1-m)+(K_2-mK_1)>(1+2ah)+3(1-m)?4a^2h^2]e^{-2ah}+[3(m-1)+(mK_1-K_2)]e^{-2a(2h-t)}+\{<3(1+mK_1)+(m+K_2)>(1-2ah)+4a^2h^2(1-m)e^{-2a(2h-t)}\};$$

$$h_{32}(a)=\frac{-4a}{\Delta}\{1+mK_1+(m-1)(1+2ah+4a^2h^2)e^{-2ah}+(1-m)e^{-2a(2h-t)}+(1+mK_1)(2ah-1)e^{-2a(2h-t)}\};$$

$$h_{33}(a)=\frac{4a}{\Delta}\{-(m+K_2)+[K_2-mK_1+6ah(1-m)]e^{-2a(2h-t)}+3(1-m)e^{-2a(2h-t)}+[-3(1+mK_1)+2ah(m+K_2)]e^{-2a(2h-t)}\};$$

$$h_{34}(a)=\frac{8a^2}{\Delta}\{2ah(m-1)e^{-2ah}+(m-1)e^{-2a(2h-t)}+(1+mK_1)e^{-2a(2h-t)}\};$$

$$h_{11}^*(a)=\frac{-2m}{\Delta}\{[(m+K_2)+3(1+mK_1)-2ah<(1+mK_1)+3(m+K_2)>+4a^2h^2(m+K_2)]e^{-2ah}+[3(m-1)+(mK_1-K_2)]e^{-4ah}\};$$

$$h_{12}^*(a)=\frac{4am}{\Delta}\{[(1+mK_1)-2ah(m+K_2)]e^{-2ah}+(m-1)e^{-4ah}\};$$

$$h_{13}^*(a)=\frac{4am}{\Delta}\{(1+mK_1)(3-2ah)e^{-2ah}+3(m-1)e^{-4ah}\};$$

$$h_{14}^*(a)=\frac{8a^2m}{\Delta}\{-(1+mK_1)e^{-2ah}+(1-m)e^{-4ah}\};$$

$$h_{21}^*(a)=\frac{-2m}{\Delta}\{(1+mK_1)+3(m+K_2)+[(m-1)+3(mK_1-K_2)+2ah<3(m-1)+(mK_1-K_2)>+4a^2h^2(m-1)]e^{-2ah}\};$$

$$h_{22}^*(a)=\frac{-4am}{\Delta}\{m+K_2+[(mK_1-K_2)+2ah(m-1)]e^{-2ah}\};$$

$$h_{23}^*(a)=\frac{4am}{\Delta}\{1+mK_1+[(m-1)<1+2ah(3+2ah)>]e^{-2ah}\};$$

$$h_{24}^*(a)=\frac{8a^2m}{\Delta}(m-1)\cdot 2ah\cdot e^{-2ah};$$

$$h_{31}^*(a)=\frac{-2}{(1+K_2)\Delta}\{3(m-1)(1+mK_1)+(m+K_2)(mK_1-K_2)+[6(1-m)+2K_2(K_2-mK_1)+4m^2(1+K_1^2)+m(6K_1+2K_2)-8ah(m+K_2)(1+mK_1)+4a^2h^2<3(1-m)^2+(m+K_2)>]e^{-2ah}+[3(m-1)(1+mK_1)+(m+K_2)(mK_1-K_2)]e^{-4ah}\};$$

$$h_{32}^*(a)=\frac{-4a}{(1+K_2)\Delta}\{(m-1)(1+mK_1)(1+e^{-4ah})+[(1-m)^2+(1+mK_1)^2-2ah(1+mK_1)(m+K_2)+4a^2h^2(m-1)^2]e^{-2ah}\};$$

$$h_{33}^*(a)=\frac{12a}{(1+K_2)\Delta}\{(m-1)(1+mK_1)(1+e^{-4ah})+[2(1-m+mK_1)+m^2(1+K_1^2)-2ahm(1+K_1)(1+K_2)/3+4a^2h^2(m-1)^2]e^{-2ah}\};$$

$$h_{34}^*(a)=\frac{-8a^2}{(1+K_2)\Delta}\{(m-1)(1+mK_1)(1+e^{-4ah})+[2(1-m)^2(1+4a^2h^2)+(1+mK_1)^2]e^{-2ah}\};$$

$$h_{q1}(a,y)=\frac{d}{\Delta}\{2(m+K_1)(1+mK_1)(ah-1-ay)+[(1-m)(3m+2K_2)+mK_1(mK_1-K_2)+m(K_1-K_2)$$

$$-2ay(m-1)(m+K_2)+2ah(m-1)(m+K_2)(3+2ay)]e^{-2ah}\};$$

$$h_{q2}(a,y)=\frac{d}{\Delta}\{(1-m)(3m+2K_2)+mK_1(mK_1-K_2)+m(K_1-K_2)+$$

$$6ah(1-m)(m+K_2)+2(1+ah)(1-m)(mK_1-K_2)\quad e^{-2ah}-2ay(1-m)$$

$$[(m+K_2)+(1+2ah)+(mK_1-K_2)e^{-2ah}]\};$$

$$h_{q2}(a,y)=\frac{d(1+K_1)}{\Delta}\{(m+K_2)(1+2ah)+(1+mK_1)(2ay-3)+[(mK_1-K_2)+$$

$$(1-2ah)(1-m)(3-2ay)]e^{-2ah}\};$$

in which

$$\Delta=-(m+K_2)(1+mK_1)+[(1-m)(m+K_2)(1+4a^2h^2)+(1+mK_1)$$

$$(K_2-mK_1)]e^{-2ah}+(1-m)(mK_1-K_2)e^{-4ah};$$

$m=G_2/G_1$, G_i——*shear modulus of medium*; $d=(e^{-ah}\sin aL)/a$;

$$K_i=\begin{cases}3-4\mu, & \textit{for plane strain},\\ \dfrac{3-4\mu}{1+\mu}, & \textit{for plane stress},\end{cases}$$ μ, ——— *Poisson's ratio*

沥青路面结构可靠度敏感性分析的研究

查旭东　张起森　卢正宇
（长沙交通学院　长沙　410076）

摘　要： 本文以可靠性理论为基础，分析了沥青路面结构设计参数的变异性对各设计指标及体系可靠度的影响，即敏感性分析，提出了施工中各设计指标变异水平的控制范围，为沥青路面施工的质量控制提供科学依据。

关键词： 沥青路面　可靠度　敏感性　施工质量控制

随着可靠性理论在结构工程中越来越广泛的应用，世界各国的结构设计规范中绝大部分都相继引入了基于可靠性理论的概率设计法。我国在建筑与桥梁结构等工程结构设计规范中也采用了可靠度设计方法，在路面工程方面，可靠性理论的研究起步较晚，目前尚未引入设计规范。因此，10 多年来，我们在这方面开展了较深入的研究，本文主要对沥青路面结构可靠度的敏感性进行分析，研究各设计参数变异性对可靠度的影响。

1　沥青路面结构可靠度的概率模型

根据我国现行的《公路柔性路面设计规范》(JTJ 014—86)的设计理论，沥青路面结构可靠度的概率模型采用多指标的效应—抗力概率模型，即

$$\left.\begin{aligned} R_{\mathrm{I}} &= P(l_R - l_S > 0) \\ R_{\mathrm{II}} &= P(\sigma_{R_i} - \sigma_{m_i} > 0) \end{aligned}\right\} \tag{1}$$

式中：l_s、σ_{m_i} 分别为路表计算弯沉值(1/100mm)和层底弯拉应力值(MPa)；l_R、σ_R 分别为容许弯沉值(1/100mm)和容许弯拉应力值(MPa)；$l_R = 1\ 100 A_C A_S / N_e^{0.2}$；$\sigma_R = S/K_S$。其中 N_e 为设计年限内一个车道上的累计当量轴次(次)；A_C、A_S 分别为公路等级系数和面层类型系数；S 为沥青混凝土或整体性基层材料的极限抗弯拉强度(MPa)；K_S 为抗弯拉强度结构系数，$K_S = aN_e^b/A_C$（对沥青混凝土面层取 $a=0.12$，$b=0.20$；整体性基层取 $a=0.40$，$b=0.10$）。

根据我们的研究成果，由于我国现行《公路柔性路面设计规范》是采用复杂的弹性层状体系理论来计算沥青路面结构的应力和位移，所以沥青路面结构的可靠度计算方法采用基于近似求导的 JC 法，并采用串联系统计算结构体系的可靠度。

2　沥青路面结构可靠度的敏感性分析

2.1　设计参数的选取

通过大量的统计分析，沥青路面结构各设计参数的变异水平为：厚度 0.07～0.21，模量 0.25～0.45，极限抗弯拉强度 0.15～0.45，交通量 0.2～0.8，因此采用表 1 所示的较典型的沥

摘自《长沙交通学院学报》1998 年 9 月第 14 卷第 3 期

青路面结构进行敏感性分析，表中所列各设计参数的变异系数均为中等变异水平。具体分析时，为了确定各设计参数变异的敏感性规律，相应地加大变异系数取值范围。同时，分析某一设计参数的敏感性时，其他设计参数的变异系数保持不变，即取表1中所列的中等水平。

结构设计参数的平均值与变异系数 表1

层次	路面结构材料	厚度		回弹模量		极限抗弯拉强度		交通量	
		h(cm)	$C_v(h)$	E(MPa)	$C_v(E)$	S(MPa)	$C_v(S)$	N_e(轴次)	$C_v(N_e)$
1	沥青混凝土	9	0.14	1 100	0.35		0.30	12×10^6	0.50
2	水泥稳定碎石	20		900		0.6			
3	石灰土	40		450		0.3			
4	土基			40					

2.2 分项指标的敏感性分析

由式(1)可知，沥青路面结构可靠性分析是采用多指标模式，因此，首先分析各设计指标的敏感性规律。图1～图3、图4～图7、图8及图9～图10分别为可靠度随厚度变异系数$C_v(h)$、模量变异系数$C_v(E)$、交通量变异系数$C_v(N_e)$及抗弯拉强度变异系数$C_v(S)$的变化规律。各图中曲线上有菱形的表示弯沉可靠度R_1，有正方形的为基层弯拉应力可靠度R_2，有三角形的为底基层弯拉应力可靠度R_3。通过理论计算，面层底部弯拉应力一般为负值，即处于受压状态，不会出现拉裂，可靠度为100%，因此，不考虑其敏感性。

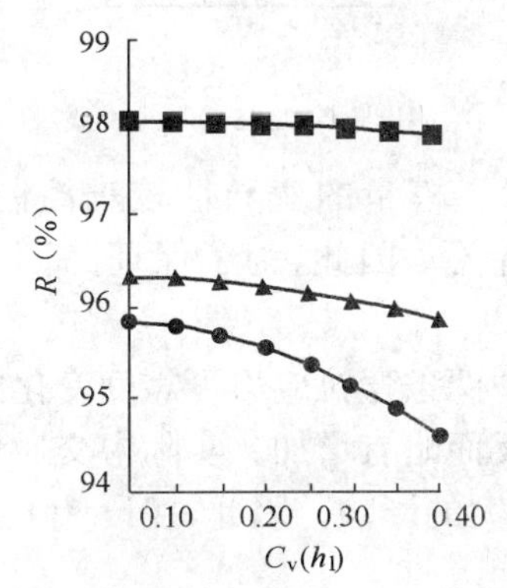

图1 R-$C_v(h_1)$关系曲线

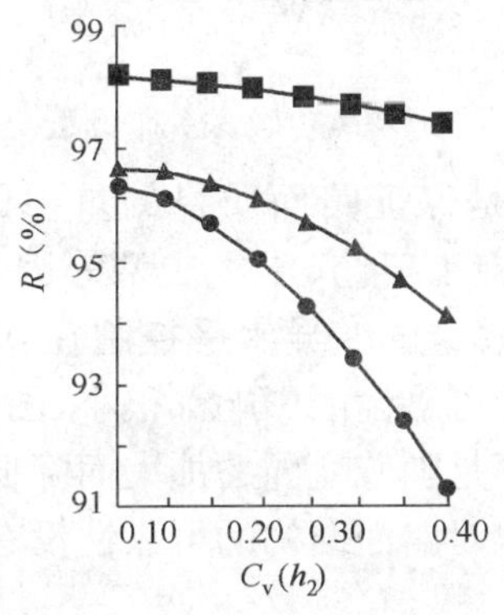

图2 R-$C_v(h_2)$关系曲线

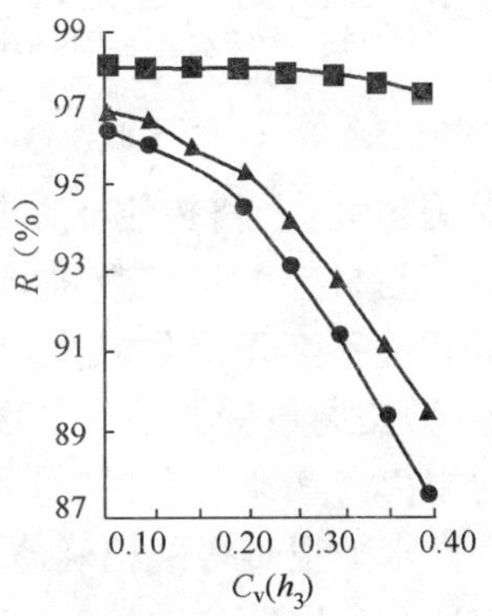

图3 R-$C_v(h_3)$关系曲线

根据图1～图10，可以得出如下结论：

(1)沥青路面结构厚度的变异性对各设计指标的可靠性影响程度，按从大到小的顺序依次为弯沉可靠度、底基层弯拉应力可靠度与基层弯拉应力可靠度。同时，结构层越厚，其影响越大。从图中可以看出，厚度的变异水平在施工中控制在0.15以内是比较合适的，这样不会造成可靠度的大幅度降低。这在实际中是很容易达到的，即厚度控制在$(1\pm0.15)h$；

(2)各结构层模量对弯沉可靠度的影响较大。对于弯拉应力可靠度，相邻两个结构层，上面层次对下面层次影响很小，而下面层次对上面层次的影响较大；不相邻的层次之间的相互影响都很小，如土基模量的变异性$C_v(E_0)$基本上不影响基层的弯拉应力可靠度。因此，对于这种常用的四层沥青路面结构，由于底基层模量的变异性对各设计指标都有较大的影响，故施工中应进行严格控制，而这点在实际中往往被忽视。同时，土基对弯沉可靠度

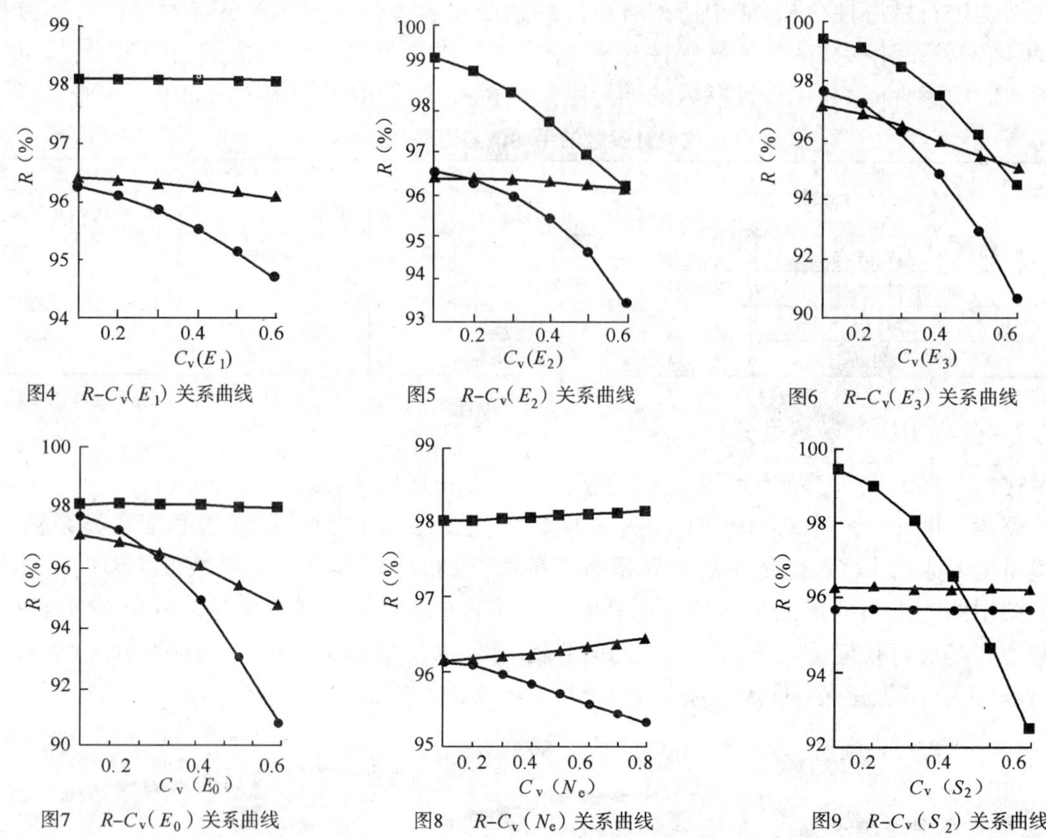

图4　$R\text{-}C_v(E_1)$ 关系曲线　图5　$R\text{-}C_v(E_2)$ 关系曲线　图6　$R\text{-}C_v(E_3)$ 关系曲线

图7　$R\text{-}C_v(E_0)$ 关系曲线　图8　$R\text{-}C_v(N_e)$ 关系曲线　图9　$R\text{-}C_v(S_2)$ 关系曲线

的影响很大，严格控制土基的压实是保证路面质量的重要因素。模量的变异性较难控制，其不仅与材料的选取有关，而且与施工工艺、压实成型等因素有关。因此，为了保证路面结构可靠性不至于损失较大，应该将模量的变异水平控制在 0.3 以内；

(3)交通量变异性对各设计指标可靠性的影响都很小，图 8 中两条弯拉应力可靠度变化曲线的规律与其他情况相反，可靠度不是随着变异的加大而降低，反而略有增加。实际中交通量的变异水平很难得到精确值，但是这对路面结构的可靠性没有多大的影响。因此，在设计中建议取 0.5 是比较合适的；

(4)对于极限抗弯拉强度变异性的影响，很显然各种材料的变异性只对该种材料的结构层的弯拉应力可靠度有影响，并且影响很大。因此，施工中应严格控制整体性基层材料抗拉强度的变异，推荐其变异水平在 0.3 以内。

2.3　体系可靠度的敏感性分析

沥青路面结构体系可靠性的分析是一个非常复杂的课题，各设计指标含有相同的设计变量，如厚度、模量与交通量等。因此，它们之间存在着相关性，根据我们的理论研究成果，各设计指标之间的相关性很小，可以将它们视为串联系统，故其可靠度按下式计算。

$$R = \prod_{i=1}^{n} R_i \tag{2}$$

式中：R 为沥青路面结构体系可靠度；R_i 为各分项指标的可靠度。

沥青路面结构体系可靠性随各设计参数变异性的敏感性分析结果见图 11～图 13。

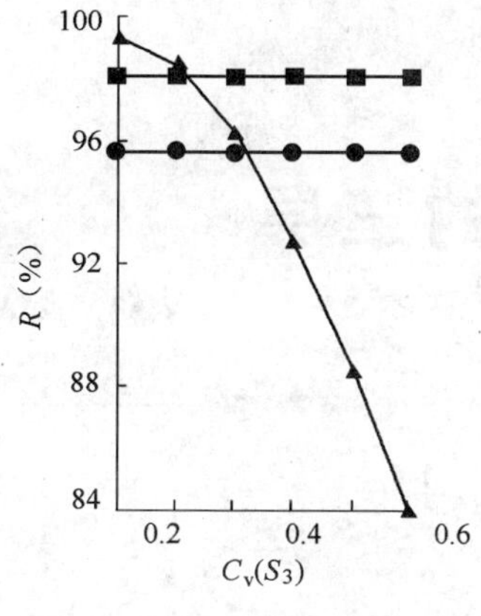

图 10 $R\text{-}C_v(S_3)$关系曲线

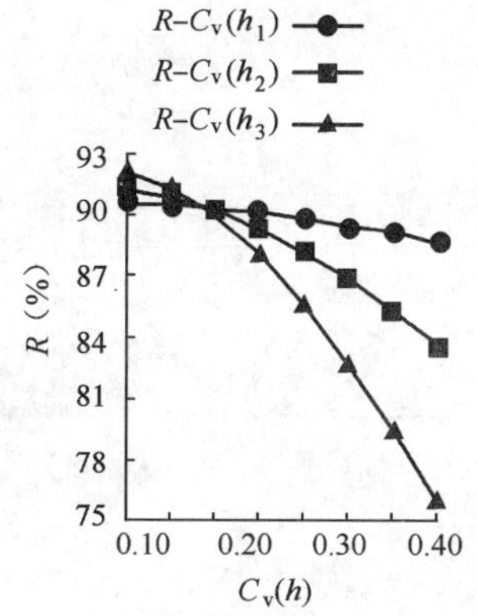

图 11 $R\text{-}C_v(h)$关系曲线

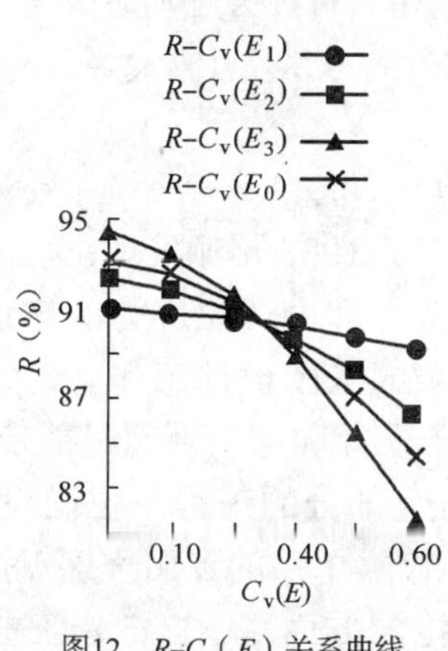

图12 $R\text{-}C_v(E)$ 关系曲线

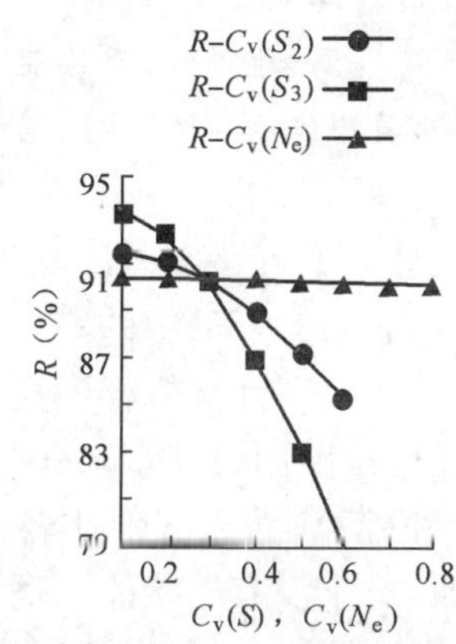

图13 $R\text{-}C_v(S)$、$R\text{-}C_v(N_e)$关系曲线

从图 11～图 13 可以看出结构层越厚对体系可靠度的影响越大，其中 40cm 底基层的各设计参数的影响都很大，因此，施工中必须严格控制保证其坚实。土基对体系可靠度的影响也较大，因此，需要严格控制土基的施工质量，保证压实与稳定。同时，极限抗弯拉强度的变异性对体系可靠度的变化很敏感，实际中必须保证整体材料的质量均匀。交通量变异性对体系可靠度的影响基本上可以不予考虑，前已述及，交通量的变异性很难确定，故此，设计中没有必要太多地追究其变异情况。

3 结语

根据沥青路面结构可靠性随各设计参数变异性变化的敏感性分析，可以得到如下结论：

(1)厚度的变异水平应控制在 0.15 以内，模量与极限抗弯拉强度的变异水平宜在 0.3 以内，交通量的变异水平不必精确地计算，建议设计时取 0.5 即可；

(2)对于较厚的结构层，施工中应严格进行质量控制，不应因其是底下的层次不易测试而忽视施工质量，必须保证其结构坚实及质量均匀；

(3)土基对可靠度的影响较大，必须严格控制施工，保证达到稳定压实的要求。

基于神经网络理论的三层体系弯沉拟合的研究

查旭东　张起森

（长沙交通学院　长沙　410076）

摘　要：本文以《公路沥青路面设计规范》(JTJ 014—97)为依据，根据神经网络理论，提出采用三层 BP 网络近似计算柔性路面三层弹性层状体系理论弯沉的方法。通过大量的计算与验证，训练好的 BP 网络精度高、速度快、泛化能力强，且易于实现，可以应用于工程设计与验算。

关键词：弹性层状体系　BP 神经网络　弯沉　柔性路面

在现行《公路沥青路面设计规范》(JTJ 014—97)中，取消了 1987 年颁发的《公路柔性路面设计规范》(JTJ 014—86)中的三层弹性层状体系的理论弯沉和理论弯拉应力的诺谟图，沥青路面的设计采用专用计算机程序完成。这样虽然可避免繁杂的查图设计工作，大大提高了设计效率，但是也给路面设计带来一些不利影响。一方面，对于设计和施工部门只能依照专用程序进行设计和验算，而无其他比较，缺乏足够的验证，并且，大部分的工程单位尚没有专用程序；另一方面，对于没有层状体系理论计算程序的研究人员，仅靠单一的专用程序，许多新的结构设计研究无法开展，阻碍设计理论的发展。同时，在路面检测方面，往往需要通过大量计算理论弯沉，进行理论与实际的比较，而专用程序难以满足要求。

在"八五"期间，由于三层体系弯沉和弯拉应力的计算采用查图法，计算烦琐，精度差，不利于大量验证工作。路面结构可靠性分析和半刚性基层沥青路面典型结构的研究也需要大量的理论计算工作。现有层状体系理论的显式化研究结果，形式大多过于复杂，并且普遍存在着范围小和精度差的缺点，实用性有待进一步深入研究。针对目前三层体系理论计算的复杂性，作者采用神经网络理论，利用神经网络的高度非线性映射能力，通过 BP 算法训练三层网络，实现三层体系理论弯沉的近似计算。

1　BP 网络基本原理

BP 网络是一单向传播的多层前向网络，网络除输入输出节点外，有一层或多层隐层节点，同层节点中无任何耦合。输入模式从输入层节点依次传过各隐层节点，然后传到输出节点，每一层节点的输出只影响下一层节点的输出。因此，BP 网络是一种从输入到输出的高度非线性映射。

如果输入节点数为 n，输出节点数为 m，则网络是从 R^n 到 R^m 的映射，即有

$$F:R^n \to R^n, Y = F(X) \tag{1}$$

摘自《长沙交通学院学报》1999 年 9 月第 15 卷第 3 期

式中，$X=(x_1,x_2,\cdots,x_n)^T$；$Y=(y_1,y_2,\cdots,y_n)^T$。

对于样本集合输入 $X(\in R_m)$ 和输出 $Y(\in R_m)$，认为存在一映射 $G:R^n\rightarrow R^m$，$Y=G(X)$。为求得映射 F 使得在最小二乘意义下，F 是 G 的最佳逼近，通常采用 BP 算法。根据 BP 定理，三层 BP 网络可以以任意精度实现函数的逼近。

对于一训练集包括 n_p 个样本，对第 p 个训练样本，网络实际输出为 y_{po}，对应的理想输出为 d_{po}，则网络输出误差定义为

$$E=\sum_{p=1}^{n_p}E_p=\sum_{p=1}^{n_p}\sum_{o=1}^{n_o}\frac{1}{2}(d_{po}-y_{po})^2 \tag{2}$$

式中，E_p 为第 p 个样本的网络误差；o 为输出节点编号；n_o 为输出节点数。

根据梯度最速下降法，网络权值的调整应沿误差函数的负梯度方向改变，即 δ 学习规则。因此，BP 算法第 j 层权值修正公式为

$$W_{jt}(t+1)=W_{jt}(t)+\eta\delta_{pi}o_{pi}+\alpha(W_{jt}(t)-W_{jt}(t-1)) \tag{3}$$

式中，W 为网络权值；t 为权值修正序号；δ 为修正量；i 为上层节点编号；η 为学习因子；α 为势态因子，又称惯性参数，它决定了上一次学习的权值变化对本次权值更新的影响程度。

$$\delta_{pj}=\begin{cases}f'(a_{pj})(d_{pj}-o_{pj}) & \text{输出层节点}\\ f'(a_{pj})\sum\limits_{\mathrm{k}}\delta_{pk}W_{kj} & \text{隐层节点}\end{cases}$$

式中，f' 为神经元函数的导数；a_{pj} 为单元 j 的输入总和(即激活函数)；k 为下层节点编号。

BP 算法就是根据上述原理，将输入数据由输入层经隐层逐层处理后送到输出层，由输出层产生一输出模式，这是一个逐层更新过程，称为前向传播。如果实际输出与期望输出有误差，不满足要求，则转入误差后向传播，通过(2)式计算误差大小，由(3)式确定权值修正量，将误差值沿连接通路反向逐层传送并修正各层权值。对于给定的训练集合，不断训练各模式，重复前向传播与误差后向传播过程，直到各训练模式都满足要求为止。

2　BP 网络实现三层体系弯沉的近似计算

根据现行规范，对于三层弹性层状体系，各层泊松系数为：土基取 0.35，其他结构层为 0.25；荷载为双圆垂直均布荷载，荷载集度 $p=0.7\text{MPa}$，作用半径 $\delta=10.65\text{cm}$；弯沉计算点为双圆荷载中心路表点。以上变量取为定值，则输入变量有 2 个厚度 h、H，3 个模量 E_1、E_2、E_0，共 5 个变量；输出为弯沉值，即为 1 个变量。因此，取三层 BP 网络如图 1 所示。

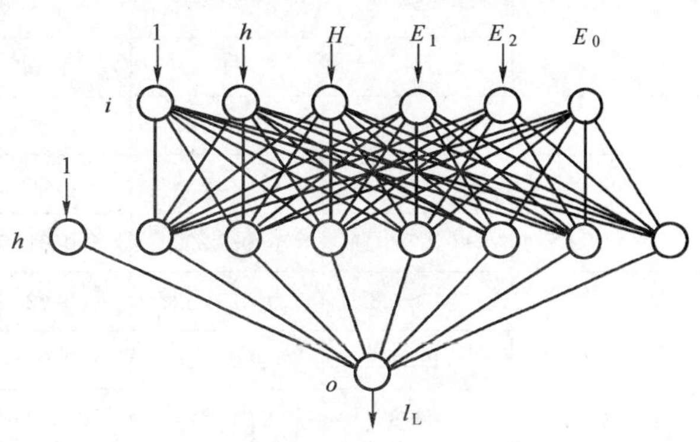

图 1　三层 BP 网络的构成

由图 1 可以看出，该网络由 6 个输入节点、8 个隐节点和 1 个输出节点组成。神经元函数取为“S”型函数，即

$$y_i=f(a_i)=1/(1+e^{-a_i}) \tag{4}$$

式中，$a_i=\sum\limits_{j=0}^{n}W_{jt}x_j$，其中 $x_0=1$，即

$W_{0i}x_0$为阈值，如图1中输入恒为1的单元。

参照现行规范，训练样本的输入变量的取值范围见表1。为了使指数函数在训练时不产生溢出，均将输入变量与输出变量转换为(0,1)上的变量，即将各变量除以一常系数。对于输入变量，该常数取为上限值；对于输出变量理论弯沉值，单位取cm，其在输入变量取值范围内均在(0,1)之间。

训练样本变量取值范围 表1

变　量	下限值	上限值
面层厚度 h(cm)	1	25
基层厚度 H(cm)	15	50
面层模量 E_1(MPa)	500	2 500
基层模量 E_2(MPa)	500	2 000
土基模量 E_0(MPa)	15	85

通过以上处理后，随机选取10 000种路面结构组合，采用层状体系理论计算程序计算出各结构的理论弯沉，而后选取8 000种模式来训练图1所示的神经网络，另外2 000种组合用来测试网络性能，确定网络的泛化能力。经过多次训练，对于训练样本，网络的均方误差为0.000 375，最大相对误差为3.91%，相对误差绝对值的平均值为0.42%。对于测试样本，均方差为0.000 384，最大相对误差为2.76%，相对误差绝对值的平均值为0.41%。因此，该网络具有很强的泛化能力。各权值见表2、表3，表中权值已进行转换，计算时直接输入结构的设计参数即可，无需将输入变量按表1的上限值转换成(0,1)区间的变量；表中i为输入层节点编号，h为隐层节点编号，o为输出层节点编号，编号顺序从左至右，参见图1。其中，均方差和相对误差的定义如下式

$$E_{RMS}=\sqrt{\sum_{p=1}^{n_p}\sum_{o=1}^{n_o}(d_{po}-y_{po})^2/(n_pn_o)}$$

$$E=(d_{po}-y_{po})/d_{po} \tag{5}$$

式中，E_{RMS}为均方差；E为相对误差；其余字母含义同前。

网络权值(输入层—隐层) 表2

h	i					
	0	1	2	3	4	5
1	−0.7188 01	−0.000 877	−0.005 678	0.000 012	−0.000 048	−0.040 868
2	−2.170 950	0.038 838	−0.000 961	−0.001 486	0.000 147	0.002 148
3	−0.878 941	0.039 200	−0.011 197	0.000 608	−0.000 224	−0.004 605
4	1.570 030	0.023 852	−0.020 042	−0.000 053	0.001 783	−0.002 684
5	0.651 754	0.006 424	−0.013 707	0.000 235	−0.000 143	−0.006 189
6	0.486 886	0.016 471	0.012 611	0.000 074	0.000 094	0.148 684
7	0.603 179	0.065 758	0.066 260	−0.000 030	−0.000 002	0.005 720

网络权值(隐层—输出层)　　表 3

o	h							
	0	1	2	3	4	5	6	7
1	6.179 87	4.095 53	1.963 75	−2.244 88	1.955 78	5.180 51	−4.612 83	4.918 07

3　算例

为了验证训练好的网络的性能，参照现行规范，取 4 种结构组合进行比较分析，比较结果见表 4。

结构验证比较表　　表 4

序　号	结构组		弯沉值(0.01mm)		绝对误差(0.01mm)	相对误差(%)
	厚度(cm)	模量(MPa)	网络值	理论值		
1	2/30	1 200/900/35	86.7	87.1	0.4	0.46
2	12/40	2 000/1 200/40	46.6	46.5	−0.1	−0.22
3	15/25	1 600/800/30	76.7	76.9	0.2	0.26
4	20/60	1 000/400/20	71.4	72.0	0.6	0.84

从表 4 可以看出，前 3 种结构的变量取值范围均在训练范围之内，精度都很高，其误差几乎可以忽略；第 4 种结构的参数，部分超出训练范围，相对误差仍在 1%以内，精度完全满足工程需要。因此，该网络不仅在训练范围内可以达到很好的精度，而且对于训练范围外还具有较好的扩展能力。

4　应用

该网络输出为三层体系的理论弯沉值，根据现行规范规定的弯沉综合修正系数 F，采用下式可以得到路表实际弯沉值

$$l_S = Fl_L = 1.63\left[\frac{l_s}{2\,000\delta}\right]^{0.38}\left[\frac{E_0}{p}\right]^{0.36} l_L \tag{6}$$

即：

$$l_S = 0.006\,016 E_0^{0.580\,6} l_L^{1.612\,9} \tag{7}$$

上两式中：l_S 为路表实际弯沉；F 为弯沉综合修正系数；其他字母含义及取值同前。

由此，根据式(7)可以采用该网络计算实际弯沉 l_S。另外，对于四层及四层以上的结构，可参考 1987 年规范的多层体系换算成三层体系近似计算。为了比较该网络的计算精度，选取表 4 中序号 2 的结构组合，分析实际弯沉随厚度和模量的变化。在具体分析弯沉和某一变量的变化时，其他变量取表 4 中的值，比较结果见图 2～图 4，图中实线为 APDS97 的计算结果，虚线为该网络的计算结果。APDS97 为现行《公路沥青路面设计规范》推荐的沥青路面设计专用程序。

从图 2～图 4 可以看出，网络的计算结果与 APDS97 的计算结果十分接近，该网络拟合的三层体系弯沉不仅在表 4 的范围内达到较高的精度，而且在其范围外也可以达到理想的精度。同时，对于 386/33 计算机，APDS97 计算 1 个三层体系的弯沉需要 5～8s，而该网络 1s 可以计

算 25～30 个结果,可见其计算速度非常快。

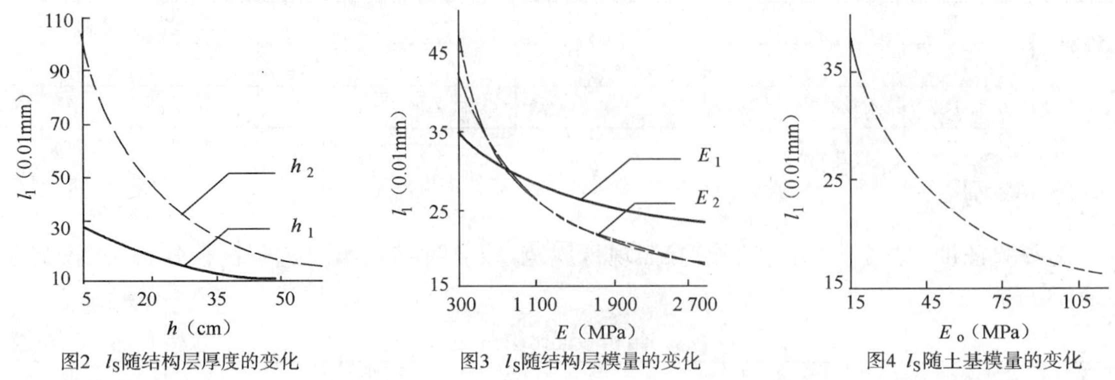

图2 l_S随结构层厚度的变化　　图3 l_S随结构层模量的变化　　图4 l_S随土基模量的变化

另外,利用该网络,采用一维搜索的优化方法,很容易实现按设计弯沉值设计路面厚度,表 5 为该网络的设计结果与 APDS97 设计结果的比较,结构组合为:厚度 12/40,模量 2 000/1 200/40,其中网络的设计方法采用“黄金分割法”。从表 5 可以看出,该网络的设计结果与 APDS97 的结果非常接近,相对误差小于 1%,绝对误差不超过 0.3cm,其精度完全满足设计需要。

网络设计结果与 APDS97 计算结果比较　　表 5

序　号	设计弯沉值 l_d(0.01mm)	设计结果 H(cm)		绝对误差(cm)	相对误差(%)
		APDS97	BP 网络		
1	50.0	18.5	18.4	0.1	0.54
2	45.0	21.1	20.9	0.2	0.95
3	40.0	24.2	24.1	0.1	0.41
4	35.0	28.1	28.0	0.1	0.36
5	30.0	33.2	33.2	0.0	0.00
6	25.0	40.1	40.2	−0.1	−0.25

根据弹性层状体系理论

$$l_L=\frac{2p\delta}{E}\alpha_c=\frac{2p\delta}{E_0}f\left[\frac{h}{\delta},\frac{H}{\delta},\frac{E_1}{E_2},\frac{E_2}{E_0}\right] \tag{8}$$

式中,α_c 为理论弯沉系数,$\alpha_c=l_LE_0/(2P\delta)$。

因此,对于模量超出训练范围的结构,为了得到较高精度的弯沉结果,采用模量比值法,保持模量比不变,即将各层模量值乘上一系数 c 转换到训练范围内,得到 α_c,尔后按原来的土基模量计算弯沉。经过简单推导,很容易得到,采用下式计算即可

$$l_L = cl'_L \tag{9}$$

式中:l_L 为所求弯沉;l'_L 为转换后结构的弯沉;c 为系数。

例如,某结构组合厚度为 15/30,模量为 4 000/3 000/50,将模量组合乘上 0.5 的系数转换为 2 000/1 500/25,然后求得理论弯沉为 66.7(0.01mm),则原来结构的理论弯沉为 33.3(0.01mm),理论计算结果为 33.4(0.01mm),二者非常接近。

同样,对于荷载不是标准轴载 BZZ-100 时,保持 h/δ 和 H/δ 不变,采用

$$\left.\begin{aligned} h' &= h\delta'/\delta = 10.65h/\delta \\ l_L &= l'_L p\delta/(p'\delta') = l'_L p\delta/7.455 \end{aligned}\right\} \tag{10}$$

进行计算，可以得到较高精度的弯沉计算结果。式中：h'为转换后的结构层厚度(cm)；δ、p分别为实际荷载的作用半径(cm)与集度(MPa)；δ'、p'分别为BZZ-100的作用半径(cm)与集度(MPa)；l'_L为转换后结构的理论弯沉值；l_L为实际荷载作用的理论弯沉值。

例如，结构组合厚度为12/40，模量为2 000/1 200/40，轴载为(JTJ 014—86)的BZZ-60，即p=0.5MPa，δ=9.75cm。按(10)式将厚度进行转换，得厚度组合为13.11/43.69，然后计算理论弯沉。由此，网络计算的理论弯沉值为28.3(0.01mm)，理论计算结果为28.2(0.01mm)，二者结果非常接近。

因此，该网络的训练集合的厚度比范围为h/δ=0.094～2.350，H/δ=1.41～4.69；模量比范围为E_1/E_2=0.25～5.00，E_2/E_0=5.88～133.33。此范围完全满足工程要求。

另外，该网络还可用于层状地基的变形分析，其原理可参照(8)式得到。

5 结语

本文采用神经网络理论，随机选择10 000种路面结构组合，以8 000种组合训练三层BP网络，并以另外2 000种组合进行验证。

(1)通过大量的计算、验证与比较，训练好的BP网络具有很高的精度，10 000种结构组合的理论弯沉相对误差绝对值的平均值在1%以内，其计算速度远比层状体系理论程序快，而且与常规显式比较，其计算范围宽、精度高。

(2)BP网络的计算易于实现，一般的专业人员非常容易接受，因此，采用BP网络近似计算弯沉，不仅速度快、精度高，而且泛化能力强。

直道钢桥面沥青铺装层动应变测试与分析

邵腊庚　张起森　李宇峙　吴　军
（长沙交通学院　长沙　410076）

摘　要：本文采用动态数据采集系统进行钢桥桥面沥青混合料铺装层动应变的测试，分析了车速和温度对动应变的影响。

关键词：钢桥桥面　沥青混合料铺装　动应变

钢桥桥面铺装体系的受力特点十分复杂，它不仅要承受荷载应力和温度应力，而且局部变形影响十分明显。因此，对于钢桥桥面的沥青铺装层不仅要求其具有较高的高温稳定性，同时，还要具有较强的变形适应能力。加载车的轴重、车速、沥青铺装层材料性质和试验方法等，都将明显影响沥青混合料的应力—应变响应关系。沥青混合料的疲劳破坏明显地依赖于不同材料在一定试验方式下的应力—应变响应关系。从这个意义上讲，沥青混合料的疲劳特性研究与其应力—应变响应关系的研究是一个无法分割的有机整体。多数研究者认为对沥青混合料疲劳特性的研究最终都归结为对沥青混合料的应力—应变响应关系的研究。因此，为了评价钢桥桥面沥青混合料铺装层的疲劳特性，研究不同桥面铺装层的应力应变随轴载作用变化的规律就显得十分重要了。桥面评价的力学—经验方法，一般利用弹性理论来预测桥面铺装层的响应或者利用弯沉来反算各层模量，根据经验公式和材料参数来预测在交通荷载作用下的桥面铺装层疲劳性能。这样的应力应变常常是计算出来的，而且大多采用静态分析的方法，这与实际车辆对钢桥铺装的影响是一个动态的过程不相符合。本文通过采用长沙交通学院自行研制的直线式加速加载试验系统测试实际桥面铺装层的动应变无疑是一种有效的方法。

1　试验方案

1.1　铺装的材料与结构

上、下面层分别采用重庆公路科研所研制的不同性能的改性沥青混合料；石料采用厦门路桥公司提供的辉绿岩碎石；纤维采用重庆公路科研所提供的沥青丸状纤维，其中沥青含量20％，纤维含量80％。铺装层结构见图1。

1.2　测点布置及动态数据采集

应变钢板位埋设于跨中截面，具体位置根据理论计算和钢桥裸板，按图2所示的荷位对钢桥模型加载测试。

由长沙交通学院自行开发研制的直线式加速加载试验的检测对象是直线式加速加载试验

摘自《公路》2001年1月第1期。

试槽内的桥梁、道路各部位的应力、应变、位移、温度和车辙传感器送过来的电信号，通过包括前置放大器、低通滤波器、中间放大器、自动平衡及输出放大器的信号处理部分的处理，送入16位高速AD数据采集卡和I/O卡变成计算机能识别的信号，送入计算机。对道路桥梁结构各部位的压力、应变、位移、温度、位置和车辙等大量的多种参数进行综合采样测试，并适时显示、存储和分析，绘制出任一通道、任一采样次数的动态数据波形，且各参数的采样应能相互控制。其基本原理框图见图3。

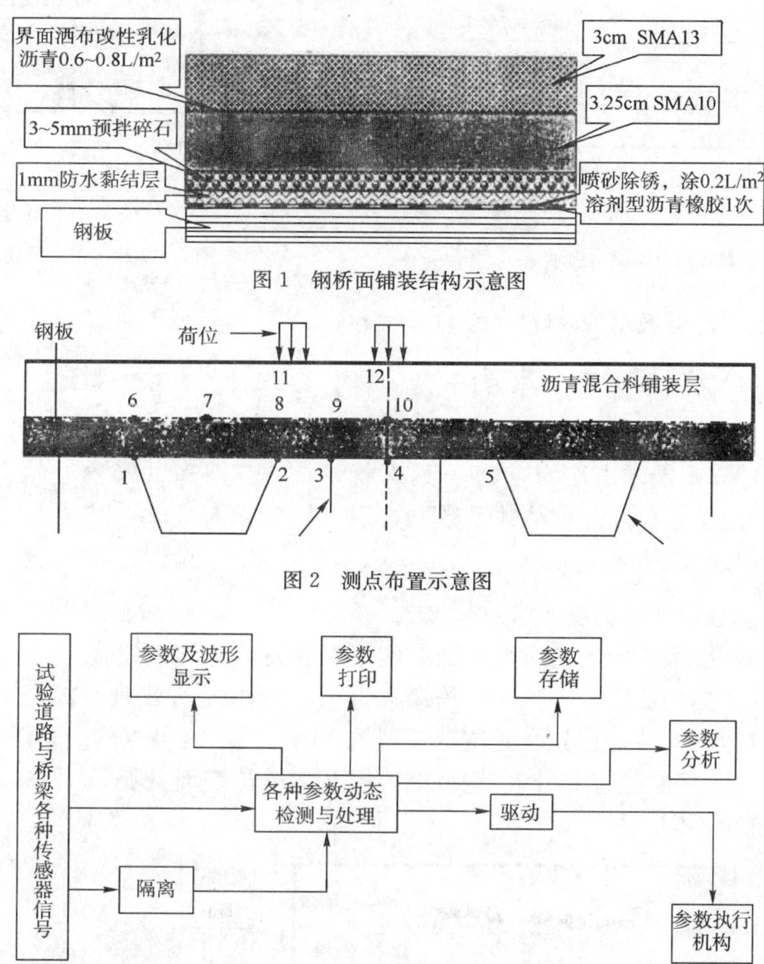

图1 钢桥面铺装结构示意图

图2 测点布置示意图

图3 直线式加速加载试验多通道数据采集仪原理图式

2 动荷载作用下钢桥桥面铺装层的应变变化

图4为动载作用下桥面结构示意图，桥面结构由几层材料组成，假定同层材料是均质且各向同性，为测出A点在加载车匀速运行中的应变，先假定如下坐标系。即假定荷载在O点，Y轴为轮迹方向，X轴正交于轮迹方向，Z轴垂直于XY平面。

随加载车从O点起动，加载车作用荷载随距离的变化如图5。作用荷载$P(O)$可以看作平均荷载P和随机扰动荷载P_y之和，即$P(O)=P+P_y$。理论和试验都表明P_y受到加载车本身、桥面平整度以及车速的影响。当荷载在O点时($Y=0$)，对A点不产生应变或应变很小。

当加载车逐渐靠近 A 点时，A 点的变形（拉应变或压应变的绝对值）逐渐增大，当加载车运行到 A 点所在的铺装层截面时，此时该截面上的各点变形达到最大。然后，随着加载车逐渐驶离，A 各点的变形减小，一直减小到 0，甚至还会朝反方向变形，但此反方向变形较前面的变形小得多。对于沥青铺装层表层，最大拉应变与最大压应变比一般在 0.1～0.24 之间。如图 6 所示。

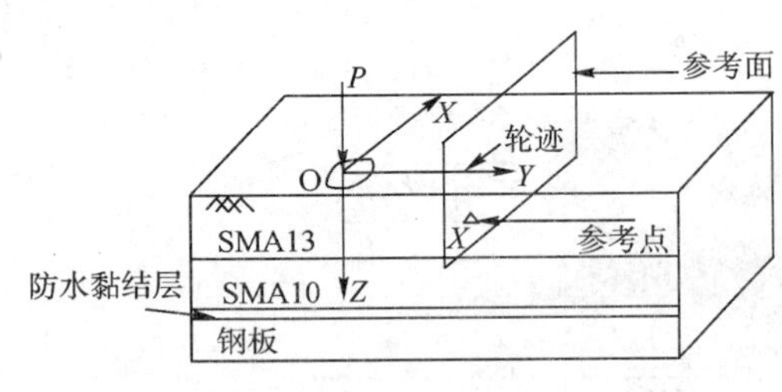

图 4　动载作用下路面结构示意

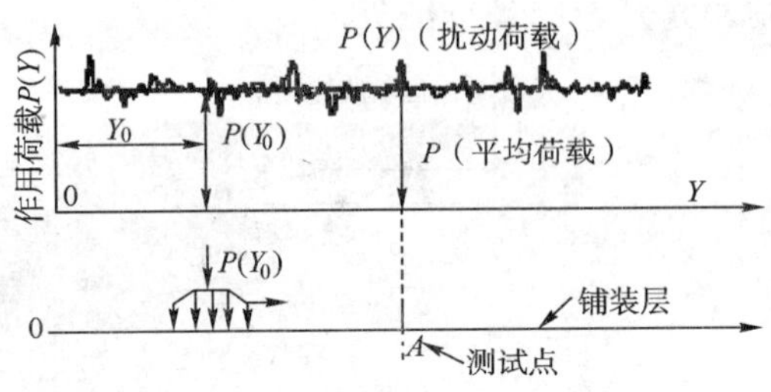

图 5　加载车作用荷载示意

桥面铺装层 $\varepsilon(t)$ 可表示为：$\varepsilon(t)=\bar{\varepsilon}(t)+\varepsilon_r(t)$

式中，$\bar{\varepsilon}(t)$ 为平均荷载产生的应变；$\varepsilon_r(t)$ 为扰动荷载产生的应变。

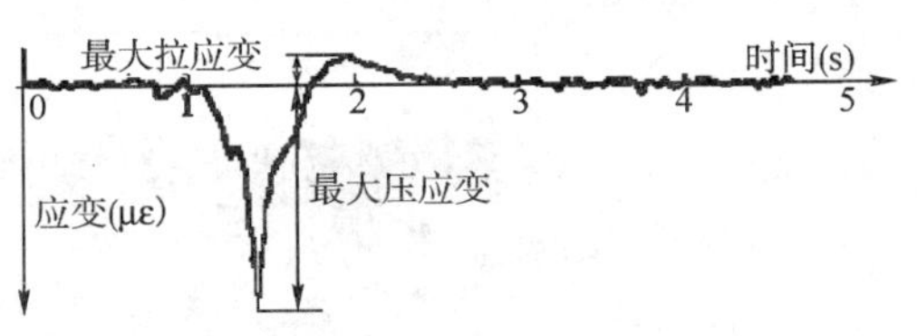

图 6　动荷载作用下 A 点应变波形示意

现行理论计算，只能求出平均应变 $\bar{\varepsilon}(t)$，对扰动荷载产生扰动应变 $\varepsilon_r(t)$，引入动载系数。直道试验动态数据采集系统所采集的应变，则是 $\varepsilon_r(t)$，既包括平均应变 $\bar{\varepsilon}(t)$，又包括扰动应变 $\varepsilon_r(t)$。采用动态数据采集系统采集的动态应变—荷载作用次数关系如图 7 所示。

可以看出 0 方向的压应变和拉应变均最大，且最大的拉应变出现在沥青铺装层表面，也即闭口肋内侧。这也是铺装层首先在此位置开裂的原因。图 7 为各点的应力随荷载作用次数增长的变化趋势图，表面层拉应变最大，钢桥铺装层开裂是从表面开始，这与一般沥青混凝土路面开裂从底部开始不同。

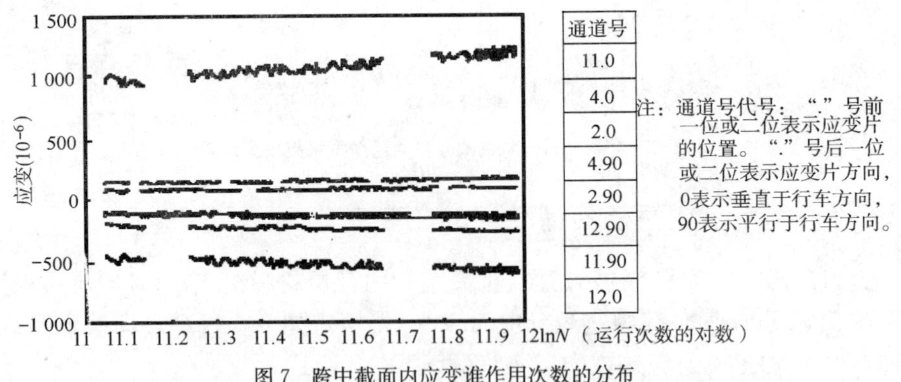

图 7　跨中截面内应变谁作用次数的分布

3　试验条件对动应变的影响

对动应变影响的试验条件是多方面的，考虑到本次试验采用直道加速加载试验系统的特点，考虑到沥青混合料材料本身具有“时温等效”的特性，主要从加载车的车速和试验温度对动应变的影响来进行分析。

3.1　车速对动应变的影响

对某一测点而言，因加载时间不同，同时由于桥面的不平整导致振动效果不一样。为此，要讨论过程中变化了几个车速，另外在实际运行中存在启动、停机、电压波动等因素，影响速度。因此严格地讲，瞬时速度是变化的。瞬时速度的获取方法是：在采集数据时，同一台计算机要采集相邻的3个方案共30个通道的数据，各通道的数据都是加载车在运行到同一桥面横断面时同时开始采的，当加载车正好经过某一通道对应的桥面应变片位置时，此时，此通道应变达到最大值，即出现峰值。因此，取相邻的两方案峰值的位置差，即可近似求出瞬时速度。图8为车速与应变的对应关系。

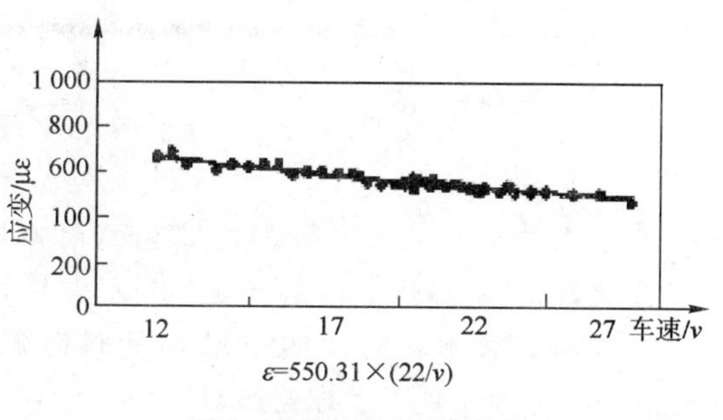

图8　车速与应变对应关系

3.2　温度对应变的影响

温度对应变的影响反映在温度的变化引起沥青混合料铺装层结构承载能力的变化、沥青混合料材料黏弹性性能的变化及应变的滞后时间的变化。而且温度变化对不同部位不同方向的影响效果也不同。图9为铺装层沥青表面11号测点(图2)各方向动应变修正系数K(各种不同温度实测动应变与25℃实测动应变的比值)与温度T的关系图。

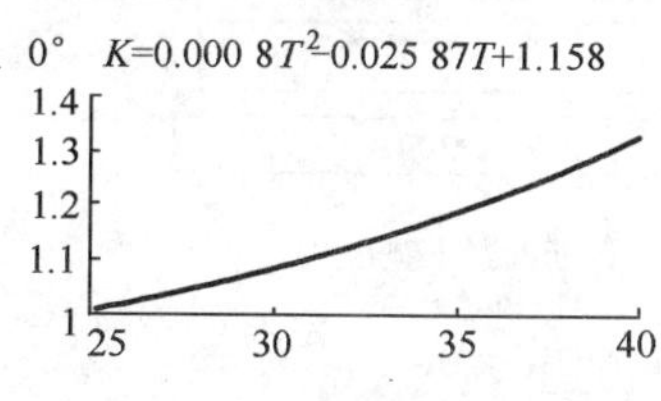

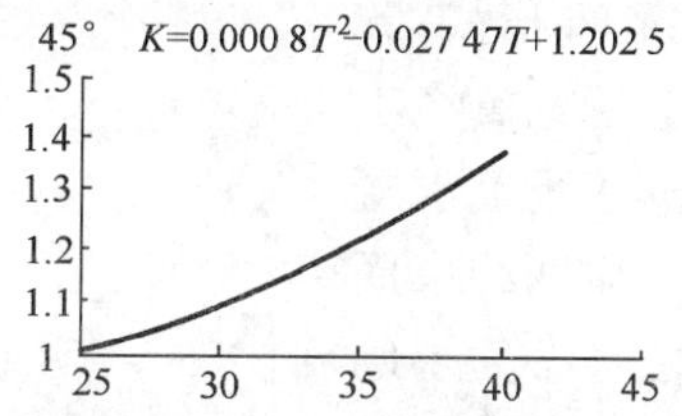

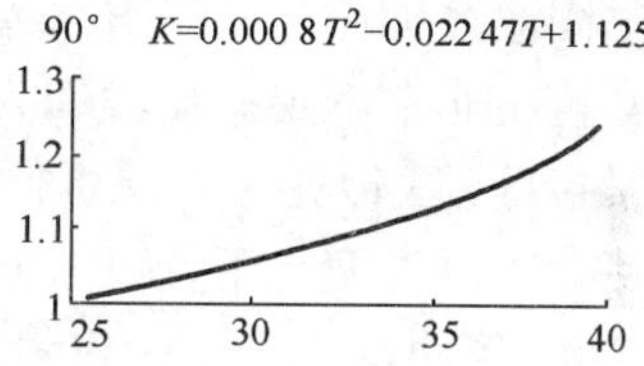

图9　动应变修正系数K与温度T的关系

4　结语

铺装层动应变的变化，是一个多方面因素综合作用的复杂过程。桥面铺装层的材料性质、压实程度、温度环境、结构类型、干湿状况、气候条件、交通组成、测试时的环境条件以及所用的仪具设备均将对应变的变化产生很大影响。为准确了解钢桥桥面沥青铺装层的动应变的变化规律，就必须消除各种因素对动应变的影响。本文主要介绍了动应变的实测波形并进行了初步分析，得到了加载车的车速和试验温度对动应变的影响关系。

连续配筋混凝土路面的端部位移

苏清贵　张起森
（长沙交通学院　长沙　410076）

摘　要： 文中考虑连续配筋混凝土路面（简称 CRCP）板内钢筋对端部位移的影响，得到了路面板温度变化时，其端部位移的解析解，并通过实体工程的长期观测结果验证了计算结果的合理性。计算与观测结果都表明，CRCP 端部位移通常不会超过 20mm，为宽翼缘工字梁接缝宽度采用 25mm 的设计方案提供了理论依据。

关键词： 连续配筋混凝土路面　宽翼缘　端部位移

1　引言

端部处理是连续配筋混凝土路面（CRCP）设计中的一项重要内容，目前 CRCP 端部结构通常有凸型锚固地梁、混凝土锚固灌注桩、宽翼缘工字梁接缝及连续胀缝法四种类型。在填石路堤路段，如果采用凸型锚固地梁或混凝土锚固灌注桩作为 CRCP 的端部处理形式，基坑开挖将非常困难。比较而言，采用宽翼缘工字梁接缝（图 1）更为方便可行。连续配筋混凝土路面在温度变化下，板中由于受地基约束而无位移，但两端将产生一定量的位移。为了确保与之相连的其他路面、涵洞或桥梁等结构物不受危害，宽翼缘工字梁接缝应有足够的宽度。因此，设计时，有必要对 CRCP 端部位移（主要是高温膨胀时）作理论上的计算。

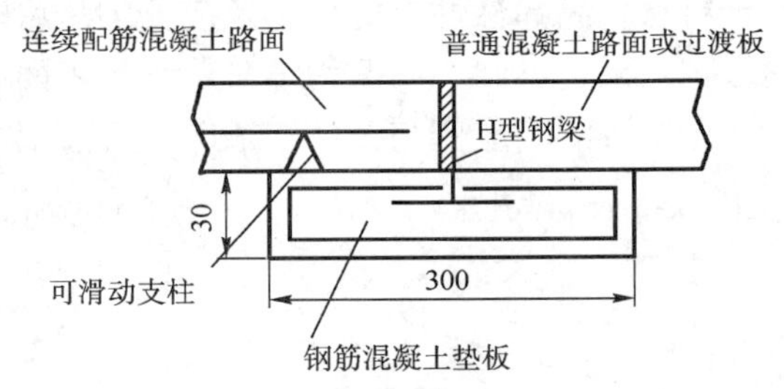

图 1　宽翼缘工字梁接缝（单位：cm）

在现有的 CRCP 端部位移计算方法中，通常将 CRCP 作普通混凝土处理，考虑混凝土的胀缩性能以及板底对面板的摩阻约束，求得相应的端部位移计算公式。在连续配筋混凝土路面中，纵向配筋率通常较高，且混凝土的温度变形系数随其所选粗集料的类型不同而有很大的变化，特别是当路面温差较大时，纵向钢筋对 CRCP 的端部位移将产生较大的影响。因此，在下面的分析中，将纵向钢筋与混凝土一并考虑。

2　端部位移计算

在计算 CRCP 端部位移时，作如下假设：

①路面板的厚度与密度均匀一致，具有线性弹性性质；

②路面板整体温度均匀，即不考虑截面温度梯度；

摘自《中外公路》2002 年 6 月第 22 卷第 3 期。

③路面板在无外力约束的情况下，由于温度的变化所引起的体积的变化是均匀的；

④板底摩擦系数均匀一致，且与支撑地基的类别有关；

⑤钢筋与混凝土黏结紧密，两者无相对滑移。

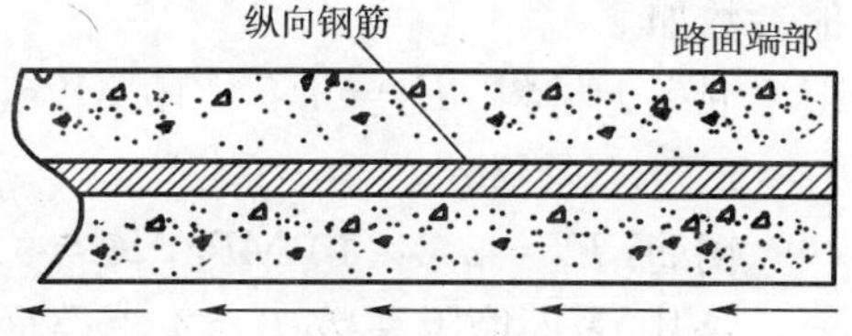

图 2　路面板受力分析图

当温度发生变化时，路面板会产生相应的胀缩，同时路面板的滑动又会受到路面基层的摩阻力的约束(图 2)。从而，造成路面板两端位移最大，而路面板中间段将不产生位移。

2.1　CRCP 路面板的整体温度变形系数 a

$$a=\frac{A_cE_ca_c+A_sE_sa_s}{A_cE_c+A_sE_s}=\frac{E_ca_c+\rho E_sa_s}{E_c+\rho E_s} \tag{1}$$

式中，A_c 为截面内混凝土的面积(m^2)；A_s 为截面内钢筋的面积(m^2)；E_c 为混凝土的弹性模量(MPa)；E_s 为钢筋的弹性模量(MPa)；a_c 为混凝土的温度变形系数(1/℃)；a_s 为钢筋的温度变形系数(1/℃)；ρ 为配筋率。

从而，路面板温度变化 ΔT 所引起的应变 ε_T 为

$$\varepsilon_T=a\Delta T=\frac{E_ca_c+\rho E_sa_s}{E_c+\rho E_s}\Delta T \tag{2}$$

2.2　基层摩阻力引起的路面板任意截面的应变 ε_f

$$\varepsilon_f=\frac{f(\gamma_c+\rho\gamma_s)}{E_c+\rho E_s}x \tag{3}$$

式中，f 为地基摩阻系数；γ_c 为混凝土的容重(N/m^3)；γ_s 为钢筋的容重(N/m^3)；x 为截面距路面板端部的距离(m)。

2.3　路面任意截面的总应变 ε

$$\varepsilon=\frac{E_ca_c+\rho E_sa_s}{E_c+\rho E_s}\Delta T-\frac{f(\gamma_c+\rho\gamma_s)}{E_c+\rho E_s}x \tag{4}$$

令公式(4)等于 0，求得

$$x=\frac{E_ca_c+\rho E_sa_s}{f(\gamma_c+\rho\gamma_c)}\Delta T \tag{5}$$

路面板端部位移为

$$u=\int_0^x\varepsilon dx \tag{6}$$

将式(4)、(5)代入式(6)得

$$u=\frac{(E_ca_c+\rho E_sa_s)^2}{2f(E_c+\rho E_s)(\gamma_c+\rho\gamma_s)}\Delta T^2 \tag{7}$$

所得式(7)即为 CRCP 端部位移的计算公式。

3　算例

3.1　参数确定

在湖南耒宜高速公路连续配筋混凝土路面试验路段实际施工中，路面配筋率为 0.6%，其

他参数如下：

混凝土材料：$E_c = 3.2 \times 10^4$MPa，$\alpha_c = 6.84 \times 10^{-6}$/℃（混凝土粗集料类型为石灰岩），$\gamma_c = 2.5 \times 10^4$N/m³。

钢筋：$E_s = 2.0 \times 10^5$MPa，$\alpha_s = 9 \times 10^{-6}$/℃，$\gamma_s = 7.8 \times 10^4$N/m³。

路基：表面摩阻系数 $f = 2.2$（路面板下材料类型为表面处治）。

3.2 计算

在日辐射和外界气温变化作用下，路面表面温度发生迅速变化，内部温度随之也发生变化。由于混凝土材料的导热性能较差，因此，在日辐射强或外界温度高的情况下，形成路面表面温度高，底部温度低的温度分布状态；反之，形成路面表面温度低，底部温度高的温度分布状态。

本文主要考虑由于升温可能带来的不利情况，为了较简便地给出路面截面的平均温度，可以近似地将当天的气温乘以系数 k（$k>1$），作为此时路面截面的平均温度，来模拟正温差的情况，可以取 $k=1.2$。将试验路两端的端部位移实测结果分别记为端部位移1和端部位移2，取两者的平均值作为CRCP平均端部位移。实测结果如表1所示。并将实测结果与理论计算值进行了比较（图3）。

端部位移实测结果 表1

观测日期	气温(℃)	截面平均温度(℃)	平均温度差(℃)	端部位移1(mm)	端部位移2(mm)	平均端部位移(mm)
2001.5.10	20	24	0	0	0	0
2001.5.19	20	24	0	0	0	0
2001.5.26	25	30	6	1.5	1.6	1.55
2001.5.22	28	33.6	9.6	1.7	2	1.85
2001.5.29	28	33.6	9.6	1.2	1	1.1
2001.6.20	36	43.2	19.2	5.9	6.3	6.1
2001.6.25	37	44.4	20.4	6.2	6.4	6.3
2001.6.26	39	46.8	22.8	6.8	6.8	6.8

由表1、图3可知，采用上述分析方法所得的理论值与实测值吻合较好。从而，可认为该分析方法是合理的。

取路面截面最大正温差为35℃，计算得相应的路面端部位移 u_{max} 为18.4mm，取安全系数1.2，得[u_{max}]=22.1mm。在设计中宽翼缘工字梁接缝通常取值为25mm。

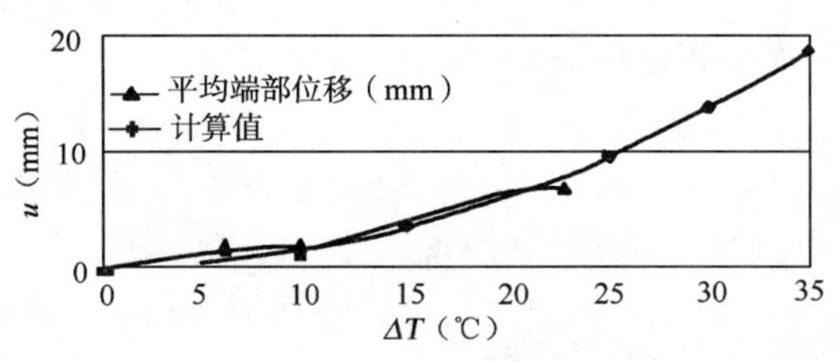

图3 试验路端部位移与温差的关系

4 结语

（1）连续配筋混凝土路面端部位移随温差值的增大而增大，且大致满足二次抛物线曲线关系。

（2）上述计算公式参数的选取，应特别注意参考工程的实际情况，尤其是混凝土粗骨料的类型、板底材料类型的变化将对计算结果产生较大的影响。

（3）在连续配筋混凝土路面工程中，当混凝土粗集料采用石灰石，板底采用表处或稀浆封层时，宽翼缘工字梁接缝宽度选用25mm是安全可靠的。

连续配筋混凝土路面早期横向开裂分析

李 卓 查旭东 张起森
(长沙交通学院 长沙 410076)

摘 要：本文结合耒宜高速公路连续配筋混凝土路面(CRCP路面)试验路的调查结果，分析了CRCP路面早期横向开裂的影响因素。结果表明，混凝土的温缩和干缩作用受到钢筋和地基的约束是造成开裂的主要原因。从而为了解CRCP路面的裂缝成因及合理控制裂缝间距、裂缝宽度和钢筋应力提供了参考依据。

关键词：连续配筋混凝土路面 干缩 温缩

连续配筋混凝土路面(简称CRCP路面)大部分的裂缝是在竣工后28～90d内混凝土收缩显著时产生的。国外有关经验也表明，CRCP路面在施工完成后2～3年裂缝趋于稳定。在行车荷载作用下，路面的荷载应力将主要增加原有裂缝的宽度。因此，CRCP路面的早期横向开裂对使用性能具有重要的影响。为此，根据对耒宜高速公路CRCP试验路的早期横向开裂的跟踪观测，对影响早期横向开裂的主要因素进行分析。

1 试验路概况

湖南耒(阳)宜(章)高速公路CRCP试验路位于K282＋167.90～K283＋441.75段右幅，全长为1 273.85m，路面结构为：28cm连续配筋混凝土面板＋18cm6%水泥稳定碎石基层＋18cm4%的水泥稳定碎石底基层。基层与面板之间设1cm的稀浆封层。试验路完工后，对其裂缝的发展已进行了六次跟踪观测。观测结果表明，混凝土浇筑后2～3d就出现了很多表面或浅层横向裂缝，其中有些甚至贯穿了整条车道。随着混凝土龄期的增长，裂缝数不断增加，尤其在前30d内，裂缝数增长迅速，随后增长速度逐渐减慢。相应地，裂缝间距随混凝土龄期的增长而不断减小。同时，裂缝宽度受气温的影响较大，基本上随气温的降低而增大。到2003年1月23日为止，经过626d的龄期，裂缝的增长速度越来越慢，裂缝数逐渐趋于稳定(图1)。

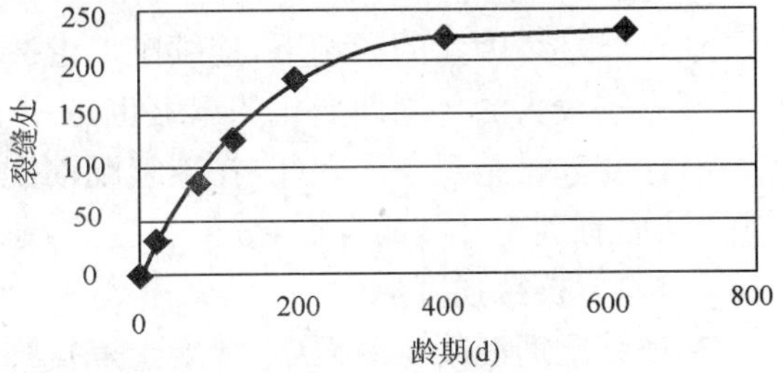

图1 裂缝数随时间的变化结果

2 早期横向开裂分析

连续配筋混凝土路面的早期横向开裂的主要原因是，在环境因素(湿度和温度)变化的影响以及钢筋和地基的约束作用下，路面板会产生很大的温度应力和干缩应力，而混凝土的抗拉强度一般比较低，当所受拉应力超过其抗拉强

摘自《中外公路》2003年4月第23卷第2期。

度时，路面就会产生裂缝。由于混凝土的抗拉强度、弹性模量、干缩系数等随时间不断变化，加上温度和湿度的不断变化，横向开裂不断发展，直至稳定。因此，早期横向开裂的影响因素主要有内因和外因两个方面，内因是混凝土的自身收缩，外因是钢筋和地基对混凝土板的约束。

2.1 混凝土收缩

2.1.1 干缩

对于混凝土材料，水在水泥石中是以化学结合水、层间水、物理吸附水以及毛细水等状态存在，当这些水在混凝土硬化过程中失去时，水泥混凝土本体就会收缩，这就是干缩。如果这是自由收缩，还不会导致裂缝的发生，但在连续配筋混凝土路面中因为受到钢筋和地基的约束，导致了拉应力的增长，当超过抗拉强度时就产生干燥收缩裂缝。水泥浆干缩的内部限制主要是混凝土中骨料对水泥浆的限制。混凝土在空气中凝固和硬化过程中，由于水泥凝胶中的水分丧失，将可能导致大约1%左右的收缩变形。然而，混凝土中的岩石骨料收缩量极小，约束了水泥浆体的收缩，故混凝土的收缩量远小于水泥浆体的收缩，大约在0.06%左右。在相对湿度大于100%的情况下，混凝土不会收缩，反而还会膨胀。收缩变形在混凝土开始干燥时发展较快，以后逐渐减慢，大部分收缩在龄期3个月内完成，但龄期超过20年后收缩变形仍未终止。因此，混凝土的干缩是影响连续配筋混凝土路面早期横向开裂的主要原因之一。

2.1.2 温缩

在连续配筋混凝土路面中，混凝土随环境温度的变化其体积将相应地发生变化。因此，由于外界温度降低所造成的温缩是连续配筋混凝土路面产生横向开裂的另一个重要原因。骨料对混凝土的温缩系数起到主要作用，特别是骨料中硅含量影响显著，而混合料的配合比对温缩系数几乎没有影响。同时，空气养生的混凝土与湿室养生的混凝土相比具有更高的温缩系数。面板浇筑混凝土后，在外界环境条件和本身的各种因素作用下，一方面面板的整体温缩变形受钢筋和地基的约束，另一方面内外温差的作用，致使面板产生较大的温缩应力。早期混凝土的抗拉强度又较低，当外部混凝土的受拉应力一旦超过混凝土当时的抗拉强度时，板块就会产生横向裂缝。总之，连续配筋混凝土面板温度裂缝是由降温引起的，任何降温差都可分解为均匀降温差和非均匀降温差，前者主要引起贯穿性裂缝，后者主要引起表面裂缝，两者同时作用则会引起上宽下窄的裂缝。

2.1.3 徐变

在自然环境因素的影响下，连续配筋混凝土路面的干缩是一个长期缓慢的发展过程，同样对开裂影响较大的年周期变化的温缩也是一个缓慢发展的过程，而混凝土材料在长期荷载作用下有徐变和松弛现象。因此，在连续配筋混凝土路面中，徐变使得长期的收缩应力产生松弛作用，从而有利于开裂的发展，减少裂缝数，避免裂缝间距过密。

2.1.4 抗拉强度

在连续配筋混凝土路面中，混凝土抗拉强度越大，路面裂缝间距与裂缝宽度也越大。在影响混凝土抗拉强度的诸多因素中，水灰比是影响最显著的一项，因为它决定了水泥水化生成过程中硬凝水泥水化生成物的孔隙率。而这些孔隙将造成水泥混凝土在工作荷载作用下内部的应力集中，在孔隙附近产生过高的张拉应力，导致微裂缝的出现。粗骨料的性质也影响着混凝土的抗拉强度。混凝土抗拉强度主要受到粗骨料与水泥浆之间的结合力的影响，不同的粗骨料混凝土抗拉强度不同，而粗骨料含量对抗拉强度的影响并不显著。混凝土的早期抗拉强度增长迅速，随着时间的推移增长速度逐渐减慢，因此，抗拉强度是影响早期开裂的又一重要因素。

2.2 外界对混凝土的约束

2.2.1 钢筋对混凝土板的约束

在连续配筋混凝土路面中，纵向钢筋的主要作用是控制温、湿度变化引起的混凝土开裂，并保证裂缝不致过分张开。钢筋与混凝土两种不同材料共同工作的基础是它们之间具有足够的黏结强度。黏结强度主要由三部分组成：胶结力、摩阻力和咬合力。螺纹钢筋由于表面轧有肋纹，能与混凝土犬牙相错紧密结合，其胶结力和摩阻力的作用比光圆钢筋大，但起主要作用的还是机械咬合力，往往占黏结力的一半以上。提高混凝土的强度，它与钢筋的化学胶结力和机械咬合力也随之增加，但对摩阻力的影响不大。钢筋的极限黏结强度与混凝土的抗拉强度基本上成正比，混凝土的水泥用量、水灰比等也对其黏结性能有一定影响。黏结力的三部分都与钢筋表面的粗糙度和锈蚀程度密切相关，在试验中很难单独量测或严格区分。在钢筋的不同受力阶段，随着钢筋的滑移，荷载(应力)的加卸等，各部分黏结作用也有变化。纵向钢筋用量越大，则裂缝间距和宽度越小；纵向钢筋布置深度越小，裂缝间距和宽度越小。同时，钢筋与混凝土之间的黏结强度越高，或采用直径较小的钢筋(配筋率相同的情况下)，相应地抵抗裂缝的能力越强，裂缝宽度和裂缝间距也就越小。

2.2.2 地基对混凝土板的约束

连续配筋混凝土路面的收缩必然受到板底与基层之间的摩阻力的抑制，面板必然产生偏心受拉，板底的拉应力最大。特别是在早期强度较低时，较短的板就会使混凝土开裂。因此，混凝土板与路基之间摩阻系数的大小影响着板内应力的大小，从而影响着板的开裂。据国内外有关研究发现，混凝土板与地基之间的摩阻力包括嵌挤摩擦力、剪力和黏结力。它的大小取决于基层的种类和两者间的相对位移。通常，面板与水泥稳定类基层之间的摩阻力比面板与粒料类基层、沥青稳定类基层、石灰稳定类基层等之间的摩阻力要高些。根据比利时的经验表明，将 CRCP 铺筑在沥青处治的基层或整平层上，其横向裂缝间距较小且开裂较为均匀；而铺筑在贫混凝土上的 CRCP，其开裂间距不均匀。但是，基层类型对横向开裂的间距影响并不很大，只是对板的纵向位移起到约束作用。基层与板块之间的摩阻系数越大，板的伸长量越小。因此，减小地基对面板的摩阻作用有利于减少 CRCP 路面的横向开裂。

3 结语

综上所述，连续配筋混凝土路面早期横向开裂主要是因为温缩和干缩引起的变形受到了钢筋和地基的约束，导致内部拉应力超过其抗拉强度，就产生裂缝。由于混凝土的干缩系数、温缩系数以及强度和刚度等又随着龄期的不同而变化。在前期，温缩、干缩发展较快，而此时混凝土的强度还未形成，裂缝增长迅速。随着时间的推移，混凝土的强度逐渐形成，干缩发展稳定，环境因素中只存在温缩的影响，因此，一般横向开裂经过 2～3 年的发展基本趋于稳定。

原材料引起的水泥混凝土路面耐久性问题分析

姚佳良　张起森
（长沙理工大学　长沙　410076）

摘　要： 本文在调查国内外水泥混凝土路面耐久性现状的基础上，详细阐述了路面水泥混凝土中的原材料：水泥、集料、外加剂、水和粉煤灰对水泥混凝土耐久性的影响，并提出了相应的控制措施。
关键词： 水泥混凝土路面　耐久性　水泥　集料　外加剂　粉煤灰

路面水泥混凝土由于其薄板特征、动载作用以及使用中经历比其他土建结构更复杂、严酷的自然环境，由此造成耐久性不足而非力学强度不够遭破坏的水泥路面实例越来越多。目前，美国高速公路网中，水泥混凝土路面占49%左右。经过多年使用，州际公路和干线公路水泥混凝土路面都已进入修复期。调查表明，除正常疲劳损坏外，造成混凝土路面耐久性不足的主要原因与使用的材料有关。与发达国家相比，我国开始进行大规模公路工程建设的时期还非常短，但已暴露出的工程耐久性问题非常突出。

如笔者在参与编写交通部“公路工程混凝土结构防腐蚀指南”调查研究中发现，黑龙江省有一高等级公路，仅经过一个冬季就因盐冻而遭受大面积损坏。调查中还发现一些水泥混凝土路面及混凝土路缘石使用几年即出现严重开裂、蜂窝、坑洞等病害。诚然，水泥混凝土路面病害过早发生、耐久性不足与现今车辆超载严重密不可分，但将上述病害单纯归因于车辆超载则是片面的，这不能从根本上解决混凝土路面发生过早损坏的问题。为了保证路面使用寿命、本文拟从路面的耐久性出发，从混凝土原材料方面分析这个问题。希望以此引起施工设计管理人员的重视，正确选择和使用原材料，确保路面寿命。

混凝土的主要组成材料有：水泥、集料、掺合料、外加剂和水，其中任一种材料的有害性质都会使混凝土损坏，同时材料也可与环境中的化学的或物理的因素结合使混凝土损坏，从而导致路面混凝土结构使用寿命的降低，引起耐久性问题。

1　水泥

1.1　水泥成分

硅酸盐水泥熟料主要有4种成分，即硅酸三钙（C_3S）、硅酸二钙（C_2S）、铝酸三钙（C_3A）和铁铝酸四钙（C_4AF），不同的水泥或同品种同强度的水泥这些成分也不一定相同，因而水泥的性质也会产生差别，同时导致混凝土耐久性的不同。Fagerlund研究表明，水泥C_3A含量高可增大混凝土盐剥落量和试件间的离散度。Fagerlund把高C_3A的有害影响归于它们对引气机理的影响，如会增大气泡间距等。此外，有SO存在时，C_3A会转化成膨胀性的水泥硫铝酸钙。

摘自《公路》2006年1月第1期。

同时 C_3A 的水化热最高，其水化热数倍于其他矿物成分，且其收缩率是 C_2S 收缩率的 3 倍，是 C_4AF 的 5 倍。因此，C_3A 含量较大的水泥由于其早期的温度收缩、自收缩和干燥收缩而引发的开裂机率增大，从而导致对混凝土结构耐久性的不利影响。且由于 C_3S 吸附能力强，会降低加入的外加剂的效果，从而导致需水量增加，也会降低混凝土耐久性。C_3S 的水化热虽然比 C_3A 小很多，但其初期放热量却远远高于 C_2S，并且因其含量大，对早期开裂影响也大。

1.2 水泥含碱量

水泥混凝土路面施工规范中规定：在特重、重交通路面，水泥中碱的含量应满足 $Na_2O+0.658K_2O \leqslant 0.6\%$；无碱活性集料时 $\leqslant 1.0\%$。对水泥含碱量的控制，众所周知主要是为了抑制碱集料反应，但工程实践表明，不管是否有活性集料存在，碱的影响首先表现在增加混凝土的开裂倾向。美国悬务局的 R·Burrows 对此做过大量的工程调查和试验研究，并发现在有的露天混凝土开裂板中，尽管有活性集料且水泥具有高含碱量，但开裂处却没有碱集料反应产物，混凝土也并没有膨胀，说明这种开裂首先是由于高含碱量引起混凝土收缩所致而不是碱集料反应。Fagerlund 的研究也表明高含碱量水泥也会增大盐冻时的剥落量。

1.3 水泥的细度

比较新水泥标准与原标准，水泥细度从比表面积平均 $300m^2/kg$ 增加到平均 $300m^2/kg$。这一改变使得水泥早期强度提高，但随之也提高了水化热，增大了早期收缩，从而易产生早期裂纹，加快了混凝土的劣化。清华大学廉慧珍等的研究表明，随水泥比表面积的增加，与相同高效减水剂的相容性变差，饱和点提高。为减小流动度损失需要增加更多掺量的高效减水剂，不仅增加施工费用，而且可导致混凝土中水泥用量的增加，影响混凝土的耐久性。

1.4 水泥的生产

对特重和重交通水泥混凝土路面施工规范中明确规定应采用旋窑水泥，二、三级公路宜采用旋窑水泥。主要理由是立窑水泥的游离氧化钙和氧化镁含量较高，水泥稳定性较差。立窑水泥在烧成过程中，窑中间和边缘、上部与下部的烧成温度不同，温度不均，导致水泥成分差别，性能不稳定。研究表明，即使安定性合格的水泥，水泥中的游离氧化钙和氧化镁含量对路面混凝土的耐动载交通条件下的疲劳循环周次有 3～5 倍的影响，构成影响混凝土路面使用寿命能否达到 30 年的关键因素。

2 集料

集料一般占混凝土体积的 3/4，集料的质量将显著影响混凝土的强度、变形和耐久性。在实际工程中，对承受繁重交通的高等级水泥混凝土路面，当集料级配不好、强度过低、风化程度大和含不良成分时，水泥混凝土路面将提早破坏。

2.1 集料的级配和粒径

集料中各级粒径颗粒的分配情况称为集料的级配。一般来说，较好的集料级配应当是：第一，集料的空隙率要小，以节约水泥用量；第二，形成较好嵌挤状态，产生较大的内摩阻力；第三，满足良好的工作性要求，如总表面积较小可减少需水量。因此，良好级配集料可用较少的加水量制得流动性好、离析泌水少的混合料，并能在相应的成型条件下，得到均匀密实的混凝土，同时可节约水泥。一方面降低成本，另一方面可减少混凝土中不稳定的组分含量。实践证明，粗集料级配不好，对于控制混凝土变形、提高混凝土路面抗裂性、防止断板是相当不利的。

集料的最大粒径将影响混凝土成型性能，集料颗粒越大，单位质量集料需润湿的表面积越小，从而可降低拌和物的用水量。当达到某一和易性时可以降低水灰比，其强度可以随之提高。但粒径过大，不利于提高混凝土抗弯强度，会增大混凝土离析和塌边现象，会加剧摊铺机的磨损；更重要的是，粒径增大，混凝土中水泥石与集料形成的界面层越厚，会降低混凝土的抗冻性、耐磨性和耐疲劳性。

2.2 集料中有害矿物

2.2.1 膨胀性矿物

膨胀性矿物指自身吸水后体积膨胀的矿物。这种矿物用于水泥混凝土中，可能与水泥产生反应，也可能不反应。但不论反应与否，由于自身吸水膨胀特点，这种集料用于混凝土中均会产生膨胀性破坏。这种破坏所涉及的范围可以从局部剥落和所谓的突然爆裂直到大量的表面开裂和相当深度的碎裂。近年来在水泥混凝土路面中出现的局部坑洞、桥梁隧道工程中产生的局部混凝土崩落事故很多就属于这种情况，而且出现不少，其危害也很严重。

2.2.2 硫化物、硫酸盐

硫化物或硫酸盐能与水泥或石灰膏中钙离子作用，生成硫酸钙和硫铝酸钙，体积发生膨胀。这种反应发生在浆体硬化后，当膨胀应力超过混凝土强度后，混凝土即产生裂缝，同时还会引起钢筋锈蚀和加剧碱集料反应。水泥路面施工规范规定Ⅰ级粗集料和细集料 SO_3 含量不大于1%。

2.2.3 黏土矿物

黏土矿物泛指一大类层状的含水的铝硅酸盐的总称，包括蒙脱石、伊利石、高岭石、绿泥石等。许多集料中不同程度地含有黏土矿物。通常在干燥状态下的黏土是黏结的硬块，但吸水率很高，吸水后体积增大较多，失水后又收缩变硬，这种变化比温度引起的胀缩要大得多。粗骨料中混入黏土矿物时，将会引起严重质量问题，如增加混凝土需水量，使混凝土收缩增大、强度降低、可能发生膨胀性破坏、路面抗磨、抗冻性降低，从而影响路面的使用寿命。基于此，水泥路面施工规范中明确规定含泥量不得超过规定。集料开采时应避免水等混入，应选择晴天破碎，利于泥土、石粉与集料的分离。

2.2.4 活性集料

所谓活性集料即在碱性环境中能与水泥中碱发生反应的集料，这种反应一般在水泥混凝土硬化后进行，反应生成物具有膨胀破坏特点。其机理和分析可参见有关专题，本文不再详述。目前确定含有活性氧化硅的集料有蛋白石、黑硅石、安山岩、流纹岩和凝灰岩等，一些国家如加拿大、英国、美国、日本等绘出了全国活性集料分布图，基本建立了结构破坏事例分布图，这些可为我国土木界借鉴。当怀疑粗集料有碱活性集料时，应进行碱集料反应检验，确认无碱集料反应后，方可使用。这是防止因混凝土路面碱集料反应而膨胀酥化破坏所采取的必要措施。

2.3 集料的渗透性

集料由多孔岩石破碎形成，此类混凝土在冻融循环下表现的性能主要与集料尺寸、数量以及孔的连续状况（孔的分布和渗透性）有关。高强度低渗透性集料，受冻时不会产生开裂。中渗透性集料中，含有一定量的≤500nm 的孔，易于饱和及保水。冻融产生的压力值及其发展，主要取决于温度降低速率和压力水卸压的距离。对给定的孔分布、渗透性、含水率和降温速度,大尺寸集料易被冻坏,而小尺寸集料则难于冻坏甚至不会冻坏。高渗透性集料中存在大量的孔,易导致耐久性问题,因为集料表面与水泥浆体的过渡区(界面)会由于集料中的水在压力作用下排出而被损伤。此时集料仍可能保持完好。集料的渗透性具有双重影响:它不仅决定了给定时间内集料的饱和程度或吸水率;还决定了冻融压力下水从集料中排出的速率。水泥混凝土路面使用砂岩或石灰石集料时会在冻融影响下产生上述可能的冻融破坏,通常表现为D字形状的裂纹。

3 水

凡是一般能饮用的水及洁净的天然水,都可以作为拌制混凝土的用水。但不得使用含油类、酸、糖、有机杂质的水、工业废水及海水,否则将影响混凝土正常硬化,降低混凝土强度及影响耐久性。水对耐久性的影响主要为水中所含硫酸盐或氯盐等与水泥水化产物发生膨胀性破坏反应,或破坏混凝土中钢筋的钝化膜。水中不良成分也可能来源于养护覆盖物,养护过程中初期混凝土不密实时,这些不良成分极易随养护水进入混凝土中。

4 外加剂

外加剂作为混凝土的第5种组分,其掺量不到水泥质量的5%,对混凝土的改性作用则十分明显。目前水泥混凝土路面中使用的外加剂主要有早强剂、引气剂、减水剂、缓凝剂。外加剂使用所引起的工程质量问题甚至质量事故常有发生,以下各项均会引起质量缺陷及耐久性问题。

4.1 外加剂品种

水泥混凝土路面由于所处地理条件、施工方式、材料组成和环境因素不同,需采用不同外加剂品种。甚至同一种工程性质,由于水泥的不同,也需采用不同外加剂,即我们通常所说的外加剂与水泥的适应性。外加剂应用不当与对外加剂性质不了解、工程性质不明或发货贮存时品种混淆有关,或使用中缺乏必要的试验验证。

如硬石膏调凝水泥(硬石膏也可能由于二水石膏在水泥磨内因温度过高脱水形成)使用木钙减水剂,硬石膏($CaSO_4$)在木钙粉微酸性溶液中会迅速沉淀,以致水泥矿物铝酸三钙迅速水化,导致水泥迅速凝结,从而引起施工期间混凝土断板。目前已经明确的普通减水剂,如木钙、木镁、木钠、糖蜜、糖钙等对水泥所使用的石膏调凝剂中的硬石膏、萤石膏、镁石膏、工业石膏渣、半水石膏(水泥磨机温度较高时,会使二水石膏脱水为半水石膏)基本上均存在化学上的不适应问题,使用后不是减少单位用水量,而是增加了用水量,甚至出现如本文前述的断板现象。另外,水泥混凝土路面板为薄板结构,薄板结构中不宜使用早强剂。因为加入早强剂使混凝土早期具有高弹模,因此在温度变化一定或干缩量相同时,产生较高的应力(可近似地看成了弹模与应变的乘积),当拉应力超过混凝土抗拉强度时,路面出现开裂,开裂的混凝土必然会降低其耐久性。

4.2 外加剂有害成分

外加剂中某些成分在混凝土中会引起水泥混凝土路面质量缺陷或耐久性问题,这些成分即为外加剂有害成分,这时必须严格控制其掺入量或禁止使用。如氯离子型外加剂会引起钢筋混凝土路面中钢筋腐蚀、硫酸盐型外加剂会加大碱集料反应的产生和可能与水泥水化产物(水化铝酸钙)继续反应,导致混凝土强度和耐久性降低。

4.3 外加剂加入方法及贮存

试验证明掺加方法不同,作用效果明显不同。不良掺加方法可能还会导致混凝土质量的不均匀及其质量问题。如外加剂中含有不溶物及溶解度较小的盐类时,必须以粉剂掺加,不得以溶液掺加,否则难于拌和均匀,从而引起混凝土中局部外加剂含量过高,致使局部变形过大或局部缓凝等质量问题。外加剂的贮存应防止受潮结块,结块后加入混凝土中将影响均匀性,影响混凝土的变形性能、耐久性能。如干粉状外加剂(如 Na_2SO_4)颗粒受潮结块后直接加入混凝土中,由于结块颗粒遇水后体积膨胀,将使混凝土表面局部爆裂或鼓包开花,引起路面坑洞,因此,贮存时应保护干燥状态。如已结块,应烘干、碾碎,在孔径 0.6mm 的筛上过筛后使用;如已失效则禁止使用。储存时,应注意按不同品种分别堆放,以免混淆而引起质量问题。

5 粉煤灰

质量合格的粉煤灰加入路面混凝土中,适量时会改善路面性能,提高耐久性;但加入过量则会增大变形,抗裂性降低,早期强度偏低,断板几率增加,且因为混凝土路面面积大,养生条件相对试验室较差,尽管内部强度较高,但表面易失水干燥,造成耐磨性不足,降低路面耐久性。

此外,使用湿粉煤灰时会导致新拌混凝土中粉煤灰结团结块,造成局部混凝土强度低,并使路面出现许多坑洞,影响水泥混凝土路面耐久性,因此工程中不得直接加入湿粉煤灰。

6 结语

综合文中分析,原材料是实现水泥混凝土路面耐久的基础,实际工程中原材料应满足现行规范要求。另外,从耐久性方面考虑,还应满足下列要求。

(1)水泥

配制耐久混凝土一般应选用品质稳定的硅酸盐水泥、普通硅酸盐水泥或矿渣硅酸盐水泥,水泥等级不宜低于 32.5(R)强度等级。对于严重腐蚀环境作用下的混凝土,宜采用纯硅酸盐水泥或低热微膨胀水泥,否则应详细了解或检测水泥生产中加入的矿物掺和料的品种、掺量。在严重腐蚀环境作用下,水泥中的 C_3A 含量不宜超过 8%,水泥细度(比表面积)不宜超过 $350m^2/kg$,游离氧化钙不宜超过 1.5%。尽可能采用 C_2S 含量较高的水泥,如低热水泥。水泥的含碱量(等效 Na_2O)一般不宜超过水泥重的 0.6%,以改善混凝土的抗裂性。

(2)粉煤灰

配制耐久混凝土所用的粉煤灰,应品质稳定、来料均匀、来源固定且掺量适宜。

(3)集料

高速公路、一级公路及有抗冰(盐)冻性要求的三、四级公路混凝土路面所选集料应不低于Ⅱ级。

(4)外加剂

鉴于目前外加剂生产稳定性差,应选有严格质量控制措施的生产厂家的合格产品,同时应控制外加剂的类型、副作用、掺量和存贮时间。

行车荷载作用下沥青路面黏弹性应力响应规律分析

关宏信 郑健龙 张起森

（长沙理工大学 长沙 410076）

摘 要：该文以广义Maxwell模型模拟沥青混合料的黏弹性性质，定性分析了周期荷载作用下沥青路面的黏弹性应力响应规律，表明可以将其近似处理成与荷载同频率的半正弦波形。利用ANSYS分析了特定沥青路面结构在周期行车荷载作用下沥青面层的黏弹性应力响应，计算结果与定性分析结果一致，而且加载历史和加载间歇时间对计算时刻应力的影响比较小，可以用单周期的应力响应代替考虑多周期加载历史下的应力响应，而误差在工程结构分析可以接受的范围内，从而使计算时间大为缩短。

关键词：沥青路面 黏弹性 周期 应力 计算时间

车轮在路面上滚动，对于路面上某一点而言，是一个不断加载与卸载的过程。以轮胎中心点为界，如果汽车从左向右行驶，在中心点左边，车轮逐渐滚向计算点，是加载过程；在中心点右边，车轮逐渐离开计算点，是卸载过程。那么车轮对路面的重复作用就是一个不断加载卸载的周期变化过程，而且可以将这个周期过程看成是半正弦波变化的过程。

虽然车轮对路面施加的荷载是呈半正弦波形式的，但在路面结构内特别是沥青面层内产生的应力变化形式却与材料性质有关。如果将沥青面层材料视为线弹性材料，那么在沥青面层内产生的应力也将与荷载同样呈半正弦波形式变化。但沥青混合料具有黏弹性性质，其应力响应与温度和加载历史以及加载时间等密切相关。在半正弦波形式变化的荷载作用下，就不能简单地认为所产生的应力也呈半正弦波周期形式变化，需要进行具体分析。

关于沥青路面黏弹性应力响应的理论分析，有文献专门对此做了研究，利用工程数学的方法进行积分变换，提出了黏弹性问题的郭大智积分变换解法，分析了轴对称和非轴对称层状黏弹性体系的力学响应，提出了相应的应力响应理论解。但由于变换的复杂性，所得出的应力响应公式属于一种递推解，要得出具体的应力响应值还需要借助数值方法，即使是用来做定性分析也比较困难。

为弄清楚沥青路面的黏弹性应力响应规律，笔者将首先从材料的黏弹性性质出发，采用一定的近似处理方法做定性的分析探讨，然后通过数值计算加以验证。

1 初始周期应力响应分析

众所周知，在正弦周期应力作用下，黏弹性材料的应变也呈周期变化，而且应变响应滞后

摘自《中外公路》2006年2月第26卷第1期

于应力曲线。沥青路面受到的是半正弦波周期压力的作用,沥青面层内的应变也将呈现周期变化的形式,而且每周期末的应变不能回到该周期起始点应变,两者之间的差值文中暂且称之为“滞回应变”,同时下一周期的半正弦波加载又会加剧这种“滞回应变”,这种效应就相当于大家所熟知的残余应变累积。

现做一般的考虑,应变变化曲线可以是任意形状的抛物线,为便于分析,将周期加载内应变的变化分成加载和卸载两个阶段。加载过程离散成 N 段,每段的荷载增量 ΔF_i,瞬时响应为 $\Delta\varepsilon_i$ 和 $\Delta\sigma_i$,那么可以看成是瞬时弹性状态,模量 $Y(0)$,$\Delta\sigma_i = Y(0)\Delta\varepsilon_i$。

由于材料黏弹性,第 i 段加载除产生瞬时应力外,还必须考虑加载历史对计算时刻应力的影响。按照 Botzman 叠加原理

$$\sigma(t) = \int_0^t Y(t-\tau)d\varepsilon(\tau) \tag{1}$$

也就是说,$\Delta\varepsilon_j(1\leqslant j\leqslant i-1)$都会对 i 段的应力产生影响。

可以将积分型应力公式离散成

$$\sigma_i = \Delta\sigma_i + \sum_{j=1}^{i-1} Y(t-tt_j)\Delta\varepsilon_j \tag{2}$$

如果采用广义 Maxwell 模型模拟沥青混合料的黏弹性性质,其松弛函数 $Y(t) = \sum \frac{E_k}{e^{t/\tau_k}}$,其中松弛时间 $\tau_k = \frac{\eta_k}{E_k}$。那么

$$\sigma_i = \Delta\sigma_i + \sum_{j=1}^{i-1}(\Delta\varepsilon_j \sum E_k e^{-\frac{t-tt_j}{\tau_k}}) \tag{3}$$

单周期内$(t-tt_j)$在 $0\sim T$ 之间变化,T 为周期。

分析此式,只要$(t-tt_j)$与松弛时间相比很小[实际上$(t-tt_j)/\tau_i$ 只要小于 0.001,$e^{-\frac{t-tt_j}{\tau_k}}$ 就达到了 0.999],那么有 $\sigma_i \approx \Delta\sigma_i + \sum_{j=1}^{i-1}(\Delta\varepsilon_j \sum E_k)$,此等式右边的后部分实际上就是前面各加载历史的瞬时弹性反应之和,t_i 时刻的应力也就约等于 F_i 作用下的瞬时响应。这也意味着不考虑之前加载周期的影响时,如果$(t-tt_j)$与松弛时间相比很小,则单周期加载产生的周期应力响应与荷载周期变化形式相同。

2 任意周期应力响应分析

路面行车不可能形成完全连续的半正弦周期加载方式,在前一辆车离开计算点后,后续车辆肯定会等待一定时间以后才会行驶到计算点。这里可以引入行车视距的概念,即周期加载的间歇时间可以按照汽车以一定速度行驶最小安全距离所需要的时间来考虑。对应计算见表 1。

车轮作用于路面的时间参数 表 1

行驶速度(km/h)	停车视距(m)	间歇时间(s)	接地时间(s)
40	40	3.9	0.018
60	75	4.5	0.012
80	110	4.95	0.009
100	160	5.76	0.007 2
120	210	6.3	0.006

按照黏弹性材料 Botzman 叠加原理，在第 k 周期任意时刻 $t\in[(k-1)T,kT]$，有 $\sigma(t)=\int_0^t Y(t-\tau)d\varepsilon(\tau)$，写成 $\sigma(t)=\sigma_1(t)+\sigma_2(t)$，其中 $\sigma_1(t)=\int_0^{(k-1)T} Y(t-\tau)d\varepsilon(\tau)$，$\sigma_2(t)=\int_{(k-1)T}^t Y(t-\tau)d\varepsilon(\tau)$，$(k-1)T$ 以后应变的影响即 $\sigma_2(t)$ 将按照初始周期应力响应分析的方法考虑。

如果实际行车速度为 60km/h，取加载周期为 0.012s，间歇时间则取为 4.5s。后面关于松弛时间界限的确定就是针对这个行车条件提出来的。

如果采用广义 Maxwell 模型模拟沥青混合料的黏弹性性质，$\sigma_1(t)$ 可以写成

$$\sigma_1(t)=\sum_{i=0}^{(k-1)T} Y(t-t_i)\Delta\varepsilon(t_i) \tag{4}$$

这里存在一个时刻 τ_0，使得 $\Delta\varepsilon(\tau_0)\sum E_i e^{-\frac{t-\tau_0}{\tau_i}}$ 可以忽略不计，即 $(t-\tau_0)$ 与松弛时间 τ_i 相比很大。实际上 $(t-\tau_0)/\tau_i$ 达到 7 时，$e^{\frac{t-\tau_0}{\tau_i}}$ 就达到了 1 097；$(t-\tau_0)/\tau_i$ 达到 10 时，$e^{\frac{t-\tau_0}{\tau_i}}$ 就达到了 22 026。以 0.1% 为界，考虑一个加载间歇，当松弛时间小于 0.643s 就可以不考虑了。

可以将 $\sigma_1(t)$ 写成

$$\sigma_1(t)=\sum_{m=1}^{k-1}\sigma_{1m}(t)=\sum_{m=1}^{k-1}\int_{(m-1)T}^{mT} Y(t-\tau)d\varepsilon(\tau) \tag{5}$$

那么对于 k 周期以前的任一加载周期 m 而言，在对应的应变曲线上，加载曲线上除 $\varepsilon_{(m-1)T}\sim\varepsilon_{Lm}$（滞回应变）这段外（加载曲线上值 ε_{Lm} 对应时刻 t_{Lm}），卸载曲线上都有对应段，即如果加载曲线上有 $\Delta\varepsilon_j$（对应时刻 t_{jj}），则卸载曲线上必然有 $-\Delta\varepsilon_j$（对应时刻 t_{xj}）。所以有 k 周期以前的任一周期 m 的加载对计算时刻应力的贡献为

$$\sigma_{1m}(t)=\sum[Y(t-t_{jj})-Y(t-t_{xj})]\Delta\varepsilon_j+\int_{(m-1)T}^{t_{Lm}} Y(t-\tau)d\varepsilon(\tau) \tag{6}$$

而 $Y(t-t_{jj})-Y(t-t_{xj})=\sum\frac{E_i}{e^{t/\tau_i}}(e^{t_{jj}/\tau_i}-e^{t_{xj}/\tau_i})=\sum E_i e^{(t_{jj}-t)/\tau_i}(1-e^{\Delta t_j/\tau_i})$，其中 $\Delta t_j=t_{xj}-t_{jj}$。显然，Δt_j 在 $0\sim T$ 间变化。

如果 Δt_j 与松弛时间相比很小，$e^{\Delta t_j/\tau_i}$ 将趋于 1，如两者比值达到 0.001，$e^{\Delta t_j/\tau_i}=1.001$，而考虑间歇时间后 $e^{(t_{jj}-t)/\tau_i}$ 最大也只能趋近 1，那么 $Y(t-t_{jj})-Y(t-t_{xj})$ 将趋于 0。以 0.1% 为界，按加载周期为 0.012s 考虑，当松弛时间超过 12s 就可以忽略了。

同时，周期滞回应变在加载曲线上对应的时间 t_{Lm} 非常短暂，对应的荷载增幅也将非常小，在 $(t-t_{Lm})$ 时间后能够引起的应力也将非常有限，与周期最大应力相比基本可以忽略，即 $\int_{(m-1)T}^{t_{Lm}} Y(t-\tau)d\varepsilon(\tau)$ 将由于应变量小同样可以忽略。

综合起来考虑，在加载周期为 0.012s，间歇时间 4.5s 时，如果松弛时间位于[0.643,12]s 之外，那么不考虑周期加载历史的影响所产生的误差将小于 0.1%。

对于其他行车速度、加载间歇的情况，按照上述方法进行分析，也可以得到各自的松弛时间影响范围。

3 计算验证

3.1 路面结构参数

计算路面结构模型为：自上而下依次为16cm沥青混凝土面层，30cm水泥稳定碎石基层，30cm水泥稳定石屑底基层。

利用ANSYS做三维分析时，宽度取为8m(约两个车道宽)，沿道路纵向取10m，土基厚取6m。轴载作用在主车道中间，土基底面为简单支承，宽度方向为自由边，沿道路纵向三个方向都受到约束。

3.2 材料计算参数

计算时将沥青面层视为黏弹性材料，其余结构层材料为线弹性材料。其中基层弹性模量1 500MPa，泊松比为0.25；底基层弹性模量1 000MPa，泊松比为0.25；路基弹性模量30MPa，泊松比为0.35；假定相邻结构层之间完全连续。

沥青混合料的黏弹性参数由松弛试验确定，如表2所示。

广义Maxwell模型松弛时间 表2

项目	不同温度(℃)下的松弛时间(s)			
	50	30	10	0
τ_1	0.251	83.847	63 387.55	2 510 398
τ_2	4.82×10^{-6}	1.61×10^{-3}	1.216	48.167
τ_3	0.000 667	0.223	168.46	6 671.71
τ_4	0.022 67	7.571 75	5 724.152	226 699.1
τ_5	0.000 221	0.073 706	55.720 69	2 206.76
τ_6	428	142 952	1.081×0^{9}	4.28×0^{9}
τ_7	0.00 277	0.925 087	699.354 8	27 697.22
τ_8	0.027 371	9.141 82	6 911.107	273 707.2
τ_9	0.027 787	9.280 691	7 016.091	277 865
τ_{10}	0.027 787	9.280 691	7 016.091	277 865

3.3 计算结果分析

车轮荷载按照$F(t)=\frac{F_0}{2}(1-\cos2\pi ft)$的方式施加，并且是将一根轴两侧的四个轮载同时施加到沥青面层表面(标准轴载)，以尽可能真实地模拟行车荷载对道路的作用。

计算表明，周期荷载作用下沥青路面的最大等效应力均出现在路表，而且位于两轮轮隙。结果如图1～图4所示，图中纵坐标均为加载周期内路面最大等效应力。

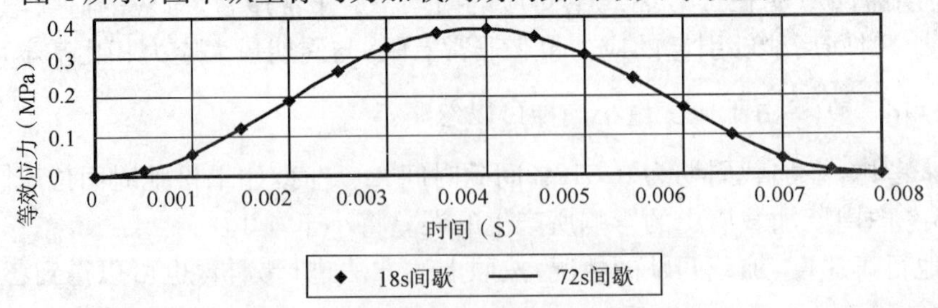

图1 $T30v90$单轴多周期加载间歇的影响

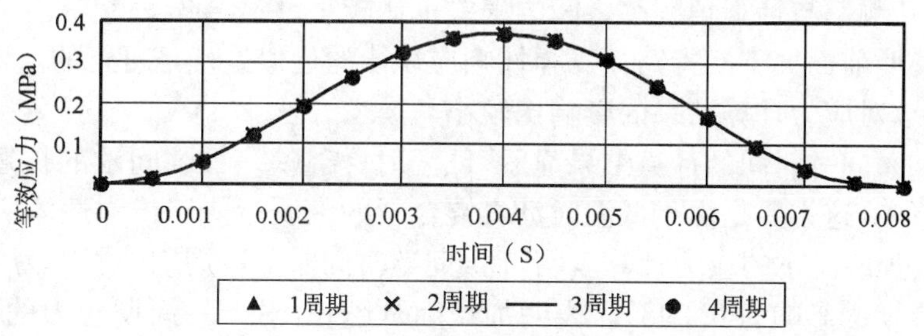

图 2 T30v90 单轴多周期加载历史的影响

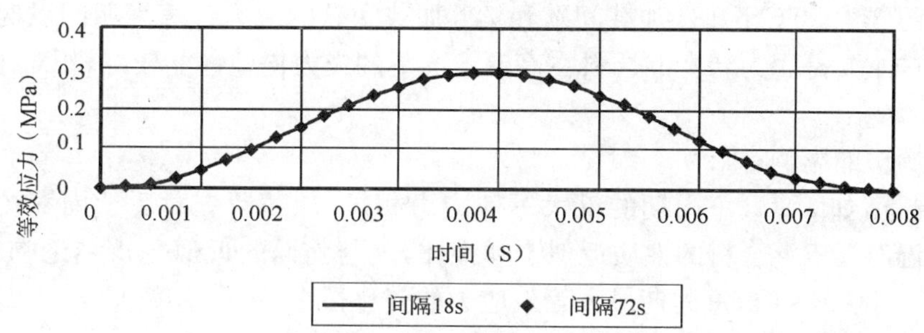

图 3 T50v90 单轴多周期加载间歇的影响

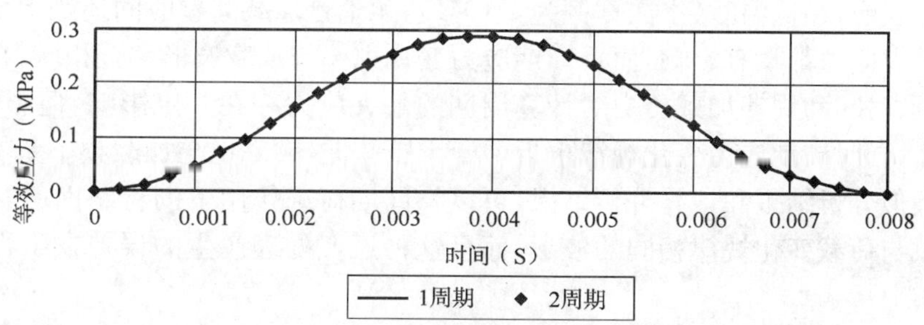

图 4 T50v90 单轴多周期加载历史的影响

图 1 和图 3 为考虑了加载间歇(前后车辆间距)影响的标准轴载多次重复作用下等效应力的变化状况。图 2 和图 4 反映的是温度 30℃速度 90km/h 和温度 50℃速度 90km/h 情况下标准单轴产生的等效应力受加载历史影响的变化情况。由图可见：

(1)单周期内应力变化曲线近似于半正弦波形

将 T30v90 单轴多周期加载的应力变化曲线以 $\sigma=\sigma_0(1-\cos\omega t)/2$ 做非线性拟合，可得第 1 周期 $\sigma_0=0.371\ 68$，$\omega=800.638\ 75$；第 2 周期 $\sigma_0=0.371\ 54$，$\omega=800.623\ 26$；第 3 周期 $\sigma_0=0.371\ 52$，$\omega=800.625\ 53$；第 4 周期 $\sigma_0=0.371\ 53$，$\omega=800.627\ 06$，回归的相关系数都达到了 0.999 99。可见，不仅可以将单周期的等效应力变化近似处理成半正弦波形，而且拟合得到的参数最大应力值与计算应力值之间误差很小，在 0.167%左右，拟合得到的角频率与计算角频率之间的误差也比较小，在 1.947%左右。

将 T50v90 单轴多周期加载的应力变化曲线以 $\sigma=\sigma_0(1\quad\cos\omega t)/2$ 做非线性拟合，可得第 1 周期 $\sigma_0=0.29108$，$\omega=809.65087$，回归的相关系数为 0.999 76，第 2 周期 $\sigma_0=0.291\ 06$，$\omega=809.642\ 76$，回归的相关系数为 0.999 76。可见，不仅可以将单周期的等效应力变化近似处理成半正弦波形，而且拟合得到的参数最大应力值与计算应力值之间误差很小，在 0.532%左右，拟合得到的角频率与计算角频率之间的误差也比较小，在3.087%左右。

上述分析说明前面关于沥青路面黏弹性响应规律的近似处理是可行的。

(2)加载间歇对应力计算结果的影响比较小

10℃不同加载间歇时间的计算结果显示，低温时(≤10℃)加载间歇的长短对等效应力的计算结果没有影响，这主要是由于低温时沥青混合料的性质近似于线弹性体所致；30℃下18s加载间歇和72s加载间歇的应力计算表明，18s间歇时间对下一周期的影响为0.024%，72s间歇时间对下一周期的影响为0.008%，表明加载间歇越长，对下一周期应力的影响越小，同时图1中的2条应力曲线基本重合，也表明了虽然加载间歇时间的长短对计算结果存在影响，但影响量有限；图3中50℃下18s加载间歇和72s加载间歇的应力计算表明间歇时间对结果基本没有影响，这主要是因为沥青混合料在高温情况下的应力松弛性能较好，相对来讲应力松弛得比较彻底。

(3)加载历史的影响有限

低温情况下，如10℃，每周期的最大等效应力相等，加载历史对后续周期的应力没有影响，说明在低温时沥青混合料的性质近似于弹性体，这与前面的近似分析结论吻合；在高温情况下，如50℃，间歇18s时，每周期最大等效应力的变化很小，变化幅度0.03‰；温度30℃间歇18s时，周期最大等效应力的变化幅度为0.24‰，相对来讲变化比较大。

计算分析表明，在低温时(本文算例为≤10℃)，无论是加载间歇时间还是周期加载历史对计算周期的最大应力都没有影响，而且周期应力变化规律与加载波形完全相同；在温度相对较高时，加载间歇时间和周期加载历史对计算周期的最大应力存在一定影响，但影响幅度不大，基本可以忽略，同时周期应力变化规律也近似于半正弦波，频率也与加载频率基本相等。综合考虑前述的近似分析结果和计算分析结果，可以将周期荷载作用下沥青路面的黏弹性应力响应近似处理成与荷载变化规律相同的波形，而且这种近似处理产生的误差在工程结构可以接受的范围内。

4 结语

将沥青路面实际行车荷载对路面的作用看成按照半正弦波形变化，将沥青混合料的黏弹性特性用广义Maxwell模型模拟，通过做近似的定性分析，认为沥青面层内的黏弹性应力变化规律近似于与荷载变化同频率的半正弦波形。利用ANSYS分析了特定沥青路面结构在半正弦波形变化轴载作用下沥青面层内的等效应力变化状况，结果表明，在考虑了温度、周期加载历史和加载间歇之后，沥青面层内的应力近似按照与荷载同频率的半正弦波形变化，验证了近似分析的结论。

经过上述近似处理后，可以将沥青路面的黏弹性周期应力计算(按照黏弹性理论应该完整地考虑加载历史的影响，这样导致计算时间太长)简化成单周期应力的计算，大大节约计算时间，而由此产生的误差在工程结构计算分析能够接受的范围内。

第二篇　路 基 工 程

土工格栅碎石桩的承载力分析

周志刚　张起森
(长沙交通学院路桥工程系　长沙　410076)

摘　要： 利用极限平衡理论对土工格栅碎石桩进行了分析。结果表明，由于桩体侧向压力和轴向力沿桩长的非线性分布，导致桩体膨胀破坏的破裂面产生于距桩顶深度1～3倍桩径的部位。土工格栅对碎石桩承载力的提高有显著的影响。

关键词： 土工格栅　碎石桩　极限平衡

1　前言

碎石桩在地基处理中应用得非常广泛，它既可以提高地基承载力、降低压缩量，又可以配合砂垫层等其他措施，加快软土地基的固结沉降速度，从而达到加固地基的目的。但是，桩体的膨胀破坏限制了桩的承载力。试验证明膨胀破坏常发生在距桩顶1～1.5倍桩径的深度范围内。为了提高碎石桩的承载能力，这些年在不少工程中采用了土工格栅或织物加固碎石桩的方法，并进行了一些试验和理论分析工作。土工格栅或织物加固碎石桩的方法有如下两种：在桩外裹一层土工格栅或织物；在桩体距桩顶一定深度范围(2～3倍桩径)内分层水平布设土工格栅或织物。本课题组在处理320国道湖南省境内的极软土地基时，就采用了前一种土工格栅加固碎石桩的措施。该方法是利用土工格栅较强的张拉强度将碎石材料紧紧束缚在一起，限制桩体的侧向变形，从而提高碎石桩承载力。

本文以桩土在膨胀破坏时所产生的破坏面处于极限平衡的理论为基础，分析破裂面的位置，确定土工格栅碎石桩的极限承载力。

2　土工格栅碎石桩破裂体的平衡分析

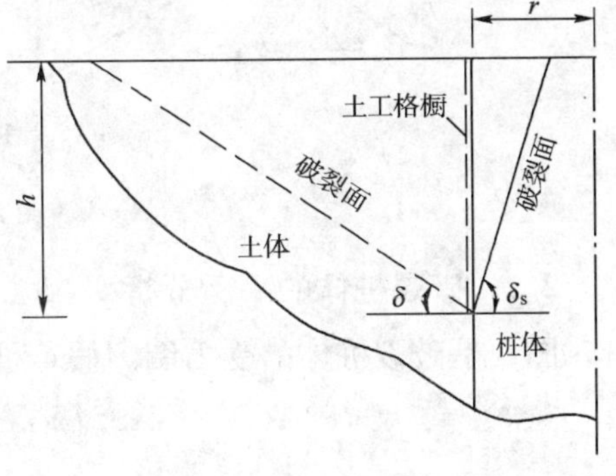

图1　碎石桩破裂体模型

轴对称荷载下的单根碎石桩破裂体模型如图1所示。桩的半径为r；土与桩体的黏聚力和内摩擦角各为c_t、φ_t和c_s、φ_s；土工格栅的张拉强度为T。它与土和碎石桩体之间的摩擦角分别为φ_1、φ_2。桩土破裂体的破裂角分别为δ_s、δ。根据笔者对土工格栅碎石桩的固结沉降所做的有限元分析，以及其他一些研究者的结果，均表明桩体所受侧向约束压力和轴向力沿桩长是非线性分布的，最大的侧向约束压力和轴向力产生于距桩顶一定深度的位置。为分析方便，假定桩体对土体的侧向压力的分布模式为

摘自《土木工程学报》1997年1月第19卷第1期。

$$\sigma(z)=\begin{cases}[\sigma_{\max}z+\sigma_0(h_1-z)]/h_1 & (0\leqslant z<h_1)\\ \sigma_{\max}(l-z)/(l-h_1) & (h_1\leqslant z\leqslant l)\end{cases}\tag{1}$$

式中：l 是桩长；σ_0 、$\sigma_{\max}$ 分别为桩顶侧向压力和桩身所受最大侧向压力；h_1 是产生最大侧向压力的位置到桩顶的距离。

2.1 破裂土体的平衡分析

图 2 是破裂土体的受力图。假如选取水平面内轴坐标的微张角所对应的破裂土体为微单元体，通过桩体的受力平衡分析，可以得到最大侧向压力，即

$$\sigma_{\max}/c_t=\begin{cases}f_3(\delta)f_4(\delta)\cos(\varphi_1)-(2h_1/h-1)\sigma_0/c_t & (0\leqslant z<h_1)\\ [f_3(\delta)f_4(\delta)\cos(\varphi_1)-\sigma_0/c_t](l/h_1-1)/[(2-h_1/h)l/h-1] & (h_1\leqslant z\leqslant l)\end{cases}$$

$$f_3(\delta)=2h_1/h+(h_1/r)\cot(\delta)\tag{2}$$

$$f_4(\delta)=f_1(\delta)p_t/c_t+f_2(\delta)\cos(\varphi_t)$$

$$f_1(\delta)=\cot(\delta)\sin(\delta+\varphi_t)/\cos(\delta+\varphi_t-\varphi_1)\tag{3}$$

$$f_2(\delta)=[\sin(\delta)\cos(\delta+\varphi_t-\varphi_1)]^{-1}$$

其中 p_t 是土体表面极限平衡力；h 是破裂面距桩顶深度。

假定桩侧对破裂土体的侧向压力为均布模式，即 $\sigma_{\max}=\sigma_0$ ；并且 $\varphi_t=\varphi_1=0$ ，$\delta_s=\pi/4+\varphi_s/2$ ，$\tan(\delta_s)=h/(2r)$ ，可由式(2)导出，即

$$\sigma_0/c_t=[p_t/c_t+2/\sin(2\delta)][1+\tan(\delta_s)/\tan(\delta)]\tag{4}$$

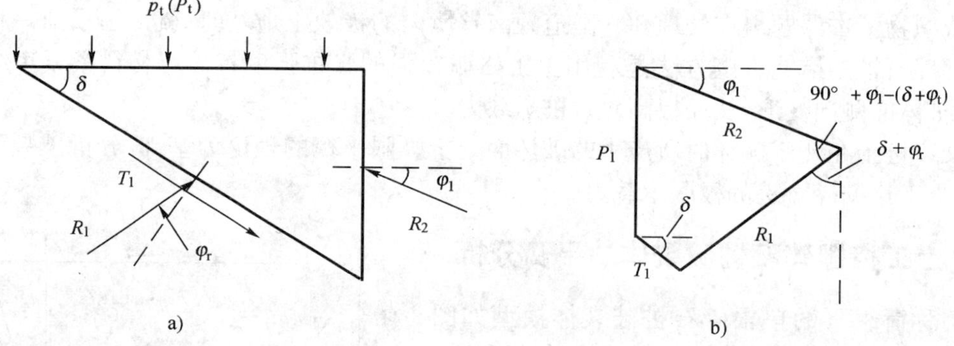

图 2 破裂土体受力分析图

2.2 破裂桩体的平衡分析

图 3 是破裂桩体的受力图。假若桩体产生膨胀破坏，桩体所受侧向约束压力将为

$$\sigma'(z)=\sigma(z)+T/(2r)\tag{5}$$

通过对破裂微单元体的平衡分析，推得两种情况下桩顶所受轴向压力 p_s 如下：

破裂面交于桩内[图 3a)]

$$p_s/c_t=[A+B\cos(\delta_s)\cos(\delta_s+\varphi_2-\varphi_s)]/[\cos(\delta_s)\sin(\delta_s-\varphi_s)]\tag{6}$$

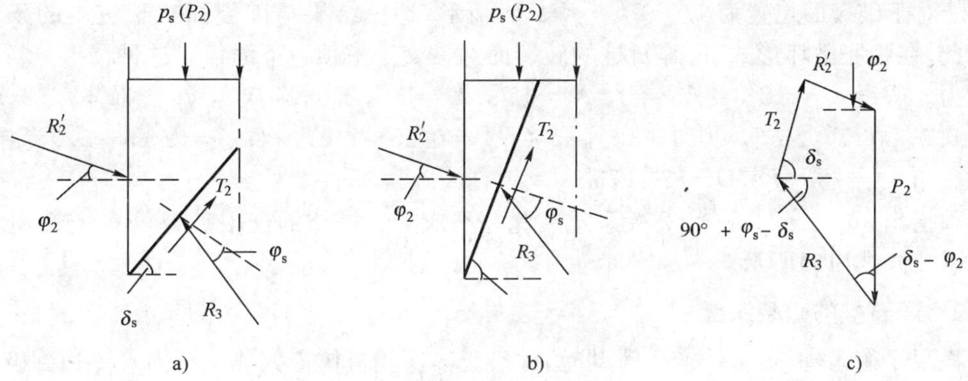

图 3　破裂桩体受力分析图

$$\left.\begin{aligned} A &= \frac{\cos(\varphi_s)c_s}{ct} \\ B &= \frac{\dfrac{f_3(\delta)f_4(\delta)\cos(\varphi_1)h^2}{rh_1} + \dfrac{2h}{r} \cdot \dfrac{T}{2rc_t}}{\cos(\varphi_2)} \end{aligned}\right\} \tag{7}$$

破裂面交于桩顶[图 3b)]

$$\frac{p_s}{c_t} = \frac{Af_5(\delta_s) + B(\dfrac{r}{2h})\sin(\delta_s)\cos(\delta_s + \varphi_2 - \varphi_s)}{f_5(\delta_s)\cos(\delta_s)\sin(\delta_s - \varphi_s)} \tag{8}$$

$$f_5(\delta_s) = 1 - \frac{h}{2r}\cot(\delta_s) \tag{9}$$

3　桩土极限平衡条件下的破裂面位置

3.1　桩土的极限破裂角

由于桩对土体的侧向压力达到极限值，导致了破裂土体产生向外滑动。利用 $\partial\delta_{\max}/\partial\delta = 0$，可得到如下确定土体的破裂角 δ 的方程式

$$\begin{aligned} &[p_t/c_t\sin(\delta + \varphi_t)\cos(\delta) + \cos\varphi_t]\cos(\delta + \varphi_t - \varphi_1) \\ &= [(2r/h)\sin(\delta) + \cos(\delta)] \cdot \{p_t/c_t[\sin(\delta)\cos(\delta)\cos(\varphi_1) - \\ &\sin(\delta + \varphi_t)\cos(\delta + \varphi_t - \varphi_1)] - \cos(\varphi_t)\cos(2\delta + \varphi_t - \varphi_1)\} \end{aligned} \tag{10}$$

利用前述简化条件，由式(10)同样可得

$$\frac{p_t}{2c_t}\tan(\delta_s) = -\frac{\tan(\delta)}{\tan(2\delta)} - \frac{\tan(\delta_s)}{\tan(2\delta)} - \frac{\tan(\delta_s)}{\sin(2\delta)} \tag{11}$$

为了获得桩体的极限平衡承载力，须先确定桩体的破裂角 δ_s 。根据 $\partial p_s/\partial\delta_x = 0$ 极值条件，计算破裂桩体的破裂角 δ_s 的方程式如下：

破裂面交于桩内

$$A\cos(2\delta_s - \varphi_s) + B\cos(\varphi_2)\cos^2(\delta_s) = 0 \tag{12}$$

破裂面交于桩顶

$$\begin{aligned} &Af_5^2(\delta_s)\cos(2\delta_s - \varphi_s) + B[r/(2h)]\{f_5(\delta_s)\sin(\delta_s)\cos(\delta_s)\cos(\varphi_2) \\ &+ \cos(\delta_s + \varphi_2 - \varphi_s)\sin(\delta_s - \varphi_s)[1 - 2f_5(\delta_s)]\} = 0 \end{aligned} \tag{13}$$

对于破裂面交于桩内情形，若欲求得 $0 < \delta_s < \pi/2$ 范围内的值，必须要求 $\delta_s > \pi/4$

$+\varphi_s/2$。对于破裂面位置为 $1.0<h/r<1.5$ 情形，这一结果与破裂面交于桩内的条件相矛盾。因此，在膨胀破坏形式下，碎石桩的破裂面通常交于桩顶。下面仅对这种情形分析桩体极限承载力。假设 $\varphi_t=18°$，$p_t/c_t=5$，$\varphi_1=15°$，$\varphi_s=30°$，$c_t/c_s=0.5$，$\varphi_2=30°$，$l/(2r)=15$，$\sigma_0/c_t=0.5$。在 $T/(2rc_t)=0.0\sim4.0$，$h_1/(2r)=0.25\sim3.0$，$h/(2r)=0.25\sim5.0$ 范围内，计算出破裂角 $\delta_s=70°\sim88$，$D=57°\sim75°$。

必须指出，$\delta_s=\pi/4+\varphi_s/2$ 关系式在此并不成立。桩体的极限破裂角 δ_s 与多种因素有关，如式(12)、式(13)所示。

3.2 碎石桩的破裂深度

在极限平衡条件下，土体产生滑动时，破裂土体所受桩体最大侧向压力 δ_{max} 达到极值。图4a)和图4b)分别为不加和加土工格栅时的 δ_{max} 随 $h/(2r)$、$h_1/(2r)$ 变化的曲线。这些曲线说明 $h/(h_1)=1.3\sim1.5$。即破裂面大约在桩体产生最大侧向压力位置下面的附近部位。破裂面位置是与桩体受力特点相关的。

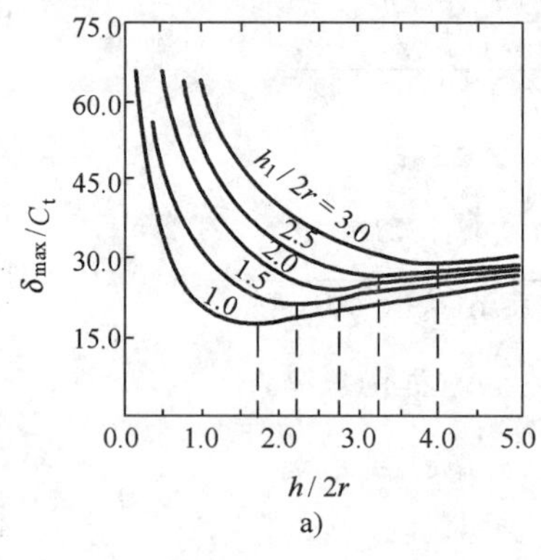

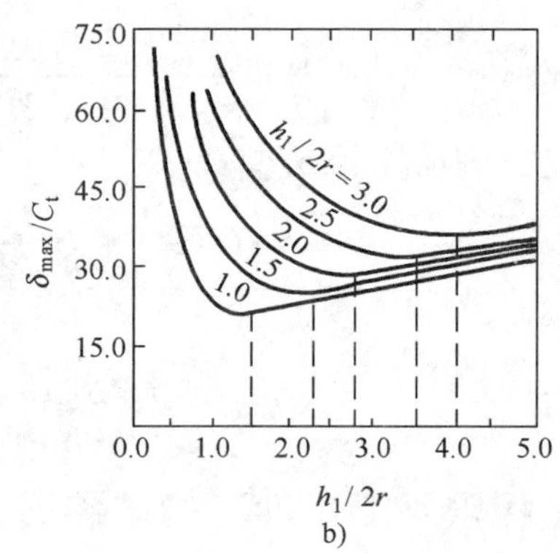

图4 δ_{max}—$h/(2r)$ 与 σ_{max}—$h_1/(2r)$ 关系曲线

4 土工格栅对碎石桩的加固作用

目前我国生产的土工格栅和织物的张拉强度分别为2～20kN/m和6～75kN/m。取 $T/(2rc_t)=0\sim20$（如 $r=0.2$m，$c_t=10$kPa）。图5是桩土应力比 p_s/p_t 随 $T/(2rc_t)$ 变化曲线。这曲线说明，在碎石桩外围裹土工格栅或织物，可较显著地提高碎石桩的极限承载力，尤其加土工织物或桩体半径较小时。

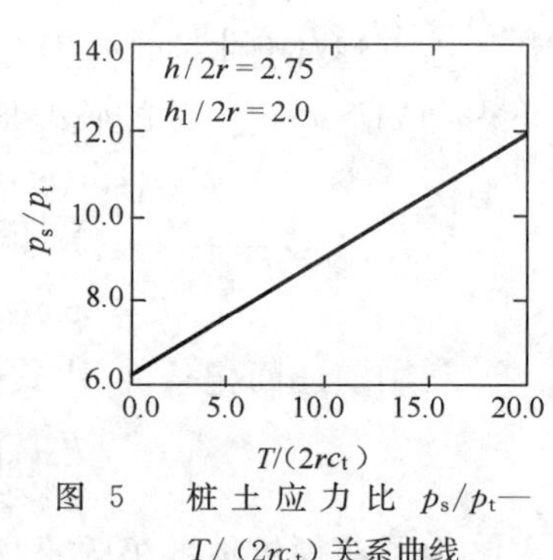

图5 桩土应力比 p_s/p_t—$T/(2rc_t)$ 关系曲线

5 结语

(1)碎石桩在膨胀破坏时通常破裂面交于桩顶部，而不是桩体内部。

(2)由于桩体所受侧向约束压力和轴向力沿桩长的非线性分布，造成破裂面的深度为桩径的1～3倍。

(3)土工格栅或织物围裹碎石桩这种加固方式，对碎石桩的承载力和桩土应力比的提高有显著的影响，特别在选用高强的土工织物或较小的桩径条件下。

土工格栅加固碎石桩复合地基的机理分析

周志刚　张起森　郑健龙
（长沙交通学院　长沙　410076）

摘　要：本文用基于Biot固结理论和邓肯—张模型的有限元法，对土工格栅碎石桩复合地基进行了分析。结合室内试验阐明了细孔土工网改善碎石桩渗透性的有效性；根据计算结果与试验路实测数据的对比，以及桩间距对软基沉降的影响，论证了布桩方案的合理性。同时简要地说明土工格栅提高碎石桩承载力的加固作用。

关键词：土工格栅　邓肯—张模型　固结　沉降

1　前言

在碎石桩的应用中常会遇到两大问题：在排水过程中，地基的泥沙被渗流带入碎石桩体内，堵塞碎石间的空隙，阻碍碎石桩的有效排水途径；在堆载预压和施工或其他外载的作用下，桩体可能在桩顶2～3倍桩径的深度范围内发生径向破坏。这两个问题严重时会使桩体完全丧失加固地基的功能。针对这两个问题，本课题组在处理320国道的K31＋946～K32＋045段的软土地基时，采用了土工格栅碎石桩加固地基的方法。野外试验路的观测结果表明，这是一种有效的好方法。

所谓土工格栅碎石桩，就是用粗孔土工格栅围成圆筒，中间填充砂和碎石，在砂碎石与粗孔土工格栅间围一层细孔土工网，起到防止泥沙进入桩体堵塞孔隙的作用。这种桩不仅具有良好的渗透性，而且由于粗孔土工格栅本身的较大张拉强度，将碎石与砂较紧密地围护着，使桩体具有较大的强度和模量，提高了其抵抗变形和破坏的能力。

为了解释粗孔土工格栅和细孔土工网在碎石桩中所起的作用及寻求合理的布桩方案，本文运用基于Biot固结理论并考虑软土材料非线性变形的有限元方法以及极限平衡方法，结合室内外试验进行了探索。

2　基于Biot固结理论的轴对称问题有限元法

2.1　计算方法

对于轴对称问题，计算中选取矩形八结点等参单元。用时间分段增量形式表示的基于Biot固结理论的有限元平衡方程和饱和土的连续性方程为

$$\begin{bmatrix} K_e & K_{ep} \\ K_{ep}^T & \beta(\Delta t)K_p \end{bmatrix}\begin{bmatrix} \Delta\delta \\ \Delta p \end{bmatrix}=\begin{bmatrix} \Delta R \\ \Delta R_w \end{bmatrix} \tag{1}$$

式中：$[K_e]$ 为计算域在某计算时段对应于结点位移的总刚度矩阵

摘自《土木工程学报》1998年2月第31卷第1期。

$$[K_e]=\sum 2\pi\int_{-1}^{1}\int_{-1}^{1}([B]^T[D][B])([N']N'\{r\}^e)|J|d\xi d\eta \tag{2}$$

$[K_{ep}]$ 为计算域在某时段对应于孔隙水压力的总刚度矩阵

$$[K_{ep}]=\sum 2\pi\int_{-1}^{1}\int_{-1}^{1}([B]^T\{M\}[N'])(N'\{r\}^e)|J|d\xi d\eta \tag{3}$$

$[K_p]$ 为单元渗透流量矩阵

$$[K_p]=\frac{2\pi}{\gamma_w}\int_{-1}^{1}\int_{-1}^{1}(\{N,_\gamma N,_z\}^T[K_q]\{N,_\gamma N,Z\})([N']\{r\}^e[J]d\xi d\eta \tag{4}$$

β 为时间差分系数，其值取决于该时段内假定的变化形式。

$\{\Delta R_w\}$ 为 t 时刻单元结点孔隙水压力所对应的结点力矢量

$$(\Delta R_w)^e=\Delta t[K_P]^e\{p_t\}^e \tag{5}$$

$(\Delta\delta)$、(Δp) 分别为计算域在某计算时段的结点位移增矢量和孔隙水压力增矢量。

采用软土受力—变形过程的切线模量 E_t 和切线泊松比 μ_t，作为弹性刚度矩阵中的弹性模量和泊松比。这里采用邓肯一张非线性模型。

为了考虑在桩土接触面上相对位移和应力之间的非线性关系，采用了古德曼二次接触面单元。

2.2 计算参数

考虑到桩体周围钢筋和粗孔土工格栅的约束作用，取桩体的抗压回弹模量 $E'_s=300$MPa，泊松比 $\mu'_s=0.3$，软土层下的砂土层的抗压回弹模量为 20MPa，泊松比 0.35；考虑泥土的堵塞，取渗透系数为 0.1m/d。

试验路上软土层为第四纪后期形成的海相、泻湖相、三角洲相、溺谷相和湖沼相的黏性土沉积物或河流冲积中最为软弱的淤泥和淤泥质土。其邓肯一张模型参数 $c=10.0$kPa，$\varphi=17°$，$K=9.0$，$n=0.1$，$R_f=0.31$，$H=0.14$，$F=0.0$，$D=2.0$，$K_{ur}=12.0$，$m=0.1$。古德曼接触面单元参数为：$K_1=34.0$，$n^*=0.5$，$R_f^*=0.5$，$c=10.0$kPa，$\varphi=17°$，$K_n=1.0\times10^5$MPa/m。

3 土工格栅碎石桩加固机理分析

3.1 细孔土工网的渗透作用

由于难以在室内进行细孔土工网在软土中的渗透试验，计算中首先假定土工网与桩体为一个整体，采用在 0.005 ～ 10m/d 变化范围内的桩体渗透参数对固结沉降的影响进行了分析。结果表明在这一变化范围内的渗透系数对沉降结果影响并不明显。若真如此，加与不加细孔土工网的碎石桩本身并不能改善复合地基的排水固结作用。但是，在室内进行的加与不加土工网的模型试验结果表明，二者的固结沉降速度却存在显著不同[图 1a)]。

模型试验装置为一直径 1.0m、深 1.3m 的大铁桶，桶壁上沿竖向对称地开有四排起排水作用的小孔。试桶中央为直径 16cm 的土工格栅碎石桩，其周围填充 1.0m 厚的淤泥。淤泥层顶面为一层粗孔土工格栅与细孔土工网(湖北省力特公司生产)重叠铺设而成的隔离层。其上为 10cm 的碎石组成的垫层，以借助于桶壁上的小孔排除淤泥中的渗透水。垫层上面为起加

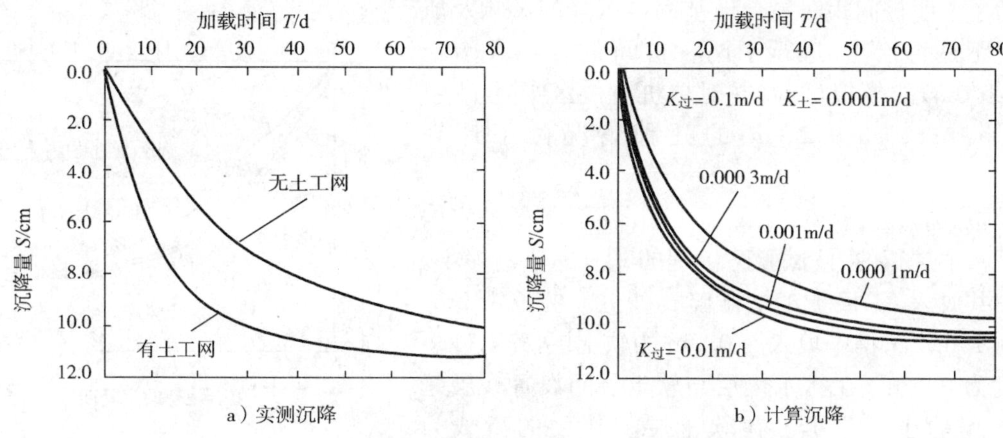

图 1 室内模型试验实测和有限元计算的沉降曲线

载作用的粗砂柱。砂柱由粗孔土工格栅围成，以防止粗砂的流失。砂柱高 2.0m，相当于 4t 的总荷重。为了测量软土固结沉降值，沿桶壁的直径布置了 4 根观测杆。

加与不加细孔土工网试验结果的不同，与细孔土工网在土体和桩体间形成的颗粒结构的过滤作用有关。关于土工织物的过滤机理，早期有把它等同于传统的天然粗粒材料砂、石的过滤作用。稍后一些研究者提出另一种机理，他们认为土工织物本身并不起过滤作用，而是在靠近土工织物处诱发被保护土层形成一层天然滤层，土工织物只起到催化剂的作用。一般情况下，这两种作用是同时存在的。

因此，进行有限元分析时，应在结构模型中的桩体与软土间设置一渗透系数介于桩与土体渗透系数两者之间的过滤层，以体现土工网或其他排水体所产生的过滤作用。对室内试验模型的有限元计算结果如图 1b)所示。针对具有不同渗透系数的过滤层结构所计算出的沉降曲线与室内模型试验得出的实测曲线对比说明，正是由于细孔土工网在桩周形成的良好过滤层改善了碎石桩的排水效果，从而加速了软土地基的固结沉降。

根据上述分析，在后面关于野外试验路的有限元计算中，碎石桩和软土的渗透系数分别为 0.1m/d 和 0.0001m/d，选取它们之间过滤层的渗透系数为 0.001m/d。这满足选取过滤材料应遵循的原则 $K_g = 10K_s$（K_g、K_s 分别是过滤材料和土体的渗透系数）的要求。

3.2 碎石桩复合地基的沉降分析

3.2.1 复合地基的固结沉降量

试验路的软土地基地质层主要有：淤泥层厚 4.82m，其下面沙土层约 0.8m 厚。淤泥层上铺砂垫层厚 0.6m，路基填土高 6m。观测断面的碎石桩长 2.4m，半径 $r=0.2$m，桩间距 $d=1.5$m。考虑到其他桩的横向约束作用，选取单根桩的计算域半径为 $R=1.05d/2=0.79$m，取整为 0.8m。

加载时间的分段情形：1～6d 填 2m，16～24d 填 2m，36～46d 填 2m。

复合地基固结沉降的野外实测和理论计算值极为相近，误差在 10%以内(图 2)。这些结果说明，在软土地基中加入碎石桩，特别是加入细孔土工网后所形成的良好过滤层，的确能显著地加快软土地基的固结沉降。

3.2.2 桩间距对复合地基固结沉降的影响

为了说明桩间距对复合地基固结沉降的影响及所选桩间距是否恰当，进行了两种桩间距 $d=2R$（$d=$ 0.5m、1.0m）的模拟试验，并对单桩有效区半径 $R=$ 0.8、0.5、0.4、0.3、0.25(m)的几种情况做了计算分析。

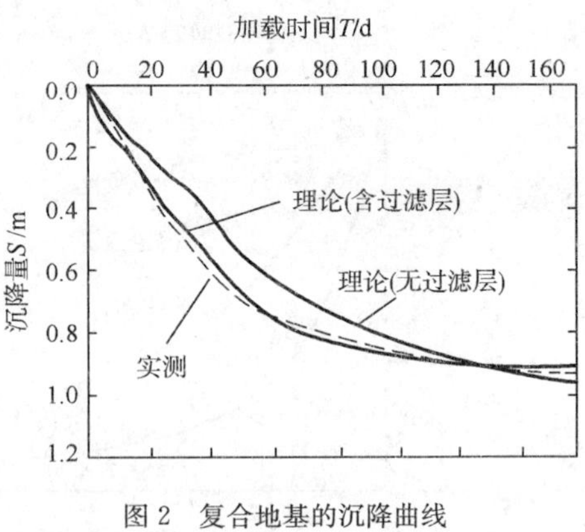

图 2　复合地基的沉降曲线

模拟试验是在长 3.72m、宽 1.5m、深 1.5m 的室内土工试槽中进行的，按试验路工程的5∶1的比例缩小。试槽中共放入 21 根土工格栅碎石砂桩。桩长 1.2m，桩径 0.16m。试槽中填入深 0.9m 的软土层，碎石砂垫层厚度为 0.3m。在排水垫层与软土层间设置一层起隔离作用的土工格栅。在软土层上作用的荷载为 0.1MPa。共进行了 138d 的观测。

为了便于将试验结果推广于试验路，采用置换率 W 代表桩间距 d，以分析桩间距的影响。根据双曲线公式回归计算出的最终沉降量 S_∞ 随置换率和单桩有效区半径 R 的变化关系，与所测试结果接近（图 3）。通过对有关曲线进行线性回归，得出最终沉降量 S_∞ 与置换率 W 和单桩有效区半径 R 的关系式

$$\lg(S_\infty) = A_1 + B_1 \cdot W \qquad r = 0.964 \tag{6}$$

$$1/S_\infty = A_2 + B_2/R \qquad r = 0.996 \tag{7}$$

式中 $A_1=3.46$，$B_1=-10.40$；$A_2=-0.0225$，$B_2=0.0296$。图中 $S_\infty-W$ 和 $S_\infty-R$ 曲线各自在 $W=0.7$ 和 $R=0.3$ 附近渐趋平缓。事实上，根据置换率的定义，这两者是一致的。假如按置换率相等的换算原则，将试验结果推广于试验路工程，应使土工格栅碎石桩复合地基的置换率大约为 $W=0.7$，可保证土工格栅碎石桩能正常发挥良好效果。由于桩半径 $r=$ 0.2m，因此大约有桩间距 $d=1.5$m。

针对单桩有效区半径 $R=1.6$、1.2、1.0、0.8、0.6、0.4(m)几种情形，根据有限元方法计算并用双曲线公式回归处理出最终沉降量 S_∞ 随置换率 W 和单桩有效区半径 R 的变化曲线（图 4）。通过线性回归，得出最终沉降量 S_∞ 与置换率 W 和单桩有效区半径 R 的关系式

$$\lg(S_\infty) = A_3 + B_3 \cdot W \qquad r = 0.523 \tag{8}$$

$$1/S_\infty = A_4 + B_4/R \qquad r = 0.984 \tag{9}$$

式中 $A_3=1.38$，$B_3=9.40$；$A_4=0.473$，$B_4=0.484$。由于实际工程中常以路基顶面残余沉降量为 10cm 控制施工进度，图中同时给出这一残余沉降量所对应的时间 T_0 随桩间距 R 的变化曲线。图 4 曲线反映出，随着单桩有效区半径 R 的缩小，最终沉降量减小；并且达到残余沉降量为 10cm 的沉降时间也随之缩短。造成这种现象的主要原因，是碎石桩在软土地基中所起的双重作用随着桩间距的缩短而相互增长。这两种作用是：加快软土地基的排水固结沉降，提高软土地基的抵抗变形能力。

图 4 中 $S_\infty-R$、T_0-R 曲线均在 $R=0.8$m 附近出现急剧变化现象。这说明在满足良好的经济效益和正常的施工速度的条件下，试验路所选的桩间距是适当的。这也与关于砂桩、石炭桩的桩间距 d 与桩半径 r 之比约为 3.5 的经验值相一致。

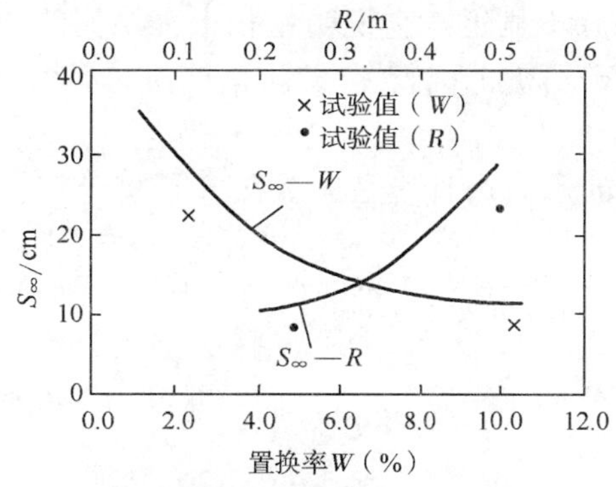

图3 模拟试验中最终沉降量 S_∞ 随置换率 W 和单桩有效区半径 R 的变化曲线

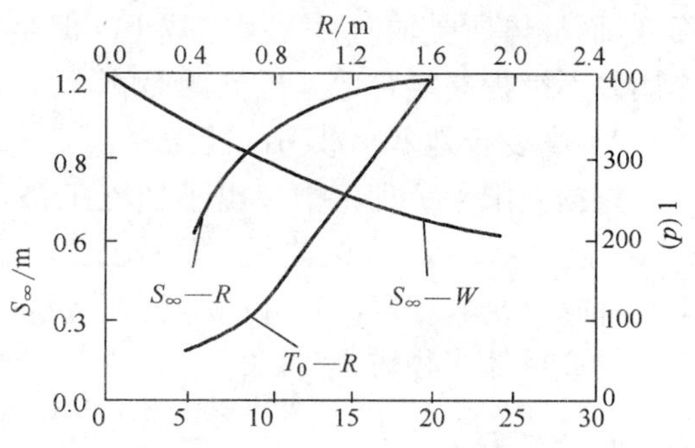

图4 试验路上最终沉降量 S_∞ 和 T_0 随置换率 W 和单桩有效区半径 R 的变化曲线

所计算出的桩体周围所受土体的摩擦接触力随深度方向的分布曲线(图5、图6)说明，随着桩间距的缩小，桩体所受摩擦接触力变得均匀平缓，并且最大值相应减小。它与复合地基竖向垂直应力共同反映出，在桩间距较大时，桩体的应力集中现象显著，荷载主要由桩体承担。随着桩间距的缩小，这种应力集中现象减弱，桩体受力渐趋平缓，荷载由桩体和土体共同承担。当桩间距缩小到一定值以后，碎石桩复合地基如同同软土置换成另一种刚硬材料的情形一样，地基抵抗变形的能力大为提高，从而沉降量降低，桩周摩擦接触力也相应减小。

此外，孔隙水压力计算结果也证实了缩短桩间距可以加快软土地基排水固结速度。

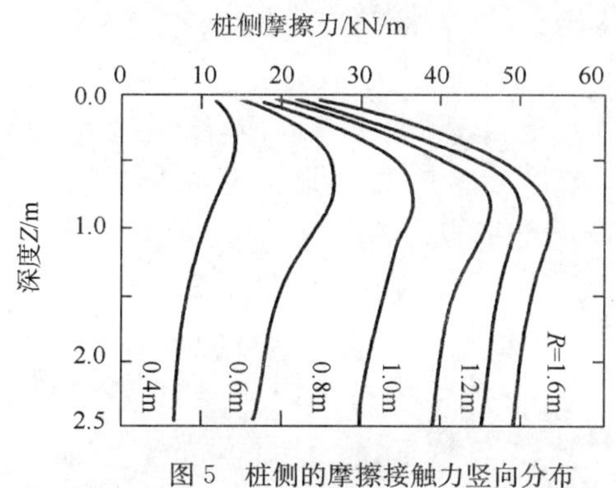

图5 桩侧的摩擦接触力竖向分布

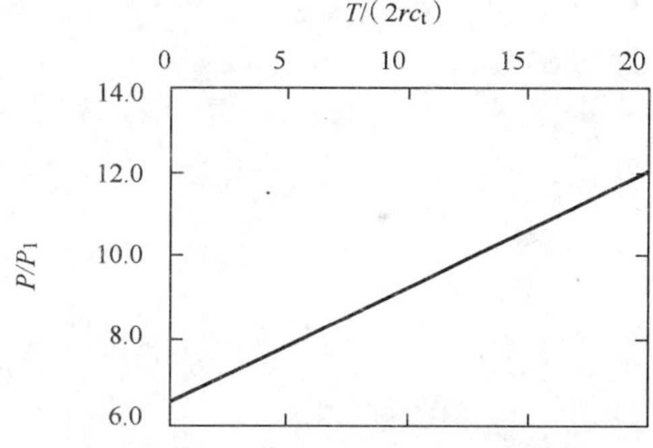

图6 桩土应力比 P_s/P_t 与 $T/(2rc_t)$ 的关系曲线

3.3 粗孔土工格栅对碎石桩的加固作用

粗孔土工格栅和碎石桩两种材料组成的复合体的受力变形可以依据轴向变形和径向变形等效原则，换算为另一种材料。经过理论推导，等效换算材料形成的均质碎石桩的等效抗压回弹模量 E'_s 和等效泊松比 μ'_s 为

$$E'_s = E_s[1+\beta(1-\mu_s)]/[1+\beta(1-\mu_s-2\mu_s^2)]$$

$$\mu'_s = \mu_s/[1+\beta(1-\mu_s-2\mu_s^2)] \tag{10}$$

式中：E_s、μ_s 分别为碎石桩的抗压回弹模量和泊松比；$\beta = /E_g/(rE_s)$，其中 r 为桩半径，E_g 是土工格栅的张拉模量。

计算结果表明，由于土工格栅对碎石桩的围护加固作用，桩体的 E_s 将增大为原来的1.1～1.5倍，μ_s 将减小为原来的0.3～0.9倍，它的抵抗竖向和横向变形的能力提高较大。利用 E_s =150MPa和300MPa进行计算，结果反映出，由于加了土工格栅，复合地基的沉降量略有降低，而桩体所受轴向力也相应减小。但是这种效果并不显著。它说明粗孔土工格栅的主要作用并不是提高复合地基抵抗变形的能力，而是增强碎石桩抵抗破坏(即防止桩顶局部径向破坏)和提高复合地基承载力的能力。

根据极限平衡理论推导出了加土工格栅碎石桩的承载力计算公式。图6是桩土应力比 P_s/P_t 随 $T/(2rc_t)$ 变化曲线(T 是土工格栅或织物的张拉强度，r 是桩半径，c_t 是软土黏聚力)。曲线说明，在碎石桩外围裹土工格栅或织物，能显著提高碎石桩的极限承载力，尤其加土工织物或桩体半径较小时。

4 结语

(1)室内模型试验和有限元计算结果表明，细孔土工网可以改善碎石桩与软土之间的过滤渗透性能，从而保证碎石桩发挥良好的排水固结效用。

(2)粗孔土工格栅的作用不在于提高复合地基的抵抗变形能力，而是增强碎石桩的抵抗破坏的能力，从而保证碎石桩正常工作，达到提高软土地基承载力的目的。

(3)关于复合地基的沉降量、完成沉降的时间和桩侧摩擦力等计算结果说明，所选择的桩间距(布桩方案)是合理有效的。

(4)与天然地基相比，碎石桩的确可以加快软土地基的固结沉降和提高软土地基的承载力。并且计算结果与实测数据较为吻合。

应用土工格栅处理软土地基上的桥头跳车问题

田小革　应荣华　张起森
（长沙交通学院路桥工程系　长沙　410076）

1　前言

广州市1909线派潭桥位于山间小河边，根据粤东工程勘察院广州分院进行的桥址场地工程地质勘察报告，本桥位属软土地基，其承载能力极低。若对此不作处理就填筑路堤，定会产生大的工后沉降，这不仅会导致路面的早期破坏，甚至会引起路基的坍塌；而且由于桥台（采用桩基础）一般沉降较小，这样在桥台台背将产生台阶跳跃型的沉降差，当汽车驶过这个部位时，就会引起跳车现象，而且车速越高，跳车现象越严重，使得汽车不能按设计车速运行，从而降低了道路的通行能力，而且容易损坏车辆，甚至酿成交通事故。因此，从软土地基及桥头跳车两大问题来讲，都应对该桥台台背进行处理。

土工格栅是国外20世纪80年代开发的一种新型的工程加固材料，自其问世以来，因其优良的力学性能、良好的抗变形能力与抗老化性能而在欧美国家广泛地用于路基路面的加固、软土地基处理及海岸与堤坝的防护。笔者在此采用土工格栅来处理该桥台背的软土地基和桥台跳车问题。经过两年多的运营、监测，证明处理是成功的，理论分析和实测沉降相吻合。从而将土工格栅的应用范围扩展到处理软土地基上的桥头跳车这种更复杂的问题。

2　桥位地形地质情况

该桥位地形情况如图1所示。桥台台背有一宽3.4m、深1.8m的槽，槽底为浸泡于水中的淤泥质粉质砂土。台背第二级台阶处的土为施工桥台承台时挖出的淤泥，已面干，厚约1.4m。

3　处理方法

由于地下水位较高，且该处属极软地基，所以初步拟定的处理方案为：清除水槽底的淤泥至承台下0.5m，回填砾石，并用高压水枪射水冲压密实，直至与承台平；然后铺设一层土工布，固定后再充填一层砾石，厚度为0.5m，再在其上铺设一层土工布，填一层黏土，碾压密实，压实度要求达到90%，以阻止

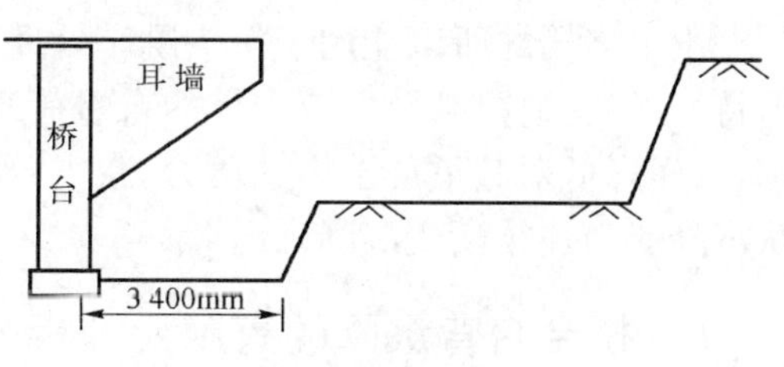

图1　桥位地形图

摘自《岩土工程学报》2000年11月第22卷第6期。

下部的水上升;然后再铺设固定一层土工格栅后填土压实,压实度要求为90%(路基顶面以下1.0m范围内的填土压实度应不小于93%),这样直至到路基设计高程,如图2a)所示。

后来,由于台后水槽深且窄,施工机械,特别是压路机不能进入,所以不得不修改处理方案。经分析,最终采用的处理方案为:清除水槽底的淤泥至承台下0.5 m,回填砾石并用高压水枪射水冲压密实,直至与承台平;然后铺设一层土工格栅,固定后再充填砾石,直至与台背的第二级台阶相平,用履带式挖掘机来回行走,直至无明显的轮迹为止,然后再铺设固定一层土工格栅,其长度为6 m;随后就可以分层填土、碾压,检查压实度,压实度达到90%(路基顶面以下1 m范围内的填土压实度应不小于93%)后,就可以摊铺、张拉、固定土工格栅,这样填一层土后就铺设一层土工格栅直至路基设计高程,见图2b)。图中虚线表示土工格栅,虚线上的数字表示该层土工格栅的长度。

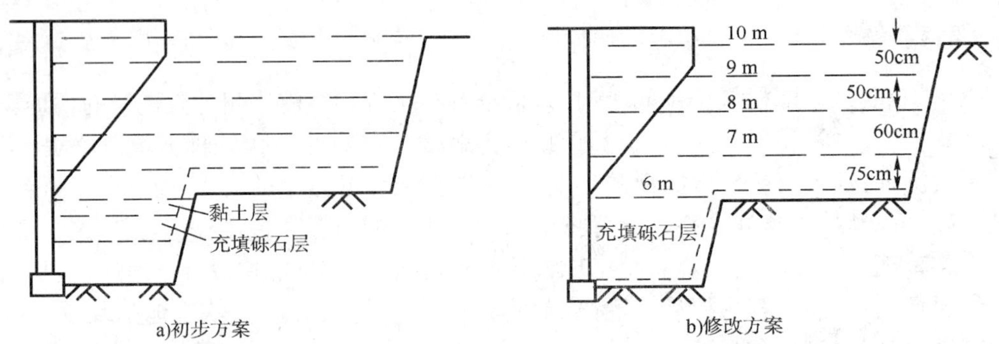

图2 台背填筑处治方案

其中,土工格栅的铺设要求进行张拉并固定。靠桥台台背一侧采用膨胀螺丝和扁钢片固定,在固定其他三边前,应先进行张拉,伸长率达到5%后,用"U"形钉固定在土层中。

最后在施工水泥混凝土路面时,在路面中沿路中线设置了5个路基沉降观测管,以测量路基的工后沉降,评定处治效果。

4 土工格栅的处治机理

在室内进行的大量试验证明:在土体中合理布置土工格栅,可使土体的垂直应力、水平应力明显降低,土体剪应力(土颗粒之间的摩擦作用)明显提高,土体的抗剪强度得到充分发挥,可以大大地提高土体的承载能力、抗变形能力和抗裂能力。

将土工格栅用于处理软土地基以提高其承载力,是通过格栅将其上部填料的垂直变形向水平方向扩散以致其上部填料的抗剪切变形能力得以充分发挥,使得软土地基表面的承载区大大增加,表面的压强大大减小,从而达到提高其承载力的目的。

土工格栅之所以能用于桥头跳车处理,是利用了格栅变形的连续性,及其高强、高弹、大变形特性,将交通荷载及上部土体的自重荷载部分地传递到桥台,并将荷载扩散到一个较大的范围,从而降低对其下部土体的压力,减小台背填土的总沉降,并将台背与填土交界部位的阶梯状沉降变为连续渐变沉降。

5 桥台台背沉降的有限元分析

5.1 土的本构关系

在有限元分析中,首先要建立土性状模型,由于土的应力—应变关系是非线性的,可以选用非线性弹体来描述土的应力—应变特性,实践表明这种模型在很多情况下可以得到满意的结果。目前,在很多工程计算中,土的非线性弹性体采用的数学模型为 Duncan—Chang 模型,其参数可由常规试验确定,并且具有特定的物理意义,其方法简单、实用。所以本分析中土的本构关系采用 Duncan—Chang 非线性弹性模型。

5.2 有限元模型

5.2.1 单元模型

在本分析中,用三种单元(等参八节点单元、界面单元和土工格栅单元)表示土与土工格栅相互作用系统。桥台后的填土采用八节点等参单元,即抛物线型二维八节点等参单元模拟,它具有良好的单元特性及对曲线边界的适应性,介绍该单元的文献很多,故不在此赘述,仅对界面单元和土工格栅单元作简单介绍。

在一定的受力条件下,土与土工格栅的接触面上可能会产生错动、滑移或开裂。为了模拟可能产生的错动、滑移或开裂,在土与土工格栅间设 Goodman 接触面单元。接触面单元有 4 节点,如图 3 所示,界面单元的厚度不进入计算单元厚度为零,节点 i 、j 落在同一条长边上,单元节点编号顺序如图 3 的 ij 、mn 。单元由两片长度为 L 的接触面 ij 和 mn 组成。假想在两片接触面之间有无数对的弹簧连接,如图 3b)所示,每对弹簧含有法向弹簧 n 和切向弹簧 s。

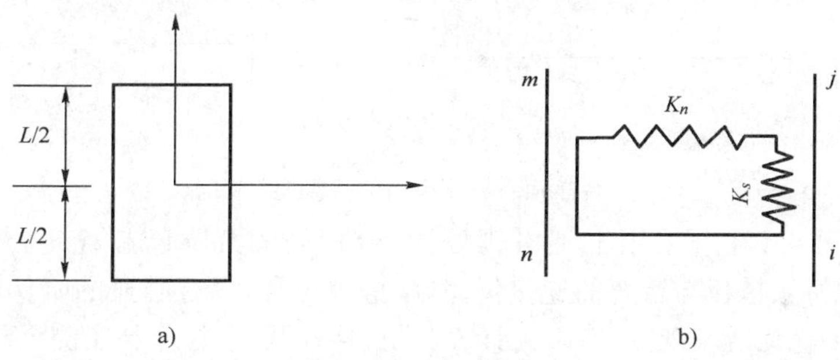

图 3 接触面单元

如果剪应力小于摩擦力时,属弹性阶段,两个弹簧都存在;当剪应力等于或大于摩擦力时,接触面之间产生摩擦滑移,弹簧 s 不再存在,仅保留弹簧 n 作为两片接触面之间的联系,此时,接触面之间的剪应力仍保持为摩擦力 $f \cdot \sigma_n$,在受力前两片接触面完全吻合,为一维单元。接触面单元与相邻的接触面单元或二维单元之间,只有通过节点才能有力的联系,在节点力$\{F\}^e$作用下,两片接触面间的弹簧所受应力为

$$\{\sigma\} = \{\sigma_n, \tau\}^T \tag{1}$$

相应地,在两片接触面之间产生的相对位移为

$$\{\omega\} = \{\omega_n, \omega_s\}^T \tag{2}$$

在线弹性假定下,应力 $\{\sigma\}$ 与相对位移 $\{\omega\}$ 成正比,其关系式如下:

$$\{\sigma\} = [K_0]\{\omega\} \tag{3}$$

式中:$[K_0] = \begin{bmatrix} K_n & 0 \\ 0 & K_s \end{bmatrix}$

其中,K_n 、K_s 分别为法向和切向的单位长度劲度系数(M Pa/m)。K_n 可取与土料相接触的土工格栅的压缩模量;K_s 为剪切试验结果在弹性阶段应力—位移关系的斜率,即有

$$\tau = K_s \omega_s \tag{4}$$

土工格栅单元用二维薄膜单元表示，它近似于埋入土中的薄膜，只能承受张力，不考虑弯曲和压力。土工格栅单元刚度矩阵

$$[K_e]=\frac{E\times T}{R}\begin{bmatrix}1 & -1\\ -1 & 1\end{bmatrix} \tag{5}$$

式中：E 为土工格栅抗拉模量；T 为土工格栅宽度，即单元宽度；R 为土工格栅径向长度。

5.2.2 计算边界条件

土工格栅与桥台联结端作为固定端处理；靠桥台的填土各点，按有横向支撑处理。

5.3 沉降计算分析

按上述有限元分析，编写了非线性有限元程序。有限元计算参数取值由从工地取得的土样进行室内试验测得。计算分析结果以及实测的沉降值如图 4 所示。

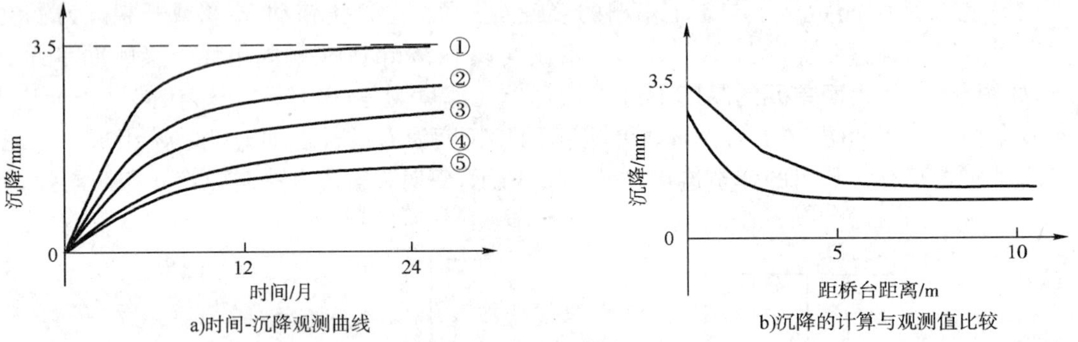

a)时间-沉降观测曲线　　b)沉降的计算与观测值比较

图 4　台背沉降的有限元计算与观测值的比较

从图 4 可以看出，经过采用土工格栅处治，台背处的沉降已趋稳定，最大沉降值仅有 0.4 cm。观察发现桥头搭板与台背的连接仍完好，搭板正常，没有明显的阶梯状不均匀沉降现象，车辆驶过时，平稳无跳车现象；有限元计算分析得到的沉降规律与实测沉降值偏差小，说明本研究的计算理论和结构模型，以及编写的程序是正确的。

6　结语

经过一年的观测、运营，证明应用土工格栅可以很好地解决软土地基问题及桥头跳车问题，甚至是软土地基上的桥头跳车这种更复杂的问题。本研究的计算理论和结构模型，以及编写的程序是正确的。

软弱地基桥台台背填筑EPS的结构分析

高燕希[1] 张 军[2] 张起森[1]
(1.长沙交通学院道路与交通工程系 长沙 410076;
2.长沙交通学院河海工程系 长沙 410076)

摘 要: 对利用EPS填筑软基上桥台台背的结构进行分析,探求解决软土地基上桥台台背填筑的技术问题。首先,对EPS块体以及混凝土和EPS结合体进行应力与应变分析,从理论上说明实现减少路面沉降的可行性;然后,进行软基上桥台台背填筑EPS的结构分析,说明采用EPS填筑路基可以从根本上解决桥路的差异沉降与路堤的残余沉降,达到防止桥头跳车以及台后填土与地基位移对桥台的侧向作用的目的。

关键词: 道路工程 软弱地基 结构分析 桥台 EPS材料

0 引言

软土地基桥台与路堤的差异沉降一直困扰着工程技术人员,它不但影响工程质量,而且影响着运营的舒适和安全。人们为此采取多种措施,例如排水固结、深层搅拌、强夯及挤密桩等,方便时也采用粉煤灰填筑路堤。这些处理方法,虽能取得一定效果,但仍不尽如人意。借鉴国外经验,对软基适当处理甚至不处理,用EPS材料填筑台背路堤,不失为一种合理的选择。EPS(Expanded Polystyrene)是一种泡沫聚苯乙烯材料,具有超轻、耐腐蚀、不易老化、自立性强、施工简单、方便、快捷等优点,在国外已有大量应用。

1 EPS材料基本性质

EPS的材料特性主要取决于聚苯乙烯颗粒本身的密度和它的发泡倍数,其力学性质与它的密度密切相关。

1.1 重度

EPS材料重度随发泡率而变化,发泡率增加,重度减少。如果要求EPS材料重度达到0.2kN/m^{3}以上,那么采用模内发泡方式,发泡率在50.0以下。

1.2 压缩强度

根据试验规程,对50×50×50mm^{3}的试样进行单轴和三轴压缩试验,如图1所示。单轴试验结果表明,压缩应变小于2%时,EPS处于弹性状态,超过2%进入塑性状态。三轴试验结果表明,当轴向应变$\varepsilon \leqslant 5\%$,无论围压是多少,侧向应变很小,亦即EPS的泊松比很小。总的来说,EPS压缩特性与土不同,EPS可视为均质的固体材料,而土则为均质或非均质的散体材料或散粒黏结体材料。就工程而言,EPS材料重度一般在0.2~0.4kN/m^{3}之间,其压缩强度

摘自《中国公路学报》2003年7月第16卷第3期。

在100～350kPa之间，重度越大，强度越高。

1.3 蠕变特性

压缩应力处于弹性区域时，EPS几乎不发生永久的压缩蠕变。由试验可知，当5%应变的压缩强度小于1/2荷载时，可不考虑压缩蠕变。

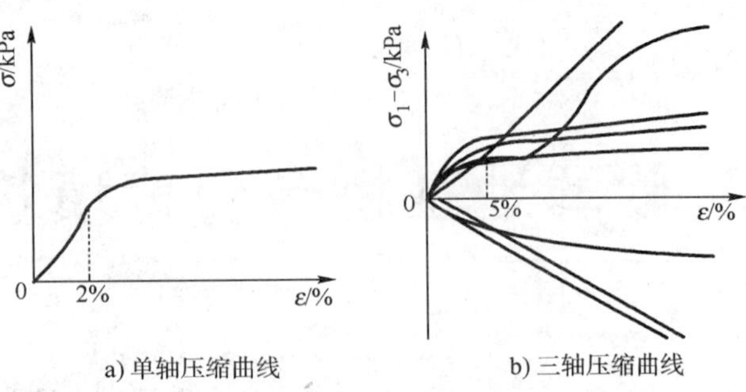

a) 单轴压缩曲线　b) 三轴压缩曲线

图1　EPS的压缩特性

1.4 吸水性

EPS材料的吸水量与密度、水头高度和制造方法有关，模内发泡的EPS吸水量大于挤压发泡的EPS。挪威国立公路研究所研究发现：在地下水位以下埋置了9年的EPS，最大吸水量为体积的9%，而在发生周期性干湿变化的状态中，EPS最大吸水量为体积的4%。

1.5 热特性

EPS材料的原料聚苯乙烯是热可塑材料，在高温下会发生软化、收缩。研究表明，EPS材料从80℃左右开始收缩，达到100℃，热收缩急剧增大。

1.6 耐久性

EPS因紫外线而变色，必须在室内加工。EP遇到汽油、沥青会溶解，所以EPS路堤施工和柔性路面使用过程中要注意将EPS与汽油、沥青等隔离。至于埋藏在土中的EPS，只要无特殊情况，EP一般不会劣化。

1.7 摩擦特性

通过大直剪仪对EPS与EPS、沙土、黏土和水泥混凝土进行结合面剪切试验，发现：EPS与EP之间摩擦系数为0.5；EPS与沙土之间摩擦系数为0.8；EPS与黏土之间摩擦角为45°；EPS与混凝土之间摩擦系数为0.7。

2 EPS荷载传递机理

2.1 EPS块体顶面承受局部均布荷载的应力、变形

EPS块体顶面承受局部均布荷载$q=100$kN，假设边界约束情况如图2所示，经过计算机数值分析，EPS块体的应力和变形见图3。研究采用日本软脑软件（北京）公司的计算软件，根据研究内容建立计算模型，为了符合软件中的计算要求，图3中坐标体系与软件中坐标体系一致，随参数和单位的选择而变化，与传统的坐标体系有所不同。

2.2 混凝土和EPS结合体顶面承受局部均布荷载的应力、变形

混凝土和EPS结合体顶面承受局部均布荷载$q=100$kN，假设边界约束情况如图4所示，经过计算机数值分析，结合体的应力和变形见图5。

由图3、图5可以看出，混凝土和EPS结合体与EPS块体受力情形相比，由于混凝土对荷载的扩散作用，混凝土和EPS结合体的表面位移量显著减小，分布趋于均匀；混凝土和EPS结合体的竖向应力主要分布在混凝土层，传递到EPS块体上的竖向应力显著减小，从理论上说明，在EPS块体之间和EPS块体顶面设置混凝土板，对于减小EPS块体的应力和减少路面沉降是有意义的。

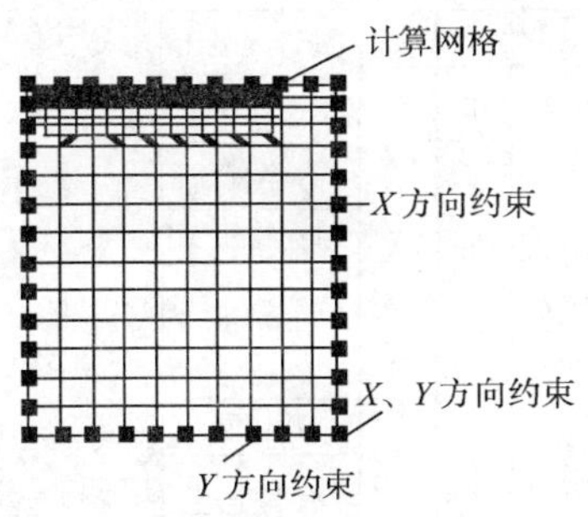

图 2 EPS 块体计算条件

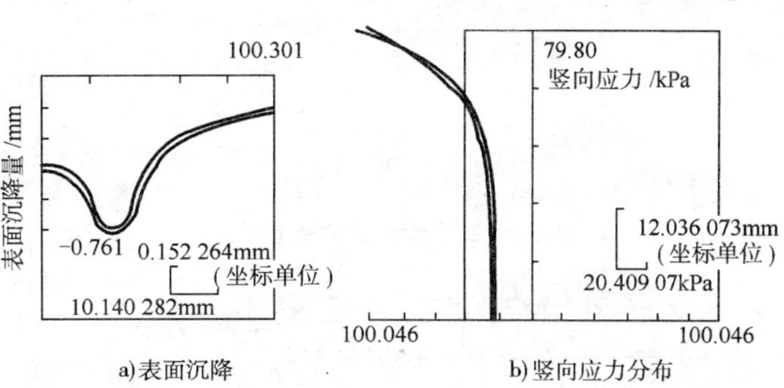

a) 表面沉降　　b) 竖向应力分布

图 3 EPS 块体表面沉降和竖向应力分布

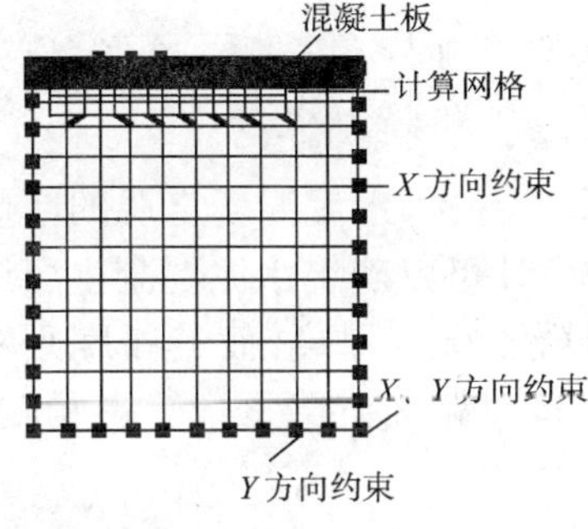

图 4 混凝土和 EPS 结合体计算条件

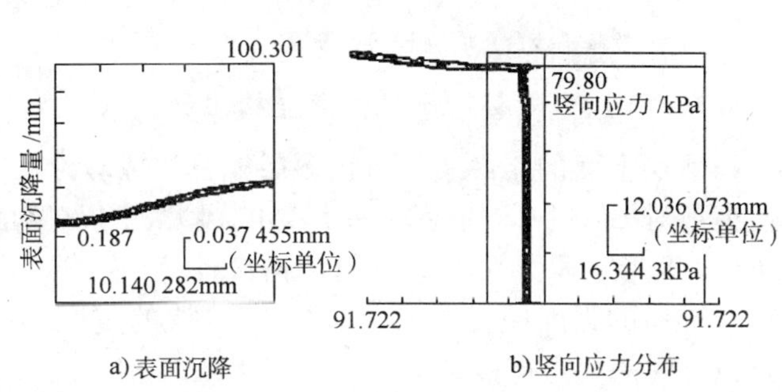

a) 表面沉降　　b) 竖向应力分布

图 5 混凝土和 EPS 结合体表面沉降和竖向应力分布

3 软基桥台台背填筑 EPS 的理论分析

将 EPS 块体作为填筑材料叠置，代替软弱地基上的填土，可以有效地减小填土自重，充分利用软基的承载能力，可减少软基处理工作量。用 EPS 块体代替填土的设计构思是：将 EPS 块体作为填料叠置在地基上不增加或少增加附加应力，从而避免地基产生沉陷或侧向流动，为此在路基填筑前，必须将地基开挖一定深度，卸除一部分地基的自重应力，这种方法称为应力补偿法。

3.1 进行软基桥台台背填筑 EPS 的断面设计

如图 6 所示，将地基开挖一定深度，在开挖面上铺设 10～30cm 厚的砂垫层，然后将 EPS 块体叠置，在其上铺设混凝土或贫混凝土，起压重作用，抵抗地下水对 EPS 的浮力，同时还可使路面车辆荷载得以分散。EPS 块体外面覆土，形成边坡，防止 EPS 暴露，受到阳光、油污等侵蚀。

3.2 软弱地基开挖深度确定

如图 7 所示，软弱地基的重度为 γ_1，开挖深度为 D；EPS 层的重度为 γ_2，填筑高度为 $D+H$；路面面层材料重度为 γ_3，厚度为 h_1；路面基层材料重度为 γ_4，厚度为 h_1；混凝土板的重度为 γ_5，厚度为 h_3。根据应力补偿原则，开挖的软弱地基土重量应大于或等于开挖后填筑的 EPS 层、水泥混凝土层和路面结构的重量，即：由下式可以确定软弱地基开挖深度 D。

$$\gamma_1 D \geqslant \gamma_2(D+H)+\gamma_3 h_1+\gamma_4 h_2+\gamma_5 h_3 \qquad D \geqslant \frac{\gamma_2 H+\gamma_3 h_1+\gamma_4 h_2+\gamma_5 h_3}{\gamma_1-\gamma_2}$$

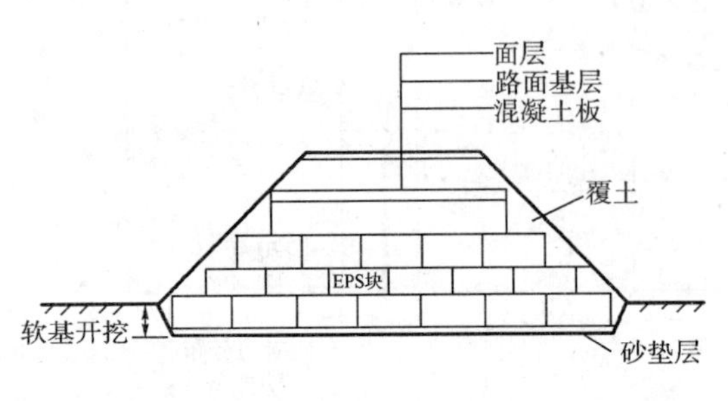

图 6　软基桥台台背填筑 EPS 的断面

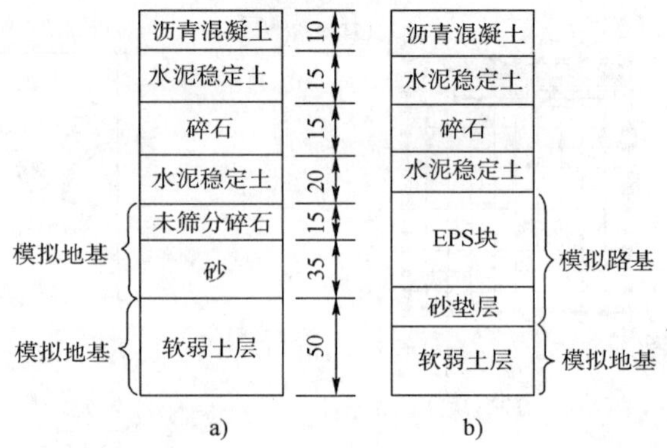

图 7　沥青混凝土路面结构层组合(尺寸单位:cm)

3.3　用 EPS 代替填土的路面结构设计

EPS 层上面的路面结构可按多层体系弹性理论进行计算。首先,水泥混凝土层的厚度和弹性模量对 EPS 块体的应力、变形影响很大,所以,路面结构设计可以确定水泥混凝土层厚度为条件,即进行 EPS 层上的路面结构设计,先应确定水泥混凝土层的厚度,而其厚度则根据 EPS 填充层的强度特性决定。其次,EPS 块的重度和弹性模量对路面沉降量计算影响较大,亦是设计时需要考虑的。

以沥青混凝土路面设计为例,阐明改变水泥混凝土层厚度、弹性模量对 EPS 块体的应力、变形的影响。理论计算的假设,用来分析受力分布。图 7a)中的未筛分碎石和砂模拟路基,软弱土基模拟地基,图 7b)中 EPS 块和砂垫层模拟路基,软弱土基模拟地基。为了便于比较,有无 EPS 块体的路面结构层取为一致,看上去路面结构不尽合理,只是为了对比说明问题。

路面结构断面如图 7 所示,其中图 7a)是在软弱地基上所设计的多层结构路面,图 7b)是以 EPS 代替填土所设计的路面,用于计算的材料参数见表 1。首先研究用 EPS 代替填土后,路面结构中各层的应力、变形,此时假设从水泥混凝土层以上的路面结构厚度相同,各层的弹性模量和荷载条件相同,假设荷载条件为 100kN 轴载作用于台背处;其次研究改变 EPS 块上面水泥混凝土层厚度对 EPS 块应力和应变的影响,此时假设水泥混凝土(包括贫混凝土)层厚度为 10～20cm,相应的弹性模量为 $E=10^4\sim3\times10^4$MPa,其他条件不变,进行同样的计算。计算结果见表 1。

各种计算材料参数　　表 1

材料	弹性模量/MPa	泊松比	重度/kN·m^{-3}	厚度/cm
沥青混凝土	2 000	0.3	23	10
水泥稳定土	6 000	0.3	20	15
碎石	200	0.35	19	15
水泥混凝土	10 000～30 000	0.25	25	10～20
未筛分碎石	65	0.35	19	15
砂砾	25	0.35	19	35
砂垫层	25	0.35	19	10
EPS 块	3,6,10	0.35	0.2	40～50
软弱土基(地基)	10	0.45	17.5	50

通过计算,结果表明:

(1)EPS代替填土导致路面总沉降量有所增大,因为在路面结构自重作用下,块的变形量大于压实后填土的沉降量,但基底压力减少,且路面结构各层的应力、应变值几乎相等,如图8所示,说明EPS代替填土不会造成后期沉降量增大;

(2)当水泥混凝土层的厚度在10~20cm范围内变动时(相应的弹性模量 $E=10^4\sim3\times10^4$MPa),在水泥混凝土层以上的路面结构层的应力、变形值几乎相同,但EPS层的应力、垂直变形值则受到水泥混凝土层的厚度、弹性模量的影响,水泥混凝土层的厚度和弹性模量愈大,水泥混凝土层扩散荷载的能力愈强,所以,EPS层的应力、垂直变形值愈小(图8)。

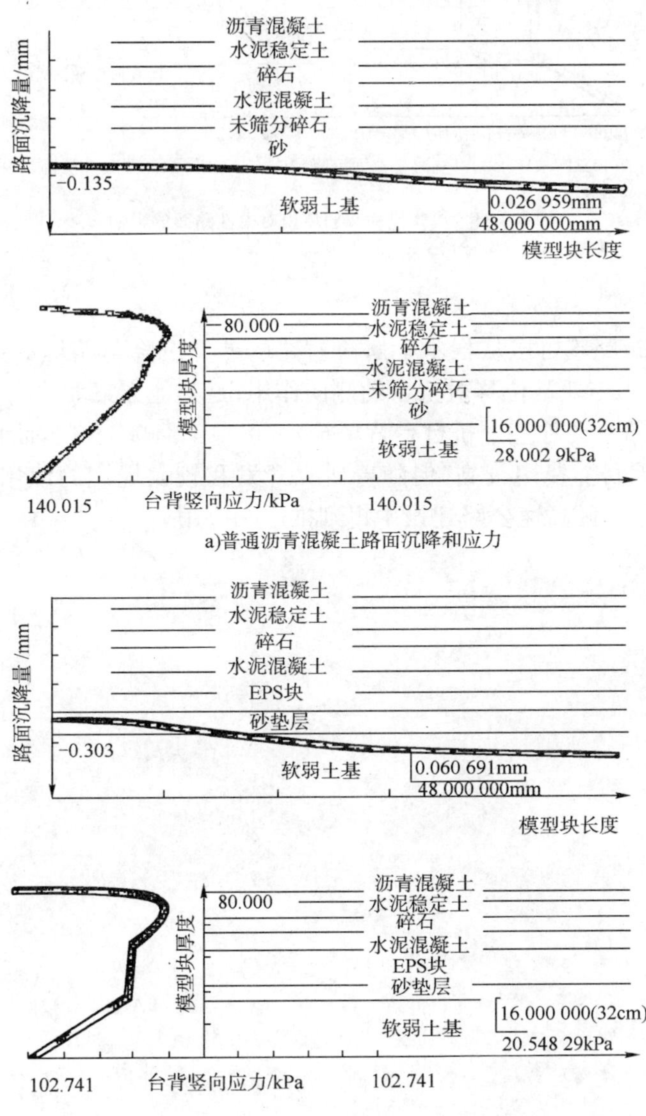

a)普通沥青混凝土路面沉降和应力

b)EPS块体上沥青混凝土路面沉降和应力(10cm厚水泥混凝土层)

图 8

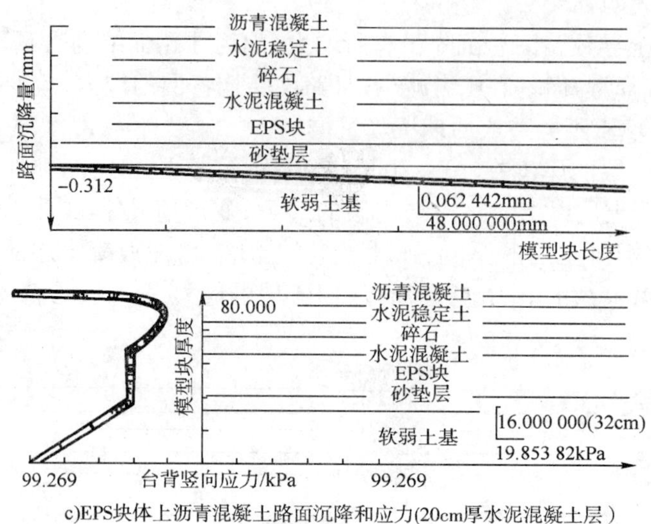

c)EPS块体上沥青混凝土路面沉降和应力(20cm厚水泥混凝土层)

图 8　EPS 块体代替普通填土对柔性路面的影响

4　结语

(1)采用 EPS 填筑路基可以从根本上解决桥路的差异沉降与路堤的残余沉降，即可防止桥头跳车以及台后填土与地基位移对桥台的侧向作用，是其他方案无法实现的。

(2)采用 EPS 进行软弱地基上桥台台背填筑，不仅施工简单、方便，而且施工进度快。

(3)EPS 方案虽然目前费用较高，但随着研究开发和较大规模的使用，费用是会降低的。可以预言，它将在软土地区高速公路建设中得到推广和应用。

溶洞上方圆形基础地基极限承载力有限元分析

阳军生[1,2] 张 军[2] 张起森[1,2] 张家生[1]
(1.中南大学土木建筑学院 长沙 410075;2.长沙理工大学 长沙 410076)

摘 要:针对3种典型围岩条件,采用有限元方法对岩溶地区圆形基础下溶洞顶板稳定性进行了分析计算,讨论岩石地基极限承载力的确定方法,得出不同围岩、溶洞顶板跨度、顶板厚度条件下地基的极限承载力,并分析极限承载力与各影响因素之间的关系。

关键词:地基基础 溶洞 圆形基础 极限承载力 有限元分析

1 前言

在岩溶地区进行圆形基础或者其他基础工程设计与施工时,特别需要考虑基础下方溶洞的影响。溶洞上方地基承载力不仅与溶洞顶板厚度、围岩的特性、岩溶发育程度有关,还与基础的尺寸、工作荷载和溶洞顶板跨度等密切相关。分析溶洞上方地基承载力与各种影响因素之间的关系,评价溶洞对于承载力的影响,可以得出不同条件下溶洞上方地基承载力,从而确定保证基础安全的溶洞顶板安全厚度;当地基承载力不能满足要求时,则需要对溶洞进行有效处理或者对顶板采取加固措施,以保证基础的安全。

对于圆形基础或者其他基础形式下溶洞顶板的稳定性,通常采用的是梁、板、塌落拱、压力拱等计算方法;有限单元法也应用于溶洞顶板安全厚度的估算。目前,对于空区上方条形基础地基极限承载力的确定,有些文献做了系统的研究工作,得出了不同条件下条形基础的极限承载力的确定方法和确定图表;而对于空区上方圆形基础,尤其是岩溶地区溶洞上方圆形基础,如桩基础的极限承载力的确定,进行的研究不多,在实际岩溶地区进行桩基设计时,常采用保证桩端以下支承岩层的厚度不小于5m或6m的方法来进行。

本论文考虑几种典型的围岩特征,采用有限单元法分析溶洞上方采用圆形基础时岩石地基的极限承载力,讨论溶洞顶板跨度、厚度等因素对极限承载力的影响。

2 分析方法与分析计算模型

将溶洞简化为规则圆柱形空洞,不考虑溶洞内充填物的影响,考虑最不利的情况,圆形基础正好处于圆柱形溶洞正上方,并且基础的埋置深度为0。根据分析问题的特点,采用轴对称模型,图1为通过轴对称中心的任一剖面。图1中,圆形基础(桩基础)的直径为D,溶洞顶板跨度为B,溶洞顶板厚度为H,H_r表示溶洞的高度,P为桩端压力,分析中不计水平作用力,仅分析竖向荷载作用下溶洞顶板的稳定性。

在轴对称有限元分析模型中,模型边界条件为:底部采用位移边界条件,即水平和垂直方

摘自《岩土力学与工程学报》2005年1月第24卷第2期。

向的位移均约束；侧面仅水平方向位移约束。采用四边形等参单元，溶洞围岩假定为均质各向同性的弹塑性材料，采用 Drucker-Prager 屈服准则，进行非线性静力分析。数值分析采用 ABAQUS 程序进行。ABAQUS 是一个大型通用型的有限元软件，可以对于复杂的分析模型进行模拟计算。有限元分析在美国的宾夕法尼亚州立大学(Pennsylvania StateUniversity)计算中心进行有限元模拟分两步进行，首先施加初始应力场，然后分级施加基底荷载，模拟中通过指定位移的方法模拟基础的加载，这样分级增加基础底面位移，直至围岩顶板发生破坏，分析围岩在荷载作用下应力、应变以及破坏特征，进而分析不同条件下地基极限承载力。

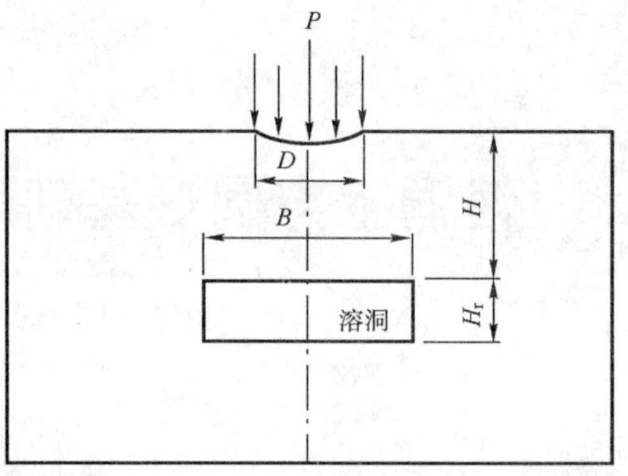

图 1　计算模型图

为了使得分析结果更具有代表性，数值计算采用 3 种典型岩体参数，分别代表非常坚硬岩体、中等强度岩体和强度很低岩体。3 种典型岩体参数特征见表 1。

岩体材料的特性参数表　　表 1

岩体名称	岩石抗压强度 σ_{ci}/MPa	Hoek - Brown 常数(m_i)	地质强度指数(GSI)	内摩擦角 φ/°	黏聚力 c/MPa	岩体抗压强度 σ_{cm}/MPa	岩体抗拉强度 σ_{tm}/MPa	变形模量 E_m/MPa	泊松比 ν	膨胀角 ψ/°
非常坚硬岩体	150	25	75	46	13	64.8	0.9	42 000	0.20	46
中等强度岩体	80	12	50	33	3.5	13	0.15	9 000	0.25	32
强度很低岩体	20	8	30	24	0.55	1.7	0.01	1 400	0.30	0

溶洞上方地基承载力影响因素众多，这里着重分析围岩特性、顶板跨度、顶板厚度和溶洞高度的影响。首先针对一种围岩，分析在一定顶板跨度和顶板厚度下，溶洞高度对于桩的极限承载力的影响，得出在其他条件不变的情况下，溶洞高度对于桩的极限承载力的影响不显著的结论，然后选定一溶洞高度值，分析其他因素的影响。鉴于大型溶洞的稳定性问题非常复杂，在大型溶洞上方进行土木工程施工，需要对于溶洞的稳定性进行专门研究，在有限元分析中，圆形基础直径 D 取 1.2 m，溶洞的跨度取基础尺寸的倍数，但仅分别取 $2D$、$3D$、$4D$、$5D$、$6D$；顶板厚度的变化幅度在已有的经验值范围内进行考虑，分别取 3.5m、4.0m、4.5m、5.0m、5.5m 和 6.0 m，同时还分析了没有溶洞条件下三种岩性岩石地基的极限承载力，以便与存在溶洞的条件进行对比。

3　极限承载力确定方法

由有限元的分析结果可以得出溶洞顶板内应力场与位移场、塑性区分布以及基底压力与位移关系曲线，利用这些结果可以评价岩体地基的极限承载力。

较常见的极限承载力主要有以下三种确定方法。

(1)Vesic 建议极限承载力可从 $P—S$ 曲线上斜率为 0 或者保持在一稳定的最小值的点确定。

(2)有的文献提出一种判断准则,即采用以下两种压力中的极小值:一种由 $P—S$ 曲线中初始部分的斜率(切线)与曲线的破坏阶段切线的交点确定;另一种为极限位移(沉降)所对应的压力。通常,这种基础极限沉降值也只能够由经验方法确定,对于岩石基础,极限沉降值较难确定。

(3)有的文献通过基底压力与土体中塑性区的面积关系曲线进行判断,把曲线斜率产生显著变化的点所对应的压力作为极限承载力。

由于当基础下存在溶洞时,岩体屈服破坏形式不仅与岩土性质有关,而且与溶洞的尺寸和相对位置有关,通常对于埋深较浅的溶洞,塑性区将扩展到溶洞顶板从而导致孔洞的坍塌破坏;而对于埋深较大的溶洞,塑性区是否到达溶洞的顶部还取决于溶洞的尺寸与洞深度的关系以及岩性等。综合考虑各种因素,这里通过以下方法综合确定极限承载力:由以上三种方法分别确定相应的承载力值,然后考察塑性区是否到达空洞顶部时所对应的基底压力,最终取这些压力值中的最小值作为极限承载力。

分析其中一种工况,溶洞高度 $H_r=1.2$m(1D)、跨度 $L=2.4$m(2D)、顶板厚度 $H=5$m 时,对应于强度较低岩体。考虑岩石地基 $P—S$ 曲线的特点,采用方法(2)和(3)所确定的极限承载力分别如下:

由 $P—S$ 曲线,按照方法(2),通过 $P—S$ 曲线中初始部分切线与破坏阶段切线的交点确定的极限承载力为 1.95 MPa。

按照方法(3),通过基底压力与土体中塑性区的面积关系曲线,确定的极限承载力为 2.12 MPa。另外,当塑性区到达溶洞顶部,所对应的荷载为 2.32MPa。

综合考察以上三种结果,取其中最小者,所采用的极限承载力为 1.95 MPa。此时所对应的基底压力与位移之间关系曲线($P—S$ 曲线)如图 2。

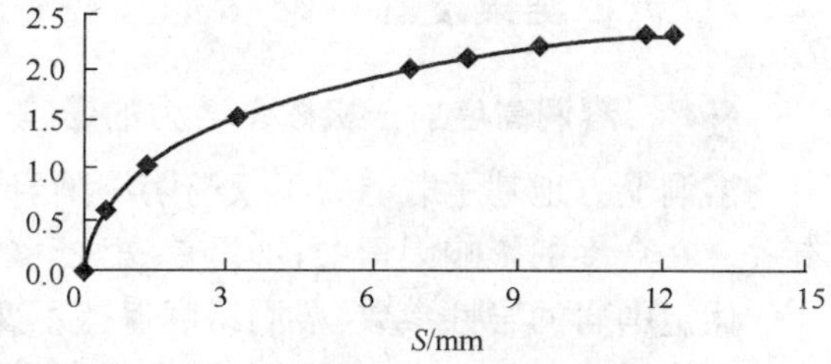

图 2 基底沉降与基底压力关系曲线

按照以上方法,可以确定所计算的各种条件下地基的极限承载力,结果如表 2,表中 B 为溶洞顶板跨度,H 为溶洞顶板厚度。

极限承载力确定结果 表 2

a) 非常坚硬岩体 单位:MPa

H/m	$B=3D$	$B=4D$	$B=5D$	$B=6D$
3.5	135.81	120.90	114.91	114.37
4.0	167.58	152.41	146.46	141.60
4.5	201.89	193.26	184.00	172.72
5.0	248.96	241.57	226.40	215.89
5.5	300.31	296.81	265.29	264.91
6.0	356.62	335.71	292.91	91.75
无溶洞		418.50		

续上表

b)中等强度岩体					单位:MPa
H/m	$B=2D$	$B=3D$	$B=4D$	$B=5D$	$B=6D$
3.5	15.45	12.67	11.15	10.45	10.30
4.0	17.91	16.61	14.36	13.70	13.53
4.5	22.60	20.22	17.22	17.10	15.82
5.0	29.03	26.14	23.72	22.51	21.22
5.5	33.83	33.21	29.77	27.68	26.43
6.0	41.21	39.82	34.60	33.95	31.04
无溶洞	48.57				

c)强度很低岩体						单位:MPa
H/m	$B=1D$	$B=2D$	$B=3D$	$B=4D$	$B=5D$	$B=6D$
3.5	1.56	1.19	0.94	0.86	0.82	0.75
4.0	1.84	1.49	1.19	1.03	0.99	0.94
4.5	1.99	1.84	1.51	1.24	1.14	—
5.0	2.14	1.95	1.79	1.51	1.34	—
5.5	2.31	2.09	2.06	1.80	1.57	—
6.0	2.48	2.31	2.19	2.14	—	—
无溶洞	2.65					

4 计算结果及其讨论

4.1 溶洞高度对于极限承载力的影响

溶洞上方地基承载能力不仅与溶洞围岩岩性有关，而且与溶洞的几何尺寸，即跨度和高度有关。在众多的影响因素中，这里首先讨论溶洞的高度对极限承载力的影响。

假定围岩的岩性参数、溶洞跨度保持不变，当溶洞高度发生改变时，分析极限承载力的变化。计算时溶洞的跨度 L 取为 $4D$(D 为桩径，$D=1.2$m)，即 4.8 m，溶洞高度分别取为0.5D、1D、1.5D、2D、2.5D 及 3D，围岩取强度较低岩石，其弹性模量 $E=1.4$GPa，泊松比 $\nu=0.3$，黏聚力 $c=0.055$MPa，$\varphi=24°$(见表 1)。根据极限承载力的确定方法，得到溶洞高度发生改变时的极限承载力。

计算结果表明，其他条件不变时，当溶洞高度从 0.5D 增加到 3D 时，即从 0.6m 增加到 3.6m，极限承载力从 1.8MPa 下降至 1.757MPa，有少许降低。若此时的极限承载力取 1.8MPa，则溶洞高度在 0.5D～3.0D 内变化时，桩的极限承载力的误差在 2.37%之内。由此可见，溶洞高度对桩极限承载力结果影响不大，这一结论也与有关研究结果相同。

4.2 溶洞顶板跨度对极限承载力的影响

当溶洞顶板厚度一定时，溶洞高度对极限承载力结果影响不大，但溶洞顶板跨度却极大地影响着承载力的大小和顶板的稳定性。根据前面所述的三种典型岩体条件的极限承载力分析结果，讨论承载力与溶洞顶板跨度之间的关系。

溶洞顶板厚度分别取 3.5～6.0m，溶洞高度和跨度通过基础直径采用无量纲的数值表示。桩的直径 D 取 1.2m，由于溶洞高度对承载力的影响不显著，分析时溶洞高度均取一倍基础直径即 1D=1.2m。溶洞跨度分别取 1D～6D,即 1.2～7.2m。

不同岩性条件下,极限承载力与溶洞顶板跨度之间的关系曲线分别如图 3 所示。图 3 中结果表明,无论是非常坚硬岩体、中等强度岩体,还是强度很低岩体,当溶洞顶板厚度一定时,地基极限承载力随着溶洞顶板跨度的增加而减小。

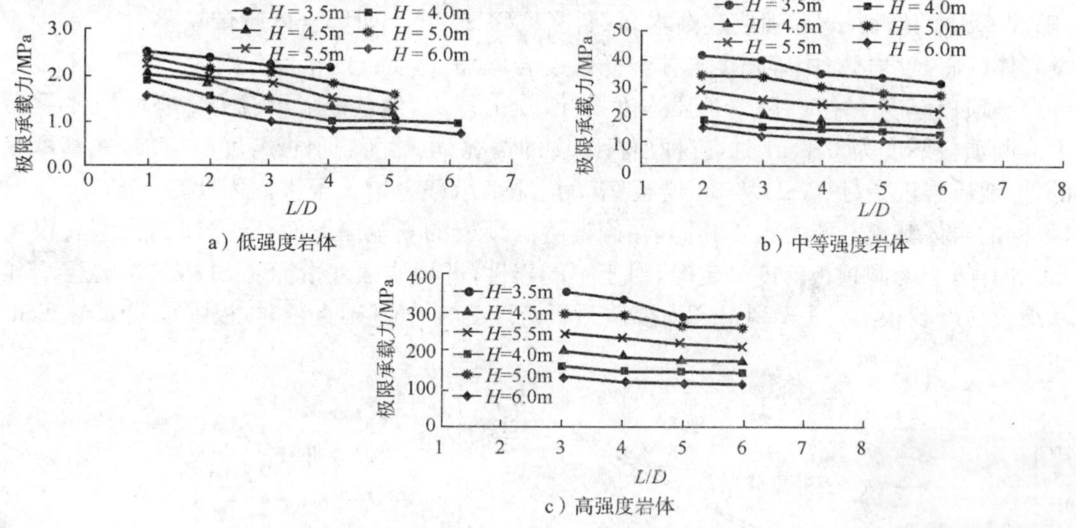

图 3　不同岩性条件下极限承载力与溶洞顶板跨度关系曲线

4.3　溶洞顶板厚度对极限承载力的影响

图 4 为不同岩性条件下地基极限承载力与溶洞顶板厚度关系曲线。很明显,对于不同的跨度,随着顶板厚度的增加,地基极限承载力增加,逐渐接近没有溶洞时的情况,由此可见,当溶洞顶板厚度达到一定程度时,溶洞的存在将对地基承载力没有明显的影响。由图 4 也可以确定当溶洞顶板厚度变化时,不同岩性条件下、不同顶板跨度时的地基承载力,供岩溶地区进行基础设计确定顶板安全厚度时参考。

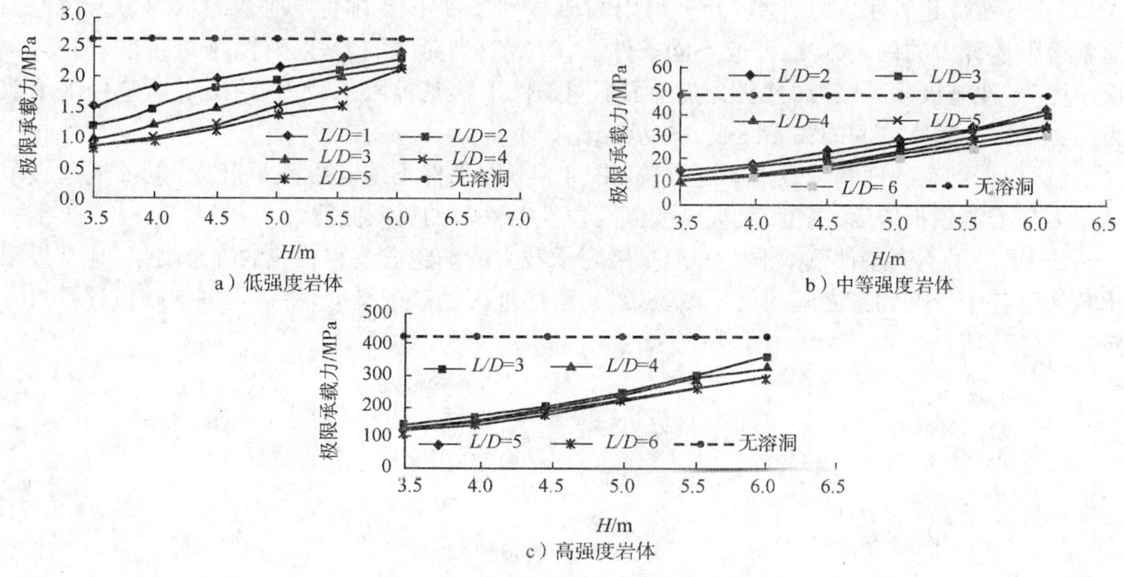

图 4　极限承载力与溶洞顶板厚度关系曲线

4.4 不同岩性条件下地基承载力

岩体强度不仅与岩石试块的强度有关，而且与岩体内节理裂隙的发育程度密切相关，这里采用地质强度指标（GSI，geological strength index），估算在不同地质条件下岩体强度的降低[6]。地质强度指标（GSI）越高，表示岩体强度越高。通常当 GSI 大于 25 时，岩体的质量较好，随着 GSI 的增加，岩体强度逐渐增高；而当 GSI 小于 25 时，岩体质量较差。表 1 所述的三类岩体（高强度岩体、中等强度岩体和低强度岩体）的地质强度指标分别为 75、50 和 30。

溶洞顶板厚度一定时，随着地质强度指标（GSI）增大，地基极限承载力急剧增加。图 5 列出了溶洞顶板厚度为 5.0 m 时，三种顶板跨度的情况，虽然随着顶板跨度的增加，地基承载力降低，但地质强度指标（GSI）从 30 增至 75 时，地基承载力增长很大。因此，对于同一顶板厚度，不同的岩体其承载能力大不相同，在确定溶洞顶板的安全厚度时，与岩体的类型有很大的关系。同样，当溶洞顶板跨度一定时，对于不同岩性，即地质强度指标（GSI）从 30 增至 75 时，地基承载力增长很大，图 6 列出了当溶洞顶板跨度为 4 倍基础直径时，极限承载力与 GSI 关系曲线。

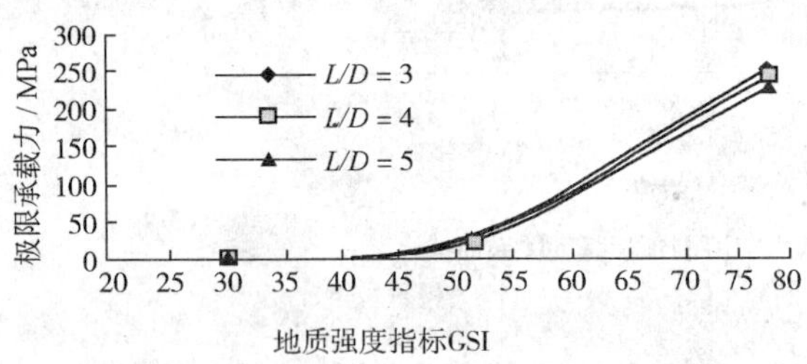

图 5　溶洞顶板厚度 5 m 时，地基极限承载力与 GSI 关系曲线

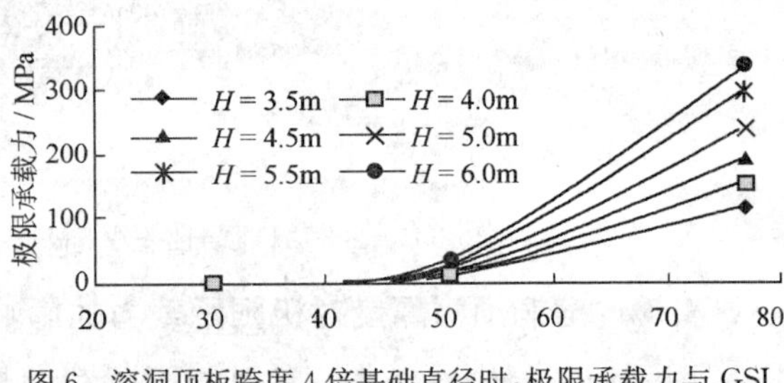

图 6　溶洞顶板跨度 4 倍基础直径时，极限承载力与 GSI 关系曲线

5　结语

本文在分析影响溶洞顶板稳定各个因素的基础上，建立了有限元分析模型，采用 ABAQUS 程序进行了大量计算，分析采用圆形基础条件下溶洞上方地基的承载力。讨论了地基极限承载力的确定方法；研究不同条件下，包括三类典型的岩性条件、顶板跨度、高度、顶板厚度等，地基极限承载力的变化；获得了不同条件下地基极限承载力；给出了地基极限承载力与各个影响因素之间的关系图表。主要结论如下：

（1）根据已有的地基承载力确定方法，得到了不同条件下地基极限承载力，以及地基极限承载力与溶洞顶板跨度、高度、顶板厚度以及岩性条件等的关系曲线。

（2）提出了不同条件下溶洞上方地基极限承载力的确定方法和相应的确定结果，地基极限承载力与各个影响因素之间的关系图表，对于岩溶地区的基础设计，特别是桩基础设计具有一定的参考价值。

关于新路土基强度的确定

张起森
（长沙交通学院　长沙　410076）

摘　要： 本文就新路基的强度指标问题进行了讨论，认为新路基以弯沉作指标是完全可能的，而且应用起来更方便。文中给出了弯沉指标与其他指标（如模量）之间的关系，可供应用时参考。

关键词： 新路　土基强度

在新路设计中，土基强度是路面设计的一个重要参数。土基强度定得正确与否，对路面设计有很大的影响。目前，土基强度表示指标有好多种，常用的有弯沉值、模量、CBR、反应系数等。国内20世纪50～60年代初，采用的是形变模量。自20世纪60年代初引进弯沉仪后，很多地方试探用弯沉作强度指标，并取得一定的成果。对于新路基能否以弯沉反映它的强度，业内意见不完全一致。因此，新路设计能否与老路补强一样，亦采用弯沉的方法进行设计，一直也是有争论的。1978年交通部公路局颁布的《公路柔性路面设计规范》（内部施行），把新路设计和老路补强分开，即新路设计用修正的双层弹性理论解，老路补强用三参数弯沉经验公式。并规定新路的土基强度用回弹模量表示，老路的强度用回弹弯沉代表。这样做之后，使一些同志产生一种看法，认为模量和弯沉是两个截然不同的东西。其实这是一种误解，我们知道，模量是反映路基抗变形的一种能力，它是力和变形之间的一种比值；而弯沉则是反映路基在一定压力作用下的变形，所以它们之间是有联系的。从这个概念出发，我们认为对于新路基，不管用模量，还是用弯沉作指标，其本质是一样的，他们之间是可以沟通的。下面我们先来介绍路基模量的确定方法，然后再来讨论模量和弯沉之间的联系，并对路基强度指标的采用问题提出一些看法。路基的回弹模量一般用以下一些方法进行确定。

1　承载板测定法

承载板测定法分为刚性承载板法和柔性承载板法。板的尺寸常用$\Phi=28$cm，也有用$\Phi=30$cm的。

用刚性承载板测定的回弹变形计算模量时，用下面的公式

$$E_0=\frac{PD}{l_0}(1-\mu_0^2)\times\frac{\pi}{4} \tag{1}$$

式中：P为承载板对土基表面作用的压力，公斤/厘米^2（0.1MPa）；D为承载板的直径，cm；l_0为土基表面在荷载P卸除后的回弹变形，cm；μ_0为土基的泊松比，取$\mu_0=0.35$。

用柔性承载板时

$$E_0=\frac{PD}{l_0}(1-\mu_0^2) \tag{2}$$

摘自《公路》1982年4月第4期。文中量的单位及名称与本书出版时有出入，读者应遵从现行标准。

2 轮载法

轮载法即用汽车后轴一侧的双轮胎直接测定路基表面的回弹弯沉值，然后按下式确定模量 E_0

$$E_0 = \frac{2P\delta}{l_0}(1-\mu_0^2) \times 0.712 \tag{3}$$

式中：δ 为轮迹相当双圆之一（即单圆）的半径（cm）。

3 间接法

间接测定法包括用长杆综合贯入次数，路基土的湿度和干容重、沉落度等来反映土基的回弹模量。这种方法不是直接测定土基的 E_0 值，而是通过用更简单的仪器确定上述指标，然后换算为 E_0 值。

4 室内实验法

室内实验法是在实验室内制备与现场土基同样密实度、含水量的试件，然后用承载板在压力机上对试件进行逐级加载、卸载试验，确定应力——变形曲线，由此求出 E_0 值。

5 动载测定法

动载测定法包括用动力加载仪（如动三轴仪）测定土的动变形，有动变形算出动模量；以及用弹性波的原理直接测出动力模量。弹性波法又有锤击低频地震波法、声波法、低频超声波法等。目前由于仪器设备缺乏，这方面的工作在国内公路部门基本上还没有开展。

这几年结合我们的课题项目，对新路的土基强度测定做了一些工作，以下我们谈一谈这方面的体会。

众所周知，路基的强度是由许多因素综合决定的。在这些因素中，土的类别、压实度和湿度，起着主要的作用。土的种类是由其矿物成分、粒径组成决定的；路基压实度是与土的类别、压实机械的类型和重量、土的状态（颗粒大小和级配，湿度）等有关；路基的湿度除决定于填土的湿度外，还与路基的填筑高度、原地面的潮湿特征、地下水位深度、土的压实度和土类等有关。可见，这些因素之间是互相联系的、互相制约的。显然，如果能全面地考虑这些因素，用某种数学关系表示他们之间的联系，应当是最理想的。但是实际问题并不是那样简单。从实用的目的出发，路基强度指标以能反映影响土基强度的主要因素，并能快速进行测定为好。

结合近几年修建的几段新路基，我们对压实完工的土基进行了一系列试验。这些试验包括：弯沉测定、承载板试验、承载板与弯沉的对比试验、路基上部 50cm 分层干容重试验、路基上部 80cm 分层含水量测定、80cm 综合贯入次数试验等。试验的目的，是试图探讨路基强度以什么指标表示比较合适，各指标之间存在什么内在联系。所测试的路段为填土路基，土质属亚黏土和黏土，塑性指数为 16～20。路基分层填筑，用 12～15t 压路机压实（有一段路基下层是人工夯打的，上层 20～50cm 用 12～15t 压路机碾压）。路基修好后，检验 80cm 分层含水量，其相对湿度为 0.43～0.61。压实度（按轻标准）达到 0.95 以上。

在这些路基上，我们用解放 CA－10B 标准车进行弯沉测定，证明只要路基压实良好，直接用汽车测定弯沉是完全可能的。而且弯沉值大多在 100～300 之间，有不少测点（主要在切方路段)弯沉值小于100。例如我们在一个路段上测得如表1所列的弯沉值。

表1

点 号	弯沉(1/100mm)	点 号	弯沉(1/100mm)	点 号	弯沉(1/100mm)
1	62	7	54	13	87
2	78	8	46	14	56
3	46	9	50	15	101
4	62	10	36	16	66
5	50	11	44	17	76
6	50	12	43	18	50

由这些数据可以看出,对于压实良好的路基,其强度甚至比很多加铺路面的老路还要高。这充分说明压实工作对于降低道路修建造价和保证道路使用质量是极其重要的。最近1～2年交通部科学院提出要提高压实标准,把轻型击实标准(锤重2.5kg)改为重型标准(锤重4.5kg),这个意见是正确的。特别是对干线公路,交通量很大,重型车辆多,采用重型标准是更有意义的。过去有些说法,认为新路基汽车上不去,无法测弯沉,以此来否定以弯沉作为路基强度指标的合理性,这显然是站不住脚的。因为,如果新修的路基汽车上不去(除雨天),就说明路基没有达到一定的压实要求,这种路基怎么能够验收呢?所以我们认为,只要路基压实良好,用弯沉作为其强度指标是完全可行的。从我们进行的汽车弯沉和板弯沉的对比试验也看出(图1),汽车弯沉 $L_{汽}$ 和板弯沉 $L_{板}$ 之间是有很好的相关性的,相关系数 r 达到0.992

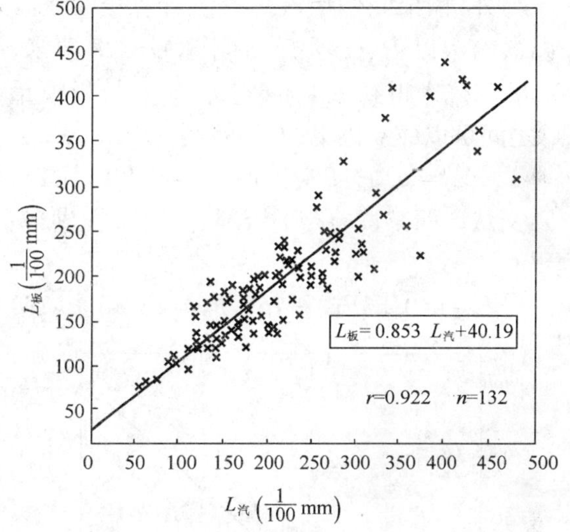

图1 汽车弯沉和板弯沉之间的关系

$$L_{板}=0.853L_{汽}+40.19 \tag{4}$$

由此可以说明,只要测得了汽车弯沉,则板弯沉也可知道。从测定速度来比较,测一点汽车弯沉只要几分钟,而测定一个板弯沉却要费上几十分钟(一般三十分钟以上);从所花劳力来看,做一个承载板试验比一次弯沉,不知要费劲多少倍。所以,对于新修的路基,大量进行弯沉测定,全面掌握路基的强度状况,比之用承载板进行试验,是方便得多,容易得多的事情。因此,我们认为对于新路基采用弯沉作强度指标更为合适的。

有些同志也许会提出,现行规范对于新路基是以模量 E_0 作强度标准的,提出以弯沉作强度指标,是不是与此有矛盾呢?我们认为是没有矛盾的。如果我们把板弯沉按式(1)切除的板模量 $E_{0板}$(以 $P=5$ 公斤/厘米^2,$D=28$ 厘米,$\mu_0=0.35$ 代入)

$$E_{0板}=\frac{PD}{l_0}(1-\mu_0^2)\times\frac{\pi}{4}=\frac{96.44}{l_0} \tag{5}$$

那么我们可求得板模量与汽车弯沉之间的关系(图 2)

$$E_{0板}=24\,000L_{汽}^{-0.751},r=-0.923 \quad (6)$$

这个关系说明,从强度的观点出发,汽车弯沉可以反映模量表示的抗变形概念,这说明用弯沉作强度指标与模量是可以联系的,他们之间是没有矛盾的。另外盲从这个式子我们也可以看出,只要我们测得了路基弯沉值,其模量参数也不难得到。但正如前面所说,测弯沉比测板模量要容易得多。

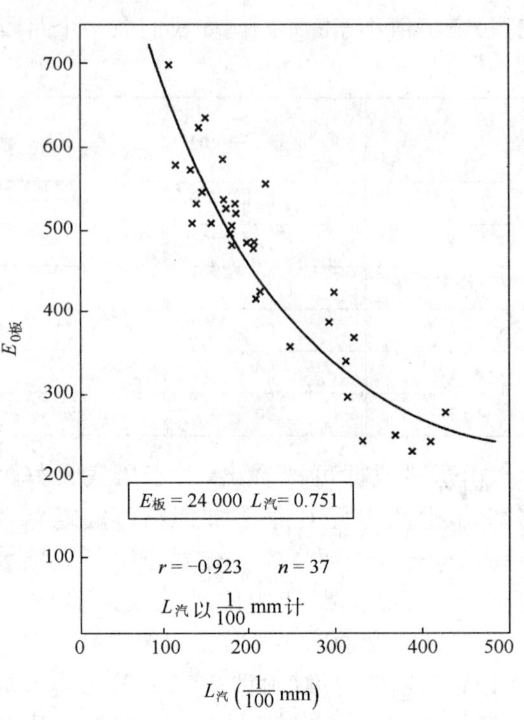

图 2 汽车弯沉与板模量之间的关系

另外,如果我们用汽车弯沉计算模量 $E_{0汽}$[在式(2)中以 $P=5$ 公斤/厘米^2,$D=28$ 厘米,$\mu_0=0.35$代入得到 $E_{0汽}=62.5/L_汽$],与板模量 $E_{0板}$之间可以建立以下的关系(图 3)

$$E_{0板}=0.931E_{0汽}+155,r=0.88 \quad (7a)$$

又从广西某试验路的资料(交科院提供)整理得

$$E_{0板}=0.55E_{0汽}+769.9,r=0.85 \quad (7b)$$

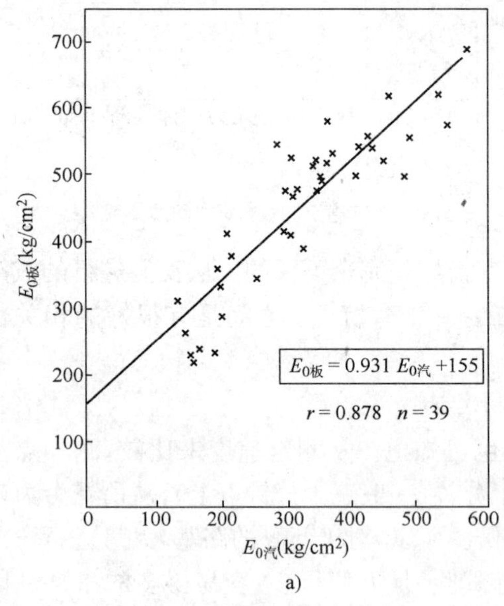

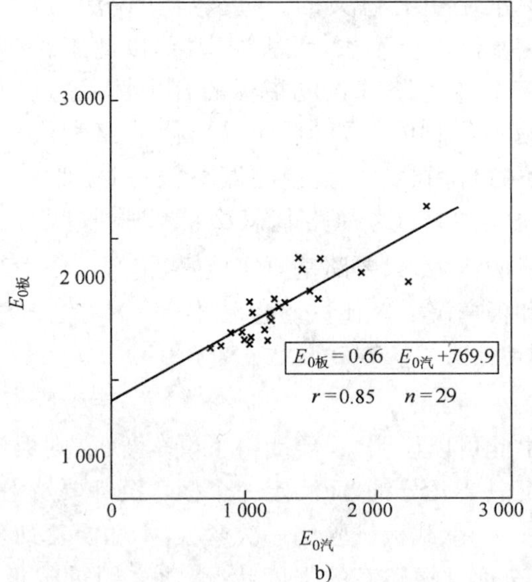

图 3 汽车弯沉模量与板模量的关系

这两个关系式中,系数的差别是因为土基的强度不一所致,但它们线性关系是完全一致的。

这些关系告诉我们,用汽车弯沉求得的模量值,与用承载板试验得到的数量值,它们二者是不一样的。其比值如表 2 所列[见式(7a)]。由此可见,$E_{0汽}$与的比值是随模量绝对值变化的，随着模量增大，其比值也逐渐增大。过去有些资料曾提到$E_{0汽}$大约为0.7倍$E_{0板}$，这种提法似乎是不全面的。如果按此来进行模量换算，其误差是很大的。再者，有这些结果还可看到，确定路基模量必须要明确一种标准试验方法，不能笼统提出模量是多少，应该按标准方法来给出模量值，如果不是按标准试验方法来确定的模量值，则应进行换算。这样我们对路基强度才有一个统一的概念。根据我们的认识，从路基受力的特性分析，似应以单圆板柔性测得的模量值作为路基强度标准是比较适宜的。对于其他方法测得的模量值均应换算为单圆板的模量值。从路面结构应力应变试验结果的分析也看出，以单圆板的模量值作为路基模量进行理论分析，其结果与试验值取得定性上的一致性。

表2

$E_{0汽}$	$E_{0板}$	$E_{0汽}/E_{0板}$	$E_{0汽}$	$E_{0板}$	$E_{0汽}/E_{0板}$
47	200	0.235	582	700	0.830
154	300	0.513	680	800	0.850
261	400	0.653	796	900	0.883
368	500	0.736	903	1000	0.903
475	600	0.791			

如果新路基由于某些原因，汽车无法行驶，这是路基的强度可大致用综合贯入次数实验来确定。根据我们的试验，$E_{0板}$与80cm综合贯入次数N_0之间大致有如下的关系(图4)

$$E_{0板}=13.07\ N_0+111.18, r=0.73 \qquad (8)$$

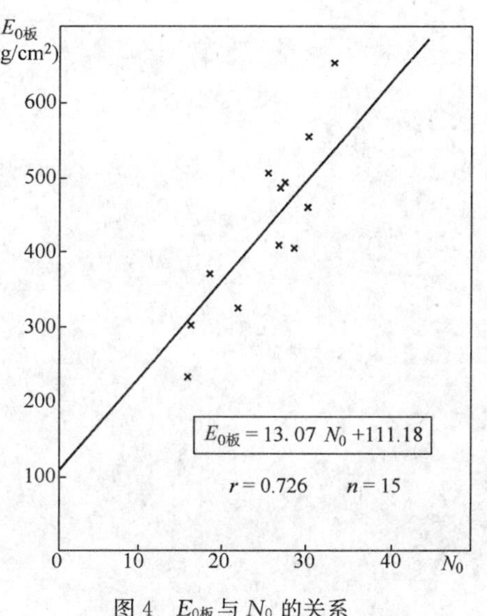

图4 $E_{0板}$与N_0的关系

综上所述，我们可以得到这样一个认识，即新路基的强度指标以弯沉值表示是比较方便的。如果我们有比较多的资料，新路设计也可和老路补强一样，采用弯沉的方法进行。如果按照现行规范来设计，可把路基的弯沉值换算为模量值进行。现在的问题是，在路基未修好之前，怎样进行新路的设计呢？要解决这个问题，就必须对已修好的路基进行大量的调查，和模量值一样，最后定出不同土组、不同干湿类型、不同填挖情况和不同含水量及密实度的路基弯沉值，以此作为新路第一阶段设计的依据；待路基按要求标准修好后，进行全面的弯沉测定，据此对第一阶段的设计进行修改。这就是所谓的新路按两阶段设计的思路。

最后，对与路基的压实度试验还想谈一点看法。上面已经提高，路基压实对于压实度应该怎样检验呢？过去有些单位建议用路基表层的干容重表示其压实度，我们认为这是欠妥的。从图5的干容重试验结果看出，路基沿深度的干容重是变化较大的，不可能用表层的干容重代表。从受力的影响深度来考虑，我们认为用50cm的分层加权平均值来代表整个路基的压实度是适宜的。

另外，对于路堑的强度问题还得提一下。路堑处(包括切方路基部分)的土基，由于土的结构一般未受扰动，所以开挖后测定土基表面的强度，其强度是较高的，我们在路堑处实测弯沉表明，其弯沉值往往不超过100，有的仅有20～30，如果根据这个数据来设计路面结构，路面可以铺的很薄，甚至可以不铺路面，其强度还大大有余。但是现有路面使用的情况说明黑色路面路堑地段的损坏率是较高的，有的地方经多次处理仍不易解决。这除了水对路面的影响外，还因为对路堑路基强度的变化估计不足。所以，对路堑地段土基强度的估计及路面结构设计问题，是一个值得引起注意的问题。

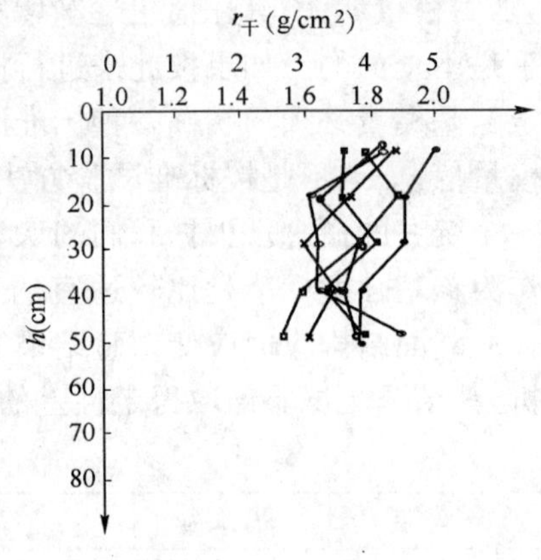

图5 路基干容重 $r_{干}$ 随深度变化

最后，应该说明，由于我们对新路基做的试验还不多，试验资料很有限，所以文章中所列出的一些数据仅可供从事实际工作的同志参考。我们的目的不是提供这些数据，而是提供一些思路，更多的数据还需依靠大家在从事科学试验中积累起来。我们相信，只要大家都以科学态度来对待新路设计工作，那么我们目前在这方面的很多不足和空白，都会很快填补起来。

Netlon 土工网对土体抗压中的加固作用

陈永富　张起森　高燕希
（长沙交通学院　长沙　410076）

摘　要：通过对击实试验后形成的 Netlon 土工网与土体复合试件进行的土体密实度变化测试，抗压强度与变形的测试，分析了 Netlon 土工网对土体抗压、加固作用的机理，对工程实际应用有一定的指导意义。

关键词：土工网　抗压　加固

Netlon 土工网是一种新型土工材料，对于软土地基处理、高边坡防护、高路堤的稳定性具有独特的特性。我国于 1990 年初期开始引进生产以来，逐渐应用于土木工程中。如 107 国道武汉东西湖段软基上的邦填，南通港狼山港区中的吹填粉细砂软基处理。320 国道湖南湘潭龙云立交桥桥台跳车处理，南昆铁路软土地基及膨胀土路基处理等。在应用过程中发现有相当多的问题还有待进一步研究，如在高路堤中的土工网对土体的补强作用机理，以及在软土地基上土工网垫层的承载力计算等。

本文将介绍 CE131 土工网在 CBR 模具击实试验中对土体密实度的影响，土工网与土体复合试件在不同密实度、不同铺网情况下的抗压强度变化规律与相应的变形规律。

1　试验介绍

本次试验中的土样取南方地区常见的红砂岩风化土，土样的基本物理性质及级配状况见表 1 及图 1。

实验土样的基本物理性质　　表 1

土名	天然含水量 /%	天然容重 g/cm³	比重	液限 A**	塑限 A**	最大干密度 g/cm³	最佳含水量 /%
红砂岩风化土	22.8	1.78	2.70	36.3	22.0	1.883	13.5

** 此二数据由液、塑限联合测定仪测定。

本次试验中使用的是 CE131Netlon 土工网，每延米抗拉强度为 8.62kN/m，对应的延伸率为 60%，重度为 0.65kg/cm³ 或 1.75kg/cm³。本次试验采用 CBR 模具重型击实成形。直径 15.2cm，试件高为 12cm 和 22cm 两种，按我国公路土工击实试验中采用改变锤击数不改变击实功的做法统一击实试验，为了在试件中铺网的需要，每个试件分 6 层击实，经过试验测试在未铺网、试件高 H 为 12cm 时的土体密实度 K 与每层锤击数 N 之间的关系（表 2）。同时表中

摘自《长沙交通学院学报》1995 年 12 月第 11 卷第 4 期。

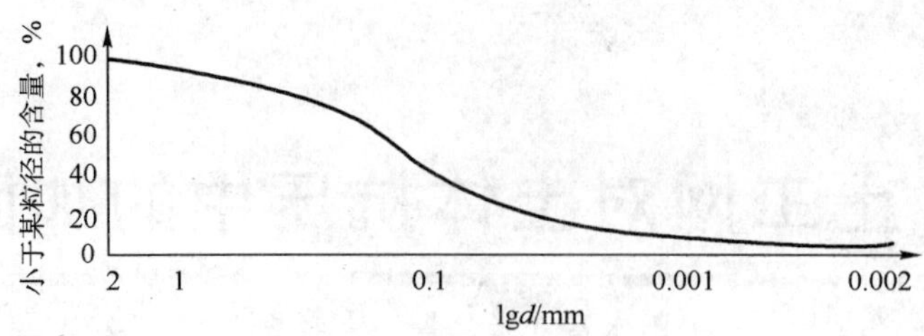

图1　试验土样级配曲线

计算了按击实功不变原则，试件高 H 为22cm时的 K 与 N 间的关系。

密实度 K 与每层锤击数 N 之间的关系　　表2

密实度 K	每层土对应的锤击数 N	
	H=12cm	H=22cm
100	49	90
95	24	44
90	13	24
85	7	13

在试件中的铺网情况如图2所示，其中 n 代表试件中铺网层数。本次试验中 n 取值为0、1、2、3共4种情况，试件含水量均控制为最佳含水量。

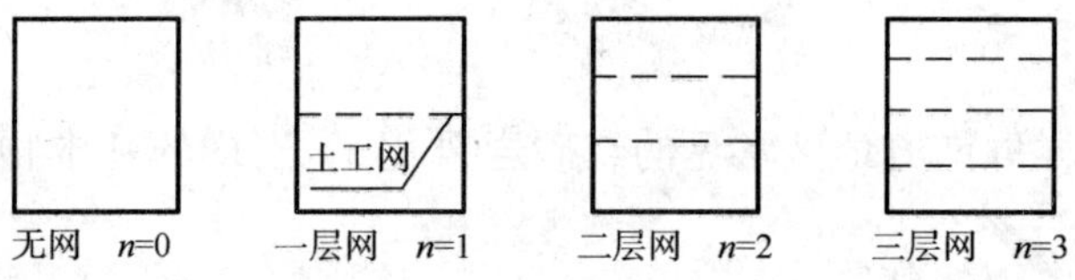

图2　试验4种铺网情况

2　试验结果及分析

2.1　铺网对土体密实度的影响

已有文献指出在路基填土中加铺土工格网能有效地增加土体的压实度，从而提高土体的抗压与抗剪强度。为此，本次试验中进行了铺网对土体击实密实度影响的测试试验，其结果如表3所示，表中所测试的试件高为12 cm，加网所测密度均为减去土工格网体积与质量影响后的值，每片格网体积 V_G 约为11cm^3，平均容重约为1.175g/cm^3。

从表3数据可以看出，在试件中加了土工网后土体的密实度并未发生明显变化(其变化范围为－0.5～＋0.8kN/m^3)，这在单轴压缩试验与直剪试验中测试土体密度时也有相同的规律。

土工格网对土体击实密度的影响 表3

铺网情况	土的物理参数	每层锤击数 N			说明
		24	13	7	
无土工网 ($n=0$)	土的湿容重 ρ,g/cm³	2.020	1.867	1.769	$V_G=0\text{cm}^3$ $W_G=0\text{g}$
	土的含水量 w,%	13.4	13.3	13.6	
	土的干容重 ρ_d,g/cm³	1.781	1.656	1.557	
	土的压实度 K,%	94.6	88.0	82.7	
一层土工网 ($n=1$)	土的湿容重 ρ,g/cm³	2.021	1.883	1.774	$V_G=11\text{cm}^3$ $W_G=12.93\text{g}$
	土的含水量 w,%	13.2	13.4	13.1	
	土的干容重 ρ_d,g/cm³	1.785	1.660	1.569	
	土的压实度 K,%	94.8	88.3	83.3	
二层土工网 ($n=2$)	土的湿容重 ρ,g/cm³	2.025	1.895	1.777	$V_G=22.1\text{cm}^3$ $W_G=25.97\text{g}$
	土的含水量 w,%	13.3	13.3	13.7	
	土的干容重 ρ_d,g/cm³	1.787	1.673	1.563	
	土的压实度 K,%	94.9	88.8	82.9	
三层土工网 ($n=3$)	土的湿容重 ρ,g/cm³	2.020	1.869	1.780	$V_G=33.2\text{cm}^3$ $W_G=39.01\text{g}$
	土的含水量 w,%	13.5	13.5	13.1	
	土的干容重 ρ_d,g/cm³	1.780	1.647	1.574	
	土的压实度 K,%	94.4	87.5	83.6	

2.2 铺网对试件无侧限抗压强度及变形的影响

无侧限压缩试验采用压缩机连续加载,加载速率为 1kN/min,按试验规程,每个数据取 3 个试样的平均值。为了反映试件长细比对变形的影响,现设长细比参数 $\nu=H/d$(H 为试件高度;d 为试件直径)。

图 3、图 4 反映了不同长细比 ν、不同铺网层 n 和不同密实度 K 时的压应力 q 与压应变 ε

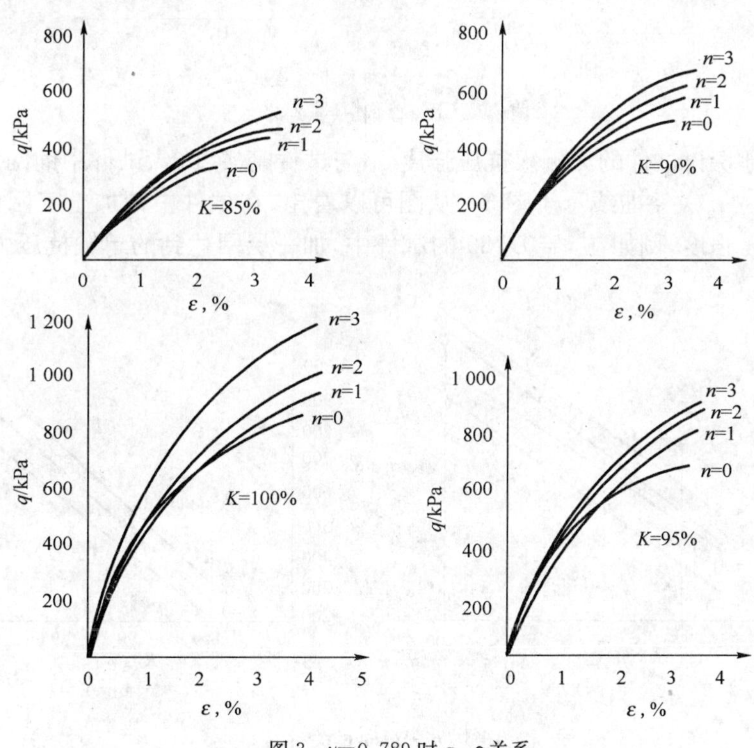

图 3 $\nu=0.789$ 时 q—ε 关系

之间的关系。从这些 $q—\varepsilon$ 的关系曲线上可以看出，随着铺网层数 n 的增加，试件抗压强度增加。试件抗压可塑性增加，试件抗压刚度有所增加。

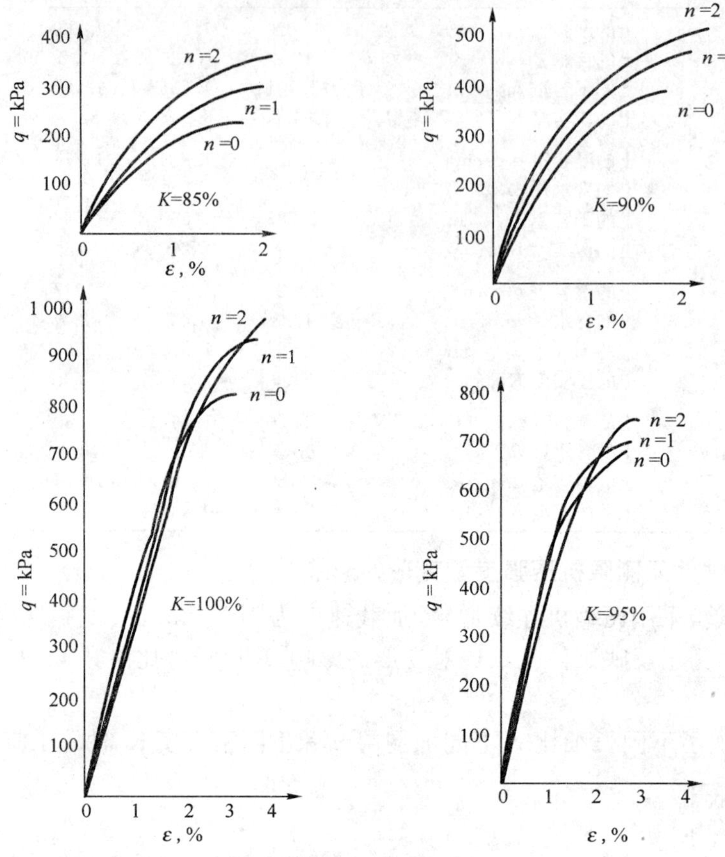

图 4　$\nu=0.447$ 时 $q—\varepsilon$ 关系

为了进一步地探讨试件的无侧限抗压强度 q_α 与试件密实度 K、试件中铺网层数 n 之间的关系，现将 $q_\alpha—K—n$ 关系曲线示于图 5。从图可以看出，在试件中铺加土工网可以大大地提高试件的单轴抗压强度，例如在 $\nu=0.789$ 的试件中，加一层网达到的单轴抗压强度 $q_{\alpha1}$ 可相当

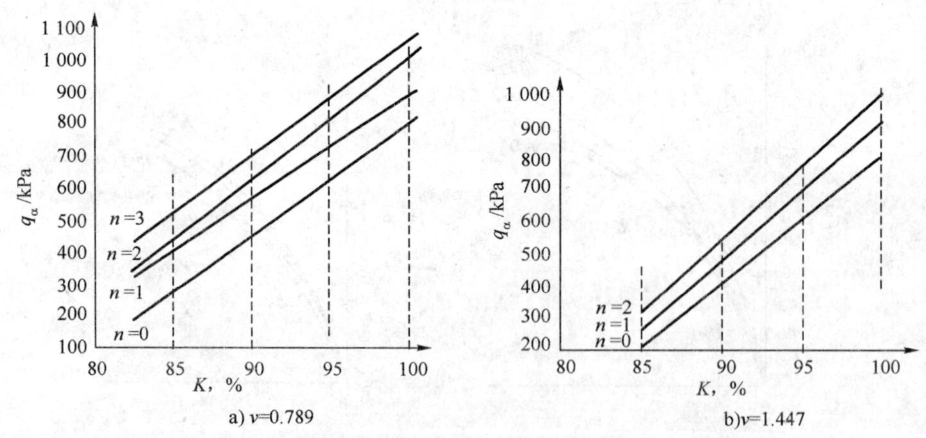

图 5　$q_\alpha—k—n$ 的关系

于不加网试件在相应密实度基础上增加 3%左右密实度的单轴抗压强度 q_{u0} 表 4 中列出了相对应的试验结果，综合反映了铺网的效果。

从表 4 可以看出，长细比增加约 1 倍，达到相应单轴抗压强度时的等效无网密实度将下降 1.0%～1.5%。图 6 示出试件破坏时的状态。从该图可以看出，随着土工网层数的增加。试件的破坏状态逐渐从 45°面上的剪切破坏向竖直面上的张拉破坏转移。

达到同等单轴抗压强度时的密实度对比 表 4

长细比 ν	铺网层数 n	铺网时的密实度 K_n / 压到相应单轴抗压强度时的无网密实度 $\overline{K}_0$			$(\overline{K}_0-K_n)$平均值
0.789	1	$\frac{85}{88.75}$	$\frac{90}{93.25}$	$\frac{95}{98.00}$	3.23
	2	$\frac{85}{89.50}$	$\frac{90}{95.00}$	$\frac{95}{>100.00}$	4.83
	3	$\frac{85}{91.75}$	$\frac{90}{96.75}$	$\frac{95}{>100.00}$	6.75
1.447	1	$\frac{85}{87.50}$	$\frac{90}{91.75}$	$\frac{95}{97.25}$	2.17
	3	$\frac{85}{88.50}$	$\frac{90}{93.75}$	$\frac{95}{99.25}$	3.83

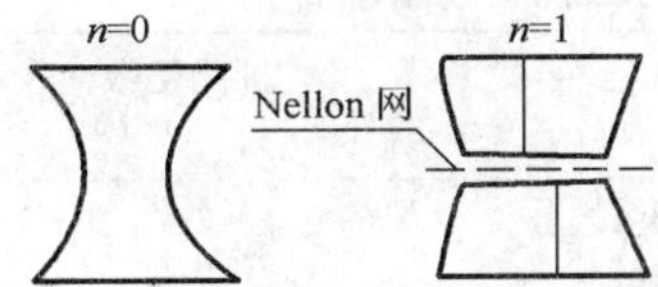

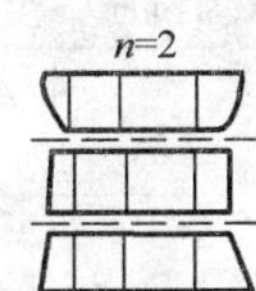

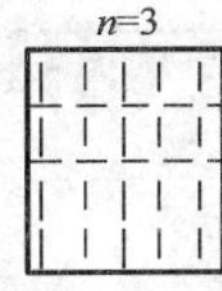

图 6 试件破坏状况

综合本章前述内容，我们可以认为在土体中加铺土工网不仅可以增加土体在相同击实能量下的压实度，而且由于土工网能有效地约束土颗粒在受压时的侧向位移。将更进一步地提高土体的抗压强度，并使土体的破坏状态发生变化。

为了更进一步从量上对强度变化予以探讨，表 5 列出图 5 中的强度线在不同铺同情况下的斜率变化情况，即试件密实度增量 ΔK 与相对应的单轴抗压强度 Δq_u 间的关系。

强度线斜率 $\Delta q_u/\Delta K$ 表 5

长细比 ν	铺网层数 n	$\Delta q_u/\Delta K$
0.789	0	32.72
	1	30.57
	2	35.65
	3	33.26
1.447	0	35.14
	1	38.85
	2	36.20

从表 5 结果可以看出，$\nu=0.789$ 时强度线的斜率在 30～35 之间，$\nu=1.447$ 时斜率则增加到 35～40 之间，似乎强度线斜率与铺网层数无关，而与长细比有关。图 7 更能清楚地说明这一点，当 K 达到 100%时，两种长细比的强度线非常接近，当 K 为 85%时两种长细比的强度线相距甚远，即随着密实度的减小，长细比对抗压强度的影响逐渐加大。

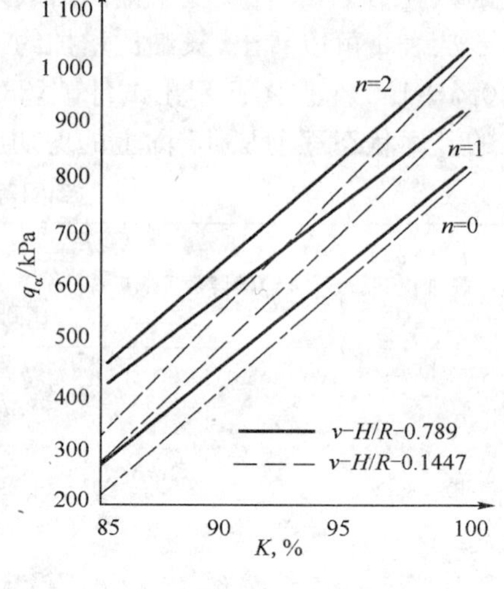

图 7 q_α—K—ν—n 的关系

表 6 表明了不同条件下的单轴抗压强度增长率 $\Delta q_\alpha/\Delta q_{\alpha0}$（$\Delta q_{\alpha0}$ 为试件在各种密实度条件下铺网层数 $n=0$时的单轴抗压强度），相应的结果如图 8 及图 9 所示。从这些结果可以发现，试件中铺上土工网后的单轴抗压强度增长率与土工网层数 n 成线性关系，其斜率随着试件密实度 K 增加而下降，特别是在图 8 中有一个很有意义的现象，长细比不同但密实度相同的两条强度增长率直线的斜率几乎相同。说明长细比不同的试件在加网时有相同的长度增长率规律，只是初始值随着密实度下降而增加，在密实度为 100% 时两条线几乎重合，即试件中的加网加强效果随着密实度的增加而下降，图 9 中的所有曲线都有此规律。另外从图 9 中可以看出，长细比相同的 $\Delta q_\alpha/\Delta q_{\alpha0}$—$K$ 关系曲线几乎也是平行的，即具有相同的增长率规律，只是随着 n 增加其绝对值增加，而随着长线比的增加曲线逐渐趋于平缓。

单轴抗压强度增长率 $\Delta q_\alpha/\Delta q_{\alpha0}$(%) 表 6

长细比 ν	密实度 K %	铺网层数 n 1	2	3
0.789	85	48.8	64.8	90.3
	90	26.1	39.3	53.5
	95	16.5	31.0	40.5
	100	11.1	25.3	32.2
1.447	85	27.9	50.0	—
	90	18.2	33.2	—
	95	15.3	27.4	—
	100	12.7	23.9	—

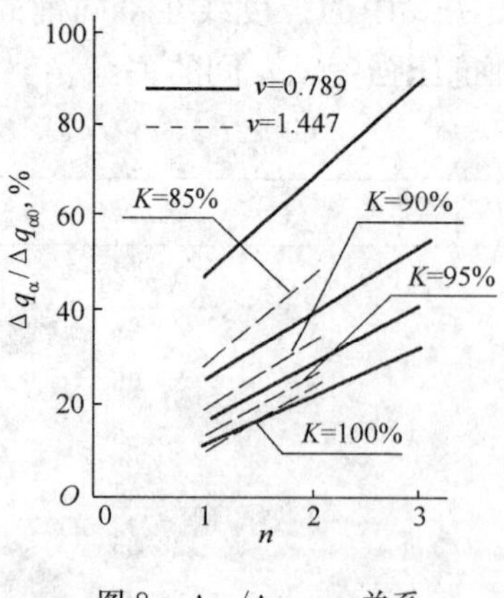

图 8 $\Delta q_\alpha/\Delta q_{\alpha0}$—$n$ 关系

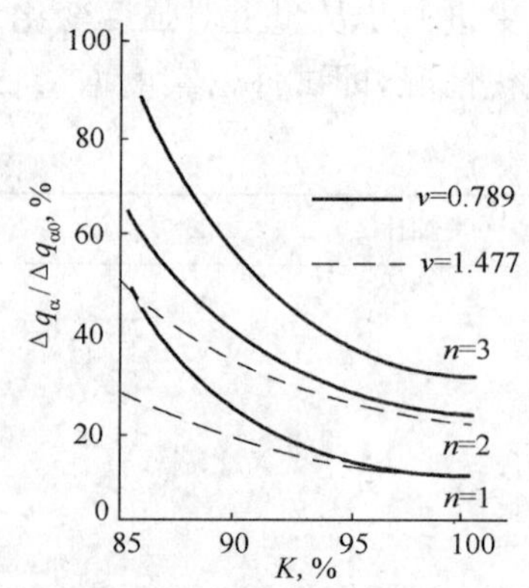

图 9 $\Delta q_\alpha/\Delta q_{\alpha0}$—$K$ 关系

试件的极限压应变大小反映了试件的可塑性大小，表 7 与图 10 综合体现了试件极限轴向压应变 ε_α 与长细 ν、密实度 K、铺网层数 n 之间的关系。从这些结果来看。随着铺网层数的增加，试件抗压可塑性增加；随着密实度的增加，试件抗压可塑性增加；随着试件长细比增加，试件的可塑性下降。

ε_α 与 ν、k、n 间的关系　　表 7

密实度 K/%	长细比 υ	ε_α/%		
		$n=0$	$n=1$	$n=2$
85	0.789	2.310	3.686	3.649
	1.447	1.721	1.964	2.026
90	0.789	3.061	3.242	3.474
	1.447	1.843	2.050	2.312
95	0.789	2.852	3.490	4.251
	1.447	2.449	2.720	2.844
100	0.789	4.210	4.273	4.843
	1.447	2.964	3.690	3.833

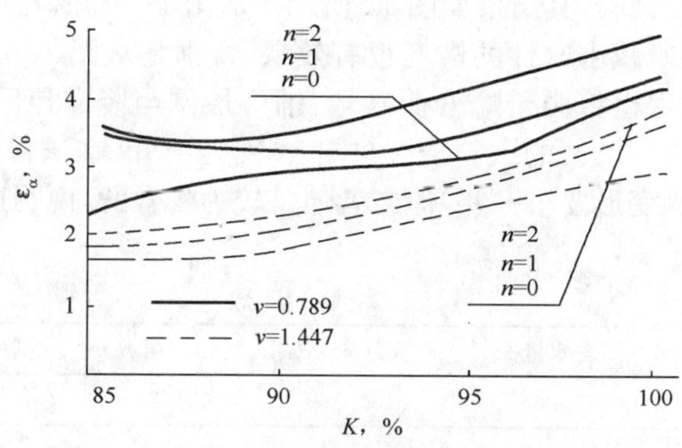

图 10　ε_α—K—n—ν 关系

2.3　侧限压缩试验中的土工网对试件变形的影响

为了探讨土体中铺上土工网对土体受力后变形的影响，本次试验中还对如图 11 所示的铺网试件进行了直剪试验，结合直剪前的固结过程，测试了试件中的土工网对土体侧限压缩变形的影响。由于篇幅有限，本文只介绍侧限压缩试验结果。

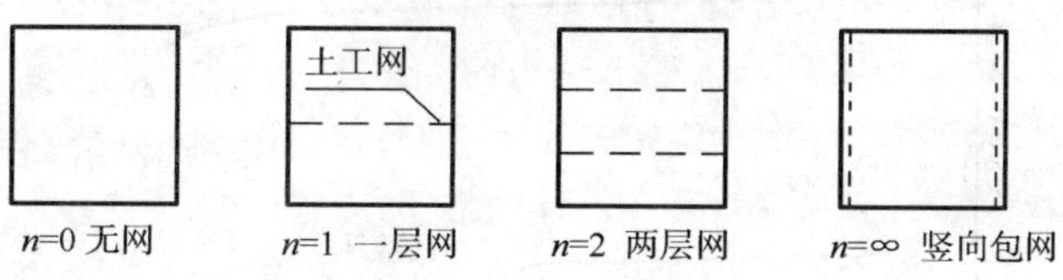

图 11　侧限压缩铺网情况

试件是由 CBR 模具成形。试件直径 15.2 cm，高 12 cm，含水量为 13.5%(最佳含水量)。试验操作规程与要求按公路土工试验规程进行。

表 8 列出了在不同密实度 K、各种铺网层 n 下所测得的试件压缩系数 α_{1-2}[8]。从这些数据的分布情况可认为，随着铺网层数的增加，试件压缩系数 α_{1-2} 减小，即土体压缩性减小，这种趋势随密实度减小而上升。这更说明了土工网对试件密实度与试件中土颗粒的侧向位移影响。需要说明的是由于直剪试验的需要，试验所测的完整的侧限压缩曲线不是 1 个试样加不同竖向压力测得的，而是由 5 个试样在其他条件相同时加不同竖向压力测得的。尽管如此。其结果还是能说明问题的。

a_{1-2} 与 K、n 间关系(单位：MPa^{-1})　　表 8

铺网层数	密实度 K/%			
	85	90	95	100
$n=0$	1.144	0.500	0.407	0.417
$n=1$	0.583	0.423	0.501	0.352
$n=2$	0.800	0.187	0.196	0.342
$n=\infty$	0.494	0.369	0.260	0.223

2.4 无侧限压缩试验中的蠕变规律

为了进一步观测在恒载下变形的时间效应即蠕变特性，对图 11 所示的试件进行了表 9 所列参数的无侧限压缩蠕变试验，其结果如图 12 所示。从图 12 可知，在试件中铺加土工网后由于试件抗压强度的提高，对减小试件的蠕变很有效果，特别是从图 12b)可以看出未铺网试件很快破坏，铺 1 层网的试件也将由于蠕变而破坏，铺 2 层网与竖向包网的试件其变形是稳定的。另外我们将图 3 中 $K=85\%$ 的试验结果与图 12 对比可知，在试件未破坏时，连续加载所测试件的变形比蠕变所测变形要小一些，但二者还是较为吻合的，说明连续加载所测变形还是具有代表意义的。

蠕 变 实 验 参 数　　表 9

密实度 K	长细比 ν	含水量 w	压力 p/kPa	铺网层数 n	试件高度/cm	试件直径/cm
85%	1.18	13.6%	130.260	0,1,2,∞	11.97	10.16

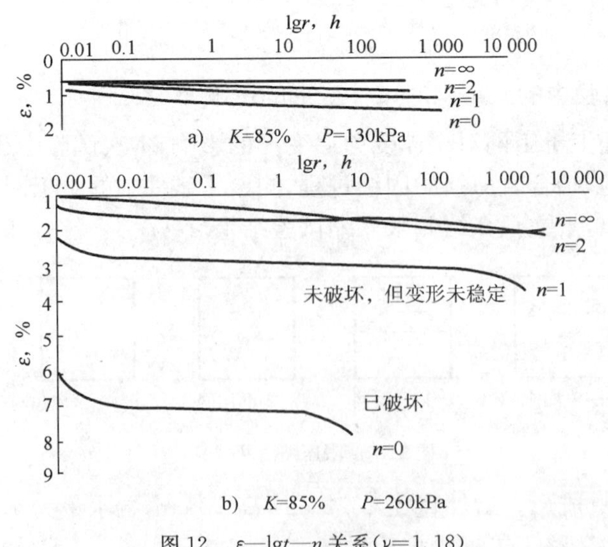

图 12　ε—lg$t$—n 关系(ν=1.18)

3 结语

(1)在土体中加铺土工网,对土体的压实度没有很大的影响。

(2)土体中加铺土工网后能有效地提高土体的抗压强度,减小土体的蠕变,增加土体的可塑性,对于工程应用是很有利的。

(3)在土体中加铺土工网,改变了试件在抗压破坏时的破坏模式,土工网加固效果是随着试件长细比的增加而减小的。

Netlon碎石桩处理软土地基的应用研究

李跃军[1] 张起森[2]

(1.湖南省交通厅 长沙 410007 2.长沙交通学院 长沙 410076)

摘 要: 结合处理320国道(高等级公路)软土地基的实际工程,提出用Netlon土工格栅碎石桩快速处理软土地基的新方法,并在施工过程中对软基处理地段进行了系统的测试研究。观察结果表明,该方法具有快速、经济、方便等优点,为软土地基的处理提供了一种可行的新途径。

关键词: 软土地基处理 Netlon碎石桩 测试 总沉降

高等级公路为适应线形的严格要求,不可避免地需要跨越一些地质不良的软基地段,如在建或已建成的沪宁、京津塘、广佛、泉厦等高速公路都不同程度地遇到软基处理问题。软土具有高压缩性、低强度等特殊的物理力学性质,因此软基处理方法是否科学,将直接影响工程造价、工程质量及施工工期。目前,国内外在公路建设中采用的软基处理方法各有其优点,但同时也有一定的局限性。如沪宁高速公路软基处理中采用的粉喷桩法,虽处理效果好,工期短,但造价高;广佛高速公路上采用的袋装砂井法虽经济但工期长,其预压期就需一年半的时间。目前常用的传统加固方法都很难二者兼顾。本文介绍在320国道极软土地基处理中首次采用的Netlon碎石桩加砂垫层法。工程实践表明,这种方法具有投资少、工期短、处理效果好等优点。它不仅可以用于公路工程建设中,也可用于铁路、水利、港口等工程中的软土地基处理。

1 试验路段极软土地基概况

K31+946 ~K32+045段极软土地基为320国道阳东大桥至株洲二级汽车专用公路所经过的一部分路段。软土路基于1994年1月1日开始填土,1995年初建成通车。该段软土地基地质如图1所示,主要为三层:淤泥层、砂层、花岗岩层。从横断面来看,软基变形对路面的影响极为不利,特别是路基处于不均匀地层上。该淤泥是山谷间的扇形洪积淤泥层,毫无承载能力,用2m长的小竹干能毫不用力地一插到底,其塑性指数I_p为16,天然含水量高达120%。淤泥的各项物理力学性能指标见表1。

淤泥的各项物理力学性能指标　　表1

土 样	c	φ	k	n	R_f	H	F	D
淤泥质黏土	10	17°	9	0.1	0.31	0.14	0.00	2.0

摘自《长沙交通学院学报》1997年6月第13卷第2期。

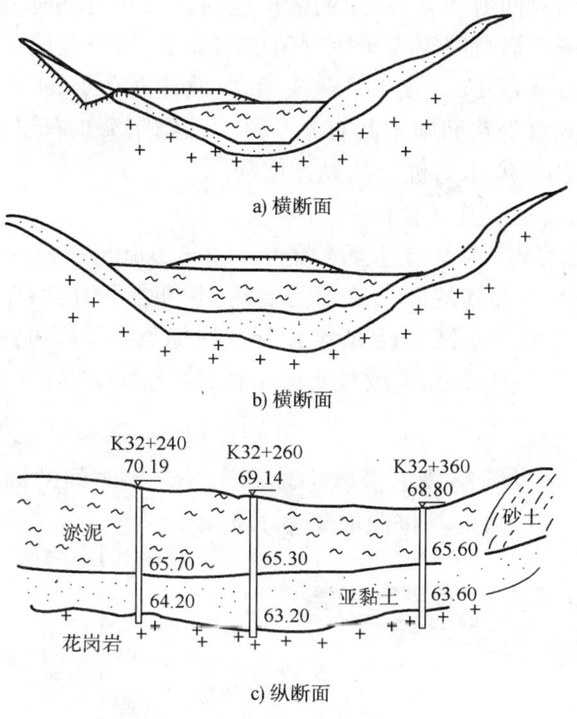

图 1 软地基段地质概况

2 软土地基处理方案及设计参数的确定

2.1 软土地基处理方案

该试验路段软基面积大、淤泥层厚，几乎没有承载能力，如采用常规方法进行处理，有的工程造价太高，有的固结时间太长，均很难奏效。针对极软土地基的特点，课题组在模型试验和模拟试验的基础上，提出了土工格栅碎石桩加砂垫层法处理方案。

Netlon 土工格栅是一种新型的土工复合材料，具有良好的力学性质、抗变形能力和抗老化性能。所谓 Netlon 土工格栅碎石桩就是利用 Netlon 格栅围成的，中间填充碎石、外侧填充粗砂的碎石桩。为了防止淤泥进入桩体，堵塞排水通道，在土工格栅的内侧还包裹了一层作纱窗用的 Netlon 格栅。整个碎石桩定位在一个用直径 8mm 的钢筋焊成的钢筋笼中，以保证碎石桩的竖向稳定性，使其具有一定的承载能力。同时，为了保证施工过程中的路基稳定性及以后使用过程中的路基变形均匀性，在路基基底铺设一层 Netlon 土工格栅。另外，为了解决软土地基固结时的排水问题，在格栅上填放一定厚度的砂垫层后，再进行路基的填土压实。

2.2 设计参数的确定

碎石桩处理地基的实践经验及有关的理论分析结果表明，等边三角形布桩（即所谓的梅花桩）可使各桩所分担的排水区的最大渗径变化最小，处理地基沉降均匀，固结速度快。为此，在试验路段上选用了等边三角形的布桩方案。同时，参考碎石桩处理软土地基的大量工程实例，将桩径取为 50cm，桩长因软土层的厚度而异，一般为 4～6m。

在软基处理时，桩距是一个关键因素。桩距愈小，置换率愈大，软土总沉降与工后沉降愈小，沉降速度愈快，固结时间愈短，但相应的造价也高。因此，在进行桩距设计时应遵循的原则是：在不耽误工期，保证工后沉降不大于容许值的前提下，尽可能地加大桩距，降低工程投资。

考虑到本试验路段要在1995年1月建成通车，故计划在1994年1月1日开始填土，施工预计需40d时间，至10月份路面施工共有9个月的固结沉降时间。从安全性考虑，以6个月加载固结达到90%的固结度作为桩距的设计依据。

为此，我们以室内模拟试验所得的固结系数 $C_v=6.0\times10^{-4}\text{cm}^2/\text{s}$，桩径 $d_\omega=50\text{cm}$，软土层厚度 $H=6.0\text{m}$ 为出发点，将固结过程等效为一竖向渗流与一径向渗流的组合，分别计算不同的等效排水区半径达到90%的固结度所需要的固结时间，并绘成曲线（图2、图3），然后由180d所对应的点查得等效排水区半径 $R_e=1.7\text{m}$ 时，加载半年后可达到90%的固结度。而对于等边三角形布桩而言，桩距 L 与等效排水区半径 R_e 之间有如下关系

$$L = 2R_e\cos30^\circ$$

通过计算可得，欲使试验路段的极软土地基通过半年时间的固结沉降达到90%的固结度，桩距应取为1.481m，故最终将桩距取整为1.5m。

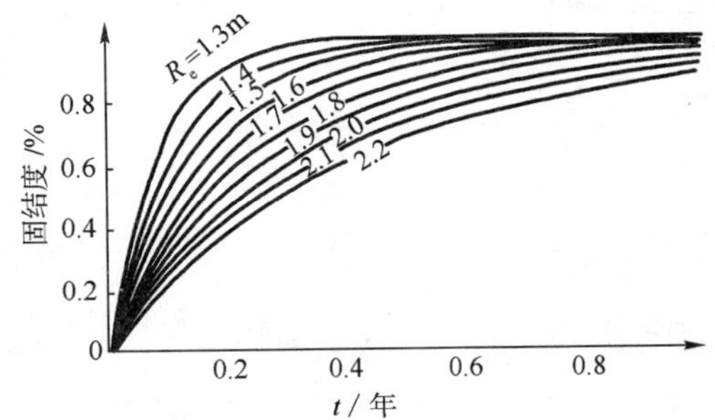

图2 不同等效排水区半径的固结曲线

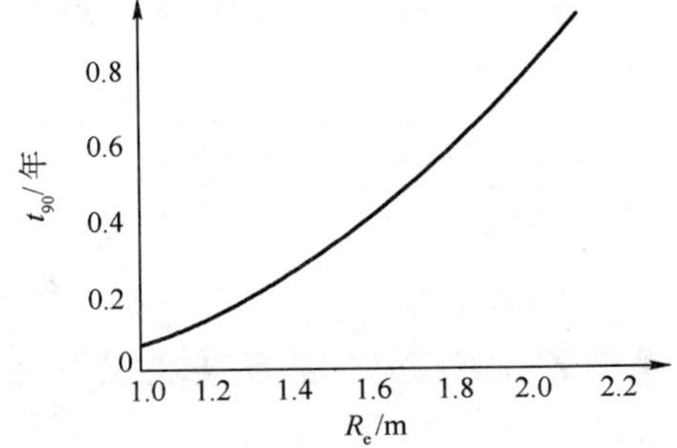

图3 到达90%固结度的固结时间随 R_e 的变化

3 试验路段的沉降观测

为了了解地基在施工过程中的变形，确保施工顺利进行，我们在软土基处理地段进行了系统的测试研究工作。主要观测项目有：填土过程中和填筑后的地表及深层土层分层沉降；路堤两侧地表水平位移。仪器埋设和观测工作与施工同时进行。软基观测采用国产 F_C—50型分层沉降仪。

观测的目的是为了测出地基土在路基填筑过程中和填筑后的沉降、侧向位移。根据工程地质条件。布设观测点时主要考虑如下两点：

(1)在平面上，仪器布设在地质情况有较大变化的地方，且尽量布置在三角形Netlon桩的中心，使其与周围的Netlon桩等距；

(2)在断面上，为了减少对施工的干扰和仪器数量，除在地质条件较差的断面上布置3个测试管，以控制最不利的情况外，其余断面都只布设1个测试管。测点布置平面示意图如图4所示。观

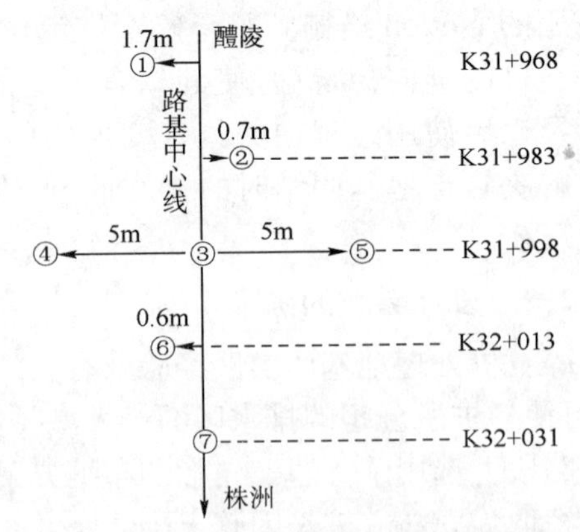

图4 K31+946～K32+045段软地测试点平面的布置图

测断面技术特征见表 2。

观测断面位置及技术特征　　表 2

观测断面标号	原地面高程/m	设计填高/m	淤泥厚度/m	处理方案
K31+968	71.274	6.50	4.40	挖孔砂桩
K31+983	71.010	6.58	4.82	Netlon 砂石桩
K31+998	71.070	6.64	6.28	Netlon 砂石桩
K31+013	71.200	5.80	4.50	Netlon 砂石桩
K32+031	71.400	5.32	4.20	挖孔砂桩

4 主要观测结果及其分析

4.1 主要观测结果

试验路段从 1994 年 1 月 1 日开始填土，46d 后填土完毕。具体施工过程如图 5 所示。图中 P_1 代表 60cm 砂砾层施工；P_2 代表填土 1.4m；P_3 代表 10d 的施工间歇时间；P_4 代表填土从 2m 填至 4m 的施工阶段；P_5 代表 12d 的施工间歇时间；P_6 代表填土从 4m 填至 6m 的施工阶段。

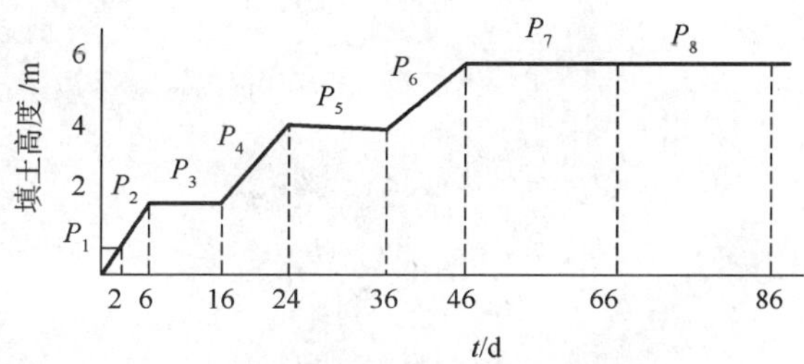

图 5　软基填土进度示意图

整体沉降见表 3、表 4。边桩实测水平位移见表 5。竣工后各沉降管最终分层沉降值（测试时间 1994.6.20）见表 6～表 10，其中 1 号管和 5 号管在施工过程中相继遭到破坏而未列出。

各断面中心点沉降值　　表 3

观测断面桩号	最终观测时间	实际填筑高度/m	软地基表面沉降/m	路基顶总沉降/m
K31+968	1994.6.20	6.7	75.6	98.0
K31+983	1994.6.20	6.4	78.2	103.4
K31+998	1994.6.20	6.0	92.3	118.2
K32+013	1994.6.20	5.8	87.3	109.5
K32+031	1994.6.20	5.4	81.3	104.3

K31＋998 断面上 G_1、G_2 两点沉降值（单位：cm） 表 4

位置点	1994 年												
	1.6	1.16	1.20	1.24	1.30	2.5	2.15	2.26	3.5	3.24	4.24	5.21	6.20
G_1	10.0	18.0	29.1	36.5	42.0	47.9	70.3	73.8	78.2	82.1	88.6	91.0	92.3
G_2	10.1	13.2	22.0	24.1	26.3	28.3	42.2	45.0	48.2	53.9	57.1	60.5	60.5

注：G_1 在路基轴线上；G_2 距路基轴线 10m。

K31＋998 坡脚点上边桩实测水平位移 表 5

施工时间/d	6	10	12	16	24	30	34	36	46	66
位移/cm	13.0	16.4	18.3	21.2	40.4	48.5	52.0	53.8	73.4	78.2

2 号管分层（填土高度 6.40m） 表 6

标高（m）	土层厚度（m）	沉降量（cm）
+3.7		
	1.00	4.00
+2.7		
	1.02	4.70
+1.72		
	1.00	5.50
+0.72		
	1.11	10.01
−0.39		
	1.07	18.35
−1.32		
	0.82	15.10
−2.14		
	0.96	15.40
−3.10		
	0.95	10.02
−4.05		

3 号管分层沉降量（填土高 6m） 表 7

标高（m）	土层厚度（m）	沉降量（cm）
+3.4		
	1.00	2.48
+2.4		
	1.00	3.85
+1.4		
	0.90	3.21
+0.5		
	1.14	15.80
−0.64		
	1.10	21.37
−1.74		
	1.11	19.73
−2.85		
	1.47	17.73
−4.32		
	1.03	10.51
−5.35		

4 号管分层沉降量（填土高 6m） 表 8

标高（m）	土层厚度（m）	沉降量（cm）
+3.65		
	1.00	3.00
+2.65		
	1.00	4.50
+1.65		
	1.00	2.85
0.65		
	1.22	14.92
−0.57		
	1.12	20.20
−1.69		
	1.13	18.91
−2.82		
	1.30	15.92
−4.12		
	1.08	11.60
−5.20		

6 号管分层沉降值（填土高 5.8m） 表 9

标高（m）	土层厚度（m）	沉降量（cm）	标高（m）	土层厚度（m）	沉降量（cm）
+3.72			−1.30		
	1.00	3.12		0.93	18.90
+2.72			−2.20		
	1.00	4.35		0.90	17.26
+1.72			−3.15		
	0.90	4.50		0.95	15.95
+0.82			−4.20		
	1.09	8.76		1.05	11.53
			−4.05		

7号管分层沉降量(填土高 5.8m)　　表 10

标高(m)	土层厚度(m)	沉降量(cm)	标高(m)	土层厚度(m)	沉降量(cm)
+3.7			−0.25		
	1.00	3.20		0.90	18.37
+2.7			−1.15		
	1.00	4.00		0.93	17.96
+1.7			−2.08		
	0.90	5.70		1.02	16.63
+0.8			−3.10		
	1.05	7.98		1.08	10.51
			−4.18		

4.2 观测结果分析

4.2.1 沉降与荷载及时间的关系

整体沉降观测结果表明,竖向位移速率与加荷速率是相对应的,G_1、G_2 两点沉降随时间的变化关系如图 6 所示。由图 6 可知,沉降量基本上与荷载成一定比例关系,应力与应变基本上符合虎克定律。软基没有出现局部剪切和破坏现象。

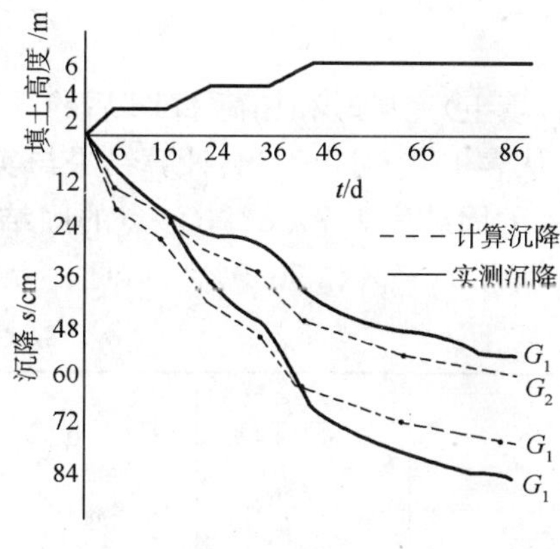

图 6 沉降随时间变化关系曲线

4.2.2 产生主要沉降量的土层

分层沉降观测表明,沉降主要发生在淤泥层内,且分层沉降都开始随深度增加而增加,然后随深度增加而减小。而在用挖孔砂桩处理地带的淤泥层中尤以距地基表面 2m 左右的淤泥层沉降较大。在 K31+968 断面距地表 2m 左右的淤泥沉降占整个淤泥层沉降的 49.61%,在 K32+031 断面为 49.6%,而在 K31+998 Netlon 碎石桩处理地带,在距地表表面 4m 左右的淤泥层中,所产生的沉降值都比较大。这除了在 K31+998 断面淤泥层较厚之外,Netlo 碎石桩有较高的强度使得应力向深处扩散是其主要原因。

4.2.3 边桩位移速率

边桩随荷载增加位移速率如表 11 所示,最大位移速率为 2.4cm/d,发生在填土 4m 高时。这主要是因为填土较快,在第一次加荷后,仅停歇了 10d,然后就加载,软土地基固结时间短。虽然最大位移速率较大,但是并没有发生破坏,这主要是因为填土前在极软土地基上铺了一层格栅,并在其上铺筑了一层一定厚度的砂垫层,这一结构使其上部填土具有较好的整体性,路基沉降比较均匀。

边桩位移速度(单位:cm/d)　　表 11

荷载	P_1+P_2	P_3	P_4	P_5	P_7
位移速度	2.1	0.8	2.4	1.0	2.0

4.2.4 最终沉降值估计

在软土地基处理中，路基填土以后，软基的最终沉降量以及路面竣工以后残余沉降量是工程上最为关心的问题。因此，根据施工过程中，特别是路基填土以后的沉降观测资料估算其最终沉降量，是软基处理过程中的一个不可少的重要环节。其结果可以作为判断软基处理方案选择是否得当、软基处理是否成功的重要依据之一。

目前最常用的最终沉降估算方法有指数曲线法、双曲线和对数曲线法等。本文选用双曲线法估算 K31+998 断面的最终沉降量，并同时利用有限元法进行理论计算。设沉降 S 与时间 t 之间满足如下的双曲线型关系

$$S=S_a+\frac{t-t_a}{\alpha+\beta(t-t_a)}$$

式中：S 为加荷后经时间 t 的沉降量；S_a 为任意时间 t_a 的沉降量。

将上式改写成如下形式

$$(t-t_a)/(S-S_a)=\alpha+\beta(t-t_a)$$

则可得软基的最终沉降量为

$$S=S_a+\lim_{t\to\infty}\frac{t-t_a}{\alpha+\beta(t-t_a)}=S_a+\frac{1}{\beta}$$

加荷（填土）完毕时和加荷 171d 后的固结度计算结果见表 12 和表 13。

从表 13 中可以看出：计算结果与实测结果之间的相对误差较小；在加荷完毕时路基中心点 G_1 的固结度为 71.8%，G_2 点的固结度为 62.8%；在施工 171d 后，G_1 点和 G_2 点的固结度为分别为 93.7%和 90.0%。可见，Netlon 格栅碎石桩加固软基的效果是明显的。

G_1、G_2 两点观测结果回归表 表 12

G_1	$\frac{t-t_a}{S-S_a}$	$\frac{20}{8.0}$	$\frac{40}{14.2}$	$\frac{70}{18.6}$	$\frac{100}{21.0}$	$\frac{130}{22.3}$
	$t-t_a$	20	40	70	100	130
G_2	$\frac{t-t_a}{S-S_a}$	$\frac{20}{6.0}$	$\frac{40}{11.7}$	$\frac{70}{15.2}$	$\frac{100}{17.5}$	$\frac{130}{18.3}$
	$t-t_a$	20	40	70	100	130

回归结果：G_1 点 S_∞=98.5cm；G_2 点 S_∞=67.2cm。

固结度计算结果 表 13

计算点编号	竖向位移值（沉降量）(cm)			相对误差	固结度
	填土时间 (d)	实测值 S_t (cm)	计算值 S_c (cm)	$\left\|\frac{S_t-S_c}{S_t}\right\|$	$\frac{S_t}{S_\infty}$
G_1	46	70.3	63.0	10.6%	71.8%
	171	92.3	84.5	8.5%	93.7%
G_2	46	42.2	47.6	12.8%	62.8%
	171	60.5	66.3	9.6%	90.0%

5 结语

(1)土工格栅碎石桩处理软土地基与目前工程实际中常采用的袋装砂井方法相比,具有排水固结快,工后沉降小,施工工艺与设备简单,施工进度容易保证,工程投资低,处理后地基承载力高等许多优点,因此在高等级公路建设中具有广阔的应用前景。

(2)在用格栅碎石桩处理极软土地基时,可按Carrillo理论将固结过程看成为一垂直方向的渗流与一平面轴对称径向流的组合,分别计算各自的固结度,最后通过合成得到总的固结度。按这种方法导出的软基达到90%固结度所需时间,与试验观测结果基本一致。因此,这种方法可以作为格栅碎石桩处理软土地基时桩距的设计依据。

(3)在软土地基上摊铺一层土工格栅碎石砂垫层,既可为软基的固结沉降提供顺畅的排水通道,防止渗流进入路基,又可有效地扩散路基填土与施工设备自重产生的荷载,减小地基的沉降量,特别是路基的非均匀沉降,为顺利施工和提高软基处理质量提供可靠保证。

应用便携式落锤弯沉仪测定路基回弹模量

段丹军　查旭东　张起森
（长沙理工大学公路工程学院　长沙　410076）

摘　要： 应用便携式落锤弯沉仪(PFWD)，研究了动弹性模量与压实度和含水量的关系，得出动弹性模量与静弹性模量、压实度和含水量相关系数大于0.85，动弹性模量最大值在最佳含水量附近，这与实际情况相符。结果表明，PFWD可用于路基回弹模量的快速检测和评价。

关键词： 路基工程　回弹模量　便携式落锤弯沉仪　压实度　含水量

0　引言

路基是路面结构的基础，其抗变形能力对路基路面结构的强度和刚度起着决定性作用，而路基回弹模量是反映路基抗变形能力的主要力学指标，其取值的大小直接影响着路面结构层的设计厚度，所以路基回弹模量的确定和检测尤为重要。

路基回弹模量的试验测试方法主要有承载板法（室内、室外）、弯沉测定法（贝克曼梁弯沉仪和FWD落锤式弯沉仪）等。这些测试手段都存在着测试时间长、人员多、偏僻地方不宜到达的缺点，因此，寻找一种快速简便的方法至关重要。通过国内外路基回弹模量测试方法的调查研究表明，便携式落锤弯沉仪(PFWD)有效地克服了上述缺点，是新一代路基承载能力快速检测设备。Moshe尝试用PFWD评价路基强度，并建立了PFWD测得的动弹性模量和FWD测得的动弹性模量及路基CBR之间的关系。王端宜等通过室外贝克曼梁弯沉试验及PFWD试验建立了两者之间的对比关系，得出了经验公式，表明PFWD可以用于路基承载力的评价。实际上，PFWD不仅可直接获得路基的动弹性模量，而且可以评价碎（砾）石土的路基强度，还可以间接地评价路基的压实度。为此，本文通过大量的PFWD和室内承载板试验的对比，进行了动、静弹性模量的对比研究，提出了动弹性模量与静弹性模量、压实度和含水量的关系，从而为路面结构的设计提供科学依据。

1　PFWD基本原理

PFWD便携式落锤弯沉仪，由加载系统、数据采集系统与数据传输系统组成。其基本原理为：将一10kg的落锤提升至一固定高度，然后释放，让其自由下落，落锤冲击承载板产生冲击荷载，在冲击荷载作用下，承载板产生竖向位移，压力传感器和位移传感器将荷载和位移记录下来，从而根据压力和位移的峰值由下式确定路基回弹模量

$$E_P=\frac{2\pi pa(1-\mu^2)}{4l} \tag{1}$$

摘自《交通运输工程学报》2004年12月第4卷第4期。

式中：p 为实测的承载板所受压力(kPa)；a 为承载板半径，现场通常采用半径为 15cm 的承载板，室内一般采用半径为 5cm 的承载板；μ 为泊松系数，取 $\mu=0135$；l 为实测的承载板中心弯沉(μ_m)；E_P 为路基回弹模量(MPa)。

2 土质情况

采用湖南省长沙机场高速公路典型路基填料砾石土与红黏土作为试样土进行室内对比分析，其主要的物理性质见表 1。

土的物理性质 表 1

土质类型	液限 w_L/%	塑限 w_p/%	塑性指数 I_p	最佳含水量 w_0/%	最大干密度 ρ_d/(g·cm^{-3})
砾石土(CLS)	39.1	22.5	16.6	9.68	2.057
红黏土(CHS)	51.1	27.2	23.9	15.66	1.856

3 试验方法

土工试件采用《公路土工试验规程》(JTJ 051—93)的击实试验要求制备。静弹性模量采用室内承载板法测定(承载板半径为 25mm)，动弹性模量采用 PFWD 测定(承载板半径为 50mm)。为了进行对比，进行了同一含水量不同压实度及同一压实度不同含水量的动、静回弹模量的测试。

4 动(E_p)、静(E_b)弹性模量对比分析

通过动、静回弹模量回归分析表明，E_b(室内承载板法结果)与 E_p(PFWD 结果)之间存在良好的双对数关系 $E_b=aE_p^b$，结果见式(2)、式(3)，相应的关系曲线见图 1。

红黏土

$$E_b=0.5784E_p^{1.1308}(n=12, r=0.99) \tag{2}$$

砾石土

$$E_b=3.123E_p^{0.7758}(n=12, r=0.96) \tag{3}$$

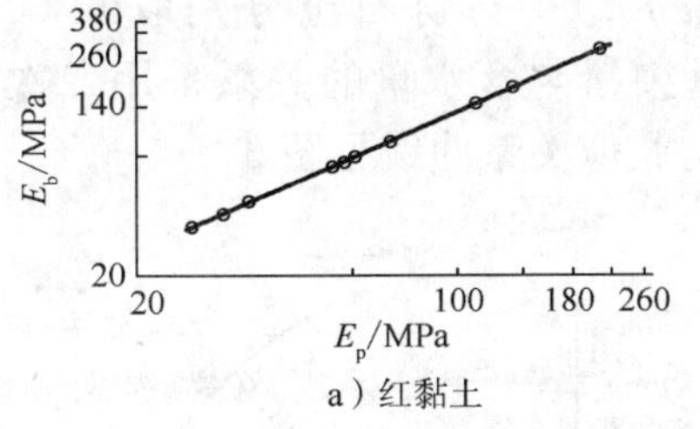

a) 红黏土

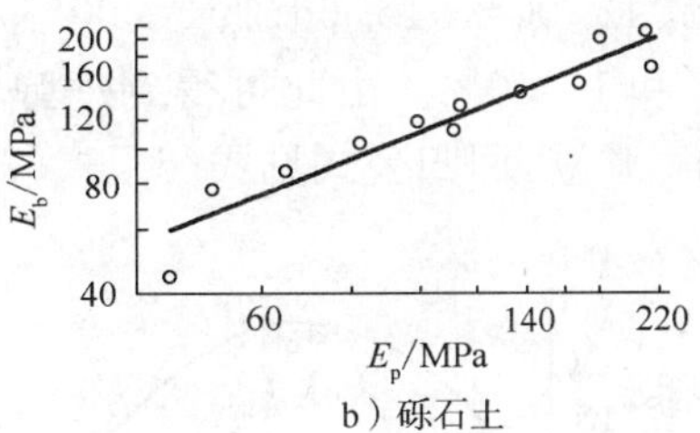

b) 砾石土

图 1 动、静弹性模量对比

由式(2)、式(3)可以看出，相关系数都大于 0.95，表明动、静弹性模量之间存在良好的双对数关系。同时表明，回归系数与土质有关，其中颗粒成分起到重要作用。土颗粒越粗，a 系数越大，b 系数越小；反之，土颗粒越细，a 系数越小，而 b 系数越大。

5 动弹性模量与压实度的关系

试验表明，路基回弹模量与压实度密切相关。压实度减小，路基回弹模量减小，承载力下降，强度减弱；压实度提高，路基回弹模量增大，承载力提高，强度增加。为此，本文分析了同一含水量不同压实度情况下动弹性模量与压实度的关系。

试验时，含水量取最佳含水量，压实度分别取100%、95%、93%、90%、85%和80%六种，由此得到动弹性模量 E_b 与压实度 K 之间的关系采用双对数关系 $E_b=aK^b$ 建立，各回归公式见式(4)、式(5)，相应的关系曲线见图2。

红黏土

$$E_b=188.17K^{2.7206}(n=6, r=0.9547) \tag{4}$$

砾石土

$$E_b=226.48K^{3.0042}(n=6, r=0.9432) \tag{5}$$

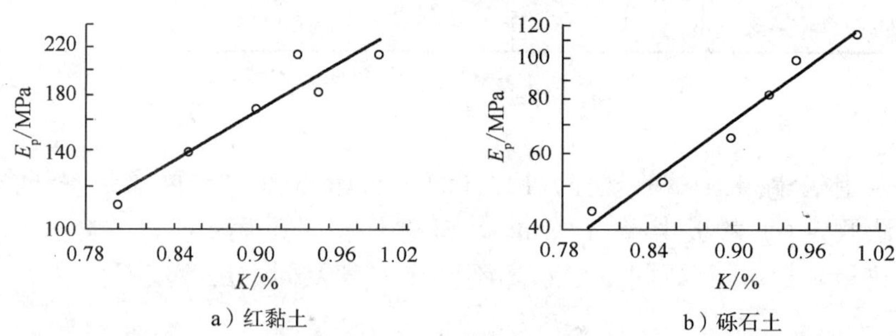

图2 动弹性模量与压实度关系

从式(4)、式(5)可以看出，相关系数都大于0.90，表明动弹性模量与压实度之间存在良好的双对数关系。同时表明，回归系数与土质有关，颗粒成分起到重要作用。颗粒成分越粗，a、b 系数越大；反之，颗粒成分越细，a、b 系数越小。

6 动弹性模量与含水量的关系

为了确定路基回弹模量随含水量的变化关系，本文分析了同一压实度下不同含水量时，动弹性模量的变化情况。试验时，压实度取95%，含水量的选取参考最佳含水量，其中，红黏土分别取11.00%、13.00%、15.66%、17.00%和19.00%；砾石土分别取6.00%、8.00%、9.86%、12.00%和14.00%。由此可得到动弹性模量与含水量的关系采用二次抛物线关系 $E_p=a\omega_0^2+b\omega_0+c$ 建立，回归公式见式(6)、式(7)，相应关系曲线见图3。

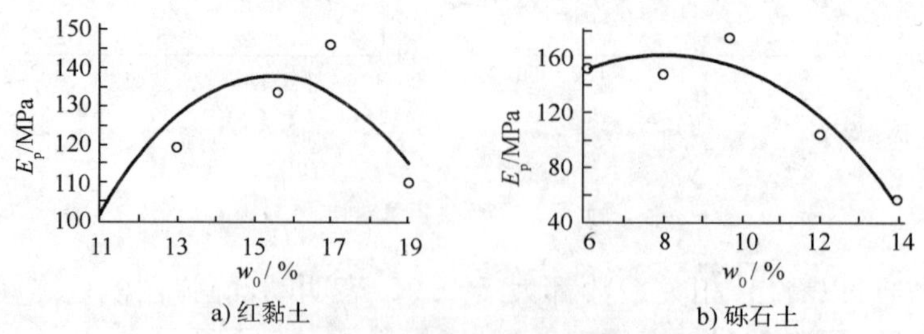

图3 含水量与动弹性模量关系

红黏土

$$E_p = -1.8015\omega_0^2 + 55.768\omega_0 - 294.19\ (n=5, r=0.8685) \tag{6}$$

砾石土

$$E_p = -3.0933\omega_0^2 + 50.000\omega_0 - 39.57\ (n=5, r=0.95285) \tag{7}$$

从式(6)、式(7)可以看出，相关系数都大于0.85，表明动弹性模量与含水量之间存在良好的二次抛物线关系。同时表明，回归系数与土质有关，颗粒成分起到重要作用。颗粒成分越粗，a、b系数越小，c系数越大；反之，颗粒成分越细，a、b系数越大，c系数越小。

从图3中可以看出，动弹性模量最大值出现的位置与土质最佳含水量有关，其最大值对应的含水量在土质最佳含水量附近。对于红黏土，最佳含水量为15.66%，从图3a)中可以得出动弹性模量最大值对应的含水量为15.48%；对于砾石土，最佳含水量为9.68%，从图3b)中可以得出动弹性模量最大值对应的含水量为8.08%，表明利用PFWD可以用于评价土的最佳含水量。

7 结语

PFWD室内试验分析结果为：动弹性模量与静弹性模量和压实度之间存在良好的双对数关系，与含水量之间存在良好的二次抛物线关系；动弹性模量与静弹性模量、压实度和含水量的关系主要由土质颗粒成分决定；动弹性模量最大值对应的土的含水量在最佳含水量附近。这与实际测量结果比较一致，说明PFWD适用于路基强度的检测与评价。

第三篇　道路工程材料与应用

Netlon 土工网在高等级公路桥台跳车处理中的试验研究

陈永福 高燕希 张起森
（长沙交通学院 长沙 410076）

摘 要：本文通过室内试验与现场实用性试验，探讨了 Netlon 土工网处理高等级公路桥台跳车这一交通工程中的新技术，分析了桥背填土压实度 K、土工网之间填土厚度、辅网长度与桥背填土沉降之间关系。

关键词：Netlon 土工网 桥台跳车 试验研究

1 前言

Netlon 土工网是一种新型土工材料，国内外目前主要用于软基处理、高边坡防护、路基路面加强等。

高等级公路中的桥台跳车现象一直是交通部门关注的问题，特别是高速公路工程，该问题一直未得到满意的解决，国外自 20 世纪 80 年代后期开始研究应用土工织物与土工网处理桥台跳车问题，认为利用土工网与土工织物处理桥台跳车有两大作用：一是能大大减小桥背路基的沉降，二是将桥背土路基与桥台交界处的台阶式跳跃沉降变成连续的斜坡式沉降，总沉降在 4～5cm 内，对刚性路面的正常使用影响不大，能消除跳车现象。但目前国内外的设计规范对此无明确限制与规定。国内长沙交通学院、铁道部第四勘察设计院等单位自 1991 年起也开始研究土工网在极软地基处理、桥台跳车处理、边坡防护、路面加强等方面的应用，并在 320 国道湖南株洲段极软地基处理 107 国道武汉东西湖段软土基上帮填处理、南通港狼山港区吹填粉细砂软基处理、107 国道湖南湘潭段龙云立交桥台跳车处理，320 国道湖南株洲白关桥桥台跳车处理等工程中应用成功，取得了显著的经济效益与社会效益。

本文将介绍 CE131 土工网在处理桥背路基土沉降引起桥台跳车中的室内试验研究成果，并介绍龙云立交桥、白关桥桥台跳车处理的实际应用效果。

2 室内试验概况

本次试验采用的试验槽为钢、木、钢化玻璃混合结构，长度为 155cm、高度为 120cm，宽度为 70cm，填土深度为 100cm。填土取南方地区常见的红砂岩风化土和砂卵石黄土，土性如表 1 所示，级配曲线见图 1。试验中在填土表面加载大小取值 21kPa，分级加载，每级载荷为 3kPa，时间间隔为 3h，每次试验的最终二次沉降读数差小于 0.01mm/3h。选用的土工网型号为 CE131，每延米抗拉强度为 8.62kN/m，对应的伸长率为 40%，初始拉伸模量为 140～

摘自《土木工程学报》1996 年 2 月第 29 卷第 1 期。

160MPa,网的重度为0.65kg/m²,每块成品网的尺寸为30×2.5m。土工网在桥台与桥背填土中的搭接采用如图2所示模式。试验参数有三类:土的压实度k(含水量为最佳含水量)、土工网间填土厚度参数a(a=网层间填土厚度ΔH/桥台高度H)、土工网铺网长度参数b(b=铺网长度L_1/桥台高度H),这些参数的试验取值示于表2。

试验土样的基本物理性质　　表1

土名	天然含水量/%	天然容重/g/cm³	比重/cm⁻³	液限*	塑限*	最大干容重/g/cm³	最佳含水量/%
红砂岩风化	22.8	1.78	2.70	36.3	22.0	1.883	13.5
砂卵石黄土	12.1	2.10	2.74	32.1	19.7	2.170	7.8～9.7

*:此二数据由液塑限联合仪测定。

试验参数数值　　表2

压实度k(%)	网层间的填土厚度参数a	土工网长度参数b
70、80、90	0.05、0.10、0.20	0.50、0.75、1.00

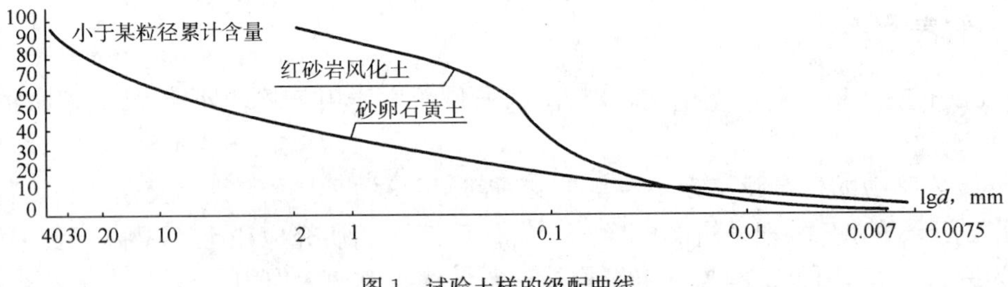

图1　试验土样的级配曲线

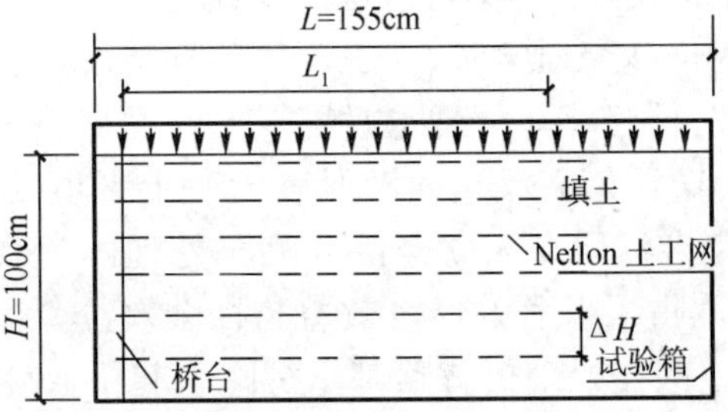

图2　模型试验箱及土工网的搭接

3　试验结果及分析

图3、图4、图5表示了红砂岩风化土的压实度k、网间土层厚度参数a、辅网长度参数b与桥背路基土的沉降s/H之间的关系。从图中可以看出,当k为70%时,尽管桥台与填土路基间的位移是连续的,即不会产生台阶、但由于沉降引起的坡降太小,并不能有效地处理桥台跳车;在实验室的条件下,当压实度k大于80%时,不仅其总沉降较小,且其沉降线为直线形,变形的主要范围在0.5倍桥台高度范围内,这就较好地处理了桥台跳车的问题。

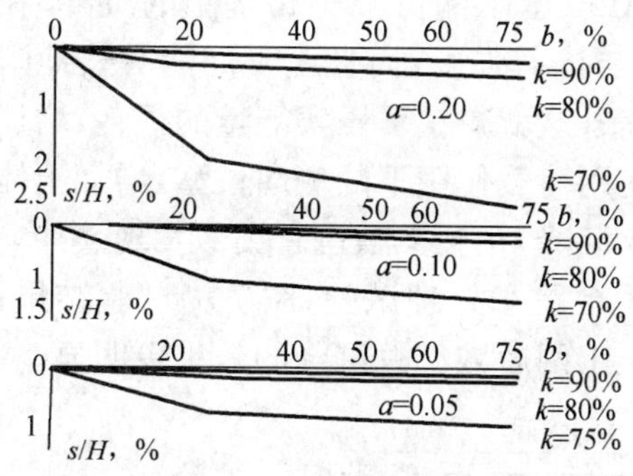

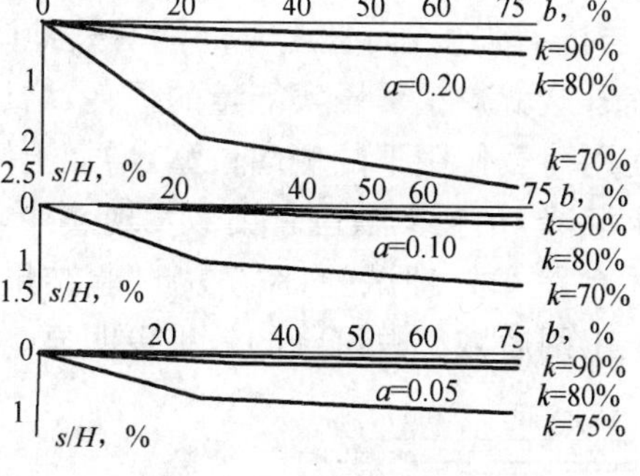

图 3　红砂岩风化土的 k—a—s/H 关系(b=0.75)

图 4　红砂岩风化土的 k—a—s/H 关系(b=1.0)

我国目前对桥背填土路基的沉降大小及沉降分布尚无规定设计值，但对桥梁相邻墩台的沉降差值规定为 $1.0\sqrt{L}$，这里 L 为墩台间最小跨径长度，当取 25m，由此可知其不均匀沉降差值最小上限值为 5cm。有些文献认为桥背填土路基与桥台间沉降差应控制在 4～5cm。目前我国刚性路面为混凝土板，板长一般为 4～5cm，如果用土工网加强桥背填土，取消搭板连接，按总沉降控制在 4～5cm 内，则桥背第一块混凝土板的沉降坡度应小于 1%，该值是否合适，还须请有关科技人员一起讨论，但若路基土表面沉降为线形分布，1%的沉降坡度对混凝土路面的使用影响不大。据此分析，当桥台高度小于 10m 时，s/H 应控制在 0.5%内且沉降线为直线形时，桥背路面混凝土板的沉降坡度小于 1%；当桥台高度在 10～20m 范围内，s/H 应控制在 0.25%内且沉降线为直线形时，可使桥背路面混凝土板的沉降坡度小于 1%。

按上述分析，在试验室条件下的密实度 k 为 80%时，土工网能很好地处理桥台跳车，且这种密实度在施工时很容易达到，这是最理想的状态；密实度在 90%时的处理效果最好，但由于桥背填土的位置特殊性，施工时难于达到该密实度。我们接着分析参数 a、b 对 s/H 及沉降线形的影响，从图 3、图 4、图 5 可以看出，参数 b 在小于 0.5 时，沉降曲线有些尚未达到稳定阶段，在 b 大于 0.75 时，路基土表面沉降达到稳定阶段，故应选取参数 b 大于 0.75；从图中沉降曲线随 a 的变化可知，随着参数 a 的增加，s/H 也增加，且这种效应随着压实度 k 值的减小而增加，图 6 表示了 k 为 80%时的 a、b 与 s/H 间的关系，这些关系曲线也说明了这一点，图 6 结果中 a 为 0.2 时，沉降曲线的曲率太大，选 a 为 0.05 时效果最好，但不太经济，选 a 为 0.1 时既经济效果也好，故综合该试验结果、工程造价与使用特性的需要，本文认为 a 值选用 0.1 较为合适。

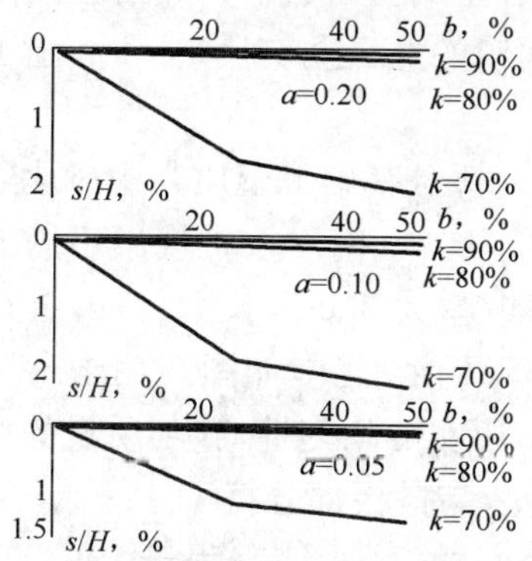

图 5　红砂岩风化土的 k—a—s/H 关系(b=0.50)

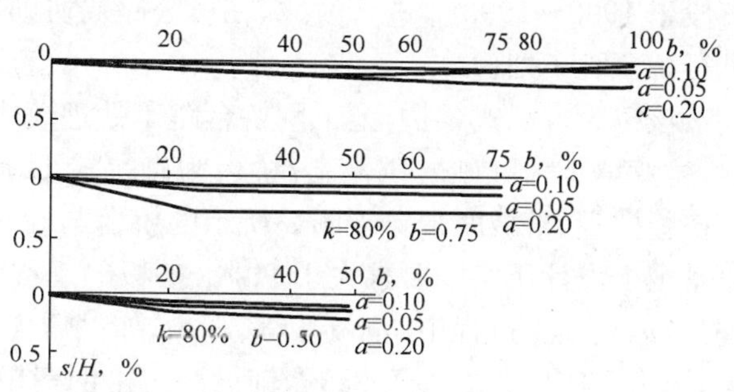

图 6　红砂岩风化土在 k 为 80%时的 a—b—s/H 关系

从 a 值的变化与沉降 s/H 间的关系可以看出 Netlon 土工网可减小路基土的沉降，在试验中发现路基土中加铺土工网后不仅增加了整体抗压与抗剪强度，而且土工网能有效地阻止路基土在碾压过程中的侧向位移和碾压轮外的土体膨胀，这就减小了压实能量的损耗，增加了路基土的压实度，另外土工网能有效地阻止路基土在使用荷载作用下的侧向位移，增加土体的侧向约束，故又能有效地减小使用荷载作用下的路基土沉降，相关文献也有类似发现。

以红砂岩风化土试验为基础，进行了卵石黄土的桥台跳车处理试验，图 7 为试验结果，该图也显示了与上述相同的结果，且砂卵石黄土中铺加土工网后减小总沉降的效果更明显。

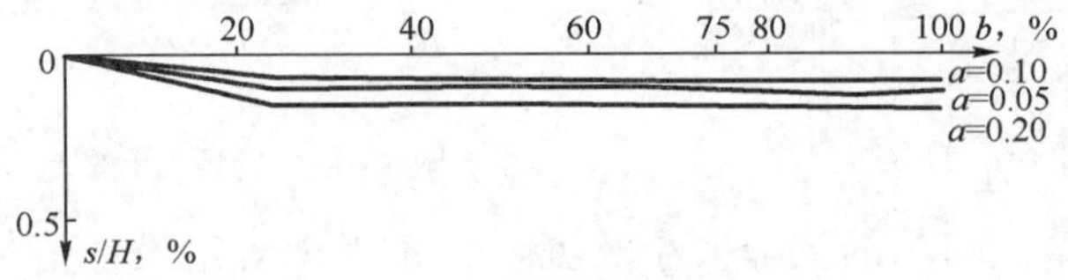

图 7　砂卵岩黄土在 k 为 80%时的 a—b—s/H 关系

为了进一步分析固结时间 t 对沉降的影响，特意做了填土沉降与时间的关系分析，其结果如图 8 所示，本图测试了 a＝0.10、b＝0.75、k＝80%时的表层土工网末端（土工网上沉降观测点距桥台距离/桥台高度＝0.75）和中部点（土工网上沉降观测点距桥台距离/桥台高度＝0.5）的沉降 s/H 与时间 lg$t$ 的关系，从图中结果可以看出本次试验中红砂岩风化土在加载 4d 后沉降已基本稳定，而砂卵石黄土的沉降则需要 15 天左右才基本结束，但二者最终沉降相差不多。另外从积累的数据分析看来，选用前述的试验结果标准是比较合适的，对最终结果影响不大。

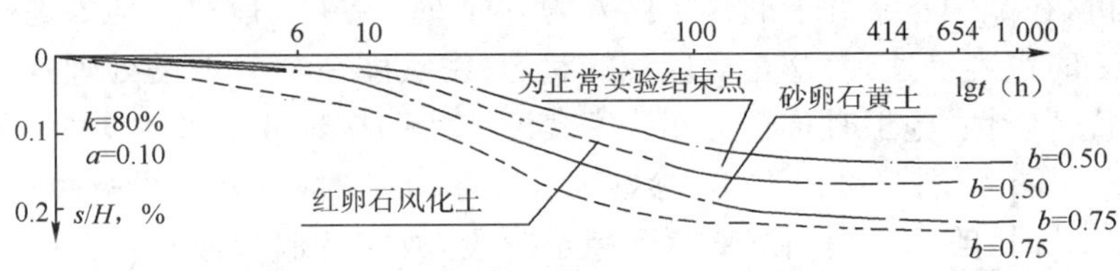

图 8　s/H—t 的关系

4　实际应用成果及说明

在进行室内模型试验的同时，本次研究还进行了现场实用性试验研究。107 国道湖南湘潭段于 1992～1993 年进行改线，在省公路局协助下，在易俗河镇的龙云立交用 Netlon 土工网进行桥台跳车处理。

该桥为现浇式梁桥，土工网桥台跳车处理模式如图 9 所示，桥台基础下土质为中风化红砂岩，桥背填土为红砂岩风化土，桥台为砌块式 U 形台，为了便于比较，南岸按常规用钢筋混凝土搭板处理，搭板两端置于图 9 所示的桥台与硬土路基上，搭板厚为 30cm，长 12.5m，搭板下路基填土设计压实度要求大于 90%，搭板的工程费用约为 1.5 万元；北岸如图 9 用土工网处理，考虑到施工过程中的不定因素影响，如最佳含水量的控制，压实的均匀性，施工质量的控制等，填土压实度要求大于 85%，铺设土工格网费用为 1.24 万元，与搭板部分持平。

沉降观测是用沉降管穿过混凝土路面结构测试路基土表面的沉降，该工程于 1993 年 10 月完成混凝土路面施工，1994 年元月份通车并开始观测沉降至今，其结果如图 10 所示。从该图可知，通过一年多的沉降观测，南北两侧桥背路基沉降趋于稳定，北岸用 Netlon 土工网处理后路基沉降不仅大大减小，而是平稳过渡，总沉降只有几个毫米，完全达到了处理桥台跳车的目的，而南岸桥背路基的沉降不仅比北岸大得多，且呈跳跃性变化，并已影响到桥台两侧耳墙的变形。

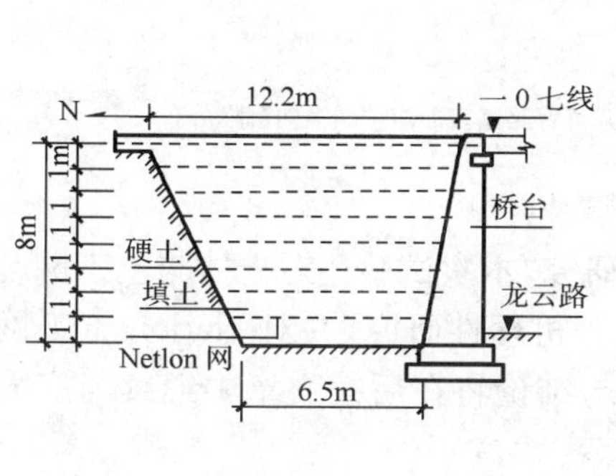

图 9　龙云立交的桥台跳车处理(北岸)

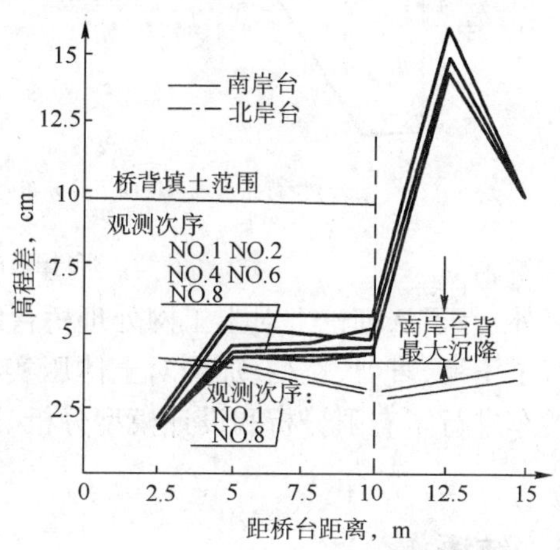

图 10　龙云立交桥台跳车处理实测结果

另外在 320 国道湖南莲—易公路专用线上的白关桥也进行了桥台跳车处理试验研究，图 11 为东、西二桥台处理模式，桥台为砌块式 U 形台，地基土为中液限黏土，桥背填土为砂卵石黄土，砂卵石含量小于 30%，其中东桥台桥背是将地基土进行堆土预压后再做开挖回填处理，回填是人工分层压实，压实度要求大于 90%，路面搭接处做钢筋混凝土搭板，西台为直接加铺土工网分层压实，设计压实度为大于 85%，做素混凝土路面，东、西两台跳车处理工程费用分别为 9 100 元和 8 600 元，二者基本相同，工程在 1994 年 11 月份完工，安装了穿过混凝土路面的 12 个沉降观测管，观测路基表面沉降。道路于 12 月 20 日开始通车，12 月 1 日开始第 1 次沉降观测。图 12 为目前这 8 个月的沉降观测结果，从现有结果来看，未加土工网的东台中线沉降 1. 9cm，最大沉降为 8. 3cm，且呈台阶式跳跃变化，西台桥背填土中铺加土工网后中线沉降为 0. 2cm，最大为 0. 4cm，因此土工网不仅能减小总沉降，而且使其沉降是线性连续发生的，坡度为小于 0. 1%，达到了处理效果。此桥背路基沉降目前正在观测中。

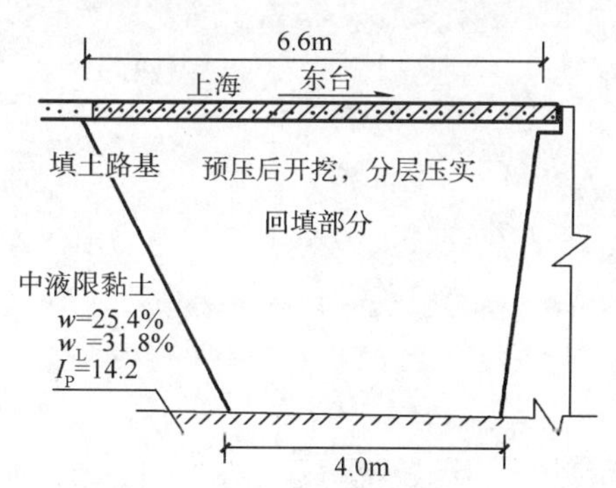

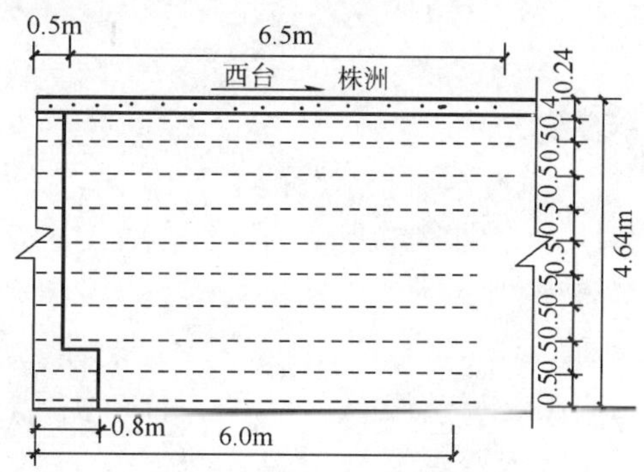

图 11　320 国道白关桥桥台跳车处理示意图

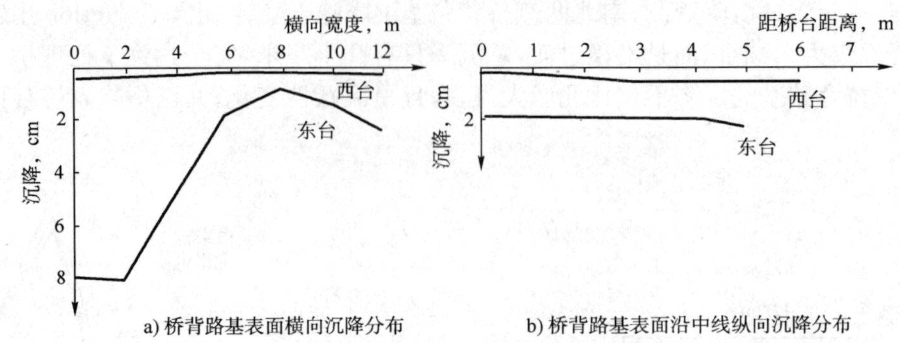

a) 桥背路基表面横向沉降分布　　b) 桥背路基表面沿中线纵向沉降分布

图 12　320 国道白关桥桥背路基表面沉降

另外，为了从理论上对土工网处理桥台跳车进行研究，本次试验还对土体与土工网复合试件进行了压缩、直剪、蠕变、加网对土体压实密度影响等机理性研究，并对 Netlon 土工网处理桥台跳车进行了有限分析和设计模型分析，这些结果与结论将在后续文章中继续与广大读者讨论。

5　结语

本文通过室内模型试验与现场实用性研究，认为 Netlon 土工网能有效地处理桥背路基土的沉降而引起的桥台跳车，考虑到实验室与施工现场的差异性，建议填土的压实度大于 85%，土工网间的填土厚度与桥台高度的比值小于 0.1，土工网长度与桥台高度的比值大于 0.75，则此时可将桥背路基表面沉降控制在 4～5cm 内，且其沉降为线性连续型，由此可处理桥台跳车问题。

参加本次试验工作还有湖南省公路局总工程师曾昆同志，湖南省交通科研所高阳初高级工程师，湘潭二桥指挥长胡世达同志，320 国道莲—易公路代表处盛鹤鸣总工程师。

土工网与土相互作用机理的有限元分析

喻泽红 张起森

(长沙交通学院河海系 长沙 410076)

摘 要： 本文应用有限元方法，编制了土工网处理桥头跳车力学模型分析程序，由计算出的土体应力及位移，分析出土与土工网相互作用机理及土工网加固土体的机理。本文的分析结果得到了实体工程实测结果及模型试验结果的验证，也为土工网的推广应用提供了理论依据。

关键词： 土工网 机理 有限元

1 前言

土工网已在欧洲、北美、日本等国工程上得到了广泛应用，一些国家基于经验还编写了相应的规范。在我国，土工网以其优良的性能和应用的简便性也引起了工程界的广泛关注。但由于土工网在岩土工程中的作用机理、设计理论、计算方法等都研究得很不够，不能适应土工网在岩土工程中的应用需要，致使不少实际工程不得不简单仿效已建的工程。而实际工程条件，可以说没有两个是完全相同的，这就无法预测工程的安全程度，往往不是浪费就是不安全。

由于土工网与土相互作用机理复杂，其理论研究仍很不成熟，已编出的规范在指导设计和施工方面有很大的局限性，从而大大制约了土工网在土木工程中的应用。针对这一情况，国内外正在进行广泛的研究。结果表明，土工网能提高土体承载能力，降低土体的沉降和侧向位移。但目前为止，有关土工网与土相互作用的力学机理还没有系统的理论研究报道。现有的研究成果主要来源于土工织物与土相互作用的机理研究。其核心主要是:土工网与土的摩擦作用制约了土体的侧向变形，土工网的张力膜效应产生的拉力分量承担了部分土体水平应力和垂直应力。本文通过对土工网处理桥头跳车的力学模型进行有限元分析，对土工网与土相互作用机理提出了不同的看法。

本文的计算结果由笔者编制的有限元程序算出。该程序算出的土体沉降及侧向位移结果得到了湘潭龙云立交桥和株洲白关桥桥头跳车实体工程长期观测结果的验证，本文关于土工网与土相互作用机理的研究结果，得到了土工网加筋土试件的压缩试验和直剪试验的验证;同时在曼谷 AIT 校园的软土上，用土工网加筋修筑的 6m 高足尺荷载试验路堤，其长期应力、应变监测数据也验证了本文研究结果的合理性。

摘自《岩土工程学报》1997 年 5 月第 19 卷第 3 期。

2 非线性有限元分析

2.1 力学模型

将铺有土工网的路堤近似地看作平面应变的三层连续体系，即将土体、土工网、土工网与土体界面分别作为独立的结构层次。

土体采用八节点等参单元。在等参单元中，形成单刚及计算面力、体力的等效荷载向量都使用高斯数值积分，积分的阶次 $n=2$。界面单元用古德曼(Goodman)单元表示，即由四节点弹簧单元——两个法向弹簧和两个切向弹簧表示，这些弹簧可以计算界面的切向和法向应力。界面单元的厚度不进入计算结果，界面单元及邻近的八节点等参单元及土工网单元之间，只有通过结点才有力的联系。土工网单元用二维薄膜单元表示，它近似于埋在土里的薄膜，只能承受张力，不考虑弯曲应力。

柔性挡土墙(如板桩墙)在土压力作用下，其轴线将发生挠曲变形，墙后土的性质与墙的变形有十分密切的关系。桥台是刚性挡土墙，墙的变形可以忽略不计，为简化计算，忽略了桥台与填土之间的摩擦力影响。

土工网处理桥头跳车的力学模型如图 1 所示。

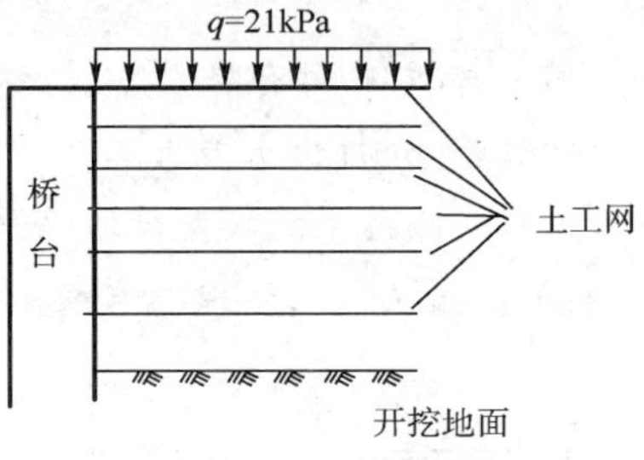

图 1 土工网处理桥头跳车的力学模型

2.2 模型参数

本文根据桥背压实土具体作用条件，采用非饱和土固结排水试验，得出在不同密实度和不同压力下击实土样的应力应变关系曲线，如图 2 所示。由此求得各荷载段的弹性模量 E、泊松比 μ 和轴向压力 σ_1。应该指出的是，由于水平铺设土工网的土样要制成三轴试件很困难，实际所用的三轴试件都是纯土试件。又根据击实试验得出的土工网对土体击实密实度的影响曲线，可知纯土试件的实际密实度较达到相应单轴抗压强度时铺网试件的密实度小 3%左右。本文在计算中没有考虑铺网对密实度变化的影响。

土工网与土界面单元的特性参数：土与土工网界面剪切模量 K_s，最大抗剪强度 τ_p 和对应的最大剪切位移 S_m 取铺一层水平土工网的直剪试验结果。

土工网的抗拉模量由英国力特(Netlon)公司提供：CE131 型号，$E'=1.2$kN/m。

2.3 计算方法及程序框图

采用有限元增量迭代法。其中对土体单元用初应力迭代法，即将应力的线弹性解 $\{\sigma\}^e$ 与实际非线性弹性解 $\{\sigma\}$ (由图 2 得出)之间的差值(初应力)转化为相应单元的等效结点荷载，再重新解方程，直到比值($\{\sigma\}^e{}_m-(\sigma)_m)/\{\sigma\}^e{}_m$小于 0.05，单元迭代结束。摩擦单元采用摩擦迭代。由于接触面上剪应力的极值应等于摩擦力，因此，必须把剪应力超过摩擦力的部分，即($\tau-f\cdot\sigma_n$)，化为单元的等效结点荷载转到其他单元上去。然后逐次迭代，直到前后两次剪应力之差值和剪应力之比能满足 5%的精度要求时为止。

首先进行若干次初应力迭代，达到收敛后，再进行一次接触面摩擦迭代，这样反复进行，直到接触面上的剪应力收敛为止。这样，在最后一次摩擦迭代结束时，填土应力和接触面剪应力同时收敛。

计算程序是用 FORTRAN 语言编写的，框图如图 3 所示。

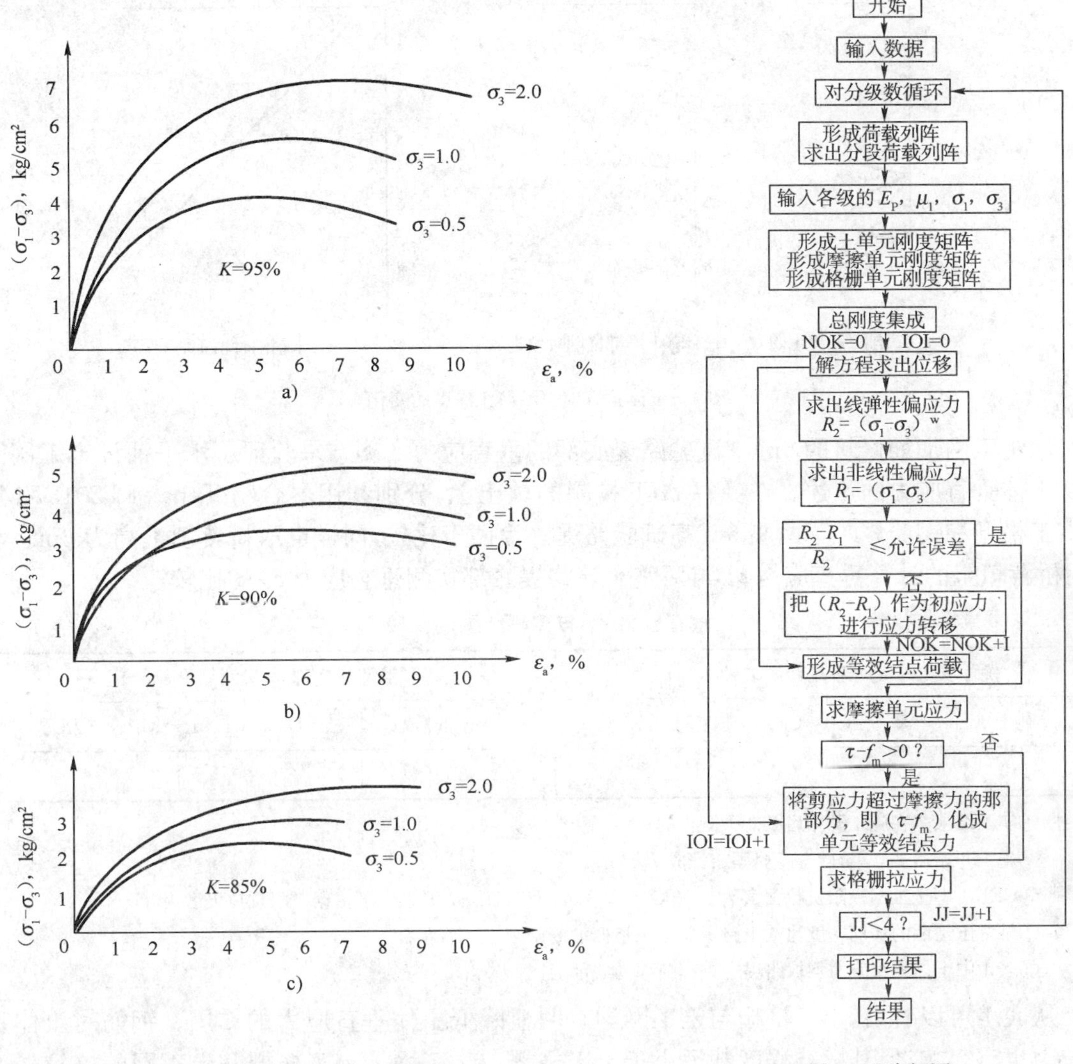

图 2　土的应力—应变关系曲线　　　图 3　程序框图

3　土工网对土体应力的影响

3.1　土工网对土体垂直应力 σ_y 的影响

图 4 为土体垂直应力沿桥背填土深度的变化。从图中可以看出，土工网使土体垂直应力重分布。如图 4b)所示，当填土上半部布置土工网，下半部不布置土工网时，上半部土体 σ_y 呈锯齿变化，而下半部土体 σ_y 则随深度逐渐递增。对 8m 高的桥背填土，全高铺设土工网、仅上半部铺土工网、不铺土工网三种情况下的填土层底部垂直应力分别为 24kPa、52kPa、168kPa。相应的填土面层最大沉降分别为 0.8cm、2.1cm、4.6cm。由上可知，水平铺设土工网使土体垂直应力明显降低，从而提高了土体承载能力，降低了土体沉降。击实试验也表明，在土体中加铺土工网，可以增加土体在相同击实能量下的压实度，提高土体的抗压强度[2]。

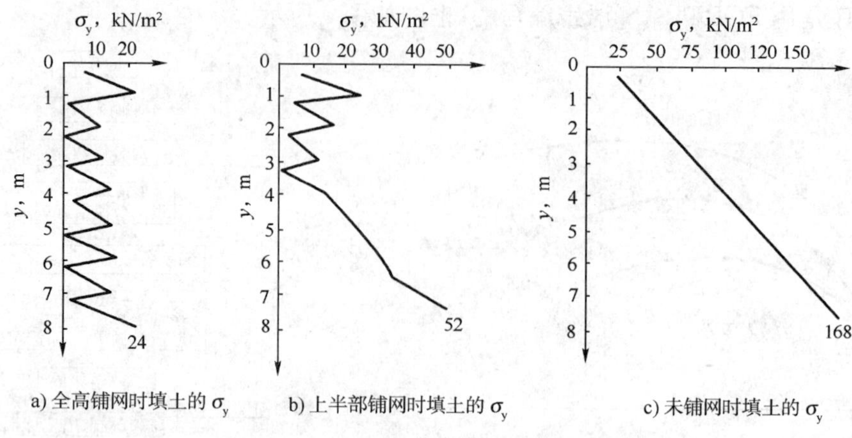

a) 全高铺网时填土的 σ_y　b) 上半部铺网时填土的 σ_y　c) 未铺网时填土的 σ_y

图 4　土体垂直应力沿填土深度的变化

用土工网加筋修筑的 6m 高试验路堤底部的垂直应力实测结果验证了水平铺设土工网能降低土体垂直应力的论述。在曼谷 AIT 校园的软土上，分别利用聚合物 TenaxTT201SAMP 型土工格栅和钢筋修筑了两座 6m 高试验路堤。为便于比较，同样也取桥背填土高为 6m。表 1 为桥背填土的计算垂直应力 σ_y 与两座实验路堤底部实测垂直应力 σ_y 的比较。

垂直应力 σ_y 与实测结果的比较　　表 1

桥背填土路堤底部 R 计算结果(kPa)		试验路堤底部 σ_y 实测结果(kPa)	
纯土	CE131 土工网	钢 筋	TenaxTT201SAMP 土工格栅
110	17	82	12

注：①实测结果是在施工开始后 270 天测得的；

②施工开始后 200 天，软土路堤固结完成 70%；

③CE131 型土工网极限抗拉强度为 8.62kN/m，TenaxTT201SAMP 型土工格栅极限抗拉强度为 55kN/m；

④桥背土工网的加筋密度比软土路堤的土工格栅加筋密度小一倍左右；

⑤表 1 中土体垂直应力均取路堤中央横断面的底部值。

从表 1 可以看出，土工格栅与土工网均有明显降低土体垂直应力的作用。钢筋对土体垂直应力也有影响，但其影响程度却远小于土工格栅与土工网。土工格栅和土工网的抗拉强度对土体垂直应力的影响不大。

减小填土垂直应力 σ_y 主要依靠土与土工格栅或土工网接触面的摩擦咬合作用，而非取决于它们的抗拉强度，即张力膜效应。美国的 Milligon、Jewell 等用实验也证实了这一观点。

3.2　土工网对土体剪应力的影响

如图 5 所示，铺设土工网后土体的最大剪应力 τ_{xy}=25.54kPa，是纯土的最大剪应力 τ_{xy}=8.62kPa 的 3 倍。另外，如图 6 所示，从土体的剪应力大小分布来看，铺设了土工网的土体，在靠桥台 A'处的剪应力 $\tau_{xy}>$20kPa，最大剪应力为 25.54kPa，最大垂直位移为 0.8cm，最大侧向位移为 0.01cm。而无土工网土体的剪应力大多小于 5.0kPa。仅在位置 B 处接近 9.0kPa。在靠近桥头的 A'处，其剪应力 $\tau_{xy}<$1.0kPa，最大垂直位移为 4.6cm，最大侧向位移为 1.0cm。由上可以看出，对于桥背未铺土工网的路堤，在靠桥头 A'处的土体变形较大。而铺土工网后，为抵抗较大的变形趋势，在靠桥头 A'处，土体颗粒与土工网摩擦咬合作用增强，从而使与土工

网相邻的土颗粒本身摩擦作用增强，剪应力由 1.0kPa 增至 25.54kPa，土体的变形则明显减小。

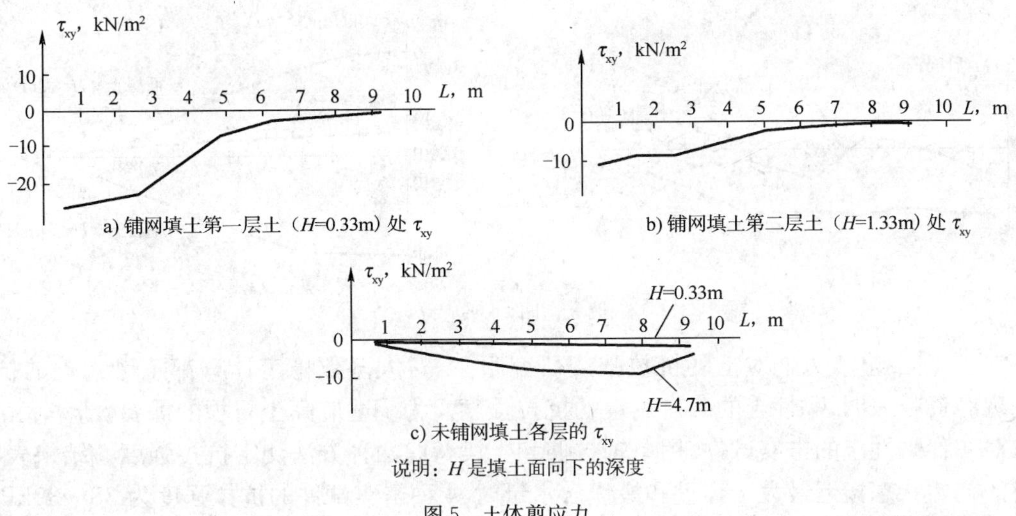

图 5　土体剪应力

铺设土工网后，由于土工网与土接触面间的剪应力传递，使土工网两侧的摩擦作用增强，剪应力增大。这也得到了土工网与土复合体试件直剪试验的验证。从表 2 可以看出铺土工网土体的剪应力比纯土的剪应力均增加约 8kPa。

纯土与铺土工网试件土体剪应力的比较　　表 2

正应力 σ(kPa)	剪应力 τ(kPa)	
	纯土	CE131 土工网
5.66	22.5	30.38
11.32	25.0	33.64
17.0	27.5	36.99

加铺土工网后，土工网两侧土体颗粒摩擦作用增强，剪应力增大，因而约束了土体的侧向变形。这也得到了土工网与土复合体试件压缩试验的验证。图 7 为试件破坏时的状况，从该图可以看出，随着土工网层数的增加，试件的破坏状况逐渐从 45°面上的剪切破坏向竖直面转移，土体的侧向变形随之明显减小。

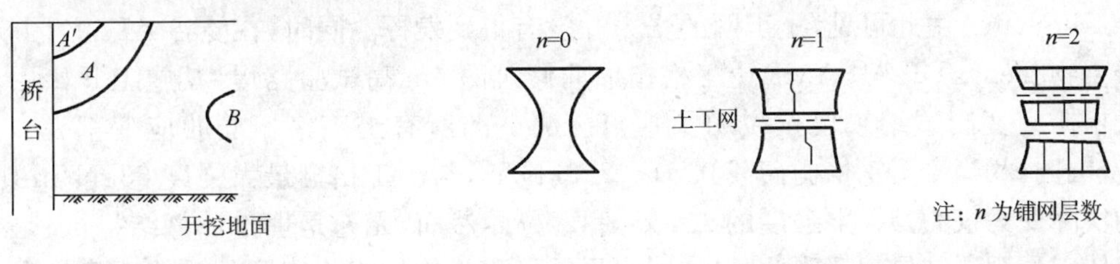

图 6　土体剪应力分布图　　　　图 7　试件的破坏状况

3.3　土工网对土体水平应力的影响

从图 8 可以看出，水平铺土工网能有效降低土体水平拉应力。未铺土工网的桥背填土路堤，在距桥头 4m 范围内，面层土的水平拉应力 $\sigma_x > 20$kPa。且位于桥头端部的最大水平拉应

力 $\sigma_x=28.62$kPa。而铺设了土工网的桥背填土路堤，其最大水平拉应力 $\sigma_x=7.1$kPa，位于面层土距桥头 0.7m 处。其他部位的土体水平拉应力 $\sigma_x<5.0$kPa。

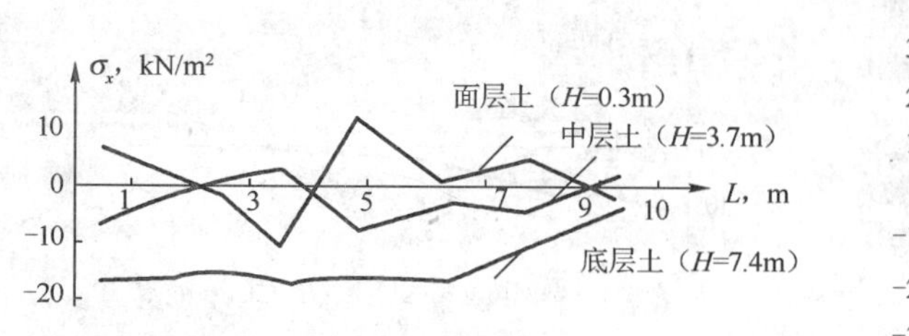

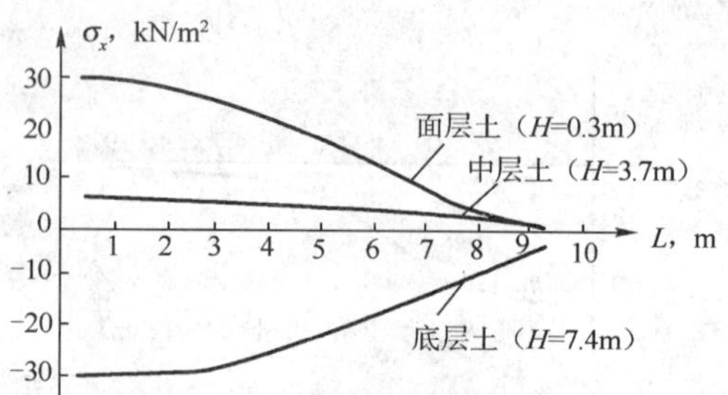

图 8　土体水平应力 σ_x

在土工问题中，人们对土的抗拉强度研究很少，对大多数稳定计算都不考虑土的抗拉强度。现有资料表明，黏性土的确有一定的抗拉强度。为了适应高土石坝的需要，清华大学水利系曾对 4 种黏性土的击实试件，用单轴拉伸和土梁弯曲两种方法测定抗拉强度。结果表明，当土料的初始状态接近最大干容重和最优含水量时，4 种击实试件的抗拉强度为 38～39kPa。

由上述可知，未铺土工网的桥背填土路堤，其桥头处的最大水平拉应力 $\sigma_x=28.62$kPa，已接近击实黏性土试件的抗拉强度，这极易引起土体裂缝。而铺设了土工网的桥背填土路堤，由于其水平拉应力较小，则大大降低了土体产生裂缝的可能性。这一结果得到了湘潭龙云立交桥及株洲白关桥桥头跳车实体工程的验证。株洲白关桥未进行土工网处理的桥头端，其桥台与填土路堤搭接处及填土路面均已出现明显裂缝。更有甚者，桥头处填土路堤已出现塌方。有研究通过对 50 多座桥进行统计，总结出引起桥头跳车的 4 个原因。其中一条就是在桥头处容易产生拉力裂缝，随着雨水及污垢逐渐浸蚀而导致塌方，引起桥头跳车。而进行了土工网处理的桥头端，其桥台与填土路堤搭接处及填土路面均无裂缝，无任何坍塌现象。湘潭龙云立交桥未进行土工网处理的桥头端，其桥台与路堤搭接处出现裂缝，且搭接处的混凝土破碎。而进行了土工网处理的桥头端无此现象。

4　土工网与土相互作用机理

人们通常认为，土工网与土复合体中，土工网的张力膜效应起着关键作用。然而计算表明，桥背填土中土工网最大筋肋张力为 2.15×10^{-4}kN/m，远远小于 CE131 型土工网的极限荷载 8.16kN/m。由此可见，土工网的张力并没有得到发挥。同时，在曼谷 AIT 校园软土上，利用聚合物 TenaxTT201SAMP 土工格栅加筋修筑的 6m 高试验路堤，其施工开始后 270 天的土工格栅应变测试结果也正说明了这点。测试的所有土工格栅筋肋应变都在 0.4%～1.1%范围内，相当于土工格栅荷载 0.84～2.3kN/m，与土工格栅最大强度 55kN/m 比，土工格栅的实际受力仅为其极限强度的 1.5%～4.2%。然而，无论是理论计算结果，还是模型试验及实体工程观测结果都证明，在土体中水平铺设土工格栅或土工网的确能明显提高土体承载能力和抗变形能力，从而起着加固土体的作用。为此，本文对影响土工网加筋土的另一重要因素——土工网与土接触面的界面剪应力进行研究，发现其最大界面剪应力为 55 176kPa，其值小于由直剪试验得出的土与土工网复合体试件在同等正应力下的土与土工网界面抗剪强度 63.89kPa。最大界面剪应力位于路堤面层土与其相邻的土工网接触面上，平均界面剪应力也在 10kPa 以上。从上述界面剪应力大小及分布来看，变形趋势大的部位，如路堤面层，其界面剪应力也相应较大。这就说明，土工网与土接触面的界面剪应力对土工网与土复合体的性能起着关键作用。

土工网与土一起承受外部和内部的荷载作用，由于土工网的变形影响，其两侧的土颗粒受到约束，土体本身颗粒间以及土颗粒与土工网接触面间的摩擦咬合作用增强，土体中的部分应力得到扩散和转移。从而使土体的垂直应力和水平拉应力明显降低，而土体剪应力明显提高，但未超过土与土工网复合体的抗剪强度。同时，土工网与土复合体试体的直剪试验也表明，在土体中加铺土工网能有效提高土体的抗剪强度。因此，土工网与土复合体的力学性能不仅与土体、土工网各自的性能有关，更重要的是取决于土工网与土的界面特性。

5 结论

(1)本文提出的有限元分析程序可用于土工网加筋土的应力分析。原型观测和模型试验结果都验证了计算结果的合理性。

(2)在土体中合理布置土工网，可使土体的垂直应力、水平应力明显降低，土体剪应力(土颗粒之间的摩擦作用)明显提高，土体的抗剪强度得到充分发挥。大大提高了土体的承载能力、抗变形能力和抗裂能力。

(3)土工网加筋土结构在工作时，土工网与土一起承受外部和内部荷载作用。但土工网的张力膜效应未得到充分发挥，特别对于降低土体垂直应力而言，土工网与土接触面的界面剪应力对复合体的性能起着关键作用。

交通荷载作用下土工格栅防止沥青路面开裂的桥联效应

周志刚　张起森　郑健龙
（长沙交通学院路桥工程系　长沙　410076）

摘　要：提出模拟土工格栅的薄膜单元和模拟结构层间作用的界面单元，利用基于线弹性断裂力学的有限元方法，对土工格栅防止沥青路面开裂的桥联效应进行研究；分析了这种桥联效应对半刚性基层收缩裂缝在沥青面层中扩展的阻止机理，讨论界面接触状态对它的影响；同时，对比分析了水平荷载对裂缝扩展的影响。

关键词：土工格栅　反射裂缝　界面　桥联效应

在半刚性基层与沥青面层之间铺设玻璃纤维之类土工格栅，对于抑制水泥稳定砂砾、二灰碎石等半刚性基层因收缩而产生的裂缝向上扩展、延长沥青路面面层的使用寿命，是一种非常有效的方法。人们对此开展了专门研究，但对土工格栅加筋沥青路面、抑制反射裂缝的机理研究并不充分。

目前，国内外的理论研究工作主要集中在半刚性基层中裂缝扩展到半刚性基层与沥青面层间的土工格栅时土工格栅所起的加筋作用。事实上，由于沥青混合料是由粗骨料、细骨料、沥青经过拌和、摊铺、碾压形成的，在此过程中，沥青不可能充分填充骨料之间的空隙、将骨料完全黏结在一起，在沥青面层底部不可避免存在长度不一的微裂缝。当半刚性基层中宏观裂缝扩展到沥青面层底部时，它将与沥青混合料中的微裂缝汇合。此时，土工格栅将起到桥联作用。这种桥联作用类似于短纤维复合材料中短纤维对裂缝扩展所起的抑制作用。为了研究裂缝在沥青面层中的扩展规律，建立土工格栅加筋沥青路面结构的使用寿命预测模型，对土工格栅的桥联作用及其随裂缝扩展的强弱变化进行计算分析是非常必要的。

在施工中，人们发现，当将土工格栅（如加拿大生产的自粘式玻璃纤维格栅）摊铺在半刚性基层顶面时，即使将基层表面清扫干净、喷洒了黏层油，或采取其他的联结措施，在沥青混合料的堆积摊铺、压路机的碾压下，土工格栅仍会推移、折叠，使它们不能充分与上下结构层黏结。在交通荷载的作用下，土工格栅有可能与上下结构层处于摩擦、滑移状态，使得它们的桥联作用产生变化，即体现出一种界面效应。有必要考察在不同的界面结合状态下土工格栅所起的加筋作用，以便为结构层组合设计和土工格栅的施工提供指导。

因此，笔者将利用基于断裂力学的平面有限元方法，提出模拟土工格栅和结构层层间结合状态的有限单元模型，对在交通荷载作用下土工格栅对开裂的沥青路面的加筋作用及其影响因素进行系统的研究分析。

摘自《中国公路学报》1999年7月第12卷第3期。

1 有限元分析的基本方法

采用平面应变有限元方法进行计算分析。有限单元选用常用的八节点等参单元，其有限元计格式可在一般的有限元方面的著作中查到，在此不再赘述。这里针对本研究问题的特点，专门引进四种特殊单元(图 1)，即反映裂缝尖端奇异性的奇异单元及其过渡单元、模拟土工格栅的薄膜单元、表征结构层间结合状态的界面单元。

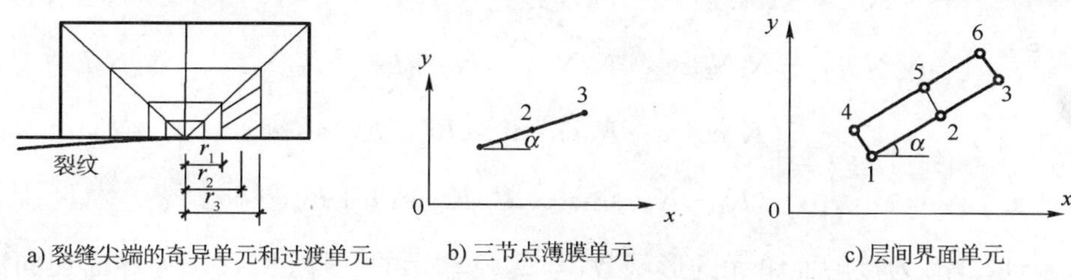

a) 裂缝尖端的奇异单元和过渡单元　b) 三节点薄膜单元　c) 层间界面单元

图 1　所设置的几种特殊单元

由于均质材料中线弹性断裂力学研究表明裂缝尖端的应力应变具有$\sqrt{r}$的奇异性，在有限元方法中为了体现这一特征，一般在裂缝尖端配置奇异单元，并在奇异单元和常规单元之间设置过渡单元。

为配合八节点等参单元每边有三个节点的特点，采用三节点薄膜单元模拟土工格栅。如图 1b)所示。薄膜单元的矩阵求解方程：

$$\{F\}=[K]\{\delta\} \tag{1}$$

式中：$\{F\}$、$\{\delta\}$为薄膜单元节点的等效力列阵和位移列阵；$[K]$为薄膜单元节点的刚度矩阵。

$$[K]=\int_{-1}^{1}\frac{E_g}{\sum_{i=1}^{3}N_{i,\xi}x'_i}\begin{bmatrix}T^{T}K_{11}T & T^{T}K_{12}T & T^{T}K_{13}T\\ T^{T}K_{21}T & T^{T}K_{22}T & T^{T}K_{23}T\\ T^{T}K_{31}T & T^{T}K_{32}T & T^{T}K_{33}T\end{bmatrix}d\xi \tag{2}$$

式中：E_g 为土工格栅的张拉模量；x'为局部坐标 $x'o'y'$中节点的 x'坐标；$N_{i,\xi}$为形函数 N_i 对ξ的导数；T 为坐标转换矩阵。

$$T=\begin{bmatrix}\cos\alpha & \sin\alpha\\ -\sin\alpha & \cos\alpha\end{bmatrix} \tag{3}$$

$$K_{ij}=\begin{bmatrix}N_{i,\xi}N_{j,\xi} & 0\\ 0 & 0\end{bmatrix}_{(i,j=1,3)} \tag{4}$$

在土工格栅与上下结构层间设置六节点接触面单元[图 1c)]。单元的矩阵求解方程为

$$\{G\}=[K^{*}]\{\delta\} \tag{5}$$

式中：$\{G\}$、$\{\delta\}$为接触面单元节点的等效力列阵和位移列阵；$[K^{*}]$为刚度矩阵。

$$[K^*]=\int_{-1}^{1}\begin{bmatrix} N_1N_1L & N_1N_2L & N_1N_3L & -N_1N_1L & -N_1N_2L & -N_1N_3L \\ N_2N_1L & N_2N_2L & N_2N_3L & -N_2N_1L & -N_2N_2L & -N_2N_3L \\ N_3N_1L & N_3N_2L & N_3N_3L & -N_3N_1L & -N_3N_2L & -N_3N_3L \\ -N_1N_1L & -N_1N_2L & -N_1N_3L & N_1N_1L & N_1N_2L & N_1N_3L \\ -N_2N_1L & -N_2N_2L & -N_2N_3L & N_2N_1L & N_2N_2L & N_2N_3L \\ -N_3N_1L & -N_3N_2L & -N_3N_3L & N_3N_1L & N_3N_2L & N_3N_3L \end{bmatrix}|J|\mathrm{d}\xi \quad (6)$$

$$\{L\}=\begin{bmatrix} K_s\cos^2\alpha+K_n\sin^2\alpha & (K_s-K_n)\sin\alpha\cos\alpha \\ (K_s-K_n)\sin\alpha\cos\alpha & K_s\sin^2\alpha+K_n\cos^2\alpha \end{bmatrix} \quad (7)$$

式中：$N_i(i=1,2,3)$为接触面单元的形函数，与薄膜单元的一样；K_s、K_n 为界面切向法向劲度系数。

根据裂缝两边相对位移回归计算张拉型和剪切型应力强度因子 K_1、K_2。由于在非对称荷载下，沥青路面中的裂缝属于复合型的。对于复合型裂缝的扩展，采用最大拉应力理论。计算中若 $K_1<0.0$，则取 $K_1=0.0$。

2 土工格栅加筋沥青路面的计算模型

沥青路面结构选用在目前高等级沥青类路面上常用的四层体系结构。沥青面层厚 18cm，模量 1 800MPa；半刚性基层厚 20cm，模量 1 400MPa；底基层厚 25cm，模量 300MPa；土基模量 40MPa。半刚性基层含贯穿裂缝。

分在沥青面层与半刚性基层之间设与不设土工格栅两种情形。根据本课题组在室内对加拿大生产的自黏式玻璃纤维格栅和一种国产的玻璃纤维格栅进行拉伸试验获得的数据，取两种土工格栅张拉模量 $E_g=0.1$MN/m、0.5MN/m。它们的抗张拉强度分别为 13.3kN/m 和 10.5kN/m。

土工格栅与上下结构层、上下结构层之间设置的界面单元的切向劲度系数值$K_s=10.0$，10^8MPa/m 后者对应完全联结情形。法向劲度系数值为 $K_n=10^8$MPa/m。

由于以往的研究表明：沥青路面的开裂主要是非对称荷载下的剪切型裂缝扩展，所以仅计算分析图 2 示意的交通荷载（包括水平荷载）图式。其中垂直荷载为 0.7MPa，水平荷载为 0.21MPa。荷载作用范围 $2r=2\times15.0$cm。分析时，一般对裂缝在面层中的扩展长度 a 取三个值，即 $a=1.0$cm、3.0cm、6.0cm。

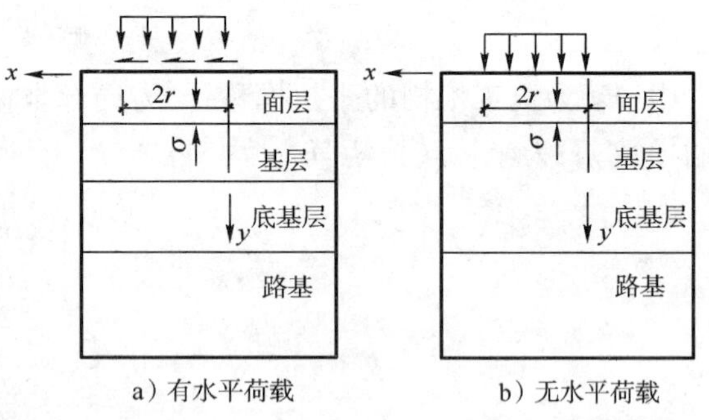

图 2 交通荷载作用图式

对沥青路面结构所划分的有限元网格包括 956 个节点，216 个常规八节点等参单元，16 个奇异单元，32 个过渡单元，24 个薄膜单元，48 个界面接触面单元。

3 土工格栅的桥联效应及其对裂缝扩展的影响

图 3 为土工格栅的张拉模量 $E_g=0.0$、0.1MN/m、0.5MN/m、裂缝扩展长度 $a=1.0$cm、3.0cm、6.0cm，它与上下结构层完全联结时裂缝延长线上拉应力 σ_x、剪应力 τ_{xy} 的分布曲线。

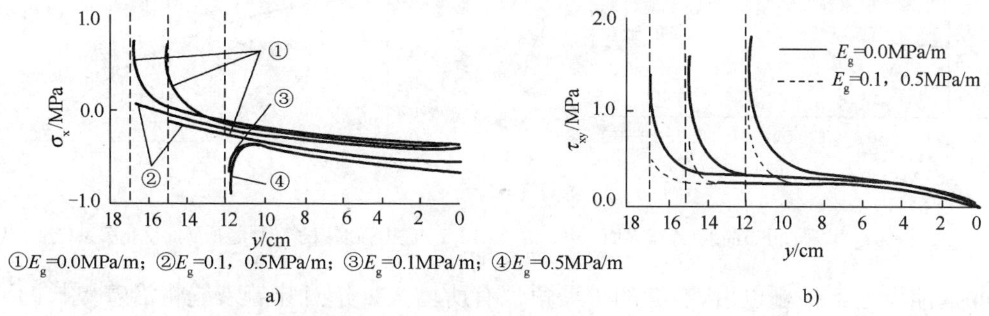

图 3 裂缝延长线上拉应力 σ_x、剪应力 τ_{xy} 的分布曲线(连续界面)

在采用弹性层状体系理论对无裂缝的沥青路面结构的计算分析说明，交通荷载对沥青面层具有弯拉效应。同样，图 3 中拉应力 σ_x 在靠近路表区域近于线性分布，的确呈现出弯拉特征，但在裂缝附近发生急剧变化，趋于无限大，即具有奇异性。随着裂缝两边受弯拉作用而张开，土工格栅处于张拉状态，欲将裂缝两边拉在一起，表现出一种桥联效应，它将降低裂缝尖端的应力集中程度。随着裂缝的扩展，尽管裂缝尖端将处于受压状态，将不产生张拉型开裂，但由于在沥青面层与半刚性基层之间界面处的裂缝仍张开着，土工格栅继续承受张力，发挥桥联作用(图 4 张力分布曲线和表 1 最大张力值)。图 3～图 5 曲线和表 1 中应力强度因子数值说明：这种桥联效应随着土工格栅张拉模量 E_g 的增大而略有增强；在裂缝扩展初期较显著，在后期渐趋稳定。

应力强度因子、扩展角 θ 和土工格栅最大张力值 T_{max}(连续界面) 表 1

土工格栅张拉模量 E_g /MN·m^{-1}	0.0			0.1			0.5		
裂缝扩展长度 a/cm	1.0	3.0	6.0	1.0	3.0	6.0	1.0	3.0	6.0
K_1/MN·m$^{-3/2}$	0.055 3	0.036 3	−0.006 9	0.003 9	−0.007 8	−0.053 8	0.003 4	−0.001 7	−0.054 6
K_2/MN·m$^{-3/2}$	0.114 3	0.131 8	0.164 0	0.025 3	0.059 8	0.091 9	0.026 6	0.058 9	0.092 2
θ/°	61.62	65.36	70.53	67.64	70.53	70.53	68.13	70.53	70.53
K^*/MN·m$^{-3/2}$	0.094 5	0.129 6	0.186 3	0.031 4	0.069 1	0.106 1	0.032 6	0.068 0	0.106 4
T_{max}/KN·m^{-1}				0.007	0.008	0.009	0.360	0.400	0.430

根据表 1 中应力强度因子计算结果，土工格栅对应力强度因子 K_1 影响最大。不论裂缝扩展至哪个位置，裂缝尖端几乎均由不设土工格栅时的张拉状态转为受压状态；此时裂缝扩展主要受应力强度因子 K_2 控制，体现为剪切型裂缝，而且土工格栅减弱了剪应力集中程度，这种减弱作用在裂缝扩展初期表现特别显著。这些在图 5 中反映较明显。但无论不铺或铺设土

工格栅，复合应力强度因子 K^* 均随着裂缝的扩展而增大，只是因土工格栅的桥联效应，铺设土工格栅后有效地降低了复合应力强度因子值。

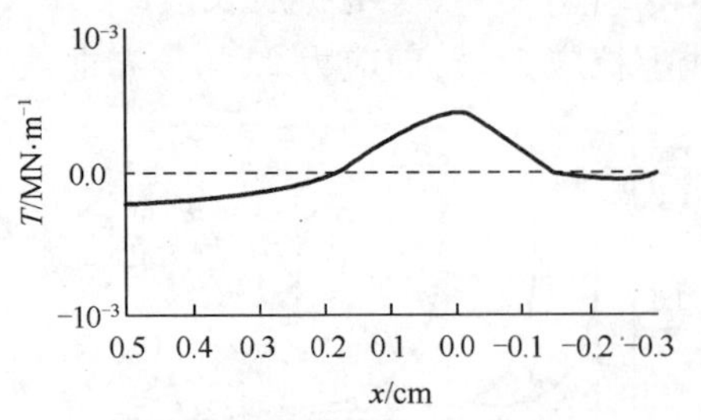

图 4 土工格栅张力 T 的分布曲线（连续界面）

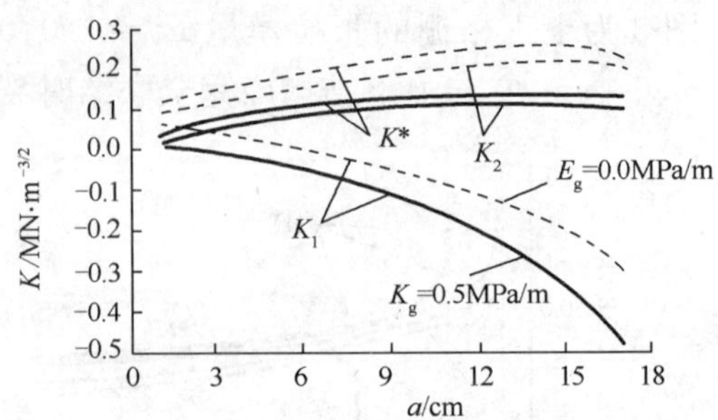

图 5 应力强度因子随裂缝扩展的变化关系（连续界面）

同时，铺设土工格栅以后，裂缝的扩展角也有所增大。这意味着裂缝将沿着更长的路径到达沥青面层表面。

4 层间结合的界面效应

选取土工格栅与上下结构层接触界面单元的切向劲度系数 $K_{s1}=10.0\text{MPa/m}$，$K_{s2}=10^8\text{MPa/m}$ 和 $K_{s1}=10^8\text{MPa/m}$，$K_{s2}=10.0\text{MPa/m}$ 及 $K_{s1}=K_{s2}=10.0\text{MPa/m}$ 三种情形，计算分析土工格栅与上下结构层层间接触的界面效应。图 6 和图 7 分别是裂缝延长线上拉应力 σ_x、剪应力 τ_{xy} 和沥青面层与半刚性基层之间土工格栅的张力 T 的分布曲线。

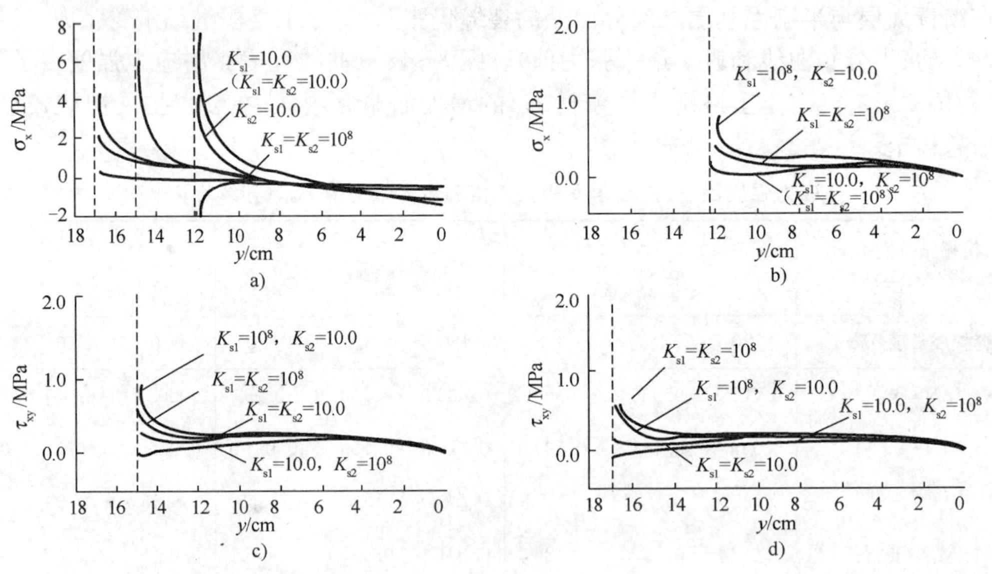

图 6 几种界面状态时裂缝延长线上拉应力 σ_x、剪应力 τ_{xy} 的分布曲线（$E_g=0.5\text{MN/m}$）

图 6 中曲线说明：土工格栅与上下结构层完全联结情形对减弱裂缝尖端拉应力集中程度效果最佳，其次为土工格栅与沥青面层底部完全联结、与半刚性基层顶部联结不佳情形，最不利的是土工格栅与半刚性基层完全联结、与沥青面层联结不佳和土工格栅与上下结构层联结均不佳两种情形。这与仅有垂直荷载作用的情形相似。

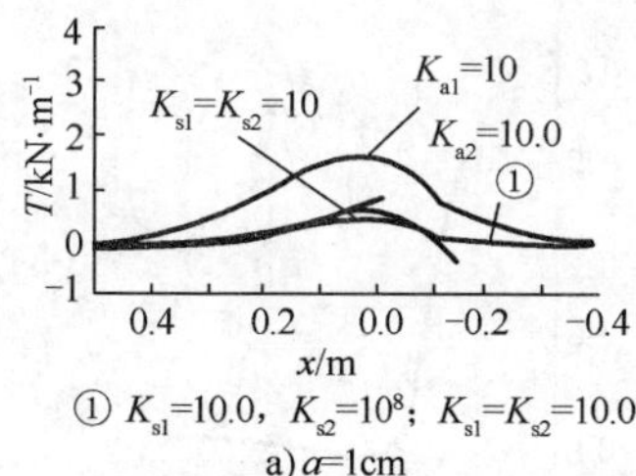

① K_{s1}=10.0，K_{s2}=10^8；K_{s1}=K_{s2}=10.0
a) a=1cm

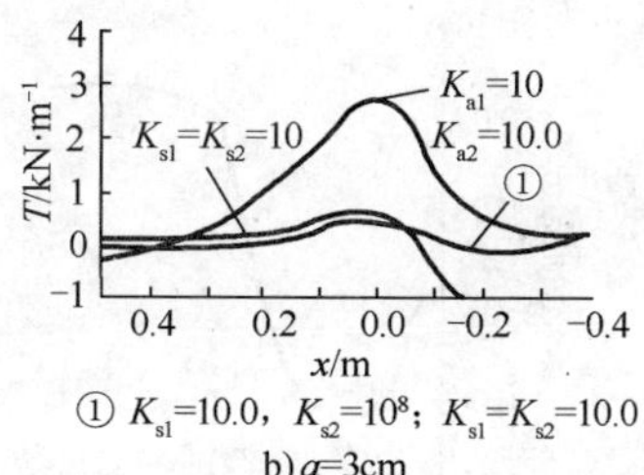

① K_{s1}=10.0，K_{s2}=10^8；K_{s1}=K_{s2}=10.0
b) a=3cm

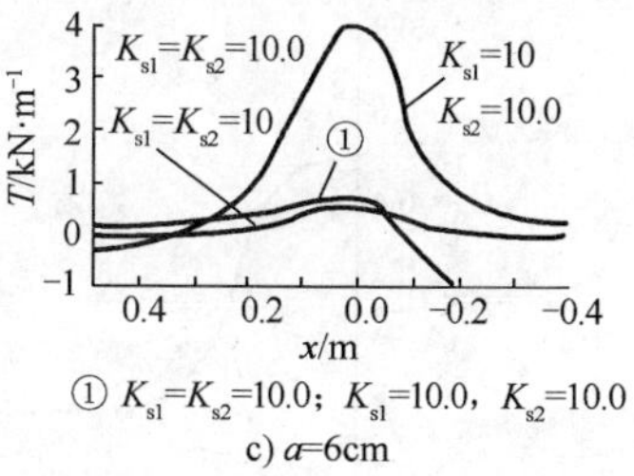

① K_{s1}=K_{s2}=10.0；K_{s1}=10.0，K_{s2}=10.0
c) a=6cm

图7　几种界面状态时土工格栅张力 T 的分布曲线(E_g=0.5MN/m)

但对于裂缝尖端剪应力，情况恰好相反。图6中曲线反映出土工格栅与上下结构层联结不佳和土工格栅与沥青面层底部联结不佳两种情形，比土工格栅与沥青面层底部完全联结情形更能有效地降低裂缝尖端剪应力的集中程度。

表2、表3中应力强度因子数值和图8应力强度因子与界面切向劲度系数 K_s 的关系曲线更明显地反映出上述两点。但根据表1～3中复合应力强度因子 K^* 数值，土工格栅与沥青面层联结不佳或沥青面层与半刚性基层联结不佳尽管能有效地降低裂缝尖端剪应力集中，但因为增大拉应力集中的作用更强，因此总的效果更为不利，会加快裂缝的扩展。图8曲线表明：K_s 对应力强度因子影响大的取值范围在 $10\sim10^5$MPa/m 之间，复合应力强度因子 K^* 从 0.5MN/$m^{3/2}$ 降低至 0.1MN/$m^{3/2}$。这个取值范围对应着层间接触由光滑转为完全联结状态。它说明计算分析时，选用 K_s=10.0MPa/m 和 10^8MPa/m 是合适的，并具有典型性。

几种界面状态时应力强度因子、扩展角 θ 和土工格栅最大张力 T_{max} 值　　表2

界面切向劲度系数 K_s/MPa·m⁻¹	K_{a1}=10.0 K_{s2}=10^8			K_{s1}—10^8 K_{s2}=10.0			K_{s1}=10.0 K_{s2}=10.0		
裂缝扩展长度 a/cm	1.0	3.0	6.0	1.0	3.0	6.0	1.0	3.0	6.0
K_1/MN·$m^{-3/2}$	0.2939	0.4500	0.4856	0.1284	0.2625	0.2806	0.2858	0.4224	0.4746
K_2/MN·$m^{-3/2}$	−0.0012	−0.0084	0.0015	0.0312	0.0846	0.0893	0.0040	0.0260	0.0623
θ/°	0.47	2.15	0.35	14.47	24.73	30.64	1.62	6.98	14.47
K^*/MN·$m^{-3/2}$	0.2939	0.4493	0.4856	0.1388	0.2979	0.3175	0.2859	0.4247	0.4865
T_{max}/KN·m⁻¹		0.009	0.008	1.550	2.730	3.910	0.600	0.580	0.510

注：土工格栅张拉模量 E_g=0.5MN/m。

界面切向劲度系数 K_s=10.0MPa/m 时应力强度因子和扩展角 θ 值(无土工格栅)　　表3

裂缝扩展长度 a/cm	1.0	3.0	6.0
K_1/MN·$m^{-3/2}$	0.2337	0.3412	0.4046
K_2/MN·$m^{-3/2}$	0.0551	0.0782	0.1045
θ/°	24.17	23.62	25.98
K^*/MN·$m^{-3/2}$	0.2515	0.3660	0.4412

同时，表1～3中扩展角 θ 的数值说明，当土工格栅与沥青面层底部联结不佳时裂缝扩展方向近于垂直路表，而土工格栅与沥青面层底部完全联结时裂缝扩展会偏离路表垂直方向。这说明：在土工格栅与沥青面层底部联结不佳的情形下，裂缝会沿较短的路径更快地扩展至沥青面层表面。

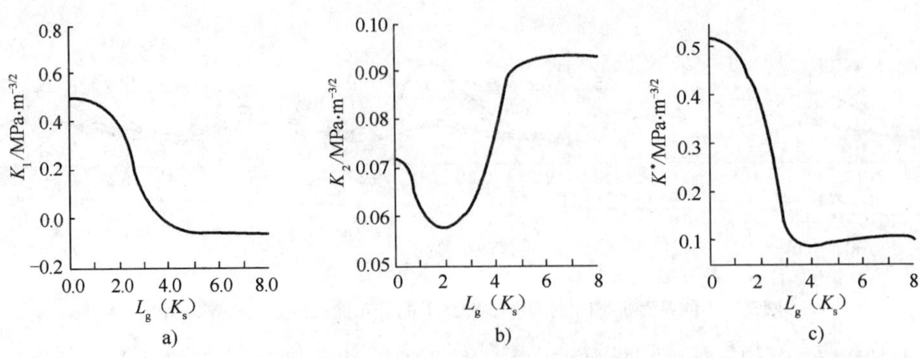

图 8　应力强度因子与界面切向劲度系数 K_s 的变化关系

从复合应力强度因子 K^* 和扩展角 θ 两方面分析，土工格栅应与沥青面层底部完全联结，便于更有效地发挥土工格栅的桥联作用，延长沥青面层的使用寿命。

5　水平荷载的影响

在关于沥青路面反射裂缝的研究中，常常忽略交通荷载中的水平作用力。根据无裂缝的弹性层状体系理论的力学计算，水平荷载影响深度主要是距路表约 10cm 深度范围内。由于沥青面层厚度一般超过这一范围，对于半刚性基层中的裂缝尚未扩展至沥青面层中的情况，水平荷载不会影响到裂缝尖端局部区域，即对裂缝尖端应力集中影响不大。因此，此时忽略水平荷载是合适的。但由于现在分析半刚性基层中裂缝扩展至沥青面层中、接近路表的情形，水平荷载势必影响到裂缝尖端应力应变的分布，因此有必要研究水平荷载的这一影响的程度及其随裂缝扩展的变化。

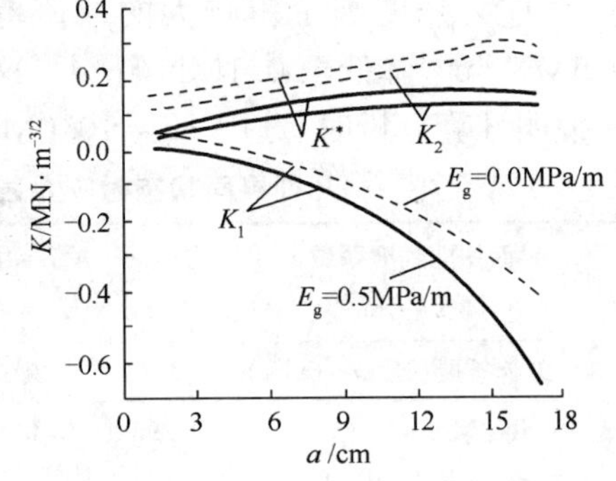

图 9　垂直荷载下应力强度因子随裂缝扩展的变化关系

这里针对图 2 中无水平荷载、连续界面、E_g＝0.0、0.5MN/m 的情形进行计算。结果见图 9 和表 4。

非对称荷载下应力强度因子、扩展角 θ 和土工格栅最大张力 T_{max} 值(连续界面)　　表 4

土工格栅张拉模量 E_g/MN·m^{-1}	0.0			0.5		
裂缝扩展长度 a/cm	1.0	3.0	6.0	1.0	3.0	6.0
K_1/MN·m$^{-3/2}$	0.044 3	0.018 0	−0.038 7	−0.001 5	−0.018 6	−0.078 8
K_2/MN·m$^{-3/2}$	0.112 8	0.133 8	0.169 6	0.026 1	0.059 5	0.097 8
θ/°	63.25	67.98	70.53	70.53	70.53	70.53
K^*/MN·m$^{-3/2}$	0.156 0	0.164 5	0.195 8	0.030 1	0.068 7	0.112 9
T_{max}/kN·m^{-1}				0.30	0.34	0.34

对比表 1 和表 4 中应力强度因子的数值，可以发现，没有铺设土工格栅时水平荷载主要增大应力强度因子 K_1，而对应力强度因子 K_2 几乎没有影响。这说明水平荷载主要会加快裂缝的张拉开裂。而且这种影响随着裂缝的扩展更为显著。这与没有裂缝时采用弹性层状体系理论计算结果一致。但由于铺设土工格栅后，土工格栅对应力强度因子 K_1 的影响较大，在接近

路表时裂缝尖端更趋于受压状态，这将掩盖水平荷载的张拉开裂作用，因此，铺设土工格栅时水平荷载对裂缝扩展的最终影响不大。

6 结语

根据针对交通荷载作用下土工格栅对沥青路面中裂缝扩展的加筋作用所进行的上述分析，可以归纳出下面几点结论。

(1)在裂缝扩展至沥青面层内时，铺设在沥青面层与半刚性基层之间的土工格栅会体现出一种桥联效应。一般地，这种桥联效应随着土工格栅的张拉模量的增大而加强；在裂缝扩展初期较显著，在后期趋于稳定。

(2)土工格栅均能降低裂缝尖端的拉应力和剪应力集中，但降低拉应力集中的效果更为显著，在裂缝扩展至一定长度之后，裂缝尖端将转为受压状态，此时裂缝主要表现为剪切型开裂，而且这种剪切作用随着裂缝扩展而增强；土工格栅降低剪应力集中的作用在裂缝扩展初期较为明显。

(3)在各种层间接触状态中，土工格栅与上下结构层完全联结能最有效地降低裂缝尖端的拉应力集中，其次为土工格栅与沥青面层完全联结、与半刚性基层联结不佳的情形，最不利于土工格栅发挥桥联效应的是土工格栅与沥青面层联结不佳的情形；但对于降低裂缝尖端剪应力集中，情况恰好相反。然而，土工格栅与沥青面层完全联结更有利于降低复合应力强度因子，且使裂缝扩展更偏离垂直方向、沿较长的路径发展，从而有效地延长沥青面层的使用寿命。因此，就半刚性基层裂缝扩展至沥青面层中的情形而言，在施工中应保证土工格栅与沥青面层和半刚性基层联结完好，才能最佳地发挥土工格栅的桥联作用；在条件有限、不便于处理基层顶面的情形下，也应尽量使土工格栅与沥青面层完全联结。

(4)根据对应力强度因子与表征界面接触状态的界面切向劲度系数关系所做的敏感性分析，界面切向劲度系数对裂缝扩展影响大的区域主要在 $10\sim10^5$ MPa/m 范围内。计算结果说明本文中选用的切向劲度系数 $K_s=10.0$MPa/mm 和 10^8MPa/mm 是合适的，具有典型性。

(5)土工格栅在裂缝位置产生最大张力，它随着土工格栅的张拉模量的增大而增强，随着裂缝扩展而增大，并趋于稳定。就本文的两种玻璃纤维格栅，土工格栅所受的最大张力低于土工格栅的张拉强度，在交通荷载作用下，裂缝的扩展难以造成土工格栅的拉断。根据土工格栅张力的分布曲线，土工格栅宜于铺设在裂缝两边 40～50cm 范围内。

(6)在没铺设土工格栅时，水平荷载会增强裂缝尖端的拉应力集中，而对剪应力没什么影响；但在铺设土工格栅后，因土工格栅的桥联效应会降低拉应力的集中程度，当裂缝接近路表时会处于受压状态，这将削弱水平荷载的影响，最终水平荷载对裂缝扩展的影响不大。

SBS改性沥青及SMA混合料的应用研究

朱梦良　张起森
(长沙交通学院路桥工程　长沙　410076)

摘　要：分析了SBS改性沥青的制备方法及主要技术性能。以某工程SMA13铺装为基础，详细阐述了SMA混合料配合比、碾压方式等应用技术问题。

关键词：SBS　改性沥青　SMA

SBS改性沥青技术就是利用特殊的制造设备或特殊的工艺，将SBS改性剂均匀地分散融合在沥青中，经过深度加工，直接用于拌制沥青混合料的综合技术。如何将颗粒状SBS均匀分散于沥青之中，是改性沥青技术的核心，也是多半年来国内外学者共同研究的重大课题。

中国自20世纪90年代初首次使用SMA混合料以来，SMA混合料的应用研究与试铺已全面展开。经过近10年的研究与实践，已积累许多实践经验，但SMA混合料的某些技术问题仍处于摸索之中，如SMA的施工工艺控制。笔者以某工程桥面铺装表层SMA13混合料为基础，就SMA混合料配合比设计及SMA路面的施工工艺控制等技术问题予以探讨，供同行参考。

1　直接添加粉体SBS制备改性沥青

1.1　粒状SBS的磨细工艺

SBS在常温条件下呈现高弹性，常规的粉碎机研磨时易发热而结团。据日本资料介绍，日本生产粉体SBS的方法为：先将SBS冷冻至－196℃，然后用常规粉碎机磨细。该法的基本原理是通过超低温冷冻，原高弹性的SBS随温度下降而逐渐失去弹性，当冷冻至SBS脆化温度以下时，SBS完全失去弹性，而转化成脆性，硬脆状态的SBS颗粒可以通过常规粉碎机磨细成粉末，如日本JSR公司生产的粉体SBS(TR2601K、TR2606K)。从1998年9月开始，笔者经过几次调研、试研磨，找到了一种特种常温粉碎机，成功地试生产了第一批SBS粉体(共计3.0×10^3kg)。经试验证实，60目、40目的粉体SBS在热沥青中具有很好的溶解效果和改性效果。

1.2　粉体SBS的添加工艺

粉体SBS的添加工艺流程(室内)参见图1。沥青加热脱水，升温至170～190℃，倒入称好的粉体SBS，用玻璃棒搅均匀，每隔15min用玻璃棒搅一次，测温一次。在170～190℃温度条件下炼制40～60min。可以观察到，SBS加入后15min内，用玻璃棒搅拌时可以看到明显的

摘自《中国公路学报》2001年1月第14卷第1期。

细小颗粒，并且上浮。炼制40～60min时，细小SBS颗粒逐渐溶解而消失。试样经撕膜法检验，能清晰可见SBS在沥青中的网状结构。性能测试结果表明粉体SBS直接添加法具有胶体磨法相同的改性效果，证明粉体SBS能在沥青中充分溶解。

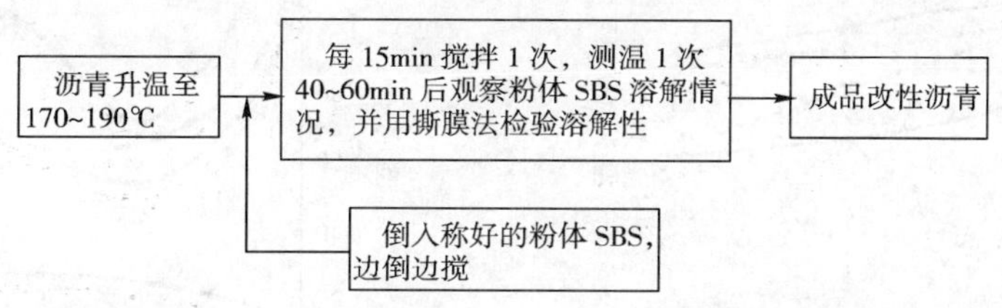

图1 粉体SBS添加工艺流程

按图1所示添加工艺于1998年9月在湖南1807线成功地铺筑了1km粉体SBS改性沥青路面。在粉体SBS添加时仅加工了一套简易搅拌机（投资1～2万元），操作极其简单。粉体SBS直接添加法不需要复杂的加工设备，添加十分方便，且加工成本较低，适合于各种规模的工程，零星或养护工程更有实用价值，应有广阔的市场前景。

2 粉体SBS改性沥青主要技术性能

2.1 SBS改性沥青的常规技术性能

几种沥青在不同SBS掺量时针入度、延度、软化点试验结果见表1、表2及图2～图4。

不同粉体SBS掺量时改性沥青针入度、延度、软化点 表1

沥青品种	针入度(25℃,100g,5s)/0.1mm				延度(25℃)/cm				软化点(环球法)/℃		
	0	2%	4%	6%	0	2%	4%	6%	0	4%	6%
茂名100号	93	72	66	60	>100	65.2	>100	87	48.2	60.0	79.5
壳牌沥青70号	66	—	44	40	>100	—	48	59.7	51.5	73.2	84.7
韩国沥青	84	—	72	62	>100	—	84.3	89.7	45.7	59.7	85.2
埃索沥青	81	—	58	41	>100	—	87.5	105.5	47.5	58.5	>90

注：粉体SBS为日本TR2601K。

粉体SBS改性沥青低温延度/cm 表2

SBS掺量/%	25℃,5.0cm·min^{-1}	15℃,5.0cm·min^{-1}	10℃,5.0cm·min^{-1}	5℃,5.0cm·min^{-1}
0	>100	141.6	>100	13.5
2	65.2	71.4	56.0	24.3
4	>100	105.4	72.3	24.6
6	87	104.5	95.0	78.5

注：茂名100号沥青，粉体SBS为TR2601K。

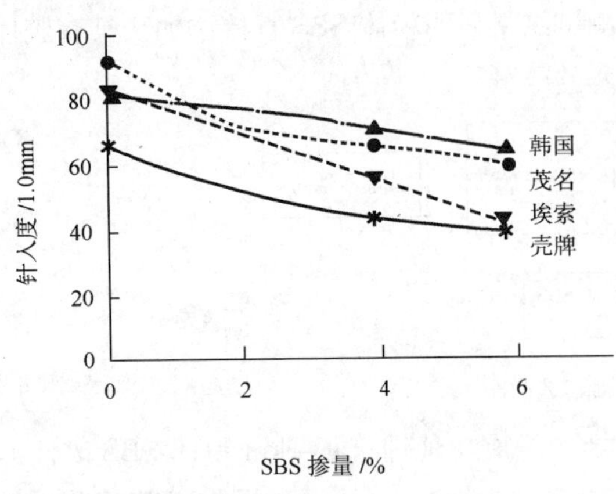

图 2　SBS 掺量对沥青针入度的影响

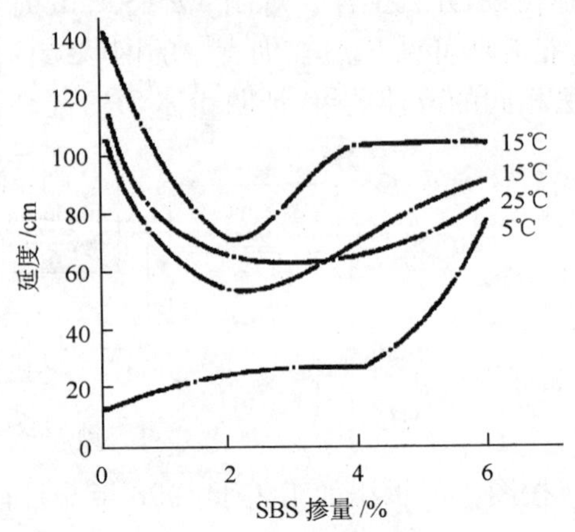

图 3　低温延度变化趋势

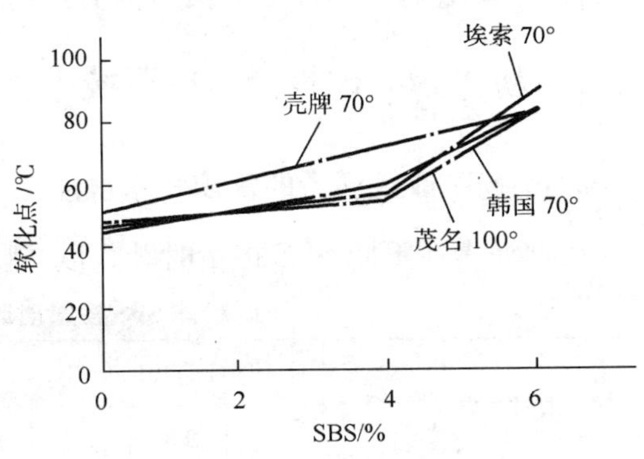

图 4　SBS 掺量对沥青软化点的影响

从图 3 可看出，随 SBS 掺量增大，延度值有下降之后的回升趋势，这是由于延度试验时改性沥青破坏形态上的差异或由于 SBS 网络结构改变了基质沥青的变形特性的结果。同时，随温度降低而延度下降比较明显，但在一定温度条件下(5～10℃)，随粉体 SBS 掺量的增大，延度先减小后增大，呈凹曲线变化的趋势。基质沥青在温度 5℃左右时延度下降十分显著，相比之下，SBS 改性沥青在此温度区域内，延度下降幅度较小。这主要是由于 SBS 在改性沥青中形成网络状结构，同时 SBS 网在 5℃温度区域内具备很好的变形适应能力，而 SBS 掺量较小时 SBS 网不够完整，这种改性沥青(如 SBS 掺量 2%、4%)5℃延度相对基质沥青有所改善，但比 SBS 掺量大的改性沥青 5℃延度要低得多。这充分证明，SBS 网状结构对沥青变形性能的实质性影响。

SBS 掺量为 4%左右时，SBS 对沥青软化点的改善效果与基质沥青类型密切相关；SBS 掺量为 6%时，不同基质沥青制成的改性沥青软化点则差别不大。这主要是由于 SBS 掺量为 6%，SBS 已在基质沥青中形成了较完善的网络状结构，改性沥青此时的软化点主要取决于分散的 SBS 数量及网络状结构的完善程度，而与基质沥青关系不大。从研究结果来看，SBS 在沥青中形成网状结构的掺量应在 4%～6%或 6%左右。因此，国内在改性沥青生产中的 SBS 掺量取 4%～6%是比较合适的。

岳阳化工总厂合成橡胶厂经过多次摸索，用不同的磨细方法，生产了一批 SBS 粉体改性剂，用其制备的改性沥青三大指标参见表 3。试验时，粉体 SBS 的添加方法与前述方法完全相同。从溶解性试验和撕膜法检验来看，803 号、802 号、道改 2 号一般能在 40～60min 内溶解，其中 803 号、802 号均为星形结构。从粉体 SBS 制备的改性沥青三大指标(尤其软化点)来看，改性的效果是显著的。

岳化粉体 SBS 改性沥青性能 表 3

序号	SBS 类型	SBS 掺量%	针入度 0.1mm	软化点℃	延度(25℃)/cm	备 注
2	802 号(小样)	0	93	48.2	>100	用温州砂轮磨,水冷却,茂名 100 号沥青
		4	—	59.7	54.5	
		6	—	86.5	52.0	
3	803 号(小样)	4	74	58.5	50.0	浙江绍兴常温磨,茂名 100 号沥青
		6	62	70.5	84.7	
3	道改 2 号(批量)	4	64	59.5	56.3	岳化自购常温磨,茂名 100 号沥青
		6	52	87.5	102	
		4	60	59.2	49.5	岳化自购常温磨,壳牌 70 号沥青
		6	40.6	79.5	60.3	
		4	48.5	55.5	92.2	岳化自购常温磨,埃索 70 号沥青
		6	44.5	65.5	91.6	

2.2 SBS 改性沥青的低温性能

沥青的低温性能是沥青关键技术性能之一,对于寒冷地区或经受重载和重交通量的路面,该性能指标尤为重要。考虑到沥青混合料路用性能,中国沥青技术标准近年来已对沥青低温性能指标作了修订。在高等级公路用重交通沥青性能指标上新增了 15℃ 延度和改性沥青规定 5℃ 延度指标。但是,用低温延度指标反映沥青低温抗裂能力是否合适?有待进一步研究。一方面,中国现行沥青标准所指的低温范围与寒冷地区的实际环境温度差距较大;另一方面,温度下降时沥青材料的塑性急剧下降,脆性显著增大,变形适应能力减弱,从而表现出较差的抗裂能力。荷载产生的变形超过沥青材料的自身变形能力时,沥青路面会开裂破坏,但沥青材料低温受力时极限变形量是很小的,而且环境温度越低,极限变量急剧减小,并不是"延度"所反映的"宏观"变形。当然,低温延度与沥青低温抗裂性能是有一定的相关性。

为了更好地反映沥青低温抗裂性能,美国 Sharp 计划中沥青低温性能指标不再使用低温延度指标,而是采用低温条件下沥青梁弯曲试验。笔者仿照美国 Sharp 计划中沥青低温弯曲试验的原理,采用室内土基模量全套试验架,配以人工分级累积加载方式,固定分级持荷时间(一般每级加载持荷时间为 10s),测试沥青小梁试件(160mm×40mm×40mm)的荷载—挠度曲线,其试验加载方式参见图 5。试件温度控制为控温低温冷柜,试件冷冻持续时间为 15h 左右。

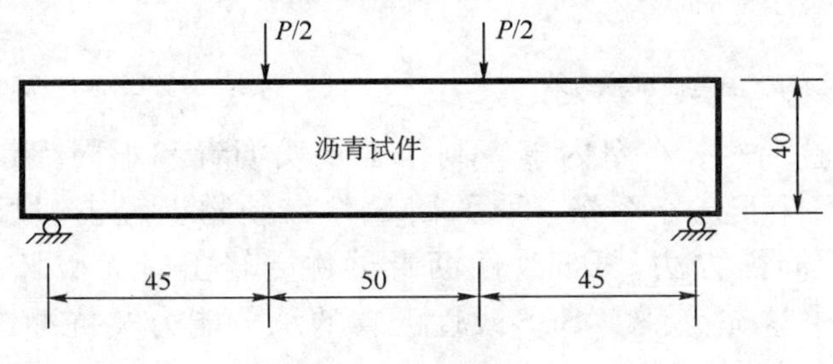

图 5 沥青低温弯曲试验简图(尺寸单位:mm)

基质沥青及 SBS 改性沥青的小梁弯曲试验结果见图 6～图 9。由于加荷装置加荷量限制，图中荷载—挠度曲线仅作了上升段。从实测荷载—挠度曲线观察及应力应变分析，计算出各种沥青材料在不同负温条件下的模量，如表 4 和图 10 所示。从试验结果来看，SBS 改性剂对基质沥青低温性能有实质性影响，可以概括为如下几点。

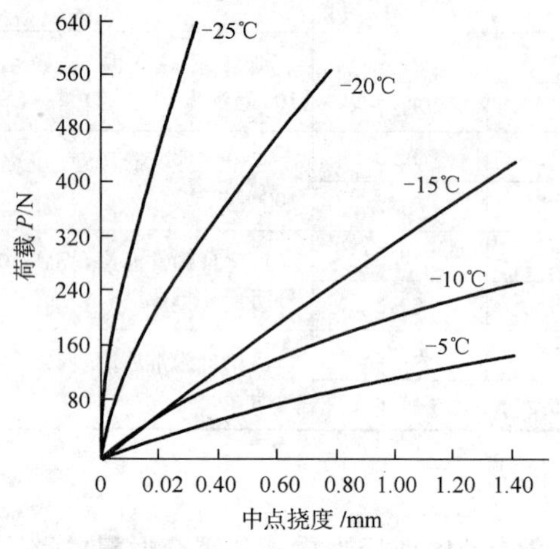

图 6　普通沥青低温弯曲试验结果

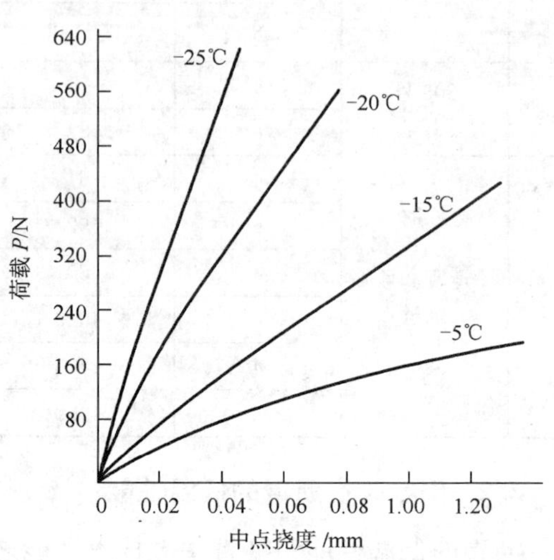

图 7　2%SBS 改性沥青低温弯曲试验结果

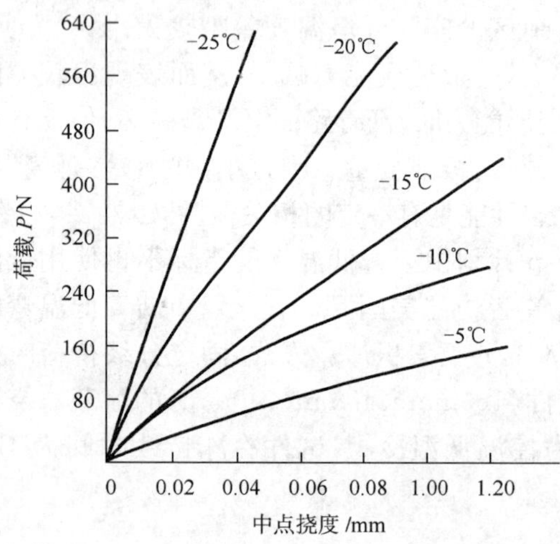

图 8　4%SBS 改性沥青低温弯曲试验结果

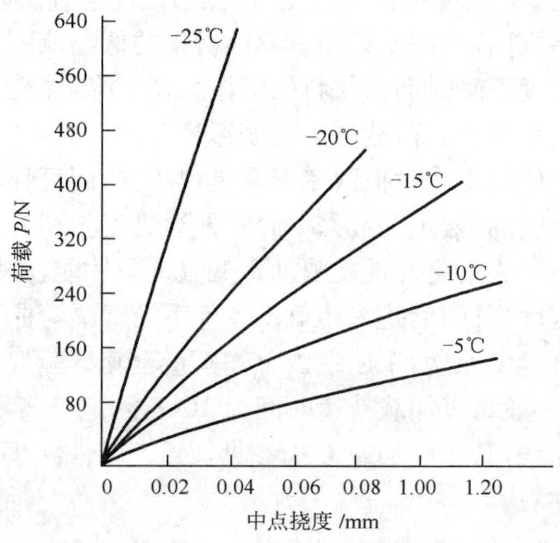

图 9　6%SBS 改性沥青低温弯曲试验结果

(1)试件冲击试验观察。在室内笔者制作了基质沥青和不同掺量的 SBS 改性沥青试件，在－5～－25℃条件下充分冷冻，然后，将试件在硬物上轻击，发现：基质沥青粉碎性脆裂，到处飞溅；采用同样方法，SBS 改性沥青试件受轻击时无破坏断裂迹象，重击时断口完整，无飞溅现象。这充分证实 SBS 改性沥青的承载能力及抗冲击性能明显优于基质沥青。

(2)基质沥青和改性沥青弯曲模量随温度下降而急剧增大。

(3)弯曲模量对比(图 10、表 4)。在−15℃以上时,基质沥青与 SBS 改性沥青弯曲模量无明显差异,但−15℃以下时,基质沥青的弯曲模量随温度降低有急剧增大的趋势。而 SBS 改性沥青随温度下降弯曲模量增长趋势相对较缓。这充分说明 SBS 能有效地提高沥青低温抗裂能力。这一结论与大量研究证实 SBS 改性沥青脆点显著降低的结论是一致的。

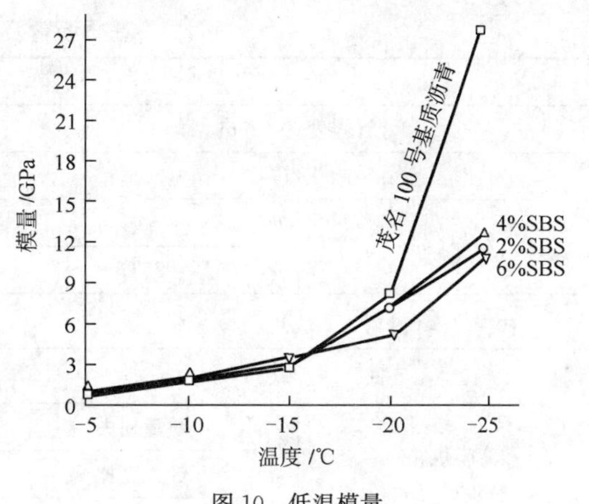

图 10 低温模量

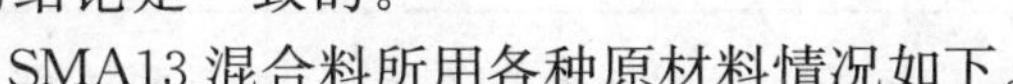

SMA13 混合料所用各种原材料情况如下。

低温弯曲模量分析结果 表 4

温度℃	不同 SBS 掺量时,弯曲模量 E/MPa			
	0%	2%	4%	6%
−5	1 149.9	1 753	1 577.9	1 175.0
−10	1 807.0	—	2 495.4	2 138.9
−15	2 851.8	3 140.2	3 367.2	3 493.5
−20	8 220	7 166.2	7 166.2	5 273.2
−25	27 948.0	11 645.0	12 703.7	11 179.2

注:表中弯曲模量 E 由应力 $\sigma = M_x/W_z = 3Pa/bh^2$ 和挠度 $f = -1/12pb/EI(3/4l^2 - b^2)$ 计算得出。

3 沥青玛蹄脂碎石(SMA)混合料的应用研究

3.1 SMA13 混合料所用原材料

(1)集料:粗细集料为花岗岩,表观密度为 2.67g/cm³,压碎值为 21.0%,磨耗值为 16.8%,针片状含量为 8.6%;矿粉为石灰石矿粉,表观密度为 2.73g/cm³。

(2)纤维:德国产颗粒状木质素纤维,掺量 0.4%(占矿料重)。

(3)抗剥落剂:商品抗剥落剂为 0.4%(占沥青重)。

(4)基质沥青与改性沥青:基质沥青为埃索 60/70,岳阳化工总厂生产的 SBS 改性剂,掺量为 5%,采用进口移动式胶体磨现场生产 SBS 改性沥青。基质沥青及改性沥青性能见表 5。

3.2 粗集料最大粒径

常规沥青混合料配比设计中,常常不太在意粗集料的粒径,有时对最大粒径和公称最大粒径不加区分。按照 ASTMP8 的定义:集料最大粒径是指使集料 100%通过的最小标准筛孔径,而集料的公称最大粒径是指保证在最大尺寸的标准筛上颗粒含量不超过 10%的标准筛尺寸。从以上定义不难看出,最大粒径与公称最大粒径是有严格区分的。

基质沥青及改性沥青性能　表5

试验项目		基质沥青	5%SBS改性沥青
针入度/0.1mm		67.0	50.4
软化点/℃		49	79
延度/cm	5℃	—	45.3
	25℃	>100	>100
P.I		−0.94	0.22
回弹率/%(25℃)		—	97.2
薄膜烘箱 163℃,5h	质量损失	0.03	0.02
	针入度比	76.0	85
	5℃延度	—	34.8

SMA混合料中粗集料的最大粒径比密级配沥青混合料中粗集料的最大粒径要求严格得多。由于SMA混合料中粗集料(大于4.75mm)含量一般大于70%,粗集料颗粒之间的摩擦阻力显著增大,SMA混合料的摊铺碾压难度要大得多。据日本研究,在相同压实功条件下,SMA混合料中粗集料颗粒呈三层以上排列时,胶轮压路机的搓揉效果较佳。因此,一些国家选用粗集料最大粒径的原则为:粗集料公称最大粒径应小于等于13铺装厚度,即铺装厚度大于等于粗集料公称最大粒径的三倍,比欧洲、美国早些年提出的"铺装厚度与集料粒径之比至少大于2.5倍"的下限值有所提高。

日本最新研究表明,SMA混合料中粗集料最大粒径与铺装厚度的比值对SMA混合料的防水性能和压实度有十分显著的影响,如图11、图12所示。从图11可以看出,SMA混合料厚度与粒径比小于3倍(30÷13=2.30)时透水系数最大(表明压实度欠佳,因为透水性与空隙率有直接关联),而厚度与粒径比大于3倍(40÷13=3.08,50÷13=3.85,63÷13=4.85)时透水系数小得多,SMA5混合料的试验结果也有类似之处,只是SMA5混合料中厚度与粒径比应更大些为宜。图11(双面50次)与图12(双面75次)的差别在于击实功不同,两图所示透水系数的差异表明SMA混合料的防水性能与压实效果(压实度或空隙率)密切相关,加强压实可以改善SMA路面的防水性能。当然,强调防水性能的同时,还应兼顾高温稳定性,不能一味地过度碾压。

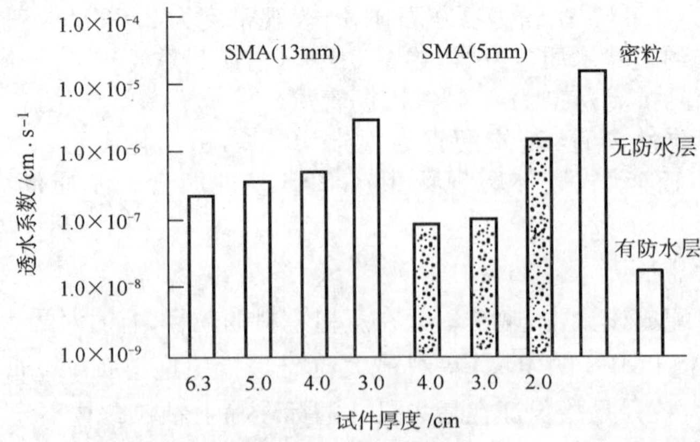

图11　厚度与最大粒径的比值对透水系数的影响(双面50次)

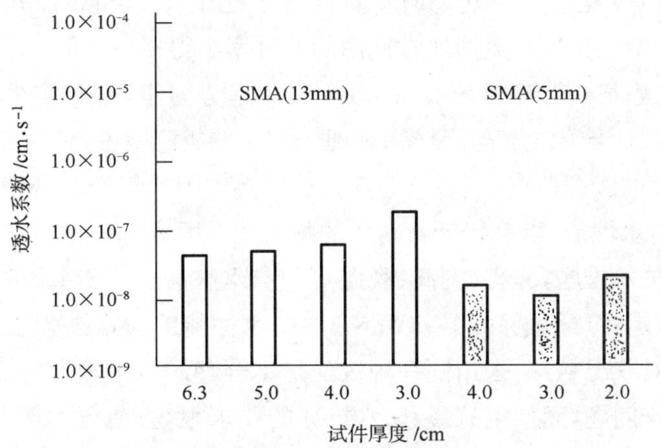

图 12 厚度与最大粒径的比值对透水系数的影响(双面 75 次)

根据以上分析,MA13 的最小铺装厚度必须大于 4cm,SMA5 的最小铺装厚度不宜小于 2cm。如果超径颗粒含量较多时,铺装厚度还应适当增大。本桥面铺装工程中 SMA13 混合料的铺装厚度为 4.5cm。

3.3 SMA 混合料的级配范围

SMA 混合料是由沥青玛蹄脂填充碎石骨架组成的骨架嵌挤型密实结构混合料。就级配而言,SMA 呈现粗集料含量很高、矿粉用量大、细集料很少的特征。实际上它是一种大于 4.75mm粒径的颗粒多、小于 0.074mm 粉料多的间断级配,其级配类似于中国常用的沥青碎石混合料,只是用较多的沥青玛蹄脂填充粗集料之间的空隙,使 SMA 成为骨架嵌挤型密实结构。

关于 SMA 混合料的级配范围,各国在主要问题上形成了较一致意见,但在某些细节方面仍有分歧。例如许多欧洲国家及美国一般以 4.75mm 筛孔的通过率作为 SMA 级配的关键技术参数,但在日本,除关注 4.75mm 筛孔的通过率外,更注重 2.36mm 筛孔的通过率。以 SMA13 混合料为例,各国的级配范围如表 6 所示。从表 6 可清楚地看出,欧洲国家与日本的级配(2.36mm、4.75mm 筛)存在较明显的差异。差异的主要原因可能与这些国家的气候条件差异有关。

在美国,一些州的气温较高,SMA 的高温稳定性考虑较多,因此 4.75mm、2.36mm 粒径通过率较少;在日本,一些地区气温较低,SMA 的防水性能考虑较多,因此日本的 SMA 级配普遍偏细。

SMA13 级配范围对比 表 6

国别	筛孔/mm,通过率/%									备注
	13.2	12.5	9.5	4.75	2.36	0.6	0.3	0.15	0.074	
欧美	100	85~95	75	20~28	16~24	12~16	12~15	—	8~10	
日本	95~100	—	—	30~50	20~35	—	13~20	—	8~13	
中国	90~100	—	50~70	25~40	18~32	12~24	10~18	8~16	8~12	早期的 SMA
	90~100	—	50~75	20~32	15~26	12~20	10~16	8~15	8~12	近期的 SMA

1998 年 AASHTO 建议的各种 SMA 混合料级配中 4.75mm 筛孔的通过率为 20%～28%，比 20 世纪 90 年代初当时美国通常使用的通过率小得多(4.75mm 筛孔)。近年来，中国 SMA 的级配变化趋势基本与美国 SMA 的级配变化趋势同步，同时结合中国的实际情况，将 4.75mm 筛孔通过率适当予以放宽，形成了中国 SMA 的级配范围。

对于中国 SMA 的级配范围，笔者认为应充分注意中国的气候及环境条件，同时还应兼顾到 SMA 混合料的防水性能，以确保沥青路面的耐久性。大家都清楚，沥青路面的水损害历来是一个非常关键的技术难题，冻害、剥离、脱层等均与水害有关。SMA 的防水性能究竟怎样，有待考察，但可以肯定，级配是保障 SMA 混合料防水性能的关键要素之一。在中国，南北气候条件差异大且交通状况悬殊，采用同一种级配是不合理的。中国北方有些地区基本不存在或存在轻度高温稳定问题，而低温抗裂、防水抗冻的要求很高；南方大部分地区高温车辙十分严重，雨季时间长，防水问题也十分突出，低温开裂的可能性相对较小；中部某些地区，则对高温稳定性、低温开裂、防水性能等均有特别要求。因此，笔者建议，中国南方地区不妨参照美国的级配，而北方地区以日本的级配为宜。

3.4 SMA 混合料的拌和与级配控制

在 SMA13 混合料拌制过程中，输入改性沥青加工设备的基质沥青温度大于等于 165℃，改性沥青温度 170～180℃，矿料加热温度 190～200℃，SMA 混合料出厂温度 175～185℃(不宜超过 195℃)。SMA 混合料的拌制采用配有分级筛分装置的间歇式拌和机，额定产量 1.5×10^5kg/h，生产 SMA 的实际产量为 1.0×10^5kg/h 左右。

SMA 混合料的级配控制是一项技术难度较大的工作，如果控制不力，就会影响拌和楼的正常生产，如溢料、等料、级配失控等。规格、稳定的集料(冷料)供应是实现稳定级配的基本前提。从 SMA13 混合料的生产来看，由于料场对冷料进行了严格的分级筛分，拌和场又十分注意仓存放，因此冷料比较稳定。在进行施工配合比调整时，很顺利地达到了级配要求，几乎没有溢料、等料现象。根据 SMA 混合料的抽提试验结果，各粒径通过率仅有±2%～3%的波动，完全符合 SMA 的级配控制要求。

3.5 SMA 混合料的碾压工艺

SMA 混合料的碾压是一项极其重要的工作。目前，中国基本遵循欧洲、美国的碾压方式，即刚性碾压，不容许使用胶轮压路机碾压。但是，笔者在 SMA 混合料的铺装过程中，通过试验路验证及实体工程实践，发现只要操作得当，SMA 配合比适宜，采用胶轮压路机碾压并未出现像许多欧洲国家担心的泛油、沥青玛蹄脂部分上浮、抗滑性能降低等病害，相反，经胶轮压路机碾压的 SMA 路面，压实度可以得到充分保证，可以最大限度地改善 SMA 路面的防水性能。

在 SMA10、SMA13 试验段铺装过程中，笔者有意使用了 4 种碾压方式：①钢轮静碾(4～6 遍)；②钢轮低幅振动碾压(4～6 遍)；③钢轮静态初碾(1 遍)＋胶轮碾压(3～4 遍)＋钢轮收迹(1 遍)；④钢轮振动初碾(1 遍)＋胶轮碾压(3～4 遍)＋钢轮收迹(1 遍)。4 种碾压方式成型的 SMA 的路面空隙率抽检结果如表 7 所示。

不同碾压方式时 SMA 路面的空隙率 表 7

碾压方式	SMA10 路面空隙率/%			SMA13 路面空隙率/%		
	平均值	最大值	最小值	平均值	最大值	最小值
钢轮静碾	9.22	11.0	7.6	—	—	—
钢轮振碾	8.05	8.9	6.8	—	—	—
钢轮静+胶轮+钢轮	5.28	6.6	3.8	5.9	6.7	5.5
钢轮振+胶轮+钢轮	4.93	6.9	3.2	3.57	4.3	3.5

注:SMA10 油石比 6.1%,铺装厚度 35mm;SMA13 油石比 6.6%,铺装厚度 35mm;SMA10、SMA13 的级配均与美国建议的级配范围相似;施工时间为 8 月份,气温 30℃以上;空隙率由芯样测得。

根据当时《分路沥青路面施工技术规范》(JTJ 032—94),普通密级配沥青混合料设计空隙率为 3%~6%,压实度代表值≥95%(按马歇尔实验密度为基准)的规定,可以推算出沥青路面的空隙率必须小于 7.85%~10.7%。考虑到中国沥青路面水损害十分严重的现状,路面空隙率从严控制是十分必要的。一般认为沥青路面空隙率 7%~9%属正常,据美国研究,SMA 路面的残留率以 4%为宜[4],而中国 SMA 路面控制空隙率偏高,因此适当降低路面空隙率对提高路面路用性能是有益的。

从表 7 可以看出,采用单纯的钢轮压路机动态碾压或钢轮压路机振动碾压,SMA 路面的空隙率均偏大,但钢轮振动+胶轮+钢轮收迹碾压方式成型的路面空隙率偏小,况且路表面层采用振动碾压方式对路面平整度不利,因此,钢轮静压+胶轮+钢轮收迹碾压方式是较理想的碾压方案。

在试验路充分论证的基础上,笔者采用以胶轮压路机为主的碾压方式铺装 SMA13 路面共计 8km(SMA13 的油石比为 6.3%)。从 SMA13 碾压过程来看,除有一小块(约 $1m^2$)因拌和楼开机时手动操作误差,油石比偏大而出现泛油外,没有发现其他异常情况,路表现的构造深度完全符合规范要求(实测结果参见下文),路面压实度均大于 97%。开始碾压时由于胶轮温度低,胶轮压路机有些粘轮,可以用极少量油、隔离剂、水的混合物人工涂抹,胶轮预热后禁止使用油水混合物,改用隔离剂(洗衣粉、洗洁精等)、水的混合物,根据现场实际需要涂抹胶轮,可以很好地解决粘轮问题。

近几年来,由于 SMA 混合料的改进,胶轮压路机碾压成为可能。

(1)欧洲许多国家提出不容许使用胶轮压路机,有其现实情况。欧洲许多国家使用的 SMA 粒径普遍比较小,SMA11、SMA8、SMA5 等类型使用比较多,同时沥青用量普遍用得较大。因此,在胶轮压路机强力搓揉作用下易泛油。但是,美国在学习欧洲 SMA 经验的基础上,对欧洲的 SMA 作了很大的改进,主要表现在:①集料的粒径比欧洲的要大,最常用的类型是 12.5mmNMAS,实际上相当于 SMA16;②级配比欧洲的要粗得多,如 4.75mm 筛孔通过率由 20 世纪 90 年代初的 30%左右降低至现在的 20%~28%;③油石比下限大幅度降低,1998 年 AASHTO 建议的最小油石比为 5.9%~6.0%。中国实际使用的 SMA 油石比与此相吻合。以上三大变化均对 SMA 的碾压增加了更大的难度,同时也为胶轮压路机碾压创造了良好条件。

(2)目前 SMA 混合料一般作为路面表层,除对高温稳定性作特别考虑外,路面表层的防水功能也应提到很重要的位置。在日本,特别强调 SMA 的碾压质量,在碾压方式上采用胶轮压路机,同时规定 SMA 路面的压实度必须大于等于 97%。因此,SMA 的碾压采用胶轮压路机不能说没有先例，最重要的是要结合自己的实际情况，掌握好这种碾压方式的要领。

(3)从笔者的工程实践来看，SMA的碾压采用胶轮压路机时，应注意如下事项：

①SMA混合料的集料公称粒径小于10mm或SMA10的油石比偏大时，不宜采用胶轮压路机，否则易泛油或沥青胶泥上浮，影响表层抗滑性能。

②铺装厚度与集料最大粒径比的大小也直接影响碾压效果。比如中国常用的较薄面层、较粗的集料、低油石比的SMA混合料，采用胶轮碾压是没有什么问题的。

③在大规模铺装SMA路面前，必须铺筑一些试验路，摸索最佳的碾压方式和碾压组合。

3.6 SMA路面的抗滑性能和平整度

SMA13铺装完工后，采用连续式平整度仪和砂补仪分别测得SMA13表面的平整度和构造深度。根据实测结果，平整度和构造深度统计指标分别为：

①平整度以每100mm标准差为测点，共计79测点，测点标准差的平均值为1.20mm，最大值1.50mm，标准差0.185mm，平整度指标符合设计要求；

②构造深度，共78测点，平均值1.12mm，最小值0.84mm，标准差0.12mm。从构造深度指标测试结果来看，SMA路面采用胶轮压路机碾压时，构造深度指标均能满足设计要求，仍具有很好的抗滑性能。

4 结语

(1)移动式胶体磨现场制备SBS改性沥青，具有良好的分散效果和改性效果。粉体SBS直接添加工艺具有加工费用低、使用方便、改性效果良好的特点，值得推广应用。

(2)SBS改性剂与基质沥青的配伍性直接影响到SBS的改性效果，因此，在生产改性沥青前，应进行SBS与所选沥青的配伍性试验，确定SBS的最佳掺量，以获得最佳的改性效果。

(3)SBS改性沥青具有很好的高温稳定性，同时具有优良的低温抗裂性能和低温耐冲击性能。

(4)SMA混合料的集料公称粒径与路面铺装厚度必须相适应。为确保SMA路面压实度和SMA的防水性能，厚度与粒径比宜大于等于3.0。

(5)在SMA混合料配合比适当的情况下，为了提高SMA路面的压实度，改善SMA路面的防水性能，采用胶轮压路机为主的碾压方式是必要的。同时建议SMA路面的压实度验收标准适当提高，以压实度不低于97%为宜。

沥青玛蹄脂碎石混合料的集料级配优化

朱梦良 张起森 陈 强

（长沙交通学院道路与交通工程系 长沙 410076）

摘 要： 碎石骨架是SMA混合料的标志，研究表明，粗集料间隙率 VCA_{DRC} 与粗集料相对用量有关，细集料用量对混合料的骨架间隙率 VCA_{mix} 和性能有显著影响，细料过多，将会发生“干涉”，使骨架减弱。

关键词： SMA 集料级配 间隙率

密级配沥青混合料路面呈现较差的高温抗车辙能力和重交通适应能力。沥青玛蹄脂碎石(SMA)路面具有全面、优异的路用性能，能弥补密级配沥青混合料存在的某些缺陷，已引起国内外的广泛关注，许多国家开始全面推广此项技术。沥青玛蹄脂碎石混合料属骨架密实型结构，它集中体现了密实型和空隙型沥青混合料的优点，为目前较理想的沥青混合料类型。沥青玛蹄脂碎石混合料呈现粗集料骨架及较多沥青玛蹄脂填充密实的显著结构特征，其中碎石骨架是评判是否为SMA的客观标准。

中国长期以来习惯于使用密级配沥青混合料，对于新涌现的SMA混合料，应用经验不多，相关研究还很少。

1 SMA混合料的集料级配特征及级配设计方法

1.1 SMA混合料的集料级配特征

间断级配源于水泥混凝土集料的一次偶然组配试验，它的优点在于集料组成中既有足够数量的粗粒料可以形成空间骨架，同时又根据粗粒料的空隙多少加入一定数量的细料而使其有较高的密实度，从而可以最大限度地减少粒径相近颗粒的“干涉”作用，达到粗颗粒的最佳填充效果。

在沥青混合料中，早期的间断级配一般采用一级或多级间断，如原苏联采用0.63～5.0mm粒级间断；日本采用2.5～5.0mm粒级间断；中国一般采用5.0mm以下粒级间断。间断尺寸的颗粒含量一般较少。

SMA混合料的集料级配属间断级配，但相对于早期的间断级配，又有所改进。以16mm粒径沥青混合料为例，AC16I、AM16、SMA16混合料的级配范围(图1)对比，可看出SMA混合料的级配有如下特点：SMA混合料的集料级配类似于沥青碎石混合料的级配。4.75mm以上颗粒通过率完全处于沥青碎石的级配范围之中，因此，SMA混合料中粗集料的骨架结构完全类同沥青碎石的骨架结构。SMA混合料中2.36mm以下颗粒的通过率比沥青碎石大，介

摘自《中国公路学报》2001年4月第14卷第2期。

于密级配和沥青碎石之间。细料可以有效地改善骨架空隙的填充性能,但过多的细料会产生“干涉”而使粗集料悬浮,使骨架结构减弱。因此,SMA 混合料中细料用量要十分恰当,这是集料组成设计时应注意的关键问题。

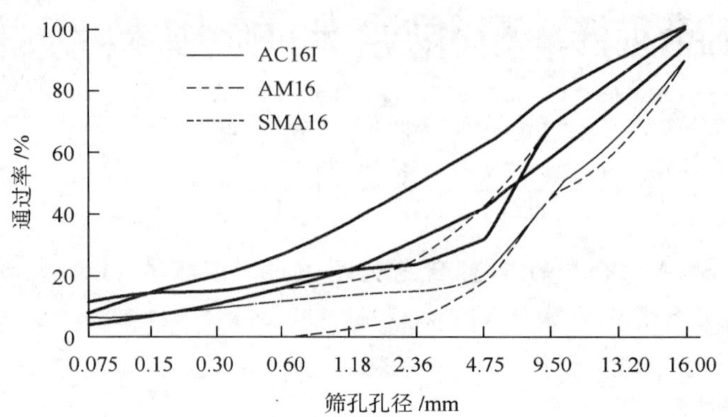

图1 AC、AM、SMA 的级配范围对比

1.2 SMA 混合料的集料级配设计方法

中国 SMA 混合料的集料组成设计方法研究刚刚起步,经验不多。经过多年的实践,目前 SMA 的集料组成设计基本形成了以国外使用经验与混合料性能指标测试相结合的方法,可以概括为如下几个步骤。

(1)确定初试级配。以美国、欧洲的使用经验,初步确定 4.75mm 以上颗粒的级配,并测定粗集料间隙率 VCA_{DRC}。

(2)确定细集料用量。以 4.75mm(SMA10 以 2.36mm 筛孔)通过率为关键性能筛孔,选用 3 个用量,组成三组级配,分别测试混合料的体积参数。

(3)分析 SMA 混合料的体积参数 VMA、VCA_{mix},以满足 $VCA_{mix} \leqslant VCA_{DRC}$,且 VMA 指标及其他性能指标符合设计指标的配比为设计级配。从中国目前所使用的集料级配设计方法来看,不难发现它是一种纯粹的经验方法,值得进一步探讨。

1.3 原材料

本试验使用的粗细碎石为辉绿岩,反击破碎机生产,粒形较理想,针片状颗粒含量小于 6%,密度 2.82g/cm^3,压碎值 10.9%,磨耗值 13.6%;矿粉为石灰石粉。粗细集料均采用人工筛分并分级。沥青为 SBS 改性沥青,针入度为 83,软化点为 86.1℃,10℃延度为 39.5cm。木质素颗粒纤维。

2 粗集料相对用量与粗集料间隙率 VCA_{DRC}

在密实型沥青混合料中,级配理论认为集料不同粒径的通过率呈抛物线分布时,矿料的级配良好且集料空隙率最小。对于间断级配的集料,最大密实度理论仍然是适应的,但颗粒的粒径或含量相差过大,施工时易离析,混合料内部应力分布不均等问题,在确定级配时应权衡考虑。笔者将仅考虑集料密实度(VCA_{DRC})的影响因素。

2.1 SMA16 混合料粗集料用量与 VCA_{DRC}

在 SMA16 混合料中粗集料(4.75mm 以上)有三档料,即 16.0～13.2mm、13.2～9.5mm、

9.5~4.75mm，正交设计时以二因素四水平（另有一活动因素）分别测定粗集料间隙率 VCA_{DRC}，见表 1。

粗集料用量对 VCA_{DRC}/的影响（SMA16，正交设计）　　表 1

粗集料用量/%			粗集料比例	VCA_{DRC} /%	粗集料用量/%			粗集料比例	VCA_{DRC} /%
16~13.2	13.2~9.5	9.5~4.75			16~13.2	13.2~9.5	9.5~4.75		
5	5	90	1∶1∶18	40.63	35	5	60	1∶0.1∶1.7	38.78
5	20	75	1∶4∶15	40.60	35	20	45	1∶0.6∶1.3	39.04
5	35	60	1∶7∶12	40.11	35	35	30	1∶1∶0.7	39.24
5	50	45	1∶10∶9	39.78	35	50	15	1∶1.4∶0.4	39.55
20	5	75	1∶0.25∶3.8	40.28	50	5	45	1∶0.1∶0.9	38.84
20	20	60	1∶1∶3	39.58	50	20	30	1∶0.4∶0.6	39.14
20	35	45	1∶1.7∶2.3	39.43	50	35	15	1∶0.7∶0.3	39.49
20	50	30	1∶2.5∶1.5	39.22	50	50	0	1∶1∶0	39.95
集料粒径/mm		K_1	K_2	K_3	K_4	R			
16~13.2	40.28	39.63	39.15	1.13					
13.2~9.5	39.63	39.59	39.57	0.06					
9.5~4.75				1.61					

从试验结果来看，可以得到如下结论：

（1）三档料比例发生变化时 VCA_{DRC} 的极差为 1.85%，说明粗集料之间相对用量不同时，VCA_{DRC} 变化并不显著。

（2）16.0~13.2mm、9.5~4.75mm 料用量变化时，VCA_{DRC} 的极差较大，而 13.2~9.5mm 料用量变化时，VCA_{DRC} 的极差很小。

在 SMA16 混合料中三档料的交叉试验结果见表 2 和图 2，也可得到如下结论：

粗集料用量对 VCA_{DRC}/的影响（SMA16，正交设计）　　表 2

粗集料用量/%			粗集料比例	VCA_{DRC} /%	粗集料用量/%			粗集料比例	VCA_{DRC} /%
16~13.2	13.2~9.5	9.5~4.75			16~13.2	13.2~9.5	9.5~4.75		
30	5	65	1∶0.2∶2.2	39.05	35	25	40	1∶0.7∶1.1	39.25
30	15	55	1∶0.5∶1.8	38.85	45	25	30	1∶0.6∶0.7	39.08
30	25	45	1∶0.8∶1.5	39.01	55	25	20	1∶0.45∶0.4	39.25
30	35	35	1∶1.2∶1.2	39.29	65	25	10	1∶0.4∶0.15	39.62
30	45	25	1∶1.5∶0.8	39.49	5	60	35	1∶12∶7	39.77
30	55	15	1∶1.8∶0.5	39.66	15	50	35	1∶3.3∶2.3	39.34
30	65	5	1∶2.2∶0.2	39.98	25	40	35	1∶1.6∶1.4	39.20
5	25	70	1∶5∶15	40.18	35	30	35	1∶0.9∶1	39.01
15	25	60	1∶1.7∶4	39.96	45	20	35	1∶0.4∶0.49	39.10
25	25	50	1∶1∶2	39.45	55	10	35	1∶0.2∶0.6	39.19

(1)粗集料的相对用量变化时，VCA_{DRC}变化不大。

(2)16～13.2mm 料用量不变时，13.2～9.5mm 料与 9.5～4.75mm 料的比例为 1∶1～1∶13 时，VCA_{DRC}比较小。

(3) 13.2～9.5mm 料不变时，16.0～13.2mm 料与 9.5～4.75mm 料的比例为 1∶1.1～1∶0.4 时，VCA_{DRC}比较小。

(4)9.5～4.75mm 料不变时，16.0～13.2mm料与 13.2～9.5mm 料的比例为 1∶1.2 时，VCA_{DRC}最小。

2.2 SMA13、SMA10 混合料中粗集料用量与 VCA_{DRC}

SMA13 混合料中粗集料分为 13.2～9.5mm、9.5～4.75mm 二档料，SMA10 粗集料为 9.5～4.75mm、4.75～2.36mm。试验结果见表 3 及图 3。

粗集料用量对 VCA_{DRC}的影响(SMA13、SMA10) 表 3

粗集料用量/%		粗集料比例	VCA_{DRC}/%	粗集料用量/%		粗集料比例	VCA_{DRC}/%
13.2～9.5	9.5～4.75			9.5～4.75	4.75～2.36		
10	90	1∶9	40.82	10	90	1∶9	41.20
20	80	1∶4	40.18	20	80	1∶4	40.42
30	70	1∶2.3	39.89	30	70	1∶2.3	40.23
40	60	1∶1.5	39.66	40	60	1∶1.5	39.27
50	50	1∶1	39.37	50	50	1∶1	39.02
60	40	1∶0.67	39.05	60	40	1∶0.67	38.81
70	30	1∶0.43	39.01	70	30	1∶0.43	39.03
80	20	1∶0.25	39.20	80	20	1∶0.25	39.30
90	10	1∶0.11	39.62	90	10	1∶0.11	40.12

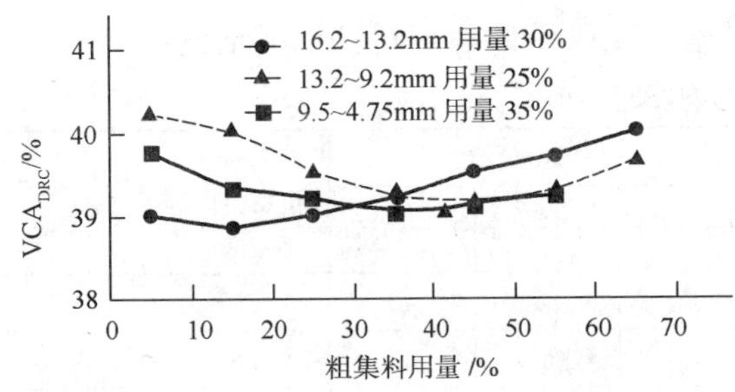

图 2 粗集料用量对 VCA_{DRC}的影响(SMA16)

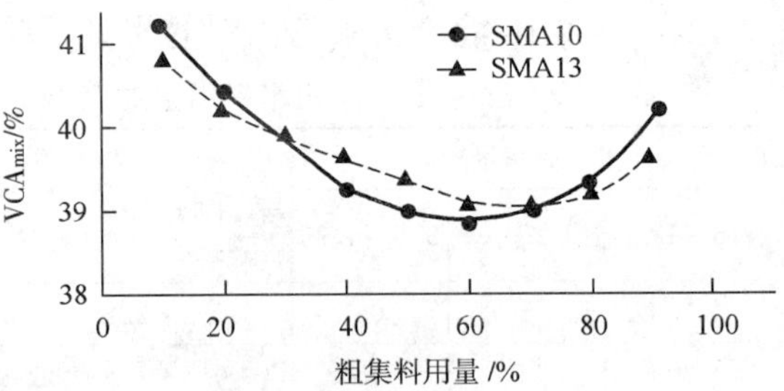

图 3 粗集料用量对 VCA_{DRC}的影响(SMA13、SMA10)

从试验结果来看，SMA10、SMA13 的粗集料用量比为 1∶1～1∶0.43 时 VCA_{DRC}比较小。

综上所述，在中国 SMA 混合料建议级配中，SMA16 的粗集料用量比为 1∶0.57∶0.71～1∶1.33∶2.2；SMA13 的粗集料用量比为 1∶0.75～1∶1.72；SMA10 的粗集料用量比为 1∶0.059～1∶0.125。由于粗集料的相对用量变化对 VCA_{DRC}影响不大，因此，中国 SMA16、SMA13 的粗集料比例是适当的，但 SMA10 的粗集料比例不是很理想，有些偏粗，4.75～2.36mm 偏少，而美国 9.5mmNMAS 的级配中粗集料用量比为 1∶0.09～1∶0.8，与本试验结果更接近，中国 SMA10 的级配仍有进一步验证的必要。

3 细集料用量对粗集料骨架结构形成的影响

3.1 细集料临界用量

SMA混合料的显著特征是粗集料之间的嵌挤作用，而评价SMA混合料是否真正形成了骨架结构的标准就是$VCA_{mix}\leqslant VCA_{DRC}$。

本次试验对SMA16、SMA13、SMA10混合料分别进行细料临界用量的全面试验探索其试验结果见表4～表6。

细集料用量对SMA的体积参数、性能的影响(SMA16) 表4

<4.75比例	油石比/%	V/%	VCA_{mix}/%	VMA/%	VFA/%	流值/mm	稳定度/kN	细料临界用量/%	油石比/%	V/%	VCA_{mix}/%	VMA/%	VFA/%	流值/mm	稳定度/kN	细料临界用量/%
15	5.5	9.3	33.68	20.6	54.9	2.4	7.9	31	6.5	8.3	34.08	22.7	63.4	3.3	7.0	30
20		5.1	35.21	19.1	73.3	3.2	9.6			4.6	36.03	20.4	77.5	4.0	8.9	
30		4.5	38.89	17.2	73.8	3.3	10.8			3.3	39.16	18.6	82.3	4.1	9.1	
40		3.5	45.36	14.2	75.4	4.1	14.3			1.9	49.25	15.5	87.7	5.1	13.3	
15	6.0	8.9	33.89	21.3	58.2	3.0	7.6	30	7.0	7.8	34.56	23.0	66.1	3.6	6.6	30
20		4.8	35.67	19.7	75.6	3.6	9.0			4.3	36.86	20.8	79.3	4.2	8.1	
30		4.1	39.00	17.8	77.0	3.5	10.1			2.2	39.32	18.9	88.4	4.9	9.0	
40		2.6	47.69	15.0	82.7	4.5	13.2			0.3	49.96	15.9	98.1	5.6	12.6	

注：①表中粗集料的比例为33%∶31%∶36%；细集料的比例为37%∶12%∶19%∶19%∶6%∶7%；矿粉为10%；②VCA_{DRC}为39.25%；细料临界值为VCA_{mix}试验值曲线上$VCA_{mix}=VCA_{DRC}$时交汇点对应的细料用量。

细集料用量对SMA的体积参数、性能的影响(SMA13) 表5

<4.75比例	油石比/%	V/%	VCA_{mix}/%	VMA/%	VFA/%	流值/mm	稳定度/kN	细料临界用量/%	油石比/%	V/%	VCA_{mix}/%	VMA/%	VFA/%	流值/mm	稳定度/kN	细料临界用量/%
15	5.5	10.3	34.00	22.6	54.4	2.4	8.9	30	6.5	9.6	34.87	23.7	59.2	3.2	7.7	30
20		4.9	35.22	19.6	75.0	2.9	9.6			4.2	36.18	20.9	79.9	4.2	8.3	
30		4.2	39.36	16.6	74.7	3.7	10.2			3.1	39.51	17.8	82.6	4.6	9.0	
40		3.6	43.96	14.2	74.6	4.6	12.9			1.5	46.89	15.3	90.2	5.9	11.2	
15	6.0	9.9	34.26	23.1	57.1	2.6	8.7	30	7.0	7.8	35.12	23.9	67.4	3.5	7.2	30
20		4.6	35.79	20.3	77.3	3.5	9.4			3.8	36.87	21.4	82.2	4.6	8.0	
30		3.7	39.44	17.0	78.2	3.8	9.9			2.2	39.64	18.3	88.0	4.9	8.0	
40		2.6	44.96	14.7	82.3	5.1	12.3			0.1	47.68	15.9	99.4	6.7	10.1	

注：①表中粗集料的比例为50%∶50%；细集料的比例为45%∶10%∶15%∶15%∶5%∶10%；矿粉为10%。②VCA_{DRC}为39.53%；细料临界值为VCA_{mix}试验值曲线上$VCA_{mix}=VCA_{DRC}$时交汇点对应的细料用量。

就细料临界用量而言，可以得到如下结论：

(1)油石比变化时,细料临界用量基本不变。

(2)不同的 SMA 混合料,细料临界用量上限为 28%~31%,变化不大。证实国内外许多 SMA 混合料中普遍将细料临界用量上限取值 30%是适宜的。

(3)根据《公路改性沥青路面施工技术规范》(JTJ 036—98)对 SMA 混合料的主要技术指标要求,从试验结果可以分析出细料临界用量下限为:在常用油石比 6.0%~7.0%时,不同 SMA 混合料的细料临界用量下限为 20%左右。因此,中国建议的 SMA 级配中 SMA16、SMA13 混合料 4.75mm 筛通过率下限取 20%,SMA10 混合料 2.36mm 筛通过率下限取 18%是合适的。

细集料用量对的体积参数、性能的影响(10) 表 6

<4.75比例	油石比/%	V/%	VCA_{mix}/%	VMA/%	VFA/%	流值/mm	稳定度/kN	细料临界用量/%	油石比/%	V/%	VCA_{mix}/%	VMA/%	VFA/%	流值/mm	稳定度/kN	细料临界用量/%
15	5.5	10.7	34.00	21.10	51.6	2.9	8.9	29	6.5	8.7	35.42	23.54	63.0	3.3	6.8	28
20		5.6	35.12	18.6	69.9	3.6	10.3			4.6	35.89	20.06	77.1	4.5	9.0	
30		3.6	39.69	15.47	76.7	4.1	11.6			2.1	40.62	15.90	82.8	4.6	10.5	
40		3.1	43.12	14.03	77.9	4.3	11.7			1.6	49.55	14.70	89.1	5.0	10.5	
15	6.0	9.9	34.21	23.01	57.0	3.1	7.8	30	7.0	6.9	34.89	23.66	70.8	3.6	6.5	30
20		5.0	35.67	19.78	74.7	3.6	9.9			4.0	36.36	20.35	80.3	4.9	8.3	
30		2.7	40.03	15.69	82.8	4.3	11.3			1.11	40.99	16.12	93.2	5.1	9.6	
40		2.2	45.23	14.42	84.7	4.5	11.0			0.1	47.96	15.03	99.7	5.6	10.0	

注:①表中粗集料的比例为 90%:10%;细集料的比例为 24%:23%:23%:15%:15%;矿粉为 10%;

②VCA_{DRC}为 39.58%;细料临界值为 VCA_{mix}试验值曲线上 $VCA_{mix}=VCA_{DRC}$时交汇点对应的细料用量。

3.2 体积参数

在 SMA16、SMA13、SMA10 混合料中,体积参数 V(空隙率)、VMA(矿料间隙率)、VFA(沥青饱和度)、VCA_{mix}(粗集料骨架间隙率)有如下规律。

(1)SMA 混合料的空隙率 V 随细集料用量增大而降低;相同矿料级配条件下,随油石比增大,空隙率 V 降低。

(2)相同油石比情况下,细集料用量增大,VMA 降低;相同矿料级配时,油石比增大,VMA 增大。

(3)相同油石比时,细集料用量增大,VFA 增大;相同矿料级配时,油石比增大,VFA 增大。

(4)相同油石比时,细集料用量增加,VCA_{mix}显著增大;相同矿料级配时,油石比增大,VCA_{mix}也有小幅度增加,这主要是油石比增大时混合料空隙率低,毛体积相对密度增大的缘故。

3.3 马歇尔稳定度和流值

从 SMA16、SMA13、SMA10 的试验结果来看,SMA 混合料的稳定度和流值有如下规律。

(1)相同油石比时,细集料用量增加,流值增大,但不同 SMA 混合料而相同细集料用量时,流值差异并不大。

(2)相同级配时,油石比增大,流值随之增大。

(3)相同油石比时,细集料用量增加,稳定度增大。这主要是由于细料增加显著降低了混合料空隙率所致。同种级配时,油石比增大,稳定度有少许降低。

4 结语

经研究,在 SMA 的矿料级配中,粗集料相对用量变化时对粗集料的间隙率 VCA_{DRC} 影响不大。因此,在初选 SMA 混合料的粗集料级配时,可以根据现有经验资料确定。但应注意,过分间断易发生集料离析和分层。细集料的用量对粗集料骨架结构的形成起决定性作用,其临界上限用量为 28%~31%;细料的用量对混合料的主要技术性能也有显著影响,其用量下限应由 SMA 的使用性能要求来确定,临界下限用量为 20%左右。

SMA 混合料体积参数的研究

陈　强[1]　曹汉荣[2]　张起森[3]　朱梦良[3]
(1.广西交通规划勘察设计研究院　南宁　530011　2.广西路桥总公司第一工程处　南宁　530031
3.长沙交通学院　长沙　410076)

摘　要：通过变动粗、细集料间的比例用量及粗集料间某档料的通过率而获得一系列的矿料级配进行室内试验，找出了矿料级配组成、油石比与SMA体积参数的变化规律。

关键词：沥青玛蹄脂碎石混合料　级配　体积参数

沥青玛蹄脂碎石混合料(SMA)是一种以沥青、矿粉及纤维稳定剂组成的沥青玛蹄脂结合料，填充于间断级配的矿料骨架中，所形成的具有较小空隙率(2%～4%)的沥青混合料。这种混合料的强度构成主要依赖于骨料形成的石—石嵌锁结构。所以SMA不但高温稳定性好，且耐疲劳性、水稳性等各种路用性能均得到大幅度提高。而其体积参数：空隙率(V_v)、矿料间隙率(VMA)和粗集料骨架间隙率(VCA_{mix})对判断是否形成真正的SMA起着决定性的作用。笔者通过对不同的油石比、不同的矿料级配的混合料进行大量的室内试验，分析矿料级配、油石比与SMA体积参数的内在联系。

1　材料

试验使用辉绿岩碎石(表1)，粒形较理想。针片状颗粒含量小于6%，压碎值10.9%，磨耗值13.6%，粘附性为5级；矿粉为磨细的石灰石粉。为保证级配的准确性，将集料每级都人工筛分出来进行配料并划分为三种：粗集料(4.75mm粒径以上)、中集料(2.36～0.60mm粒径)和细集料(0.300～0.075mm粒径)。沥青为SBS改性沥青，针入度为83，软化点为86.1℃，10℃延度为39.5cm。采用木质素颗粒纤维(用量为0.3%)。

2　试验设计和数据分析

笔者详细讨论SMA13混合料的体积参数与矿料级配、油石比的内在联系，对于SMA10、SMA16混合料则通过变动粗、细集料的比例用量，采用不同的油石比进行探讨。

2.1　粗、细集料用量与SMA13体积参数

为了探讨粗、细集料用量与SMA13体积参数的关系，采用固定中集料的用量(占14%的用量，即4.75mm通过率减去0.6mm通过率的值)而变动粗、细集料间的比例用量得到一系列级配，其中级配1、2与级配4、5实现了真正的断级配。具体数据及结果见表2。根据表2数据绘制成图1。

摘自《中国公路学报》2001年10月第14卷第4期。

辉绿岩材料密度　　表1

粒径/mm	16～19	13.2～16	9.5～13.2	4.75～9.5	2.36～4.75	1.18～2.36	0.6～1.18	0.3～0.6	0.15～0.3	0.075～0.15	<0.075
视密度/g·cm^{-3}	2.925	2.933	2.892	2.799	2.671	2.565	2.684	2.60	2.471	2.463	2.546
毛体积密度/g·cm^{-3}	2.894	2.882	2.839	2.752	2.593	—	—	—	—	—	—

粗、细集料用量与SMA13体积参数(油石比为6.5%)　　表2

筛　孔	16	13.2	9.5	4.75	2.36	1.18	0.6	0.3	0.15	0.075	V_v/%	VCA/%	VCA_{mix}/%
级配1	100	95	65	20	20	19	6	6	6	6	5.4	20.3	34.30
级配2	100	95	65	25	21	19	11	11	11	10	3.3	18.7	38.01
级配3	100	95	65	30	21	19	16	13	12	10	3.1	17.8	30.51
级配4	100	95	65	35	21	21	21	13	12	10	2.1	17.1	42.56
级配5	100	95	65	40	26	26	26	13	12	10	1.3	16.5	44.77
要求范围	100	90～100	50～75	20～30	17～26	15～22	13～19	11～16	9～14	8～12	3～4	≥17	≤VCA_{DRC}

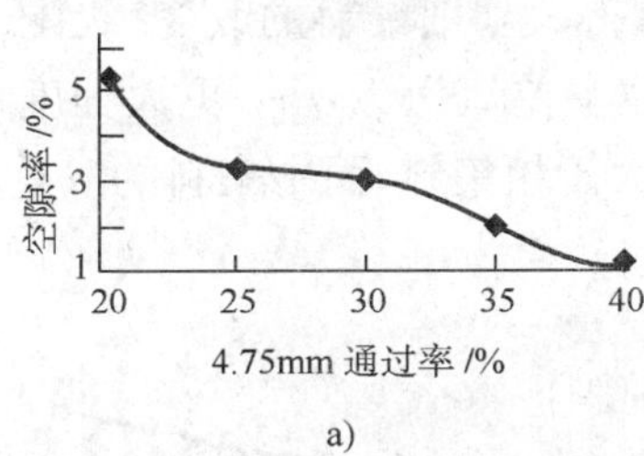

a)

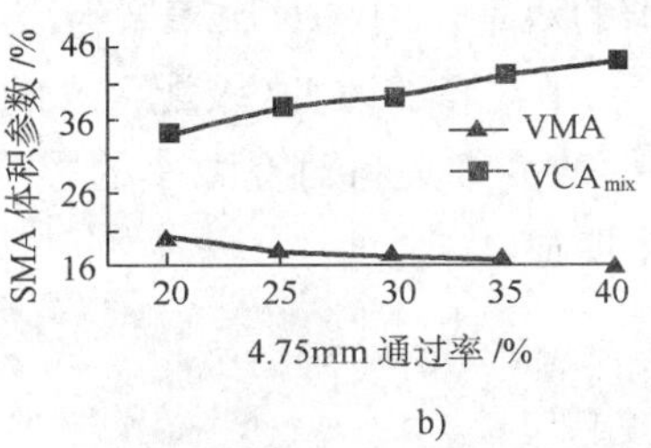

b)

图1　4.75mm通过率与SMA13体积参数

由表2与图1可以发现,随着粗集料用量从80%下降至60%,即细集料用量增加(4.75mm通过率增大),则V_v减少了4.1%,VMA下降3.8%及VCA_{mix}增加10.47%。这说明粗集料在混合料中所起到的骨架作用而留下的空隙被细集料所填充。VMA是由于在沥青用量一定时,随着细集料用量的增加和空隙率的下降而变小(细集料逐渐填充空隙)。VCA_{mix}随着细集料的增多而增大且在细集料用量大于30%后而剧增,这是因为加入的这是因为加入的细集料逐渐填充空隙并对粗集料产生干涉作用,当细集料用量大于30%后,石—石嵌挤骨架已被破坏,粗集料被细集料撑开而导致其剧增。对比级配1、级配2与级配3可以发现,矿粉对V_v与VCA_{mix}的影响是明显的,特别是VCA_{mix}。这主要是因为:

(1)矿粉对骨料的间隙有填充作用;

(2)据混合料胶浆理论,混合料中较细的集料易与沥青结合,形成较粗一级骨料的介质,因此,矿粉和沥青的结合形成了第一级胶浆介质,这一介质的性质也会影响到混合料击实后的骨料间隙率，使得 VCA_{mix} 有较大的增长。

2.2 粗、中集料用量与 SMA13 体积参数

为了探讨粗、中集料用量与 SMA13 体积参数的关系，采用固定细集料（0.3～0.075mm）的用量（即 3%）而变动粗、中集料间的比例用量的系列级配，具体数据及结果见表 3，其中级配表示为各筛孔的通过率。根据表 3 数据，绘制成图 2。

粗、细集料用量与 SMA13 体积参数（油石比为 6.5%） 表 3

筛孔	16	13.2	9.5	4.75	2.36	1.18	0.6	0.3	0.15	0.075	V_v/%	VMA/%	VCA_{mix}/%
级配 6	100	95	65	15	15	15	15	13	12	10	6.3	21.9	32.36
级配 7	100	95	65	20	20	19	16	13	12	10	4.1	20.2	35.00
级配 8	100	95	65	25	21	19	16	13	12	10	3.6	18.8	37.94
级配 9	100	95	65	30	21	19	16	13	12	10	3.1	17.8	39.51
级配 10	100	95	65	35	21	19	16	13	12	10	2.7	17.6	43.28
级配 11	100	95	65	40	21	19	16	13	12	10	2.6	17.0	46.57
要求范围	100	90～100	50～75	20～30	17～26	15～22	13～19	11～16	9～14	8～12	3～4	≥17	≤VCA_{DRC}

由表 3 可以发现，随着粗集料用量的下降及相应的中集料用量的增加，V_v 逐渐下降并趋于稳定，且 VMA 也下降，而 VCA_{mix} 上升（图 2）。这说明中集料既影响集料的骨架间隙，又起到填充骨架间隙的双重作用。对比表 2 与表 3 可得，粗、细集料的改变（级配 1、3 的空隙率差值为 2.3%）比粗、中集料的改变（级配 7、9 的空隙率差值为 1.0%）更大程度地影响空隙率的变化。于是可知，改变细集料对空隙率的影响要大于粗集料，而中集料的双重作用使得它对空隙率的影响不太明显。

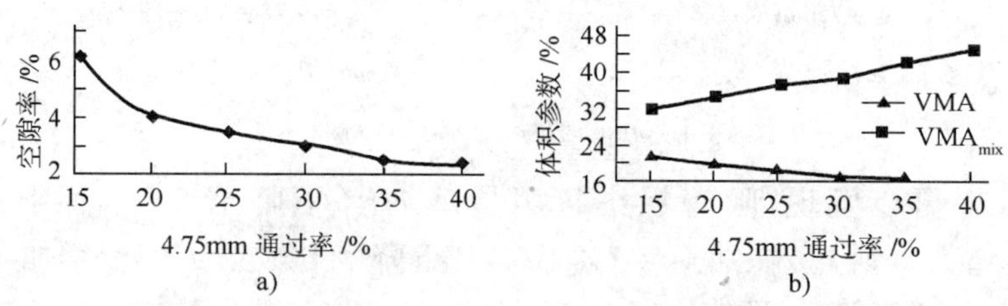

图 2 4.75mm 通过率与 SMA13 体积参数

2.3 油石比、粗细集料用量比例与 SMA13 体积参数

为探讨不同油石比时，粗、细集料比例用量与 SMA13 体积参数的关系，采用了 5.5%、6.0%、6.5%、7.0%的油石比，固定粗、细集料内部的比例而变动粗集料与细集料间的比例用量，即相当于只有两档集料（>4.75mm 与<4.75mm 两档集料）的系列级配。具体方案及结果见表 4，由表 4 的数据，可绘制成图 3、图 4。

分析表 4 及图 3 可以发现，随着用油量的增大，混合料中的空隙率 V_v 被填充而降低，

VMA 与 VCA_{mix}则因沥青含量的增大而增大。<4.75mm 的集料比例用量的增大使得 V_v、VMA 减小，而 VCA_{mix}增大，由于中集料起着填充与骨架的双重作用，这表明细集料和矿粉起填充空隙作用对降低空隙率是起决定性的，同时也会降低 VMA 的值。VCA_{mix}在加入一定量的细集料与矿粉后因骨架被撑开而有较大的增值。这一粗细集料的比例临界值有待进一步探讨。

另外，在实验中发现，在中集料(2.36～0.60mm)中断开 1.18mm、0.60mm 中的 1 或 2 档比在细集料中断开 0.30mm、0.15mm 中的 1 或 2 档集料的施工和易性会更好些。这可能是因为在集料级配组成中，过多地加入单一级配组成的细集料会增加混合料的拌和难度。加入过多的矿粉会不利于混合料的拌和便证实了这一点。

细集料用量与 SMA13 马歇尔试验结果 表 4

油石比/%	<4.75mm 比例	V_v/%	VCA_{mix}/%	VMA/%	VFA/%	流值/mm	稳定度/kN
5.5	15	10.3	34.00	22.6	54.4	2.4	8.9
	18	6.8	34.56	21.3	68.1	2.5	9.3
	20	4.9	35.22	19.6	75.0	2.9	9.6
	30	4.2	39.36	16.6	74.7	3.7	10.2
	31	4.0	39.66	15.9	74.8	4.0	10.1
	40	3.6	43.96	14.2	74.6	4.6	12.9
6.0	15	9.9	34.26	23.1	57.1	2.6	8.7
	18	6.4	34.89	21.9	70.1	2.7	9.0
	20	4.6	35.79	20.3	77.3	3.5	9.4
	30	3.7	39.44	17.0	78.2	3.8	9.9
	31	3.2	39.89	16.3	80.4	4.2	10.3
	40	2.6	44.96	14.7	82.3	5.1	12.3
6.5	15	9.6	34.87	23.7	59.2	3.2	7.7
	18	6.0	35.26	22.1	72.9	3.5	8.1
	20	4.2	36.18	20.9	79.9	4.2	8.3
	30	3.1	39.51	17.8	82.6	4.6	9.0
	31	2.8	40.36	17.2	83.7	5.0	10.0
	40	1.5	46.89	15.3	90.2	5.9	11.2
7.0	15	7.8	35.12	23.9	67.4	3.5	7.2
	18	5.3	36.00	22.6	76.5	3.6	7.7
	20	3.8	36.87	21.4	82.2	4.6	8.0
	30	2.2	39.64	18.3	88.0	4.9	8.0
	31	1.8	40.56	17.8	89.9	5.9	9.6
	40	0.1	47.68	15.9	99.4	6.7	10.1
标准要求		3～4	≤VCA_{DRC}	≥17	75～85	2～5	≥6.0

注：试验中粗集料比例：50%∶50%；细集料中矿粉占总集料的 10%，其他比例为：5%∶10%∶15%∶15%∶5%∶10%。

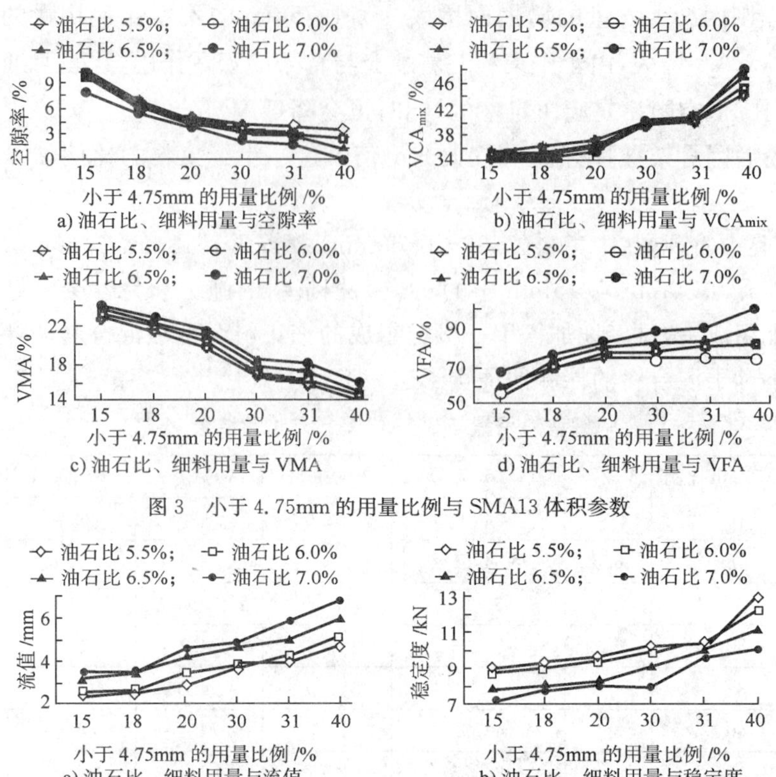

图 3 小于 4.75mm 的用量比例与 SMA13 体积参数

图 4 小于 4.75mm 的用量比例与 SMA13 马歇尔指标

2.4 油石比、矿料级配与 SMA16、SMA10 体积参数

为探讨油石比、矿料级配与 SMA16、SMA10 体积参数的关系，采用了 5.5%、6.0%、6.5%、7.0%的油石比，变动粗集料与细集料间的比例用量进行试验研究，具体方案及结果见表 5、表 6。并由表 5、表 6 的数据可绘制成图 5～图 8。

油石比、矿料级配与 SMA16 体积参数 表 5

油石比/%	<4.75mm 比例	V_v/%	VCA_{mix}/%	VMA/%	VFA/%	流值/mm	稳定度/kN
5.5	15	9.3	33.68	33.68	54.9	2.4	7.9
	18	7.2	34.76	19.8	63.6		
	20	5.1	35.21	19.1	73.3	3.2	9.6
	30	4.5	38.89	17.2	73.8	3.3	10.8
	31	4.3	39.20	16.3	73.6		
	40	3.5	45.36	14.2	75.4	4.1	14.3
6.0	15	8.9	33.89	21.3	58.2	3.0	7.6
	18	6.9	35.00	20.6	66.5		
	20	4.8	35.67	19.7	75.6	3.6	9.0
	30	4.1	39.00	17.8	77.0	3.5	10.1
	31	3.6	39.88	17.1	78.9		
	40	2.6	47.69	15.0	82.7	4.5	13.2

续上表

油石比/%	<4.75mm 比例	V_v/%	VCA_{mix}/%	VMA/%	VFA/%	流值/mm	稳定度/kN
6.5	15	8.3	34.08	22.7	63.4	3.3	7.0
	18	6.5	35.23	21.3	69.5		
	20	4.6	36.03	20.4	77.5	4.0	8.9
	30	3.3	39.16	18.6	82.3	4.1	9.1
	31	3.0	40.03	18.1	83.4		
	40	1.9	49.25	15.5	87.7	5.1	13.3
7.0	15	7.8	34.56	23.0	66.1	3.6	6.6
	18	5.1	35.66	22.5	77.3		
	20	4.0	36.86	20.8	80.8	4.2	8.1
	30	2.2	39.32	18.9	88.4	4.9	9.0
	31	1.9	40.33	18.5	89.7		
	40	0.3	49.96	49.96	98.1	5.6	12.6
标准要求		3～4	≤VCA_{DRC}	≥17	75～85	2～5	≥6.0

注：试验中粗集料比例：33%∶31%∶36%；细集料中矿粉占总集料的10%，其他比例为：37%∶12%∶19%∶19%∶6%∶7%。

油石比、矿料级配与SMA10体积参数 表6

油石比/%	<2.36mm 比例	V_v/%	VCA_{mix}/%	VMA/%	VFA/%	流值/mm	稳定度/kN
5.5	15	10.7	34.00	34.00	≥17	2.9	8.9
	18	7.9	34.65	20.31	61.1	2.8	9.6
	20	5.6	35.12	18.61	69.9	3.6	10.3
	28	4.2	38.99	16.52	74.6	4.0	10.6
	30	3.6	39.69	15.47	76.7	4.1	11.6
	40	3.1	43.12	14.03	77.9	4.3	11.7
6.0	15	9.9	34.21	23.01	57.0	3.1	7.8
	18	6.1	34.89	21.86	72.1	3.2	9.1
	20	5.0	35.67	19.78	74.7	3.6	9.9
	28	3.6	39.12	17.06	78.9	4.1	10.0
	30	2.7	40.03	15.69	82.8	4.3	11.3
	40	2.2	45.23	14.42	84.7	4.5	11.0
6.5	15	8.7	34.52	23.54	63.0	3.3	6.8
	18	5.3	35.12	22.12	76.0	3.6	8.6
	20	4.6	35.89	20.06	77.1	4.5	9.0
	28	3.0	39.49	17.32	83.2	4.5	9.3
	30	2.1	40.62	15.90	86.8	4.6	10.5
	40	1.6	49.55	14.70	89.1	5.0	10.5

续上表

油石比/%	<2.36mm 比例	V_v/%	VCA_{mix}/%	VMA/%	VFA/%	流值/mm	稳定度/kN
7.0	15	6.9	34.89	23.6	70.8	3.6	6.5
	18	4.1	35.63	22.36	81.7	3.9	8.0
	20	3.8	36.36	20.35	81.3	4.9	8.3
	28	2.5	39.61	17.90	86.0	4.7	8.6
	30	1.1	40.99	16.12	93.7	5.1	9.6
	40	16.12	49.96	15.03	99.7	5.6	10.0
标准要求		3~4	≤VCA_{DRC}	≥17	75~85	2~5	≥6.0

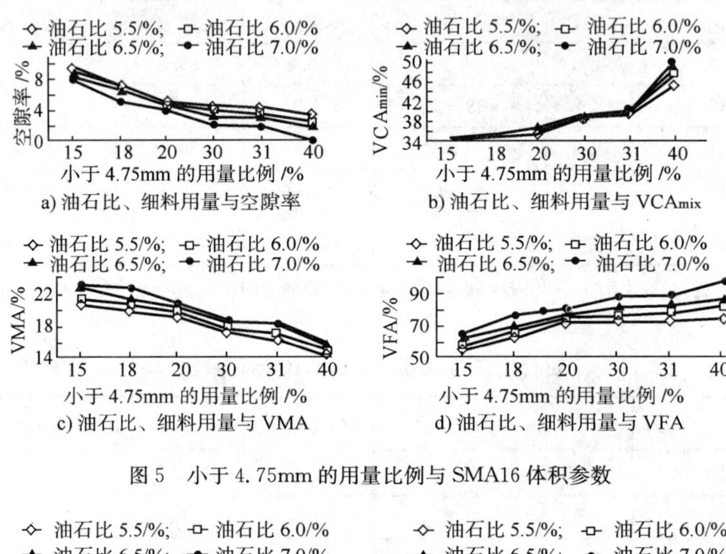

图 5 小于 4.75mm 的用量比例与 SMA16 体积参数

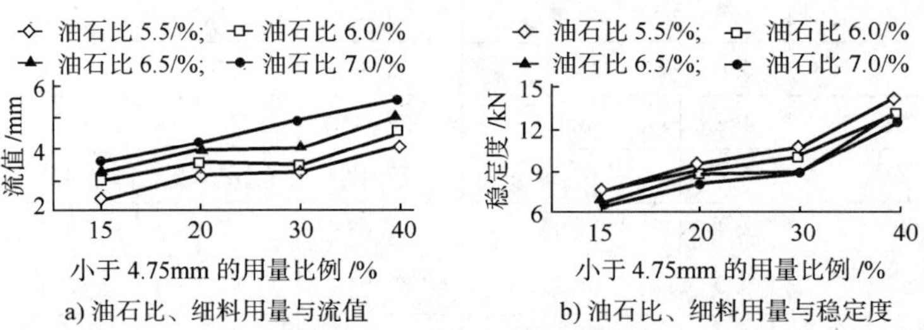

图 6 小于 4.75mm 的用量比例与 SMA16 马歇尔指标

由表 5、表 6 及图 5、图 7 分析可得，SMA16、SMA10 混合料的体积参数有如下规律：

(1)SMA 混合料的空隙率 V_v 随细集料用量增大而降低；相同矿料级配条件下，随着油石比增大，空隙率 V_v 降低。这说明细集料和沥青均有填充空隙的作用。

(2)在相同的油石比的情况下，细集料用量增大，VMA 降低。这说明矿料的空隙被细集料所填充；相同矿料级配时，油石比增大，VMA 增大。

(3)在相同油石比时，细集料用量增大，VFA 增大；相同矿料级配时，油石比增大，VFA 增大。

(4)在相同油石比的情况下，细集料用量增大，VCA_{mix} 增大。这是因为随着细集料的填充，逐渐对粗集料起到干涉作用，特别是在细集料用量大于 30%后，VCA_{mix} 剧增，说明此时已

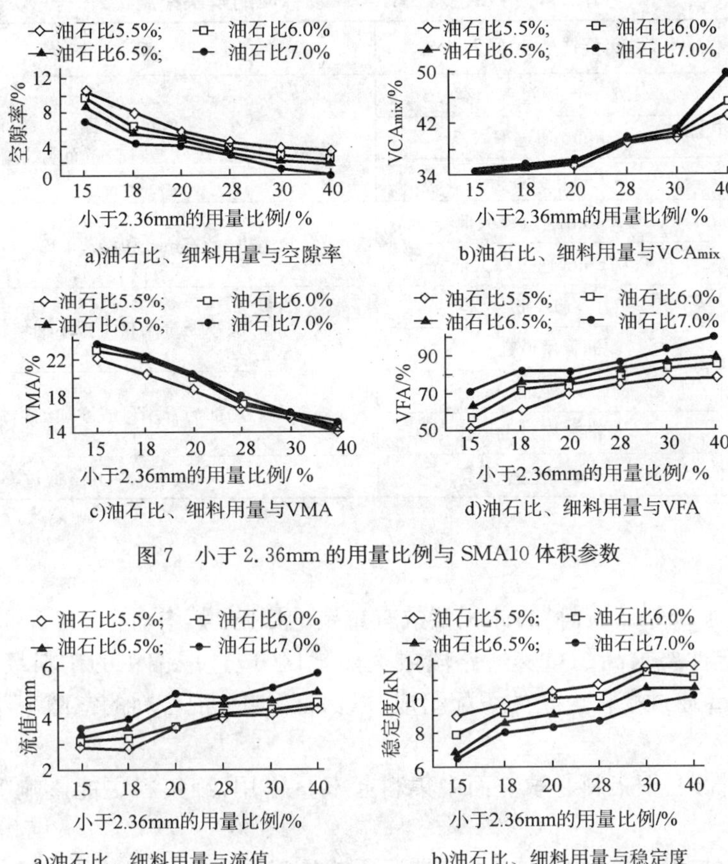

图 7　小于 2.36mm 的用量比例与 SMA10 体积参数

图 8　小于 2.36mm 的用量比例与 SMA10 马歇尔指标

经加入了过多的细集料，把粗集料骨架撑开，混合料已处于密实悬浮结构状态；相同矿料级配时，油石比增大，VCA_{mix}也有小幅度增加，这主要是油石比增大时，混合料空隙率降低，毛体积相对密度增大的缘故。

对比 SMA13 与 SMA16、SMA10 的试验结果可知，油石比、矿料级配与它们的体积参数的关系是一致的。另外，据图 4、图 6、图 8 可分析得出，油石比、矿料级配对 SMA 混合料的马歇尔指标有如下影响规律：

(1)相同油石比时，细集料用量增加，流值增大，但在不同 SMA 混合料而相同的细集料用量时，流值差异并不大。

(2)相同级配时，油石比增大，流值也随之增大。

(3)相同油石比时，细集料用量增加，稳定度增大。

这主要是由于细集料的增加，显著地降低了混合料的空隙率所致。相同级配时，油石比增大，稳定度有少许降低。

根据矿料级配、油石比与 SMA 混合料的体积参数及马歇尔试验参数的内在联系，可以分析得出，在矿料级配设计中，VMA、V_v、VCA_{mix}达不到标准要求的原因及解决措施，见表 7。

VMA、V_v、VCA_{mix}不满足 SMA 标准的解决措施　表 7

试验结果	可能产生的原因	解决措施
VMA 低	4.75mm 通过率太高	1. 减小 4.75mm 和(或)0.075mm 通过率； 2. 改变集料破碎面或纹理特性
	0.075mm 通过率太高	
	集料过分破碎	
VMA 高	4.75mm 通过率太低	增加 4.75mm 和(或)0.075mm 通过率
	0.075mm 通过率太低	
空隙率低	VMA 低	减小沥青用量或减小细集料用量
	沥青用量高	
空隙率高	VMA 高	增加沥青用量或增加细集料用量
	沥青用量少	
VCA_{mix}高	4.75mm 通过率太高	减小 4.75mm 通过率

3　结语

(1)矿料级配对 SMA 混合料的体积参数有重要的影响，其中对 V_v 与 VCA_{mix}的影响非常显著。对高温稳定性要求高的重交通路段或炎热地区，应选取偏粗的矿料级配；对于多雨地区，应选取 4.75mm 通过率稍大些的级配组成，以保证 SMA 混合料的空隙率小些且具有良好的构造深度。

(2)粗集料起骨架、细集料起填充而中集料起双重作用，细集料更能影响 V_v 与 VCA_{mix}的变化。

(3)矿粉对 V_v 与 VCA_{mix}的影响明显，它还影响施工的和易性。

(4)油石比对 SMA 的体积参数有影响。由于油石比在混合料中存在一最佳值，所以不能为了满足众多体积参数的要求而过多地变动油石比，应该主要从矿料级配组成方面来考虑。

以上试验研究揭示了 SMA 体积参数与矿料级配、油石比的内在联系及不同粒径的集料在混合料中所起的作用，为进一步研究 SMA 的矿料级配组成，确定适合中国实际情况的 SMA 级配范围提供了一定的参考价值。这能更好地使人们去认识、了解 SMA 这一新技术的原理，掌握乃至于提高对其应用理论的水平。对今后在中国结合自己的材料、气候等实际情况，全面推广应用 SMA 新材料具有一定的现实意义。

APPLICATION OF FUNCTIONAL-LINK NEURAL NETWORK IN EVALUATION OF SUBLAYER SUSPENSION BASED ON FWD TEST

Chen Yu[1,2] Zhang Qisen[2]
(Cent ral South University ,Changsha 410075;
2. Changsha University of Science and Technology ,Changsha 410076)

Abstract: Several methods for evaluating the sublayer suspension beneath old pavement with falling weight deflectormeter (FWD) , were summarized and the respective advantages and disadvantages were analyzed. Based on these methods ,the evaluation principles were improved and a new type of the neural network , functional 2 link neural network was proposed to evaluate the sublayer suspension with FWD test results. The concept of function link , learning method of functional-link neural network and the establishment process of neural network model were studied in detail. Based on the old pavement over-repairing engineering of Kaiping section , Guangdong Province in G325 National Highway , the application of functional-link neural network in evaluation of sublayer suspension beneath old pavement based on FWD test data on the spot was investigated. When learning rate is 0. 1 and training cycles are 405 , the functional 2 link network error is less than 0. 000 1, while the optimum chosen 4-8-1 BP needs over 10 000 training cycles to reach the same accuracy with less precise evaluation results. Therefore , in contrast to common BP neural network, the functional-link neural network adopts single layer structure to learn and calculate , which simplifies the network , accelerates the convergence speed and improves the accuracy. Moreover the trained functional-link neural network can be adopted to directly evaluate the sublayer suspension based on FWD test data on the site. Engineering practice indicates that the functional-link neural model gains very excellent results and effectively guides the pavement over-repairing construction.

Key words: Sublayer suspension ; Falling weight deflectormeter ; Deflection value ; Functional-link neural network

1 INTRODUCTION

As a type of nondestructive test equipment ,falling weight deflectormeter (FWD) is utilized extensively due to it s high accuracy , celerity , convenience , safety and no damage to road. At present ,FWD is usually used to determine the resilient modulus of subgrade, back-calculate the material parameters of asphalt pavement, make nondest ructive detection

摘自《J. CENT. SOUTH UNIV. TECHNOL》2004 年 6 月第 11 卷第 2 期。

of the loading capacity of pavement structures and analyze temperature influence based on the deflection basin curves. Besides , many investigators studied the test result s of FWD and Beckman beam to get the relations of these two pavement test means. In particular , WEI et al studied the dynamic analysis result s of FWD nondestructive test s.

It is an important for FWD to detect the sublayer suspension. Although several methods for evaluating the sublayer suspension based on FWD test data were proposed by some researchers, the different conclusions may be drawn about the sublayer suspension status according to the different evaluation methods adopted. In order to directly evaluate the sublayer suspension status on the spot based on FWD test , a new type of neural network , functional 2 link neural network was proposed in this paper. The concept of function link , learning method of functional 2 link neural network and the establishment process of neural network model were studied.

2 EVALUATION METHODS OF SUBLAYER SUSPENSION WITH FWD

It is quite difficult to precisely determine the sublayer suspension beneath old pavement. In general , there are mainly 3 methods to directly evaluate the sublayer suspension beneath cement concrete pavement slabs with FWD on the spot , which are introduced in brief as follows.

First of all , it is proved that there is the most possibility of sublayer suspension at the corners and joint s of a concrete slab. S_O rather high center deflection value D_O at these weak positions maybe denotes the suspension. However , this evaluation skill is easily affected by the load transfer capacity of the slab joints and the subground status , which limit s the accuracy of the evaluation results.

Secondly , FWD deflection basin curve signifies much information about the suspension. For the reason that deflection value decreases with increasing the distance between the falling weight load point and the deflection sensor on a concrete slab supported by even subground , there exists the suspension if the deflection value near load point is less than that far way from load point and the deflection basin curve exhibits quite abnormal diagram signals.

Thirdly , in comparison with slab corners and joints , there exist s less deformation and suspension in the sublayer right beneath the slab center. If the deflection ratio of the slab corner to the slab center is markedly higher than the regular or theoretical value , the sublayer suspension beneath slab corner will probably appear.

Generally speaking , the seriously destructive pavement slabs can be apparently observed , so the visual observation of the inspectors during FWD test is of excellent reference significance. It is worth pointing out that the inspectors can evidently feel the shock of the inspecting vehicle at the very moment of the falling weight impacting pavement slab on a severe suspension site. And there are also some abnormal deflection basin signals on the computer screen. These test experiences are very useful to apply FWD to evaluate the suspension on the spot directly.

Although the above 2 mentioned simple methods offer effective messages about the sublayer suspension status to some extent from the respective aspects , they are not perfect and all-around , the reasons are as follows.

1) FWD test point s are not continuous. Mean-while the influence range of falling weight load is limited and only the sublayer deformation within a finite depth can be perceived by the displacement sensors of FWD.

2) Unavoidably , FWD data include much obscure and uncertain information. For example , moisture content of the sublayer , load transfer capacity of the slab joint and other factors all obviously affect the test results.

3) In many cases , the abnormal deflection basin curves are not so distinct that the suspension can be easily judged. As a result , just based on the deficient test data and several simple qualitative evaluation principles , an accurate evaluation of the sublayer suspension is hard to be achieved.

Therefore , combining the above-mentioned evaluation methods with functional-link neural network , the application of functional 2 link neural network in evaluation of the sublayer suspension beneath old pavement based on FWD test data is investigated in this paper.

3 ESTABLISHMENT OF FUNCTIONAL-LINK NEURAL NETWORK

3.1 Function l ink

Function link is an important concept of the functional-link neural network. If an element is excited , there will be many attached function elements excited. That is , not only the original input element x_k but also its functional elements such as $f_0(x_k)$, $f_1(x_k)$, …, $f_n(x_k)$ are input . There are two kinds of function link , function expansion mode and tensor mode , and only the former is studied in the paper.

In function expansion mode , the function link is impacted on each element individually , and every element in the input layer has the identical attached functions. Under the circumstance , the input x can be amplified to it s exponential functions or its n-dimensions orthogonal subset s , such as sinπx , cosπx , sin2πx , cos2πx and so on.. Due to the evident united excitation , the functional-link neural network uses a single layer to settle the problem by δ-rule. The structure of functional-link neural network is shown in Fig. 1.

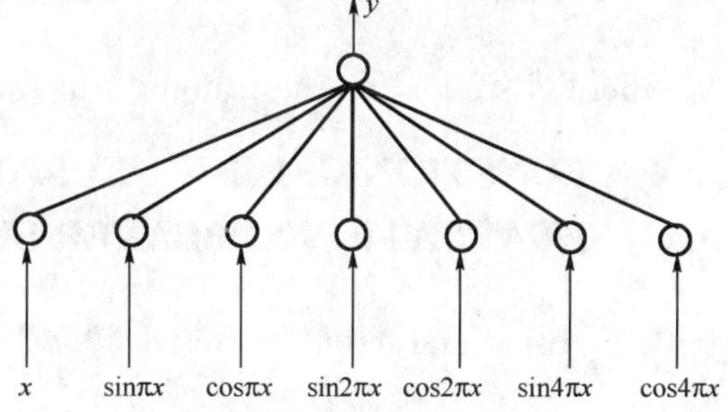

Fig. 1 Structure of functional link neural network

Determining the element numbers of the input layer is a key step to establish the functional-link neural network structure , which is in direct relation to the concrete problem requirement s and the training pattern amount . In the paper , the network structure are determined by pilot calculation and adjustment for many times.

3.2 Learning method

Byδ-rule , the learning method of the function-al-link network is the same as that of BP, which uses the teaching mode. Let the learning patterns be $x^{(1)}$, $x^{(2)}$, …, $x^{(p)}$, and the corresponding anticipated output s be $f^{(1)}$, $f^{(2)}$, …, $f^{(p)}$, the connection weight and valve value in neural network can be modified by the errors between the actual outputs $y^{(1)}$, $y^{(2)}$, …, $y^{(p)}$, and the anticipated outputs $f^{(1)}$, $f^{(2)}$, …, $f^{(p)}$ in order to make the actual output s as close to the anticipated output s as possible.

The training method of the functional 2 link neural network is given below :

1) Decide the input vectors and their attached functions , then establish the neural network structure including the output layer element s.

2) Initialize each connection weight ω and valve value θ with a datum at random within [−1 , +1].

3) Input a learning pattern to t rain the network and calculate the error between it s computed and actual output values as follows.

$$f^{(p)} = 1/\left[1 + \exp\left(-\sum_{i=0}^{n} \omega_i x_i^{(p)} + \theta\right)\right] \tag{1}$$

$$d(p) = y(p) - f(p) \tag{2}$$

where p = 1 ,2 , …, m is the input pattern couple and d means the error.

4) Modify connection weightsω and valve values θ according to the following formulas

$$\omega_i(N+1) = \omega_i(N) + \Delta\omega_i(N) \tag{3}$$

$$\Delta\omega_i(N) = \eta x_i^{(p)} d^{(p)} \tag{4}$$

$$\theta(N+1) = \theta(N) + \Delta\theta(N) \tag{5}$$

$$\Delta(N) = \eta d^{(p)} \tag{6}$$

where N stands for the training times , η $(0 < \eta < 1)$ is the leaning rate.

4 FUNCTIONAL-LINK NEURAL NETWORK MODEL FOR EVALUATION SUBLAYER SUSPENSION

4.1 Input and output patterns

Choose 5 test point s on a pavement concrete slab (1 at the center and 4 at the corners) and test each point once individually with the whole sensor cross beam of FWD on the same slab , not astride the joints. In accordance with the 4 suspension evaluation methods discussed above , all test data and the relative information are collected and classified into 4 groups :5 center deflection values , 4 deflection ratios of slab corner to slab center , 5 data about the relationship between the deflection value and the distance from the falling weight load point , and 1 message of the visual observation judgment of the inspectors. The evaluation grades of visual observation are − 2 , − 1 ,0 , + 1 and + 2 (Less value stands for less visible defect s on the pavement slab) . So there are 15 data or messages in all. Select the most disadvantageous datum or information in each group , which offers useful information about the sublayer suspension from different aspect s to some extent , and there are 4 data left . Apply them to BP network as the input element sand to the functional-link network as the original input element s together with the attached functions of each original input element as the other input element s. And then there are 4 input element s in BP network and 28 in function-link network , while both take the suspension status as the output element . In addition , log-sigmoid function is adopted as t ransfer function.

4. 2　Data adjustment to regularity

To increase the network efficiency , all original input variables , not including the attached function variables should be disposed to regularity in advance , which ensures all input variables within [− 1 , + 1] .

$$\bar{x} = l_1 + (l_h - l_1) \frac{x - x_{mib}}{x_{\max} - x_{\min}} \tag{7}$$

where $\bar{x}$ is the variable disposed from the original variable , l_1 and l_h are the lower limit and higher limit of regular variable scope , respectively , $x_{\max}$ and $x_{\min}$ are the maximum and the minimum value of the original variables , respectively.

The output variable belongs to [0 ,5] , on behalf of 5 grades of the sublayer suspension status , ie no suspension NS [0 ,1) , slight suspension SS^{--} [1 ,2) ,common suspension CS [2 ,3) , a little serious suspension SS [3 ,4) and severe suspension SS^{++} [4 ,5] .

4. 3　Evaluation results

J ILS-20 FWD was applied to test K101 + 900 ~K106 + 220 pavement with 4. 32 km long (more than5000 concrete slabs in all) for the pavement over-repairing engineering of Kaiping section , Guangdong Province in G325 National Highway. 60 typical specimen patterns and leaning rate 0. 1 were selected to train the established network. After 405 training cycles , the functional-link network error is less than 0. 000 1 , while the optimum chosen 4-8-1 BP needs over 10 000 t raining cycles to reach the same accuracy with less precise evaluation results. Then the t rained functional-link neural network was adopted to evaluate the sublayer suspension based on FWD test data on the site. The network evaluation result s of 12 pavement slabs are listed in Table 1. And the actual status of the sublayer through excavating during construction at the same fields are also listed. From Table 1 , it can be seen that the established functional-link neural network is able to accurately predict and evaluate the sublayer suspension status.

Suspension evaluation result s and actual sublayer suspension status — Table 1

	x_1	x_2	x_3	x_4	y	Evaluation result	Actual sublayer suspension status
1	−0.7	−0.50	−0.6	−1	0.40537	NS	Coat slab closely in touch with base course
2	0.6	0.65	0.6	1	4.74412	SS ++	Severe coat slab devastation , serious suspension in base course
3	−0.2	0.11	−0.2	−0.5	2.213 89	CS	Many cracks at a slab corner , some suspension beneath it
4	−0.4	−0.53	−0.2	−0.5	1.301 97	SS −−	No apparent suspension but some little caves in base course
5	0.4	0.34	0.2	0.5	3.656 23	SS	Total devastation at slab center and quite large caves in base course
6	0.7	0	0.6	0.5	4.376 10	SS ++	Coat slab fracture and many cracks , serious caves in base course
7	0.6	0.27	0.2	0	3.230 01	SS	Failure at 2 corners of coat slab , suspension right beneath them
8	−0.6	−0.61	−0.6	−0.5	0.804 35	NS	Good connection between coat slab and base course
9	−0.8	−0.44	−1	−1	0.334 20	NS	Close connection between coat slab and base course
10	−0.5	0	−1	−0.5	1.441 92	SS −−	No obvious suspension but a slab corner cave—in
11	0.2	−0.48	−0.6	0	2.623 15	CS	Fracture at a slab edge and a little mud ejecting
12	−0.8	−0.57	−1	−1	0.321 95	NS	Coat slab closely in touch with base course

Note : x_1 stands for the maximum center deflection value , x_2 denotes the maximum deflection ratio of slab corner to slab center , x_3 is the maximum times of deflection value increasing with the longer distance from falling weight load point and x_4 is visual observation grade.

It is proved f rom practices that application of the functional-link neural network in evaluation of the sublayer suspension beneath old pavement based on FWD test data is quite successful , which demonstrates the established functional-link neural network is reliable and much more excellent than other evaluation methods on the spot . Compared with traditional BP network , it is more suitable for resolving these analogous problems.

5 CONCLUSIONS

(1) The evaluation result s of the sublayer suspension can be obtained immediately on the spot by using the trained functional-link neural network and inputting FWD test data.

(2) This evaluation method reduces 9 test points at least formerly to 5 point s now with the same accuracy and higher work efficiency.

(3) Compared with the traditional BP network , the functional-link neural network simplifies the network structure , accelerates the convergence speed and improves the accuracy.

(4) The suspension status is classified into 5 grades , avoiding such repellent conclusions as“sus-pension”and“no suspension”, which can guide the const ruction of old pavement over-repairing engineering more effectively.

MECHANISM AND APPLICATION OF POLYMER MODIFIED ASPHALT CONCRETE

Zhang Qisen[1] Li Xuelian[2] Wang Hui[3]

Abstract: Since the early 1980s, polymer material modified asphalt concrete mixtures have been widely used to minimize rutting failures or other premature damage of flexible pavements. The research introduces the mechanism of polymer, fiber and anti-rutting agent, modified asphalt concrete; then based on the results of freeze-thaw split test, rutting test, split strength test, bending test at low temperature, MTS fatigue test, and APA fatigue test, evaluate the performance of polymer fiber modified concrete. It turns out that the polymer modified asphalt concrete has better water stability, rutting resistance performance, anti-cracking performance, and fatigue performance. In addition, the field investigation results show that the polymer fiber and polymer anti-rutting agent are effective ones in engineering application.

CE Database subject headings: Polymer modified, Asphalt concrete, Highway engineering, Field investigations, Laboratory studies

[1] Professor and PhD supervisor., ChangSha Univ. of Science and Technology., Chiling Road 45., Changsha, Hunan 410076, China. E-mail: 13808418373@hnmcc. com

[2] PhD Candidate., School of Highway Engineering, ChangSha Univ. of Science and Technology , Chiling Road 45,. Changsha, Hunan 410076, China. E-mail: lixuelianfj@yahoo. com. cn

[3] PhD Candidate and associate professor., School of Highway Engineering, ChangSha Univ. of Science and Technology , Chiling Road 45,. Changsha, Hunan 410076, China

INTRODUCTION

Since the early 1980s, the amount and severity of rutting in asphalt pavements have increased (Barbe at al. 1988) to minimize this problem, more attention must be given to the selection of high quality materials, the design of asphalt mixtures, and to quality control during construction.

Various asphalt additive are being promoted to increase the stability of the hot-mix asphalt binder at high temperatures. Asphalt binders act to provide cohesive action among aggregate particles and to increase the overall stability of the asphaltic concrete (AC). However, at high temperature asphalt binders tend to act as a lubricant, causing a significant derease in the mixture's stability.

摘自《The 2nd International GEO》Changsha Conference。

In response to these types of problems, research conducts to improve the properties of the binder. One method is to use polymeric fiber to become a composite one of "basic material with fibers". This is a modern technology development of material science to overcome the inherent deficiency of adding "alloy". The other of the commercially available polymer asphalt modifiers is anti-rutting agents, primarily composed of a thermoplastic polymer.

OBJECTIVES

The objectives of this study are: (1) to introduce the mechanism of polymer fiber modified asphalt concrete; and (2) based on the test results, to evaluate the performance of polymer fiber modified concrete and the engineering application; then (3) to study the mechanism of anti-rutting agent, rod spunrie, in increasing the asphalt concrete stability at high temperature; finally (4) to discuss the performance of the asphalt concrete with anti-rutting agent and the engineering application, based on test results.

MECHANISM OF POLYMER FIBER MODIFIED ASPHALT CONCRETE

Basic Properties of Fibers Commonly Used in China

With the economic development, a modern highway traffic for asphalt pavement construction quality of higher and higher demands, more and more access to the use of new materials to the asphalt pavement material technology. Fiber, as a special added material, has been widely used in asphalt pavement engineering. Early wood cellulose fiber is normally used, but it is a shorter and more brittle material, difficult to play the role. As alternative products, such as polymer fiber caused the emergence of widespread concern. Table 1 shows the basic properties of current domestic frequent use fiber, figure 1 is scanning electron microscope micrograms of the fibers.

Property indexes of fibers commonly used in China Table 1

Types of fibers		Dolanit® AS	BoniFiber®	GoodRoad® II	Wood cellulose fiber	Fiber of basalt
Fiber diameters(mm)		0.013	0.02±0.0025	0.02±0.005	0.045	0.005
Fiber length(mm)		4~6	6.35±1.58	6	<5	<6
Length-diameter ratio (averaged values)		385	318	300	—	—
Tensile strength(MPa)		>910	517±34.5	531	—	—
Limiting tensile strain(%)		8~12	33±9	>50	—	—
Melting temperature(℃)		>240	>249	>249	>200	
Moisture(water) absorption (%)		10.97	10.48	9.97	29.02	
Content of globular particles (%)	0.25 mm sieve	—	—	—	—	(90±5)
	0.063 mm sieve	—	—	—	—	(70±10)

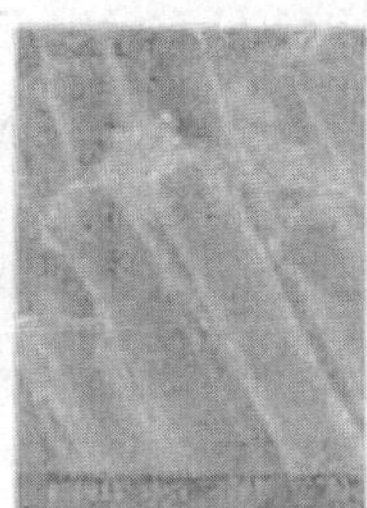

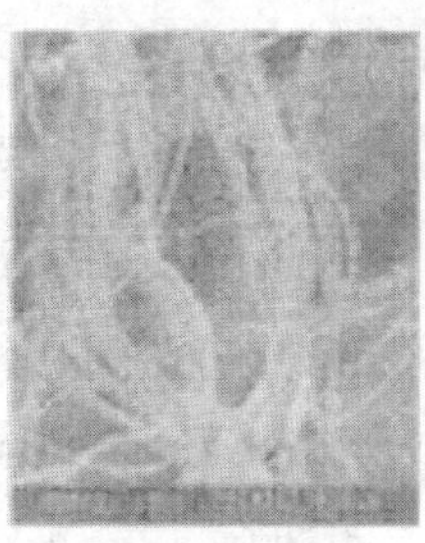

a)Polyacrylonitrile fiber　b) Polyester fiber　c)Wood cellulose fiber　d)Asbestos fiber　e)Fiber of basalt

Fig. 1. Contrast of scanning electron microscope micrograms of a few types of common fibers

Table 1 and figure 1 are shown as follows:

(1)The texture of wood cellulose fiber is loose in nature with many branches, fibers are intermediated and the specific surface area is big.

(2)The asbestos fiber is finer with many branches, and uneven with fine/coarse fiber. But the specific surface area is smaller than the above and smoother.

(3)There are obvious protuberances at the end of polyacrylonitrile and polyester fibers like "feelers", and this is helpful for fiber interconnection.

(4)The surface of fibers is coarse, rough and unevern with fine & coarse fibers.

Mechanism of the Function of Fiber-reinforced Asphalt

In order to meet construction requirements, the low temperature cracking in asphalt mixtures must be solved, while the deformation of rutting is also to be resolved at high temperatures. Generally it's very difficult to fulfill these two requirements at the same time. According to the principles of visco-elastic mechanics, the material parameters for high temperature deformation are elastic modulus, viscosity and phase angel and creeping strength, while those for low temperature cracking yield strength and breaking tenacity. Therefore, there will be three kinds of increasing for asphalt mixtures, i. e. elasticity, strength and tenacity, so as to fulfill various requirements for application.

The so-called "composite material" means to add fibers or granular materials into basic ones to become a composite one of "basic material with fibers". This is a modern technology development of material science to overcome the inherent deficiency of adding "alloy". Fiber and basic materials are a composite physically piled-up, and the two will exist as independent matters. The kind of composite materials will build up the advantages of their own: "to increase elasticity, strength and flexibility ". The amount of fiber won't generally be limited by the physical nature of the basic asphalt material. The property of the compound asphalt is in linear ratio to the amount of added fiber (of course there'll be an economic problem). Therefore, the property of the asphalt mixture will be controlled through the amount of fiber adding into it. As the asphalt becomes aged and hardened, the fiber will play a role for compensation. As to this kind of "asphalt + fiber" material, the short name is "fiber reinforced composite asphalt".

PERFORMANCE OF POLYMER FIBER MODIFIED CONCRETE AND THE ENGINEERING APPLICATION

Water Stability

When AC-13I adopted and the basalt used, the test of AH-70 asphalt plus Dolanit AS fiber under heavy traffic, the remaining stability and the freeze-thaw split test of SBS modified asphalt are carried out, of which the air voids of the freeze-thaw split sample will be within 7±1%. The result of the contrast tests are shown in table 2.

Result of the Remaining Stability and Freeze/Thaw Split Test Table 2

Types	Remaining stability(%)	Tensile strength Rate (TSR,%)
AC-13I,AH-70	85.0	66.7
AC-13I, AH-70 with 0.25% of fiber	88.8	75.3
AC-13I, Modified asphalt	95.5	76.7

Seeing from table 2 that when 0.25% of fiber is added into AH-70, the water resistance has been greatly improved, equivalent to that of the modified asphalt. Therefore, fiber will improve the water stability of the asphalt mixture.

Rutting Resistance Performance

As using AC-13I and the basalt rock, the contrast test of AH-70 asphalt for heavy traffic with or without Dolanit AS fiber and SBS modified asphalt are carried out. The result of the contrast tests are shown in table 3 and figure 2. The result shows that: After adding the fiber into AH-70, the stability has been modified one time more than it was before. Thus, as adding the fiber in the traditional bitumen for heavy traffic road, the effect of rutting resistance is obvious. Rutting samples of AH-70 asphalt with or without fiber show in figure 2, which shows that the depth of the sample added with fiber is much more shallow than that of those without fiber. Due to the addition of fiber, it aborts and stabilizes asphalt so as to increase the viscosity and the viscidity of asphalt. In the meantime, because of the "reinforcement" of the crisscrossing it enables the mixture to be of greater strength, the rutting resistance performance of the mixture improved, and the integration, anti-rutting property and the rutting resistance of the fiber-reinforced mixture modified.

Test of the rutting of AC-13I Table 3

Types	AC-13I and AH-70 Asphalt	AC-13I with the content of 0.25%of Dolanit fiber and AH-70 asphalt	AC-13I without fiber and modified asphalt
DS (times/ mm)	2250	4631	>6000

In addition, to contrast the stability at high temperature, different types of fibers are added with AC-13I, Panjin AH-90 asphalt and limestone macadam. The results of the contrast test are shown in table 4. Seeing from table 4: The stability at high temperature has

a) AH-70 asphalt under heavy traffic

b) AH-70 asphalt under heavy traffic +0.25% fiber

Fig. 2　Samples of the rutting of AC-13I with or without Dolanit AS Fiber

been greatly improved after adding an adequate amount of fiber into asphalt mixture. In the meantime due to some obvious protuberance like "feelers" existing at the end of polyacrylonitrile fiber and polyester fiber, they will be helpful for various fibers to overlap and convenient to play a role of "bridging" and "reinforcing" so as to spread pavement load in time to mineral aggregate and asphalt mortar, while the "bridging" of other fibers is not as obvious as these. Thus the rutting resistance performance of these two kinds of fiber is stronger. Furthermore, the length-diameter ratio of polyacrylonitrile fiber will be larger than that of polyester fiber. Therefore, the effect of polyacrylonitrile fiber is the best.

Contrast test of the stability at high temperature for different types of fiber　Table 4

Types of fiber	Polyester fiber	Polyacrylonitr-ile fiber	Wood cellulose fiber	Asbestos fiber	Without fiber
Dynamic stability(times/mm)	670	716	460	404	299
Deformation rate(mm/min)	0.063	0.059	0.091	0.104	0.141

Moreover, some researchers have done some field tests to comparison of the application of Dolanit AS fiber with or without fibers(Zhang Qi-sen 2005). The results are as figure 3. It can seen that when Dolanit AS fiber with the addition of 0.1% to 0.3%(weight ratio) is compared with those without fiber or with other kind of fiber , the rutting of pavement reduces from 35% to 60%.

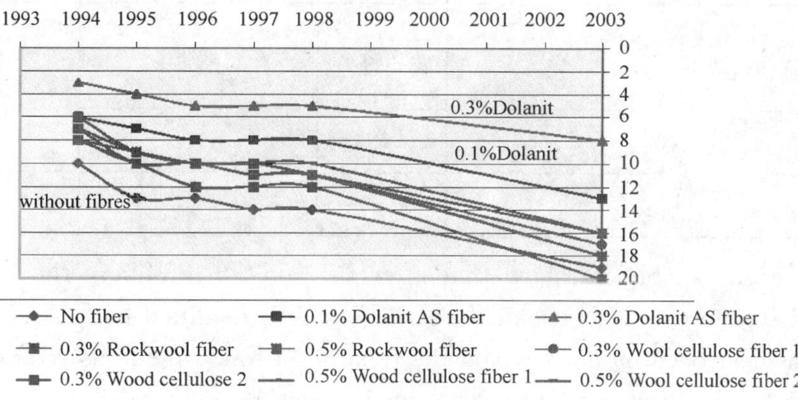

Fig. 3. Rutting tracing figure of roads in Australia

ANTI-ERACKING PERFORMANCE

Split Strength Test

When AC-13I, basalt aggregate, AH-70 asphalt with Dolanit AS fiber under heavy traffic and SBS modified asphalt are applied in the test, the $\phi 10 \times 10$cm sample is pressed with static pressure. The split strength and resilient modulus tests are carried out. The results of the contrast test are shown in the table 5.

Result of split strength and resilient modulus tests(15℃) Table 5

Types	Split strength(MPa)	Resilient modulus (MPa)
AC-13Iand AH-70 with 0. 25% of fiber addition	1. 81	2281
AC-13I and AH-70	1. 69	2648
AC-13I and modified asphalt	1. 72	2106

Table 5 shows that after adding the fiber into AH-70, the split strength is much stronger than those of modified asphalt and traditional bitumen mixture, while the resilient modulus decrease by 16% as compared with that of the traditional AC-13I, equivalent to that of modified asphalt. This shows that the rigidity of asphalt mixture has been reduced, the elastic recovery performance of asphalt pavement strengthened and the riding quality improved.

Bending Test for Small Beams at Low Temperature

When using the same material of AC-13I asphalt mixture as the above, and producing small beams, the tensile performance is determined after the bending test of small beams is carried out, and the results of the contrast test are shown in table 6.

Bending test result of small beams at low temperature(-10℃) Table 6

Types	Flexural tensile strength (MPa)	Deflection (mm)	Maximum flexural tensile strain ($\times$-10^6)	Flexural tensile stiffness modulus (MPa)
AH-70 with 0. 25% of fiber addition	6. 612	0. 51	2678	2470
AH-70	5. 864	0. 377	1978	2965
Modified asphalt	8. 473	0. 546	2867	2956

The test results (table 6) show that after the addition of fiber, the flexural tensile resistance greatly improves, the flexural tensile strength modified by 12. 8%, the flexural tensile strain as destroyed by 35. 4% and the flexural stiffness modulus reduced by 20% as compared with that of the traditional asphalt mixture. Therefore, the anti-cracking

performance of the fiber-reinforced asphalt mixture at low temperature has been strengthened.

FATIGUE

MTS Fatigue Test

With the stress control, the fatigue test of different stress rate from such three kinds of mixtures as AC-16I, AC-16I+0. 3% wood cellulose fiber and AC-16I+0. 3% Dolanit AS fiber is carried out with MTS instrument. The test result is seen in figure 4.

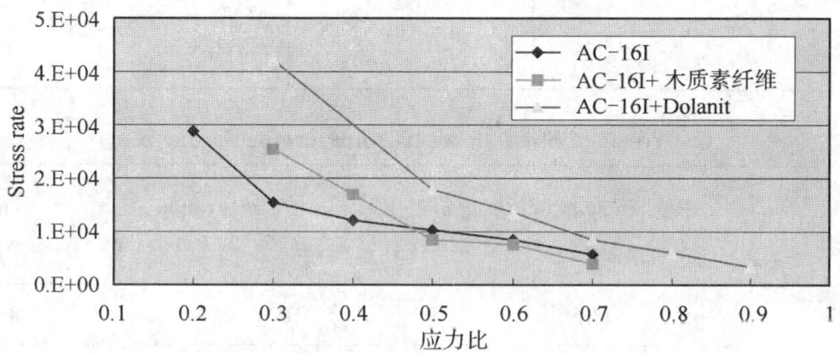

Fig. 4. Fatigue curves of three kinds of asphalt mixtures

Figure 4 shows: With fiber adding into asphalt mixture, the fatigue lifetime has been remarkably improved. This shows that fiber is capable of delaying the fatigue damage of asphalt mixture, especially AC-16I+Dolanit AS fiber with a large increase of the fatigue lifetime. Therefore, Dolanit AS fiber is superior to wood cellulose fiber in terms of improving the fatigue performance of asphalt mixture.

APA Test of Fatigue Performance

The repeated load for SMA13 plus Dolanit AS fiber and the mixture with wood cellulose fiber was tested with APA instrument, and the result is seen in Table 7.

APA Fatigue Test of SMA13 Asphalt Mixture Table 7

Types	Types of fiber	Fatigue times(times)
SMA13	Dolanit fiber	33675
	Wood cellulose fiber	29000
	No addition of fiber	10950

It can be seen from table 7 that the fatigue lifetime of SMA13 with Dolanit AS fiber has been increased to 16% as compared with that of the mixture plus wood cellulose fiber. The increase reaches to 208% as compared with that without adding fiber (the increase is 165% if wood cellulose fiber is added). The difference is obvious.

PERFORMANCE COMPARISON BETWEEN SMA WITH WOOD CELLULOSE FIBER ANG DOLANIT AS FIBER

The performance tests of SMA13 grading, SBS modified asphalt and dolerite macadam with the addition of 0.4% wood cellulose fiber and 0.2% Dolanit AS fiber are made, and the test result is seen in table 8-10.

Result of Marshall Test of SMA-13 Asphalt Mixture Table 8

Types of fiber	Best asphalt-aggregate ratio (%)	Air voids (%)	VMA (%)	VCAmix (%)	VFA (%)	Stability (kN)	Flow value (0.1mm)
Wood cellulose	6.4	4.2	17.3	36.6	75.5	7.56	39.5
Dolanit	6.2	4.1	17.1	36.4	76.2	8.1	38.1
Technical requirements	≮6.0	4.0~4.5	≮17.0	≯ VCADRC	75~85	≮6.0	20~50

Test result of SMA-13 asphalt mixture performance Table 9

Types of fiber	Remaining stability (%)	Tensile strength ration (%)	Dynamic stability (times/mm)
Wood cellulose fiber	92.8	88.6	>6 000
Dolanit AS	92.4	89.0	>6 000

Result of bending test of SMA-13 asphalt mixture at low temperature Table 10

Types of fiber	Failure load (N)	Deflection at Span midpoint (0.01mm)	Flexural tensile strength (R_B)(MPa)	Limiting strain (ε_B)(10^{-6})	Stiffness modulus (S_B)(MPa)
Wood cellulose fiber	983	0.64	8.03	3334	2429.4
Dolanit AS	1093	0.7	8.93	3657	2442.6

It can seen from table 8-10 that:

(1) The best asphalt-aggregate ratio has been reduced by 0.2% when 0.2% Dolanit AS fiber was added in SMA as compared with that of 0.4% wood cellulose fiber. And the moisture damage resistance and anti-rutting property are quite the same. As to the anti-cracking at low temperature, Dolanit AS fiber is obviously superior to wood cellulose fiber.

(2) Two 500 m test sections were built with SMA plus 0.2% Dolanit AS fiber and 0.4% addition of wood cellulose fiber respectively in Jing-Chang Expressway in Jiangxi. From the paving effect of the test section, the result of the two sections is quite good, but the spread in SMA plus Dolanit AS fiber and the apparent effect are better.

EXAMPLES OF APPLICATION OF POLYMER FIBERS

The application of geotextile and fibers in construction has been popularized gradually throughout China. There're many successful cases. A few field engineering projects we have undertaken or known are introduced here.

Guangzhou North Ring Expressway

AC-20 with 0.2% addition of Dolanit AS fiber is as the under-course for the surfacing. Dolanit AS fiber was used in the SMA bridge deck instead of wood cellulose fiber. After 3 year opening to traffic, the pavement performance is good(figure 5). Currently, The peak traffic volume has reached to 100,000 vehicles at rush hours and many of them are heavy ones.

Hebei Huangshi Expressway

According to the analysis of the Shi-Xin Test Road Test of Hubei Huangshi Expressway (figure 6), it shows that the construction process of fiber-reinforced concrete is simple, the characteristics of improving greatly the mixture performance and the application effect good. With the comparison between the test road with the addition of polymer fiber and SMA test road, as seen in table 11 and 12, both are of better pavement performance and anti-rutting effect. But in terms of SFC values and rutting, the polymer fiber has been superior to SMA. Therefore, it is widely used in Phase II of the rebuilt section of Huangshi Expressway.

Fig. 5 Guangzhou North Ring Expressway

Fig. 6 Hebei Huangshi Expressway

Test Result of Shi-Xin Section of Huangshi Expressway Table 11

Sections	Test Dates	Deflection (0.01mm)	Coefficient of sideway force	International Toughness Index
Polymer Fiber	Dec., 1998	4.736	59.5	1.159
	Dec., 1999	5.912	55.4	1.149
SMA	Dec., 1998	4.334	60.04	1.134
	Dec., 1999	5.315	48.58	1.058

Result of the rutting of Shi-Xin Test Road of Huangshi Expressway Table 12

Macadam section(mm)		SMA section(mm)		Boni Fiber Sectin(mm)	
Left wheel path	Right wheel path	Left wheel path	Right wheel path	Left wheel path	Right whee l path
3.0	3.11	1.04	2.69	1.6	2.08
Average: 3.055		Average: 1.865		Average: 1.84	

Reconstruction of Yutian County Section of National Highway Trunk No. 102

Three test sections were constructed with polymer fiber, polyacrylonitrile fiber and wood cellulose fiber in the rebuilt section in Yucheng County for National Highway Trunk No. 102(figure 7). After half a year test of riding at low temperature in winter, the test road was smoother than that of the traditional mixture road. There is no cracking in the polymer fiber-reinforced and polyacrylonitrile fiber-reinforced mixture in the test road, but there're two cracks in the wood cellulose fiber section, and 8 in just 220m in the traditional asphalt section.

AC-16I Fiber reinforced asphalt mixture	4cm
AC-30IAsphalt mixture	6cm
Lime & coal ash stabilized macadam	18cm
Old cement pavement	

Fig. 7. Structure of Test Road

MECHANISM OF ANTI-RUTTING AGENT IN INCREASING THE ASPHALT CONCRETE STABILITY AT HIGH TEMPERATURE

Rutting Damage Condition

Premature damage of the asphalt pavement of expressways has been a serious problem to impact the healthy development of highways in China. Among these problems, the rutting damage at high temperature is the most serious one. Not only did it happen in the South, but also in the North (figure 8).

a) b) c) d)

Fig. 8. Rutting Damage in China

An investigation in 1970s in America showed that the damage of the pavement of the interstate highway and major highways were about 30%. A study in 1980s in Japan illustrated that the pavement disease due to the rutting was as much as 80% approximately. Two years after Shenyang-Sanhaiguan Expressway was open to traffic in 1998, there appeared serious cracking. After Beijing-Qinghuangdao Expressway was open to traffic in Oct. 1999, there were intermittent cracking in July 2000. As Shenzhen Ji-He Expressway was open to traffic in 2000, there is serious cracking in July, 2003, the deepest rutting reaching to 8cm and far beyond the 1. 5cm design requirement. In 2003 after Zhen-Shao Expressway was open to traffic, one crack after another appeared in less than half a year, the deepest rutting on the upper grade of the road being 10cm.

Causes of Rutting

The rutting is primarily due to the further compaction of the traffic load and extrusion on the asphalt pavement to make the wheel path sinking with the two sides protuberant, like crest and trough. The difference between them is the depth of rutting (figure 9). High temperature, the traffic of overload and heavy load can cause rutting. Due to the characteristics of the channelized traffic of expressways and the long and large vertical slope of expressways in mountainous areas, all these have made the rutting even worse.

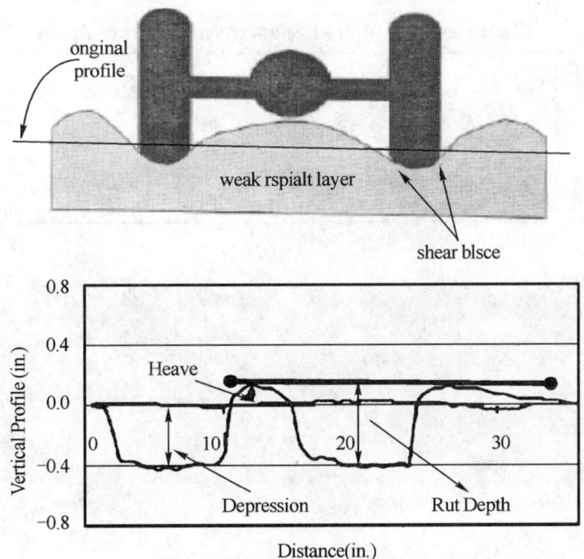

Fig. 9. Rutting Damage

ANTI-TUTTING AGENTS

Advantages of Anti-rutting Agents

Various asphalt additive are being promoted to increase the stability of the hot-mix asphalt at high temperatures, such as selecting the aggregate, improving grading and Modification of asphalt binder. The effect of modified asphalt is better, but there exists a problem of solubility between asphalt and modifiers. In order to be of a higher anti-rutting performance, there'll be the need to adopt larger amount of modifiers. However, it's very difficult to spread the overdosed modifier evenly. And there will appear the disintegration between modifiers and asphalt during transportation and storage. And the property will be poorer than that of base asphalt. In addition, the mixing, paving and compacting of modified asphalt must be improved and it's very difficult to carry out the construction.

However, the Anti-rutting agents can avoid thus defects. Anti-rutting agents, rod spunrie, are generally additives to asphalt mixtures, made of various kinds of polymers. The Characteristics of rod spunrie anti-rutting agent is as table 13, and the appearance is shown in figure 10. The stability at high temperature will be improved greatly through increasing viscosity, reinforcing, filling, modifying asphalt and elastic recovering, and the water stability and the anti-rutting at low temperature of the mixture will be modified as well. It has been adopted by such provinces as Shanxi, Guangdong and Jiangsu in succession. It is of the following advantages as compared with the traditional asphalt additives: (1) Superior performance; (2) Better price-performance ratio; (3) No impact on grading design (No need to change grading, except finely adjusting the asphalt-aggregate ratio); (4) Simpler construction process (direct feeding).

Characteristics of Rod Spunrie Anti-rutting Agent Table 13

Color	Particle sizes (mm)	Density (g/cm³)	Melting/flow indexes (g/10min)	Melting range (℃)	Storage condiction
black	<6	0.912~0.96	2-5	150~160	normal temperature

Fig. 10. Rod Spunrie Anti-rutting Agent

Principles of Rod Spunrie Anti-rutting Agent

Figure 11 shows the principles of rod spunrie anti-rutting agent, such as follows:

(1) Binding

The binding from the part of solubilized polymer will build so as to reduce the

permeability and to raise the softening temperature of the ring/ball method and reduce the sensibility at low temperature.

(2)Reinforcement

This can be achieved through plastic fibers in polymers through bridging the inner graded aggregate structure.

(3)Densely built in structures

As fine aggregates are softened temporarily, structures will thermally form during compaction so as to fill the voids of asphalt mixtures.

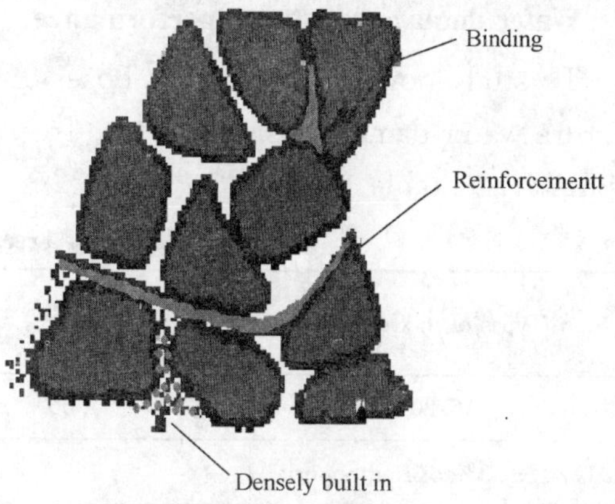

Fig. 11. Principles of Rod Spunrie Anti-rutting Agent

PERFORMANCE OF THE ASPHALT CONCRETE WITH ANTI-RUTTING AGENTAND THE ENGINEERING APPLICATION

To study the performance of the asphalt concrete with rod spunrie, the paper chooses AC-20 to have rutting test, freeze-thaw test, and low temperature bending test.

Rutting performance at high temperature

To study how much different doses of rod spunrie effect on asphalt mixture stability of high temperature, the rutting tests of AC-20 at high temperature are done. And the results are as table 14 and figure 12.

Result of Rutting test Table 14

Types of mixtures	Dynamic stability at 60℃	Dynamic stability at 70℃
AC-20	2 410	623
AC-20+0. 3% of Rod Spunrie	7 329	1 358
AC-20+0. 5% of Rod Spunrie	10 692	2 784
AC-20+0. 7% of Rod Spunrie	—	4 538

Fig. 12. rutting performance at 70℃

Table 14 and figure 12 turn out that the dynamic stability of asphalt concrete increases with more rod spunrie. That is, the rod spunrie can improve the rutting performance at high temperature obviously.

Water damage resistance performance

To study how much different doses of anti-rutting agent, rod spunrie, effect on asphalt mixture water damage resistance, the freeze-thaw splitting tests of AC-20 are done. And the results are as table 15.

Result of Freeze-thaw Splitting Test Table 15

Types of mixtures	Before Freeze-thaw (MPa)	After Freeze-thaw (MPa)	TSR(%)
AC-20	1.00	0.8	80
AC-20+0.3% of Rod Spunrie	1.30	1.20	92
AC-20+0.5% of Rod Spunrie	1.50	1.40	93

Table 15 is a result of the freeze-thaw test of AC-20 different amounts of rod spunrie, it turn out that the TSR of asphalt concrete increases with more rod spunrie. That is, the rod spunrie can improve the water damage resistance performance at high temperature.

Cracking resistance at low temperature

To study the cracking resistance of the asphalt concrete with rod spunrie, the low temperature bending tests are done. Table 16 is results. It turns out the rod spunrie can improve the cracking resistance performance at high temperature.

Result of Low Temperature Bending Test Table 16

Types of mixtures	Flexural -tensile Strength (MPa)	Stiffness Modulus (MPa)	Flexural-tensile Strain ($\mu\varepsilon$)
AC-20	13.7	9503	1442
AC-20+0.3% of Rod Spunrie	14.8	11152	1327
AC-20+0.5% of Rod Spunrie	15.8	10539	1499

Examples of the Application of anti-rutting agents

In recent years, as the volume of traffic increases, the axle load has become heavier and the traffic channelized, the rutting of asphalt pavement has been the major premature damage of expressways. Such deeper rutting as 10-50mm happened during the first high temperature period in the summer in some sections of expressways, others even reached to 100mm. In order to improve the anti-rutting performance of asphalt pavement, recently some new materials for pavement engineering have been developed, such as anti-rutting agents. At present, they are utilized in Guang-Shao Expressway, Shen-Shan Expressway and Shanxi Xi-Yu Expressway, and the pavement performance is good. Table 17 is the performance detecting result, it shows the rutting performance at high temperature, water damage resistance performance, and cracking resistance at low temperature is good.

Result of Low temperature Bending Test Table 17

Index	Dynamic stability (times/mm)	Water stability (%)		Flexural strain ($\mu\varepsilon$)
		Remaining stability	TSR	
AH-70	1197	80.5	74.2	2557
AH-70+Rod Spunrie	6189	89.6	81.1	2433
Modified asphalt	5301	92.9	85.6	2949
Technical require	≥80	≥80	≥3000	≥2000

CONCLUSIONS

From the results of the laboratory tests and field test presented in this study, the following conclusions are drawn:

1. Introduce the mechanism of polymer fiber modified asphalt concrete.

2. Based on the results of freeze-thaw split test, rutting test, split strength test, bending test at low temperature, MTS fatigue test, and APA fatigue test, evaluate the performance of polymer fiber modified concrete. They turn out that the polymer modified asphalt concrete has better water stability, rutting resistance performance, anti-cracking performance, and fatigue performance.

3. Do field investigation and show that the polymer fiber is effective in engineering application.

4. Discuss the mechanism of polymer anti-rutting agent, rod spunrie, modified asphalt concrete: binding, reinforcement, and densely built in.

5. Based on test results, evaluate the performance of the asphalt concrete with anti-rutting agent and the engineering application. It shows that rod spunrie modified asphalt concrete pavement has better pavement performance and anti-rutting effect.

土工聚合物减小土体差异沉降的机理及最佳埋置深度的计算

王桂尧　张起森
（长沙交通学院岩土工程研究所　长沙　410076）

摘　要：以弹性理论为基础，分析讨论了利用土工聚合物减小土体差异沉降的机理和土工聚合物最佳埋置深度的确定方法。

关键词：弹性地基　差异沉降　土工聚合物

在土建工程中，土工布、土工网、土工格栅等土工聚合物以其优良的性能、低廉的价格、便利的使用条件而被广泛地用于软土地基加固、路基边坡防护、加筋挡土墙及桥头跳车处理等方面，由此达到提高土体承载能力、减小土体沉降和差异沉降之目的。然而利用土工聚合物处理土体的理论研究却至今远远落后于工程实践，使之工程应用设计和施工方法主要建立在经验的基础上而缺乏系统理论的指导；特别在利用土工聚合物减小土体差异沉降的理论研究方面，更是极少见到有关的报道。这种局面严重制约了土工聚合物这种新型材料在土建工程中经济效益的发挥和全面的推广应用，鉴于此，本文拟对这一重要问题进行探讨与分析。

1　土体内部水平剪应力作用时的位移场

假定地基为均质的各向同性半无限弹性体，则在地表以下深度为 d 的位置作用有水平集中力 Q 时，利用弹性理论中 Mindlin(1936 年)公式，可得到地基内部任一点 $M(x,y,z)$ 处的竖向位移表达式为

$$\omega=\frac{Qx}{16\pi G(1-\mu)}\left[\frac{z-d}{{R_1}^3}+\frac{(3-4\mu)(z-d)}{{R_2}^3}-\frac{6dz(z+d)}{{R_2}^5}+\frac{4(1-\mu)(1-2\mu)}{R_2(R_2+z+d)}\right] \tag{1}$$

式中：${R_1}^2=x^2+y^2+(z-d)^2$

${R_2}^2=x^2+y^2+(z+d)^2$

G 为土的剪切模量；μ 为土的泊松比；其他符号意义见图 1。

在平面问题情况下，在地表处，由 $z=0$，$R_1=R_2=R=\sqrt{x^2+d^2}$ 得集中力 Q 作用下地表的竖向位移

$$\omega=\frac{Qx}{4\pi G}\left[-\frac{d}{R^3}+\frac{(1-2\mu)}{R(R+d)}\right] \tag{2}$$

在水平剪应力作用线任一点 $x=x_j$ 处，取单位度微分面

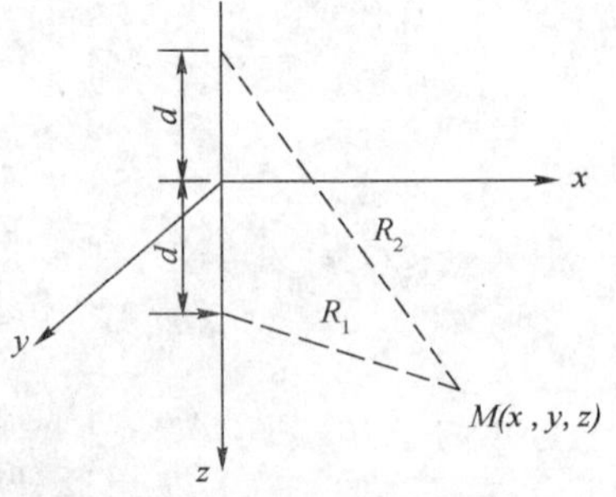

图 1　水平集中力加载示意

摘自《力学与实践》1998 年第 20 卷第 4 期。

积 $dA_j = dx$，则 $Q = \tau_j dx$，其中 τ_j 为分单元 dx 长度上作用的剪应力，而 $R_1{}^2 + R_2{}^2 + R^2 = (x_j - x_0)^2 + d^2$，$x = x_0 - x_j$ 则

$$\omega = \tau_j dx(x_0 - x_j)\left[-\frac{d}{R^3} + \frac{1-2\mu}{R(R+d)}\right]/4\pi G \tag{3}$$

水平剪应力加载示意图，如图 2 所示。

下面分两种情况讨论不同剪应力分布条件下地表竖向变形量的计算方法。

a) 均布水平剪应力 $\tau(x) = \tau(0)$ 的情况。地表任一点 x_0 处的总竖向变形量为

$$S(x_0) = \int_{x_0}^{x_0 - l_s} \tau_0 x\left[\frac{1-2\mu}{R(R+d)} - \frac{d}{R^3}\right]dx/4\pi G$$

$$= \frac{\tau_0}{4\pi G}\left[(1\text{-}2\mu)\ln\frac{\sqrt{(l_s - x_0)^2 + d^2} + d}{\sqrt{x_0{}^2 + d^2} + d} + \frac{2d}{\sqrt{(l_s - x_0)^2 + d^2}} - \frac{2d}{\sqrt{x_0{}^2 + d^2}}\right] \tag{4}$$

在坐标原点（$x_0 = 0$），竖向变形量为

$$S(x_0 = 0) = \frac{\tau_0}{4\pi G}\left[\frac{\sqrt{l_s{}^2 + d^2} + d}{2d} + \frac{2d}{\sqrt{l_s{}^2 + d^2}} - 2\right] \tag{5}$$

即在坐标原点为隆起变形，而当 $x_0 = l_s$ 时则发生沉降变形，其大小为

$$S(x_0 = l_s) = -S(x_0 = 0) \tag{6}$$

土层表面总的竖向变形量大小示于图 3 中，图中正号表示地表隆起，负号表示地表沉降。

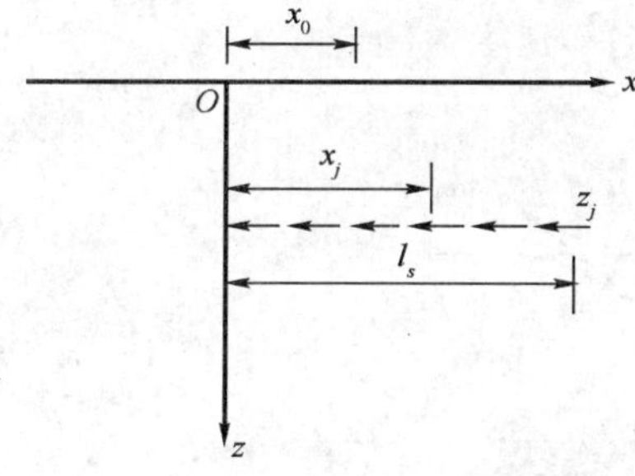

图 2 水平剪应力加载示意

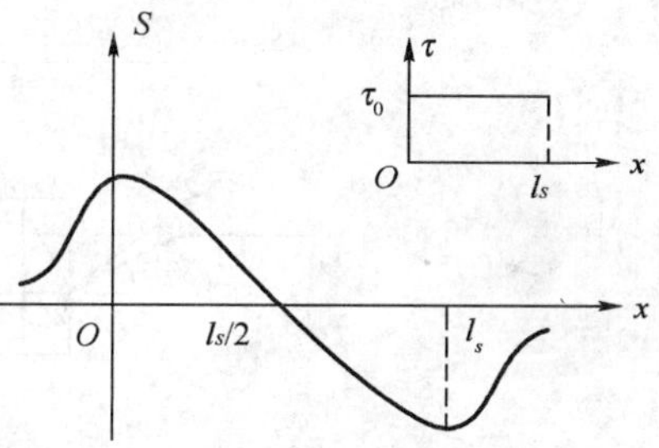

图 3 均布剪应力作用地表位移

b) 水平剪应力为三角形分布，即 $\tau(x) = \tau_0(1 - x/l_s)$ 时的情况。

地表任一点 x_0 处的竖向变形量为

$$S(x_0) = \int_0^{l_s} \tau_0\left[1 - \frac{x}{l_s}\right](x - x_0)\left[\frac{1-2\mu}{R(R+d)} - \frac{d}{R^3}\right]dx/4\pi G \tag{7}$$

在坐标原点，即 $x_0 = 0$ 处

$$S(x_0 = 0) = \left\{(1\text{-}2\mu)\ln\frac{\sqrt{l_s{}^2 + d^2} + d}{2d} + \frac{d}{\sqrt{l_s{}^2 + d^2}} - 1 - \frac{1}{l_s}\left[(1-2\mu)(l_s - 2d)\right.\right.$$

$$\left.\left.\cdot \ln\frac{\sqrt{\sqrt{l_s{}^2 + d^2} + d} + \sqrt{\sqrt{l_s{}^2 + d^2} - d}}{\sqrt{2d}} + \frac{l_s d}{\sqrt{l_s{}^2 + d^2}} - d\ln\frac{\sqrt{l_s{}^2 + d^2} + l_s}{d}\right]\right\}\frac{\tau_0}{4\pi G} \tag{8}$$

当 $x_0 = l_s$ 时

$$S(x_0 = l_s) = \frac{\tau_0}{4\pi G}\left\{-(1-2\mu)\frac{2d}{l_s}\ln\frac{\sqrt{\sqrt{l_s^{\ 2}+d^2}+d}+\sqrt{\sqrt{l_s^{\ 2}+d^2}-d}}{\sqrt{2d}} + \frac{d}{\sqrt{l_s^{\ 2}+d^2}} - \frac{d}{l_s}\ln\frac{\sqrt{l_s^{\ 2}+d^2}+l_s}{d}\right\} \tag{9}$$

土层表面的竖向变形量大小及分布，如图 4 所示。

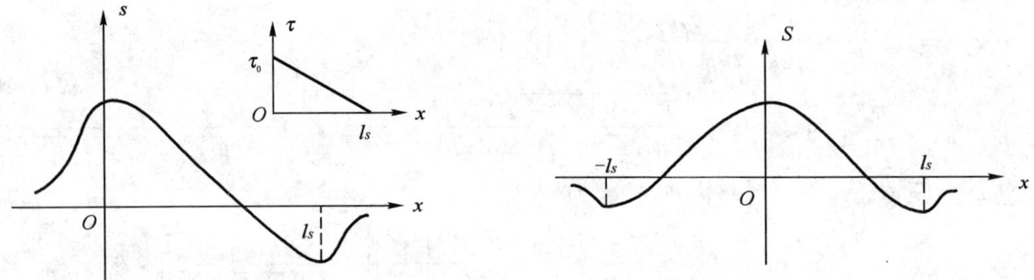

图 4　三角形分布剪应力作用地表位移

图 5　双边剪应力作用地表位移

若在土体中作用反对称双边剪应力时，则地表最大隆起变形量及隆起范围将增大一倍，而两边的最大沉降量和沉降范围则减小一半（见图 5）。

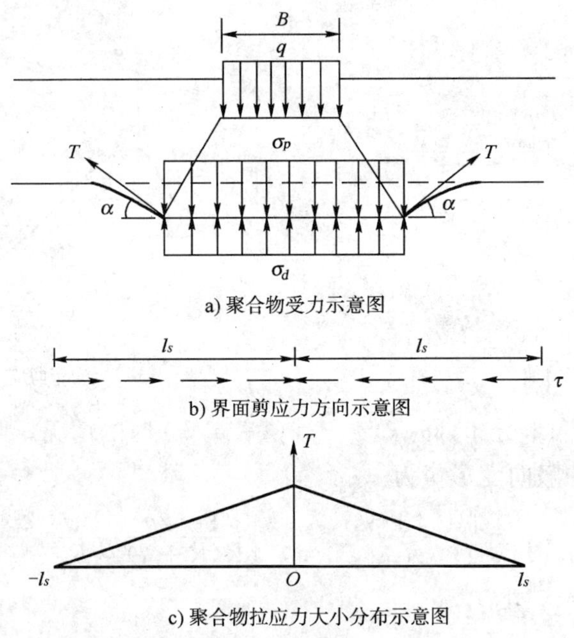

图 6　聚合物变形受力示意图

a)聚合物受力示意图；b)界面剪应力方向示意图；c)聚合物拉应力大小分布示意图

2　利用土工聚合物减小差异沉降的机理

根据图 6 所示基础或路堤以下土工聚合物的受力条件，可认为土工聚合物减小基础沉降的原因有以下 2 个方面：

(1)聚合物界面以下土体附加应力的减小。由于聚合物下界面土体的附加应力 $\sigma_d=\sigma_p-2T\sin\alpha/(B+d\cdot\tan\theta)\angle\sigma_p$,即土工聚合物的拉应力作用使界面以下土体的竖向应力减小,从而使土体竖向压缩变形量减小。

(2)由于预拉和差异沉降导致聚合物的拉伸变形,这一拉应力由界面剪应力来平衡。根据前面的分析,认为界面剪应力的作用,使基础沉降区域产生一定大小的隆起变形,这一隆起变形部分抵消了基础或路堤的沉降。

3 土工聚合物最佳埋置深度的计算

在式(5)中,令 $l_s/d=x$,则由 $\mathrm{d}S/\mathrm{d}x=0$ 求得界面剪应力为均匀分布时,地表具有最小差异沉降的最佳铺网深度为

$$d=l_s\sqrt{\left[\frac{1+\sqrt{1+2(1-2\mu)^2}}{1-2\mu}\right]^2-1} \tag{10}$$

即埋置深度仅与泊松比及土工聚合物有效铺设长度有关。当土体泊松比 $\mu=0.3$ 时,$d/l_s=0.1173$,或 $d/(2l_s)=0.086$。

对处理桥头跳车的土工聚合物而言,由于聚合物受力的单向性,故土工聚合物的最佳埋置深度 $d-0.173\,l_s$,而对基础或路堤而言,由于土工聚合物受力的对称性,聚合物最佳埋置深度为聚合物有效长度的 0.086 倍。

若土工聚合物的界面剪应力为三角形分布,则用同样方法求得泊松比 L=0.3 时,土工聚合物的最佳埋置深度 $d=0.2\,l_s$ 或 $d=0.1(2\,l_s)$,即台背填土中土工聚合物的最佳埋置深度为聚合物有效长度的 0.2 倍,基础或路堤下聚合物的最佳埋置深度为聚合物有效长度的 0.1 倍。

4 结语

在地基为半无限弹性体的假设条件下,通过土体内部水平剪应力作用时地表变形计算公式的推导与分析,认为土工聚合物减小土体差异沉降的机理为:竖向应力的减小和聚合物—土界面剪应力作用导致的地表变形与差异沉降的部分抵消作用,并由此得出土工聚合物的最佳埋置深度仅与土的泊松比及有效长度有关的表达式。

在此必须注意,土工聚合物的有效长度与铺设长度是两个完全不同的概念。所谓有效长度是指由差异沉降而引起聚合物的变形受拉或受剪部分的长度,其大小与差异沉降量大小及材料性质有关。如果聚合物受拉或受剪部分的长度为 5m,那么铺设长度为 10m 的聚合物也只能以 5m 作为有效长度。

一般而言,如果土工材料相同,则台背填土的压实度低、填方高或地基承载力低、地表荷载大,则土体沉降或差异沉降也比较大,并将导致聚合物较大的变形受拉,从而使土工聚合物有较长的有效长度。同理在填土、地基或荷载等因素不变的情况下,由于土工聚合物具有相同大小的变形量,故高模量的聚合物将承受更高的应力,并且有更长的长度承受这一应力的作用,即模量越大,有效长度越长,而低模量的土工聚合物则往往拉应力小,有效长度也小,这在控制差异沉降方面往往达不到理想的效果。有关有效长度更深入的研究是一项有待进行的重要工作。

Netlon 土工格栅与土界面性能的研究

周志刚　郑健龙　张起森　高燕希
（长沙交通学院　长沙　410076）

摘　要： 根据直剪试验结果，利用两种不同的非线性模型分析土工格栅与土体之间界面摩擦性能，阐明了基于 Duncan-Chang 关系模型的局限性。讨论了正应力和压实度对界面抗剪强度、残余抗剪强度、剪切劲度模量、破坏比等力学参数的影响。对两种不同土的直剪试验结果进行了比较，说明了增加土体中粗颗粒含量能改善界面抗剪强度指标。

关键词： 土工格栅　界面　抗剪强度　非线性　压实度

土工加筋材料与土之间的界面性能，是影响加筋土技术应用的一项重要因素。在基于极限强度理论的加筋土结构分析中，通常采用 $\tau=C+\sigma_n\tan\varphi$ 关系描述筋材与土的界面抗剪强度。这一关系不能描述筋材与土处于剪切破坏之前的状态。因而，在应用有限元数值方法所进行的理论分析中，人们采用了多种数学模型以模拟筋材、挡土墙背、桩体等与土界面上受力变形的实际过程。考虑其非线性弹性变形的模型之一，就是借助于描述岩土本构关系的 Duncan-Chang 模型而提出的双曲线关系。在应用这一类不同于简单的线弹性变形关系的模型时，关键在于选定适当合理的模型及其中有关的性能参数。本文在直剪试验的基础上，指出前述双曲线模型的不足，并提出了基于南京水利科学研究院非线性模型的推广双曲线模型，计算分析了有关的模型参数，得出了一些有益的结论。

1　试验装置与试验方法

为了能真实地反映土工格栅一类带孔眼的筋材与土之间的剪切性能，我院专门研制了一种大直径直剪仪。该直剪仪由压力施加传递机构、剪力施加传递机构、测试仪表系统和剪切盘等元器件组成。从仪表上直接读取相应的 P 、剪力 Q 和上下剪切盒的相对位移 S_0 上、下剪切盒夯实的土样，它们之间为筋材。剪切盒的内尺寸与 CBR 模具相同，直径为 15.2 cm，高为 12.0cm。

试验中所用筋材为湖北力特塑料制品有限公司生产的 CE131 型 Netlon 土工格栅，网孔尺寸为 27mm×27mm，抗拉强度≥5.8kN/m²，最大抗拉强度的延伸率为 16%。试验所采用的土样为南方常见的红砂岩风化土和砂卵石黄土，物理性质指标如表 1 所示。

土的物理性质指标　　表 1

土名	含水率（%）	天然密度（g/cm³）	比重	可塑性（%）			颗粒级配（小于某粒径的含量，%），粒径（mm）								
				液限	塑限	塑指	60	20	5	2	0.5	0.25	0.074	0.005	0.002
红砂岩风化土	22.8	1.78	2.70	36.3	22.0	14.3			100	98	85	66	30	7	5
砂卵石黄土	12.1	2.10	2.74	32.1	22.1	10.0	100	77	55	43	30	26	20	12	9

分别对压实度 $K=85\%$、90%、95%时的试件，分五级不同压力(35,80,160,180,280 kPa)进行试验。每组试验包括三个试件，所读取的压力 P 和剪力 Q 分别换算为正应力 $\sigma_n=P/A$ 和剪应力 $\tau=P/A$ (A 为试样面积)。

2 土工格栅与土界面性能分析

2.1 双曲线模型

Duncan-Chang 模型是国内外广泛采用的实用岩土本构模型[3,4]。这里用来描述土工格栅与土之间的剪应力 τ 和相对位移 S 的非线性关系，即

$$\tau=S/(a_1+b_1S) \tag{1}$$

其中参数 a_1 的倒数为剪应力 τ 和相对位移 S 曲线的初始剪切劲度模量 K_{si}，即 $K_{si}=1/a_1$。b_1 的倒数为该曲线在极大位移时的渐近值 τ_{si}，它比抗剪强度峰值 τ_f 大。定义破坏比 $R_f=\tau_f/\tau_u$，其值小于 1。

初始剪切劲度模量 K_{si} 和抗剪强度 τ_f 均与界面上的正应力 σ_n 有关，即

$K_{si}=K_1\gamma_\omega(\sigma_n/P_a)^n$，$\tau_f=c+\sigma_n\tan\varphi$(K_1 为无量纲剪切劲度模量；n 为模量指数；c 为界面黏结力；φ 为界面摩擦角；P_a 为大气压；γ_ω 为水的容重)，因此试验测得的剪应力 τ—相对位移 S 的典型曲线(红砂岩风化土)见图 1。根据将上述有关公式变化为线性关系，从而利用最小二乘法计算相应的参数，所确定的参数如表 2 所示。

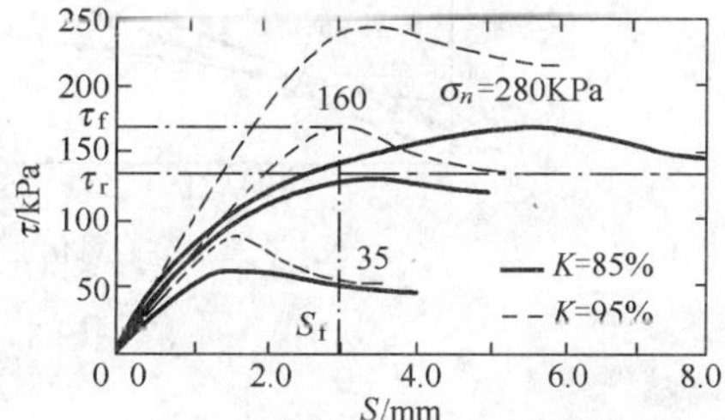

图 1 不同压实度 K 和正应力 σ_n 的 τ-S 曲线

$$\tau=S\Bigg/\left[\frac{1}{K_1\gamma_\omega(\sigma_n/P_a)^n}+\frac{R_fS}{C+\sigma_n\tan\varphi}\right] \tag{2}$$

双曲线模型计算参数 表 2

土类	压实度 K(%)	R_f	K_1	n	C (kPa)	ω(°)
红砂岩风化土	85	0.66	7890	0.38	56.8	24.0
	90	0.34	8482	0.37	47.6	32.7
	95	0.17	7531	0.34	77.0	31.4
砂卵石黄土	85	0.47	6813	0.53	42.0	37.4
	90	0.22	5621	0.58	65.8	39.0
	95	0.13	6999	0.39	55.5	45.3

2.2 南京水利科学研究院非线性模型

图 1 中剪应力—相对位移曲线在剪应力达到峰值点后又呈下降并趋于稳定的规律，即体现出一种剪胀现象。在正应力较大时，这现象尤为明显。上述双曲线模型仅能描述变形曲线达到峰值点前的过程，在应用此一模型时必然有其局限性。南京水利科学研究院非线性模型是一种推广的双曲线模型，它正克服了 Duncan-Chang 模型不能描述岩土应变软化阶段的缺陷[3]。这儿借助该模型，将剪应力 τ—相对位移 S 非线性关系曲线写成

$$\tau=S(a_2+c_2S)/(a_2+b_2S)^2 \tag{3}$$

利用非线性曲线的峰值点 τ_f、S_f 和残余抗剪强度 τ_r，可将式中的参数 a_2、b_2 和 c_2 表示为：$a_2=\alpha\sqrt{1-R}S_f/\tau_f$，$b_2=\alpha/\tau_f$，$c_2=R\alpha^2/\tau_f$。其中：$R=\tau_r/\tau_f$；$\alpha=0.5(1-\sqrt{1-R})/R$。

根据试验结果，可得到 τ_f、S_f、τ_r 和 R 随正应力 σ_n、压实度 K 的变化关系（图 2～图 5）。

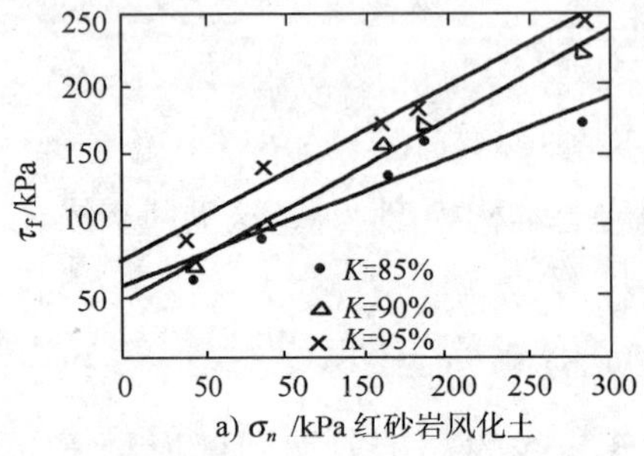

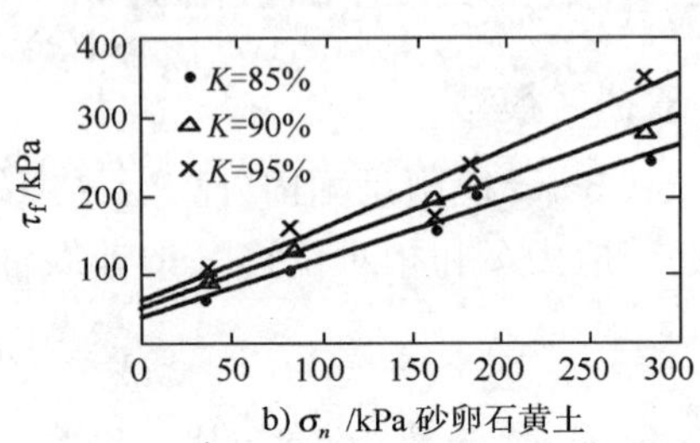

图 2　不同压实度 K 值的 $\tau_r \sim \sigma_n$ 曲线

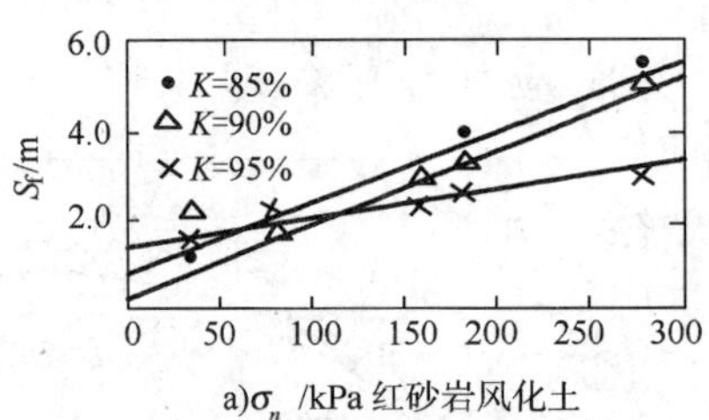

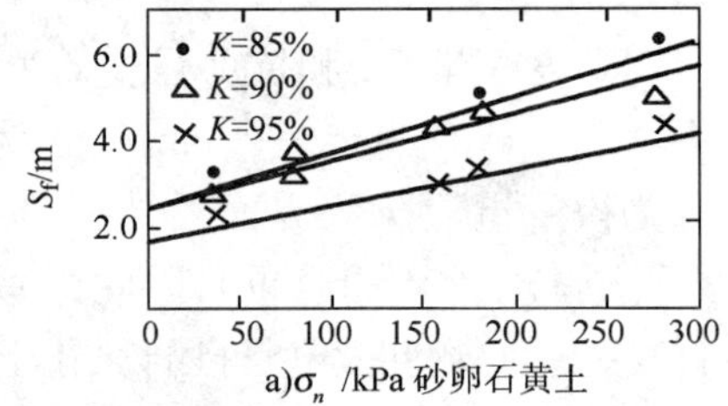

图 3　不同压实度 K 值的 $S_f \sim \sigma_n$ 曲线

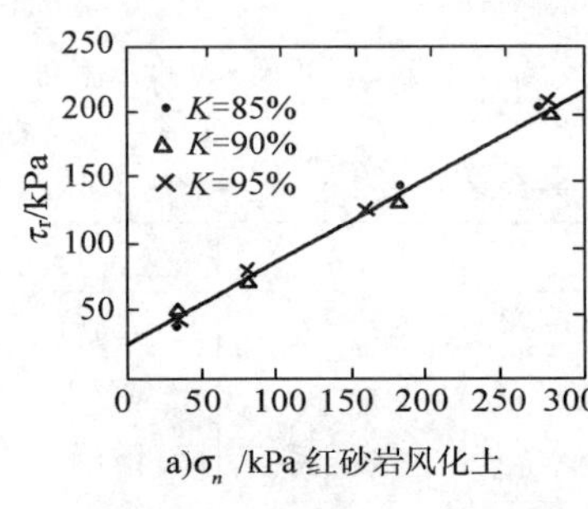

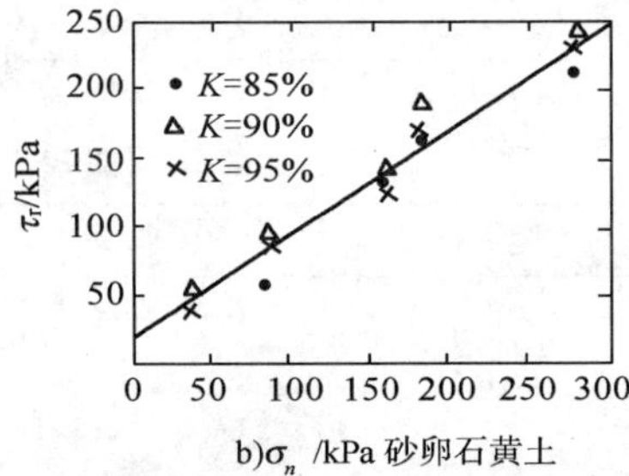

图 4　不同压实度 K 值的 $\tau_r \sim \sigma_n$ 曲线

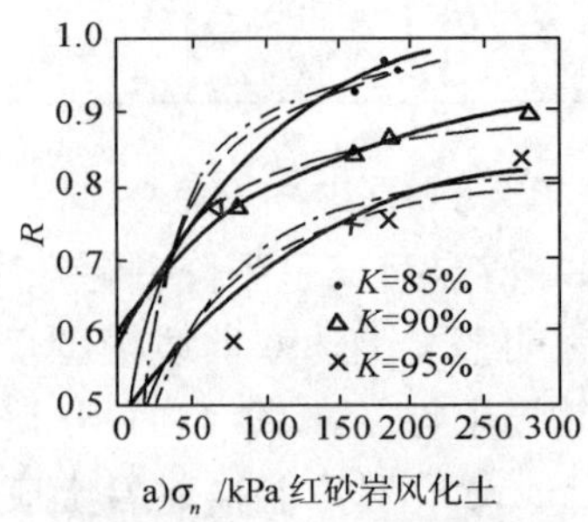

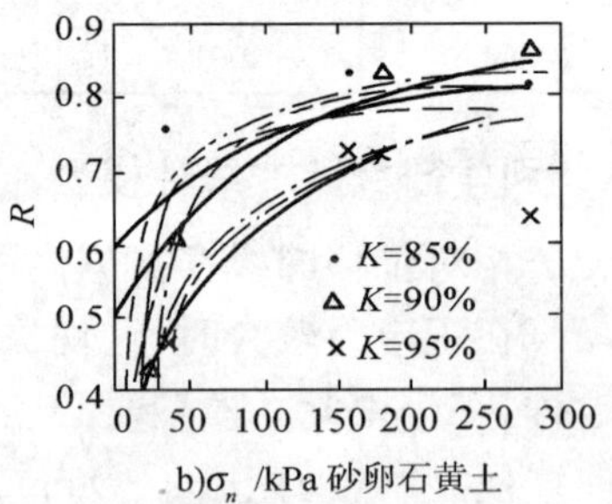

图 5　不同压实度 K 值的 $R \sim \sigma_n$ 曲线

从图 2～图 4 可以看出，τ_f、S_f、τ_r 与 σ_n 之间具有良好的线性关系。由图 3 知 R 与 σ_n 关系较为离散，但基本上呈现出一种渐近曲线形式。因此，采用公式(4)对相应的试验数据进行拟合分析[3]

$$S_f = d_1 + d_2\sigma_n \tag{4}$$

$$\tau_r = d_3 + \sigma_n \tan\varphi_r \tag{5}$$

$$R = 1 - d_4(\sigma_n/P_a)^{n_4} \tag{6}$$

关于 τ_f 的拟合公式与双曲线模型中一样[式(3)]。

鉴于 R 的表达式(6)不能真实地反映 σ_n 值较低时的情形(随着 σ_n 的减小，该式表明 R 值将可能为负)，因此这儿提出另外两种拟合公式

$$R = d_{41} + d_{42}\exp(-\sigma_n/P_a) \tag{7}$$

$$R = d_{43}\exp(n_{41}P_a/\sigma_n) \tag{8}$$

经回归拟合得到的上述公式中的参数值、模拟公式与试验结果之间的相关系数 r 和判定系数 r^2 分别见表 3 和表 4。

关于参数 S_f 和 τ_r 的拟合结果　　表 3

土样	压实度 K(%)	S_f				τ_r			
		d_1(mm)	d_2(mm·kPa^{-1})	r	r^2	d_3(kPa)	$\bar{\omega}_r$(°)	r	r^2
红砂岩风化土	85	0.90	0.016	0.99	0.98	23.6	33.2	0.99	0.98
	90	0.34	0.017	0.99	0.91	25.4	31.8	0.99	0.99
	95	0.33	0.007	0.97	0.99	29.0	32.0	0.99	0.99
砂卵石黄土	85	2.50	0.013	0.96	0.93	14.8	36.0	0.99	0.97
	90	2.57	0.011	0.95	0.94	29.0	38.3	0.99	0.97
	95	1.78	0.008	0.96	0.96	24.7	36.1	0.99	0.97

关于参数 R 的拟合结果　　表 4

土样	压实度 K(%)	式(6)				式(7)				式(8)			
		d_4	n_4	r	r^2	d_{41}	d_{42}	r	r^2	d_{43}	n_{41}	r	r^2
红砂岩风化土	85	0.10	−1.15	−0.21	0.90	1.04	−0.46	0.81	0.96	1.02	−0.13	−0.99	0.99
	90	0.19	−0.52	−0.29	0.97	0.91	−0.31	0.77	0.99	0.90	−0.10	−0.96	0.94
	95	0.29	−0.44	−0.53	0.98	0.84	−0.42	0.65	0.99	0.85	−0.15	−0.95	0.99
砂卵石黄土	85	0.23	−0.35	−0.35	0.38	0.84	−0.24	0.76	0.88	0.79	−0.05	−0.77	0.86
	90	0.24	−0.50	−0.42	0.71	0.87	−0.38	0.73	0.75	0.87	−0.13	−0.94	0.77
	95	0.35	−0.41	−0.15	0.99	0.81	−0.48	0.78	0.99	0.79	−0.19	−0.97	0.99

3　结果分析

在双曲线模型中，压实度 K 对格栅与土体界面上的剪切劲度模量、抗剪强度指标 C 和 φ 等基本上无影响，而对破坏比 R_f 的影响显著(见表 2)。如红砂岩风化土，在压实度 $K=85\%$ 和 95%两种情形下的破坏比 R_f 值相差约 4 倍，且随着压实度的减小，其值趋近于 1.0。这说明，在较低的压实度下，土工格栅与土体界面抗剪强度更易接近于其极限强度值。

砂卵石黄土含有较多的粗颗粒(见表1),与格栅孔眼之间具有较强的嵌锁作用,因而格栅与砂卵石黄土界面体现出较强的摩擦能力,其摩擦系数或摩擦角较大(见表2)。由此可知,增加土体中粗颗粒含量,对改善土与格栅材料之间的界面摩擦性能有利。

对于推广的双曲线模型,表3反映出其界面抗剪强度 τ_f 所对应的相对位移 S_f 和残余强度 τ_r 与正应力 σ_n 关系的拟合相关系数和判定系数很接近于1.0,这说明它们与 σ_n 之间具有非常好的线性关系(见图3和图4)。在同样的正应力 σ_n 作用下,压实度 K 值较大的土体与格栅之间将在较小的相对位移 S_f 值时达到其剪切破坏状态;随着压实度 K 的增大,S_f 值受正应力 σ_n 的影响减弱(见图3)。压实度 K 对残余抗剪强度 τ_r 不产生什么影响,在不同的压实度 K 值下,其黏结力和摩擦角值几乎相同(见图4),这意味着正应力 σ_n 的压实和直剪破坏时的剪胀效应将导致其破坏面上下的土体颗粒结构趋于一致,因而具有相同的残余抗剪强度。这使得有可能在采用极限平衡法或有限元数值分析方法分析土体与土工格栅界面剪切破坏时,可以不考虑压实状态的影响,而采用同样的残余强度指标评定其界面剪切破坏性能。与抗剪强度 τ_f 同样的,增加土体中粗颗粒含量对土体与土工格栅间界面残余剪切强度 τ_r 有利。

对于推广的双曲线模型中衡量残余抗剪强度 τ_r 和抗剪强度 τ_f 比值关系的参数 R,表4说明,采用式(6)拟合它与正应力 σ_n 之间关系,其相关程度不强,而采用式(7)和式(8)较合适,特别是式(8)。式(7)和式(8)均能反映出同一规律,当无正应力 σ_n 作用时,残余强度 τ_r 值为零,而随着 σ_n 的增大,残余抗剪强度 τ_r 值趋近于抗剪强度 τ_f 值。

4 结语

(1)直剪试验说明,基于Duncan-Chang岩土本构关系而提出的双曲线模型不能完整地描述土与土工格栅间界面剪切状态,有其局限性;采用根据南京水利科学研究院所建立的岩土非线性本构关系而提出的推广双曲线模型,能很好地体现界面剪切时的剪胀现象。

(2)在双曲线模型中,压实度对剪切劲度模量、抗剪强度指标没什么影响,而对破坏比影响显著。随着压实度的减小,土与土工格栅界面抗剪强度更接近于其极限强度值。

(3)推广的双曲线模型中,界面剪切强度及其所对应的相对位移、界面残余剪切强度三者与正应力之间具有良好的线性关系。压实度对剪应力峰值点所对应的相对位移值影响较大,改变压实度并不能改善界面残余抗剪强度。

(4)采用本文提出的指数函数关系[式(7)和式(8)],比幂函数关系[式(6)]更能反映出衡量界面残余抗剪强度 τ_r 与抗剪强度 τ_f 之比的参数 R 同正应力 σ_n 之间的关系。它们克服了幂函数关系式(6)不能良好地反映较低的正应力时界面剪切状况的缺陷。

(5)对比红砂岩风化土和砂卵石黄土与土工格栅之间直剪试验结果发现,增大土体中粗颗粒含量,对改善界面抗剪强度指标和界面残余抗剪强度指标有利。

加筋砂土三轴试验特性研究

邹新华 张起森 王天庆
(长沙交通学院育才—布朗交通咨询监理有限公司 长沙 410076)

摘 要：两种不同的无纺布筋片加筋砂土三轴试验研究结果表明，无纺布加筋砂土强度指标 c、φ 值显著提高，加筋土强度随加筋试样所受围压和正规化加筋筋片间距 h/H 减小而增加，无纺布筋片与砂土之间的相互作用可抑制砂土剪胀性，筋砂界面诱生摩擦角呈渐进性。这些研究结果对加筋砂土的性能机理研究及加筋土结构设计均有一定的指导意义。

关键词：无纺布 加筋砂土 三轴试验 抗剪强度 界面诱生摩擦角

当今，无纺土工布广泛用作路堤和挡墙等土工结构物的加筋以及软基上路堤的稳定。加筋土由加筋和土填料两部分组成，其工作机理与填料抗压和加筋抗拉有关。因此，加筋土构成复合材料在压、拉方面均具有较强性能，砂土由于其优于黏土的特性常常被用作填土材料。

无纺布加筋常常用大规模原位测试、小型原样试验、室内试验和三轴试验来研究。在这些试验中，三轴试验仍然是一种研究加筋土强度和变形的有效方法。虽然三轴试验所得改进强度系数的值不可能定量地对应于大型原位加筋土结构的改进系数，但这些系数有助于了解加筋砂土的加筋效果，从而推测大型原位土工结构的改进质量。

1 加筋机理

早期有关加筋砂土基本原理的研究，是用三轴或平面应变试验来进行的。一般方法是利用三轴试验确定非加筋土圆柱形样品中放置不同间距的加筋片的强度，这样，加筋引起的强度变化可用一强度比(加筋样品破坏时测定的偏应力除以非加筋土破坏时的偏应力)量化。最早从事加筋砂土机理三轴试验研究的是 Laboratoire Central des Ponts et Chars′ees France(LCPC) (Long et al, 1972)，发现加筋土的破坏强度与加筋最大张拉强度成正比，与加筋片间距成反比，其结果表明加筋样品比非加筋样品有较大的抗剪强度。这种强度提高的机理被解释为假各向异性黏聚力(Slosser&Long, 1973)，如图 1 所示。然而这种推测基于一个错误的假定，即加筋土中的主应力等于边界应力。这个争论的错误被杨所演示(Yang,1972)，他的结论是加筋的效果可以被模拟为内部增加的小主应力。Ingold 也把加筋和非加筋土抗剪强度增加的现象按照等效围压增加($\partial\sigma_3$)，参见图 2，这种概念被 Chandrasekaran B. et al 和很多其他研究者用来研究沿加筋面的剪应力分布。以前对砂-筋复合材料性能机理的研究(Broms, Mcgown et al. , Athanasopoulos and Atmatzidis et al 1990.)建立 T 加筋土合成材料的破坏包络线为一双线型，如图 3 所示。破裂点相当于土筋界面内诱生摩擦角 δ 的极限值。破坏或者是无纺布相对周围土体的滑动(I 类)，或者是无纺布产生过大变形(Ⅱ类)。

摘自《长沙交通学院学报》1998 年 9 月第 14 卷第 3 期。

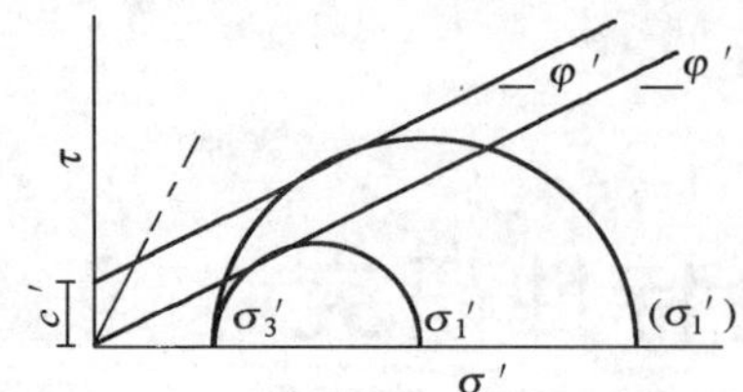

图 1　各向异性黏聚力概念

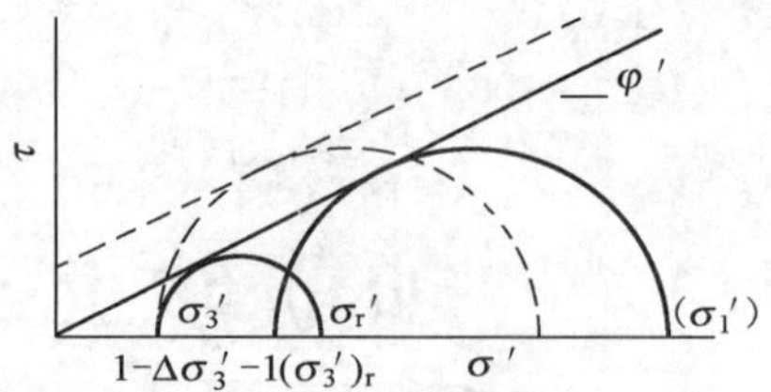

图 2　提升围压概念

2　试验材料特性

两种不同劲度(模量)，即高劲度的 Polyfelt 产品 PEC—200 和低劲度的 TS—700 的无纺布加筋，曾用于曼谷地区软黏土上利用当地比较经济的 Ayutthaya 砂土作填料的试验路堤，以研究此类加筋的效果。为了研究两种不同劲度的无纺布加筋砂土的应力-应变特性及其相互作用机理、土壤改进性能，进行了两种无纺布筋片加筋砂(Ayutthaya)土三轴固结排水(CD)试验。样品直径 $D=2R_0=100$ mm，高 $H=200$ mm，采用不同的正规化间距（h/H，h 为筋片间距，H 为试样高度）0.05、0.33 和 0.25，两种加筋材料特性及砂土工程特性如表 1 和表 2 所示。

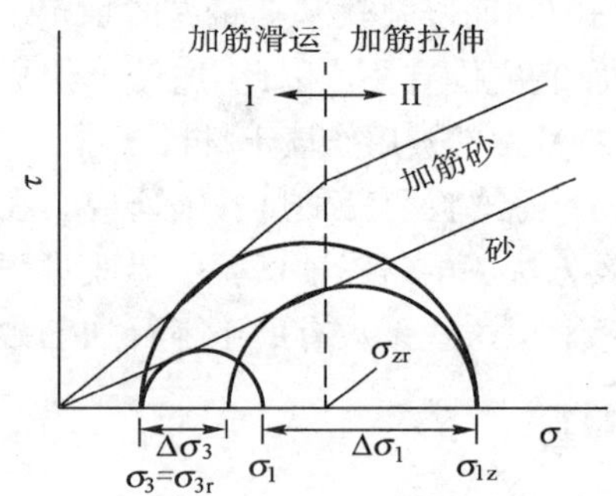

图 3　加筋与非加筋土破坏包络线

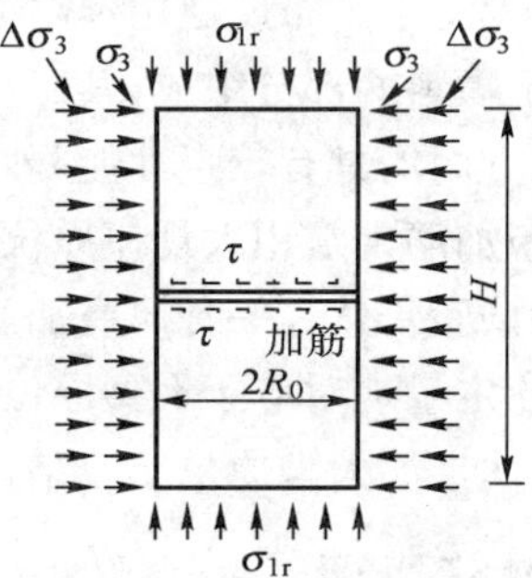

图 4　三轴压缩加筋土样

试验用加筋土工布特性　　表 1

项目	高强土工布 Polyfelt PEC—200	低强土工布 Polyfelt TS—700
结构	无纺机械黏结	无纺机械黏结
厚度(mm) DIN53855/3	2.4 在 2kPa 压力下	1 在 2kPa 压力下
质量(g/m^3)DIN53854	700	280
条带张拉强度 ASTM D4595	200kN/m	18kN/m
破裂伸长率(%)DIN53857/2	12	50～80
撕裂强度(N) DIN53363	—	365
CBR 试验(N) DIN54307	12 400	2 600

Ayutthya 砂的工程特性　　表 2

渗透性(cm/s)	比重 C_s	不均匀系数 C_u	曲率系数 C_c	D101D30/D60	最大干密度(kN/m^3)	最佳含水率 ω
2.54×10	2.66	4.83	0.97	0.12/0.26/0.58	1.83	10%

注：$R_d=17.0$ kN/m^3 三轴试验砂样。

3 诱生界面内摩擦角的计算

加筋与非加筋土抗剪强度增加的现象可用等效围压 $\partial\sigma_3$ 的概念来解释。一个有一层加筋圆柱形土样在围压，σ_3 作用下的三轴压缩试验如图 4 所示。前面提到，对于破坏情况下由于加筋引起抗剪强度增加的概念可用加筋导致增加围压 $\partial\sigma_3$（见图 3），因此，无加筋土在围压 $\sigma_3+\partial\sigma_3$ 作用下的抗剪强度应等效于加筋土在围压 σ_3 作用下的抗剪强度，等效围压 $\partial\sigma_3$，被认为是均匀分布在整个样品的圆柱表面上（见图 4），从而得出下面的表达式

$$\partial\sigma_3 = \sigma_3\partial\sigma_1/\sigma_1 \tag{1}$$

式中，σ_3 为加筋和非加筋土样所受最小主应力；σ_1 为非加筋土破坏时所受最大主应力；$\partial\sigma_1$ 为破坏时加筋和非加筋土主应力差。

有研究分别于 1978、1983、1988 年观察到土筋面上的剪应力分布不均匀，剪应力在筋片中心为零与正应力成正比地到周边达到最大值，相应地，界面剪阻力（用视摩擦角 δ 表示）没有完全沿筋片产生。假定：

(1)产生的剪阻力沿筋片半径线性变化；

(2)破坏时正应力在筋片周边等于最大主应力 σ_{1r} 沿筋片半径剪阻力分布可表达为

$$\tau=\sigma_{1r}R\tan\delta/R_0 \tag{2}$$

式中，R 为筋片某处距中心距离；R_0 为筋片半径。

作用在加筋土样上的力（见图 4）为

$$F_s = 4\pi R_0^2\sigma_{1r}\tan\delta/3 \tag{3}$$

由于两个土筋界面应力的发展，应该等于围压均匀分布总和 F，$F=2\pi HR_0\partial\sigma_3$，（$H$ 为样品高度）。故得

$$\tan\delta = 3H\partial\sigma_3/(2R_0\sigma_{1r}) \tag{4}$$

因此，位于样品中央位置的筋片对抗剪强度增加值通过相应的围压增加值 $\partial\sigma_3$ 得到量化：

①通过对无加筋土样和有 n 或 $n-1$ 层加筋土进行同样围压 σ_3 的试验；

②通过应力表达式(1)确定对应于 n 和 $n-1$ 层加筋层的 $\partial\sigma_{3,n}$ 和 $\partial\sigma_{3,(n-1)}$；

③取 $\partial\sigma_3=\partial\sigma_{3,n}-\partial\sigma_{3,(n-1)}$；

④视摩擦角 δ 值通过式(4)可得，其中 σ_{1r} 等于 n 层加筋砂样破坏时轴向应力。

4 试验结果及分析

4.1 应力-应变关系

五组试样（备样含水率 9%，干密度 $\gamma_d=17.00\ \mathrm{kN/m^3}$，其中一组为无加筋试样）在围压为 50、100 和 150kPa 的固结排水试验，其应力 应变关系如图 5、图 6 及表 3 所示。

众所周知，非加筋试样在强度达峰值（对应 4.2%应变）后显示应变软化特性。从图 5 可以看出，只有一层 TS—700、PEC—200 筋片加筋样品，应力-应变变化规律表明在同样围压情况下显示恒定的峰值后强度值。

对于两层 TS—700、PEC—200 筋片加筋样品应力-应变关系显示其抗剪强度随剪应变增加而增加(见图 6)。同时加筋样品偏应力 $q=\sigma_1-\sigma_3$ 值随围压增加,加筋样品较之非加筋样品显示较强的抗剪强度和应变强化特性。

比较上述一、两层加筋试样结果,表明高劲度加筋复合材料可产生较高强度。

CD 试验应力-应变关系 表 3

σ_3 (kPa)	加筋	h/H	偏应力 $q=\sigma_1-\sigma_3$(kPa)					
			$\varepsilon_s=0\%$	$\varepsilon_s=5\%$	$\varepsilon_s=10\%$	$\varepsilon_s=15\%$	$\varepsilon_s=20\%$	$\varepsilon_s=25\%$
50	无加筋	1.00	0.00	162.50	143.75	137.50	131.25	
	1TS	0.50	0.00	190.77	184.62	178.46	160.00	
	1PEC	0.50	0.00	184.62	176.00	172.30	160.00	
	2TS	0.33	0.00	231.25	243.75	250.00	256.25	270.00
	2PEC	0.33	0.00	246.15	258.46	260.92	274.46	289.23
100	无加筋	1.00	0.00	287.50	270.00	252.50	237.50	
	1TS	0.50	0.00	344.62	338.46	332.31	315.08	
	1PEC	0.50	0.00	353.23	323.69	332.31	320.00	
	2TS	0.33	0.00	395.00	431.25	453.75	462.50	
	2PEC	0.33	0.00	443.08	470.15	492.31	510.77	532.92
150	无加筋	1.00	0.00	412.50	397.50	368.75	350.00	
	1TS	0.50	0.00	480.00	480.00	467.69	455.38	
	1PEC	0.50	0.00	494.77	498.46	477.54	467.69	
	2TS	0.33	0.00	543.75	593.75	618.75	637.50	
	2PEC	0.33	0.00	577.23	652.31	689.23	720.00	

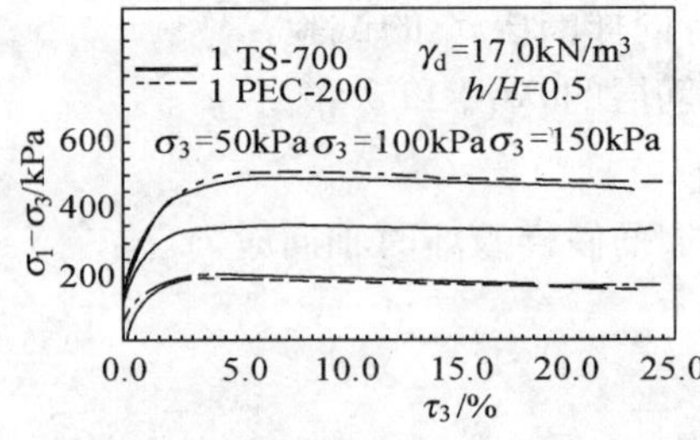

图 5 一层加筋砂土偏应力与有应变关系

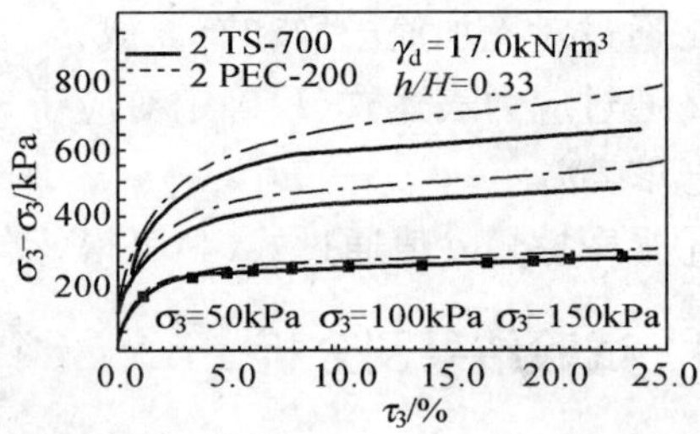

图 6 两层加筋砂土偏应力与剪应变关系

为了用无量纲形式来表达试验结果,引进强度比 $S=(\sigma_1-\sigma_3)_{re}/(\sigma_1-\sigma_3)_{ur}$ 即加筋样品和非加筋样品偏应力的比值。同时,为了比较结果,对于加筋土样我们定义 10%应变值为破坏应变,则每个加筋样品对应于无加筋样品的 S 值可以计算出来。其结果(见表 4)表明强度(强度比 S)随围压增加、筋片正规化间距减小和加筋劲度增加而增加。

CD试验强度比 S　　表4

σ_3 (kPa)	加筋	h/H	10%应变 q(kPa)	强度比 S
50	无加筋	1.00	163	
	1TS	0.50	180	1.100
	1PEC	0.50	181	1.110
	2TS	0.33	245	1.500
	2PEC	0.33	261	1.600
100	无加筋	1.00	286	
	1TS	0.50	340	1.190
	1PEC	0.50	341	1.192
	2TS	0.33	425	1.490
	2PEC	0.33	460	1.610
150	无加筋	1.00	410	
	1TS	0.50	483	1.180
	1PEC	0.50	503	1.230
	2TS	0.33	582	1.420
	2PEC	0.33	650	1.590

4.2 体积应变和剪应变关系

砂土试样在剪切过程中初始弹性应变后，试样开始剪胀。试验观测结果表明加筋试样体积变化量随剪应变增加而减小，显示了剪胀抑制性。这表明在剪胀过程中，砂粒和筋片之间的摩擦由此产生，因此破坏被加筋所限制。随着样品变形的增加会产生更大的摩擦力因而抗剪强度增加，随着筋片间距的减小，剪胀性会受到更大的限制。对于无加筋试样，样品剪胀随围压增加而减小，加筋样品剪胀被加筋所限制，可见加筋等效于提高了最小主应力。

4.3 抗剪强度指标

无加筋试样在4.2%应变时获得峰值强度，通过绘制试验应力圆和包络线有效应力强度指标 C' (10.0 kPa)和 φ (33.71°)，从而对加筋样品定义10%应变以获得等效强度指标。试验结果如表5所示。

CD 试验结果　　表5

组序号	加筋	h/H	定义破坏应变(%)	等效强度指标			
				C' (kPa)	φ'(°)	C'_r/C'	φ'_r/φ'
1	无加筋	1.00	4.2	10.0	33.71		
2	1TS—700	0.50	10.0	11.0	36.52	1.1	1.08
3	2TS—700	0.33	10.0	19.0	38.77	1.9	1.11
4	1PEC—200	0.50	10.0	11.1	37.37	1.1	1.15
5	2PEC—200	0.33	10.0	20.0	40.80	2.0	1.21

表 5 表明，对于一层(h/H=0.50)和两层(h/H=0.33)TS—700 和 PEC—200 加筋试样 C' 和 φ' 分别增至表中数值，说明加筋后 C' 和 φ' 均显著增加。试验结果还表明 C' 和 φ' 值亦随筋片间距减小或加筋材料劲度增加而增加。C'_r/C' 和 φ'_r/φ' 值的显著增加，表明加筋的使用显著地提高了加筋土的安全系数。

4.4 诱生筋-砂界面摩擦角 s 和围压及剪应变的关系

应用式(1)～式(4)，取 $n=2$，$n-1=2-1=1$，五组试样在围压为 50、100、150kPa 下进行 CD 试验，对应于 10%、15%、20%的剪应变的诱生筋-砂界面摩擦角 δ 和 δ/φ'（正规化表面内摩擦角)见表 6。

CD 试验诱生土-筋界面皮按角 δ 和 δ/φ'　　表 6

土工布	σ'_3 (kPa)	δ(°)			δ/φ'		
		ε_s=10%	ε_s=15%	ε_s=20%	ε_s=105%	ε_s=15%	ε_s=20%
2TS—700	50	16.86	20.15	23.83	0.50	0.60	0.71
	100	13.69	18.41	20.88	0.41	0.55	0.62
	150	12.37	16.48	19.38	0.37	0.49	0.57
2PEC—700	50	20.05	21.90	25.40	0.59	0.65	0.75
	100	19.72	22.27	25.19	0.58	0.66	0.74
	150	16.55	20.87	23.78	0.49	0.62	0.71

图 7 表明 δ/φ' 与 σ_3 之间的关系。它显示两种加筋样品其 δ/φ' 值随围压增加而减少。这种趋势表明诱生内摩擦角 δ 随围压增加而减小。

图 8 显示 δ/φ' 随应变变化的情况。它表明 TS—70 和 PEC—20 加筋样品 δ/φ' 值随剪应变增加而增加，δ 值随剪应变增加而增加且证实了在剪切过程中 δ 的产生是一个渐进的过程。然而，两类加筋的 δ/φ' 值恒小于 1，表明 δ 不会完全诱生。

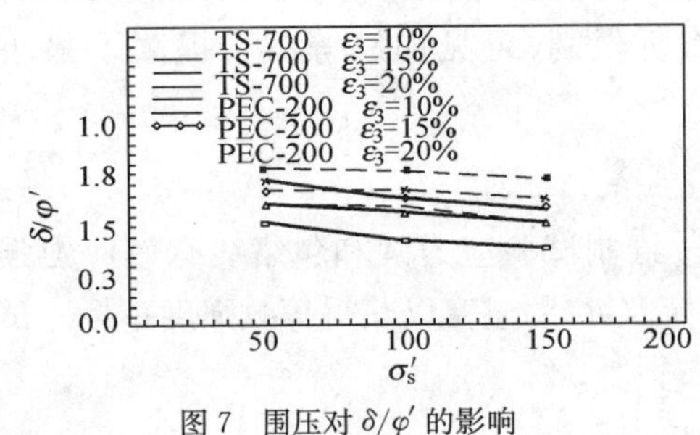

图 7　围压对 δ/φ' 的影响

图 8　δ/φ' 随剪应变(ε_s)变化规律

比较 TS—700 和 PEC—200 样品值(见表 6、图 7 和图 8)，其 δ/φ' 随加筋模量增加而增加。

5 结语

通过对无加筋和两种加筋试样的三轴 CD 试验结果的比较，得出如下结论：

(1)同类无纺布加筋砂土其强度随围压增加及筋片间距减小而增加；

(2)对于同样的围压和间距，强度随无纺布模量增加而增加；

(3)对于 CD 试验两种无纺布加筋，有效应力强度指标 C'、φ' 值增加按 C'_r/C' 和 φ'_r/φ'

如下

1层 TS—700 $h/H=0.50$ $C'_r/C'=1.1$ $\varphi'_r/\varphi'=1.08$

2层 TS—700 $h/H=0.33$ $C'_r/C'=1.9$ $\varphi'_r/\varphi'=1.15$

1层 PEC—200 $h/H/=0.50$ $C'_r/C'=1.1$ $\varphi'_r/\varphi'=1.11$

2层 PEC—200 $h/H=0.33$ $C'_r/C'=2.0$ $\varphi'_r/\varphi'=1.21$

(4)体积应变和剪应变特征表明砂土试样剪胀被无纺布加筋所限制；

(5)同样加筋，试样的剪胀随筋片间距减小而减小；

(6)诱生内摩擦角随围压增加而减小且在受剪过程中其产生是一个渐进过程，沿加筋层的诱生内摩擦角等效于提高围压。

以上结论表明，加筋土结构较无加筋结构的 C、φ 值有较大提高，因此在设计过程中，要充分考虑无纺布加筋劲度、间距、围压大小，并充分利用加筋效能，以设计安全可靠又经济合理的加筋结构。

论土工聚合物对地基应力及差异沉降的影响规律

王桂尧　张起森　高燕希
（长沙交通学院　长沙　410076）

摘　要： 以水平集中载荷作用于地基半无限体内部的 Mindlin 公式为基础，推导得出不同分布剪应力作用于地基土内部时的应力场和位移场计算公式。以此为依据，分析讨论了土工聚合物减小土体差异沉降的机理和土工聚合物最佳埋置深度的确定方法及其具体数据。

关键词： 弹性地基　应力　位移　差异沉降　土工聚合物

在土力学的地基应力计算中，通常假定土体为各向均质的半无限弹性体，在此假设条件下，弹性理论的 Boussinesq 公式被作为地基应力计算必不可少的一个最基本公式而得到广泛应用。利用 Boussinesq 公式仅能解决载荷作用于土层表面情况下的附加应力计算问题，因而又逐步利用土体内部竖向集中力作用时的 Mindlin 应力场和位移场公式，进行支承桩加固土体与减小沉降的机理分析。然而，土木工程中的应力并非仅仅作用于土体表面或土体内部的竖直方向。随着土工格栅等新型材料在土体处理中的大量推广与应用，在分析土工布、土工格栅等利用水平方向的剪应力作用来达到加固土体、减小沉降，利用土工格栅（或玻璃格栅）减少或避免路面反射裂缝机理的研究时，必然要考虑土体内部水平剪应力的作用对土体或路面基层应力场和位移场的影响。水平剪应力作用于土体内部时应力场和位移场计算公式的推导至今还没有见到任何相关资料，更无从谈到利用它来解决土工聚合物减小土体沉降，减少反射裂缝产生的机理分析，以及有关工程参数的计算与确定等问题。鉴于此，本文拟对这一重要问题进行分析与探讨。

1　水平剪应力作用于地基内部的应力场和位移场

1.1　水平集中力作用产生的应力场和位移场

假定地基为均质各向同性的半无限弹性体，当土体内部深度为 d 的位置作用有水平集中力 Q 时，根据弹性理论的 Mindlin 公式可得到地基内部任一点 $M(x,y,z)$ 处的应力和位移表达式：

$$\sigma_x=-\frac{Qx}{8\pi(1-\mu)}\Big\{-\frac{1-2\mu}{R_1^3}+\frac{(1-2\mu)(5-4\mu)}{R_2^3}-\frac{3x^2}{R_1^5}-\frac{3(3-4\mu)x^2}{R_2^3}-\frac{4(1-\mu)(1-2\mu)}{R_2(R_2+z+d)}$$
$$\cdot\left[3-\frac{x^2(3R_2+z+d)}{R_2^2(R_2+z+d)}\right]+\frac{6d}{R_2^2}\left[3d-(3-2\mu)(z+d)+\frac{5x^2z}{R_2^2}\right]\Big\} \quad (1)$$

摘自《长沙交通学院学报》1998 年 9 月第 14 卷第 3 期。

$$\sigma_y = -\frac{Qx}{8\pi(1-\mu)}\left\{\frac{1-2\mu}{R_1^3}+\frac{(1-2\mu)(3-4\mu)}{R_2^3}-\frac{3y^2}{R_1^5}-\frac{3(3-4\mu)y^2}{R_2^5}-\frac{4(1-\mu)(1-2\mu)}{R_2(R_2+z+d)^2}\right.$$

$$\left.\cdot\left[1-\frac{y^2(3R_2+z+d)}{R_2^2(R_2+z+d)}\right]+\frac{6d}{R_2^5}\left[d-(1-2\mu)(z+d)+\frac{5y^2z}{R_2^2}\right]\right\} \tag{2}$$

$$\sigma_z = \frac{Qx}{8\pi(1-\mu)}\left\{\frac{1-2\mu}{R_1^3}-\frac{(1-2\mu)}{R_2^3}-\frac{3(z-d)^2}{R_1^5}-\frac{3(3-4\mu)(z+d)^2}{R_2^5}+\frac{6d}{R_2^5}\left[d+\frac{5z(z+d)^2}{R_2^2}\right]\right\} \tag{3}$$

$$\tau_{yz} = -\frac{Qxy}{8\pi(1-\mu)}\left\{-\frac{3(z-d)}{R_1^5}-\frac{3(3-4\mu)(z+d)}{R_2^5}+\frac{6d}{R_2^5}\left[1-2\mu+\frac{5z(z+d)}{R_2^2}\right]\right\} \tag{4}$$

$$\tau_{zx} = -\frac{Q}{8\pi(1-\mu)}\left\{-\frac{1-2\mu(z-d)}{R_1^3}+\frac{(1-2\mu)(z-d)}{R_2^3}-\frac{3x^2(z-d)}{R_1^5}\right.$$

$$\left.-\frac{3(3-4\mu)x^2(z+d)}{R_2^5}-\frac{6d}{R_2^5}\left[z(z+d)-(1-2\mu)x^2-\frac{5x^2z(x+d)}{R_2^2}\right]\right\} \tag{5}$$

$$\tau_{xy} = -\frac{Qy}{8\pi(1-\mu)}\left\{-\frac{1-2\mu}{R_1^3}+\frac{(1-2\mu)}{R_2^3}-\frac{3x^2}{R_1^5}-\frac{3(3-4\mu)x^2}{R_2^5}-\frac{4(1-\mu)(1-2\mu)}{R_2(R_2+z+d)^2}\right.$$

$$\left.\cdot\left[1-\frac{x^2(3R_2+z+d)}{R_2^2(R_2+z+d)}\right]-\frac{6dz}{R_2^5}(1-\frac{5x^2}{R_2^2})\right\} \tag{6}$$

x、y、z 轴方向的水平位移分别为

$$u = \frac{Q}{16\pi G(1-\mu)}\left\{\frac{3-4\mu}{R_1}+\frac{1}{R_2}+\frac{x^2}{R_1^3}+\frac{(3-4\mu)x^2}{R_2^3}+\frac{2dz}{R_2^3}(1-\frac{3x^2}{R_2^2})\right.$$

$$\left.+\frac{4(1-\mu)(1-2\mu)}{R_2+z+d}\left[1-\frac{x^2}{R_2(R_2+z+d)}\right]\right\} \tag{7}$$

$$\mathrm{u}\upsilon = \frac{Qxy}{16\pi G(1-\mu)}\left\{\frac{1}{R_1{}^3}+\frac{3-4\mu}{R_2{}^3}-\frac{6dz}{R_2{}^5}-\frac{4(1-\mu)(1-2\mu)}{R_2(R_2+z+d)^2}\right\} \tag{8}$$

$$\omega = \frac{Qx}{16\pi G(1-\mu)}\left[\frac{z-d}{R_1^3}+\frac{(3-4\mu)(z-d)}{R_2^3}-\frac{6dz(z+d)}{R_2^5}+\frac{4(1-\mu)(1-2\mu)}{R_2(R_2+z+d)}\right] \tag{9}$$

式中，$R_1^2 = x^2+y^2+(z-d)^2$；$R_2^2 = x^2+y^2+(z+d)^2$；G 为土的剪切模量；μ 为土的泊松比；其他符号意义见图 1。

在以上公式中，若取 $d=0$，则得到土力学中众所周知的 Boussinesq 计算公式。因此，Boussinesq 公式可作为本文公式的一个特例。

1.2　水平剪应力作用产生的土中应力和位移

为使问题简化，假定所讨论的问题均为平面问题。

如图 2 所示，假定在地基土内部作用有分布宽度为 l_s 的水平剪应力 τ_0，若要计算土中任一点 $M(x, y, z)$ 的正应力和剪应力，则可对式(1)、式(3)、式(5)积分求得以下公式：

$$\sigma_x = -\frac{\tau_0}{8\pi(1-\mu)}\int_{-x}^{l_s-x}\left\{-\frac{1-2\mu}{R_1^3}+\frac{(1-2\mu)(5-4\mu)}{R_2^3}-\frac{3\xi^2}{R_1^5}-\frac{3(3-4\mu)\xi^2}{R_2^5}-\frac{4(1-\mu)(1-2\mu)}{R_2(R_2+z+d)}\right.$$

$$\left.\cdot\left[3-\frac{\xi^2(3R_2+z+d)}{R_2^2(R_2+z+d)}\right]+\frac{6d}{R_2^5}\left[3d-(3-2\mu)(z+d)+\frac{5\xi^2z}{R_2^2}\right]\right\}\xi d\xi$$

$$=-\frac{\tau_0}{8\pi(1-\mu)}\Big\{\frac{4-2\mu}{R_1}-\frac{(1-2\mu)(5-4\mu)}{R_2}-\frac{z-d}{R_1^3}-\frac{(3-4\mu)(z+d)}{R_2^3}+\frac{3(3-4\mu)}{R_2}$$

$$+\frac{12(1-\mu)(1-2\mu)}{R_2+z+d}+4(1-\mu)(1-2\mu)\Big[-\frac{3}{R_2+z+d}+\frac{z+d}{(R_2+z+d)^2}-\frac{3(z+d)^2}{(z+d)^3}$$

$$\cdot\Big[\frac{R_2+2z+2d}{2(R_2+z+d)}+\ln\frac{R_2}{R_2+z+d}\Big]+\frac{1}{2(R_2+z+d)^2}+\frac{2}{(z+d)(R_2+z+d)}$$

$$+\frac{1}{R_2(z+d)}-\frac{3}{(z+d)^2}\ln\frac{R_2+z+d}{R_2+z}-\frac{4\mu d-2(3-2\mu)z}{R_2^3}-\frac{10zd}{R_2^4}+\frac{6zd(z+d)}{R_2^5}\Big\}\Bigg|_{-x}^{l_s-x}$$

$$=F(\xi,z)\Big|_{-x}^{l_s-x}\tag{10}$$

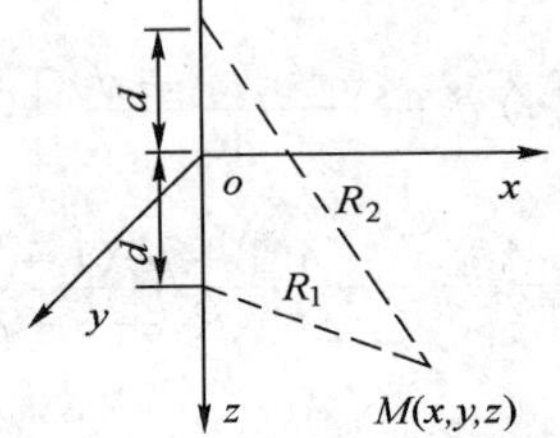

图 1　水平集中力加载示意

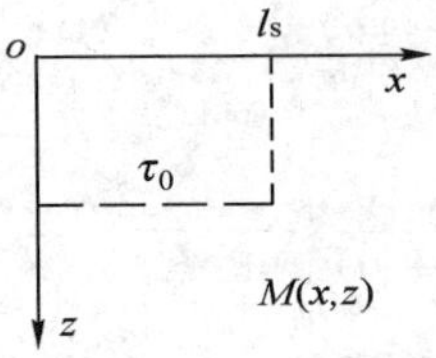

图 2　剪应力加载示意

$$\sigma_x=-\frac{\tau_0}{8\pi(1-\mu)}\int_{-x}^{l_s-x}\Big\{\frac{1-2\mu}{R_1^3}+\frac{(1-2\mu)}{R_2^3}-\frac{3(z-d)^2}{R_1^3}-\frac{3(3-4\mu)(z+d)^2}{R_2^5}$$

$$+\frac{6d}{R_2^5}\Big[d+(1-2\mu)(z+d)+\frac{5z(z+d)}{R_2^2}\Big]\Big\}\xi d\xi$$

$$=\frac{\tau_0}{8\pi(1-\mu)}\Big\{\frac{1-2\mu}{R_1}-\frac{(1-2\mu)}{R_2}-\frac{3(z-d)^2}{R_1}-\frac{(3-4\mu)(z+d)^2}{R_2^3}$$

$$+\frac{2d^2+2(1-d\mu)(z+d)d}{R_2^3}+\frac{6zd(z+d)^2}{R_2^5}\Big\}\Bigg|_{-x}^{l_s-x}$$

$$=\Phi(\xi,z)\Big|_{-x}^{l_s-x}\tag{11}$$

式中：$R_1=\sqrt{\xi^2+(z-d)^2}$；$R_2=\sqrt{\xi^2+(z+d)^2}$。

据式(10)可作出如图 3 所示的 σ_x 分布规律曲线。由此可知，水平剪应力作用时，土体中的水平方向正应力有一半为压应力区，另一半为拉应力区。竖向应力 σ_z 沿深度和水平方向的应力变化如图 4 所示。

$$\tau_{xz}=\tau_{zx}=-\frac{\tau_0}{8\pi(1-\mu)}\Big\{-\frac{1-2\mu}{(z-d)R_1}\xi+\frac{(1-2\mu)(z-d)\xi}{(z+d)^2R_2}-\frac{3\xi}{(z-d)^2R_1}+\frac{3}{z-d}$$

$$\times\Big[\sin(\arctan\frac{\xi}{z-d})-\frac{1}{3}\sin^3(\arctan\frac{\xi}{z-d})\Big]-\frac{3(3-4\mu)\xi}{(z+d)R_2}+\frac{3(3-4\mu)}{z+d}$$

$$\times\Big[\sin(\arctan\frac{\xi}{z+d})-\frac{1}{3}\sin^3(\arctan\frac{\xi}{z+d})\Big]-\frac{6\mathrm{d}z}{(z+d)^3}\Big[\sin(\arctan\frac{\xi}{z+d})$$

$$-\frac{1}{3}\sin^3\left(\arctan\frac{\xi}{z+d}\right)\Big]+\frac{6d(1-2\mu)}{(z+d)^2}\left[\frac{\xi}{R_2}-\sin\left(\arctan\frac{\xi}{z+d}\right)+\frac{1}{3}\sin^3\left(\arctan\frac{\xi}{z+d}\right)\right]$$

$$+\frac{z}{(z+d)^3}\left[10\sin^3\left(\arctan\frac{\xi}{z+d}\right)-6\sin^5\left(\arctan\frac{\xi}{z+d}\right)\right]\Big\}\Bigg|_{-x}^{l_s-x}$$

$$=\Psi(\xi,z)\Bigg|_{-x}^{l_s-x} \tag{12}$$

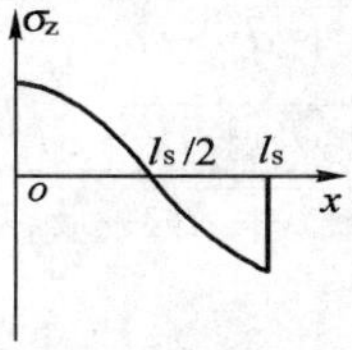

图 3　水平应力变化示意

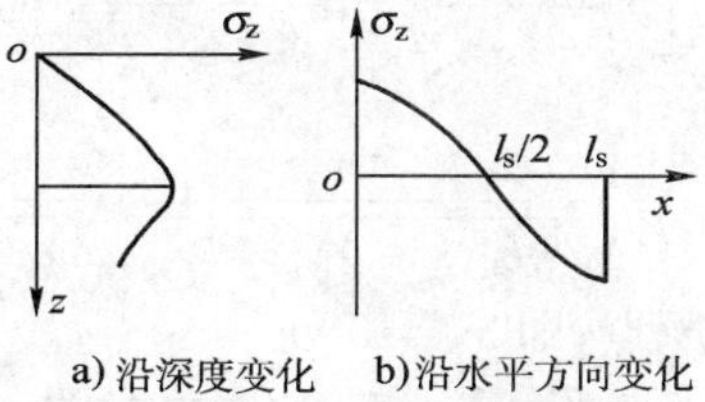

a) 沿深度变化　b) 沿水平方向变化

图 4　竖向应力变化示意图

由此可知，在均布剪切荷载坐标原点四周的较大范围受到三向压应力的作用，三向压应力在坐标原点最大，在剪应力作用线的末端则受到三向拉应力的作用。在土体表面(即地表处)，由 $z=0$，$R_1=R_2=R=\sqrt{x^2+d^2}$ 得集中力 Q 作用下土体表面的竖向位移

$$\omega=\frac{Qx}{4\pi G}\left[-\frac{d}{R^3}+\frac{1-2\mu}{R(R+d)}\right] \tag{13}$$

在任意分布水平剪应力作用线任一点 $x=x_j$ 处(见图 5)，取微分面积 $\mathrm{d}A_j=\mathrm{d}x$，则 $Q=\tau_j\,\mathrm{d}x$ (τ_j 为微分单元 $\mathrm{d}x$ 长度上作用的剪应力)，又因

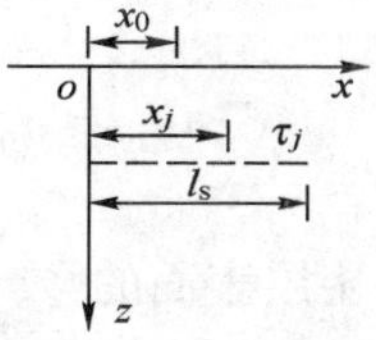

$R_1^2=R_2^2=R^2=(x_j-x_0)^2+d^2$，$x=x_0-x_j$，故

$$\omega=\tau_j dx(x_0-x_j)\left[-\frac{d}{R^3}+\frac{1-2\mu}{R(R+d)}\right]\Big/(4\pi G) \tag{14}$$

图 5　剪应力加载坐标示意

下面分两种情况讨论不同剪应力分布条件下的地表竖向变形量计算。

(1)均布水平剪应力 $\tau(x)=\tau_0$ 时，地表任一点 x_0 处的总竖向变形量为

$$S_{(x_0)}=\int_{x_0}^{x_0-l_s}\tau_0 x\left[\frac{1-2\mu}{R(R+d)}-\frac{d}{R^3}\right]\mathrm{d}x/(4\pi G)=\frac{\tau_0}{4\pi G}\Big[(1-2\mu)$$

$$\ln\frac{\sqrt{(l_s-x_0)^2+d^2}+d}{\sqrt{x_0^2+d^2}+d}+\frac{2d}{\sqrt{(l_s-x_0)^2+d^2}}-\frac{2d}{\sqrt{x_0^2+d^2}}\Big] \tag{15}$$

在坐标原点，即 $x_0=0$ 处，竖向变形量为

$$S_{(x_0=0)}=\frac{\tau_0}{4\pi G}\left[(1-2\mu)\ln\frac{\sqrt{l_s^2+d^2}+d}{2d}+\frac{2d}{\sqrt{l_s^2+d^2}}-2\right] \tag{16}$$

当 $x_0=l_s$ 时，发生沉降变形，其大小为

$$S_{(x_0=l_s)}=S_{(x_0=0)} \tag{17}$$

土层表面总的竖向变形量大小示于图 6 中，图中正号表示地表隆起，负号表示沉降。

(2)水平剪应力为三角形分布，$\tau(x)=\tau_0(1-x/l_s)$时，地表任一点 x_0 处的总变形量为

$$S_{(x_0)}=\int_0^{l_s}\tau_0(1-\frac{x}{l_s})(x-x_0)\left[\frac{1-2\mu}{R(R+d)}-\frac{d}{R^3}\right]\mathrm{d}x/(4\pi G)=\frac{\tau_0}{4\pi G}\left\{(1-\frac{x_0}{l_s})\cdot\right.$$

$$\left[(1-2\mu)\ln\frac{\sqrt{(l_s-x_0)^2+d^2}+d}{\sqrt{x_0{}^2+d^2}+d}+\frac{d}{\sqrt{(l_s-x_0)^2+d^2}}-\frac{d}{\sqrt{x_0{}^2+d^2}}\right]-(1-2\mu)$$

$$\left[1-\frac{x_0}{l_s}-\frac{2d}{l_s}\ln\frac{\sqrt{\sqrt{(l_s-x_0)^2+d^2}+d}+\sqrt{\sqrt{(l_s-x_0)^2+d^2}-d}}{\sqrt{\sqrt{x_0{}^2+d^2}+d}+\sqrt{\sqrt{x_0{}^2+d^2}-d}}\right]-$$

$$\left.\frac{1}{l_s}\left[\frac{l_s-x_0}{\sqrt{(l_s-x_0)^2+d^2}}-\frac{x_0}{\sqrt{x_0{}^2+d^2}}-\ln\frac{\sqrt{(l_s-x_0)^2+d^2}+l_s+x_0}{\sqrt{x_0{}^2+d^2}+x_0}\right]\right\} \tag{18}$$

在坐标原点，即 $x_0=0$ 处

$$S_{(x_0)}=\frac{\tau_0}{4\pi G}\left\{(1-2\mu)\ln\frac{\sqrt{l_s{}^2+d^2}+d}{2d}+\frac{d}{\sqrt{l_s{}^2+d^2}}-1-\frac{1}{l_s}\left[(1-2\mu)(l_s-2d)\right.\right.$$

$$\left.\left.\cdot\ln\frac{\sqrt{\sqrt{x_0{}^2+d^2}+d}+\sqrt{\sqrt{x_0{}^2+d^2}-d}}{\sqrt{2d}}+\frac{l_sd}{\sqrt{l_s{}^2+d^2}}-d\ln\frac{\sqrt{l_s{}^2+d^2}+l_s}{d}\right]\right\} \tag{19}$$

当 $x_0=l_s$ 时

$$S_{x_0=l_s}=\frac{\tau_0}{4\pi G}\left\{(1-2\mu)\left[1-\frac{2d}{l_s}\ln\frac{\sqrt{\sqrt{l_s{}^2+d^2}+d}+\sqrt{\sqrt{l_s{}^2+d^2}-d}}{\sqrt{2d}}\right]\right.$$

$$\left.+\frac{1}{\sqrt{l_s{}^2+d^2}}+\frac{1}{l_s}\ln\frac{\sqrt{l_s{}^2+d^2}+l_s}{d}\right\} \tag{20}$$

土层表面的竖向变形量大小及分布如图 7 所示。

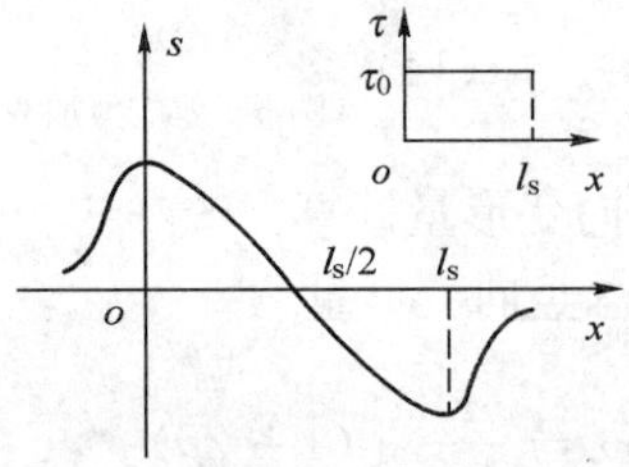

图 6　均匀剪应力地表位移

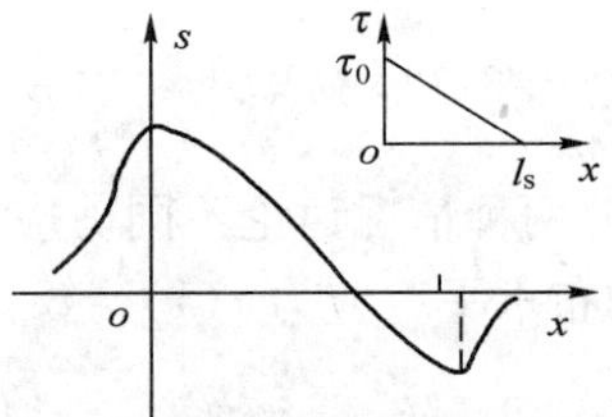

图 7　三角形分布剪应力地表位移

1.3　双边反对称剪应力作用产生的应力和位移

若在土层中作用有反对称的双边剪应力，则其应力场表达式为

$$\left.\begin{aligned}\sigma_x&=F(\xi,z)\Bigg|_{-x}^{l_s-x}+F(\xi,z)\Bigg|_{x}^{l_s+x}\\ \sigma_z&=\Phi(\xi,z)\Bigg|_{-z}^{l_s-x}+\Phi(\xi,z)\Bigg|_{x}^{l_s+x}\\ \tau_{xz}&=\Psi(\xi,z)\Bigg|_{-x}^{l_s-x}+\Phi(\xi,z)\Bigg|_{x}^{l_s-x}\end{aligned}\right\} \tag{21}$$

水平应力 σ_x 和竖向应力 σ_z 的大小和分布分别示于图 8 和图 9。由图可知，与单边作用剪

应力的情况相比，压应力 σ_x 、σ_z 均有大幅度增加，例如在坐标原点的压应力 σ_x 、σ_z 均增加了1倍，在此同时，压应力作用范围也有较大幅度扩大，而拉应力及其影响范围却大幅度减小。

同样，在双边作用反对称水平剪应力时，地表的变形量也将发生变化，即地表的隆起量和隆起范围进一步增加与扩大，例如在坐标原点的隆起量将增大1倍，而沉降量和沉降区则减小一半。

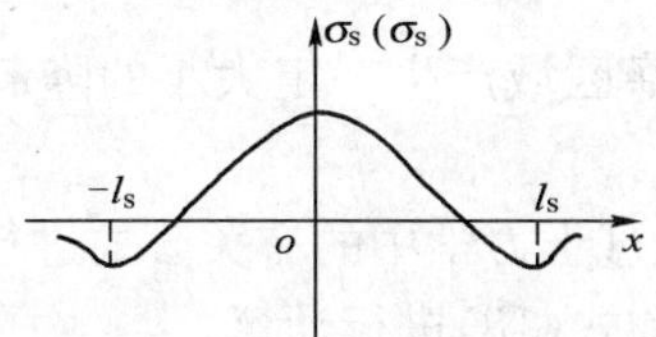

图8　竖向应力(或水平应力)大小分布

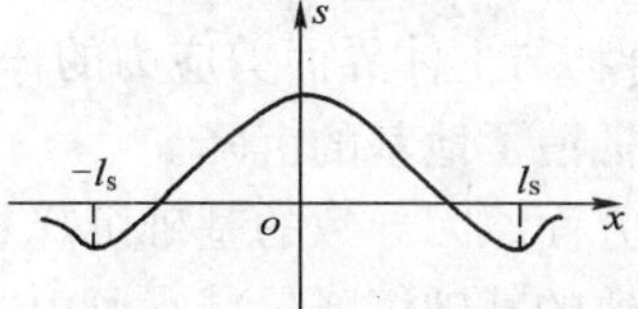

图9　地表位移大小分布

2　减小差异沉降的机理

根据前面的分析可知，当土体中作用有水平剪应力时，必然会在坐标原点邻近区域产生一个极为明显的三向压应力区，在此同时，还以坐标原点为中心，在地表产生一定范围的隆起。在土工聚合物加筋土体工程中，这一水平剪应力是由土工聚合物与土相互作用产生的，而坐标原点即为土工聚合物所受最大拉应力的点，因为这个点是剪应力或土工聚合物与土体间摩擦力作用方向发生改变的临界点。从理论上讲，土工聚合物拉应力的产生是由于预拉和土体内部的差异变形引起的。差异变形是导致土工聚合物拉应力的一个主要原因，而预拉产生的拉应力是极为有限的，并且大部分情况下，土工聚合物并没有经过预拉这一环节。本文仅对土工聚合物减小差异沉降的机理作简单分析与讨论，其他方面内容将另文发表。

地基或路基的沉降主要由两个方面的原因所引起。一是地基内部竖向附加应力的作用，使地基产生正常的压缩沉降，由此导致的沉降量可通过简单的计算加以确定；二是基础两侧土体的剪切塑性变形导致沉降，其中超过限度的塑性侧向变形是导致基础破坏的一个主要原因。因此，一般认为土工聚合物的作用就是通过对土体侧向变形的约束来达到减小沉降、提高地基承载力的目的。然而更进一步的研究认为，当加筋体复合地基在基础荷载作用下，荷载作用面正下方的土体将产生压缩沉降，并有可能使周边地基产生侧向剪切变形，从而导致土工聚合物的变形，即土工聚合物将产生拉应力。假设加筋体复合地基的受力条件(见图10)，其中 q 为基底压力，σ_{xd} 为聚合物上界面土体所受附加应力，σ'_{xd} 为下界面土体附加应力，T 为土工聚合物的拉应力，α 为基础边缘土工聚合物变形弧段切线与水平面之交角，θ 为应力扩散角，则

$$\left.\begin{aligned}\sigma_{xd} &= qB/(B+d\tan\theta)\\ \sigma_{xd}' &= \sigma_{xd}-2T\sin\alpha/(B+d\tan\theta)\end{aligned}\right\} \tag{22}$$

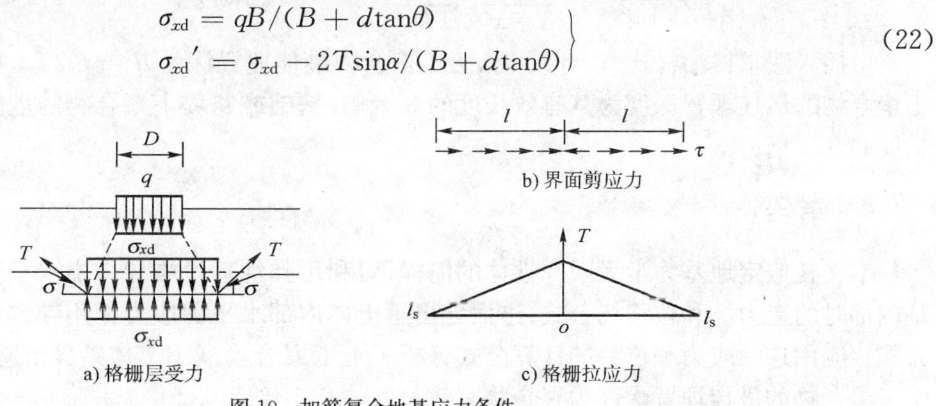

图10　加筋复合地基应力条件

据此,可认为土工聚合物等加筋材料能够减小沉降的原因有以下两个方面:

(1)聚合物下界面的附加应力 $\sigma'_{xd} < \sigma_{xd}$ 即土工聚合物的拉应力作用,减小了聚合物界面以下土体的附加应力,从而使土体竖向压缩变形量减小。另一方面,土体附加应力的减小,还导致由剪切变形产生的侧向变形大大减小,从而使基础总沉降量减小。但在基底压力较小,地基土仅处于压密阶段时,这一项的影响可不予考虑。

(2)聚合物与土体界面剪应力的作用,使地基沉降区域产生一定大小的隆起变形,这一隆起变形部分抵消了地基的沉降。

由第一方面原因导致的基础沉降量的减小,可通过土力学中的有关公式进行计算,而第二方面原因导致的基础沉降量减小可由本文的式(15)和式(18)进行计算。

3 土工聚合物最佳埋置深度的计算

对全断面均布剪应力 $\tau(x)=\tau_0$ 的情况,在式(16)中,令 $l_s/\mathrm{d}=x$,由 $\mathrm{d}s/\mathrm{d}x=0$ 得:$(1-2\mu)(x^2+1)-2\sqrt{x^2+1}-2=0$

解此方程可得均布剪应力作用时,地表具有最小差异沉降的埋置深度为

$$d=l_s\sqrt{\left[\frac{1+\sqrt{2(1-2\mu)}}{1-2\mu}\right]^2-1} \tag{23}$$

即铺网深度仅与泊松比及土工聚合物有效长度有关。当土体泊松比产 $\mu=0.3$ 时,$\mathrm{d}/l_s=0.173$ 或 $d/(2l_s)=0.086$。

对桥台而言,由于土工聚合物受力单向性,故其埋置深度与聚合物有效长度的比例 $\mathrm{d}/l_s=0.173$,而对基础或路堤而言,由于土工聚合物受力的对称性,其埋置深度 d 与土工聚合物有效长度 $(2l_s)$ 的比值为 $d/(2l_s)=0.086$。

所谓土工聚合物的有效长度是指土工聚合物受拉或受剪而对减小沉降有贡献的那一部分长度,其大小决定于差异沉降量的大小、土工聚合物的刚度、土与土工聚合物之间的摩擦特性等一系列因素,是一个有待进一步研究的重要参数。

土工聚合物界面剪应力为三角形分布时,在式(19)中,令 $l_s/d=x$,则

$$\frac{\mathrm{d}s}{\mathrm{d}x}=\frac{(1-2\mu)x}{\sqrt{1+x^2}(\sqrt{1+x^2}+1)}-(1-2\mu)\left[\frac{\ln 2}{x^2}-\frac{1}{x^2}(\sqrt{\sqrt{1+x^2}+1}+\sqrt{\sqrt{1+x^2}-1})\right.$$
$$\left.+\frac{1}{2x\sqrt{1+x^2}}\right]+\frac{1}{\sqrt{1+x^2}(\sqrt{1+x^2}+x)}-\frac{1}{x^2}\ln(\sqrt{1+x^2}+x)=0$$

由插入法求得泊松比 $\mu=0.3$ 时,土工聚合物最佳埋置深度 $d=0.2\,l_s$,即台背填土中土工聚合物的最佳埋置深度为其有效长度的 0.2 倍,基础或路堤下聚合物的埋置深度为其有效长度的 0.1 倍。

4 结语

本文在假定地基为半无限弹性体的前提下,利用弹性理论推导得出水平剪应力作用于地基内部时的应力场和位移场公式,进而导出了土体内部水平剪应力作用导致地表变形的计算公式。应用这一应力和位移的计算公式分析了土工聚合物减小土体差异沉降的机理,并得出土工聚合物的最佳埋置深度为聚合物有效长度的 0.1 倍或 0.2 倍。

沥青软化点测试方法的研究

聂忆华　张起森　朱梦良
（长沙交通学院　长沙　410076）

摘　要：通过一系列的软化点试验，分别探讨了在不同养护温度、不同的升温速度下，水浴法与甘油浴法测得的软化点值的变化规律以及相互之间的差别，得出沥青软化点不随其养护温度的改变而改变，而与升温速度成正比，比例系数近似为1.5。对于同种沥青，甘油浴法比水浴法测得的软化点要高，差值随沥青的不同而不同。考虑到试验结果的可比性和准确性，建议沥青软化点测试全部采用甘油浴法。

关键词：水浴法　甘油浴法　养护温度　升温速率　沥青

软化点是道路沥青最基本的一种性质指标，是我国道路沥青最常用的三大指标之一，为一般技术人员所熟悉，数值表达也很直观，直接与表示路面发软变形的程度相关联。因此，软化点是大多数国家用来说明沥青高温性能的指标之一。软化点试验方法有很多种，我国采用世界上用得最广泛的环与球法（简称环球法），与ASTMD36－26、DIN1995U4、IP58/52、JISK 2531等相同。软化点测定值与试件预处理方法、时间、水浴的搅拌、加热速率、测温方法及升温速度密切相关联。公路工程沥青及沥青混合料试验规程（以下简称规程）规定，沥青软化点在80℃以下采用水浴法；80℃以上采用甘油浴法测定。因水温高于80℃时，气泡非常多，对实测结果影响较大，而且，对于软化点高于100℃的沥青也无法测试。但这种替代测法是否影响结果的准确性？如果影响，会到什么程度？在什么情况下才可替代？为了更清楚探讨这些问题，特设计了一系列相关试验进行研究。

规程要求无论是水浴法，还是甘油浴法，对试件的养护温度要求较为严格（水浴是5℃，甘油浴是32℃），在实际操作中很难进行准确控制，特别是恒温水槽的温度与实验室室温相差较大时。为了解决这个问题，考虑到道路沥青的软化点值一般在40～60℃之间，若能将试件的养护温度提高而不影响测试结果，那试验将变得很便捷。为此，特设计了一系列相关试验，进行相关研究。软化点测试过程中，要求严格控制升温速度，升温速度必须保持在5±0.5℃/min范围内。加热速度太快，水（油）温升温很快，沥青来不及同步升温，将出现软化点过高的假象，但升温速度与沥青软化点究竟存在什么关系？为了弄清楚这些问题，设计了一系列相关试验，以得出沥青软化点与升温速度的关系。

1　沥青软化点试验条件

本文所进行的试验均满足以下条件：

（1）软化点测试仪采用南京华达公司生产的软化点磁力搅拌自动测试仪；

摘自《长沙交通学院学报》2003年6月第19卷第2期。

(2)试件的倒模温度为基质沥青 135～145℃，改性沥青 165～175℃；

(3)对于同一种沥青采用一次性倒模，即一种沥青试件在同一次加热过程中制作；

(4)试件倒模后在室温冷却 30min 后，进行刮模，再放置至少 5min 后在设定温度下进行养护，养护时间不少于 15min，同时将金属支架、钢球、钢球定位环等置于相同温度条件中进行养护；

(5)其他测试操作过程均同规程中 T0606—2000 的要求。

2　不同养护温度下软化点测试结果分析

2.1　水浴法

规程要求沥青软化点低于 80℃时，采用水浴法测试。沥青软化点指在一特定试验条件下表示沥青软硬程度的一个条件温度。这只是一个物理性指标，当升温速率一定(5℃/min)时，只要确保水温(或油温)与试件的温度上升保持一致，其他条件满足规程要求，即使试验起始温度不同，测得的软化点值应该是一致的。例如，试件的养护温度(测试起始温度)分别为 5℃、32℃时，当两种测试起点温度均升到 40℃时，试件温度和水温(或油温)都为 40℃，即不同的起始温度在相同的升温速度下，不影响软化点的测试值。为了证实这一点，特采用了三种不同沥青分别在 5 个不同温度(5℃、15℃、20℃、25℃、32℃)下进行养护测试，结果如表 1 所示。

水浴法中不同养护温度下沥青软化点　　表 1

沥青型号	养护温度(℃)					平均值(℃)
	5	15	20	25	32	
1号	47.7	47.8	47.6	47.4	47.6	47.6
2号	53.7	54.7	54.1	54.3	54.8	54.3
3号	61.3	60.1	60.8	60.2	59.8	60.4

从表 1 可以看出，对于同一种沥青，一次性倒模，分别在不同温度条件下进行养护，用水浴法测得的结果基本上一致，这说明沥青软化点的测定值与测试过程中养护温度没有直接关系。但养护温度也不能过高，一般至少要低于其软化点 10℃以上，在测试开始前，试件不能发生流变，否则会影响测试结果的准确性。一般道路沥青的软化点在 40～60℃之间，对于装有空调的实验室，室温范围一般在 15～30℃之间，在室温稳定的情况下，可以直接由室温水浴或油浴进行养护，这在实际操作过程中很方便。

2.2　甘油浴法

目前，聚合物改性沥青在高等级公路中使用日趋增多，其软化点一般在 60～100℃，根据规范要求，对于软化点在 80℃以上时采用甘油浴法代替水浴法。在实际测定过程中，可以观察到，水温升到 70℃左右，水中气泡已经不少，对于试验结果的影响程度是不确定的，甘油在 100℃左右也出现气泡，但绝大部分沥青软化点值不超过 100℃，所以在 80℃左右的软化点，无疑采用甘油浴法更好。为了研究不同养护温度对软化点测定值的影响，采用了三种不同沥青(同水浴法沥青)分别在 4 个不同温度(15℃、20℃、25℃、32℃)进行养护测试，结果如表 2 所示。

甘油浴法中不同养护温度下沥青软化点　　表2

沥青型号	养护温度(℃)				平均值(℃)
	15	20	25	32	
1号	51.3	52.4	52.2	52.0	52.0
2号	56.4	57.0	56.8	57.4	57.0
3号	62.9	63.3	63.6	62.6	63.1

从表2可以看出，对于同一种沥青，一次性倒模，分别在不同温度条件下进行养护，用甘油浴法测得的结果基本上一致，这说明沥青软化点测定值与测试过程中养护温度没有直接关系。规程规定甘油浴法的养护温度为32℃，由于甘油密度大，温度较低时，稠度大，磁力搅拌器难以转动，不利于试件与油温升温速度保持一致，影响测试结果。所以，养护温度的研究，没有考虑5～15℃，而直接考虑15～32℃，同样，对于甘油浴法，在稳定的室温下进行养护也可以满足要求。

通过上述两种介质的软化点测试，可以看出，介质的起始温度对沥青的软化点没有影响，同一种介质在不同的初始温度下得到的结果是一致的。

2.3　水浴法与甘油浴法比较

规程规定沥青软化点高于80℃时，用甘油代替水进行测试，这种代替是不是合理的呢？甘油与水作为介质有什么区别，测试结果是否应进行修正，修正值是多少？为了解决这些问题，特设计了一系列对比试验，结果如表3所示。

甘油浴法与水浴法沥青软化点比较　　表3

沥青型号	介质类型	养护温度(℃)					平均值(℃)	差值(℃)
		5	15	20	25	32		
1号	水	47.7	47.8	47.6	47.4	47.6	47.6	+4.4
	甘油	——	51.3	52.4	52.2	52.0	52.0	
2号	水	53.7	54.7	54.6	54.3	54.8	54.3	+2.7
	甘油	——	56.4	57.0	56.8	57.4	57.0	
3号	水	61.3	60.1	60.8	60.2	59.8	60.4	+2.7
	甘油	——	63.0	63.4	63.6	62.8	63.1	

从表3中可以看出，无论是水浴法，还是甘油浴法，沥青软化点测定值虽不受其养护温度的影响，但对于同一种沥青，水浴法和甘油浴法所测得的结果却不同。这主要是因为水与甘油的导热系数不同，在测试过程中对试件下降产生的阻力不同，介质密度大，则测出的结果就高；反之，所测结果便低。从表3中还可以看出，同一种沥青，甘油浴法测得的结果比水浴法测得的结果在同一养护温度下高出许多，且不同的沥青，差值也不一样。

以上内容可得，80℃以上若用水浴法能正常测试，其结果比用甘油浴法得到的结果至少低2℃以上。也就是说，用甘油浴法测得的结果，至少要降低2℃以上才能与水浴法测得结果可比。但甘油浴法比水浴法测得的结果差值是随着沥青的不同而不同的，如果在任何情况下均采用甘油浴法，那么结果便具有横向、纵向可比性，不必考虑修正的问题。

3 不同升温速度下沥青软化点的变化

软化点测试过程中，要求严格控制升温速度。规程规定升温速度必须保持在 5±0.5℃/min 的范围内，因加热速度太快，水(油)温升温很快，试件来不及同步升温，将出现软化点过高的假象，例如水浴升温速率从 4.5℃/min 改变为 5.5℃/min，虽然都在规程要求的 5±0.5℃/min 范围内，但软化点值相差 1.5℃左右。为了更清楚了解升温速度对试验结果的影响情况，特采用了三种不同沥青分别在不同升温速率下进行测试，结果如表 4 所示。

不同升温速率下沥青软化点 表 4

沥青型号	升温速度/℃·min^{-1}				
	3	4	5	6	7
1号	45.1	46.2	47.6	49.2	51.0
2号	52.3	53.1	54.5	56.3	58.1
3号	56.4	57.3	59.0	61.2	62.8

由表 4 数据作出相应的图表，并进行直线拟合(图 1)。图中线性拟合公式和相关性分别为

1 号　$y=1.48x+40.42$；$R^2=0.9917$

2 号　$y=1.48x+47.46$；$R^2=0.9800$

4 号　$y=1.50x+51.66$；$R^2=0.9924$

可以看出，三种不同沥青的软化点与升温速率成正比，且比例系数近似为 1.5，这说明不同的沥青软化点随着升温速率的变化规律是相同的。所以规程严格要求升温速率的控制是非常必要的，其升温速率控制在 5±0.5℃/min，应尽量接近 5℃/min，不能在整个测试过程中都低于或高于该值，应交替进行。并且在试验时，升温速率不能只看总体平均升温速度的控制，而是尽量对每分钟的速度进行控制，这样得到的结果才是可靠的。

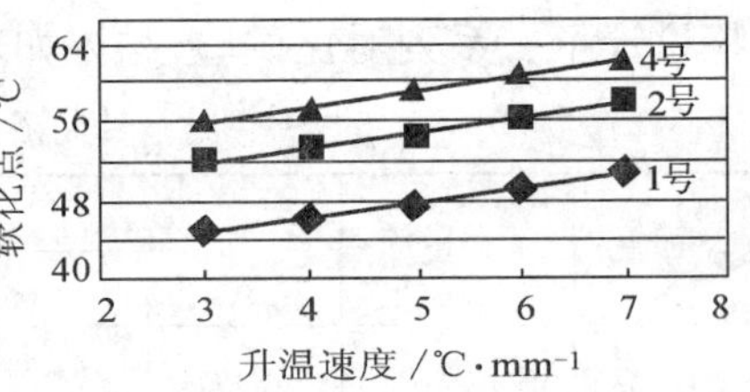

图 1 升温速度与沥青软化点的关系

目前，一般的仪器生产厂家，对软化点测试仪，均采用磁力搅拌器，通过调整搅拌速度来控制升温速度，使用效果比较明显，其升温速度控制得比较准确，测试结果比较可靠。

4 结语

(1)无论是甘油浴法或水浴法，不同温度养护下得到的沥青软化点值基本一样；

(2)测试软化点时，甘油浴法比水浴法得到的结果高，且不同沥青软化点高出的值不同，平均差值至少高出 2℃；

(3)测试时沥青软化点与升温速度成正比关系，比例系数近似为 1.5，所以在测试过程中要对每分钟升温速度进行控制；

(4)根据对试验结果的分析，甘油浴法与水浴法测得结果的差值随着沥青的不同而不同，如果在任何情况下均采用甘油浴法，那么结果便具有可比性，不必考虑修正的问题，因此，我们建议测试沥青软化点，全部采用甘油浴法。

老化对沥青结合料高温性能的影响

田小草　郑健龙　张起森
（长沙理工大学　长沙　410076）

摘　要：沥青路面的高温流动变形问题，是世界各国普遍关注的路面损坏形式之一。老化是影响沥青路面使用性能的一个重要因素。通过对不同老化程度的沥青结合料进行系统试验，探讨了老化对沥青结合料高温性能的影响。

关键词：老化　沥青结合料　高温性能

沥青路面的高温流动变形问题是世界各国普遍关注的路面损坏形式之一。沥青高温稳定性不足的路面，在夏季高温季节易出现车辙、推拥等永久变形，不仅降低路面使用性能，影响行车舒适性，而且对交通安全造成威胁。因此，世界各国的沥青标准中无一例外地都列入了沥青结合料在高温使用条件下的性能指标。本文通过对不同老化程度的沥青结合料进行系统试验，探讨了老化对沥青结合料高温性能的影响规律。

1　老化对沥青3大指标的影响

1.1　针入度

对原样沥青和经压力老化仪（PAV）处理不同程度老化的沥青残留物，采用自动针入度仪测定了3个不同温度（5℃、15℃、25℃）下的针入度P。然后将试验结果进行一定的分析，得到了表征沥青性能的一些指标值随老化程度的关系。试验结果以及相应的计算分析如表1所示。

不同老化程度的沥青针入度及其计算指标　　表1

老化时间	温度	针入度	回归系数		针入度指数	当量软化点
h	℃	0.1 mm	A	k	PI	℃
0	5	9.63	0.0427	0.7854	−0.43	49.59
	15	28.57				
	25	68.8				
5	5	6.43	0.0416	0.6072	−0.26	55.19
	15	17.6				
	25	43.77				
10	5	6.2	0.0398	0.6165	0.033	57.45
	15	18.17				
	25	38.73				
15	5	5.27	0.0394	0.5489	0.101	59.75
	15	15.4				
	25	32.27				
20	5	5.07	0.0382	0.5328	0.309	62.05
	15	13.93				

摘自《公路》2004年1月第1期。

从表 1 可以看出，随着 PAV 老化时间的延长，沥青结合料残留物的性能变化具有如下的规律：

(1)针入度逐渐减小；

(2)针入度～温度感应性系数 A 逐渐减小，因此，沥青残留物的针入度受温度的影响越来越小，即感温性越来越差；

(3)针入度指数 PI 逐渐增大，说明老化使沥青的感温性减弱，耐久性降低，抗裂性能降低；

(4)当量软化点 T_{800} 越来越高，表明其高温性能越来越好。

1.2 软化点

沥青的软化点采用环球法测定，不同老化时间的沥青残留物的软化点结果如表 2 所示。

不同老化时间的沥青残留物的软化点结果　　表 2

老化时间(h)	0	5	10	15	20
软化点(℃)	46.5	52.5	52.3	55.5	56.6

从表 2 可以看出：老化沥青的软化点随老化时间的增加而逐渐提高，其变化规律与根据针入度试验结果所计算得到的当量软化点 T_{800} 的变化规律类似。

将不同老化程度的沥青的软化点和当量软化点进行比较可以发现二者具有很好的相关关系(见图 1)，表明沥青的当量软化点指标 T_{800} 可以反映沥青的软化点指标，可用于反映沥青的高温性能。

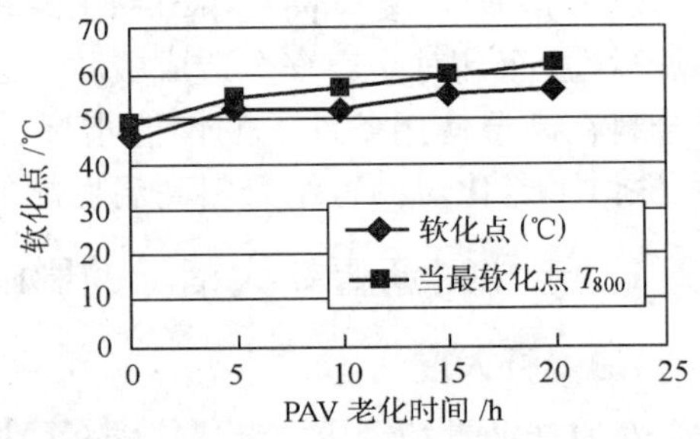

图 1　不同老化程度的沥青的软化点与当量软化点

2 老化对沥青黏度的影响

黏度是反映沥青性能的重要指标，与沥青路面的使用性能有较好的相关关系。为了研究沥青的老化对其使用性能的影响，笔者对经 PAV 不同时间老化的沥青，采用 Brookfield 旋转黏度计测定了不同温度下的黏度。测定结果如表 3 所示。

不同老化程度沥青在不同温度时的黏度　　表 3

PAV 老化时间(h)	温度(℃)				
	80	100	135	165	175
0	20 850	3 836	444	128	90
5	33 493	5 725	613	161	110
10	36 533	5 916	615	163	113
15	40 577	7 158	707	184	125
20	55 270	7 695	781	208	129

从表 3 可以看出：PAV 老化时间对沥青的黏度具有很大的影响，老化时间越长，沥青残留物的黏度就越大。为了量化 PAV 老化时间对沥青黏度的影响，笔者对不同 PAV 老化时间的沥青在不同温度时的黏度进行了回归。

对于沥青的黏温关系表达式一般多采用 Saal 公式[1]

$$\lg(\eta \times 10^3) = n - m \cdot \lg(T + 273.13) \tag{1}$$

式中，η 为黏度，Pa · s；T 为温度，℃；n、m 为与材料有关的回归系数。

由于 Saal 公式对黏度取了 2 次对数，降低了黏度对温度和老化时间等参数的敏感性的缘故，即使是拟合精度很高，但计算值和实测之间的误差仍可能会较大。因此 Saal 公式不宜用于表征沥青的黏温关系及老化对其黏温关系的影响，宜寻求另外形式的方程。

根据沥青的黏度随温度的变化规律类似指数函数的特点，笔者拟定耦合 PAV 老化时间 t 的沥青黏度方程形式为

$$\eta = a_1 e^{a_2 \cdot H_r} T^{a_3 \cdot H_r + a_4} \tag{2}$$

将表 3 中不同条件下的实测黏度值，采用方程(2)，应用最小二乘法进行拟合，得到各待定系数的值如表 4 所示。

耦合老化效应的沥青黏温关系的回归系数 表 4

a_1	a_2	a_3	a_4
4.6105×10^{17}	0.157 8	− 0.026 4	−7.019 0

因此，可以得到耦合 PAV 老化时间效应的沥青黏度方程为

$$\eta = 4.6105 \times 10^{17} e^{0.1578 \cdot H_r} T^{-0.0264 \cdot H_r - 7.0190} \tag{3}$$

其相应的相对误差如表 5 所示。

采用式(3)计算的不同条件下的黏度与实测黏度之间的相对误差(%) 表 5

PAV 老化时间(h)	温度(℃)				
	80	100	135	165	175
0	−2.98	10.12	15.76	−1.82	−7.61
5	−18.11	7.72	12.57	−0.71	−10.99
10	−15.63	2.57	10.91	−2.96	−8.81
15	−6.24	1.61	11.14	−3.56	−8.23
20	−15.03	13.29	15.91	−4.29	−1.01

可见，采用式(3)计算老化沥青的黏度时，最大相对误差仅为−18.11%。因此，笔者推荐采用式(3)计算老化沥青的黏度。

3 老化对沥青的动态黏弹性参数 $G^*/\sin\delta$ 的影响

美国 Strategic Highway Research Program(简称 SHRP)沥青结合料使用性能规范中，提出采用动态剪切流变仪(Dynamic Shear Rheometer，简称 DSR)对原样沥青和旋转薄膜烘箱(RTFO)试验后的残留沥青分别进行二次动态剪切试验，以得到的复数劲度模量 G^* 和相位角 δ 确定的参数 $G^*/\sin\delta$ 作为评价沥青结合料高温稳定性能的指标，并通过限定 $G^*/\sin\delta$ 的值控制永久变形。

因为

$$J^* = \frac{1}{G^*} = \frac{1}{|G^*|(\cos\delta + i\sin\delta)} = \frac{1}{|G^*|}(\cos\delta + i\sin\delta) = J' - iJ''$$

所以

$$|G^*|/\sin\delta = \frac{1}{J''}$$

即 $G^*/\sin\delta$ 就是损失剪切柔量 J'' 的倒数。因此，若 $G^*/\sin\delta$ 越大，表明 J'' 越小，即在高温时的流动变形越小，抗车辙能力越强。所以可以采用它作为反映沥青结合料高温性能的指标。

笔者采用 DSR 对不同 PAV 老化的沥青残留物进行了不同温度下的动态剪切试验，其结果如表 6 所示。

不同 PAV 老化时间的沥青残留物的 $G^*/\sin\delta$ 值 表 6

温度(℃)	PAV 老化时间(h)				
	0	5	10	15	20
46	41.7	81.2	113.0	140.9	153
52	13.9	27.2	37.6	46.6	63.0
58	3.1	4.7	7.2	12.2	15.2

从表 6 和图 2 可以看出：随着 PAV 老化时间的增长，沥青残留物的动态剪切试验指标 $G^*/\sin\delta$ 值越来越大，表明沥青残留物抗变形的能力越来越强，亦即其高温稳定性越来越好。

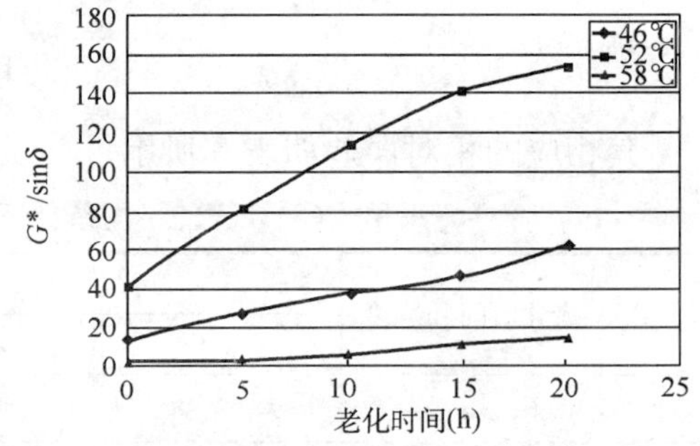

图 2 不同温度下沥青结合料的 $G^*/\sin\delta$ 随老化时间的变化规律

4 结语

通过系统的试验研究和分析，可以发现：老化对沥青结合料的各项性能均有较大的影响，就对沥青结合料的高温稳定性的影响而言，老化程度越大，则沥青结合料的高温稳定性能就越好，高温抗变形能力越强。

老化对沥青结合料黏弹性的影响

田小革　郑健龙　张起森

（长沙理工大学　长沙　410076）

摘　要： 沥青结合料的老化是影响沥青路面使用性能的一个重要因素，应用旋转薄膜烘箱(RTFO)对沥青进行短期老化，通过压力老化仪(PAV)对经 RTFO 短期老化的沥青进行不同时间的老化，对老化沥青进行系统试验，研究老化对沥青结合料黏弹性的影响。结果表明老化使沥青结合料的黏性逐渐降低，增强了沥青结合料的抗变形能力(高温稳定性)，但抗疲劳开裂性能下降。

关键词： 道路工程　沥青结合料　老化　黏弹性　弯曲梁流变仪(BBR)　动态剪切流变仪(DSR)

0　引言

沥青结合料的老化是影响沥青路面使用性能的一个重要因素。在沥青混合料中沥青结合料作为集料的黏结剂，在热拌、施工及使用过程中受到温度、光和氧等外界因素的影响而发生挥发、氧化等一系列物理和化学变化，使沥青性质变差。其宏观表现为软化点升高，针入度下降，黏度升高，延度降低，这些物理指标的变差称为老化。

美国 Strategic Highway Research Program(简称 SHRP)研究人员通过研究认为：采用旋转薄膜烘箱(RTFO)可以模拟沥青结合料在施工期的老化；对 RTFO 后的残留物采用压力老化仪(PAV)老化 20 h，可以模拟沥青在使用 5a 期间的老化。本文将沥青在 RTFO 中进行 160℃、85 min 的老化后，再用 PAV 进行了 100℃、2 MPa 条件下不同时间的老化；然后再对经压力老化仪老化的残留物进行弯曲梁流变试验(BBR)和动态剪切试验(DSR)，以评定老化对沥青的黏弹性及参数的影响。

1　原样沥青的性能

试验采用泰普克 70JHJ 沥青，其基本性能指标如表 1 所示。

原样沥青的技术指标　　表 1

项　目		单　位	指　标　值
针入度(100g,5s)	5℃	0.1mm	9.63
	15℃	0.1mm	28.57
	25℃	0.1mm	68.80
针入度指数 PI		℃	−0.43

摘自《交通运输工程学报》2004 年 3 月第 4 卷第 1 期。

续上表

项　　目		单　　位	指 标 值
当量软化点 T_{800}		℃	49.59
当量脆点 $T_{1.2}$		℃	−16.5
软化点		℃	46.50
延度 (5 cm/min)	5℃	cm	5.50
	15℃	cm	>100
	25℃	cm	>100

2　老化对沥青蠕变劲度与速率的影响

沥青在低温状态下的蠕变劲度和蠕变速率反映了沥青的低温抗裂性能。本文采用美国进口的弯曲梁流变仪(BBR)测定了不同PAV老化时间的沥青在不同低温状态下的性能，其结果如表2、表3所示。

沥青的蠕变劲度 *S*　　表2

试验温度(℃)	PAV老化时间(h)				
	0	5	10	15	20
−30	382	456	600	958	1191
−20	135	220	269	374	406
−18	120	185	216	300	325
−15	71	140	178	179	224
−10	43	62	85	94	106
−8	42	47	70	74	77

沥青的蠕变劲度变化速率 *m*　　表3

试验温度(℃)	PAV老化时间(h)				
	0	5	10	15	20
−30	0.174	0.169	0.152	0.144	0.137
−20	0.266	0.274	0.248	0.212	0.90
−18	0.310	0.290	0.274	0.240	0.201
−15	0.330	0.320	0.282	0.263	0.268
−10	0.385	0.369	0.337	0.314	0.310
−8	0.401	0.387	0.351	0.327	0.318

从表2、表3和图1、图2可以看出：沥青的蠕变劲度 S 随温度的升高而降低，蠕变劲度的变化速率 m 则随温度的升高而增大。PAV老化对沥青的蠕变劲度 S 和 m 均具有较大的影响，蠕变劲度随老化时间的延长而逐渐增大，m 则随老化时间的延长而逐渐减小。这表明随着

PAV 老化时间的延长，沥青残留物的黏性逐渐降低，弹性越来越明显。

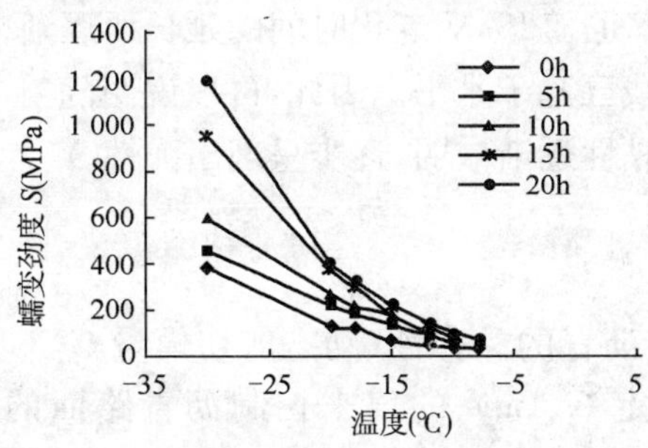

图 1　沥青残留物的蠕变劲度随温度的变化规律

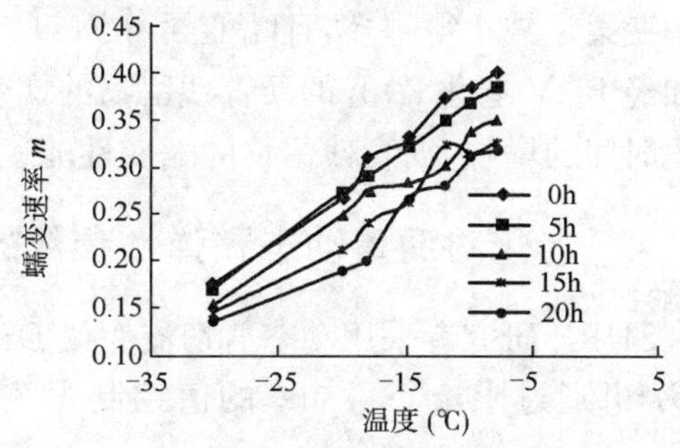

图 2　沥青残留物的蠕变劲度变化速率随温度的变化规律

3　老化对结合料蠕变柔量的影响

沥青结合料的弯曲梁流变试验(BBR)是测定恒定温度条件下两端简支的沥青梁试件在跨中受到恒定荷载作用时梁的弯曲蠕变变形随时间的变化规律。根据黏弹性理论可知，黏弹性问题可以根据弹性-黏弹性相应原理(简称相应原理)，由弹性问题的解很容易导出其黏弹性解。

由材料力学可知，弹性简支梁跨中受到恒定荷载 q_0 作用时，其跨中挠度为

$$\upsilon = \frac{-q_0 L^3}{48EI} \tag{1}$$

式中，q_0 为施加的恒定荷载；L 为简支梁在两支座间的距离；E 为弹性模量；I 为梁的抗弯刚度。

根据相应原理，黏弹性简支梁的挠度应为

$$\overline{\upsilon(s)} = \frac{-\left[\frac{q_0}{s}\right]L^3}{48Is\overline{E}} = -\frac{q_0 L^3}{48Is^2\overline{E}} = -\frac{q_0 L^3}{48I}\overline{J(s)} \tag{2}$$

所以

$$\upsilon(t) = -\frac{q_0 L^3}{48I}J(t) \tag{3}$$

式中，$\upsilon(t)$ 为黏弹性简支梁在跨中受到恒载时，不同时间的挠度值。由式(3)可得

$$J(t) = -\frac{-48I\upsilon(t)}{q_0 L^3} \tag{4}$$

在 BBR 试验中，沥青梁的支承间距 L 为 102mm，沥青梁宽为 12.5mm，沥青梁厚为 6.25mm，所以

$$J(t) = -0.011\,502\,9\frac{\upsilon(t)}{q_0} \tag{5}$$

因此，由 BBR 试验结果可以很容易地计算出沥青梁的蠕变柔量 $J(t)$。根据不同 PAV 老化时间的沥青残留物在 −20℃ 时的 BBR 试验结果而得到的相应的蠕变柔量 $J(t)$，如图 3 所示。

从图 3 可以看出：沥青经 PAV 老化后，蠕变柔量会减小，老化时间越长，老化程度越大，则蠕变柔量减小得越多，且蠕变柔量 $J(t)$ 曲线的斜率也随 PAV 老化时间的延长而逐渐减小，比如经 PAV 老化 20 h 的沥青残留物的蠕变柔量曲线已趋于水平。因此，可以说明随着 PAV 老化时间的增加，沥青残留物的蠕变性能逐步降低，黏性逐渐减弱，逐步呈现出弹性。

4 老化对沥青动态黏弹性参数的影响

SHRP 研究者采用动态剪切流变仪 DSR 来测定沥青的黏弹性（动态剪切模量 G^* 和相位角 δ），并通过限定 $G^*/\sin\delta$ 的值控制永久变形，限定 $G^*\sin\delta$ 的值来控制沥青路面的疲劳开裂。

本文采用 DSR 对不同 PAV 老化的沥青残留物进行了不同温度下的动态剪切试验，其结果如图 4～图 6 和表 4 所示。

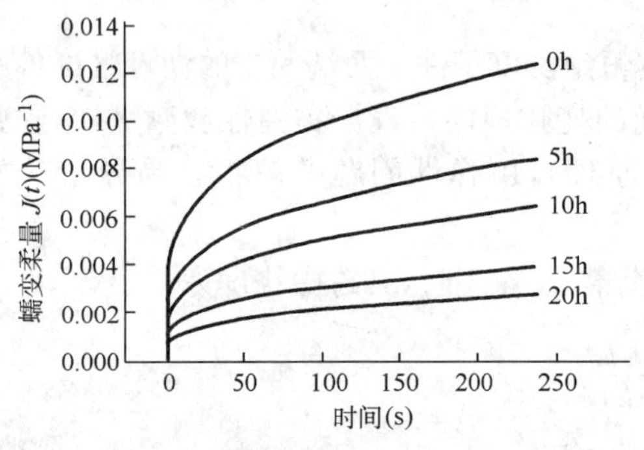

图 3 沥青残留物的蠕变柔量

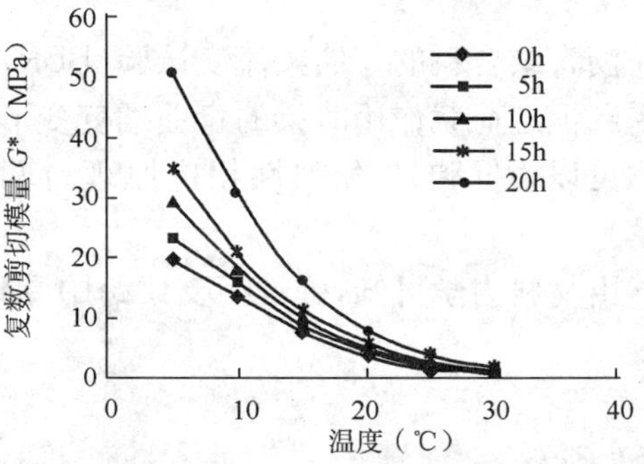

图 4 沥青残留物的复数剪切模量随温度的变化规律

从图 4、图 5 可以看出：随着 PAV 老化时间的增加，沥青残留物的复数剪切模量 G^* 逐渐增大，相位角 δ 则逐渐减小。表明老化使沥青逐渐呈现出较强的弹性，抗变形能力逐步增强。这对于改善沥青路面的永久变形是有利的，但是，从图 6 可以看出沥青的 $G^*\sin\delta$ 值随老化程度的增强而逐渐增大，表明其抗疲劳开裂能力越来越差。

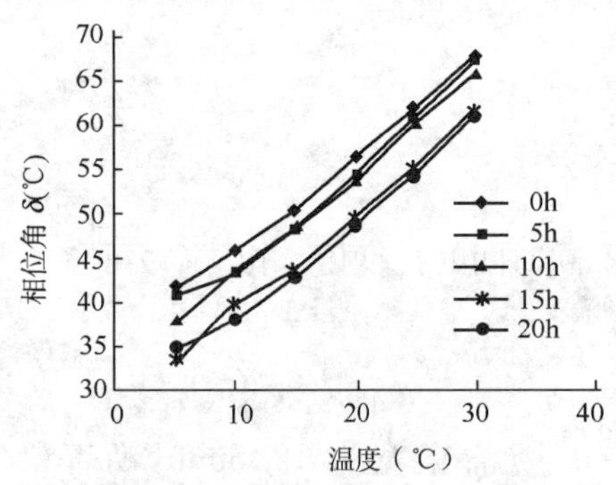

图 5 沥青残留物的相位角 δ 随温度的变化规律

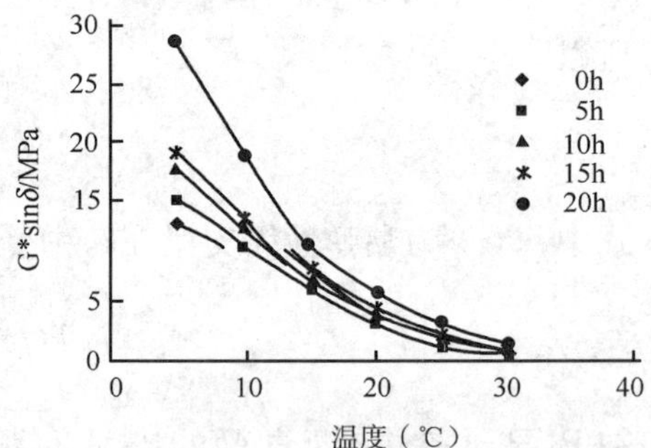

图 6 沥青残留物的 $G^*\sin\delta$ 随温度的变化规律

5 结语

通过对经旋转薄膜烘箱 RTFO 短期老化和压力老化仪不同时间老化后的沥青残留物进行弯曲梁流变试验（BBR）和动态剪切试验（DSR），获得了沥青的老化对其黏弹性及指标的影响规律。

(1)PAV 老化对沥青的蠕变劲度 S、蠕变劲度变化速率 m、蠕变柔量 $J(t)$ 均具有较大的影响。蠕变劲度随老化时间的延长而逐渐增大，m 和 $J(t)$随老化时间的延长而逐渐减小。这表明随着 PAV 老化时间的延长，沥青残留物的黏性逐渐降低，弹性增强。

(2)随着 PAV 老化时间的延长，沥青残留物的弹性逐渐增大，黏性逐渐降低，抗变形能力逐渐增强，这对于改善沥青路面的永久变形是有利的，但是却使沥青的抗疲劳开裂的能力下降。

沥青残留物的 DSR 试验结果　　　表 4

PAV 老化时间(h)	黏弹性指标	温度(℃)					
		5	10	15	20	25	30
0	G^* (kPa)	19 600	14 000	75 900	3 480	1 290	375
	δ(°)	40.7	43.2	48.3	54.3	60.8	67.1
	$G^* \sin\delta$(MPa)	12.80	9.61	5.67	2.82	1.13	0.35
5	G^* (kPa)	22.900	15 900	8 940	4 340	1 900	814
	δ(°)	40.7	43.2	48.3	54.3	60.8	67.1
	$G^* \sin\delta$(MPa)	14.93	10.88	6.67	3.52	1.66	0.75
10	G^* (kPa)	29 200	18 000	9 930	4 710	2 150	865
	δ(°)	37.5	43.4	48.2	53.8	60.0	65.7
	$G^* \sin\delta$(MPa)	17.78	12.37	7.40	3.80	1.86	0.79
15	G^* (kPa)	34 800	20 500	11 300	5 600	2 370	986
	δ(°)	33.2	39.7	43.5	49.6	55.0	61.7
	$G^* \sin\delta$(MPa)	19.06	13.09	7.78	4.26	1.94	0.87
20	G^* (kPa)	50 400	30 600	16 100	7 670	3 790	1 490
	δ(°)	34.7	37.8	42.6	48.8	54.4	60.9
	$G^* \sin\delta$(MPa)	28.69	18.75	10.90	5.77	3.08	1.30

掺粉煤灰道路混凝土耐磨性能的模糊综合评估

陈 瑜[1,2] 张起森[2]

(1.中南大学 长沙 410075 2.长沙理工大学 长沙 410076)

摘 要：鉴于目前国内尚无评价混凝土材料耐磨性的标准以及在许多情况下不具备进行混凝土耐磨性标准试验的条件，在自行设计混凝土耐磨性试验的基础上，分析了影响掺粉煤灰道路混凝土耐磨性能的材料因素。结合模糊数学思想，提出了一种针对配合比设计的混凝土耐磨性能的模糊综合评估方法，使分析结果更加科学和客观。

关键词：耐磨性 模糊数学 粉煤灰道路混凝土 磨耗率

水泥混凝土路面长期经受车辆荷载的往复作用，车轮对路面的冲击、挤压以及一些坚硬物体对路面的不断磨损，要求其具有很强的耐磨能力，尤其是在公路交通量迅猛增长，汽车超载现象相当严重的今天，对水泥混凝土路面的耐磨性能要求更高。因此，研究和探讨混凝土的耐磨性能，进而提出一套科学、合理的评价方法是一个很有意义的课题。然而，遗憾的是，国内有关这方面的研究比较少，能查阅到的专题文献并不多。

混凝土路面板的磨损其实是磨粒磨损和疲劳磨损综合作用的结果。这是一个复杂的物理力学过程，除受磨损方式及条件的影响外，主要与材料本身的性能、配合比设计、施工质量以及养护条件密切相关。目前国内外有许多评价混凝土耐磨性的试验方法，一般都以一定磨蚀时间后混凝土质量的损失或磨耗深度来表征其耐磨性。但是，仅仅用单一的测试指标来全面体现磨损这一复杂的过程，其缺陷显而易见，并且这些试验方法还很难准确模拟混凝土路面的实际磨损条件，因而用此作为评价混凝土耐磨性能的依据是不甚合理的。然而，不涉及受荷情况、施工质量、养护条件等外在因素，仅研究混凝土原材料和配合比设计参数在同等条件下对耐磨性能的影响，进而从该角度出发建立 1 个混凝土耐磨性评价模型，这在当前的试验手段下仍是可行的，所建立的模型对配制耐磨的道路混凝土、选择配合比参数将具有一定的参考价值。

鉴于当前国内没有关于混凝土耐磨性优劣的定量评价指标，并且在很多情况下尚不具备耐磨性标准试验条件，笔者自行设计了单因素试验，以研究影响混凝土耐磨性的材料因素；并结合模糊数学的原理和方法，建立了针对混凝土配合比设计各参数的耐磨性模糊综合评估模型，以探讨道路粉煤灰混凝土耐磨性能的新评价方法。

1 模糊评估体系的建立

1.1 确定因素集

不涉及混凝土的制备工艺、养护条件及试验条件等外在因素，本文以道路粉煤灰混凝土为例，建立耐磨性能的二级模糊综合评估体系。主要考察混凝土组成材料性质及配合比与混凝土耐磨性能之间的关系，即粉煤灰掺量、水胶比、砂率、胶凝材料用量、硅灰掺量、粗集料性质等对混凝土耐久性的影响。根据对道路粉煤灰混凝土耐磨性能及其影响因素的深入研究[2]，对所选取的因素进行二层次（二级）划分和确定：

（1）任何混凝土均是由硬化水泥砂浆基材和粗集料共同承担外界磨损作用的，因此选取影响混凝土耐磨性能的一级因素集为：$U=\{u_1,u_2\}$。其中 u_1 代表硬化水泥砂浆基材；u_2 代表粗集料。由于影响硬化水泥砂浆基材与集料的因素同时也决定了这两者之间的黏结情况（界面状态），因此一级因素的划分不包含界面状态，在二级因素的分析中实际上已包括了该因素。

（2）将影响混凝土耐磨性能的二级因素分别确定为：$u_1=\{u_{11},u_{12},u_{13},u_{14},u_{15}\}$。其中 u_{11}，u_{12}，u_{13}，u_{14}，u_{15} 分别代表胶凝材料总用量、粉煤灰掺量、水胶比、砂率、火山灰材料类型的变化；$u_2=\{u_{21},u_{22}\}$。其中 u_{21} 代表粗集料类型，u_{22} 代表粗集料的最大粒径。

1.2　确定因素的权重集

专家系统分析法是根据专家的认识和经验，对各因素的重要性作出评判。本文将专家系统分析法与单因素统计试验法相结合，参考了大量关于混凝土耐磨性能的研究成果[2~5]，以及在探讨粉煤灰混凝土耐磨性能时积累下来的经验，结合下述单因素试验混凝土磨耗率的变化幅度大小，确定 3 个因素权重集如下：

（1）一级因素权重集为：$A=\{a_1,a_2\}=\{0.42,0.58\}$，$a_1$，$a_2$ 分别代表硬化水泥砂浆基材和粗集料的权数。

（2）二级因素权重集分别是由影响硬化水泥砂浆基材和粗集料耐磨性能的二级因素的权重构成的集合：$A_1=\{0.15,0.24,0.27,0.21,0.13\}$，$A_2=\{0.62,0.38\}$。$A_1$，$A_2$ 中从左到右分别为胶凝材料总用量、粉煤灰掺量、水胶比、砂率、火山灰材料类型、粗集料类型、粗集料最大粒径所对应的权数。

1.3　确定混凝土耐磨性能的评语集

将粉煤灰混凝土耐磨性能的评价定为 4 级，以渐次的顺序构成评语集的 4 个元素，$V=\{v_1,v_2,v_3,v_4\}$=｛优，良，中，差｝。此评语考虑了混凝土耐磨性能的递变过渡情况，适于工程使用，并避免了仅包含“合格”与“不合格”这种互斥性的评价。

1.4　试验简介

试验仪器：磨石机（功率 3kW，转速 400r/min）、金刚砂、重物（10kN）。

试验方法：在尺寸为 100mm×100mm×100mm，龄期为 28d 的混凝土试件上表面压一重物（10kN）以模拟路面受压磨损状态，下表面置于磨石机高速旋转的光滑钢制磨盘上。金刚砂从入料口被水流匀速冲入磨盘上，并在离心力的作用下均匀分布在磨盘和混凝土下表面之间。由 2 位试验者来固定试件位置以免其被离心力抛出，但不施加垂直方向作用力。每块试件磨损 5min，3 块 1 组，取平均质量损失作为磨耗率来评价混凝土的耐磨性，试验数据的取舍参照混凝土抗压强度的数据处理方法执行。各组混凝土均尽可能在同等试验条件下进行，以保证其结果具有可比性。通过对大量粉煤灰混凝土耐磨性的试验研究，发现与其他耐磨性试验方法相比，本试验设备简单，试验结果稳定、可靠性好。

试验方案：

（1）以 20kg/m^3 为间距调整胶凝材料用量因素水平；

(2)用粉煤灰复合超细粉(1 种掺加粉煤灰活性激发剂而改性的磨细粉煤灰)等量取代水泥,以 10%的取代比例为间距调整粉煤灰掺量因素水平;

(3)以 0.03 为间距调整水胶比因素水平;

(4)以 0.04 为间距调整砂率因素水平;

(5)固定火山灰质材料取代水泥的用量不变,分别比较粉煤灰复合超细粉 PFA、未改性原状粉煤灰 PA 对混凝土耐磨性能的影响,同时还做了在混凝土中掺入 8%硅灰(PASi)的对比试验,并将其归纳为一个二级因素,即火山灰材料类型的变化;

(6)考察粗集料类型(卵石和碎石)的影响;

(7)改变碎石的最大粒径,分别取 15mm、20mm、30mm、40mm 为因素水平。

按上述试验方法测定各组试件的磨耗率,具体试验范围是:胶凝材料总用量 340～480kg/m³;粉煤灰掺量 0～50%;水胶比 0.27～0.45;砂率 0.20～0.40。根据试验数据,利用最小二乘法来拟合各二级因素对其一级因素影响的函数解析式。

1.5 建立评估结构

1.5.1 隶属函数的确定

本文隶属函数的确定是结合一定的经验并根据具体情况,分别按模糊统计试验、函数分段以及对比排序来确定的。

(1)胶凝材料用量 x (kg/m³)

$$\mu_{\upsilon_1}(x)=\begin{cases}(230-0.5x)/60 & 340\leqslant x\leqslant 400\\ 0.5 & 400< x\leqslant 440\\ (490-x)/100 & 440< x\leqslant 480\end{cases}$$

$$\mu_{\upsilon_2}(x)=\begin{cases}(0.7x-226)/40 & 340\leqslant x\leqslant 380\\ 1 & 380< x\leqslant 400\\ (500-x)/100 & 400< x\leqslant 480\end{cases}$$

$$\mu_{\upsilon_3}(x)=\begin{cases}(0.3x-100)/20 & 340\leqslant x\leqslant 400\\ 1 & 400< x\leqslant 440\\ (260-0.5x)/40 & 440< x\leqslant 480\end{cases}$$

$$\mu_{\upsilon_4}(x)=\begin{cases}(0.8x-248)/120 & 340\leqslant x\leqslant 460\\ 1 & 460< x\leqslant 480\end{cases}$$

(2)粉煤灰掺量 y (%)

$$\mu_{\upsilon_1}(y)=\exp\left[-\left[\frac{y-30}{18}\right]^2\right];\mu_{\upsilon_4}(y)=1-\mu_{\upsilon_1}(y),0\leqslant y\leqslant 50$$

粉煤灰掺量 y 对于评语集中的 υ_2(良) 和 υ_3 (中)的隶属度可按表 1 确定。

(3)水胶比 m_w/m_b

$$\mu_{\upsilon_1}(m_w/m_b)=2.1-4.4m_{w/}m_b \qquad 0.27\leqslant m_w/m_b\leqslant 0.45;$$

$$\mu_{\upsilon_2}(m_{w/}m_b)=\begin{cases}(70m_w/m_b-17.1)/8 & 0.27\leqslant m_{w/}m_b< 0.33\\ 0.75 & 0.33\leqslant m_{w/}m_b\leqslant 0.39\\ 4.65-10m_{w/}m_b & 0.39< m_{w/}m_b\leqslant 0.45\end{cases}$$

$\mu_{\upsilon_3}(m_{w/}m_b) = 0.2/0.27 + 0.4/[0.30, 0.33] + 1/[0.36, 0.39] + 0.3/0.42 + 0.1/0.45$;

$$\mu_{\upsilon_4}(m_{w/}m_b) = (m_w/m_b - 0.27)/0.18, 0.27 \leqslant m_w/m_b \leqslant 0.45。$$

(4)砂率 s

$$\mu_{\upsilon_1}(s) = \begin{cases} 1 & 0.20 \leqslant s \leqslant 0.32 \\ 4.2 - 10s & 0.32 < s \leqslant 0.40 \end{cases}$$

$$\mu_{\upsilon_2}(s) = \begin{cases} 0.60 & 0.20 \leqslant s \leqslant 0.28 \\ 0.85 & 0.28 < s \leqslant 0.36 \\ 0.25 & 0.36 < s \leqslant 0.40 \end{cases}$$

$$\mu_{\upsilon_3}(s) = \exp\left[-\left[\frac{s - 0.30}{0.085}\right]^2\right], 0.20 \leqslant s \leqslant 0.40$$

$$\mu_{\upsilon_4}(s) = \begin{cases} 0, & s \leqslant 0.30 \\ 10s - 3 & 0.30 < s \leqslant 0.40 \end{cases}$$

粉煤灰掺量对于 υ_2 和 υ_3 的隶属度 表1

Content of fly ashy (%)	MembershiP degrees to $\upsilon_2\mu_{\upsilon_2}(y)$	MembershiP degrees to $\upsilon_3\mu_{\upsilon_3}(y)$
0	0.25	0.70
10	0.50	0.60
20	1.00	0.45
30	0.60	0.20
40	1.00	0.45
50	0.40	0.55

火山灰材料类型,粗集料类型和粗集料最大粒径的隶属度 表2

MembershiP degrees	Pozzolanic material z			Coarse aggregate t		Maximum size of coarse aggregate m/mm			
	PFA	PA	*PASi*	Crash stone	Cobble stone	15	20	30	40
μ_{υ_1}	1.0	0	0.85	1.0	0	0.50	0.10	0.70	1.00
μ_{υ_2}	0.7	0.20	1.00	0.8	0.3	0.70	0.35	1.00	0.55
μ_{υ_3}	0.3	0.35	0.80	0.2	0.6	0.75	0.30	0.65	0.25
μ_{υ_4}	0	1.00	0.20	0	1.0	0.35	1.00	0.40	0.15

(5)火山灰材料类型 z,粗集料类型 t,粗集料最人粒径 m(mm)

火山灰材料类型、粗集料类型和粗集料最大粒径关于评语集 $V = \{\upsilon_1, \upsilon_2, \upsilon_3, \upsilon_4\}$ ={优、良、中、差}的隶属度参见表2,其中的火山灰材料包括超细粉,即已改性的粉煤灰复合超细粉PFA、未改性的原状粉煤灰PA和在混凝土中掺入8%硅灰的PASi。

1.5.2 初级模糊评估模型

评估矩阵：由影响道路粉煤灰混凝土硬化水泥砂浆的因素集与评语集之间建立起影响硬化水泥砂浆因素的评估矩阵 R_1，矩阵中每个元素表示初级因素 u_{ij} 隶属于评语集中每一个元素 υ_k，它可以根据上面求得的隶属函数来计算。粗集料的因素集与评语集之间的矩阵 R_2 意义与求法与上述相同。

评估模型：结合权重集 A_1 和 A_2，经分析采用能大小平衡兼顾，同时考虑所有因素影响的"加权平均型"广义模糊算子，得到的初级模糊评价模型分别为：$B_1 = A_1(\cdot,\oplus)R_1$，$B_2 = A_2(\cdot,\oplus)R_2$。其中的算子 $M(\cdot,\oplus)$ 表示 $a \cdot b = ab; a \oplus b = \min(1, a+b)$ 。

1.5.3 综合模糊评估模型

评估矩阵：二级模糊综合评估时的评估矩阵是由初级评估中所取得的结果所构成的；初级评估结果共取得 2 个向量；它们分别表示硬化水泥砂浆和粗集料的评估结果；由这 2 个结果组成的综合评估矩阵为 R。

评估模型：二级综合模糊评估模型为：$B=A(\cdot,\oplus)R$。模糊集合 B 就是道路粉煤灰混凝土的综合模糊评估结果，其中每个元素 $b_i(i=1,2,3,4)$ 表示混凝土耐磨性对评语集中第 i 种特性评语的隶属度。

2 算例与结果分析

采用湘乡水泥厂生产的湘乡牌 525 普硅水泥，用粉煤灰复含超细粉等量取代 30%水泥，胶凝材料用量为 360kg/m^3，水胶比 0.30，砂率 0.32，5～30mm 连续级配碎石和 0.8%潭建高效减水剂来配制道路粉煤灰混凝土。根据混凝土的原材料选择和配合比设计方案，分别代入上述各对应的隶属函数计算隶属度，并纳入各自的评估模型中计算初级评估矩阵，结合权数集计算可得

$$B_1 = A_1(\cdot,\oplus)R_1 = (0.916, 0.646, 0.375, 0.096),$$

$$B_2 = A_2(\cdot,\oplus)R_2 = (0.886, 0.876, 0.371, 0.152)$$

然后将它们代入二级综合模糊评估模型中，求得

$$B = A(\cdot,\oplus)R = A(\cdot,\oplus)\begin{bmatrix} B_1 \\ B_2 \end{bmatrix} = (0.899, 0.779, 0.373, 0.128)。$$

根据最大隶属度原则，评价结果为该混凝土的耐磨性能隶属于"优"的程度最大(0.899)，其次为"良"(0.779)，说明该粉煤灰混凝土的耐磨性优良。事实上，该组混凝土的材料和配合比是笔者在大量的混凝土耐磨性研究试验的基础上优选的制备方案之一，不仅兼顾了道路混凝土的其他性能(工作性好，坍落度 46mm；抗压强度、抗折强度较高，分别为 60.2MPa 和 5.98MPa；成本低等)，且同条件下的磨耗率仅为基准对比混凝土组的 83%，混凝土耐磨性提高了 17%。由此说明，模糊综合评估模型评价结果与试验结果符合较好。笔者认为利用改性的粉煤灰复合超细粉制备道路混凝土时，在一定掺量范围内(等量取代水泥 20%～40%)有利于混凝土耐磨性能的提高。

3　结语

利用模糊综合评估法对道路粉煤灰混凝土进行耐磨性评估，将模糊概念引入质量体系比普通混凝土复杂得多的粉煤灰混凝土，不但克服了以往仅用单一指标（如磨耗深度或磨耗质量）进行评价的片面性，还可深入考察混凝土原材料和配合比各因素对混凝土耐磨性能的影响程度。评估结果层次分明，消除了互斥性评语，且与试验结果符合较好。

参照该模型对具体混凝土耐磨性进行评估时，可根据实际情况，在因素选择、试验设计等方面作具体调整和补充。利用模糊数学方法进行混凝土耐磨性能综合评估时，可进一步考虑制备工艺、磨损作用、施工质量以及养护条件等其他非材料因素的影响，以建立更广泛的多层次综合评估模型。相信利用先进的模糊数学理论来解决类似的不确定性复杂问题是有前途的。

沥青混合料目标配合比设计方法

王　辉[1,2]　张起森[2]

(1.中南大学　长沙　410075　2.长沙理工大学　长沙　410076)

摘　要： 借鉴美国SuPerPave沥青混合料设计方法，结合中国的生产实际，从原材料的选择、级配的确定、成型试件的方法、混合料体积参数指标、计算方法以及性能评价等方面，提出一套完整的以马歇尔试验为基础的沥青混合料体积设计方法。实例表明按照该方法设计的AK-13A混合料集料表面沥青膜较厚，抗车辙能力、抗水损害能力与密水性较好，经某高速公路现场验证是可行的，并已在全线推广应用。

关键词： 道路工程　沥青混合料　配合比　设计　体积参数

0　引言

中国沥青混合料设计通常采用马歇尔试验法，但用该方法设计的沥青混合料的路用性能仍有较大不足。目前考虑路用性能的沥青混合料设计分析体系，应当属美国SHRP研究成果。由于设备昂贵且携带性差，因此还不具备在中国推广的条件，但是SHRP沥青混合料的设计分析体系是非常值得借鉴的。本文结合中国的生产实际，提出一套完整的以马歇尔试验为基础的沥青混合料体积设计方法。

1　原材料的标准与选择

1.1　沥青结合料

沥青应根据建设项目的气候特征及交通荷载状况等因素综合确定，对于中国南方炎热多雨地区应选择较稠的AH-50或AH-70。当采用改性沥青时应符合中国改性沥青路面施工技术规范的质量技术要求，同时测定沥青的相对密度。

根据美国SHRP计划中沥青结合料的研究成果，将沥青结合料的评价指标和路用性能有机地相结合，直接使用温度进行沥青分级。在沥青材料的评价上可增加PG等级指标对沥青结合料质量进行控制。如某高速公路要求上面层改性沥青达到PG76—22，中下面层沥青达到PG64—22的技术要求。

1.2　集料

1.2.1　集料质量

现行《公路工程集料技术规程》对沥青路面粗、细集料与矿粉的规格与特性均有比较全面

摘自长安大学学报(自然科学版)2004年11月第24卷第6期。

的技术要求。参照美国SuPerPave集料规范，还应加强对粗细集料棱角性、针片状含量和砂当量等指标的检验，其中棱角性与针片状含量指标尤为重要，它不仅影响沥青混合料的抗剪强度，而且对混合料的体积参数VMA有较大的影响。

1.2.2 料堆集料规格

根据设计的沥青路面的结构，确定各结构类型所采用的集料规格。根据不同的结构类型，建议采用的集料规格与要求如下：

AC(AK)－13：采用9.5～13.2mm，4.75～9.5mm，2.36～4.75mm，0～2.36mm四种规格集料；

AC—16：采用9.5～16mm，4.75～9.5mm，2.36～4.75mm，0～2.36mm四种规格集料；

AC220：采用9.5～19mm，4.75～9.5mm，0～4.75mm三种规格集料；

AC225：采用19～26.5mm，9.5～19mm，4.75～9.5mm，0～4.75mm四种规格集料。

每种料堆集料超尺寸的数量不得大于10%，欠尺寸的数量不大于15%。对于0～4.75mm和0～2.36mm细集料，0.075mm筛通过率>10%。

在进行混合料设计之前，对各级料堆取代表性试样进行筛分试验，进行至少3～5个试样的平行试验，取其平均值作为混合料配合比设计依据，并检查各料堆集料超尺寸与欠尺寸的数量是否符合要求，筛分试验结果应以水筛为准。

检验各料堆集料(包括砂)的技术指标均符合要求后，还应测定集料的表观相对密度及毛体积相对密度(矿粉只要求表观相对密度)，作为混合料体积计算的依据。

2 沥青混合料的设计标准

国内外大量工程实践表明：密级配沥青混合料最佳空隙率范围为3%～7%；美国近年来的调查表明，使用多年路况良好的沥青路面的残留空隙率为4%左右，因此SuPerPave设计规范中规定设计空隙率为4%。空隙率太大会导致渗水，加速沥青混合料的老化，缩短使用寿命；空隙率太小(小于3%)，在荷载作用下，沥青混合料没有松动的余地，只能向两侧挤出，形成车辙。

沥青混合料另一个重要的体积设计指标为矿料间隙率[VMA]，适当的矿料间隙率能保证集料有足够厚的沥青膜裹覆，从而使路面具有良好的耐久性；又有足够的空隙率以保证良好的高温稳定性。矿料间隙率过大时为了保证合适的空隙率，势必加入过多的沥青从而造成沥青路面高温稳定性差，还可能产生析漏；矿料间隙率过小造成沥青用量过少而混合料耐久性较差、抗疲劳能力差、使用寿命短。

某高速公路交通量设计累计轴载一般为10×10^6～20×10^6，参照SuPerPave设计标准，建议沥青混合料的马歇尔试验体积参数技术标准如表1、表2所示。稳定度、流值、面层抗滑性能要求等技术指标参照标准执行。

沥青混合料的马歇尔试验体积参数技术标准 表1

技术指标	击实次数(次)	空隙率[VV](%)	矿料间隙率[VMA](%)	沥青饱和度[VFA](%)	粉胶比[DP]
技术要求	双面各75	4	见表2	65～75	0.6～1.2

注：对于粗级配与公称粒径为13.2和9.5的沥青混合料粉胶比按0.8～1.6控制。

沥青混合料矿料间隙率技术标准　　表2

公称粒径(mm)	31.5	26.5	19.0	16.0	13.2	9.5
最小[VMA](%)	11.5	12.0	13.0	13.5	14.0	15.0

注:最大[VMA]以不超过相对应的最小[VMA]2%为宜,否则应补充析漏试验。

在体积参数的计算过程中,应考虑集料对沥青的吸收,沥青混合料的最大理论密度推荐采用实测值;若无条件,则可进行计算。各体积参数的计算公式为

$$\begin{cases}[VV]=100\left[1-\dfrac{G_{mb}}{G_{mm}}\right]\\[VMA]=100-\left[\dfrac{G_{mb}}{G_{sb}}P_s\right]\\[VFA]=100\left[\dfrac{[VMA]-[VV]}{[VMA]}\right]\\[DP]=\dfrac{P_{0.075}}{P_{bc}}\end{cases}\tag{1}$$

式中,P_s 为混合料中集料百分率;G_{sb}为组合集料毛体积相对密度;G_{mb}为压实试件毛体积相对密度;G_{mm}为混合料理论最大相对密度;$P_{0.075}$为0.075mm筛通过率,按集料质量计;P_{bc}为有效沥青含量,以混合料质量计。

3　集料级配的设计选择

(1)根据拟设计的混合料类型和各料堆集料的颗粒组成,试配至少覆盖级配范围的三种级配,一组级配位于规定级配范围的中值附近,另外2组级配接近级配范围的上、下限,按关键筛孔4.75mm、2.36mm与0.075mm的通过率进行控制。根据料堆比例按式(2),确定中、粗、细每一种试验级配混合物组合集料的毛体积相对密度G_{sb}与表观相对密度G_{sa}。

$$G_{sa}(G_{sb})=\frac{100}{\dfrac{P_1}{G_1}+\dfrac{P_2}{G_2}+\cdots+\dfrac{P_N}{G_N}}\tag{2}$$

式中,$P_1,P_2,\cdots,P_N$为各种集料组成的质量百分率,$P_1+P_2+\cdots+P_N=100$;$G_1,G_2,\cdots,G_N$为各种集料组成的表观相对密度(毛体积相对密度)。

(2)确定混合料初试沥青含量P_{bi}。初试沥青含量P_{bi}应接近最佳沥青含量。初试沥青含量可以根据Super Pave的经验公式确定,也可以采用工程实践的经验公式(3)确定。

$$P_{bi}=1.18+\frac{0.982[VMA]-[VV]}{G_{sb}}\tag{3}$$

式中,P_{bi}为初试沥青含量,按混合料质量计(%);[VMA]可先用规定的最小值+0.5%估算,再按试验结果校正;VV可取设计空隙率4%。

(3)混合料拌和与压实温度。沥青混合料室内拌和压实温度应根据沥青的黏温曲线确定,拌和温度相应的黏度为0.17±0.02Pa·s,压实温度黏度为0.28±0.02Pa·s。但对于改性沥

青以上黏度并非有效，改性沥青的拌和压实温度应根据经验和咨询供应商后确定，通常室内混合料拌和温度为170～180℃，压实温度为155～165℃。

(4)至少拌制3种级配，每种5个试样共15个试样，同一级配应采用相同的初试沥青进行拌制。将拌和好的松散试样放入烘箱中，在压实温度下保持2h进行短期老化，以模拟现场拌和与操作时的老化。

(5)将试样从烘箱取出进行压实，对每一试验级配试样中的3个进行压实，按每面各击75次制成马歇尔试样，马歇尔试件的高度为63.5±1.3mm。剩余2个试样按真空饱水法测定理论最大密度 G_{mm} 。

(6)试样被压实冷却后脱模，采用表干法测定试件毛体积相对密度 G_{mb} 。按式(1)计算压实混合料的[VV]、[VMA]和[VFA]。还要根据试验结果按式(4)计算组合集料的有效相对密度 G_{se} 并根据计算结果校核 G_{se} 是否介于 G_{sa} 与 G_{sb} 之间；若 G_{se} 不介于两者之间，则结果有误，应查出错误原因并纠正。

$$G_{se}=\frac{P_s}{\frac{100}{G_{mm}}-\frac{P_b}{G_b}} \tag{4}$$

式中，P_b 为沥青含量，以混合料质量计；G_b 为沥青相对密度。

根据确定的 G_{se} ，按式(5)计算集料吸收沥青百分率 P_{ba} 和有效沥青含量 P_{be} ，计算粉胶比DP。

$$P_{ba}=\left[\frac{G_{se}-G_{sb}}{G_{se}G_{sb}}\right]P_sG_b, P_{be}=P_{b-P\,ba} \tag{5}$$

(7)对3种试验级配混合料进行评价：其中[VMA]、[VFA]、粉胶比、马歇尔稳定度与流值均符合设计要求，空隙率又接近4%设计值的一种级配，被确定为最佳级配或设计集料级配。若3种级配均不满足要求，则根据试验结果重新调整级配，重新试验。可通过调整级配增大[VMA]：①在级配范围内调整各料堆比例，使级配曲线在0.45次幂图上离开最大密度线；②通过改变集料的破碎工艺，改变集料的破碎面或纹理特性，增大集料的棱角性。

4 最佳沥青含量的确定

集料级配确定后，按照上述制件方法在不同沥青含量(通常按初试沥青含量、初试沥青含量±015%、初试沥青含量±1.0%)下制备马歇尔试件，并实测相应的最大理论相对密度。计算不同沥青含量压实混合料的体积参数：[VV]、[VMA]、[VFA]、粉胶比[DP]，绘制[VV]、VMA]、[VFA]、[DP]、马歇尔稳定度和流值分别与沥青含量的关系曲线。在[VV]与 P_b 的关系曲线上，与设计空隙率4%对应的沥青含量，即为最佳沥青含量。并在此沥青含量上从其余关系曲线上找出相应的[VMA]、[VFA]、粉胶比，马歇尔稳定度和流值。并将这些数值与设计标准进行对照，如所有特性值均符合设计要求，则此沥青含量即为设计沥青含量。

5 沥青混合料性能评价

5.1 抗水损害性能评价

目前中国对水损害评价仅停留在沥青与集料的黏附性和残留稳定度上，实践证明满足黏附性和残留稳定度指标要求的沥青混合料尚不具备控制水损害的能力。AASHT—2T283 法或 JTJ 052—2000 试验规程的冻融劈裂试验，其试验条件是将路面受水的影响集中、强化，使在较短的时间内模拟路面较长时间的影响。因此，在抗水损害评价时应将沥青与集料的粘附性、浸水马歇尔试验和 AASHTO—T283 法或冻融劈裂试验作为一个整体综合考虑，而不应仅依据水煮法粘附性合格就可以了。高速公路抗水损害试验技术要求如表 3 所示，如不能满足要求，则应采用加强沥青与集料黏附力的措施，如在填料中掺加一定数量消石灰，或在沥青中掺加抗剥落剂等。

抗水损害试验技术要求 表 3

技术指标	黏附性	残留稳定度	抗拉强度比 TSR
技术要求	≥4 级	≥80%	≥80%
试验方法	水煮(浸)法	浸水马歇尔	AASHTO—T283 或冻融劈裂

5.2 高温稳定性评价

按照 JTJ 052—2000 试验规程进行车辙试验，对混合料的高稳定性进行评价，试验温度为 60℃，轮压为 0.7MPa，动稳定[DS]的试验结果应满足部颁标准的技术要求。高速公路非改性沥青混合料要求[DS] ≥1200 次 · mm^{-1}；改性沥青混合料要求[DS]≥3 000 次 · mm^{-1}。

6 AK—13A 沥青混合料设计实例

(1)试验采用沥青为壳牌 SBS 改性沥青，同时满足 I-D 级和 PG76—22 的技术要求；集料为石英角岩，经检验均满足技术要求。试配的 3 种级配如表 4 所示。

AK—13A 3 种级配(质量百分率)设计表 表 4

级配类型	通过的筛孔尺寸(mm)									
	16.00	13.20	9.50	4.75	2.36	1.18	0.60	0.30	0.15	0.075
Blend1(%)	100.0	96.3	70.9	37.6	26.4	20.4	15.4	8.4	7.3	5.6
Blend2(%)	100.0	96.1	69.5	40.9	30.9	23.1	17.4	9.5	8.0	6.0
Blend3(%)	100.0	96.7	74.2	46.6	36.5	26.9	19.8	10.0	8.2	5.9

(2)根据表 4 所示 3 种级配和 5.1%的沥青用量进行最佳级配选择试验，结果如表 5 所示。按最佳级配原则，即[VMA]、[VFA]、粉胶比、马歇尔稳定度与流值均符合设计要求，空隙率又接近 4%的一种，即为最佳设计级配。因此选取 Blend1 为最佳级配。

AK213A 最佳级配选择表 表 5

级配类型	初试沥青用量(%)	粉胶比[DP]	体积参数			稳定度(kN)	流值(0.1mm)	级配选择
			[VV](%)	[VMA](%)	[VFA](%)			
Blend1	5.1	1.22	4.9	15.2	67.5	12.89	25.2	采用
Blend2	5.1	1.29	3.3	13.9	76.1	11.94	29.5	—
Blend3	5.1	1.27	2.6	13.2	80.4	10.68	32.9	—

(3)用 Blend1 级配,分别测定和计算不同沥青用量下混合料参数,试验结果如表 6 所示。由此可知,最佳沥青用量为 5.3%。

AK213A 马歇尔试验结果 表 6

沥青用量(%)	4.6	5.1	5.6	6.0
空隙率(%)	6.8	4.9	2.6	2.0
[VMA](%)	15.9	15.2	14.3	14.5
[VFA](%)	57.0	67.5	81.8	86.5
粉胶比[DP]	1.36	1.22	1.09	1.02
G_{mb}	2.288	2.319	2.357	2.363
G_{mm}	2.4563	2.4401	2.4204	2.4097
G_{sb}	2.596			
G_{sa}	2.648			
G_{se}	2.630	2.632	2.629	2.633
稳定度(kN)	12.57	12.89	12.10	11.18
流值(0.1mm)	26.4	25.2	37.4	33.2

(4)按照设计的集料级配和沥青用量,分别进行残留稳定度、AASHTO—T283 和车辙试验,试验结果如表 7、表 8、表 9 所示。

浸水马歇尔试验结果 表 7

稳定度(kN)	浸水 48h 稳定度(kN)	残留稳定度(%)	技术要求
12.50	12.19	97.5	≥80%

AASHTO—T283 试验结果 表 8

冻融条件			干燥条件		[TSR](%)	技术要求
劈裂强度(MPa)	空隙率(%)	饱水率(%)	劈裂强度(MPa)	空隙率(%)		
0.698	7.5	70.3	0.786	7.5	88.8	≥80%

车辙动稳定度试验结果 表 9

沥青用量(%)	60min 变形量(mm)	动稳定度(次·mm^{-1})	技术要求(次·mm^{-1})
5.3	1.63	5488	≥3000

从试验结果可以看出,混合料有较高的沥青用量,因此集料表面沥青膜较厚,保证混合料耐久性较好;车辙试验表明其具有较强的抗车辙变形的能力;设计空隙率按 4%控制,因此可保证其较好的密水性和抗水损害能力。

水泥混凝土早期抗裂性能的研究现状

陈　瑜[1,2]　张起森[1]

(1.长沙理工大学　长沙　410076;2.中南大学　长沙　410075)

摘　要: 针对目前混凝土材料研究领域的热点问题——开裂,对国内外水泥混凝土抗裂性能的研究现状进行了总结和评述。由于混凝土凝结硬化的早期是影响并控制混凝土抗裂性和后期性能的关键阶段,因此重点介绍了早期混凝土收缩、强度、弹性模量、徐变等的动态发展过程,及这一过程对混凝土开裂趋势和抗裂性能的影响等方面的研究情况。

关键词: 早期混凝土　温度-应力试验机　抗裂性　固化徐变理论

随着混凝土技术的发展,配制强度高、工作性良好的混凝土已不再困难,提高混凝土尤其是高强、高性能混凝土耐久性的技术途径正从提高混凝土的抗渗性向改善其抗裂性能转化。工程实践表明,大约80%的混凝土结构裂缝并非由于其承载能力不足,而是因混凝土材料在环境温(湿)度变化的影响下产生非荷载应力而引起的。现代高速施工普遍采用的高早强水泥、水泥用量加大、低水灰比等技术措施更加剧了这一现象。众所周知,开裂对混凝土的整体性、力学性能和耐久性等影响显著。在混凝土结构重要基础设施建设过程中,对材料的抗裂性能进行评价并以其作为设计、施工与原材料选用的依据,以有效地保证结构物在不同服务环境中满足规定的使用寿命要求,已成为当前混凝土材料界和工程界研究领域的热点问题。

由于混凝土凝结硬化的早期是影响并控制混凝土抗裂性能的关键阶段,因此近年来,国内外许多专家和学者纷纷致力于此项研究。本文围绕早期混凝土收缩、强度、弹性模量、徐变等的动态发展过程及这一过程对混凝土开裂趋势和抗裂性能的影响,针对水泥混凝土早期开裂问题的研究现状、混凝土早期收缩与开裂的理论研究和试验进展情况,以及混凝土早期非荷载应力及开裂敏感性的计算模型等方面进行了总结和评述,并简要分析了影响混凝土抗裂性的因素和相应的改善措施。

1　水泥混凝土早期收缩与开裂的研究

1.1　混凝土早期开裂问题的国内外研究现状

国外对混凝土早期开裂问题的研究相当早。20世纪30年代在北美一座坝体的施工过程中,人们就已经认识到大体积水工混凝土会因水泥水化放热而产生明显的温升,并在降温过程

摘自《建筑材料学报》2004年12月第7卷第4期。

中因体积收缩受约束而产生开裂，此后又发现大面积混凝土结构若失水收缩也会出现显著的裂缝，并开始根据施工经验采用掺火山灰、浇水、潮湿覆盖养护等预防措施。在以后的几十年中，各国学者对影响开裂的混凝土早期力学性能、水化规律以及环境因素等做了广泛而深入的试验研究。然而那时的大多数试验都集中于对混凝土某种特性的研究，不同研究者采用的试验方法又各不相同，致使研究结论很难比较，且对早期混凝土迅速而复杂的收缩规律和强度发展、徐变特性等缺乏有效的试验手段和系统分析，因此这些研究对混凝土早期收缩与开裂的认识并不深入。

1981 年，RILEM 所创建的 42-CEA 委员会针对混凝土早期特性出版了专题论文集，推荐了混凝土的试验方法，并阐述了这个领域的研究状况。1994 年，RILEM 的 TC-119 委员会召开了“避免混凝土早期热裂缝”的国际研讨会，为研究混凝土早期开裂提供了丰富的信息。10 多年来，主要开展了两方面的研究工作：一是探讨早期混凝土水化度、热力学性能、变形性能，尤其是混凝土早期黏弹性和徐变、强度、弹性模量以及损伤等随时间发展的规律；二是关于早期混凝土开裂问题的研究，工作涵盖了混凝土早期非荷载应力或应变计算，选择混凝土开裂评价指标和建立评价准则以分析混凝土是否开裂，采用概率论、可靠性分析、有限元等先进理论和方法对实际混凝土结构进行计算和分析，检验开裂计算模型，进一步指导工程结构物的设计、施工和养护等内容。同时，混凝土的受约束试验方法，尤其是适用于早期混凝土的试验方法也随之不断发展，为进行混凝土早期性能的研究奠定了基础。

加拿大的 Cussion 等以桥梁的混凝土防护栏作为研究对象进行观测，并依 ACI 规范计算其外部约束，分析早期混凝土抗拉强度、松弛、收缩、温度随时间的变化，利用叠加原理积分计算混凝土总拉应力与时间的关系，对早期混凝土的开裂进行估算。在此模型中假定混凝土受拉时为线弹性材料，墙体底部受到底板的完全约束，认为 CEB(1993)和 ACI(1997)设计规范中关于混凝土性质的公式对于 2h 龄期的混凝土是适用的，且叠加原理对所有的时间增量是有效的。该模型考虑的是龄期为 3d 的混凝土自收缩，忽略了其塑性收缩和干缩。

瑞典的 Emborg 认为，仅考虑混凝土结构早期的温度分布对分析混凝土早期的温度应力是远远不够的，相连结构的温度、早期混凝土瞬时的力学性质和约束条件是最重要的参数。他提出的非线性模型由描述较高应力下断裂性质的单元、描述弹性和徐变的黏弹性单元、描述温度变形的单元所组成，并利用硬化过程中混凝土徐变、自由温度体积变形和松弛试验结果来校核该模型的正确性。

美国的 Altoubat 等对混凝土早期收缩与徐变的关系进行了专题研究，同时开展了单轴约束和自由变形的混凝土对比试验，通过对混凝土早期同应力条件下干燥、覆盖以及潮湿养护试件不同收缩行为的比较，成功地将混凝土早期干缩与徐变、基本徐变与干缩徐变分离开来，并采用 Bazant 关于徐变的固化理论建立了混凝土早期的徐变模型，结合有限元法对多种混凝土结构的早期收缩应力进行计算，得到了与实际情况相当接近的结果。

在中国，张子明等应用基于 Arrhenius 理论的混凝土绝热温升和徐变模型研究了温度对早期混凝土水化反应速度和徐变特性的影响。研究中采用 Bazant 提出的裂缝带模型来计算温度裂缝，提出了以求解非线性微分方程的半解析迭代法来逐步加载计算温度、应力和裂缝的产生与发展。

清华大学的张士海等开发了研究混凝土自收缩和温度收缩的试验方法，成功引入了混凝土的环约束试验、温度-应力试验机等，从材料本身对混凝土早期开裂敏感度和水泥-火山灰胶凝材料体系的抗裂性能进行了探讨，认为混凝土开裂时的应力或对混凝土进行人工降温时的开裂温度可以初步作为衡量混凝土早期开裂敏感性的指标。

Altoubat 指出，单凭混凝土的应力值不能充分说明混凝土的开裂行为，开裂应与混凝土的应力历史有密切关系。若混凝土内部经历了高应力历史，则从细观角度来看，必定已在混凝土内部造成了一定的损伤和损伤积累，而混凝土对早期损伤具有记忆能力，从而使其在应力尚未达到抗拉强度时就寻找最易的途径释放，造成开裂。

1998 年，RILE MTC—119 委员会出版了《预防混凝土早期温度裂缝》一书，书中总结了混凝土早期温度收缩与开裂研究的进展，从混凝土的绝热温升、温度应力、开裂敏感度试验方法、混凝土早期性能、约束情况、应力计算以及防止混凝土早期裂缝措施等方面进行了全面而系统的阐述。该书对混凝土温度场及温度随时间变化的规律研究得比较深入，对温度场的数值模拟精度也达到了相当高的水平，完全可以作为准确进行温度开裂分析的基础，而温度开裂分析的不准确性实际上来源于目前对弹性模量、徐变松弛、约束程度等重要参数早期性能的研究还不透彻。该书的出版极大地促进了对混凝土早期开裂问题的重视，并为该领域的进一步研究指明了方向。

1.2 混凝土早期性能、应力计算、开裂评价方法的研究

早期混凝土从可塑态逐渐变为固态，呈现出典型的黏弹性和粘塑性行为，本构关系是明显的非线性，强度、弹性模量、徐变、水化速度、热胀系数等物理、力学以及热力学性质也经历着一系列急剧变化，受环境温(湿)度影响最大，水化放热速率很大。这些导致混凝土收缩、开裂的因素以及混凝土自身抗裂能力的剧烈变化和相互作用，最终决定了混凝土的早期收缩与开裂的过程及表现。因此，由混凝土收缩受约束而产生的拉应力、拉应变和由于弹性模量不断增强、徐变而产生应力松弛等等之间的相互影响是硬化早期混凝土开裂的核心问题。

根据近年来提出的用试验数据拟合的经验公式，如 CEB/FIPMC90，ACI318)83，Byfors 和 Norwegian Code NS 公式等，早期混凝土的抗拉强度和弹性模量的发展要比抗压强度快。就早期混凝土的黏弹性行为而言，徐变对混凝土的应力发展和变形性能会产生深远的影响。有文献指出，徐变是混凝土早期变形的重要组成部分，它使约束混凝土产生的应力松弛几乎达 50%，提高了其抗裂能力近 1 倍。对混凝土早期徐变松弛的研究一直存在不同的观点，基于徐变系数的模型大多沿用硬化混凝土，其中一部分已为 ACI—209(1992)和 CEB/FIPMC90(1991)等现行规范采用，这些模型虽与硬化混凝土的徐变试验数据拟合较好，但用于早期混凝土则误差很大。对于徐变度，Bazant 等提出的硬化混凝土的双参数模型(double-Powerlaw)以及在此基础上发展出来的三参数模型(triPle-Powerlaw)最为常用，然而三参数模型虽能更好地表征混凝土在长期荷载下的徐变变形，却不能科学地反映混凝土早期的基本徐变。之所以

至今未出现一个能全面解释混凝土徐变过程的理论及计算模型，原因在于很难模拟混凝土各性能随时间变化的关系。固化徐变理论从不同角度出发，认为黏弹性材料的徐变函数与时间无关，但材料的体积组成随时间变化。其主要思想是将混凝土的时间因素纳入材料的可承载固相体积 $v(t)$ 的增长中去考虑，再根据热动力学的平衡条件建立适用于早期混凝土的徐变模型，从而为解决这一难题开辟了新的途径。

约束试验方法和计算机科学的发展，使研究者能够考虑混凝土早期的黏弹性和粘塑性行为，以及在高应力水平下的非线性特征，模拟不同程度的约束条件，针对早期混凝土的特性建立模型，再结合差分法或有限元法高精度地计算出混凝土早期的应力发展过程。目前最主要的方法有全量法和增量法两种，限于篇幅，本文对此不作介绍，将另文专题探讨。值得一提的是，这些能够模拟混凝土早期性能发展规律并考虑了徐变因素的数学模型，可使应力的计算更符合实际，精度大大提高。

对于混凝土开裂敏感度或抗裂能力的评价以及开裂判断准则，国内外学者纷纷提出了各自的方法和见解。如通过区分对混凝土抗裂性能带来正反两方面影响的因素，来比较不同混凝土试件的早期强度、抗拉性能、极限拉伸率、弹性模量、徐变、干缩率、水化热、绝热温升等，以综合分析混凝土的抗裂性优劣，并估算出最危险应力可能出现的时间。也有研究采用温度—应力试验机的室温应力和开裂温度来比较混凝土开裂性能的差异。室温应力反映了混凝土经历温升后在室温下的开裂危险程度，室温应力越大，越接近抗拉强度，混凝土抵抗降温所产生的拉应力的能力就越小。开裂温度则直接反映了混凝土的抗裂性能，即混凝土在约束条件下达到该温度后就会产生超过抗拉强度的拉应力。又如日本的Knomiknos等认为，由于许多参数的不确定性，混凝土开裂概率应由裂缝抗力指标给出，而裂缝抗力指标由抗拉强度与温度应力之比决定，也就是说裂缝不是由安全系数而是由开裂概率来检验分析的。他们在考虑材料和环境变化的基础上，提出了基于应力-抗力模型来计算温度开裂可能性的方法，其中抗拉强度 R 和应力 S 为正态分布函数。该模型提供了一种定量分析混凝土各种随机特性对其温度应力影响的方法。另有研究考虑到混凝土的软化特性对混凝土抗裂能力的影响，提议评价混凝土的抗裂性能时必须引入混凝土断裂性能参数。目前，比较普遍的方法是将通过计算或测量出的混凝土内部真实应力的发展与混凝土当时的抗拉能力相比较，以此作为评价混凝土是否开裂的依据，这在物理意义是可行的，关键在于计算混凝土应力和强度的准确性。

正如文献指出的，一个计算和评估混凝土早期温度应力和开裂趋势的成功模型必须能真实反映混凝土早期性能随时间的变化规律；真实反映早期混凝土的黏弹性行为；准确体现高应力水平下混凝土的非线性行为；模型所用的性能参数必须具有普遍性，且通过试验证实其与实际情况符合良好。

1.3 约束试验方法的进展

混凝土约束试验方法和试验仪器的不断进步，为混凝土开裂问题研究的不断深入提供了技术手段。在很多情况下，可以说混凝土约束试验的进展直接制约了早期混凝土的研究水平。

混凝土约束试验方法的比较　　表1

Test method	Advantage	Disadvantage
Ring test	①Simplicity and easiness of test ②Even restriction degree ③Quite accurate test results as to cement paste and mortar ④Suitable for contrast test of different materials	①Suitable for drying shrinkage test, and unsuitable for expansion test and temperature shrinkage test ②Inaccuracy for concrete due to the influence of coarse aggregate ③Uncertain restriction degree ④Hard to establish analytical model for less test parameters included
Fixed beam Axis test	①Definite Physical implication to simulate one dimension restriction and even axial force ②High test accuracy ③Even restriction degree ④In favor of compressive analysis due to more teparameters included	①100% of restriction can't be provided ②Uncertain restriction degree
Moveable beam	①Ditto ②Provide 100% or certain restriction ③In favor of establishing mathematical model for analyses	①Precise test apparatus and quite complextes course is hard to achieve at many circumstances ②Other restriction conditions can't be simulated, for instance the sublayer restriction to pavement
Plate test	①Simplicity and facility of test, easy to simulate the actual environment condition ②Suitable for contrast test of different materials ③ Simulate2-dimension restriction and tests specimen in 2-dimension stresss tatus	①Uncertain restriction that can'be easily calculated; and there is stress concentration which is hard to control and predict ②Hard to establish analytical model due to less test parameters included

关于混凝土收缩与开裂的试验研究，很长时间停留在传统的水泥水化热与混凝土绝热温升、收缩测量等检测方法上，并以此为依据进行工程的原材料选择与混凝土的配合比设计。影响混凝土内部拉应力增长的关键因素，如早期的弹性模量和徐变松弛能力等不能从上述试验数据中得到反映，而测得的混凝土收缩量值也不能很好地预测混凝土的开裂趋势。众所周知，无论是混凝土的温度变化还是收缩都不会直接造成开裂，只有混凝土的变形受到约束，产生应力才有可能出现开裂现象。因此，随着研究的进步，有关混凝土的约束试验研究蓬勃发展起来。目前的约束试验方法主要有三种：环约束试验、单轴约束试验和平板约束试验，具体试验设备和方法本文不赘述，仅将其优缺点总结后列于表1。

三种约束试验方法各有特点，值得强调的是约束可调的单轴约束试验为定量分析早期混凝土的徐变、开裂软化等行为及建模计算混凝土开裂趋势和抗裂性能创造了条件。以色列的 Bloom 和 Bentur，美国的 Salah 和 David，日本的 Penev 和 Kawamura 等人都先后完成了该试

验。当前，代表这种试验最高水平的是德国 SPingenschmid 等人研制的温度-应力试验机。该装置可直接对刚浇注完毕的混凝土进行试验，由计算机自动控制试验条件、采集和计算试验过程数据，通过在约束条件下测量混凝土试件在温度变化时产生的应力和微小变形，可以在同一试验过程中测量混凝土早期的多种关键参数，如出现应力时间、第一零应力温度、最大压应力、温峰、温升、第二零应力温度、第二零应力时间、室温应力、开裂应力、开裂温度、弹性模量、变形系数、应力储备等。目前，我国清华大学的张士海等引入该项技术，利用虚拟仪器技术已成功开发研制了国内第 1 台温度-应力试验机。

另外，日本、法国等先后研制了能在施工现场直接测量混凝土从浇筑起直至硬化的应力发展应力计，结合现场预埋的应变仪、感温计等设备，可估算现场混凝土的早期收缩、应力以及开裂趋势，从而在现场就可直接指导施工，及时控制出现非荷载裂缝。

2 影响混凝土抗裂性的因素及改善措施

影响混凝土抗裂性的因素比较复杂，大致可分为材料、结构、环境 3 种。现将各影响因素的分析结果及相应的改善措施列于表 2。

为便于分析，Breitenbcher 还根据试验结果将部分改善措施的效果换算成了开裂温度 T_c，因为 T_c 是一个能综合表示混凝土抗裂能力的参数，其值越低代表混凝土的抗裂性越强。以下列出的是部分数值：

新拌混凝土温度从 25℃降至 12℃：$\Delta T_c=15\sim18$K；

采用适宜的水泥品种：$\Delta T_c=20$K；

粗集料最大粒径从 8mm 增至 32mm，因而降低了水泥用量：$\Delta T_c=5\sim10$K；

采用热膨胀系数低的集料：$\Delta T_c=10$K；

加入 3%～6%的引气剂：$\Delta T_c=3\sim5$K；

用碎石替代卵石：$\Delta T_c=3\sim5$K；

用 60kg/m^3 的粉煤灰替代水泥，使水泥用量从 340kg/m^3 降至 280kg/m^3：$\Delta T_c=3\sim5$K。

影响混凝土抗裂性的因素及改善措施 表 2

Influencing factor		ImProvement method
Material factor	Cement type, clinker mineral, fineness as well as cement content	Use suitable type of cement with low heat, slight expansion and low early age strength; reduce C_3A and alkali content in cement clinker; not too fine cement particle; decrease cement content as much as possible, i. e. roller compacted concrete
	Addmixture material	Fly ash or slag in replacement of 10%～40% cement, not using silicon fume
	Aggregate type, property and content	Choose strong crush stone aggregate with low expansion coefficient and lager size, increase aggregatea mount
	Mixing parameter	Reduce water amount, raise m_w/m_c or m_w/m_b properly after meetingthe requirements of strength and durability
	Additive	Add super plasticizer and expansion agent compatible with cement, or add poper dosage of air-entraining agent if necessary
	Concrete strength	Control concrete rigidity development not to grow too fast, low early age strength, i. e. compressive strength less than 6MPa within 12h

续上表

Influencing factor		ImProvement method
Structure factor	Structure，shapeand size	Optimize the structure and size design of concrete to avoid unnecessary thicker or larger structures
	Restriction status	Optimize the structure design，decrease the restriction degree of structure as much as possible
	Construction technology	Justified arrangement of construction process and casting size；construction joints and other joints are installed and constructed correctly
Environment factor	Casting temperature	Use cool water to mix concrete，no strong sunshine to raw material，add liquid nitrogen into fresh concrete to reduce casting temperature of fresh concrete
	Temperature，humidity，Sun-shine，wind speed	Avoid construction in high temperature and gale days，avoid direct sunshine to the surface of newly cast concrete
	Construction technology	Interface treatment between new and old concrete structures to reduce the restriction to new concrete，control the surface temperature of old concrete to avoid its temperature influence on new concrete，control demould time to avoid temperature shock
	Curing condition	Install water piles or blow wind to provide internal cooling measures；use wet sacks externally to insure temperature or insulation in order to avoid too much temperature difference between the inner and outer structures of concrete；strengthen moisture curing of concrete at early age，i. e. sprinkling water，ejecting curing agent or paving curing sheet；curing temperature at early ages can not be too low or too high

实际工程中，应综合采取混凝土抗裂性的改善措施，结构不同，改善措施的侧重点也不同。例如就对强度和流动性要求很容易满足的大体积混凝土而言，采取控制混凝土配合比设计和浇注方法的手段，效果既明显又经济；而桥梁上部结构、混凝土薄肋薄壁、隧道内衬等构件对混凝土强度和工作性的要求较高，这就要求在优选原材料和混凝土配合比的基础上，更为注重优化结构设计，并采用先进的施工方法和加强养护等。

3 结语

本文系统介绍了混凝土早期开裂问题的国内外研究现状，关于混凝土早期性能、应力计算、抗裂评价方法的研究以及约束试验方法的进展。尽管对于混凝土早期抗裂性的研究已有很大进展，但还有待进一步地深入和完善。另外，简要总结了影响混凝土抗裂性的因素和相应的改善措施，希望对抗裂性混凝土的设计和施工有一定的参考价值。

关于南方湿热地区沥青性能综合技术评价方法的探讨

张起森 邵腊根
(长沙理工大学 长沙 410076)

摘 要: 以沥青及沥青混合料、改性沥青及改性沥青混合料实测数据为基础,提出了基于所建公路气候特点和沥青、改性沥青与矿料相容性的沥青及改性沥青的综合技术评价方法。对了解我国沥青目前的现状,如何进一步提高我国沥青和沥青混合料的路用性能,以及对业主及施工单位沥青及改性沥青的选择有一定的指导意义。

关键词: 沥青 改性沥青 相容性 综合评价

沥青及沥青混合料室内试验结果如何能较好地反映实际沥青路用性能效果,一直是道路研究者探求解决的问题。美国SHRP计划对沥青的抗车辙、抗低温开裂、抗疲劳开裂必须满足所需的性能等级提出了要求。它是根据所建公路气候特点和交通特征来选择沥青等级,试验采用的试验条件(试验温度)是根据选择的沥青等级确定。它的规范指标,如复数剪切模量、相位角、蠕变劲度、蠕变速度、破坏应变和断裂温度均是沥青材料的基本黏弹性性质参数,通过所建立的模型将材料参数和路用性能联系起来,对沥青的抗车辙、抗低温开裂和抗疲劳开裂必须满足所需的性能等级提出了要求。虽然其规范指标的要求值还有待进一步验证,但沥青技术指标的要求是基于其使用性能的考虑本身就是一个很大的进步,我国“七五、八五”期间对沥青用改性沥青的研究成果为我国沥青路面的发展起了极其重要的作用,但我国现行规范对沥青用改性沥青的评价存在的主要问题是条件统一、指标不同,与实际使用性能相关性不足。因此如何利用SHRP的思想,结合我国现行规范要求来完善其不足就显得尤其重要。考虑选择适宜沥青的主要目的是为了保证沥青混合料的性能,因此从保证沥青混合料性能来考虑,不仅要求合格的沥青,同时沥青还应与矿料有较好的相容性,因此在沥青选择时宜结合沥青试验结果与沥青混合料的试验结果综合考虑;同时根据所建公路特点,对各项试验结果有所侧重;为反映沥青与矿料的相容性,在沥青的选择性评价中将沥青混合料的性能也反映进来。

本文以京珠高速公路耒宜段沥青选择为实例,在对国内常用的7种改性沥青及7种重交沥青及其沥青混合料进行试验的基础上,针对耒宜段地区南方湿热区的特点,说明了沥青及改性沥青综合评价方法。从近三年实际使用效果来看,效果良好。

1 常规试验结果

1.1 沥青及改性沥青试验结果

对7种改性沥青及重交沥青性能按现行规范进行测试,测试结果分别汇总于表1和表2。

表中单项测试是在相同试验条件下进行的，因此试验结果有较好的可比性。

考虑沥青选择的目的主要是为了保证沥青混合料的性能，而且沥青性能好并不能保证沥青混合料性能就一定好，实际上也存在沥青与矿料的相容性问题。考虑到公路的设计和施工均应考虑就地取材的原则，而沥青路面修筑时一般矿料采用的是当地材料，沥青外购，因此选择的沥青应能与当地矿料相容，以试验结果来反映沥青与矿料的相容差异。

7 种改性沥青的评价指标汇总　　表 1

性能指标	1号	2号	3号	4号	5号	6号	7号
PI	0.20	0.51	0.70	0.42	0.55	1.51	0.58
T_{800}(℃)	57.8	60.4	54.0	52.6	61.0	61.2	59.4
$T_{1.2}$(℃)	−14.95	−15.75	−14.97	−14.62	−15.06	−15.6	−15.43
低温延度(5℃,5cm/min)/0.01mm	22.3	77.3	60.2	28.0	42.2	42.0	32.6
弹性恢复(%)(25℃,10cm,60min)	60.9	73.9	79.0	51.5	80.8	94.0	87.0
残留针入度比(%)	75	81	85	78	73	84	87
残留延度/0.01mm(5℃,5cm/min)	14	32	35	18	28	18	14
残留弹性回复(%)(25℃,10cm,60min)	58	69	72	64	60	74	62
离析软化点(℃)	1.8	2.0	2.2	0.5	1.9	1.2	1.4
与耒宜玄武岩黏附性	5	5	5	5	5	5	5

注：7 种改性沥青，1 号 4%SBS+shell—70；3 号 shell carrbit；4 号科氏改性沥青；5 号韩国 sk 改性沥青；6 号路翔壳牌改性沥青；7 号美仑壳牌改性沥青。

7 种重交沥青的评价指标汇总　　表 2

试验指标	1号	2号	3号	4号	5号	6号	7号
PI	−0.62	−0.36	−0.54	−0.42	−0.48	−0.46	−0.22
T_{800}(℃)	47.8	49.3	49.2	47.8	49.6	50.4	49.7
$T_{1.2}$(℃)	−14.6	−14.42	−13.25	−14.47	−14.3	−13.5	−15.8
残留延度(10℃,5cm/min)/0.01mm	16	17	14	11	12	9	18
残留针入度比(%)	80	64	65	84	64	72	86
残留延度(25℃,5cm/min)/0.01mm	>100	>150	>150	>100	>100	>100	>200
黏附性	5	5	5	5	5	5	5
质量损失(%)	0.08	0.04	0.12	0.06	0.10	0.08	−0.25

注：7 种重交沥青，1 号 Caltex—70；2 号泰州—70；3 号兴能—70；4 号 shell—70；5 号韩国 sk—70；6 号科氏—70；7 号埃索尔—70。

1.2　沥青及改性沥青混合料试验结果

对改性沥青的评价统一采用衡阳冠市玄武岩，满足规范对高速公路表面层矿料要求，矿料类型为AK-13G；对重交沥青的评价统一采用衡阳郴州的石灰岩，满足规范对高速公路中、下面层矿料要求，级配类型为AC-25G。AK-13G和AC-25G级配范围及合成级配见表3。按现行试验规程[2,3]，经马歇尔试验，分别确定最佳油石比，重交(改性)沥青分别采用不同级配油石比，不同改性沥青的混合料主要性能测试结果如表4所示。

矿料级配范围及合成级配　　表3

级配类型		通过下列筛孔(mm)的质量百分率(%)												
		31.5	26.5	19	16	13.2	9.5	4.75	2.36	1.18	0.6	0.3	0.15	0.075
AK-13G	级配中值				100.0	95.0	80.0	52.0	34.0	21.5	14.5	9.5	7.0	4.0
	级配上限				100.0	100.0	86.0	58.0	39.0	26.0	19.0	13.0	11.0	5.0
	级配下限				100.0	90.0	74.0	46.0	29.0	17.0	10.0	6.0	3.0	3.0
	合成级配			100.0	99.8	94.9	75.9	52.3	34.8	23.4	15.6	8.4	5.9	4.2
AC-25G	级配中值	100.0	95.0	80.5	72.5	62.5	53.0	35.0	23.0	14.5	10.0	7.0	5.0	3.0
	级配上限	100.0	100.0	86.0	78.0	68.0	58.0	40.0	27.0	18.0	14.0	11.0	8.0	4.0
	级配下限	100.0	90.0	75.0	67.0	57.0	48.0	30.0	19.0	11.0	6.0	3.0	2.0	2.0
	合成级配	100.0	99.8	83.7	72.5	65.0	49.3	33.0	23.6	17.2	12.2	7.1	5.0	3.6

混合料性能试验结果　　表4

	性能指标	1号	2号	3号	4号	5号	6号	7号
重交沥青	动稳定度(次/mm)	1054	2692	982	1185	1220	1480	2100
	弯曲极限应变$\times 10^{-6}$	2490	2320	2240	2530	2100	2048	2561
	残留稳定度(%)	87	90.5	87	89	74	84	91
	冻融劈裂强度比(%)	86.4	86	77.3	87	82	81	87
改性沥青	动稳定度(次/mm)	4134	6165	4526	6120	2960	5943	4468
	弯曲极限应变$\times 10^{-6}$	5110	5520	5160	5320	5200	5410	3570
	残留稳定度(%)	83.7	86.0	86.5	85.4	91.2	87.4	85.7
	冻融劈裂强度比(%)	86.0	88.0	89.5	84.0	93.6	86.4	87.2

2　各技术指标的取分依据

2.1　改性沥青各技术指标的取分依据

基本思路是在各项技术指标在满足规范的基础上，将各指标的值分为优、良、中、及格4等，对优、良、中、及格分别取值3、2、1、0，各项技术指标优、良、中、及格的划分是参照我国现行规范标准及国际上沥青各项技术指标的要求综合确定的。如针入度指数PI的评分取值，从改善温度敏感性的要求出发，改性后希望在沥青的软化点提高的同时，针入度不要降低太多。$PI=-2\sim2$时(相当$A=0.03\sim0.055$)为溶凝胶型沥青，有关国际会议上认为对高速公路，最好$PI=-1\sim1$之间(相当$A=0.0345\sim0.047$)，西班牙、瑞士等国的沥青标准都规定PI应在

－1～1范围内，荷兰对80～100级沥青亦规定，在－1.2～1范围内。前苏联22245-90规定，对普通石油沥青规定，*PI*应在－1.5～1范围内，对改性沥青规定*PI*应在－1～2范围内。*PI*的大小能反映沥青的感温性，但*PI*用相当窄的温度范围内沥青性质变化来表示它的性能，用过高或过低温度来推断有时会引起误导。交通部部颁标准《公路改性沥青路面施工技术规范》(JTJ 036—98)提出了SBS-I-B、C的针入度指数分别不得小于－0.6和－0.2，SBR-II-B、C的针入度指数分别不得小于－0.8和－0.6，而对EVA、PE-II-A、B的针入度指数分别不得小于－1.0和－0.8。

考虑到*PI*值不能过大也不能过小，综合温度敏感性和低温抗裂性的要求，根据南方地区特点，提出如下针入度的评分取值见表5。其他指标的取值的思路类似，限于篇幅考虑没有一一说明见表6～表18。

针入度的评分取值　　表5

PI	＜－1.0	－1.0～－0.6	－0.6～－0.2	－0.2～0.2	0.2～0.6	0.6～2.0	＞2.0
平均分	0	1	2	3	2	1	0

当量软化点 T_{800} 的评分取值　　表6

T_{800}	＜47.7	47.7～52.3	52.3～54	＞54
评价分	0	1	2	3

当量脆点 $T_{1,2}$ 的评分取值　　表7

$T_{1,2}$	＜－10.5	－10.5～－9.3	－9.3～－8	＞－8
评价分		－2	1	0

5cm/min，5℃下的延度评分取值　　表8

延　度	＜5	5～10	10～20	＞20
评价分	0	1	2	3

25℃弹性恢复的评分取值　　表9

弹性恢复	＜30	30～55	55～65	＞65
评价分	0	1	2	3

25℃残留针入度比的评分取值　　表10

残留针入度比	＜65	65～75	75～80	＞80
评价分	0	1	2	3

5cm/min，5℃ 的残留延度的评分取值　　表11

残留延度	＜10	10～15	15～30	＞30
评价分	0	1	2	3

25℃残留弹性恢复的评分取值　　表12

弹性恢复	＜30	30～55	55～65	＞65
评价分	0	1	2	3

黏附性的评分取值　　表13

黏附性	＜3	3	4	5
评价分	0	1	2	3

动稳定度的评分取值　　表14

动稳定度	＜1 500	1 500～3 000	3 000～6 000	＞6 000
评价分	0	1	2	3

弯曲破坏应变评分取值　　表15

弯曲破坏应变	＜2 000	2 000～3 000	3 000～4 000	4 000
评价分	0	1	2	3

残留稳定度的评分取值　　表16

残留稳定度	＜75	75～85	85～95	＞95
评价分	0	1	2	3

冻融劈裂强度比的评分取值　　表17

冻融劈裂强度比	＜75	75～85	85～95	＞95
评价分	0	1	2	3

储存稳定性评分取值　　表18

延　度	0～1.5	1.5～2.2	2.2～2.5	＞2.5
评价分	3	2	1	0

2.2　重交沥青技术指标评分取值

重交通道路石油沥青的路用性能主要包括：沥青的感温性、沥青的高温性能、沥青的低温变形性能、沥青的老化性能、沥青的疲劳性能及沥青与矿料之间的粘附性。目前世界各国除加拿大、澳大利亚、美国的部分州采用黏度级对沥青进行分级外，其他各国仍采用针入度来划分沥青等级。

根据湖南省的地区气候（7月平均气温高于30℃，冬季年极端最低气温－9℃，年降雨量超过1 000mm，属于夏季炎热冬季冷潮湿地区）和交通条件（重载超载车辆多），本着提高混合料高温稳定料，兼顾其低温及水稳定性的原则，同时采用好中选优、优中选精的原则，拟定各指标的评分取值。参照改性沥青评价方法，各指标的评分取值分述如下。

(1)沥青感温性的评分取值。

针入度指数 *PI* 能作为改性沥青的评价指标，是反映沥青性能受温度变化影响程度的大小，同样也可作为重交沥青感温性的评价指标。为此参照改性沥青感温性的评价方法，提出重交沥青针入度的评分取值表，同上表 4。

(2)沥青的高温性的评分取值。

沥青的高温性能是指沥青在高温条件下的黏结力的大小，与沥青路面高温条件下所发生的病害关系密切。评价沥青高温性能的指标主要有软化点及 60℃的黏度。显然，沥青的软化点越高，其 60℃的黏度越大，沥青的高温性能越好。美国 SHRP 沥青结合料使用性能规范是用沥青的动态剪切试验所测到的复数劲度模量和相位角来描述沥青的高温性能。尽管对沥青的高温性能而言，软化点不如 60℃的黏度更直观和密切，但由于软化点的测定较为简便，同时为减少试验过程中的误差及沥青中蜡含量对软化点的影响，本研究采用等黏温度即当量软化点 T_{800} 来对沥青的高温性能进行评价。根据国家“八五”科技攻关专题研究成果和湖南地区的气候条件提出当量软化点的评分取值标准如表 19 所示。

当量软化点 T_{800} 的评分取值 表 19

T_{800}(℃)	<46.4	46.4～47.7	47.7～49.1	>49.1
评价分	0	1	2	3

(3)沥青低温性能的评分取值。

沥青路面的低温收缩裂缝与沥青的低温性能和沥青及沥青混合料的温度收缩特性有关。由于沥青路面低温开裂表现为寒冷季节沥青混合料集料之间的沥青膜拉伸破坏，因此，沥青路面的低温抗裂性主要决定于沥青的低温拉伸变形性能。针对沥青路面的低温抗裂性能，各国进行了大量的研究，并提出了表征沥青低温性能的指标，主要有：沥青针入度、劲度、针入度指数 *PI*、针入度黏度指数 PVN、低温延度及弗拉斯脆点等。我国现行的《公路沥青路面施工技术规范》(JTJ 032—94)对重交通道路沥青要规定采用 15℃延度表征沥青的低温变形能力，国家“八五”科技攻关专题选择的 10℃延度及当量脆点作为沥青低温抗裂性指标，并根据气候特点提出了不同针入度等级的当量脆点要求，结合湖南地区的气候特征，提出当量脆点及 10℃延度的评分标准如表 20 和表 21 所示。

当量脆点 $T_{1,2}$ 的评分取值 表 20

$T_{1,2}$(℃)	<−10.5	−10.5～−9.3	−9.3～−8.0	>−8.0
评价分	3	2	1	0

10℃延度的评分取值 表 21

10℃延度(0.01mm)	>15	10～15	10～4	<4
评价分	3	2	1	0

(4)沥青抗老化性能的评分取值。

沥青由于在储存、施工及使用过程中受热、空气及日光等各种因素的影响,沥青中的各组分相对含量发生一定的改变,从而导致沥青变硬、变脆,严重降低沥青路面的疲劳性能及低温抗裂性。我国现行《公路沥青路面施工技术规范》(JT J032—94)对重交通道路沥青要求规定采用薄膜加热试验(TFOT)或旋转薄膜加热试验(RTFOT)模拟沥青经短期老化后的质量损失、残留针入度比及残留延度来评价沥青的老化性能,其评分标准分别见表22、表23和表24。

TFOT或RTFOT模拟沥青经短期老化后的质量损失评分取值表 表22

质量损失(%)	>0.8	0.6~0.8	0.6~0.3	<0.3
评价分	0	1	2	3

TFOT或RTFOT模拟沥青经短期老化后的延度损失评分取值表 表23

残留针入度比(%)	<55	55~60	60~65	>65
评价分	0	1	2	3

TFOT或RTFOT模拟沥青经短期老化后的质量损失评分取值表 表24

残留延度25℃,5cm/min,cm	<50	50~100	100~150	>150
评价分	0	1	2	3

(5)沥青与石料黏附性的评价。

为了减轻沥青路面的水损害,改善与提高沥青混合料的水稳性与耐久性,需要增加沥青与矿料之间的粘附性,黏附性与沥青和石料性质有关,针对耒宜高速公路中下面层采用石灰岩,根据沥青路面设计要求确定黏附性的评分取值同表13。

(6)动稳定度的评分取值。

沥青结合料的动稳定度与沥青混合料的高温性能有关,但并不能完全代表沥青混合料的高温性能。根据《公路改性沥青路面施工技术规范》(JT J036—98)要求,提出动稳定度的评分取值见表25。

动稳定度的评分取值 表25

动稳定度(次/mm)	<600	600~800	800~1 500	>1 500
评价分	0	1	2	3

(7)弯曲破坏应变的评价取值。

《公路改性沥青路面施工技术规范》(JT J036—98)提出了冬冷地区沥青混合料的低温抗裂技术要求,弯曲应变(2 000~2 500)$\times10^{-6}$(−10℃,5cmmin),而冬寒地区平均值为3 000$\times10^{-6}$,故其评分取值见表26。

弯曲破坏应变评分取值 表26

弯曲破坏应变$\times10^{-6}$	<2 000	2 000~2 500	2 500~3 000	>3 000
评价分	0	1	2	3

(8)残留稳定度的评分取值。

现行《公路改性沥青路面施工技术规范》提出了改性沥青混合料的残留稳定度不小于75%,故其评分取值见表27。

残留稳定度的评分取值 表27

残留稳定度(%)	<75	75~85	85~95	>95
评价分	0	1	2	3

(9)冻融劈裂强度比的评分取值。

现行《公路改性沥青路面施工技术规范》提出了冻融劈裂强度比不应小于75%,故其评分取值见表28。

冻融劈裂强度比的评分取值 表28

冻融劈裂强度比(%)	<75	75~85	85~95	>95
评价分	0	1	2	3

3 综合评分指标

3.1 改性沥青综合评分指标

根据表1试验结果,可以进行各种改性沥青混合料的性能对比。为减少试验过程中各种因素的影响,克服单一评价指标不全面和不明确的缺陷,进行综合评价。综合评价时认为,各评价指标间的相关性很小。综合评价方法为:将每一项评价指标分为4个等级,从好到坏分别是:3、2、1、0;然后将每一项评价指标根据其对目标的重要与否,确定权重系数,它们分别是5、4、3、2、1;对于每一种沥青,累加其各项性能的得分,根据计算出的总得分来进行综合评价,从而提出适用于某一目标的和可以优先采用的改性沥青。考虑南方湿热地区的特点,各指标的评分取值分述如下。

根据耒宜路所处南方湿热地区的气候特征及交通环境对沥青路面提出的要求,重点应解决沥青路面的高温稳定性及水稳性问题。在满足现行规范的基础上,对改性沥青及沥青混合料进行路用性能综合评价的过程中,高温稳定性及水稳性指标所占权重应偏大。在所测定的14项性能指标中,反映沥青及沥青混合料高温稳定性的指标有当量软化点T_{800}及动稳定,权重系数分别为3、5,高温稳定性占总权重的34%。反映沥青混合料水稳性的指标是沥青与石料的粘附性、浸水马歇尔试验残留稳定度与冻融劈裂强度值(TSR),权重系数分别为2、2、5,水稳性占总权重的29%。反映沥青及沥青混合料低温变形性能的指标是当量脆点$T_{1.2}$、延度及低温弯曲试验极限应变,权重系数分别为2、2、2,低温变形性能占总权重的12%。反映沥青疲劳性能的指标分别是弹性恢复及RTFOT后的残留弹性恢复,权重系数均为2,疲劳性能占总权重的4%。反映沥青抗老化性能的指标是RTFOT后的残留针入度、残留延度及残留弹性恢复,权重系数均为2,老化性能占总权重的12%。反映沥青感温性的指标是针入度指数PI,权重系数为3,占总权重的9%。在上述评价指标中,部分指标反映了沥青多个方面的性能,如老化后的延度及弹性恢复,既反映了沥青的老化性能,又反映了沥青的低温变形及疲劳性能。在此基础上对改性沥青及混合料进行综合评价,如表29所示。

7 种改性沥青各项指标的评分 表 29

指 标	PI	T_{800}	$T_{1.2}$	延度	弹恢	离析	粘附	残针	残延	残弹	动稳	弯曲	残稳	冻融	总分
权重	3	2	2	2	2	1	2	2	2	2	5	2	2	5	100
1号	3	3	3	3	2	2	3	1	1	2	1	3	2	2	72
2号	2	3	3	3	3	2	3	2	3	3	2	3	2	2	84
3号	1	2	3	3	3	1	3	3	3	3	2	3	2	2	80
4号	2	2	3	3	1	3	3	2	2	2	3	3	2	1	75
5号	2	3	3	3	3	2	3	1	2	2	1	3	2	2	73
6号	3	3	3	3	3	3	3	3	2	3	3	3	2	2	93
7号	2	3	3	3	3	3	3	1	1	2	1	2	2	2	70

从表 29 的总计得分栏中，可以得出 7 种改性沥青综合性能的排列顺序是：6 号＞2 号＞3 号＞4 号＞5 号＞1 号＞7 号。

3.2 重交沥青综合评分指标

同前所述，耒宜路重点应解决沥青路面的高温稳定性及水稳性问题。在对重交沥青及沥青混合料进行路用性能综合评价的过程中，高温稳定性及水稳性指标所占权重也应偏大。在所测定的 12 项性能指标中，反映沥青及沥青混合料高温稳定性的指标是 T_{800} 及动稳定度权重系数 2、5，高温稳定性占总权重的 30%。反映沥青及沥青混合料水稳性的指标是黏附性、残留稳定度及冻融劈裂强度值（TSR），权重系数分别为 3、2、5，水稳性占总权重的 24%。反映沥青及沥青混合料低温变形性能的指标是当量脆点 $T_{1.2}$，延度及低温弯曲试验极限应变，权重系数分别为 2、2、3，低温变形性能占总权重的 21%。反映沥青抗老化性能的指标是质量损失、残留针入度值、残留延度，权重系数分别是 2、2、2，老化性能占总权重的 15%。感温性的指标是针入度指数 PI，权重系数为 2，感温性占总权重的 10%。在此基础上对重交沥青路用性能进行综合评价，如表 30 所示。

7 种重交沥青各项指标的评分 表 30

指 标	PI	T_{800}	$T_{1.2}$	延度	质损	残针	残延	黏附	动稳	弯曲	残稳	冻融	总分
权重	2	2	2	2	2	2	2	3	5	3	2	5	100
1号	1	2	3	3	3	3	2	3	2	1	2	2	69
2号	2	3	3	3	3	3	3	3	3	1	2	1	79
3号	2	3	3	2	3	2	3	3	2	1	2	1	69
4号	2	2	3	2	3	2	3	3	2	2	2	2	72
5号	2	3	3	2	3	2	2	3	2	1	0	1	61
6号	2	3	3	1	3	3	2	3	2	1	1	1	63
7号	2	3	3	3	3	3	3	3	3	2	2	1	84

从上表的总计得分栏中，可以得出7种重交沥青综合性能的排列顺序是:7号>2号>4号>3号=1号>6号>5号。

4 结语

在改性沥青所测定的14项性能指标中，反映沥青及沥青混合料高温稳定性的占总权重的34%;水稳性的占总权重的29%;低温变形性能的占总权重的12%;疲劳性能的占总权重的4%;沥青抗老化性能的指标占总权重的12%;沥青感温性的占总权重的9%。在此基础上对7种改性沥青进行综合评价，得到由好到差的排列顺序是:6号>2号>3号>4号>5号>1号>7号。

在重交沥青所测定的12项性能指标中，反映沥青及沥青混合料高温稳定性能的占总权重的30%;水稳性的指标占总权重的24%;低温变形性能的占总权重的21%;沥青抗老化性能的占总权重的15%;沥青感温性的占总权重的10%。在此基础上对7种重交沥青进行综合评价，得到由好到差的排列顺序是:7号>2号>4号>3号=1号>6号>5号。

本研究提出的重交沥青及改性沥青综合技术评价方法，在沥青及改性沥青满足现行规范技术要求的条件下，基于所建道路的使用情况提出的权重系数，弥补了现行沥青及改性沥青基本不考虑所建道路具体情况的不足，将沥青的选用与沥青路面的使用性能联系起来，可为业主或施工单位选择沥青或改性沥青提供参考，当矿质集料确定后，其反映沥青混合料性能的各权重系数可相应提高。当然选择沥青时，其单价也应是考虑的重点。因此，可以初步认为，上述评价重交(改性)沥青及重交(改性)沥青混合料的指标与路用性能有较好的相关关系，可用于改性沥青及改性沥青混合料的性能评价，应在进一步测试与研究中完善;该评价方法概念明确，简单实用，可用于相关工程的重交沥青和改性沥青选择。应说明，因为这种评价是基于当地实际情况提出来的，这种沥青及改性沥青的评价结果与矿料有关，对其他矿料而言评价结果可能会不一样。

大粒径沥青混合料力学性能试验研究

冯俊领[1] 张起森[2] 高和生[3] 陈一飞[3]

(1. 同济大学 上海 200092;2. 长沙理工大学 长沙 410076;
3. 解放军理工大学工程兵工程学院 南京 210007)

摘 要: 采用静压成型 $\varphi \times h = 150\text{mm} \times 150\text{mm}$ 大粒径沥青混合料(LSAM)试件,通过大量的室内试验,研究分析了公称最大粒径分别为 37.5mm 和 31.5mm 的 LSAM 回弹模量、无侧限抗压强度、劈裂抗拉强度的力学指标。试验结果表明,LSAM 的抗压回弹模量是普通沥青混凝土的 1.3 倍左右;LSAM 的回弹模量、抗压强度和劈裂抗拉强度分别是半刚性材料的 2 倍左右。

关键词: 道路工程 大粒径沥青混合料 回弹模量 抗压强度 劈裂抗拉强度

随着交通量的快速增长和轴载的加重,沥青路面普遍出现了抗车辙能力不足和路面的耐久性较差等质量问题。国内外许多道路专家认为解决这些问题的途径之一是调整集料的组成(尺寸、形状、结构和级配)。大粒径沥青混合料通过增大粒径,可降低油量,在不增加造价的情况下,可以增强沥青路面的抗车辙能力及减缓反射裂缝的发生。通常所说的大粒径沥青混合料(Large-Stone AsPhalt Mixes,简称 LSAM)是指含有矿料的最大粒径在 25~63mm 之间的热拌热铺沥青混合料。LSAM 的回弹模量、抗压强度和劈裂抗拉强度是反映其力学性质的重要指标,是路面结构设计中进行力学验算或厚度计算的重要参数。国外对大粒径沥青混合料(LSAM)的研究比较深入,并取得了一定的成果,而最近几年的研究成果却鲜见报端。目前国内对公称最大粒径为 26.5mm 的 LSAM 力学性能研究较多,而对公称最大粒径为37.5mm或31.5mm 的 LSAM 力学性能研究却很少。

本研究在借鉴国内外研究成果的基础上,采用静压成型 $\varphi \times h = 150\text{mm} \times 150\text{mm}$LSAM 试件,对公称最大粒径分别为 37.5mm 和 31.5mm 的不同级配类型 LSAM,研究其在不同温度下的力学性能指标,从而为 LSAM 的设计、研究和推广使用提供重要的参考。

1 试验材料与试验方法

1.1 原材料

1.1.1 集料

粗集料和细集料是石灰岩碎石,集料性能试验根据《公路工程集料试验规程》(JTJ 058—2000)进行,其技术指标如表 1 所示。

摘自《公路》2006 年 2 月第 2 期。

集料技术指标 表1

试验项目	压碎值（%）	沥青与矿料的黏附性	针片状颗粒含量（%）	含泥量（%）	细集料砂当量（%）
试验结果	15.2	四级	7.05	0.44	61.4
规范要求	≤28	≥四级	≤15	≤1	≥60

1.1.2 矿粉

采用普通石灰石矿粉。

1.1.3 沥青

选用重交通AH-70号沥青，其性能指标如表2所示。

1.2 大粒径沥青混合料级配

目前国内外LSAM集料级配设计还没有一个实用的方法，本文参照国内外试验采用的LSAM级配范围和级配设计的思想，选用了3个并自行设计了3个LSAM集料级配。LSAM的集料级配具体见表3和图1。其中1号、2号、3号级配的公称最大粒径是37.5mm，4号、5号、6号级配的公称最大粒径是31.5mm。

沥青性能指标 表2

指标		沥青品种 AH-70号	AH-70号规范要求
针入度(25℃,100g,5s)(0.1mm)		64	60～80
延度(5cm/min,15℃)(cm)		≥150	≥100
软化点(环球法)(℃)		48.3	44～54
密度(15℃)(g/cm^3)		1.007	≥1
含蜡量(蒸馏法)(%)		1.54	≤3
旋转薄膜加热试验163℃	质量损失(%)	0.196	≤0.6
	针入度比(%)	71.5	≥55
	延度(25℃)(cm)	85	≥50
	延度(15℃)(cm)	45	实测记录

LSAM集料级配 表3

级配类型	通过下列方筛孔(mm)的质量百分率/%														
	53.0	37.5	31.5	26.5	19.0	16.0	13.2	9.5	4.75	2.36	1.18	0.6	0.3	0.15	0.075
1号	100	95	90	76	55	50	43	33	26	24	22	15	11	7	4.5
2号	100	93	83	74	63.5	55.5	48	40	30	21	14	8.5	5.5	4	3
3号	100	96	78	66	52	43	35	32	30	28	16	11	8	5	3
4号	100	100	94	81	70	51	40	25	21	19	18	13	10	7	5
5号	100	100	90	76	57	48	39	31	22	19	14.5	10	7	4.5	3.5
6号	100	100	90	83	74	65	52	52	39	28	24	19	14	10	7

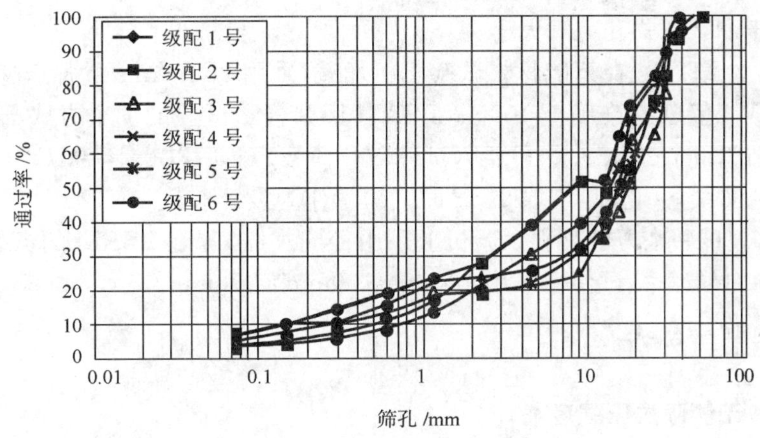

图1 LSAM级配曲线

1.3 大马歇尔试验结果

采用大马歇尔试验来确定各种级配LSAM的最佳沥青含量，LSAM的回弹模量试验、抗压试验和劈裂试验试件的密度为大马歇尔试验的最佳沥青含量的试件视密度。LSAM各种级配在最佳沥青含量时的物理、力学指标见表4。

LSAM各种级配在最佳沥青含量时的物理、力学指标 表4

级配类型	最佳沥青含量%	技术性质							
		视密度(g/cm³)	最大理论密度(g/cm³)	空隙率(%)	沥青体积百分率(%)	矿料间隙率(%)	沥青饱和度(%)	稳定度(kN)	流值(0.1mm)
1号	3.2	2.514	2.611	3.72	7.99	11.70	68.26	26.28	47.25
2号	2.9	2.493	2.635	5.39	7.18	12.57	57.12	24.41	42.13
3号	2.9	2.499	2.636	5.20	7.20	12.39	58.07	22.84	47.72
4号	3.0	2.499	2.633	5.09	7.44	12.53	59.40	17.66	49.51
5号	3.2	2.505	2.599	3.62	7.96	11.58	68.76	18.81	50.53
6号	2.9	2.503	2.588	3.28	7.21	10.49	68.70	18.17	60.40

1.4 试验方法

1.4.1 关于试件尺寸和试验温度

由于普通沥青混合料的抗压试验和回弹模量试验加载的上下压板直径为120mm；根据美国NCHRP的研究成果，试件的最小尺寸不得小于集料最大公称粒径的4倍的要求；本研究LSAM公称最大粒径为37.5mm或31.5mm，须采用$\varphi \times h = 150\text{mm} \times 150\text{mm}$试件，所以只有对普通沥青混合料圆柱体单轴压缩试验中的变形量测装置进行的适当改进，才可用来测试LSAM的无侧限抗压强度和回弹模量。每种级配类型的LSAM分别按6个试件为一组测得无侧限抗压强度、回弹模量和劈裂抗拉强度。

我国公路沥青路面设计规范规定，对于弯沉指标和容许拉应力指标，试验温度以15℃为标准。因此，在本研究中，仍分别取15℃和20℃作为LSAM的抗压试验和回弹模量试验温度，取 15℃作为 LSAM 的劈裂试验温度。

1.4.2 关于加载方式和荷载大小

进行抗压强度试验时，在万能材料试验机上加载，采用 2mm/min 的加载速率均匀加载直至破坏，读取荷载峰值(P)，准确至 100N。LSAM 回弹模量试验的加载方式与普通沥青混合料的测试加载方式相同：预压 0.1～0.2P(试件破坏荷载)，然后以 0.1～0.7P 七级分别加载卸载，绘制 $P_i \sim \Delta_i$ 曲线，修正原点，取 0.5P 时的模量作为设计参数。

LSAM 的劈裂试验在万能材料试验机上采用径向加载，测定 LSAM 的劈裂抗拉强度，采用 50mm/min 的加载速率，试件也采用 $\varphi \times h$ =150mm×150mm。

2 试验结果与分析

2.1 LSAM 无侧限抗压强度

LSAM 抗压强度试验结果如表 5 和表 6 所示。在 20℃试验温度下，LSAM 无侧限抗压强度在 5.59～10.45MPa 之间，平均值为 7.32MPa；在 15℃试验温度下，LSAM 无侧限抗压强度在7.37～11.47MPa之间，平均值为 9.12MPa，比 20℃时抗压强度平均增大了 19.8%。

根据沙庆林院士的试验统计结果：水泥稳定碎石 7d 无侧限抗压强度在 3～6MPa 之间；二灰稳定类基层 7d 无侧限抗压强度在 0.8～1.2MPa 之间，考虑到二灰材料强度会随龄期增长，其后期强度达到 3～5MPa。所以，20℃时 LSAM 的无侧限抗压强度比半刚性基层材料 7d 龄期的略大一些，而在 15℃时 LSAM 的无侧限抗压强度比半刚性基层材料 7d 龄期的大 50%左右，表明大粒径沥青混合料具有较好的抗压性能。

20℃ LSAM 抗压强度试验结果 表 5

级配类型	试件个数	标准差(MPa)	变异系数(%)	平均抗压强度(MPa)
1号	6	0.66	6.34	10.45
2号	6	0.60	9.11	6.62
3号	6	0.47	6.39	7.37
4号	6	0.45	5.86	7.60
5号	6	0.76	13.62	5.59
6号	6	0.19	3.05	6.26

15℃ LSAM 抗压强度试验结果 表 6

级配类型	试件个数	标准差(MPa)	变异系数(%)	平均抗压强度(MPa)
1号	6	1.10	9.57	11.47
2号	6	0.66	8.93	7.37
3号	6	0.83	9.17	9.03
4号	6	0.65	7.13	9.07
5号	6	0.29	3.68	7.82
6号	6	0.31	3.12	9.99

2.2 LSAM 的抗压回弹模量

从表 7 和表 8 可以看出，在 20℃试验温度下，LSAM 抗压回弹模量在 1811～2268MPa 之间。将 6 种不同级配 LSAM 的抗压回弹模量进行平均得：$E_{20}=2003$MPa；在 15℃试验温度下，LSAM 抗压回弹模量在 2247～2629MPa 之间，同样可得：$E_{15}=2599$MPa。于是 15℃和 20℃时，这 6 种 LSAM 的抗压回弹模量之间的关系为：$E_{20}/E_{15}=0.771$。

20℃ LSAM 抗压回弹模量试验结果 表 7

级配类型	试件个数	标准差(MPa)	变异系数(%)	平均抗压回弹模量(MPa)	设计抗压回弹模量(MPa)
1号	6	145.8	6.43	2268	2148
2号	6	163.0	8.07	2021	1887
3号	6	71.6	3.95	1811	1743
4号	6	140.2	6.74	2082	1967
5号	6	125.6	6.64	1892	1788
6号	6	122.2	6.29	1943	1843

15℃ LSAM 抗压回弹模量试验结果 表 8

级配类型	试件个数	标准差(MPa)	变异系数(%)	平均抗压回弹模量(MPa)	设计抗压回弹模量(MPa)
1号	6	281.9	10.72	2629	2397
2号	6	122.9	4.77	2577	2460
3号	6	352.0	14.41	2442	2152
4号	6	221.3	9.85	2247	2065
5号	6	340.9	13.00	2622	2341
6号	6	506.5	16.45	3079	2662

对照交通部项目“沥青路面设计指标与参数的研究”——材料设计参数的研究报告中，沥青混合料抗压回弹模量受温度影响的关系式

$$\frac{E_T}{E_{20}}=2.9800-0.990\times T$$

可知：$E_{20}/E_{15}=0.683$。得出这个关系式所用的沥青有壳牌 70 号、茂名 70 号、欢喜岭 90 号和 120 号、辽河 100 号。而本研究采用的沥青是胜利 70 号，总的来说所用沥青比本研究所用的沥青差些，故 15℃和 20℃的模量相差亦大些。

根据高速公路沥青路面设计资料，20℃和 15℃普通沥青混凝土的抗压回弹模量一般取值分别为 1 200MPa、1 800MPa；从表 7、表 8 可以看出 15℃和 20℃LSAM 抗压回弹模量是普通沥青混凝土的 1.3 倍左右，因此 LSAM 可称为高模量沥青混凝土。主要因为 LSAM 形成了嵌挤骨架-密实型结构，所以它具有很高的回弹模量值。故它可用作高速公路沥青路面的加强层，用在要求抗辙槽能力很高的位置以及城镇需要减薄厚度的位置。

2.3 LSAM的劈裂抗拉强度

由表9可以看出，在15℃时，LSAM平均劈裂抗拉强度在1.09～1.56MPa之间，平均值为1.22MPa。而水泥稳定类基层90d的劈裂强度在0.48～0.87MPa之间，平均值为0.67MPa；二灰稳定类基层180d的劈裂强度在0.52～0.80MPa之间，平均值为0.72MPa。以上情况表明LSAM基层的劈裂抗拉强度是半刚性基层劈裂抗拉强度的2倍左右。所以LSAM基层有很好的抗疲劳性能及低温抗裂性，可以有效抵抗路面反射裂缝。

从表5～表9可得，1号LSAM的无侧限抗压强度、回弹模量、劈裂抗拉强度在本试验中是最大，故可称1号级配在6个级配中是最好的。而其集料的公称最大粒径是31.5mm，可见LSAM的力学性能与其集料的公称最大粒径关系不大，主要是由其级配来决定的。

15℃ LSAM劈裂强度试验结果 表9

级配类型	试件个数	标准差(MPa)	变异系数(%)	平均劈裂强度(MPa)
1号	6	0.12	7.58	1.56
2号	6	0.11	10.14	1.09
3号	6	0.07	5.54	1.20
4号	6	0.09	8.43	1.11
5号	6	0.08	6.91	1.13
6号	6	0.06	5.59	1.02

3 结语

(1)在大马歇尔试验确定各个级配LSAM最佳沥青含量的基础上，采用静压成型$\varphi \times h=$150mm×150mmLSAM试件，对普通沥青混合料回弹模量试验方法进行了适当改进，以此试验研究LSAM力学性能是可行的。

(2)LSAM的力学性能主要由其级配来决定；LSAM的集料形成嵌挤骨架-密实型结构，是LSAM具有很高的抗压回弹模量和抗压强度的关键。

(3)LSAM力学性能试验研究表明，LSAM的抗压回弹模量、抗压强度和劈裂抗拉强度分别是半刚性材料的2倍左右。这样LSAM可作为沥青路面的下面层或基层，不仅与沥青混凝土面层粘结牢固，可提高路面的抗车辙能力，而且可有效延长路面的疲劳寿命。

沥青混合料的黏弹性疲劳损伤模型研究

关宏信　郑健龙　张起森

（长沙理工大学　长沙　410076）

摘　要： 从沥青混合料的黏弹性本构模型出发，按应变等效假设将损伤引进本构模型，推导周期应力条件下含损伤的耗散能表达式，进而得到黏弹性损伤演化方程和疲劳方程；该模型可以综合反映应力、加载频率和温度的影响，适合用来分析沥青路面的疲劳损伤问题；利用 MTS 开展了沥青混合料的疲劳损伤试验，确定了相应的黏弹性疲劳损伤模型参数，据此开展了模型验证，结果表明模型与实测值之间相关性很好。

关键词： 沥青混合料　黏弹性　疲劳损伤　模型　试验

0　引言

大量的研究表明沥青混合料是一种热流变简单材料，具有黏弹性性质，其应力应变力学响应依赖于加载历史和环境温度，其损伤发展特征与经典损伤理论所表述的不同，如经典的弹性损伤模型无法表述加载频率、加载顺序等因素对损伤发展的影响，需要建立基于材料黏弹性特性的损伤模型。国外在黏弹性损伤模型的建立及其工程应用方面已经做了不少研究工作，而国内在这方面的研究并不多见，特别是对于沥青混合料疲劳损伤的研究，则大都采用经典的弹性损伤模型，未见有关于沥青混合料黏弹性疲劳损伤的研究报道。

本文拟针对沥青路面的受荷实际状况，采用一定的方法模拟加载方式，然后通过分析建立黏弹性疲劳损伤演化模型。

1　损伤模型的建立

假设应力变化规律为 $\sigma(t)=\sigma_0 e^{i\omega t}$，由这种交变应力产生的应变为

$$\varepsilon(t)=\sigma_0(J_1(\omega)-iJ_2(\omega))e^{i\omega t} \tag{1}$$

可以写成

$$\varepsilon(t)=J_1(\omega)\sigma(t)-\sigma(t)J_2(\omega)/\omega \tag{2}$$

其中的 $J_1(\omega)$ 和 $J_2(\omega)$ 分别为复蠕变柔量的实部和虚部，而且

$$\frac{\varepsilon(t)}{\sigma(t)}=J_1(\omega)-iJ_2(\omega) \tag{3}$$

摘自《力学与实践》2007 年 4 月第 29 卷第 2 期。

那么，任意单周期耗散能为

$$W_{\mathrm{d}}=\frac{1}{2}J_{1}(\omega)\sigma^{2}(t)\,|_{\mathrm{nT}}^{\mathrm{nT+T}}-\frac{J_{2}(\omega)}{\omega}\int_{\mathrm{nT}}^{\mathrm{nT+T}}\sigma(t)\mathrm{d}\sigma(t) \tag{4}$$

式中：T 为周期；n 为周期数。

假设沥青路面在半正弦周期变化的行车荷载 $F(t)=\frac{F_0}{2}(1-\cos\omega t)$ 作用下面层内产生的应力也按照半正弦波形式变化，即 $\sigma(t)=\frac{\tilde{\sigma}_0}{2}(1-\cos\omega t)$，那么有

$$W_{\mathrm{d}}=\pi J_{2}(\omega)\tilde{\sigma}_{0}{}^{2}/4 \tag{5}$$

式中的 $\tilde{\sigma}_0$ 为有效应力幅值，再按照应变等效假设引入损伤，得

$$W_{d}=\frac{\pi J_{2}(\omega)\sigma_{0}{}^{2}}{4(1-D)^{2}} \tag{6}$$

其中 σ_0 为 Cauchy 应力幅值。

再考虑黏弹性材料的频率-温度等效特性，把温度的影响换算成频率的影响，得到

$$W_{d}=\frac{\pi J_{2}(\alpha_{T}\omega)\sigma_{0}{}^{2}}{4(1\text{-}D)^{2}} \tag{7}$$

那么，累积耗散能为

$$W=\sum_{i=1}^{N}W_{\mathrm{d}}=\sum_{i=1}^{N}\frac{A}{(1-D_{i})^{2}}\quad A=\frac{1}{4}\pi J_{2}(\alpha_{T}\omega)\sigma_{0}^{2} \tag{8}$$

其中 α_T 为温频等效因子。上式还可以近似写成 $W=\int_{0}^{\mathrm{NT}}\frac{A}{T(1\text{-}D(t))^{2}}\mathrm{d}t$ 。

再根据文献有

$$\frac{\mathrm{d}D}{\mathrm{d}N}=\left[\frac{A}{(1\text{-}D)^{2}}\right]^{\alpha} \tag{9}$$

积分可得损伤表达式为

$$D=1-\left(1-\frac{N}{N_{\mathrm{f}}}\right)^{\frac{1}{1+2\alpha}} \tag{10}$$

其中疲劳寿命方程为

$$N_{\mathrm{f}}=\frac{1}{1+2\alpha}A^{-\alpha} \tag{11}$$

2　模型分析

2.1　初值检验

分析式(10)，初始时刻 $N=0$ 则有 D=0，$N=N_{\mathrm{f}}$ 时 D=1，满足初值条件；当 $\alpha=0$ 时退化成 Miner 线性损伤演化率 $D=N/N_{\mathrm{f}}$。

2.2　模型在沥青路面疲劳损伤分析中的适用性分析

分析式(11)，有如下规律：

(1)在其他条件不变的情况下，荷载越大，应力越大，则疲劳寿命越短。这与路面大量的实

测结果相吻合。

(2)在其他条件不变的情况下，加载速度越快，即周期越短，频率越高，则疲劳寿命越长。对于沥青路面而言，行车速度越快，路面材料的力学响应越接近弹性性质，产生的损伤就越小，相应的疲劳寿命自然就越长。

(3)在其他条件不变的情况下，环境温度越高，疲劳寿命越短。而对于沥青路面而言，环境温度越高，沥青混合料的黏性性质越显著，其强度越低，导致疲劳寿命越短。

从定性分析的结果来看，这个损伤模型与沥青路面行车轴载大小、行车速度、环境温度 3 个因素对损伤的影响规律完全相同。

3 模型试验

试验采用 AC-16I 中粒式沥青混凝土，结合料为泰普克沥青。沥青混合料试件大小为 50mm×50mm×240mm，矿料级配采用现行《公路沥青路面设计规范》推荐的 AC-16I 级配范围中值进行配比，相应的级配组成如表 1 所示。沥青含量为 4.5%。

AC-16I 型沥青混凝土的级配组成 表 1

粒径(mm)	19.0	16.0	13.2	9.5	4.75	2.36	1.18	0.6	0.3	0.15	0.075
通过率(%)	100	97.5	82.5	68	52.5	41	29.5	22	16	11	6
规范上限	100	95	75	58	42	32	22	16	11	7	4
规范下限	100	100	90	78	63	50	37	28	21	15	8

采用标准的碾压成型试验方法制备成车辙试验所用的试件，然后切割成 50mm×50mm×300mm 的小梁试件。

采用 MTS 进行沥青混合料的应力松弛试验来确定沥青混合料的黏弹性参数。对同一试件按照－30℃、－25℃、－20℃、0℃和 10℃的顺序开展松弛实验，施加轴向拉力并使变形分别保持为 0.05mm、0.1mm、0.5mm、0.7mm 和 1mm。每次松弛时间 5h，每次实验之间间歇 3h。

本文采用由 10 个 MAXWELL 单元并联而成的广义 MAXWELL 模型来模拟沥青混合料的黏弹性质，其松弛模量为 $E(t)=\sum_{i=1}^{10}E_i e^{-\frac{t}{\tau_i}}$，其中松弛时间 $\tau_i=\eta_i/E_i$，E_i、η_i 为模型参数。

在分析实验数据时，先利用黏弹性材料的时间-温度等效原理，得到 0℃下的松弛模量主曲线，然后再利用 Origin 工具软件对松弛模量主曲线进行非线性拟合，拟合相关系数达到 0.99219。由拟合结果得到 0℃下的黏弹性参数试验结果如表 2 所示。

广义 MAXWELL 模型参数 表 2

参　数	E_1(MPa)	η_1(MPa·s)	E_2(MPa)	η_2(MPa·s)	E_3(MPa)	η_3(MPa·s)	E_4(MPa)
实验结果	109.4829	2.75×10^8	130.933	6306.713	121.4561	810319.6	109.569
参数	η_4(MPa·s)	E_5(MPa)	η_5(MPa·s)	E_6(MPa)	η_6(MPa·s)	E_7(MPa)	η_7(MPa·s)
实验结果	24839185	135.1185	298174.6	109.463	4.69×10^{11}	110.7702	3068027
参数	E_8(MPa)	η_8(MPa·s)	E_9(MPa)	η_9(MPa·s)	E_{10}(MPa)	η_{10}(MPa·s)	
实验结果	109.5517	29985077	109.5505	30440239	109.5505	30440239	

利用MTS进行了直接拉伸疲劳实验，实验采用控制应力方式加载，实验时荷载采用连续半正矢荷载 $F(t)=\frac{F_0}{2}(1-\cos 2\pi ft)$。实验温度为0℃，加载频率 f 为0.001。沥青混合料的疲劳试验结果如表3所示。

疲劳试验结果　　表3

温度(℃)	频率	应力(MPa)	疲劳寿命	温度(℃)	频率	应力(MPa)	疲劳寿命
0	0.001	0.257	1	0	0.001	0.165	8
0	0.001	0.183	6	0	0.001	0.128	9

考虑到损伤使材料有效承载面积减小，导致较小的荷载也能产生比较大的应力，甚至超过材料的强度而导致材料破坏，此时的损伤累积值可能还没有达到1，也就是说损伤临界值 D_C 不应该取为1，本文取为

$$D_C=1-\sigma/[\sigma] \tag{12}$$

其中，σ 为疲劳过程中所施加的应力；$[\sigma]$ 为材料的容许应力。

则，式(10)和式(11)变为

$$D=1-\left\{1-\frac{N}{N_f}[1-(1-D_c]^{1+2\alpha})\right\}^{\frac{1}{1+2\alpha}} \tag{13}$$

$$N_f=\frac{1}{1+2\alpha}A^{-\alpha}[1-(1-D_C)^{1+2\alpha}] \tag{14}$$

利用MTS在0℃下以0.7NS的速度进行了沥青混合料的直接拉伸实验以确定$[\sigma]$，结果为0.278 34 MPa。

在确定模型参数 α 时，先按照相关文献的方法由试所得沥青混合料的黏弹性参数(见表2)确定式(8)中A所含的 $J_2(\omega)$，再计算A，然后由Origin对表3的疲劳实验数据按照式(14)进行非线性拟合，得到沥青混合料的黏弹性疲劳损伤模型参数为 $\alpha=0.75$。再将 α 代入式(13)计算了 T=0℃、$f=0.001$、$\sigma=0.128$MPa时的损伤演化，如图1中实线所示。

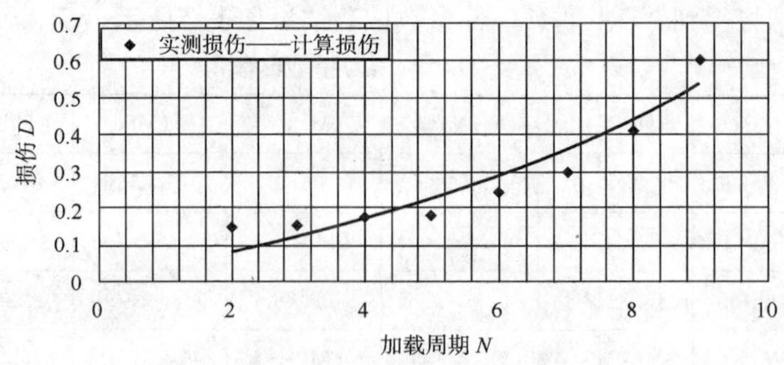

图1　疲劳损伤模型实验验证曲线

图1中所示实测损伤量是由耗散能定义的，即由式(6)可得

$$D = 1 - \left(\frac{A}{W_{\mathrm{d}}}\right)^{1/2} \tag{15}$$

考虑到由MTS进行疲劳试验时只记录了每2秒时刻的荷载大小和应变，根据这些数据可按下式计算周期耗散能 $W_{\mathrm{d实}}$

$$W_{\mathrm{d实}} = \sum_{i=1}^{500} \overline{\sigma_i} \Delta\varepsilon_i \tag{16}$$

其中，$\overline{\sigma_i} = (\sigma_{i-1} + \sigma_i)/2, \Delta\varepsilon_i = \varepsilon_i - \varepsilon_{i-1}$ 。由于i时刻的应力是按照 F/S 计算得到的，其中的 S 是无损试件的面积，也就是说式(16)中的应力并不含有损伤的影响，所以这里将实测耗散能计为 $W_{\mathrm{d实}}$，而且有

$$W_{\mathrm{d实}} = (1-D)W_{\mathrm{d}}$$

即得

$$D = 1 - \frac{A}{W_{\mathrm{d实}}}$$

由图1可见，本文所建立黏弹性疲劳损伤模型经试验验证是可行的。

4 结语

本文从耗散能的角度推导得到了针对半正弦周期加载条件下沥青混合料的黏弹性疲劳损伤演化方程；经过定性的分析表明该模型可以用来进行沥青路面的疲劳损伤分析；利用MTS开展了沥青混合料的疲劳试验，确定了本文所建立黏弹性疲劳损伤模型的参数，通过与试验实测损伤演化结果对比验证了该黏弹性疲劳损伤模型的适用性。

由于相关试验条件的限制，缺少其他温度以及加载频率情况下的疲劳试验结果，这也是本文后续应该努力的方向。

第四篇　交通工程与管理

高速公路速度—流量模型研究

张亚平 张起森
（长沙交通学院 长沙 410076）

摘　要：从数理统计学原理出发，以交通流实测数据统计分析为主，辅以国内外有关研究成果，划分自由流、稳定流和拥挤流，建立符合中国公路交通实际工况下的高速公路速度—流量模型。

关键词：高速公路　速度—流量模型　实测数据散点图　非线性回归分析

正确认识和理解速度与流量之间的关系是划分和确定道路服务水平的必要条件，也是公路通行能力研究的基础。此外，速度流量关系模型还可用于公路建设项目前期工作中的交通预测、国民经济评价和财务分析。然而，过去人们对两者之间的关系存在一些误区，认为速度随着流量的增加而迅速降低。事实上，在最初的低流量状态，速度流量关系曲线的前半部分应该是基本水平的。但是，当流量达到多少时，或者说速度达到多大时，速度随流量的增加而迅速下降，这一点尚不清楚，也正是笔者所需要了解和探讨的。这一问题最终必须从实测数据中找到答案。

美国《道路通行能力手册》中报道的纽约州 4、6、8 车道高速公路交通流的调查成果（图 1）。另有文献指出，该曲线朝着正确的方向迈出了一大步，但同时又指出，还有一点仍令人不满意的是，在高速公路上，流量在通行能力附近时相应的车速应该为 70～80km/h，而不应仅为 50km/h。此外，HALL 等人也讨论了 20 世纪 90 年代初期在北美洲（加拿大）所测到的高速公路速度—流量关系曲线。

笔者试图通过对国内有代表性的高速公路交通流实测数据进行分析研究，建立符合中国交通条件和交通特性的实际工况下的高速公路速度—流量模型。

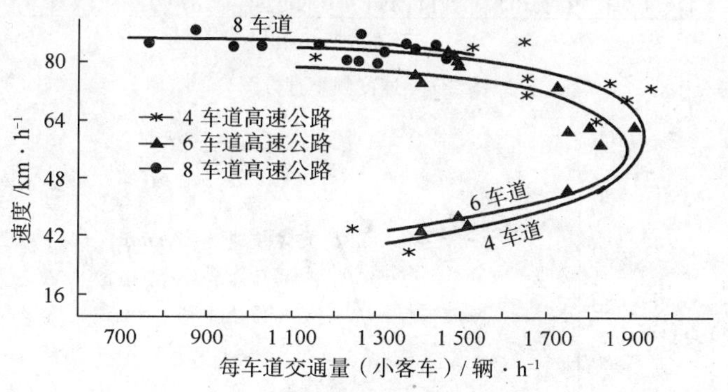

图 1　美国纽约公园路速度—流量关系曲线

摘自《中国公路学报》2000 年 7 月第 13 卷第 3 期。

1 数据来源

数据来源于1998年10月至1999年5月间在珠江三角洲地区进行的交通调查资料。

2 速度特性

2.1 速度分布特性和速度累计频率曲线

高速公路连续交通流的实测车速的经验分布应属于正态分布，但考虑到选测路段运营期不同，服务水平处于不同的阶段，如自由流、稳态流和交通拥挤流状态，在建模时考虑其分布的变异性，即应先进行正态分布检验。利用EXCEL软件的统计分析特点及其丰富的图形功能，对实测交通流数据进行分析整理，可得到速度频率分布图和速度累计频率曲线（以广深高速公路中型车为例）。

从车速频率直方图（图2）可以看出，高速公路车速分布服从正态分布；从速度累计频率曲线（图3）可以发现，85%位车速以上的频率分布曲线的斜率逐渐变缓，其车辆数较少，故通常作为速度的上限，即作为高速限速的指标；同样，15%位车速以下的频率分布曲线的斜率也逐渐变缓，低于该速度行驶的车辆将成为其他车辆的行驶障碍，所以通常作为速度的下限，即作为低速限速的指标。而5%位和95%位车速则是作为前两者的验证和比较的指标。因此，15%位和85%位车速可以为后面建模分析提供确定自由流速度和拥挤流速度的理论依据。

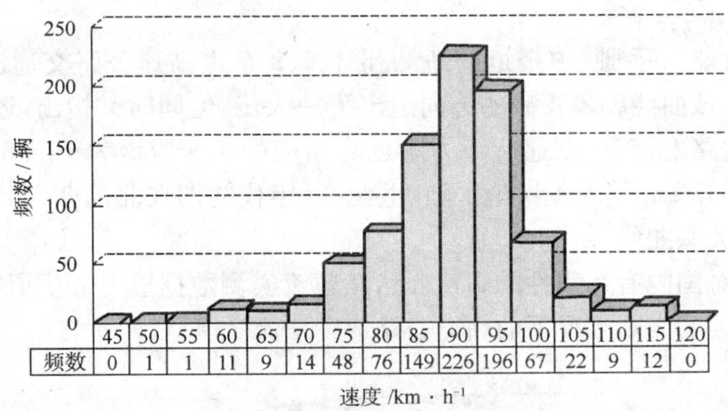

	45	50	55	60	65	70	75	80	85	90	95	100	105	110	115	120
频数	0	1	1	11	9	14	48	76	149	226	196	67	22	9	12	0

图2 点速度频率直方图

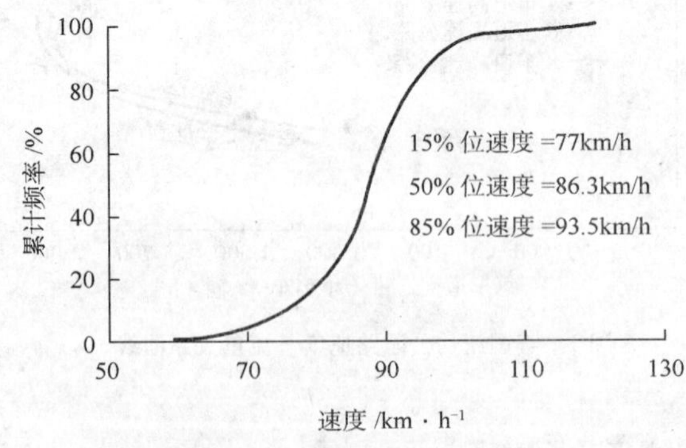

图3 点速度累计频率曲线

2.2 自由流速度

自由流速度作为确定不同等级公路车辆运行质量的重要指标，不仅与车辆运营费用密切相关，而且还是道路通行能力研究的基础。对于高速公路而言，只需要考虑同向车流的相互影响。一般认为，当同向车流（同一车道）的车头时距大于 8s 时，道路上的车辆可任意选择行驶速度，即行驶的自由度较高，此时的交通流状况即为自由流状态。处于自由流状态车辆的加权平均运行速度即为自由流速度。有文献将高速公路车型划分为微型车、小客车、大中型车和不定型车共 4 种车型。表 1 为珠江三角洲地区高速公路速度统计情况。

珠江三角洲地区高速公路速度统计/km·h^{-1} 表 1

	上行				下行			
车型	15%	50%	85%	偏差	15%	50%	85%	偏差
微型	49～68	63～78	84～97	13～16	57～71	68～83	87～107	14～16
小客	71～82	85～103	90～120	16～19	73～85	82～107	91～127	15～19
大中型	49～67	61～87	74～107	12～22	54～75	66～95	82～110	13～18

从速度统计情况来看，在高速公路上，小客车 85%位车速在 100km/h 附近波动，15%位车速在 75km/h 左右摆动，50%位车速在 90km/h 附近摆动。从整体上看，珠江三角洲地区高速公路上的运行车辆的速度与国外相比，接近或略低于国外同类等级公路行车速度。这说明中国经济状况和公路交通状况与西方发达国家相比，还存在一些差距，但其发展势头正在向西方发达国家靠拢。

3 速度—流量模型

3.1 经典的速度—流量曲线

图 4 反映了公路上行驶的小客车在理想道路交通条件下速度与流量关系的一般规律，即某一条公路在整个运营期间内，随着交通量的增加，车辆行驶可划分为以下三个阶段。

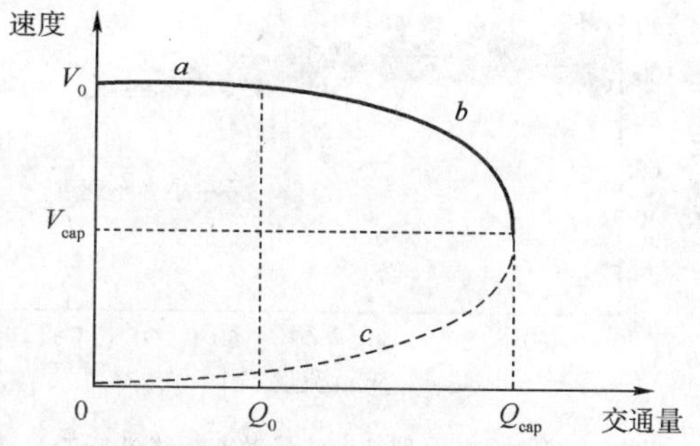

图 4 理想道路条件下速度流量关系曲线

第一阶段：如图中的 a 段，行驶车辆不受其他车辆的影响，驾驶员可以根据自己的驾驶水平、车况及路况自由行驶。这一阶段发生在公路运营初期，交通量和车速无关或相关性很小。速度为 V_0，交通量 $Q \in (0, Q_0)$。

第二阶段：如图中的 b 段，行驶车辆相互间有影响，交通量 $Q \in (Q_0, Q_{cap})$，速度 $V \in (V_0, V_{cap})$。这期间车辆行驶受限，直至不可能超车，交通量和车速密切相关，即随着交通量的增加，车速稳态下降，直至各车型均以相同的速度行驶。随着交通量的继续增加，车速明显下降，并且驾驶员开始感到拥挤，直至无法忍受。

第三阶段：如图中的 c 段，各车型减速跟随行驶，交通量 $Q \in (Q_{cap}, 0)$，速度 $V \in (V_{cap}, 0)$。这期间变通量骤减，车速下降，直至停止，车速为零。

上述三个阶段反映了速度随着流量变化而变化的过程。c 段为虚线是因为难以获得拥挤流状态的数据。

注：Q_{cap} 为最大容许流量及通行能力；V_{cap} 为流量达到通行能力时相应的速度。

3.2 实测数据散点图

图 5、图 6 分别为具有典型代表性的广深高速公路和广佛高速公路路段速度流量实测数据散点图，是以实测 5min 流量（以 5min 作为一个时段）为基数（或再乘以倍率 12，化为小时流量）并考虑了车辆折算系数的影响作出来的（关于车辆折算系数，笔者采用了已有文献的研究成果）。广深高速公路为六车道，车速较高，实测流量最高时还不到 1000 辆/(h·车道)，远未达到通行能力的规定值，说明还有很大的通行潜力，散点关系近似呈线性关系；广佛高速公路为四车道，全线里程短，仅为约 17km；流量大，高峰小时流量超过 2000 辆/(h·车道)，已接近饱和流量且有塞车现象；车速偏低，小客车平均运行速度不到 70km/h。从相邻 5min 时段的散点折线图可以看出，随着流量的增加，车流逐渐进入拥挤流状态，直至达到饱和流，这一过程速度下降趋势较快。一般而言，当速度降到一定程度时，车队又开始消散，车速迅速攀升到正常的稳定流状态。但有时也可能发生极端的情况即塞车的现象，此时，车速降为零，流量也为零。塞车现象解除后，车速和流量又回升到正常稳定流。

3.3 数据拟合

3.3.1 广深高速公路

从图 5 散点走向趋势判断，该模型应为线性关系或二次曲线，试算以后发现取二次曲线其相关性更好，故不妨建立如下数学模型

$$V = AQ^2 + BQ + C \tag{1}$$

式中 V 为速度；Q 为流量；A、B、C 为回归系数。

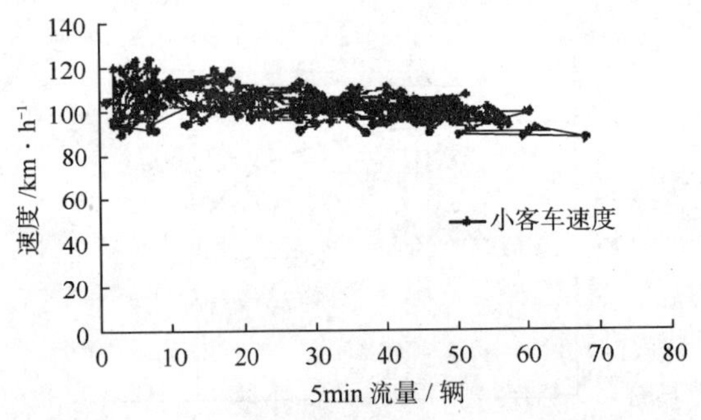

图 5 广深高速公路速度流量散点折线(Lane2)

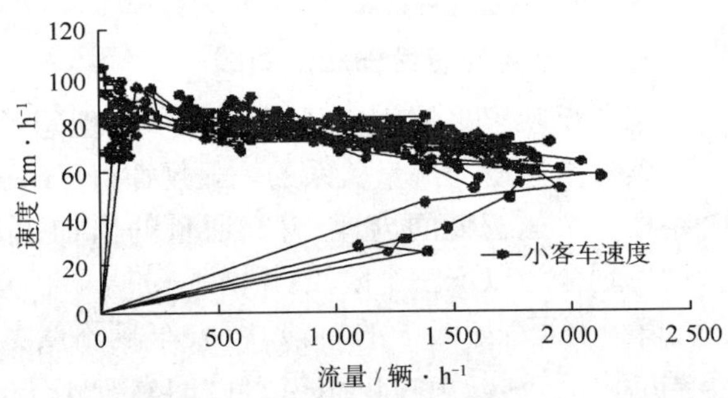

图 6 广佛高速公路速度流量散点折线(Lane1)

对实测数据处理后，去掉由于埋设传感器而受影响的起讫时间观测值及变异点，有效数据共计 274 对，最后将整理后的实测原始数据 Q 和 V 值代入公式(1)，应用专业统计分析软件 SPSS 进行回归分析，得到公式中的各个回归参数值

$$A = -0.000052104, B = -0.290610198, C = 111.70354635, R^2 = 0.30214$$

分析上述计算结果，发现其相关系数明显偏小，仅为 0.30。为了减少随机误差，对流量值按 20 辆汇总统计，并将流量及速度均相近的点合并，得到修正后的另一组流量和速度数据（计 36 对数据），对该组数据进行回归得到修正模型参数值，结果如下

$$A' = -0.000013171, B' = -0.012088064, C' = 110.73086677, R^2 = 0.90162$$

比较上述两种计算结果可知，这两个模型的预测值没有太大的差别，但是统计汇总数据减小了随机性，其相关性更好。相关系数 $R^2>0.90$，表明回归效果显著，计算结果可取，因此所选择的模型是合适的。

将修正后回归系数 A'、B'、C' 的值代入式(1)，可得到速度—流量模型如下

$$V=-0.00001317Q^2-0.0121Q+110.73 \tag{2}$$

修正后数据和修正后模型曲线如表 2 和图 7 所示。

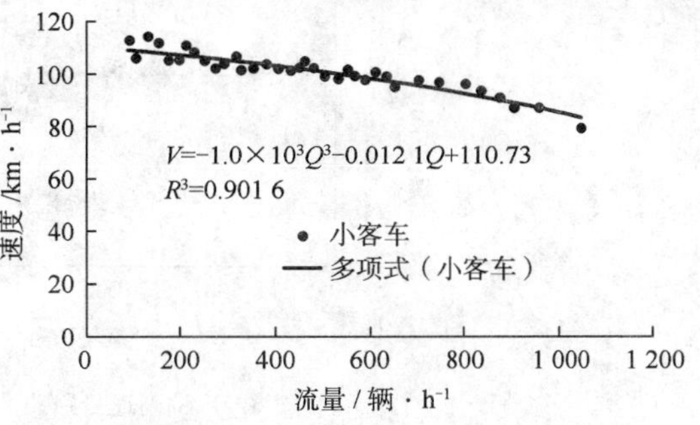

图 7　修正统计汇总后速度流量散点拟合曲线(Lane2)

修正统计汇总后速度流量散点数据　表 2

流量/辆·h	速度/km·h	流量/辆·h	速度/km·h	流量/辆·h	速度/km·h	流量/辆·h	速度/km·h
90	112.52	270	102.98	460	104.81	650	96.22
110	106.80	290	103.56	480	102.68	700	98.65
130	113.56	310	106.46	500	99.97	740	96.98
150	111.6	330	102.42	530	98.25	800	96.31
170	106.61	350	102.95	550	102.12	830	93.05
190	106.73	380	103.66	570	99.28	870	91.04
210	110.55	400	101.90	590	98.09	900	87.42
230	107.49	420	101.41	610	100.62	950	87.51
250	105.64	440	102.05	630	99.33	1040	79.82

3.3.2　广佛高速公路

分析图 6 可知，该路段既有稳定流又有拥挤流，其速度流量关系曲线应由两部分组成，即前半部分为类似广深高速公路状况的速度随流量增加而呈下降趋势的上凸型抛物线，后半部分为速度随流量减少而呈上升趋势的下凹型抛物线。这是由于从自由流状态过渡到拥挤流状态时，流量增加，速度减小；而从拥挤状态消散时，速度增加，流量也增加的缘故。因此，采用稳定流和拥挤流分段函数组合模型，模型曲线如图 8、图 9 所示（原理同 3.3.1，其具体计算过程从略）。

图 8、图 9 中的散点数据为同一时间不同车道测得的速度和流量值，Lane1 表示内侧车道（靠近分隔带一侧），Lane2 表示外侧车道（靠近路肩一侧）。外侧车道的车辆速度和流量均低于内侧车道，这是因为外侧车道上行驶的多为载重车和微型车等速度较低、性能较差的车辆。从广深和广佛高速公路速度流量散点关系曲线可以看出，在低流量状态（0～500 辆/h），速度随流量的增加变化很小，该流量区间可视为自由流速度区间；当流量在 500～1 500 或 2 100 辆/h 时（流量范围界限与车道位置有关，靠近中间带车道平均车速较高，流量较大，应取 2 100 辆/h；靠近路肩车道平均车速较低，流量较小，应取 1 500 辆/h），速度随流量的增加变化较大，但速度只降低到一定程度，还不影响车流畅行，驾驶员尚能满意当前交通状态，故该流量区间为稳定

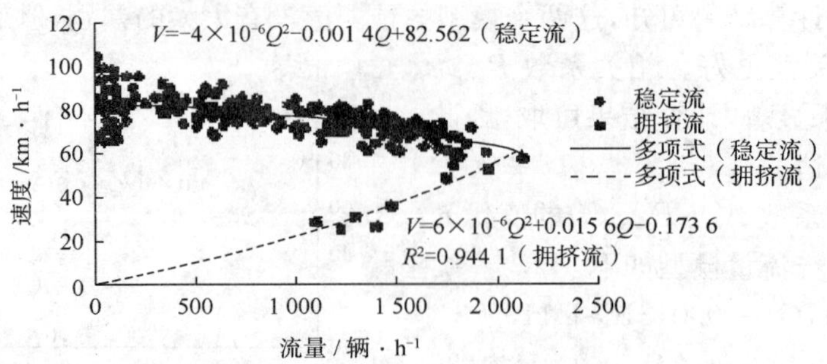

图8 广佛高速公路速度流量散点拟合曲线(Lane1)

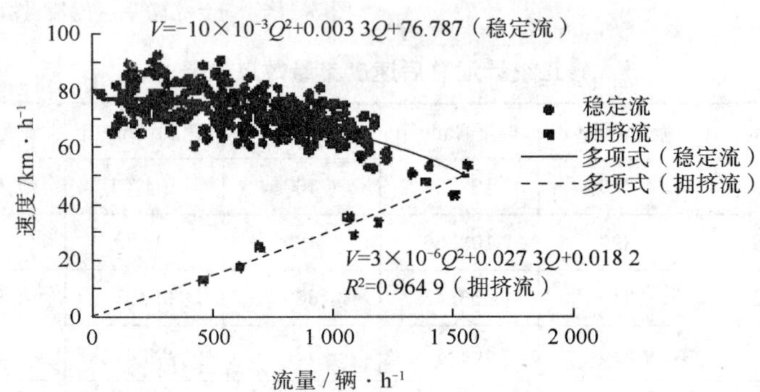

图9 广佛高速公路速度流量散点拟合曲线(Lane2)

流区间；当流量接近或大于1 500或2 100辆/h时，开始出现车队，即后行车辆将跟随前车行驶，车速减小，流量也随之减小，可认为此时的交通状况属于拥挤流状态(从稳定流进入拥挤流状态，是一个跳跃过程，是一种突变)。当流量接近通行能力[约2 100辆/(h·lane)]时，速度将急剧减小直至塞车，此时，速度降为零，流量也为零。此外，从速度流量曲线还可看出，通行能力附近的流量相应的车速为60km/h左右，低于70～80km/h，符合中国交通运行条件和交通运输现状，说明中国的交通车辆性能和道路营运条件均有待改善和提高。

需要强调说明的是，拥挤流状态的速度—流量模型的常数项理论上应该为零，实际工况下拟合出来的该常数项不为零，但接近于零，分别为－0.17和＋0.02，这是因为散点拟合中存在偏差的缘故。因此，在模型最后建立时可舍弃该常数项(参见图8和图9)。

广佛高速公路和广深高速公路两者相比较，广佛高速公路道路状况和运营条件不如广深高速公路，换言之，其服务水平低于广深高速公路。广深高速公路的道路状况和营运条件更接近理想道路条件，也代表了珠江三角洲地区及中国目前和未来的高速公路建设与发展趋势和方向。因此应选取近似于该道路状况的模型作为高速公路速度—流量模型。但该模型也存在一个缺陷，即缺少拥挤流部分模型曲线，须通过计算机模拟预测加以解决，该项工作还有待于进一步开展。

综上所述，实测数据回归分析结果与理论分析相吻合。在界定了自由流速度和拥挤流速度后，分别与拟合的速度流量关系模型联立求解，可得到对应的交通量初步界定范围。在此基础上参照国内外的有关资料，采用定量分析与定性分析相结合的原则，建立符合实际工况的经济发达地区高速公路速度流量组合模型，结果见表3。

高速公路速度—流量模型 表3

道路等级	车型	自由流速度/km·h^{-1}	模型
高速公路	小客车	102	六车道(以广深高速公路为代表)
		(0,500)	$V=\begin{cases}102 & (0,500)\\ -0.000\,013\,2Q^2-0.012\,1Q+110.73 & (500,1\,500)\end{cases}$
		90	四车道(以广佛高速公路为代表)
		(0,500)	$V=\begin{cases}90 & (0,500)\\ -0.000\,004Q^2-0.001\,4Q+82.56 & (500,2\,100)\\ 0.000\,006Q^2+0.015\,6Q & (2\,100,0)\end{cases}$

注:表中括号内的数字为适应交通量[pce/(h·Lane)]。

4 结语

中国目前的交通状况类似于美国20世纪的40、50年代,汽车数量急剧增加,高速公路建设方兴未艾。但长期以来,由于中国对公路通行能力的研究尚未形成统一系统的方法,缺少适合中国国情的参数、模式和通行能力分析体系。《公路工程技术标准》中所采用的通行能力指标体系,基本上沿用了国外的一些研究成果,不能反映中国公路交通的实际运行特性,制定一套适合中国国情的公路通行能力指标体系已刻不容缓。目前国家"九五"攻关项目"公路通行能力研究"课题组正在抓紧进行这方面的研究。建立符合中国交通状况的速度—流量模型,对于编制中国自己的《公路通行能力指南》有着重要的现实意义。笔者致力于高速公路交通流参数关系的研究,提出符合中国目前实际工况下的高速公路速度—流量模型,相信将对中国公路通行能力研究有所裨益和借鉴。

一种基于垂直字符边界特征的车牌定位方法

魏　武[1]　黄心汉[1]　MBEDE Jean-bosco[1]　张起森[2]　王　敏[1]

(1.华中理工大学　武汉　430074;2.长沙交通学院　长沙　410076)

摘　要: 提出了一种基于垂直字符边界点特征的车牌定位方法,该方法能有效定位车牌,定位精度高达98%,定位时间不超过2s,并能有效地克服光线和天气条件等影响。

关键词: 车牌定位　垂直边界　定位精度和时间　图像处理

目前,车牌定位的主要方法有五种。①直线边缘检测。采用HOUGH变换检测直线(车牌周围边框),HOUGH变换计算量较大,对于边框不连续的实际车牌,需附加大量的运算。②基于阈值迭代的方法。图像经阈值得到一满意的、字符和背景分离的二值图像,计算时间长,而且对噪声比较敏感,需大量的去噪计算量。③基于神经网络的车牌定位方法。此方法需把图像中每一个像素所提取特征输入神经网络进行学习,计算量很大,同时需处理好网络局部收敛问题,车牌定位时间长。④基于灰度的检测方法。此方法通常采用车牌区局部对比度特征的定位方法。中国车牌类型较多,在不同光照条件下车牌对比度更加不统一,加上考虑对图像中与车牌的灰度非常相似的区域的排除运算,计算量很大。⑤基于彩色图的车牌分割方法。此方法一般将输入的RGB彩色图像转换成HSI彩色图像,需进行大量的浮点运算,然后进行基于模糊或神经网络的色彩分割,再进一步定位车牌,计算量很大。

实际系统要求车牌自动定位速度快、精度高。上述方法定位时间一般在几十秒甚至几分钟,虽然有些方法有较高的定位精度,但很难满足实际系统实时性的要求。笔者提出了一种基于垂直字符边界点特征的车牌定位方法,对中国车牌定位精度高,定位速度快,通过自适应学习能有效地克服光线和天气条件等影响,更好地满足实际系统要求。

1　车牌定位

车牌定位过程如下:车牌区字符垂直边界聚类,以获得字符的垂直边界点的类型;依据垂直边界点的类型,来检测可行车牌区线段;进一步判别可行车牌区;进一步检测高度和倾斜度;完成车牌分割,即车牌定位。图1为车牌定位流程图。

车牌定位的主要硬件有:①车体传感器,用来获得车辆到达的信号,并同步启动摄像机采集车牌图像;②图像捕捉卡,用于图像采集;③计算机,用于各种传感器信号的处理和控制、车牌定位的计算。图2为车牌定位的硬件框图。

摘自《中国公路学报》2000年10月第13卷第4期。

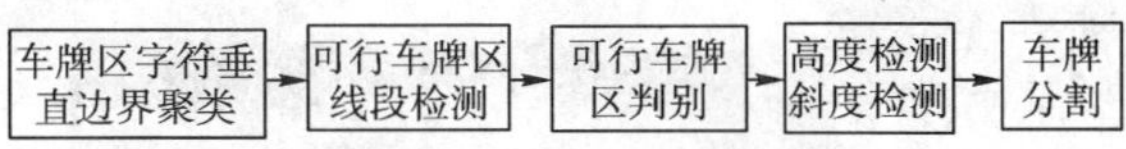

图 1　车牌定位流程

汽车、背景、标准图像板 → 图像捕捉卡 → 计算机 ← 车体传感器

图 2　车牌定位硬件

1.1　车牌区字符垂直边界聚类

从 CCD 摄像机获取的包含车牌的原始输入图像经标准化处理得到标准化图像。在标准化图像中每隔相同距离 DV(像素数)进行行扫描,距离 DV 应小于实际图像中车牌的字符高度,以保证在车牌区中至少有一个扫描行穿过字符。对每一扫描行,计算每一像素与其相邻像素的灰度差,若差值大于给定的阈值 T,则把这一像素标为垂直边界点。

在每一扫描行上,根据垂直边界点之间的距离 DH,将垂直边界点进行聚类。根据 DH 的值分成 A、B、C、D 四类,分别对应 DH≤DH1、DH1<DH≤DH2、DH2<DH≤DH3、DH≥DH4。A 类表示同一垂直笔画两侧和短间距相邻笔画之间的距离,B 类表示较大间距相邻笔画之间的距离和较长横笔画两端之间的距离,C 类表示两字符之间远距离笔画之间的距离,D 类表示非车牌的垂直边界距离。

1.2　可行车牌区线段检测算法

根据聚类的扫描行结构,检测满足车牌特征的线段即可行车牌区线段。可行车牌区线段检测算法步骤如下。

第一步:从第一行起,以间隔 DV 进行行扫描,对第 N 扫描行,进行车牌区字符垂直边界聚类;

第二步:对已聚类的第 N 扫描行找到满足车牌区字符垂直边界特征条件的可行车牌区字符段,即将第 N 扫描行符合 A、B、C 三类的连续线段(假定车牌区每一个字符均至少有一个垂直边界点)确定为可行车牌区线段;

第三步:对于已确定的可行车牌区线段,确定其最左边和最右边的边界为 L 和 R;

第四步:对下一扫描行进行第 2、3 步操作,直至完成整个图像的可行车牌区线段检测。

1.3　可行车牌区判别

在图像中,经可行车牌区检测算法得到的可行车牌区线段可能不止一个(一般不超过 3 个),但实际车牌区只有一个,必须对可行车牌区字符线段进行进一步判断来确定可行车牌区,可通过分析可行车牌区线段中的字符垂直边界点的间距分布结构来实现。具体做法是:将可行车牌区线段检测的边界点距离编成链码,如京 A·F0236 可以对应的链为 ABABAAACACABCACCABA;分析链码结构,确定可行链码,同时将非可行链码视为非实际车牌区。可行链码为符合实际车牌结构要求的链码,非可行链码则为不符合实际车牌结构要求的链码,如链码 ACCBCCACACAAABBA 中的 CC 码在实际车牌中不可能存在。

1.4　可行车牌区高度和倾斜度检测

在确定的可行车牌区上进一步确定车牌区的顶边、底边和倾斜角。笔者给出的算法不仅可以有效地确定车牌区顶边、底边和倾斜角,而且更进一步排除不属于真实车牌的可行车牌区,从而可唯一地确定车牌并精确地定位车牌。定位结果如图 3 所示,算法步骤如下。

第一步:把可行车牌区的最左边 L 和最右边的边界 R 等间隔分成 7 段,每一段为一滑动条,每一滑动条垂直向上一步一个像素移动,计算每一滑动条穿过字符垂直边界点的个数;当滑动条垂直向上移动到字符顶点并再向上移动一个像素时,滑动条穿过字符垂直边界点的个数迅速下降到零,此时垂直边界点即为滑动条内字符的最高点;同理,滑动条垂直向下移动可以得到字符的最低点;记录所有的最低点和最高点。

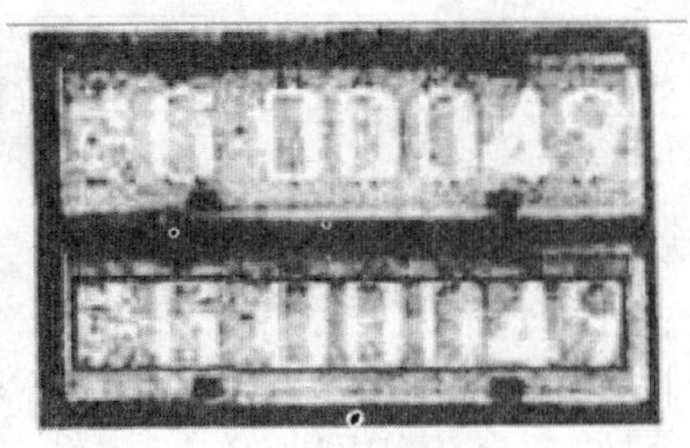

图3 定位结果

第二步:由于噪声的影响,一些最低点和最高点不一定是真实字符的最高点和最低点,用这些最低点和最高点来估计车牌的倾斜角可能会出现错误。为了克服噪声的影响,建立车牌顶边和底边模型,在坐标系下顶边和底边分别用式(1)、(2)表示(k 表示斜率),通过误差函数表达式(3)的最优解来确定底边和顶边的参数,即通过搜索 b_1、b_2 和 k 值使误差函数最小,相应的 b_1、b_2 和 k 值即为所求顶边和底边参数值。式(3)中的 u_i^y 和 u_i^x 表示最高点的图像坐标 x 和 y,υ_i^y 和 υ_i^x 表示最低点的图像坐标 x 和 y。

第三步:如果误差函数最小值大于给定的阈值 E,则此可行车牌区并不是真实的车牌区。b_1 和 b_2 的差 b 给出了字符的高度,如果 b 不在真实车牌字符高度的范围内,或 k 不在允许的范围(倾斜角不大于20°)内,均可确定此可行车牌区并不是真实的车牌区。从而进一步排除了非真实车牌区,精确地定位了车牌。

第四步:处理没有扫描到的汉字的垂直边界点(有些汉字如京、吉、青等不一定会产生垂直边界点),即在确定的真实车牌区的最左边边界 L 向左一个汉字宽进行多行扫描找到垂直边界点,取这些边界点中的最左边界点作为新的车牌区最左边界 L。同时在最右边边界 R 向右一个字符宽进行多行扫描找到垂直边界点,取最右边界点作为新的最右边界 L。由顶边、底边、最左边界和最右边界完成车牌区定位,然后进入车牌字符识别阶段。

$$y = kx + b_1 \tag{1}$$

$$y = kx + b_2 \tag{2}$$

$$e(b_1, b_2, k) = \sum_{i=1}^{N}\left[\frac{1}{1+(u_i^y - ku_i^x - b_1)^2} + \frac{1}{1+(\upsilon_i^y - k\upsilon_i^x - b_2)^2}\right] \tag{3}$$

2 提高车牌定位性能的措施

2.1 提高车牌定位精度和泛化能力的措施

影响实际车牌的定位精度和泛化能力的主要因素有:①光线和天气条件的变化使提取垂直边界点的阈值不统一;②同类型的车牌字符和背景的灰度值也有细微的差别;③摄像机和车牌之间的距离不同,采集的原始图像中车牌区的字符大小不同,由 DH 确定的 A、B、C、D 间距范围不同。为此,采用图像标准化和自适应学习能有效克服上述影响。

图像标准化主要进行图像灰度值的标准化和车牌区尺寸的标准化。在车道上设置车体传感器(如红外线、超声波、环形感应器),并同步启动摄像机来获取图像,以保证车牌区尺寸的统一性;在车道旁大致平行于车牌平面的位置上设置一标准图像板,以标准图像板的平均灰度值为依据,进行不同灯光和天气条件下的图像灰度值标准化,同时也得到了实际光线和天气条件下所对应的提取垂直边界点的阈值。

在实际运行中,通过对已检测出的各种车牌进行自适应学习,来适应不同光线、天气条件,调整各种阈值,并建立更新数据库,以提高实际系统的车牌定位性能。

2.2　提高车牌定位速度的措施

为提高定位速度，可采取以下方法：①图像帧差技术。取两帧图像的差，一帧图像为不含车辆的图像（交通场景的背景图像），另一帧为包含车辆的图像，图像帧差可以提取车体区域。②分区定位。将图像分成若干区域，根据车牌在各区中出现的概率大小，确定其优先顺序，并按区域的优先顺序进行定位，一旦找到车牌，其他区域不再进行处理。事实上，多数情况下车牌在提取的车体图像中的相对区域和位置变化不大。

3　结语

应用本文的车牌定位方法对实际系统进行了实验，实验中采用普通的黑白CCD电视摄像机，输入图像尺寸为640×480像素，车速不超过60km/h。实验结果表明：定位精度为98%，定位时间不超过2s，定位系统经过一定的自适应学习过程后精度还会提高。对于车速高于60km/h的车辆，采用普通CCD电视摄像机获取图像会比较模糊，并且定位精度迅速下降，此时可改用高速CCD电视摄像机以保证定位精度。

A METHOD OF VEHICLE SPEED DETECTION BASED ON COMPUTER VISION

Wei Wu[1] Huang Xinhan[1] Wang Min[1] Zhang Qisen[2]
(1. Huazhong University of Science and Technology Wuhan 430074;
2. Changsha Communications University Changsha 410076)

Abstract: This paper presents a method of vehicle speed detection based on computer vision. It can effectively detect vehicle speed by analyzing vehicle and scene information extracted from image. It merely needs two CCDTV cameras to complete road-traffic parameter detection in bi-directional and four-lane highway or urban road. The experimental results show that the correct rate of detection is close to 92%, and real-time perfor-mance is satisfactory.

Key words: Vehicle speed detection, Computer vision, Frames differencing, Image processing, Symbol analyzing

Road-traffic monitoring using optical sensor involves the collection of data describing the characteristics of vehicle and road-traffic parameters. Road-traffic parameters, such as vehicle count, vehicle density, vehicle speed, queue situation and queue length are valuable to traffic monitoring and management including congestion analyzing, incident detecting, road capacity increasing, traffic data statistic processing and so on.

Currently, detection of road-traffic parameters mainly relies on detectors such as ultrasonic, infrared, radar, microwave and inductive-loop detectors. For ultrasonic and microwave detectors, in most case, it is not easy to satisfy precision requirement of parameter detection. In addition, the detection distance is not far (<12m) enough. For infrared detector, because of disturbance of vehicle heat source and environmental noises, the quality of detection is not satisfactorily high. Radar can accurately measure vehicle speed, but the cost is too high. Inductive-loop detector can effectively detect road-traffic parameters, but its installation is more disruptive to road surface than other detectors. During recent decades, researchers pay more attention to the method using CCDTV cameras. It is potentially powerful to detect road-traffic parameters due to the development of computer vision, image processing, artificial intelligence and intelligent transportation systems.

This paper presents a method of vehicle speed detection using computer vision. This method makes full use of vehicle and scene information extracted from image to detect vehicle

摘自《东南大学学报》2000 年 12 月第 16 卷第 2 期。

speed. It merely needs two CCDTV cameras to complete vehicle speed detection in bi-directional and four-lane highway or urban road. Using this method, the distance which can be detected is more than 50m along lane direction and the installation is cheaper than other detectors. The experimental results show that the correct rate of detection is close to 92%, and real-time performance is impressive.

1 SYSTEM OVERVIEW

Image processing is an important technique in the proposed method. First, the difference is calculated between two frames from image-grabber and CCD TV cameras in different time. Frame differencing can detect appearance and movement of vehicles. Road-traffic parameters can then be determined by analyzing the appearance and movement of vehicle. Procedure flow is shown in Fig. 1.

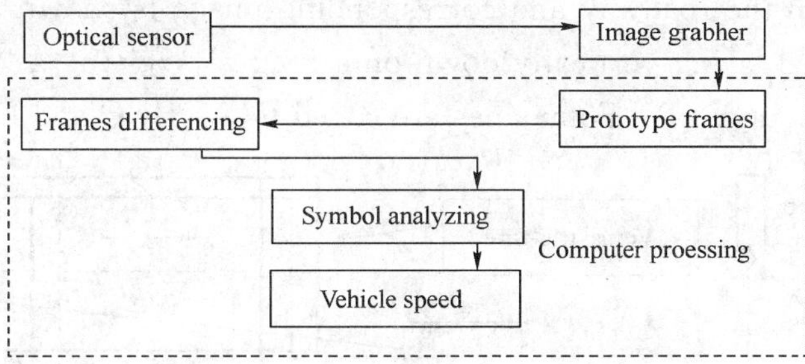

Fig. 1 Procedure flow

Prototype frames are 512×256 grey-level images. Image grabber needs to capture 50 frames in one second. Frame differencing is the key process during vehicle speed detecting.

Frame differencing can reveal regions of motion due to the fact that difference exists between two frames captured at different times. It can be described as Eq. (1). A difference imaged (i, j) is generated by calculating the absolute difference between two framesf1, f2 (captured by CCDTV camera in different time), and then thresholding the resultwithT_0。

$$d(i,j)=\begin{cases}0, & iff \mid f_1(i,j)-f_2(i,j) \mid \leqslant T_0 \\ 1, & otherwise\end{cases} \tag{1}$$

Where T_0 is a suitable threshold.

In the case of road-traffic monitoring it is usual forf_1 to be the incoming frame and f_2 to be a reference of background frame. The reference frame is merely an image of scene with no vehicles inside. If the incoming frame contains no vehicles then it will be identical to the reference frame and the difference frame will be zero. However, if the incoming frame does contain vehicles, then difference frame will show up. The function of the threshold T_0 is to reduce the effects of noise and changes in scene illumination. A simple threshold is not usually sufficient to overcome the effects in varying environment. It is needed to employ a method of dynamically updating the reference frame so that it adapts to changes in scene illumination.

It is difficult to operate the calculation of frame differencing of 50 frames with size 512× 256 within one second on a PC computer. In order to reduce the cost of computation, two points are very important: ① Reduce processing data obtained from the optical sensors; ②Adopt simple algorithms. Frame differencing is concentrated processing on only key regions of the image, relying heavily on particular characteristics in ten lines (each CCDTV camera processes three lines) which are perpendicular to the lanes. The distance between lines is determined according to the lines layout in the image. The distances among lines in roadway are approximately equal. The distances among lines in the image are not equal, but the location of each line in the image can be calculated by geometrical relations and the order of lines in image. The line width in image is about 3 pixels. Because difference between images is calculated only in line area, the costof calculation is relatively low. The distribution of lines in the roadway and corresponding image is shown as Fig. 2. Each CCD TV camera is mounted facing vertically down on a roadway, giving a field of view of about 20m (two cameras about 50m). Four lanes are coded to A, B, C and D.

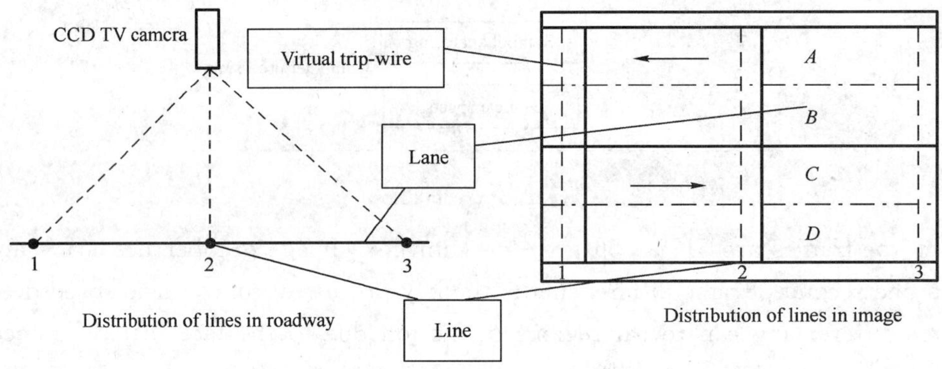

Fig. 2 Distribution of lines in roadway and in image

In most case, frame differencing can successfully detect appearance and movement of vehicles. Some time, the detection of vehicle appearance and movement is error due to unfit threshold and effects of shadows and wet road.

We set virtual trip-wire near the line i (for example, if line i is located at row k, k±1, then the virtual trip-wire locates row k+4 in the image). This is useful to reduce the error detection. The state of each trip-wire is determined by looking at the cross-section of the image under the trip-wire. The cross-section is located at the virtual trip-wire in which vehicle may be appeared. The cross-section is first low-pass filtered to reduce the effects of noise and remove high frequency texture information which is often associated with the road surface. The median deviation of the cross-section is then calculated as Eq. (2)

$$md(j)=\frac{1}{N}\sum_{i=1}^{N}|x(i,j)-\bar{x}(j)|,\bar{x}(j)=\frac{1}{N}\sum_{i=1}^{N}x(i,j) \tag{2}$$

where $x(i,j), i=1,2,\cdots,N$ are the filtered values of N pixels under the cross-section; N is the width (represented with pixels) under the cross-section located in trip-wire. Fig. 3 shows the cross-section of the image, the cross-section after low-pass filtering and median deviation for both a broken and a complete trip-wire. In figure, horizontal axis represents the pixel poison under the cross-section, and vertical axis represents corresponding the value of the median deviation. It can be seen that when a vehicle is crossing the trip-wire the median deviation is considerably higher due to the greater amount of contrast associated with a vehicle compared to that of the road. The median deviation is therefore a suitable cue for deciding the appearance and movement of vehicle together with frame differencing.

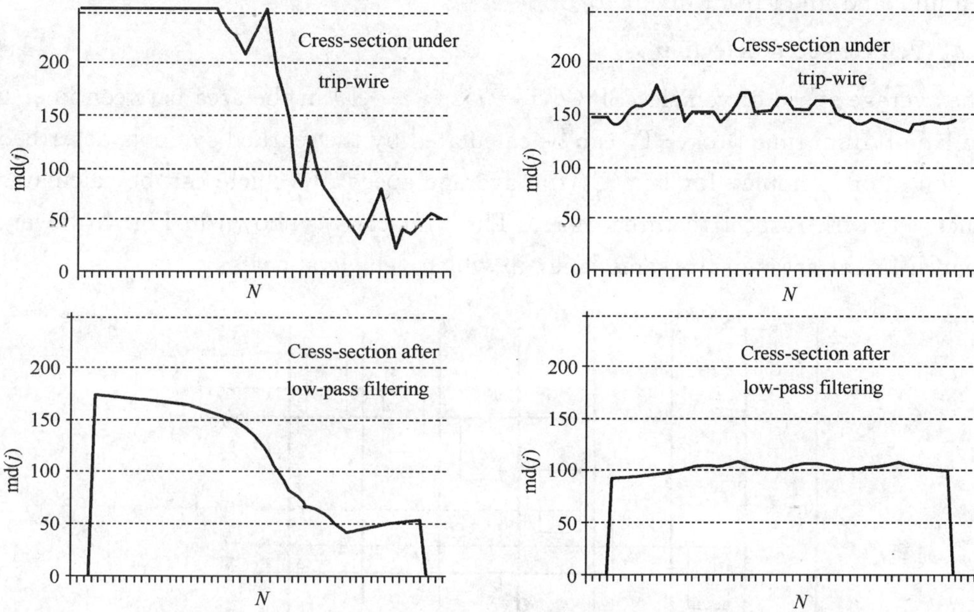

Fig. 3 Determining state of trip-wire from median deviation of low-pass filtered cross-scetion of image

The vehicle symbol which describes the vehicle state (appearance or no appearance) can be noted according to the situation of the frame differencing on the lines in different times and also the trip-wire. For example, we consider the range [a, b] of line 1 in a different image ($|b-a| \leqslant 30$ with respect to width of vehicle is less than 3m), if the values $d(i,j)$ of all pixels are 1, while the situation of trip-wire is "broken" and line 1 $\subseteq$ lane A, then vehicle appears in the line 1 of lane A, and also we mark a symbol "+"in the corresponding place, otherwise symbol" * ". Another symbol is time symbol, which is marked in the prototype image and corresponding difference image according to capturing time. For example, 15:52:10 is time symbol, where, 15 is minute, 52 is second, and 10 is the tenth 20ms.

2 VEHICLE SPEED DETECTION

2.1 Definition

In order to describe clearly, we give the following definition.

ST={ T_m, T_s, T_{ms} }: a set of time symbol, T_m, T_s ∈{1,2,3,⋯,59,60}, T_{ms} ∈{1,2,3,⋯,49,50};

Lan ={A,B,C,D}: a set of lanes;

lin ={1,2,3,4,5,6,7,8,9,10}: a set of lines;

M ⊕ (*p*,*i*,*t*)˘,p∈ *Lan* , *i* ∈ *lin* ,t∈ST: the symbol is "+" in line *i* of lane p at time t;

M ∗ (*p*,*i*,*t*) ,p∈ *Lan* , *i* ∈ *lin* ,t∈ST: the symbol is " ∗ " in line*i*of lane pat time t;

N (*p*,*i*,*t* → *t* + *T*) , p∈ *Lan* , *i* ∈ *lin* : the number of vehicle passed line *i*and lane p from time t *t* + T;

SP (*p*,*i* → *j*,*t* → *t* + *T*) ,p∈ *Lan* , *i* ∈ *lin* : the average speed of vehicle passing lane p between line *i*and line j from time t to t+T.

2.2 Vehicle speed detection

The average speed of vehicle, SP (*p*,*i* → *j*,*t* → *t* + *T*) in the area between line*i* and line *i* +1 in lane p from time t to*t* +T, can be calculated by the marked symbols described in the last section. For example, for lane C, the average speed of vehicle can be calculated using three methods with respect to three cases. The first cas('s shown in Fig. 4. Seven stages represent different areas in the same lane, in which vehicle appear.

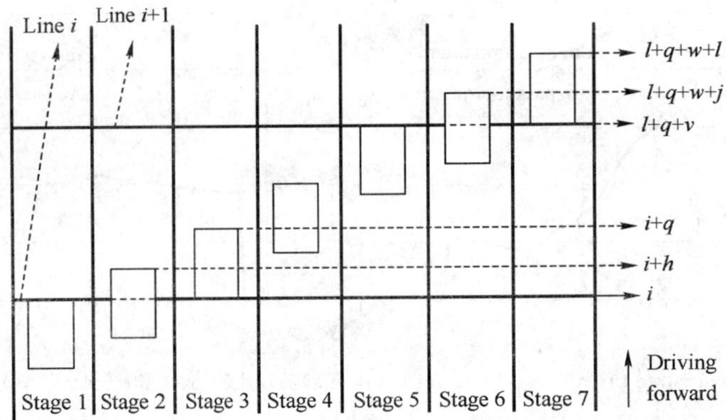

Fig. 4 The first case for calculating vehicle speed

The first case is that there is only one vehicle within the area between line *i*and line*i* + 1, and the length of vehicle is less than 10 m. In fact, in most case, it is impossible that more than two vehicles are located in the same lane in area between line*i*and line*i* +1, because the distance between line*i*and line*i* +1 is 10m. However, the length of two vehicles add the headway in most case is more than 10m. During the period of a vehicle X passing the area between line*i*and line*i* +1 (including line*i*and line*i* +1), the symbols in line*i*and line*i* + 1 satisfy *Eq* . (3) and (4).

$$M*(C, i, t) \wedge M\oplus(C, i, t+k) \wedge M*(C, i, t+q) = TURE \quad (3)$$

$$M*(C, i+1, t+q+v) \wedge M\oplus(C, i+1, t+q+w+j) \wedge M*(C, i+1, t+q+w+l) = TRUE \quad (4)$$

Where $k=1,2,\cdots,q-1$; $v=1,2,\cdots,w$; $j=1,2,\cdots,l-1$. The average speed of vehicle X in area between line i and line $i+1$ can be calculated as *Eq*. (5).

$$SP(C,\ i\rightarrow i+1,\ t+1\rightarrow t+q+w+1)=10/(q+w) \tag{5}$$

The second case is that there is only one vehicle within the area between line i and line $i+1$, and the length of vehicle is more than 10m. In this case, symbols in i and line $i+1$ satisfy*Eqs*. (6) and (7).

$$M*(C,i,t)\wedge M\oplus(C,i,t+k)\wedge M*(C,i,t+q)$$
$$\wedge M*(C,\ i+1,\ t+u)=TRUE \tag{6}$$

$$M\oplus(C,\ i+1,\ t+u+1)\wedge M\oplus(C,\ i+1,\ t+u+j)$$
$$\wedge M*(C,\ i+1,\ t+u+l)=TRUE \tag{7}$$

Where $k=1,2,\cdots,q-1$; $j=1,2,\cdots,l-1$; $k<u\leqslant q$. The average speed of vehicle X in area between line i and line i+1 can be calculated as *Eq*. (8).

$$SP(C,\ i\rightarrow i+1,t+1\rightarrow t+q+u+1)=10/(q\mid u) \tag{8}$$

In the third case, there are more than one vehicle within area between line i and line i+1, and the total length of two vehicles and headway is less than 10m. In this case, symbols in line i and line $i+1$ satisfy *Eqs*. (9), (10), (11) and (12).

$$M*(C,\ i,t)\wedge M\oplus(C,\ i,\ t+k)\wedge M*(C,\ i,\ t+q)=TURE \tag{9}$$

$$M*(C,\ i+1,\ t+q+v)\wedge M\oplus(C,i+1,t+q+w+j)$$
$$\wedge M*(C,\ i+1,\ t+q+w+l)=TRUE \tag{10}$$

$$M*(C,\ i+1,\ t+q+w+l+1)\wedge M*(C,\ i+1,\ t+q+w+l+g)$$
$$\wedge M\oplus(C,\ i+1,\ t+q+w+l+f)=TRUE \tag{11}$$

$$M\oplus(C,\ i+1,\ t+q+w+l+f+d)$$
$$\wedge M*(C,\ i+1,\ t+q+w+l+f+n)=TRUE \tag{12}$$

Where $j=1,2,\cdots,l-1$; $g=2,3,\cdots,f-1$; $d=1,2,\cdots,n-1$. The average speed of vehicle X in area between line i and line $i+1$ can be calculated as *Eq*. (13)

$$SP(C,\ i\rightarrow i+1,\ t+1\rightarrow t+q+w+l+f)=10\times 50/(q+w+l+f-1) \tag{13}$$

We choose one of *Eqs*. (5), (8) and (13) to calculate the average speed of vehicle according to vehicle length L. Because we do not know L in prior, we cannot directly decide by L. We present a method which can effectively decide correct expression without requiring L to be accurately known in prior by the following steps.

Step1 If the time of vehicle passing line i is more than the time of vehicle passing the area between the line i and line $i+1$ (not including line i and line $i+1$), then L is longer than 10m, otherwise, L is shorter than 10m. The second case can be determined by expression (14).

Step2 First, analyze *Eqs* . (9)～(12). If two vehicles have passed line $i+1$, and within the same time no vehicle has passed line i , that is to say that if *Eqs* . (15) and (16) are satisfied, then it belongs to the third case, otherwise it belongs to the first case.

$$u \leqslant q,\ h+u>q \tag{14}$$

$$N(C, i, t+q+w \rightarrow t+q+w+l+f+n)=1 \tag{15}$$

$$N(C, i+1, t+q+w \rightarrow t+q+w+l+f+n)=2 \tag{16}$$

In the same way, by analyzing symbols, we can obtain vehicle speed on the other lane. Also, other road-traffic parameters (traffic flow, vehicle density, queue situation and queue length, etc.) can be obtained by analyzing symbols. Details will be presented in other papers.

3 EXPERIMENT AND CONCLUSION

This method is used in the IMSUR (intelligent monitoring system in urban road) system in Wuhan City of Hubei province, P. R. China. The experimental results show that the correct rate of vehicle speed is close to 92%. Using this method to detect vehicle speed, real-time performance is satisfactory. Errors of detection in most case come from error difference image generated by varying illumination condition.

一种基于模板匹配的车牌识别方法

魏 武 张起森 王明俊 黄中祥
（长沙交通学院 长沙 410076）

摘 要： 提出了一种基于模板匹配的车牌识别方法，可不需分割车牌中的字符而有效识别实际系统中低质量和模糊的车牌图像中的字符，识别率可达95%，识别时间不超过1s。

关键词： 车牌识别 模板匹配 字符识别 车牌分割 图像处理

车牌自动识别系统能广泛应用于高速公路不停车收费站、城市交叉口、港口和机场、国家重要机关出入地等场所，对提高这些场所交通系统的管理水平和自动化程度具有重要的意义。车牌自动识别系统主要包括车牌定位和车牌字符识别两部分。车牌定位部分：目前一些方法有效地解决了车牌的定位问题；车牌字符识别部分：对于解析度较高（车牌区宽度不小于120个像素车）和图像比较清晰的车牌，目前基于神经网络、字符笔划特征和模糊识别等方法能有效地识别车牌中的字符，但是对于较低解析度和较为模糊的车牌以上方法是不可行的，因为这些方法只有在车牌中的每一字符独立分割出来的前提下才能完成识别工作，而独立分割车牌区的字符，对较低解析度和较为模糊的车牌来说是非常困难甚至是不可能的。笔者提出了一种基于模板匹配的车牌识别方法，只需提取字符区整体特征，避免了字符的分割，能有效地完成不同解析度和不同模糊程度的车牌识别工作，而且识别精度高、速度快，能满足实际系统的要求。

1 车牌字符识别

1.1 模板匹配法车牌字符识别流程

模板匹配法车牌字符识别过程如图1所示：车牌定位得到分割的车牌区；车牌区背景和字符提取，即把字符的颜色和非字符的颜色提取出来，并进一步得到二值图像；在二值图像的基础上进行字符高度、宽度和倾斜角检测，得到精确的车牌区字符高度和倾斜度及车牌字符区的宽度估计值；根据字符高度、宽度、倾斜角及标准模板的大小对字符进行标准化；模板匹配，即得到和车牌字符相匹配的模板，进一步确定识别的字符；语法分析，进一步确定车牌区字符结构的合理性。

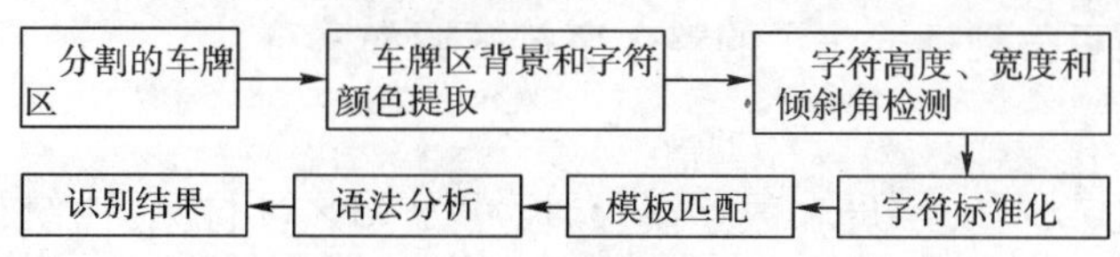

图1 模板匹配法车牌字符识别流程

摘自《中国公路学报》2001年1月第14卷第1期。

1.2 车牌区背景和字符颜色提取

车牌区背景和字符颜色的提取可采用 HIS 制式的彩色分割车牌识别方法。对不同组合方式的车牌区背景和字符(如大型汽车为黄底黑字,小型汽车为蓝底白字等),均可将车牌区颜色分成两类,一类为字符颜色,另一类为非字符颜色,从而得到车牌区的二值图,并取字符颜色像素值为 1,取其他颜色像素值为 0。

1.3 字符高度、宽度和倾斜角检测

字符高度和宽度及倾斜角检测在车牌区二值图上进行(图 2),检测算法如下:

第一步:检测字符最高点和最低点,把车牌区的最左边界 L 和最右边界 R 的一水平线段等间隔分成 M 段(每一段约为一个字符宽,并视为一滑动条),各滑动条垂直向上一步一个像素滑动,计算每一滑动条穿过 1 像素的个数。当滑动条垂直向上移动到字符顶点并再向上移动一个像素时,滑动条穿过 1 像素的个数迅速下降到零,此时临界位置的像素即为滑动条内字符的最高点。同理,滑动条垂直向下移动可得到字符的最低点。

图 2　检测结果

第二步:确定精确的字符最高点、最低点、字符高度和倾斜角(由于噪声等影响,一些字符最低和最高点不一定是真实字符最高和最低点)。首先,建立车牌的顶边和底边模型,顶边和底边分别用式(1)和式(2)表示;然后通过误差函数式(3)的最优解来确定底边和顶边的参数;最后,可得字符的高度估计值和倾斜度估计值。式(1)~(3)中的各变量和参数参见相关文献。

第三步:确定车牌字符区水平方向位置。先由字符高度计算出车牌字符区的宽度 WZ,然后检测车牌字符区最左边界和最右边界,即在 L 位置向右几个像素范围内(略大于 R−L−WZ 个像素)和车牌字符高度方向的范围内进行多行扫描检测出最左的 1 像素,并标为最左边界位置 LL,同理可检测出车牌区整个字符的最右边界位置 LR。

$$y = kx + b_1 \tag{1}$$

$$y = kx + b_2 \tag{2}$$

$$e(b_1, b_2, k) = \sum_{i=1}^{N}\left[\frac{1}{1+(u_i{}^{y}-ku_i{}^{x}-b_1)^2}+\frac{1}{1+(v_i{}^{y}-kv_i{}^{x}-b_2)^2}\right] \tag{3}$$

1.4 字符标准化

字符标准化的目的是使字符和字符模板相一致。在给定的由 LL、LR、字符高度和倾斜度,通过比例和旋转变换可以实现标准化,即旋转角取 arctan$k$,比例取(b_1-b_2)∶h(h 为标准字符模板高度),从而可得到标准化了的整个字符区域和字符。

1.5 模板匹配

字符模板分为汉字、英文字母和数字模板,尺寸为 M×N 像素,由统计方法构造并保存到数据库中。模板匹配是将字符模板和标准化的车牌区字符进行匹配来识别字符。

笔者采用重合度和差别函数来度量车牌字符和标准模板之间的相似程度。重合度函数取式(4),差别函数取式(5)。式中:g 和 f 为 0 或 1,分别为模板和对应的车牌字符区像素值;T_f 和 T_g 分别为模板和模板对应的车牌字符区中的 1 像素的个数;C_{fg} 和 D_{fg} 分别为重合度函数

和差别函数；∧和⊕分别为与运算和异运算。

$$C_{fg}=\frac{100}{100}\sum_{i=1}^{N}\sum_{j=1}^{N}\frac{fi_j\Lambda g_{ij}}{T_f+T_g} \tag{4}$$

$$D_{fg}=\frac{100}{100}\sum_{i=1}^{N}\sum_{j=1}^{N}\frac{fi_j\oplus g_{ij}}{T_f+T_g} \tag{5}$$

匹配步骤如下。

第一步：根据不同车牌类型的字符组合先后顺序（如小型汽车的顺序为汉字—0或英文字母—英文字母或数字）取字符模板。

第二步：依次取汉字模板进行匹配，模板在车牌字符区上左右滑动（滑动的目的是为了找到最好的匹配位置）。模板以车牌字符区最左边为起点，向左和向右分别滑动几个像素（取2～3个像素），计算每个位置每个汉字模板的C_{fg}和D_{fg}值，取最大的C_{fg}值和最小的D_{fg}值对应的模板为最匹配的模板。如果C_{fg}值大于阈值T1（取95%比较合适），同时D_{fg}小于阈值T2（一般取4%比较合适），即可确定为所识别的汉字，否则拒绝识别汉字。此时得到了最佳匹配时模板在车牌字符区中的右边界位置S1。

第三步：依次取英文字母，以S1为起点，进行二步类似的计算找到最匹配的模板，并进行识别和拒绝识别的判别。同时得到新的模板在车牌字符区中的右边界位置，更新S1。

第四步：取全部英文字母和数字，以S1为起点（有分隔副符的地方再加分隔符的宽度W）进行类似三步计算，重复至七个字符全部识别完成。

1.6 提高匹配性能的进一步措施

匹配性能与搜索空间的大小和阈值的选择有直接关系，减小搜索空间和合理地选择阈值可进一步提高匹配的性能，从而更好地满足实际系统的要求。

减小搜索空间可有效地减少识别时间。采用基于启发式搜索的方法可有效地减少搜索空间。例如，对不同的省，发牌机关代号（右边字符串的第一个字母）可能不一样多，如北京只有A、B、C三个，湖北则有从A到S除I外的18个英文字母，所有车牌中字符串最后三位为纯数字。对不同的省建立不同的搜索模板集，通过启发式搜索找到备选模板集中相应的模板子集。

合理选择阈值可保证不同系统的不同识别精度要求。对识别率（正确识别车牌字符）要求较高的系统，宁可放弃一些识别的解以不致带来一个错误的解，即减少误识率（错误地识别车牌字符）并允许有更大的拒绝率（拒绝识别车牌字符）；相反，一些精度要求不太高的系统，可减少拒绝率，增加通过率（正确和错误的识别）；通过情况，在匹配过程中，一方面希望减少拒绝率，另一方面希望有更高的识别率和更低的错误率。减小T1可以减小拒绝率，但使识别的错误率增加；减小T2可以增大拒绝率，但识别的正确率会增加。合理地调整T1和T2，使拒绝率不致过大，同时使错误率也不致过大。通过大量的实验证明：T1和T2取值与模板尺寸有关，但对大于8×16的模板（车牌区宽度大于80个像素）影响不大，一般取95%和4%合适，字符识别率可达95%，错误率为5%，拒绝率为4% 。对小于8×16的模板，T1应取小一点，T2应取大一点，找到合适的T1和T2，字符识别率也可达85%以上。

1.7 语法分析

采用车牌字符排列结构语法分析方法，可进一步有效地拒绝车牌图像。如：当识别省份汉字时，通过启发式搜索找到备选模板集中相应的模板子集，如果识别出来的发牌机关代号在这个省不存在，则可拒绝车牌图像；同理字符串最后三位为纯数字，如果识别出字母，则可拒绝车牌图像。表1给出了经模板匹配和语法分析后的字符识别的正确率、错误率、拒绝率的平均值(表中的数据顺序对应的车牌区宽度分别为150、100、80、60个像素四种情况,T1取95%,T2取4%,车速约60km/h,阴天,共500辆车)。

车牌字符识别结果　　表1

字符组合	识别结果		
	识别率(%)	错误率(%)	拒绝率(%)
单个汉字	99、97、92、82	1、3、8、18	3、5、9、18
单个英文字母	98、95、90、80	2、5、10、20	3、6、10、19
单个数字	97、95、88、80	3、5、12、20	5、7、11、20
两个字符同时	—	0.5、0.6、0.8、1.5	—
三个字符同时	—	0.1、0.2、0.4、0.6	—
四个以上字符同时	—	0.05、0.1、2.0、0.3	—

2 结语

笔者提出的基于模板匹配的车牌字符识别方法对低质量的车牌区图像字符识别具有较高的识别率。对于车牌区宽度大于80个像素的车牌,字符识别率可达95%,而用分割字符的方法是很难识别的。实验发现,此方法比其他车牌字符识别方法在识别速度上也有提高,整个车牌字符识别时间小于1s(而传统方法的识别时间最少2s以上)。当然,若图像质量太低,识别率会显著下降,甚至无法识别。在实际系统中,可调整T1和T2使其具有更好的适应性;另外,标准模板的选取和制作也需反复实验,以进一步提高识别性能。

公路收费标准优化及收费在交通管理中的应用研究

袁剑波[1]　张起森[2]

(1.中南大学　长沙　410075;2.长沙交通学院　长沙　410076)

摘　要:通过对公路收费标准优化方法的研究,提出了在不影响公路建设项目国民经济效益的条件下差别价格和二部收费法在公路收费标准制定中的应用及扩大收费收入、增强建设项目投资偿还能力的方法;研究了交通拥挤收费在交通管理中的应用,提出了相应的收费标准制定模型和方法;论述了车辆超载对公路营运成本的影响。

关键词:公路　收费标准　优化　交通管理收费

公路收费标准可以根据收费收入最大化或收费企业利润最大化或社会效益最大化或偿还投资成本等原则计算确定。但当投资太大或当地交通量(运输量)较小时,应用上述收费标准难以回收全部投资,因此,需要对收费标准制定方法进一步优化。另一方面,收费作为一种价格机制,有调整公路交通需求(交通量)的作用,对加强交通管理产生积极影响。

1　差别价格法及其应用

所谓差别价格法是指对具有相同的公路使用成本的车辆征收不同的收费价格的行为。如图1所示,DD' 为交通需求曲线。设需求函数为

$$P(Q)=BK\left[1-\left[\frac{Q}{Q_0}\right]^{t}\right] \tag{1}$$

$$K=\frac{Q_0^{t}}{Q_0^{t}-Q_b^{t}} \tag{2}$$

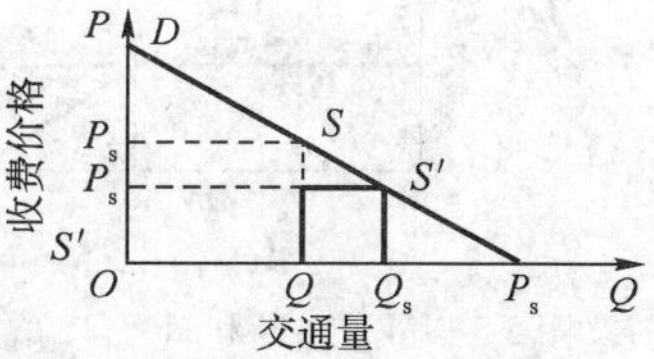

图1　差别价格收费

式中:B 为级差效益;Q_0 为收费价格为0时公路交通量;t 为反映需求曲线凹凸程度的参数,它受竞争性运输方式、并行道路质量、收费公路长度、收费负担度等因素的影响;K 为反映收费价格是 B 时收费公路上交通量大小的修正系数;Q_b 为收费价格为B时收费公路上的交通量。

则按收费收入最大化原则的收费标准 P_s 的计算公式是

$$P_s=\frac{BKt}{1+t} \tag{3}$$

相应的交通量为 Q_s,最大收费收入为 $P_s\cdot Q_s$,其消费者剩余为 DSP_s。从图1中可以看出,公路还有相当的通行能力来发挥,当投资太大或路网交通量太小时,该收费收入不一定能

摘自《中国公路学报》2002年1月第15卷第1期。

偿还全部投资。

如果使用差别价格，即对另一部分支付能力有限的用户，制定较低的价格（设为 P'_s）。则由于 P'_s 低于这一部分消费者的支付意愿，因而会吸引这一部分消费者来参与消费。由此收费公路的交通量增加到 Q'_s，收费收入相应增加（图中阴影部分的面积），并且消费者剩余也增加了（图中三角形 SAS' 的面积）。

在制定公路收费标准时，考虑到中国私用汽车用户的支付能力，可采用差别价格，即降低私用小汽车的收费标准，这样，既增大了消费者剩余，提高了高速公路的利用率，满足了低支付能力的消费者购买小汽车和驾车在高速公路上行驶的需求，同时也增大了自身的收费收入。该方法也适用于长短途出行车辆的差别价格收费，还可在周日或节假日期间实践应用。

应当注意的是，上述差别价格是以扩大用户群，提高公路使用效率为目的的，因而是正当的，对消费者也是有利的。但如果收费是以获取垄断利润为目的，则这种收费价格制定方法应当抵制和反对。

图 2 中，收费企业为获取超额垄断利润，利用差别价格将消费者剩余减小，全部变成自己的垄断利润（见图中阴影部分的面积）。这种收费标准制定方法是应当抵制和反对的，它损害了消费者的正当权益。

因此，实践中为防止不正当的差别价格的收费行为，除对收费标准严格审查外，其差别价格收费法通常只适应于以收回成本为目的的收费中。见图 3，AC 为平均成本曲线。按不同的用户群，分阶段以收回成本的价格 P_1（对应的交通量为 Q_1）、P_2（对应的交通量为 Q_2）、P_3（对应的交通量为 Q_3）来进行收费，这种差别价格是允许的。这种收费被称为“分阶段递减从量收费”。

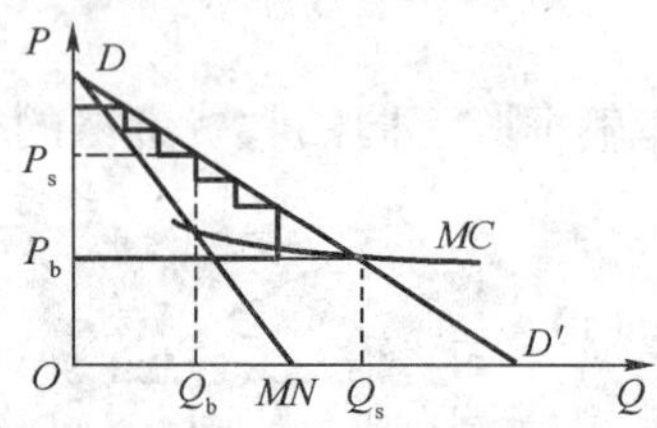

图 2　以获取垄断利润为目的的差别价格收费

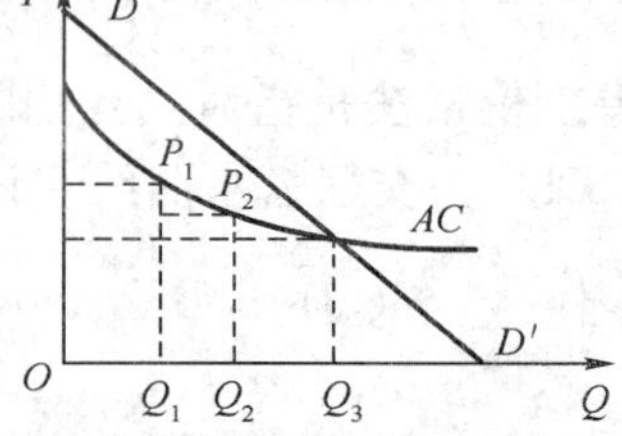

图 3　针对不同用户群按平均成本收费的差别价格

2　二部收费法及其应用

所谓二部收费是指：一部分收费与使用量无关，按月额或年额收取“基本费”，另一部分费用则根据使用次数来收取“从量费”。

图 4 中，如果按边际成本来确定收费标准（P_b），则收费企业会出现亏损，其亏损额为 CFEP$_b$ 的面积，其初始投资难以回收，在得不到政府补贴的情况下，投资者会失去投资兴趣。二部收费法是将初始投资按使用年限除以用户总数，并将其作为每一用户的平均年收费，称为“基本费”，另外根据边际成本收取“从量费”。通过这一方式，可以实现收费经营企业的收支平

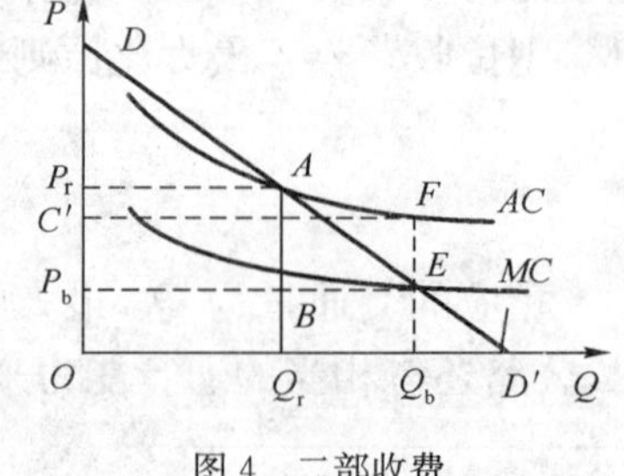

图 4　二部收费

衡。

从国民经济效益而言，二部收费优于按平均成本收费。在图 4 中，按平均成本收费其交通量只有 Q_r，而按二部收费其交通量达到 Q_b，国民经济效益由此增大了 AEQ_bQ_r 的面积。从消费者剩余而言，由于图 4 中 P_rABP_b 的面积与 $CFEP_b$ 的面积都表示初始投资额，因此二者相等。这样按二部收费消费者剩余增加了三角形 ABE 的面积。

二部收费还可以降低公路收费过程中的成本开支，从而提高经济效益。

所以二部收费是一种比按平均成本收费更优的收费方法。实际收费过程中，二部收费的"从量费"收费标准根据公路的平均营运成本来确定（而不是根据边际成本来确定）。

在上述二部收费中，由于对少量需求的用户也收取同样的基本费，因此，上述方法有排挤少量需求用户的可能。为解决这一问题，实践中可采取选择性收费方式，即在收费过程中允许用户采用二部收费法交费还是按单车零缴收费标准来交费，这样更有利于充分发挥收费公路的运能和提高国民经济效益。

在公路收费过程中，还可以根据不同的用户群制定有差别的二部收费标准，这是一种兼有差别收费和二部收费特点的复合二部收费。复合二部收费更有利于促进需求及国民经济效益的提高。

二部收费的基本费计算公式如下

$$P_j = \frac{T(1+i)^N}{N} \tag{4}$$

式中 P_j 为每辆汽车的年度收费额；T 为建设项目的投资总额；N 为投资回收年限；i 为投资收益率。

3　交通拥挤收费法及收费标准的制定

3.1　交通拥挤原因分析

交通拥挤收费在许多文献中都有论述，在国外一些地区被作为交通管理手段所采纳。

产生交通拥挤的原因有如下几个方面：

(1)公路基础设施建设滞后于交通运输业的发展要求，因而出现路网的整体通行能力无法满足交通总需求发展速度的现象；

(2)公路使用者从运输成本等因素出发，普遍选择某公路放弃其他并行公路及其他运输方式，因而使该公路出现交通拥挤（其他并行公路的交通量并不饱满）；

(3)交通高峰需求。

对于第一种情况应通过加大公路基础设施建设力度和速度、扩大道路供给的方式来解决。而对于后面两种情况，则可以运用交通拥挤收费这一经济杠杆来对交通量进行调整。

3.2　交通拥挤收费

当收费价格按边际成本定价时，由于收费价格低，会出现大量交通量涌向新建公路的现象，当新建公路交通量超出公路的通行能力时，交通拥挤出现。此时其收费价格为：$P_b = MSC$，即应按边际社会成本来收费。在不考虑交通对环境影响的情况下，边际社会成本可分解成三部分费用：

(1)增加单位交通量所引起的公路营运成本的增加，用符号 MC 表示，其计算公式为：

$$MC = y\frac{C_d}{N_d} \tag{5}$$

式中:C_d 为公路大中修费用;N_d 为大中修周期内公路承受的累计标准轴载作用次数;y 为不同车辆的标准轴载换算系数,对柔性路面有:$y = C_1C_2(P_i/P)^{4.35}$,对刚性路面有:$y = \alpha_i \cdot (P_i/P)^{16}$。

(2)由于拥挤,增加单位交通量而引起的其他车辆运营成本的增加,用符号 MC_1 表示。

(3)由于拥挤,增加单位交通量造成时间延误而引起的车内乘客或货物在途时间的延长及效益的下降,用符号 MC_2 表示。

交通拥挤收费的收费标准

$$P_y \text{为} P_y = MC_1 + MC_2 \tag{6}$$

C_1 的计算公式为:

$$C_1 = 501.3328 - 12.3304V + 0.10198V^2 \tag{7}$$

对高速公路

$$V_{高} = 86.04 - Q/960 \tag{8}$$

对一级公路

$$V_{I} = 76.1 - Q/541 \tag{9}$$

对二级专用公路

$$V_{专II} = 65.9 - Q/400 \tag{10}$$

对二级公路

$$V_{I}I = 156.7\,Q^{1/0.1691} \tag{11}$$

对三级公路

$$V_{I}II = 99.1\,Q^{1/0.1323} \tag{12}$$

对四级公路

$$V_{I}V = 70.5\,Q^{1/0.0988} \tag{13}$$

式中:V 为车速(km/h);Q 为交通量(veh/h);C_1 为车辆运营成本(元/(10^6kg·km))。

由式(7)可得 MC_1 的计算公式为:

$$MC_1 = -12.3304\frac{dV}{dQ} + 0.20396V\frac{dV}{dQ} \tag{14}$$

$$\frac{dV_G}{dQ} = -\frac{1}{960} \tag{15}$$

$$\frac{dV_I}{dQ} = -\frac{1}{541} \tag{16}$$

$$\frac{dV_{专II}}{dQ} = -\frac{1}{400} \tag{17}$$

$$\frac{dV_{II}}{dQ} = -26.5Q^{-1.1691} \tag{18}$$

$$\frac{dV_{III}}{dQ} = -13.1^{-1.1323} \tag{19}$$

$$\frac{dV_{IV}}{dQ} = -7.0Q^{-1.0988} \tag{20}$$

C_2 计算公式为

$$C_2 = \alpha\frac{L}{V} \tag{21}$$

MC_2 为

$$MC_2 = -\alpha L/V^2\frac{dV}{dQ} \tag{22}$$

式中：α 为车内乘客或货物单位时间的价值；L 为收费公路长度(km)。

α 的计算公式如下：

对旅客而言有

$$\alpha=\frac{I_c AB}{8\times 365} \tag{23}$$

对货物而言有

$$\alpha=\frac{P_p IEF}{16\times 365} \tag{24}$$

式中：I_c 为车内旅客的国民收入(元/人)；A 为汽车的定座人数；B 为汽车的实载率；P_p 为在途货物的平均价格(元/10^3kg)；I 为社会折现率；E 为货车载重量(10^3kg)；F 为货车实载率。

3.3　交通拥挤收费的管理

交通拥挤收费是控制交通量的一种重要手段，但不是企业牟利的手段，且收取的费用是一种边际社会成本，并不是公路的运营成本，因此其收费行为必须由政府来承担，收费收入归国家所有。

4　超载对公路营运成本的影响

车辆超载是损害路面质量、加速路面破坏的重要因素，且对交通安全构成重大影响。由文献[3,4]可知，车辆超载对柔性路面与刚性路面的损坏程度是不同的。因此，对柔性路面，车辆超载时的公路营运成本可按下式确定

$$P_z = MC[(1+r)^{4.35}-1] \tag{25}$$

式中：P_z 为超载时公路营运成本的增加值；MC 为不超载时的车辆边际营运成本；r 为超载百分比。

对刚性路面，车辆超载时公路营运成本的增加值应按下式确定

$$P_z = MC[(1+r)^{16}-1] \tag{26}$$

上述公式中并未考虑超载对交通安全及道路通行能力的影响。表1是车辆在不同的超载百分比下的公路营运成本增加百分比。

车辆超载时公路营运成本增加倍数　　表1

路面性质	超载率									
	5%	10%	15%	20%	25%	30%	35%	40%	45%	50%
柔性路面	0.24	0.51	0.84	1.21	1.64	2.13	2.69	3.32	4.03	4.83
刚性路面	1.18	3.59	8.36	17.48	34.53	65.54	120.71	217.80	380.85	654.84

从表1可以看出，当车辆超载5%时，对柔性路面，其公路营运成本将增加0.24倍，而对刚性路面将增加1.18倍；当车辆超载50%时，对柔性路面将增加4.83倍的费用，而对刚性路面则增加654.84倍的费用。因此，从公路使用的经济性和安全性考虑，超载现象应坚决制止。

基于广义夹角的遥感图像计算机分类方法

郭云开　张起森

（长沙交通学院　长沙　410076）

摘　要： 通过研究遥感(RS)图像的物理基础，分析了传统分类方法的弊端，指出基于广义夹角的计算机分类方法(SAM法)较适合地物光谱的形状特征，进而对SAM法进行研究，并提出了改进方法和实施步骤，给出了分析比较试验实例，说明该研究改进使分类计算更精确。

关键词： 公路工程　遥感图像　分类计算

0　引言

随着成像光谱技术的应用与发展，人们针对高光谱图像的监督分类提出了一些方法。HART基于数学原理提出了K—近似方法；STRATHER提出最大似然法；依概率判决函数并希望以错分概率或风险最小为准则来建立所需要的判决规则，即提出了BAYES判决规则；以地物光谱特征，在特征空间中是按集群方式分布为前提提出距离判别函数判别法；以及树分类器法、应用直方图的定心法等。由于RS的高光谱图像在光谱维上有很高的分辨率，图像数据量比普通图像大大增加，这一方面增加了许多地物特征的细节，另一方面也增加了冗余信息，这使得上述一些传统方法的应用遇到困难。如计算量大增，用最大似然法分类时，光谱维数的增加使得运算量以二次方增加；又如受到噪声的影响，光谱维数的增加也会降低分类精度；其他分类方法也与之类似的存在困难。

根据RS的物理基础，地物的反射光谱在很大程度上可以决定地物类型，反射光谱的形状可以作识别地物的特征。KRUSE据此导出了光谱角度填图法(SAM法)，以两个反射光谱向量的广义夹角为特征进行分类，强调光谱的形状特征，大大减少特征信息。

SAM法以实验室测量的标准光谱或从图像提取的已知点的平均光谱为参考，将影像中每一象元矢量和参考光谱矢量求广义夹角，夹角越小，相似度越大。实际中由于地物组成很复杂，一个图像像元点对应的地物不纯粹，其光谱往往是许多种物质光谱的合成，很难找到对应的实验室测量光谱。因此，应用中常常从影像中选取已知类型的区域，以其平均光谱作为样本中心进行分类，对各未知像元求与各类中心的夹角，将该像元归入夹角最小类别中。可是，SAM法直接以像元的向量均值为中心，不能反映向量的角度关系，并且简单地用夹角最小作分类判据也不能反映所选择的样本区的统计特性。笔者在这两方面对SAM算法进行改进，并将改进后的算法与SAM法和最大似然法进行分类试验比较。

摘自《中国公路学报》2002年4月第15卷第2期。

1 SAM 法

SAM 法以两光谱向量的广义夹角为基础，比较两光谱的相似性。设有两个波段的光谱向量 $T=(t_1,t_2,\cdots,t_n)$，$R=(r_1,r_2,\cdots,r_n)$，它们的广义夹角定义为

$$\theta = \cos^{-1}\frac{TR}{\| T\| \cdot \| R\|} \tag{1}$$

即

$$\theta = \cos^{-1}\frac{\sum_{i=1}^{n} t_i r_i}{\sqrt{\sum_{i=1}^{n} t_i^2}\sqrt{\sum_{i=1}^{n} r_i^2}},\theta\in\left[0,\frac{\pi}{2}\right] \tag{2}$$

式中：T、R 为非零向量，θ 值越小，T 和 R 的相似性越大。用实验测量光谱与图像光谱比较时，须将测量光谱按照图像光谱的波长进行重采样，使得两个光谱具有相同的位数。从式(2)可以看出 θ 值与光谱向量的模是无关的，即与图像的增益系数无关。

若以图像中已知区为参考光谱，则将区域中的光谱的几何平均向量为类中心。设已知某类中有 M 个点 R_1、R_2、…、R_M，则类中心为

$$\bar{R} = \frac{1}{M}\sum_{i=1}^{M} R_i \tag{3}$$

2 统计 SAM 法

为了使其计算机分类计算方法能较好地反映向量的角度关系，改进其类中心的计算方法；为了使所选择的样本能较好地反映样本区的统计特性，需改进其样本区统计参数的计算方法，以及分类判别准则。改进后的计算方法分为以下三个步骤。

2.1 求类中心

首先将类中的每个向量投影到单位半径的超球面上，即对各向量进行归一化，归一化向量为：

$$R'_i = (ri_1, ri_2, \cdots, ri_n)$$

$$R'_i = \frac{R}{\| R\|},\ r'i_j = \frac{ri_j}{\sqrt{\sum_{j=1}^{n} ri_j}} \tag{4}$$

归一化后的向量的几何中心也在单位超球面上，以该向量为类中心。类中心为

$$\bar{R}' = \frac{1}{M}\sum_{i=1}^{n} R'_i \tag{5}$$

2.2 计算各类的统计特征

以 R' 为类中心，根据式(2)求类中各向量 R_i 与类中心的广义夹角 θ_i，$i=1$、2、…、M。假设 θ 是以均值零方差为 σ 的正态分布，其概率密度函数为

$$P(\theta) = \frac{1}{\sqrt{2\pi\sigma}} e^{-\frac{\theta^2}{2\sigma^2}} \tag{6}$$

当光谱向量 x 与类 i 的中心 R'_i 的广义夹角为 θ_i 时，x 属于类 i 的条件概率为 $P_i(\theta_i)$。根据最大似然数估计，类方差为

$$\sigma^2 = \frac{1}{M_i}\sum_{i=1}^{M}\theta_i^2 \tag{7}$$

2.3 分类准则

按照贝叶斯决策规则，当光谱向量 x 属于类 i 的条件概率 $P_i(\theta_i)$ 取最大值时，将 x 划入类 i。为了简化计算，取 $P_i(\theta_i)$ 的自然对数，得

$$P'_i = \ln P_i(\theta_i) = -\frac{1}{2}\left[\frac{\theta_i}{\sigma_i}\right]^2 + \ln\frac{1}{\sqrt{2\pi}\sigma_i} \tag{8}$$

定义分类准则，当 $P'_i = \max(P'_i)$，则将 x 归入类 i。

3 分类计算结果与分析

为了比较分类算法的效果，笔者选择了一块利用 MIVIS 成像光谱获取的数据进行监督分类试验。其图像有效数据为 12 bits，有 102 个波段，包括可见光、近红外、短波红外及热红外，波长范围 0.43～0.83、1.15～1.55、2.00～2.50、8.2～12.7(μm)。笔者选 7 月下旬获取的一幅图像，取 92 个波段(不包括热红外)755 像元 512 行的数据进行试验，图像地面分辨率为 6m。

试验区的地物比较简单，比较。根据试验区地面状况选择 6 类，包括水泥地、裸土地、收割后的稻茬地、豆地、苜蓿地、稀疏灌木丛等。首先对数据进行相对反射率转换，得到相对反射率图像；然后根据试验区地面状况在影像上选择已知类的训练区，通过训练区中的样本数据获得各先验类别的统计参数 p'_i，再按判别准则进行分类计算处理，如图 1～图 4 所示。

图 1 MIVIS 假彩合成图

图 2 最大似然法分类结果

比较三种分类结果，图 2 用最大似然法分类将图中左下角苜蓿地误分为稀疏灌木丛；图 3 用 SAM 分类法将有少量植被的稀疏灌木丛误分为裸地；图 4 用统计 SAM 法根据样区统计特征将该区分为稀疏灌木丛；以及其他地物的分类更符合地面地物实际情况。由三种方法的分类精度如混淆矩阵和精度指标见表 1～表 3，可知统计 SAM 法较好地解决了分类精度的问

题，几种地物的分类精度均达到80%以上；总的分类精度与最大似然法相比提高了18.8%，也比SAM法提高了10.5%。

为了检验统计SAM法的广泛适应性，另选择了一块较能代表中国南部丘陵地区情况的湖南浏阳东部达浒至东门地区1998年8月16日Land sat10-TM数据，当时天气晴好。图像大小为328×328，遥感图像处理软件仍采用ENVI3.0。通过对该地实际情况的了解和图像解释，把该区域大致分为河流水库(塘)、水田、居民地、裸地、道路、林地、灌木丛等七大类，用三种分类方法进行分类计算的精度情况大致与前试验地类似。用最大似然分类法时，把部分灌木丛误分为林地，水田与裸地误分现象较突出，总的分类精度为68.7%；用SAM法分类时部分水田误分为灌木丛，一般裸地也有误分为道路的情况，总的分类精度为78.0%；用统计SAM法各类地物分类精度较高且较均衡，在82.3%～96.4%之间，总的分类精度为88.7%，比其他两种分类方法的分类精度均高出较多。

图3 SAM法分类结果

图4 统计SAM法分类结果

最大似然法分类混淆矩阵

表1

分类类别	实际类别						
	水泥地	裸土地	稻茬地	豆地	稀疏灌木丛	苜蓿地	总和
水泥地	8.8	0.2	0.1	0.2	0.8	0.1	10.2
裸土地	0.3	5.5	0.1	3.5	1.8	0.2	11.4
稻茬地	0.2	0.2	42.8	0.4	3.1	0.2	46.9
豆地	0.2	0.1	1.2	8.6	2.0	0.1	12.2
稀疏灌木丛	0.1	0.1	0.2	1.0	9.7	2.6	13.7
苜蓿地	0.2	0.1	0.1	0.6	2.7	1.9	5.6
总和	9.8	6.2	44.5	14.3	20.1	5.1	100.0
精度/%	90.3	88.4	96.3	60.4	48.2	38.2	
总精度=70.3%							

表 2

SAM 法分类混淆矩阵

分类类别	实际类别						
	水泥地	裸土地	稻茬地	豆地	稀疏灌木丛	苜蓿地	总和
水泥地	8.9	0.2	0.0	0.2	0.4	0.0	9.7
裸土地	0.3	5.5	0.0	1.8	3.4	0.1	11.1
稻茬地	0.2	0.2	42.7	1.0	1.8	0.1	46.0
豆地	0.1	0.1	0.9	10.1	1.2	0.6	13.0
稀疏灌木丛	0.2	0.1	0.5	0.7	11.8	0.9	14.2
苜蓿地	0.1	0.1	0.4	0.5	1.5	3.4	6.0
总和	9.8	6.2	44.5	14.3	20.1	5.1	100.0
精度/%	91.2	89.1	96.0	70.4	58.7	66.2	
总精度=78.6%							

表 3

统计 SAM 法分类混淆矩阵

分类类别	实际类别						
	水泥地	裸土地	稻茬地	豆地	稀疏灌木丛	苜蓿地	总和
水泥地	9.90	0.1	0.0	0.1	0.2	0.0	9.4
裸土地	0.3	5.5	0.1	0.6	0.3	0.1	6.9
稻茬地	0.2	0.2	42.6	0.5	0.2	0.1	43.8
豆地	0.1	0.2	0.8	11.9	0.4	0.2	13.8
稀疏灌木丛	0.1	0.1	0.5	0.7	18.1	0.4	19.9
苜蓿地	0.1	0.1	0.5	0.5	0.7	4.3	6.2
总和	9.8	6.2	44.5	14.3	20.1	5.1	100.0
精度/%	92.0	89.4	95.8	83.4	90.2	83.8	
总精度=89.1%							

基于广义夹角的高光谱 RS 影像计算机分类方法，压缩了影响光谱信息，提高了返算效率。加入统计特征改进的 SAM 法能够更好地反映已知样区的特征，有利于提高分类精度；同时他对影像的增益不敏感，便于影像光谱与物理测量光谱的比较匹配。若已知图象各类别所占比例，则更进一步的改进可以在分类算法中加入先验概率；同时，研究同类的物光谱向量的分布规律，给出比正态分布更准确的概率分布函数，均匀进一步提高分类精度。

随着 RS 的计算机分类计算技术进一步完善与提高，将能更好地体现 RS 技术在高等级公路工程中的优势，在可行性研究和勘测设计各阶段发挥更大作用，与“3S”技术和“4D”技术的密切结合，其数字成果可直接为公路计算机辅助设计所应用。

水泥混凝土路面维护管理的软件系统设计

何桂平 张起森
（长沙交通学院 长沙 410076）

摘 要： 针对项目级水泥混凝土路面管理的特点，分析路面管理系统的使用要求和功能，数据库设计，以及系统软件设计方法，并开发了项目级上的“水泥混凝土路面维护管理系统软件——CPMMS”。

关键词： 水泥混凝土路面 管理系统 软件系统设计

路面管理系统（简称PMS）分为网级和项目级两个层次。我国20世纪80年代中期开始对PMS进行研究，已在各个省市推广使用沥青路面养护管理系统。对于水泥混凝土路面，这方面起步较晚，相关文献对水泥混凝土路面网级管理系统进行了研究，对于项目级水泥混凝土路面管理系统的研究还不多。鉴于此，本文在分析项目级上水泥混凝土路面养护管理系统的软件设计方法的基础上，开发通用性好、便于推广应用、具有良好的预测性和科学决策性的水泥混凝土路面养护管理系统，对于改善水泥混凝土路面的使用性能，提高道路的通行能力，延长路面的使用寿命，降低养护成本具有重要的意义。

软件系统是联系理论研究与实际应用的纽带，是使用者和开发者的最终交互媒介。在路面管理系统中，软件系统是路面管理的表现形式与实施工具，软件系统设计的成功与否直接影响到路面管理系统实施的效果。项目级水泥混凝土路面管理的软件系统是在项目级路面管理系统的原理和方法的基础上，选择通用的编码语言，结合路面数据库开发出满足使用要求的、功能齐备的运行系统来完成的。系统往往采用相对独立的模块完成其各自的功能，这种方式便于修改，编程效率高。

1 软件系统的使用要求和功能

系统设计是在系统分析的基础上，根据所提出的逻辑模型，建立系统的物理模型。系统设计是开发管理系统的关键环节，它的工作质量直接关系到管理系统的质量和经济收益，因此必须按照科学的方法和程序进行设计。

水泥混凝土路面维护管理系统的设计除应满足一般信息管理系统的设计原则和步骤外，还要考虑水泥混凝土路面本身的特点。与一般的信息管理系统相比。水泥混凝土路面养护管理系统软件具有很强的专业性，其设计使用要求也与一般的MIS有重大差别。

项目级水泥混凝土路面管理是在网级管理的基础上，对具体项目的养护和改建提出措施，依据寿命费用分析的方法选择最佳的养护（改建）方案，所需要的数据比网级管理需要的多，但项目级管理不涉及路网的资金分配。

摘自《长沙交通学院学报》1999年3月第15卷第1期。

系统的使用要求如下：

(1)通过实施路面管理系统，可对现有路况进行评价、预测，同时积累历年的路况数据，这些数据不仅可以验证预测方法的正确性，还可以分析设计、施工方法的得失；

(2)为使系统对原始数据进行正常的整理、计算和分析操作，须在维持数据的完整性、稳定地运行数据、为今后可能的分析留有余地和接口等方面做好工作；

(3)在数据输入时，系统应尽可能给出操作指南；用户的输出包括原始数据及运行结果的查询、图表及数据文件等输出方式，系统应提供灵活的输出手段；此外，系统参照系的信息、数据库结构的信息、用户环境的信息也应在输出设计中考虑。

相应的，系统主要功能为：①提供水泥混凝土路面数据的详细资料和强有力的查询手段；②为水泥混凝土路面状况的客观评价提供参数和方法；③为路面养护对策的安排提供参考依据；④为路面修复选择项目的优序安排提供参考依据；⑤为路面养护资金的安排提供参考依据；⑥为路面养护管理提供科学有效的工具。

2 路面数据库设计

路面数据库对于路面管理系统具有十分重要的作用，它是路面规划、设计、施工、养护、科研的基础。路面管理系统的设计和运行离开了数据库的支持无疑是空中楼阁。

路面管理系统通常使用关系型数据库。一些文献就路面管理系统数据库的建立和高速公路数据库管理系统的设计进行研究，并开发了相应的数据库管理系统。就路面管理系统的设计和实施而言，路面数据包括：路段描述数据，使用性能的数据，路面历史数据，几何数据，环境方面的数据，费用数据等。

一个正常运行的路面管理系统除了有路面数据库外，还需要确定系统的参照信息。针对项目级路面管理系统，设计中所使用的路面数据库有两种主要类型：一是路况原始数据库，包括路面损坏、路面结构、交通数据等；二是系统参照信息，包括路线编码、地区码及系统其他编码。

2.1 系统参照系的选择和路线的分段

系统参照信息是系统建立的前提，离开了参照信息，系统的数据处理便无法实现。系统参照信息可归纳为四种基本方法：①路线里程法；②道路联结点法；③分支路段法；④地理信息系统(GIS)。就目前已建立的路面管理系统来看，有相当一部分是用路线里程法作为参照信息的。在本文中，对象虽然为项目级的路面管理，但考虑到将来系统扩充，系统参照系采用图1所示的编码。路线编码为路线码加地区码。路线码的编制可参照各省公路局的路线代码确定方法；地区码参照国标 GB2260－88 编制。

为了便于数据的管理和分析，通常将一条较长的路段分为若干段。一般情况下，分段应按路面结构、交通、修建历史、地基、气候条件基本相同的原则进行，考虑到管理上的方便，尽可能以公里桩划分，通常为 1km 左右。

2.2 路面数据库数据项设置及功能

数据库中数据项的设置不仅关系到路面数据库的运行效率，还涉及路面管理系统实施的质量，因此，数据项的设置既要包括路面管理系统所使用的各种数据类型，还要有利于数据库的高效运行。在本系统中，设计了 3 个关键的数据库：

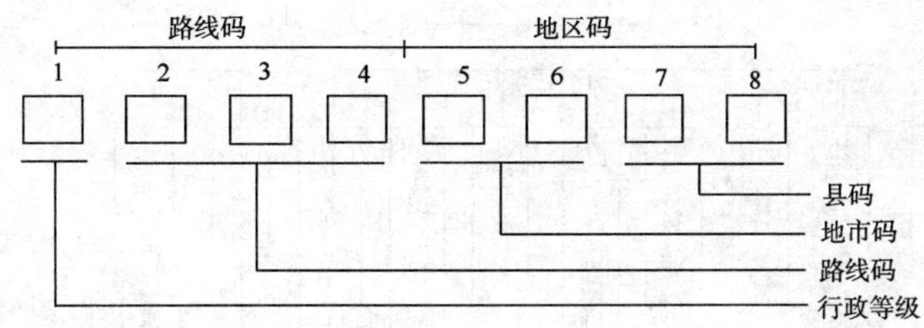

图 1 路线编码方法

路况数据库根据水泥混凝土路面路况调查的内容,路况数据库数据项包括路编码、路线起讫点桩号、路面板情况、各种类型和严重程度的破损、平整度和摩擦系数等共计 38 个数据项;

结构数据库包括路编码、路线起讫点桩号、路面等级、几何尺寸、结构情况、修(改)建时间和性质、管养单位等共计 18 个数据项;

交通数据库包括路编码、路线起讫点桩号、各类车型、交通量、观测点等共计 12 个数据项。

从数据项的设置可以看出,路线编码和路线数据库中的里程桩号一起构成了系统数据库的关键数据元,其他的数据(如破损、平整度等)完全依赖于关键数据库元,它把数据库中的数据联系起来。

除了以上数据库外,为便于使用者了解系统,在系统中还考虑了系统模型库。

按照路面管理系统的使用要求,数据库应具有数据的录入、删除、修改、查询和输出的功能。考虑到数据录入是系统和用户最基本也是最频繁的操作,在设计中力求减少用户输入内容和避免烦琐方式输入,还应尽量满足用户对各种数据的多属性查询要求,查询结果能以数据文件和打印方式存储。

3 软件系统设计

3.1 系统构成

按照项目级路面管理系统的使用要求,根据管理系统设计的思想方法,将系统设计为三大模块:数据库模块;系统运行模块;输出及查询模块。其基本构成如图 2 所示。数据库模块是基本模块,它是运行模块的基础和依托;运行模块是通过设计文件将数据库和输出查询模块联系起来;输出和查询模块能满足使用者的查询和结果输出的功能。系统为了便于扩充,保留了系统模型库和将来应用与网级管理的预算约束、财务规划的接口。

3.2 运行程序的设计

在数据库基础上,通过运行程序可实现路面系统的各种有关操作功能。运行程序设计包括用于评价路面的各指标计算程序、路面的评价程序、对策决策程序、优先排序程序、养护费用计算程序、路面使用性能的预测程序、图表输出程序等内容。大部分程序是用 Foxpro2.5 for Dos 语言编制的,由于该语言在处理图形方面的不足,图形输出部分采用 UCDOS 的 SDK 工具完成。为使系统正常运行,设计了数据格式文件,通过它使运行程序和数据库相联系。在程序编码设计中,为了保证系统对不同对象的通用性,将数据与程序严格分离。

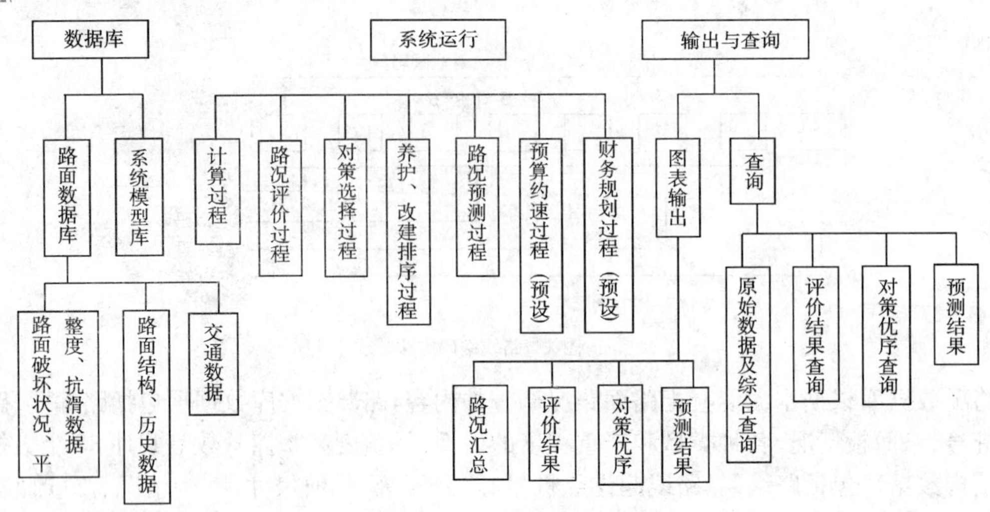

图2　水泥混凝土路面维护管理系统构成

在运行程序设计中，需要用到系统的模型。系统包括下面模型：路面状况指标的综合评价模型；选择养护修复对策模型；养护修复对策的费用模型；养护修复次序的确定模型；预测模型。

对路面状况进行评价时，评价模型采用了路况指数 PCI、路面破损率 PSL、平整度 PZD 和摩擦系数 MCXS 4 个单项指标，评价结果分为优、良、中、差 4 个等级；路面综合状况的评价采用了基于灰色聚类的评判方法，评价指标是灰聚类指数 GMIDX；养护修复对策的选择采用决策树模型；养护修复费用以现行的各种养护修复措施的费用为计算依据；路段的养护修复次序由灰聚类指数 GMIDX 和各单项评价指标的评价结果确定；路面使用性能的预测采用了多点激励有后效的灰色预测模型。图 3 给出了数据的流程情况示例图。图 4 为运行程序之一预测程序的设计框图示例。由预测程序框图可以看出，采用多点激励有后效的灰色预测模型可以自动调整模型参数 a 和 b，因此它具有参数自调整的功能。

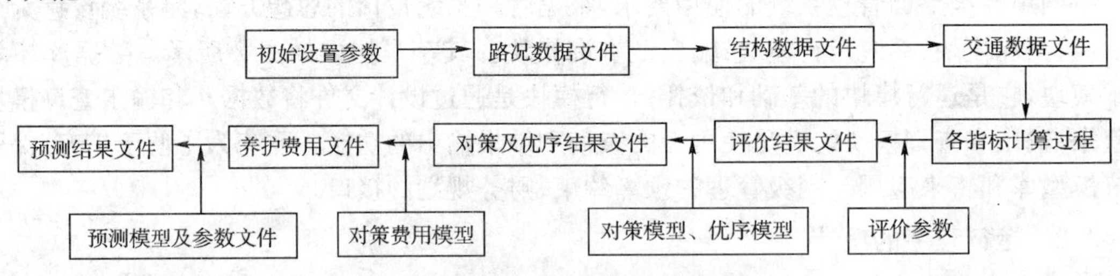

图3　水泥混凝土路面维护管理系统的数据流程

3.3　输入输出设计

系统的正确运行离不开数据，系统要求用户输入的数据包括：①参照信息，如路线编码、路线起讫点桩号、数据年份等；②原始路况数据；③运行参数，如预测参数等。

根据项目级水泥混凝土路面管理系统的使用要求，本系统设计了下列多功能的输出方式，

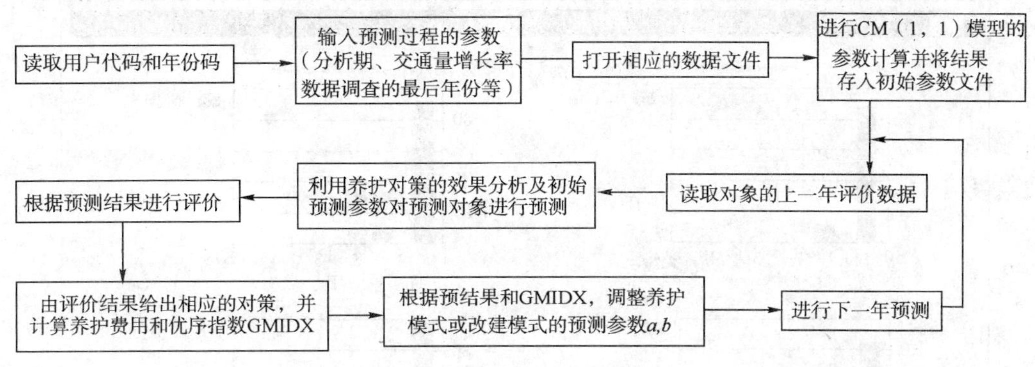

图4　预测程序的运行框图

它不仅可以满足使用者对管理系统的使用要求，还可以满足其对系统的了解的要求。系统提供的输出方式包括：①原始数据查询的屏幕、报表、文件输出；②有关参照信息的输出；③评价结果的屏幕、报表、文件输出；④对策及养护修复费用的屏幕；报表；文件输出；⑤分析期内各年的预测结果和养护费用的屏幕、报表、文件输出；⑥各类指标的统计图形的屏幕、打印输出。

4　水泥混凝土路面维护管理系统——CPMMS 简介

根据上述研究内容，在586微机上编制了“水泥混凝土路面维护管理系统—CPMMS”，系统运行全部采用菜单操作，具有友好的用户界面，运行速度快。本系统包括了六大功能模块，其主菜单如下：

S 系统信息 D 数据管理 M 模型管理 C 计算评价对策 Q 查询输出 P 预测决策

各主菜单下又含多级子菜单，可以满足用户不同的使用要求。各主菜单功能如下：

(1)系统的介绍和系统的设置，让使用者了解系统，为系统对不同对象和不同评价年份所需数据资料进行输入设置；

(2)数据库的维护和管理，包括数据的两种录入(全新录入和修改录入)功能，数据库的查询、修改、删除、输出功能；

(3)模型管理功能，此模块系为今后系统的扩充和向网级管理系统的进一步开发而预设的接口；

(4)计算评价、对策功能，能对各个路段项目进行路面性能的PCI、PSL计算，根据计算结果与平整度及摩擦系数资料给出各路段的路况评价、对策、养护费用、养护与修复的优先次序排例结果，图5即为某路段的评价结果，它显示了PCI、PSL、摩擦系数、平整度分别处于优、良、中和差的比例；

(5)输出与查询，可以进行参照信息的编码查询、路况原始数据、评价结果、养护修复对策结果的屏幕、打印、文件输出外，还可以进行各评价指标图形的屏幕、打印输出；

(6)预测功能，预测分析期内路况数据的变化情况，根据预测结果进行评价、对策选择、养护费用计算，对于各种结果可以进行屏幕、打印文件和图形输出，图6为某路段各使用性能指标及养护费用的预测情况，0、2、4分别代表2000、2002、2004年。

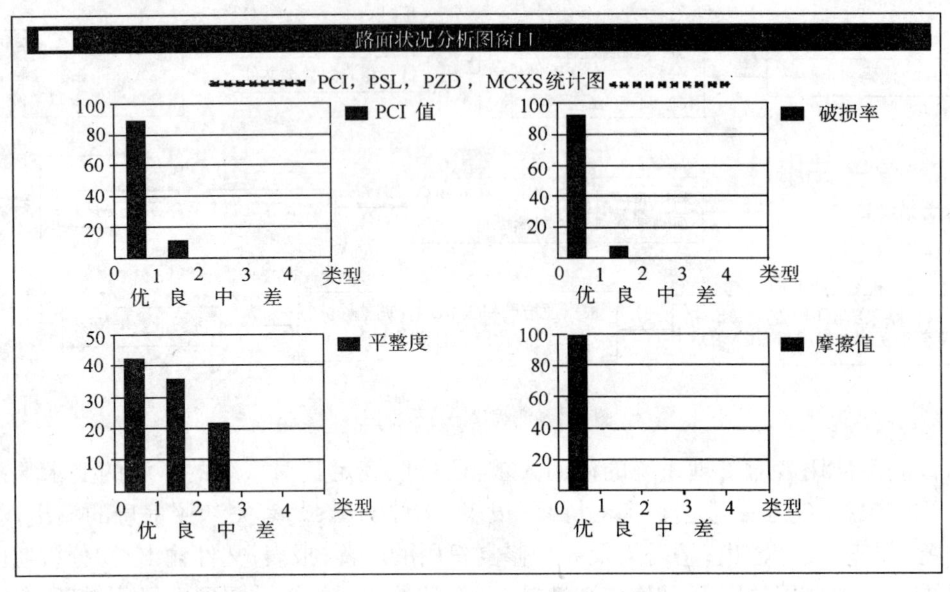

图5　评价统计结果示例

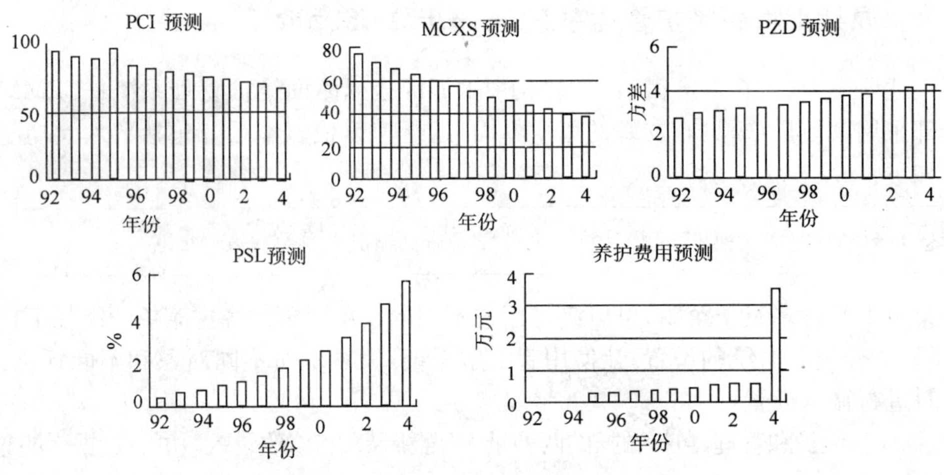

图6　预测结果示例

5　结语

本文结合项目级路面管理系统分析了系统的使用要求和功能。路面数据库是路面管理系统的重要基础，结合水泥混凝土路面的路况调查、结构和交通调查，对路面数据库的结构和功能进行了讨论和分析。应用软件工程的设计方法，设计并编制了水泥混凝土路面维护管理系统的系统软件——“CPMMS”。系统软件的完成为水泥混凝土路面管理系统的实施提供了基础，为提高水泥混凝土路面的养护管理水平和决策的科学化提供了有力的工具。

控制出入公路车辆折算系数研究

张亚平　张起森
（长沙交通学院　长沙　410076）

摘　要：在分析国内外有关公路交通流车辆折算系数研究现状的基础上，提出密度因子法建立车辆折算系数计算模型，对珠江三角洲地区大量实测交通流数据进行多元非线性回归分析，并对其结果进行了讨论。最后给出了高速公路、一级公路车辆折算系数推荐值。

关键词：车辆折算系数　通行能力　密度因子法　非线性回归分析

美国《公路通行能力手册》（Highway Capacity Manual，简称 HCM）于 1965 年首次提出车辆折算系数（Passenger Car Equivalents，简称 PCE）的概念。其实质含义是：在对通行能力的影响方面，某种车一辆相当于标准车的辆数。影响通行能力的因素主要有道路、交通和管理水平等几个方面。从我国目前交通状况来看，交通条件对通行能力的影响较其他发达国家要突出一些，主要表现在车辆性能较差、交通构成复杂且大小车型间动力性能相差明显，造成行驶速度相差悬殊，交通流中超车次数频繁，车辆间的相互干扰较大，降低了车辆运行质量和道路通行能力。因此，车辆折算系数是量化不同车型车辆对通行能力影响程度的指标之一，是道路通行能力研究中的基础数据。

1　PCE 研究现状

目前，我国关于 PCE 的研究仍停留在沿用美国 HCM 研究成果的现状。1997 年交通部颁布的《公路工程技术标准》采用的 PCE 仍为 1972 年的规定值，并且是以载重汽车作为标准车型。但对于以小客车作为设计车辆的高速公路和一级公路而言，以载重汽车作为标准车型似乎不妥，这是该《公路工程技术标准》存在的不足之处。而以小客车作为标准车型的控制出入公路的 PCE，目前尚无公认值，习惯采用值见表 1。同时，有关研究指出，当前 PCE 的研究仍处于摸索阶段，但比较一致的意见是，表 1 中的车型当量换算系数偏大，不尽合理。

PCE 惯用值　　表 1

车型	换算系数
小客车	1.0
载重车	2.0
拖挂车	3.0

应当承认，由于 PCE 确定方法的不同，各国测算的当量系数存在一定的差异。国外采用的一些常用方法有沃克法（Walker）、延误法（Walker 法的延伸）、车头时距法、等价交通量法、

摘自《长沙交通学院学报》2000 年 3 月第 16 卷第 1 期。

瞬时占用道路率法和计算机模拟模型法等。如美国采用等效观测法，将当量换算系数与具体公路的几何条件、交通组成及所在地域的地形类别联系起来加以考虑；日本以分型车辆占用路面的宽度为准进行计算；印度则将各种货车对小客车的换算系数一律取为3。此外，有关PCE的研究不断有新的理论出现，如在第八届亚澳道路工程会议上(AAE)交流的论文“非拥挤状态重型车辆的小客车当量系数的宏观估计”[Izumi Okura & Narell Sthpit(日本)1995]中介绍了3种宏观估计法，即等速度法、等密度法和等V/C法。在国内，随着交通工程学的引入，20世纪80年代也开展了类似的研究，如交通部公路科学研究所主持、南方8省市参加的“混合交通双车道公路设计通行能力研究”中提出了“速度因子法”，用以测算混合交通下双向双车道公路车辆当量换算系数。

2 密度因子法

上述车辆折算系数计算方法均建立在同一前提下，就是车种单一，车辆性能相差不大，车辆运行具有明显的“流”的特征。而我国的交通运行状况是：快、慢车混合行驶，交通构成复杂，不同速度的车辆频繁地交错混杂行驶。因此，必须从我国特有的交通特征出发，找出一种与我国国情相适应的新方法。1997年交通部颁布的《公路工程技术标准》对于PCE的规定，不足之处在于其主要考虑的只是汽车占据道路空间的几何尺寸对车辆的影响，即仅从一种静态的空间角度去分析PCE值。实际上，交通流是一种“动态”流，还应该考虑车辆之间的相互影响，即应从动态时空角度加以分析讨论。

对于双向双车道公路而言，速度是反映交通流变化最敏感的参数，因而可采用“速度因子法”计算PCE。对于多车道公路，密度是反映交通流变化最敏感的参数，因为多车道公路车辆运行受对向交通的影响较双车道公路要小，特别是不需要占用对向车道超车，故其速度随流量的变化不如双向双车道公路明显，而车流密度的变化将导致车道上运行车辆的重新分布(通过改换车道)，从而影响流量的变化。对比分析后可以发现：双车道公路的速度随流量的变化比较明显，曲线呈下凹趋势(图1)；多车道公路速度—流量曲线呈上凸趋势(图2)。这表明：速度是表征双车道公路运营质量的重要指标；密度是表征多车道公路营运质量的重要指标。因此，本文拟从交通流密度与流量的关系来考察车辆之间的相互影响。从而分析求算PCE。

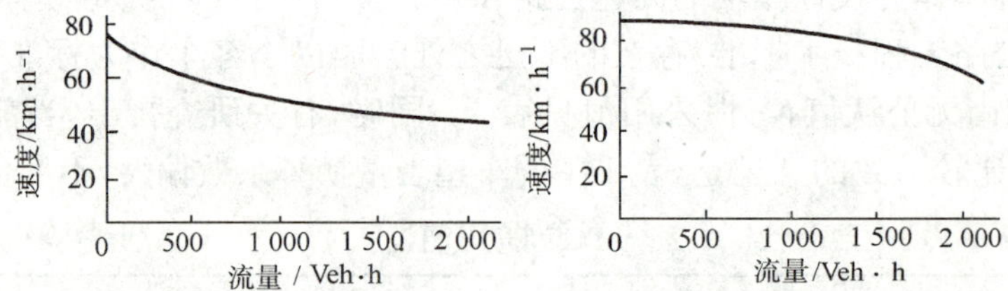

图1 双车道公路速度流量示意图　　图2 多车道公路速度流量示意图

综上所述，基于交通流密度的PCE的具体含义是：在某一车道交通流中，某种车平均每增加或减少一辆对整个小时交通流密度的影响值与平均每增加或减少一辆标准车对整个小时交通流密度影响值的比值，即为多车道公路PCE。因此，称其为密度因子法。

2.1 数学模型的建立

首先建立路段交通流密度与各种车型小时交通量之间的多元非线性回归模型。以各车型的小时交通量Q作为自变量，交通流密度K作为因变量。由于$K-Q$曲线为凸形递增关系，

因此回归曲线采用多项式形式,即

$$K = B_0 + B_{11}Q_1 + B_{12}Q_1{}^2 + \cdots + B_{1m}Q_1{}^m + \cdots + B_{i1}Q_i + B_{i2}Q_i{}^2 + B_{im}Q_i^m \tag{1}$$

式中:$i=1,2,\cdots,n$;$m=1,2,\cdots,N$;Q_1 为标准车辆的平均小时流量;$Q_i(i\neq 1)$为其余车型的平均小时流量;B_{im} 为相应的回归系数。

理论上,模型中拟合多项式的次数愈高,精度愈好;但过多计算带来的舍入误差往往适得其反。因此,从低到高逐次拟合,如果成立,则选 m－1 次多项式。经试算标定 m 值取 2。

$$\frac{\sum (K_i - K)_m^2}{N-m-1} \geqslant \frac{\sum (K_i - K)_{m-1}^2}{N-m} \tag{2}$$

式中 N 为多项式(1)中自变量 Q 的次数;m 为拟合多项式中自变量 Q 的次数;K 为因变量 K 的估计值。

由于我国交通流中的车型繁多,因此有必要划分车型。对于高速公路和一级公路,小客车为其主要车型,故采用小客车作为标准车型,也便于与国际接轨。此外,通过分析我国控制出入的高速公路、一级公路实测数据的速度统计结果,发现:轻型车和中型车速度分布相近;大型车和拖挂车的速度分布相近,车长相差不大,且大型车中全挂车所占比例很小(还不足以作为一个独立变量参加多元回归分析),而多数为性能与中型载重车相近的半挂车或集装箱车。故对于控制出入的公路,将其车型划分为摩托车、微型车、小客车、中型车和大型车共 5 种车型(见表 2)。

控制出入公路车型分类 表 2

编号	车型	说明
1	摩托车(MC2)	2 轴,轴距范围 0.9～1.6m
2	微型车(MV)	2 轴,轴距小于 2.3m;载重量 2t 以下的微型面包车或小四轮货车
3	小客车(PC)	2 轴,轴距范围 2.3～3.5m;载重量 2～5t 的客、货两用车或 18 座以下的小型客车
4	中型车(MHV)	2～3 轴,轴距范围 3.5～10.0m;载重量 5～10t 的货车或 18 座以上的公共汽车
5	大型车(LHV)	3 轴以上,载重量大于 10t 的大型客、货运多轴汽车

根据上述 PCE 的定义,化简后,控制出入的高速公路、一级公路 PCE 的计算公式为

$$\mathrm{PCE}_i = \frac{\partial K/\partial Q_i}{\partial K/\partial Q_1} = \frac{B_{i1} + 2B_{i2}Q_i}{B_{11} + 2B_{12}Q_1} \qquad i = 1,2,\cdots,n \tag{3}$$

式中:PCE_i 为第 i 种车型的小客车折算系数;B_{i1} 为第 i 种车型在多项式方程中的第一项系数(指数为 1);B_{i2} 为第 i 种车型在多项式方程中的第二项系数(指数为 2);B_{11} 、B_{12} 分别为标准车(小客车)在多项式方程中第一、二项的回归系数;Q_i 为第 i 种车型的平均小时交通量;Q_1 为标准车(小客车)的平均小时交通量。

2.2 算例

笔者于 1998 年 10 月至 1999 年 5 月间,先后在以广州、深圳和珠海为中心的珠江三角洲地区进行了大规模的交通调查,获得了丰富的第一手实测交通流资料,并根据上述理论和方法对实测交通流数据进行了分析处理和计算。现以广深高速公路 Lane2(中间车道)为例,将车流密度与各车型的流量数据整理汇总后(计 296 组数据),由专业统计软件 SPSS 进行多元非线性回归分析。

计算模型(以中型车为例)

$$K = B_0 + B_{11}Q_{PC} + B_{12}Q_{PC}^2 + B_{21}Q_{MHV} + B_{22}Q_{MHV}^2 \tag{4}$$

式中 K 为密度；Q_{PC} 为小客车流量；Q_{MHV} 为中型车流量；B_0、B_{11}、B_{12}、B_{21} 和 B_{22} 为相应回归系数。

残差统计结果　　表 3

参数类型	数据
回归变量	5
残差平方和	103.567 52
修正残差平方和	1780.260 96
相关系数	0.941 82

回归系数统计结果　　表 4

回归系数	估计值	标准差
B_0	0.016 555 390	0.086 399 873
B_{11}	0.017 290 738	0.001 033 920
B_{12}	−3.441 87E−06	2.421 16E−06
B_{21}	0.025 160 611	0.003 175 967
B_{22}	−0.000 030 494	0.000 026 610

注：置信水平为 95%。

表 3 和表 4 为回归分析统计结果。其相关系数 $R^2=0.94$，说明回归效果显著，计算结果可取。因此所选择的模型是合适的。

回归系数相关矩阵为：

$$B=\begin{bmatrix} 1.0000 & -0.6769 & 0.5909 & -0.2589 & 0.2310 \\ -0.6769 & 1.0000 & -0.9541 & -0.2670 & 0.1866 \\ 0.5909 & -0.9541 & 1.0000 & 0.1587 & -0.1241 \\ -0.2589 & -0.2670 & 0.1587 & 1.0000 & -0.9016 \\ 0.2310 & 0.1866 & -0.1241 & -0.9016 & 1.0000 \end{bmatrix}$$

将回归系数值 B_0～B_{22} 代入(4)式可得密度流量回归模型：

$$K = 0.0166 + 0.0173Q_{PC} - 0.00000344Q_{PC}^2 + 0.0252Q_{MHV} - 0.000030Q_{MHV}^2$$

由实测 296 组数据可计算出中型车的平均小时交通量和小客车的平均小时交通量分别为(数据略)

$$Q_{MHV} = \frac{1}{296}\sum_{i=1}^{296} Q_{MHV(i)} = 30\text{veh/h/lane}$$

$$Q_{PC} = \frac{1}{296}\sum_{i=1}^{296} Q_{PC(i)} = 191\text{veh/h/lane}$$

将 Q_{MHV}、Q_{PC} 及相应的回归系数代入(3)式可得中型车 PCE：

$$PCE_{MHV} = \frac{B_{21} + 2B_{22}Q_{MHV}}{B_{11} + 2B_{12}Q_{PC}} = \frac{0.0252 - 2\times 0.0000305 \times 30}{0.0173 - 2\times 0.00000344 \times 191} = 1.462$$

同理可计算得到其他车型 PCE。限于篇幅，表 5 示出了广深高速公路广州至深圳方向 3 个车道的 PCE，表 6 为经分析取舍后珠江三角洲地区各观测路段 PCE 回归计算值。

广深高速公路各车道 PCE 计算值 表 5

车道	小客车	微型车	中型车	大型车
1(内侧车道)	1.0	1.531	1.209	1.578
2(中间车道)	1.0	1.506	1.462	1.561
3(外侧车道)	1.0	1.387	1.180	1.024

各观测路段的 PCE 计算值 表 6

路段	公路等级	摩托	微型	小客	中型	大型
广州—佛山	高速公路	1.12	1.35	1.0	1.42	1.68
广州—深圳	高速公路	0.92	1.51	1.0	1.34	1.58
佛山—开平	高速公路	0.90	1.53	1.0	1.47	1.40
深圳—汕头	高速公路	—	—	1.0	1.62	1.80
深圳—宝安	一级公路	0.79	1.06	1.0	1.31	1.69
番禺—中山	一级公路	0.71	1.49	1.0	1.56	1.98
广州—花都	一级公路	0.97	1.52	1.0	1.40	1.82
开平—水口	一级公路	0.88	1.43	1.0	1.36	1.69

注:其中,深汕高速公路实测路段内有一坡度为 2%的纵坡。

3 结语

分析表 5 和表 6 计算结果可得出以下结论。

(1)控制出入公路各 PCE 值较目前习惯采用值要小,这将导致道路通行能力等指标体系的修正与更新,故应引起有关管理与规划部门的高度重视。

(2)PCE 不仅与道路等级、道路纵坡及交通组成有关,还与车辆所在的车道位置密切相关(表 5)。一般来说,靠近中央分隔带的车道 PCE 最大。也就是说,其他车型对标准车的影响最大;中间车道次之;外侧车道最小。

(3)在高速公路上,摩托车的影响较大,不容忽视,反映在 PCE 上就是其折算系数值大于或接近于 1。这也许是因为在高速公路上,习惯了高速行车的小车司机对道路上随时可能横冲直撞的摩托车在心理上有所忌惮的缘故。

(4)高速公路大型 PCE 与中型 PCE 相差不大,这是因为大型车辆的性能在不断提高,有的甚至比中型车还要好,速度更快,如高速公路上常见的豪华大巴,其速度之快,中型车与之相比,也只能望其项背。

(5)微型车的 PCE 较大,不容忽视,但在以往的文献或资料中均很少提及。微型车速度大大低于大、中型车的速度,但其数量尤其是微型面包车的数量却是相当可观的(特别是在里程较短的高速公路和一级公路上),故对小客车的影响较大。其 PCE 与中型车相当,甚至略为高出一点。

根据以上分析,综合各种其他因素,以小客车为标准车型的控制出入公路的 PCE 推荐值见表 7。

控制出入公路 PCE 推荐值 表 7

公路等级	小客车	两轮摩托车	微型车	中型车	大型车
高速公路	1.00	0.90	1.5	1.5	1.7
一级公路	1.00	0.80	1.5	1.7	1.9

尖点突变理论在交通流预测中的应用

张亚平　张起森
（长沙交通学院　长沙 410076）

摘　要：运用尖点突变理论从三维空间分析交通流三参数关系，并藉此得出我国高速公路通行能力及其速度预测值。划分稳定流和拥挤流，建立符合我国公路交通实际工况下的高速公路速度—流量模型，用实测数据验证了尖点突变理论在交通流预测中应用的可行性。最后，讨论了其应用前景和存在的问题与不足。

关键词：尖点突变理论　交通流　预测　速度—流量模型

0　引　言

交通流模型及其理论研究一直是交通工程界一个重要的研究课题。传统的交通流理论建立的交通流模型（如 Greenshields 线性模型，Underwood 指数模型，Drew 跟驰模型，May 钟形线模型等）均是建立在二维平面基础上的连续交通流三参数关系模型。但这些模型有时却难以解释某些实测交通流数据出现的非连续的“跳跃”式现象。而基于突变理论的交通流模型则能较好地从三维空间角度予以解释。因此，近年来国内外一些学者讨论了突变理论尤其是尖点突变理论应用于交通流分析的可能性。

本文试图从系统论的观点出发，通过对实测数据进行适当变换后，应用尖点突变理论来描述交通流参数之间的关系，并借此推算出公路通行能力和速度预测值。

1　突变理论原理与特性

法国数学家 Thom 在 1972 年发表的《结构稳定性和形态发生学—建模一般理论概要》奠定了突变理论（Catastrophe Theory）的基础。突变理论试图从数学方面讨论微分动力体系中状态发生跳跃性变化的现象，要研究光滑动力体系中稳定平衡态的分叉问题。

一个系统具有突变特性主要体现在下列五个方面。

（1）突变性

采用理想延迟时，系统由一个消失的极小值跳跃到全局极小值或局部极小值，其位势的数值有一个不连续的变化；采用 Maxwell 约定时，位势的数值发生连续的变化，但其导数不连续。

（2）分叉性

控制变量的有限变化会导致状态变量在平衡位置时数值的变化，在一般情况下控制变量的微小扰动可能只会引起状态变量初值和终值的微小变化，但在临界点附近控制变量的微小

摘自《系统工程学报》2000 年 9 月第 15 卷第 3 期。

扰动可能会导致状态变量终值发生很大的变化，这种控制变量的扰动的不稳定性称为分叉性。

(3)不可达性

系统有一个不稳定的平衡位置，此处既可以连续又可以不连续，在数学上是不可微的。

(4)多模态

系统中可能有两个或多个不同的状态，也就是说系统的位势对于控制变量的某些范围可能有两个或多个极小值。尖点突变只具有双模态性，即具有两种不同的状态。

(5)滞后性

当系统遵循理想延迟约定时才存在滞后性，若系统遵循 Maxwell 约定则不存在滞后现象。

2 应用突变理论解释交通流特性

一个系统是否具有突变特性主要是看该系统是否具有突变特征。当把速度、流量和密度(或车道占有率)作为一个系统来研究时，它就是一个具有突变特性的系统。从实测速度流量关系散点图(图 1 和图 2)可以看出，一个流量值对应有两个速度值：其中一个位于非拥挤状态，另一个位于拥挤状态，这与尖点突变理论的双模态特征(Bimodality)相一致；从图 1 和图 2 还可看出，多数情况下，交通流状态不是处于非拥挤流状态就是处于拥挤流状态，由非拥挤状态向拥挤状态或由拥挤状态向非拥挤状态过渡不是一个渐进过程，而是一种飞跃，一种突变。因此，交通流系统具有突变性(Catastrophe)；从实测数据散点图还可以发现，某些区域的点非常少或者根本就没有出现空白。从交通心理角度分析和经济利益驱动考虑，这是因为有一种时间利益在驱使驾驶员不能在这些区域停留，即尽量减少延误和减少运行时间(除非出现机械故障)。于是在某些区域出现不可达域。因此，系统具有不可达性(Inaccessiblebehavior)；此外，当交通流系统达到通行能力时，系统处于临界平衡状态，但这种平衡状态是理想化的，只在瞬间存在，属于不稳定平衡，一旦遇到外界因素的扰动就可能破坏这种平衡。因此系统可能偏向拥挤状态也可能偏向非拥挤状态，但这种偏向并不是固定的，有时可能偏向拥挤状态，有时可能偏向非拥挤状态。这与突变理论的分叉性特征相吻合，即系统具有分叉性(Divergence)。系统的滞后性(Hysteresis)只有在遵循理想延迟约定时才存在，若系统遵循 Maxwell 约定时则不存在。

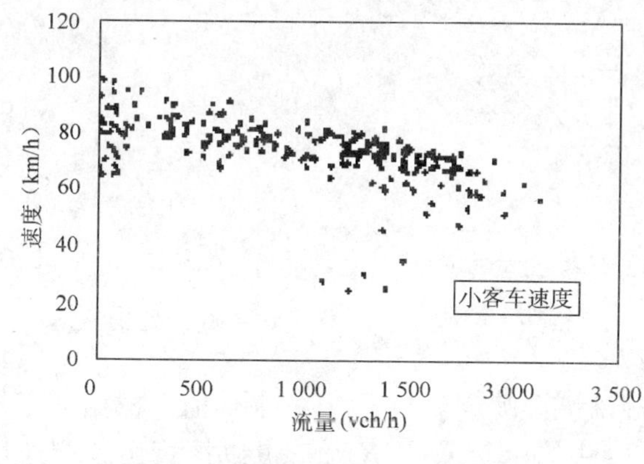

图 1 广佛高速公路速度－流量散点图

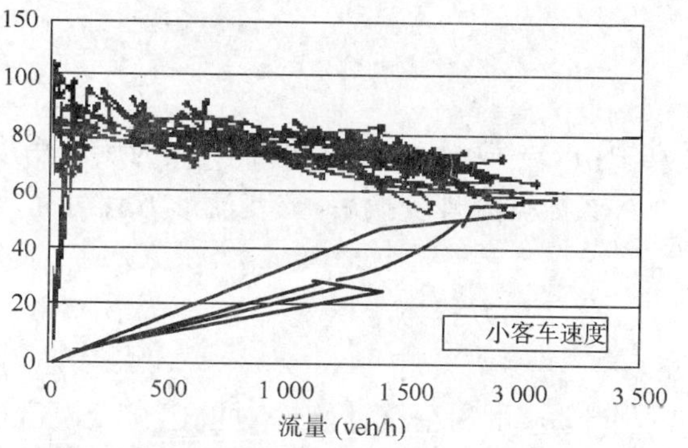

图 2 广佛高速公路速度－流量散点折线图

综上所述，交通流具有突变特性，利用突变理论来解释交通流行为是可行的。

3 基于突变理论的交通流模型

3.1 模型的建立

当系统出现上述突变特性时，就可以建立一个突变理论模型来描述该系统。

根据 Hall 等人提出的观点，突变理论的基本模型为

势函数

$$W(X) = aX^4 + bYX^2 + cZX \tag{1}$$

突变流形

$$4aX^3 + 2bYX + cz = 0 \tag{2}$$

分叉集

$$8b^3Y^3 + 27ac^2Z^2 = 0 \tag{3}$$

其中：X 为状态变量；Y、Z 是控制变量。在交通流参数中，速度、流量和车道占有率分别对应于状态变量 X、控制变量 Y 和 Z；a、b、c 为参数。

研究发现，为满足 Maxwell 约定，尖点突变理论用于交通流分析须先进行一些变换。首次变换变量分配如下：X_0 ＝速度；Y_0 ＝流量；Z_0 ＝车道占有率。

(1)坐标平移

坐标轴平移的目的是为了划分非拥挤状态和拥挤状态。坐标变换如下

$$X_1 = X_0 - V_m \tag{4}$$

$$Y_1 = Y_0 - Q_m \tag{5}$$

$$Z_1 = Z_0 - O_m \tag{6}$$

式中：V_m 为最大流量时最大车道占有率对应的最小速度；Q_m 为最大流量值；O_m 为最大流量时的最大车道占有率。

(2)坐标旋转

坐标平移后，由于 $Y-Z$ 平面上的 Y 轴与 Maxwell 约定的垂直面(区分拥挤与非拥挤状态区域或尖点突变曲面上下平面界限)重叠，因此，可将 Y 轴定义为区分非拥挤与拥挤状态的界限，使非拥挤区域和拥挤区域分别处于 Y 轴的两侧，这样就满足了尖点突变理论模型的基础理论—分叉理论的要求。因此有必要旋转 Y 轴和 Z 轴

$$X_2 = X_1 \tag{7}$$

$$Y_2 = Y_1\cos\theta - mZ_1\sin\theta \tag{8}$$

$$Z_2 = Y_1\sin\theta + mZ_1\cos\theta \tag{9}$$

其中：$m = Q_m/O_m$ 为图形因子；θ 为旋转角度。

经数据处理变换后，突变流形方程可简化为

$${X_2}^3 + aY_2X_2 + bZ_2 = 0 \tag{10}$$

分叉集方程为

$$4a^3{Y_2}^3 + 27b^2{Z_2}^2 = 0 \tag{11}$$

于是，可利用统计软件对上述突变模型进行标定，确定参数 a ，b 的最佳值。根据标定好的模型，利用所观测到的经过变换的流量和车道占有率计算出 X_2 值，可以推算出预测速度 V_p，其大小为

$$V_p = X_2 + V_m \tag{12}$$

3.2 参数检验

为了检验尖点突变理论模型的好坏，下面给出三个检验参数

相关系数

$$R^2=\frac{[\sum_{i=1}^{n}(V_{io}-\bar{V}_o)(V_{ip}-\bar{V}_p]^2}{\sum_{i=1}^{n}(V_{io}-\bar{V}_o)^2\sum_{i=1}^{n}(V_{ip}-\bar{V}_p)^2} \tag{13}$$

均差

$$M=(V_{io}-V_{ip})/n \tag{14}$$

均方差

$$D=\sqrt{\frac{1}{n-1}\sum_{i=1}^{n}(V_{ip}-\bar{V}_p)^2} \tag{15}$$

式中 V_{io} 为观测速度；$\bar{V}_o$ 为观测速度均值；V_{ip} 为预测速度；$\bar{V}_p$ 为预测速度均值。

3.3 数据分析结果

本文对 1998 年 9 月间测得的广佛高速公路交通流数据进行处理分析，由实测数据利用统计软件对上述突变理论模型进行标定(采用 5 分钟作为流量观测时段)，结果见表 1。

从表 1 可以看出，预测速度值和观测速度值之间具有良好的相关性(相关系数达到0.90)，证明突变理论模型解释交通流三参数关系的合理性和可行性。突变理论模型的尖点处的流量值就是通行能力，由广佛高速公路交通流数据计算得到的通行能力值为 2150pcu/lane/h，其相应预测速度值为 58km/h。

基于突变理论的交通流数据 表 1

参数:数据	参数:数据
观测最大流量值:177pcu/lane/5min 最大流量值时最大车道占有率:20.5% 最大流量值时最大车道占有率对应的最小速度:58km/h 图形因子:8.63	旋转角度:−45° 参数 a、b:2.12;415.28 相关系数:0.90 预测速度值:58km/h 通行能力值:2 150pcu/lane/h

4 实测数据回归分析验证

4.1 速度—流量关系曲线

图 3 为根据广佛高速公路实测速度流量散点数据并运用数理统计原理进行回归分析计算拟合出来的速度—流量曲线及其模型。广佛高速公路为四车道，全线里程短，仅为约 17km；流量大，高峰小时流量超过 2000 辆/小时/车道，已接近饱和流量且有塞车现象；车速偏低，小客车平均运行速度不到 70km/h。该路段既有稳定流又有拥挤流，其速度—流量关系曲线由两部分组成，即前半部分为速度随流量增加而呈下降趋势的上凸形抛物线，后半部分为速度随流量减少而呈上升趋势的下凹形抛物线。因此，本文采用稳定流和拥挤流分段函数组合模型(图 3)。从相邻 5 分钟时段的散点折线图 2 可以看出，随流量的增加，车流逐渐进入拥挤流状态，直至达到饱和流，这一过程速度下降趋势较快。一般来讲，当车队的速度降到一定程度时，车队又开始消散，车速迅速攀升到正常的稳定流状态。但有时也可能发生极端的情况即塞车的现象，此时车速降为零，流量也为零。塞车现象解除后，车速和流量又回升到正常稳定流。

4.2 通行能力分析

由于速度—流量关系曲线的峰值即为道路通行能力，因此，对速度—流量模型微分求取极值即可得到通行能力值。根据上述方法求得的广佛高速公路通行能力值为 2147pcu/h/lane，与尖点突变理论模型求得的通行能力值吻合得很好，这就再一次证明了尖点突变理论用于交通流分析的可靠性和正确性。

此外，从速度流量曲线还可看出，通行能力附近的流量相应的车速为 60km/h 左右，与基于突变理论模型的速度预测值 58km/h 基本一致，但低于 70～80km/h，符合我国交通运行条件和交通运输现状，说明我国公路交通车辆性能和道路营运条件均有待改善和提高。

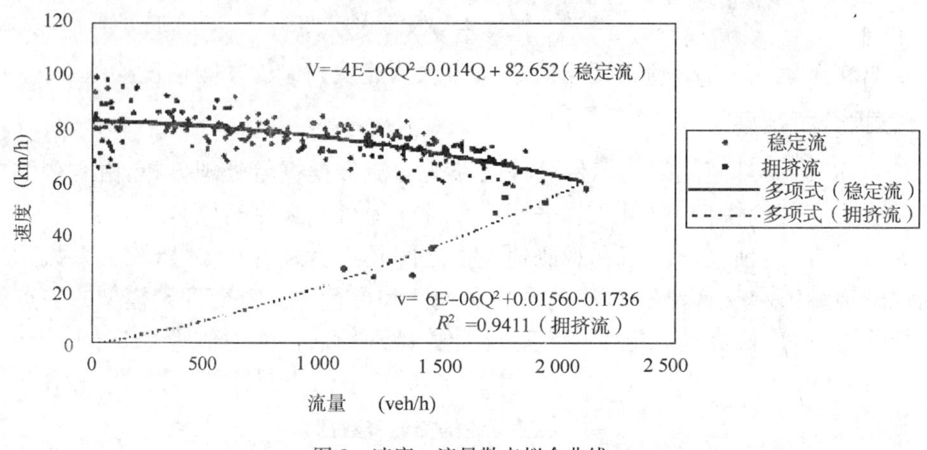

图 3 速度－流量散点拟合曲线

5 结论

(1)尖点突变理论从三维空间分析交通流三参数关系，可以弥补传统的二维平面三参数关系分析的一些不足之处，因为交通流本身就是一个三维或更高维的问题。

(2)由实测交通流数据回归模拟出来的交通流模型与突变理论模型结果相吻合。由于目前我国高速公路少有出现饱和交通流状态，故难以采集到拥挤流数据，而根据尖点突变理论模型得出的速度—流量、流量—车道占有率和速度—车道占有率模型，便可用于交通流预测和仿真，以弥补实际难以采集到交通拥挤状态的数据的不足之处。因此，尖点突变理论在交通流预测中有着广阔的应用前景。

(3)本文得出的基于尖点突变理论的交通流模型适用于设计车速为 120km/h 的平原微丘区高速公路基本路段，对于山岭区高速公路，应用该模型时还应考虑地形条件如纵坡等影响因素。另外，不同的高速公路段有其各自的特点，其交通组成也有所不同，在对交通流数据(如交通量)进行处理时应考虑车辆折算系数。有关匝道、交织区等高速公路其他路段的交通流模型，限于篇幅，不再作进一步展开。

(4)此外，本文用于尖点突变理论模型研究的数据仅限于个别出现交通拥挤现象的高速公路路段，还不具有普遍性。因此，所得到的模型参数也肯定具有局限性，不同道路形式、交通环境，如道路断面形式(四车道、六车道等)、几何尺寸(路面、路肩宽度等)、交通组成等都可能影响模型中的参数。该方面的研究仍须假以时日予以进一步论证。

一种基于多传感器的交通监控系统智能接口

魏 武[1] 张起森[1] 黄心汉[2]

(1.长沙交通学院 长沙 410076;2.华中理工大学 武汉 430074)

摘 要：提出了一种基于双端RAM的多传感器智能接口设计方法。该智能接口能有效地对传感器数据进行进一步处理，解决了计算机与各传感器之间的信息传输的瓶颈问题，从而能有效地完成计算机与各传感器之间的信息传输和控制；适用于交通监控系统的数据处理。

关键词：交通监控系统 双端RAM 多传感器智能接口 数据处理 计算机信息传输

随着智能交通系统(ITS)的发展，交通监控系统发挥越来越重要的作用，ITS本身和交通监控系统的功能也越来越丰富。在城市交叉口、高速公路出入口和收费站、公路流量观测站等交通场所安装的监控系统要求能实时观测车流量、车辆行车速度、车辆载重量、车辆的位置，并具有一定的控制功能。这就要求安装相应的流量检测传感器(如超声波、红外、环形检测器等)和速度、载重量、车体位置、控制(如灯光、自动防撞栏杆)等多种传感器。由于车道数目多加上传感器的种类多，因而这些交通场所要求安装的传感器数目多。

在交通监控系统中一般采用普通微机，计算机的外部接口个数很少，在多传感器交通监控系统中，传感器的数目远多于控制计算机所能提供的外部接口的数目，很难满足对接口的控制要求，势必造成计算机与各传感器之间的信息传输的瓶颈，同时不利于数据融合和数据分类。目前，广泛采用多传感器智能接口方法来解决多路、多点信号的采集和控制来解决上述问题，并开发了一些有效的产品。这些方法和产品具有一定的通用性，也能应用在交通监控系统中。在交通监控系统中，通用智能接口可以完成各传感器的原始数据采集和控制，但很难在智能接口中进一步处理传感器采集和控制的数据，这样并没有减少计算的负担。在交通监控系统中，计算机需完成大量的交通量的计算和数据库管理，要求对各传感器的数据处理应尽可能占用较少的机时和内存空间。本文提出了双端RAM的多传感器智能接口设计方案，不仅能有效地完成计算机与各传感器之间的信息传输，而且可根据交通监控系统的要求，在智能接口层对数据进行处理、数据融合和数据分类，既是数据集中器，又是数据融合器，从而进一步减轻了计算机的负担。

1 智能接口方案

根据交通监控实际系统的要求，本文提出的智能接口，一方面，考虑了系统特定的交通监控数据处理功能，采用适合于交通量检测的专用传感器，以保证智能接口能高效地处理数据；另一方面，采用标准接口传感器，以保证智能接口的通用性和可扩展性，保证传感器都具有一定的数据处理能力，与外部进行处理好的特征数据交换。对智能接口的接口而言，采用标准的

摘自《长沙交通学院学报》2000年9月第16卷第3期

接口方式同这些传感器进行通信(如RS2－32C串行、CENTRONICS标准打印机接口通信),由于具体实际系统设计时串行接口的个数比连接的传感器数目要多,应设计一个完整的并行端口,以避免占用计算机的打印机口。

本文提出的智能接口同计算机通信的方案选择双端口RAM方式。此方式不需要复杂的握手信号线,通信速度快,对数据的处理方便灵活,特别适合需要对信息进行较复杂分类的场合,也有利于数据融合处理。多个传感器信息以及计算机发出的控制命令都需要通过智能接口进行中转,如果在传送数据的过程中完成对这些数据的分类处理,将会减少控制计算机的工作负担,为交通监控系统的交通量检测节省大量的时间。

为了更有效地在智能接口上处理各传感器数据、融合和分类数据,本文采用一种分布式黑板的控制结构,即在系统中设计一个公用信息区——黑板,系统的各个子系统都可以向黑板发送和获取信息。黑板上记录的信息带有时间标志,可以供任意一个集成与融合过程使用。智能信息接口也具有一个由双端口RAM所构成的黑板,所有的传感器信息打上时间标记后存放在双端口RAM中,可以供控制计算机根据需要选用,或者被其他能够获得总线控制权的信息处理设备访问。计算机访问双端口RAM,必须使用系统总线。从技术上讲,PCI总线是最先进的,不仅速度快,而且支持即插即用等特性,但智能接口上的双端口RAM芯片是8位的IDT7130,而PCI总线是32位。为了简化设计,在系统中采用了16位的ISA总线。

2 智能接口的硬件设计

使用ISA总线,智能接口必须做成一块插卡;但智能接口要提供N个串行口和一个并行口来连接传感器和机器人控制器,插卡上是不可能有足够的空间来安放这些接插件的。所以,本系统智能接口的硬件由两块印制板构成:一块是插卡,插在控制计算机的ISA插槽中,卡上包括通信的核心器件——双端口RAM以及单片机小系统;另一块主要包括串、并行接口芯片及相应的通信辅助电路,固定在盒子里面,盒子上可以固定通信接插件,连接来自外部的各种信号线;两块印制板之间采用25芯的电缆相连接。智能接口的硬件框图见图1。

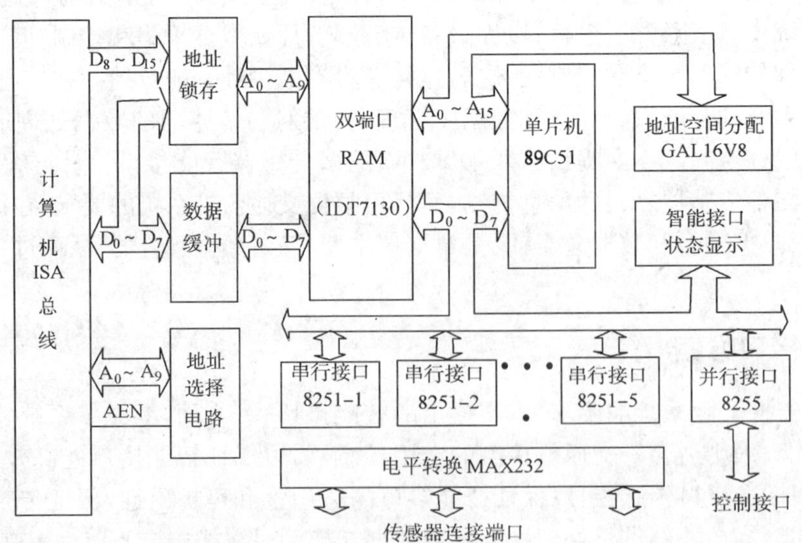

图1 智能接口的硬件框图

3 计算机对双端口 RAM 的访问

在大部分情况下，计算机对插卡的访问都很简单，先给插卡分配若干个 I/O 地址，再根据这些地址完成对插卡的访问。计算机提供了 10 根地址线来选择 I/O 端口，所以总共有 210（1024）个端口。在这些端口中，只要是未被系统或其他插卡占用的，用户都可以使用。如计算机中没有游戏控制卡时，200H～21FH 地址是可用的；300H～31FH 地址段是 PC 系列机留作实验卡用的，也都可以使用。事实上，端口的大部分都已经被系统或其他的插卡用了，能够供用户使用的 IO 端口是极其有限的，尽管双端口 RAM 芯片 IDT7130 有 1024 个存储单元，计算机也无法给每一个存储单元分配一个独立的端口，因此对它的访问只能另辟蹊径。

3.1 计算机访问双端口 RAM 的方案选择

访问双端口 RAM，一般有三种方式，即映射内存方式、DMA 方式和采用扩展 I /O 方式。

映射内存方式：完成对双端口 RAM 的访问，不需要别的信息周转，访问速度是很快的。在实模式以及保护模式下，计算机能轻松完成对确定内存空间的访问，因此对双端口 RAM 的任意存储单元进行读写都很容易；但在 32 位的操作系统里，如 Windows 95 和 Windows NT，因为不支持对确定内存空间的访问，要访问双端口 RAM 必须编写复杂的硬件驱动程序，难度很大。

DMA 方式：当计算机访问双端口 RAM 时，用软件启动 DMA 通道，并由 DMA 控制器的 DACK 信号将地址计数器清零。每次访问双端口 RAM 时，读或写信号都使地址计数器加 1。于是从 0 号单元开始，可以顺序访问双端口 RAM 的所有存储单元；DMA 通道传送数据的速度很快，但每次访问双端口 RAM 时都必须从 0 号存储单元开始，控制很不灵活。

采用扩展 I /O 方式：给双端口 RAM 分配两个 I /O 端口（这是很容易办到的），一个端口用来控制锁存器，锁存输出到双端口 RAM 的地址信号，另一个端口控制数据缓冲器，完成同双端口的数据传送；当计算机访问双端口 RAM 时，分两步来完成一次读或写的操作，第一次输出将要访问的存储单元的地址，并加以锁存，第二次才进行真正的读或写操作，这种方式软、硬件设计都很简单，只需两个端口就可以访问双端口 RAM 的所有存储单元。

综观以上三种方式可知，扩展 I /O 方式硬件最为简单，控制方便灵活，而且不存在软件兼容性等方面的问题。另外，对计算机来说，每次发出的命令，以及每次需要获取的传感器数据都不多，数据量很小，可以保证访问速度。故确定采用扩展 IO 方式访问双端口 RAM。

3.2 I /O 地址译码

为了完成对 I /O 端口进行读写操作，必须进行端口地址译码，将来自计算机地址总线上的地址代码翻译成所需访问的端口。智能接口使用 GAL16V8 进行地址译码（电路图略）。得到如表 1 所示的端口分配。

控制计算机部分的端口分配表 表 1

端口	地址译码
选择双端口 RAM 地址锁存器的端口	基地址＋0x 00
选择双端口 RAM 数据缓冲器的端口	基地址＋0x 02
触发单片机中断的端口	基地址＋0x 03
触发单片机复位的端口	基地址＋0x 04

3.3 对双端口 RAM 的读写操作

对双端口 RAM 芯片 IDT7130 进行读写的电路设计，虽然 ISA 总线是 16 位的，一次读写操作能输出16位数据,但在实验中发现,这16位数据必须占用两个I/O端口,似乎高8位的数据和低8位数据被分别送往不同的端口。因此,在端口分配时给选择地址的锁存器分配了两个端口。

程序中只对端口(基地址+0x00)进行了操作,端口(基地址+0x01)没有直接被程序使用。

3.4 双端口RAM内部数据的结构

智能接口中所用的双端口RAM芯片是IDT7130,它有1K*8位的存储单元,具有完全独立的两套地址线、数据线和控制线。

在交通监控系统中,根据智能接口上各传感器需要完成的任务,将IDT7130的存储单元分成N+1个部分,每个部分都完成计算机和传感器之间特定的信息交换内容。

4 89C51单片机小系统和串行接口设计

智能接口上使用的单片机是89C51(电路图略),它是广泛使用的80C51单片机的改进型,内部带有4K Flash Memory,能够方便地对程序进行电擦除和电改写。因为89C51内部带有Flash Memory,不需要额外的EPROM,省去了程序存储器及相应的控制电路,因此减小了系统的体积,简化了印刷电路板的设计。单片机设计成能够使用软件复位单片机系统,无论智能接口出现了什么意外情况,只要控制计算机的工作正常,都可以通过复位使智能接口恢复正常,从而大大地提高了整个系统工作的可靠性。

单片机89C51本身有一个全双工的串行口,采用多路开关将这个串行口同多个传感器相连接,可以实现智能接口同所有传感器的通信。

5 结　语

基于双端RAM的多传感器智能接口,在交通监控系统中进行了实验。实验中采用超声波3个、车体位置3个、控制3个。实验表明:本文提出的智能接口具有较强的数据处理、数据融合和复杂数据分类的功能,能有效地完成计算机与各传感器之间的信息传输,实现实时数据采集和完成控制要求,且计算机处理的工作量小,比一般的智能接口减少50%～80%的工作量。

本文提出的双端RAM的多传感器智能接口结构简单、体积小、通用性好、扩展性好、成本低,适合于在交通监控系统中应用,也适于其他类似的多传感器数据采集和控制场所,如机器人的数据采集和控制。

无信号交叉口可接受间隙理论模型修正分析

郑 柯 张起森

（长沙交通学院 长沙 410076）

摘 要：根据次路进口道到达车流存在左、右转弯车辆及主路交通流在交叉口处速度受影响的实际情况，对在较理想条件下推出的可接受间隙理论模型进行修正，使其更接近交叉口交通流的实际情况。

关键词：通行能力 临界间隙 随车时距

确定交叉口处的通行能力，历来是通行能力研究的难点所在。对无信号控制交叉口通行能力的分析，更是干扰因素繁多，不易从理论上得出计算模型。纵观交叉口通行能力的研究历史，关于无信号交叉口通行能力研究的文献寥寥无几，能够适于应用的理论模型更不多。在这些有限的理论模型中，可接受间隙理论模型不失为一种简单有效的对无信号交叉口通行能力进行分析计算的理论模型。它的基本思路是：主次两条道路相交形成的交叉口，假设主路车流通过交叉口时不受影响，而次路车流必须利用主路车流的间隙通过。在该假设下，若已知主路车流的流率及车流中车头间隙的分布规律，则能求出次路直行车流在一定时段内通过交叉口的车辆数。根据对交通流的大量研究发现，在多车道车流中，当车流密度不大，车辆间相互影响微弱时，车流中车头间隙的出现一般比较符合负指数分布规律。即

$$P(h>t)=e^{-qt} \tag{1}$$

式中：$P(h>t)$ 为车流中车头间隙大于 t 时的概率 q 为主路车流的流率；辆/s。

若设次路单向直行车流穿越主路单向直行车流的最小车头间隙（临界间隙）为 t_g，次路车流连续通过交叉口的随车时距为 t_s，则能推出次路单向直行车流的通行能力理论模型为

$$C=qe^{qt_g}/(1-e^{-qt_s})\ (\text{辆/s}) \tag{2}$$

仔细分析该模型，发现它是在下列一些假设条件下建立起来的。即：主次路车流都是单向的；主次路车流中车型是单一的；交叉口处的主次路车流中都只有直行车而无左、右转弯车；主路车流通过交叉口时不受影响等。而实际上，对大部分交叉口而言，主次路车流都是双向、多车型、存在左右转弯的，且由于次路上穿越车流的干扰，主路车流通过交叉口时速度也明显降低。本文将就交叉口处次路车流有左、右转弯车辆及主路车流通过交叉口时速度受影响这两种情况，对在理想假设条件下推得的可接受间隙理论模型进行修正。

1 次路左、右转车流对其通行能力的影响

设主次道路上的车流都是单向且车型都是单一的，次要道路上只有一条车道，但在交叉口进口道处拓宽成两条车道，一条供右转专用，另一条供直、左车共用。

摘自《长沙交通学院学报》2001 年 3 月第 17 卷第 1 期。

1.1 右转车流对次路通行能力的影响

因为右转车有固定车道,它不影响直行车和左转车,而且右转车不需通过整个主路车流,仅仅是与主路右侧车道上的车流合流。所以,次路上右转车所需的临界间隙小于直行车和左转车的。设右转车合流所需临界间隙为 $t_{g右}$,则右转车可在下列两种情况下与主路右侧车道上的车流合流。

(1)主路上有可供直、左车穿越的空隙时,右转车可同时转弯合流而不影响直、左车穿越。

(2)主路右侧车道上的车流在间隙大于等于于 $t_{g右}$,但没有可供直、左车穿越的空隙时,次路上右转车可转弯合流。

上述两种情况下右转车总的转弯合流流率或通行能力为

$$C_{右}=\frac{\frac{q}{a}e^{-\frac{q}{a}t_{g右}}}{1-e^{-\frac{q}{a}t_{s右}}}\ (辆/s) \tag{3}$$

式中:a 为主路的车道数;$t_{s右}$ 右为右转车的随车时距,s。

这个通行能力 $C_{右}$ 远大于 C。而据次路进口道处车流实际到达的状况。右转车所占比例一般远小于直行车。所以,计算次路通行能力时不必计算 $C_{右}$,只需知道右转车的比例即可。

1.2 左转车流对次路通行能力的影响

主次路相交的无信号交叉口,因为次路进口道上直行车与左转车常共用一条车道,而两种车流穿越主路车流时所需的临界间隙不同,所以计算该车道等待车辆的穿越流率时,应据概率论原理按直、左车各占的比例来分析。

设该车道车流中左转车与直行车的比例为 $\beta:(1-\beta)$,则每一时刻左转车位于穿越车流队首的概率为 β,直行车位于队首的概率为 $1-\beta$。

鉴于交叉口车流的实际情况,为了简化修正后的通行能力模型,在此假设下列四种情况时随车时距近似相等:①左转车在队首其后为直行车;②左转车在队首其后为左转车;③直行车在队首其后为直行车;④直行车在队首其后为左转车。于是,直、左车道上车流的最大穿越流率或通行能力为:

$$C_{直、左}=(1-\beta)\frac{qe^{-qt_{g直}}}{1-e^{-qt_s}}+\beta\frac{qe^{-qt_{g左}}}{1-e^{-qt_s}}=\frac{q}{1-e^{-qt_s}}\left[(1-\beta)e^{-qt_{g直}}+\beta e^{-qt_{g左}}\right](辆/s) \tag{4}$$

式中:$t_{g直}$ 为直行车位于队首时穿越主路车流的临界间隙,s;$t_{g左}$ 为左转车位于队首时穿越主路车流的临界间隙,s;t_s 为队首车辆其后车的随车时距,s。

1.3 考虑左、右车流影响修正后的次路进口道通行能力模型

设次路右转车流占次路进口道车流的比例为 $\beta_{右}$,又设单位时间(1s)内右转车通过的车辆为 $x_{右}$,则 $x_{右}/(C_{直、左}+x_{右})=\beta_{右}$,即 $x_{右}=\beta_{右}C_{直、左}/(1-\beta_{右})$。所以次路进口道总的通行能力为

$$C_{总}=x_{右}+C_{直、左}=\frac{\beta_{右}C_{直、左}}{1-\beta_{右}}+C_{直、左}=\frac{C_{直、左}}{1-\beta_{右}}=$$

$$\frac{q}{(1-\beta_{右})(1-e^{-qt_s})}\left[(1-\beta)e^{-qt_{g直}}+\beta e^{-qt_{g左}}\right](辆/s) \tag{5}$$

1.4 模型修正前后的应用比较

设主路为双车道单向道路,总流量为 $q=1600$ 辆 /h= 0.44 辆/s;又设 $t_{g右}=6.0$s,$t_{g直}=$

7.0s，$t_{g左}=8.0$s，$\beta_{右}=10\%$，$\beta=10\%$，$t_s=2.5$s。则用修正前的模型计算次路进口道的通行能力为：$C_{总}=\dfrac{qe^{-qt_{g直}}}{1-e^{-qt_s}}=\dfrac{0.44e^{-0.44\times7.0}}{1-e^{-0.44\times2.5}}=0.03$ 辆/s $=109$ 辆/h

用修正后的模型计算次路进口道的通行能力为：

$$C_{总}=\frac{0.44}{(1-0.1)(1-e^{-0.44\times2.5})}\left[(1-0.1)e^{-0.44\times7.0}+0.1e^{-0.44\times8.0}\right]0.03\ 辆/s=109\ 辆/h$$

计算结果得出 $C_{总}=C$，这是因为次路受左转车影响减少的通行能力被右转车弥补了过来。如果把次路上右转车的比例调小，左转车的比例调大，则左转车的影响将较明显地表现出来。如设 $\beta_{右}=5\%$，$\beta=15\%$，其他参数不变，则能算得 $C_{总}=0.027$ 辆/s$=97$ 辆/h。

已知主路的车道数及右转车的临界间隙，可算得右转车的最大通行能力为

$$C_{右}=\frac{0.44e^{-0.44\times6.0\times1/2}/2}{1-e^{-0.44\times2.5\times1/2}}=0.139\ 辆/s=500\ 辆/h$$

可见 $C_{右}$ 远大于 C。实际上右转车的到达率是很小的，所以修正模型中不必使用 $C_{右}$，而只用 $\beta_{右}$。

2　主路车流速度对次路通行能力的影响

主路车流到达无信号交叉口时，因受次路排队等候穿越车流的影响，车流平均速度会趋于降低。分析式(5)，q、$t_{g直}$、$t_{g左}$ 3 个参数会受主路车流速度的影响，其他参数则与主路车流速度无关。

q 是交通流三大参数之一，它与车流速度之间有着内在的联系，即 $q=q(v)$。从定性上分析，车流在稳定流范围内，v 越小，q 就越大。要想得到 q 与 v 的定量关系式，可对研究交叉口所在路段的交通流进行调查，然后用统计回归方法得出。如不能取得具体的交通流调查资料，也可套用相似道路已有的交通流 3 个参数的关系式，例如在比较通用的由美国 Greenshield 提出的速—密关系基础上推出的流量—速度关系式

$$q=k_j(v-v^2/v_f)\ 辆/s \tag{6}$$

式中：k_j 为车流的最大密度，辆/m；v_f 为车流的最大速度或自由速度，m/s。

再分析 $t_{g直}$、$t_{g左}$ 这两个参数是次路进口道上直行车和左转车穿越主路车流的临界间隙，它们随主路车流速度的降低而减小，即 $t_{g直}=t_{g直}(v)$、$t_{g左}=t_{g左}(v)$。在主路车流一定的速度下，各种流向的车辆穿越主路车流的临界间隙不易从理论上推出；但可从现场调查不同速度下各种流向的车辆穿越主路车流的临界间隙[3]，并通过理论分析确定它们各自之间的关系。

于是，如果把主路车流速度影响的因素考虑进去，则(5)式可修正为

$$C_{总}=\frac{q(v)}{(1-\beta_{右})(1-e^{-q(v)t_s})}\left[(1-\beta)e^{-q(v)t_{g直}(v)}+\beta e^{-q(v)t_{g左}(v)}\right] \tag{7}$$

3　结　语

由较理想条件下推出的可接受间隙理论模型虽然结构简单，但它几乎无法投入实际应用。本文在可接受间隙理论模型的基础上，考虑了交叉口次路车流存在左、右转弯的实际状况及主路车流速度变化的因素，推出了经修正后的可接受间隙理论模型，使可接受间隙理论模型在实际应用上向前迈进了一步。

一种基于模糊逻辑的城市交叉口交通信号控制方法

魏 武 张起森 王明俊 黄中祥
（长沙交通学院 长沙 410076）

摘 要：提出了一种基于模糊逻辑的交叉口信号控制方法，此方法不需要建立复杂的交通流模型，可以有效地解决交通信号控制过程中复杂和随机性难题。同时应用加权系数的遗传算法对模糊逻辑控制器的参数进行了优化。仿真结果表明模糊逻辑控制可以成功地应用于城市交叉口交通信号控制中。

关键词：交叉口信号控制 模糊逻辑控制器 紧急值 参数优化 遗传算法

交通信号控制的目的是为城市道路交叉口（或交通网络）提供安全可靠和有效的交通流，通常最为常用的原则是车辆在交叉口的通过量最大或车辆在交叉口的延误最小。对于稳定不变车流而言，可以进行离线处理，即事先根据恒定的交通量参数，规划出交叉口的信号周期、相位和绿信比；对于变化的车流而言，则需要在线处理。

传统的信号配时方法主要是TRRL和ARRB所提出的方法，而对于单个交叉口配时设计大多还是采用有名的WEBSTERF、COBBERB理论和他们所提出的方法（简称FB法）。FB法的基本观点是以车辆通过交叉口的延误时间作为唯一衡量的指标，然后进行配时方案的优化，因此，延误计算公式就成为FB法的关键所在。对于复杂的交通流而言，不同的场景、不同的车流状况，特别是车流量很大时，延误计算公式很不准确，需要修正，而修正通常情况下是不准确的。同时修正后的FB法求解极为困难，通常采用模拟退火算法，但不容易满足实时性。

TRANSYT系统所采用的爬山法，Cabal系统中应用的遗传算法。这些方法的输出结果是一系列固定时间的信号规划。这些方法的缺陷是对不可预测的交通需求波动不能作出快速反应。应用于城市交通网络的SCOOT系统和应用于城市单交叉口的MOVA系统，是较为成功地响应车流的交通信号控制系统。

当前，模糊逻辑是一种较为成熟的响应车辆交通信号控制方法，已成功地应用于理论研究和实际课题中。模糊逻辑算法能以不同的水平层次应用于交通信号控制系统，并可解决不同的信号控制问题。对现有交通响应信号控制系统变化不大的水平层次，模糊逻辑模块可以集成到传统的算法中，并用它取代用于描述交通变量之间复杂的或非线性关系函数（如车间距、车道占有率和车流密度等之间的关系函数）。模糊逻辑的优势是不需要获取模型中的复杂关系，也不需要得到精确的模型。模糊逻辑可用于辨识某一交通流模式，可以得到最合理的交通信号配时，并允许交通场景的变化。

摘自《交通运输工程学报》2001年6月第1卷第2期。

本文提出了基于竞争的模糊逻辑交通信号控制方法，可确保交通信号配时实时性，同时可获得满意的交通信号配时。

1　基于竞争的模糊逻辑交通信号控制方法

基于竞争的模糊逻辑交通信号控制方法最早由英国的交通操作研究组 TONG（The Transport Operations Research Group）提出，他们开发了基于模糊逻辑的交通信号控制系统可应用于单交叉口。系统中的控制器中采用了竞争技术。基于竞争的模糊逻辑交通信号控制的原理如下。

（1）在控制中设置多个模糊控制模块，每一模糊控制模块定时（可取 1s）对配时周期中的每一相位生成一紧急值，而这一紧急值反映了该控制模块对绿灯需求的重要程度（即反应出企盼绿灯时间的紧急程度）。

（2）这一紧急性程度值可通过传感器检测的交通流数据获得。在城市交通网络中，这一紧急程度值除了直接和该交叉口的交通量有关外，还与相邻的交叉口和相邻的路段交通量有关，也就是说需考虑从上游期望到来的交通量和在下游可能达到的交通量。

（3）配时周期中所有相位的这些紧急程度值决定是否切换信号，决定下一步哪个方向是绿灯，因而这些值对红绿灯时间产生竞争。交通信号控制是一类众多的用户获取有限的交通资源问题，而这些交通资源通常难以满足用户要求。用户彼此之间相互竞争以获取交通资源，因此，交通信号控制问题可以用“竞争”二字来描述，由于交叉口交通流是短暂的时间模式、频繁变化及需求的随机性使这一问题变得更为复杂。实际上这一问题是一绿灯时间的分配问题。为了把绿灯时间按一定的用户要求进行分配，必须始终考虑时间的传递性和交通场景的变化特点。

解决这一问题的有效方法是，对每一用户根据他们对有限资源的需求给出一个值，然后用这些值决定一种合理的资源分配平衡。在交通信号控制中，每一用户可定义成一种独立的交通控制流。这一值应反映出所对应的独立交通控制流所要求获得绿灯的紧急程度。在交通信号控制策略中，每一独立交通控制流，可通过相位进行控制。因此在竞争交通信号控制中，每一相位均产生一紧急程度值，而这些紧急程度值作为交通信号控制和决策的基础。对每一个相位计算出的紧急程度值并不直接决定控制方法，也不决定控制决策的频率，而是作为原始数据和形成信号控制决策高层逻辑之间的中间桥梁或过渡层。这种处理方法可以把原始数据和高层控制分离开来，也就是说，通过调整控制高层和原始数据层之间的界面（模糊逻辑界面），把这些变化反映到控制层中。这种处理的优点是：能很好地适合不同的车辆检测方法（如红外、微波、雷达和视频处理），这些新的检测方法和传统的循环感应器检测方法一样可以有效地反应交通场景的变化规律，而且适合于不同传感器的输入数据融合，因为通过这个中间层对于控制器来说所给的信息是相同的。这种处理使输入数据和控制器相互独立，可以有效避免控制策略的修改和重新设计。应用中间层处理方法可以使逻辑控制用公式表示更具一般性，使编码更为容易，可有效地减少系统复杂性。图 1 给出了 3 个层次的关系。

2　紧急值的推导

根据加工后的原始数据可以推导出紧急值，这些数据是由传感器获得并经过预处理得到。

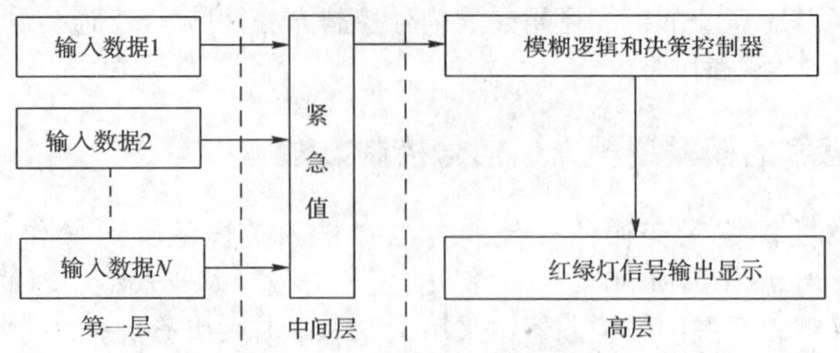

图1　交通信号控制的3个层次之间的关系

对于城市交通网络，必须同时检测各路段和交叉口的交通参数（车流量、车间距、车道占有率等）。紧急值依赖于相位的设置。如果相位是绿灯时，车辆可以自由通过停车线，在停车线上可以记录车辆的间距、车道占有率和车辆计数，上游的检测器可以检测出车流量和车辆密度，这些车辆经过若干秒钟以后可能会到达停车线或通过停车线或等待排队。如果相位是红灯，在停车线可以检测车辆的到来情况和排队长度，并可以计算车辆正在等待的时间。为了描述方便，假设在车辆和行人延误最小的原则下来进行紧急值的推导。表1给出了紧急值和几种主要交通量数据之间的关系。

用于推导紧急值的输入数据　　表1

	交通量数据	类　型	颜　色	处 理 方 式
1	停车线上的平均车头时距	车辆	绿灯	显示分散率，越大则紧急值下降
2	上游检测器上的平均车头距	车辆	绿灯 红灯	显示远距离到达的车辆，越大则紧急值下降
3	停车线上和上游检测器之间的排队车辆数估计	车辆	红灯	显示排队的出现与消失，车辆数目越多则紧急值增加
4	红灯时间车辆在停车线上的排队时间长度	车辆	红灯	越长，车辆等待时间增加，则紧急值增加
5	行人开始等待的时间长度	行人	红灯	显示行人等待的时间，越大，则紧急值增加

对表1中的5个交通量数据用公式表示方法进行说明如下。

(1) V－GAP^{A}stopline：A行车方向停车线上的平均车头时距，如果越小，则车道上的车辆密度越小，车道占有率越小，对绿灯的需求减小，而另一方向B方向对绿灯的需求增大，此时应减少这个方向（相位）的紧急值。

(2)V－GAP^{A}up－stopline：A行车方向上游的平均车头时距，如果越小，则上游车道上的车辆密度越小，车道占有率越小，对本交叉口绿灯的需求减小，而另一方向B方向对绿灯的需求增大，此时应减少这个方向（相位）的紧急值。

(3)V－NUMBER^{A}：A行车方向停车线和上游之间准备和正等待排队的车辆数，此排队车辆数目越大，对绿灯的需求越大，则紧急值增加。

(4)V－TIME^{A}：A行车方向红灯时间时停车线上车辆排队的时间长度，排队时间越大，对绿灯的需求越大，则紧急值增加。

(5)P－TIME^{A}：沿A行车方向红灯时间时行人等待的时间长度，等待时间越长对绿灯的需求越大，则紧急值增加。

在表1中,所有输入的交通量数据可以用隶属度函数来描述。5个输入数据可以用低、中、高3个模糊集来定义,函数的形状可以为梯形,这样表达和计算简单。但更好是采用径向基RFB函数来描述,因为RFB具有更好的模糊函数描述特性,更符合自然规律,事实上,交通量及交通量之间的关系具有RFB的特性,如车辆的到达服从迫松分布,交通量的扰动服从正态分布。本文采用径向基RFB函数来描述输入交通数据的模糊集,隶属函数如图2所示。

图2中,曲线AC对应低模糊集,曲线OBE对应中模糊集,曲线CD对应高模糊集。水平轴表示输入的交通数据X,对应的隶属度为$\mu(X)$。图2只给出了5个输入交通数据隶属函数的通用形式,事实上这些输入交通数据隶属函数的具体函数是不同的,对具体的每一个输入交通数据必需确定其具体的RFB函数的参数。实际上只需2个参数就可以对RFB函数具体化,即RFB函数的中心、宽度,也就是说确定式1中的$\bar{X}$和σ值。

由于采用了低、中和高3种模糊集,把3种模糊函数的曲线分AC、OB、BE和CD4段,每一段对应不同的RFB函数,这样对5个输入交通数据而言需确定5×4×2=40个参数。

$$\frac{1}{\sqrt{2\pi\sigma}}\exp\left[\frac{X-\bar{X}}{\sigma}\right] \tag{1}$$

对每一个输入交通数据对应的紧急值用3个模糊集来定义,当两个输入交通数据同时作用时采用规则进行合成。两个紧急值变量由规则合成方法可用一个3×3矩阵来表示,它的输出是相位的紧急值。表2给出了一种典型的规则合成结果。由表2可以看出输出变量用5个模糊集来定义,即很低、低、中、高、很高。

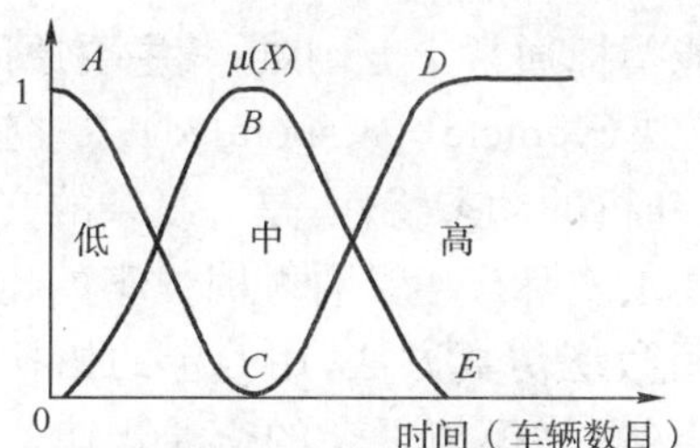

图2　输入交通数据的隶属函数

一种典型的规则基　　表2

	低	中	高
低	很低	低	中
中	低	中	高
高	中	高	很高

3　模糊逻辑控制器的参数优化

采用基于径向基RFB函数特征化每一个输入变量的模糊集的形状。也就是说可以用以下8个RFB的参数来定义:

(1)σ_i^L, $i=1、2、3、4、5$,L对应于"低";

(2) σ_i^{M-L},$i=1、2、3、4、5$,M－L对应于"中"的左曲线;

(3) σ_i^{M-P},$i=1、2、3、4、5$,M－R对应于"中"的右曲线;

(4) σ_i^H,$i=1、2、3、4、5$,H对应于"高";

(5) $\bar{X}_l^L$,$i\ i-1、2、3、4、5$,L对应于"低";

(6) $\bar{X}i^{M-L}$,$i=1、2、3、4、5$,M－L对应于"中"的左曲线;

(7) $\bar{X}_i^{M-R}$, $i=1、2、3、4、5$,M－R对应于"中"的右曲线;

(8) $\bar{X}_i^H$, $i = 1$、2、3、4、5，H 对应于“高”。

对每一个参数采用 3 种不同的水平，并用 3×8=24 模糊集配置来推导每一个输出变量。通过 5 个参数和 24 个预先定义好的参数集，来定义特征化 5 个变量的模糊集。共有 245 种参数值得组合。如果能快速和容易地评价每一个解，对这一空间的搜索并不困难，但问题是必须在多种不同的交通场景或微交通仿真运行中评价每一个解，这将是一个高强度处理和耗时的操作。解决这一难题的合理的方法是：减少对解的需评价。

为了保证交通信号控制系统的灵活性，信号控制器的参数必须根据许多不同的条件(需求和原则)来优化。对不同的条件(需求和原则)通过不同的加权系数来组合到一个目标中，这些加权系数的大小依据对最终解的重要性来确定，然后通过合适的方法对它们进行优化。基于加权系数的遗传算法交通信号配时优化方法可以用图 3 来描述。

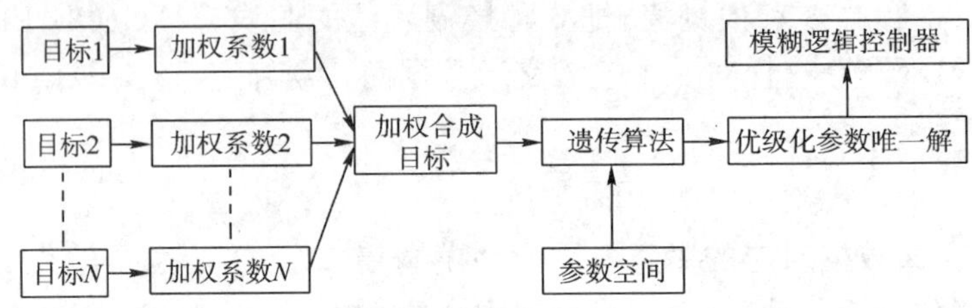

图 3　基于加权系数的遗传算法交通信号配时优化方法

4　模糊逻辑信号控制的仿真和评价

在实际系统中评价模糊逻辑信号控制器的性能指标通常十分困难，其主要原因是：①控制器的动态特性和自适应特性；②交通信号对车辆反映(vehicle－responded)；③控制器和实际交通流是相互耦合的；④实际系统中的交通流具有随机的动态特性，是一复杂的交通动力学模型；⑤交通流的不可操作性，也就是说不能按人的要求实际产生 2 种配时方案的比较。

绝大多数实用和满意评价控制器的方法是采用微型仿真方法，用给定的拓扑结构和其他参数如输入流量、换向运动、交通混合所需求的速度等，来模拟复杂的交通规律。有的文献详细地说明了下列问题：当评价一控制器的性能时，不仅要考虑某一类型的交通流模式，而且还需考虑每一种交通流模式内部变化规律。

本文采用 VISSIM 仿真系统对微仿真器进行了详尽的研究，微仿真器在时间间隔为 1s 的离散时间上进行操作的，并采用基于心理—物理的车辆驾驶员模型。在这一模型中，在详细考虑车辆速度和加速度情况下，车辆的尾气排放和燃料消耗的评价同时在模型中给出。模型考虑了 12 种典型的不同的发动机功率大小和燃料类型的车辆。仿真结果表明本文的模糊逻辑交通信号控制方法可确保交通信号配时实时性，同时可获得满意的交通信号配时。

公路收费标准制定的基本方法研究

袁剑波[1] 张起森[2]
(1. 中南大学 长沙 410007;2. 长沙交通学院 长沙 410076)

摘 要: 本文从收费公路的交通需求分析出发,通过科学假定,建立了收费公路的交通需求函数,在此基础上研究并提出了一系列制定公路收费标准的基本方法和不同车型收费比例的确定方法。论述了收费标准制定的基本原则,并对提出的收费标准进行了经济比较。

关键词: 公路 收费标准 制定方法

1 收费公路的交通需求分析及收费标准制定原则

1.1 收费公路的交通需求函数研究

设收费公路给汽车带来的运输成本降低的级差效益为 B,公路的最大通行能力为 Q_m。现假定理性的消费者在公路收费价格大于等于 B 时,会继续使用老路而放弃新路的使用,随着收费价格的下降,行驶在新建收费公路上的交通量将逐步增加,当收费价格为 0 时,所有交通量都将在新建公路上行驶,直至达到其最大通行能力时为止。

则收费公路的交通需求函数可用下式表示

$$P(Q) = B - B\left(\frac{Q}{Q_m}\right)^t \tag{1}$$

式中:B 为新建公路运输成本降低的级差效益额;Q_m 为最大通行能力;t 是反映交通需求曲线凹凸程度的参数。对存在并行公路的新建公路,有 $0 < t \leqslant 1$。t 值越小,说明收费价格对交通量变化的影响越大。

式(1)是基于上述假定的条件下确定出来的。该假定对一些收费公路并不完全适应,如收费价格为 0 时,老路上也总有一定的交通量,而收费价格即使等于收费公路的级差效益时,其交通量也并不为 0。出现上述差距的原因有如下几方面:

(1)需求曲线是由边际效用决定的而不完全是由级差效益决定的。收费公路由于等级提高,其行车舒适性及良好的视觉美学环境都会使得个别消费者即使在收费价格很高(甚至高于级差效益)时也愿意行驶在收费公路上。

(2)级差效益估计不准确。对一些短途交通量,走收费公路要增加绕行距离,其级差效益可能是负值,即使收费价格为 0,它们也不愿意行驶在新建公路上而依然在老路上行驶。

(3)老路上因交通量减小存在着交通拥挤减少的效益,所以即使新路上的收费价格为 0,也难以将老路上的全部交通量吸引过去。

摘自《中国管理科学》2001 年 12 月第 9 卷第 6 期。

(4)所估计的级差效益是平均级差效益,对每一个个体而言是有差别的。

(5)由于收费的高速公路对车型、车速有特别要求,部分车辆只能行驶在原来的老路上。

因此,当误差较大时,有必要对式 1 进行修正,修正后的交通需求函数可用下式表示

$$P(Q) = BK\left[1-\left(\frac{Q}{Q_0}\right)^t\right] \tag{2}$$

式中:Q_0 表示收费价格为 0 时新路上的交通量,$Q_0 \leqslant Q_m$;K 为修正系数,其计算公式是

$$K = \frac{{Q_0}^t}{{Q_0}^t - {Q_b}^t}$$

式中:Q_b 是收费价格为 B 时新路上的交通量,由于 $Q_0 > Q_b$,所以 $K>1$。

1.2 收费公路交通需求的价格弹性

由需求弹性的定义可知,收费公路的交通需求价格弹性 E_d 可用下式表示

$$E_d = -\frac{O}{Q}\cdot\frac{dQ}{Dp}$$

所以,由式可得

$$E_d = \left[\left(\frac{Q_m}{Q}\right)^t - 1\right]\cdot\frac{1}{t} \tag{3}$$

式(3)又可化成下式

$$ESd = \frac{P}{B-P}\cdot\frac{1}{t} \tag{4}$$

当交通需求函数为式 2 形式时,交通需求的价格弹性计算公式为

$$E_d = \frac{P}{Bk-P}\cdot\frac{1}{t} \tag{5}$$

1.3 收费公路交通量的影响因素分析

从式(1)、式(2)可以看出,收费价格占效益的比例(P/B),是影响收费公路交通量比例(Q/Q_m)的主要因素,P/B 越大,收费路公路上的交通量越小。除此之外,Q/Q_m 还受以下因素的影响:

(1)收费公路是否有竞争性的并行道路及其他运输方式。当存在竞争性的运输方式特别是存在并行道路时,收费公路的交通量(Q/Q_m)受收费价格的影响显著,交通需求的价格弹性更大。

(2)并行道路的质量。并行道路质量好,不拥挤,则收费公路上的交通量受收费价格的影响较大,反之则较小。

(3)收费公路的长度(或行驶距离)。汽车走新建公路时要增加绕行距离,且停车交费时要耗费时间和资源,因此,收费公路太短时,其时间和运输成本的节约不明显,相应的交通量(Q/Q_m)较小,反之,则较大。

(4)公路使用者的收入水平及收费的负担度。收费的负担度是收费水平与人均收入之比。它反映公路使用者的付费承受能力。公路使用者的收入水平越高,相同收费价格下的负担越低,公路使用者的付费承受能力越强,其收费价格对交通量(Q/Q_m)的影响越小。

(5)使用者的心理因素。新建公路开通之初,使用者对新建公路带来的效益认识不足,加上心理承受能力有限,因此交通量(Q/Q_m)较小,但以后会有所增加。

以上五个方面的因素也是影响式(1)及式(2)中 t 值大小的主要因素。当收费公路不存在

竞争性的并行公路及其他运输方式时，由于收费公路的自然垄断性，收费价格对交通量变化的影响不明显，因此，其交通需求曲线通常为凸曲线，交通需求函数中的 t 值大于 1 甚至趋近于无穷大。

1.4 收费标准的制定原则研究

(1)促进收费公路的国民经济效益的发挥，提高收费公路的利用率。从前面的分析可知，收费标准越高，行驶在收费公路上的交通量越小，相应地收费公路的国民经济效益减少。因此，应限制收费标准，确保国民经济效益。

(2)促进收费经营企业内部效率的提高。由于公路具有自然垄断性，特别是在没有并行公路时，公路收费后交通需求的价格弹性较小，收费企业因能通过收费标准获取垄断利润而不注重加强内部的经营管理，降低营运成本。因此，需要对收费价格进行限制以促进收费经营企业内部效率的提高。

(3)保护消费者权益。垄断性收费价格会侵害消费者(公路使用者)的合法权益，因此，需要对收费标准的制定进行审查以确保收费公正。

(4)保证收费企业财务的稳定。即确保收费公路的财务投资效果，提高投资者的公路投资积极性。

2 公路收费标准制定方法

2.1 以收费收入最大化为目标的收费标准制定方法(方法一)

设收费收入为 R_s，则有：$R_s = P \times Q$，对上式求导得

$$\mathrm{MR} = \frac{\mathrm{d}R_s}{\mathrm{d}Q} = P + \frac{dP}{\mathrm{d}Q} \cdot Q = P\left(1 - \frac{1}{E_d}\right)$$

由于收费收入最大化的基本条件是 MR=0，所以，收费收入最大化的条件是：

$$\mathrm{E}_d = 1$$

将式(4)代入上式可得其对应的收费价格 P_s 为：

$$P_s = B\,\frac{1-1}{1+t}$$

即

$$\frac{P_s}{B} = \frac{t}{1+t} \tag{6}$$

式(6)表明，当收费价格占汽车运输成本降低的级差效益的比例为 $t/(1+t)$ 时，其收费收入为最大。当收费价格超过该收费水平时，不仅不会增大收费收入，反而会减少收费收入，更为严重的是影响收费公路的交通量及收费公路国民经济效益的发挥。所以，收费标准最大不能超过 $Bt/(1+t)$。

从式(6)可以看出，最大收费价格随 t 值的增大而增大。当 $t=1$ 时，$P_s = B/2$；当 $t>1$ 时，$P_s > B/2$；当 $t \to \infty$ 时，$P_s = B$。

所以，对于不存在竞争性运输方式的收费公路，根据式(6)所确定的收费价格是垄断性收费价格，此时，P_s 会大于 $B/2$ 甚至等于 B，此时，经营性的收费企业会将新建公路给消费者带来的受益通过垄断性收费价格全部占有，这对消费者(公路使用者)是不公平的，因此，此种收费标准制定方法对于不存在竞争性运输方式的收费公路是不适应的。

对于存在竞争性运输方式的收费公路，由于 $0<t\leqslant 1$，$P \leqslant B/2$。它表明，收费价格最高不

能超过该公路给使用者带来的级差效益的二分之一。

利用收费收入最大化确定的收费标准对提高收费收入,保证收费经营企业的财务收益及指导收费标准的制定,防止盲目提高收费标准影响国民经济效益及收费收入的行为是有积极意义的。

当交通需求函数为式(2)形式时,其收费收入最大化的计算公式为

$$P_s = \frac{BKt}{1+t} \tag{7}$$

2.2 以利润最大化为目标的收费标准确定方法(方法二)

按式(6)确定的收费价格并未考虑公路在使用过程中的营运成本。如考虑公路的营运成本[设为$C(Q)$],则利润函数R_1为

$$R_1 = P \cdot Q - C(Q)$$

由于使利润最大化的条件是利润函数的一阶导数为0。所以,由上式可得

$$\frac{dR_1}{dQ} = P(1-\frac{1}{E_d}) - MC = 0$$

式中MC为边际营运成本。

将式(4)代入上式可得最优收费价格P_1为

$$P_1 = \frac{MC+Bt}{1+t} \tag{8}$$

公路在使用过程中的营运成本包括日常维护费、收费管理费及大中修费等。假设日常维护费、收费管理费主要与时间相关,而交通量的变化对其影响较小,则在确定的边际成本时,上述两项费用边际成本可不作考虑。

设公路大中修费为C_d,公路在累计标准轴载作用下N_d次后需要进行大修,η为标准轴载换算系数,则此时其边际成本可近似地按下式计算

$$MC = \eta\frac{C_d}{N_d} \tag{9}$$

按式(8)确定的收费价格对于不存在竞争性运输方式的收费公路而言,同样属于一种垄断性的收费价格,会损害公路使用者的合法权益。因此,对于不存在竞争性运输方式的收费公路,此种收费标准确定方法同样是不适应的。

式(9)中,MC>0,所以比较式(8)及式(6)后可知:$P_1>P_s$。它表明,从帕累托效率或项目的国民经济效益出发,以利润最大化为目标制定的收费价格比按收费收入最大化为目标制定的收费价格要差。

当收费公路交通需求函数为式(2)形式时,利润最大化的收费标准计算公式为

$$P_1 = \frac{MC+BKt}{1+t} \tag{10}$$

2.3 以国民经济净效益最大化为目标的收费标准制定方法(方法三)

最优收费价格P_b=MSC,MSC为边际社会成本。 (11)

式(11)表明,当收费价格等于边际社会成本时,能实现国民经济效益的最大化。即按式(11)确定的收费价格是实现资源配置的帕累托效率的最优收费价格。

设单位交通量的平均成本为AC,则对总成本TC有:TC=AC·Q对上式求导得

$$MC = AC + \frac{dAC}{dQ} \cdot Q$$

由于在成本递减行业中，$\frac{dAC}{dQ} < 0$，因此有：MC＜AC

由于在交通量未达到或超过收费公路的最大通行能力时，交通拥挤的边际成本为0，所以，如忽略公路交通对环境影响的边际成本，则此时，边际社会成本与边际营运成本相等。即

MSC＝MC＜AC 相应有

$$P_b = MC < AC。$$

上式表明，按边际成本收费所确定的收费价格会使得公路的初始投资无法回收，其亏损额为平均成本(AC)与边际成本之差。

2.4 以收回全部成本为目标的收费标准制定方法(方法四)

如果在收费中仅考虑成本的回收，即 P·Q＝AC(Q)·Q。则求解下列方程组

$$\begin{cases} P = AC(Q) \\ P = B(1-\left(\frac{Q}{Q_m}\right)^t \end{cases} \tag{12}$$

可得其收回全部成本的收费标准Pc。其中，平均成本AC包括平均建设成本及平均营运成本(平均日常维护费、平均收费管理费及平均大修费)。

由于AC曲线与需求曲线的关系有三种不同的情况，因此，相应的最优收费价格会有所不同。

第一种情况，见图1，AC曲线与需求曲线有两个交点，分别为 P_c、P_c'。此时，只要收费价格满足 $P_c \leqslant p \leqslant P_c'$ 都能保证成本的回收，但从国民经济效益考虑，其收费价格应尽量降低，最优收费价格为 $P = P_c$。

如果按 P_c 收费投资回收期限太长，则可考虑适当提高收费价格。但其收费价格应以不超过 P_1（利润最大化的价格）为限，即 $P_1 \leqslant p \leqslant P_c$。

第二种情况，AC曲线与需求曲线相切(图2)，即 P_c 只有一个实数根。此时，为收回成本，其收费价格应取 $P = P_c$。

第三种情况，AC曲线与需求曲线无交点，见图3。此时 P_c 无实数根，其最大收费价格只能是 $P = P_1$，企业会蒙受亏损，其最小亏损见图3中阴影部分的面积。此时，政府为稳定收费经营企业，鼓励其参与建设项目的投资，应向收费经营企业支付财政补贴(或收费公路投资中部分由国家无偿投资)。

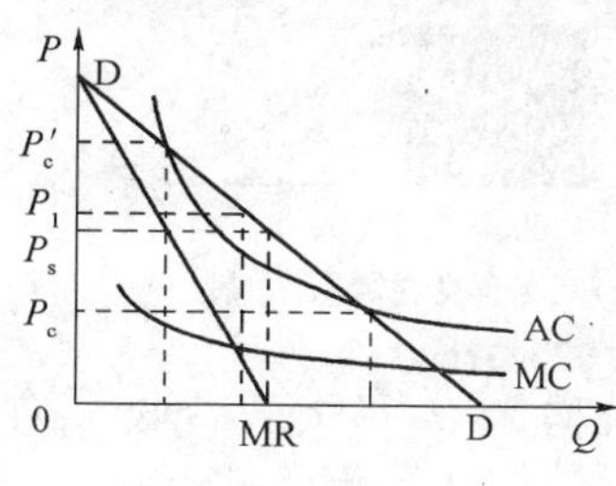

图1 AC曲线与需求曲线相交

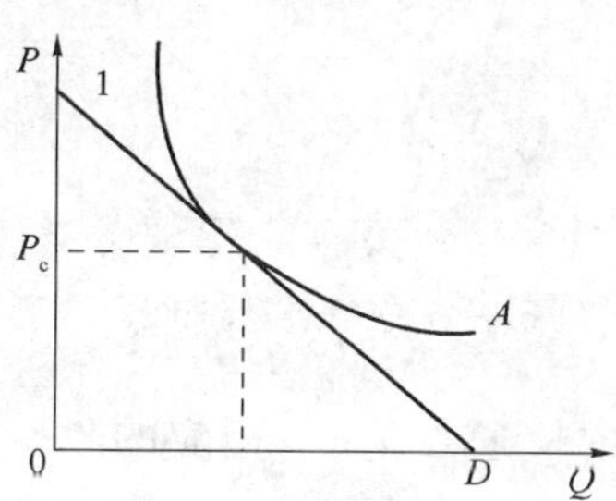

图2 AC曲线与需求曲线相切

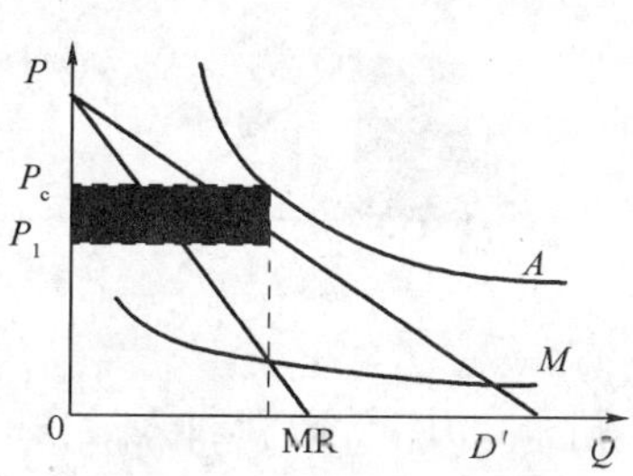

图3 AC曲线与需求曲线相离

2.5 收费标准制定方法的经济比较

前面介绍的四种收费标准制定方法。各有其特点。从收费企业的财务角度考虑,方法二和方法一是对收费企业最有利的收费标准制定方法,特别是方法二确定出来的收费价格最高,按此标准收费时企业的利润最大。而方法三是对收费企业最为不利的一种收费标准制定方法,所得出的收费价格最低。方法四则是收费价格居中的方法,是以收回成本为目标的,企业的利润只考虑正常的利润率,且成本太高时还存在着亏损(或政府必须给予财政补贴)的可能性。

从提高建设项目的国民经济效益出发,上述四种方法中最优方法是方法三,方法四是次优方法,而方法一、方法二(特别是方法二)是最不利的方法。

3 不同车型的收费标准制定方法

在制定不同车型的收费标准时,应综合考虑不同车型的级差效益、不同车型的交通需求价格弹性、不同车型对公路损坏程度及公路营运成本的影响、不同车型对道路通行能力的影响。

从式(6)、式(7)、式(8)、式(10)可知,级差效益越大,收费标准越高。因此,对不同类型的车辆应分别根据级差效益的高低来确定其收费标准。另外,由于不同车型对道路通行能力的影响不同以及导致的交通拥挤的边际成本的不同,相应的收费标准也应有所不同。本文主要研究另外两个因素对收费标准的影响。

3.1 不同车型的交通需求价格弹性对收费标准的影响

不同类型的车辆有不同的交通需求曲线和交通需求函数,[即式(1)中的 t 值不同],相应的交通需求价格弹性也不同[见式(4)及式(5)]。因此,在制定不同车型的收费标准时,应根据不同车型的交通需求价格弹性(t 值的不同)分别确定其收费标准[见式(6)、式(7)、式(8)、式(10)]。

对不同类型的车辆根据其交通需求价格弹性的不同来制定不同的收费标准,比按混合交通来制定统一的收费标准更有利于收费经营企业扩大收费收入或利润总额,其说明如下。

不妨设混合交通中只有小汽车与货车两种车型,其各自的交通需求曲线分别如图 4a)及 4b)所示,而混合交通的交通需求曲线如图 4c)所示。

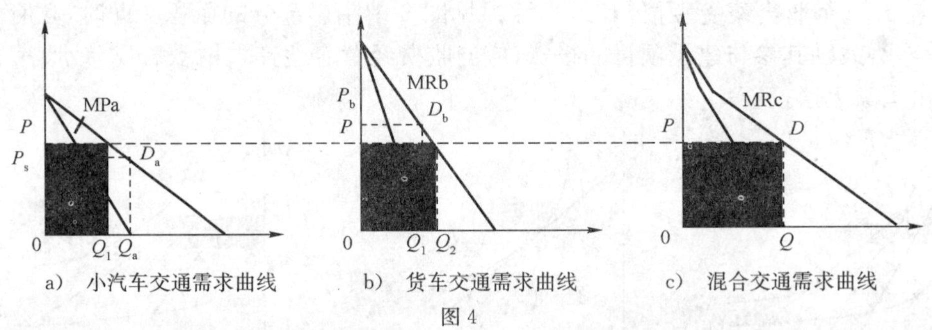

a) 小汽车交通需求曲线　　b) 货车交通需求曲线　　c) 混合交通需求曲线

图 4

在图 4c 中,设收费收入最大时的交通量为 Q,相应的收费价格为 P,最大收费收入为 $R_s = P \cdot Q$,即图 4c)中 $OPDQ$(阴影部分)的面积。

由于 $Q=Q_1+Q_2$,其中,Q_1 为收费价格 P 时小汽车的交通量[见图 4a)];Q_2 为收费价格 P 时货车的交通量[图 4b)]。

所以有：$R_s = P \cdot Q_1 + P \cdot Q_2$

即 R_s 为图 4a)及图 4b)中阴影部分的面积之和。

但 P、Q_1 并不是图 4a)中小汽车交通需求曲线下收费收入最大时的收费价格和交通量(其收费收入最大的收费价格和交通量为 P_a、Q_a)，且有 $P_a \cdot Q_a > P \cdot Q_1$，$P$、$Q_2$ 也并不是图 4b)中货车交通需求曲线下收费收入最大时的收费价格和交通量(其收费收入最大的收费价格和交通量为 $P_b Q_b$)，且有 $P_b \cdot Q_b > P \cdot Q_2$。

所以有：$P_a \cdot Q_a + P_b \cdot Q_b > P \cdot Q_1 + P \cdot Q_2 = R_s$

由此得证。将上述结论推而广之，可得出如下结论。

在制定收费标准时，当不同的车型其交通需求曲线不同时，则车型分得越细，按收费收入(或利润)最大化为目标得出的收费收入(或利润)总额就越多。

上述结论对实践中如何提高收费收入增强公路建设项目的投资偿还能力是有重要作用的。

3.2 不同车型对公路破坏程度和公路营运成本的影响

由式(9)可知，不同车型由于其轴载不同，对路面的破坏作用和公路营运成本的影响是不同的。

对柔性路面而言，由于其轴载换算系数为：$C_1 \cdot C_2\left(\frac{P_i}{P}\right)^{4.35}$

式中：P 为标准轴载(kN)，取 100kN；P_i 为被换算车型的各级轴载(kN)；C_1 为轴数系数；C_2 为轮组系数。

所以，对式(11)，当车辆按边际营运成本收费时，不同车型与标准车型收费标准比例系数 K 应为

$$K = C_1 \cdot C_2\left(\frac{P_i}{P}\right)^{4.35} \tag{13}$$

对刚性路面而言，由于其轴载换算系数为 $\alpha_i(P_i/P)^{16}$，α_i 为轴数系数。

所以在刚性路面中，对式(11)，当车辆按边际营运成本收费时，不同车型与标准车型收费标准比例系数 K 应为

$$K = \alpha_i(P_i/P)^{16} \tag{14}$$

以上分析了影响不同车型收费标准的制定的主要因素。实践中应对上述因素进行综合考虑。

公路建设项目法人激励模型研究

张劲文[1,2]　张起森[3]　王康臣[2]　刘　可[4]
(1.中南大学　长沙　410075;2.广东省高速公路有限公司　广州　510100;
3.长沙交通学院　长沙　410046;4.广东省交通厅　广州　510100)

摘　要：项目法人在公路项目建设中起着举足轻重的作用，其经营水平、工作绩效的高低直接关系到项目建设期三大控制目标的实现和企业的长远发展。利用委托～代理激励理论研究了项目法人制下的项目经营者激励模型，以期促进和完善现代项目企业制度，提高项目经营者自身及企业经济效益水平。

关键词：项目法人　激励模型　委托～代理

自1992年12月和1996年4月国家计委分别发布《关于建设项目实行业主责任制的暂行规定》和《关于实行建设项目法人责任制的暂行规定》以来，项目法人制开始在项目建设行业，尤其在公路建设行业得到普遍推广。建设项目法人制的实施，使得建设项目企业实现了所有权和经营权的分离；但在体制转型时期各项规章制度尚未完善，建设项目行为主体未能形成系统的微观经济主体意识的现实情况下，项目经营者在企业中的重要地位并没有削弱。在两权分离的股份制项目公司中，股东拥有公司法人财产的收益权和转让权，并有权选举董事会，再由董事会任命项目经营者。项目经营者则享有项目公司的实际经营控制权利，同时由于股权分散和信息不对称等原因，项目经营者，尤其是项目总经理实际上处于项目公司权利的中心地位，成为项目企业重大经营决策活动的实际策划者与实施者。因此，研究项目经营者的激励机制在目前建设项目现代企业制度的转型期显得尤为重要。

项目经营者的工作成果主要是事态判断、方案决策等软性的、无形的东西，同时其工作努力程度、能力风险倾向及决策正确性等方面的素质因限于信息、时间、空间以及外部条件环境很难用简单精确的考核指标来衡量。另外，考核项目经营者业绩的可观测变量（如建设期质量、进度、投资控制率、营运期资本利润率、资产保值增值率、技术创新技术进步等）本身已是多维非线性因素综合作用的结果。这些都使得对项目经营层的激励变得十分复杂。

1　项目法人组织基本激励模型

引用委托～代理激励理论，我们将项目法人的激励界定为一种组织激励，即项目法人作为法定的组织代理人对包括政府投资者、私人投资者、股东及其他债权持有人的投入资本负有资产保值增值、财富极大化以及社会效益极大化（或合理化）的责任；同时，投资方作为委托人应当在事前和事后的代理契约中设计一套行之有效的机制，对代理人是否具备合格的项目经营能力、代理人是否按照委托人的意图从事投资经营决策以及代理人的经营成果在多大程度上

摘自《公路》2003年8月第8期（上）。

满足了委托人的要求等方面进行考核监督以及激励和约束。

传统固定支薪制下委托～代理基本激励模型如下。

假设委托人扣除非人工成本和折旧后的收益 r 在闭区间 $[r_1,r_H]$ 取值，r 的值取决于代理人的工作努力程度 e 与随机因素，其中 $e\in[e_1,e_H]$；随机因素可以表示为一个条件概率 $f(r|e)$，根据这个概率，代理人的任何程度的工作努力带来的收益是随机的。代理人的效用函数为贝努利型函数 $U(x,y)$，由于其收入由工资构成，而工作努力与闲暇成互补关系，从而 $U(x,v)$ 又可以写成 $U(e,w)$，同时为分析上的方便，我们假设代理获得工资的效用和付出努力所获得的负效用之间存在线性关系，从而有 $U(e,w)=V(w)-D(e)$，其中 $V(w)$ 为获得工资收入得到的效用，$D(e)$ 为付出努力而减少闲暇导致的负效用。并且，我们还需假定，$V'(w)>0$ 和 $V''(w)<0$，即工资的边际效用递减。

从而委托人的效用极大化问题为

$$\max_{\{w(r)\}}\int[r-w(r)]f(r|e_h)\mathrm{d}r$$

$$s.t.\begin{cases}\int V[w(r)]f(r|e_h)\mathrm{d}r-D(e)\geqslant U_0\\ \int V[w(r)]f(r|e_h)\mathrm{d}r-D(e_h)\geqslant\int V[w(r)]f(r|e_h)\mathrm{d}r-D(e_1)\end{cases}\tag{1}$$

其中第一个约束称为参与约束，即要使代理人接受代理合约，激励必须达到的最起码的代理人保留效用水平（U_0），否则代理人将不会接受合约，委托人也将一无所得。第二个约束称为激励相容约束（或激励一致性约束），即当代理人付出较高的努力时所得的效用必须不低于付出较低努力时得到的效用。

如果项目委托人同时担任代理人的角色（如传统体制下的公路建设项目行政代理制），或者委托人可以完全清楚地观察到代理人的行为并对其进行控制，则代理人在努力工作之外没有别的选择，那么激励相容约束条件就不复存在，这时的激励问题变为

$$\max_{\{w(r)\}}\int[r-w(r)]f(r|e_\mathrm{h})\mathrm{d}r$$

$$s.t.\int V[w(r)]f(r|e_h)\,\mathrm{d}r-D(e)\geqslant U_0$$

设拉格朗日常数为 λ，构造拉格朗日函数如下

$$L=\int[r-w(r)]f(r|e_h)\,\mathrm{d}r+\lambda(\int V[w(r)]f(r|e_h)\,\mathrm{d}r-D(e)-U_0)$$

最优解的一阶条件为

$$-f(r|e)+\lambda V'[w(r)]\cdot f(r|e)=0$$

即

$$\lambda=\frac{1}{V'[w(r)]}\tag{2}$$

边际工资效用应该为一个常数，由于 $V'(w)<0$，在代理人风险中性的假设下，只有使工资不随企业收益变化而变化，从而 $w(r)=w_0$，即在委托人同时担任代理人的情况下，对代理人支付固定工薪，才能保证委托人的效用达到极大。

2 不对称信息条件下的项目法人组织激励模型

2.1 加强监督的激励模型

目前公路建设项目管理中的委托人～代理人关系实际上经常是处于一种信息不对称的状

态，即由于公路建设项目的专业性和复杂性，委托人无法在事前对代理人行为进行实时的观察和监督，同时由于项目法人业绩指标的可计量程度低等原因，委托人也无法在事后对代理人的行为后果进行准确的评价和控制。这样委托人在与代理人签订代理契约时就必须考虑到如何减弱契约关系的信息不对称性和提高代理人的行为可观测性，并通过适当的制度和机制安排提高代理人的工作努力程度。

在传统的固定支薪制下，通过改善和加强对代理人的监督是委托人试图直接克服不对称信息障碍、增加工作努力可观测性的一种方式。如项目建设中通过特派工作组代表委托人对项目过程进行监督（同样会产生委托代理问题）。这种提高效率的方式固然也能达到一定效果，但除了需要付出相应的监督成本以外，其本身就存在一定的局限性。

如果以横轴表示代理人“偷懒”（或降低努力水平）的程度 S，纵轴表示得到奖励的概率 P，则委托人通过改善和加强监督获得更多信息与代理人努力程度的变动关系可以由图 1 表示出来。

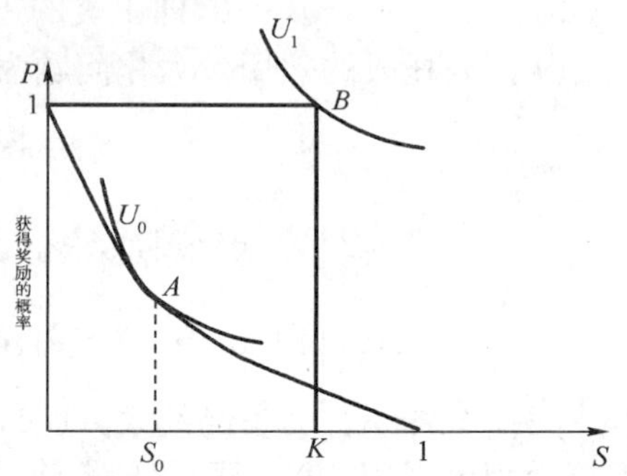

图 1 “偷懒”（降低劳动努力）的程度

对代理人来说，要提高获得奖励的概率，必须减少 S 值即提高努力程度。这样对每个代理人来说都存在一族在“偷懒”和获得奖励之间进行替代的等效曲线（U_0、U_1 等）；对委托人来说，他所获得的信息越充分，会使代理人获得奖励的概率和降低工作努力水平的程度越小，这样，委托人根据信息充分程度而取得的监督能力可以用联结两个坐标轴坐标为 1 处的委托人机会曲线来表示。机会曲线越凸向原点，表示委托人掌握的信息越充分，同时代理人获得奖励的机会越小。委托人和代理人的最优契约点在代理人等效用线和委托人机会曲线相切点 A。

如果机会曲线与等效用线的切点决定的均衡点的“偷懒”程度 S_0 小于临界值 K，由于只要 S_0 在 K 以下就有 100％的机会获得奖励，代理人仍可以提高 S 值一直到 K 并使其效用得到提高。这样，委托人掌握信息程度的提高（机会曲线的向原点凸进）就失去了意义，也就是说，委托人机会曲线越往原点凸进，从而 S_0 值越小，在 K 值不变的情况下，代理人的努力程度相对来说反而减小了。

即使是在 $S_0 > K$ 的情况下，如果代理人效用曲线非常陡峭（可以理解为代理人对闲暇的喜好远大于对奖励的喜好），也就是当提高努力程度导致的效用水平降低的效应大于努力和奖励之间的替代效用时，放弃闲暇而提高工作努力程度的选择对代理人来说就是得不偿失的。

上述结果表明，虽然委托人可以通过增加对信息的掌握并试图将代理人“偷懒”的临界值定得最低以获得最大限度的利润，但在无法知道代理人效用曲线形状的情况下，改善和加强监督并不能保证达到提高效率的效果。

2.2 固定支薪制下高薪与解聘惩罚结合的激励模型

事业型公路建设项目组织模式（如项目管理处等）大都采用这种激励机制。对于项目代理人来说，高薪意味着一旦解聘就会付出非常高的机会成本，因而这种方式的主要意图是通过促使代理人珍惜高薪机会来提高项目企业的工作效率。在项目企业拥有较大的比较成本优势并且人力资源市场处于完全竞争状态时，这种方式可以获得较理想的效果，但如果不具备这些条件，这种激励模式由于无法回避不对称信息问题，最终无法将高薪与高工作努力程度联系起来。固定支薪制下高薪与解聘惩罚结合的激励模型如式(1)。

由于不对称信息因素的存在，式(1)的激励相容约束条件变得具有重要意义，因为只有在代理人付出较高工作努力时所获得的效用不低于付出较低努力时所获得的效用(即"多劳多得")时，代理契约才能产生合理的激励效果。

令 $\lambda \geqslant 0$，$\mu \geqslant 0$ 分别为第一个和第二个约束条件的拉格朗日乘数，构造拉格朗日函数并对其进行微分，得最优一阶条件为

$$-f(r|e)+\lambda V'[w(r)]\cdot f(r|e_h)+\mu V'[w(r)]\cdot[f(r|e_h)-f(r|e_1)]=0$$

整理得

$$V'[w(r)]=\lambda+\mu\left[1-\frac{f(r|e_1)}{f(r|e_h)}\right] \tag{3}$$

式中的拉格朗日乘数 λ 和 μ 具有经济意义，如果 $\lambda=0$ 的话，当代理人取得同样的收益而付出较高努力的概率小于付出较低努力的概率时，式(3)等号的左边必须取负值，但 $V'[w(r)]$ 即收入的边际收益不能为负；如果 $\mu=0$ 的话，又意味着不能满足激励相容约束，即 λ 及 μ 都必须是大于零的正数。此外，式(3)的右边第一项正好与式(2)的左边相同，如果我们用努力可观察条件(信息对称)下由式(3)决定的最优固定工资 w_0 为比较标准的话，当同样的收益来自于较高努力水平的可能性更大，也就是 $f(r|e_1)<f(r|e_h)$ 时，从式(3)可以看到其最优工资要高于 w_0。也就是说，在努力不可观测的情况下，委托人要付给代理人比信息对称情况下更高的报酬才能换取代理人的较高的工作努力程度。但代理合约只能把较高的收益与较高的工作努力相联系，这样就要求代理人承担一定的风险，因为即使代理人付出了较高的努力，市场不确定因素也可能使项目的收益减少。显然，固定支薪制无法反映市场风险以及代理人的风险倾向对项目代理契约及绩效的影响；另外，如果按固定工薪 w_0 来支付代理人报酬的话，在信息不对称的情况下，既然努力程度不可观测且与付出的努力程度无关，在追求效用极大化的假定下，代理人自然不会出现自觉奉献的结果，从而往往会付出较低的努力。这些因素都可能最终导致激励机制失效。

2.3 相对绩效评价及激励

固定支薪制激励方式的困难来源于代理人工作努力程度的不可观测性以及业绩指标的不可计量性，而对从事同样岗位工作的代理人的业绩成果进行比较从而间接地对个人努力水平作出评价则相对较容易。通过项目经营者之间的业绩比较和竞争，可以间接地表达工作努力程度的高低，同时对项目经营者也提供了一定的竞争精神激励作用。

但项目代理人的工作努力程度一般会随时间及环境因素的波动而波动，其成果更易受环境影响。如果各项目的产出业绩所受到的随机因素影响都是完全不相关的，项目经营者之间的业绩成果相互独立，则项目代理人的工作成果(在平均的意义上)就可以清楚地说明代理人的工作努力程度。但如果各项目业绩成果之间的相关性较高，从而各项目业绩有可能产生于某种非随机的"合谋因素"。如果代理人之间通过公开或默契地达成一致，都维持在能够让包括委托人在内的各方都满意的努力(而不是最大努力)水平上的话，则显然这种评价和激励方式就会失效。

2.4 项目剩余索取权分成制激励

项目法人的利益实现是以其法人财产权和所有权的明确界定为基础的。企业法人财产一般由剩余索取权、控制权和转让权构成,其中剩余索取权是业主所有权中的收益权在项目企业财产关系上的特殊表现形式。在项目法人制条件下,在业主所有权与项目经营者控制权分离的同时,项目经营者实际上掌握了包括事件决策、资金投向、利润分配乃至董事提名等重大问题的实质性权利,从而使得项目产权的部分内容发生了由委托人向代理人的转移。在这种情况下,如果我们考虑委托人将项目剩余索取权的一部分(或者全部)随项目经营风险一并转让给代理人,则进入了分成支租制的探讨范围。

我们对式(1)进行更为深入的假设:代理人的收入由工资和对项目剩余收益的分成等两部分构成,分成比例为 b;项目剩余收益具体分解为系统风险收入 y 和非系统风险收入 η , y 直接由劳动努力程度 e 确定, η 则为一个服从正态分布且均值和方差分别为 0 和 δ^2 的随机变量;代理人的工作努力的边际负效用等于其努力程度的平方,即 $D(e)=e^2$;代理人的绝对风险规避系数为一个常数 α ;同时,为讨论方便,我们假设 $V(w)=w$,不影响定性分析的结果。这样,代理人的效应函数由工资、分成比例和工作努力水平 3 个系数决定,即

$$U(e,w,b)=w+b(e+\eta)-e^2$$

η 的值可表示为其均值和随机风险偏差收益之和,即

$$\eta=0+\alpha b\delta^2/2$$

则

$$U(e,w,b)=w+be-e^2+\alpha b^2\delta^2/2$$

对 e 求极大值,可得 $e^*=b/2$,从而

$$U=w+b^2/2-b^2/4+\alpha b^2\delta^2/2=(w-b^2/4)+b^2/2(1+\alpha\delta^2)$$

等式右边第一个括号内的收益为代理人在固定工资下的效用,当 $(1+\alpha\delta^2)\leqslant 0$,即项目出现亏损时,代理则得到这个收入。当 $(1+\alpha\delta^2)>0$ 时,第二个括号内的收益为代理人效用作出的正贡献(与风险有关的收入部分),代理人对剩余收益分成的比例越大,代理人越不畏惧风险,项目的收益波动越小,这种贡献也越明显。这种有限风险承担对代理人的收益可以构成一定的保障机制,可以稳定代理人的工作和生活情绪,同时也可以提高项目经营者的工作效率。

3 结论及发展方向

(1)目前国内公路建设项目法人激励机制是在传统体制下的公路建设项目行政代理固定支薪制的基础上发展起来的,在投资主体日益多元化的趋势下,其激励机制已逐渐显示出弊端。

(2)从现代委托～代理理论的角度看,项目经营者应当是项目利润“剩余收益”的索取者,相对于主要依靠事前约定的合约来索取收益的“固定收益人”(或称支薪管理层)来说,“剩余收益人”(或称支租管理层)主要是通过对同项目最终的利润流量挂钩的“剩余索取权”的分享来获得利益上的补偿。固定收益人的收益一般是事前确定的,而剩余收益则具有很强的事后不确定性。当然,剩余收益人的定义并不排斥项目经营者仍然可以获得数量确定的合约收益,只是从项目经营者的角度看,剩余收益的重要程度要高得多。在公路建设项目现代企业制度转型期间,从现有工资水平基础开始推行有限风险收入机制无论对代理人和委托人来说都是有利的。

(3)从发展前景来看,公路建设投融资主体市场化、民营化趋势日益明显,在公路建设项目融资中引入BOT、ABS以及产业投资基金等先进的融资方式已经是大势所趋。因项目债务的有限追索和项目经营的经济强度依赖性等特点,公路项目投资主体必须寻求一种稳定的利益实现和风险分摊机制来分散其资金从投入到产出过程中的风险以追求利润极大化,在这种情况下,有限风险收入机制可以提供一种至少是过渡时期的项目代理人激励机制,而更进一步的股权激励机制则可能成为未来公路建设项目上市机制完善后企业法人组织激励的最佳途径。

基于集成法的道路交通安全评价

彭军龙[1,2] 张起森[1] 张学民[1]
(1. 中南大学 长沙 410075;2. 长沙理工大学 长沙 410076)

摘 要:为了对道路交通安全进行较为客观的定量评价,将一种新的集成评价方法运用到评价中。该方法是包括德尔斐法、层次分析法、灰色聚类法、模糊评判、矩阵方法等一系列方法的综合应用。在该方法中,德尔斐法被用于建立道路交通安全的评价指标体系,层次分析法被用来确定各评价指标间的权重,灰色聚类法被用来对专家评分进行处理,模糊评判以及矩阵方法被用在整个运算过程中。不同的理论有不同的适用性,在道路交通安全评价中的不同阶段使用不同的理论,就能获得一个直观的评价结果。最后用一个算例说明了整个思路,并证明了该法是有效可行的,且有对历史样本数据无依赖、简单直观等优点。

关键词:交通运输安全工程 交通 安全 评价

0 引言

随着国民经济的迅速发展,公路里程不断增加,交通问题也日益突出,交通事故不断增加。为了更好地治理交通,促进交通安全工作的发展,有必要对我国道路交通安全评价指标体系和评价方法进行不断的研究和探讨,为保证道路交通安全提供科学的依据。目前道路交通安全评价方法很多,如相对事故率法、统计分析法、事故多发点法、神经网络法、模糊数学法、道路交通危险度分析法、安全系数法等。每种方法都有其优点和缺点,再加上许多指标很难具有可比性,使得目前道路安全评价报告中存在着评价指标不系统、结论主要是各种结果的简单堆积、缺乏综合定量总评价等一系列问题。本文采用集成法,根据道路安全评价中的特点,对道路交通安全进行一定的探讨,以求做出较为客观的评价。

集成方法是根据改进的 Delphi(德尔斐法)、Analytic Hierarchy Process(层次分析法)、Grey Clustering(灰色聚类)、Fuzzy Comprehensive Evaluating(模糊评判)等的各自特点分别用于相应评价步骤的一种综合集成方法。

1 模型的建立

1.1 确定评价指标集

通过用 Delphi,经过信息收集、分析和专家咨询,建立道路交通安全的层次指标体系。包括目标层 A,准则层 C,指标层 R,即评价对象的因素集合 $A=C\{C_1,C_2,\cdots,C_n\}$,$C=R\{R_1,R_2,\cdots,R_m\}$,$A$ 为目标层,即道路交通安全评价,C 为影响 A 的准则层,R 为影响 C 的指标层。

摘自《安全与环境学报》2005 年 10 月第 5 卷第 5 期。

1.2　确定组合权重 W

针对上述层次指标体系，采用层次分析，分别对准则层和指标层中各指标之间的相对重要性进行判断，构造比较判断权重矩阵，从而可以得到各指标层和准则层因素的相对权重，最后通过组合得到组合权重 W。即得到 $W=\{\omega,\cdots,\omega_j,\cdots,\omega_m\}$，其中 ω_j 反映的是指标层中任意指标 R_j 对于目标层 A 的权值，且满足 $\sum_{i=1}^{n}\omega_i=1, 0<\omega_i<1$。

采用层次分析法确定评价指标间的权重。层次分析法适合于解决具有复杂层次结构的指标问题。这种方法能够统一处理决策中的定性与定量因素，具有实用性、系统性、简洁性等优点，特别适合于确定指标间的权重。

1.3　确定评分矩阵

设有 r 位专家参加评价 $E=\{E_1,E_2\cdots,E_r\}$，第 k 位专家按集成法咨询表对指标层因素 R_j 的评价分记为 d_{kj}，依次类推。将 r 位专家对所评价道路交通安全的评价数据构成矩阵，矩阵中一行表示一位专家对指标层所有因素的评分，矩阵中的一列表示 r 位专家对指标层某指标的所有评分。

$$\begin{bmatrix} d_{11} & d_{12} & \cdots & d_{1n} \\ d_{21} & d_{22} & \cdots & d_{2n} \\ \vdots & \vdots & \vdots & \vdots \\ d_{r1} & d_{r2} & \cdots & d_{rn} \end{bmatrix}$$

$$0\leqslant d_{kj}\leqslant 100$$

1.4　确定评价等级

根据测度理论，把评价等级分为如表 1 所示的 5 个等级。

评价等级表　　表1

非常安全	比较安全	一般安全	合格	不合格
9 左右	7 左右	5 左右	3 左右	1 左右

1.5　运用灰色理论计算灰色评价值

根据道路交通安全的评价等级，建立如下灰类灰数以及白化权函数，其目的就是考虑专家评分的模糊性。其中隐含一条假设，即专家对某项指标的打分不是绝对值，而是在其值附近的区域，这符合实际情况。利用灰色理论中的聚类理论对专家评分进行处理，灰色聚类理论是建立在灰数的白化函数生成基础上的一种方法，它的实质是充分、合理地利用已知信息来替代未知的、非确知的信息，对灰色系统的本质属性进行分类识别，并给出客观、可靠的量化分析结果。灰色聚类是将聚类对象对于不同的聚类指标拥有的白化数，按几个灰类进行归纳，从而判定该聚类对象属于哪一类，其中白化权函数根据评价标准或者聚类白化数 d_{kj} 结合实际情况给出。

第一灰类：灰数为 $\otimes\in[9,\infty]$，其白化权函数为

$$f_1(d_{kj})=\begin{cases} d_{kj}/9.0 & d_{kj}\in[0,9.0] \\ 1 & d_{kj}\in[9.0,\infty] \\ 0 & d_{kj}\notin[0,\infty] \end{cases}$$

第二灰类:灰数为⊗∈[0,7,14],其白化权函数为

$$f_2(d_{kj})=\begin{cases}d_{kj}/7.0 & d_{kj}\in[0,7.0]\\(14-d_{kj})/7.0 & d_{kj}\in[7.0,14]\\0 & d_{kj}\notin[0,14]\end{cases}$$

第三灰类:灰数为⊗∈[0,5,10],其白化权函数为

$$f_3(d_{kj})=\begin{cases}d_{kj}/5.0 & d_{kj}\in[0,5.0]\\(10-d_{kj})/5.0 & d_{kj}\in[5.0,10]\\0 & d_{kj}\notin[0,10]\end{cases}$$

第四灰类:灰数为⊗∈[0,3,6],其白化权函数为

$$f_4(d_{kj})=\begin{cases}d_{kj}/3.0 & d_{kj}\in[0,3.0]\\(6-d_{kj})/3.0 & d_{kj}\in[3,6]\\0 & d_{kj}\notin[0,6]\end{cases}$$

第五灰类:灰数为⊗∈[0,1,2],其白化权函数为

$$f_5(d_{kj})=\begin{cases}d_{kj}/1.0 & d_{kj}\in[0,1]\\(2-d_{kj})/1.0 & d_{kj}\in[1,2]\\0 & d_{kj}\notin[0,2]\end{cases}$$

1.6 计算灰色统计数

采用灰色统计法,由确定的白化权函数求出 d_{kj} 属于第 x 类评价标准的权 $f_x(d_{kj})$,据此求出评判矩阵的灰色统计数(记为 n_{jx})和总灰色统计数(记为 n_j):n_{ijx} 可以看成指标层 R_{ij} 属于第 x 类的隶属度。

$$n_{jx}=\sum_{k=1}^{r}f_x(d_{kj}),n_j=\sum_{x=1}^{5}n_{jx}(j=1,2\cdots,m)$$

1.7 计算灰色评估权值及模糊权矩阵

r 位专家对指标层第 j 个评价因素评为第 x 类评价标准的灰色综合权值为 $r_{jx}=\dfrac{n_{jx}}{n_j}$。

由 r_{ijx} 构成单指标模糊矩阵

$$R=\begin{bmatrix}r_{11} & r_{12} & \cdots & r_{15}\\r_{21} & r_{22} & \cdots & r_{25}\\\vdots & \vdots & \vdots & \vdots\\r_{m1} & r_{m2} & \cdots & r_{m5}\end{bmatrix}$$

1.8 计算模糊综合评判矩阵

由组合权重 **W** 和单指标模糊评判矩阵 **R** 复合运算,得到模糊综合评判矩阵 **B**

$$B=(b_1,b_2,b_3,b_4,b_5)=W\cdot R=[\omega_1,\omega_j,\cdots\omega_m]\cdot\begin{bmatrix}r_{11} & r_{12} & \cdots & r_{15}\\r_{21} & r_{22} & \cdots & r_{25}\\\vdots & \vdots & \vdots & \vdots\\r_{m1} & r_{m2} & \cdots & r_{m5}\end{bmatrix}$$

归一化处理$\sum_{j=1}^{5} b_j = 1$;$\boldsymbol{W}$是一个指标层各指标相对于目标$\boldsymbol{A}$的权重,$\boldsymbol{R}$可以看成专家对指标层m个指标的评分分别属于1、2、3、4、5类的隶属度矩阵。

1.9 计算评价结果 Z

$$Z = (W \cdot R) \cdot V = B \cdot V$$

根据评价结果Z,再参照评价等级$\mathbf{V}$,就可以得出道路安全评价的结论。

2 算例

对某条已建成的,且已通车2～3年的道路进行定量交通安全评价。

(1)建立道路交通安全层次评价体系,求组合权重。

利用Delphi法建立影响道路交通安全评价的层次指标体系,见图1。

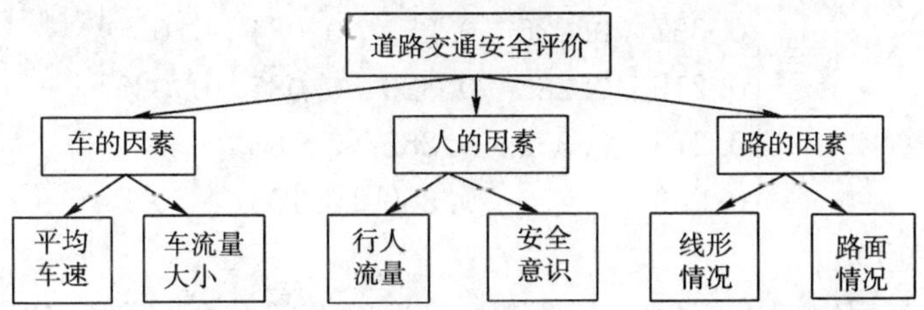

图1 道路交通安全评价指标的层次结构

总目标:道路交通安全评价A。

准则层:C_1车的因素;C_2人的因素;C_3路的因素。

指标层:R_1平均车速;R_2车流量大小;R_3行人流量;R_4安全意识;R_5路线情况;R_6路面情况。

利用层次分析法确定R_1,R_2,R_3,R_4,R_5,R_6组合权重$W=[0.22,0.13,0.14,0.24,0.14,0.13]$,该权重通过一致性检验。

(2)专家评分。

5位专家对道路交通安全的6个指标评分结果见表2。

专家评分表 表2

C	R_1	R_2	R_3	R_4	R_5	R_6
E_1	10	7	5	6	7	4
E_2	9	6	8	1	5	5
E_3	10	7	4	5	2	4
E_4	9	4	8	6	7	5
E_5	10	7	8	5	7	5

(3)计算灰色统计数、灰色权重、模糊权重矩阵,得出评价结论。

根据评价等级以及白化函数可以得到:

$n_{11} = f_1(10) + f_1(9) + f_1(10) + f_1(9) + f_1(10) = 1+1+1+1+1 = 5$

$n_{12} = f_2(10) + f_2(9) + f_2(10) + f_2(9) + f_2(10) = 0.333+0.5+0.333+0.5+0.333 = 2$

$n_{13} = f_3(10) + f_3(9) + f_3(10) + f_3(9) + f_3(10) = 0+0+0+0+0 = 0$

$n_{14} = 0$；$n_{15} = 0$；$n_1 = 5+2+0+0 = 7$；

$r_{11} = n_{11}/n_1 = 5/7 = 0.714$；$r_{12} = n_{12}/n_1 = 2/7 = 0.286$

$r_{13} = n_{13}/n_1 = 0$；$r_{14} = n_{14}/n_1 = 0$；$r_{15} = n_{15}/n_1 = 0$

同理，可以逐步求出 r_{ij}，从而可以构造出模糊权重矩阵

$$R=\begin{bmatrix} 0.714 & 0.286 & 0 & 0 & 0 \\ 0.285 & 0.378 & 0.281 & 0.054 & 0 \\ 0.337 & 0.325 & 0.253 & 0.084 & 0 \\ 0.219 & 0.282 & 0.326 & 0.085 & 0.085 \\ 0.275 & 0.353 & 0.282 & 0.088 & 0 \\ 0.200 & 0.257 & 0.360 & 0.183 & 0 \end{bmatrix}$$

求出模糊评判矩阵

$$B = W \cdot R = [0.358, 0.308, 0.236, 0.075, 0.0542]$$

安全评价结果为

$$Z = B \cdot V = [0.358, 0.308, 0.236, 0.075, 0.0542] \cdot [9,7,5,3,1]^T = 6.851$$

参考评价等级区域得知，此道路交通安全评价等级为比较安全。

3 结论

本文利用集成方法提出了一种新的评价道路交通安全的方法，可以对一个地区某一时期内的道路交通安全情况直接定出评价等级，以供管理部门制定措施时参考。这种方法与其他方法相比具有以下特点：(1)能够把定性的评价转化为定量的评价，评价结果更为简单直观；(2)评价时不需要评价样本数据，对历史数据无依赖；(3)在对专家评分数据的处理过程中，考虑了专家评分行为的模糊性，采用白化权函数对其进行修正归类统计，这使得评价结果更符合实际情况。此方法不仅可用于道路交通安全评价工作，也适用于其他行业的评价和后评价工作。

第五篇　其　　他

STABILITY TEST AND ANALYSIS OF THE SPACE MODEL OF A LONG SPAN CABLE-STAYED BRIDGE UNDER CONSTRUCTION

Liang Shuo　Zeng Qingyuan
Changsha Railway University, Changsha, 410007
Zhang Qisen　Yan Donghuang
Changsha Communications University, Changsha, 410076

ABSTRACT: A series of work from design to testing of a three dimensional aluminum model for the cable-stayed prestressed concrete bridge in construction with maximum cantilever beam— Dongting Lake Bridge with three tower and 310m main span is described in this paper. Comparisons between the tested and calculated results are conducted. The nonlinearity of the stayed、deck、tower and the local-overall interactive buckling of the beam-and-slab decks are considered in this paper.

1 INTRODUCTION

Dongting Lake Bridge is place in Yueyang city of Hunan stated. It is a cable-stayed prestressed concrete bridge with three unequal high towers ($130+2\times310+130$m). The double stayed planes are inclined and are fixed up in fan-shaped. The bridge is longitudinal suspension system. The towers are gem-shaped. The main decks are beam-and slab section structure.

When the main decks have maximum cantilever length, the cable-stayed prestressed concrete bridge in construction is in the most dangerous situation, so experiment and analysis of stability of a large scale model of a cable-stayed prestressed concrete bridge are conducted in this paper. The model is build in the light of the design scheme of the Dongting Lake Bridge in construction when the main decks have maximum cantilever length. The scale is 1 : 30. The main decks and tower of the model are casted with aluminum. The material of the stayed is high strength steel wire.

2 MODEL DESIGN PRINCIPLE

It is very important to determine the similarity between the real structure and model in model testing. The similarity relationships include many physics parameters such as size, section geometric property, material property, load, internal force, stress, strain, displacement, bearing condition and so on.

Because the filed bridge is build with steel wire (stayed) and concrete (deck and tower), the model is made of spring steel wire (stayed) and aluminum (deck and tower). Modulus of elasticity ratio of stayed is $\lambda_E=1$, deck and tower $\lambda_E=2$. There are two kinds modulus of elasticity ratio in same structure. It is impossible to set up fully geometric similarity between the real structure and model, so a stiffness similarity principle is used. The theory similarity conditions are determined as:

$\lambda=\lambda_L$; $\lambda_{EA}=\lambda^2$; $\lambda_{EI}=\lambda^4$; $\lambda_q=\lambda$; $\lambda_P=\lambda^2$; $\lambda_M=\lambda^3$

$\lambda_\delta=\lambda$; $\lambda_\Psi=1$; $\lambda_\gamma=\lambda_E/\lambda$; $\lambda_{EW}=\lambda^3$; $\lambda_\varepsilon=\lambda^2$; $\lambda_\sigma=\lambda_E$

Where λ is scale; L is size; q is linear load; p is concentrated force; M is concentrated moment; E is modulus of elasticity; ε is strain; σ is stress; δ is linear displacement; Ψ is angular displacement; γ is density; A is section area; I is moment of inertia; W is flexure modulus. The beam-and slab decks sizes of the model are shown in Fig. 1

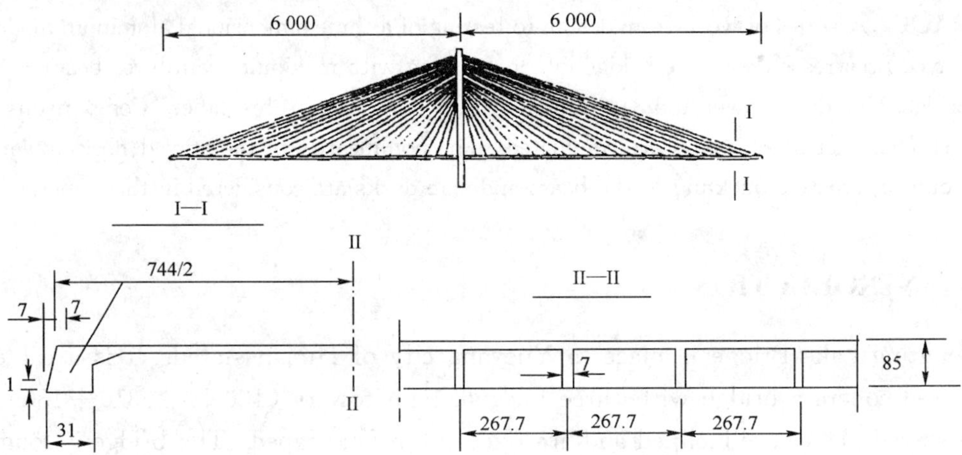

Fig. 1 The beam-and slab decks sizes of the model

3 MODEL BUILTING

Main decks and tower of the aluminum alloy model are casted segmentally (main decks are divided into nine, tower is three) and machined to check the geometric size and assembled on table. Hump vertical curve of the main decks are formed by the predetermined angle at the joins. The joins are warded up by steel plates, which are fixed up by the high tensile bolt and nail.

4 MEASURE METHOD

Stress is determined by measuring the strain in corresponding section (see Fig. 2). Stayed forces are measured by a special sensor that is connected with the stayed. The testing data of strain and stayed force use the same data acquisition and control system. The displacements of main decks and tower are measured by displacement sensor and multichannel displacement measurement system (see Fig. 3). All measurement data is managed by computer.

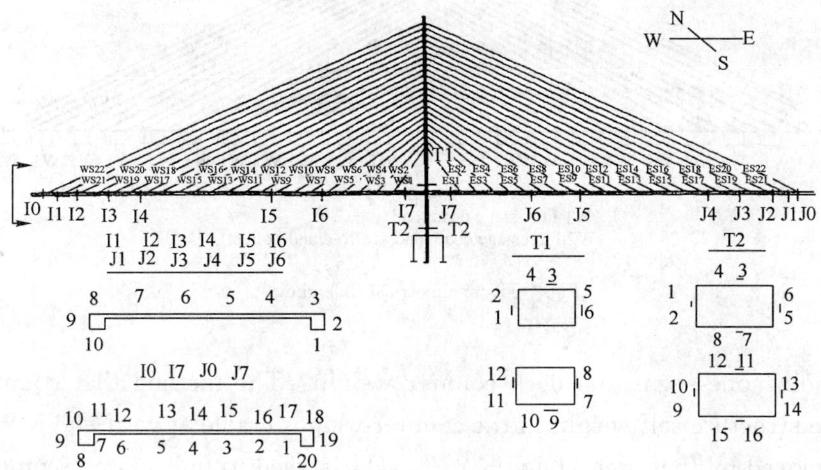

Fig. 2 Strain gauges position

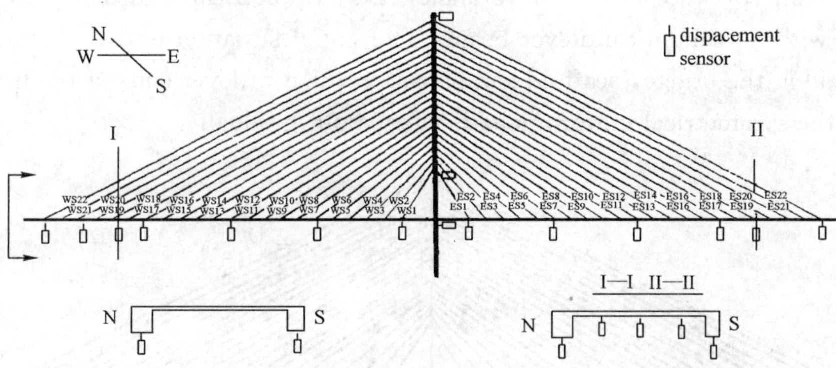

Fig. 3 Displacement sensors position

5 LOADING

A counter weight method is used to analog the structure self weight. The counter weight of the model bridge is too enormous to load on the model bridge directly, so cradles and level system are used. The weight of the counter poise is loaded on the beam by the level system. The arm of couple radio of the level system is 1 : 4.

Loading plan one (Fig. 4) is to analog the possible maximum unsymmetrical construction load of the field bridge in construction with maximum cantilever beam. Cantilever casting construction method with scaffold cradle is used to build the beam-and slab decks of the bridge. If the last stayed lose its efficacy and scaffold cradle and cantilever casting segment drop into the lake suddenly, there are difference weights between the cantilever ends of the bean-and-slab decks.

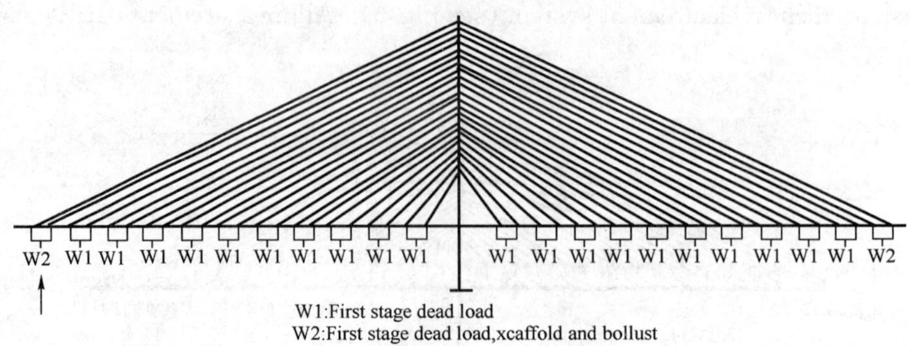

Fig. 4　Unsymmetrical unloading

Testing step

(1) Unloading one segmental deck counter weight: The method that counter poise of analogizing the structure self weight in the counter weight cradle at west-end MW22, MW21 strayed are removed by four step (KI=1, 2, 3, 4), is used to unload one segment weight.

(2) Unloading construction cradle counter weight (KI=5).

Loading plan two (see Fig. 5) is to analog the symmetrical load of the field bridge in construction with maximum cantilever beam. The initial situation is that there are the first stage dead load in the bridge, scaffold and ballast in the cantilever ends of the beam-and-slab decks, then the symmetrical uniform load is carried out gradually.

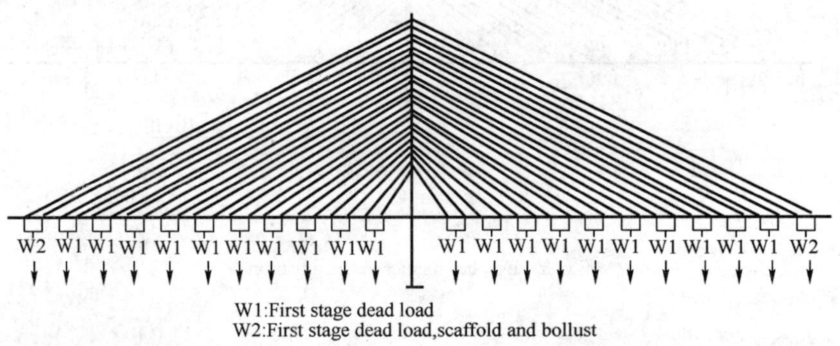

Fig. 5　Symmetrical loading

6　COMPARISON BETWEEN THE TESTED AND CALCULATED RESULTS

An efficacious method of stability analysis of cable-stayed bridge is numerical calculation method. In this paper, the beam-and-slab decks of model of Dongting Lake cable-stayed bridge are discreted a beam-and-slab decks element with local-overall interactive buckling. The tower of model is considered as space beam element. The stayed are analyses as space member element. The nonlinearity of stayed is considered with equivalent modulus of elasticity method.

Because the scope of the model is enormous, and the testing points are more, the main tested and calculated results are compared in the paper.

Unsymmetrical unloading

Maximum Unsymmetrical construction load: The counter weight (394.5kg, KI=4) of one segmental decks and the counter weight (83.4kg, KI=5) of half construction cradle in west-end are removed in this testing, but calculated results, the maximum weight which can be removed is 1 384kg, it is almost 3.5 segments decks weight.

The deflection curve is shown in Fig. 6. Fig. 7 shows the load-vertical displacement curve at unloading end. Fig. 8 shows the load-tower top displacement curve. The load-stayed force curve of MW1 stayed is shown in Fig. 9.

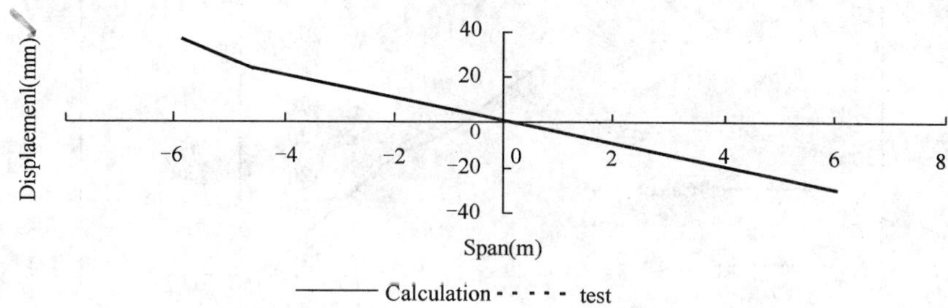

Fig. 6 The deck deflection curve (when KI=5)

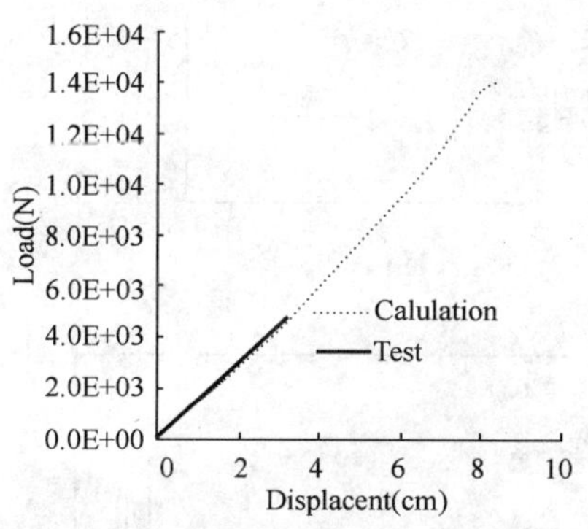

Fig. 7 The load-vertical displacement curve at unloading end

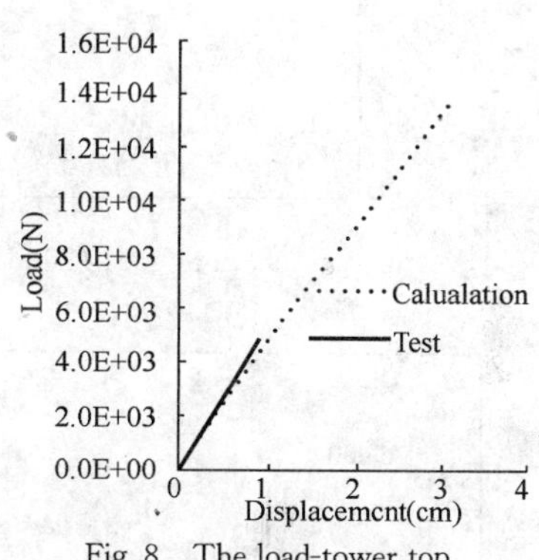

Fig. 8 The load-tower top displacement curve

Symmetrical loading

Maximum symmetrical load: The counter weight of the symmetrical uniform load is carried out gradually in this testing (see table. 1). In ninth grade loading (KJ=9), the MW5 and ME14 stayed broke in two. The loading weight is equal to 2.548 times first stage dead weight (uniform load). The calculated weight is equal to 3.412 times first dead weight.

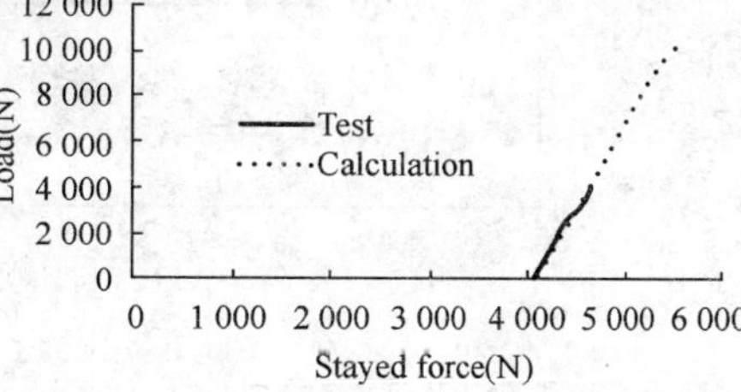

Fig. 9 The load-stayed force curve of MW1

The deflection curve (KJ—9) is shown in Fig. 10. Fig. 11 shows the load-vertical displacement curve at left end. The stayed force (KJ=9) is shown in Fig. 12. The strain of J6 section sees table2

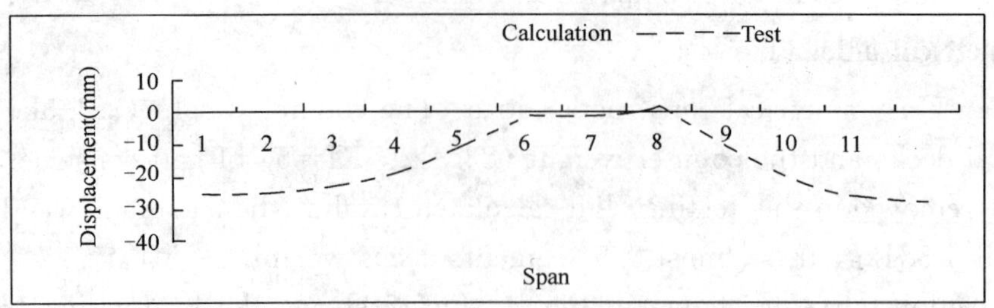

Fig. 10 The deflection curve (KJ=9)

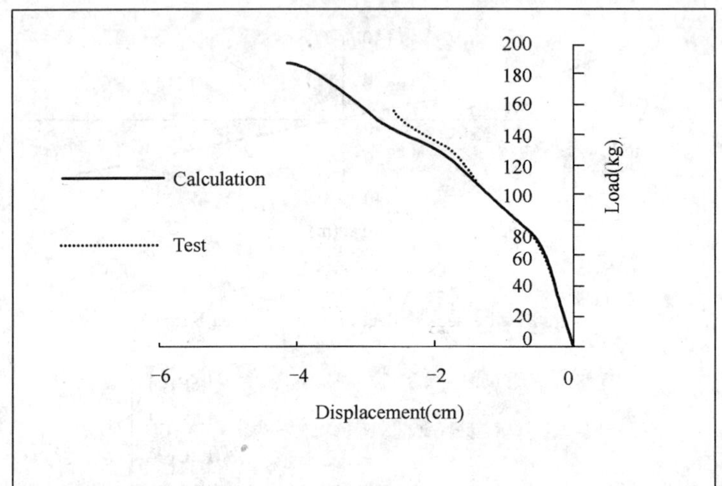

Fig. 11 The load-vertical displacement curve at left end

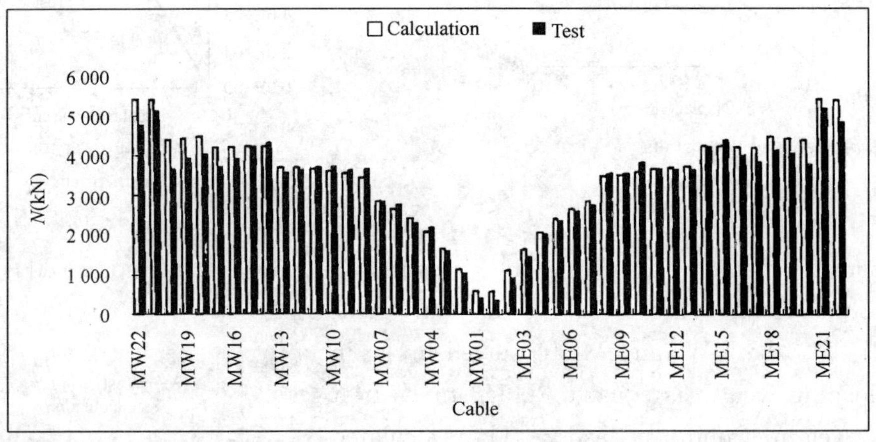

Fig. 12 Stayed force (KJ=9)

7 CONCLUSION

In this paper, experiment and analysis of stability of a large scale (1∶30) aluminum alloy model of cable-stayed prestressed concrete bridge in construction with maximum cantilever beam was reported. The rested results are close to the calculated(see Toble. 1).

The counter weight of the symmetrical uniform load (kg) Table. 1

KJ=0	KJ=1	KJ=2	KJ=3	KJ=4	KJ=5	KJ=6	KJ=7	KJ=8	KJ=9
47	67	87	107	127	137	147	157	167	177

Deck J6 section strain test results ($\mu\varepsilon$) Table. 2

	KJ=1	KJ=2	KJ=3	KJ=4	KJ=5	KJ=6	KJ=7	KJ=8	KJ=9
J601	−3	−11	−16	−24	−24	−27	−31	−36	−37
J602	−15	−29	−43	−60	−67	−74	−78	−84	−89
J603	−26	−52	−77	−105	−118	−130	−142	−156	−163
J604	−25	−50	−76	−103	−115	−128	−139	−153	−160
J605	−27	−54	−81	−109	−121	−135	−148	−161	−169
J606	−26	−51	−77	−105	−117	−129	−144	−153	−161
J607	−27	−56	−85	−115	−130	−143	−158	−173	−183
J608	−24	−51	−77	−106	−120	−132	−146	−164	−173
J609	−16	−31	−46	−64	−69	−77	−85	−94	−96
J610	−8	−14	−20	−28	−31	−35	−38	−41	−43

8 ACKNOWLEDGMENTS

The research workers also include Tian Zhongchu, Li Xuewen, Li Jiasheng, Chen Changsong, Li Yafei, Song Jianzhong and so on. The study was supported by the Hunan Province transportation planning survey designing institute and Dongting Lake Bridge engineering construction department.

肋板结构主梁混凝土斜拉桥相关屈曲极限承载力空间分析

梁　硕[1]　　曾庆元[2]　　张起森[1]

(1.长沙交通学院　长沙　410076;2.长沙铁道学院　长沙　410082)

摘　要: 混凝土斜拉桥采用肋板结构的主梁容易发生局部变形,其极限承载力与此有关,作者根据弹性力学对物体位形的分析结果,提出了混凝土斜拉桥肋板结构主梁局部与整体相关屈曲空间位移的计算方法,编制了混凝土斜拉桥局部与整体相关屈曲极限承载力的空间分析计算程序,在非线性连续介质力学理论和模型试验的基础上,结合工程实例对大跨度混凝土斜拉桥的局部与整体相关屈曲极限承载力进行分析,并给出了理论计算结果。

关键词: 混凝土　斜拉桥　局部与整体相关屈曲　极限承载力

1　引言

在跨径200～500m的范围内,混凝土斜拉桥已成为最常见的一种桥梁结构形式,500m以上的跨度,它也具有相当的竞争力。斜拉桥索平面多为双索面,因其为空间结构,可提供较大的抗扭刚度,对主梁的抗扭刚度要求不高,通常采用肋板结构主梁,如我国20世纪90年代以来先后修建的武汉、重庆和铜陵长江公路大桥,岳阳洞庭湖大桥、湖北荆州长江公路大桥主梁均采用这种截面形式。这种截面形式的主梁,两边肋间距通常较大,拉索是锚在边肋上,结构体系的传力途径为桥面板将荷载传至横梁,横梁传至两边肋,因而必然引起梁板截面发生如下两种局部变形:一为桥面板和横梁均产生横向弯曲变形,同时引起两边肋扭转;另一为桥面板横截面沿桥轴方向非均匀变形。这是因为斜拉索拉力通过两边肋传至主梁截面,必然引起桥面板剪力滞后,使桥面板横截面上正应力沿板宽分布不均匀的缘故。

斜拉桥极限承载力是桥梁工程师非常关注的问题之一。对于大跨度混凝土斜拉桥这种空间结构,其极限承载力分析目前最有效的方法是采用数值计算方法,但常规空间梁单元通常假设横截面周边不变形,且变形前垂直于梁中心线的平截面变形后仍然保持为平面。这种梁单元只考虑了结构整体屈曲[(图1a)],没有考虑结构相对于整体屈曲的局部屈曲[(图1b)]。采用这种梁单元进行结构分析,只能得到斜拉桥稳定极限承载力。结构中任一点的真实位移应为结构整体位移与相对于整体位移的局部位移之和[(图1c)]。大跨度混凝土斜拉桥稳定极限承载力分析需要考虑主梁局部与总体相关屈曲。

近年来,斜拉桥极限承载力分析研究已取得了一些进展,但多数为斜拉桥稳定极限承载力分析或面内极限承载力分析。本文拟在前人研究的基础上,对混凝土斜拉桥局部与总体相关屈曲极限承载力进行空间分析。

摘自《土木工程学报》2001年10月第34卷第5期。

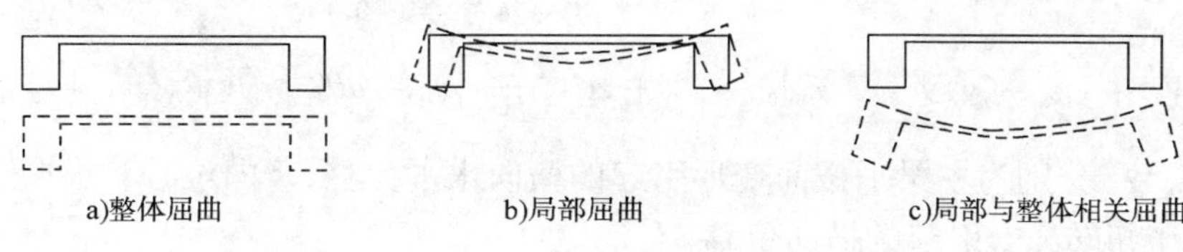

图 1　主梁结构屈曲模式

2　有限元分析模型

2.1　肋板结构主梁单元空间位移

如图 2 为--典型肋板结构主梁单元任一截面形式。其中：K 为扭心位置；C_p为平板形心；C_b为主梁形心；h_u为C_b至C_p的距离；h_L为C_b到梁肋底面的距离；t 为平板厚度；b 为梁肋宽度；B 为两边肋竖向中心线之间的距离。e 为平板形心至扭心的距离，$e=B^2t/(2Bt+hb/3)$。

笛卡心坐标系的坐标原点取在主梁形心处，x 坐标轴沿横向，y 坐标轴沿竖向，z 坐标轴沿主梁纵向(从梁段单元 i 端指向 j 端)。u、v、w 分别表示主梁形心沿 x、y、z 轴方向位移；γ、β、θ 分别表示主梁绕 x、y、z 轴的转角。转角都以其转动轴正方向的矩矢表示。故 u'_i、u'_j的方向如图 3 所示，代表图 2 中的 β；v'_i、v'_j的方向如图 4，代表图 2 中的 γ。注意其中“$'$”=“$\frac{d}{dz}$”，L 表示主梁单元长度。

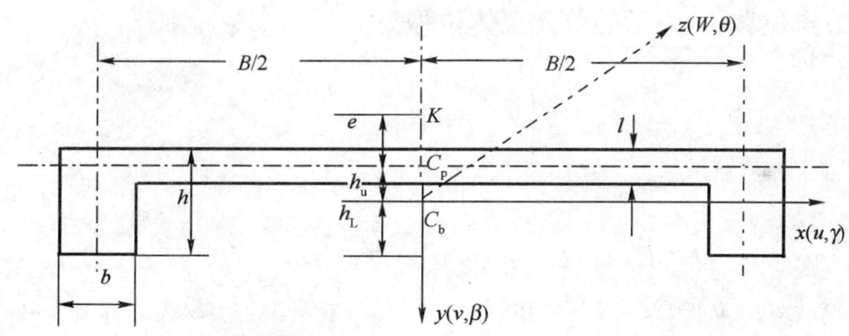

图 2　肋板结构主梁单元坐标系及位移

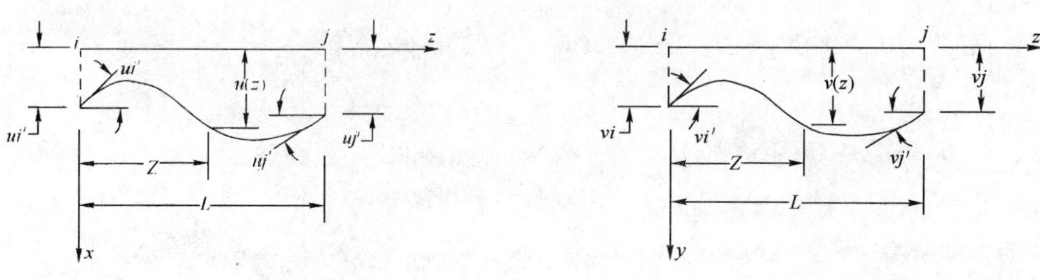

图 3　xz 平面内位移

图 4　yz 平面内位移

肋板结构主梁单元截面任一点的空间位移为横向位移 U，竖向位移 V，纵向位移 W，其中包括：(1)主梁面内位移；(2)主梁横向水平位移；(3)扭转引起的横向位移和竖向位移；(4)主梁横截面翘曲位移。用公式表示如下

$$U=U_0-(h_u+e+y)\theta-\bar{\lambda}_A\Omega_A-\bar{\lambda}_B\Omega_B \tag{1}$$

$$V = V_0 + x\theta + \Psi_A\Omega_A + \Psi_B\Omega_B \tag{2}$$

$$W = W_0 + (h_u - y)V'_0 - xU_0 - \left[1 + \cos\frac{2\pi x}{B}\right]\omega_d + \omega\theta' - \bar{y}(\Psi_A\Omega'_A + \Psi_B\Omega'_B) \tag{3}$$

其中 U_0、V_0、W_0 分别为主梁平截面变形引起的横向水平位移、竖向位移和纵向位移；$(h_u + e + y)\theta$ 表示由于扭转角 θ 引起的横向位移

$$\bar{\lambda}_A = \begin{cases} yB^3 & x = B/2 \\ \bar{y}\Psi'_A & -B/2 < x < B/2 \\ -yB^3 & x = B/2 \end{cases}$$

$$\bar{\lambda}_B = \begin{cases} -yB^3 & x = B/2 \\ \bar{y}\Psi'_B & -B/2 < x < B/2 \\ yB^3 & x = B/2 \end{cases} \tag{4}$$

$$\begin{aligned} \Psi_A &= x^4 - \frac{3}{2}B^2x^2 + \frac{5}{16}B^4 \\ \Psi_B &= x^2 - \frac{B^2}{4} \end{aligned} \tag{5}$$

Ω_A、Ω_B、ω_d 为待定的 z 的函数；$\omega\theta' = (\bar{\omega} - \omega_s)\theta'$ 由于扭转引起的翘曲位移，其中：ω_s 为翘曲函数，表示相应于横截面中线的弧长"s"的二倍扇形面积，$\bar{\omega}$ 为 ω_s 的平均值；$\bar{y}$ 为主梁平板的 y 坐标值；其他符号意义同前。

用单元 ij 节点位移 $\{q\}$ 表示的单元总体位移为

$$\begin{Bmatrix} U \\ V \\ W \end{Bmatrix} = \{N\}\{q\} \tag{6}$$

其中：

$$\begin{aligned} \{q\} = [&u_i \quad v_i \quad w_i \quad \theta_i \quad \Omega_{Ai} \quad \Omega_{Bi} \quad \omega_{di} \quad u'_i \quad v'_i \quad w'_i \quad \theta'_i \quad \Omega'_{Ai} \quad \Omega'_{Bi} \quad \omega'_{di} \\ &u_j \quad v_j \quad w_j \quad \theta_j \quad \Omega_{Aj} \quad \Omega_{Bj} \quad \omega_{dj} \quad u'_j \quad v'_j \quad w'_j \quad \theta'_j \quad \Omega'_{Aj} \quad \Omega'_{Bj} \quad \omega'_{di}]^T \end{aligned} \tag{7}$$

$$[N] = \begin{bmatrix} N_1 & 0 & 0 & -(h_u + e + y)N_1 & -\lambda_A N_1 & -\lambda_B N_1 & 0 \\ 0 & N_1 & 0 & xN_1 & \Psi_A N_1 & \Psi_B N_1 & 0 \\ xN''_1 & (h_u - y)N'_1 & N_1 & \omega N'_1 & -\bar{y}\Psi_A N'_1 & -\bar{y}\Psi_B N'_2 & -(1 + \cos\frac{2\pi x}{B})N_1 \end{bmatrix}$$

$$\begin{matrix} N_2 & 0 & -(h_u + e + y)N_2 & -\lambda_A N_2 & -\lambda_B N_2 & 0 & N_3 \\ 0 & 0 & xN_2 & \Psi_A N_2 & \Psi_B N_2 & 0 & 0 \\ xN'_2 & (h_u - y)N'_2 & \omega N'_2 & -\bar{y}\Psi_A N'_2 & -\bar{y}\Psi_B N'_2 & -(1 + \cos\frac{2\pi x}{B})N_2 & -xN''_3 \end{matrix}$$

$$\begin{matrix} 0 & 0 & -(h_u + e + y)N_3 & -\lambda_A N_3 & -\lambda_B N_3 & 0 & N_4 \\ N_3 & 0 & xN_3 & \Psi_A N_3 & \Psi_B N_3 & 0 & 0 \\ (h_u - y)N'_3 & N_3 & \omega N'_3 & -\bar{y}\Psi_A N'_3 & -\bar{y}\Psi_B N'_3 & -(1 + \cos\frac{2\pi x}{B})N_3 & -xN''_4 \end{matrix}$$

$$
\begin{matrix} -(h_u+e+y)N_4 & & -\lambda_A N_4 & -\lambda_B N_4 \\ xN_4 & \Psi_A N_4 & \Psi_B N_4 & 0xN'_4 \\ -\bar{y}\Psi_A N'_4 & -\bar{y}\Psi_B N'_4 & -\left[1+\cos\dfrac{2\pi x}{B}\right]N_4 & \end{matrix} \Bigg] \tag{8}
$$

其中 $\xi=\dfrac{z}{L}$；$N_{W1}=1-\xi$；$N_{W2}=\xi$；$N_1=1-3\xi^2+2\xi^3$；$N_2=-(\xi-2L\xi^2+L\xi^3)$；

$N_3=3\xi^2-2\xi^3$；$N_4=L\xi^2-L\xi^3$。

2.2 应变—位移关系

对于分离式双肋的平板结构主梁单元，只考虑 E_{zz}、E_{yz}、E_{xz} 三项应变分量，其余为零。根据格林—拉格朗日(Green-Lagrange)应变定义，下面给出应变增量的线性和非线性部分。

$$
\Delta_t^L=\begin{Bmatrix} E_{zz}^L \\ E_{yz}^L \\ E_{xz}^L \end{Bmatrix}=\begin{Bmatrix} \dfrac{\partial\Delta W}{\partial z} \\ \dfrac{1}{2}\left[\dfrac{\partial\Delta W}{\partial y}+\dfrac{\partial\Delta V}{\partial z}\right] \\ \dfrac{1}{2}\left[\dfrac{\partial\Delta W}{\partial x}+\dfrac{\partial\Delta U}{\partial z}\right] \end{Bmatrix}
$$

$$
\Delta_t^{NL}=\begin{Bmatrix} E_{zz}^{NL} \\ E_{yz}^{NL} \\ E_{xz}^{NL} \end{Bmatrix}=\begin{Bmatrix} \dfrac{1}{2}\left[\left[\dfrac{\partial\Delta U}{\partial z}\right]^2+\left[\dfrac{\partial\Delta V}{\partial z}\right]^2+\left[\dfrac{\partial\Delta W}{\partial z}\right]^2\right] \\ \dfrac{1}{2}\left[\dfrac{\partial\Delta U}{\partial y}\dfrac{\partial\Delta U}{\partial z}+\dfrac{\partial\Delta V}{\partial y}\dfrac{\partial\Delta V}{\partial z}+\dfrac{\partial\Delta W}{\partial y}\dfrac{\partial\Delta W}{\partial z}\right] \\ \dfrac{1}{2}\left[\dfrac{\partial\Delta U}{\partial x}\dfrac{\partial\Delta U}{\partial z}+\dfrac{\partial\Delta V}{\partial x}\dfrac{\partial\Delta V}{\partial z}+\dfrac{\partial\Delta W}{\partial x}\dfrac{\partial\Delta W}{\partial z}\right] \end{Bmatrix} \tag{9}
$$

2.3 本构关系

对于混凝土斜拉桥极限承载力分析，在荷载较小，混凝土无裂缝时，可将混凝土看成线弹性匀质材料，用广义虎克定律来表达本构关系，写成矩阵形式为

$$
\{\sigma\}=[D]\{\varepsilon\} \tag{10}
$$

其中 $\{\sigma\}=[\sigma_{zz}\quad \sigma_{yz}\quad \sigma_{xz}]^T$

$$
\{\varepsilon\}=[E_{zz}\quad E_{yz}\quad E_{xz}]^T;
$$

$$
[D]=\begin{bmatrix} K+\dfrac{4}{3}G & 0 & 0 \\ 0 & G & 0 \\ 0 & 0 & G \end{bmatrix} \tag{11}
$$

$K=E/[3(1-2\upsilon)]$，E、υ 为混凝土弹性模量与泊松比；G 为剪切模量。

当荷载较大，材料进入塑性，则必须建立弹塑性增量应力—应变本构关系。根据弹塑性增量理论，有：

$$
d\{\sigma\}=[D_{eP}]d\{\varepsilon\} \tag{12}
$$

其中 $[D_{eP}]$ 为弹塑性矩阵。

结构点的弹性和塑性工作状态用 Ottosen 屈服准则来判断，其屈服函数为

$$
F(I_1,J_2,\cos\beta)=k_1\frac{J_2}{R_a}+\zeta\frac{\sqrt{J_2}}{R_a}+k_2\frac{I_1}{R_a}-1=0 \tag{13}
$$

其中 $\zeta=\begin{cases}k_3\cos\left[\frac{1}{3}\cos^{-1}(k_4\cos3\beta)\right] & \cos3\beta\geqslant0\\ k_3\cos\left[\dfrac{\pi}{3}-\dfrac{1}{3}\cos^{-1}(-k_4\cos3\beta)\right] & \cos3\beta<0\end{cases}$ (14)

I_1 为应力张量不变量；J_2 为应力偏量第二不变量；k_i（$i=1\sim4$）为 Ottosen 参数按表 1 取值。

Ottosen 参数 表 1

$\bar{R}=R_\varepsilon/R_1$	k	k_2	k_3	k_4
0.08	1.807 6	4.096 2	14.486 3	0.991 4
0.01	1.275 9	3.196 2	11.736 5	0.980 1
0.12	0.921 8	2.596 9	9.911 0	0.964 7

注：R_a 为混凝土单轴抗压强度；R_1 为混凝土单轴抗拉强度。

则弹塑性本构关系矩阵为

$$[D_{ep}]=\begin{bmatrix}E'-\dfrac{E'^2Q_1^2}{Q} & -E'GQ_1Q_2 & -E'GQ_1Q_3\\ & G-\dfrac{G^2Q_2^2}{Q} & -G^2Q_2Q_3\\ sys & & G-\dfrac{G^2Q_3^2}{Q}\end{bmatrix} \tag{15}$$

其中 $E'=K+\dfrac{4}{3}G$；

$$Q=E'Q_1^2+GQ_2^2+GQ_3^2\ ;$$

$$Q_1=\frac{1}{R_c}\left[\frac{2}{3}k_1\sigma_{zz}+k_2+\frac{\zeta}{3\sqrt{J_2}}\sigma ZZ\right];$$

$$Q_2=\frac{\sigma_{yz}}{R_c}\left[2k_1+\frac{\zeta}{\sqrt{J_2}}\right];$$

$$Q_3=\frac{\sigma_{xz}}{R_c}\left[2k_1+\frac{\zeta}{\sqrt{J_2}}\right];$$

$$J_2=\frac{1}{3}\left[\sigma_{zz}^2+\sigma_{yz}^2+\sigma_{xz}^2\right]$$

2.4 主梁单元 U. L. 列式增量平衡方程

根据连续介质力学 U. L. 列式的 t 时刻到 $t+\Delta t$ 时刻增量位移用小挠度理论描述的思想，将 t 时刻的应力视为结构初始应力，t 到 $t+\Delta t$ 时刻的增量应力和增量应变视为结构的应力和应变，由势能驻值原理可建立包含初始应力和应变影响的结构 U. L. 列式的虚功增量平衡方程。

$$\int_{t_v}\Delta_t^L E_{rs}C_{ijrs}\delta\Delta_t^L E_{ij}\,dV+\int_{t_v^t}\sigma_{ij}\delta_t^{NL}E_{ij}\,dV=\delta^{t+\Delta t}W-\int_{t_v}\sigma_{ij}\delta_t^L E_{ij}\,dV \tag{16}$$

式中：${}_t\sigma_{ij}$ 为 t 时刻的柯西应力；$\Delta_t^L E_{ij}$、$\Delta_t^{NL}E_{ij}$ 分别表示格林应变增量的线性和非线性部分；C_{ijrs} 是在 t 时刻的材料性质张量；$\delta^{t+\Delta t}W$ 为 $t+\Delta t$ 时刻作用于连续体的外荷载作的功。

因为对于肋板结构主梁单元，只考虑三项增量应变、应力分量，故对于增量平衡方程式

(16)可具体表示为

$$\int_{t_v}(E_t\varepsilon_{zz}^L\delta_t\varepsilon_{zz}^L+4G_t\varepsilon_{yz}^L\delta_t\varepsilon_{yz}^L+4G_t\varepsilon_{xz}^L\delta_t\varepsilon_{xz}^L)\mathrm{d}V+\int_{t_v}({}^t\sigma_z\delta_t\varepsilon_{zz}{}^{NL}+2{}^t\sigma_{yz}\delta_t\varepsilon_{yz}{}^{NL}+2{}^t\sigma_{xz}\delta_t\varepsilon_{xz}{}^{NL})\mathrm{d}V$$

$$=\delta^{t+\Delta t}W-\int_{t_v}({}^t\sigma_z\delta_t\varepsilon_{zz}{}^L+2{}^t\sigma_{yz}\delta_t\varepsilon_{yz}{}^L+2{}^t\sigma_{xz}\delta_t\varepsilon_{xz}{}^L)\mathrm{d}V \tag{17}$$

上式的矩阵表达方式为

$${}^t[K_e+K_\sigma]\{q\}={}^{t+\Delta t}R-\{{}^tP\} \tag{18}$$

当单元处于完全弹性时，K_e 即单元的线弹性刚度矩阵，K_σ 为单元的几何刚度(也称初应力矩阵)，$\{{}^tP\}$ 是 t 时刻单元应力等效节点力向量，${}^{t+\Delta t}R$ 是在 $t+\Delta t$ 时刻的等效节点外荷载向量。

2.5 弹塑性单元刚度矩阵

当单元处于弹塑性阶段时，式(18)可写为

$$([\eta]([K]_e)_E+[K]_\sigma)\{\Delta q\}={}^{t+\Delta t}R-\{{}^tP\} \tag{19}$$

式中 $[\eta]$ 为单元两端截面内力塑性系数矩阵，由弹塑性内力素和弹性内力素的比值定义的塑性系数可反应该截面由于出现了塑性变形之后刚度的变化。

2.6 索塔和拉索单元

索塔截面形式多为箱形或 H 形，由于要满足锚固斜拉索的构造和刚度要求，截面厚度一般较厚，可以假定为截面周边不变形，即可按非线性分析中的一般空间梁单元对索塔进行离散；拉索作为二力杆单元处理，拉索因自重垂度引起的非线性使用等效弹性模量来模拟。

2.7 程序设计

本文根据上述理论公式和分析模型，编制了肋板结构主梁混凝土斜拉桥局部与整体相关屈曲极限承载力空间分析程序 LS1.0，并将其应用于后面的斜拉桥试验模型和实桥分析。

3 模型试验

试验模型是根据岳阳洞庭湖大桥三塔预应力混凝土斜拉桥设计方案，在中塔最大双悬臂施工阶段按缩尺比 1∶30 采用“刚度相似”原则设计而成。模型主梁、索塔材料采用铸铝合金，拉索采用高强弹簧钢丝。进行了两种工况静载试验：

工况一是模拟实桥中塔最大悬臂施工阶段不对称荷载的最危险状态：对于主梁采用挂篮悬浇施工方法，一端尾索突然失效，挂篮和主梁悬浇节段突然坠落，主梁两悬臂端相差一节主梁悬浇段和一个挂篮的不对称重量。模型桥在工况一时未失稳，模型主梁变位测点布置见图 5，模型主梁变位实测值与计算值见表 2，挠曲线见图 6。

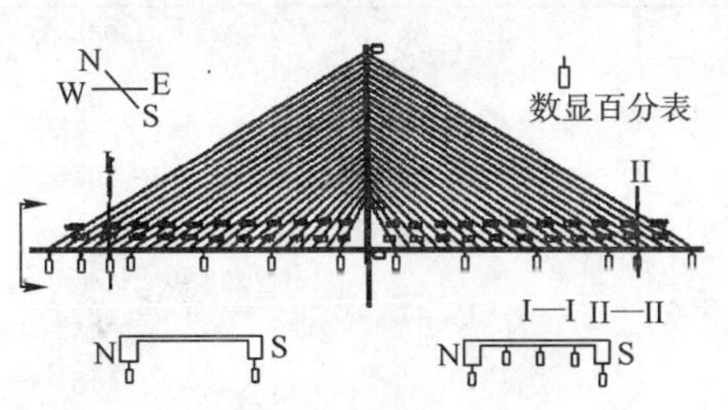

图 5 位移测点位置

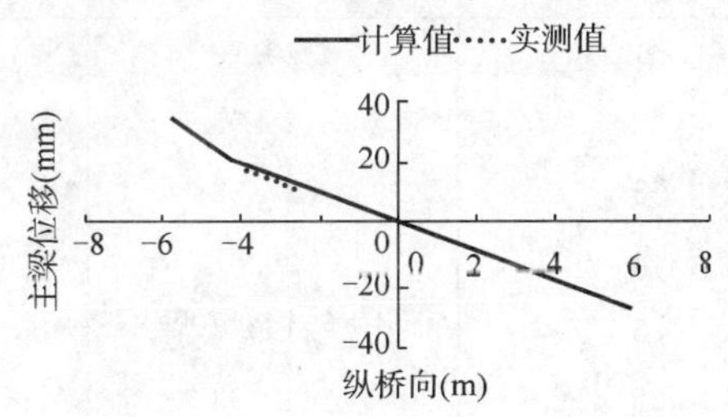

图 6 模型主梁挠曲线(工况一)

工况二是模拟实桥中塔最大悬臂状态自重荷载：桥梁结构为中塔最大悬臂状态，仅有一期恒载，两悬臂端加有挂篮和压重，以此作为初始状态，然后逐级施加对称均布荷载，直至失稳。试验时，当荷载加至第九级时（相当于恒载的 2.548 倍），两根索被拉断，模型桥在工况二时未失稳，模型主梁变位实测值与计算值见表 3，挠曲线见图 7。图 8 为中塔模型主梁 I—I 截面在第九级对称荷载作用下的不均匀竖向变位实测值与计算值比较图。主梁截面不均匀竖向变位的存在，表明梁板截面发生了局部变形。主梁截面不均匀竖向变位表现为两边大中间小的现象，这主要是因为模型试验荷载是加在两变肋上的缘故。

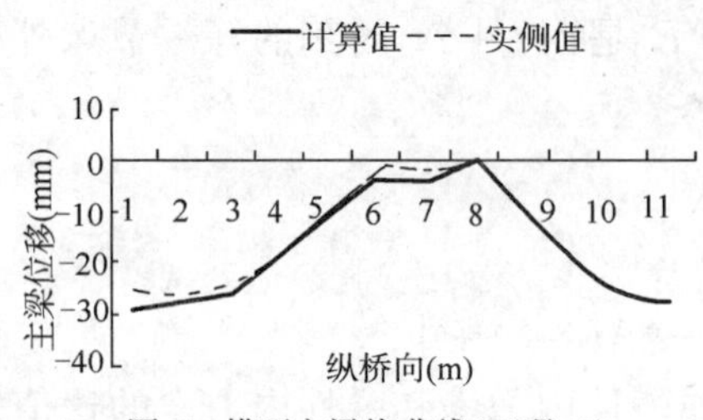

图 7　模型主梁挠曲线（工况二）

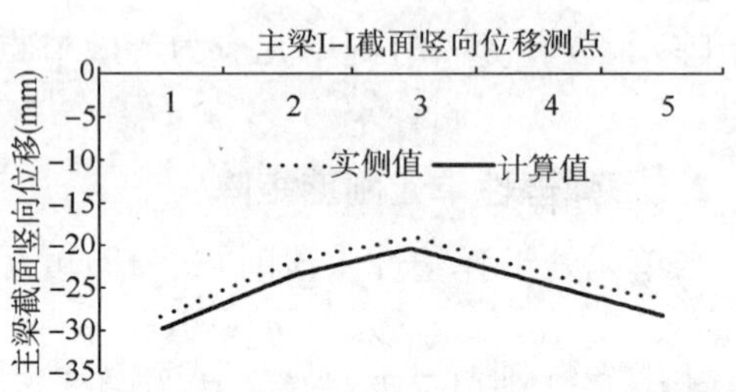

图 8　I-I 截面不均匀竖向变位实测值与计算值比较图（工况二）

工况一：模型主梁变位计算值与实测值（单位：mm）　　表 2

测点	计算值	南实测值	北实测值	平均实测值	差值
1	34.82	32.64	32.74	32.69	−2.13
2	29.61	#	#	#	#
3	24.46	23.80	#	23.80	−0.66
4	22.17	20.45	20.78	20.62	−1.55
5	13.34	12.31	13.45	12.88	−0.46
6	7.08	7.20	7.09	7.15	0.07
7	1.56	1.13	1.31	1.22	−0.34
8	−1.56	−1.00	−1.17	−1.09	0.47
9	−7.28	−6.68	−7.11	−6.89	0.38
10	−13.46	−13.38	−13.22	−13.30	0.16
11	−19.85	−19.29	−19.34	−19.32	0.54
12	−21.15	−21.46	− 21.23	−21.34	−0.19
13	−27.03	−25.96	−25.97	−25.97	1.06

注：表中负值表示向下，‘#’表示该测点失效。

工况二：第九级荷载时模型主梁位移计算值与实测值（单位：mm）　　表 3

测点	计算值	南实测值	北实测值	平均实测值
1	−29.79	−25.16	−25.96	−25.56
2	−28.91	−25.29	#	−25.29
3	−28.32	−26.03	#	−26.03
4	−26.57	−23.55	−23.08	−23.32
5	−19.37	−18.42	−18.42	−18.42
6	−10.93	−11.20	−11.06	−11.13
7	−3.57	−1.71	−1.41	−1.56

续上表

测点	计算值	南实测值	北实测值	平均实测值
8	-3.57	-1.90	-1.44	-1.67
9	-10.94	-11.70	-10.79	-11.24
10	-19.37	-20.62	-19.90	-20.26
11	-26.54	-27.27	-26.58	-26.92
12	-28.29	-27.85	-28.41	-28.13
13	-29.73	-28.77	-27.62	-28.19

注:表中负值表示向下,'#'表示该测点失效。

4 工程实例分析

4.1 斜拉桥最大悬臂施工阶段极限承载力

结构分析简图由洞庭湖大桥三塔混凝土斜拉桥中塔最大悬臂施工阶段得来。斜拉桥在施工至最大悬臂状态时,由于结构本身自重、拉索预拉力以及施工挂篮及其附属设备的重量等作用,在梁、塔、索内均已有较大的初始应力。下面的极限承载能力计算是在此初始应力基础上开始进行的。初始状态考虑施工挂篮及其附属设备的重量为每端 1 500kN,压重为 2 000kN。转化为集中荷载形式作用在斜拉桥两悬臂端。进行了两种工况的计算

工况一主要分析斜拉桥在大悬臂施工阶段对不对称荷载的极限承载能力,荷载作用方式见图 9,集中偏载 W 分级施加,每 500kN 一级荷载,当荷载加至 20 级,第 21 级荷载取为 5kN,即当 W=10 005kN 时,斜拉桥失去承载能力。因此认为该工况斜拉桥极限承载能力为 10 000kN。斜拉桥主梁每 8m 一节段,每节段重约 3 380kN,10 000kN 约相当于 3 节段主梁重量,在施工过程中不会出现这么大的不对称荷载。

工况二主要分析斜拉桥在大悬臂施工阶段出现意外情况,一端挂篮和悬浇节段突然坠落,尾索失效,此时斜拉桥剩余部分对不对称荷载的极限承载能力。荷载作用方式见图 10。集中偏载 W 分级施加,当加至 W=6 805kN 时,斜拉桥失去承载能力。因此该工况斜拉桥极限承载能力为 6 800kN(约相当于 2 节段主梁重量)。

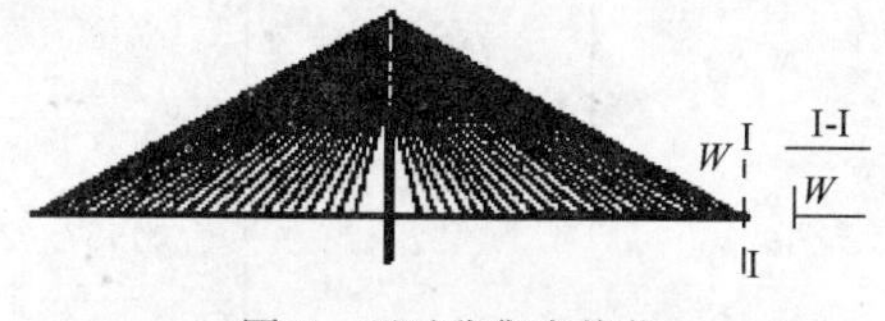

图 9 不对称集中偏载

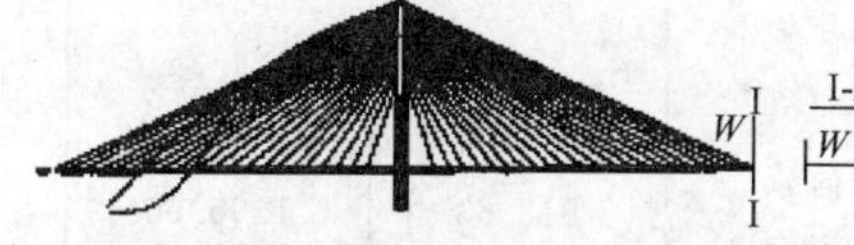

图 10 一端尾索失效后不对称集中偏载

4.2 斜拉桥成桥阶段极限承载力与安全系数

斜拉桥成桥阶段极限荷载是极值点失稳时的失稳荷载,其结构屈曲安全系数定义为结构极限荷载与设计荷载的比值,按下式计算

$$K = \frac{W_{max}}{W_d} - \frac{W_0 + \lambda W}{W_0 + W_L} \tag{20}$$

式中:K 为屈曲安全系数;λ 为加载系数;Wmax 为极限荷载;W_d 为设计荷载;W_0 为恒载;W 为基本荷载;W_L 为活载。

表 4 为洞庭湖大桥三塔混凝土斜拉桥成桥阶段多种工况的荷载作用方式下极限承载力与

安全系数。由表4看出，斜拉桥在对称加载方式时，极限承载力相对较大，安全系数大约为3，其破坏主要是因为拉索拉应力超过极限而屈服，斜拉桥的安全度由拉索极限承载力控制。例如成桥阶段的工况一(全桥四个车道均布车辆)，其极限荷载为1 614.19kN/m，安全系数为2.98，破坏是因为最靠近中塔的拉索拉应力超过其极限而屈服，继而最靠近两边塔的拉索拉应力超过其极限而屈服，斜拉桥随之失去承载能力；当斜拉桥承受偏载时(如最大悬臂施工阶段不对称施工荷载)，主梁部分截面承受较大的压应力或拉应力，极限承载力相对较小，其破坏主要是因为主梁混凝土强度超过其极限而导致斜拉桥失去承载能力，斜拉桥的安全度由主梁极限承载力控制。如成桥阶段的工况二(全桥横桥向均布偏载)和工况五(仅两中跨均布荷载，对三塔斜拉桥来说相当于边跨和中跨偏载)，极限荷载分别为912.63kN/m和963.60kN/m，安全系数分别为1.75和1.78，破坏原因分别为中塔塔梁结合处主梁梁肋混凝土最先被压坏和靠近两边墩处主梁桥面板拉应力超过其极限。因此，混凝土斜拉桥无论在施工阶段还是在运营阶段，都要避免出现过大的偏载作用方式。

为了了解横梁的刚度和间距对混凝土斜拉桥局部与整体相关屈曲极限承载能力影响的大小，分别按横梁间距为8m和16m，以及在这两种间距下横梁厚度减半(模拟刚度减半)四种情况，在全桥对称分布荷载工况作用下，对该桥成桥阶段进行了局部与整体相关屈曲极限承载力空间分析与计算，计算结果如表5所示。表中表明，当横梁刚度减小一半时斜拉桥极限承载能力降低11%，当横梁间距扩大一倍时斜拉桥极限承载能力降低7%，横梁刚度减小一半的同时横梁间距扩大一倍时，斜拉桥极限承载能力降低26%。

成桥阶段各工况极限承载力与安全系数 表4

项目	全桥均布偏载	一中跨均布荷载	一边跨均布荷载	两中跨均布荷载	一中跨和一边跨均布荷载	横向风力作用
恒载 W_0(kN/m)	497.88	497.88	497.88	497.88	497.88	497.88
活载 W_L(kN/m)	22.12	44.24	44.24	44.24	44.24	44.24
设计荷载 W_d(kN/m)	520.00	542.12	542.12	542.12	542.12	542.12
基本荷载 W(kN/m)	22.12	44.24	44.24	44.24	44.24	44.24
极限荷载 W_{max}(kN/m)	912.63	1196.60	1236.35	963.60	1452.42	1557.42
加载系数 λ	18.75	15.79	16.69	10.53	21.58	23.95
安全系数 K	1.75	2.12	2.28	1.78	2.68	2.87

全桥均布荷载不同横梁刚度和间距时极限承载力与安全系数 表5

项目	间距8m 厚度26cm	间距8m 厚度13cm	间距16m 厚度26cm	间距16m 厚度13cm
恒载 W_0(kN/m)	497.88	487.22	487.22	481.88
活载 W_L(kN/m)	44.24	44.24	44.24	44.24

续上表

项 目	间距 8m 厚度 26cm	间距 8m 厚度 13cm	间距 16m 厚度 26cm	间距 16m 厚度 13cm
设计荷载 W_d(kN/m)	542.12	531.46	531.46	526.12
基本荷载 W(kN/m)	44.24	44.24	44.24	44.24
极限荷载 W_{max}(kN/m)	1614.19	1433.24	1502.62	1194.55
加载系数 λ	25.23	21.38	22.95	16.11
安全系数 K	2.98	2.70	2.83	2.27

5 结语

本文建立的肋板结构主梁混凝土斜拉桥局部与整体相关屈曲梁段单元模型，可用于该类型混凝土斜拉桥局部与整体相关屈曲极限承载力的空间分析。模型试验结果与计算结果吻合良好，验证了本文理论分析方法的正确性。计算出的岳阳洞庭湖三塔混凝土斜拉桥方案在最大悬臂施工阶段和成桥阶段多种工况下的局部与整体相关屈曲空间极限承载力和屈曲安全系数，可为该桥设计、施工和运营管理提供参考。计算结果表明，混凝土斜拉桥局部与整体相关屈曲极限承载能力与荷载作用方式以及主梁横梁的刚度和间距等因素有关。

考虑位移协调的上埋式圆管涵设计方法

魏红卫[1]　张起森[2]

(1.湖南大学土木工程学院　长沙　410082;2.长沙交通学院　长沙　410076)

摘　要: 埋入式圆形涵管上的填土不但是荷载,也是涵管与土发生作用的介质,这种特性决定了圆管涵的工作性质。本文考虑了涵管结构与土的位移协调,提出了相应的涵管设计方法。结合现有规范方法和试验结果的比较分析,证实了本文方法的合理性。

关键词: 圆管涵　位移协调　设计方法

0　引言

圆管涵是公路工程广泛应用的横穿路基的小型排水构造物,占公路工程结构物工程量的比重较大,平均每公里约有一个排水孔,需 2.0m 长的圆管涵 8～12 个。因此,圆管涵的设计制作及施工安装质量直接影响到工程造价和使用效果。顾安全先生对 303 座填土较高的涵管资料进行了搜集和调查,管道开裂占 63.5%,其中 70%是纵向开裂。2000～2001 年在湖南两条公路圆管涵裂缝的调查中,填土高于 6m 的圆管涵裂缝较普遍,个别涵管发生坍塌。

圆管涵开裂的原因较复杂,一方面钢筋混凝土圆管涵由于自身材料的特点,在制作工艺上与其特殊要求的差距以及施工环节存在不合理,如钢筋笼的制作、预制、养护、圆管涵基础处理、管节处理、回填土处理等,采用不同的圆管涵设计分析方法也是重要因素。

目前,多数设计方法(包括公路规范)采用荷载结构法分析,即先把圆管涵结构从周围填土隔离出来,把土作为外荷载加在结构上,圆管涵基础反力采用某种假设分布形式,如常用的温克勒假设等。然后用结构力学或材料力学方法计算涵管的内力。这种设计方法忽略了结构与土的相对压缩变形,人为将涵管结构与土分开计算,实践证明涵管的实际内力与设计计算值有差距。

采用荷载结构法设计时,圆涵管承受的土荷载与填土沉降、地基变形以及土与涵管的相对压缩密切相关,如何确定正确的土压力值是设计的第一步。由于对管道上竖向土压力认识不同,计算方法差别较大,出现了二十几种公式,工程使用情况也不统一,计算值与实际受力出入较大,导致因设计强度不足,涵管纵向开裂的情况,特别是高填方下的涵管开裂。顾安全先生对上埋式涵管的土压力作了深入研究,提出的土压力计算公式,笔者认为是众多计算公式中较符合实际情况并适合于工程应用便于与工程实测作比较的土压力公式。另外,内力计算采用的计算图式是否能反映涵管的实际受力状态也应重视。

目前,随着高速公路工程的发展,对圆管涵使用安全提出了更高的要求,探讨合理的涵管设计计算方法很有实际意义。本文在分析常用圆管涵设计计算方法的基础上,提出涵管结构

摘自《岩土工程学报》2003 年 11 月第 25 卷第 6 期。

与土位移协调的设计计算方法，通过与试验结果和现有规范计算方法相比较，证实了本文方法的合理性。

1 土与结构的共同作用

圆管涵在周围填土的作用下，涵管与土会发生相对位移，如果将涵管作为完全刚性而不变形，则这种相对位移将通过土的位移来实现。因此，分析涵管的受力时，应考虑结构与回填土的这种作用特性。圆管涵在土荷载作用下产生弹性变形的同时，将受到土层对其变形的约束作用，作用的结果使圆管涵周围土层产生应力重分布。

方晓阳先生以图1中一刚一柔的两个涵管的工作性状的比较描述土与结构的这种特性。二者均埋入可沿竖直方向γ压缩的土中：(1)是假设的起始状态，围绕管周的土刚填到环顶后，两个管都是圆的；(2)表示继续填土到高度H，在这个过程中，涵管高度以内的土已向下压缩，如果该处没有环存在，则土的竖向应变将为$\varepsilon=\Delta\gamma/D$，它是由图中被压缩土立方体上竖向土压力$P_V$引起的。假想的土的圆形轮廓将压成水平直径不变、竖向直径较小的椭圆。再假想可以挖出一个这样的椭圆形土洞，而且可以将环压缩后塞进洞中，然后让环扩展恢复到起始的周界(理想的刚性环)，如图1(c)所示。

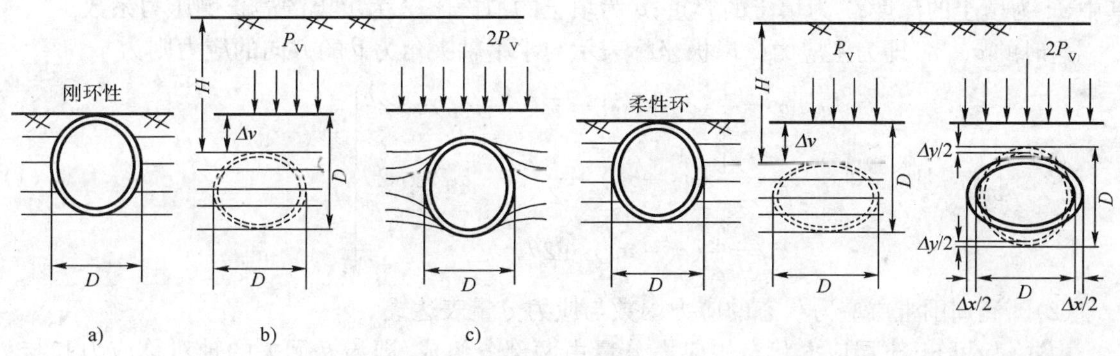

图1 压缩性土中环的工作过程示意图

由于刚性环不可压缩，环沿竖向扩展成为完整的圆形而成了土中的“硬核”，这种扩展破坏了土的粒间应力，使抗剪强度减低，因而环附近土的竖向剪切阻抗大为减弱，可以假定土为无竖向剪切阻抗的弹性土，且土与涵管间无摩擦阻抗，则环受到的应力集中约为$2P_V$。

对于柔性环，它在竖直和水平两个方向都可以扩展。由于P_V引起的土的竖向压缩使其竖向压缩性降低，小于水平压缩性，柔性环不能恢复到起始周界，水平扩展比竖向扩展大，环受到的压力集中处于P_V与刚性环的$2P_V$之间。假设水平扩展与竖向扩展相等，则环挠度$\Delta y/D=\Delta x/D$恰好是土的竖向应变$\varepsilon=\Delta\gamma/D$的一半，压力集中应为$1.5P_V$。根据一个柔性环的实验成果表明，土与环的这种作用使压力可以减小到等于或小于$1.0P_V$。

2 圆管涵与土位移协调的设计计算方法

2.1 计算模型

按国内外施工技术规范要求，涵管周围填土的压实度要达到该回填土最大密实度的

95%，在一般条件下，孔周土都处于非极限状态，是非线性压缩体，其变形模量依应力状态变化，但资料表明，当土体处于非极限状态时，对土体垂直应力的线性与非线性分析结果十分接近。因此，对涵管进行静力弹性分析可以得到较满意的结果。

结构与回填土介质的位移协调这样考虑：圆管涵在土荷载作用下产生弹性变形的同时，将受到土层对其变形的约束作用，因此，土层对圆管涵的约束可按圆管涵受有与其变形相适应的弹性抗力的假设形式进行考虑。

圆形管涵沿轴线方向的长度相对其截面一般很长，路堤边坡外，涵管的荷载沿轴向变化不大，应力分析可简化为平面应变问题。求解时用半逆解法求解。

2.2 位移协调计算

(1)土层在自重作用下的应力状态

假设填土表面为水平面，则均一土层中任一点的垂直应力为

$$\sigma_{\mathrm{V}}=\gamma H$$

水平应力为

$$\sigma_{\mathrm{H}}=\frac{\mu}{1-\mu}\gamma H=\lambda\gamma H$$

其中 H 为填土的深度；γ 为填土的容重；μ 为填土的泊松比；λ 为填土的静止侧压力系数。

这时的 σ_{V}、σ_{H} 即为主应力。以极坐标表示与水平轴夹角为 θ 的方向的应力则为

$$\left.\begin{aligned}\sigma_{\mathrm{r}}&=\frac{1}{2}(\sigma_{\mathrm{V}}+\sigma_{\mathrm{H}})-\frac{1}{2}(\sigma_{\mathrm{V}}-\sigma_{\mathrm{H}})\cos2\theta\\ \sigma_{\theta}&=\frac{1}{2}(\sigma_{\mathrm{V}}+\sigma_{\mathrm{H}})+\frac{1}{2}(\sigma_{\mathrm{V}}-\sigma_{\mathrm{H}})\cos2\theta\\ \tau_{\mathrm{r}\theta}&=\frac{1}{2}(\sigma_{\mathrm{V}}-\sigma_{\mathrm{H}})\sin2\theta\end{aligned}\right\}\tag{1}$$

(2)圆涵周围土层应力状态的应力函数与应力分量表达式

由式(1)可知，土层应力状态的应力分量由两部分组成，即与 θ 无关的轴对称应力和与 θ 有关的变化应力。以半逆解法解题时，可假设求解圆管涵周围土层应力状态的应力函数为 $\varphi=f_1(r)+f_2(r)\cos2\theta$。

通过微分方程运算，求得应力函数表达式，并求得应力分量为

$$\left.\begin{aligned}\sigma_{\mathrm{r}}&=\frac{1}{r}\frac{\partial\varphi}{\partial r}+\frac{1}{r_2}\frac{\partial^2\varphi}{\partial\theta^2}=\frac{A}{r^2}+2B+(-2C-6Er^{-4}-4Fr^{-2})\cos2\theta\\ \sigma_{\theta}&=\frac{\partial^2\varphi}{\partial r^2}=-\frac{A}{r^2}+2B+(2C+12Dr^2+6Er^{-4})\cos2\theta\\ \tau_{\mathrm{r}\theta}&=\frac{1}{r^2}\frac{\partial\varphi}{\partial\theta}+\frac{1}{r}\frac{\partial^2\varphi}{\partial r\partial\theta}=(2C+6Dr^2-6Er^{-4}-2F^{-2})\sin2\theta\end{aligned}\right\}\tag{2}$$

由边界条件和式(2)得管径为 a 圆管涵周围填土的应力状态

$$\left.\begin{aligned}\sigma_{\mathrm{r}}&=\frac{1}{2}(\sigma_{\mathrm{V}}+\sigma_{\mathrm{H}})\left[1-\frac{a^2}{r^2}\right]-\frac{1}{2}(\sigma_{\mathrm{V}}-\sigma_{\mathrm{H}})\left[1+\frac{3a^4}{r^4}-\frac{4a^2}{r^2}\right]\cos2\theta\\ \sigma_{\theta}&=\frac{1}{2}(\sigma_{\mathrm{V}}+\sigma_{\mathrm{H}})\left[1+\frac{a^2}{r^2}\right]+\frac{1}{2}(\sigma_{\mathrm{V}}-\sigma_{\mathrm{H}})\left[1+\frac{3a^4}{r^4}\right]\cos2\theta\\ \tau_{\mathrm{r}\theta}&=\frac{1}{2}(\sigma_{\mathrm{V}}-\sigma_{\mathrm{H}})\left[1-\frac{3a^4}{r^4}+\frac{2a^2}{r^2}\right]\sin2\theta\end{aligned}\right\}\tag{3}$$

由应力分量式(3)和平面应变的几何、物理方程，通过积分运算并代入边界条件，可得填土土层的位移函数

$$\left.\begin{aligned}Eu=&(1-\mu^2)\left[\frac{1}{2}(\sigma_V+\sigma_H)\left[r+\frac{a^2}{r}\right]-\frac{1}{2}(\sigma_V-\sigma_H)\left[r-\frac{a^4}{r^3}+\frac{4a^2}{r}\right]\cos2\theta\right]\\&-\mu(1+\mu)\left[\frac{1}{2}(\sigma_V+\sigma_H)\left[r-\frac{a^2}{r}\right]+(\sigma_V-\sigma_H)\left[r-\frac{a^4}{r^2}\right]\cos2\theta\right]\\Ev=&\frac{1}{2}(\sigma_V-\sigma_H)\left[(1-\mu^2)\left[r+\frac{a^4}{r^3}+\frac{2a^2}{r}\right]+\frac{1}{2}\mu(1+\mu)\left[r+\frac{a^4}{r^3}-\frac{2a^2}{r}\right]\right]\sin2\theta\end{aligned}\right\}$$

对于圆管周围填土表面有

$$\left.\begin{aligned}u_a&=\frac{1-\mu^2}{E}a\left[(\sigma_V+\sigma_H)-2(\sigma_V-\sigma_H)\cos2\theta\right]\\v_a&=\frac{2(1-\mu^2)}{E}a(\sigma_V-\sigma_H)\sin2\theta\end{aligned}\right\}\tag{4}$$

(3)圆管涵弹性抗力产生的附加应力和附加位移

圆管涵在承受土荷载作用产生弹性变形的同时，将受到土层对其变形的约束作用，将土层对圆管涵的约束，按圆管涵受有与其变形相适应的弹性抗力的假设形式进行考虑。

以应力函数解题，则可设圆管涵在与其周围填的接触面上任意一点 a 的弹性抗力为

$$\sigma_{ra}=S_0+S_n\cos2\theta,\tau_{r\theta a}=0$$

式中 S_0、S_n 为常数，其中 S_0 表示均匀抗力，$S_n\cos2\theta$ 表示变化抗力。

由边界条件 $\sigma_r|_{r=\infty}=0,\sigma_r|_{r=a}=\sigma_r$ 和 $\tau_{r\theta}|_{r=\infty}=0$ 及式(2)求得弹性抗力产生的附加应力

$$\left.\begin{aligned}\sigma_r&=S_0\left[\frac{a}{r}\right]^2-S_n\left[\left[\frac{a}{r}\right]^4-2\left[\frac{a}{r}\right]^2\right]\cos2\theta\\\sigma_\theta&=-S_0\left[\frac{a}{r}\right]^2+S_n\left[\frac{a}{r}\right]^4\cos2\theta\\\tau_{r\theta}&=-S_n\left[\left[\frac{a}{r}\right]^4-\left[\frac{a}{r}\right]^2\right]\sin2\theta\end{aligned}\right\}\tag{5}$$

则弹性抗力产生的附加位移计算式为

$$\left.\begin{aligned}Eu&=(1+\mu)a\left\{-S_0\left[\frac{a}{r}\right]+\frac{1}{3}S_n\left[\left[\frac{a}{r}\right]^3-6(1-\mu)\left[\frac{a}{r}\right]\right]\cos2\theta\right\}\\Ev&=(1+\mu)S_na\left\{\frac{1}{3}\left[\frac{a}{r}\right]^3+(1-2\mu)\left[\frac{a}{r}\right]\sin2\theta\right\}\end{aligned}\right\}\tag{6}$$

圆管涵表面土层由弹性抗力产生的位移为

$$\left.\begin{aligned}Eu&=-(1+\mu)a\left[S_0+\frac{1}{3}(5-6\mu)S_n\cos2\theta\right]\\Ev&=\frac{2}{3}(1+\mu)(2-3\mu)S_na\sin2\theta\end{aligned}\right\}\tag{7}$$

2.3 利用变形协调计算

利用土层与圆管间位移相等的协调条件求解圆形管道的内力，假定圆形涵管是刚性结构，四周受土层自重应力的作用，垂直压应力为 σ_V，水平压应力 σ_H，中间值按式(1)表示的曲线规律变化，将径向压力分为均布压力和按余弦规律变化的压力。

均布压力可使圆管产生轴向压力，这里不讨论。先讨论按余弦规律分布的径向压力使圆

管产生的变形和内力。土层在水平轴线处的变形方向是自圆管向外移动，在垂直轴线处的变形方向则是向圆管内部移动。令 $P_0=\sigma_V-\sigma_H$，由土压力作用下的圆管表层土位移的计算式(4)可写出由土压力作用下产生的圆管土层径向位移 u_a（假设径向土层变形为正）和切向位移 υ_a 的计算式

$$\left.\begin{aligned} u_a&=\frac{2(1-\mu^2)}{E}P_0 a\cos2\theta \\ \upsilon_a&=-\frac{2(1-\mu^2)}{E}P_0 a\sin2\theta \end{aligned}\right\} \tag{8}$$

假设这时圆管与周围土层间的径向相互作用力为 $S_n\cos2\theta$，切向相互作用力为 $S_t\sin2\theta$（S_n 和 S_t 为待定常数），则由结构力学方法可求出在径向相互作用力与切向相互作用力的联合作用下圆管各截面变形和内力为

$$\left.\begin{aligned} u_1&=a^4(2S_n+S_t)\cos2\theta/(18E_1 I) \\ \upsilon_1&=-a^4(2S_n+S_t)\sin2\theta/(18E_1 I) \\ N&=-\frac{a^4}{3}(S_n+S_t)\cos2\theta \\ M&=\frac{a^2}{6}(2S_n+S_t)\cos2\theta \end{aligned}\right\} \tag{9}$$

式中：u_1、υ_1、E_1 分别表示圆管的径向位移、环向位移和弹性模量。

如不计涵管与周围土层间的切向力（即令 $S_t=0$），则由式(7)写出涵管周围土层在表面径向弹性抗力作用力 $S_n\cos2\theta$ 作用下各点的径向位移为

$$u'_a=-\frac{a}{3E}(1+\mu)(5-6\mu)S_n\cos2\theta, \tag{10}$$

由变形协调条件 $u_a+u_a'=u_1$ 可解得 $$S_n=\frac{6(1-\mu)}{5-6\mu+Q}P_0 \tag{11}$$

式中：$Q=\frac{E}{E_1}\frac{1}{1+\mu}\frac{a^3}{3I}$

则按余弦规律分布的径向压力产生的涵管内力为式(12)。在计算中如果考虑涵管与周围土层的切向作用力时，则需要同时利用径向和环向的变形协调条件导出 S_n 和 S_t 的计算式。式(12)中弯距即为涵管的最终弯距，轴力未含均布荷载产生的轴力。

$$\left.\begin{aligned} M&=\frac{2(1-\mu)}{5-6\mu+Q}P_0 a^2\cos2\theta \\ N&=-\frac{2(1-\mu)}{5-6\mu+Q}P_0 a^4\cos2\theta \end{aligned}\right\} \tag{12}$$

对公路工程常用的钢筋混凝土圆管涵，略去 Q 最大弯矩计算式可简化为

$$M=\frac{2(1-\mu)}{5-6\mu}\gamma_s h_s R^2(1-\lambda) \tag{13}$$

式中 R 为涵管内外径平均半径，γ_s、h_s 分别为填土容重和填土高度，其余符号意义同前。

3 计算结果分析

公路、铁路规范一直沿用荷载结构分析方法,美国公路规范虽采用荷载结构法,但土压力用结构与土作用系数修正。由于对涵管承受荷载的大小和分布形式表述以及计算模型假设不同,计算方法和计算结果相差较大。

3.1 计算实例

以管型为 $d=150\text{cm}$,$\delta=14\text{cm}$,车辆荷载标准按汽—超 20 的钢筋混凝土涵管为例,分别按公路设计手册、铁路规范、美国公路规范以及本文的计算方法计算涵管内力,结果列于表 1。弯距的单位为 kN·m;M_1、M_2、M_3 分别为管顶、管侧、管底弯距。填土容重 $\gamma_S=18\text{kN/m}^3$,管顶填土高度 $h_s=6\text{m}$,泊松比 $\mu=0.3$,弹性模量 $E=20\text{MPa}$;涵管 $d=150\text{cm}$、$\delta=14\text{cm}$。土性指标测试时在每种填土高度下加载前和卸载后取样,容重采用现场坑测法;抗剪强度指标采用应变控制式直剪仪测得。

计算弯矩值比较 表 1

计算方法	M_1(kN·m)	M_2(kN·m)	M_3(kN·m)
公路设计手册	7.17	−7.24	7.33
铁路规范	11.73	−11.80	11.88
美国公路规范	20.04	−20.12	20.19
本文计算值	20.32	−20.41	20.52

就涵管截面内力计算结果看,铁路规范计算约为公路手册计算值的 1.6 倍;美国公路规范计算值分别为铁路规范公路手册计算值 1.7 倍和 2.8 倍;公路手册计算的内力值最小。

由本文计算式(12)计算,填土产生的涵管弯矩为 19.6kN·m,将自重和活载引起的涵管内力叠加,则最大弯矩为 $M_{\max}=20.52\text{kN}\cdot\text{m}$。该计算值为公路手册计算值的 2.79 倍,与美国规范计算值 20.19kN·m 较接近。

3.2 计算方法比较分析

影响涵管内力计算值的因素很多,其中垂直土压力的计算方法和内力计算模型的选取是两大主要因素。

(1)垂直土压力

公路规范对圆管涵承受的垂直土压力计算,采用 $q=\gamma_s h_s$(γ_s 为填土的容重,h_s 为涵管上填土高度。)表征涵管承受的土荷载,这实际是当土中无涵管时,该高度处土的压力。未考虑涵管与土作用体系相对于无涵管时土体应力状态的改变,土压力计算值比另两种规范计算值小。

铁路规范对土压力的计算,采用土压力系数 C_H 对土压力的影响因素进行修正,考虑了涵管顶端与两侧填土相对沉降以及涵管基底的沉陷因素,土压力系数 C_H 与 h_s/D_1 和 SD_1C/h_2 相关,其中,S 为沉降系数,按基底岩土性质确定,D_1 为涵管外径,C 为涵管凸出地基的高度。土压力计算值比公路规范计算值大,但比美国公路规范小。

美国公路规范垂直土压力的计算,用土与结构相互作用系数 F_e 对垂直土压力表征值 $q=\gamma_S h_S$ 进行修正。当 $h_S/D_1<2.0$(D_1 为涵管外径)时,F_e 按公式 $F_e=1+0.2h_s/D_1$ 计算;当 $h_S/D_1>2.0$ 时,取 $F_e=2-D_1/h_S$。显然,修正系数大于 1 但不超过 2。

(2)内力计算方法

公路规范和铁路规范内力计算,均忽略管壁环向压力及径向剪力,仅考虑管壁的弯矩,且不考虑支承情况,采用统一弯距系数。对于圆形管节外廓上土压力及活载压力分布,采用球型辐射状图形，管节自重产生的反力也按球型辐射状处理。

美国公路规范的计算方法中，垂直与侧向土压力均按在直径范围均匀分布，支点反力假定在支承范围内均匀分布。按弹性分析计算管环内力。

本文在计算过程中着重考虑涵管与土的相互作用，应用对称条件，忽略管壁径向剪力，仅考虑管壁的弯矩和轴力。

(3)计算内力与实验资料的比较

湖南某高速公路对 $d=150$cm、$\delta=14$cm，设计填土高度 4～6m 的涵管进行室内加载实验(按照规定的加载方法)，涵管出现 0.2mm 裂缝时的荷载为 75kN，相应的管顶截面弯矩 $M=19.576$kN·m；出现开裂时荷载为 55kN，相应的管顶截面弯矩 $M=14.356$kN·m。同时，对上述涵管在填土为 6m 的裂缝调查中发现相当数量的涵管有开裂现象，裂缝宽度达 1～2mm 以上。

按公路规范计算，最大弯矩 $M_{max}=7.33$kN·m，按铁路规范计算，最大弯矩 $M_{max}=11.88$kN·m 均小于试验开裂弯矩 14.356kN·m。理论上不会出现裂缝，与实际调查和试验结果不同。按美国公路规范计算，最大弯矩 $M_{max}=20.19$kN·m 接近试验 0.2mm 宽度裂缝时的弯矩 19.58kN·m。

由式(12)计算，填土产生的涵管弯矩为 19.6kN·m，将自重和活载引起的涵管内力叠加，则最大弯矩为 $M=20.52$kN·m。该计算值为公路手册计算值的 2.79 倍，与美国规范计算值 20.19kN·m以及出现 0.2mm 宽裂缝的试验弯距 19.58kN·m 较接近，说明计算方法较合理。

4 结语

(1)就涵管截面内力计算结果看，铁路规范计算值和公路手册计算值均小于美国公路规范计算值和试验结果；公路手册计算方法求得的内力值相对偏小。

(2)本文认为采用荷载结构分析方法时，用 $q=\gamma_s h_s$($\gamma_s s$ 为填土的容重；h_s 为涵管上填土高度)计算涵管承受的土荷载，应作适当修正，以表征涵管与土作用体系相对于无涵管时土体应力状态的改变。

(3)本文的设计计算方法，较好地反映了土与涵管的相互作用特性，计算结果与试验结果和实体工程调查情况接近，计算方法合理。

冷轧带肋钢筋混凝土受弯构件疲劳性能研究

陈浩军 彭艺斌 张起森
(长沙理工大学 长沙 410076)

摘 要：为推广冷轧带肋钢筋在水泥混凝土路面中的应用，对配有不同配筋率的冷轧带肋钢筋混凝土简支标准梁进行了等幅疲劳荷载试验研究，针对不同的疲劳破坏形式，分析其产生的原因，提出了界限配筋率的概念，并推导了折断破坏与弯拉破坏之间和弯拉破坏与剪压破坏之间的界限配筋率。提出了考虑不同配筋率影响的、可供配筋混凝土路面设计参考的疲劳方程。通过研究发现：受弯构件适当配置冷轧带肋钢筋不仅具有良好的抗裂性能和延性，而且其疲劳寿命也有显著提高。

关键词：道路工程 冷轧带肋钢筋 疲劳试验 受弯构件 界限配筋率 混凝土

0 引言

冷轧带肋钢筋是中国近年来引进的一种新钢种。它具有强度高、与混凝土结合握裹力强等特点，在中国的建筑工程和市政工程中已有较广泛的应用。从发达国家的情况来看，冷轧带肋钢筋不仅在建筑工程和市政工程中有较广泛的应用，而更多的是用于水泥混凝土路面、机场跑道和桥面板中。然而在中国，冷轧带肋钢筋在这 3 个方面的应用几乎还没有。关于混凝土和钢筋的疲劳性能，各国学者进行了大量的研究，而冷轧带肋钢筋混凝土受弯构件疲劳性能的研究，在中国还未见相关报道。为了推广冷轧带肋钢筋在水泥混凝土路面中的应用，笔者对冷轧带肋钢筋混凝土受弯构件的疲劳性能进行了试验研究。

1 试验

1.1 试件与试验方法

试件混凝土按 C30 配合比配置，其质量配合比为：水泥：砂：碎石：水＝2.6：3.3：7.7：1。混凝土的立方抗压强度平均值为 35.43MPa。冷轧带肋钢筋采用 LL550 型。直径为 ϕ56、ϕ57、ϕ59。钢筋单向拉伸试验结果：屈服强度 $f_{0.2}$ 为 538MPa；抗拉强度 f_u 为 620MPa；弹性模量 E 为 1.989×10^5MPa；伸长率 δ_{10} 为 8.37%。试件尺寸为 550mm×50mm×150mm"试件配置纵向钢筋，配筋率 μ 分别为 0、0.290%、0.487%、0.934%和1.946%，μ＝纵向钢筋面积/(截面宽度×截面有效高度)。为模拟路面板的配筋情况，试件中未配置抗剪钢筋。试验包括试件的静载试验和疲劳试验两部分。试验采用三分点加载，试验装置见图 1，其中混凝土应变片 3 片，分别布置在跨中梁顶、梁底和梁高 1/2 处；钢筋应变片 6 片，分别布置在

摘自《东南大学学报》(自然科学版)2006 年 1 月第 19 卷第 1 期。

纵向受力钢筋两边离跨中 100mm 处；百分表 1 个，布置在跨中处。疲劳试验均采用等幅正弦波加载，每间隔一定的循环次数，分别测试对应于荷载波峰值和波谷值的混凝土应变、钢筋应变、跨中挠度，并记录裂缝开展情况。

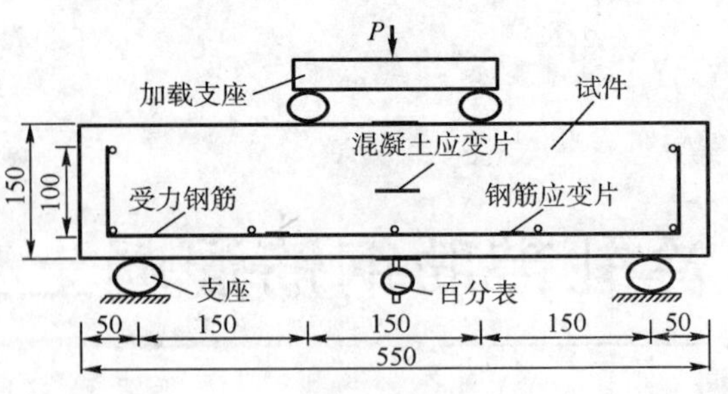

图 1 试验装置(单位:mm)

1.2 静载试验

为了确定疲劳试验的应力水平，对不同配筋率的试件进行了静载试验，每一配筋率下用试件 3 根，静载试验结果见表 1。从静载试验结果可以看出：素混凝土梁呈折断破坏；当梁配有少量钢筋时，梁呈弯拉破坏；当配筋率达到一定值时，梁呈剪压破坏。

静载试验结果 表 1

序号	试件编号	配筋率/%	极限荷载/kN	极限强度/MPa	破坏形式
1	D—00—11	0	39.0	5.20	折断
2	D—00—12	0	37.8	5.04	折断
3	D—00—13	0	37.9	5.07	折断
4	D—02—11	0.290	89.6	11.95	弯拉
5	D—02—12	0.290	82.0	10.93	弯拉
6	D—02—13	0.290	90.0	12.00	弯拉
7	D—05—11	0.487	105.0	14.00	剪压
8	D—05—12	0.487	120.0	16.00	剪压
9	D—05—13	0.487	105.0	14.00	剪压
10	D—10—11	0.934	114.0	15.20	剪压
11	D—10—12	0.934	116.0	15.50	剪压
12	D—10—13	0.934	120.0	16.00	剪压
13	D—20—11	1.946	135.0	18.00	剪压
14	D—20—12	1.946	134.0	17.87	剪压
15	D—20—13	1.946	146.0	19.47	剪压

注：极限强度=极限弯矩/混凝土截面抵抗矩。

1.3 疲劳试验

对 45 个试件进行疲劳试验。应力水平 S 从 0.3 到 0.9 不等(S=最大应力/静载极限强度)。应力比 ρ 为 0.1(ρ=应力最小值/应力最大值)，试验结果见表 2。

2 疲劳试验结果分析

2.1 疲劳破坏形式分析

钢筋混凝土试件疲劳破坏包括钢筋疲劳破坏和混凝土疲劳破坏。钢筋疲劳破坏以受拉钢筋拉断为标志;混凝土疲劳破坏又包括试件斜截面疲劳破坏和受压区混凝土压碎疲劳破坏。影响其疲劳破坏形式的因素包括:配筋率、剪跨比、试件截面特性和材料特性等。本次疲劳试验是在剪跨比、截面特性和材料特性等因素均相同的情况下进行的,只有配筋率不同,且没有配置抗剪钢筋,因此试验中试件仅出现了折断破坏、弯拉破坏和斜截面剪压破坏。

折断破坏是指在梁的纯弯段受拉区域混凝土一出现竖向裂缝梁就突然折断的现象,其特征是断裂前变形很小,断裂现象突然;弯拉破坏是指在梁的纯弯段受拉区域混凝土出现竖向裂缝,在裂缝处的钢筋首先疲劳破坏,梁发生断裂,其特征是钢筋被拉断;剪压破坏表现为:首先在梁的纯弯段受拉区域混凝土出现竖向裂缝,随着疲劳试验的进行,在弯剪段混凝土出现斜裂缝,当疲劳荷载作用次数达到一定数量时,竖向裂缝不再有明显的发展,而斜裂缝继续向上延伸,当斜裂缝贯穿梁高2/3后,梁随即断裂,其特征是剪压区混凝土被剪压破坏。试验中发现:配筋率μ为0的试件呈折断破坏;μ为0.290%的试件呈弯拉破坏;μ分别为0.487%、0.934%、1.946%的试件呈剪压破坏。

2.2 挠度及应变变化规律

图2为典型试件在反复荷载作用下对应于疲劳荷载波峰挠度值的变化曲线。各条挠度曲线的变化规律基本相同。由图2可看出挠度变化基本上经历了3个阶段:挠度初始阶段,大约占疲劳寿命的5%～10%;挠度平稳发展阶段,大约占疲劳寿命的80%～90%;挠度加速发展阶段,大约占疲劳寿命的5%～10%。从图2中还可以看出:配筋混凝土试件的挠度峰值远大于素混凝土试件的挠度峰值,这说明配筋混凝土试件具有相当好的延性。图3为典型试件在反复荷载作用下混凝土受压边缘波峰应变值的变化曲线,其变化规律也呈3个阶段:初始阶段、平稳发展阶段和加速发展阶段。图2、图3中,n为加载次数,N为试件疲劳寿命(单位为次)。

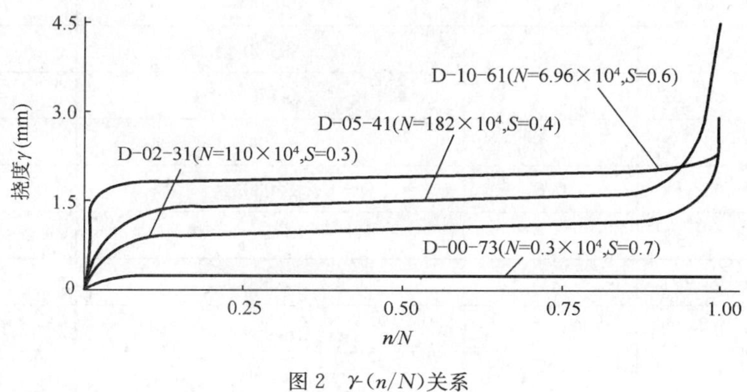

图2 γ-(n/N)关系

2.3 结果分析

对疲劳试验结果(表2)进行分析得:①随着配筋率的变化,试件的破坏形式也将发生变

疲劳试验结果 表2

配筋率(%)	试件编号	应力水平	疲劳寿命(N/10⁴)	破坏形式
0	D—00—61	0.6	0.500	折断
	D—00—62	0.6	0.200	折断
	D—00—71	0.7	1.950	折断
	D—00—72	0.7	0.200	折断
	D—00—73	0.7	0.300	折断
	D—00—81	0.8	0.020	折断
	D—00—91	0.9	11.000	折断
	D—00—92	0.9	0.001	折断
0.290	D—02—31	0.3	110.000	弯拉
	D—02—41	0.4	52.200	弯拉
	D—02—42	0.4	51.250	弯拉
	D—02—51	0.5	21.000	弯拉
	D—02—61	0.6	6.300	弯拉
	D—02—71	0.7	3.500	弯拉
	D—02—72	0.7	0.250	弯拉
	D—02—91	0.9	8.000	弯拉
	D—02—92	0.9	0.012	弯拉
	D—02—93	0.9	0.001	弯拉
0.487	D—05—41	0.4	182.000	剪压
	D—05—42	0.4	178.000	剪压
	D—05—51	0.5	68.800	剪压
	D—05—52	0.5	6.800	剪压
	D—05—53	0.5	400.000	剪压
	D—05—61	0.6	8.350	剪压
	D—05—62	0.6	5.150	剪压
	D—05—63	0.6	4.200	剪压
	D—05—64	0.6	3.030	剪压
	D—05—65	0.6	0.400	剪压
	D—05—71	0.7	8.200	剪压
	D—05—72	0.7	7.340	剪压
	D—05—73	0.7	0.590	剪压
	D—05—74	0.7	0.200	剪压
	D—05—81	0.8	0.010	剪压

续上表

配筋率(%)	试件编号	应力水平	疲劳寿命(N/10⁴)	破坏形式
0.934	D—10—51	0.5	>230.000	剪压
	D—10—61	0.6	6.960	剪压
	D—10—62	0.6	5.480	剪压
	D—10—71	0.7	>200.000	剪压
	D—10—72	0.7	2.100	剪压
	D—10—73	0.7	0.900	剪压
	D—10—74	0.7	0.600	剪压
	D—10—75	0.7	0.300	剪压
	D—10—81	0.8	34.000	剪压
	D—10—82	0.8	0.100	剪压
	D—10—83	0.8	0.005	剪压
1.946	D—20—61	0.6	>200.000	剪压

化。当配筋率为0.290%时,试件呈弯拉破坏,而当配筋率为0.487%时,试件呈剪压破坏。可以推测在0.290%和0.487%之间存在界限配筋率使两种破坏形式同时出现。②当配筋率相同时,试件在反复荷载作用下的疲劳破坏形式与试件在静载作用下的破坏形式基本相同。③配置有冷轧带肋钢筋的试件在反复荷载作用下具有良好的抗裂性能和延性。④对于配筋率和应力水平相同的试件,其疲劳寿命有较大的离散性。⑤对于同样应力水平的试件,其疲劳寿命随配筋率的增加而增加。

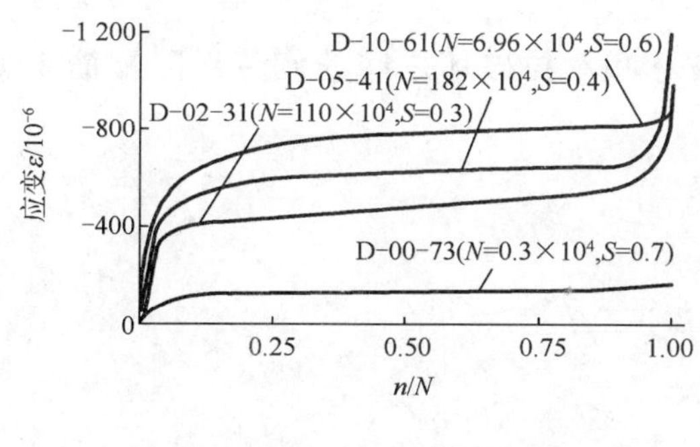

图3 ε-(n/N)关系

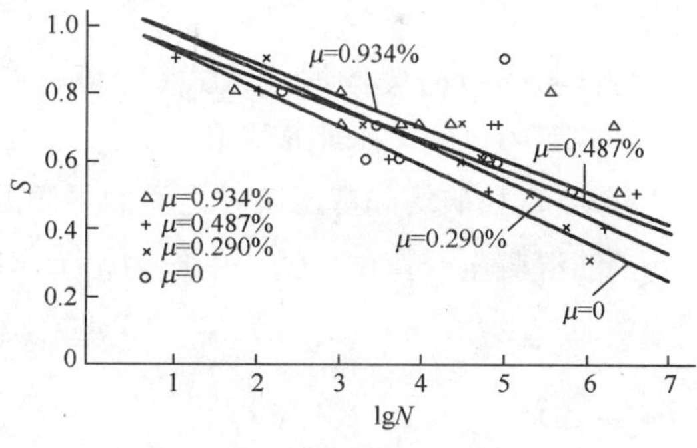

图4 疲劳试验结果回归

3 疲劳方程的建立

对表2疲劳试验结果进行分析可知:对每一配筋率,疲劳寿命的对数与应力水平基本成线性关系(图4)。经线性回归得出疲劳方程:

(1)$\mu=0$,$S=1.0296-0.1131\lg N$,$R-0.9512$,$\sigma=0.0403$。

(2) $\mu=0.290\%$,$S=1.0756-0.1076\lg N$,$R=0.9466$,$\sigma=0.0695$。

(3) $\mu=0.487\%$,$S=1.0238-0.0914\lg N$,$R=0.9231$,$\sigma=0.0513$。

(4) $\mu=0.934\%$,$S=1.0698-0.0956\lg N$,$R=0.9266$,$\sigma=0.0284$。

疲劳方程中，R 为相关系数，σ 为标准差。

回归分析结果表明：所得公式与试验值的相关性较好，R 均在 0.923 1 以上，σ 均在 0.069 5以下。为了应用方便，建立一个统一回归的疲劳方程(取保证率为 95%)

$$S=\begin{cases}0.949\,0+0.158\,6\mu-(0.113\,1-0.019\,0\mu)\lg N & \mu<\mu_1\\ 0.967\,1-0.093\,5\lg N & \mu\geqslant\mu_1\end{cases}$$

式中：μ 为配筋率；μ_1 为界限配筋率。

4 界限配筋率

4.1 折断破坏和弯拉破坏之间的界限配筋率

假定混凝土试件截面为单筋矩形截面，试件不配置抗剪腹筋，截面宽为 b，高为 h，有效高度为 h_0，梁的折断破坏和弯拉破坏之间疲劳界限配筋面积为 A_{sc}，疲劳界限配筋率为 μ_c。假定试件开裂前混凝土承担拉力，开裂后拉力全部由钢筋承担。

不考虑钢筋的影响，根据平截面假定可得混凝土所能承担的最大拉力为

$$F_t^f=\frac{1}{2}f_t^f hb \tag{1}$$

当混凝土开裂后，全部拉力由钢筋承担，则可得折断破坏和弯拉破坏之间的疲劳界限配筋面积为

$$A_{sc}=\frac{f_t^f bh}{2f_y} \tag{2}$$

式中：f_t^f 为混凝土的疲劳抗拉强度设计值；f_y 为钢筋强度设计值。

界限配筋率为

$$\mu_c=\frac{A_{sc}}{bh_0} \tag{3}$$

将试验中的相关数据代入式(3)可得折断破坏和弯拉破坏之间的疲劳界限配筋率为 0.102%，这与试验结果非常吻合。

4.2 弯拉破坏和剪压破坏之间的界限配筋率

钢筋混凝土受弯试件钢筋的应力幅为

$$\Delta\sigma_s^f=\alpha_E^f\frac{\Delta M^f(h_0-x_0)}{I_0^f} \tag{4}$$

式中：$\alpha_E^f=E_s/E_c^f$

应力比为 ρ 时，则钢筋应力幅为

$$\Delta\sigma_s^f=(1-\rho)\alpha_E^f\frac{M_{max}^f(h_0-x_0)}{I_0^f} \tag{5}$$

钢筋混凝土受弯试件斜截面的最大剪力 V_{max}^f、受压区高度 x_0 和惯性矩 I_0^f 分别为

$$V_{max}^f=0.6f_t^f b(h_0-\frac{x_0}{3}) \tag{6}$$

$$\frac{bx_0^2}{2}-\alpha_E^f A_s^f(h_0-x_0)=0 \tag{7}$$

$$I_0^f=\frac{bx_0^3}{3}+\alpha_E^f A_s^f(h_0-x_0)^2 \tag{8}$$

由式(7)、式(8)可得

$$I_0^f = \alpha_E^f A_s^f (h_0 - x_0)(h_0 - \frac{x_0}{3}) \tag{9}$$

令 $M^f = mV^f$，则 $M_{max}^f = mV_{max}^f$ 代入式(5)得

$$\Delta\sigma_s^f = (1-\rho)\alpha_E^f \frac{mV_{max}^f (h_0 - x_0)}{I_0^f} \tag{10}$$

将式(6)、(9)代入式(10)可得

$$A_{sb} = \frac{0.6(1-\rho)mbf_t^f}{\Delta f_y^f} \tag{11}$$

式中：A_{sb} 为弯拉破坏和剪压破坏之间的疲劳界限配筋面积；Δf_y^f 为钢筋的允许疲劳应力幅；m 为弯矩与剪力比值。

界限配筋率为

$$\mu_b = \frac{A_{sb}}{bh_0} \tag{12}$$

关于冷轧带肋钢筋疲劳抗拉强度的研究未见相关报道，所以采用热轧带肋钢筋的疲劳抗拉强度作为冷轧带肋钢筋疲劳抗拉强度

$$f_{rsk} = \frac{10^{\alpha_r}}{N^k} \tag{13}$$

式中：f_{rsk} 为脉动循环时的抗拉疲劳强度；N 为疲劳寿命；$\alpha_r = 4.10 - 0.003d$，d 为钢筋的直径；$k = 0.12$。

将试验中有关数据代入式(12)中可以得弯拉破坏和剪压破坏之间的疲劳界限配筋率：对于 $\phi 6$ 钢筋，界限配筋率为 0.360%；对于 $\phi 7$ 钢筋，界限配筋率为 0.362%；对于 $\phi 9$ 钢筋，界限配筋率为 0.367%。这与疲劳试验的结果很吻合(0.290%配筋率梁配置 $2\phi 6$，0.487%配筋率梁配置 $2\phi 6 + 1\phi 7$，0.934%配筋率梁配置 $4\phi 7 + 1\phi 6$，1.946%配筋率梁配置 $6\phi 9$)。

5 结语

(1)相同配筋率试件在反复荷载作用下的破坏形式和静载作用下的破坏形式基本一致。试件在弯拉破坏和剪压破坏之间存在界限配筋率 μ_b 使得两种破坏形式同时出现。当配筋率小于 μ_b 时，试件呈弯拉破坏；当配筋率大于 μ_b 时，试件呈剪压破坏。

(2)混凝土受弯构件适当配置冷轧带肋钢筋在反复荷载作用下具有良好的抗裂性能和延性，且其疲劳寿命也有显著提高。

(3)建议的疲劳方程为

$$S = \begin{cases} 0.9490 + 0.1586\mu - (0.1131 - 0.0190\mu)\lg N & \mu < \mu_1 \\ 0.9671 - 0.0935\lg N & \mu \geqslant \mu_1 \end{cases}$$

(4)冷轧带肋钢筋受弯构件在折断破坏、弯拉破坏和剪压破坏之间的疲劳界限配筋率分别为 $\mu_c = A_{sc}^f/(bh_0)$ $\mu_b = A_{sb}^f/(bh_0)$。

工程结构模糊随机可靠性的计算原则及方法性探讨

胡步趋　张起森
（长沙交通学院　长沙　410076）

摘　要： 在对结构效应及其允许区间的随机—模糊性质分析的基础上，利用模糊事件的概率计算公式，探讨了结构效应满足其安全准则的模糊可靠度的计算方法问题。通过采用模糊集合的能量原则，将复杂的隶属度计算转化为一种非线性规则的最优解，从而使隶属度的确定更趋于可行和合理。

关键词： 工程结构　隶属度　非线性规划　模糊随机可靠性

目前，在常用的工程结构可靠度理论中，通常只把结构设计变量 X 和结构效应 S 及结构抗力 R 作为随机变量加以考虑，而相应的结构安全准则一般用 $(R-S)>0$ 表达，结构的可靠度用事件 $(R-S)>0$ 发生的概率反映。

随着人们对结构理论认识的不断深化，逐步发现结构作为一种系统，它的外部干扰和内部参数不仅可能具有随机性而且常常具有模糊性质。另外，人们还认识到对结构效应 S 的限制往往很难用一个明确的界限来确定，结构的效应从“允许”到“不允许”之间应该有一个中间过渡阶段才更加符台实际。例如，对我们常用的允许应力 $[\sigma]$ 而言，$[\sigma]=200$MPa 意味着指标 200MPa 是允许的，201MPa 就是不允许的，但在实际中有时两者并无实质性的差别。一般情况下，结构从“绝对允许”到“绝对不允许”应有一个逐步过渡阶段，也就是说在正常条件下应力的允许范围不是一个简单闭区间，而是一个具有过渡性边界条件的模糊区间。这样，如果要更真实客观地反映结构的安全性质，不可避免地要求结构的安全准则应具备模糊性质。这种模糊性质并非人们的主观想像，而是体现客观存在的自然属性。可是，考虑了结构的模糊特征之后，问题将比原来更复杂起来，经典的可靠度理论将陷入“模糊”的困境。因此，要想解决这类结构本身既有随机因素，又有模糊因素的问题，就必须建立新的可靠性观念和计算方法以拓展经典可靠性理论的应用范围。

本文从最一般的情况出发，在同时考虑结构状态随机性和模糊性的基础上，应用随机向量空间生成模糊集的观点，通过模糊事件的概率计算方法，分析研究了结构效应及相应的安全准则模糊随机可靠性计算原则和一般基本公式。

1　模糊数学与可靠性

众所周知，一般的可靠性是以普通概率论和数理统计为数学基础的，可靠性观念则是在二

摘自《长沙交通学院学报》1995 年 12 月第 11 卷第 4 期。

值逻辑基础之上建立起来的，它反映了人们的精确思维方式。但是，人类除了可进行精确思维之外，还可以进行模糊思维。表现在可靠性方面，人们除了关心“可靠性指标是多少?”之外，更习惯于这样的提问“可靠性高不高?”，而这里“高”与“不高”均表示一种模糊概念，有时很难判定。这样，运用模糊概念进行可靠性判断时，传统的可靠性理论将显得无能为力。传统可靠性理论陷入上述困境的根本原因是它将复杂的、模糊的系统可靠性问题简单地视为精确的数学问题。因此，摆脱这种困境的关键在于是否能找到一种既保留了系统复杂性和模糊性，又能正确地描述系统可靠性真实状态的新数学工具。这种工具就是模糊数学。

模糊数学是由美国控制论专家 L. A. Zadeh 教授在他的著名文章“Fuzzy Sets”中而首创，然后由众多的中外学者共同努力逐步发展起来的一门新的学科。它研究的是模糊现象的运动及规律，由于它给出了模糊概念的定量表示法，并在此基础上建立了模糊概率理论，使其成为研究具有模糊性的工程可靠性问题一种有用的数学工具。目前，国内外学者正在研究如何建立合适的模糊可靠度理论体系等问题。但是，由于这一课题难度较大，到目前为止，远没有取得令人满意的成果。为了加强可靠度理论的研究和推广模糊数学的应用领域，我们就结构的随机模糊可靠度理论的建模方式和计算方法提出了自己的看法和观点，供同仁参考、指正。

2 结构效应安全准则的模糊有效域与可靠度表示

为了研究问题的方便，我们假定所研究的结构体系具有以下性质。

(1)决定整个结构设计方案的 N 个物理量 $x_i(i=1,2,\cdots,N)$ 组成确定性的设计向量 $x=(x_1, x_2,\cdots, x_N)$，其中向量的每一个具体取值都决定结构的一个设计方案；

(2)结构含有 η 个相互独立的可表示结构荷载和结构材料性能的随机变量，它们组 成向量 η，$\eta=(\eta_1, \eta_2,\cdots, \eta_M)$；

(3)结构包含 L 个荷载效应指标 $r_l(l=1,2,\cdots,L)$，它们的最大值 S_l 组成最大响应向量 $S=(S_1,S_2,\cdots,S_L)$。

对于具备上述特点的结构，在可靠性分析中一般假定设计向量 x 和随机向量 η 的概率密度 $p_\eta(y)$ 为已知。当仅考虑结构的随机性时，结构效应 r_l 所对应的安全准则可表示为 $S_l(\eta)<R_l(\eta)$，或表示为

$$g_l(\eta)=R_l(\eta)-S_l(\eta)>0 \tag{1}$$

这里：$S_l(\eta)$ 是结构在荷载作用下第 l 个效应 r_l 的最大值；$R_l(\eta)$ 是结构对效应 $S_t(\eta)$ 限制的阀值，也就是结构效应 r_l 所对应的抗力值；$g_l(\eta)$ 则称为结构第 1 个效应指标的功能函数。

于是，相应于安全准则：$g_l(\eta)>O$，结构效应 r_l 的有效域 Ω_l 为

$$\Omega_l=|y|g_l(y)>0 \tag{2}$$

它是一切使 $g_l(\eta)>O$ 的随机向量 η 的那些取 y 的集合。这个集合实质上可以看成一个有效事件。根据一般可靠度理论计算公式，结构效应 r_l 的随机可靠度 $P^{(Sl)}$ 可定义为

$$P^{(Sl)}=P_r\{g_l(\eta)>0\}=\int_{\Omega_l}p_\eta(y)dy \tag{3}$$

现在让我们同时考虑结构的外部干扰(例如荷载因素等)和内部参数具有随机与模糊性质，以及结构对效应 r_l 限制有模糊性时的情形。显然，此时结构效应 r_l 的最大响应 S_l 同时具备随机、模糊两重性，故最大响应 S_l 可视为随机向量 η 空间上的模糊子集，记为 $S_l(\eta)$。而与 $S_l(\eta)$ 相对应的结构抗力 R_l 同时也应为一个模糊子集，记为 $r_l=R_l(\eta)$。这里对于 η 的任一个取值 y，$S_l(y)$ 和 $R_l(y)$ 都是一维欧氏空间 R^l 上的模糊子集。因此，对于效应 r_l(考虑到模糊、

随机性质)的安全准则,按照王光远教授等人提出的看法,可表达为

$$S_l(\eta)\subseteq R_l(\eta) \tag{4}$$

这里"⊆"代表模糊子集之间的包含关系,表示若 y 满足该关系,则 y 对 $S_l(\eta)$ 的隶属度关系有:$\mu_{sl}(y)\leqslant\mu_{gt}(y)$。

利用 Zadeh 的模糊子集的表示方祛。对于考虑了模糊、随机性后的效应 r_t 它的安全准则的模糊有效域可表示为

$$\Omega_t=\int\{y| \quad S_t(y)\subseteq R_l(y) \quad |\mu_{\Omega l}(y) \tag{5}$$

这里"∫"不是积分符号,仅表示一种模糊集合的记号,Ω_t 是一切使最大响应 $S_t(\eta)$ 在不同程度上(以不同隶属度 $\mu_{\Omega l}(y)$)满足安全准则 $S_t(\eta)\subseteq R_t(\eta)$ 的随机向量 η 的那些取值为 y 构成的模糊集合,这个集合的实质可以看成一个受模糊约束 $S_t(\eta)\subseteq R_t(\eta)$ 控制的模糊有效事件。该事件发生的概率可表达为

$$P_r(\Omega_l)=\int_{\Omega_l}P_\eta(y)\mu_{\Omega l}(y)\mathrm{d}y \tag{6}$$

它反映了结构效应 S_l 满足约束 $S_l(\eta)\subseteq R_l(\eta)$ 可靠程度大小的一种度量指标,因此,我们认为将式(6)定义为效应 r_l 满足安全准则[式(4)]的一种随机-模糊可靠度是有道理的。本文以后就以式(6)的定义式为模式对结构的随机一模糊可靠性进行分析探讨。

3　模糊有效域 $\boldsymbol{\Omega_l}$ 的隶属度函数 $\boldsymbol{\mu_{\Omega l}}$(y)的确定原则和方法

在一般可靠性问题中,$P_\eta(y)$ 概率分布密度认为已知,因此计算 $P_r(\Omega_l)$ 的关键在于合理地确定隶属度函数 $\mu_{\Omega l}(y)$ 的表达式。为此,有人提出了满足度 $\beta_l(y)$ 的概念和基本计算方法。一般来讲,由 $\mu_{Sl}(y,r_l)$ 及 $\mu_{Rl}(y,r_l)$ 图形(图 1 及图 2)的相对位置(一般情况下,$\mu_{Sl}(y,r_l)$ 随 r_l 的变化呈中间型分布;$\mu_{Rl}(y,r_l)$ 则随 r_l 的变化呈戒上型分布特征,这点正如 图 1、图 2 所示)来刻划最大的响应 $S_l(\eta)$ 对约束 $S_l(\eta)\subseteq R_l(\eta)$ 的满足程度是一个方便、可行的模拟方法。

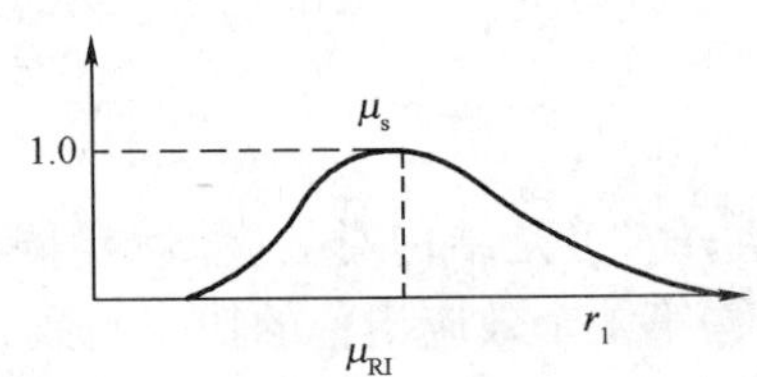

图 1　μ_{Sl} 分布图

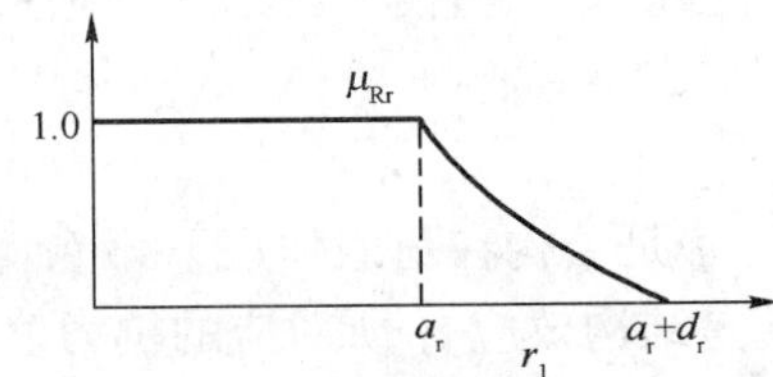

图 2　μ_{Rl} 分布图

有献建议直接令 $\beta_l(y)=\mu_{\Omega l}(y)$,但是,作为一般情形考虑,我们认为 $\mu_{\Omega l}(y)$ 取为 $\beta_l(y)$ 的多项式形式更具一般意义,因为从 $\beta_l(y)$ 的结构定义式

$$\beta_l(y)=\int_{-\infty}^{\infty}\mu_{Rl}(y,r_l)\mu_{Sl}(y,r_l)\mathrm{d}r_l/\int_{-\infty}^{\infty}\mu_{Sl}(y,r_l)\mathrm{d}r_l \tag{7}$$

可以看出,尽管:

(1)当 $\mu_{Sl}(y,r_l)$ 完全被 $\mu_{Rl}(y,r_l)=1$ 的区间覆盖时,$\beta_l(y)=1$,条件 $S_l(\eta)\subseteq R_l(\eta)$ 可以完全满足;

(2)当 $\mu_{Sl}(y,r_l)$ 完全位于 $\mu_{Rl}(y,r_l)$ 范围之外时,$\beta_l(\eta)=0$,即条件 $S_l(\eta)\subseteq R_l(\eta)$ 完全不满足;

(3) 当 $\mu_{Sl}(y,r_l)$ 与 $\mu_{Rl}(y,r_l)$ 部分搭接时,$\beta_l(\eta)\subset(0,1)$,约束条件 $S_l(\eta)\subseteq R_l(\eta)$ 可以部分满足。部分满足程度的大小直接与 $\beta_l(y)$ 的结构定义式有关,如果使用不同的 $\beta_l(y)$ 结构定义

式，例如取 $\beta_l(y)$ 定义式为

$$\beta_l(y)=\int_{-\infty}^{\infty}\mu_{Rl}(y,r_l)\mu_{Sl}^2(y,r_l)\mathrm{d}r_l/\int_{-\infty}^{\infty}\mu_{Sl}^2(y,r_l)\mathrm{d}r_l \tag{8}$$

只要满足 $\beta_l(y)$ 前两项条件，就可以得到不同的满足度值，因此 $\beta_l(y)$ 与两 $\mu_{\Omega l}(y)$ 两者存在概念上的差别。但是，又由于 $\beta_l(y)$ 和 $\mu_{\Omega l}(y)$ 在描述 y 满足约束 $S_l(\eta)\subseteq R_l(\eta)$ 程度上具有相连性质，故一般可以认为 $\mu_{\Omega l}(y)$ 是 $\beta_l(y)$ 的一种函数形式。根据函数逼近理论，多项式是一种最方便可行的逼近形式，所以在近似计算 $\mu_{\Omega l}(y)$ 的解析表达式时，就可以将 $\mu_{\Omega l}(y)$ 看成为 $\beta_l(y)$ 的有限多项式的组成形式，即

$$\mu_{\Omega l}(y)=\sum_{K=1}^{n}\alpha_K\beta_l^K(y) \tag{9}$$

式中，n 数的选取可根据具体问题而定。同时，又为了使 $\mu_{\Omega l}(y)$ 能满足非负性及 $\mu_{\Omega l}(y)\leqslant 1$，我们要求各待定系统数 $\alpha_K(K=1,2,...,n)$ 要满足

$$\alpha_K\geqslant 0,\ \sum_{K=1}^{n}\alpha_K=1 \tag{10}$$

从这里可以看到，我们已将确定隶属度 $\mu_{\Omega l}(y)$ 的问题归结为求解一组待定系数 α_K 的问题。为了能够合理地求解待定系数 α_K，我们希望由它产生的隶属函数 $\mu_{\Omega l}(y)$ 以某种形式取极值。根据该原则，模糊集合的能量积分

$$II=\int_{-\infty}^{\infty}\mu_{\Omega l}^2(y)\mathrm{d}y \tag{11}$$

应该取极小值，因此，我们的问题就可以转化为下面的优化问题

$$\left.\begin{array}{l}\min\left\{f(u)=\int_{\Omega}\mu_{\Omega l}^2(\eta)\mathrm{d}y=\sum\limits_{K=1}^{n}\alpha_K^2\int_{\Omega l}^{2K}\beta_L(y)\mathrm{d}y\right\}\\ 0\leqslant\alpha_K\qquad \sum\limits_{K=1}^{n}\alpha_K=1\end{array}\right\} \tag{12}$$

令 $\int_{\Omega l}\beta_l^{2K}(y)\mathrm{d}y=A_K$，则上述优化问题可表达为

$$\left.\begin{array}{l}\min\{f(u)=\sum\limits_{K=1}^{n}A_K\alpha_K^2\}\\ 0\leqslant\alpha_K\qquad \sum\limits_{K=1}^{n}\alpha_K=1\end{array}\right\} \tag{13}$$

据此，我们可以得到满足能量原则的一组最优解 $\alpha_K^*(K=1,2,\cdots,n)$。这样，就较好地解决了结构效应 r_l 满足安全准则 $S_l(\eta)\subseteq R_l(\eta)$ 的模糊随机可靠度理论中有关 $\mu_{\Omega l}(y)$ 的计算性问题，从而在一般条件下，结构的随机—模糊可靠度可以由式(6)直接计算出来。这就在理论上解决了结构模糊可靠性的一种可行的计算方法的问题。

4 结语

本文探讨了具有模糊特征的工程结构的可靠度计算原理，首次提出了随机向量空间生成模糊子集的概念。并应用模糊子集的能量测量原理将模糊子集的隶属度函数的确定转化为一种可解性较好的非线性规划的求解，使模糊运算更具合理和可行。

大跨度混凝土斜拉桥极限承载力分析综述

梁 硕[1] 曾庆元[2] 张起森[1]
(1.长沙交通学院路 长沙 410076;2.长沙铁道学院 长沙 410007)

摘 要: 主要介绍了目前国内外对大跨度混凝土斜拉桥极限承载力分析研究的情况。其中包括混凝土斜拉桥几何非线性与材料非线性的分析方法和今后需要解决的问题。为人们了解和研究大跨度混凝土斜拉桥极限承载力问题提供参考。

关键词: 混凝土 斜拉桥 极限承载力

随着跨度的增大,结构自重在总荷载中所占的比重也越来越大,混凝土斜拉桥尤其如此,从经济的角度考虑,在满足强度、刚度等要求的前提下,工程师们都尽量将大跨度斜拉桥设计得轻巧柔细。斜拉桥的拉索像一个个弹性支座,减小了梁的跨径,梁内纵向弯矩是很小的,梁的抗弯模量无需太大。研究表明:主梁中弯矩值的大小与梁自身的刚度有关,其弯矩值随刚度的增大而增大,无端地加大梁的刚度并不一定有利,这样斜拉桥主梁截面可以尽量减小。因此,一般情况下斜拉桥属于柔性高次超静定结构,主梁长细比很大。由于斜拉桥拉索产生的水平分力,斜拉桥在施工和成桥阶段的稳定性就一直为桥梁工程师所关注,大跨度混凝土斜拉桥极限承载力分析因此成为必要。

线性固体力学理论中有如下一些假定:材料的应力和应变关系是线性的;应变和位移的几何关系是线性的;应变很小;外部荷载的大小和方向不能随结构变形的变化而变化。如果这4个假定中的任何一个不满足,则这个问题就是非线性问题;如果上面的第一个问题不满足,则这个问题是材料非线性问题;若后三个假定当中的任何一个不满足,则这个问题就是几何非线性问题;如果第一个假定和后三个假定当中的任何一个同时不满足,则这个问题是材料和几何非线性问题。

按照K.J.Bathe的观点,应变在0.04范围内属小应变问题。而混凝土的极限压应变约为0.003 ~0.005,因此,大跨度混凝土斜拉桥极限承载力分析为小应变问题。在使用荷载作用下,大跨度斜拉桥往往产生较大的位移,结构的几何形状发生显著的变化,整个结构由于有限变形而表现出明显的大位移几何非线性行为。这里所说的“大位移几何非线性”是因为在分析中如果忽略二次项将带来较大的误差而不允许。在极限荷载作用下,结构局部区域由于处于高应力水平,材料呈非线性形态,因此,混凝土斜拉桥极限承载力分析需同时考虑几何与材料非线性。另外,混凝土斜拉桥主梁为受压受弯构件,在荷载作用过程中,主梁板件将产生局部翘曲,考虑板件局部翘曲的混凝土斜拉桥极限承载力分析即混凝土斜拉桥局部与总体相关屈曲极限承载力分析应当更加符合实际情况。

摘自《长沙交通学院学报》1997年9月第13卷第3期。

1 几何非线性处理方法

目前,国内外不少学者对斜拉桥的几何非线性行为进行了研究。几何非线性是大跨度混凝土斜拉桥结构体系的重要特点。斜拉桥的几何非线性主要来自下述几个方面:

(1)缆索自重垂度引起的缆索拉力与变形之间的非线性关系;

(2)由于斜缆力作用,主梁和索塔不仅承受弯矩,还将产生很大的轴向力。在主梁和索塔变形过程中,轴向力和弯矩相互影响而产生的所谓梁—柱效应,使整个斜拉桥结构表现出几何非线性行为;

(3)大位移产生的结构几何形状变化引起的几何非线性效应。

1.1 缆索自重垂度引起的几何非线性处理方法

斜拉桥缆索产生的几何非线性效应在全桥非线性效应中占有相当比重,缆索非线性的处理方法颇多。

1944 年 Pippard 和 Chitty 提出用等效弹性模量法来考虑缆索自重垂度引起的缆索拉力与变形之间的非线性,即利用一根具有等效弹性模量(E_{eq})的两节点直弦杆来代替缆索悬索线。1965 年 Ernst 根据两个基本假定(斜拉索具有较高的初应力,缆索自重沿其对应的弦均匀分布;只考虑垂直于弦的自重分量,而忽略平行于弦的自重分量)推导了缆索等效弹性模量 E_{eq}的计算公式。之后 Gim*sing* ,Goschy Tung 和 Kudder、F. Leonhardt, podol-nyf 等使等效模量法有了进一步发展。我国洪显诚、刘志英从能量出发,通过建立单索能量泛函,应用广义变分原理,从欧拉方程推出单索的平衡方程,进而导出一个既考虑了垂直于拉索的自重分量,又计入平行于拉索的自重分量作用的精确的等效弹性模量公式。

1952 年 Pugsley 提出将整根缆索用分段的铰接直杆离散的多直联杆法,缆索自重和外荷载作用在节点上,杆的轴向刚度考虑了重力刚度。Goto 从一般的悬索理论,高征铨、汪嘉铨、陈忆渝采用二次抛物线代替缆索悬索线,根据力学原理,得出了缆索的切线刚度矩阵。Ozdemir 采用拉格朗日插值法,Jayaraman 用小应变弹性悬链线法,Gambhir 用曲线单元法,杨勇用拟三结点等参绳单元法分别对缆索非线性问题进行了研究。

这些缆索非线性模拟方法已基本能满足斜拉桥设计和分析的需要。其中以 Ernst 的等效弹性模量法最简便,应用也最普遍。许多文献对缆索非线性的处理均采用该方法。

1.2 梁—柱效应引起的几何非线性处理方法

研究表明:梁—柱效应引起的非线性占 10%左右。梁—柱效应非线性处理方法之一是利用挠度理论来进行分析。1961 年 Schreier 最先提出利用挠度理论来进行斜拉桥非线性分析,建立的平衡方程是以变形后结构为参考构形,且考虑了大位移对结构内力的影响;1971 年 M. C. Tang采用传递矩阵法分析了平面斜拉桥的几何非线性,建立的平衡方程是基于斜拉桥的初始未变形位置及小挠度理论,不能考虑大位移对结构内力的影响;1986 年 D. Bruno A. Lenoardi将斜拉桥拉索对塔柱和主梁的作用视为连续分布荷载,根据小挠度理论分别建立塔柱和主梁的弯曲与扭转的微分方程,迭代求解其几何非线性位移和内力。挠度理论是一种连续模型,用解析式的解答方法,解答为积分方程形式,因此难于适应形式复杂的大跨度混凝土斜拉桥的计算。

梁—柱效应非线性处理方法之二是基于有限元离散法观点的稳定函数法。稳定函数法考虑了构件轴力与弯矩的相互作用，引入一组基于小挠度理论的所谓稳定函数来修正单元弹性刚度矩阵，以此来描述其中的祸合作用，从而模拟梁—柱非线性效应。1966 年 Saafan，Johnson & Brotton，1978 的 Fleming，1988 年同济大学陈德伟在平面斜拉桥结构几何非线性分析中引入稳定函数考虑塔柱和主梁的非线性效应。1989 年 Nazmy 将其推广至空间单元刚度矩阵。

梁—柱效应非线性处理方法之三是在计算单元切线刚度矩阵时引入几何刚度矩阵，此几何刚度矩阵只考虑了轴力对弯曲刚度的影响，而未考虑弯矩对轴向刚度的影响。1992 年兰州铁道学院的朱晞、王克海采用该法研究了大跨度斜拉桥平面和空间的非线性静力、动力分析；1992 年潘家英、吴亮明、高路彬采用该法对大跨度斜拉桥进行活载非线性研究；1994 年周先雁、程翔云采用该法对斜拉桥施工阶段主梁纵向面内稳定性进行试验研究；1995 年李立峰、邵旭东采用该法对大跨桥梁进行几何非线性试验与分析。

1.3 大位移引起的几何非线性处理方法

大位移导致的斜拉桥几何非线性行为，一般采用修正结构几何形状，即采用拖动坐标法不断地修正节点坐标，最终找到一个变形之后的平衡位置以及相应的内力。该方法可以跟踪结构的实际变形位置。

1.4 斜拉桥几何非线性处理方法新发展

国内外对斜拉桥几何非线性分析的认识是逐步深化发展的。早期计算中参照构形不很明确，增量求解方程的建立亦不清楚；有限元离散力学模型作了不同程度的简化和近似。随着力学不断发展，具有明确参照构形的有限变形理论已趋成熟。其中有两种参照构形使用最方便，一种用参照描述法，以未变形时的物体构形为参照构形，称之为全拉格朗日列式法（Total Lagrangian Formulation），简称 T. L 列式法；另一种用相关描述法，参照最后一个已知平衡构形，称之为更改的格拉朗日列式法（Updated Lagrangian Formulation），简称为 U. L 列式法。有了明确参照构形，所有结构变形参量都可以清楚描述；引入高阶变形量，得到的刚度矩阵和算法精度更高。国内外大量学者用 T. L 或 U. L 列式法对斜拉桥几何非线性进行了分析。

1985 年 Nakai，Kitada，Ohminami，Nishinura 将钢斜拉桥塔柱和主梁离散为闭合箱型梁单元，按 U. L 列式法建立增量平衡方程，对斜拉桥施工阶段与运营期间的极限承载力进行了分析。1991 年曾庆元、叶梅新、许伟将由 t 到 $t+\Delta t$ 时段内增量应力与位移的计算视为具有初应力（即 t 时间的应力）和初应变的小挠度结构计算，由势能驻值原理导出 U. L 列式的增量平衡方程。陈政清、颜全胜基于 ADINA 程序中 4 号单元的计算方法，将 U. L 列式中的应力积分作为内力，得出三维杆系结构用内力表示的 U. L 列式，对斜拉桥几何非线性进行了分析。1992 年程庆国、潘家英、高路彬等提出了分别按 T. L 列式和 U. L 列式的两种梁单元非线性模式，用于分析大跨度斜拉桥几何非线性。1993 年 W. Kanok-Nukulchai&Guan Hong 针对一维梁单元模拟斜拉桥塔柱和主梁的不足，提出一种退化型薄壁单元，按 T. L 列式法计算。1994 年颜全胜根据连续体三维虚功增量方程推导了薄壁空间梁单元的 U. L 列式增量平衡方程，对钢斜拉桥面内极限承载力进行了全面分析。

2 材料非线性处理方法

大跨度混凝土斜拉桥塔柱和主梁均为受压受弯构件，需要考虑其极值点失稳问题，一般均在弹塑性工作阶段失稳，因此，大跨度混凝土斜拉桥极限承载力分析的另一特点，同时也是难点，就是必须考虑混凝土塔柱和主梁的材料非线性。

2.1 混凝土屈服准则

混凝土斜拉桥材料非线性分析中的一个重要问题是建立混凝土屈服准则。建立混凝土在复杂应力下的屈服准则，就是建立混凝土空间坐标破坏曲面的规律。近年来，大量学者对混凝土屈服准则进行了研究，先后提出不下20个屈服准则数学模型，有的文献将这些混凝土屈服准则归纳为从简单的一参数一直到五参数的屈服准则。在早期的有限元分析中，比较多的是采用Von Mises屈服准则，该准则有两个材料常数，它在应力空间可以表示为一个多角锥体。而近代混凝土三轴破坏试验表明，多角锥体不能精确地反映混凝土破坏曲面，于是三参数、四参数和五参数破坏准则相继被提出来，在实际分析中得到应用、并且有足够的精度。

2.2 混凝土本构关系

混凝土本构关系即指混凝土的应力应变关系。如何建立能很好反映复杂受力情况下混凝土应力应变关系的数学模型，是混凝土斜拉桥材料非线性分析的关键所在。目前，混凝土本构模型大致可分为下列几种类型。

(1)以弹性模型为基础的线弹性和非线弹性的本构关系。当混凝土无裂缝时，可将混凝土看成线弹性匀质材料，用广义虎克定律来表达本构关系；非线弹性混凝土本构模型是建立在弹性概念基础上，属于经验型，适用于单调加载情况和混凝土受压区非线性变形阶段。本构关系有全量式应力应变和增量式应力应变两种基本形式；

(2)以经典塑性理论为基础的弹全塑性和弹塑性硬化本构模型。经典塑性理论目前主要有两种，一是形变理论，一是增量埋论。形变理论是弹塑性小变形理论的简称，该理论试图直接建立全量式应力应变关系，仅适用于简单加载情况，因为它与加载途径无关，此模型已较少采用。增量理论以塑性流动理论为基础，一般能反映混凝土主要性能，如受拉脆性破坏，受压延性破坏，体积膨胀以及加载途径等，但一般不能反映混凝土软化性能其适用范围较非线弹性范围为大，目前在混凝土材料非线性分析中应用较多；

(3)采用断裂理论和塑性理论组合的塑性断裂理论，并考虑用应变空间建立的本构模型。塑性断裂理论本构模型综合了混凝土的塑性流动和微裂缝，能反映混凝土软化段的性能；

(4)以黏性材料的本构关系发展起来的内时程理论描述的混凝土本构模型。内时程理论本构模型是用材料粘弹性理论来反映混凝土本构关系的；

(5)用损伤理论和用弹塑性损伤断裂混合建立的本构模型。损伤理论本构模型是以材料内部结合力损伤情况来建立混凝土本构关系模型的。

目前混凝土本构关系模型的研究虽然很多，但因缺乏足够的实验基础，至今还没有一种公认的可以广泛用于各种条件下的混凝土结构分析理论或本构模型。值得一提的是，许多文献认为CEB—1990规范中所给出的本构关系最贴近真实混凝土的本构关系。

2.3 材料非线性的具体考虑方法

在结构非线性有限元数值分析过程中，材料非线性的考虑反映在单元弹塑性刚度矩阵的建立中。当然，所取单元模式以及材料类型的不同，材料弹塑性的考虑方法也不同，很多学者在这方面进行了研究，有几种方法可供参考。

(1)分层法。1984 年 Owen，Figueiras 在对钢筋混凝土板、壳结构进行极限荷载分析时采用 9 节点拉格朗日单元进行高斯积分，并将板、壳沿厚度方向分层计及混凝土和钢筋复合材料特性。1990 年张翔、黄赤、贺栓海将大跨度混凝土桥梁结构离散为考虑剪切变形影响的梁单元，纵向采用高斯积分，高度方向分层，由节点截面的内外力素的平衡原理考虑材料的弹塑性。而加拿大 Seif 、Dilger 在作预应力混凝土斜拉桥的面内非线性分析及破坏荷载计算时，将塔柱和主梁离散为梁单元，分五段变刚度模型考虑单元弹塑性，假定单元横截面应变沿高度线性分布，取定单元横截面上正应力沿高度分布曲线，将单元沿截面高度方向分层，利用混凝土应力一应变曲线计算单元弹塑性刚度矩阵。1992 年郭彦林，梅占馨将线性样条有限条理论扩展到大挠度弹塑性范围，建立了大挠度弹塑性样条有限条法，用以分析加筋板结构在轴向荷载作用下的弹塑性相关屈曲承载能力。分析过程中将板分成 5 层，以考虑塑性沿板厚度的逐渐过渡。1993 年伏魁先、刘学信、黄华彪作斜拉桥的面内整体失稳分析时，将单元沿纵向分层来考虑材料的弹塑性。

(2)分段分块变刚度积分法。该方法是将单元划分为几段，每段内的单元刚度相同。在各段内单元横截面又划分成若干小块，计算各截面刚度，然后采用数值积分法求出单元弹塑性刚度矩阵。

(3)内力塑性系数法。该方法是 1992 年任伟新在计算简支偏心压杆局部与总体相关屈曲的极限承载力时提出的。他用定义为节点截面弹塑性内力与弹性内力比值的塑性系数来反映该截面由于出现了塑性变形后刚度的变化，并与有限条单元相结合，获得成功。1994 年颜全胜进一步将其与有限元法结合，即将单元两端截面内力塑性系数法与单元分段分块变刚度积分法结合来计算单元弹塑性刚度矩阵，节省了大量计算机内存和计算工作量。

3 结语

国内外对大跨度混凝土斜拉桥极限承载力分析研究起步不久，材料非线性的考虑是一个难点，用内力塑性系数法来考虑这个问题不失为一个好方法。结构几何非线性分析理论已相当成熟，斜拉桥几何非线性应用 T. L 或 U. L 列式法可获得满意结果。但大跨度混凝土斜拉桥规模宏大，结构相当复杂，还有大量问题需要解决，比如有限元单元模式的合理性；约束扭转及剪切变形的影响；主梁横隔板(梁)刚度及间距的影响；主梁板件局部翘曲的影响和局部与总体相关屈曲的分析；空间极限承载力分析；混凝土本构关系的确定及材料非线性如何处理等等就是需要我们进一步考虑的问题。

基于CSD的常吉高速公路自然环境选线方案优化

张映雪[1] 张起森[1] 张重禄[2] 陈先义[2]
(1.长沙理工大学 长沙 410076;2.湖南省交通规划勘察设计院 长沙 410011)

摘 要: 常德至吉首高速公路是我国规划的八条西部大通道之一——沙至重庆高速公路的一段,经过常德、怀化、湘西三市州,沿线自然资源丰富、景观环境优美,选线若不合理,必将破坏沿线自然环境,影响自然景观及原始风貌,增加大气、水源及噪声污染。本文在对常吉高速公路沿线自然环境特点进行大量调查和分析的基础上,运用目前美国提出的新的设计理念—背景设计(CSD),分析了常吉高速公路保护自然环境的选线方案优化,通过具体路段实例,证明了CSD方法是决策路线走向与环境保护的新途径,值得推广。

关键词: 高速公路 选线 CSD 自然环境 优化

0 项目概况

自然环境是人类赖以生存和发展的基础。自然环境保护是我国的一项基本国策,高速公路沿线自然环境保护就是解决高速公路与沿线自然环境协调的问题。公路应成为自然环境整体的一部分并与自然环境融为一体,减轻对自然环境的破坏,实现公路与区域环境的可持续协调发展。

常德至吉首高速公路是国家规划的八条西部大通道之一——沙至重庆高速公路的一段,路线总体走向为东北至西方向,东起于湖南常德市斗姆湖(接常张高速公路的许家桥互通),向西经桃源县、沅陵县后,进入湘西自治州泸溪县,终于吉首市。沿线自然资源丰富、景观环境优美,选线若不合理,必将破坏沿线自然环境,影响自然景观及原始风貌,增加大气、水源及噪声污染。本文采用参考文献中提出的背景设计(Context Sensitive Design,CSD)方法进行常吉高速公路自然环境选线研究,综合分析沿线区域背景要素以及常吉高速公路选线如何保护自然环境、回避复杂地形地质条件,最大限度减轻对环境的影响程度,从整体上优化路线设计方案。

1 基本原理

所谓CSD是指交通基础设施在满足出行需求与安全需求的同时,更适合周边的自然环境和社会环境,更有利于自然风景、人文历史、美学景观和其他社会价值的保护;强调创新精神,主张灵活性设计;提倡多学科参与、多部门协同、多方案比较。CSD的重要思想是在项目发展的各个阶段,设计在考虑安全和可达性的同时,同等程度考虑公路所在背景中除自身以外的一切环境要素,实现公路建设与环境可持续协调发展。

本文将CSD这种设计理念贯穿于常吉高速公路自然环境选线设计中,充分调查路线所经地区不同的地理环境、地质地貌状况、地域特点、矿产资源分布、自然和人文景观、水源保护、声

摘自《中外公路》。

环境等要素并进行了分析,使选线设计突出区域选线的环境影响重点,并兼顾一般环境要素,同时,在当地政府、相关部门及居民的支持、协调和参与下,确定了公路路线对自然环境的最大保护和最佳利用的方案。

2 常吉高速公路路线方案优化设计

2.1 沿线区域自然环境调查与分析

常德至吉首高速公路路线全长约223.45km,采用的技术标准为:起点(常德)至茶庵铺互通拟采用计算行车速度100km/h,路基宽度26m的四车道高速公路标准;茶庵铺互通至终点(吉首)拟采用计算行车速度80km/h,路基宽度24.5m的四车道高速公路标准。

对沿线区域自然与人文景观进行了调查,并分类如表1所示。

常吉高速公路沿线地区景观类型 表1

序号	市县名称	路线所经区域景观类型
1	常德市	所经区域全部为水田,地势平坦,农耕景观为主
2	桃源县	丘陵岗地地带,地形相对较平坦,相对高差不大,以丘陵山地景观、村落田园景观为主,由于紧邻桃花源景区,伴有历史文化景观
3	沅陵县	丘陵低山地带,以丘陵山地景观、村落田园景观为主,伴有沅江沿岸景观、历史文化、宗教文化景观、亚热带常绿阔叶林景观
4	辰溪县	丘陵低山地带,以丘陵山地景观、村落田园景观为主,伴有沅江沿岸景观、宗教文化景观、亚热带常绿阔叶林景观
5	泸溪县	山岭重丘区,山坡陡峻,相对高差大,情况复杂。以峰林、峡谷景观,丘陵山地景观、沅江沿岸景观为主,伴有亚热带常绿阔叶林景观,村落田园景观
6	吉首市	山岭重丘区,山坡陡峻,相对高差大,情况复杂。以峰林、峡谷景观、丘陵山地景观为主,伴有村落田园景观

沿线景观类型丰富,选线不可避免会对自然景观产生一定的影响,运用CSD设计理念,能最大限度保护和提升沿线自然和人文景观,将公路融入自然和人文景观中,成为背景中的一个有机组成。

沿线所经区域的河流属沅江水系,主要为沅水、沅水一级支流武水及沅水和武水的其他支流。沅江及其支流地表水受污染程度轻,水质较好。拟建公路沿线已构成一个较为完善的水利灌溉体系,农田水利条件较好。

沿线尚未发现大型野生珍稀动物出没,无国家重点保护野生兽类和鸟类栖息地。沿线目前植被覆盖情况良好,以自然植被为主。经调查,公路沿线评价范围内未见受国家保护的植物物种。

沿线的土地利用现状详见表2所示。

沿线地区土地利用现状分类面积汇总表(单位:hm^2) 表2

<table>
<tr><th colspan="2">县名</th><th>耕地</th><th>林地</th><th>草地</th><th>荒山</th><th>水域</th><th>非生产用地</th><th>难利用地</th><th>合计</th></tr>
<tr><td rowspan="2">常德</td><td>鼎城区</td><td>77 367.3</td><td>64 375.7</td><td>143.7</td><td>16 350.2</td><td>48 016.0</td><td>24 796.7</td><td>4.6</td><td>231 054.2</td></tr>
<tr><td>桃源县</td><td>91 264.7</td><td>245 829.9</td><td>2 960.8</td><td>9 835.7</td><td>35 274.6</td><td>31 632.4</td><td>29 036.5</td><td>445 834.6</td></tr>
<tr><td colspan="2">沅陵县</td><td>32 706.4</td><td>446 454.5</td><td>—</td><td>8 638.4</td><td>—</td><td>—</td><td>7 034.7</td><td>494 834.0</td></tr>
<tr><td rowspan="2">湘西</td><td>泸溪县</td><td>17 652.6</td><td>105 276.5</td><td>5 382.9</td><td>20 642.8</td><td>4 505.9</td><td>2 897.5</td><td>192.6</td><td>156 550.8</td></tr>
<tr><td>吉首市</td><td>12 528.0</td><td>76 398.0</td><td>7.0</td><td>11 000.0</td><td>2 189.0</td><td>2 589.0</td><td>935.0</td><td>105 646.0</td></tr>
<tr><td colspan="2">总计</td><td>231 519.0</td><td>938 334.6</td><td>8 494.4</td><td>66 467.1</td><td>89 985.5</td><td>61 915.6</td><td>37 203.4</td><td>1 433 919.6</td></tr>
</table>

沿线地区土地利用现状总体来说是结构不够合理，品种单一，重用轻养，地力下降，垦殖方式落后。土地利用中存在的主要问题是：坡耕地面积大，荒山荒坡多，是该地区水土流失的主要发源地；林地利用不合理，树种单一，布局不科学。

2.2 常吉高速公路环境敏感点路线走向确定

依据调查收集资料，结合地形图和现场踏勘，本项目在其发展的各个阶段，融入 CSD 设计理念，针对路段特点，考虑路线对自然和人文景观、水源、植被、噪声、废气、占用耕地和拆迁、自然资源、历史文化遗存以及城镇发展规划等方面的影响程度来反映路线方案的优劣，综合分析并预测路线对这些环境因子的现状影响和长期影响，经过多方案反复比较论证，得到综合影响程度最小的最佳路线设计方案。

鉴于本项目里程长，规模大，本文主要选取了常吉路怀化段几个重要环境敏感点段的路线布设方案优化，即沅陵县三渡水、沅陵县官庄镇、樱桃湾隧道、马底驿互通等，用以说明 CSD 理念在路线方案设计中的实际应用。

2.3 自然环境影响分析评价

运用相关技术和手段，将 CSD 理念融入选线设计的全过程中，依据相关文献对选取路段几个环境敏感点段的选线方案分别进行了分析评价。

2.3.1 三渡水方案

路线起于宁乡铺王家坪，跨三渡水，止于黄土铺，三渡水左岸山势较陡，右岸地势较平坦。对路线跨三渡水布线，从地形地质、技术指标、行车舒适性、植被影响、水资源保护、视觉景观及工程造价等方面进行了两方案比选。三渡水周围自然环境如下图 1 所示。

三渡水河滩植被

三渡水左岩地形

三渡水右岩地形

三渡水自然景观

图 1 三渡水周围自然环境

方案Ⅰ：路线起于宁乡铺王家坪，于桂竹坪跨三渡水，后沿溪左岸布线，止于黄土铺，全长 4.110km。路线经过三渡水左岸布线时，山势较陡，平纵技术指标低，行车舒适性较差，路线对河道干扰较大，破坏河滩植被，高填深挖路段较多，高填边坡会挡住公路沿线的居民以及旁道行人的视线，从而造成视觉冲突；深挖路段给高速公路的司乘人员带来视觉的阻隔。深挖路段边坡的人工防护与绿化也与青山绿水的自然背景及景观不协调，容易造成视觉冲击。此外，高填深挖还会诱发水土流失。

方案Ⅱ:路线起于宁乡铺王家坪，于桂竹坪二跨三渡水，沿溪右岸布线，然后选右侧山岭建桥，于刘家溶再跨三渡水，止于黄土铺，全长4.025km。路线里程较方案1短0.085km，工程难度和经济造价有所增加，平纵指标比方案Ⅰ高，地势较平坦，土石方数量较小，路基防护数量较小，避免了对河道的干扰，更好保护了水资源，也避免了因高填深切对周边自然环境的破坏以及对视觉资源的影响。但方案Ⅱ需多建1座长212.64m的桥，拆迁较多，占用水田较多。

两者工程地质条件相似，从总体上看，方案Ⅱ对自然环境及景观的影响小于方案Ⅰ。推荐采用方案Ⅱ。

2.3.2　官庄镇方案

官庄镇历史悠久，四面环山，G319穿越城镇。官庄镇区域景观类型有历史文化景观、丘陵山地景观、村落田园景观。为避开路线对历史及自然景观的分隔，避开路线对官庄镇规划的干扰和噪声污染，减少占用耕地和拆迁房屋，特别是对官庄小学的影响(官庄小学位于官庄镇右侧，三面环山，面向G319)，对路线走官庄镇也进行了两方案比选。官庄镇地理环境如图2所示。

官庄镇

官庄小学

图2　官庄镇地理环境

方案Ⅰ:路线起于官庄镇文冲坪，沿右侧山布线，至大湾跨官五公路，经官庄小学后山至官庄镇的郭家溪，全长3.864km。方案1考虑了官庄镇城市发展规划，避开了公路对官庄小学的阻隔和噪声、废气污染，保存了城镇景观视觉环境，减少了占用耕地和拆迁。桥梁较方案Ⅱ短403.14m。但里程较方案Ⅱ长51m，土石方工程量较大，建设工程费用高。

方案Ⅱ:路线起于官庄镇文冲坪，沿G319右侧近距离布线，经老官庄镇后山，避开官庄中学后山金矿区，在官庄小学前以高架桥跨官五公路，沿镇前山边布线，至官庄镇的郭家溪，全长3.813km。该方案较方案1工程难度低，建安工程费用低，但影响了城镇规划，占用耕地多，拆迁大，高架桥阻隔了官庄小学与官庄镇的联系，影响了视觉，阻隔了视觉整体景观，且公路施工和营运期噪声和废气、废水等对官庄小学的影响严重。

经比较，虽然方案Ⅰ较方案Ⅱ工程造价高，但符合地方城镇发展规划，满足地方发展的需要，较好保护了官庄镇景观资源，给教学创造一个安静、舒适的环境，减少噪声污染，从综合利益和长远利益的协调发展方面，方案Ⅰ优于方案Ⅱ。推荐采用方案Ⅰ。

2.3.3 樱桃湾隧道方案

本段路线起于凉水井镇的豆子坪，沿连溪、蒙溪山腰布线，经姚家过樱桃湾隧道至凉水井镇的龙洞溪水库。路线经过一个狭谷地段，谷深而窄，且多弯，山势陡峭，起伏较大，自然景观环境优良，山体自然横坡较大，地质条件复杂(有断层和滑坡)，该处路线走廊带内有矿产资源，项目对该处自然环境及景观的影响是弊大于利，为有效控制投资并注重矿产资源和自然环境保护，对该段路线走向及隧道选址进行了方案比较，同时还进行了分离式路基与整体式路基方案的比较。

方案Ⅰ:路线起于凉水井镇的豆子坪，路线穿豆子坪隧道后，采用左右分离式路基，沿连溪、蒙溪的左右两侧山腰布线，至姚家过樱桃湾隧道至凉水井镇的龙洞溪水库。高填深挖地段及隧道的数量总体多于方案Ⅱ，蒙溪隧道所经的山体偏压较大，且有F20断层通过，地质条件复杂，多处有滑坡和坍塌现象。

方案Ⅱ:路线起于凉水井镇的豆子坪，路线穿豆子坪隧道后，采用左右小距离分离式路基和整体式路基，沿连溪、蒙溪的左侧山腰布线，至姚家过樱桃湾隧道至凉水井镇的龙洞溪水库。方案Ⅱ桥隧结合，隧道较方案Ⅰ短273m，土石方工程量小，走山体一侧比两侧对自然环境的破坏较小，能较好保持山体原貌，施工便道工程少，便于施工管理，后期营运成本低，但桥梁长507.3m。

从整体上看，在对周围自然环境的影响方面，方案Ⅱ略优于方案Ⅰ。

2.3.4 马底驿互通选址

马底驿乡马底驿村有一座约200多年历史的明清时期古镇建筑及一条古镇街景，保存较完好。路线经过该村，经方案分析和比选，采用了从古镇后面绕避方案。马底驿村周围环境如图3所示。

古镇街景

古镇建筑风貌

马底驿村后农耕景观

图3 马底驿村周围环境

马底驿互通为山区13个乡镇的出入口，其位置选择在距马底驿乡马底驿村往吉首方向约1km处，一侧背倚群山，一侧面临村落田园，与马底驿村之间为大片农田区，无群山阻隔。地域较开阔，人为活动较频繁，周边既有山地丘陵景观，又有历史文化景观和村落田园景观。马底驿互通位置选择与周围环境协调，无视觉冲突，无负面影响，且较好的保护了马底驿村的历史文化遗存并考虑了马底驿乡镇的发展规划。

马底驿互通位置的比较方案是设在马底驿村后距离较近处，该方案路线穿过村后大片农田区，占用耕地较多，互通位置对该村的环境影响较大，不利于古镇建筑的保护和新镇的发展，且噪声、废气等污染对村民的正常生活有较大干扰。

3 结论

高速公路选线是一项系统的、综合的、意义重大而且相当复杂的工作。涉及的地域类型不同，环境特征各异，文化底蕴及自然景观差异较大，选线要进行深入调查、勘探、分析、比较、评价，除了考虑技术指标要求外，要综合考虑各种环境因素，研究切实可行的路线方案优化决策方法和设计理念，寻求新的途径。尊重自然、保护自然、恢复自然，充分利用自然，在“环保优先”前提下，开发与保护并重，合理布线。实践证明，CSD方法是用于解决环境选线的最有效和最合理方法。本文在路线选线决策中融入这种设计理念，既能保证项目的建设意义，又很好地保护了沿线自然环境，同时也能提升公路自身价值以及沿线其他资源和社会价值。

附一

张起森教授其他论文题录

1 汽车车轮对路面作用水平力研究……张起森
2 公路边坡稳定性分析的二维变分方法……柳厚祥 廖雪 李宁 张起森 方风华
3 Discussion on Landscape Highway System……张映雪 张起森
4 半钢性基层沥青面层断裂应力分析及反射裂缝研究综述……张起森
5 沥青路面使用性能评价指标……何余良 张起森
6 公路柔规《JTJ 014—86》中容许弯沉值的研究……李宇峙 郑健龙 张起森
7 高速公路电子收费系统(ETC)及其应用前景……魏武 黄心汉 张起森
8 珠江三角洲地区公路路段交通运行特性研究……张亚平 张起森
9 车牌识别的分布式结构处理方法研究……魏武 张起森 黄心汉
10 钢桥桥面沥青铺装层直道试验研究……李宇峙 邵腊庚 张起森 陈仕周
11 沥青路面在美国的应用与发展……张起森 陈强
12 长永高速公路旧水泥混凝土路面上沥青混合料加铺层结构设计……李宇峙 张起森 刘朝晖 邵腊庚 应荣华
13 基于同伦方法的路面模量反算的研究……查旭东 张起森 王秉纲
14 高速公路路段费用的卡尔曼滤波预测……王明俊 刘开生 张起森 胡列格
15 长永高速公路旧水泥混凝土路面上沥青混合料加铺层结构设计……李宇峙 张起森 刘朝晖 邵腊庚 应荣华
16 旧路面评价与罩面修复技术的现状与发展……张起森
17 美国沥青路面设计方法的发展……张起森 韩春华
18 基于FWD荷载分布系数直解路面结构层模量……曾胜 王光明 张起森 查旭东
19 落锤式弯沉仪在高速公路路基施工控制中的应用研究……曾胜 王光明 张起森
20 土钉支护边坡稳定性的可靠性分析与评价……张同伟 黄生文 张起森
21 老化对沥青胶结料常规指标的影响……田小革 郑健龙 张起森
22 沥青路面抗滑表层的设计与对比分析……王辉 张起森
23 大粒径沥青混合料路用性能研究……张起森 冯俊领 查旭东
24 水工混凝土材料耐磨性的试验研究……陈瑜 张起森
25 搭板罩面法处理水泥混凝土路面板底脱空的应力分析……关宏信 张起森 郑健龙 杨海荣
26 连续配筋混凝土路面一维非线性力学分析……肖秋明 查旭东 张起森
27 水泥混凝土早期温度应力的计算方法……陈瑜 张起森
28 康耐改善高液限土工程特性的试验研究……宋军 柳厚祥 张起森 甘先永
29 基于Matlab的高速公路沥青路面状况评价模糊决策系统……李雪莲 查旭东 张起森
30 沥青混合料大型马歇尔击实试验与路用性能研究……刘朝晖 张起森
31 大粒径沥青混合料(LSM)车辙试验研究……冯俊领 查旭东 张起森

附二

张起森教授编著出版的教材、著作

[1]《柔性路面设计论文集》(合著),人民交通出版社,1978.
[2]《公路沥青路面设计规范》(参编),交通部,1978、1985、1997、2007 共 4 次.
[3]《稳定土道路设计与施工》(匈牙利,合译),人民交通出版社,1980.
[4]《道路工程有限单元分析法》(独著),人民交通出版社,1983.
[5]《半刚性基层沥青路面》(合著),人民交通出版社,1989.
[6]《纤维加筋土路面基层的研究与应用》(合著),人民交通出版社,1994.
[7]《公路工程结构可靠度理论及其应用》(合著),湖南省科技出版社,1994.
[8]《公路工程施工组织与概预算》(主编),人民交通出版社,1995 第一版;1999 年第二版;2007 年修订第 23 次,印刷达 183000 册,获“教育部面向 21 世纪教材”.
[9]《水泥混泥土公路技术实践与展望》(美国,校)人民交通出版社,1998.
[10]《沥青路面抗裂设计埋论与方法》(合著),人民交通出版社,2002.
[11]《高等路面结构设计理论与方法》(独著),人民交通出版社,2005.
[12]《公路土钉支护技术指南》(主编),人民交通出版社,2006.
[13]《公路工程混凝土结构防腐技术规范》(主编),人民交通出版社,2006.
[14]《路面施工手册》(合编:主编沥青路面部分),人民交通出版社,2008.
[15]《热拌沥青混合材料、混合料设计与施工》(美国,校、审),人民交通出版社,2008.
[16]《热拌沥青路面施工手册》(美国,合译),人民交通出版社,2008.

附三

张起森教授获得的荣誉与学术奖励

一、张起森教授获得的荣誉

1. 2006 年获“国家有突出贡献专家”荣誉称号

2. 2001 年被评为“湖南省教育系统优秀留学回国人员”

3. 1995 年被授予“全国交通系统优秀科技人员”荣誉称号

4. 1992 年享受政府特殊津贴

5. 1991 年被评为“湖南省普通高等学校科技先进工作者”

6. 1978 年获湖南省科技大会“湖南省先进科技个人”

7. 1978 年获交通部“全国交通战线先进科技工作者”

二、张起森教授获省部级及以上科技成果奖励

1.“柔性路面设计方法”1978 年获全国科学大会奖、交通部全国交通战线重要科技成果奖和湖南省科学大会奖

2.“半刚性基层沥青路面的研究”1990 年获国家科技进步二等奖、1989 年国家教委科技进步一等奖

3.“柔性路面工程可靠性分析研究”1995 年获湖北省科技进步二等奖

4.“湖北省高等级公路养护罩面技术研究”1995 年获湖北省科技进步二等奖

5.“沥青路面结构可靠性的研究”1999 年获交通部科技进步二等奖

6.“土工合成材料加固土作用机理研究及其在道路工程中的应用”2000 年获湖南省科技进步二等奖；(张起森、郑健龙、周志刚、应荣华、查旭东、喻泽红、高燕希)

7.“沥青路面低温抗裂设计指标与计算方法研究”2003 年获湖南省科技进步二等奖；(张起森、郑健龙、田小革、应荣华、周志刚、关宏信、钱国平、李　强、罗志刚)

8.“南方湿热地区高速公路典型路面结构的组合设计及路面材料与施工工艺研究”2005 年获湖南省科技进步二等奖；(张起森、吴亚中、罗　恒、李宇峙、杨献章、邵腊庚、黄　庆、查旭东、龙健康)

9.《公路工程结构可靠度理论及其应用》1999 年获湖南省科技进步二等奖；(张建仁、张起森)

10.“直线式加速加载试验系统在钢桥面沥青铺装体系评价中的应用研究”2003 年获湖南省科技进步二等奖(李宇峙、张起森、邵腊庚、李闯民、谢　军、黄云涌、吴　军、李文胜、崔　鹏)

11. 参加的“高等级公路半刚性基层沥青路面结构及抗滑面层成套技术研究”1994 年获交通部科技进步一等奖、国家科技进步二等奖(分项主持)

12. 参加的“公路通行能力研究”2002 年获国家科技进步二等奖(参加)

13. 参加的“沥青及沥青混合料路用性能的研究”1996 年获交通部科技进步一等奖(参加)

14.“高速公路早期病害预防措施研究” 2005 年获中国公路学会科学技术二等奖(沈金安、李福晋、吴立坚、陈 景、张 蓉、唐承平、李群善、张起森、黄晓明)

15.参加的“黄土地区路面设计施工技术研究”2007 年获中国公路学会科学技术二等奖

16.“半刚性基层沥青路面结构疲劳寿命的环道试验研究”1992 获交通部科技进步三等奖

17“湖南省干线公路半刚性基层沥青路面典型结构研究”1995 年获湖南省科技进步三等奖(张起森、武和平、曾昆添、刘朝晖、罗立武)

18.“Netlon 土工格栅在高等级公路软基处理桥头跳车处理中的加固应用研究”1997 年获交通部科技进步三等奖

19.“直道试验机研制”1999 年获交通部科技进步三等奖(张起森、李宇峙…)

20.“直线式加速加载试验系统研制” 2000 年获南省科技进步三等奖(张起森、李宇峙、吴 军、邵腊庚、李闯民)

21.“高等级公路桥头及过路构造物墙背填筑成套技术开发研究” 2003 年获中国公路学会科学技术三等奖(张起森、高燕希、王桂尧、胡庆国、张 军)

22.“公路水路施工监理管理机制研究” 2005 年获中国公路学会科学技术三等奖(张起森、袁剑波、符秋生、刘伟军、余概宁)

23.“经济发达地区道路通行能力研究”2002 年获广东省科技进步三等奖(周刚、张起森、张国良、张亚平、范传斌、尹良龙、王正武、洪显诚)

24.“旧水泥混凝土路面上沥青混凝土加铺设计及应用技术研究”2003 年获湖南省科技进步三等奖(李宇峙、张起森、邵腊庚、刘朝晖、李 健、欧阳进、谢 军)

25.“商丌高速公路沥青路面结构研究”2003 年获河南省科技进步三等奖(范跃武、张起森、叶东升、刘朝晖、李宏志、黄云涌、秦仁杰)

26.“复杂岩溶地区桥梁桩基特性研究与应用”2003 年获南省科技进步三等奖(彭振斌、王革立、张起森、黄亮雄、刘铁雄、阳军生、杨宜章)

27.“特大型混凝土桥梁沥青路面铺装层应用技术研究”2006 年获河南省科技进步三等奖(李玉亭、张起森、刘国杰、查旭东、张 锋、魏建国、成子桥)

附四

张起森教授主要社会兼职（现任和曾任）

1. 国际沥青路面协会会员
2. 国际土工合成材料协会理事
3. 中国公路学会理事、专家委员会委员
4. 中国土工合成材料协会理事
5. 美国沥青路面技术协会（AAPT）高级会员
6. 湖南省公路学会理事、副理事长
7. 湖南省交通工程学会理事、副理事长
8. 湖南省力学学会副理事长
9. 交通部公路技术标准委员会委员
10. 交通部公路环保技术委员会委员
11. 交通部交通高等院校、教学指导委员会委员
12. 21世纪交通版高等学校应用型本科规划教材编委会主任委员
13. 中南大学博士生导师
14. 国家自然科学基金评审委员
15. 国家科学技术进步奖评委
16. 湖南省科技进步奖评委
17. 湖南省职称评审委员会评委、土木组组长
18. 湖南省重点学科建设与评审组成员
19.《中外公路》编辑委员会主任
20.《中国公路学报》编辑委员会委员

附五

张起森教授指导的研究生

1. 全日制硕士生

研究生姓名	性　别	何年入学	何年毕业	备　注
任美龙	男	1985	1988	
李　运	男	1987	1990	
余景顺	男	1988	1991	
卢正宇	男	1989	1992	
查旭东	男	1991	1994	
李跃军	男	1992	1995	
田小革	男	1993	1996	
何桂平	男	1994	1997	
王明俊	女	1994	1997	
关宏信	男	1995	1998	
秦禄生	男	1995	1998	
胡步趋	男	1996	1999	美国
曾　胜	男	1996	1999	
甘先永	男	1997	2000	
黄志军	男	1998	2001	
陈　强	男	1998	2001	
苏清贵	男	1999	2002	
孙扬勇	男	1999	2002	
聂忆华	女	2000	2003	
李　卓	男	2000	2003	
王光明	男	2000	2003	美国佛罗里达大学攻读博士
何增铮	男	2000	2003	
张同伟	男	2000	2003	
段丹军	女	2001	2004	
王文强	男	2001	2004	
元　松	男	2001	2004	
冯俊领	男	2001	2004	
李雪莲	女	2002	2005	
齐少文	男	2002	2005	
张显安	男	2002	2005	
刘国锋	男	2003	2006	

续上表

研究生姓名	性　别	何年入学	何年毕业	备　注
张　亮	男	2003	2006	
谢泽华	女	2003	2006	
范勇军	男	2004	2007	
杜文杰	男	2004	2007	
胡旭东	男	2004	2007	
芮维勇	男	2005		
陈小薇	女	2005		
曹志远	男	2005		
朱　罡	男	2005		
袁　壮	男	2005		
黄开斌	男	2006		
肖　鑫	女	2006		
梁晓烨	女	2006		
何良杰	男	2006		
于渊卓	男	2006		

2.同等学历与工程硕士生

姓　名	性　别	入学年份	毕业年份	备　注
李运恒	男	1999	2002	同等学历
马金海	男	1999	2002	同等学历
田中南	男	1999	2002	同等学历
魏红卫	男	2000	2003	同等学历
徐　暘	男	2000	2003	同等学历
张　超	男	2003	2006	工程硕士
邱晓晨	男	2003	2006	工程硕士
魏建国	男	2003	2006	工程硕士
肖秋明	女	2003	2006	工程硕士
莫勇勋	男	2004	2007	工程硕士
邱志雄	男	2004	2007	工程硕士
王正保	男	2004	2007	工程硕士
周　密	女	2004	2007	工程硕士
彭　驰	男	2004	2007	工程硕士
钟永刚	男	2005		工程硕士
程鹤伟	男	2005		工程硕士
荣淑娟	女	2005		工程硕士

3. 博士后及博士

姓　名	性　别	就读学校	入学年份	毕业年份	备　注
严志信	男	中南大学	2005	2007	博士后联合指导
梁　硕	男	长沙铁道学院	1994	1999	联合指导
罗云华	男	长沙铁道学院	1995	1999	联合指导毕业于瑞典皇家理工学院
彭达仁	男	国防科技大学	1996	2002	联合指导毕业于墨尔本大学
查旭东	男	长安大学	1997	2001	联合指导
魏　武	男	华中理工大学	1997	2000	联合指导
张　军	女	湖南大学	1997	2004	联合指导
田小革	男	同济大学	1998	2002	联合指导
傅　明	男	中南大学	1998	2004	联合指导
周志刚	男	中南大学	1999	2003	独立指导
曾　胜	男	中南大学	1999	2003	独立指导
袁剑波	男	中南大学	2000	2007	独立指导
关宏信	男	中南大学	2000	2005	联合指导
张劲文	男	中南大学	2001	2006	独立指导
陈　瑜	女	中南大学	2001	2007	独立指导
王　辉	男	中南大学	2002		独立指导
彭军龙	男	中南大学	2002	2007	独立指导
聂忆华	女	中南大学	2003		独立指导
何增铮	男	中南大学	2003		独立指导
黄志军	男	中南大学	2003		独立指导
徐　暘	男	中南大学	2003		独立指导
张映雪	女	长沙理工大学	2004		独立指导
李雪莲	女	长沙理工大学	2005		联合指导
卢正宇	男	长沙理工大学	2005		独立指导
郑长安	男	长沙理工大学	2006		独立指导
陈宇亮	男	长沙理工大学	2006		联合指导